Inhaltsverzeichnis und Farbleitsystem

Deutschland – 1:300 000
Zeichenerklärung – Seite 1
Seitenübersicht – Seite 2
Karten – Seite 3–102

Alpenländer – 1:400 000
Zeichenerklärung – Seite 1
Seitenübersicht – Seite 103
Karten – Seite 104–131

Beneluxstaaten – 1:600 000
Zeichenerklärung – Seite 1
Seitenübersicht – Seite 133
Karten – Seite 134–141

Stadtumgebungskarten und Innenstadtpläne
Zeichenerklärung – Seite 142
Seitenübersicht – Seite 142
Karten – Seite 143–186

Europa – 1:3 000 000
Zeichenerklärung – Seite 1
Seitenübersicht – Seite 187
Karten – Seite 188–204

Ortsregister
Deutschland – ab Seite 205
Alpenländer – ab Seite 235
Beneluxstaaten – ab Seite 243
Europa – ab Seite 246

Sonderseiten:

Übersichtskarte Alpenübergänge .... Seite 132
Postleitregionen in Deutschland .... Seite 256

© Naumann & Göbel Verlagsgesellschaft mbH
in der VEMAG Verlags- und Medien Aktiengesellschaft,
Emil-Hoffmann-Straße 1, D-50996 Köln
Redaktion: Oliver Christian Weber
Gesamtherstellung: Naumann & Göbel Verlagsgesellschaft mbH, Köln

Der Verlag hat mit großer Sorgfalt auf Aktualität und Richtigkeit des Karteninhalts zum Zeitpunkt der Drucklegung geachtet. Dennoch können wir keine Verantwortung für Fehler, Mängel, Veränderungen oder bei Redaktionsschluss nicht bekannte Änderungen übernehmen.

Zeichenerklärung

Deutschland/Alpenländer/Europa

Maßstab 1:300 000 / 1:400 000 / 1:600 000 / 1:3 000 000

Straßennetz / Signaturen Straßenverkehr

- Autobahn mit Nummer, Anschlussstelle und Tunnel (Bad Abbach, 93, 46)
- Autobahn in Bau / in Planung
- Schnellstraße mit Tunnel
- Schnellstraße in Bau / in Planung
- Fernstraße, Bundesstraße mit Nummer und Tunnel (299)
- Fernstraße, Bundesstraße in Bau / in Planung
- Europastraße mit Nummer (E43, E56)
- Kraftfahrstraße
- Hauptstraße mit Tunnel / in Bau
- Nebenstraße mit Tunnel / Fahrweg, sonstige Straße
- Gebührenpflichtige Straße (Maut)
- Für Kfz gesperrte Straße
- Landschaftlich schöne Strecke / Touristenstraße (Deutsche Alpenstraße)
- Kilometrierung (29)
- Umleitungsstrecke (U 30/U 69)
- Autobahnparkplatz, -tankstelle, -kiosk
- Autobahnraststätte, -mit Übernachtung

Sonstige Verkehrslinien

- ICE- / IC-Strecke mit Bahnhof und Tunnel (ICE, IC)
- Hauptbahn mit Bahnhof und Tunnel
- Hauptbahn in Bau
- Nebenbahn mit Bahnhof und Tunnel
- Zahnradbahn, Standseilbahn, Seilschwebebahn
- Autofähre mit Ziel und Fahrzeit, Personenfähre (Swinemünde 14 h)

Grenzen

- Staatsgrenze mit Grenzübergang
- Ländergrenze
- Naturpark-, Naturschutzgebietsgrenze
- Sperrgebiet

Touristische Hinweise

- REGENSBURG – Malerisches Ortsbild
- Sehensw. Kirche / Kloster / Synagoge / Moschee, Tempel
- Sehensw. Schloss, Burg / Ruine / Archäologische Stätte
- UNESCO-Welterbe / Sehenswertes Objekt, Naturdenkmal
- Zoo, Wildpark / Botanischer Garten / Golfplatz
- Aussichtsturm / Aussichtspunkt / Camping
- Internationaler Verkehrsflughafen / Flughafen / Flugplatz
- Messeplatz / Fußballstadion

Allgemeine Signaturen

- Kirche / Kloster / Synagoge / Moschee, Tempel
- Schloss, Burg / Ruine
- Turm / Leuchtturm / Höhle
- Höhenpunkt mit Zahl / Berg mit Höhe und Name (115, Zugspitze 2963)
- Pass mit Höhe und Name (1073 Gaichtpass)
- Steigungsangabe (10–15% / > 15%) / Wintersperre (XI-II)

Flächen

- Sumpfgebiet / Moor / Heide
- Wald / Bebauung
- Freifläche

Deutschland

1:300 000

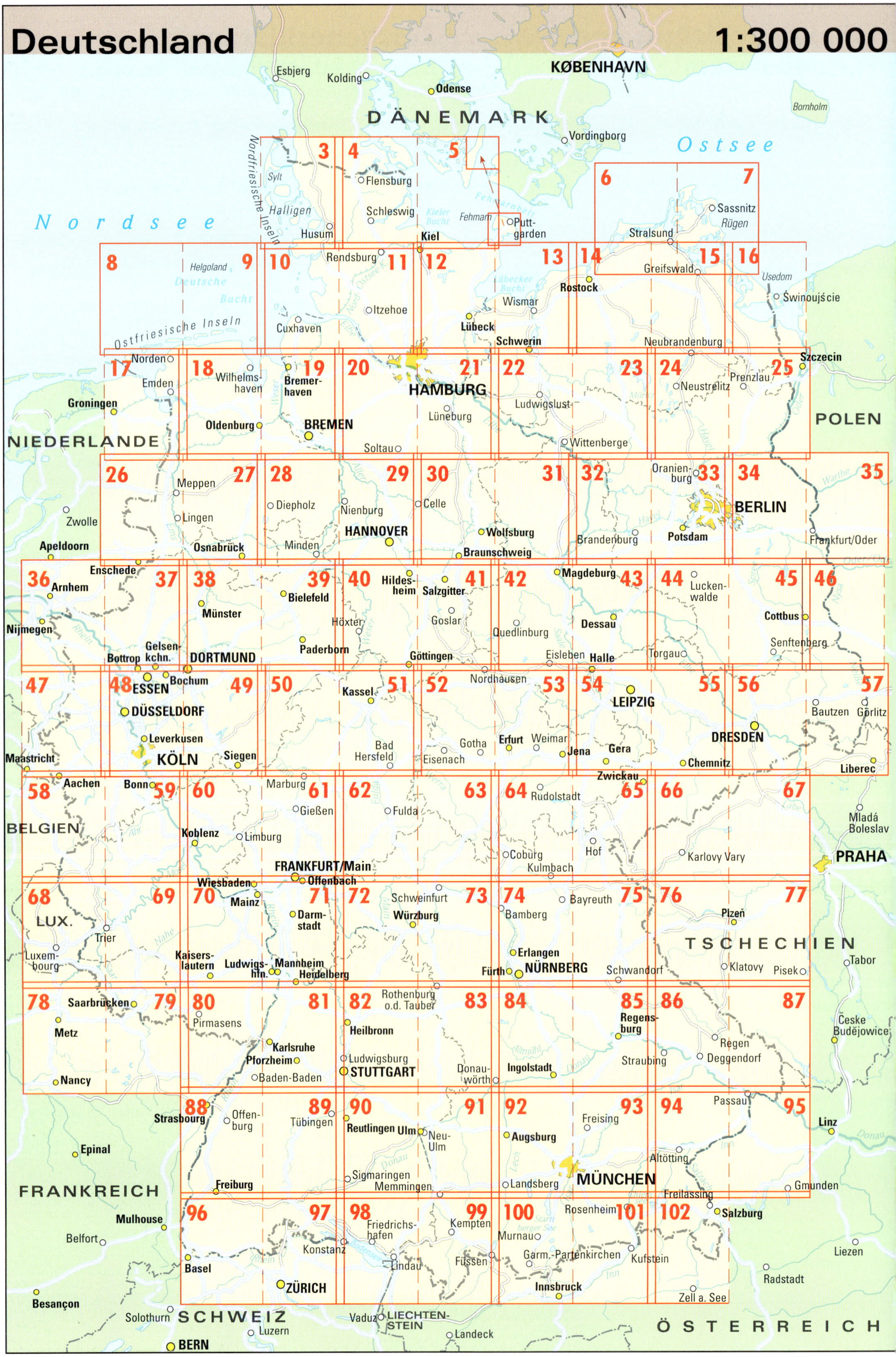

NORD-SEE
DÄNEMARK
Nationalpark
Schleswig-
Holsteinisches
Wattenmeer
Sylt
List
Westerland
Wenningstedt
Kampen
Braderup
Munkmarsch
Keitum
Tinnum
Sylt-Ost
Archsum
Morsum
Morsumkliff
Hindenburgdamm
Rantum
Hörnum
Föhr
Oldsum
Süderende
Midlum
Oevenum
Wrixum
Utersum
Borgsum
Alkersum
Nieblum
Wyk auf Föhr
Friesenmuseum
Amrum
Norddorf
Nebel
Süddorf
Wittdün
Nordfriesische Inseln
Langeneß
Gröde
Appelland
Hooge
Pellworm
Nordstrand
Norderoogsand
Süderoogsand
Japsand
Südfall
Hamburger Hallig
Sandhörn
Korbbakensand
Nordstrander Watt
Schutzzone I
Tønder
Møgeltønder
Højer
Løgumkloster
Bredebro
Skast
Emmerlev
Rudbøl
Aventoft
Nolde-Museum
Seebüll
Süderlügum
Humptrup
Neukirchen
Klanxbüll
Rodenäs
Horsbüll
Emmelsbüll
Niebüll
Deezbüll
Leck
Lindholm
Risum-
Stadum
Sande
Enge-
Dagebüll
Ockholm
Langenhorn
Bordelum
Bredstedt
Breklum
Drelsdorf
Struckum
Almdorf
Hattstedt
Schobüll
Husum
Mildstedt
Rantrum
Schwabstedt
Friedrichstadt
Koldenbüttel
Witzwort
Oldenswort
Tating
Tümlauer Koog
Westerhever
Uelvesbüll
Simonsberg
Achtrup
Ladelund
Karlum
Tinningstedt
Klixbüll
Bargum
Goldelund
Lütjenholm
Högel
Viöl
Schafflund
Wattenmeer

	≈	☀
VI	10°	14°
VII	16°	18°
VIII	17°	19°
IX	15°	16°

Kolding

Rødekro
Aabenraa
Nordborg
Als
Sundeved
Gråsten
Augustenborg
Tinglev
Sydals
Sønderborg
Broager
Kegnæs
Glücksburg (Ostsee)
Flensburger Förde
Harrislee
Flensburg
Handewitt
Schafflund
Husby
Quern
Steinbergkirche
Gelting
Satrup
Sörup
Mohrkirch
Kappeln
Tarp
Eggebek
Bollingstedt
Kropp
Schleswig
Schlei
Eckernförde
Fahrdorf
Naturpark Hüttener Berge
Gettorf
Dänischer Wohld
Owschlag
Viöl
Treia
Silberstedt
Süderstapel
Rendsburg

	Wasser	Luft
VI	9°	15°
VII	15°	20°
VIII	16°	20°
IX	14°	16°

0 — 5 km

	Wasser	Luft
VI	9°	15°
VII	17°	20°
VIII	17°	20°
IX	15°	17°

1:300 000 • 1cm ≙ 3 km

	Wasser	Luft
V	8°	16°
VI	13°	19°
VII	16°	20°
VIII	17°	21°
IX	15°	18°

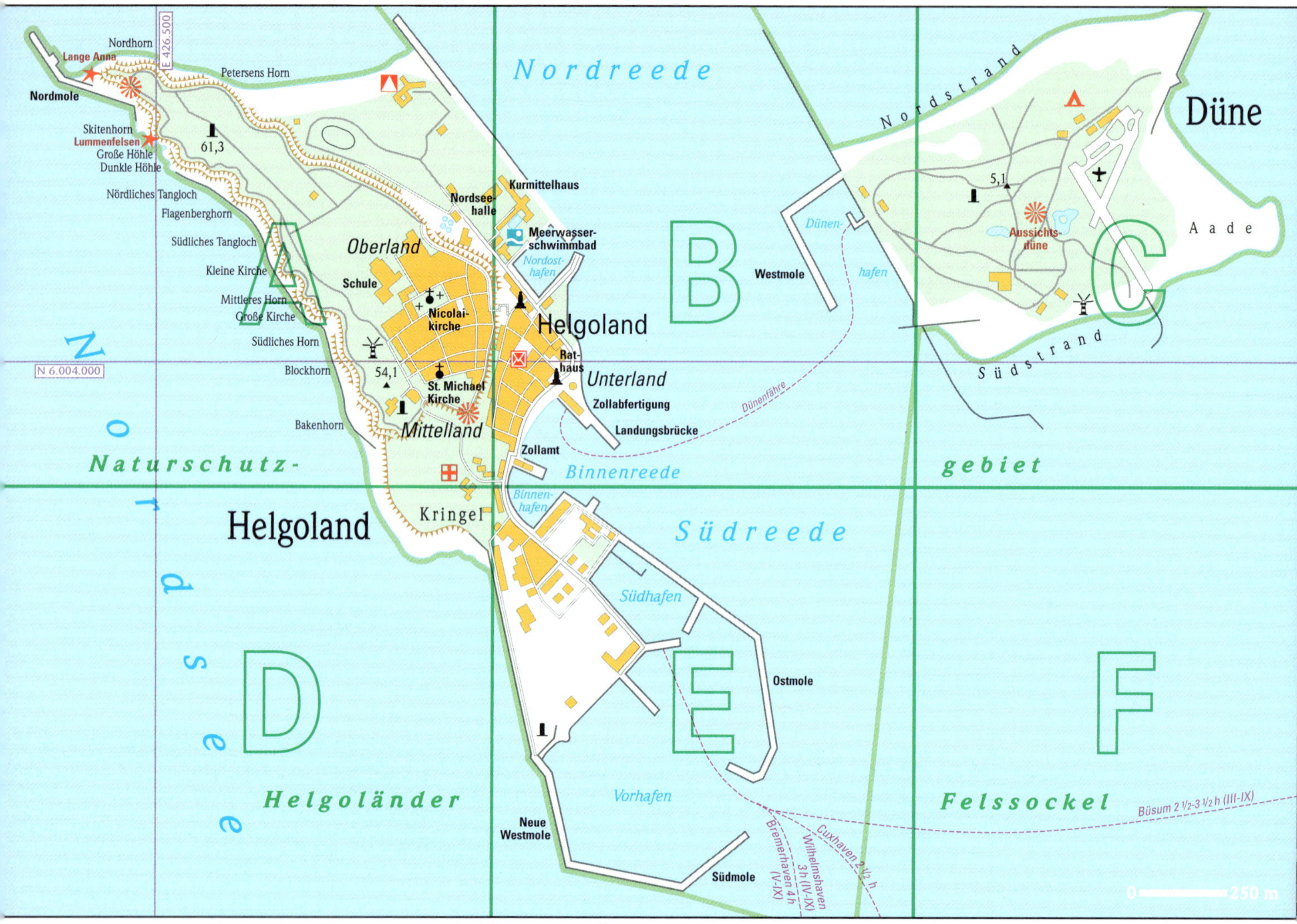
Nordreede
Düne
Nordhorn
Lange Anna
Nordmole
Petersens Horn
Skitenhorn
Lummenfelsen
Große Höhle
Dunkle Höhle
61,3
Nördliches Tangloch
Flagenberghorn
Südliches Tangloch
Kleine Kirche
Mittleres Horn
Große Kirche
Südliches Horn
Blockhorn
Bakenhorn
Kurmittelhaus
Nordsee-
halle
Meerwasser-
schwimmbad
Nordost-
hafen
Oberland
Schule
Nicolai-
kirche
Helgoland
Rat-
haus
Unterland
54,1
St. Michael
Kirche
Mittelland
Zollabfertigung
Landungsbrücke
Zollamt
Binnenreede
Binnen-
hafen
Kringel
Helgoland
Naturschutz-
gebiet
Südreede
Dünenfähre
Westmole
Dünen-
hafen
Nordstrand
Südstrand
5,1
Aussichts-
düne
Aade
Nordsee
Südhafen
Ostmole
Vorhafen
Neue
Westmole
Südmole
Helgoländer
Felssockel
Büsum 2 1/2-3 1/2 h (III-IX)
Cuxhaven 2 1/2 h
Wilhelmshaven 3 h (IV-IX)
Bremerhaven 4 h (V-IX)
0 250 m
E 426.500
N 6.004.000
A
B
C
D
E
F

N 5.980.000
N 5.950.000
E 340.000
E 370.000
G
H
J
K
L
M
SEE
Norderney
Juist
Im Loog
Bill
20
16
1 1/4 h
Schutzzone I
Kachelot-
plate
Nordland
Memmert
8
Osterems
Memmertbalje
Borkum
Ostland
14
18
Schutz-
zone I
Busetief
Riffgat
Hohes Riff
Nationalpark
Itzendorf-
plate
Norddeich
Hilgenriedersiel
Junkers-
rott
Hager-
marsch
Seegat
Honnewarf
Oster-
marsch
Linteler-
Westerloog
marsch
Schloss Nordec
Norderr
Sch
zon

17

	≋	☀
VI	10°	15°
VII	17°	20°
VIII	17°	20°
IX	15°	17°

18

0 — 5 km

3

NORD-
SEE
Nationalpark
Schleswig-
Holsteinisches
Wattenmeer
Hamburgisches
Wattenmeer
Niedersächsisches
Nationalpark
Wattenmeer
Schutzzone I
VI 10° 14°
VII 16° 18°
VIII 17° 19°
IX 15° 16°
Helgoländer Bucht
Süderhever
Norderpiep
Süderpiep
Norderelbe
Elbe
Helgoland-Büsum 2 ½-3 ½ h (III-X)
Helgoland-Cuxhaven 2 ½ h
Bremerhaven-Helgoland 4 h (V-IX)
Cuxhaven-Brunsbüttel 2-2 1/2 h (V-X)
Hamburg-Helgoland 3 3/4 h (III-X), Helgoland-Wedel 3h (III-X)
Neuwerk 1/2 h (III-X)
St. Peter-Ording
Westerhever
Tating
Garding
Tönning
Lunden
Hitzsand
Westerplate
Fiegenplate
Isern Hinnerk
Blauortsand
Tertiussand
Wesselburen
Heide
Hemmingstedt
Büsum
Meldorf
Bielshövensand
Trischen
Buschsand
Marner Plate
Dieksand
Friedrichskoog
Marne
Großer Vogelsand
Scharhörnriff
Scharhörn
Robbenplate
Scharhörner Watt
Kleiner Vogelsand
NEUWERK
Neuwerker Watt
Hohenhörnsände
Kleinwatt
Großer Knechtsand
Gelbsand
Hakensand
Mittelgrund
Medemsand
Neufelder Watt
Neufelder Sand
Cuxhaven
Duhnen
Döse
Altenwalde
Otterndorf
Neuhaus (Oste)
Cadenberge
Nordholz
Sea-Airport Cuxhaven/Nordholz
Wanna
Nordleda
Neuenkirchen
Ihlienworth
Bülkau
Wingst
Midlum
Dorum
Ahlenmoor
Land Wursten
Wremen
Hoher Weg
Misselwarden
Debstedt
Lamstedt
Steinau
Odisheim
Flögeln
Bremen
Grüne Küstenstraße
Störtebekerstraße

4 Flensburg

20 Hannover
0 5 km

5

Heiligenha

21

22
Berlin

0 — 5 km

6

Mecklenburger Bucht
A
B
C
D
E
F
G
H
J
K
L
M
WARNEMÜNDE
Gedser 1 3/4 h
Trelleborg 7-8 h
Helsinki 33 h, Hanko 30 h, Gdynia 15 h
Markgrafenheide
Hinrichshagen
Graal-Müritz
Rostocker Heide
Gelbensande
Rövershagen
Dierhagen
Dierhagen Ost
Dierhagen Strand
Neuhaus
Dändorf
Körkwitz
Klockenhagen
Freilandmuseum
Rostocker Tor
Bernstein-museum
Ribnitz-
-Damgarten
Saal
Bartelshagen II b. Barth
Lüdershagen
Saatel
Löbnitz
Langendamm
Beiers-hagen
Hessenburg
Neuhof
Martenshagen
Kindshagen
Manschenhagen
Starkow
Wiepkenhagen
Altenwillershagen
Langenhanshagen
Altenhagen
Trinwillershagen
Neuseehagen
Behrenshagen
Ahrenshagen-
Daskow
Neuenlübke
Todenhagen
Schlemmin
Alt-Seehagen
Ravenhorst
Pantlitz
Tressentin
Gruel
Tribohm
Spiekersdorf
Kuhlrade
Poppendorf
Zornow
Semlow
Jahnkendorf
Allerstorf
Camitz
Plennin
Leplow
Katzenow
Hugoldsdorf
Eixen
Bartelshagen I b. Ribnitz-D.
Ehmken-hagen
Willershagen
Petersdorf
Altheide
Hirschburg
Brünkendorf
Alt Guthendorf
Kloster Wulfshagen
Blankenhagen
Völkshagen
Mandelshagen
Behnkenhagen
Vogtshagen
Volkenshagen
Carlsruhe
Alt Steinhorst
Marlow
Wohsen
Bisdorf
Rönkendorf
Gresenhorst
Langer Berg 56
Fahrenhaupt
Schulenberg
Kavelsdorf
Landsdorf
Cordshagen
Poppendorf
Klein Kussewitz
Mönchhagen
Karls Erlebnis-Dorf
Stuthof
Nien-hagen
Hinrichsdorf
Dänschenburg
Dettmannsdorf
Kneese Hof
Bad Sülze
Kölzow
Redderstorf
Kucksdorf
Tribsees
Groß Kussewitz
Albertsdorf
Fienstorf
Steinfeld
Wendorf
Sagerheide
Reppelin
Stubbendorf
Dudendorf
Schabow
Böhlendorf
Langsdorf
Bentwitsch
Thulendorf
Broderstorf
Sanitz
Wendfeld
Gnewitz
Ehmkendorf
Bad Sülze
Nienhagen
Elmenhorst-
Börgerende-Rethwisch
-Lichtenhagen
Admannshagen-
Hägerort
-Bargeshagen
Klosterkirche
Bad Doberan
Bartens-hagen
Lambrechts-hagen
LÜTTEN KLEIN
EVERSHAGEN
GROSS KLEIN
Breitling
Rostock-Überseehafen
Rostock-Nord
Rostock-Ost
Rostock-Süd
DIERKOW
REUTERS HAGEN
Marienkirche
Rathaus
Zoo
Kloster
ROSTOCK
Klein Schwaß
Bartenshagen-Parkentin
Hohenfelde
Reddelich
Roggentin
Kösterbeck
Groß Lüsewitz
Teschendorf
Stormstorf
Teutendorf Helmstorf
Zarnewanz
Liepen
Böhlendorf
Breesen
Kessin
Kritzmow
Gross Stove
Papendorf
Stäbelow
Niendorf
Hastorf
Hanstorf
Denkmalhof
Clausdorf
Reinshagen
Rostock-West
Rostock-Südstadt
Kr. Rostock
Kavelstorf
Hohe Schwarts
Bandelstorf
Petschow
Dummerstorf
Niekrenz
Horst
Vietow
Sanitz
Lieblingshof
Pankelow
Schlage
Gubkow
Weitendorf
Tessin
Kowalz
Thelkow
Alt Stassow
Grammow
Behren-Lübchin
Tangrim
Bäbelitz
Neu Quitzenow
Viecheln
Alt Quitzenow
Nustrow
Tessin
Vilz
Prangendorf
Göldenitz
Wohrenstorf
Selpin
Basse
Lühburg
Samow
Warbelow
Heiligenhagen
Fahrenholz
Bad Doberan
Bölkow
Buchholz
Pölchow
Damm
Reez
Kavelstorf
Teschow
Cammin
Drüsewitz
Woltow
Wesselstorf
Striesfeld
Groß Nieköhr
Gnoien
Ziesendorf
Huckstorf
Klingendf.
Prisannewitz
Groß Potrems
Scharstorf
Klein Potrems
Goritz
Groß Ridsenow
Walkendorf
Neu Nieköhr
Dölitz
Satow
Hohen Luckow
Matersen
Klein Grenz
Bröbberow
Benitz
Groß Viegeln
Alt Kätwin
Klein Lantow
Kobrow
Spotendorf
Polchow
Stechow
Dalwitz
Holz Lübchin
Boddin
Schlutow
Kröpelin
Jürgenshagen
Groß Belitz
Groß Grenz
Zeez
Wiendorf
Sabel
Dolgen
Groß Lantow
Kronskamp
Laage
Wardow
Grieve
Rensow
Stierow
Klein Lunow
Alt Vorwerk
Groß Lunow
Granzow
Alt Pannekow
Klein Gischow
Klein Belitz
Schwaan
Bandow
Niendorf
Striesdorf
Flughafen Rostock-Laage
Pludderbach
Wozeten
Prebberede
Poggelow
Remlin
Altkalen
Groß Gischow
Reinstorf
Penzin
Vorbeck
Göldenitz
Hohen Sprenz
Breesen
Jahmen
Belitz
Vietschow
Schwasdorf
Viezen
Passin
Kambs
Rukieten
Weitendorf
Schweez
Neu Heinde
Groß Bützin
Groß Wüstenfelde
Jördenstorf
Rey
Kleverhof
Bernitt
Selow
Langen Trechow
Parkow
Werle
Mistorf
Siemitz
Kritzkow
Laage
Liessow
Diekhof
Schwiessel
Matgendorf
Schwetzin
Marienhof
Klenz
Gehmkendorf
Küsserow
Schorrentin
Kurzen Trechow
Kassow
Goldewin
Käselow
Zehlendorf
Schloss Rossewitz
Recknitz
Drölitz
Striesenow
Tellow
Gottin
Lelkendorf
Schlemmin
Neuendorf
Steinhagen
Bützow
Dettelin
Groß Schwiesow
Karow
Kuhs
Dorfkirche
Knegendorf
Spoitgendorf
Diekhof Siedlung
Pölitz
Warnkenhagen
Todendorf
Sukow-Levitzow
Klein Markow
Groß Markow
Zepelin
Lüssow
Sarmstorf
Recknitzniederung
Plaaz
Schmooksberg 127
Wendorf
Tolzin
Glasewitz
Dalkendorf
Thürkow
Teterower Bergring
Karnitz
Groß Rühner See
Hof Rühn
Rühn
Baumgarten
Gülzow
Parum
Strenz
Güstrow
Schlieffenberg
Bartelshagen
Rachow
Appelhagen
Teterower Heidberge 100
Alt Sührkow
Hardtberg 121
Teschow
Hohen Mistorf
Retzow
Mecklenburgische Schweiz
Bützow-Güstrow-Kanal
Nebel
Wendorf
Zernin
Peetsch
Zibühl
Wilhelminenhof
Ernst-Barlach-Gedenkstätte
Parumer See
Gertrudenkapelle
Dom
Miekendorf
Niegleve
Gremmelin
Roggow
Wotrum
Mieckow
Groß Roge
Wattmannshagen
Teterow
Stadttore
Kirche
Pisede
Warnow
Dreetz
Tarnow
Boldebuck
Natur-u. Umweltpark
Kluess
Schabernack
Mühl Rosin
Vietgest
Lalendorf
Raden
Neu Wokern
Niendorf
Remplin
Malchin
Klein Raden
Dietrichshof
Steintanz von Boitin
Boitin
Bülow
Karcheez
Gutow
Bölkow
Kirch Rosin
Nienhagen
Schwiggerow
Lübsee
Vogelsang
Klein Wokern
Groß Wokern
Neu Panstorf
Grambzow
Schlosspark
Rosenow
Lurrbarg 67
Prüzen
Hägerfelde
Groß Upahl
Ganschow
Badendiek
Bansberg
Steinbeck
Lüdershagen
Hoppenrade
Mamerow
Nienhagen
Hohen Demzin
Glasow
Lübzin
Groß Raden
Loiz
Urgeschichtl. Freilichtmuseum
Witzin
Ruchow
Klein Upahl
Lenzen
Gerdshagen
Zehna
Striggow
Bansow
Dersentin
Rothspalk
Kleber
Kummerower See
Bristow
Gielow
Burg Schlitz
Bülow
Seedorf
Basedow
Pastin
Bolz
Mustin
Rothen
Gägelow
Hohenfelde
Neuhof
Bellin
Klein Grabow
Groß Grabow
Hügelgräber
Koppelow
Ahrenshagen
Hinzenhagen
Langhagen
Barz
Großen Luckow
Schorssow
Liepen
Holzendorf
Lohmen
Groß Breesen
Reimershagen
Groß Tessin
Charlottenthal
Kuchelmiß
Klein Luckow
Zidderich
Dahmen
Rothenmoor
Langwitz
Woserin
Altenhagen
Oldenstorf
Suckwitz
Megalithgräber
Krakow a. See
Serrahn
Krakow am See
Grubenhagen
Kirch Grubenhagen
Lupendorf
Borkow
Dabel
Kukuk
Kleinpritzer See
Klein Pritz
Kirch Kogel
Alt Sammit
Krakower See
Hallalit
Groß Bäbelin
Zietlitz
Vollrathsruhe
Klocksin
Rambow
Moltzow
Schwinkendorf
Rittermannshagen
Tressow
Hinrichshagen
Dessin
Hohen Pritz
Ruest
Below
Dobbertin
Schwinzer Heide
Möllen
Dobbin-
Linstow
Hohen Wangelin
Flacher See
Lütgendorf
Marxhagen 127
Sophienhof
Sommerstorf
Ruester Siedlung
Zidderich
Dobbertiner See
Goldberger See
Glave
Malkwitzer See
Alt Gaarz
Tiefer See
Neu Gaarz
Alt Falkenhagen
Baumgarten
Jägerhof
Groß Niendorf
Techentin
Goldberg
Wendisch
Sandhof
Hanse-Route
Deutsche Alleenstraße
Mecklenburgische Schweiz und Kummerower See
NSG
E55
E22
105
103
110
108
104
19
20
N 6.010.000
N 5.980.000
N 5.950.000
E 310.000
E 340.000

23 Berlin

Greifswalder Bodden
Greifswald
Grimmen
Wolgast
Anklam
Demmin
Neubrandenburg
Altentreptow
Reuterstadt Stavenhagen
Friedland
Loitz
Jarmen
Gützkow
Süderholz
Richtenberg
Franzburg
Miltzow
Reinberg
Brandshagen
Lubmin
Wusterhausen
Kröslin
Karlsburg
Züssow
Groß Kiesow
Dersekow
Tutow
Kruckow
Burow
Sarow
Penzlin
Ivenack
Wolde
Rosenow
Trollenhagen
Neuenkirchen
Spantekow
Ducherow
Naturpark
Kummerower See
Peene
Tollense
Deutsche Alleenstraße
Hanse-Route
Ziesebruch
Der Werder
Stralsund
Greifswald
Jarmen
Anklam
Altentreptow
Neubrandenb.-N.
Neubrandenb.-Ost
Friedland i. M.
Strasburg (Uckermark)
Grimmen-West
Grimmen-Ost
Gützkow

7

	≈	☀
V	8°	16°
VI	13°	19°
VII	16°	20°
VIII	18°	21°
IX	16°	18°

25

8

Nordsee
Borkum
Memmert
Osterems
Lütje Hörn
Schutzzone I
Ostfriesische Inseln
Kopersand
Randzel
Hamburger Sand
Greetsieler Nacken
Rottumeroog
Rottumerplaat
Zuiderstrand
Mövensteert
Uithuizerwad
Oude Westereems
Leybucht
Leysand
Itzendorfplate
Norddeich
Norden
Hage
Berumbur
Großheide
Halbemond
Leezdorf
Osteel
Rechtsupweg
Marienhafe
Upgant-Schott
Greetsiel
Wirdum
Krummhörn
Ostfriesland
Hinte
Campen
Emden
Delfzijl
Appingedam
Loppersum
Winsum
Bedum
Eemspolder
Uithuizerpolder
Oostpolder
Noordpolder
Usquert
Uithuizen
Hond
Paap
Ems
Dollard
Heringsplaat
Ten Boer
GRONINGEN
Slochteren
Hoogezand-Sappemeer
Haren
Scheemda
Winschoten
Bellingwedde
Eelde
Zuidlaren
Veendam
Pekela
Vlagtwedde
Stadskanaal
Assen
Rolde
Gieten
Borger
Bunde
Weener
Rhede (Ems)
Bourtanger Moor
Heede
Dersum
Walchum
Sustrum
Jemgum
Dollart
Niederrheiderland
Hoogeveen
Lingen
0 5 km

9

Wilhelmshaven
Wittmund
Jever
Schortens
Aurich
Wiesmoor
Zetel
Varel
Bockhorn
Friedeburg
Großefehn
Ihlow
Moormerland
Uplengen
Westerstede
Wiefelstede
Leer (Ostfriesland)
Apen
Bad Zwischenahn
Edewecht
Barßel
Weener
Rhauderfehn
Westoverledingen
Papenburg
Saterland
Friesoythe
Wardenburg
Garrel
Surwold
Neubörger
Esterwegen
Bösel
Großheide
Südbrookmerland
Jeverland
Ostfriesland
Ammerland
Vehnemoor
Esens
Dornum
Holtgast
Stedesdorf
Sande
Jemgum
Filsum
Holtland
Hesel
Nortmoor
Wangerland
Jadebusen

27

BREMER-HAVEN
BREMEN
Delmenhorst
Nordenham
Langen
Loxstedt
Schiffdorf
Bremervörde
Brake (Unterweser)
Ovelgönne
Elsfleth
Schwanewede
Osterholz-Scharmbeck
Ritterhude
Lilienthal
Worpswede
Grasberg
Hude (Oldenburg)
Ganderkesee
Hatten
Stuhr
Weyhe
Syke
Achim
Oyten
Ottersberg
Tarmstedt
Gnarrenburg
Hambergen
Beverstedt
Stubben
Bad Bederkesa
Lintig
Hipstedt
Basdahl
Stadland
Butjadingen
Lemwerder
Berne
Wulsbüttel
Axstedt
Bramstedt
Hagen im Bremischen
Sandstedt
Schutzzone I
Naturpark Wildeshauser Geest
Dötlingen
Groß Ippener
Kirchseelte
Wilstedt
Sottrum
Rhade
Vollersode
Heerstedt
Lunestedt
Kirchwistedt
Bokel
Langes Moor
Teufelsmoor
Ostersade
Stedingen
Weser
Hamme
Wümme
Grüne Küstenstraße
Museumseisenbahn
Cuxhaven
Osnabrück

11
Heide
Flensburg, Kiel

HAMBURG
Mölln
Naturpark Lauenburgische Seen
Schwarzenbek
Reinbek
Glinde
Barsbüttel
Geesthacht
Lauenburg/ Elbe
Boizenburg/ Elbe
Büchen
Zarrentin
Gudow
Trittau
Stelle
Winsen (Luhe)
Bardowick
Adendorf
Lüneburg
Reppenstedt
Bleckede
Naturpark Elbufer-Drawehn
Amt Neuhaus
Dahlenburg
Bienenbüttel
Bad Bevensen
Ebstorf
Uelzen
Munster
Gerdau
Suhlendorf
Rosche
Oetzen
Göhrde
Lüneburger Heide
Biosphärenreservat Niedersächsische Elbtalaue
Sachsenwald
Amelinghausen
Salzhausen
Wulfsen
Garstedt
Toppenstedt
Soderstorf
Embsen
Melbeck
Barendorf
Reinstorf
Thomasburg
Neetze
Scharnebeck
Echem
Artlenburg
Tespe
Marschacht
Drage
Wentorf b. H.
Aumühle
Kröppelshagen
Börnsen
Escheburg
Fahrendorf
Gülzow
Basedow
Lanze
Schwanheide
Gresse
Wittendörp
Vellahn
Dersenow
Tessin b. Boizenburg
Neu Darchau
Hitzacker
Wendisch Evern
Deutsch Evern
Vastorf
Westergellersen
Kirchgellersen
Südergellersen
Radbruch
Handorf
Brietlingen
Lüdersburg
Barum
Altenmedingen
Hohnstorf (Elbe)
Rullstorf
Vögelsen
Mechtersen
Himbergen
Zernien
Clenze
Dahlem
Nahrendorf
Tosterglope
Wriedel
Eimke
Wrestedt
Natendorf
Hanstedt I
Schwienau
Ratzlingen
Seedorf
Sterley
Brunsmark
Breitenfelde
Talkau
Kuddewörde
Grande
Siek
Großensee
Witzhave
Rausdorf
Hamfelde
Ahrensburg

13
Wismar

SCHWERIN
Wittenförden
Crivitz
Parchim
Wittenburg
Hagenow
Ludwigslust
Neustadt-Glewe
Grabow
Zarrentin
Dömitz
Hitzacker (Elbe)
Dannenberg (Elbe)
Lüchow (Wendland)
Wustrow (Wendland)
Clenze
Lenzen
Witten-berge
Karstädt
Eldena
Lübtheen
Gartow
Trebel
Griese Gegend
Naturpark
Naturpark Lewitz
Biosphärenreservat
Flusslandschaft
Elbetal
Parchim Int. Airport
Schwerin-Ost
Ludwigslust
Wittenburg
Hagenow
Kreuz Schwerin
Neustadt-Glewe
Ludwigslust-Nord (in Bau)
Ludwigslust-Süd (in Bau)
Groß Warnow (in Bau)
A
B
C
D
E
F
G
H
J
K
L
M

31

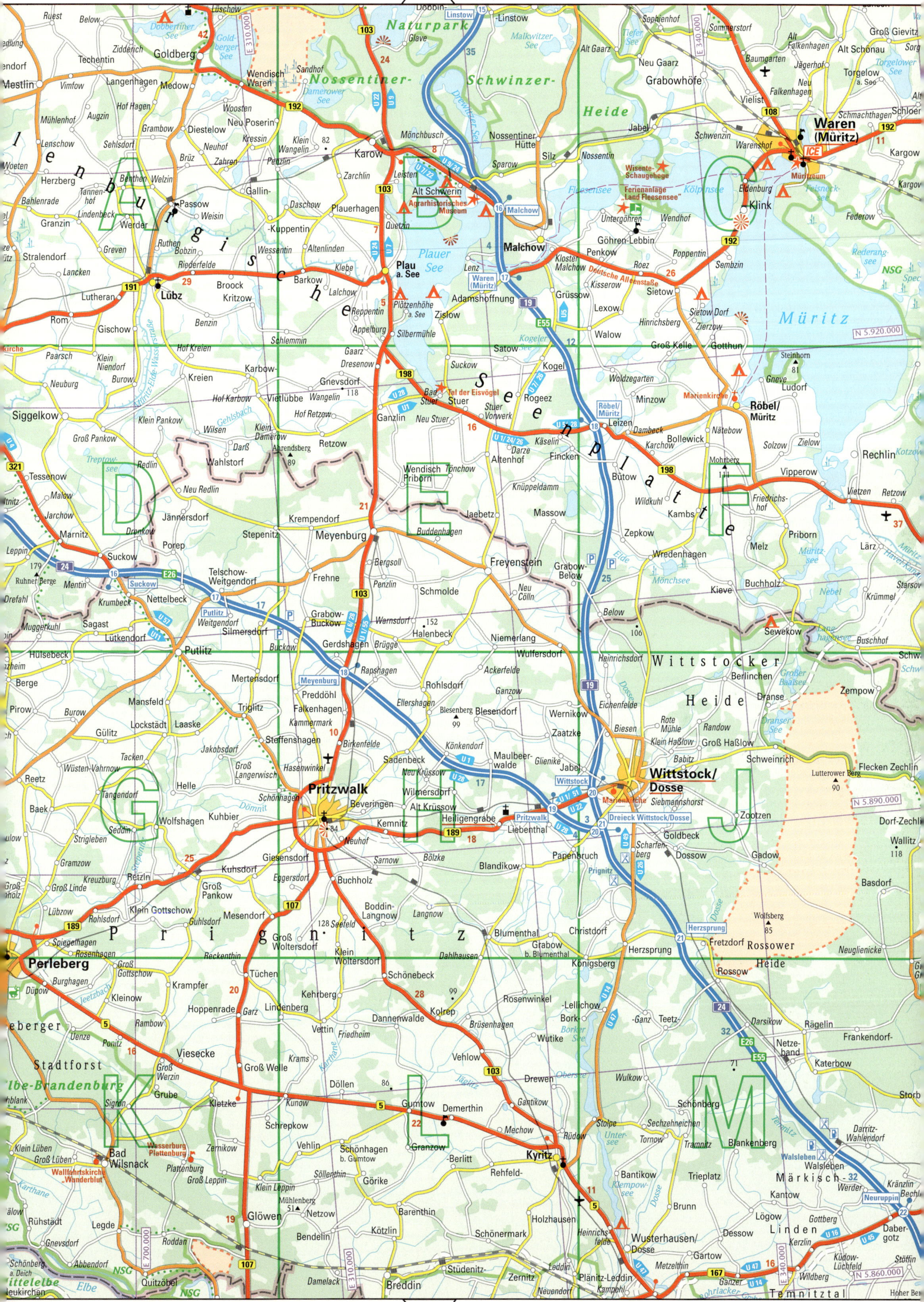
Naturpark
Nossentiner-
Schwinzer-
Heide
Goldberg
Karow
Alt Schwerin
Malchow
Plau a. See
Plauer See
Lübz
Waren (Müritz)
Müritz
Klink
Röbel/Müritz
Rechlin
Meyenburg
Freyenstein
Putlitz
Pritzwalk
Wittstock/Dosse
Wittstocker
Heide
Rossower Heide
Perleberg
Bad Wilsnack
Kyritz
Wusterhausen/Dosse
Breddin
Glöwen
Prignitz
Dreieck Wittstock/Dosse
Siggelkow
Lutheran
Stadtforst
Märkisch-
Linden
Temnitztal
Neuruppin
Gumtow
Blumenthal
Heiligengrabe
Sewekow
Zempow
Flecken Zechlin
Dorf-Zechlin
Kampehl
Leddin
Zernitz
Neustadt

0 5 km

15
Greifswald

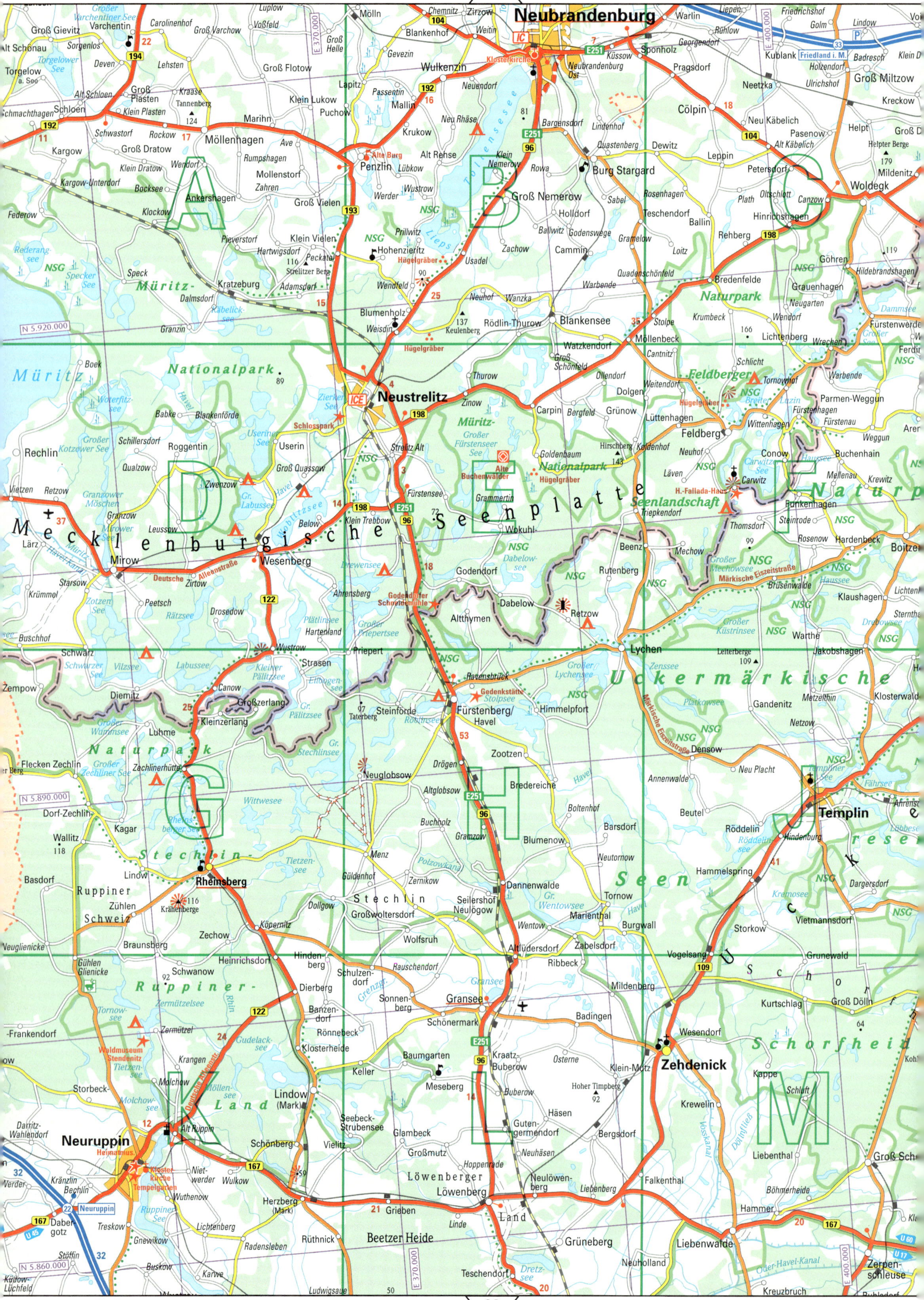

Berlin
33

Pasewalk
SZCZECIN
(Stettin)
Prenzlau
Gryfino
(Greifenhagen)
Schwedt/
Oder
Angermünde
Eberswalde
Chojna
(Königsberg)
Cedynia
(Zehden)
Mieszkowice
(Bärwalde)
Löcknitz
Brüssow
Penkun
Gartz
(Oder)
Gramzow
Gerswalde
Joachimsthal
Oderberg
Widuchowa
(Fiddichow)
Moryń
(Mohrin)
Uckermark
Randowbruch
Welsebruch
Biosphären
Chorin
Unteres
Odertal
National-
park
Cedyński Park
Krajobrazowy
Szczeciński
Park
Krajobrazowy
Naturpark
Am
Stettiner
Haff
Unteruckersee
Oberuckersee
Grimnitzsee
Parsteiner
See
Werbellinsee
POLEN
Märkische Eiszeitstraße
Oder-Havel-Kanal
Hohensaaten-Friedrichsthaler Wasserstraße
Kloster Chorin
Schiffshebewerk
Bahnhof Szczecin Gumieńce
Kołbaskowo
Pomellen
Penkun
Schmölln
Kr. Uckermark
Gramzow
Warnitz
Pfingstberg
Joachimsthal
Chorin
Werbellin
Finowfurt
Pasewalk-Nord
Pasewalk-Süd
Prenzlau-Ost
Prenzlau-Süd
Strasburg (Uckermark)
A6
E28
11
20
Berlin

0 5 km

Borger
Beilen
Westerbork
Ellertsveld
Odoorn
Emmen
Hoogeveen
Coevorden
Schoonebeek
Emlichheim
Hardenberg
Twist
Meppen
Haren (Ems)
Lathen
Geeste
Georgsdorf
Lingen (Ems)
Wietmarschen
Neuenhaus
Uelsen
Nordhorn
Tubbergen
Vriezenveen
Hellendoorn
Wierden
Almelo
Ootmarsum
Denekamp
Oldenzaal
Borne
Rijssen
Goor
Hengelo
ENSCHEDE
Losser
Gronau (Westf.)
Ochtrup
Bad Bentheim
Schüttorf
Salzbergen
Emsbüren
Neuenkirchen
Markelo
Ambt Delden
Stad-Delden

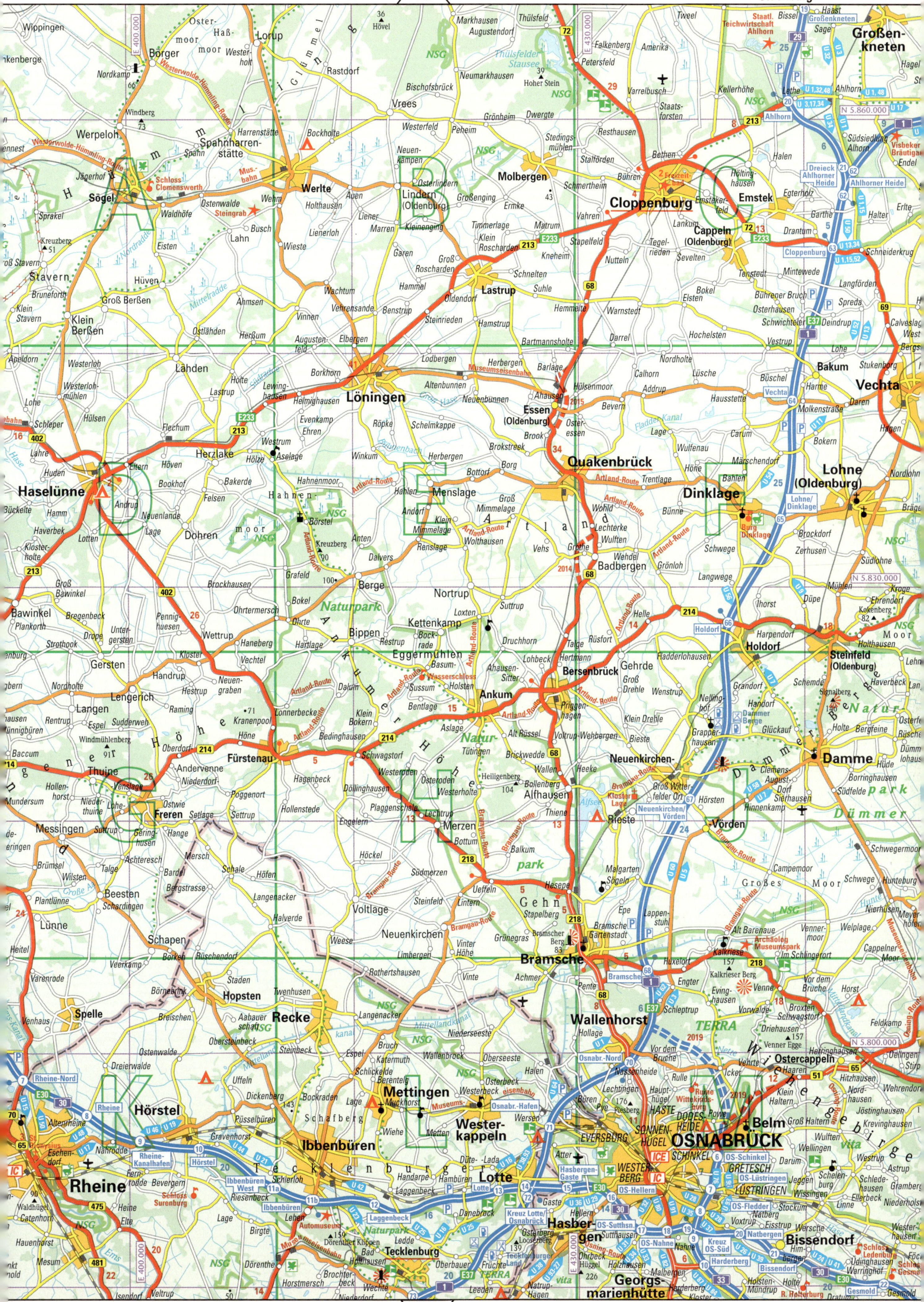
Cloppenburg
Großenkneten
Werlte
Sögel
Molbergen
Emstek
Cappeln (Oldenburg)
Lastrup
Löningen
Essen (Oldenburg)
Quakenbrück
Vechta
Bakum
Lohne (Oldenburg)
Dinklage
Haselünne
Herzlake
Menslage
Badbergen
Berge
Bersenbrück
Ankum
Holdorf
Steinfeld (Oldenburg)
Damme
Fürstenau
Freren
Neuenkirchen-Vörden
Bramsche
Wallenhorst
Spelle
Hopsten
Recke
Mettingen
Westerkappeln
Hörstel
Ibbenbüren
Rheine
Lotte
Osnabrück
Belm
Ostercappeln
Bissendorf
Hasbergen
Georgsmarienhütte
Tecklenburg
Lengerich
Lähden
Bippen
Eggermühlen
Alfhausen
Merzen
Voltlage
Neuenkirchen
Schapen
Beesten
Messingen
Thuine
Naturpark
Dümmer
Wiehengebirge
Ankumer Höhe
Artland
Gehn
Teutoburger Wald
Schafberg

0 — 5 km

Großenkneten
Dötlingen
Wildeshausen
Harpstedt
Kirchseelte
Syke
Bassum
Twistringen
Bruchhausen-Vilsen
Goldenstedt
Visbek
Vechta
Barnstorf
Drentwede
Eydelstedt
Ehrenburg
Sulingen
Siedenburg
Lohne (Oldenburg)
Drebber
Diepholz
Rehden
Barver
Wagenfeld
Kirchdorf
Bahrenborstel
Steyerberg
Liebenau
Stolzenau
Uchte
Steinfeld (Oldenburg)
Lembruch
Brockum
Lemförde
Stemwede
Rahden
Diepenau
Raddestorf
Warmsen
Espelkamp
Petershagen
Bohmte
Ostercappeln
Bad Essen
Preußisch Oldendorf
Lübbecke
Hille
Minden
Hüllhorst
Rödinghausen
Bückeburg
Bad Oeynhausen
Porta Westf.
Melle
Bünde
Kirchlengern
Naturpark Wildeshauser Geest
Dümmer
Großes Moor
Diepholzer Moor
Geestmoor
Stemmer Moor
Wiehengebirge
Schaumburg

Verden (Aller)
Kirchlinteln
Walsrode
Bomlitz
Bad Fallingbostel
Bergen
Dörverden
Rethem (Aller)
Hodenhagen
Ahlden (Aller)
Schwarmstedt
Winsen (Aller)
Wietze
Hambühren
Celle
Nienburg (Weser)
Rodewald
Steimbke
Lindwedel
Wedemark
Burgwedel
Neustadt a. Rübenberge
Steinhuder Meer
Naturpark Steinhuder Meer
Garbsen
Wunstorf
Isernhagen
Langenhagen
Burgdorf
Seelze
HANNOVER
Lehrte
Sehnde
Stadthagen
Bad Nenndorf
Rodenberg
Barsinghausen
Gehrden
Ronnenberg
Hemmingen
Laatzen
Wennigsen (Deister)
Springe
Pattensen
Sarstedt
Harsum
Algermissen
Naturpark Weserbergland
Lichtenmoor
Ostenholzer Moor
Wietzenbruch
Schotenheide
Osterheide
Lohheide
Hannover-Langenhagen
Hannover-Messegelände
Gedenkstätte Bergen-Belsen
Serengeti Safaripark Hodenhagen
Vogelpark Walsrode
Festung Wilhelmstein
Dinosaurier-Park Münchehagen
Deutsches Erdölmuseum
Weserrenaissance
Straße der Weser-Renaissance
Mittellandkanal
Aller
Leine
Weser
Deister
NSG
N 5.860.000
N 5.830.000
N 5.800.000
E 520.000
E 550.000

21

41 Wolfenbüttel

22

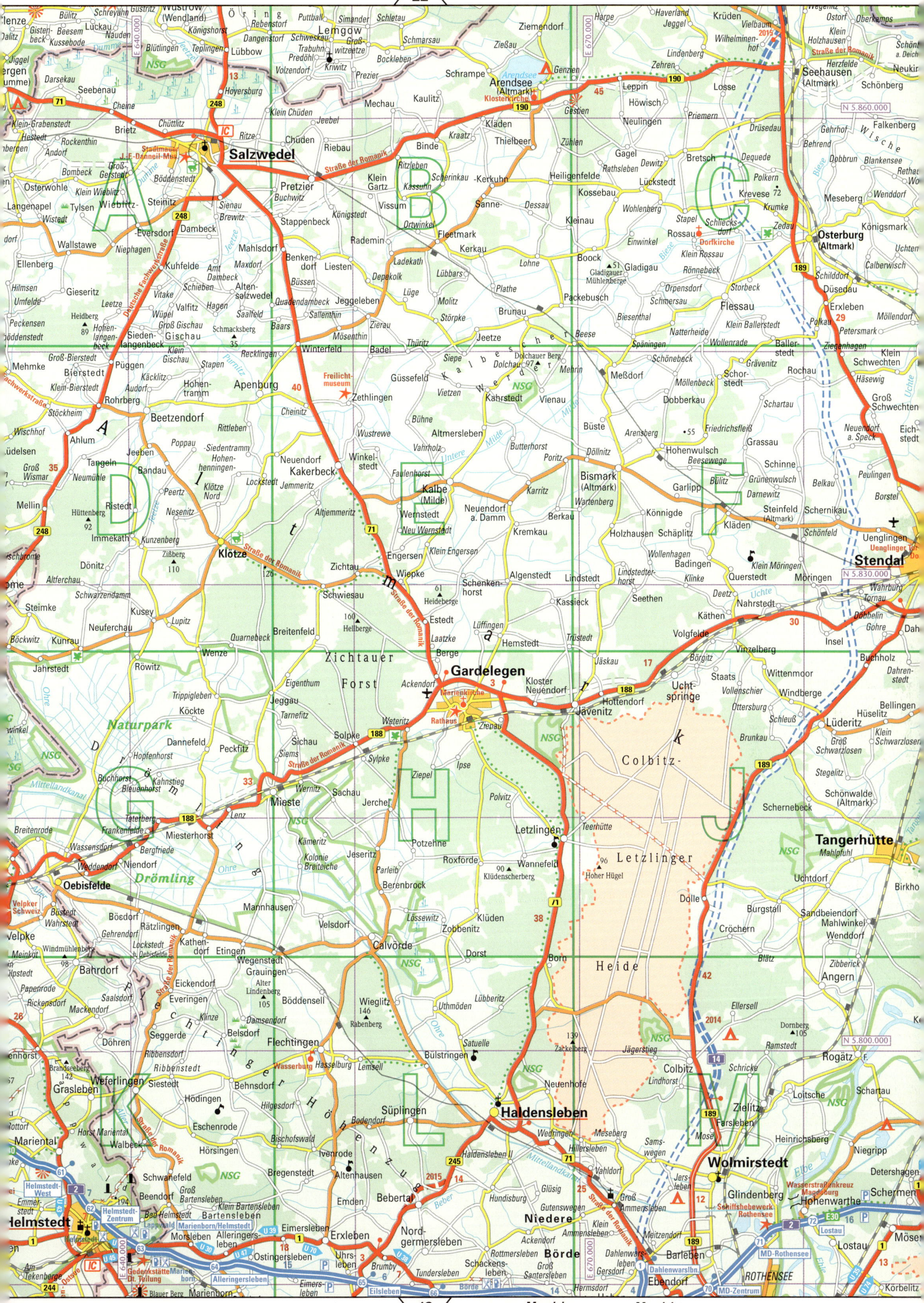

42

Magdeburg Magdeburg

0 5 km

23

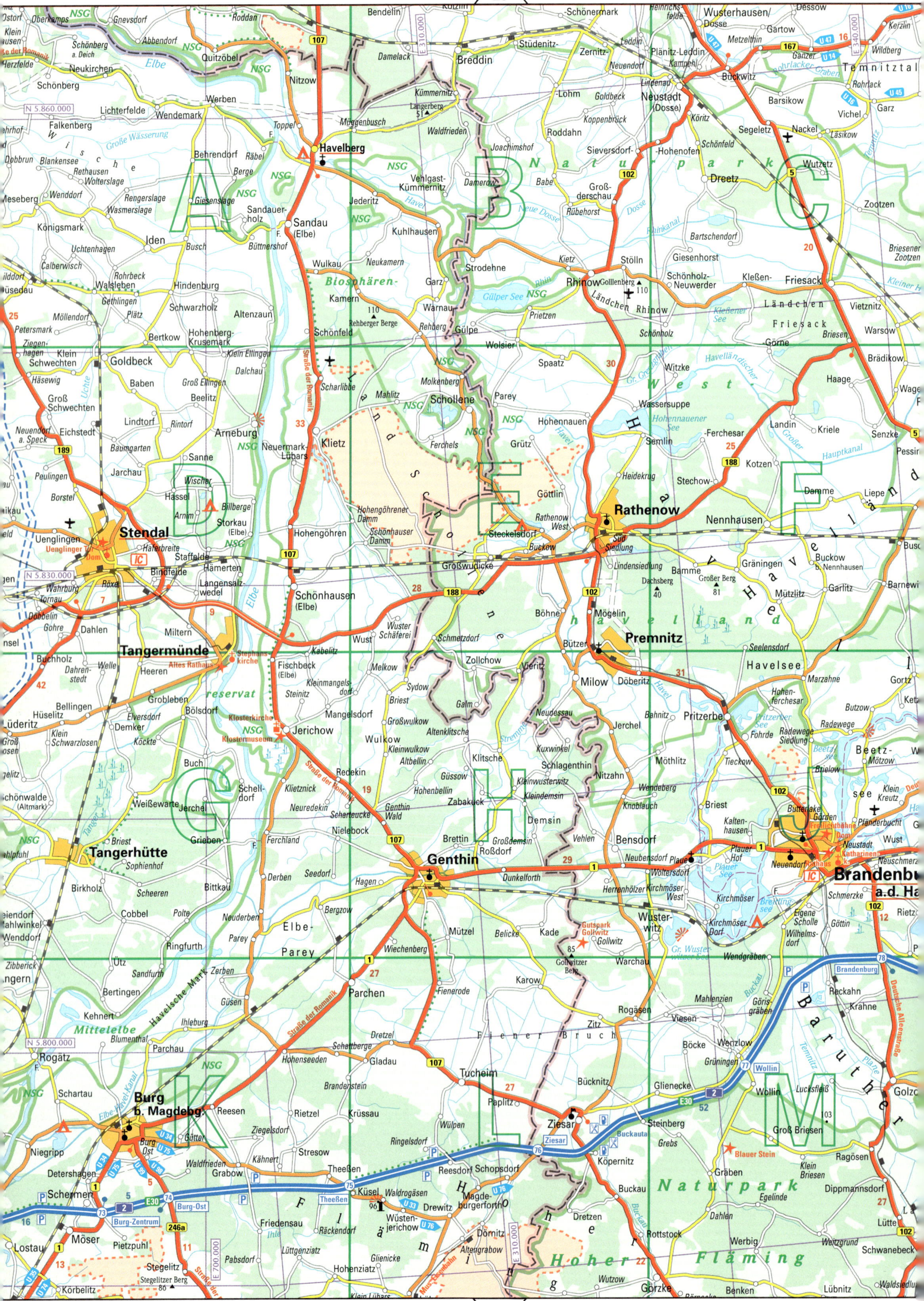
Havelberg
Sandau (Elbe)
Breddin
Neustadt (Dosse)
Wusterhausen/Dosse
Rhinow
Friesack
Stendal
Tangermünde
Rathenow
Premnitz
Schönhausen (Elbe)
Jerichow
Genthin
Tangerhütte
Brandenburg a.d. Havel
Burg b. Magdebg.
Ziesar
Parchen
Tucheim
Wusterwitz
Milow
Pritzerbe
Arneburg
Goldbeck
Klietz
Schollene
Kamern
Iden
Werben
Nitzow
Strodehne
Hohenferchesar
Grabow
Möser
Gollwitz
Wollin
Görzke
Naturpark Westhavelland
Biosphärenreservat Mittelelbe
Land Schollene
Havelland
Elbe-Parey
Fläming
Hoher Fläming
Naturpark Hoher Fläming
Baruther
Temnitztal
Ländchen Friesack
Ländchen Rhinow
Fiener Bruch
Gülper See
Elbe
Havel
Straße der Romanik
Deutsche Alleenstraße
Elbe-Havel-Kanal
Havelsche Mark
Wische
Gr. Wusterwitzer See
Plauer See
Beetzsee
E30
A

43

Beetzer Heide
Schleuener Heide
Grüneberg
Liebenwalde
Naturpark
Barnim
Oranienburg
Velten
Birkenwerder
Hohen Neuendorf
Hennigsdorf
Bernau
Zepernick
Wandlitz
Klosterfelde
Basdorf
Schönow
Ladeburg
Rhinluch
Ländchen Glien
Nauen
Brieselang
Falkensee
Dallgow-Döberitz
Wustermark
Spandau
Tegel
Flughafen Berlin-Tegel
BERLIN
Lichtenberg
Marzahn
Kaulsdorf
Biesdorf
Karlshorst
Neukölln
Tempelhof
Schöneberg
Steglitz
Zehlendorf
Wannsee
Kleinmachnow
Teltow
Stahnsdorf
Potsdam
Werder (Havel)
Ketzin
Michendorf
Beelitz
Saarmund
Ludwigsfelde
Mahlow
Blankenfelde
Großbeeren
Rangsdorf
Zossen
Trebbin
Flughafen Berlin Brandenburg
Flughafen Berlin Schönefeld
Schönefeld
Naturpark Nuthe Nieplitz
Kloster Lehnin
Lehnin
Brück
Borkheide
Fichtenwalde
Seddiner See
Glindow
Caputh
Schwielowsee
Ferch

0 5 km

Szczecin
25

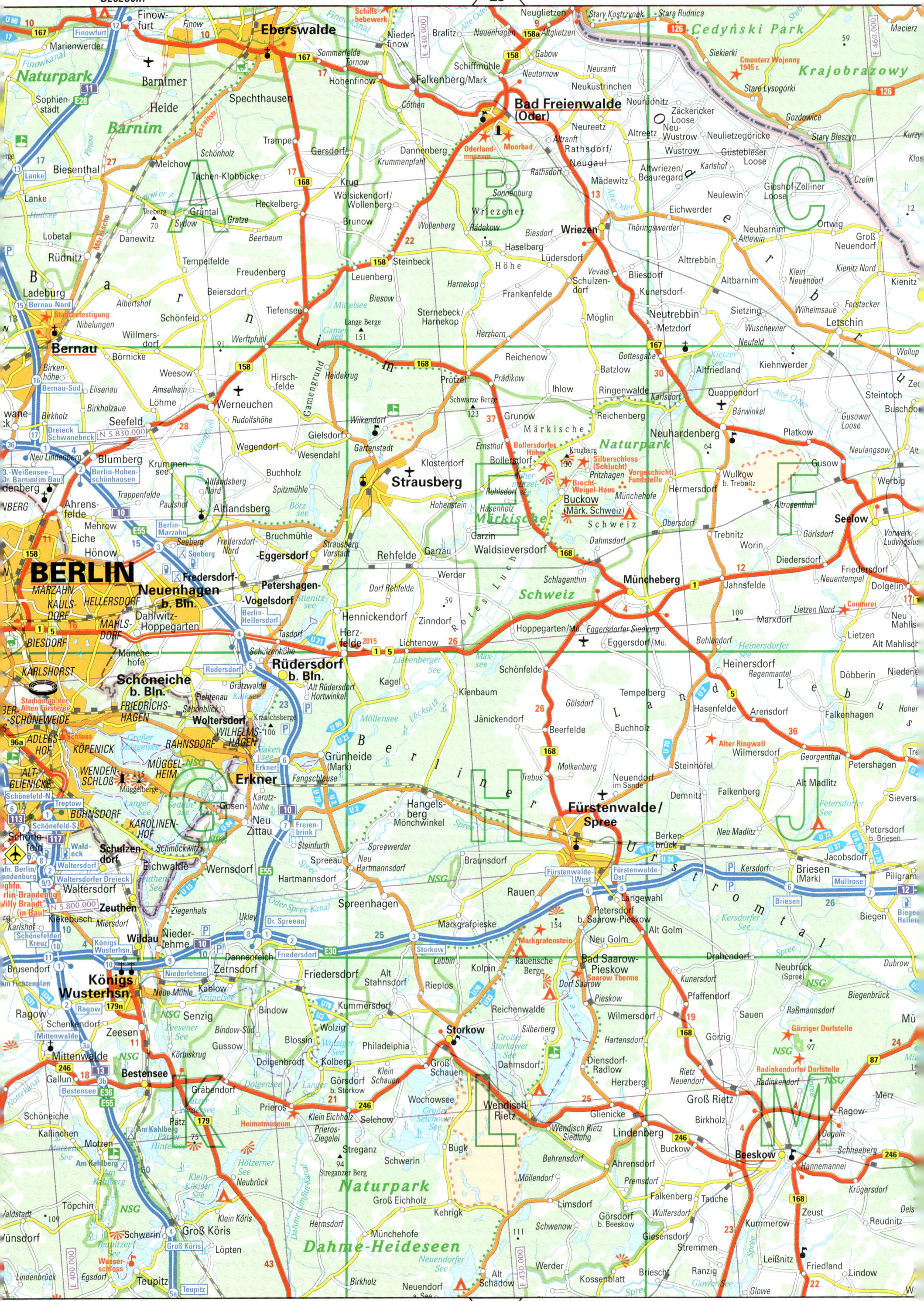

Cottbus/Dresden
45

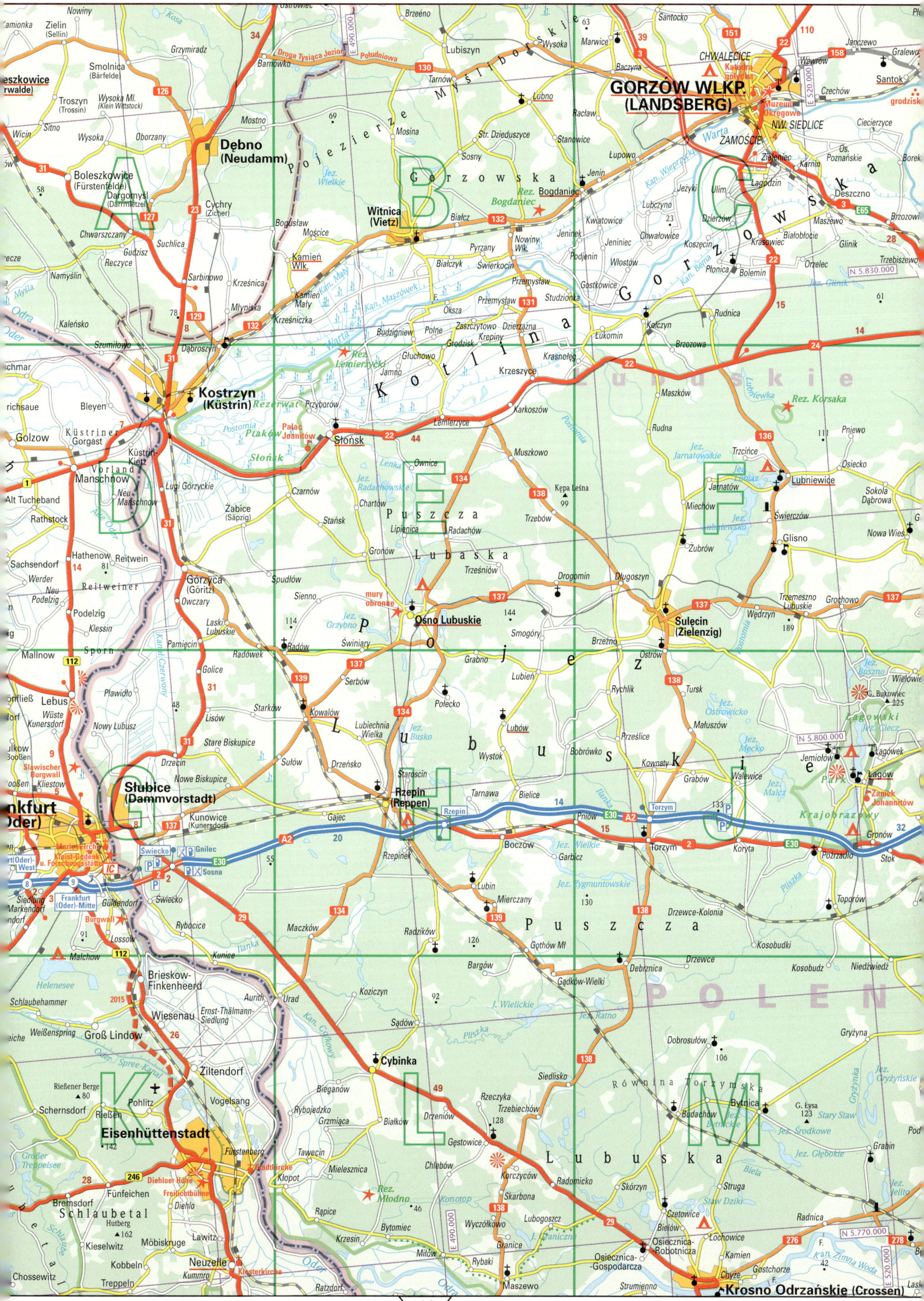
GORZÓW WLKP.
(LANDSBERG)
Dębno
(Neudamm)
Witnica
(Vietz)
Kostrzyn
(Küstrin)
Słońsk
Lubniewice
Ośno Lubuskie
Sulęcin
(Zielenzig)
Słubice
(Dammvorstadt)
Rzepin
(Reppen)
Cybinka
Eisenhüttenstadt
Krosno Odrzańskie (Crossen)
Frankfurt (Oder)
Łagów
Torzym
Boleszkowice
(Fürstenfelde)
Kunowice
(Kunersdorf)
Górzyca
(Göritz)
Neuzelle
Brieskow-Finkenheerd
Wiesenau
Groß Lindow
Ziltendorf
Vogelsang
Lebus
Golzow
Manschnow
Küstriner Vorland
Kietz
Santok
Bogdaniec
Deszczno
Krzeszyce
Ośno
Boczów
Pojezierze Myśliborskie
Gorzowska
Kotlina Gorzowska
Puszcza Lubuska
Pojezierze Lubuskie
Puszcza Rzepińska
Równina Torzymska
Lubuskie
POLEN
Schlaubetal
Rez. Lemierzycki
Rez. Korsaka
Rezerwat Ptaków Słońsk
Warta
Odra
A2
E30
E65
A
B
C
D
E
F
G
H
J
K
L
M

0 ——— 5 km

Zwolle Hengelo

Venlo 47 Venlo

ENSCHEDE
Gronau (Westf.)
Ochtrup
Neuenkirchen
Wettringen
Haaksbergen
Neede
Eibergen
Ahaus
Heek
Metelen
Steinfurt
Schöppingen
Horstmar
Laer
Groenlo
Vreden
Stadtlohn
Legden
Rosendahl
Billerbeck
Havixbeck
Winterswijk
Gescher
Südlohn
Coesfeld
Nottuln
Aalten
Velen
Rhede
Borken
Bocholt
Heiden
Reken
Dülmen
Raesfeld
Lüdinghausen
Haltern
Olfen
Schermbeck
Wesel
Dorsten
Marl
Datteln
Hünxe
Oer-Erkenschwick
RECKLINGHAUSEN
Waltrop
Voerde (Niederrhein)
Herten
Dinslaken
Gladbeck
Rheinberg
BOTTROP
GELSENKIRCHEN
HERNE
Castrop-Rauxel

Neuenkirchen
Emsdetten
Steinfurt
Greven
Tecklenburg
Lengerich
Ladbergen
Hasbergen
Georgsmarienhütte
Hagen a. T. W.
Bad Iburg
Hilter a. T. W.
Bad Rothenfelde
Dissen
Bissendorf
Glandorf
Lienen
Ostbevern
Versmold
Sassenberg
Telgte
Havixbeck
MÜNSTER
Warendorf
Harsewinkel
Nottuln
Everswinkel
Beelen
Herzebrock-Clarholz
Senden
Sendenhorst
Ennigerloh
Oelde
Drensteinfurt
Ascheberg
Lüdinghausen
Ahlen
Beckum
Olfen
Selm
Werne
HAMM
Lippetal
Waltrop
Lünen
Bergkamen
Kamen
Bönen
Welver
Soest
Bad Sassendorf
Werl
Unna
DORTMUND
Holzwickede
Ense
Wickede (Ruhr)
Möhnesee

Melle
Bünde
Kirchlengern
Bad Oeynhausen
Porta Westfalica
Bad Eilsen
Löhne
Rinteln
Hiddenhausen
Vlotho
Spenge
Enger
Herford
Kalletal
Extertal
Borgholzhausen
Werther (Westf.)
Bad Salzuflen
Halle (Westf.)
BIELEFELD
Lemgo
Steinhagen
Leopoldshöhe
Barntrup
Lage
Oerlinghausen
Detmold
Blomberg
Gütersloh
Schloss Holte-Stukenbrock
Augustdorf
Bad Meinberg
Verl
Horn-
Steinheim
Rheda-Wiedenbrück
Hövelhof
Schlangen
Rietberg
Nieheim
Eggegebirge
Delbrück
Bad Lippspringe
Altenbeken
Bad Driburg
Brakel
PADERBORN
Lippstadt
Salzkotten
Borchen
Geseke
Lichtenau
Willebadessen
Erwitte
Anröchte
Büren
Bad Wünnenberg
Teutoburger Wald
Lippischer Wald
Naturpark Eggegebirge und südlicher Teutoburger Wald
Paderborner Hochfläche
Sintfeld

Hannover
29 Hannover
Hannover

51
Kassel

Lengede
Salzgitter
Wolfenbüttel
Schöppenstedt
Elm
Lappwald
Bockenem
Langelsheim
Goslar
Vienenburg
Bad Harzburg
Ilsenburg (Harz)
Wernigerode
Seesen
Bad Gandersheim
Clausthal-Zellerfeld
Naturpark
Harz
Osterode a. Harz
Braunlage
Sankt Andreasberg
Herzberg a. Harz
Bad Lauterberg i. Harz
Bad Sachsa
Ellrich
Duderstadt
Nordhausen
Katlenburg
Lindau
Kalefeld
Schladen
Hornburg
Osterwieck
Elbingerode (Harz)
Rübeland
Hasselfelde
Benneckenstein (Harz)
Nationalpark
Großes Bruch
Harzvorland
Brocken 1142
Wolfsburg

Braunschweig 31 Stendal Brandenburg

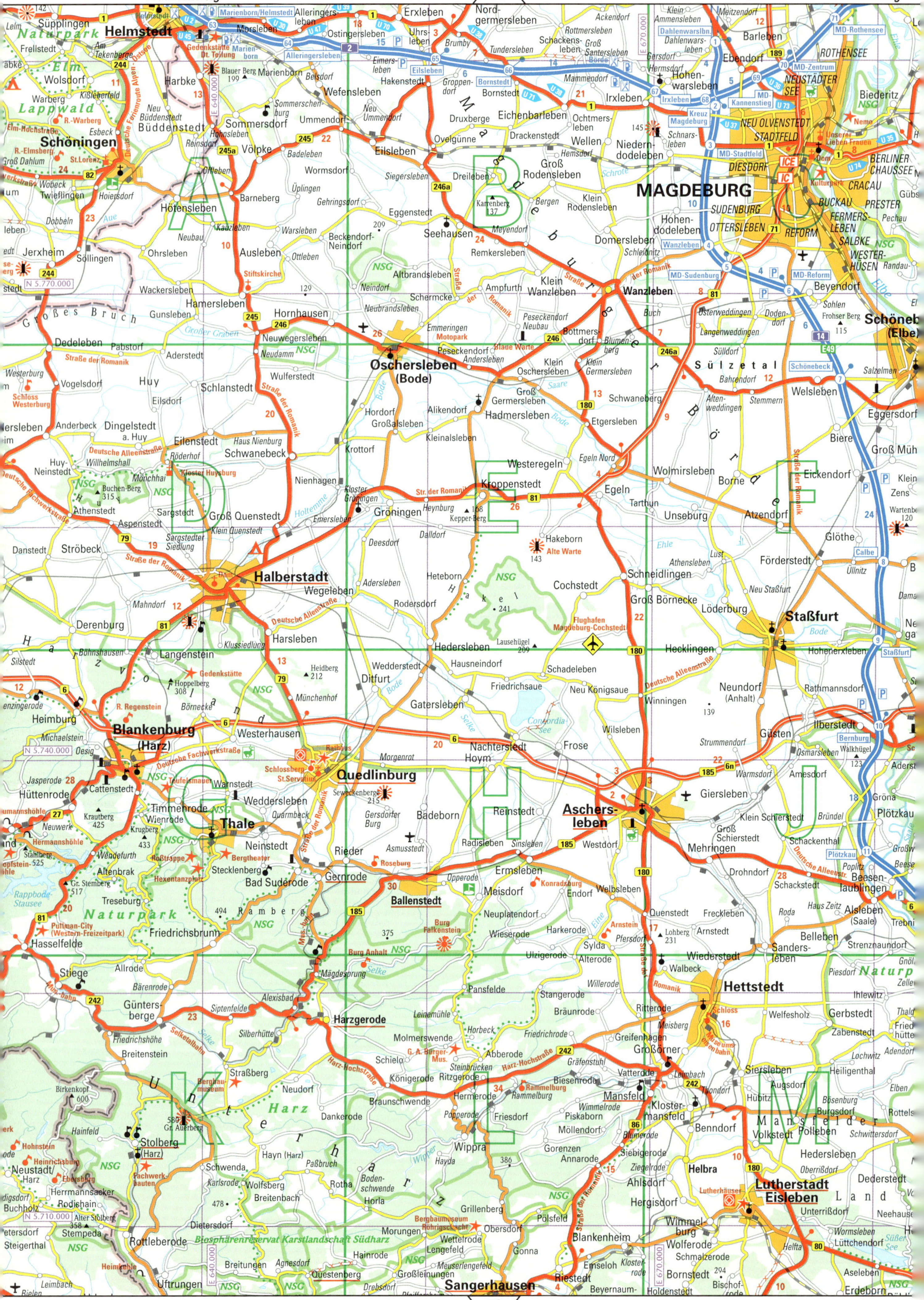

53

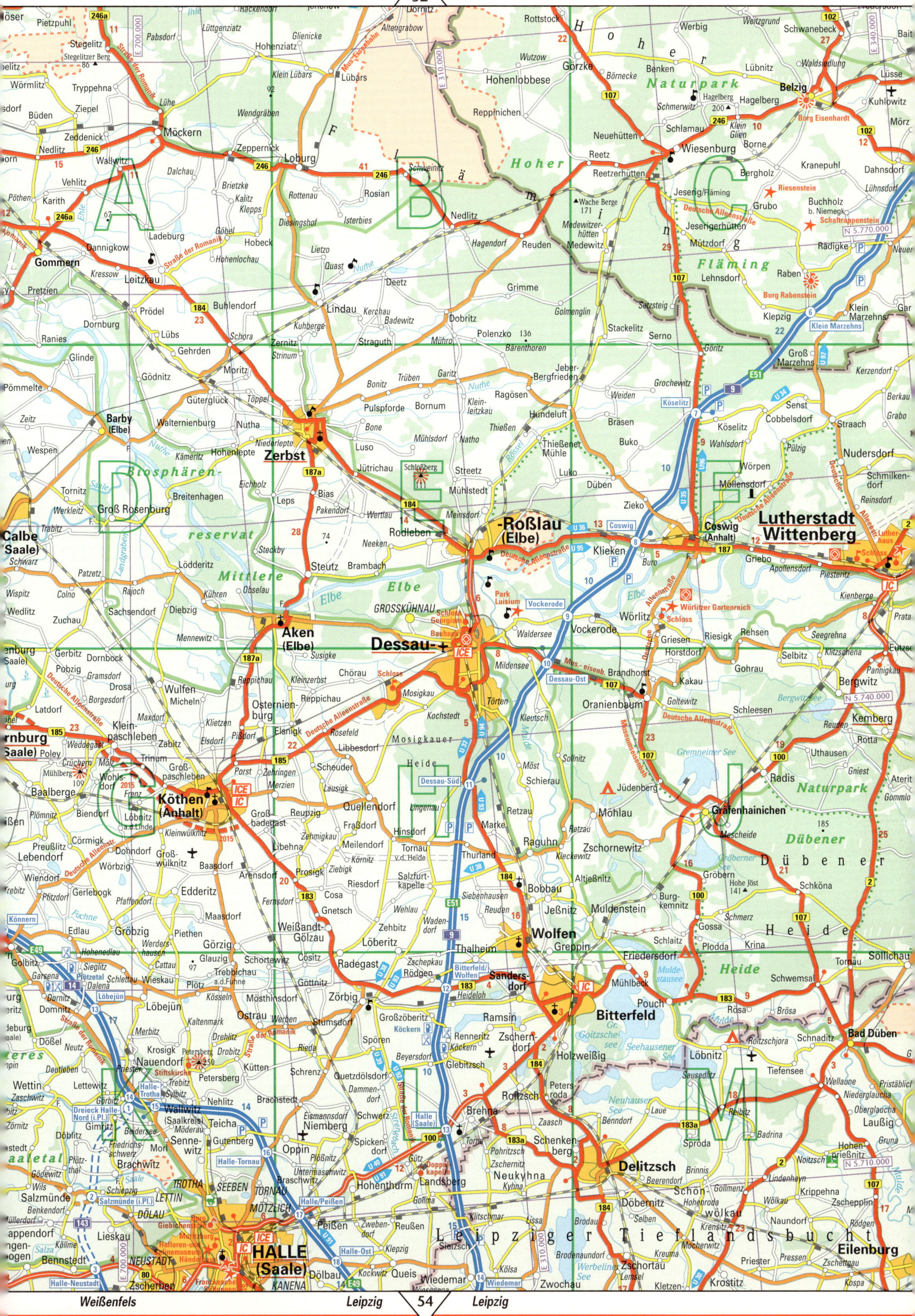
Lutherstadt Wittenberg
Dessau-Roßlau
Roßlau (Elbe)
Dessau
Zerbst
Köthen (Anhalt)
Bitterfeld
Wolfen
Delitzsch
HALLE (Saale)
Eilenburg
Bad Düben
Gräfenhainichen
Coswig (Anhalt)
Aken (Elbe)
Belzig
Wiesenburg
Möckern
Gommern
Loburg
Barby (Elbe)
Calbe (Saale)
Bernburg (Saale)
Oranienbaum
Kemberg
Löbejün
Landsberg
Sandersdorf
Zörbig
Brehna
Raguhn
Jeßnitz
Muldenstein
Greppin
Holzweißig
Leitzkau
Lindau
Nedlitz
Hohenlobbese
Reppinichen
Görzke
Lübars
Rosslau
Vockerode
Wörlitz
Griesen
Kakau
Mosigkau
Törten
Kochstedt
Quellendorf
Radegast
Osternienburg
Reppichau
Großpaschleben
Gröbzig
Ostrau
Niemberg
Teicha
Oppin
Hohenthurm
Peißen
Reußen
Queis
Zwochau
Krostitz
Schkona
Söllichau
Tornau
Schwemsal
Pouch
Friedersdorf
Rösa
Löbnitz
Sausedlitz
Reibitz
Sproda
Schenkenberg
Zschortau
Döbernitz
Selben
Beerendorf
Wiedemar
Kölsa
Klitschmar
Naturpark Hoher Fläming
Hoher Fläming
Biosphärenreservat Mittlere Elbe
Naturpark Dübener Heide
Dübener Heide
Mosigkauer Heide
Leipziger Tieflandsbucht
Elbe
Mulde
Saale
Nuthe
GROSSKÜHNAU
Deutsche Alleenstraße
Straße der Romanik
Burg Eisenhardt
Burg Rabenstein
Schloss
Bauhaus
Park Luisium
Wörlitzer Gartenreich
Muldestausee
Goitzschesee
Seehausener See
Gremminer See
Bergwitzsee
Hagelberg
Wache Berge 171
Hohe Jöst 141
E 310 000
E 700 000
E 340 000
N 5.770.000
N 5.740.000
N 5.710.000
A
B
C
D
E
F
G
H
I
K
L
M

0 5 km

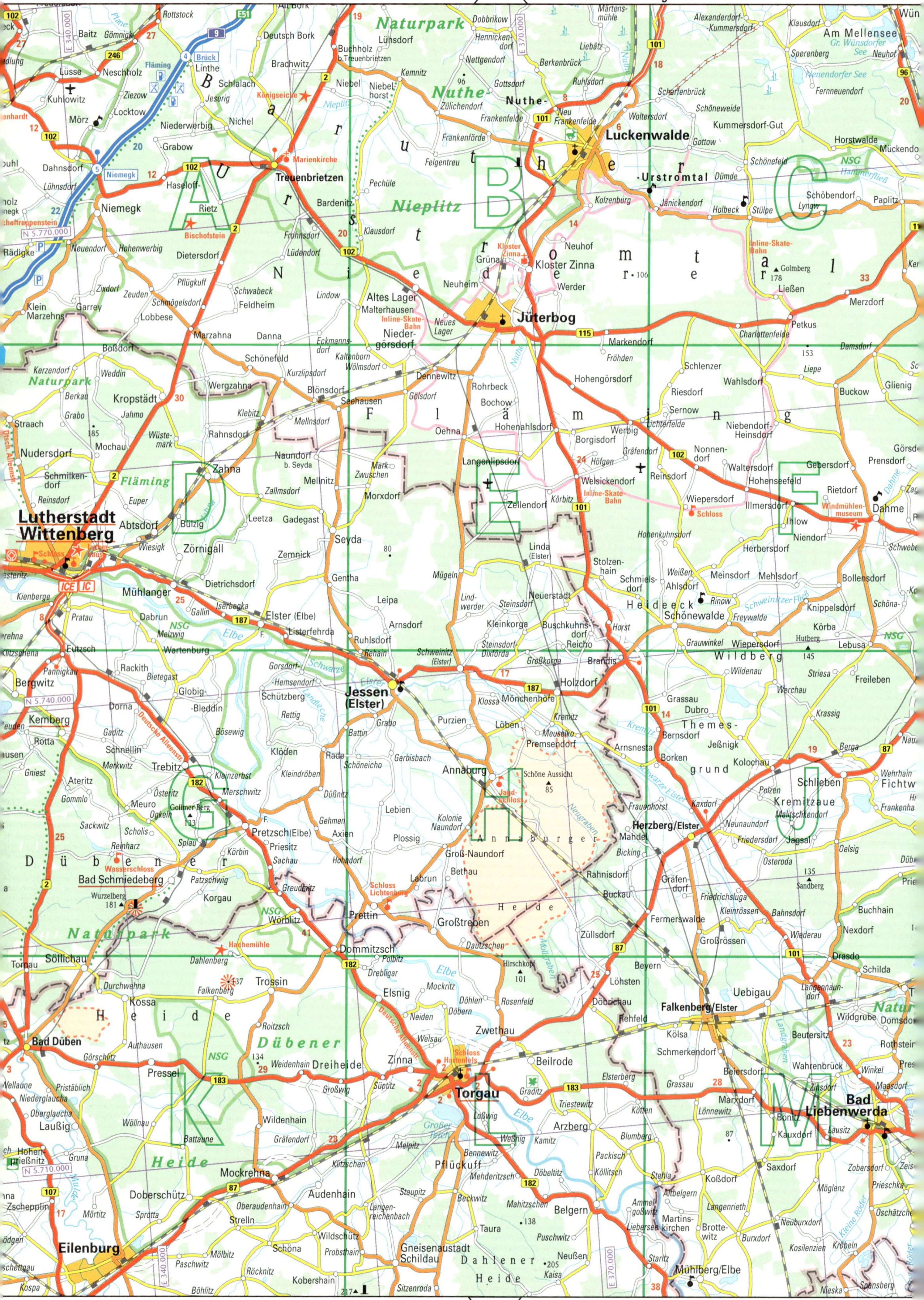
Naturpark Nuthe-Nieplitz
Luckenwalde
Treuenbrietzen
Jüterbog
Kloster Zinna
Niemegk
Lutherstadt Wittenberg
Zahna
Seyda
Jessen (Elster)
Elster (Elbe)
Annaburg
Schönewalde
Herzberg/Elster
Schlieben
Dahme
Kemberg
Bad Schmiedeberg
Pretzsch (Elbe)
Prettin
Dommitzsch
Bad Düben
Torgau
Falkenberg/Elster
Bad Liebenwerda
Eilenburg
Mühlberg/Elbe
Belgern
Mockrehna
Dahlener Heide
Dübener Heide
Annaburger Heide
Baruther Urstromtal
Fläming
Niederer Fläming
Elbe
Schwarze Elster

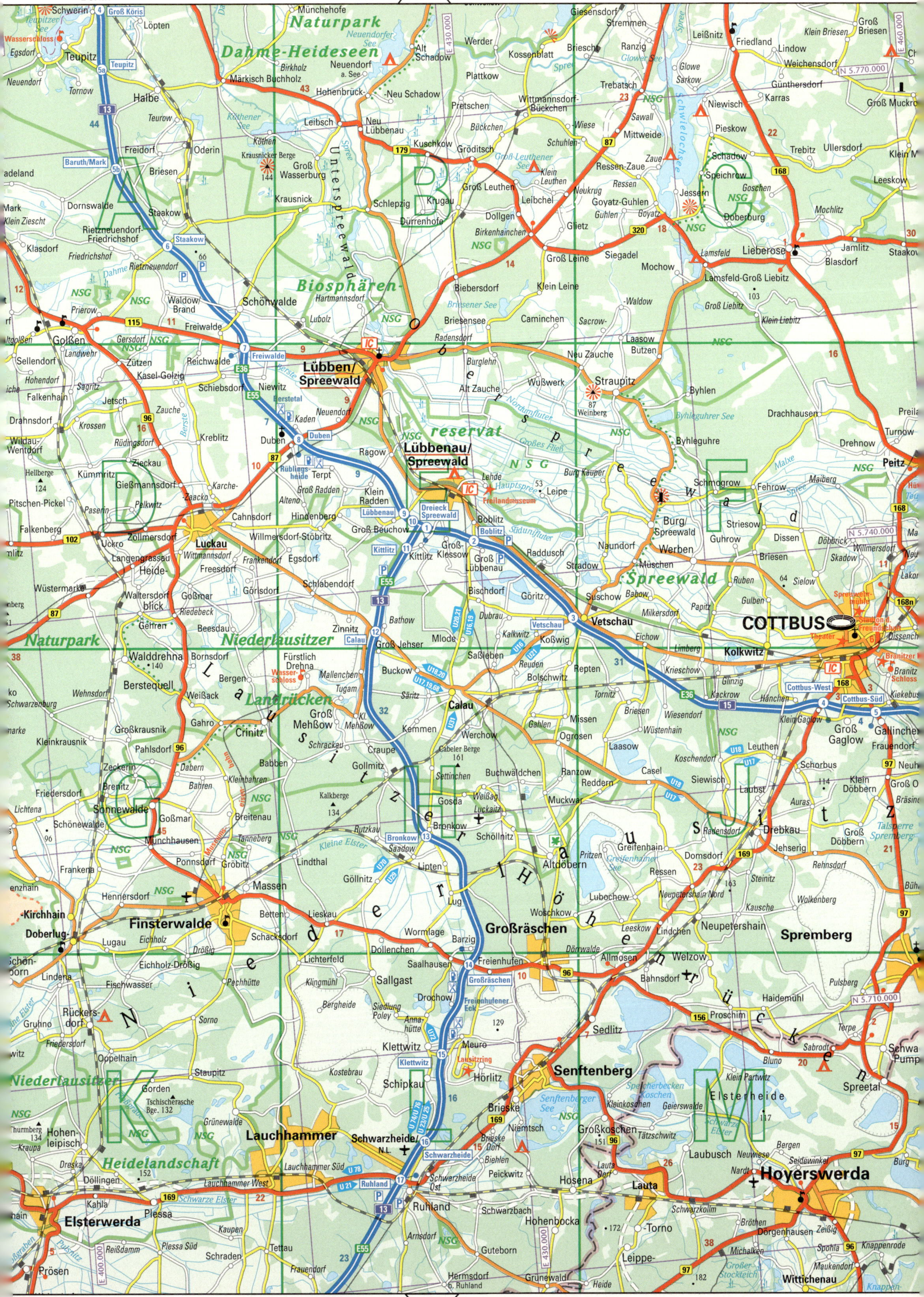
Naturpark
Dahme-Heideseen
Biosphären-
reservat
Oberspreewald
Spreewald
Naturpark
Niederlausitzer
Landrücken
Lausitzer Grenzwall
Niederlausitzer Heidelandschaft
Lausitzer Höhenrücken
Niederlausitzer
Heidelandschaft
Lübben/
Spreewald
Lübbenau/
Spreewald
COTTBUS
Luckau
Calau
Vetschau
Finsterwalde
Großräschen
Senftenberg
Lauchhammer
Schwarzheide
Elsterwerda
Hoyerswerda
Spremberg
Lauta
Ruhland
Doberlug-Kirchhain
Sonnewalde
Golßen
Teupitz
Halbe
Märkisch Buchholz
Lieberose
Peitz
Burg (Spreewald)
Straupitz
Kolkwitz
Drebkau
Altdöbern
Welzow
Neupetershain
Elsterheide
Hohenbocka
Plessa
Uebigau
Schwerin
Groß Köris
Löpten
Teurow
Freidorf
Briesen
Staakow
Schönwalde
Neu Zauche
Alt Zauche
Byhlen
Byhleguhre
Werben
Guhrow
Briesen
Dissen
Gallinchen
Groß Gaglow
Kiekebusch
Neuhausen
Welzow
Freienhufen
Hörlitz
Brieske
Schipkau
Klettwitz
Meuro
Sedlitz
Hosena
Tettau
Frauendorf
Schraden
Gröden
Hirschfeld
Lugau
Fischwasser
Massen
Betten
Sallgast
Drochow
Lichterfeld
Gahro
Crinitz
Babben
Gollmitz
Kemmen
Werchow
Buckow
Säritz
Zinnitz
Mlode
Saßleben
Reuden
Bolschwitz
Repten
Missen
Laasow
Casel
Reddern
Ranzow
Muckwar
Greifenhain
Domsdorf
Ressen
Luckaitz
Gosda
Bronkow
Schöllnitz
Lipten
Lug
Barzig
Wormlage
Dollenchen
Saalhausen
Lichtenau
Rückersdorf
Gruhno
Oppelhain
Staupitz
Gorden
Grünewalde
Lauchhammer West
Lauchhammer Süd
Kahla
Dresden
Berlin
E 430.000
E 460.000
E 400.000
N 5.770.000
N 5.740.000
N 5.710.000
E36
E55
13
15
96
87
102
115
169
168
97
156
179
320
NSG
IC
Freilandmuseum
Spreewehrmühle
Schloss Branitz
Wasserschloss
Tropical Islands

0 ▬▬ 5 km

35

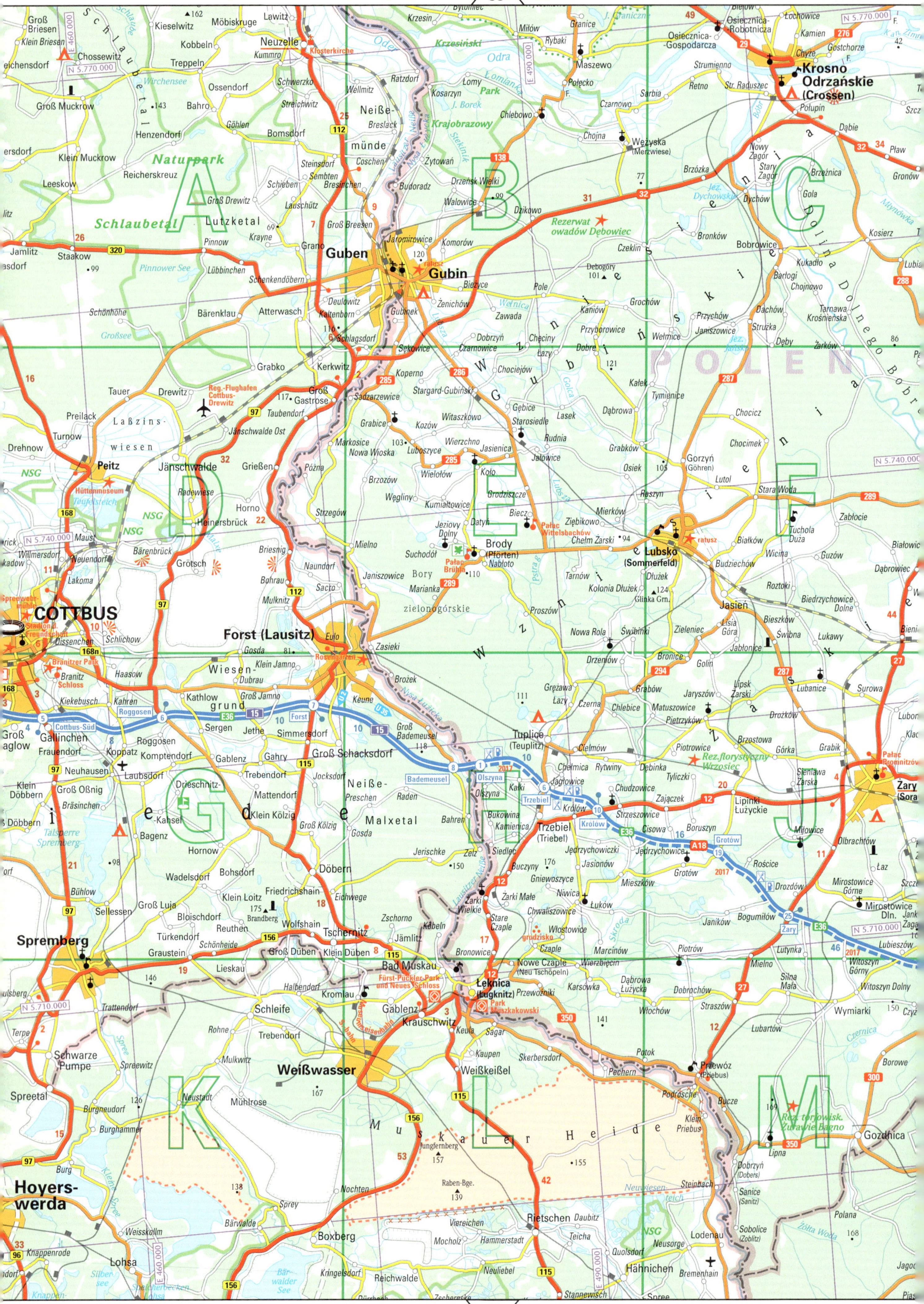
Neuzelle
Klosterkirche
Eisenhüttenstadt
Kieselwitz
Möbiskruge
Lawitz
Kobbeln
Treppeln
Chossewitz
Groß Briesen
Klein Briesen
Ossendorf
Schwerzko
Groß Muckrow
Bahro
Henzendorf
Bomsdorf
Klein Muckrow
Reicherskreuz
Naturpark
Schlaubetal
Schlaubetal
Leeskow
Lutzketal
Pinnow
Krayne
Jamlitz
Staakow
Pinnower See
Lübbinchen
Schenkendöbern
Guben
Gubin
Neiße-Malxetal
Neiße-Breslack
Coschen
Steinsdorf
Sembten
Bresinchen
Groß Drewitz
Lauschütz
Groß Breesen
Grano
Bärenklau
Atterwasch
Deulowitz
Kaltenborn
Schlagsdorf
Schönhöhe
Großsee
Grabko
Kerkwitz
Tauer
Drewitz
Reg.-Flughafen Cottbus-Drewitz
Groß Gastrose
Taubendorf
Jänschwalde Ost
Preilack
Turnow
Laßzinswiesen
Drehnow
Peitz
Jänschwalde
Grießen
Hüttenmuseum
Teufelsteich
Radewiese
Horno
Heinersbrück
NSG
Maust
Willmersdorf
Neuendorf
Bärenbrück
Grötsch
Briesnig
Bohrau
Naundorf
Sacro
Mulknitz
Lakoma
COTTBUS
Spreewehr-mühle
Stadion d. Freundschaft
Dissenchen
Schlichow
Forst (Lausitz)
Eulo
Rosengarten
Gosda
Klein Jamno
Wiesengrund
Dubrau
Branitzer Park
Branitz Schloss
Haasow
Kiekebusch
Kahren
Kathlow
Groß Jamno
Roggosen
Cottbus-Süd
Gallinchen
Frauendorf
Kopatz
Sergen
Jethe
Simmersdorf
Forst
Roggosen
Komptendorf
Gablenz
Gahry
Groß Schacksdorf
Neuhausen
Laubsdorf
Trebendorf
Jocksdorf
Klein Döbbern
Groß Oßnig
Drieschnitz-Kahsel
Mattendorf
Neiße-Malxetal
Bräsinchen
Klein Kölzig
Groß Kölzig
Preschen
Raden
Gosda
Döbbern
Talsperre Spremberg
Bagenz
Hornow
Jerischke
Bohsdorf
Wadelsdorf
Döbern
Eichwege
Bühlow
Groß Luja
Klein Loitz
Friedrichshain
Sellessen
Bloischdorf
Brandberg
Reuthen
Zschorno
Spremberg
Türkendorf
Wolfshain
Tschernitz
Jämlitz
Graustein
Schönheide
Groß Düben
Klein Düben
Lieskau
Bad Muskau
Halbendorf
Kromlau
Fürst-Pückler-Park und Neues Schloss
Trattendorf
Schleife
Gablenz
Krauschwitz
Terpe
Rohne
Trebendorf
Schwarze Pumpe
Mulkwitz
Weißwasser
Spreewitz
Spreetal
Neustadt
Mühlrose
Burgneudorf
Burghammer
Muskauer Heide
Jungfernberg
Raben-Bge.
Burg
Hoyerswerda
Nochten
Sprey
Bärwalde
Weisskollm
Boxberg
Knappenrode
Lohsa
Silbersee
Bärwalder See
Kringelsdorf
Reichwalde
Knappensee
Rietschen
Daubitz
Viereichen
Hammerstadt
Mocholz
Teicha
Neuliebel
Quolsdorf
Hähnichen
Stannewisch
Spree
Neuwiesenteich
Neusorge
Bremenhain
Lodenau
Steinbach
Krosno Odrzańskie (Crossen)
Osiecznica-Robotnicza
Osiecznica-Gospodarcza
Łochowice
Kamień
Chyże
Gostchorze
Strumienno
Retno
Str. Raduszec
Połupin
Dąbie
Krzesin
Krzesiński
Odra
Park Krajobrazowy
Łomy
Kosarzyn
Miłów
Rybaki
Granice
Maszewo
Połęcko
Sarbia
Czarnowo
Chlebowo
Chojna
Wężyska (Merzwiese)
Żytowań
Drzeńsk Wielki
Walowice
Dzików
Rezerwat owadów Dębowiec
Brzózka
Nowy Zagór
Stary Zagór
Brzeźnica
Gola
Dychów
Bronków
Bobrowice
Kosierz
Komorów
Ratzdorf
Budoradz
Jaromirowice
Czeklin
Debogóry
Kukadło
Bełogi
Chojnowo
Pole
Grochów
Kaniów
Przyborowice
Przychów
Janiszowice
Dachów
Strużka
Tarnawa Krośnieńska
Żeńchów
Zawada
Biezyce
Dobrzyń
Czarnowice
Chęciny
Łazy
Dobre
Wełmice
Dęby
Żarków
Sękowice
Koperno
Chociejów
Gubinek
Stargard Gubiński
Sadzarzewice
Grabice
Kozów
Gębice
Starosiedle
Łasek
Kałek
Tymienice
POLEN
Witaszkowo
Rudnia
Dąbrowa
Chocicz
Markosice
Nowa Wioska
Luboszyce
Wierzchno
Jasienica
Jałowice
Grabków
Chociméк
Brzozów
Wielotów
Koło
Osiek
Gorzyń (Göhren)
Lutol
Węgliny
Kumiałtowice
Grodziszcze
Reszyn
Stara Woda
Strzegów
Datyń
Biecz
Żebikowo
Mierków
Jeziory Dolny
Pałac Wittelsbachów
Chełm Żarski
Lubsko (Sommerfeld)
Białków
Tuchola Duża
Zabłocie
Białowice
Mielno
Suchodół
Brody (Pförten)
Nabłoto
Pałac Brühla
Budziechów
Wicina
Guzów
Dąbrowiec
Janiszowice
Bory
Marianka
Tarnów
Kolonia Dłużek
Dłużek
Glinka Grn.
Roztoki
Biedrzychowice Dolne
Jasień
Lisia Góra
Bieszków
Świbna
Łukawy
Zasieki
Proszów
Nowa Rola
Świbinki
Zieleniec
Jabłoniec
Brożek
Drzeniów
Bronice
Golin
Lipsk Żarski
Lubanice
Surowa
Grężawa
Łazy
Czerna
Chlebice
Grabów
Matuszowice
Jaryszów
Drożków
Keune
Groß Bademeusel
Tuplice (Teuplitz)
Pietrzyków
Brzostowa
Górka
Grabik
Pałac Promnitzów
Klein Bademeusel
Olszyna
Cielmów
Rytwiny
Dębinka
Piotrowice
Rez. florystyczny Wrzosiec
Tyliczki
Sieniawa Żarska
Żary (Sorau)
Jagłowice
Chełmica
Kałki
Chudzowice
Zajączek
Lipinki Łużyckie
Trzebiel
Królów
Strzeszowice
Cisowa
Boruszyn
Grotów
Bukowina
Kamienica
Trzebiel (Triebel)
Siedlec
Jędrzychowiczki
Jędrzychowice
Mielnica
Olbrachtów
Zelz
Buczyny
Jasionów
Mieszków
Grotów
Rościce
Drozdów
Łaz
Gniewoszyce
Żarki Wielkie
Żarki Małe
Niwica
Łuków
Mirostowice Górne
Mirostowice Dln.
Stare Czaple
Chwaliszowice
Włostowice
grodzisko
Janików
Bogumiłów
Lutynka
Lubieszów
Bronowice
Czaple
Marcinów
Piotrów
Mielno
Siłna Mała
Witoszyn Górny
Witoszyn Dolny
Łęknica (Lugknitz)
Nowe Czaple (Neu Tschöpeln)
Wierzbięcin
Park Mużakowski
Przewoźniki
Karsówka
Dąbrowa Łużycka
Dobrochów
Strasżów
Włochów
Wymiarki
Lubartów
Keula
Sagar
Kaupen
Weißkeißel
Skerbersdorf
Potok
Przewóz (Priebus)
Pechern
Podrosche
Bucze
Borowe
Klein Priebus
Rez. torfowisk Żurawie Bagno
Gozdnica
Lipna
Dobrzyń (Dobers)
Sanice (Sanitz)
Sobolice (Zoblitz)
Polana
Żółta Woda
Jagodzin
Dolina Dolnego Bobru
Krosno Odrz.
Nysa Łużycka
Lausitzer Neiße
Bobr
Czernica
Skroda
Lubsza
Pstrąg
Golca
Malxe
Spree
Wzniesienia Gubińskie
Wzgórza Dalkowskie
Wzniesienia Żarskie
Bory zielonogórskie
Odra
N 5.770.000
N 5.740.000
N 5.710.000
E 460.000
E 490.000
E36
A18
Roggosen
Forst
Bademeusel
Olszyna
Trzebiel
Królów
Grotów
Żary

57

Helmond
Deurne
Horst
Sevenum
Venlo
Tegelen
Straelen
Geldern
Kerken
Kamp-Lintfort
Neukirchen-Vluyn
Wachtendonk
Kempen
Krefeld
Tönisvorst
Nettetal
Grefrath
Meijel
Nederweert
Heythuysen
Haelen
Brüggen
Swalmen
Schwalmtal
Viersen
Willich
Kaarst
Roermond
Niederkrüchten
Mönchengladbach
Korschenbroich
Maasbracht
Wegberg
Maaseik
Echt
Wassenberg
Erkelenz
Jüchen
Grevenbroich
Susteren
Heinsberg
Hückelhoven
Sittard-Geleen
Gangelt
Linnich
Titz
Bedburg
Geilenkirchen
Schinnen
Beek
Brunssum
Nuth
Heerlen
Landgraaf
Übach-Palenberg
Baesweiler
Jülich
Elsdorf
Meerssen
Voerendaal
Valkenburg a.d. Geul
Kerkrade
Herzogenrath
Alsdorf
Aldenhoven
Niederzier
Simpelveld
Margraten
Würselen
Langerwehe
Merzenich
Eschweiler
Düren
Vaals
Aachen
Stolberg (Rhld.)

Dinslaken Wesel/Bottrop Wesel 37 Herne Herne Castrop-Rauxel

Euskirchen/Koblenz 59 Bonn Bonn Hennef Limburg

DORTMUND
Unna
Holzwickede
Fröndenberg
Wickede (Ruhr)
Ense
Möhnesee
Schwerte
Menden (Sauerland)
Naturpark Arnsberger Wald
Arnsberg
Hemer
Iserlohn
Hagen
Balve
Sundern (Sauerland)
Meschede
Nachrodt-Wiblingwerde
Altena
Neuenrade
Werdohl
Naturpark Homert
Eslohe (Sauerland)
Schalksmühle
Lüdenscheid
Plettenberg
Finnentrop
Schmallenberg
Halver
Herscheid
Kierspe
Lennestadt
Meinerzhagen
Attendorn
Ebbegebirge
Marienheide
Kirchhundem
Naturpark Rothaargebirge
Gummersbach
Bergneustadt
Drolshagen
Olpe
Hilchenbach
Wenden
Erndtebrück
Wiehl
Reichshof
Kreuztal
Nümbrecht
Freudenberg
Netphen
Morsbach
Waldbröl
SIEGEN
Wilnsdorf
Windeck
Betzdorf
Neunkirchen
Dietzhölztal

39
Dortmund

61
Gießen

GÖTTINGEN
Hofgeismar
Grebenstein
Immenhausen
Hannoversch Münden
Hann. Münden
Friedland
Rosdorf
Dransfeld
Fuldatal
Vellmar
KASSEL
Habichtswald
Wolfhagen
Niestetal
Kaufungen
Witzenhausen
Naturpark Meißner-Kaufunger Wald
Großalmerode
Bad Sooden-Allendorf
Helsa
Lohfelden
Schauenburg
Baunatal
Fuldabrück
Söhrewald
Hessisch Lichtenau
Eschwege
Waldkappel
Edermünde
Gudensberg
Felsberg
Fritzlar
Melsungen
Spangenberg
Wabern
Borken (Hessen)
Homberg (Efze)
Malsfeld
Morschen
Sontra
Rotenburg a.d. Fulda
Bebra
Wildeck
Schwalmstadt
Neukirchen
Oberaula
Kirchheim
Bad Hersfeld
Niederaula
Heringen (Werra)
Friedewald
Philippsthal (Werra)
Unterbreizbach
Seulingswald
Knüllgebirge
Naturpark Habichtswald
Reinhardswald

0 5 km

41

GÖTTINGEN
Duderstadt
Nordhausen
Worbis
Bleicherode
Leinefelde
Heilbad Heiligenstadt
Naturpark
Dingelstädt
Eichsfeld-
Obereichsfeld
Allendorf
Mühlhausen/ Thüringen
Schlotheim
Eschwege
Wanfried
Hainich-
Treffurt
Wehretal
Bad Langensalza
Nationalpark Hainich
Werratal
Creuzburg
Ringgau
Eisenach
Hörselberge
Gotha
Waltershausen
Friedrichroda
Ruhla
Thüringer Wald
Heringen (Werra)
Philippsthal (Werra)
Bad Salzungen
Bad Liebenstein
Tambach-Dietharz/ Thür. Wald
Ohrdruf
Kleinschmalkalden
Barchfeld
Vacha
Marksuhl
Großengottern
Tonna
Döllstädt
Ebeleben
Großbodungen
Breitenworbis
Dünwald
Deuna
Körner
Schönstedt
Lauchröden
Gerstungen
Mihla
Unstrut
Werra
Nesse
Hörsel

63

42

Sangerhausen
Lutherstadt Eisleben
Querfurt
Artern/Unstrut
Sondershausen
Bad Frankenhausen/Kyffhäuser
Kyffhäuser
Naturpark
Heldrungen
Roßleben
Nebra
Saale-Unstrut-Triasland
Sömmerda
Kölleda
Weißensee
Straußfurt
Eckartsberga
Bad Kösen
Apolda
Bad Sulza
Camburg
Dornburg/Saale
ERFURT
Weimar
Bad Berka
Blankenhain
Kranichfeld
JENA
Kahla
Arnstadt
Stadtilm
Rudisleben
Ichtershausen
Buttstädt
Bad Bibra
Laucha a.d. Unstrut
Freyburg
Schloßvippach
Ilmenau

64

0 5 km

Magdeburg 43 Dessau

Hof 65 Zwick

44

Plauen
66

0 5 km

Elsterwerda
Gröditz
Großenhain
Königsbrück
Bernsdorf
Wittichenau
Kamenz
Ottendorf-Okrilla
Pulsnitz
Radeberg
Großröhrsdorf
Bischofswerda
Meißen
Weinböhla
Coswig
Radebeul
DRESDEN
Moritzburg
Freital
Heidenau
Pirna
Stolpen
Neustadt i. Sa.
Wilsdruff
Dippoldiswalde
Glashütte
Altenberg
Bad Schandau
Königstein/ Sachs. Schw.
Děčín (Tetschen)
Großenhainer Pflege
Oberlausitz
Dresdner Heide
Osterzgebirge
Naturpark Erzgebirge/ Vogtland
Nationalpark Sächs. Schweiz
Elbsandsteingebirge
Děčínská

POLEN
Bautzen
Görlitz
Zgorzelec (Görlitz)
Niesky
Löbau
Zittau
Ebersbach
Neugersdorf
Rumburk (Rumburg)
Varnsdorf (Warnsdorf)
Šluknov (Schluckenau)
Bogatynia (Reichenau)
Frýdlant (Friedland)
LIBEREC (Reichenberg)
Česká Lípa (Böhmisch Leipa)
Nový Bor (Haida)
Česká Kamenice (Böhm. Kamnitz)
Jablonné v Podještědí (Deutsch Gabel)
Hrádek n. Nisou (Grottau)
Chrastava (Kratzau)
Weißenberg
Reichenbach/O.L.
Herrnhut
Wilthen
Kamenický Šenov (Stein-Schönau)
Cvikov (Zwickau)
Zákupy (Reichstadt)
Mimoň (Niemes)
Stráž p. Ralskem (Wartenberg)
Pieńsk
Zawidów (Seidenberg)
Sohland a.d. Spree
Kleinwelka
Großdubrau
Bernstadt a. d. Eigen
Königshainer
Oberlausitzer Heide- und Teichlandschaft
Biosphären-reservat
Národní park České Švýcarsko
CHKO Lužické hory
Jizerské hory
E40
A4
Praha

Kerkrade 47

68 Bitburg

Kerpen Köln 48 Köln Köln

Wittlich 69

0 5 km

49
Siegen

Mainz
70

50

Frankfurt a. M./Würzburg
Wiesbaden
Kelsterbach
Darmstadt
71
Hainburg
Aschaffenburg

0 — 5 km

51 Kassel

Alsfeld
Romrod
Schwalmtal
Feldatal
Lauterbach (Hessen)
Wartenberg
Bad Salzschlirf
Schlitz
Niederaula
Haunetal
Burghaun
Hünfeld
Rasdorf
Lautertal
Ulrichstein
Herbstein
Großenlüder
Petersberg
Fulda
Künzell
Eichenzell
Hofbieber
Dipperz
Poppenhausen (Wasserkuppe)
Ebersburg
Gersfeld (Rhön)
Neuhof
Flieden
Kalbach
Gedern
Hirzenhain
Birstein
Schlüchtern
Sinntal
Steinau a.d. Straße
Brachttal
Bad Soden-Salmünster
Büdingen
Wächtersbach
Gründau
Gelnhausen
Biebergemünd
Bad Orb
Linsengericht
Hasselroth
Jossgrund
Obersinn
Aura i. Sinngrund
Burgsinn
Mittelsinn
Bad Brückenau
Riedenberg
Wildflecken
Hammelburg
Naturpark
Vogelsberg
Hoher Vogelsberg
Hessische Rhön
Bayerische Rhön
Hessischer Spessart
Rhön

72

52

Bad Salzungen
Schmalkalden
Zella-Mehlis
Suhl
Meiningen
Schleusingen
Hildburghausen
Mellrichstadt
Bad Neustadt a.d. Saale
Bad Königshofen i. Grabfeld
Münnerstadt
Bad Kissingen
Ebern
Bad Rodach b. Coburg
Heldburg
Bad Colberg
Römhild
Themar
Wasungen
Schwallungen
Steinbach-Hallenberg
Oberhof
Ohrdruf
Tambach-Dietharz/ Thür. Wald
Breitungen/ Werra
Kaltennordheim
Ostheim v.d. Rhön
Nordheim v.d. Rhön
Fladungen
Bischofsheim
Stadtlauringen
Hofheim i. UFr.
Sulzdorf a.d. Lederhecke
Würzburg
Bad Liebenstein
Naturpark Thüringer Wald
Rhön
Haßberge
Naturpark

73
0 5 km

Ilmenau
Stadtilm
Rudolstadt
Pößneck
Bad Blankenburg
Königsee
Saalfeld/ Saale
Neuhaus a. Rennweg
Lauscha
Steinach
Eisfeld
Sonneberg
Neustadt b. Coburg
Rödental
Coburg
Kronach
Lichtenfels
Bad Staffelstein
Burgkunstadt
Kulmbach
Mainleus
Thüringer Wald
Schiefergebirge
Frankenwald
Naturpark Frankenwald

ZWICKAU
Werdau
Wilkau-Haßlau
Greiz
Reichenbach/Vogtland
Zeulenroda
Weida
Triptis
Schleiz
Plauen
Auerbach/Vogtland
Rodewisch
Treuen
Lengenfeld
Falkenstein/Vogtland
Klingenthal/Sachsen
Oelsnitz
Adorf
Markneukirchen
Bad Elster
Hof
Rehau
Helmbrechts
Schwarzenbach a.d. Saale
Münchberg
Selb
Aš (Asch)
Cheb (Eger)
Františkovy Lázně (Franzensbad)
Kraslice Graslitz
Elsterberg
Netzschkau
Mylau
Pausa/Vogtl.
Mühltroff
Tanna
Gefell
Trogen
Regnitzlosau
Naila/Selbitz
Selbitz
Schauenstein
Konradsreuth
Oberkotzau
Weißenstadt
Gefrees
Marktleuthen
Kirchenlamitz
Sparneck
Höchstädt i. Fichtelgebirge
Thierstein
Hohenberg a.d. Eger
Arzberg
Schirnding
Waldkirchen
Lichtentanne
Kirchberg
Auma
Hohenleuben
Triebes
Berga/Elster
Seelingstädt
Langenbernsdorf
Fraureuth
Neumark
Ebersbrunn
Treuen
Tirpersdorf
Werda
Bergen
Neustadt/Vogtland
Ellefeld
Grünbach
Schöneck/Vogtland
Eichigt
Triebel/Vogtland
Bösenbrunn
Burgstein
Krebes
Weischlitz
Reuth
Rosenbach
Feilitzsch
Gattendorf
Töpen
Hirschberg
Berg
Köditz
Leupoldsgrün
Zell
Weißdorf
Stammbach
Bad Brambach
Luby (Schönbach)
Plesná (Fleißen)
Skalná (Wildstein)
Hazlov (Haslau)
Libá
Erzgebirge
Vogtland
NSG
Naturpark
Sechsämterland
Fichtel-gebirge
Leipzig
Weiden
0 5 km

0 5 km

Chemnitz
55
Chemnitz
Lichtenstein/Sa.
Oelsnitz/Erzgeb.
Lugau/Erzgeb.
Stollberg/Erzgeb.
Thalheim/Erzgeb.
Zschopau
Gelenau/Erzgeb.
Wilkau-Haßlau
Marienberg
Wolkenstein
Olbernhau
Schneeberg
Aue
Zwönitz
Lößnitz
Schlema
Ehrenfriedersdorf
Geyer
Annaberg-Buchholz
Schwarzenberg/Erzgeb.
Raschau
Eibenstock
Johanngeorgenstadt
Oberwiesenthal
Bärenstein
Neudorf
Erzgebirge/Vogtland
Naturpark
Kadaň (Kaaden)
Klášterec n. Ohří (Klösterle a.d. Eger)
Vejprty (Weipert)
Kovářská (Schmiedeberg)
Jáchymov (St. Joachimsthal)
Nejdek (Neudek)
Hroznětín (Lichtenstadt)
Ostrov (Schlackenwerth)
Nová Role (Neu Rohlau)
Chodov (Chodau)
Karlovy Vary (Karlsbad)
Sokolov (Falkenau)
Habartov (Habersbirk)
Kraslice (Graslitz)
Rotava (Rothau)
Loket
Kynšperk n.O. (Königsberg)
Bečov n. Teplou (Petschau)
Toužim (Theusing)
Žlutice (Luditz)
Bochov
Doupovské hory
Poohří
CHKO
Slavkovský les
(Kaiserwald)
Tepelská vrchovina
76

Ústí n. Labem
(Aussig)
Teplice
(Teplitz-Schönau)
Litvínov
(Leutensdorf)
Duchcov
(Dux)
Bílina
(Bilin)
Most
(Brüx)
Jirkov
(Görkau)
Chomutov
(Komotau)
Lovosice
(Lobositz)
Litoměřice
(Leitmeritz)
Třebenice
(Trebnitz)
Libochovice
(Libochowitz)
Louny
(Laun)
Žatec
(Saaz)
Slaný
(Schlan)
Kladno
Rakovník
(Rakonitz)
Postoloprty
(Postelberg)
Podbořany
(Podersam)
N. Strašecí
(Neu Straschitz)
Terezín
(Theresienstadt)
Chabařovice
(Karbitz)
Krupka
(Graupen)
Dubí
(Eichwald)
Meziboří
(Schönbach)
Mníšek
(Einsiedel)
Křivoklátsko
CHKO
Erzgebirge
Vogtland
České středohoří
Dolnooharská tabule
Rakovnická pahorkatina
Džbán
Milešovka
836
Dresden
Plzeň

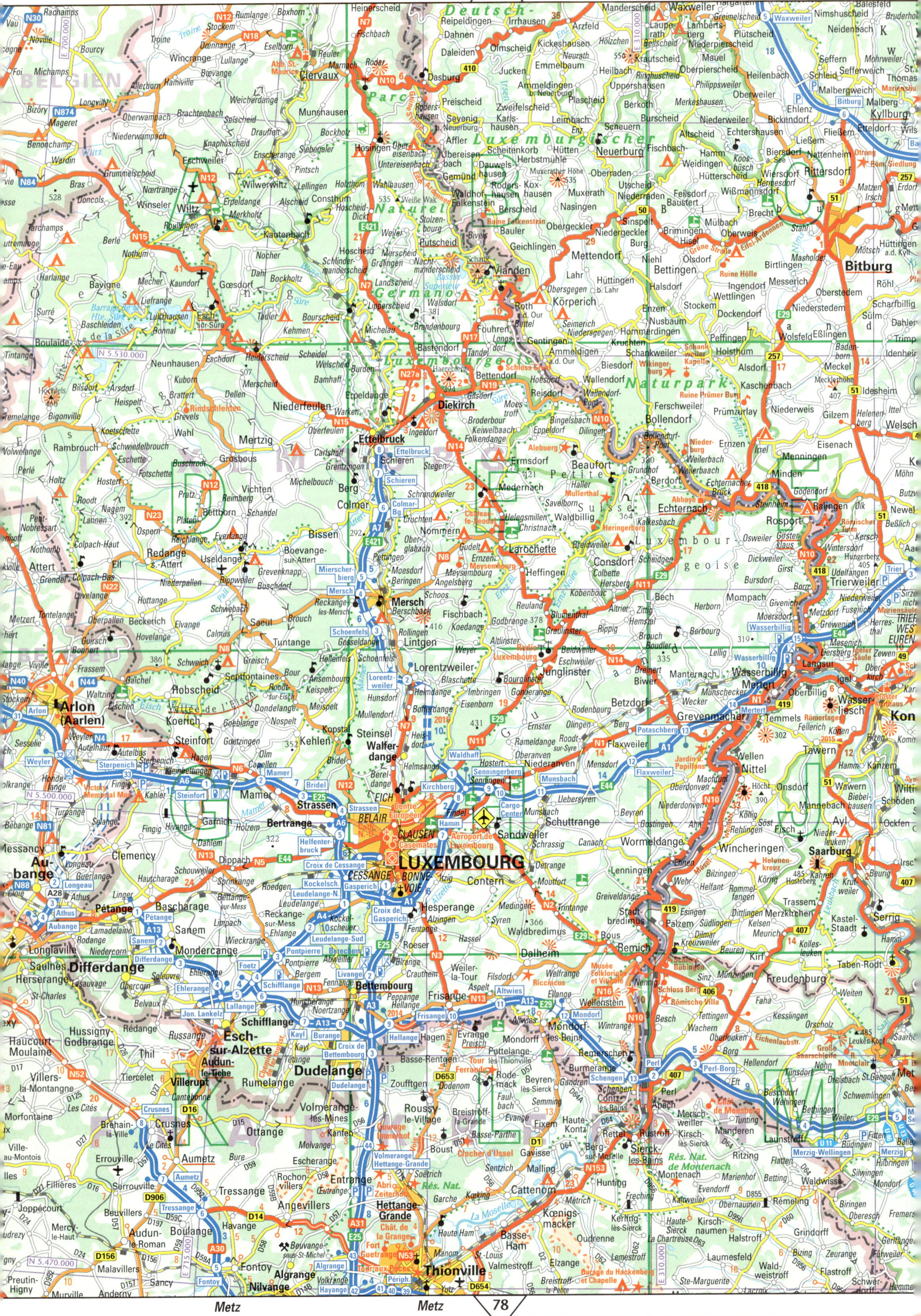
BELGIEN
Clervaux
Wiltz
Ettelbruck
Diekirch
Vianden
Mersch
Echternach
Larochette
Grevenmacher
Wasserbillig
Arlon (Aarlen)
LUXEMBOURG
Differdange
Esch-sur-Alzette
Dudelange
Bettembourg
Thionville
Hettange-Grande
Remich
Mondorf-les-Bains
Sierck-les-Bains
Perl
Merzig
Saarburg
Trier
Konz
Bitburg
Kyllburg
Neuerburg
Waxweiler
Deutsch-Luxemburgischer Naturpark
Luxembourgeoise
Petite Suisse Luxembourgeoise
Germano-Luxembourgeois
Villerupt
Audun-le-Tiche
Aubange
Pétange
Longwy
Steinfort
Bertrange
Strassen
Hesperange
Sandweiler
Schuttrange
Mamer
Junglinster
Betzdorf
Flaxweiler
Wormeldange
Nittel
Freudenburg
Mettendorf
Rosport
Langsur

Wittlich
TRIER
Bernkastel-Kues
Traben-Trarbach
Idar-Oberstein
Hermeskeil
Birkenfeld
St. Wendel
Kirn
Kusel
Kastellaun
Kirchberg (Hunsrück)
Morbach
Baumholder
Schweich
Zell (Mosel)
Enkirch
Eppelborn
Ottweiler
Schiffweiler
Illingen
Lebach
Tholey
Nohfelden
Freisen
Waldmohr
Schönenberg-Kübelberg
Rehlingen-Siersburg
Dillingen/Saar
Losheim a. See
Weiskirchen
Thalfang
Manderscheid
Landscheid
Salmtal
Neumagen-Dhron
Longuich
Kell a. See
Reinsfeld
Nonnweiler
Saar-Hunsrück
Naturpark

MAINZ
Bad Kreuznach
Alzey
KAISERSLAUTERN
Bad Dürkhm.
Bingen a.Rhein
Rüdesheim a.Rhein
Ingelheim a.Rhein
Eltville a.Rhein
Oestrich-Winkel
Geisenheim
Kirn
Bad Sobernheim
Simmern/Hunsrück
Rockenhausen
Kirchheimbolanden
Grünstadt
Eisenberg (Pfalz)
Enkenbach
Otterberg
Landstuhl
Ramstein-Miesenbach
Miesenbach
Lauterecken
Wörrstadt
Naturpark Rhein-Taunus
Naturpark Pfälzer-Wald
Rheinhessisches Hügelland
Hunsrück

FRANKFURT a. M.
OFFENBACH a.M.
Hanau
Aschaffenburg
DARMSTADT
Rüsselshm.
Dreieich
Langen
Dietzenbach
Rodgau
Seligenstadt
Babenhausen
Rödermark
Dieburg
Groß-Zimmern
Groß-Umstadt
Roßdorf
Ober-Ramstadt
Reinheim
Mühltal
Griesheim
Weiterstadt
Büttelborn
Groß-Gerau
Riedstadt
Pfungstadt
Seeheim-Jugenhm.
Bensheim
Lorsch
Heppenheim (Bergstr.)
Worms
Bürstadt
Lampertheim
Weinhm.
Viernheim
MANNHM.
LUDWIGSHFN. a. Rh.
HEIDELBG.
Schriesheim
Ladenburg
Eppelheim
Brühl
Schwetzingen
Neckargemünd
Eberbach
Michelstadt
Erbach
Höchst i. Odw.
Bad König
Breuberg
Lindenfels
Fürth
Rimbach
Mörlenbach
Birkenau
Wald-Michelbach
Beerfelden
Hemsbach
Hirschhorn (Neckar)
Lautertal (Odenwald)
Modautal
Fischbachtal
Reichelsheim (Odenwald)
Naturpark Bergstraße-Odenwald
Neckartal-Odenwald

0 — 5 km

1:300 000 · 1cm ≙ 3 km

Schweinfurt
Haßfurt
Ebern
Knetzgau
Eltmann
Werneck
Gerolzhofen
Volkach
Kitzingen
Schlüsselfeld
Höchstadt a.d. Aisch
Ochsenfurt
Neustadt a.d. Aisch
Markt Bibart
Scheinfeld
Uffenheim
Bad Windsheim
Langenzenn
Rothenburg o.d. Tauber
Naturpark Haßberge
Steigerwald
Naturpark Frankenhöhe

Lichtenfels
64

Cheb
(Eger)
Wunsiedel
Fichtelgebirge
Naturpark
Arzberg
Marktredwitz
Waldsassen
Mitterteich
Tirschenreuth
Weidenberg
Kemnath
Speichersdorf
Erbendorf
Steinwald
Windischeschenbach
Neustadt a. Kulm
Pressath
Eschenbach i.d. Opf.
Kirchenthumbach
Grafenwöhr
Neustadt a.d. Waldnaab
Altenstadt a.d. Waldnaab
Weiden i.d. Opf.
Manteler Forst
Nördlicher Oberpfälzer Wald
Oberpfälzer Wald
Bärnau
Floß
Flossenbürg
Georgenberg
Vohenstrauß
Moosbach
Pleystein
Waidhaus
Vilseck
Freihung
Hirschau
Schnaittenbach
Wernberg-Köblitz
Tännesberg
Pfreimd
Sulzbach-Rosenberg
Amberg
Kümmersbruck
Freudenberg
Nabburg
Schmidgaden
Schwarzenfeld
Fensterbach
Niedermurach
Oberviechtach
Teunz
Neunburg vorm Wald
Ursensollen
Hirschwald
Kastl
Hahnbach
Poppenricht
Regensburg

0 — 5 km

66

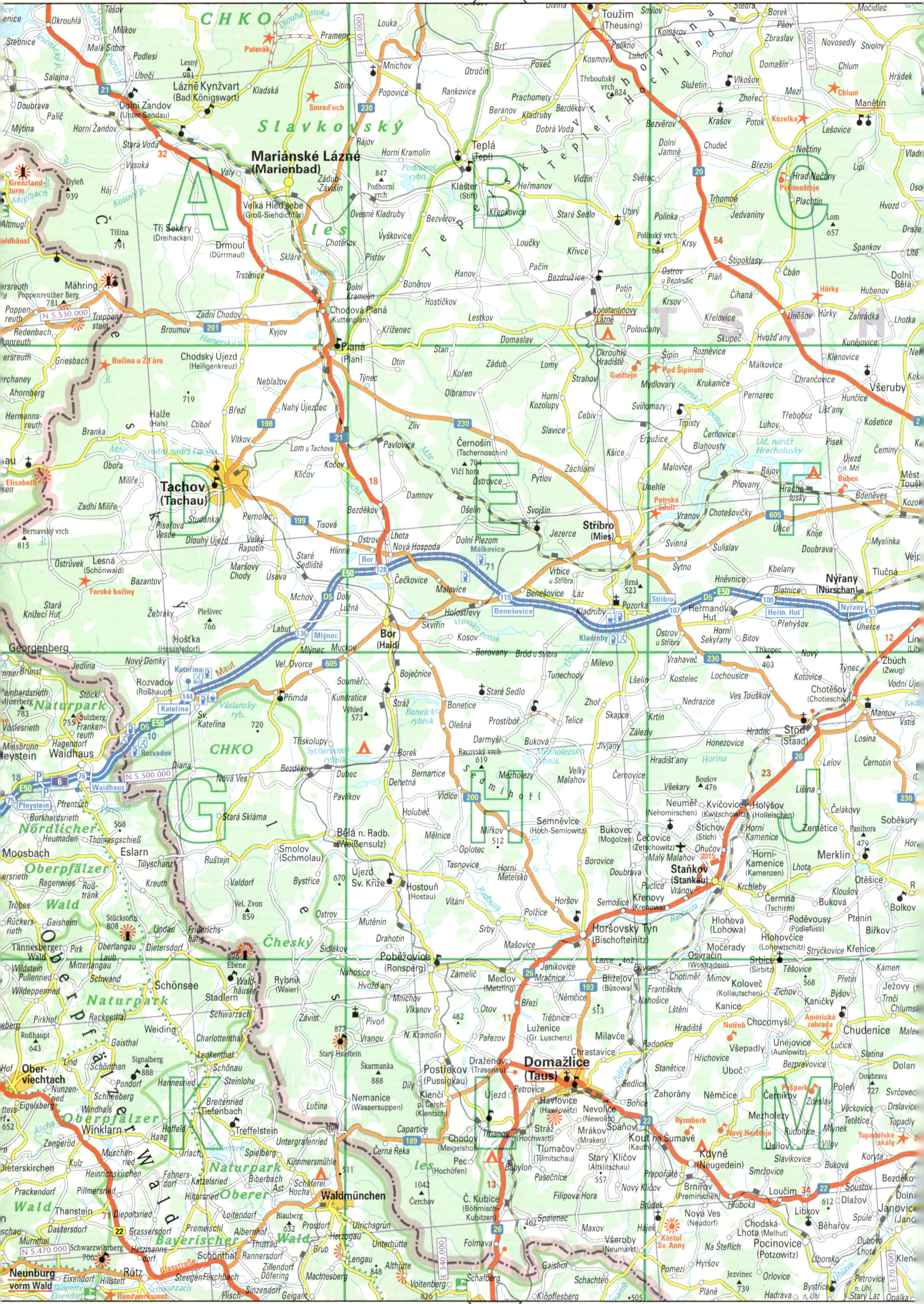
CHKO
Slavkovský les
Mariánské Lázně
(Marienbad)
Lázně Kynžvart
(Bad Königswart)
Teplá
(Tepl)
Toužim
(Theusing)
Tepelská vrchovina (Tepler Hochland)
Planá
(Plan)
Chodová Planá
(Kuttenplan)
Tachov
(Tachau)
Stříbro
(Mies)
Nýřany
(Nürschan)
Bor
(Haid)
Stod
(Staad)
Rozvadov
(Roßhaupt)
Waidhaus
Stańkov
(Stankau)
Horšovský Týn
(Bischofteinitz)
Poběžovice
(Ronsperg)
Domažlice
(Taus)
Kdyně
(Neugedein)
Waldmünchen
Ober-
viechtach
Winklarn
Schönsee
Neunburg
vorm Wald
Rötz
Naturpark
Nördlicher Oberpfälzer Wald
Naturpark Oberpfälzer Wald
Naturpark Oberer Bayerischer Wald
Český les
CHKO
Sedmihoří
Merklín
Chudenice
Georgenberg
Moosbach
Eslarn
Mähring
T S C H

86

67

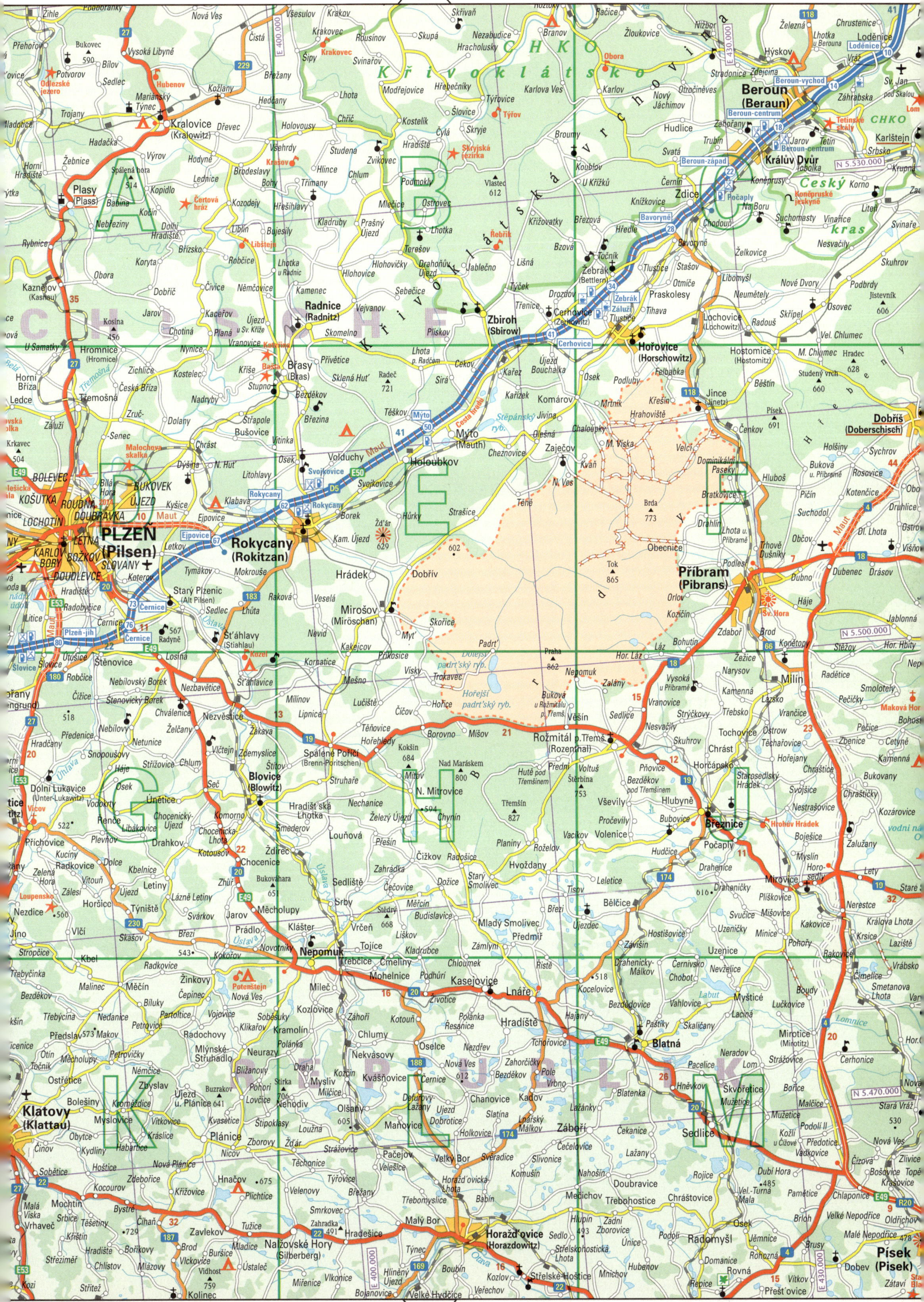
Plzeň (Pilsen)
Rokycany (Rokitzan)
Beroun (Beraun)
Příbram (Pribrans)
Hořovice (Horschowitz)
Zbiroh (Sbirow)
Radnice (Radnitz)
Kralovice (Kralowitz)
Plasy
Klatovy (Klattau)
Nepomuk
Blovice (Blowitz)
Horažďovice (Horazdowitz)
Blatná
Březnice
Rožmitál p. Třem.
Mýto (Mauth)
Dobříš (Doberschisch)
Písek (Pisek)
Sedlice
Kasejovice
Spálené Poříčí (Brenn-Poritschen)
Mirošov (Miröschan)
Nalžovské Hory (Silberberg)
Králův Dvůr
Zdice
Žebrák (Bettlern)
Cerhovice (Zerhowitz)
Lochovice (Lochowitz)
Hostomice (Hostomitz)
Jince (Jinetz)
Milín
Starý Plzenec (Alt Pilsen)
Šťáhlavy (Stiahlau)
Dolní Lukavice (Unter-Lukawitz)
Hradišťská Lhotka
CHKO Křivoklátsko
Brdy
Český kras
CHKO
Křivoklátská vrchovina
Hřebeny
Praha 862
Tok 865
Brda 773
Koňiprusy
Tetínské skály
Hořejší padrťský ryb.
Dolejší padrťský ryb.
Maut
E50
E49
E53
E4 400.000
E 430.000
N 5.530.000
N 5.500.000
N 5.470.000

87

0 5 km

Thionville
Hayange
Florange
Fameck
Uckange
Guénange
Bouzonville
Amnéville
Hagondange
Talange
Rombas
Moyeuvre-Grande
Briey
Homecourt
Jarny
Conflans-en-Jarnisy
Maizières-lès-Metz
METZ
Montigny-lès-Metz
Woippy
Longeville-lès-Metz
Ars-sur-Moselle
Courcelles-Chaussy
Boulay-Moselle
Faulquemont
Rémilly
Pont-à-Mousson
Dieulouard
Pompey
Frouard
Liverdun
Champigneulles
Malzéville
NANCY
Laxou
Villers
Vandœuvre
Tomblaine
Jarville-la-Malgrange
Essey-lès-N.
Seichamps
Toul
Ecrouves
Château-Salins
Vic-sur-Seille
Marsal
Moyenvic
Delme
Nomeny
Morhange
Thiaucourt-Regniéville
Parc Naturel Régional de Lorraine
Forêt de Haye

Rehlingen-Siersburg
Dillingen/Saar
Saarwellingen
Saarlouis
Schwalbach
Püttlingen
Riegelsberg
Wadgassen
Völklingen
Eppelborn
Illingen
Ottweiler
Schiffweiler
Neunkirchen
Bexbach
Homburg
Friedrichsthal
Quierschied
Sulzbach/Saar
Spiesen-Elversberg
St. Ingbert
Kirkel
Zweibrücken
Contwig
Saarbrücken
Blieskastel
Großrosseln
Petite-Rosselle
Stiring-Wendel
Forbach
Spicheren
Freyming-Merlebach
Behren-lès-Forbach
Kleinblittersdorf
Mandelbach-tal
Gersheim
Hombourg-Haut
Farébersviller
Sarreguemines
Woelfling-lès-Sarreguemines
Puttelange-aux-Lacs
Rohrbach-lès-Bitche
Bitche
Sarralbe
Keskastel
Sarre-Union
Drulingen
Phalsbourg
Saverne
Sarrebourg
Lorquin
Parc Naturel Régional des Vosges du Nord
Plateau Lorraine
0 5 km

Landstuhl
Bruchmühlbach-Miesau
Trippstadt
Neustadt a.d. Weinstr.
Deidesheim
Lambrecht (Pfalz)
Elmstein
Waldfischbach-Burgalben
Rodalben
Pirmasens
Edenkoben
Landau i.d. Pfalz
Annweiler a. Trifels
Dahn
Bad Bergzabern
Kandel
Wörth a. Rhein
Hauenstein
Lemberg
Wissembourg
Lauterbourg
Niederbronn-les-Bains
Reichshoffen
Haguenau
Bischwiller
Brumath
Seltz
Rastatt
Baden-Baden
Sinzheim
Bühl
Rheinau
Hochfelden
Lichtenau
Ottersweier
Pfälzer wald
Naturpark
Wasgau
Parc Naturel Régional des Vosges du Nord
Forêt de Haguenau
Bienwald
FRANKREICH
Deutsche Weinstraße
Route des Vins
Durmersheim
Hagenbach
Herxheim
Offenbach a.d. Queich
Rheinstetten

Limburgerhof
Schifferstadt
Speyer
Brühl
Schwetzingen
Eppelheim
Oftersheim
Plankstadt
HEIDELBERG
Neckargemünd
Mosbach
Obrigheim
Leimen
Sandhausen
Walldorf
Hockenheim
Nußloch
Wiesloch
Meckesheim
Sinsheim
Waibstadt
Bad Rappenau
Gundelsheim
Bad Wimpfen
St. Leon-Rot
Philippsburg
Waghäusel
Bad Schönborn
Östringen
Germersheim
Weiher
Neudorf
Ubstadt-Weiher
Kraichtal
Bruchsal
Graben-Neudorf
Linkenheim-Hochstetten
Karlsdorf-Neuthard
Eppingen
Schwaigern
Leingarten
Stutensee
Weingarten (Baden)
Bretten
Knittlingen
Brackenheim
Güglingen
Lauffen a. Neckar
KARLSRUHE
Durlach
Pfinztal
Walzbachtal
Ettlingen
Remchingen
Königsbach-Stein
Neulingen
Mühlacker
Maulbronn
Sachsenheim
Besigheim
Bietigheim-Bissingen
Vaihingen a.d. Enz
Niefern-Öschelbronn
PFORZHEIM
Waldbronn
Karlsbad
Keltern
Straubenhardt
Markgröningen
Möglingen
Asperg
Neuenbürg
Bad Herrenalb
Bad Wildbad i. Schwarzwald
Schömberg
Bad Liebenzell
Calw
Weil der Stadt
Renningen
Leonberg
Ditzingen
Gerlingen
Korntal
STUTTGART
Sindelfingen
Leinfelden-Echterdingen
Gernsbach
Forbach
Naturpark Neckartal-Odenwald
Naturpark Stromberg-Heuchelberg
Naturpark Schwarzwald Mitte/Nord

Mosbach
Neckarsulm
Bad Friedrichshall
Bad Rappenau
Bad Wimpfen
HEILBRONN
Weinsberg
Obersulm
Möckmühl
Neuenstadt am Kocher
Öhringen
Bretzfeld
Künzelsau
Ingelfingen
Schwäbisch Hall
Gaildorf
Murrhardt
Backnang
Lauffen a. Neckar
Besigheim
Bietigheim-Bissingen
Ludwigsburg
Kornwestheim
Marbach a. N.
Waiblingen
Winnenden
Schorndorf
Welzheim
Rudersberg
Lorch
Schwäbisch Gmünd
Göppingen
Eislingen/Fils
Esslingen a. Neckar
Plochingen
Ostfildern
Denkendorf
Wendlingen a. N.
Leinfelden-Echterdingen
STUTTGART
Fellbach
Weinstadt
Remshalden
Uhingen
Ebersbach a. d. Fils
Wernau a. N.
Krautheim
Schöntal
Hohenloher Ebene
Naturpark Schwäbisch-Fränkischer Wald
Mainhardt
Oberstenfeld
Beilstein
Abstatt
Untergruppenbach
Sulzbach a. d. Murr
Welzheimer Wald
Frankische Platte

Rothenburg o.d. Tauber
Ansbach
Heilsbronn
Neuendettelsau
Windsbach
Leutershausen
Herrieden
Schillingsfürst
Dombühl
Crailsheim
Feuchtwangen
Dinkelsbühl
Bechhofen
Gunzenhausen
Wassertrüdingen
Oettingen i. Bayern
Ellwangen (Jagst)
Aalen
Bopfingen
Nördlingen
Harburg (Schwaben)
Donauwörth
Wemding
Heidenheim a. d. Brenz
Neresheim
Monheim
Kaisheim
Ellenberg
Fichtenau
Stimpfach
Wallhausen
Satteldorf
Schopfloch
Dürrwangen
Weiltingen
Wilburgstetten
Mönchsroth
Unterschneidheim
Riesbürg
Mönchsdeggingen
Möttingen
Hainsfarth
Munningen
Wechingen
Hüttlingen
Westhausen
Lauchhammer
Essingen
Oberkochen
Königsbronn
Steinheim a. Albuch
Dischingen
Merkendorf
Wolframs-Eschenbach
Lichtenau
Dentlein a. Forst
Langfurth
Wittelshofen
Gerolfingen
Ehingen
Fremdingen
Marktoffingen
Wallerstein
Alerheim
Deiningen
Fünfstetten
Wolferstadt
Polsingen
Heidenheim
Dittenheim
Weidenbach
Ornbau
Arberg
Muhr a. See
Fränkisches Seenland
Haundorf
Rainau
Jagstzell
Rosenberg
Bissingen
Tapfheim
Rot a. See
Frankenhöhe
Naturpark Frankenhöhe
Virngrund
Wörnitz
Westl. Heide
Östl. Heide
Ries
Hahnenkamm
Härtsfeld
Schwäbische Alb
Burgenstraße
Romantische Straße
Deutsche Ferienroute Alpen-Ostsee
Deutsche Limesstraße
E50
E43
0 5 km

Nürnberg 74 Amberg Nürnberg

Augsburg 92 München

Schwandorf
Naturpark
Oberpfälzer Wald
Neunburg vorm Wald
Wackersdorf
Steinberg
Bodenwöhr
Bruck i.d. Opf.
Oberer Bayerischer Wald
Burglengenfeld
Teublitz
Maxhütte-Haidhof
Nittenau
Kallmünz
Parsberg
Velburg
Hohenfels
Beratzhausen
Hemau
Regenstauf
Wolfsegg
Bernhardswald
Zeitlarn
REGENSBURG
Donaustauf
Tegernheim
Barbing
Neutraubling
Obertraubling
Pentling
Sinzing
Mintraching
Alteglofsheim
Thalmassing
Wörth a.d. Donau
Wiesent
Pfatter
Riedenburg
Essing
Kelheim
Altmannstein
Saal a.d. Donau
Bad Abbach
Köfering
Sünching
Geiselhöring
Langquaid
Schierling
Abensberg
Neustadt a.d. Donau
Mallersdorf-Pfaffenberg
Rohr i. Niederbayern
Siegenburg
Wildenberg
Neufahrn i. Niederbayern
Rottenburg a.d. Laaber
Ergoldsbach
Elsendorf
Mainburg
Attenhofen
Pfeffenhausen
Hohenthann
Aiglsbach
Train
Münchsmünster
Dürnbucher Forst
Hienheimer Forst
Paintner Forst
Frauenforst
Forstmühler Forst
Einsiedler Forst
Hirschwald
Schmidmühlen
Mindelstetten
Pförring
Laberweinting
Aufhausen

76

Neunburg vorm Wald
Rötz
Cham
Roding
Furth i. Wald
Eschlkam
Bad Kötzting
Neukirchen b. Hl. Blut
Lam
Lohberg
Hohenwarth
Arrach
Blaibach
Miltach
Viechtach
Bodenmais
Regen
Teisnach
Zell
Falkenstein
Wiesenfelden
Stallwang
Konzell
Rattenberg
Sankt Englmar
Schwarzach
Bogen
Straubing
Deggendorf
Plattling
Hengersberg
Osterhofen
Vilshofen
Wallersdorf
Landau a.d. Isar
Dingolfing
Geiselhöring
Pilsting
Eichendorf
Künzing
Aiterhofen
Parkstetten
Steinach
Mitterfels
Hunderdorf
Metten
Schöllnach
Lalling
Naturpark Oberer Bayerischer Wald
Naturpark Bayerischer Wald
Donau
Isar
Regen
Bayern
Bayerischer Wald
Hoher Bogen
Ny Strýc
Nýrsko
Hodousice
Lam
Zwiesel
Arber
1456

94

77

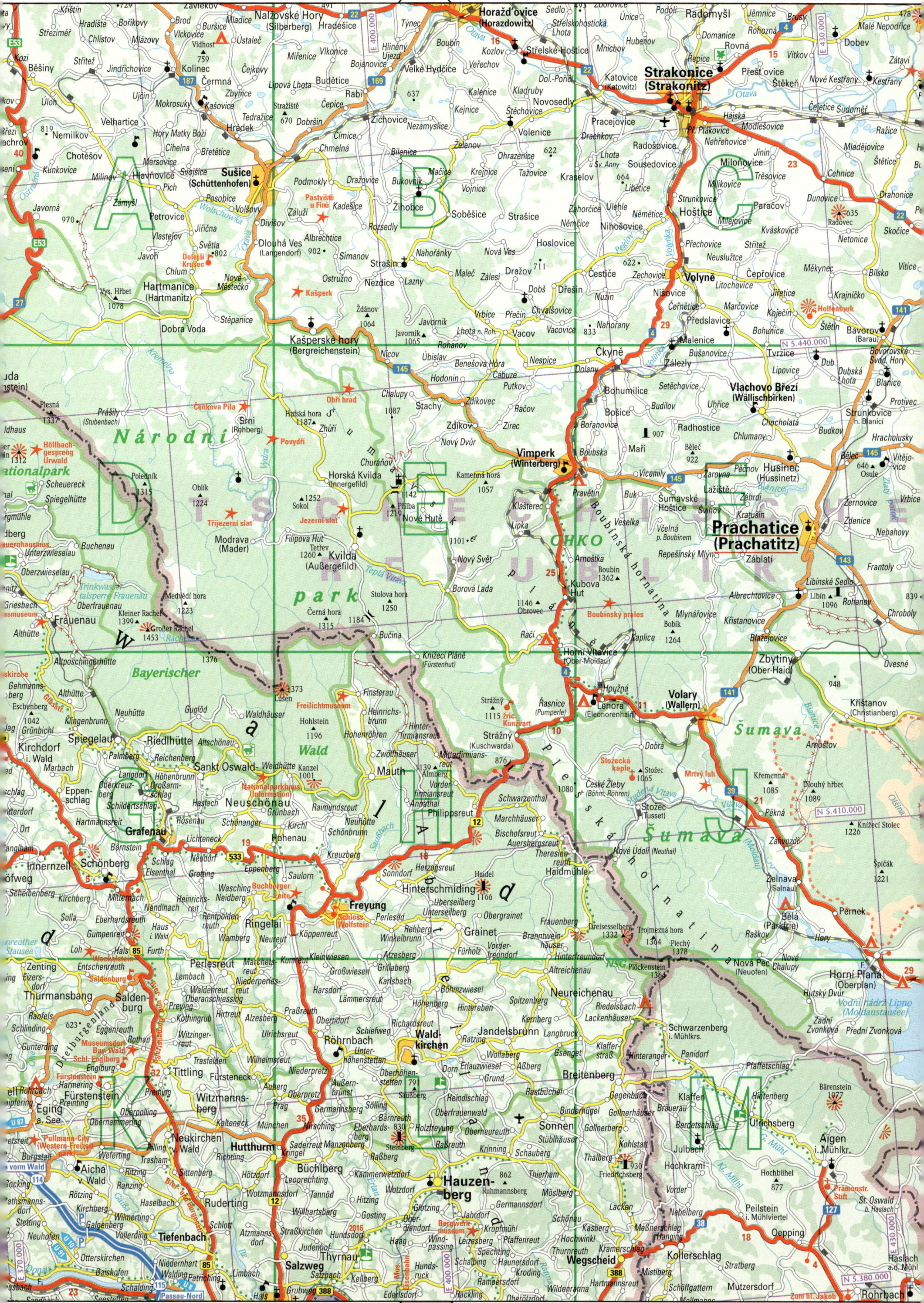

Passau

95

0 — 5 km

Metz Lauterbourg 80 Karlsruhe

Basel 96

Calw
Sindelfingen
Leinfelden-Echterdingen
Böblingen
Forbach
Bad Teinach-Zavelstein
Gechingen
Grafenau
Aidlingen
Ehningen
Holzgerlingen
Steinenbronn
Schönaich
Neubulach
Wildberg
Gärtringen
Deckenpfronn
Altdorf
Waldenbuch
Weil im Schönbuch
Simmersfeld
Herrenberg
Hildrizhausen
Dettenhausen
Altensteig
Egenhausen
Seewald
Nagold
Jettingen
Gäufelden
Ammerbuch
Tübingen
Kirchentellinsfurt
Kusterdingen
Wannweil
Mötzingen
Bondorf
Pfalzgrafenweiler
Haiterbach
Baiersbronn
Freudenstadt
Waldachtal
Dornstetten
Eutingen i. Gäu
Neustetten
Rottenburg a. Neckar
Horb a. Neckar
Schopfloch
Starzach
Dußlingen
Ofterdingen
Nehren
Mössingen
Loßburg
Bodelshausen
Hirrlingen
Rangendingen
Sulz a. Neckar
Empfingen
Haigerloch
Hechingen
Dornhan
Alpirsbach
Vöhringen
Grosselfingen
Jungingen
Oberndorf a. Neckar
Bisingen
Burladingen
Rosenfeld
Geislingen
Balingen
Aichhalden
Epfendorf
Schramberg
Dunningen
Dormettingen
Dotternhausen
Albstadt
Schömberg
Zimmern ob Rottweil
Rottweil
Meßstetten
Königsfeld i. Schw.
Niedereschach
Frittlingen
Gosheim
Nusplingen
Deißlingen
Aldingen
Spaichingen
Schwenningen
Villingen-
Trossingen
Kolbingen
Beuron
Leibertingen
Bad Dürrheim
Brigachtal
Mühlheim
Fridingen a.d. Donau
Tuttlingen
Meßkirch
Naturpark Obere Donau
Naturpark Schönbuch
Schwäbische Alb
Großer Heuberg

Stuttgart
82

98

Heidenheim a. d. Brenz
Giengen a.d. Brenz
Herbrechtingen
Gerstetten
Steinheim a. Albuch
Nattheim
Dischingen
Ziertheim
Finningen
Mödingen
Liezheimer Forst
Tapfheim
Schwenningen
Blindheim
Höchstädt a.d. Donau
Dillingen a.d. Donau
Lauingen (Donau)
Gundelfingen a.d. Donau
Wittislingen
Hermaringen
Sontheim a.d. Brenz
Niederstotzingen
Wertingen
Binswangen
Altheim (Alb)
Langenau
Bernstadt
Elchingen
Leipheim
Günzburg
Offingen
Gundremmingen
Aislingen
Glött
Holzheim
Welden
Burgau
Jettingen-Scheppach
Zusmarshausen
Horgau
Adelsried
Neu-Ulm
Nersingen
Pfaffenhofen a. d. Roth
Senden
Weißenhorn
Ichenhausen
Kammeltal
Dinkelscherben
Ustersbach
Ziemetshausen
Thannhausen
Krumbach (Schwaben)
Vöhringen
Illertissen
Dietenheim
Babenhausen
Kirchheim i. Schwaben
Mindelheim
Türkheim
Buchloe
Bad Wörishofen
Schwabmünchen
Memmingen
Memmingerberg
Kellmünz a.d. Iller
Dettingen a.d. Iller
Fellheim
Boos
Erkheim
Westerheim
Ettringen
Naturpark Augsburg-Westliche Wälder
Donauried

Rain
Schrobenhausen
Pfaffenhofen a.d. Ilm
Meitingen
Aichach
Gersthofen
Neusäß
AUGSBURG
Friedberg
Dachau
Bobingen
Königsbrunn
Mering
Maisach
Olching
Gröbenzell
Fürstenfeldbruck
Eichenau
Puchheim
Germering
Gräfelfing
Planegg
Gilching
Gauting
Landsberg a. Lech
Buchloe
Kaufering
Schwabmünchen
Starnberg
Herrsching a. Ammersee
Karlsfeld
Pullach i. Isartal
Schäftlarn

Mainburg
Wolnzach
Attenhofen
Pfeffenhausen
Essenbach
Ergolding
Altdorf
Landshut
Kumhausen
Adlkofen
Gammelsdorf
Nandlstadt
Bruckberg
Moosburg a.d. Isar
Geisenhausen
Vilsbiburg
Wolfersdorf
Zolling
Haag a.d. Amper
Vilsheim
Altfraunhofen
Freising
Langenpreising
Wartenberg
Velden
Eitting
Taufkirchen (Vils)
Hallbergmoos
Oberding
Erding
Buchbach
Neufahrn b. Freising
Dorfen
Schwindegg
Lengdorf
Garching b. München
Ismaning
Isen
Waldkraiburg
Markt Schwaben
Kirchheim b. München
Poing
Haag i. OB
München
Aschheim
Anzing
Hohenlinden
Haar
Vaterstetten
Ebersberger Forst
Zorneding
Kirchseeon
Ebersberg
Grafing b. München
Wasserburg a. Inn
Neubiberg
Unterhaching
Ottobrunn
Putzbrunn
Hohenbrunn
Höhenkirchener Forst
Höhenkirchen-Siegertsbrunn
Egmatinger Forst
Oberhaching
Sauerlach
Hofoldinger Forst
Aying
Glonn
Baiern
Tuntenhausen
Söchtenau
Griesstätt
Schonstett
Ramerberg
Rechtmehring
Maitenbeth
Steinhöring
Frauenneuharting
Emmering
Aßling
Edling
Pfaffing
Albaching
Soyen
Babensham
Eiselfing
Ampfing
Kröning
Großhaager Forst
Erdinger Moos

0 5 km

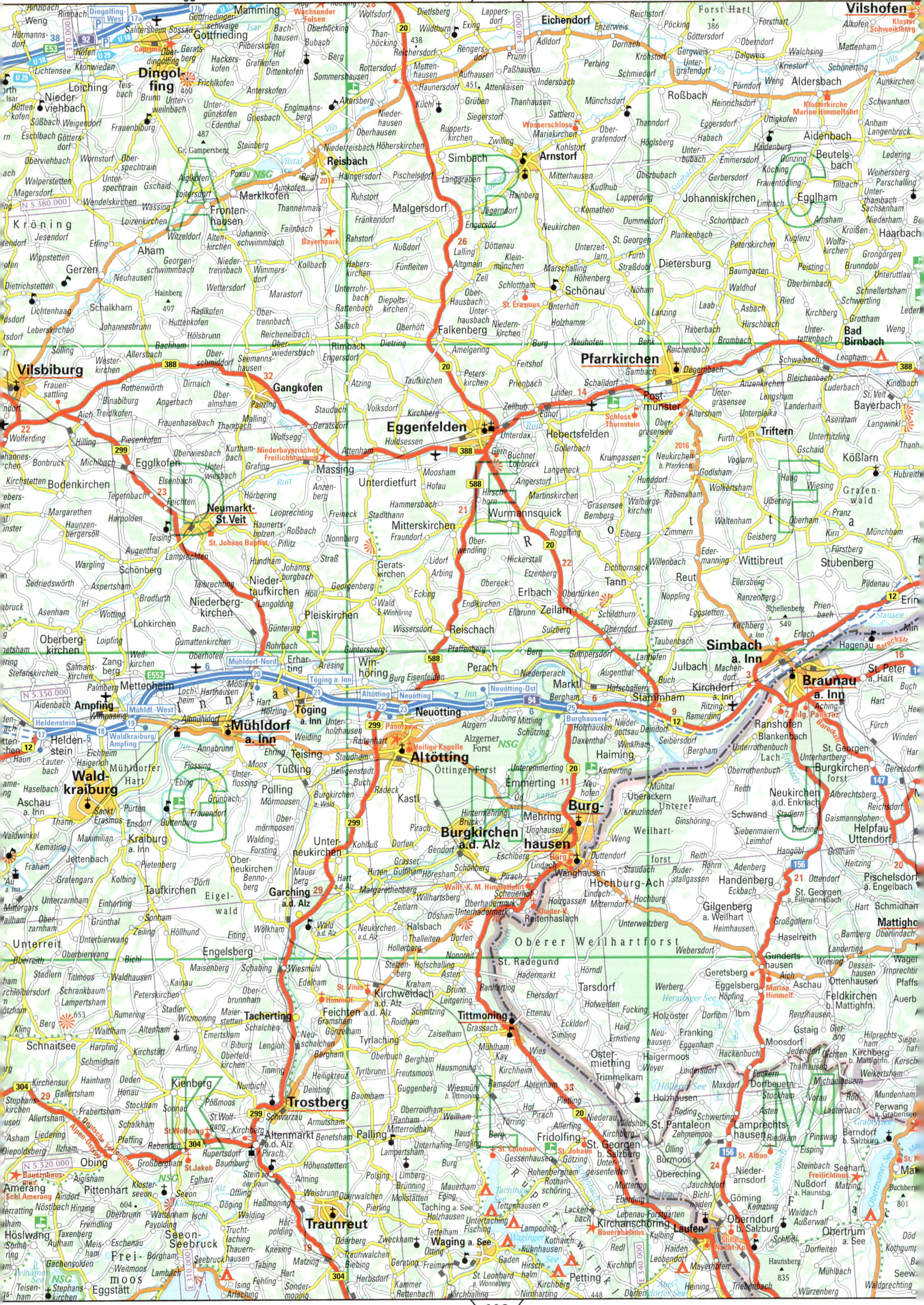
Vilshofen
Dingolfing
Eichendorf
Arnstorf
Reisbach
Simbach
Malgersdorf
Johanniskirchen
Egglham
Aidenbach
Dietersburg
Schönau
Falkenberg
Pfarrkirchen
Bad Birnbach
Vilsbiburg
Gangkofen
Eggenfelden
Postmünster
Triftern
Bayerbach
Egglkofen
Neumarkt-St.Veit
Massing
Unterdietfurt
Wurmannsquick
Mitterskirchen
Kößlarn
Wittibreut
Stubenberg
Tann
Erlbach
Zeilarn
Reischach
Pleiskirchen
Niederbergkirchen
Simbach a. Inn
Braunau a. Inn
Julbach
Kirchdorf
Stammham
Marktl
Perach
Neuötting
Töging a. Inn
Mühldorf a. Inn
Ampfing
Heldenstein
Waldkraiburg
Kraiburg
Altötting
Emmerting
Burghausen
Burgkirchen a.d. Alz
Haiming
Garching a.d. Alz
Tüßling
Polling
Taufkirchen
Engelsberg
Tacherting
Kirchweidach
Tittmoning
Trostberg
Altenmarkt a.d. Alz
Palling
Traunreut
Kienberg
Obing
Pittenhart
Seeon-Seebruck
Waging a. See
Petting
Fridolfing
Laufen
Oberndorf b. Salzburg
Tarsdorf
Ostermiething
Lamprechtshausen
Handenberg
Neukirchen a.d. Enknach
Burgkirchen
Helfpau-Uttendorf
Mattighofen
Feldkirchen b. Mattighfn.
Ranshofen
Inn
Alz
Salzach
Chiemgau
Rupertiwinkel
Oberer Weilhartforst
Waldkraiburg
Eggstätt

Passau
Salzweg
Thyrnau
Wegscheid
Obernzell
Untergriesbach
Engelhartszell
Fürstenzell
Ortenburg
Neuburg a. Inn
Schärding
Neuhaus a. Inn
Ruhstorf a.d. Rott
Pocking
Bad Füssing
Rotthalmünster
Kirchham
Obernberg a. Inn
Reichersberg
St. Martin i. Innkr.
Münzkirchen
Kopfing i. Innkreis
Raab
Andorf
Riedau
Peuerbach
Waizenkirchen
Eferding
Hofkirchen i. Mühlkr.
Altenfelden
Neumarkt i. Hausruckkr.
Grieskirchen
Bad Schallerbach
Wallern a.d. Trattnach
Ried i. Innkreis
Altheim
Haag a. Hausruck
Gallspach
Wels
Lambach
Stadl-Paura
Schwanenstadt
Attnang-Puchheim
Vöcklabruck
Vöcklamarkt
Frankenburg a. Hausruck
Straßwalchen
Friedburg
Laakirchen
Gmunden
Altmünster
Vorchdorf
St. Georgen i. Attergau
Seewalchen a. Attersee
Schörfling a. Attersee
Neumarkt a. Wallersee
Attersee
Traunsee

Offenburg
88

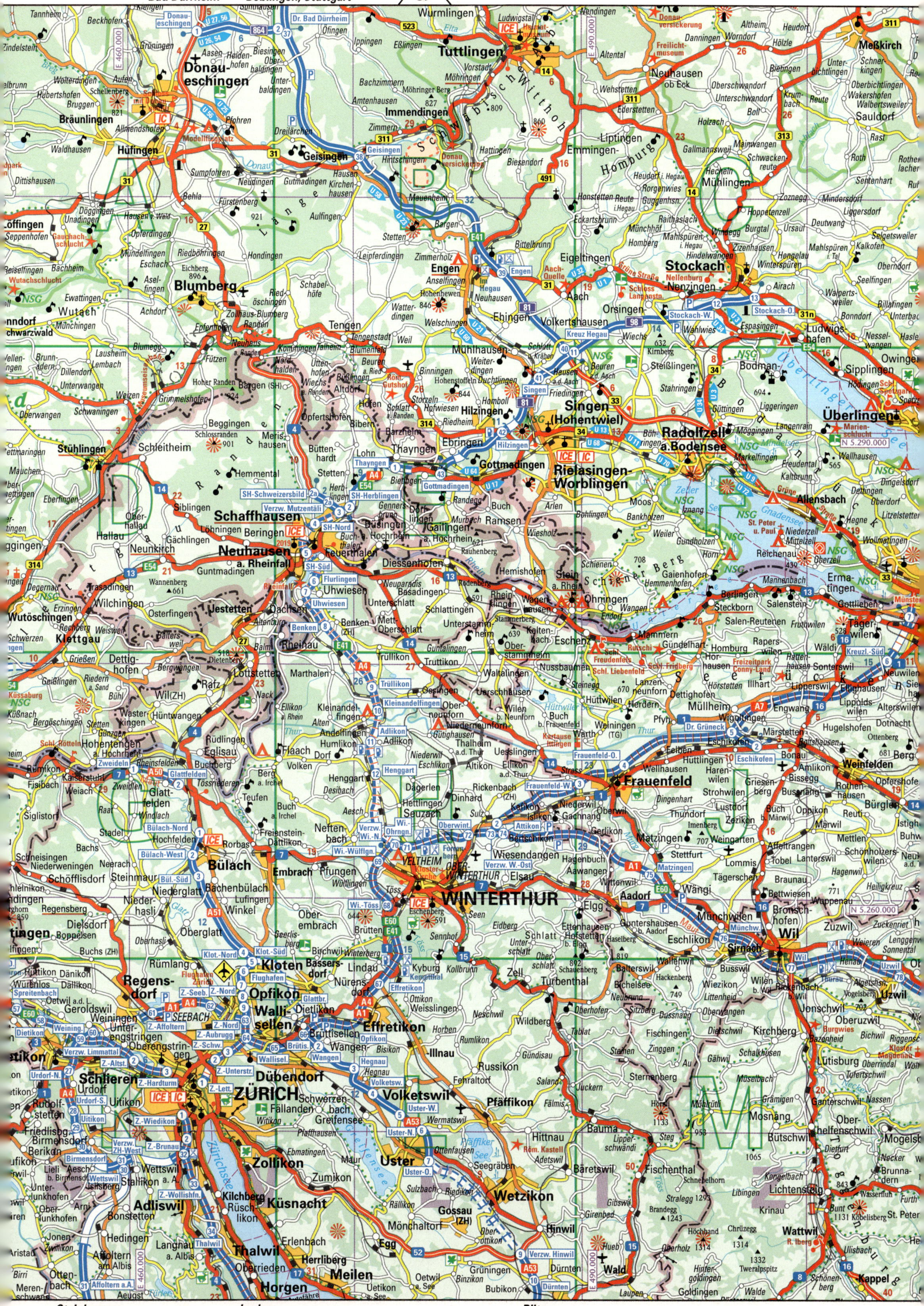
Tuttlingen
Donau-eschingen
Bräunlingen
Hüfingen
Geisingen
Immendingen
Meßkirch
Stockach
Engen
Blumberg
Singen (Hohentwiel)
Radolfzell a. Bodensee
Überlingen
Stühlingen
Schaffhausen
Neuhausen a. Rheinfall
Rielasingen-Worblingen
Gottmadingen
Diessenhofen
Frauenfeld
Weinfelden
Winterthur
Bülach
Kloten
Wil
Uzwil
Zürich
Effretikon
Wallisellen
Opfikon
Regensdorf
Schlieren
Dübendorf
Volketswil
Uster
Wetzikon
Zollikon
Küsnacht
Adliswil
Thalwil
Horgen
Meilen
Klettgau
Dielsdorf
Kreuzlingen
Steckborn
Allensbach
Bodman
Sipplingen
Hinwil
Wald

Meßkirch
Pfullendorf
Ostrach
Aulendorf
Bad Schussenried
Bad Waldsee
Wolpertswende
Baienfurt
Weingarten
Ravensburg
Wolfegg
Kißlegg
Überlingen
Salem
Heiligenberg
Mühlhofen
Uhldingen-
Meersburg
Markdorf
Bermatingen
Meckenbeuren
Tettnang
Friedrichshafen
Immenstaad a. Bodensee
Hagnau a. Bodensee
Konstanz
Kreuzlingen
Insel Mainau
Langenargen
Kressbronn a. Bodensee
Wasserburg (Bodensee)
Lindau (Bodensee)
Wangen i. Allgäu
Lindenberg i. Allgäu
Bregenz
Hörbranz
Lochau
Lauterach
Wolfurt
Lustenau
Dornbirn
Hohenems
Götzis
Weinfelden
Amriswil
Romanshorn
Arbon
Rorschach
St. Gallen
Gossau
Herisau
Appenzell
Altstätten
Uzwil
Flawil
Bodensee
Sargans
Feldkirch

Memmingen
Leutkirch i. Allgäu
Bad Grönenbach
Ottobeuren
Obergünzburg
Kaufbeuren
Marktoberdorf
Dietmannsried
Kempten (Allgäu)
Isny i. Allgäu
Waltenhofen
Sulzberg
Nesselwang
Füssen
Pfronten
Oberstaufen
Immenstadt i. Allgäu
Sonthofen
Bad Hindelang
Oberstdorf
Reutte
Tannheim
Hochvogel
Hohes Licht
Widderstein
Riezlern
Mittelberg
Naturpark Nagelfluhkette
Lechtaler Alpen
Allgäuer Alpen
Hornbachkette
Tannheimer Tal
Tannheimer Berge
Schwarzwassertal
Bregenzerwald
Adelegg
Kempter Wald
Forggensee
Grüntensee
Alpsee
Lech
Iller

92

München

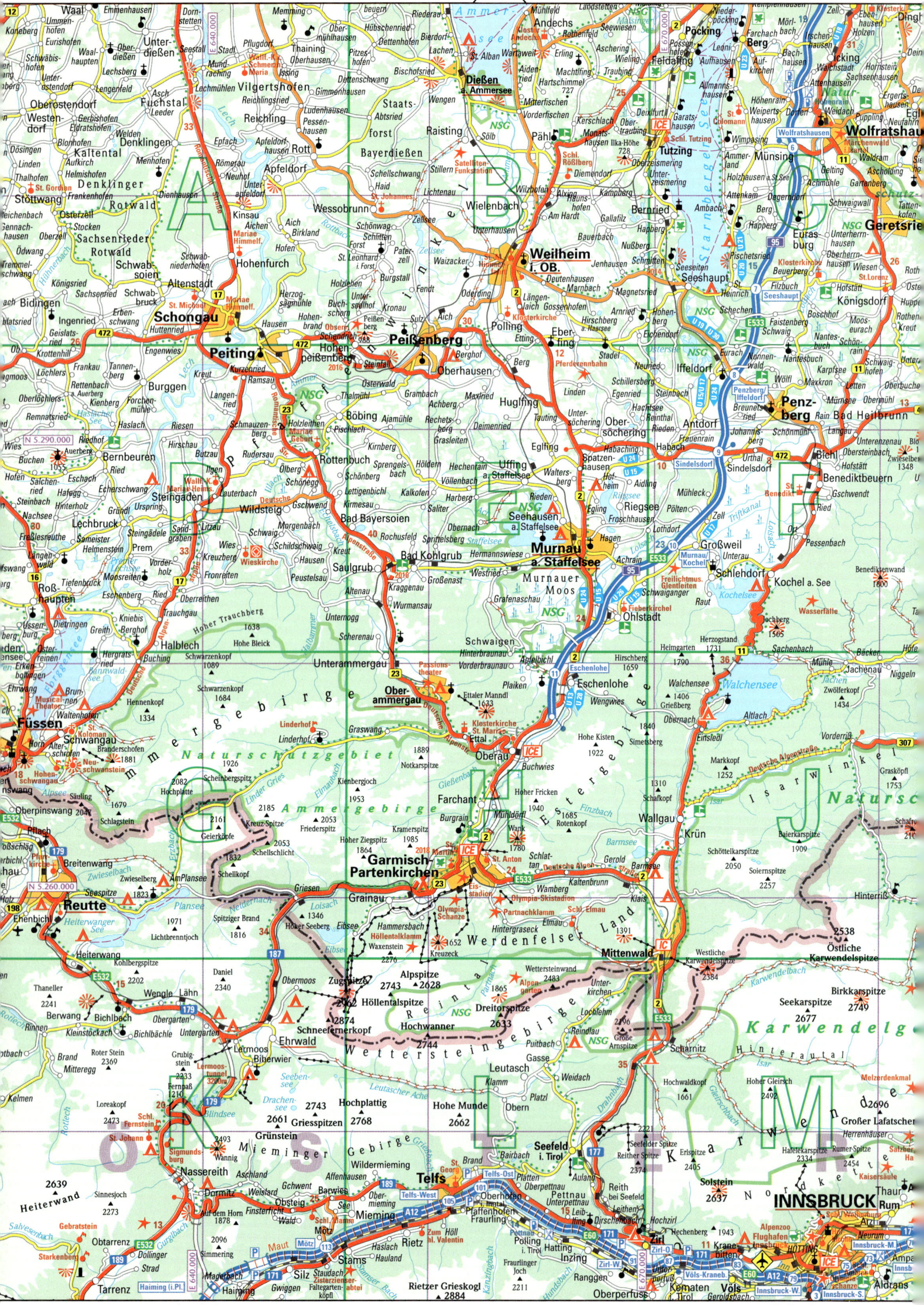

Landeck

Steinach a. Brenner

Holzkirchen
Bruckmühl
Rosenheim
Bad Aibling
Kolbermoor
Stephanskirchen
Prien am Chiemsee
Bad Endorf
Miesbach
Raubling
Rohrdorf
Frasdorf
Bad Feilnbach
Brannenburg
Gmund a. Tegernsee
Hausham
Schliersee
Fischbachau
Tegernsee
Bad Wiessee
Rottach-Egern
Lenggries
Bayrischzell
Flintsbach a. Inn
Oberaudorf
Kiefersfelden
Niederndorf
Ebbs
Kufstein
Walchsee
Schwoich
Bad Häring
Kirchbichl
Wörgl
Söll
Hopfgarten i. Brixental
Westendorf
Kundl
Rattenberg
Kramsach
Brixlegg
Reith i. Alpbachtal
Alpbach
Jenbach
Wiesing
Schwaz
Vomp
Fügen
Zell a. Ziller
Wattens
Volders
Waakirchen
Reichersbeuern
Achenkirch
Achensee
Mangfallgebirge
Schlierseer Berge
Kitzbüheler Alpen
Wilder Kaiser
Zahmer Kaiser
Kaisergebirge
Chiemgauer Berge
Tuxer Voralpen
Rofan
Nationalpark Hohe Tauern
Naturschutzgebiet
0 5 km

94

Chiemsee
Fraueninsel
Herreninsel
Prien a. Chiemsee
Bad Endorf
Traunstein
Siegsdorf
Waging a. See
Teisendorf
Freilassing
Laufen
Salzburg
Bad Reichenhall
Bayerisch Gmain
Berchtesgaden
Bischofswiesen
Marktschellenberg
Hallein
Schönau a. Königssee
Ramsau b. Berchtesgd.
Ruhpolding
Inzell
Grassau
Marquartstein
Unterwössen
Reit i. Winkl
Schleching
Bernau a. Chiemsee
Übersee
Bergen
Chiemgauer Berge
Kössen
Lofer
Unken
St. Martin b. Lofer
Waidring
Kirchdorf i. Tirol
St. Johann i. Tirol
Kitzbühel
Fieberbrunn
Hochfilzen
Saalfelden a. Steinernen Meer
Leogang
Lenzing
Saalbach-Hinterglemm
Zell a. See
Bruck a.d. Großglocknerstr.
Kaprun
Mittersill
Uttendorf
Taxenbach
Rauris
Kaiser
Kaisergebirge
Loferer Steinberge
Leoganger Steinberge
Steinernes Meer
Kitzbüheler Alpen
Pinzgau
Oberpinzgau
Unterpinzgau
Nationalpark Berchtesgaden
Nationalpark Hohe Tauern
Watzmann 2713
Hochkalter 2607
Birnhorn 2634
Hoher Göll 2523
Österreich

Alpenländer

In der oberen Farbleiste der Doppelseiten stehen die Namen der im Kartenblatt erscheinenden Schweizer Kantone und der Bundesländer Österreichs.

1:400 000

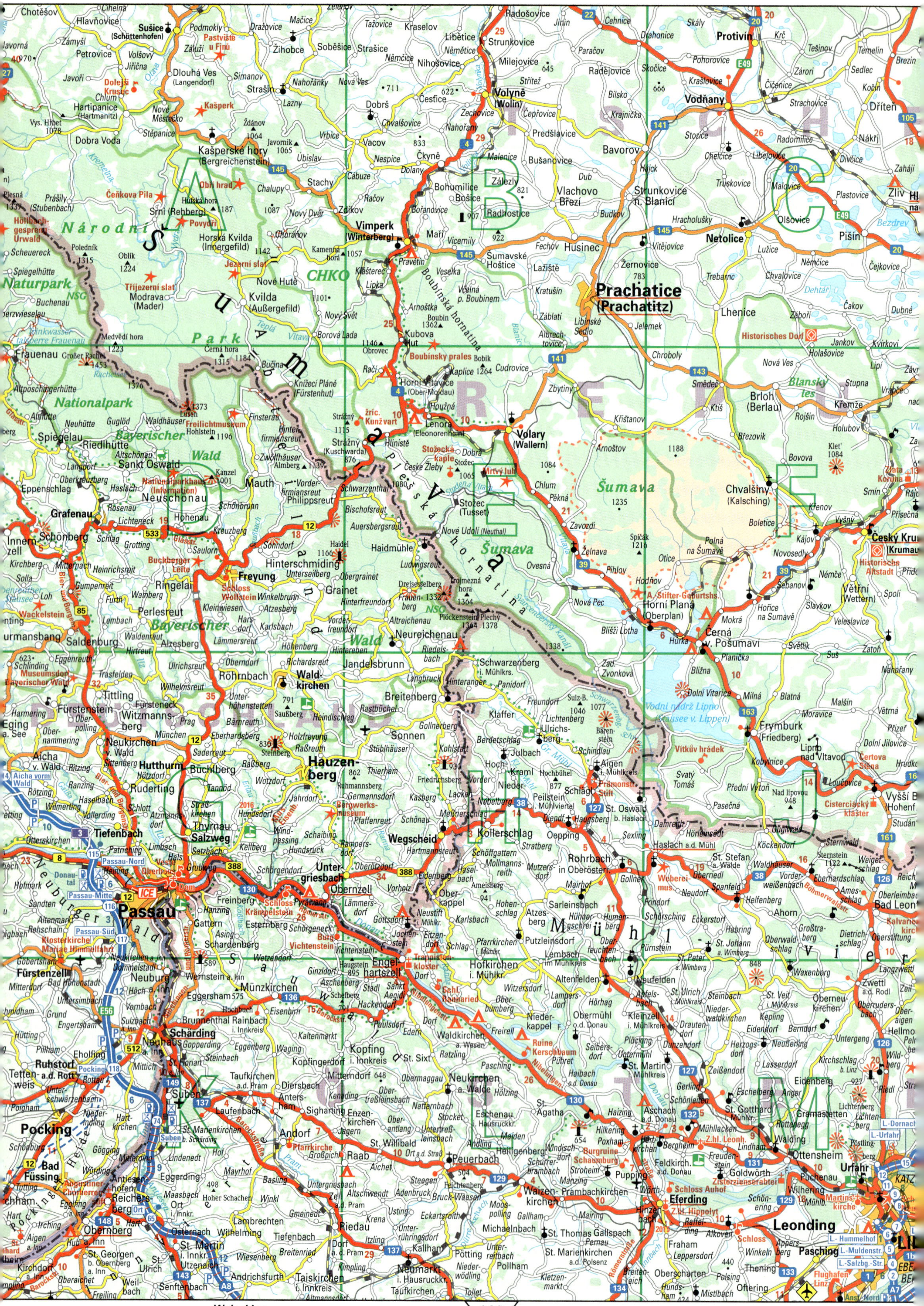
Prachatice
(Prachatitz)
Vimperk
(Winterberg)
Protivin
Vodňany
Netolice
Volyně
(Wolin)
Sušice
(Schüttenhofen)
Kašperské hory
(Bergreichenstein)
Kvilda
(Außergefild)
Modrava
(Mader)
Národní Park Šumava
CHKO
Nationalpark Bayerischer Wald
Frauenau
Spiegelau
Grafenau
Neuschönau
Freyung
Waldkirchen
Hauzenberg
Tiefenbach
Passau
Neuburg
Schärding
Ruhstorf a.d. Rott
Pocking
Bad Füssing
Obernberg
Volary
(Wallern)
Horní Planá
(Oberplan)
Černá v. Pošumaví
Frymburk
(Friedberg)
Lipno nad Vltavou
Český Krumlov
Vodní nádrž Lipno
(Stausee v. Lippen)
Chvalšiny
(Kalsching)
Lhenice
Rohrbach in Oberösterreich
Haslach a.d. Mühl
Aigen i. Mühlkreis
Schlägl
Wegscheid
Engelhartszell
Eferding
Leonding
Pasching
Ottensheim
Urfahr
Peuerbach
Raab
Riedau
Neumarkt i. Hausruckkreis
Andorf
Suben
Mühlviertel
Böhmerwald
Šumava

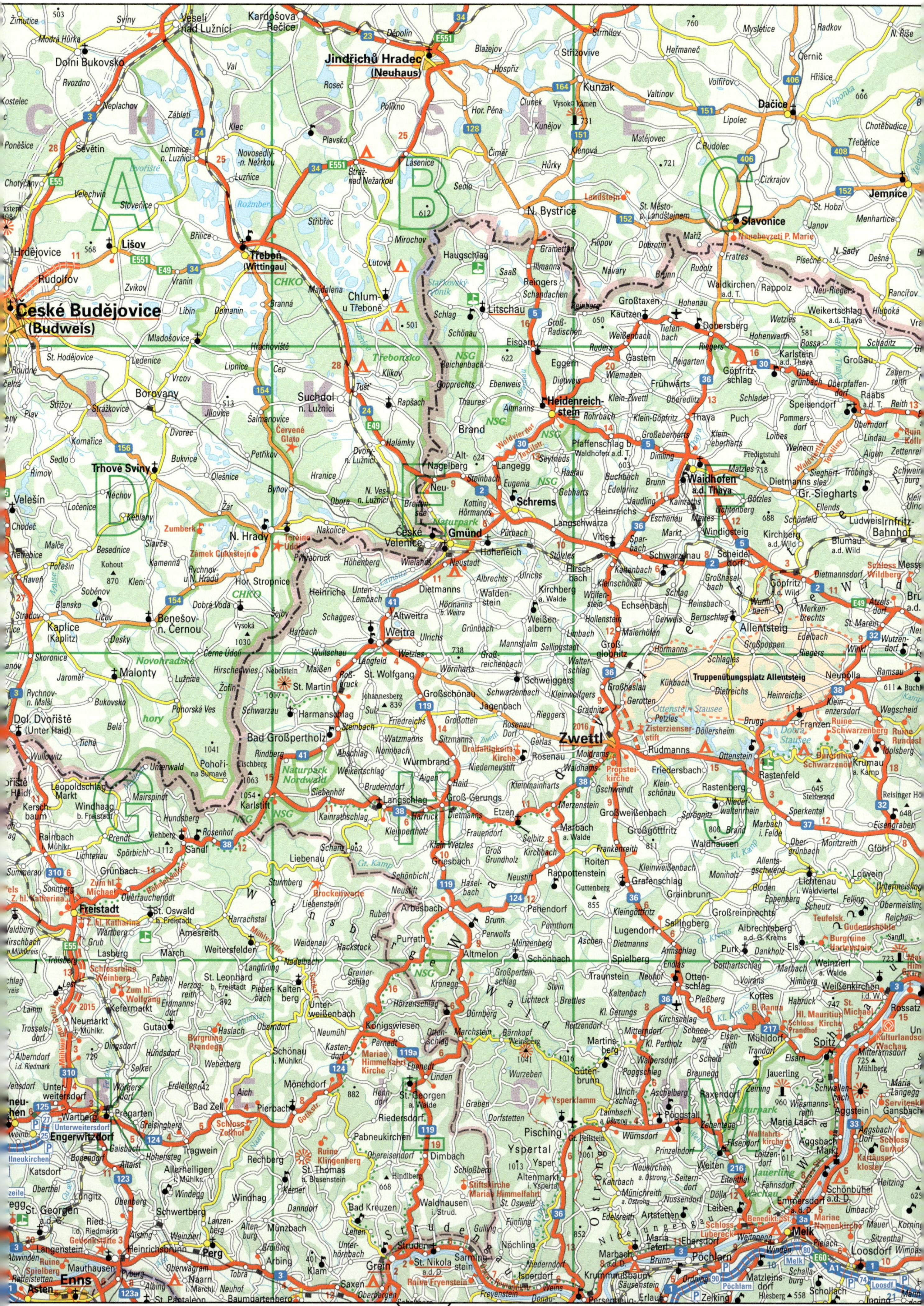
Jindřichů Hradec
(Neuhaus)
České Budějovice
(Budweis)
Třeboň
(Wittingau)
Dačice
Slavonice
Jemnice
Trhové Sviny
Kaplice
(Kaplitz)
České Velenice
Gmünd
Heidenreichstein
Schrems
Waidhofen a.d. Thaya
Zwettl
Weitra
Freistadt
Bad Großpertholz
Gr.-Siegharts
Allentsteig
Truppenübungsplatz Allentsteig
Karlstein
Spitz
Melk
Pöchlarn
Perg
Enns
Mauthausen
Grein
Ysper
Pisching
Yspertal
Dol. Dvořiště
(Unter Haid)
Malonty
N. Hrady
Nové Hrady
Lišov
Hrdějovice
Rudolfov
Chlum u Třeboně
Suchdol n. Lužnicí
Kardašova Řečice
Veselí nad Lužnicí
Kunžak
Strmilov
N. Bystřice
Litschau
Eisgarn
Kautzen
Dobersberg
Raabs a.d. Thaya
Vitis
Schwarzenau
Langschlag
Großschönau
Groß-Gerungs
Arbesbach
Rappottenstein
Ottenschlag
Mühldorf
Aggsbach Markt
Emmersdorf a.d. D.
Loosdorf
Pregarten
Engerwitzdorf
Gallneukirchen
Langenstein
St. Georgen a. Walde
Königswiesen
Bad Zell
Pierbach
Bad Kreuzen
St. Nikola a.d. D.
Sarmingstein
Ottenstein Stausee
Dobra Stausee
Naturpark Nordwald
Wienerwald
Weinsberger Wald
Wien
Linz
0 5 km

Linz
112
Wien
Dačice
Slavonice
Jemnice
Mor. Budějovice
Znojmo (Znaim)
Heidenreichstein
Waidhofen a.d. Thaya
Gr.-Siegharts
Drosendorf
Geras
Hardegg
Retz
Pulkau
Horn
Eggenburg
Zwettl
Allentsteig
Truppenübungsplatz Allentsteig
Hollabrunn
Maissau
Langenlois
Krems a.d.Donau
Traismauer
Tulln a.d.Donau
Melk
Herzogenburg
St. Pölten
Neulengbach
Sieghartskirchen
Ottenschlag
Spitz
Mautern
Rauhenstein
T S C H E C H I S C H E   R E P U B L I K
Ysperklamm
Nationalpark Thayatal
Naturpark Geras
Naturpark Kamptal
Naturpark Jauerling Wachau

Brno Brno

Graz Györ Bruck a. d. L. Györ

113

0 5 km

Nürnberg
Freising

Innsbruck
120

Passau
Passau

Villach

0 5 km

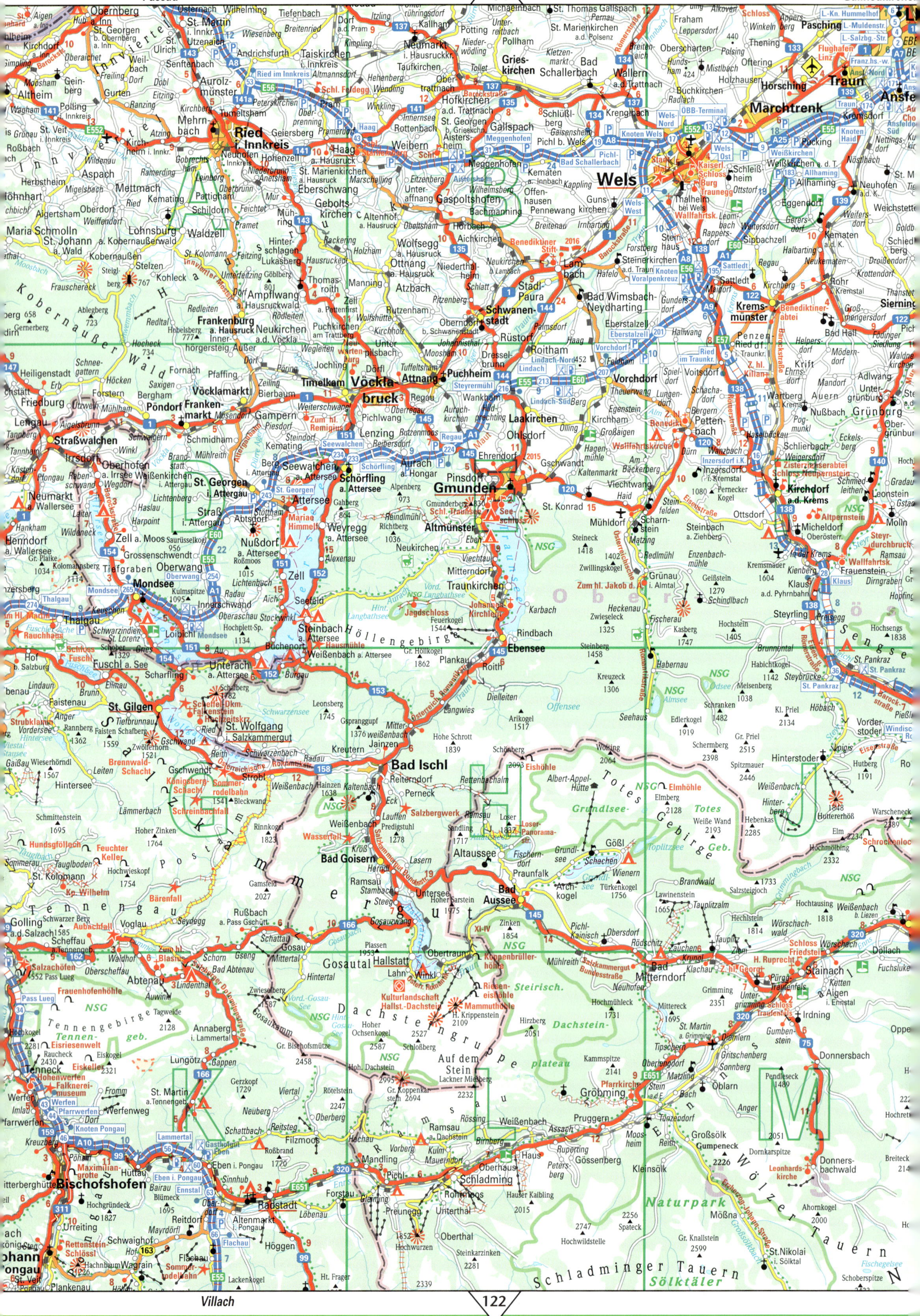
Obernberg a. Inn
St. Martin i. Innkr.
Tiefenbach
Kallham
Neumarkt i. Hausruckkr.
Michaelnbach
St. Thomas
Fraham
Pasching
Traun
Ansfelden
Marchtrenk
Hörsching
Grieskirchen
Bad Schallerbach
Wallern a.d. Trattnach
Hofkirchen a.d. Trattnach
Gallspach
Krenglbach
Wels
Ried i. Innkreis
Mehrnbach
Aurolzmünster
Taiskirchen i. Innkreis
Andrichsfurth
Haag a. Hausruck
Weibern
Meggenhofen
Kematen a. Innbach
Thalheim bei Wels
Weißkirchen
Allhaming
Neuhofen
Eberschwang
Gaspoltshofen
Geboltskirchen
Offenhausen
Pennewang
Gunskirchen
Sipbachzell
Waldzell
Lohnsburg
Maria Schmolln
St. Johann a. Wald
Kobernaußen
Ampflwang
Wolfsegg a. Hausruck
Ottnang a. Hausruck
Atzbach
Schwanenstadt
Lambach
Stadl-Paura
Bad Wimsbach-Neydharting
Kremsmünster
Sierning
Frankenburg a. Hausruck
Kobernaußer Wald
Vöcklamarkt
Vöcklabruck
Timelkam
Attnang-Puchheim
Rüstorf
Roitham
Vorchdorf
Pettenbach
Kirchdorf a.d. Krems
Grünburg
Friedburg
Pöndorf
Frankenmarkt
Straßwalchen
Schörfling a. Attersee
Seewalchen a. Attersee
St. Georgen i. Attergau
Lenzing
Regau
Laakirchen
Ohlsdorf
Gmunden
Pinsdorf
Altmünster
Attersee
Nußdorf a. Attersee
Weyregg a. Attersee
Mondsee
Zell a. Moos
Oberwang
Thalgau
Unterach a. Attersee
Steinbach a. Attersee
Traunkirchen
Ebensee
Scharnstein
Grünau i. Almtal
Micheldorf
Klaus
Windischgarsten
Spital a. Pyhrn
Fuschl a. See
St. Gilgen
St. Wolfgang i. Salzkammergut
Strobl
Bad Ischl
Höllengebirge
Totes Gebirge
Bad Goisern
Altaussee
Bad Aussee
Grundlsee
Hallstatt
Obertraun
Gosau
Dachsteingruppe
Bad Mitterndorf
Tauplitz
Stainach
Irdning
Donnersbach
Gröbming
Schladming
Ramsau a. Dachstein
Radstadt
Altenmarkt
Bischofshofen
Werfen
Abtenau
Golling a.d. Salzach
Tennengau
Tennengebirge
Wagrain
St. Johann i. Pongau
Filzmoos
Schladminger Tauern
Wölzer Tauern
Naturpark Sölktäler
Großsölk
Gumpeneck
St. Nikolai i. Sölktal
Leonhardskirche

105

Enns
Steyr
Perg
Mauthausen
Asten
St. Valentin
Haag
Melk
Pöchlarn
Ybbs a.d. D.
Amstetten
Wieselburg
Purgstall a.d. Erlauf
Scheibbs
Waidhofen a.d. Ybbs
Weyer Markt
Göstling a.d. Ybbs
Lunz a. See
Mariazell
Altenmarkt b. St. Gallen
St. Gallen
Hieflau
Eisenerz
Admont
Rottenmann
Trieben
Kalwang
Mautern i. Steierm.
Trofaiach
Leoben
Kapfenberg
Bruck a.d. Mur
Frohnleiten
Nationalpark Kalkalpen
Nationalpark Gesäuse
Naturpark Eisenwurzen
Naturpark Ötscher Tormäuer
Naturschutzgebiet
Eisenerzer Alpen
Rottenmanner Tauern
Seckauer Alpen
Gleinalpe
Hochschwab
Salztal
Haller Mauern
Eisenwurzen
Machland

0 5 km

106 Krems

124

Schwechat
Fischamend
Mödling
Perchtoldsdorf
Traiskirchen
Baden
Bad Vöslau
Leobersdorf
Ebenfurth
Wiener Neustadt
Eisenstadt
Mattersburg
Sopron (Ödenburg)
Neusiedl a. See
Neusiedler See
Bruck a. d. L.
Petržalka
Kittsee
Jarovce
Rusovce
Hegyeshalom
Mosonszolnok
Jánossomorja
Frauenkirchen
Podersdorf a. See
Illmitz
Apetlon
Rust
Mörbisch a. See
Fertőrákos
Pamhagen
Nationalpark Neusiedler See
Fertő-Hanság Nemzeti Park
Kapuvár
Nagycenk
Deutschkreutz
Kőszeg (Güns)
Oberpullendorf
Lockenhaus
Bernstein
Pinkafeld
Oberwart
Rechnitz
Szombathely (Steinamanger)
Sárvár
Bük
Csepreg
Beled
Répcelak
Lövő
Sopronkövesd
Fertőd
Kirchschlag i. d. Buckl. Welt
Krumbach
Stadt Schlaining
Großpetersdorf
Güssing
U N G A R N
Burgenland
Rosaliengebirge
Leithagebirge
Parndorfer Heide
Seewinkel
Waasen
Ödenburger Gebirge
Günser Gebirge
NSG
Naturpark Landseer Berge
0 5 km

Nancy

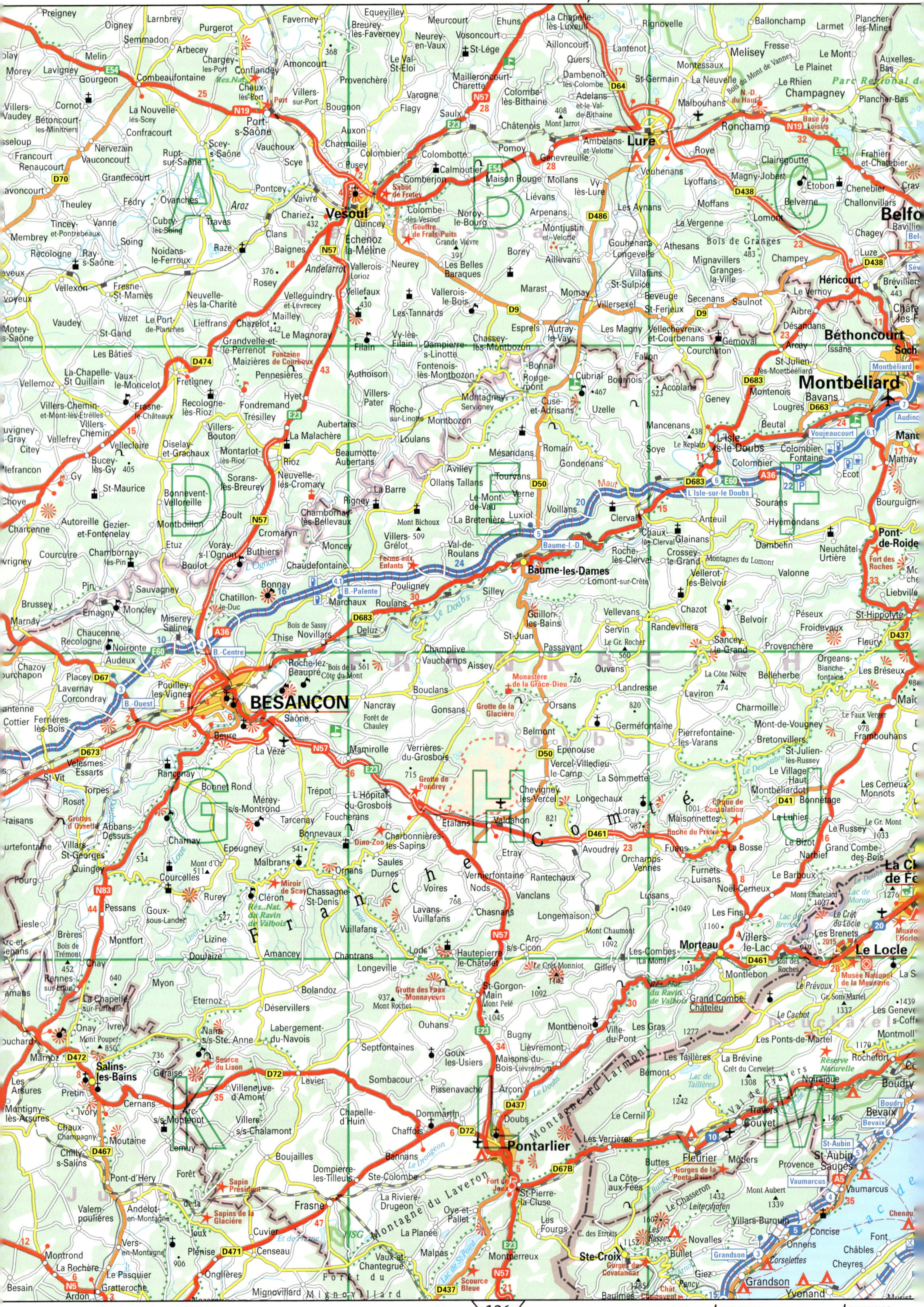

Lausanne
Lausanne
126

Nancy
Colmar
Colmar
Colmar
Freiburg
MULHOUSE
BASEL
Delémont
BIEL/BIENNE
Grenchen
Solothurn
Neuchâtel/Neuenburg
BERN
Burgdorf
Olten
Langenthal
Lörrach
Rheinfelden
Bad Säckingen
Weil a. Rh.
Naturpark Südschwarzwald
Altkirch
Porrentruy
Delle
Liestal
Pratteln
Muttenz
Münchenstein
Reinach
Laufen
Moutier
Tramelan
St-Imier
Biberist
Zollikofen
Ittigen
Ostermundigen
Worb
Köniz
Murten
Kerzers
Payerne
Düdingen
Langnau i. E.
Zofingen
Lausanne
Thun
0 5 km

127

Naturpark Südschwarzwald
St. Blasien
Todtmoos
Kandern
Schopfheim
Steinen
Wehr
Lörrach
Weil a. Rh.
Huningue
Riehen
Rheinfelden (Baden)
Grenzach-Wyhlen
Bad Säckingen
Laufenburg
Waldshut-Tiengen
Albbruck
Lauchringen
Stühlingen
Jestetten
Klettgau
Küssaberg
BASEL
Muttenz
Münchenstein
Pratteln
Reinach
Liestal
Sissach
Gelterkinden
Frick
Brugg
Baden
Wettingen
Regensdorf
Bülach
Dietikon
Schlieren
ZÜR
Aarau
Lenzburg
Wohlen
Olten
Balsthal
Aarburg
Oftringen
Zofingen
Langenthal
Herzogenbuchsee
Solothurn
Burgdorf
Worb
Münsingen
Konolfingen
Langnau i. E.
Willisau
Sursee
Sempach
Emmen
Littau
Kriens
Horw
LUZERN
Vierwaldstätter See
Zug
Cham
Baar
Stans
Sarnen
Kerns
Sachseln
Obwalden
Engelberg
Affoltern am Albis
Adliswil
Muri
Beromünster
Entlebuch
Schüpfheim
Escholzmatt
Malters
Wolhusen
Bremgarten
Seelisbergtunnel

Stockach

Singen (Hohentwiel)
Radolfzell a. Bodensee
Rielasingen-Worblingen
Überlingen
Salem
Weingarten
Ravensburg
Markdorf
Meckenbeuren
Tettnang
Konstanz
Kreuzlingen
Meersburg
Friedrichshafen
Immenstaad a. Bodensee
Langenargen
Kressbronn a. Bodensee
Wasserburg (Bodensee)
Lindau (Bodensee)
Bregenz
Hard
Romanshorn
Amriswil
Arbon
Rorschach
Weinfelden
Frauenfeld
WINTERTHUR
Wil
Uzwil
Flawil
Gossau
St. Gallen
Herisau
Teufen
Appenzell
Altstätten
Lustenau
Dornbirn
Hohenems
Götzis
Rankweil
Feldkirch
Frastanz
Nenzing
Vaduz
Schaan
Buchs
Sargans
Bad Ragaz
Landquart
Chur
Domat/Ems
Flims
Mels
Walenstadt
Glarus
Näfels
Schwanden
Schwyz
Einsiedeln
Wädenswil
Richterswil
Pfäffikon
Rapperswil
Jona
Stäfa
Meilen
Wetzikon
Uster
Effretikon
Volketswil
Hinwil
Wald
Rüti
Lachen
Wattwil
Lichtensteig
Ebnat-Kappel
Bodensee
Glattfelden
Bürglen
Altdorf
Erstfeld

Bad Waldsee
Memmingen
Memmingen

Bellinzona
130

Marktoberdorf
Peiting
Peißenberg
Penzberg
Füssen
Schwangau
Pfronten
Murnau a. Staffelsee
Kochel a. See
Oberammergau
Garmisch-Partenkirchen
Mittenwald
Reutte
Ehrwald
Seefeld i. Tirol
Telfs
INNSBRUCK
Imst
Landeck
Sölden
Vipiteno/Sterzing
Ammergebirge
Wettersteingebirge
Mieminger Gebirge
Karwendelgebirge
Stubaier Alpen
Ötztaler Alpen
Naturschutzgebiet
ITALIEN

131

0 5 km

München/Salzburg 108

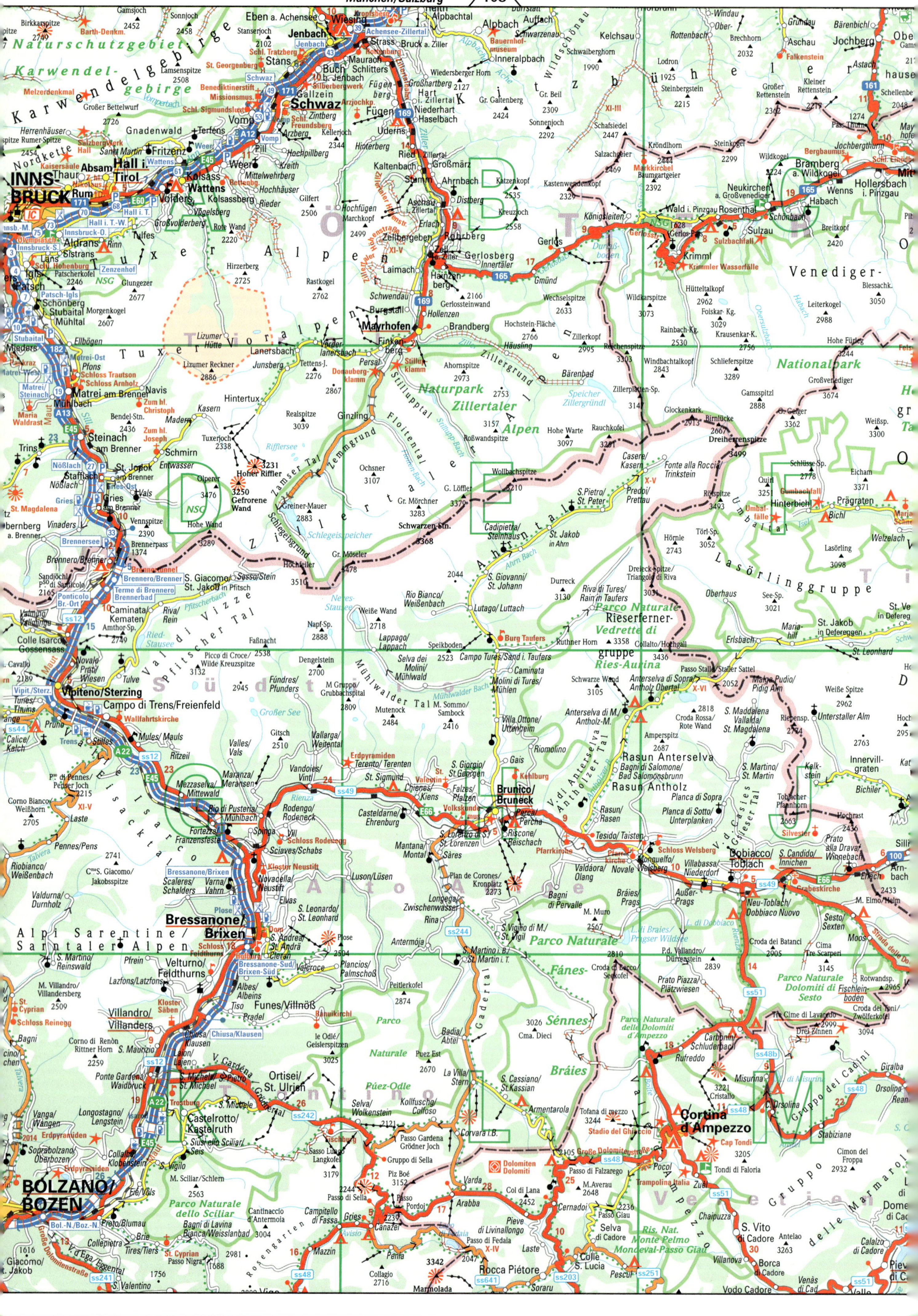

Saalbach
Hinterglemm
Zell a. See
Bruck a.d. Großglocknerstr.
Taxenbach
Dienten a. Hochkönig
Mühlbach a. Hochkönig
St. Johann i. Pongau
Schwarzach
Wagrain
Flachau
Kaprun
Rauris
Bad Hofgastein
Bad Gastein
Großarl
Heiligenblut
Großglockner 3798
Nationalpark Hohe Tauern
Mallnitz
Obervellach
Winklern
Lienz
Matrei in Osttirol
Oberdrauburg
Greifenburg
Kötschach
Mauthen
Hermagor
Gmünd
Spittal a.d. Drau
Seeboden
Weißbriach
Sillian
Kärnten
Tolmezzo
Arta Terme
Ampezzo
Paularo
Pontebba
Forni di Sopra
Sappada
Vigo di Cadore
Ovaro
Moggio Udinese

Údine

0 5 km

St. Johann i. Pongau
Radstädter Tauern
Niedere Tauern
Schladminger Tauern
Wölzer Tauern
Naturpark Sölktäler
Tauerntunnel 6401 m
Bad Gastein
Nationalpark Hohe Tauern
Ankogel-gruppe
Hafner
Reißeck-gruppe
Malta
Gmünd
St. Michael i. Lungau
Mauterndorf
Tamsweg
Murau
Stadl a.d. Mur
Predlitz
Turrach
Nockgebiet
National-park Nockberge
Gurktaler Alpen
Bad Kleinkirchheim
Radenthein
Millstatt
Seeboden
Spittal a.d. Drau
Kreuzeckgruppe
Greifenburg
Weißbriach
Hermagor
Gailtal
VILLACH
Feldkirchen i. Kärnten
Velden a. Wörthersee
Arnoldstein
Karawankentunnel
Jesenice
Mojstrana
Triglavski Narodni Park
Julijske Alpe
Tarvisio
Pontebba
ITALIEN
Móggio Udinese
Paularo
Riserva Naturale Foresta
Riserva Naturale Foresta di Tarvisio
A10
A2
A11
A23
E55
E66
E61

Judenburg
Knittelfeld
Zeltweg
Fohnsdorf
Spielberg
Seckau
Voitsberg
Köflach
Bärnbach
Wolfsberg
St. Andrä
Bad St. Leonhard
Völkermarkt
St. Veit a.d. Glan
Friesach
Althofen
Neumarkt
Obdach
Frohnleiten
Gratkorn
Gratwein
Deutschlandsberg
Stainz
Eibiswald
Bleiburg
Lavamünd
Dravograd
Ravne na Koroškem
Prevalje
Slovenj Gradec
Velenje
Šoštanj
Mozirje
Bad Eisenkappel
Ferlach
Klagenfurt
Tržič
Gleinalpe
Packalpe
Koralpe
Seetaler Alpen
Pohorje
Kamniške Alpe
(Steiner Alpen)
Košuta
Steiermark
Wolfsberg-Nord
Wolfsberg-Süd
Packsattel
Modriach
Steinberg
Mooskirchen
Gratkorn-Nord
Übelbach
Völkermarkt West
Völk. Ost
Griffen
Grafenstein
Kl.-Flugh.
Kl.-Ost
Kl.-A.-Jacksch-Str.
Klagenf.-See

0 5 km

Leoben Bruck 112

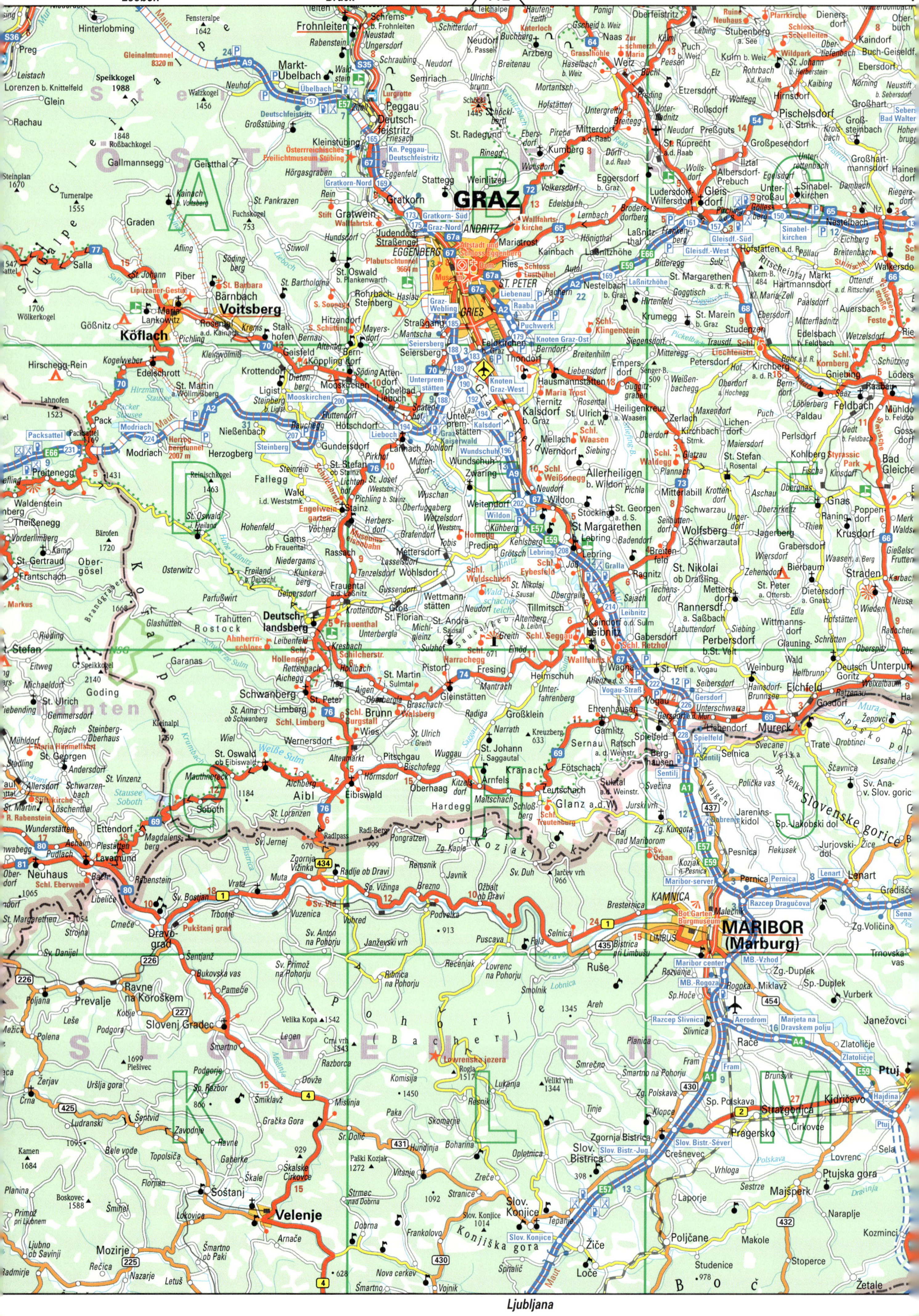

Ljubljana

Szombathely (Steinamanger)
Körmend
Zalaegerszeg
Nagykanizsa
Murska Sobota
Čakovec
Varaždin
Lenti
Letenye
Güssing
Jennersdorf
Szentgotthárd
Stegersbach
Neudau
Burgau
Oberwart
Rohrbach
Eisenberg
Pornóapáti
Ják
Balogunyom
Vasszécseny
Csempeszkopács
Rum
Kám
Bejcgyertyános
Egervölgy
Rábahidvég
Vasvár
Oszkó
Egyházasrádóc
Nagykölked
Szentpéterfa
Heiligenbrunn
Strem
Pinkamindszent
Halogy
Nádasd
Csákánydoroszló
Vasszentmihály
Rábagyarmat
Őrségi Nemzeti Park
Kondorfa
Szalafő
Őriszentpéter
Zalalövő
Bagod
Zalaszentgyörgy
Andráshida
Egervár
Pakod
Zalaszentgrót
Nagykapornak
Bocfölde
Nagylengyel
Gellénháza
Bak
Zalaszentmihály
Pacsa
Zalatárnok
Söjtör
Hahót
Nova
Gutorfölde
Pusztamagyaród
Zalaszentbalázs
Bánokszentgyörgy
Lispeszentadorján
Csesztreg
Zalabaksa
Rédics
Csömödér
Páka
Kányavár
Tornyiszentmiklós
Dobri
Becsehely
Sormás
Szepetnek
Tótszentmárton
Murakeresztúr
Zákány
Gelse
Kilimán
Ungarn
Bad Radkersburg
Radenci
Beltinci
Lendava
Dobrovnik
Hodoš
Šalovci
Kuzma
Grad
Mačkovci
Cankova
Rogašovci
Bogojina
Ljutomer
Razkrižje
Mursko Središće
Štrukovec
Podturen
Domašinec
Prelog
Goričan
Kotoriba
Donji Vidovec
Legrad
Ormož
Središće
Nedelišće
Strahoninec
Pribislavec
Sračinec
Petrijanec
Vinica
Vidovec
Ludbreg
Drnje
Kroatien
Zagreb
Trakošćan
Klenovnik

114
Neuchâtel

Chambéry

Payerne
Fribourg/
Freiburg
Düdingen
Schwarzenburg
Thun
Steffisburg
Spiez
Interlaken
Bulle
Gruyères
Zweisimmen
Saanen
Gstaad
Château d'Oex
Frutigen
Adelboden
Kandersteg
Montreux
Aigle
Leysin
Les Diablerets
Bex
Saint Maurice
Martigny
Sion
Sierre/Siders
Leuk
Visp
Zermatt
Saas Fee
Crans
Montana
Leukerbad
Lötschbergtunnel 14 612 m
Großer St. Bernard-Tunnel 5828 m
Matterhorn 4478
Dent Blanche 4357
Grand Combin 4314
Monte Rosa
Weisshorn 4505
Dom 4545
Jungfrau 4158
Alpenregion Jungfrau
Lac de la Gruyère
Lac des Dix
Lac de Mauvoisin
Thuner See
Brienzer See
Valle d'Aosta
Parco Naturale Alta Val Sesia
Valtournenche
Evolène
Zinal
Grimentz
Verbier
Orsières
Bourg-St-Pierre
Les Haudères
Randa
Täsch
St-Niklaus
Stalden
Saas Grund
Saas Balen
Grächen
Brig
Lauterbrunnen
Wengen
Mürren
Grindelwald

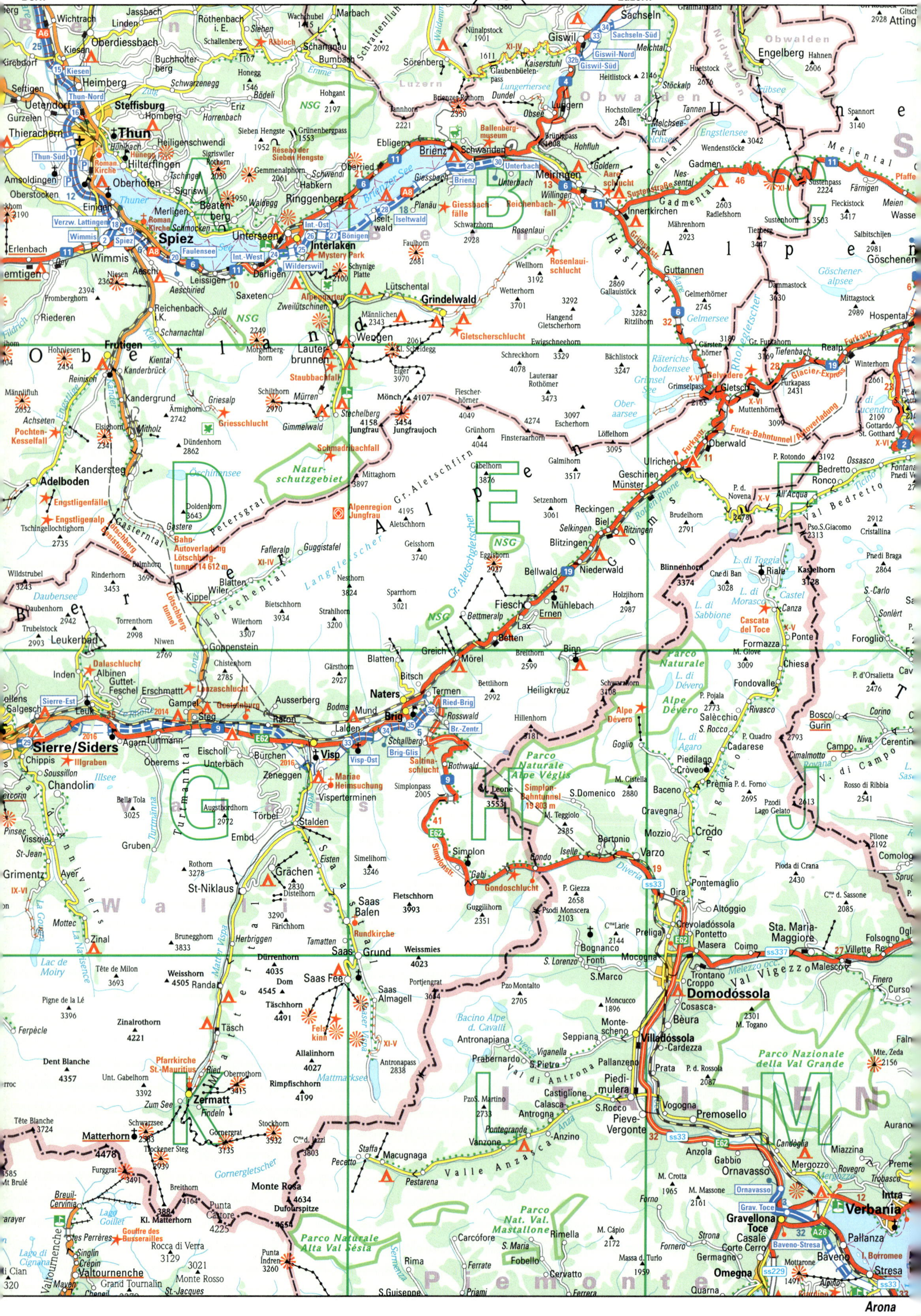
Thun
Spiez
Interlaken
Brienz
Meiringen
Grindelwald
Wengen
Lauterbrunnen
Mürren
Frutigen
Adelboden
Kandersteg
Leukerbad
Sierre/Siders
Visp
Brig
Naters
Zermatt
Saas Fee
Matterhorn
Monte Rosa
Jungfrau
Mönch
Eiger
Domodóssola
Villadóssola
Verbania
Stresa
Omegna
Gravellona Toce
Andermatt
Gletsch
Oberwald
Münster
Fiesch
Simplon
Engelberg
Sarnen
Giswil
Göschenen
Hospental
Realp
Airolo
Berner Oberland
Wallis
Piemonte
Parco Nazionale della Val Grande
Parco Naturale Alta Val Sesia
Parco Naturale Alpe Véglia
Parco Naturale Alpe Dèvero
Aletschgletscher
Gornergletscher

Chur
Domat/Ems
Flims
Ilanz/Glion
Disentis/Mustér
Sedrun
Thusis
Lenzerheide
Arosa
Savognin
Tiefencastel
Vals
Splügen
Rheinwald
S. Bernardino
Mesocco
Biasca
Bellinzona
Locarno
Ascona
Minusio
Lugano
Luino
Ponte Tresa
Mendrisio
Chiavenna
Morbegno
Menaggio
Bellágio
Mandello
Lecco
Como
Milano
Lago di Como
Lago Maggiore
Lago di Lugano
Lago di Lei
Graubünden
Lombardia
Ticino
Lepontiner Alpen
Parco Regionale Sasso Malascarpa
Parco Reg. delle Alpi Orobie Valtellinesi
Parco delle Alpi Orobie Bergamasche
Parco Regionale Campo dei Fiori
San Bernardino-Tunnel 6596 m
Passo del S. Bernardino 2065
Splügenpass
P. del Lucomagno/Lukmanierpass
Gotthard-Basistunnel in Bau, fertig 2015
Höchste ständig bewohnte Siedlung der Alpen
0 5 km

Bad Ragaz

118

Milano

119

ÖSTERREICH
Ötztaler Alpen
Reschen
Curon Venosta/ Graun i. Vinschgau
Malles Venosta/ Mals
Glorenza/ Glurns
Sluderno/ Schluderns
Prato allo Stelvio/ Prad a. Stilfser Joch
Stèlvio/ Stilfs
Silandro/ Schlanders
Laces/ Latsch
Naturno/ Naturns
Merano/ Meran
Lana
S. Leonardo i. P./ St. Leonhard i. P.
S. Martino i. P./ St. Martin i. P.
Saltusio/ Saltaus
Alpi Sarentine/ Sarntaler Alpen
Giogáia di Tessa/ Texelgruppe
Gruppo di Tessa
Parco Naturale
Alpi Venoste/ Vinschgauer Alpen
Vinschgau
Val Venosta
Süd Tirol
Alto Adige
BOLZANO/ BOZEN
Appiano/ Eppan
Caldaro/ Kaltern
Laives/ Leifers
Termeno/ Tramin
Ora/ Auer
Montagna/ Montan
Egna/Neumarkt
Salorno/Salurn
Solda/ Sulden
Parco Nazionale dello Stélvio
Nationalpark Stilfser Joch
Val Martello
Sta Gertrude/ St. Gertraud
Ultental
V. d' Ultimo
Valfurva
Sta. Caterina-Valfurva
V. di Forno
Cles
Malé
Dimaro
Vermiglio
Ponte di Legno
Tuénno
Mezzocorona
Mezzolombardo
Parco Naturale Adamello-Brenta
Andalo
Molveno
Pinzolo
Tione di Trento
TRENTO
Pérgine Valsugana
Lévico Terme
Caldonazzo
Vigolo Vattaro
Lavarone
Arco
Riva del Garda
Nago-
Tórbole
Rovereto
Folgaria
Molina di Ledro
Pieve di Bono
Codino
Val di Cembra
Parco Naturale M. Corno
Parco Regionale Adamello
Val di Genova
Val Rendena
Val di Sole
Val di Non
Lago di Molveno
Lago di Caldonazzo
Lago di Garda
Lago di Ledro
5 km

Verona

Alpenübergänge (Alpenpässe und -tunnel in Auswahl)

ALPENPÄSSE / -TUNNEL	Land	Gebühren	Höhe in m	offen	Steigung in %	Wohnwagen
Achenpass	D		941	I-XII	10%	
Aprica, Passo dell'	I		1176	I-XII	9%	-
Arlbergtunnel	A	x	1318	I-XII	4%	
Bernina, Passo del	CH	x	2328	I-XII	12%	x
Bieler Höhe	A	x	2032	VI-XI	14%	-
Brennerautobahn/ Autostrada/ Brenero	A / I	x	1374	I-XII	6%	
Falzàrego, Passo di	I		2105	I-XII	11%	x
Felbertauerntunnel	A	x	1632	I-XII	9%	
Fernpass	A		1210	I-XII	8%	
Flexenpass	A		1773	I-XII	10%	x
Flüelapass	CH		2383	V-XI	10%	x
Fréjus, Tunnel du/ Traforo del	F / I	x	1297	I-XII	7%	
Furkapass/	CH		2436	VI-IX	11%	-
Autoverladung: Furkatunnel			1366	I-XII	8%	
Galibier, Col du	F		2646	VI-IX	12%	x
Gerlospass	A	x	1628	I-XII	9%	x
Grimselpass	CH		2165	VI-X	11%	x
Grödner Joch/ Passo di Gardena	I		2121	I-XII	12%	-
Hochtannbergpass	A		1679	I-XII	14%	x
Hochtor (Großglockner Hochalpenstraße)	A	x	2576	V-X	12%	x
Iseran, Col de l'	F		2770	VII-IX	12%	-
Jaufenpass/ Passo di Monte Giovo	I		2094	V-XI	12%	-
Julierpass	CH		2284	I-XII	11%	x
Karawankentunnel	A/SLO	x	674	I-XII	1,5%	

ALPENPÄSSE / -TUNNEL	Land	Gebühren	Höhe in m	offen	Steigung in %	Wohnwagen
Katschbergtunnel	A	x	1194	I-XII	2%	
Klausenpass	CH		1948	V-XI	9%	-
Lötschbergtunnel-Autoverladung	CH		1217			
Loibltunnel	A/SLO		1067	I-XII	17%	-
Malojapass	CH		1815	I-XII	11%	
Mendelpass/ Passo di Mèndola	I		1363	I-XII	11%	x
Mont Blanc, Tunnel du	F/I	x	1395	I-XII	8%	
Montgenevre, Col de	F/I		1850	I-XII	12%	
Oberalppass (Autoverladung)	CH		2045	VI-X	10%	x
Ofenpass	CH		2149	I-XII	10%	x
Plöckenpass/ Passo di Mte. Croce Carnico	A/I		1357	I-XII	13%	x
Pordoi, Passo	I		2239	I-XII	8%	x
Predil, Passo di/ Predel	I/SLO		1156	I-XII	14%	x
Radstädter Tauernpass	A		1738	I-XII	15%	x
Reschenpass/ Passo di Rèsia	A/I		1504	I-XII	9%	
Saint Bernard, Tunnel du Grand	CH/I	x	1915	I-XII	6%	
Saint Bernard, Col du Petit	F/I		2188	VII-X	9%	x

ALPENPÄSSE	Land	Gebühren	Höhe in m	offen	Steigung in %	Wohnwagen
San Bernadino-Tunnel	CH		1644	I-XII	6%	
St. Gotthardtunnel	CH		1175	I-XII	2%	
Semmering	A		984	I-XII	6%	
Simplonpass/ Autoverladung: Simplontunnel	CH		2005	I-XII	10%	
Splügenpass/ Montespluga	CH/I		2113	VI-X	12%	-
Stifser Joch/ Passo dello Stèlvio	I		2757	VI-X	15%	x
Sustenpass	CH		2224	VII-X	10%	x
Tauernschleuse-Autoverladung	A		1180			
Thurn, Pass	A		1274	I-XII	8%	
Timmelsjoch/ Passo del Rombo	A/I	x	2474	VII-IX	13%	-
Tonale, Passo del	I		1883	I-XII	10%	
Wurzenpass/ Koren	A/SLO		1073	I-XII	18%	-
Zirler Berg	A		1185	I-XII	16%	-

Wohnwagen: x nicht geeignet
- verboten

Öffnungszeiten: I-XII ganzjährig
V-X zeitbegrenzt

Beneluxstaaten 1:600 000

136 Den Haag Utrecht Amersfoort Utrecht

Ostfriesische Inseln
Nationalpark
Norderney
Juist
Memmert
Kachelotplate
Niedersächsisches
Wattenmeer
Borkum
Lütje Hörn
Reede Borkum
Utlandshörn
Norddeich
Norden
Hage
Altendeich
Theener
Leezdorf
Westermarsch I
Leybucht
Sperrwerk Leysiel
Greetsieler Nacken
Greetsiel
Schoonorth
Wirdum
Georgsheil
Pilsum
Krummhörn
Eilsum
Uttum
Pewsum
Loppersum
Groothusen
Upleward
Hinte
Harsweg
Rysum
Larrelt
Emden
Petkum
Wybelsum
Knock
Borßum
Ditzum
Termunten
Dollart
Woldendorp
Ditzumerverlaat
Bunde
Bunderneuland
Wymeer
Diele
Brual
Rhede
Heede
Dersum
Walchum
Sustrum
Neusustrum
Oberlangen
Rütenbrock
Landegge
Haren
Haren (Ems)
Wesuwe (Ems)
Bersede
Groß Fullen
Meppen
Rühle
Twist
Gr. Hesepe
Geeste
Dalum
Holthausen
Lingen
Lohne
Bookholt
Klausheide
Nordhorn
Brandlecht
Emsbüren
Drievorden
Schüttorf
Bad Bentheim
Gildehaus
Wengsel
Denekamp
Ameland
Hollum
Ballum
Nes
Buren
Schiermonnikoog
Nat. Park Schiermonnikoog
Engelsmanplaat
Rottumerplaat
Rottumeroog
Westereems
Wattenmeer
Eemshaven
Uithuizermeeden
Roodeschool
Uithuizen
Spijk
Bierum
Delfzijl
Farmsum
Appingedam
Meedhuizen
Usquert
Warffum
Kantens
Den Andel
Pieterburen
Kloosterburen
Lauwersoog
Eenrum
Baflo
Middelstum
Zeerijp
't Zandt
Godlinze
Holwierde
Loppersum
Stedum
Ten Post
Garnwerd
Winsum
Bedum
Zuidwolde
Adorp
Sauwerd
Groningen
Engelbert
Haren
Harkstede
Kolham
Slochteren
Siddeburen
Schildwolde
Woltersum
Noordbroek
Scheemda
Winschoten
Oudeschans
Blijham
Oude Pekela
Nieuwe Pekela
Wedde
Onstwedde
Vlagtwedde
Bourtange
Stadskanaal
Musselkanaal
Mussel
Ter Apel
Jipsinghuizen
Neudersum
Hoogezand-Sappemeer
Veendam
Wildervank
Muntendam
Zuidlaren
Tynaarlo
Annen
Anloo
Eelde
Paterswolde
Peize
Roden
Leek
Marum
De Wilp
Zevenhuizen
Langelo
Eelde
Donderen
Vries
Norg
Zeijen
Assen
Rolde
Gieten
Gasselternijveen
Gasselte
Buinen
Borger
Exloo
Odoorn
Valthermond
Nieuw Weerdinge
Emmen
Weerdinge
Emmer Compascuum
Barger-Compascuum
Zwartemeer
Klazienaveen
Nieuw-Amsterdam
Erica
Weiteveen
Schoonebeek
Nieuw Schoonebeek
Emlichheim
Neuringe
Coevorden
Dalen
Oosterhesselen
Zweeloo
Sleen
Erm
Schoonoord
De Kiel
Orvelte
Westerbork
Elp
Grolloo
Schoonloo
Hooghalen
Smilde
Hijkersmilde
Hijken
Beilen
Wijster
Spier
Dwingeloo
Diever
Dieverbrug
Nat. Park Dwingelderveld
Uffelte
Havelte
Ruinen
Ruinerwold
Koekange
Hoogeveen
Hollandscheveld
Elim
Pesse
Zuidwolde
De Wijk
Staphorst
Meppel
Nijeveen
Giethoorn
Blokzijl
Steenwijk
Willemsoord
Oldemarkt
Wolvega
Steggerda
Frederiksoord
Vledder
Noordwolde
Boijl
Oldeberkoop
Elsloo
Makkinga
Appelscha
Donkerbroek
Oosterwolde
Haulerwijk
Bakkeveen
Veenhuizen
Haule
Ureterp
Drachten
Opeinde
Nijega
Oudega
Surhuisterveen
Drogeham
Kornhorn
Doezum
Grootegast
Lutjegast
Zuidhorn
Niekerk
Enumatil
Hoogkerk
Mildwolde
Kollum
Buitenpost
Twijzel
Veenwouden
Noardburgum
Damwoude
Zwaagwesteinde
Dokkum
Driesum
Ee
Engwierum
Oostmahorn
Oosternijkerk
Ternaard
Holwerd
Blija
Marrum
Ferwerd
Hallum
Birdaard
Stiens
Gytsjerk
Lekkum
Leeuwarden
Hardegarijp
Burgum
Suameer
Warten
Wirdum
Wergea
Grou
Akkrum
Aldeboarn
Nij Beets
Beetsterzwaag
Gorredijk
Korfezwaag
Jubbega-Schurega
Tjalleberd
Heerenveen
Joure
Sneek
IJlst
Oudega
Heeg
Hommerts
Langweer
St. Nicolaasga
Balk
Sloten
Sondel
Oudemirdum
Lemmer
Echtenerbrug
Ossenzijl
Kuinre
Nat. Park de Weerribben
Bant
Creil
Noordoostpolder
Luttelgeest
Marknesse
Emmeloord
Espel
Tollebeek
Urk
Nagele
Ens
Kraggenburg
Sint Jansklooster
Vollenhove
Genemuiden
Zwartsluis
Hasselt
Grafhorst
IJsselmuiden
Kampen
Zwolle
Hattem
Wezep
Oldebroek
Wapenveld
Heerde
Wijhe
Veessen
Olst
Heino
Dalfsen
Ommen
Hardenberg
Bergentheim
Mariënberg
Kloosterhaar
Sibculo
Vriezenveen
Almelo
Wierden
Nijverdal
Hellendoorn
Lemelerveld
Raalte
Heeten
Nieuw-Heeten
Rijssen
Holten
Enter
Borne
Zenderen
Oldenzaal
Rossum
De Lutte
Twente
Westerberg
Tubbergen
Albergen
Geesteren
Ootmarsum
Lattrop
Vasse
Uelsen
Wilsum
Itterbeck
Veldhausen
Neuenhaus
Esche
Georgsdorf
Adorf
Bathorn
Hoogstede
Ringe
Großringe
Laar
Gramsbergen
De Krim
Slagharen
Dedemsvaart
Balkbrug
Nieuwleusen
Lichtmis
Oudleusen
Den Ham
Lemele
Luttenberg
Broekland
Swifterbant
Ketelhaven
Roggebotsluis
Dronten
Biddinghuizen
Elburg
Harderwijk
Hierden
Nunspeet
Vierhouten
Epe
Emst
Vaassen
Ermelo
Leuvenum
Elspeet
Flevoland
Lelystad
Bolsward
Franeker
Harlingen
Sexbierum
Menaldum
Dronrijp
Winsum
Weidum
Arum
Lollum
Wommels
Oosterend
Witmarsum
Scharnegoutum
Raerd
Jirnsum
Oosterwierum
St. Jacobiparochie
St. Annaparochie
Minnertsga
Vrouwenparochie
Berlikum
Marssum
Parrega
Workum
Elahuizen
Woudagemaal
Rutten
Schokland
DEUTSCHLAND
NEDERLAND
A
B
C
D
E
F
G
H
J
K
L
M
A7
A28
A31
A32
A37
A35
A1
A6
A50
E22
E232
E233
E30
Waddenzee

0 — 10 km

134 Alkmaar Amsterdam Almere Lelystad

Harderwijk
Apeldoorn
Deventer
Almelo
Hengelo
Enschede
Ede
Arnhem
Nijmegen
Zutphen
Doesburg
Doetinchem
Winterswijk
Bocholt
Emmerich
Kleve
Wesel
Borken
Coesfeld
Dorsten
Marl
Recklinghsn.
Herten
Gladbeck
Gelsenkirchen
Herne
Bottrop
Essen
Bochum
Oberhsn.
Dinslaken
Moers
Duisburg
Mülheim a. d. Ruhr
Hattingen
Velbert
Krefeld
Ratingen
Wuppertal
Düsseldorf
Remscheid
Solingen
Hilden
Mettmann
Meerbusch
Neuss
Viersen
Mönchengladbach
Venlo
Helmond
Eindhoven
Venray
Oss
Wijchen
Uden
Veghel
Weert
Roermond
Sittard
Geleen
Heerlen
Kerkrade
Genk
Heinsberg
Erkelenz
Grevenbroich
Dormagen
Leverkusen
Bergisch Gladbach
Pulheim
Köln
Bergheim
Kerpen
Hürth
Jülich
Alsdorf
Baesweiler
Linnich
Geilenkirchen
Kevelaer
Geldern
Goch
Xanten
Rheinberg
Kempen
Tönisvorst
Nettetal
Straelen
Rees
Isselburg
Bedburg-Hau
Kalkar

0 10 km

Noordzee
Mer du Nord
A
B
C
D
E
F
Kingston-upon-Hull 15 h
Dover 2-4 h
Hoek van Holland
Europoort
Oostvoorne
Brielle
Rockanje
Voorne
Goeree
Goedereede
Haringvlietdam
Hellevoet-sluis
Ouddorp
Stellendam
Melissant
Sommelsdijk
Brouwersdam
Renesse
Scharendijke
Dirksland
Middelharnis
Overflakkee
Brouwershaven
Zonnemaire
Haamstede
Schouwen Duiveland
Herkingen
Nieuwe-Tonge
Dreischor
Zierikzee
Bruinisse
Oosterscheldedam
Oosterland
Sluis
St. Philipsland
Roompot
Zeelandbrug
St.Annaland
Vrouwenpolder
Wissenkerke
Stavenisse
Tholen
Domburg
Oostkapelle
Noord-Beveland
Kortgene
St.Maartensdijk
Scherpenisse
Grijpskerke
Kamperland
Veere
Wolphaartsdijk
Westkapelle
Walcheren
Middelburg
Arnemuiden
Goes
Wemeldinge
Gorishoek
Koudekerke
Kapelle
Yerseke
Oosterschelde
Deurloo
Oost-Souburg
Midden Zeeland-Route
Zuid-Beveland
's-Gravenpolder
Vlissingen
Krabbendijke
Wielingen
Breskens
Ovezande
Hoedekenskerke
Waarde
Rilland-Bath
Cadzand-Bad
Nieuwvliet
Groede
Westerschelde-tunnel
Ellewoutsdijk
Knokke-Heist
Hoofdplaat
Westerschelde
Kloosterzande
Zeebrugge
Oostburg
Biervliet
Terneuzen
Blankenberge
Westkapelle
Sluis
IJzendijke
Hoek
Graauw
Wenduine
Lissewege
De Groene Kustweg
Aardenburg
Watervliet
Axel
Nieuw-Namen
De Haan
Bredene aanZee
Nieuwmunster
Dudzele
Damme
Moerkerke
Eede
Hulst
Oostende (Ostende)
Bredene
Brugge (Bruges)
St.-Laureins
Boekhoute
Assenede
De Klinge
Stene
Oudenburg
Maldegem
Kaprijke
St.-Gillis-Waas
Middelkerke-Bad
Westende-Bad
Westende
Middelkerke
Belfried, Begijnhof
Oedelem
Eeklo
Lembeke
Zelzate
Stekene
Nieuwpoort-Bad
Oostduinkerke-Bad
St. Idesbald
De Panne
Nieuwpoort
Slijpe
Gistel
Jabbeke
Zedelgem
Oostkamp
Beernem
Ertvelde
Moerbeke
St. Niklaas (St. Nicolas)
Eernegem
Knesselare
Ursel
Waarschoot
Wachtebeke
Sinaai
Belsele
Bray-Dunes
Koksijde
Veurne (Furnes)
Leke
Koekelare
Ichtegem
Hertsberge
Aalterbrug
Zomergem
Sleidinge
Eksaarde
Temse (Tamise)
Zeveneken
Lokeren
Evergem
Lochristi
Waasmunster
Hamme
Diksmuide (Dixmude)
Pervijze
Torhout
Ruddervoorde
Wingene
Aalter
Hansbeke
Gent (Gand)
Begijnhof
Zele
Grembergen
Uxem
Houtem
Alveringem
Kortemark
Lichtervelde
Zwevezele
Ruiselede
Lotenhulle
Dendermonde (Termonde)
Baasrode
Buggenhout
Hoogstade
Houthulst
Staden
Gits
Koolskamp
Pittem
Tielt
Vinkt
St.-Martens-Leerne
Kalken
Wetteren
Wichelen
Lebbeke
Hondschoote
Roeselare (Roulers)
Ardooie
Dentergem
Deinze
Merelbeke
Gijzegem
Wieze
Opwijk
Oost-Cappel
Rexpoëde
Wylder
Roesbrugge-Haringe
Merkem
Westrozebeke
Poelkapelle
Oostvleteren
Meulebeke
Ingelmunster
Olsene
Oordegem
Lede
Aalst (Alost)
Izegem
Oostrozebeke
Waregem
Kruishoutem
Gavere
Oosterzele
Erembodegem
Langemark
Moorslede
Zonnebeke
Zingem
Borsbeke
Mere
Haaltert
Hopperoute
Houtkerque
Watou
Poperinge
Elverdinge
België
Vlaanderen
Belfried
Dadizele
Harelbeke
Wortegem
Oudenaarde (Audenarde)
Zwalm
Zottegem
Herzele
Denderleeuw
Liedekerke
Cassel
Steenvoorde
l'Abeele
Dikkebus
Ieper (Ypres)
Geluveld
Kortrijk (Courtrai)
Vichte
Anzegem
Ninove
Roosdaal
l'Hazewinde
Mt. des Cats
Rodeberg
Kemmel
Geluwe
Wervik
Menen (Menin)
Wevelgem
Zwevegem
Ophasselt
Eizeringen
Caëstre
Loker
Kemmelberg
Mesen
Warneton
Halluin
Kluisbergen
Mt. Hotondberg
Nukerke
Brakel
Denderwindeke
Neigem
Gooik
St.-Kwintens-Lennik
Bailleul
Roncq
Mouscron (Moeskroen)
Avelgem
Ronse (Renaix)
Houppe
Parike
Geraardsbergen (Grammont)
Vollezele
St.-Pieters-Leeuw
Hazebrouck
Strazeele
Comines
Linselles
Dottignies
Orroir
Flobecq (Vloesberg)
Pepingen
Heikruis
Halle (Hal)
Morbecque
Steenwerck
Quesnoy-s.-D.
Tourcoing
Herseaux
Celles
Dergneau
Ellezelles
Viane
Bever
Lessines (Lessen)
Herne
Armentières
Lille
Roubaix
Hérinnes
Cordes
St.-Sauveur
Ollignies
Enghien
Tubize (Tubeke)
St. Venant
Merville
Estaires
Pérenchies
Mourcourt
Lahamaide
Ghislenghien
Lestrem
Laventie
Lomme
Graty
Braine-le-Compte
Fournes-en-Weppes
Haubourdin
Baisieux
Notre Dame
Tournai (Doornik)
Gaurain-Ramecroix
Ath (Aat)
Horrues
Ronquières
Lillers
Chocques
Herlies
Wattignies
Lesquin
Leuze-en-H.
Chièvres
Brugelette
Soignies (Zinnik)
Wavrin
Cysoing
Rumes
Barry
Béthune
la Bassée
Lille-Lesquin
Bury
Belœil
Lens
Neufvilles
Naast
Écaussinnes-d'Enghien
Annœulin
Pont-à-Marcq
Bercu
Bléharies
Basècles
Péruwelz
Herchies
Rœulx
Canal du Centre
Nœux-l.-M.
Carvin
Bersée
Wiers
Maulde
Blaton
Baudour
Bruay-en-Artois
Orchies
Rumegies
Hautrage

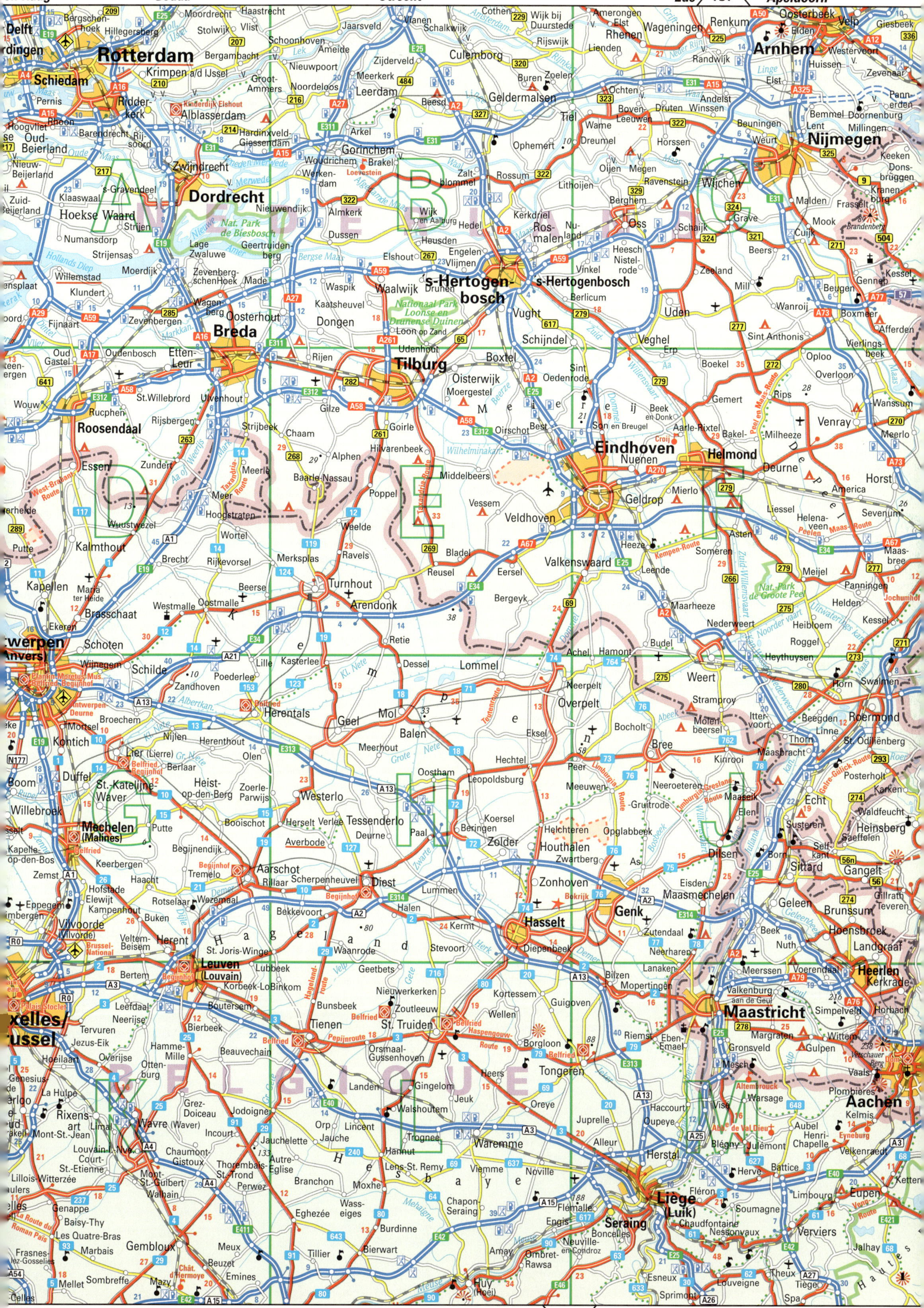
Rotterdam
Schiedam
Dordrecht
Zwijndrecht
Alblasserdam
Gorinchem
Culemborg
Geldermalsen
Tiel
Rhenen
Wageningen
Arnhem
Nijmegen
Wijchen
Oss
's-Hertogenbosch
Waalwijk
Breda
Oosterhout
Tilburg
Roosendaal
Boxtel
Uden
Veghel
Eindhoven
Helmond
Venray
Deurne
Valkenswaard
Weert
Roermond
Turnhout
Arendonk
Herentals
Geel
Mol
Lommel
Overpelt
Antwerpen (Anvers)
Mechelen (Malines)
Lier (Lierre)
Westerlo
Tessenderlo
Diest
Aarschot
Hasselt
Genk
Maasmechelen
Sittard
Heerlen
Maastricht
Aachen
Leuven (Louvain)
Tienen
St. Truiden
Tongeren
Landen
Waremme
Liège (Luik)
Seraing
Herstal
Verviers
Eupen
Wavre
Gembloux
Huy (Hoei)
Bruxelles/Brussel

Kortrijk (Courtrai)
Mouscron (Moeskroen)
Tourcoing
Roubaix
Lille
Tournai (Doornik)
Oudenaarde (Audenarde)
Ronse (Renaix)
Ninove
Bruxelles/ Brussel
Leuven (Louvain)
Halle (Hal)
Waterloo
Wavre (Waver)
Ath (Aat)
Soignies (Zinnik)
Nivelles (Nijvel)
Mons (Bergen)
La Louvière
Charleroi
Binche
Valenciennes
Douai
Cambrai
Maubeuge
Gembloux
Philippeville
Couvin
Chimay
Fourmies
Hirson
Avesnes-sur-Helpe
Le Cateau-Cambrésis
Guise
St-Quentin
Vervins
Laon
Chauny
Tergnier
Charleville-Mézières
Rethel
FRANCE
Thiérache

Hasselt
Maastricht
Heerlen
Aachen
Eschweiler
Stolberg (Rhld)
Düren
Kerpen
Tongeren
St. Truiden
Tienen
Waremme
Herstal
Liège (Luik)
Seraing
Verviers
Eupen
Monschau
Simmerath
Schleiden
Huy (Hoei)
Spa
Malmédy
Stavelot
Andenne
Ciney
Marche-en-Fam.
Rochefort
Sankt-Vith (Sankt-Vith)
Prüm
Bitburg
Houffalize
Bastogne (Bastenaken)
Clervaux
Wiltz
Vianden
Diekirch
Ettelbruck
Echternach
Trier
Konz
Arlon
Luxembourg
Esch-s-A.
Dudelange
Differdange
Pétange
Longwy
Virton
Sedan
Bouillon
Neufchâteau
Libramont-Chevigny
Saint-Hubert
BELGIQUE
LUXEMBOURG
Ardennes
Hautes Fagnes

0 10 km

Stadtumgebungskarten / Innenstadtpläne

Stadtumgebungskarten:

	Seite
Berlin	144/145
Bonn	186
Bremen	143
Dresden	164
Frankfurt	160/161
Halle/Leipzig	156/157
Hamburg	152/153
Hannover	150
Köln/Düsseldorf	166/167
München	178/179
Stuttgart	174/175
Wiesbaden/Mainz	172

Innenstadtpläne:

	Seite
Berlin	146/147/148
Bochum	184
Bonn	186
Chemnitz	158
Dortmund	185
Dresden	165
Düsseldorf	168/169
Duisburg	182
Essen	183
Frankfurt	162/163
Halle	158
Hamburg	154/155
Hannover	151
Köln	170/171
Leipzig	159
Mainz	173
München	180/181
Potsdam	149
Stuttgart	176/177
Wiesbaden	173

Zeichenerklärung für Stadtumgebungskarten und Innenstadtpläne

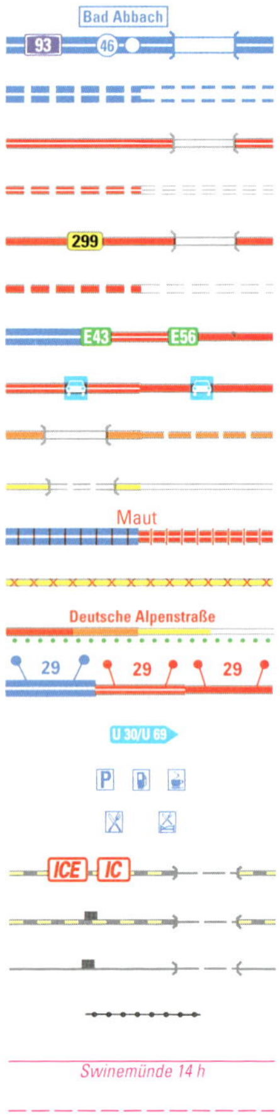

Autobahn mit Nummer, Anschlussstelle und Tunnel
Autobahn in Bau / in Planung
Schnellstraße mit Tunnel
Schnellstraße in Bau / in Planung
Fernstraße, Bundesstraße mit Nummer und Tunnel
Fernstraße, Bundesstraße in Bau / in Planung
Europastraße mit Nummer
Kraftfahrtstraße
Hauptstraße mit Tunnel / in Bau
Nebenstraße mit Tunnel / sonstige Straße, Fahrweg
Gebührenpflichtige Straße
Für Kfz gesperrte Straße
Landschaftlich schöne Strecke / Touristenstraße
Kilometrierung
Umleitungsstrecke
Autobahnparkplatz, -tankstelle, -kiosk
Autobahnraststätte, -mit Übernachtung
ICE- / IC-Strecke mit Bahnhof und Tunnel
Hauptbahn mit Bahnhof und Tunnel
Nebenbahn mit Bahnhof und Tunnel
Zahnradbahn, Standseilbahn, Seilschwebebahn
Autofähre mit Ziel und Fahrzeit
Personenfähre

Staatsgrenze mit Grenzübergang
Ländergrenze
Naturpark-, Naturschutzgebietsgrenze
Sperrgebiet
Malerisches Ortsbild
Sehensw. Kirche / Kloster / Synagoge / Moschee, Tempel
Sehensw. Schloss, Burg / Ruine / Arch. Stätte / Denkmal
Sehensw. Bergwerk in/außer Betrieb / Höhle / Fernsehturm
Sehensw. Windmühle, -rad, Wassermühle / Museum
UNESCO-Welterbe / Sehensw. Objekt, Naturdenkmal
Krankenhaus / Information / Theater, Freilichtbühne
Zoo, Wildpark / Botanischer Garten / Golfplatz
Aussichtsturm / Aussichtspunkt / Camping / Jugendherberge
Internationaler Verkehrsflughafen / Flughafen / Flugplatz
Kirche / Kloster / Synagoge / Moschee, Tempel
Schloss, Burg / Ruine / Denkmal
Bergwerk in/außer Betrieb
Wassermühle, Windmühle, Windrad
Turm / Leuchtturm / Funktechnische Anlage / Höhle
Freibad, Strandbad / Hallenbad
Höhenpunkt mit Zahl / Berg mit Höhe und Name
Stadion / Sportplatz
Sumpfgebiet / Moor / Heide
Wald / Bebauung / Freifläche
Rebfläche / Friedhof (christlich, jüdisch)

Bremerhaven
Osterholz-Scharmbeck
Worpswede
Ritterhude
Lilienthal
Grasberg
BREMEN
Delmenhorst
Stuhr
Weyhe
Oldenburg
Osnabrück
Hamburg
Hannover
Berne
Teufelsmoor
Blockland
Vegesack
Lesum
Burglesum
Grohn
Gröpelingen
Findorff
Walle
Schwachhausen
Horn-Lehe
Oberneuland
Vahr
Osterholz
Hastedt
Sebaldsbrück
Hemelingen
Arbergen
Mahndorf
Neustadt
Huchting
Woltmershausen
Neuenland
Huckelriede
Obervieland
Habenhausen
Kattenturm
Arsten
Flughafen Bremen
Bremer Kreuz
0 3 km

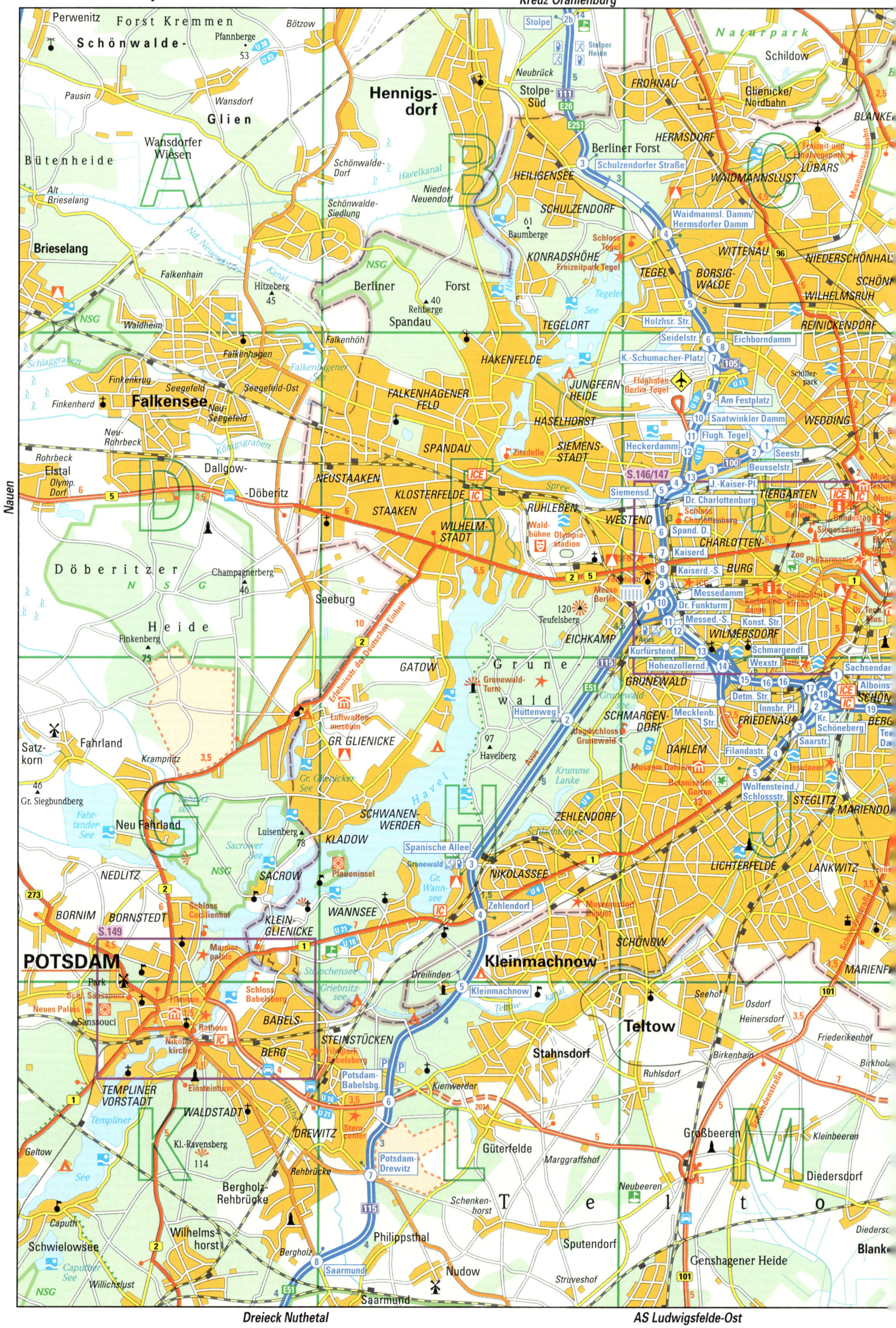

Kreuz Oranienburg
Nauen
Dreieck Nuthetal
AS Ludwigsfelde-Ost
Perwenitz
Forst Kremmen
Schönwalde-
Glien
Pfannberge
Bötzow
Pausin
Wansdorf
Wansdorfer Wiesen
Bütenheide
Alt Brieselang
Brieselang
Falkenhain
Hitzeberg
Waldheim
Falkenhagen
Schlaggraben
Finkenkrug
Seegefeld
Seegefeld-Ost
Finkenherd
Falkensee
Neu-Seegefeld
Neu-Rohrbeck
Königsgraben
Rohrbeck
Elstal
Olymp. Dorf
Dallgow-
-Döberitz
Döberitzer
Heide
NSG
Champagnerberg
Finkenberg
Seeburg
Hennigs-
dorf
Schönwalde-Dorf
Schönwalde-Siedlung
Havelkanal
Nieder-Neuendorf
Nd. Neuendorfer Kanal
Berliner
Forst
Spandau
Rehberge
Falkenhöh
Falkenhagener See
FALKENHAGENER FELD
SPANDAU
NEUSTAAKEN
STAAKEN
KLOSTERFELDE
WILHELM-STADT
HAKENFELDE
Zitadelle
Stolpe
Stolper Heide
Neubrück
Stolpe-Süd
Berliner Forst
Schulzendorfer Straße
HEILIGENSEE
SCHULZENDORF
Baumberge
KONRADSHÖHE
Schloss Tegel
Freizeitpark Tegel
Tegeler See
TEGELORT
JUNGFERNHEIDE
HASELHORST
SIEMENS-STADT
RUHLEBEN
Waldbühne
Olympiastadion
WESTEND
Teufelsberg
EICHKAMP
FROHNAU
HERMSDORF
WAIDMANNSLUST
LÜBARS
Freizeit- und Erholungspark
Waidmannsl. Damm/ Hermsdorfer Damm
TEGEL
BORSIG-WALDE
WITTENAU
Naturpark
Schildow
Glienicke/ Nordbahn
BLANKE
NIEDERSCHÖNHAU
WILHELMSRUH
REINICKENDORF
Holzhsr. Str.
Seidelstr.
Eichborndamm
K.-Schumacher-Platz
Flughafen Berlin-Tegel
Am Festplatz
Saatwinkler Damm
Flugh. Tegel
Heckerdamm
Seestr.
Beusselstr.
WEDDING
Schillerpark
S.146/147
Siemensd.
J.-Kaiser-Pl.
Dr. Charlottenburg
Schloss Charlottenburg
Spand. D.
CHARLOTTEN-
BURG
Kaiserd.
Kaiserd.-S.
Messedamm
Dr. Funkturm
Messed.-S.
Messe Berlin
Konst. Str.
WILMERSDORF
Kurfürstend.
Hohenzollernd.
Schmargendf.
Wexstr.
TIERGARTEN
Schloss Bellevue
Bundestag
Siegessäule
Zoo
Philharmonie
Gedächtniskirche
Kurfürstendamm
Dt. Techn. Mus.
Sachsendam
GRUNEWALD
Grunewaldsee
Grunewald
Grunewald-Turm
Hüttenweg
SCHMARGENDORF
Jagdschloss Grunewald
Mecklenb. Str.
Detm. Str.
Innsbr. Pl.
FRIEDENAU
Kr. Schöneberg
Saarstr.
DAHLEM
Filandastr.
Museum Dahlem
Botanischer Garten
Insulaner
Wolfensteind./ Schlossstr.
STEGLITZ
MARIENDO
LICHTERFELDE
LANKWITZ
Krumme Lanke
ZEHLENDORF
Schlachtensee
Avus
GATOW
Erlebnisstr. der Deutschen Einheit
Luftwaffenmuseum
GR. GLIENICKE
Gr. Glienicker See
Havelberg
Havel
SCHWANEN-WERDER
KLADOW
Luisenberg
Spanische Allee
Pfaueninsel
NIKOLASSEE
Gr. Wannsee
WANNSEE
Zehlendorf
Museumsdorf Düppel
SCHÖNOW
Satzkorn
Fahrland
Krampnitz
Gr. Siegbundberg
Fahrlander See
Neu Fahrland
Sacrower See
NEDLITZ
SACROW
KLEIN-GLIENICKE
Schloss Cecilienhof
BORNIM
BORNSTEDT
S.149
POTSDAM
Park
Schl. Sanssouci
Neues Palais
Sanssouci
Marmorpalais
Schloss Babelsberg
Filmmus.
Rathaus
Nikolaikirche
Einsteinturm
BABELS-
BERG
Griebnitzsee
Stölpchensee
STEINSTÜCKEN
Filmpark Babelsberg
Potsdam-Babelsbg.
TEMPLINER VORSTADT
Templiner See
WALDSTADT
Kl.-Ravensberg
DREWITZ
Stern-center
Potsdam-Drewitz
Nuthe
Rehbrücke
Bergholz-Rehbrücke
Wilhelmshorst
Caputh
Schwielowsee
Caputher See
Willichslust
Geltow
Bergholz
Saarmund
Philippsthal
Nudow
Dreilinden
Kleinmachnow
Teltowkanal
Kienwerder
Stahnsdorf
Teltow
Seehof
Osdorf
Heinersdorf
Friederikenhof
Birkenhain
Birkholz
Ruhlsdorf
Güterfelde
Marggraffshof
Schenkenhorst
Teltow
Neubeeren
Großbeeren
Kleinbeeren
Diedersdorf
Sputendorf
Genshagener Heide
Struveshof
Blank
MARIENF
Schwedenstraße
ICE
IC

uz Oranienburg
Bernau
Zepernick
Berliner
Stadtforst
BUCH
Friedrichshof
Spitzer Berg 81
Elisenau
Helenenau
Birkholzaue
Löhme
Werneuchen
Amselhain
Hirschfelde
Birkholz
Haussee
89 Kavelberge
Seefeld
Niederbarnim
Rudolfshöhe
Schönerlinder Str.
Schwanebeck
Dr. Schwanebeck
Berlin-Weißensee
Blumberg
Berlin-Hohenschönhsn.
Krummensee
Wegendorf
Bucher Str.
KAROW
Neu-Lindenberg
Lindenberg
Friedhof
Buchholz
Neuhönow
BLANKENBURG
MALCHOW
Paulshof
Pasewalker Str.
Ahrensfelde
Trappenfelde
ehem. Schlosskirche/ histor. Stadtkern
HEINERSDORF
WARTENBERG
FALKENBERG
Hoheneiche
Mehrow
Altlandsberg
Wolfshagen
Radebrück
Prenzlauer Promenade
Eiche
WEISSENSEE
Berlin-Marzahn
Friedrichslust
HOHENSCHÖNHAUSEN
MARZAHN
Eiche-Süd
Hönow
Seeberg
Bruchmühle
Fredersdorf Nord
Petershagen Nord
PRENZLAUER BERG
Sportforum
BERLIN
HELLERSDORF
Neuenhagen
Fredersdorf-Vogelsdorf
-Eggersdorf
Herzberge
S.148
FRIEDRICHSHAIN
LICHTENBERG
KAULSDORF
Galopprennbahn
Petershagen-
Wuhle
MAHLSDORF
Dahlwitz-Hoppegarten
FRIEDRICHSFELDE
RUMMELSBURG
Tierpark
BIESDORF
Tasdorf
Berlin-Hellersdorf
Münchehofe
KREUZBERG
BIESDORF-SÜD
KAULSDORF-SÜD
MAHLSDORF-SÜD
Schöneiche b. Berlin
Kleinschönebeck
Rüdersdorf b. Berlin
Mus.-park
KARLSHORST
TREPTOW
UHLENHORST
WOLFSGARTEN
Rüdersdorf
Woltersdorf
NEUKÖLLN
Grenzallee
BAUMSCHULENWEG
Trabrennbahn
OBERSCHÖNEWEIDE
Freizeit- u. Erholungszentrum
Fichtenau
Kalksee
Buschkrugallee
Dr. Neukölln
Britzer D.
HIRSCHGARTEN
FRIEDRICHSHAGEN
RAHNSDORF
Schönblick
WILHELMSHAGEN
Kranichberge 106
Spree
NIEDERSCHÖNEWEIDE
Späthstr.
JOHANNISTHAL
ADLERSHOF
Schloss
KÖPENICK
Großer Müggelsee
Flakensee
Johannisth. Ch.
Stubenrauchstr.
Adlershof
BRITZ
Dahme
Kl. Müggelsee
HESSENWINKEL
Dämeritzsee
Erkner
Britzer Garten
BUCKOW
Teltowkanal
GRÜNAU
WENDENSCHLOSS
Müggelberge 115
Krumme Laake
NSG
Neu-Buchhorst
BUCKOW I
RUDOW
ALTGLIENICKE
Regattastrecke
Langer See
MÜGGELHEIM
Gosener Kanal
Kaniswall
Karutzhöhe
Großziethen
Schönefeld-Nord
Treptow
Gosen
Hohenbinde
BOHNSDORF
Seddinsee
Schönefeld
Schönefeld-S.
SCHMÖCKWITZ
Wernsdorfer See
Neu Zittau
Freienbrink
Burig
Kleinziethen
Flughafen Berlin-Schönefeld
65 Paschenberg
62 Kl. Ziethenerberg
Waßmannsdorf
Flughafen Berlin-Brandenburg "Willy Brandt" (in Bau)
Flughafen Berlin/ Brandenburg
Waltersdorf
Eichwalde
Schulzendorf
Wernsdorf
43 Schinderberge
Waltersdorfer Dr.
Zeuthener See
Oder-Spree-Kan.
86 Stahlberg
Selchow
Kiekebusch
Zeuthen
Ziegenhals
Forst
Erkner
Neu-Schulzendorf
Rotberg
Miersdorf
Glasow
Tollkrug
Karlshof
Wildau
0 3 km
Dreieck Spreeau
Dahlewitz
Schönefelder Kreuz
Hoherlehme
Niederlehme
Kablow-Ziegelei
Friedersdorf
Groß-Kienitz
Am Fichtenplan
Königs Wusterhausen
Zernsdorfer See
Friedrichshof
Blankenfelder Heide
Brusendorf
Zernsdorf
Dannenreich
Dreieck Nuthetal
Dreieck Spreewald
Frankfurt (Oder)

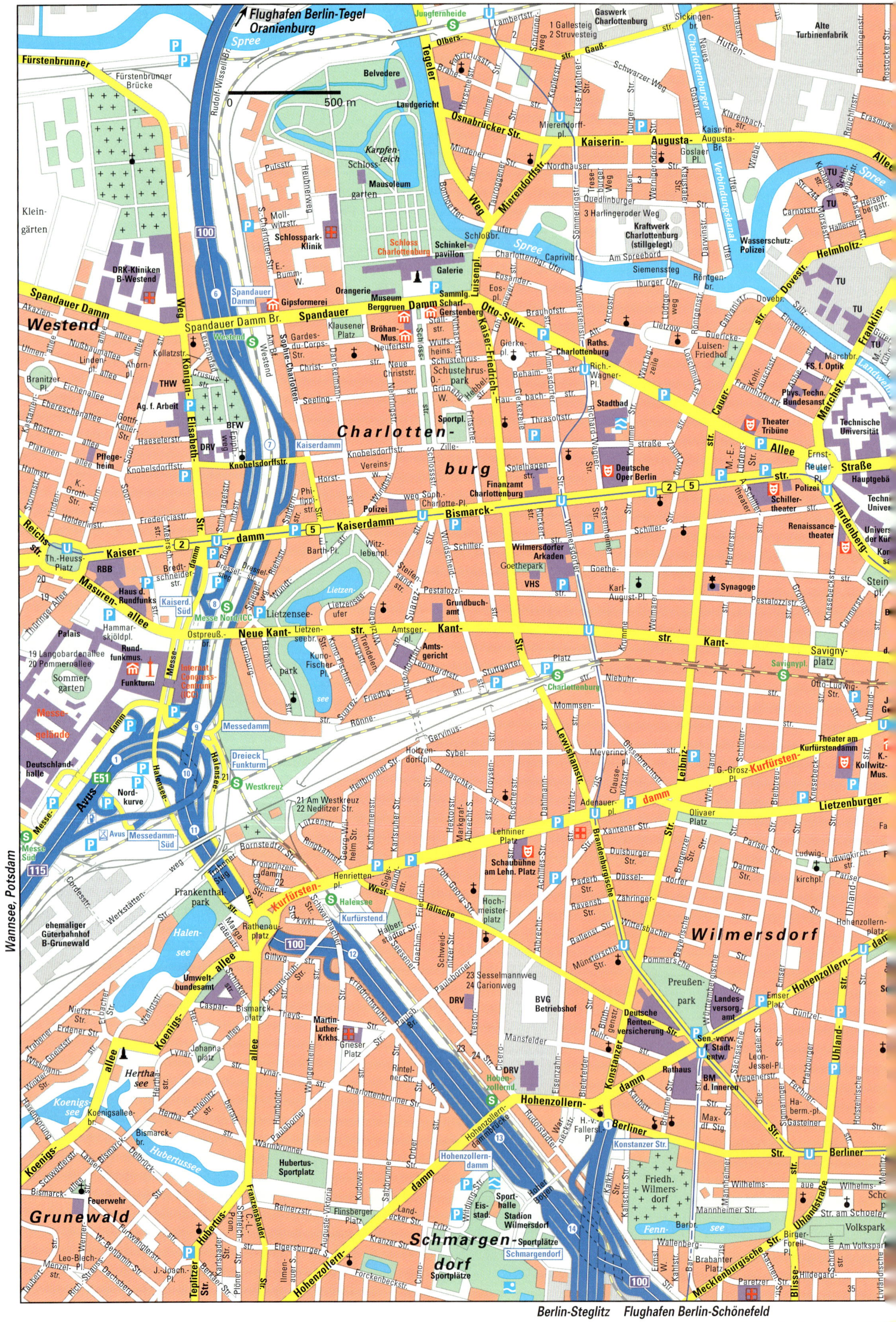

Flughafen Berlin-Tegel
Oranienburg
Spree
Fürstenbrunner Weg
Fürstenbrunner Brücke
Klein-gärten
Rudolf-Wissell-Br.
500 m
Belvedere
Landgericht
Karpfenteich
Schloss-garten
Mausoleum
Schlosspark-Klinik
Schloss Charlottenburg
Schinkel-pavillon
Galerie
Orangerie
Museum Berggruen
Sammlg. Scharf-Gerstenberg
Bröhan-Mus.
Gipsformerei
DRK-Kliniken B-Westend
Spandauer Damm
Spandauer Damm Br.
Westend
Klausener Platz
Jungfernheide
Osnabrücker Str.
Mierendorffpl.
Mierendorffstr.
Kaiserin-Augusta-Allee
Gaswerk Charlottenburg
Alte Turbinenfabrik
Charlottenburger Ufer
Verbindungskanal
Kraftwerk Charlottenburg (stillgelegt)
Wasserschutz-Polizei
Siemenssteg
Helmholtz-
TU
Luisenpl.
Otto-Suhr-Allee
Raths. Charlottenburg
Richard-Wagner-Pl.
Stadtbad
Deutsche Oper Berlin
Theater Tribüne
Technische Universität
Ernst-Reuter-Pl.
Straße des 17. Juni
Hauptgebäude
Schiller-theater
Polizei
Renaissance-theater
Hardenbergstr.
Bismarckstr.
Kaiserdamm
Sportpl.
Charlottenburg
Finanzamt Charlottenburg
Wilmersdorfer Arkaden
Goethepark
VHS
Synagoge
THW
Ag. f. Arbeit
BFW
DRV
Pflegeheim
RBB
Th.-Heuss-Platz
Reichsstr.
Haus d. Rundfunks
Kaiserd. Süd
Messe Nord/ICC
Lietzensee
Lietzenseeufer
Neue Kant-str.
Kantstr.
Savignyplatz
Amtsgericht
Grundbuchamt
Palais
Rundfunkmus.
Funkturm
Sommergarten
Messegelände
Internat. Congress-Centrum (ICC)
Messedamm
Deutschlandhalle
Avus
Nordkurve
Dreieck Funkturm
Westkreuz
Messe Süd
Halensee
Kurfürstendamm
Theater am Kurfürstendamm
Adenauer-pl.
Olivaer Platz
Lietzenburger Str.
Schaubühne am Lehn. Platz
Lehniner Platz
Henriettenpl.
Westfälische Str.
Hochmeisterplatz
Brandenburgische Str.
Konstanzer Str.
Wilmersdorf
Preußenpark
Landesversorg.-amt
Deutsche Rentenversicherung
Fehrbelliner Platz
Sen.-verw. f. Stadt-entw.
Rathaus
BM d. Innern
Hohenzollerndamm
BVG Betriebshof
Frankenthal park
ehemaliger Güterbahnhof B-Grunewald
Umweltbundesamt
Halensee
Martin-Luther-Krhks.
Hertha see
Koenigssee
Hubertussee
Koenigsallee
Grunewald
Feuerwehr
Hubertus-Sportplatz
Schmargendorf
Stadion Wilmersdorf
Eisstad.
Sporthalle
Friedh. Wilmersdorf
Fennsee
Volkspark
Mecklenburgische Str.
Berliner Str.
Bundesallee
Wannsee, Potsdam
Berlin-Steglitz
Flughafen Berlin-Schönefeld

BERLIN, Mitte nächste Seite

BERLIN, westl. Innenstadt vorherige Seite

Klein Glienicke
Volkspark Klein-Glienicke
Babelsberg Süd
Medienstadt
Babelsberg Nord
Weber- und Spinnerkol. Babelsberg
Park Babelsberg
Schloss Babelsberg
Schloss Glienicke
Glienicker Brücke
Glienicker Lake
Glienicker Horn
Jungfernsee
Tiefer See
Havel
Heiliger See
Neuer Garten
Marmorpalais
Berliner Vorstadt
Zentrum-Ost
Humboldtbrücke
Lange Brücke
Teltower Vorstadt
Brauhausberg
Neuer Lustgarten
Neustädter Havelbucht
Küssel
Vorderkappe
Hermannswerder
Tornow
Jäger-vorstadt
Brandenburger Vorstadt
Park Sanssouci
Schloss Sanssouci
Ruinenberg
Volkspark
Waldpark
Gr. Wiesenpark
Nedlitzer Str.
Friedrich-Ebert-Str.
Breite Str.
Zeppelinstr.
Heinrich-Mann-Allee
Friedrich-List-Str.
Nuthestr.
Großbeerenstr.
Rudolf-Breitscheid-Str.
Karl-Marx-Str.
Berliner Str.
Hegelallee
Schopenhauerstr.
Pappelallee
Bornstedter Str.
Leipziger Str.
Templiner Str.
Am Kanal
Hauptbahnhof
Landtag
300 m

Bremen, Hamburg
Neustadt a.R.
Bad Oeynhausen
Burgdorf
Braunschweig
Hameln
Hildesheim
Wedemark
Große Heide
Scharrel
NSG
Schadehop
Scherenbostel
Wennebostel
Dreieck Hannover-Nord
Sprillgehege
Fuhrenkampsgehege
Ohlenbostel
Lönssee
Neuer Auter
Wiechendorf
Würmsee
Im Heidewinkel
Burgwedel
Otternhagener Moor
Osterberg
Resse
Kaltenweider Moor
Bissendorf
Ickhorst
An der Wietze
Gr. Heide
Springhorstsee
Wettmar
Kleinburgwedel
Vorwerk Resse
Kiebitzkrug
Langenhagen-Kaltenweide
Jugendburg
Burgwedeler Bruch
Maspe
Engensen
Altenhorst
Großburgwedel
Niedersachs.
Spargelstr.
Thönse
Twenge
Hainhaus
Wietze
Hohenhorster Bauerschaft
Kaltenweide
Oldhorst
Farster Bauerschaft
Kananohe
Krähenwinkel
Neuwarmbüchen
Oberende
Isernhagen
Gut Lohne
Osterwald
Heitlingen
Flughafen Hannover-Langenhagen
Langenhagen
Kircher Bauerschaft
Oldhorster Moor
Unterende
Stelingen
H-Flughafen
Gartenst. Lohne
Engelbostel
Schulenburg
Niederhägener Bauerschaft
Basselthof
Vogel-u.-Freizeitpark
Meyenfeld
Godshorn
Pferderennbahn
Groß Horst
Beinhorn
Engelbostel
Berenbostel
Dreieck H-West
ISERNHAGEN-SÜD
Altwarmbüchen
Kirchhorst
Autokino
Auf der Horst
Heidehs.
VINNHORST
H-Bothfeld
Altwarmbüchen
Hannover/Langenhagen
BOTHFELD
Kreuz H-Kirchhorst
H-Herrenhausen
Mittellandkanal
H-Lahe
Alt-warmbüchener Moor
STÖCKEN
Reiterstadion
VAHRENHEIDE
KLEIN-BUCHHOLZ
Kreuz H-Buchholz
Garbsen
LEINHAUSEN
Sonnensee
Letter
S.151
LIST
H-Misburg
Misburger Wald
Seelze
BURG
HAINHOLZ
VAHRENWALD
GROSS-BUCHHOLZ
MISBURG
Ahltener Wald
HERRENHAUSEN
Kreuz H-Ost
AHLEM
LIMMER
Herrenhäuser Gärten
Museum
Universität
HANNOVER
Erlebnis-Zoo
Almhorst
Heisterberg 91
MITTE
Hbf
OSTERFELD
Harenberg
DAVENSTEDT
Marktkirche
Oper
Neues Rathaus
KLEEFELD
Döteberg
LINDEN
Leineschloss
Kestner-Mus.
Rathaus
Landesmus.
Lönspark
Tiergarten
Ahlten
Velber
ANDERTEN
Königseiche
BADENSTEDT
HDI-Arena
NDR
H-Anderten
Lenthe
KIRCHRODE
Northen
126
Maschsee
WALDHSN.
Ilten
Everloh
Benther Berg
Benthe
BORNUM
RICKLINGEN
SEELHORST
BEMERODE
Kronsberg 106
Höver
EMPELDE
Südschnellweg
DÖHREN
Bilm
Ditterke
Erichshof
Sieben Trappen
WETTBERGEN
WÜLFEL
MITTELFELD
WÜLFERODE
Hannover-Wülferode
Burgberg
Gehrden
Westerfeld
Hemmingen
Messegelände
AWD-Arena
Wassel
154
Loydbrunnen
Laatzen
Hannover-Messegelände
Bockmer Holz
Laatzen
Devese
Ronnenberg
Am Schacht
Ihme
Wilkenburg
Dr. H-Süd (Messeschnellweg)
Wehmingen
Arnum
Wirringen
Lemmie
Bettensen
Roloven
Weetzen
Grasdorf
Alte Leine
Degersen
Harkenbleck
Müllingen
Straßenbahnmuseum
Ohlendorf
Rethen
Oesselse
Kloster
Vörie
Hiddestorf
87 Streitberg
Ingeln
Sorsum
Wennigsen (Deister)
Evestorf
Linderte
Reden
Koldingen
Bledeln
Holtensen
Pattensen
Gleidingen
Argestorf
Auf dem Wolfsberg
Schille
Süllberg 198
Lüdersen
Heisede
Hotteln
Bredenbeck
Hüpede
Ruthe
Kniggescher
Steinkrug
Kalenberg 310
NSG Forst
Bennigsen
Schliekum
Leine
Gödringen
0
3 km
Oerie
Sarstedt
Völksen
Gestorf
Jeinsen
Ahrbergen

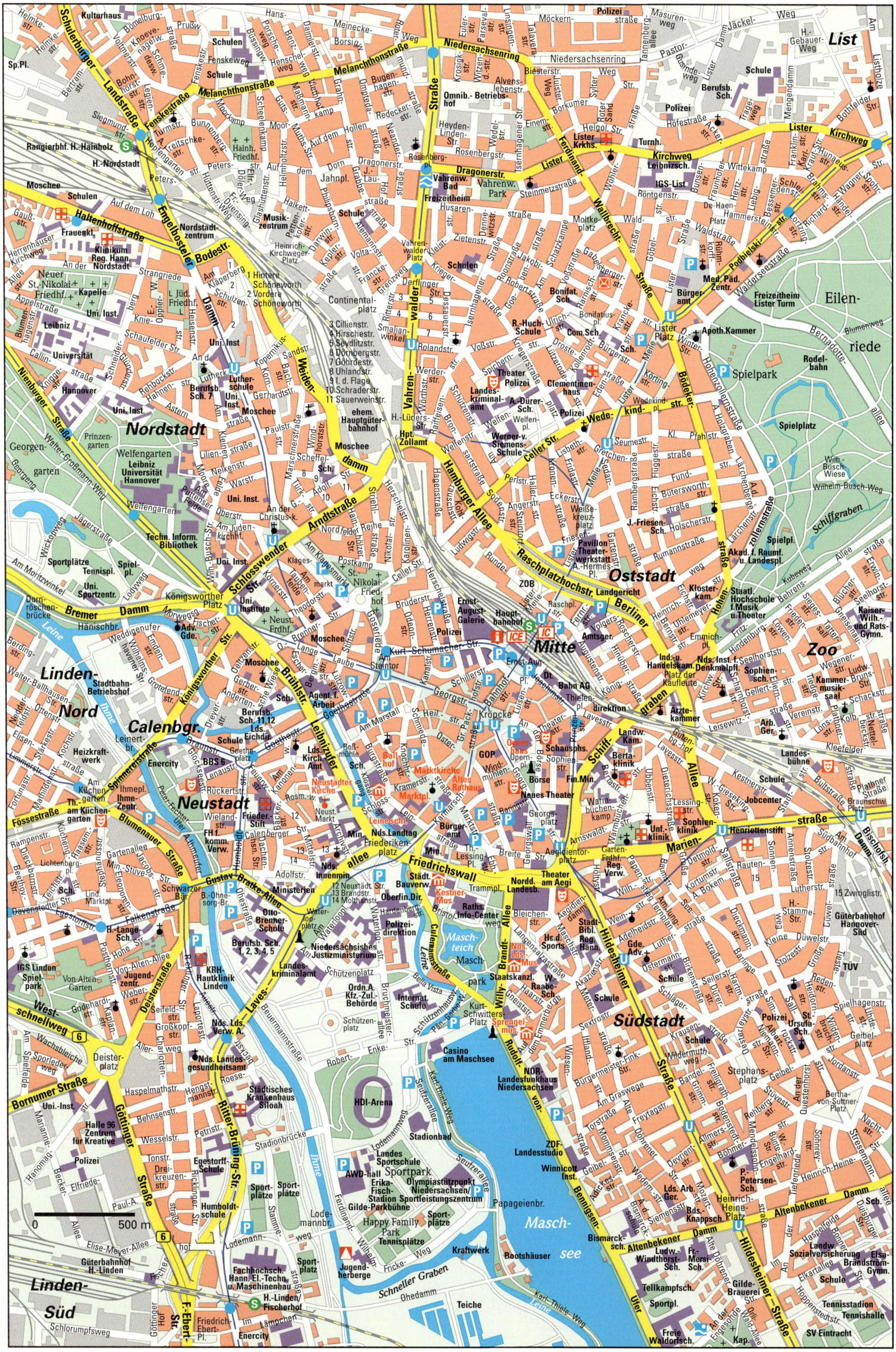
List
Eilenriede
Nordstadt
Oststadt
Mitte
Zoo
Linden-Nord
Calenbgr.
Neustadt
Südstadt
Linden-Süd
Maschsee
0
500 m

Itzehoe
Neumünster
Stade
Buchholzer Dreieck
Horster Dreieck
Elmshorn
Hainholz
Seeth-Ekholt
Ellerhoop
Quickborn
Renzel
Friedrichsgabe
Holstendorf
Rotenlehm
Liethermoor
Missen
Thiensen
Arboretum
Am Hagedorn
Elsensee
Holmmoor
Harksheide
Klein Nordende
Heidgraben
Tornesch
Rantzel
Kummerfeld
Harbrook
Elisenhof
Hasloh
Norderstedt
Syltkuhlen
Uetersen
Ahrenlohe
Hohenraden
Glashütte
Esingen
Prisdorf
Borstel-
Tangstedt
Langenbergen
Garstedt
Arriba
Ochsen
Pinneberg-Nord
Winzeldorf
Moorrege
Oberglinde
Unterglinde
Appen
Pinneberg
Rellingen
Ellerbek
Bönningstedt
Bauland
Haselau
Luftwaffenmuseum
NSG
Quellental
Pinneberg-Mitte
Egenbüttel
Burgwedel
LANGENHORN
Heist
Thesdorf
Pinneberg-Süd
Hempberg
Keller
HH-Schnelsen-Nord
Haseldorfer
Schäferhof
Etz
Eggerstedt
Krupunder
SCHNELSEN
Haseldorf
Marsch
Holm
Halstenbek
Halstenbek/Rellingen
Halstenbek-Krupunder
HH-Schnelsen
Flughafen Hamburg Fuhlsbüttel
OHLS
Butterbargsmoor
Waldenau
NIENDORF
FUHLSBÜTTEL
Hetlingen
Katharinenhof
Brande
HH-Eidelstedt
EIDELSTEDT
Dr. HH-Nordwest
GROSS BORSTEL
ALSTE
Haidehof
Friedrichshulde
LOKSTEDT
Hetlinger Binnenelbe
HH-Stellingen
Hagenbecks Tierpark
Planetarium
Stadtpark
Schenefeld
LURUP
STELLINGEN
Marienhof
o2 World Hamburg
Volkspark
RISSEN
SÜLLDORF
Imtech Arena
EPPENDORF
WINTERHUDE
Elbe
OSDORF
Wedel
Schulau
HH-Volkspark
EIMSBÜTTEL
HARVESTEHUDE
UHLEN
Schiffsbegrüßungsanlage
Trabrennbahn
BAHRENFELD
Lühe
ISERBROOK
Sülberg
Neuer Botanischer Garten
GROSS FLOTTBEK
HH-Bahrenfeld
Fernsehturm
Außenalster
Höhen
Wisch
Bismarckstein
Dockenhuden
Unterelbe
BLANKENESE
HH-Othmarschen
ALTONA
Messegelände
Millerntor Stadion
Planten un Blomen
Kunsthalle
Neuenschleuse
NIENSTEDTEN
OTTENSEN
Altonaer Museum
ST. PAULI
Reeperbahn
Oper
Rathaus
Hbf
Mittelnkirchen
Hahnhöfersand
OTHMARSCHEN
St. Michaelis
Borstel
Hinterbrack
Airbus Flugzeugwerft
Elbtunnel
Hafen
Leeswig
CRANZ
STEINWERDER
Kohlenhusen
WALTERSHOF
Köhlbrand
Jork
Hinterdeich
Hove
FINKENWERDER
KL. GRASBROOK
HH-Veddel
Altes Land
Obstmarschenweg
Königreich
NEUENFELDE
Rosengarten
Alte Süderelbe
Köhlbrandbrücke
HH-Georgsw.
Ladekop
Estebrügge
Esteburg
Nincop
Vierzigstücken
FRANCOP
HH-Waltershof
Reiherstieg
Grüne Küstenstraße
Hohenwisch
ALTENWERDER
Jork (i.B.)
Moorende
Rübke
Hinterdeich
WILHELMSBURG
Neuland
Dammhausen
Kirchdorf
Neuklöster
Buxtehude (i.B.)
MOORBURG
HH-Moorburg
Westermoor
St. Petri-Kirche
Neuwiedenthal
NEUGRABEN-
HH-Heimfeld
HH-Wilhelmsburg-Süd
Grünerwald
Buxtehude
Wulmstorfer Moor
Ostmoor
Neu Wulmstorf
HAUSBRUCH
HEIMFELD
Altkloster
Ovelgönne
FISCHBEK
HH-Neuland
Neuland
Museumseisenbahn
Eilendorf
Naturpark
Ehestorf
HARBURG
HH-Harburg Mitte
Ottensen
Ketzendorf
Dr. HH-Südwest
Wildpark
EISSENDORF
HH-Wilstorf
Immenbeck
Wulmstorf
Die Schwarzen Berge
Kiekeberg
MARMSTORF
WILSTORF
Apensen
Pippensen
Harburger Berge
Freilichtmuseum
HH-Marmstorf
RÖNNEBURG
Klein Nindorf
Heimbruch
Deutsche Fachwerkstraße
Ardestorf
Daerstorf
(Fischbeker Heide)
Vahrendorf
LANGENBECK
Daensen
Elstorf
Rosengarten
HH-Marmstorf-Lürade
Siedl. Vahrendorf
Harburger Berge
Nindorf
Schwiederstorf
Neu-Leversen
Beckedorf
Woxdorf
SINSTORF
Goldbeck
Moisburg
Grauen
Bachheide
garten
Sottorf
Klein-Leversen
Tötensen
Fleestedt
Glüsingen
0
3 km

Bad Segeberg, Kiel   Lübeck

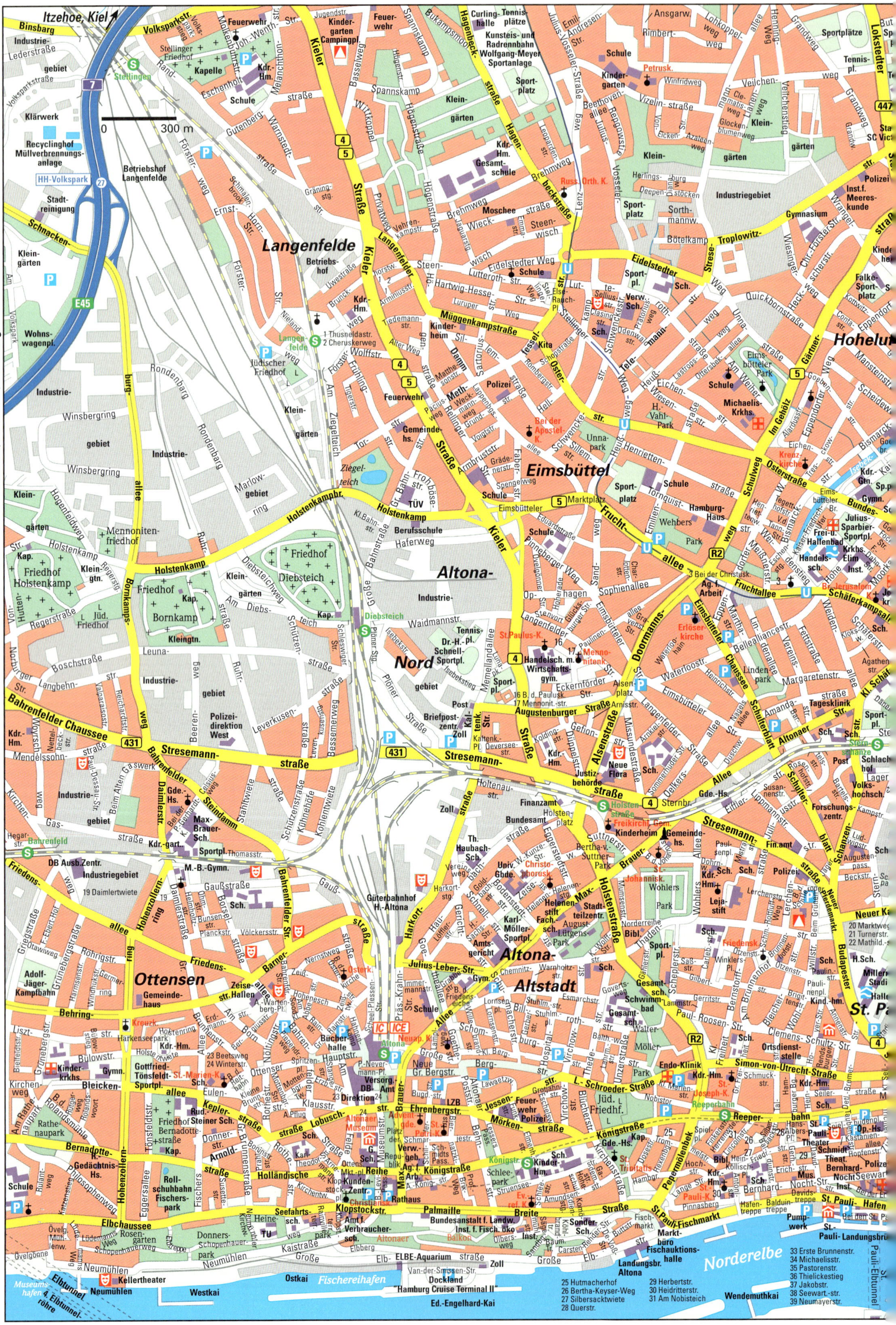

Itzehoe, Kiel
Bremen, Hannover, Lüneburg
Langenfelde
Eimsbüttel
Hoheluft
Altona-Nord
Ottensen
Altona-Altstadt
St. Pauli
Norderelbe
Fischereihafen
Museumshafen
Elbtunnel
Bahrenfelder Chaussee
Stresemannstraße
Holstenstraße
Kieler Straße
Max-Brauer-Allee
Palmaille
Große Elbstraße
Elbchaussee
Fruchtallee
Schäferkampsallee
Eimsbütteler Chaussee
Holstenkamp
Friedhof Holstenkamp
Friedhof Diebsteich
Friedhof Bornkamp
Bahrenfeld
Diebsteich
Holstenstraße
Altona
Reeperbahn
Königstraße
Sternschanze
ELBE-Aquarium
Dockland
"Hamburg Cruise Terminal I"
Ed.-Engelhardt-Kai
Van-der-Smissen-Str.
Neumühlen
Kellertheater
Westkai
Ostkai
Wendemuthkai
Fischauktionshalle
Landungsbr. Altona
St. Pauli-Landungsbrücken
St. Pauli-Fischmarkt
St. Pauli-Elbtunnel
0 300 m
25 Hutmacherhof
26 Bertha-Keyser-Weg
27 Silbersacktwiete
28 Querstr.
29 Herbertstr.
30 Heitmannstr.
31 Am Nobisteich
33 Erste Brunnenstr.
34 Michaelisstr.
35 Pastorenstr.
36 Thielickestieg
37 Jakobstr.
38 Seewart.-str.
39 Neumayerstr.
20 Marktweg
21 Turnerstr.
22 Mathildenstr.

Eppendorf
Universitäts-klinikum Eppendorf
Hoheluft-Ost
Harvestehude
Rotherbaum
Außen-alster
Binnen-alster
Uhlenhorst
Barmbek-Süd
Hohenfelde
St. Georg
Hammerbrook
Klostertor
Hafen City
Alstercity
Planten un Blomen
Hamburg Messe
Congress Centrum Hamburg
NDR Funkhaus Hamburg
Literaturhaus
Hochsch. f. Musik u. Theater
Schwanenwikbrücke
Hohenfelder Brücke
Kennedybrücke
Lombardsbr.
Esplanade
Gorch-Fock-Wall
Alsterglacis
Fontenay
Harvestehuder Weg
Mittelweg
Rothenbaumchaussee
Eppendorfer Baum
Hallerstraße
Grindelallee
Klosterstern
Mühlenkamp
Winterhuder Weg
Hofweg
Schöne Aussicht
An der Alster
Lübecker Str.
Steindamm
Mönckebergstr.
Spitalerstr.
Ballindamm
Jungfernstieg
Neuer Wall
Willy-Brandt-Str.
Amsinckstr.
Nordkanalstr.
Spaldingstr.
Süderstraße
Heidenkampsweg
Oberhafen
Deichtorhallen
Großmarkthalle Obst, Gemüse und Blumen
Hauptbf.
Dammtor
45 Welckerstr.
46 Theaterstr.
47 Kl. Burstah
48 Wölberstg.
49 Neue Burg
50 Trostbr.
51 Bei der Alten Börse
52 Zollenbrücke
53 Brodschrangen
54 Dornbusch
55 Kleine Johannisstr.
56 Knochenhauertwiete
57 Bei der Petrikirche
58 Kreuslerstr.
59 Schmiedestr.
60 Curienstr.
61 Mohlenhofstr.
62 Altstädter Twiete
63 Kattrepelsbr.
64 Depenau
65 Johann-v.-Valckenburgh-Brücke
66 Klingberg
67 Meßberg
68 City-Hof-Passage
69 Reimerstwiete
70 Hinter der Markthalle
71 Spadenteich
72 Soester Str.
73 Borgesch
74 Zimmerpforte
75 Koblerweg
76 Brockesstr.
77 Buceriusstr.
78 Am Sandtorpark
79 Singapurstr.
80 Tokiostr.
81 Am Mariendom
82 Paula-Karpinski-Pl.
1 Roosperweg
5 Kaempsweg
6 Fersenfeldtsw.
11 Lorenzeng.
12 Jollassestg.
13 Rambatzweg
14 H.-Feiner-Asmus-Stg.
7 Neckelmannstraße
8 Meuronstieg
9 Maacksgasse
10 Martin-Haller-Ring
18 Voßweg

Magdeburg
Berlin
Lutherstadt Eisleben
Sangerhausen
Zeitz
Nürnberg, München
Naturpark Unteres Saaletal
0 3km
Schachtberg
Neutz
Deutleben
Wettin
Lettewitz
Mücheln
Görbitz
Johanneshall
Zaschwitz
Zörnitz
Gimritz
Döblitz
Fienstedt
Gödewitz
Pfützthal
Salzmünde
Quillschina
Müllerdorf
Benkendorf
Zappendorf
Langenbogen
Köllme
Bennstedt
Köchstedt
Teutschenthal Bahnhof
Teutschenthal Ost
Wansleben am See
Teutschenthal
Etzdorf
Steuden
Schafstädt
Großgräfendf.
Schotterey
Goethe-Theater
Bad Lauchstädt
Milzau
Burgstaden
Unterkriegstedt
Krakau
Ober-wünsch
Nieder-wünsch
Nieder-Klobikau
Ober-
Blösien-West
Blösien
Öchlitz
Schmirma
Stöbnitz
Mücheln (Geiseltal)
Neubiendorf
Geiseltalsee
Neumark
Krumpa
Breiter Hügel 190
Braunsbedra
Schortau
Braunsdorf
Bedra
Leiha
Roßbach
Roßbach Süd
Almsdorf
Baumersroda
Branderoda
Gröst
Ebersroda
Schleberoda
Zeuchfeld
Pettstädt
Obschütz
Brommerberg 200
Naturpark Saale-Unstrut-Triasland
Markröhlitz
Freyburg (Unstrut)
Schl. Neuenburg
Pödelist
Dobichau
Wissmitz
Goseck
Uichteritz
Weißenfels
Storkau
Markwerben
Burgwerben
Tagewerben
Reichardtswerben
Lunstädt
Großkaynaer See
Großkayna
Runstedter See
Frankleben
Reipisch
Beuna (Geiseltal)
Atzendorf
Geusa
Merseburg
Merseburg-Nord
Merseburg-Süd
Technikmuseum
Bündorf
Knapendorf
Bad Lauchstädt
Dörstewitz
Dr. Halle-Süd
Schafstädt
Holleben
Delitz am Berge
Angersdorf
Zscherben
Halle-Neustadt
Nietleben
Heide
Dölau
Dölauer Heide
Lieskau
Salzmünde (i.Pl.)
Schiepzig
Bad Neuragoczy
Lettin
Brachwitz
Friedrichsschwerz
Beidersee
Lerchenhügel 164
Morl
Halle-Trotha
Dreieck Halle-Nord (i.Pl.)
Priester
Sylbitz
Trebitz
Nauendorf
Krosigk
Drehlitz
Petersberg 250
Petersberg
Drobitz
Frössnitz
Wallwitz (Saalkreis)
Merkewitz
Nehlitz
Möderau
Groitsch
Teicha
Gutenberg
Sennewitz
Tornau
Seeben
Trotha
Kröllwitz
S.158
Burg Giebichenstein
Zoo
Moritzburg
Roter Turm
Franckesche Stiftungen
Neustadt
Böllberg
Wörmlitz
Silberhöhe
Beesen
Maya mare
Röpzig
Benkendf.
Rockendf.
Hohenweiden
Ammendorf
Rattmannsdf.
Osendorf
HALLE (Saale)
Bruckdorf
Kanena
Büschdorf
Diemitz
Reideburg
Mötzlich
Halle/Peißen
Zöberitz
Peißen
Rabatz
Hohenthurm
Halle-Ost
Zwebendorf
Droysig
Reußen
Siedersdorf
Emsdorf
Sietzsch
Klepzig
Queis
Bageritz
Kockwitz
Dölbau
Wiedersdorf
Wiedemar
Stennewitz
Naundorf
Kleinkugel
Osmünde
Gottenz
Wiesenena
Rabutz
Zwintschöna
Benndorf
Gröbers
Werlitzsch
Schwoitsch
Bennewitz
Dieskau
Großkugel
Schkeuditzer Kreuz
Flughafen Leipzig/Halle
Schkeuditz
Beuditz
Röglitz
Lochau
Döllnitz
NSG
Kollenbey
Pritschöna
Weßmar
Ermlitz
Großkugel
Wehlitz
Raßnitz
Oberthau
Weiße Elster
Burgliebenau
Schkopau
Korbetha
Fraimfelde
Lössen
Luppenau
Tragarth
Zöschen
Zweimen
Maßlau
Horburg
Dölkau
Kleinliebenau
Menschau
Dom
Trebnitz
Wallendorf (Luppe)
Friedensdorf
Zschernddel
Kötschlitz
Günthersdorf
Leipzig-West
Rodden
Pissen
Priesteblich
Ockendorf
Kreypau
Wüsteneutzsch
Witzschersdorf
Schladebach
Kötzschau
Altranstädt
Großlehna
Rampitz
Kleinlehna
Kötzschen
Leuna
Göhlitzsch
Ostrau
Kröllwitz
Bad Dürrenberg
Thalschütz
Tollwitz
Nempitz
Bad Dürrenberg
Kulkwitz
Spergau
Wengelsdf.
Balditz
Teuditz
Kauern
Ragwitz
Zöllschen
Thronitz
Vesta
Goddula
Oebles-Schlechtewitz
Ellerbach
Floßgr.
Michlitz
Lützen
Gustav-Adolf-Gedenkstätte
Schkölen
Bäumchen
Leina
Großkorbetha
Kleinkorbetha
Gniebendorf
Schweßnitz
Bothfeld
Meuchen
Meyhen
Röcken
Leuna
Schkortleben
Kr. Rippachtal
Rippach
Lützen
Kaja
Eisdorf
Kriechau
Dehlitz (Saale)
Lösau
Kleingöhren
Gostau
Kleingörschen
Stößwitz
Sössen
Starsiedel
Rahna
Großgörschen
Pörsten
Poserna
Kölzen
Nellschütz
Pobles
Taucha
Borau
Kleben
Zörbitz
Spören
Prußendorf
Köckern
Renneritz
Glebitzsch
Quetzdölsdorf
Beyersdorf
Rieda
Siegelsdorf
Schrenz
Abatassinenberg 149
Kütten
Dammendorf
Eismannsdorf
Hohen
Brachstedt
Oppin
Wurp
Niemberg
Schwerz
Halle (Saale)
Brehna
Carlsfeld
Torna
Pohritzsch
Zschernitz
Spickendorf
Harsdorf
Halle-Tornau
Obermaschwitz
Untermaschwitz
Plößnitz
Wölls-Petersdorf
Düringsdorf
Gütz
Doppelkapelle
Landsberg
Braschwitz
Reinsdorf
Gollma
Doberstau
Schwätz
Lohnsdorf
Straße der Romanik
Einheit
ICE-Strecke Erfurt-Halle (im Bau) bis 2015
Halle-Neustadt
Teutschenthal
Holleben
Schafstädt
Leuna
Lützen
Gröbers
Wiedemar
217
187
200

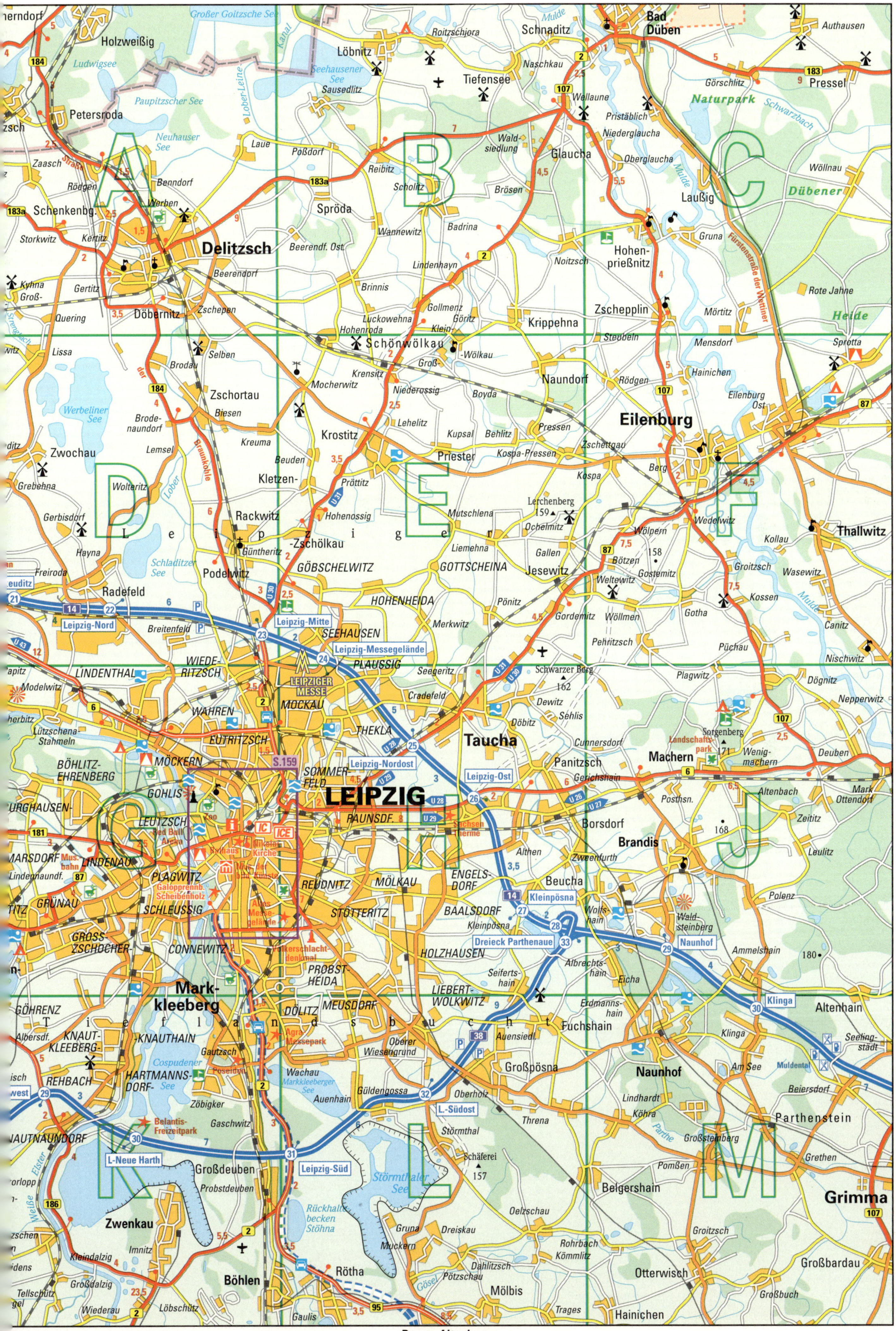

Dresden

Borna, Altenburg

Ziegelwiese
Peißnitz
Saale
Insel
Würfelwiese
Jungfernwiese
Gimritzer Park
Salinehalbinsel
Galopprennbahn
Pulverweiden
Rennbahnkreuz
Eislebener Chaussee
Gimritzer Damm
Heideallee
Neuwerk
Burgstraße
Moritzburgring
Universitätsring
Hansering
Waisenhausring
Hallorenring
Robert-Franz-Ring
Moritzburg
Dom
Händelhaus
Roter Turm
Marktpl.
Händel-Denkm.
Franckesche Stiftungen
Franckepl.
Glauchaer Platz
An der Magistrale
Mansfelder Str.
Riebeckplatz
Hauptbahnhof
Deutsche Bahn AG
Rangierbahnhof
Volkmannstraße
Magdeburger Straße
Merseburger Str.
Delitzscher Straße
Berliner Straße
Berliner Brücke
Freiimfelder Straße
Nordfriedhof
Stadtgottesacker
Leipziger Turm
Steintor-Varieté
Stadtbad
Kliniken der Martin-Luther-Univ.
Landratsamt Saalkreis
Charlotten-Center
Bibl.
MDR
Neues Theater
Moritzzwinger
Stadtmuseum
Wörmlitzer Str.
Böllberger Weg
Raffineriestraße
Rudolf-Ernst-Weise-Str.
1 Jägergasse
2 Kaulenberg
3 Bölbergasse
4 Flutgasse
5 Hackebornstr.
6 Bärgasse
7 Kühler Brunnen
8 Kleinschmieden
9 Neunhäuser
10 Hallmarkt
11 Bechershof
12 Zapfenstr.
13 Kuhgasse
14 Kutschgasse
15 Kleiner Berlin
16 Passage
17 Am Bauhof
18 Brunoswarte
0
500 m

CHEMNITZ

Schloss-Chemnitz
Schlossteich
Kaßberg
Sonnenberg
Leipziger Straße
Reichsstraße
Hartmannstraße
Limbacher Straße
Zwickauer Straße
Bahnhofstr.
Brückenstr.
Zschopauer Str.
Augustusburger Straße
Dresdner Str.
August-Bebel-Str.
Straße der Nationen
Blankenauer Str.
Müllerstraße
Hauptbahnhof
Techn. Universität
Roter Turm
Rathaus
Stadthalle Kongr.-Zentr.
Opernhaus
Kosmonautenzentrum
Eissportkomplex
Klinikum Küchwald
Schlosskirche
Schlossbergmuseum
Konzertpavillon
Stadtbad
Thomas-Mann-Platz
Einkaufscenter Sachsenallee
Polizeipräsidium
Clausstraße
Kleingärten
0
500 m

Gohlis
Mitte
Neustadt-
Neuschönefeld
Reudnitz-
Thonberg
Südvorstadt
Süd
0
500 m
Hauptbahnhof
Universität Leipzig
Universitäts-
kliniken
Zoologischer
Garten
Rosental
Leipzig-Gohlis
Leipzig MDR
Media City
MDR Sendezentrum
Alte Messe
Deutsche National-bibliothek
Völkerschl.-Dkm.
Galopprennbahn Scheibenholz (Pferderennbahn)
Johanna-park
Clara-
Zetkin-Park
Der Beipert
Die Nonne
Bot. Lehr-garten
Tropenhalle Gondwanaland
Kongress-halle
Große Wiese
Arena Leipzig Mehrzweck-sporthalle
Red Bull Arena
Festwiese
Gewerbegebiet Petzscher Markt
Heizkraftwerk
Am Gothischen Bad
Friedens-park
Bot. Garten
Fockeberg
153
1 Packhofstr.
2 Matthäikirchhof
3 Kl. Fleischergasse
4 Nikolaikirchhof
5 Ritterstr.
6 Naschmarkt
7 Gewandgässchen
8 Kupfergasse
9 Magazingasse
10 Mädlerpassage
11 Meeshofpassage
12 Schuhmachergässchen
13 Specks Hof
14 Theaterpassage
15 Johann-Eck-Str.
16 C.-M.-Weber-Str.
17 Kolonnadenstr.
18 O.-Schill-Str.
19 Alter Amtshof
20 Mahlmannstr.
1 Hochsch. f. Grafik u. Buchkunst
2 Bundesverwaltungsgericht
1 Jablonowskystr.
2 Ernst-Schneller-Str.
21 Kröbelstr.
22 Witzgallstr.
Georg-Schumann-Str.
Waldstraße
Zöllnerweg
Jahnallee
Ranstädter Steinweg
Tröndlinring
Martin-Luther-Ring
Harkortstraße
Karl-Liebknecht-Straße
Kurt-Eisner-Str.
Richard-Lehmann-Str.
Prager Str.
Dresdner Str.
Eisenbahnstr.
Berliner Straße
Delitzscher Str.
Semmelweisstr.
Straße des 18. Oktober
Wundtstraße
Schleußiger Weg
Theresienstr.
Adenauerallee

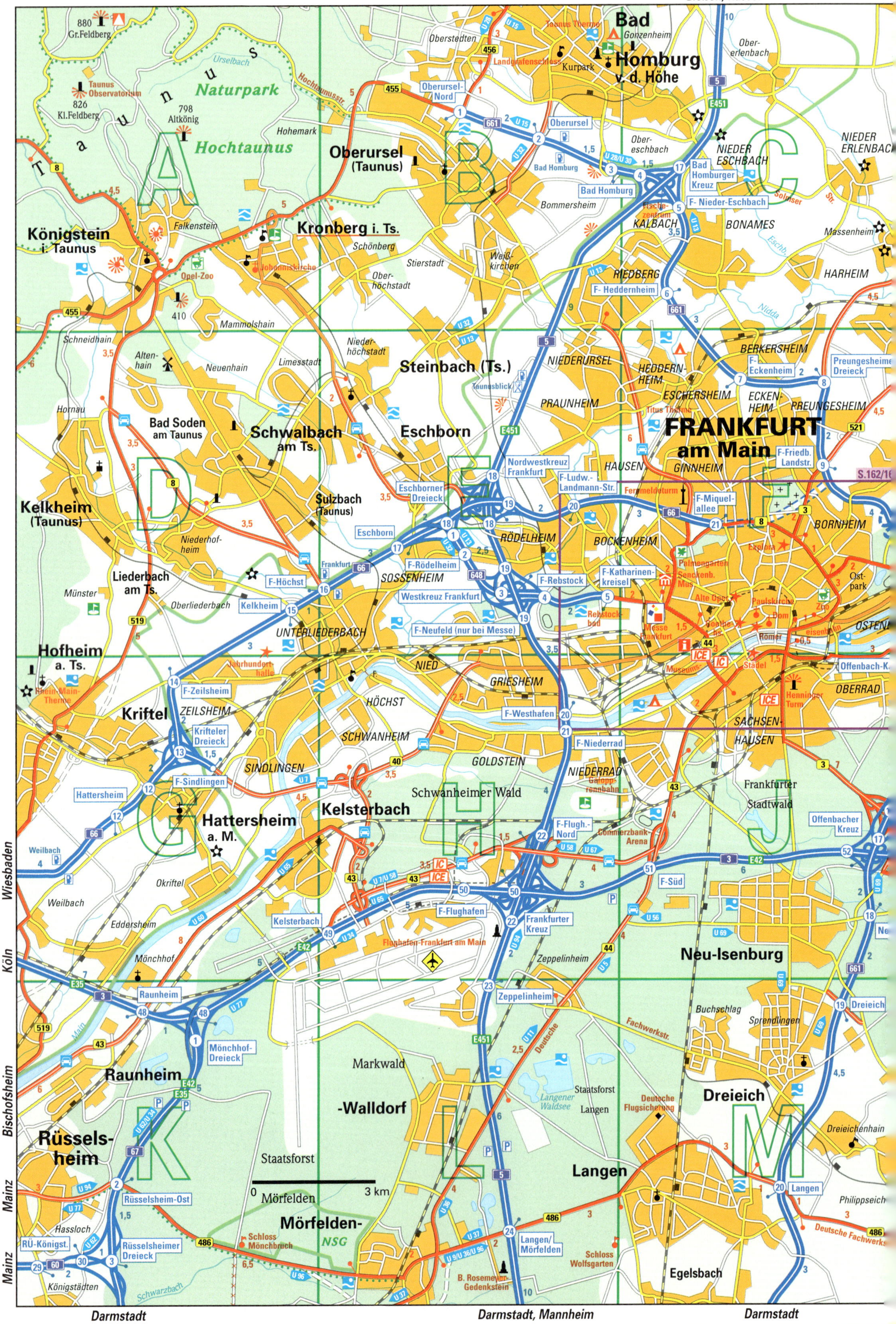

Gießen, Kassel
Darmstadt
Darmstadt, Mannheim
Darmstadt
Wiesbaden
Köln
Bischofsheim
Mainz
Mainz
Taunus
Naturpark
Hochtaunus
880 Gr.Feldberg
826 Kl.Feldberg
Taunus Observatorium
798 Altkönig
Hohemark
Urselbach
Hochtaunusstr.
Bad Homburg v. d. Höhe
Taunus Therme
Gonzenheim
Kurpark
Landgrafenschloss
Oberstedten
Ober-erlenbach
Oberursel (Taunus)
Oberursel-Nord
Oberursel
Bad Homburg
Ober-eschbach
NIEDER ESCHBACH
Bad Homburger Kreuz
F- Nieder-Eschbach
NIEDER ERLENBACH
Bommersheim
Kronberg i. Ts.
Königstein i. Taunus
Falkenstein
Opel-Zoo
Johanniskirche
Schönberg
Stierstadt
Ober-höchstadt
Weiß-kirchen
Nordwest-zentrum
KALBACH
BONAMES
Massenheim
HARHEIM
RIEDBERG
F- Heddernheim
Nidda
410
Mammolshain
Schneidhain
Alten-hain
Neuenhain
Limesstadt
Nieder-höchstadt
Steinbach (Ts.)
Taunusblick
NIEDERURSEL
HEDDERN-HEIM
BERKERSHEIM
F-Eckenheim
Preungesheimer Dreieck
ESCHERSHEIM
ECKEN-HEIM
PREUNGESHEIM
PRAUNHEIM
Titus Thermen
Hornau
Bad Soden am Taunus
Schwalbach am Ts.
Eschborn
FRANKFURT am Main
GINNHEIM
HAUSEN
F-Friedb. Landstr.
S.162/163
Kelkheim (Taunus)
Sulzbach (Taunus)
Eschborner Dreieck
Nordwestkreuz Frankfurt
F-Ludw.-Landmann-Str.
Fernmeldeturm
F-Miquel-allee
BORNHEIM
Eschborn
RÖDELHEIM
BOCKENHEIM
Palmengarten
Senckenb. Mus.
Exotarium
Niederhof-heim
Liederbach am Ts.
Münster
Oberliederbach
F-Höchst
Kelkheim
F-Rödelheim
SOSSENHEIM
Westkreuz Frankfurt
F-Rebstock
F-Katharinen-kreisel
Rebstock-bad
Alte Oper
Paulskirche
Dom
Zoo
Ost-park
OSTEND
Messe Frankfurt
Goethe-Haus
Römer
Eiserner Steg
UNTERLIEDERBACH
F-Neufeld (nur bei Messe)
Hofheim a. Ts.
Rhein-Main-Therme
Jahrhundert-halle
NIED
GRIESHEIM
Museum
Städel
Offenbach-K.
OBERRAD
Henninger Turm
F-Zeilsheim
ZEILSHEIM
Kriftel
Krifteler Dreieck
HÖCHST
F-Westhafen
SACHSEN-HAUSEN
SCHWANHEIM
F-Niederrad
GOLDSTEIN
NIEDERRAD
Galopp-rennbahn
SINDLINGEN
F-Sindlingen
Hattersheim
Schwanheimer Wald
Frankfurter Stadtwald
Hattersheim a. M.
Kelsterbach
F-Flugh.-Nord
Commerzbank-Arena
Offenbacher Kreuz
Weilbach
F-Süd
Okriftel
Weilbach
Eddersheim
Kelsterbach
F-Flughafen
Frankfurter Kreuz
Neu-Isenburg
Flughafen Frankfurt am Main
Mönchhof
Zeppelinheim
Raunheim
Zeppelinheim
Buchschlag
Sprendlingen
Dreieich
Fachwerkstr.
Main
Mönchhof-Dreieck
Markwald
Deutsche
Langener Waldsee
Staatsforst Langen
Deutsche Flugsicherung
Raunheim
Walldorf
Rüsselsheim
Staatsforst
Langen
Dreieichenhain
0 Mörfelden 3 km
Rüsselsheim-Ost
Philippseich
Hassloch
Mörfelden-
NSG
Schloss Mönchbruch
Langen/Mörfelden
Deutsche Fachwerkstr.
RÜ-Königst.
Rüsselsheimer Dreieck
Schloss Wolfsgarten
Egelsbach
Königstädten
Schwarzbach
B. Rosemeyer-Gedenkstein

Gießen, Dortmund
Fulda
Seligenstädter Dreieck
Hanau
Würzburg
Dieburg
A
B
C
D
E
F
G
H
J
K
L
M
Karben
Groß-karben
Klein-karben
Alte Römerstraße
Heldenbergen
Nidderau
Röm. Kast.
Wind-ecken
Büdesheim
Rendel
Schöneck
Kilianstädten
Ostheim
Hammersbach
Langen-Bergheim
Hammersbach
Marköbel
Hirzbacher Höfe
Butterstadt
Roßdorf
Rüdigheim
Dortelweil
Gronau
Dotten-felderhof
Nieder-dorfelden
Ober-dorfelden
Bad Vilbel
Mittelbuchen
Nieder-
Ober-
-Issigheim
Bruchköbel
Neuberg
Langen-selbold
Langenselbold-West
Hinserdorf
Ravolzhausen
Langen-diebach
Langenselbold
Erlensee
Markwald-Siedlg.
Wachenbuchen
Hess. Apfelweinstr.
Maintal
BISCHOFSHEIM
Maintal-Dörnigheim
Maintal-Bischofsheim
Hochstadt
Hanau-W.
Hanau-N.
Wilhelmsbad
Bärensee
Rückingen
Langen-selbolder Dr.
R. Altenburg
Lamboy
Erlensee
Hanauer Kreuz
Nieder-rodenbach
Rodenbach
Borsigallee (i. B.)
RUMPENHEIM
Dörnig-heim
Hess. Puppenmus.
Kesselstadt
Hanau
Naturpark
Hessischer
Spessart
FECHEN-HEIM
Dietesheim
Philippsruhe
BÜRGEL
Mühlheim a. Main
Steinheim
St. Johann Baptist
Wolfgang
Büsingpalais
OFFENBACH am Main
Stadtbefestigung
Großauheim
Alzenau-Nord
Lämmerspiel
Klein-auheim
Groß-krotzenburg
Schl. Emmerichofen
Museumseisenbahn
Sparda Bank Hessen-Stadion
BIEBER
ROSENHÖHE
TEMPELSEE
Hausen
Fasanerie
Hainstadt
Alzenau-Mitte
Oberts-hausen
Hainburg
Klein-krotzenburg
Hess. Apfelweinstr.
Kahl
Obertshausen
Gravenbruch
Hanau
Weiskirchen
Froschhausen
Heusenstamm
Rembrücken
Weiskirchen
Seligenstadt
Groß-Welzheim
Karlstein am Main
Hörsteiner See
Einharts-Basilika
Patershausen
Klein-Welzheim
Dettingen
Hain-hausen
Jügesheim
Main-hausen
Steinberg
Jügesheimer Wald
Seligenstadt
Mainflingen
Dietzenbach
Dudenhofen
Zellhausen
Waldacker
Rodgau
Mainhausen
Dudenhofer Wald
Hexenberg
Messenhausen
Sdlg. Rollwald
Nieder-Roden
Seligenstädter Dreieck
Rödermark
Opel-Prüffeld
Urberach
Ober-Roden
Gersprenz
Rodau
Main
Bieber
Kahl
Nidder
Krebsbach
Fallbach
Kinzig
Deutsche Limesstr.

Willi-Brundert-Siedlung
Volkspark
Niddatal
Hausen
Bockenheim
Westend
Rebstock
Messeviertel (in Bau)
Hellerhof Siedlung
Gallus-viertel
Gutleut-viertel
Friedrich-Ebert-Siedlung
Post-siedlung
Frankfurt a. M.-Ludwig-Landmann-Str.
Frankfurt a. M.-Miquelallee
Frankfurt a. M.-West
Frankfurt a. M.-Westhafen
Katharinen-kreisel
Europaturm (Fernmeldeturm)
Deutsche Bundesbank
Geldmuseum
St.Markus-Krankenhaus
Friedhof Bockenheim
Palmengarten
Tropicarium
Botanischer Garten
Grüneburg-park
J.-W.-Goethe-Univ. Biologie-Campus
J.-W.-Goethe-Universität Campus West
Senckenberg-Naturhist. Museum
Struwwelpeter Mus.
Messe-turm
Festhalle
Messe- u. Ausstellungs-gelände
Kongresszentrum (in Bau)
Skyline Plaza (in Bau)
Tower 185
Europaviertel
Hauptbahnhof
Westhafen Tower
Main
Stadion SG Westend
Bahnbetriebswerk
Klärwerk Griesheim
Niederräder Brücke
Friedens-brücke
Zentrale Deutsche Bahn-AG
Hindutempel
1 Lugisland
2 Kl. Bockenheimer Straße
3 Kälbacher Gasse
4 Hauptwache-Passage
5 Katharinenpforte
6 Bleidenstraße
7 Ziegelgasse
8 Schärfengasse
9 Im Trierischen Hof
10 C.-Th.-Reiffenstein-Platz
1 Dt. Bahn Soz. Verw.
2 Umlandverband Ffm.
3 Bundesrechnungshof
4 Cantate-Saal
5 Goethehaus u. Museum
6 ehem. Thurn- u. Taxis-Pal.
7 Reis-Denkmal
8 Philanthropin
9 Lydiahaus (Altenheim)
10 Rotkreuzkrankenhaus Maingau
11 J.-Leber-Schule
12 Gerichtsgebäude
13 Franz.-Schervier-Altenheim
Wiesbaden, Bad Homburg
Wiesbaden, Bad Homburg
Westkreuz-Frankfurt
Darmstadt

Offenbach, Darmstadt

Dreieck Spreewald
Prag
Bautzen, Görlitz
Dreieck Nossen
Dreieck DD-West
0
3 km
A
B
C
D
E
F
G
H
J
K
L
M
DRESDEN
S.165
Radeburg
Schönberg-
häuser
Steinbach
Bärwalde
Berbisdorf
Heidehof
Friedewald
Jagdschloss Moritzburg
Museum
Moritzburg
Deutsche Alleenstraße
Museumseisenbahn
Auer
Promnitz-
tal
Bärnsdorf
Kurort
Volkersdorf
Luftkurort
Friedewald
Reichenberg
Boxdorf
Lindenau
Nieder-
lößnitz
Wahns-
dorf
Radebeul
Kötzschen-
broda
COSSEBAUDE
MOBSCHATZ
KADITZ
MICKTEN
ÜBIGAU
Messe
Merbitz
BRIESNITZ
Podemus
COTTA
OCKERWITZ
PENNRICH
GOMPITZ
FRIEDRICH-
STADT
LÖBTAU
Altfranken
Pesterwitz
Wurgwitz
Zauckerode
Weißig
Windberg
352
NSG
Freital
Coßmanns-
dorf
Obernaundorf
Rabenau
Waldfrieden
Kleinoelsa
Lübau
Spechtritz
Borlas
Seifersdorf
Seifen
Sandberg
433
Paulsdorf
Dippoldis-
walde
Malter
Lerchenberg
425
Oelsa
Karsdorf
Rote Weißeritz
Talsperre Malter
Wilmsdorf
Börnchen
Possendorf
Rundteil
Quohren
Quohrener
Kipse
452
Reinberg
Oberhäslich
Reinholdshain
Deutsche
Alleenstraße
Hänichen
Neu-
welschhufe
Kleinnaundorf
Cunners-
dorf
Bannewitz
Rippien
Goppeln
Golberode
Bärenklause
Kautzsch
Theisewitz
Kleincarsdorf
Kreischa
Lungkwitz
Hermsdorf
Wilisch
476
Hirschbach
Reinhardts-
grimma
Schloss
Saida
Gombsen
Röhrsdorf
Burgstädtel
Maxen
Müglitztal
Wittgensdorf
Tronitz
Gorknitz
Sürßen
Bosewitz
Borthen
Crotta
Schmorsdorf
Mühlbach
Hausdorf
Groß-
röhrsdorf
Schlottwitz
Bahretal
Nentmanns-
dorf
Laurich
Burkhards-
walde
Meusegast
Weesenstein
Köttewitz
Dohna
Groß-
sedlitz
Barockgarten
Krebs
Zuschendorf
Nieder-
seidewitz
Dohma
Goes
Rottwerndorf
Großcotta
Cotta
Zehista
Sonnenstein
Friedrichswalde-
Ottendorf
Pirna
Marienkirche
Rathaus
Birkwitz-
-Pratzschwitz
Jessen
Doberzeit
Graupa
Liebethal
Bonnewitz
Wünschendorf
SÖBRIGEN
PILLNITZ
Schloss Pillnitz
Meußlitz
Mügeln
Heidenau
Gommern
Gamig
LOCKWITZ
GROSSLUGA
NIEDERSEDLITZ
NICKERN
PROHLIS
REICK
LEUBEN
LAUBEGAST
Galopprennbahn
GRUNA
TOLKEWITZ
KAITZ
GOSTRITZ
COSCHÜTZ
PLAUEN
Altstadt
Zwinger
Rathaus
Dt. Hygienemus.
Zoo
STRIESEN
JOHANN-
STADT
BLASEWITZ
Blaues Wunder
NEUSTADT
Elbe
Elbschlösser
WEISSER HIRSCH
BÜHLAU
WEISSIG
342
ROSSENDORF
GÖNNSDORF
CUNNERSDORF
SCHÖNFELD-
WACHWITZ
PAPPRITZ
ROCKAU
MALSCHENDORF
BORSBERG
ZASCHENDORF
REITZENDORF
SCHULLWITZ
ESCHDORF
Dittersbach
PIESCHEN
TRACHAU
TRACHEN-
BERGE
HELLERAU
KLOTZSCHE
WILSCH-
DORF
Prießnitz-
wasserfall
Dresdner
Heide
Flughafen
Dresden
Fuchs-
berg
WEIXDORF
LANGE-
BRÜCK
SCHÖNBORN
MARSDORF
Hufen
Medingen
Kronenberg
Großditt-
mannsdorf
Boden
Laußnitzer
Heide
Cunnersdorf
Ottendorf-
Okrilla
Hermsdorf
Grünberg
Seifersdorf
264
Lomnitz
Großnaundorf
Mittelbach
Klein-
dittmannsdorf
Lichtenberg
Wachau
b. Radeberg
Leppersdorf
Feldschlößchen
Klein-
röhrsdorf
Friedrichstal
Liegau-
Augustusbad
Lotzdorf
Schloss Klippenstein
Randhäuser
Wallroda
Radeberg
Klein-
wolmsdorf
Arnsdorf
b. Dresden
Groß-
erkmannsdorf
Klein-
erkmannsdorf
Ullersdorf
b. Radeberg
Radeburg
Marsdorf
Hermsdorf
Ottendorf-Okrilla
Pulsnitz
Dr. Dresden-Nord
DD-Flughafen
DD-Wilder Mann
DD-Hellerau
DD-Neustadt
DD-Altstadt
DD-Gorbitz
DD-Südvorstadt
DD-Prohlis
Heidenau i. S.
Pirna
Bahretal
E55
E40
13
4
17
170
97
6
173
172
172a
IC
ICE

0
500 m
Elbe
Neustadt
Altstadt
Johannstadt
Südvorstadt-West
Südvorstadt-Ost
Großer Garten
Ostra Sportpark
Großes Ostragehege
Messe Dresden
Open-Air-Anlage
Hafen
Konkordienplatz
Leipziger Str.
Großenhainer Str.
Hansastr.
Fritz-Reuter-Str.
Bischofsweg
Königsbrücker Str.
Rothenburger Str.
Görlitzer Str.
Bautzner Str.
Radeberger Str.
Stauffenbergallee
Alaunplatz
Archiv
J.-I.-Kraszewski-Museum
MDR Landesfunkhs.
Goethe-Inst.
Inn. Neust. Friedhof
Dresden-Neustadt
Güterbahnhof Dr.-Neustadt
Schlesischer Platz
Antonstr.
E.-Kästner-Mus.
Albertplatz
Haupt-Feuerwehr
Kulturzentrum
Polizei
Nordbad
Bibliothek
Diakon.-Krankenhs.
Personenfähre
Museum Königreich
Kulturrathaus
Staatsschauspiel
Markthalle
Klassizistisches Torhaus
Ld. Mus. f. Vorgesch.
Japan. Palais
Mus. f. Völkerkunde
Jägerhof Mus. für Volkskunst
Staatsmin. d. Innern
Staatsmin. f. Wissenschaft u. Kunst
Staatskanzlei
Finanzmin.
Blockhaus
Bellevue-garten
Marienbrücke
Carolabrücke
Albertbrücke
Internat. Congress Center
Sächsischer Landtag
Yenidze
Krankenhaus Friedrichstadt
Caritasverband f.d. Bistum Dresden-Meißen
Alter kath. Friedhof
Eislaufbahn
Heinz-Steyer Stadion
Energie Verbund Arena
Trainingshalle des DSC
Rollsportstadion
Kunsteisstadion
Magdeburger Str.
Weißeritzstr.
Dresden-Mitte
Semperoper
Theaterkahn
Italien. Dörfchen
Anlegestelle »Sächs. Dampfsch.«
Zwinger
Hofkirche
Residenzschloss
Taschenb. Palais
Frauenk.
Albertinum
Neue Syn.
Hochsch. f. Bild. Künste
Fürstenzug
Stadtverwalt.
Kulturpal.
Neumarkt
Pol. Präs.
Rathaus
Stadtmus.
Kreuzk.
Altmarkt Galerie
Gal.
World Trade Center
Kabarett Herkuleskeule
International School
Städt. Bibliothek
Comödie
E.-Fenske-Heim
Schwimmhalle
Ammonstr.
Freiberger Str.
Dr.-Külz-Ring
Waisenhausstr.
Centrum-Galerie
Min. für Wirtschaft u. Arbeit
Puppentheat.
Ufa-Kristallpalast
Hauptbahnhof
Prager Str.
St. Petersburger Str.
Wiener Platz
Budapester Str.
Hochschule
Gymn.
Bibl.
TU
Jugendherberge
Orthodoxe K.
Bibliothek
Fritz-Löffler-Platz
Nürnberger Platz
Münchner Platz
Observatorium
Techn. Universität
Sächs. Staats- u. Univ. Bibl.
Zellescher Weg
Bergstr.
Strehlener Str.
FHS f. Technik u. Wirtschaft
Finanzamt
Bike-Areal
Beutlerpark
Reichenbachstr.
Teplitzer Str.
Deutsches Hygienemuseum
Blüherpark
Georg-Arnold-Bad
Bürgerwiese
glücksgas stadion
Lennéstr.
Gläserne Manufaktur (VW-Werk)
Botanischer Garten
Puppentheater »Sonnenhäusel«
Zoologischer Garten
Palais
Palaisteich
Parktheater
Carolaschlösschen
Carolasee
Herkulesallee
Tiergartenstr.
Bundeswehr
Dienstleistungszentr.
Dresden Strehlen
ev. FHS f. Sozialarb.
Hochsch. f. Musik
Kupferstichkabinett
Kombinierte Berufssch.1
Techn. Hochschule
Techn. Univ.
Landesgericht
Pillnitzer Str.
Grunaer Str.
Striesener Str.
Stübelallee
Güntzstr.
Käthe-Kollwitz-Ufer
Terrassenufer
Sachsenallee
Gerokstr.
Schwimmhalle
Zentr. Notdienst
Hochschule f. Musik
St.-Joseph-Stift
facette-MitMachKunsthalle
Amtsgericht
Kraftwerk-mus.
Fachsch.
Hochsch. für Musik
Schweriner Str.
Sch.
Schule
Neuer Jüd. Friedhof
1 Akademiestr.
2 Taschirnerpl.
3 Georg-Treu-Pl.
4 Töpferstr.
5 Brühlsche Gasse
6 Terrassengasse
7 Salzgasse
8 Maiergässchen

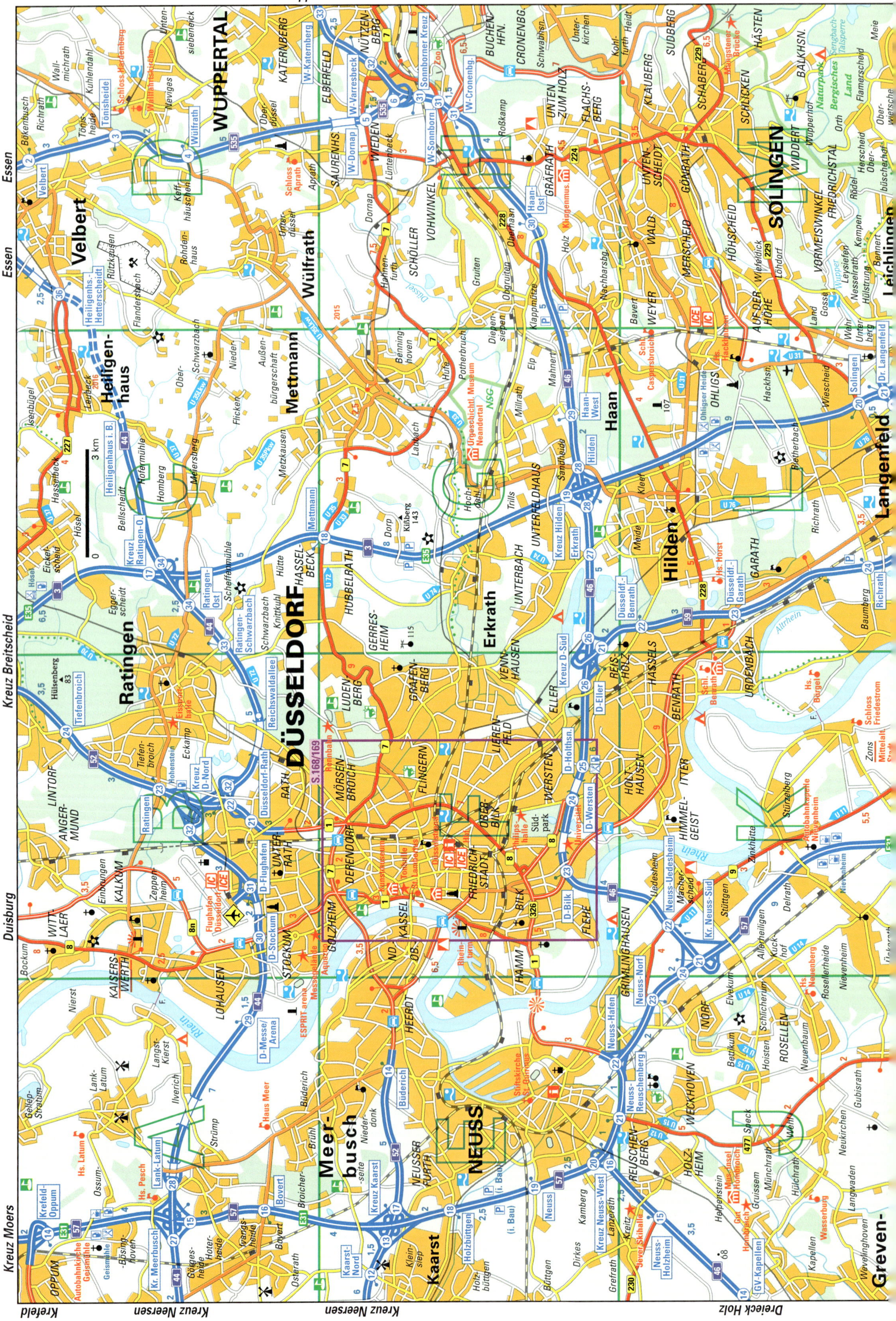
Kreuz Wuppertal-Nord
Schwelm
Essen
Essen
Kreuz Breitscheid
Duisburg
Kreuz Moers
Krefeld
Kreuz Neersen
Kreuz Neersen
Dreieck Holz
WUPPERTAL
Velbert
Heiligenhaus
Wülfrath
Mettmann
Ratingen
DÜSSELDORF
Erkrath
Haan
Hilden
SOLINGEN
Langenfeld
Leichlingen
Meerbusch
NEUSS
Kaarst
Greven-
S. 168/169
3 km

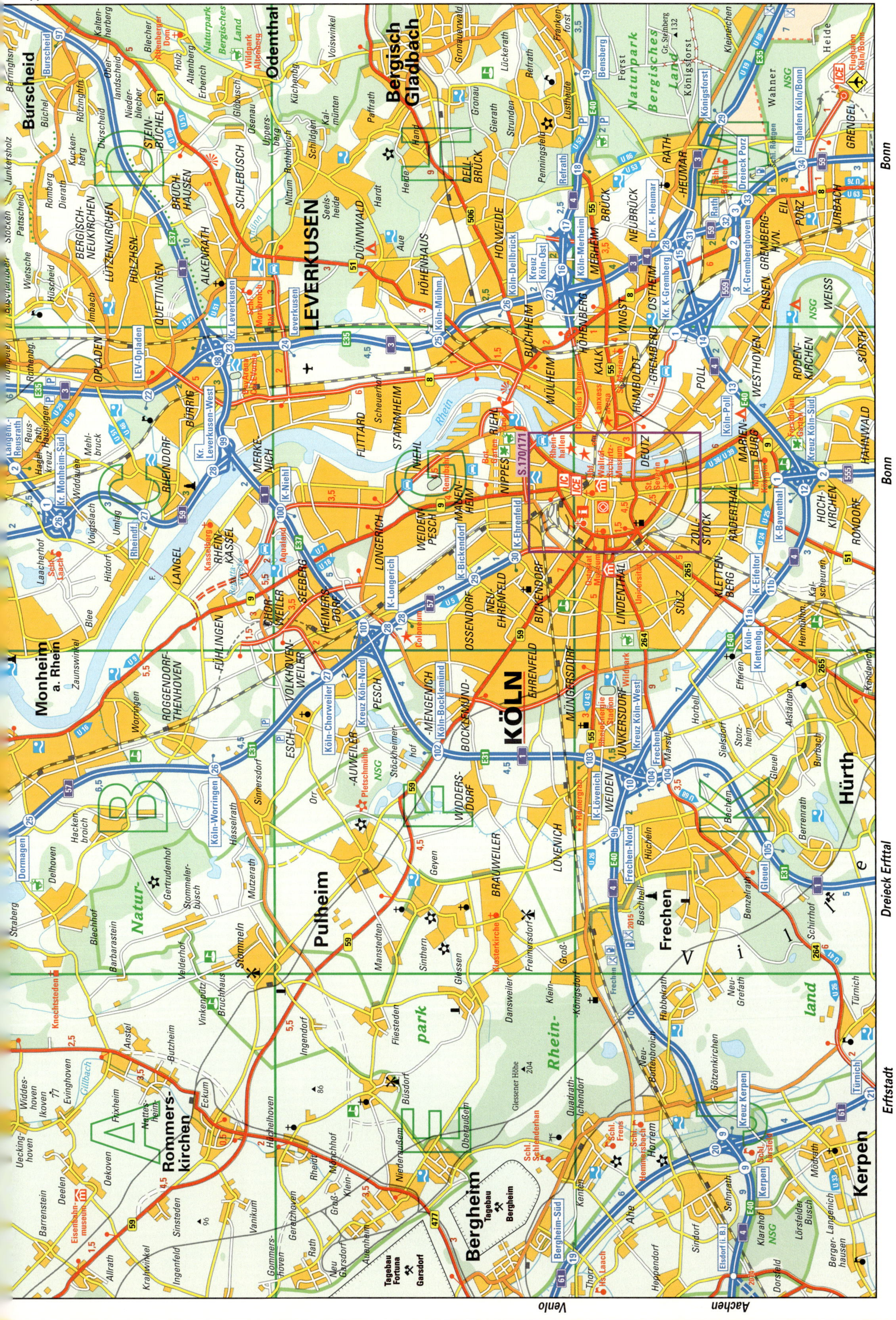

KÖLN
LEVERKUSEN
Bergisch Gladbach
Burscheid
Odenthal
Monheim a. Rhein
Pulheim
Frechen
Hürth
Kerpen
Bergheim
Rommerskirchen
Dormagen
Naturpark Bergisches Land
Rheinland
Venlo
Aachen
Bonn
Dreieck Erftal
Erftstadt
Kreuz Köln-Nord
Kreuz Köln-West
Kreuz Köln-Süd
Kreuz Köln-Ost
Kreuz Leverkusen
Kreuz Kerpen
Flughafen Köln/Bonn
Mülheim
Deutz
Kalk
Ehrenfeld
Nippes
Lindenthal
Porz
S.170/171

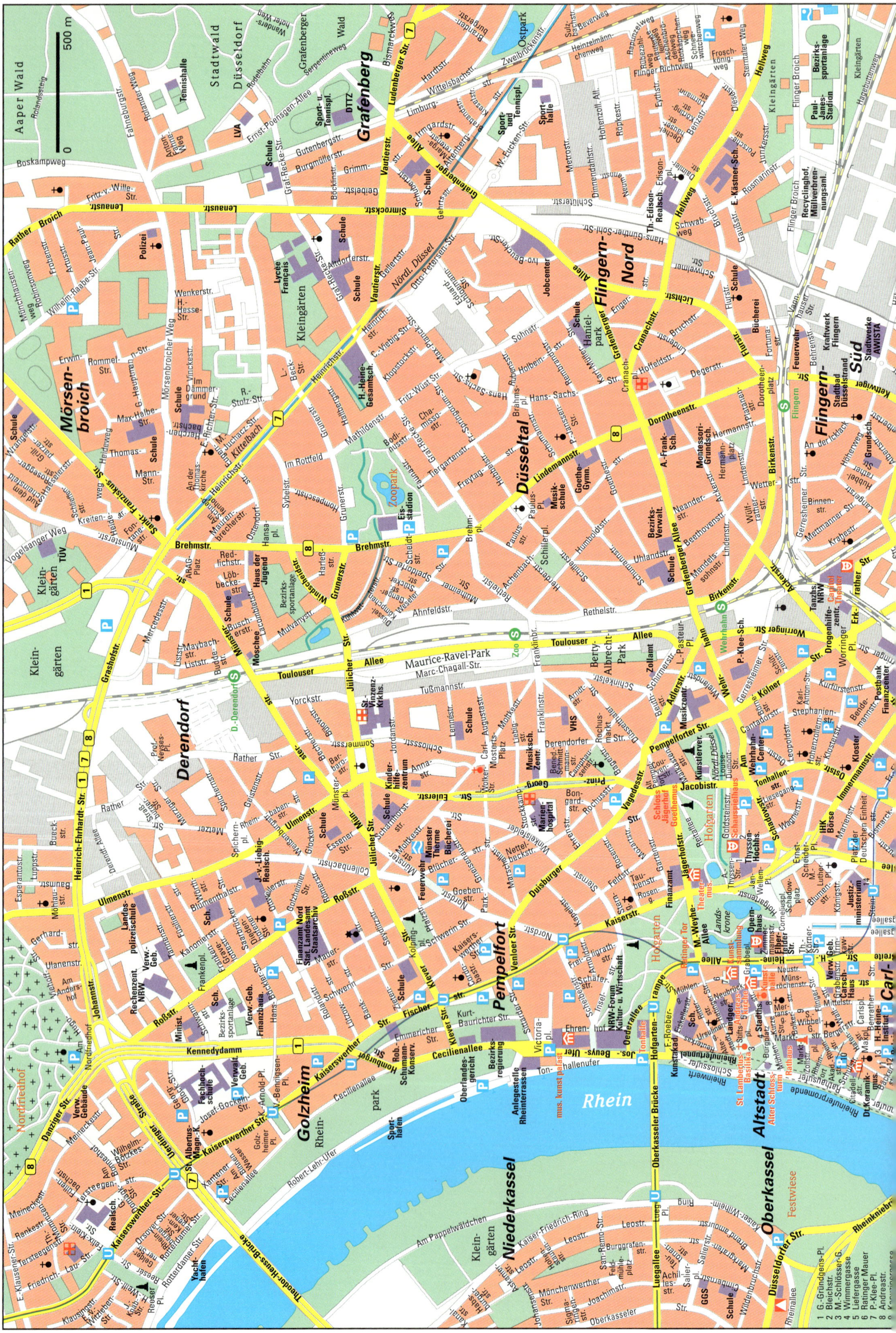
Aaper Wald
Stadtwald Düsseldorf
Grafenberg
Mörsenbroich
Flingern-Nord
Flingern-Süd
Düsseltal
Zoopark
Derendorf
Pempelfort
Golzheim
Altstadt
Oberkassel
Niederkassel
Rhein
Hofgarten
Nordfriedhof
Festwiese
Ostpark
Maurice-Ravel-Park
Kleingärten
Heinrich-Ehrhardt-Str.
Kaiserswerther Str.
Theodor-Heuss-Brücke
Oberkasseler Brücke
Kennedydamm
Cecilienallee
Toulouser Allee
Grafenberger Allee
Brehmstr.
Lindemannstr.
Dorotheenstr.
Birkenstr.
Kölner Str.
Worringer Str.
Jacobistr.
Pempelforter Str.
Kaiserstr.
Nordstr.
Duisburger Str.
Roßstr.
Ulmenstr.
Münsterstr.
Lenaustr.
Simrockstr.
Hellweg
Luegallee
Rheinallee
Kaiser-Wilhelm-Ring
Düsseldorfer Str.
500 m

Wuppertal
Köln
Lierenfeld
Oberbilk
Friedrichstadt
Unterbilk
Bilk
Flehe
Volmerswerth
Wersten
Volksgarten
Südpark
Deichsee
Unisee
Rhein
Friedhof Stoffeln
Botanischer Garten
Heinrich-Heine-Universität Düsseldorf
Universitätskliniken
Düsseldorf-Bilk
Düsseldorf-Wersten
13 Orangeriestr.
14 Josephinenstr.
15 Thomasstr.

300 m
Rhein
Rheinpark
Koelnmesse
Rheinhallen
Rheinparkhallen
Tanzbrunnen
Messeturm
Deutz
Köln-Messe/Deutz
Hohenzollernbrücke
Deutzer Brücke
Zoobrücke
Rheinseilbahn
Konrad-Adenauer-Ufer
Frankenwerft
Hauptbahnhof
Dom
Altstadt
Altstadt-Nord
Neustadt-Nord
Neustadt
MediaPark
Stadtgarten
Hansaring
Hohenzollernring
Kaiser-Wilhelm-Ring
Theodor-Heuss-Ring
Innere Kanalstr.
Neusser Str.
Riehler Str.
Turiner Str.
Venloer Str.
Aachener Str.
Neumarkt
Oper
Schauspielhaus
WDR
Kölnarena
1 Mauthgasse
2 Kastellgässchen
3 Brigittengässchen
4 Martinspförtchen
5 Halbmondgässchen
6 Faßbindergasse
7 Markmannsgasse
8 Auf dem Rothenberg
9 Ostermannplatz
10 Hühnergasse
11 Seidmacherinnengässchen
12 Unter Käster
13 Bolzengasse
14 In der Fleischhalle
15 Quatermarkt
16 Geyergasse
17 Rote-Funken-Plätzchen
18 Laurenzgittergässchen
19 Unter Taschenmacher
20 Theo-Burauen-Platz
21 Rathausplatz
22 Sporergasse
23 Portalsgasse
24 Salomonsgasse
25 Laurenzplatz
26 Marsplatz
27 Gülichplatz
28 Tipsgasse
29 Perlengässchen
30 Streitzeuggasse
31 Auf der Ruhr
32 Schwertnergasse
33 Burgmauer
34 Unter Fettenhennen
35 Andreaskloster
36 Kolpingplatz
37 An den Dominikanern
38 Dompropst-Ketzer-Str.

41 Am Frankenturm
42 Am Bollwerk
43 Wehrgasse
44 Auf dem Brand
45 Koelhoffstr.
46 An Lyskirchen
47 Kühgasse
48 Peter-Welter-Platz
49 Börsengässchen
50 Vor St. Martin
51 Hermann-Josef-Platz
52 Königstr.
53 Plectrudengasse
54 An der Malzmühle
55 Hochpfortenbüchel
56 Burghöfchen
57 An der Rechtschule
58 Thurnmarkt
59 Kolumbahof
60 An Groß Sankt Martin
61 Eisenmarkt
62 Judengasse
63 Jupp-Schmitz-Plätzchen
64 Antoniterstr.
65 Lichhof
66 Maler-Bock-Gässchen
67 An Zint Jan
68 Arnold-von-Siegen-Str.
69 Am Weyertor
70 Am Wallgraben
71 Dechant-Löbbel-Platz
72 Cäcilienkloster
73 Josef-Haubrich-Hof
74 Hirschgässchen
75 An der Basilika St. Severin
76 Im Ferkulum
77 Auf Rheinberg
Rhein
Deutzer Hafen
Deutzer Ring
Siegburger Str.
Alfred-Schütte-Allee
Severinsbrücke
Südbrücke
Rheinauhafen
Gustav-Heinemann-Ufer
Agrippinaufer
Bayenthal
Alteburger Str.
Bonner Str.
Ubierring
Karolingerring
Sachsenring
Salierring
Hohenstaufenring
Alt-stadt-Süd
Neustadt-Süd
Volksgarten
Vorgebirgspark
Zollstock
Sülz
Großmarkt
Markthalle
Höninger Weg
Luxemburger Str.
Zülpicher Str.
Universität

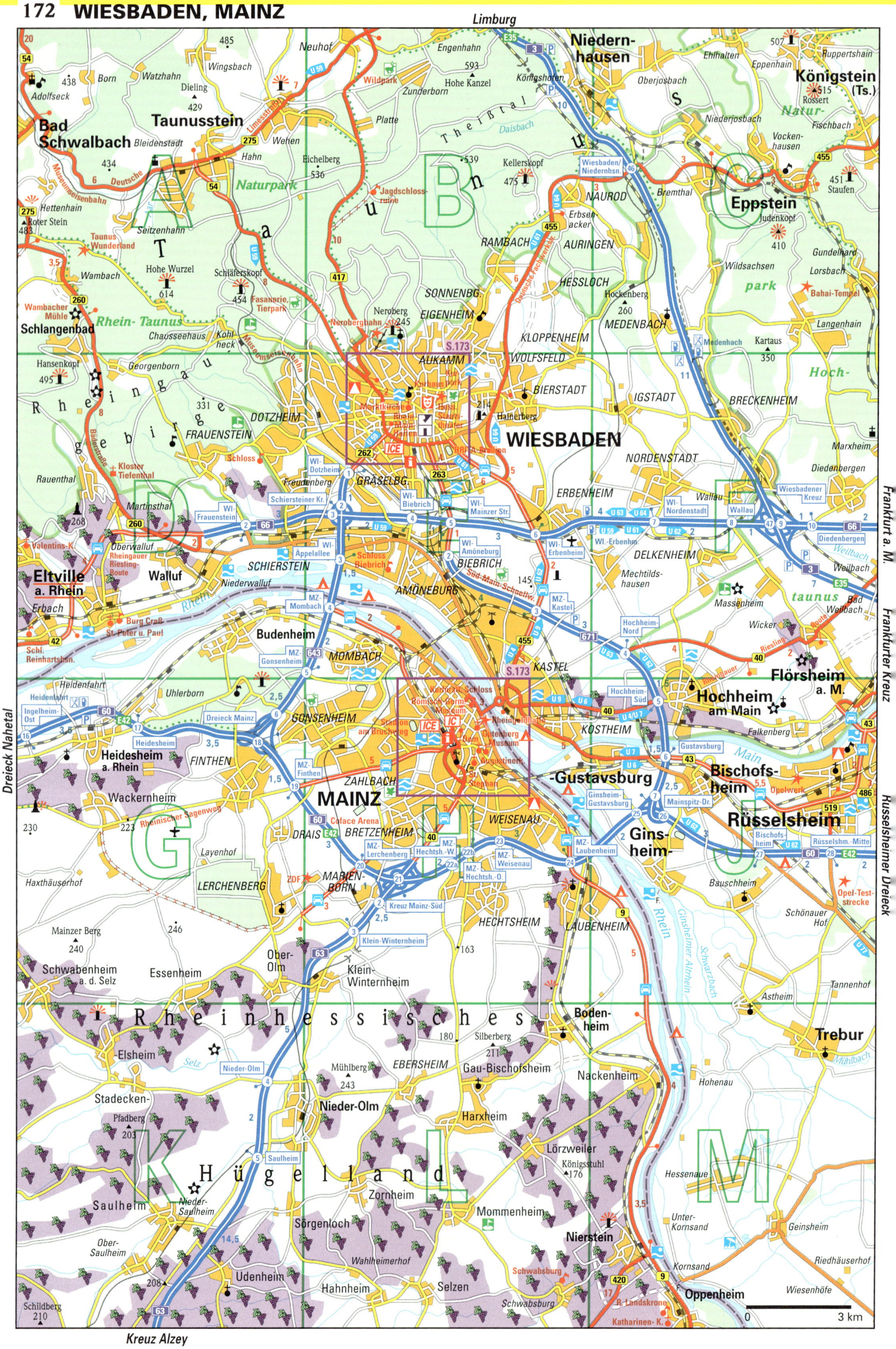
Limburg
Frankfurt a. M.
Frankfurter Kreuz
Rüsselsheimer Dreieck
Kreuz Alzey
Dreieck Nahetal
Niedernhausen
Königstein (Ts.)
Bad Schwalbach
Taunusstein
Naturpark
Rhein-Taunus
Schlangenbad
Eppstein
WIESBADEN
NAUROD
RAMBACH
AURINGEN
HESSLOCH
MEDENBACH
SONNENBG.
EIGENHEIM
KLOPPENHEIM
AUKAMM
BIERSTADT
IGSTADT
BRECKENHEIM
NORDENSTADT
ERBENHEIM
DELKENHEIM
DOTZHEIM
FRAUENSTEIN
GRÄSELBG.
SCHIERSTEIN
BIEBRICH
AMÖNEBURG
KASTEL
KOSTHEIM
Eltville a. Rhein
Walluf
Budenheim
MOMBACH
GONSENHEIM
FINTHEN
Heidesheim a. Rhein
Wackernheim
MAINZ
ZAHLBACH
DRAIS
BRETZENHEIM
WEISENAU
MARIENBORN
LERCHENBERG
HECHTSHEIM
LAUBENHEIM
Gustavsburg
Ginsheim
Bischofsheim
Rüsselsheim
Hochheim am Main
Flörsheim a. M.
Massenheim
Wicker
Bodenheim
Trebur
Ober-Olm
Klein-Winternheim
Essenheim
Schwabenheim a. d. Selz
Elsheim
Stadecken-
Nieder-Olm
EBERSHEIM
Gau-Bischofsheim
Nackenheim
Harxheim
Lörzweiler
Saulheim
Nieder-Saulheim
Ober-Saulheim
Zornheim
Sörgenloch
Mommenheim
Nierstein
Udenheim
Hahnheim
Selzen
Schwabsburg
Oppenheim
Rheinhessisches Hügelland
Rheingau-gebirge
Hochtaunus
Rhein
Main
0
3 km

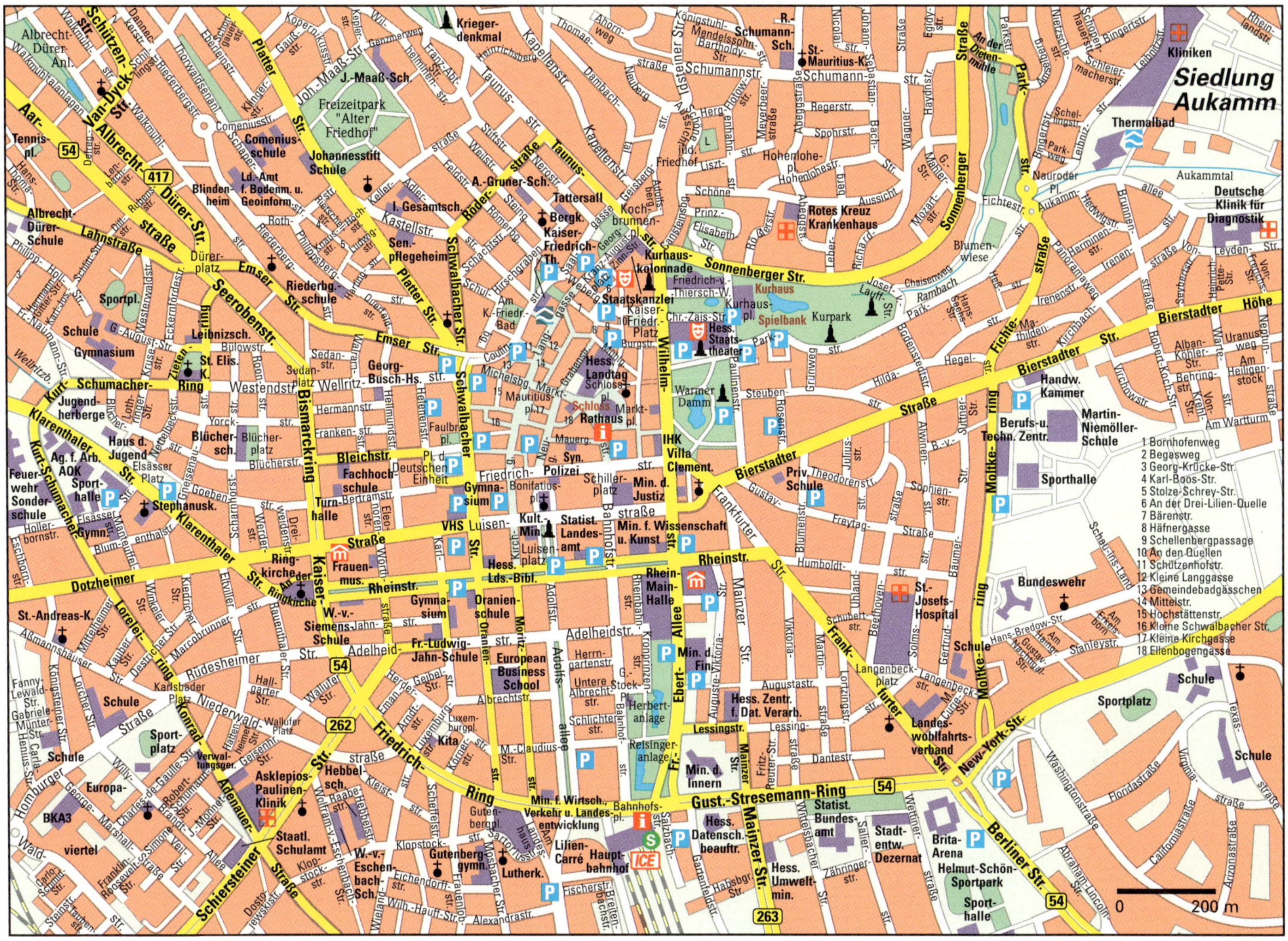
Siedlung Aukamm
1 Bornhofenweg
2 Begasweg
3 Georg-Krücke-Str.
4 Karl-Boos-Str.
5 Stolze-Schrey-Str.
6 An der Drei-Lilien-Quelle
7 Bärenstr.
8 Häfnergasse
9 Schellenbergpassage
10 An den Quellen
11 Schützenhofstr.
12 Kleine Langgasse
13 Gemeindebadgässchen
14 Mittelstr.
15 Hochstättenstr.
16 Kleine Schwalbacher Str.
17 Kleine Kirchgasse
18 Ellenbogengasse
0 200 m

MAINZ

Mainz-Kastel (zu Wiesbaden)
Zahlbach
Rhein
Maaraue
0 500 m
1 Am Nickelsborn
2 Am Pförtchen
3 Schwaneng.
4 Reichklarastr.
5 Margaretengasse
6 Hintere Flachsmarktstr.
7 Mitternachtsgasse
8 Karmeliterstr.
9 Vordere Synagogenstr.
10 Pumpengasse
11 Christofsstr.
12 Adolf-Kolping-Str.
13 Stadionerhofstr.
14 Hintere Christofsgasse
15 Birnbaumsgasse
16 Ph.-v.-Zabern-Pl.
17 Pfandhausstr.
18 Welschnonnengasse
19 Franziskanerstr.
20 Sonnengässchen
21 Kl. Quintinsgasse
22 Am Alten Kaufhaus
23 Seppel-Glückert-Passage
24 Betzelsstr.
25 Am Jesuitenbogen
26 Tritonplatz
27 Kleine Schöfferstr.
28 Korbgasse
29 Korbgässchen
30 Rentengasse
31 Spitalgasse
32 Passage
33 Kötherhofstr.
34 Vordere Präsenzgasse
35 Gutenbergplatz
36 Seilergasse
37 Rotekopfgasse
38 Fischhergasse
39 Fischtorstr.
40 Liebfrauenstr.
41 Scharngasse
42 Eppichmauergasse
43 Weihergartenstr.
44 Johannisstr.
45 Heiliggrabgasse
46 Bockshöfchen
47 Leichhofstr.
48 Nasengässchen
49 Erbacherhofgasse
50 Mauritzenplatz
51 Pfaffengasse
52 Willigisstr.
53 Goldenbrunnengasse
54 Kirschgarten
55 Badergasse
56 Augustinergässchen
57 Am Schottenhof
58 Stefansberg
59 Fürstenbergerhofstr.
60 Heringsbrunnengasse
61 Kartäuserstr.
62 Gaugasse
63 Wolfsgässchen
64 Kappelhof
65 Kartäuserreul
66 Hopfengarten
67 Ignazgasse
68 Templergasse
69 Hänleingasse
70 Schartensteinergasse
71 Färbergässchen

Heilbronn

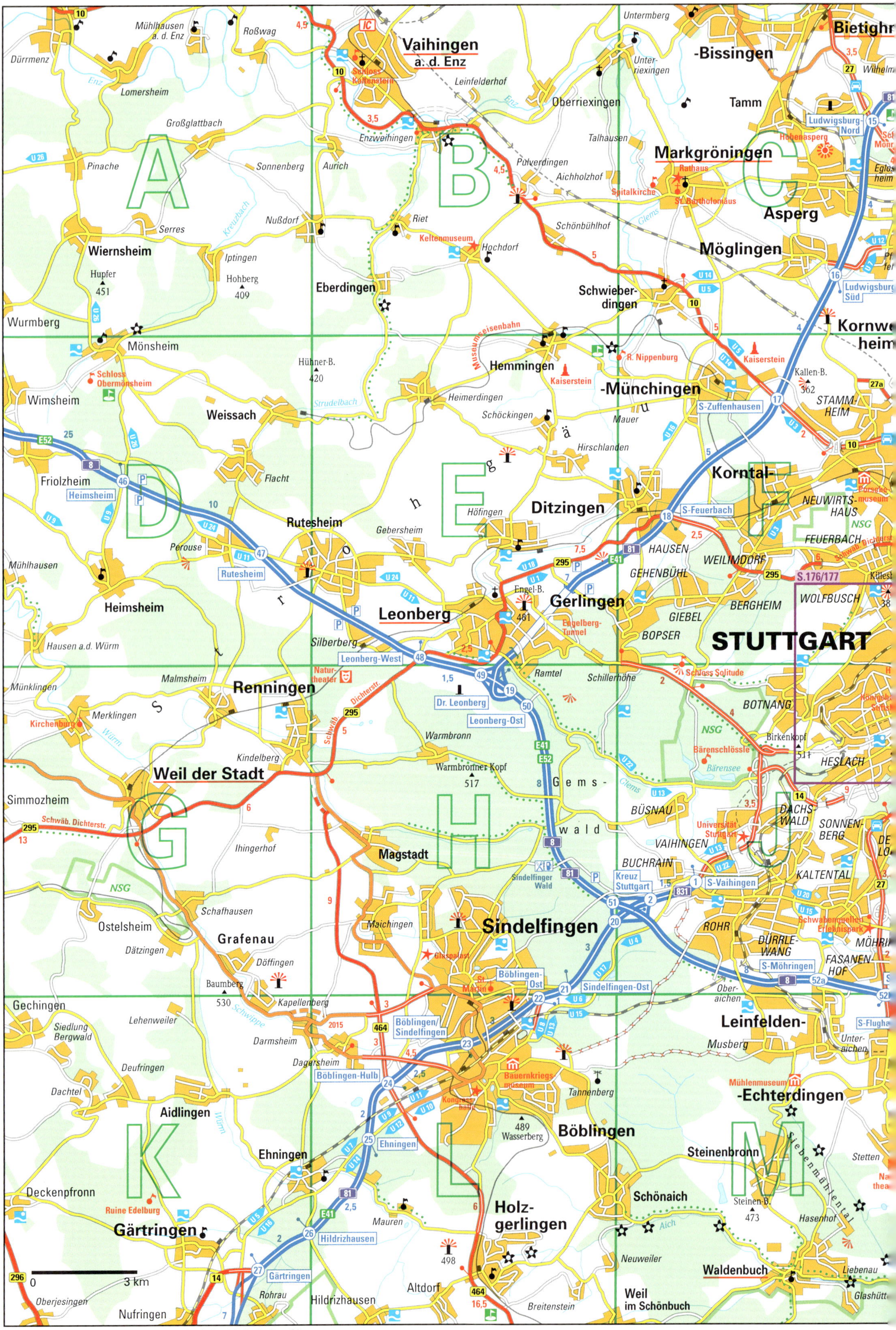

Pforzheim, Karlsruhe

Dreieck Bad Dürrheim, Singen

Schwäbisch Gmünd
Göppingen
Kreuz Ulm-Elchingen
Tübingen

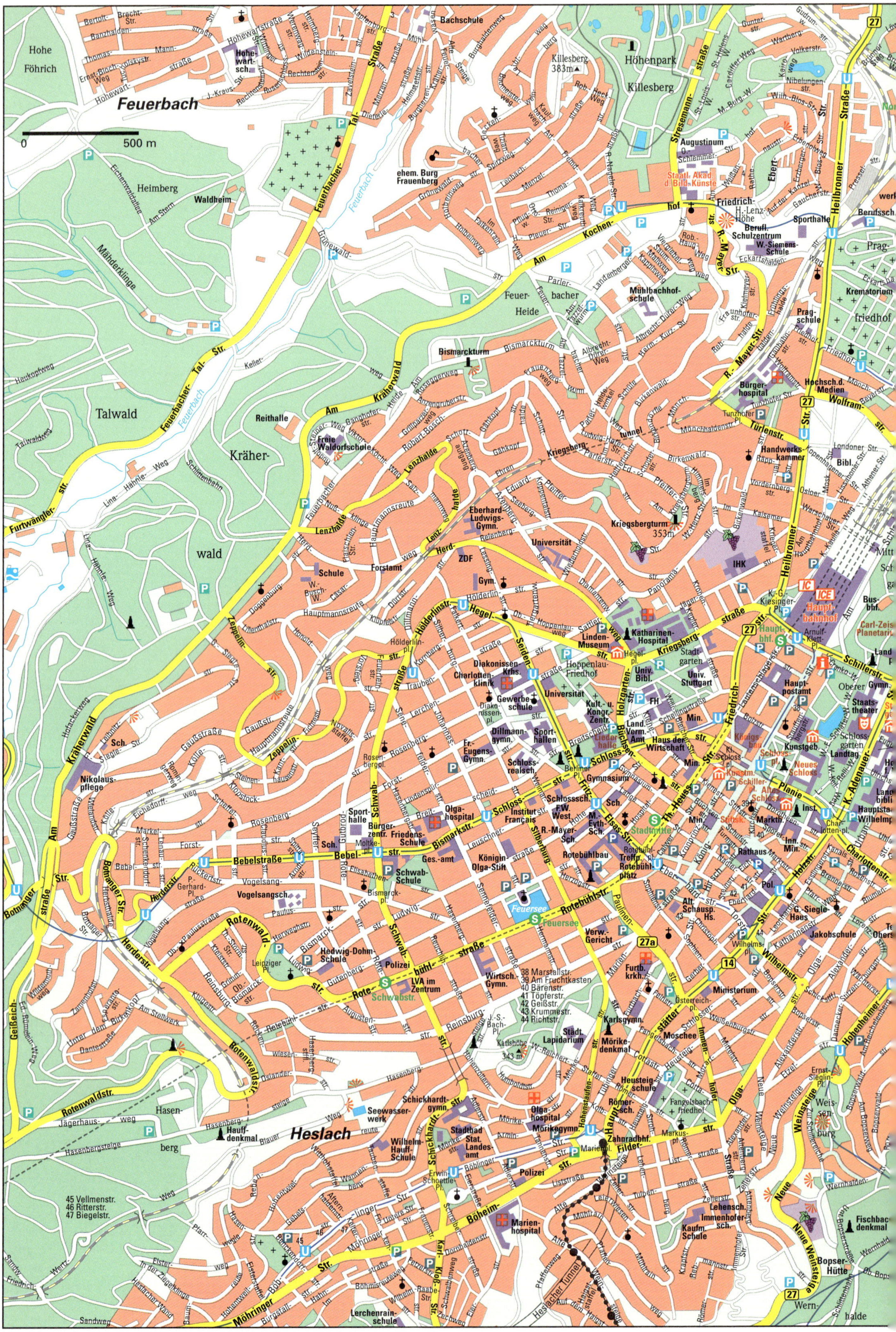
Feuerbach
0
500 m
Hohe Föhrich
Heimberg
Waldheim
Mähderklinge
Talwald
Kräher-
wald
Reithalle
Freie Waldorfschule
Bachschule
Killesberg 383m
Höhenpark Killesberg
ehem. Burg Frauenberg
Augustinum
Staatl. Akad. d. Bild. Künste
Beruf. Schulzentrum
W.-Siemens-Schule
Sporthalle
Krematorium
Prag-friedhof
Pragschule
Mühlbachhof-schule
Feuer-Heide
Parler-bacher
Bismarckturm
Bürger-hospital
Hochsch. d. Medien
Handwerks-kammer
Kriegsbergturm 353m
IHK
Universität
Eberhard-Ludwigs-Gymn.
ZDF
Forstamt
Schule
Hauptbahnhof
Planetarium
Katharinen-Hospital
Linden-Museum
Univ. Bibl.
Univ. Stuttgart
Hoppenlau-Friedhof
Diakonissen-Krhs.
Charlotten-klinik
Gewerbe-schule
Universität
Kult.- u. Kongr.-Zentr.
Land. Verm. Amt
Haus der Wirtschaft
Liederhalle
Dillmann-gymn.
Sporthallen
Fr.-Eugens-Gymn.
Schloss-realsch.
Gymnasium
Hauptpostamt
Staats-theater
Neues Schloss
Schloss-garten
Landtag
Kunstgeb.
Schlossplatz
Planie
Markth.
Stadtmitte
Rotebühlbau
Rotebühl-platz
Institut Français
FW. West
Sch.
Nikolaus-pflege
Sport-halle
Bürger-zentr.
Friedens-schule
Olga-hospital
Ges.-amt
Königin Olga-Stift
Schwab-Schule
Feuersee
Verw.-Gericht
Hedwig-Dohm-Schule
Polizei
LVA im Zentrum
Schwabstr.
Wirtsch.-Gymn.
38 Marstallstr.
39 Am Fruchtkasten
40 Bärenstr.
41 Töpferstr.
42 Geißstr.
43 Krummestr.
44 Richtstr.
Stadt. Lapidarium
Karlshöhe 343 m
Mörike-denkmal
Karlsgymn.
Furtb. krkh.
Moschee
Ministerium
Jakobschule
Alt. Schausp. Hs.
G.-Siegle-Haus
Rathaus
Heusteig-schule
Römer-sch.
Fangelsbach-friedhof
Olga-hospital
Mörikegymn.
Zahnradbhf.
Marienpl.
Polizei
Stadtbad
Stat. Landesamt
Seewasser-werk
Schickhardt-gymn.
Wilhelm-Hauff-Schule
Heslach
Hauff-denkmal
Marien-hospital
Lehensch.
Immenhofer-sch.
Kaufm. Schule
Weissenburg
Fischbach-denkmal
Bopser-Hütte
45 Vellmenstr.
46 Ritterstr.
47 Biegelstr.
Lerchenrain-schule
Heslacher Tunnel
Böheimstr.
Möhringer Str.
Rotenwaldstr.
Bebelstraße
Rotebühlstr.
Heilbronner Str.
Friedrichstr.
Hauptstätter Str.
Neue Weinsteige
Feuerbacher-Tal-Str.
Am Kräherwald
Herderstr.
Böblinger Str.

1 Lindichstr.
2 Lauterburgstr.
3 Bandkellerstr.
4 Bruckmannweg
5 Kellerbrunnen-G.
6 Pfleghof
7 Finstermünz-G.
8 Thaddäus-Troll-Pl.
9 Esslinger Hof
10 Lammgasse
11 Hagelschieß
12 Zieglergasse
13 Bäckergasse
14 Schmiedgasse
15 Sulzgasse
16 Erbsenbrunnengasse
17 Kühlbrunnengasse
18 Badergasse
19 Heimsche Gasse
20 Küblergasse
21 Felgergasse
22 Am Stadtgraben
23 Tuchmachergasse
24 Am Jakobsbrunnen
25 Grüne Brücke
26 Friedensstr.
27 Hallbergerstr.
28 In den Schlehen
29 Nüblingweg
30 Am Oberen Weg
31 Am Grünen Weg
32 Am Kurzen Weg
33 Römersteinweg
34 Einkornstr.
35 Krämerstr.
36 Ehmannstr.
48 Aberlin-Jörg-Str.
49 Annabergstr.
50 Posener Str.
51 Eupener Str.
52 Kattowitzer Str.
53 Malmedystr.
54 Hultschiner Str.
36 Knödelstr.
37 Krauchenweg
1 Federseestraße
Bad Cannstatt
Wilhelma
Zool.-Botan. Garten
Wilhelma Theater
Rosensteinpark
Naturkunde-museum
Schloss Rosenstein
Rosensteintunnel
Abstell-bahnhof
Mineral-heilbad Leuze
König-Karls-Brücke
Mineral-heilbad Berg
Neckar
Mercedesstr.
Amtsgericht
Klösterle
Moschee
Real-schule
Polizei
Schiller-Sch.
Friedhof
Waiblinger Str.
König-Karl-Str.
Bad Cannstatt
Straßenbahn-welt
Feuer-wache
Stadtarchiv
Güterbahnhof Bad Cannstatt
Mercedes Benz Werksteil
Staatl. Münze
Landes-kriminal-amt
G.-Daimler-Gymn.
Elly-Heuss-Knapp-Gymn.
Augsburger Str.
Nürnberger Str.
Cannstatter Wasen
Reitstadion
Benzstraße
H.-M.-Schleyer-Halle
C.-Benz-Center
Porsche Arena
Olympiastützpunkt
M.-Schaufele-Sporthalle
Kunst-Turn-Forum
Mercedes-Benz Arena
SpOrt Stuttg.
Neckar Park (Mercedes-Benz)
Neckarpark
Stadion Festwiese
Sportplätze
Mercedes Benz Museum
Mercedes Benz Center
Mercedes Benz Werk
Untertürkheim
Berg
Villa Berg
Südwest-Rundfunk
J.-F.-von-Cotta-Schule
Raitelsbergsch.
Gaswerk
Hauptzollamt
Karl-Olga-Krankenhaus
Baumann-klinik
Landes-polizeidir.
Agentur f. Arbeit
Zeppelin-gymnasium
Cannstatter Str.
Hackstraße
Berger-Schule
Bergfriedhof
Ostheim
Grund- u. Real-Sch.
Rotenbergstr.
Gaisburger Brücke
Talstraße
Gewerbegebiet Gaisburg
Kraftwerk
Großmarkt
Ulmer Str.
Gaisburg
Leo-Vetter-Bad
Polizei
Raichberg Realsch.
Schule
Wagenburgstr.
Wagenburg-gymn.
Wagenburg-Tunnel
Uhlandshöhe
Sternwarte
Waldorf-sch.
Jugend-herberge
Klinik d. O. Tür
Ameisen-bergsch.
Neckarstr.
Gablenberg
Heide-hofgymn.
Veronikaklinik
Staatsmin.
Gänsheidestr.
Pischekstr.
Merz-schule
Frauenkopf 462 m
Fernmeldeturm
Waldheim
Frauenkopf
Obere Neue Halde
Raichberg
Hetzenäckerwald
Auf der Heide
Sportplätze
Naturfreunde-haus
Fuchsrain
Fuchsrainschule
Gänswald
Wattenhau
Dürrbach
Falsche Klinge
Stelle
Hoher Bopser
Jahnstraße
Burghalde
ehem. Burg Rohreck
Rohracker
Wangen
Hirschäuer
Kulturhaus Arena
Inselstraße
Staibhöhe 310
376m
ehem. Burg Hedelfingen
Singer
Engenberg
Schmidberg
Rohrackerstraße

Landsberg, Memmingen

Hallbergmoos
Oberding
Haimhausen
Neufahrn b. Freising
Eching
Erdinger Moos
Moosinning
Unterschleißheim
Oberschleißheim
Garching b. München
Neuching
Karlsfeld
Ismaning
Speichersee
Finsing
Markt Schwaben
Unterföhring
Kirchheim b. München
Aschheim
Poing
Anzing
Feldkirchen
Vaterstetten
Haar
Zorneding
MÜNCHEN
Neubiberg
Putzbrunn
Unterhaching
Ottobrunn
Pullach im Isartal
Grünwald
Taufkirchen
Hohenbrunn
Höhenkirchener Forst
Höhenkirchen-Siegertsbrunn
Oberhaching
Grünwalder Forst
Deisenhofener Forst
Sauerlach
Hofoldinger Forst
Aying
0
3 km
Mühldorf

Gern
Nymphenburg
Neuhausen
Laim
Schwanthalerhöhe
Westend
Friedenheim
Hansapark
Untersendling
Sendling
Hirschgarten
Westpark
Schloss Nymphenburg
Arnulfpark
ICE Ausbesserungswerk
Landsberger Str.
Arnulfstr.
Nymphenburger Str.
Landshuter Allee
Donnersberger Brücke
Friedenheimer Brücke
Fürstenrieder Str.
Garmischer Str. (Mittlerer Ring)
Westendstr.
Lindwurmstr.
Leonrodstr.
Dachauer Str.
Wotanstr.
Landsberg a.L., Memmingen

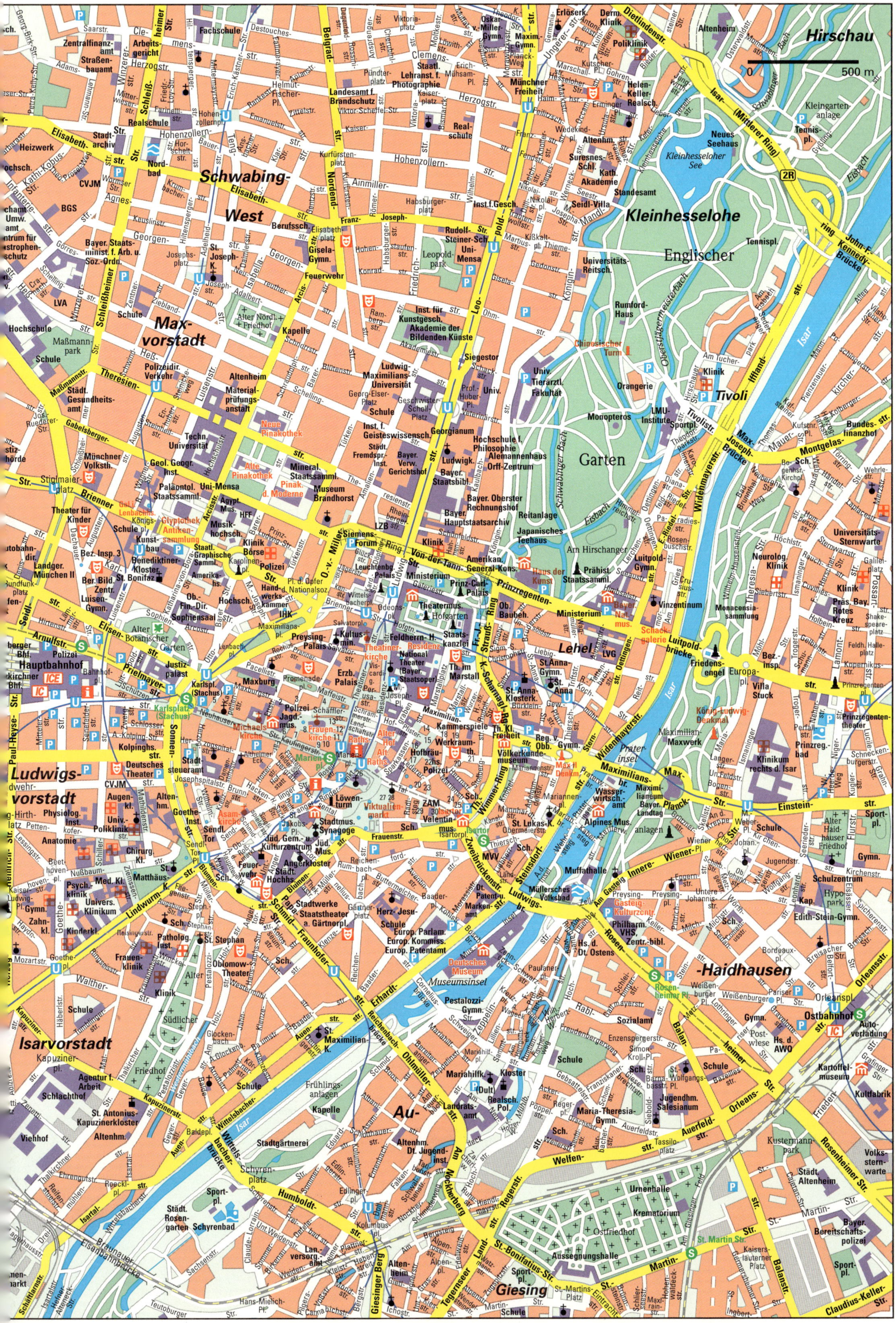
Hirschau
0
500 m
Schwabing-
West
Kleinhesselohe
Englischer
Garten
Kleinhesseloher See
Max-
vorstadt
Tivoli
Lehel
Ludwigs-
vorstadt
Isarvorstadt
Au-
Haidhausen
Giesing
Isar
Hauptbahnhof
Ostbahnhof
Alte Pinakothek
Neue Pinakothek
Pinak. d. Moderne
Glyptothek
Antikensammlung
Frauenkirche
Marienpl.
Deutsches Museum
Museumsinsel
Viktualienmarkt
Theatinerkirche
Residenz
Chinesischer Turm
Monopteros
Haus der Kunst
Maximilianeum
Bayer. Landtag
Friedensengel
Gasteig-Kulturzentr.
Ludwig-Maximilians-Universität
Akademie der Bildenden Künste
Schwabinger Bach
Karlsplatz (Stachus)
Sendlinger Tor
Isartor
Ostfriedhof
Alter Südlicher Friedhof
Leopoldstr.
Ludwigstr.
Prinzregentenstr.
Maximilianstr.
Elisabethstr.
Schleißheimer Str.
Lindwurmstr.
Rosenheimer Str.
Isarring
Orleansstr.
Balanstr.
Tegernseer Landstr.

Dinslaken
Essen, Bochum, Dortmund
Moers, Venlo
Ratingen, Düsseldorf
0
500 m
Hafenkanal
Ruhr
Ruhrschleuse
Ruhrdeich
Kaßlerfeld
Großmarkt
Städt. Betriebshof
Städt. Bauhof
Zollamt
DU-Häfen
Städt. Tierheim
Tennishalle
Außenhafen
Umspannwerk
Güterbhf. Hochf.-Nord
Siemens AG Power Generation
Holzhafen
Innenhafen
Legoland Discovery Centre
Museum f. Gegenwartskunst
Alt-stadt
Landesarchiv (in Bau)
Karmeliter Kloster
Berufsschule
Polizei
Stadttheater
Mercatorhalle
Bibl.
Forum
VHS
IHK
Kulturzentrum
W.-Lehmbruck-Museum
Theater am Marientor
Mus. DKM
Hauptpost
Hauptbahnhof
Landfermann-gymnasium
Finanzamt Süd
Fernmeldeturm
Telekom
Kreuz Duisburg
Kläranlage
Betriebshof DVG
Tennisplätze
Güterbahnhf. DU-Hafen
Hauptfeuerwache
Straßenverkehrsamt
Duissern
Duisserner Markt
DU-Duissern
Gesamtschule Mitte
Niederrhein Musikschule
Königsberger Allee
Mülheimer Str.
Kulturzentrum
Berufskolleg Mitte
Gesamtschule Mitte
Mercator-Univ.
Universität
Hallenbad
Neudorf-Nord
Neudorf-Süd
Dellviertel
Mercator Gymnasium
Polizeipräsidium
Verwaltungsstelle
Friedensk.
DU-Zentrum
ehemaliger Güterbahnhof Duisburg
Duisb.-Mitte
Justizgeb.
Paketpost
Gabrielkirche
Kleingärten
DU-Hochfeld
Polizei
Alter Friedhof
Tennishalle
Hochfeld
Bethesda Krankenhs.
Helios Marien Klinik
ArcelorMittal Hochfeld
Stahlwerk
Kläranlage
Umspannwerk
Transcontainer Umschlaganl.
K.-Lehr-Stift
Rhein-park
Rhein
Kultushafen
Südhafen
DU-Hochfeld Süd
Güterbahnhof
Betriebshof DVG
Wanheimerort
Jugendzentrum
Ev. Gemeindehaus
DU-Wanheimerort
K.-Lehr-Realschule
DU-Schlenk
Städt. Bücherei
Regattaleitung
Kanu-Leist.-Zentr.
Barbarasee
DB-Cargo KD-Service Center
Schauinsland-Reisen-Arena
Stadtsportbund
Bertasee
Schwimmstadion
Strandbad
Eissporthalle
Margaretensee
Wasserskianl.
Regattabahn
Leichtathletikstadion
Sporthalle
Kanu-Leistungszentrum
Fußballverband
Landessportbund NRW
Sportpark
Wedau
E34
40
59
13
9
12
11
10

Nordviertel
Westviertel
Ostviertel
Südviertel
Südostviertel
Holsterhausen
Rüttenscheid
0 500 m
1 Kunzestraße
2 Mechtildisstraße
3 Kl. Kronenstraße
4 Kasteienstraße
5 Am Porscheplatz
6 An St.Quintin
7 Kard.-Hengsbach-Platz
8 Schwarze Meer
9 Il. Dellbrügge
10 Kapuzinergasse
11 Am Glockenspiel
1 Webnerweg
2 Droschelpfad
3 Breidbachweg
4 Strauxpfad
5 Buschfeldweg
6 V.-Oerdingen-Weg
7 Ascherfeldweg
Universität Duisburg/Essen
Hauptbahnhof
Münster
Gruga-park
Botanischer Garten
Messe Essen
Ostfriedhof
Krupp-Park
Segeroth
Industriegebiet
Gewerbegebiet
Mülheim, Oberhausen, Duisburg
Bochum, Dortmund
Düsseldorf

Essen, Duisburg
Dortmund
Grumme
Hamme
Stahlhausen
Ehrenfeld
Wiemelhausen
Ruhrschnellweg
Dorstener Straße
Herner Straße
Hofsteder Straße
Castroper Straße
Wittener Straße
Universitätsstraße
Königsallee
Alleestraße
Wattenscheider Straße
Oviedo-ring
Nordhausen-ring
Westpark
Jahrhunderthalle
Bochumer Verein
Stadtpark
Bismarckturm
Tierpark
Blumenfriedhof
Hauptbahnhof
Schauspielhaus
Planetarium
Deutsches Bergbaumuseum
Museum Bochum
rewirpower-Stadion
RuhrCongress
Starlight Express Theater
Universitätsklinikum Bergmannsheil
Bochum-Stadion
Bochum-Zentrum
Bochum-Hamme
BO-Ehrenfeld
0
500 m

0
500 m
1 Kl. Kleiststr.
2 Kl. Herderstr.
3 Kl. Rückertstr.
4 Kl. Uhlandstr.
5 Lauenburger Str.
6 Schmiedestr.
7 Erscheder Str.
8 Arndtstr.
9 Weiherstr.
10 Klosterstr.
11 Alter Burgwall
12 Ludwigplatz
13 Lütge Brückstr.
14 Reinoldistr.
15 Bissenkamp
16 Thomasstr.
17 Bischofsgasse
18 Lühringhof
19 Mönchenwordt
20 Petergasse
21 Petrikirchhof
22 Weddepoth
23 Schliepstr.
24 A. d. Brand
25 Pl.-von-Leeds
26 Platz v. Netanya
27 Krügerpassage
28 Marienkirchhof
29 Willy-Brandt-Platz
30 Propsteihof
31 Alte Gartenstr.
Freizeitpark
Fredenbaum
Museum für Naturkunde
Westf. Schützenbund
Sportplatz
Klinikzentr. Nord
Gewerbegebiet
Güterabfertigung DO-Evinq
Westfalenhütte
Feuerwehr
Altenheim Gesamtschule
Brauerei
Brauerei-Mus.
Hoesch-museum
Sport-und Erholungsanlage Hoeschpark
Altes Hafenamt
Hafenamt
Südhafen
Kanalhafen
Schmiedinghafen
Realschule
Gymn.
Nordmarkt
Dietrich Keuning-Hs.
Nordbad
Agent. f. Arbeit
Städt. Musiksch.
Hauptpost
Hauptbahnhof
Museum
Bibl.
ZOB
Gewerbepark Union
Museum Ostwall
Westfalen-Kolleg
Reinoldikirche
Marienkirche
Petrikirche
Stadttheater
Stadthaus
Rathaus
Adlerturm
Jugendamt
Stadtarchiv
Gesundh.-amt
Sozialamt
St. Johannes Krankenhaus
Kinderklinik
Klinikzentrum Mitte
Landgericht
Justizvollzugsanstalt
Gewerbegebiet Im Spähenfelde-West
Tennishalle
Stadtgymn.
Oberbergamt
Eichamt
Güterbahnhof DO-Süd
Großmarkt
Trauerhalle
Ostfriedhof
Stadtwerke
DO-West
DO-Möllerbrücke
DO-Stadthaus
Südbad
Hpt. Zollamt
Stadewäldchen
Landgrafenschule
Brauerei-museum
Finanzamt DO-West
Hauptzollamt
IHK
Tremoniapark
Schulzentrum
Südwestfriedhof
Bonifatiusk.
Polizeipräsidium
Polizei
Sozialakademie
Rheinlanddamm
Ruhrschnellweg
Westfalenhallen
Kongresszentrum
Sporthallen
Reithalle
Eissportzentr.
Altenheim
Steinerner Turm
Florianturm
Westfalenpark
Volkssternwarte
Deutsches Rosarium
Dt. Kochbuch-Museum
Buschmühle
Jugendtheater
SIGNAL IDUNA PARK
Stad. Rote Erde
Helmut-Körnig-Halle
Sportzentrum
Schwimmstad.
Haltestelle DO-Signal Iduna Park
Institut für Arbeitsphysiologie
Max-Planck-Gymnasium
Inst. f. Spektrochemie
Tennishalle
Radrennbahn
Emscher
Gewerbegebiet Phoenix West
Phoenix-Halle
Westfalendamm
Märkische Str.
Ruhrallee
Ardeystr.
Hohe Str.
Königswall
Burgwall
Ostwall
Südwall
Hiltropwall
Hamburger Str.
Kaiserstr.
Brackeler Str.
Borsigplatz
Bornstr.
Münsterstr.
Schützenstr.
Mallinckrodtstr.
Sunderweg
Kanalstr.
Rheinische Str.
Lindemannstr.
Wittekindstr.
Krückenweg
Helenenbergweg

Kreuz Köln-Süd   Dreieck Porz   Lohmar   Dreieck Heumar

Altenkirchen

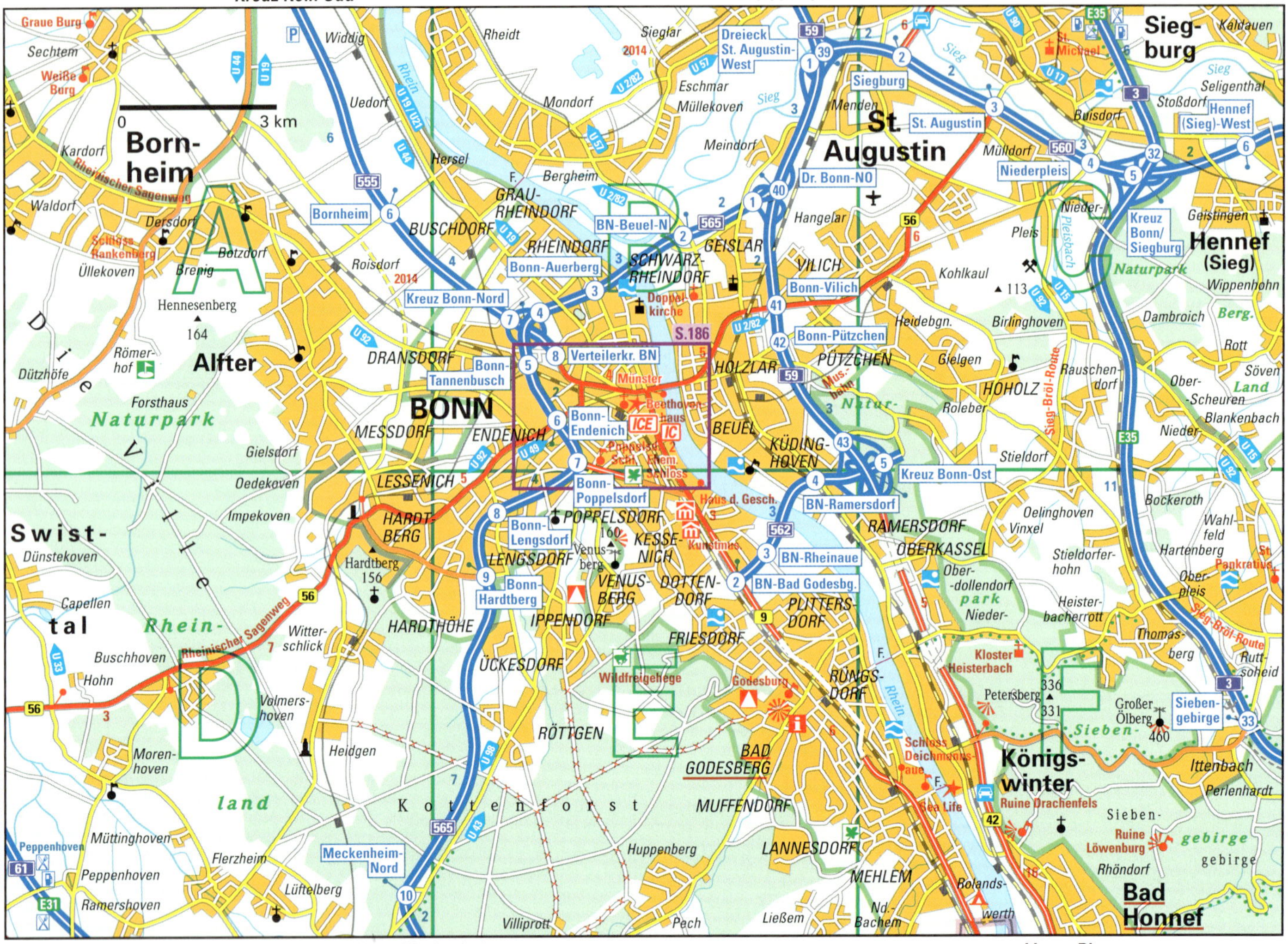

Kreuz Bliesheim   Dreieck Dernbach

Kreuz Meckenheim   Kreuz Meckenheim   Linz a. Rh.

BONN Troisdorf, Köln

Meckenheim, Koblenz

Europa Planungskarten

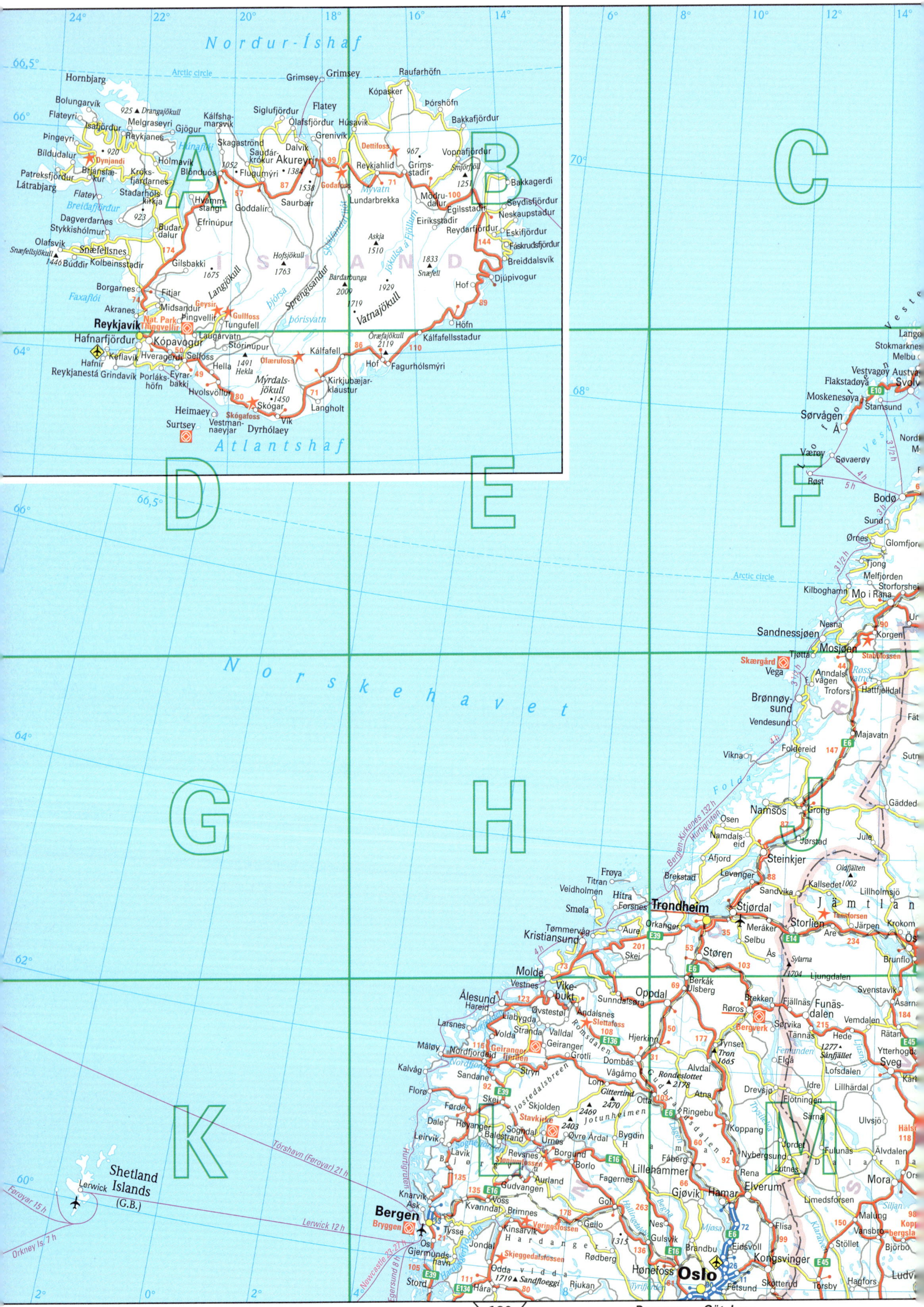

Norður-Íshaf
Arctic circle
Grimsey
Raufarhöfn
Kópasker
Þórshöfn
Hornbjarg
Bolungarvík
Flateyri
Ísafjörður
Drangajökull
Melgraseyri
Reykjanes
Gjögur
Kálfshamarsvík
Siglufjörður
Flatey
Ólafsfjörður
Húsavík
Bakkafjörður
Þingeyri
Bíldudalur
Dynjandi
Patreksfjörður
Látrabjarg
Brjánslækur
Króksfjarðarnes
Hólmavík
Blönduós
Skagaströnd
Sauðárkrókur
Dalvík
Grenivík
Akureyri
Dettifoss
Reykjahlíð
Grímsstaðir
Vopnafjörður
Smjörfjöll
Bakkagerði
Flatey
Breiðafjörður
Stadarhólskirkja
Hvammstangi
Flugumýri
Goðafoss
Mývatn
Lundarbrekka
Möðrudalur
Egilsstaðir
Seyðisfjörður
Neskaupstaður
Dagverðarnes
Stykkishólmur
Búðardalur
Efrinúpur
Goddalir
Saurbær
Eiríksstaðir
Reyðarfjörður
Eskifjörður
Fáskrúðsfjörður
Ólafsvík
Snæfellsjökull
Snæfellsnes
Búðir
Kolbeinsstaðir
Askja
Hofsjökull
Breiðdalsvík
Gilsbakki
Langjökull
ÍSLAND
Snæfell
Djúpivogur
Borgarnes
Faxaflói
Akranes
Fitjar
Midsandur
Geysir
Gullfoss
Þjórsá
Sprengisandur
Bárðarbunga
Vatnajökull
Hof
Reykjavík
Nat. Park Thingvellir
Þingvellir
Tungufell
Þórisvatn
Höfn
Hafnarfjörður
Kópavogur
Laugarvatn
Stórinúpur
Kálfafell
Öræfajökull
Kálfafellsstaður
Keflavík
Hveragerði
Selfoss
Hella
Ölærufoss
Hekla
Hof
Fagurhólsmýri
Hafnir
Reykjanestá
Grindavík
Þorlákshöfn
Eyrarbakki
Mýrdalsjökull
Kirkjubæjarklaustur
Hvolsvöllur
Heimaey
Skógar
Skógafoss
Langholt
Surtsey
Vestmannaeyjar
Dyrhólaey
Vík
Atlantshaf
A
B
C
D
E
F
G
H
J
K
L
M
Norskehavet
Lofoten
Vesterålen
Vestfjorden
Stokmarknes
Melbu
Vestvagøy
Austvågøy
Svolvær
Flakstadøya
Moskenesøya
Stamsund
Sørvågen
Å
Værøy
Sørvaerøy
Røst
Bodø
Sund
Ørnes
Glomfjord
Tjong
Melfjorden
Kilboghamn
Mo i Rana
Storforshei
Sandnessjøen
Nesna
Korgen
Skærgård
Tjøtta
Mosjøen
Stabbfossen
Vega
Anndalsvågen
Trofors
Hattfjelldal
Brønnøysund
Vendesund
Majavatn
Foldereid
Vikna
Folda
Namsos
Grong
Gädded
Osen
Namdalseid
Jørstad
Jule
Bergen-Kirkenes 132 h
Hurtigruten
Afjord
Steinkjer
Frøya
Brekstad
Levanger
Oldfjällen
Titran
Sandvika
Kallsedet
Lillholmsjö
Veidholmen
Hitra
Jämtland
Smøla
Forsnes
Trondheim
Stjørdal
Tännforsen
Tømmervåg
Kristiansund
Aure
Orkanger
Meråker
Storlien
Järpen
Krokom
Selbu
Åre
Skei
Støren
Ås
Sylarna
Brunflo
Molde
Vestnes
Vikebukt
Berkåk
Ulsberg
Ljungdalen
Ålesund
Hareid
Oppdal
Sunndalsøra
Røros
Brekken
Fjällnäs
Funäsdalen
Svenstavik
Åsarna
Larsnes
Ørsta
Volda
Stranda
Åndalsnes
Valldal
Slettafoss
Bergverk
Sørvika
Tännäs
Vemdalen
Måløy
Nordfjordeid
Geiranger
Geirangerfjorden
Grotli
Hjerkinn
Tynset
Tron
Femunden
Hede
Rätan
Kalvåg
Nordfjorden
Stryn
Dombås
Alvdal
Elgå
Sånfjället
Ytterhogdal
Sveg
Florø
Sandane
Jostedalsbreen
Vågåmo
Rondeslottet
Lofsdalen
Skei
Gittertind
Otta
Atna
Drevsjø
Idre
Lillhärdal
Førde
Skjolden
Jotunheimen
Ringebu
Flötningen
Dale
Høyanger
Sogndal
Balestrand
Stavkirke
Urnes
Øvre Årdal
Bygdin
Koppang
Särna
Ulvsjö
Leirvik
Sognefjorden
Revsnes
Stalheimfossen
Borgund
Borlo
Fåberg
Nybergsund
Jordet
Fulunäs
Älvdalen
Lavik
Aurland
Lillehammer
Rena
Gudvangen
Fagernes
Gjøvik
Hamar
Elverum
Mora
Knarvik
Bergen
Bryggen
Voss
Kvanndal
Brimnes
Vøringsfossen
Gol
Geilo
Nes
Gulsvik
Limedsforsen
Malung
Vansbro
Tysse
Os
Jondal
Kinsarvik
Hardangervidda
Mjøsa
Brandbu
Eidsvoll
Flisa
Stöllet
Gjermundshavn
Skjeggedalsfossen
Rødberg
Hønefoss
Oslo
Kongsvinger
Torsby
Stord
Odda
Sandfloeggi
Rjukan
Tyrifjorden
Fetsund
Skotterud
Hagfors
Ludvika
Hära
Newcastle 23–27 h
Egersund 8 h
Tórshavn (Føroyar) 21 h
Lerwick 12 h
Shetland Islands (G.B.)
Lerwick
Føroyar 15 h
Orkney Is. 7 h

Barentshavet
Barencevo More
Nordkapp
Magerøya
Honningsvåg
Mehamn
Berlevåg
Båtsfjord
Kjøllefjord
Ingøy
Havøysund
Rolvsøya
Hammerfest
Kvaløya
Sørøya
Struves meridianbue
Hasvik
Seiland
Skaidi
Russenes
Steinbukt
Kalak
Ifjord
Vestertana
Varangerhalvøya
Vardøhus
Vardø
Vadsø
Kunes
Tana bru
Nyborg
Skogerøya
Børselv
Lakselv
Alta
Hjelleristninger
Øksfjord
Arnøy
Torsvåg
Skjervøy
Ringvassøy
Tromsø
Storslett
Olderdalen
Hillesøy
Senja
Gryllefjord
Finnsnes
Vikran
Skibotn
Bilto
Kilpisjärvi
Haldi
Saana
Moen
Nordkjosbotn
Sørreisa
Andselv
Øverbygd
Setermoen
Finnmarks-
vidda
Karasjok
Karigasniemi
Kautokeino
Kaamanen
Inari
Inarijärvi
Ivalo
Utsjoki
Neiden
Kirkenes
Nikel'
Nyrud
Nautsi
Virtaniemi
Raja-Jooseppi
Sokosti
Grense-Jakobselv
Vajdaguba
p-ov Rybačij
Linahamari
Pečenga
Poljarnyj
Severomorsk
Murmansk
Tumannyj
Kola
Verhnetulomskoe vodohranilišče
Tuloma
Verhnetulomskij
Varzino
Voron'ja
Lovozero
Keivy
Olenegorsk
Mončegorsk
Hibiny
Kirovsk
Apatity
Oktjabr'skij
Kapustnoe
Kol'skij
Poluostrov
Imandra
Kovdor
Laplandskij
Kandalakša
Umba
Varzuga
Arctic circle
Kaaresuvanto
Karesuando
Enontekiö
Peltovuoma
Pokka
Vuotso
Lokka
Kiistala
Lappi
Kittilä
Sodankylä
Savukoski
Muonio
Sirkka
Muodoslompolo
Pallastunturi
Nedre Soppero
Svappavaara
Vittangi
Kiruna
Abisko
Narvik
Kebnekaise
Nikkaluokta
Torneträsk
Arktiskt kulturlandskab
Junosuando
Pajala
Kolari
Lohiniva
Meltaus
Pelkosenniemi
Kelloselkä
Salla
Kuolajärvi
Alakurtti
Kemijärvi
Pyhätunturi
Joutsijärvi
Vuojärvi
Unari
Vikajärvi
Rovaniemi
Niesi-Kivalo
Auttı
Posio
Kuusamo
Tuutisjärvi
Zarečensk
Kovdozero
Zašeek
Piaozero
Sosnovyj
Louhi
Gridino
Engozero
Kandalakšskaja Guba
Olenica
Kuzomen'
Keret'
Beloe More
Sig
o.Olenij
Solovetckie o-va
Vietas
Stora Luleälven
Sulitjelma
Malmberget
Gällivare
Koskullskulle
Tärendö
Leipojärvi
Kvikkjokk
Tjåmotis
Porjus
Randijaure
Jokkmokk
Vuollerim
Vuottas
Gyljen
Korpilombolo
Svanstein
Övertorneå
Överkalix
Turtola
Pello
Aavasaksa
Struven kaari
Tervola
Nuupas
Ranua
Murtovaara
Sofporog
Stenudden
Jäkkvik
Arjeplog
Harads
Morjärv
Sangis
Haparanda
Tornio
Kemi
Simo
Taivalkoski
Peranka
Vojnica
Kalevala
Kepa
Juma
Kem'
Raboče-ostrovsk
Panjatniki kultury
Pušlahta
Onežskij p-ov
Boden
Gammelstad
Töre
Kalix
Moskosel
Arvidsjaur
Älvsbyn
Luleå
Kirkestad Gammelstad
Piteå
Tannila
Pudasjärvi
Näljänkä
Puolanka
Suomussalmi
Ämmänsaari
Kostomukša
Vokna-volok
Borovoj
Tunguskaja
Novoe Mašozero
Belomorsk
Onežskaja
Koležma
Sorsele
Slagnäs
Glommersträsk
Långträsk
Malå
Norsjövallen
Skellefteå
Skelleftehamn
Oulu
Kiiminki
Hailuoto
Liminka
Muhos
Utajärvi
Hyrynsalmi
Paltamo
Raahe
Vihanti
Rantsila
Vaala
Kajaani
Sotkamo
Kuhmo
Lentiira
Ledmozero
Tikša
Kockoma
Vorenža
Sorolia
Ondozero
Segeža
Rigozero
Valdaj
Vilhelmina
Lycksele
Meselefors
Åsele
Burträsk
Robertsfors
Bygdeå
Vindeln
Fredrika
Umeå
Holmsund
Hälla
Vännäs
Nyåker
Bredbyn
Nordmaling
Örnsköldsvik
Näsåker
Sollefteå
Dockstai
Kalajoki
Oulainen
Pulkkila
Pyhäntä
Ylivieska
Kärsämäki
Haapajärvi
Pyhäsalmi
Iisalmi
Valtimo
Nurmes
Rautavaara
Juuka
Lieksa
Pielinen
Ahmovaara
Rebolý
Lendery
Padany
Segozero
Maselgskaja
Medvež'egorsk
Lobskoe
Kokkola/Karleby
Kannus
Sievi
Pietarsaari/Jakobstad
Toholampi
Kaustinen
Lestijärvi
Pihtipudas
Kvarken
Uusikaarlepyy/Nykarleby
Björköby
Vallgrund
Vaasa/Vasa
Laihia
Kyyjärvi
Viitasaari
Siilinjärvi
Kuopio
Karttula
Outokumpu
Ilomantsi
Joensuu
Tolvajärvi
Suojärvi
Kondopoga
Kizhi Pogost
Spasskaja Guba
Poros-ozero
Velikaja Guba
Kulmuksa
Lapua
Hoisko
Karstula
Soini
Ähtäri
Istunmäki
Vehmasmäki
Suonenjoki
Pieksämäki
Varkaus
Oravisalo
Puhos
Petrozavodsk
Seinäjoki
Alavus
Kurikka
Multia
Äänekoski
Keuruu
Jyväskylä
Kirkko
Olavinlinna
Savonlinna
Ruskeala
Sortavala
Lahdenpoh'ja
Prjaža
Lojmola
Essojla
Veldozero
Kaskinen/Kaskö
Kauhajoki
Kristiinankaupunki/Kristinestad
Kasala/Kasabole
Merikarvia
Virrat
Petäjävesi
Jämsä
Kangasniemi
Mikkeli
Puumala
Sääminki
Salmi
Tokari
Kovera
Megrozero
Olonec
Lodejnoe Pole
Honkajoki
Kankaanpää
Parkano
Kuru
Orivesi
Hirsilä
Joutsa
Tampere
Hämeenkyrö
Kuhmoinen
Päijänne
Kuortti
Imatra
Svetogorsk
Lappeenranta
Rintala
o.Valaam
Priozersk
Ladožskoe Ozero
Mäntyluoto
Noormarkku
Pori
Björneborg
Rauma
Nokia
Valkeakoski
Pohja
Asikkala
Vääksy
Heinola
Kuusankoski
Huittinen
Urjala
Hämeenlinna
Lahti
Kouvola
Hamina
Vyborg
Zaporožskoe
Sapernoe
Pasa
Časovenskoe
Sammallahdenmäki
Eura
Loimaa
Forssa
Riihimäki
Hyvinkää
Mäntsälä
Loviisa
Kotka
Primorsk
o.Bol.Berëzovyj
Matoksa
Novaja Ladoga
Sjas'stroj
Hvalovo
Usadišče
Tihvin
Uusikaupunki
Laitila
Mynämäki
Somero
Salo
Karkkila
Järvenpää
Porvoo/Borgå
Vsevolozsk
Šlissel'burg
Nazija
Volhov
Selkämeri
Bottenhavet
Åland (Ahvenanmaa)
Geta
Storby
Kastelholms
Lumparland
Mariehamn (Maarianhamina)
Taivassalo
Kustavi
Naantali
Turku/Åbo
Parainen/Pargas
Pernio
Espoo/Esbo
Kirkkonummi
Vantaa/Vanda
Helsinki/Helsingfors
Suomenlinna
Tammisaari
Ekenäs
Porkkala
Hanko/Hangö
Korppoo/Korpo
Repino
Kronštadt
Lomonosov
Petrodvorec
Sosnovyj Bor
Sankt-Peterburg
Puškin
Pavlovsk
Kolpino
Tosno
Gatčina
Vyrica
Kiriši
Budogošč
Lipnaja Gorka
Suomen Lahti / Finska Viken
Öregrund
Östhammar
Gräsö
Grisslehamn
Hudiksvall
Hölick
Söderhamn
Gävle
Sundsvall
Timrå
Stöde
Gnarp
Härnösand
Kramfors
Ramvik
Höga kusten
Bispfors
Sörviken
Vilhelmina
Botkyrka
Stockholm
Tallinn
A
B
C
D
E
F
G
H
J
K
L
M

0 100 km

188

194 Hamburg Lübeck 195

Bollnäs
Söderhamn
Gävle
Sandviken
Hofors
Uppsala
Norrtälje
Västerås
Enköping
Strängnäs
Eskilstuna
Stockholm
Södertälje
Nynäshamn
Nyköping
Norrköping
Oxelösund
Västervik
Oskarshamn
Kalmar
Öland
Visby
Gotland
Fårö
Gotska Sandön (Sverige)
Åland (Ahvenanmaa)
Mariehamn (Maarianhamina)
Uusikaupunki
Rauma
Pori Björneborg
Turku/Åbo
Salo
Hanko/Hangö
Ekenäs
Lohja
Espoo/Esbo
Vantaa/Vanda
Helsinki/Helsingfors
Hämeenlinna
Forssa
Hyvinkää
Lahti
Porvoo/Borgå
Kouvola
Tallinn
Paldiski
Haapsalu
Hiiumaa
Saaremaa
Kuressaare
Pärnu
Viljandi
Paide
Rapla
Ventspils
Talsi
Tukums
Jūrmala
Rīga
Jelgava
Liepāja
Kuldīga
Saldus
Valmiera
Cēsis
Sigulda
Bauska
Šiauliai
Panevėžys
Palanga
Klaipėda
Kaunas
Vilnius
Marijampolė
Alytus
Kaliningrad
Sovetsk
Gdynia
Gdańsk
Słupsk
Suwałki
Bottenhavet
Selkämeri
Suomenlahti
Finska viken
Liivi Laht
Rīgas Jūras Līcis
Östersjön
Bałtyckie
Kurisches Zaliv
Zatoka Gdańska
A
B
C
D
E
F
G
H
J
K
L
M

0 — 50 km

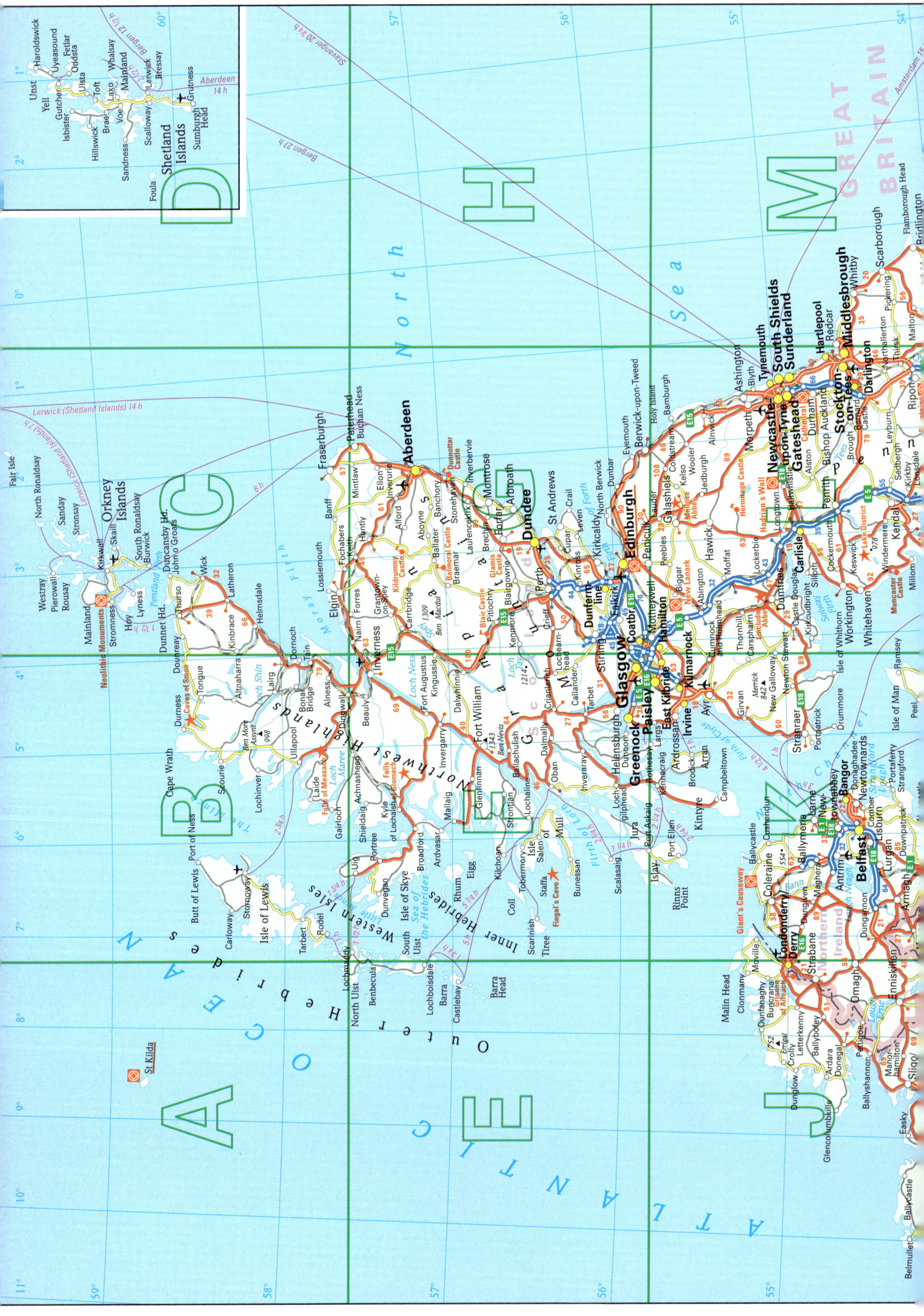
Shetland Islands
Orkney Islands
Aberdeen
Dundee
Edinburgh
Glasgow
Newcastle upon Tyne
Belfast
Middlesbrough
Sunderland
South Shields
Carlisle
Inverness
Fort William
North Sea
ATLANTIC OCEAN
Outer Hebrides
Inner Hebrides
Western Isles
Northwest Highlands
Grampian Mountains
Northern Ireland
GREAT BRITAIN
Isle of Lewis
Isle of Skye
Mull
Islay
Jura
Arran
Kintyre
Isle of Man
St Kilda
Firth of Forth
Firth of Clyde
Moray Firth
Solway Firth
North Channel
Loch Ness
Perth
Stirling
Paisley
Greenock
Kilmarnock
Hamilton
Motherwell
Dunfermline
Kirkcaldy
St Andrews
Montrose
Arbroath
Peterhead
Fraserburgh
Elgin
Thurso
Wick
Stornoway
Oban
Londonderry
Coleraine
Bangor
Lisburn
Armagh
Omagh
Enniskillen
Darlington
Stockton-on-Tees
Hartlepool
Durham
Gateshead
Tynemouth
Scarborough
Whitby
Kendal
Penrith
Workington
Whitehaven
Dumfries
Ayr
Irvine
Stranraer
Lerwick
Kirkwall
Stromness
Sligo
Bergen 27 h
Stavanger 20 3/4 h
Lerwick (Shetland Islands) 14 h
Aberdeen 14 h
Amsterdam 15 h
A
B
C
D
E
G
H
J
K
M

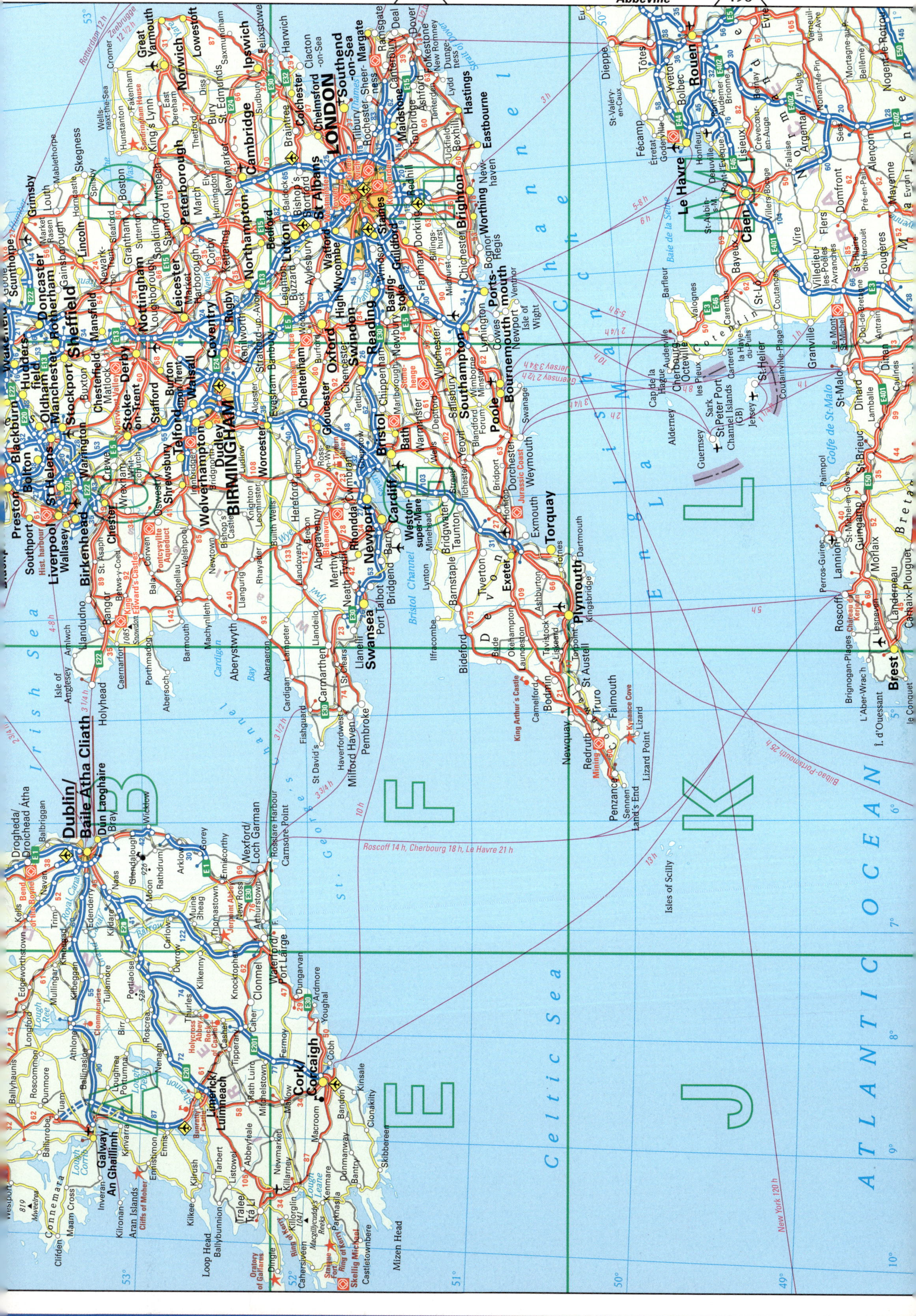
LONDON
BIRMINGHAM
Dublin/
Baile Átha Cliath
Cork/
Corcaigh
Limerick/
Luimneach
Galway/
An Gaillimh
Liverpool
Manchester
Sheffield
Leeds
Nottingham
Leicester
Coventry
Oxford
Cambridge
Norwich
Ipswich
Southend-on-Sea
Brighton
Southampton
Portsmouth
Bournemouth
Bristol
Cardiff
Swansea
Newport
Exeter
Plymouth
Torquay
Penzance
Land's End
Isles of Scilly
Le Havre
Rouen
Caen
Dieppe
Cherbourg
St-Malo
Brest
Jersey
Guernsey
Irish Sea
Celtic Sea
St. George's Channel
Bristol Channel
English Channel
ATLANTIC OCEAN
Strait of Dover
E
F
J
K
L

Limoges
196
Clermont-Ferrand
Lyon
Genève
197
Lausanne
Bern
Luzern

1:3 000 000 • 1cm ≙ 30 km

Flensburg
København 190

Chur Innsbruck
Innsbruck 200 Villach
Graz
Graz
0 50 km

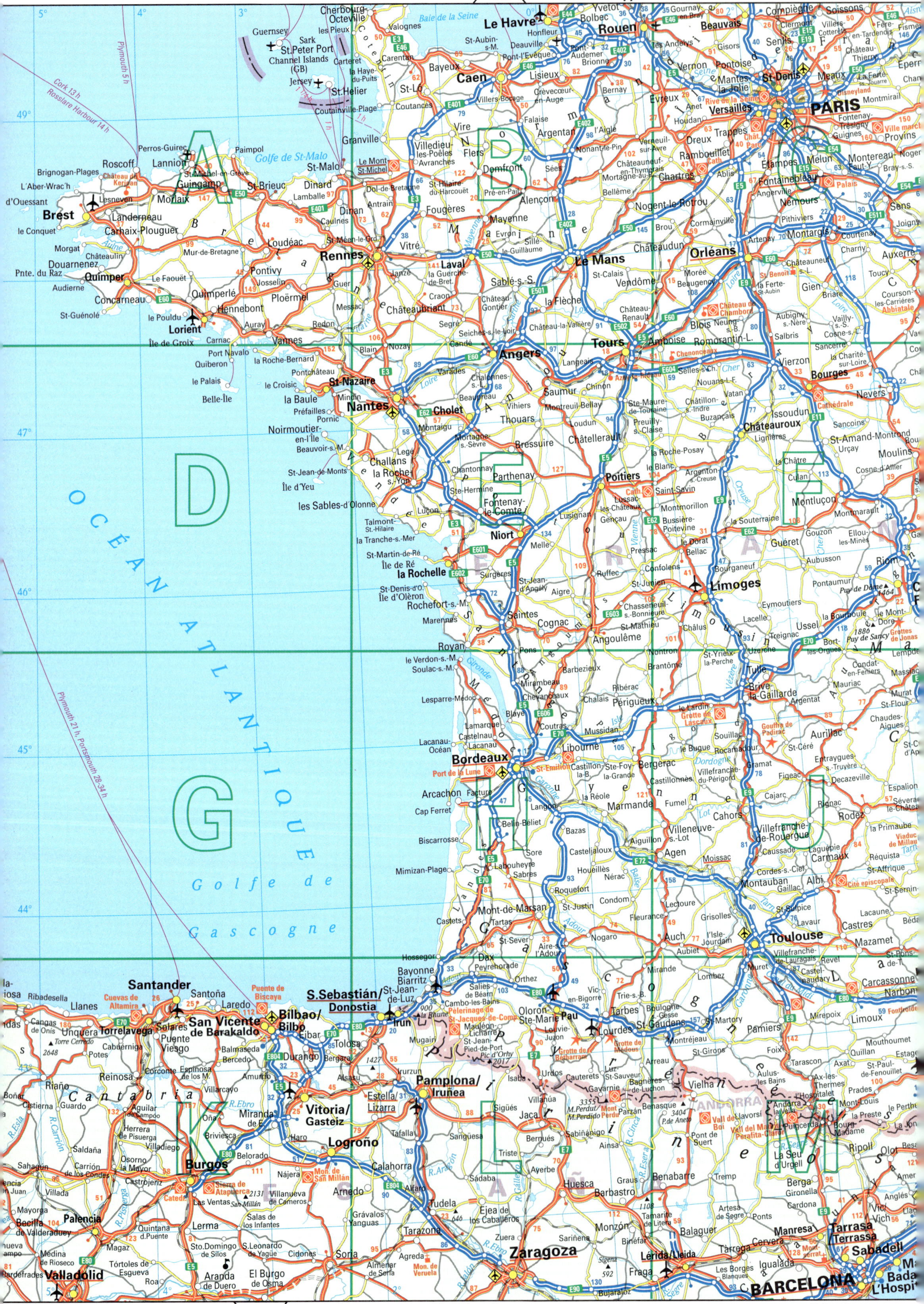
OCÉAN ATLANTIQUE
Golfe de Gascogne
Golfe de St-Malo
Baie de la Seine
Guernsey
Jersey
Channel Islands (GB)
St.Peter Port
St.Helier
Cherbourg-Octeville
Le Havre
Rouen
Caen
Bayeux
St-Lô
Évreux
Beauvais
PARIS
Versailles
St-Denis
Brest
Morlaix
Quimper
Lorient
Vannes
Rennes
St-Malo
St-Brieuc
Laval
Le Mans
Alençon
Chartres
Orléans
Tours
Blois
Angers
Nantes
St-Nazaire
Cholet
Saumur
Poitiers
Niort
la Rochelle
Rochefort-s.-M.
Angoulême
Limoges
Châteauroux
Bourges
Vierzon
Montluçon
Clermont-Ferrand
Bordeaux
Libourne
Périgueux
Brive-la-Gaillarde
Bergerac
Agen
Cahors
Montauban
Toulouse
Albi
Rodez
Mont-de-Marsan
Bayonne
Biarritz
Pau
Tarbes
Lourdes
Carcassonne
Narbonne
Foix
ANDORRA
Santander
San Vicente de Barakaldo
Bilbao/Bilbo
S.Sebastián/Donostia
Irun
Pamplona/Iruñea
Vitoria/Gasteiz
Logroño
Burgos
Palencia
Valladolid
Soria
Zaragoza
Huesca
Lérida/Lleida
Tarrasa/Terrassa
Sabadell
BARCELONA
Manresa
Cantabria
A
B
C
D
E
F
G
H
J
K
L
M

Metz
Nancy
Strasbourg
Stuttgart
Augsburg
MÜNCHEN
Freiburg
Mulhouse
Basel
Zürich
Innsbruck
Dijon
Besançon
Bern
Luzern
Bolzano/Bozen
Lausanne
Genève
Lyon
Grenoble
TORINO
MILANO
Bergamo
Brescia
Verona
Vicenza
Pádova
Mestre
Ferrara
Modena
Bologna
Parma
Piacenza
Genova
La Spézia
Pisa
Livorno
Firenze
Siena
Valence
Avignon
Nîmes
Montpellier
Marseille
Toulon
Aix-en-Provence
Nice
Cannes
MONACO
Corse
Bastia
Ajaccio
Bonifacio
Sássari
Mer Méditerranée
Golfe du Lion
K
L
M

0 — 50 km

196

OCÉANO ATLÁNTICO
Costa Verde
Cordillera Cantábrica
La Coruña/ A Coruña
Ferrol
Santiago de Compostela
Lugo
Ourense
Pontevedra
Vigo
Oviedo
Gijón
Avilés
Santander
Bilbao/ Bilbo
Torrelavega
León
Ponferrada
Astorga
Burgos
Palencia
Valladolid
Zamora
Salamanca
Segovia
Ávila
MADRID
Alcalá de Henares
Móstoles
Getafe
Guadalajara
Toledo
Talavera de la Reina
Braga
Guimarães
Matosinhos
Porto
Vila Nova de Gaia
Aveiro
Viseu
Coimbra
Figueira da Foz
Leiria
Santarém
Lisboa
Amadora
Cascais
Sintra
Almada
Barreiro
Setúbal
Évora
Beja
Faro
Cáceres
Trujillo
Mérida
Badajoz
Elvas
Plasencia
Ciudad Real
Puertollano
Córdoba
Jaén
Linares
Sevilla
Huelva
Granada
Málaga
Marbella
Jerez de la Frontera
Cádiz
San Fernando
Algeciras
Gibraltar (GB)
La Línea de la Concepción
Tarifa
Tanjah (Tanger)
Ceuta (Sebta) (Esp.)
Ar-Ribât
Tetouan
Golfo de Cádiz
Estrecho de Gibraltar
Sierra Morena
Sierra Nevada
Isla del Alborán (Esp.)

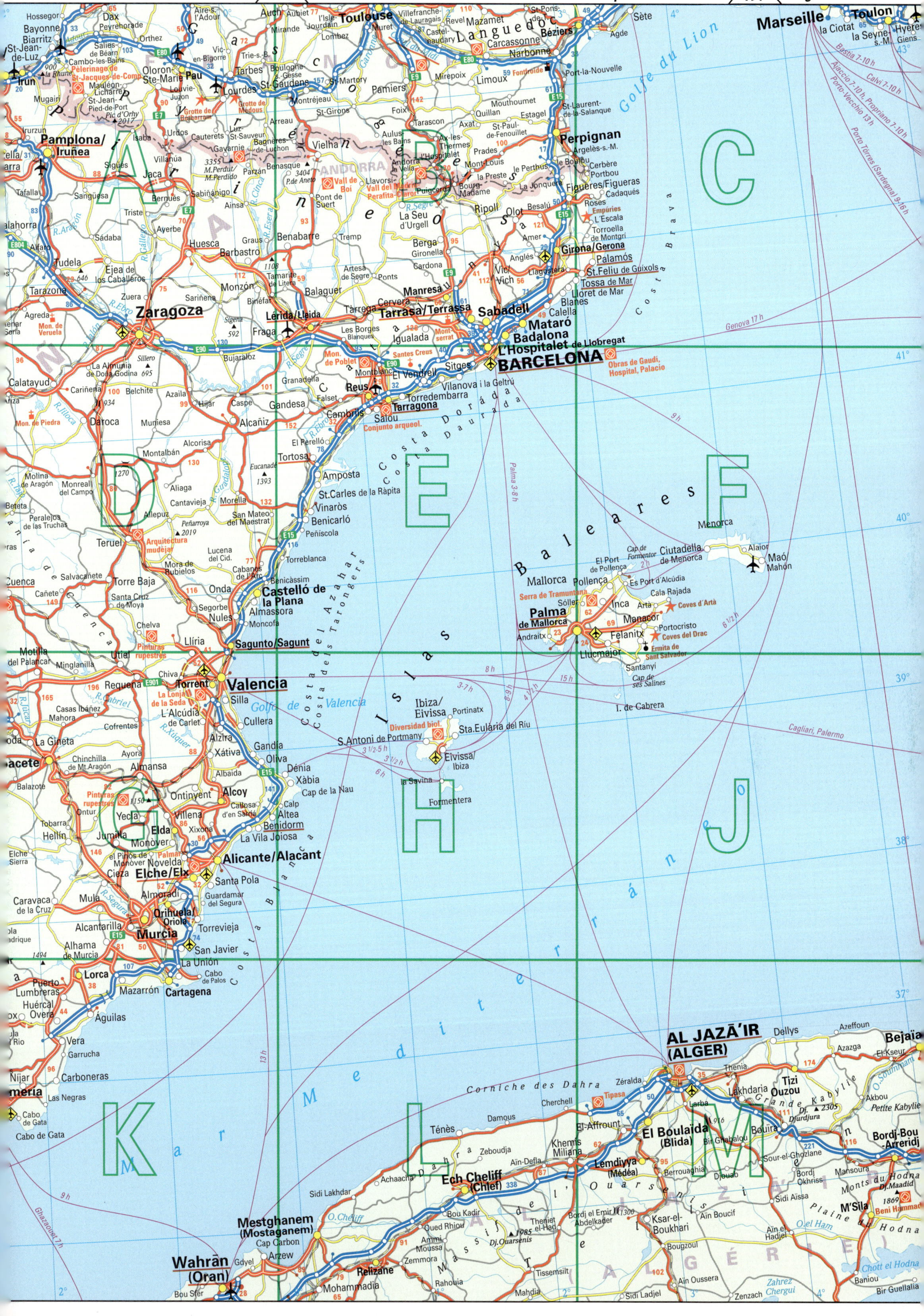
Toulouse
Montpellier
Sète
Marseille
Toulon
Béziers
Narbonne
Carcassonne
Languedoc
Perpignan
Golfe du Lion
Pau
Lourdes
Tarbes
Bayonne
Biarritz
Pamplona/ Iruñea
Huesca
Zaragoza
Lérida/Lleida
Girona/Gerona
Figueres/Figueras
Sabadell
Mataró
Badalona
Tarrasa/Terrassa
Manresa
L'Hospitalet de Llobregat
BARCELONA
Obras de Gaudí, Hospital, Palacio
Sitges
Reus
Tarragona
Costa Brava
Costa Dorada
Costa Daurada
Tortosa
Teruel
Castelló de la Plana
Sagunto/Sagunt
Valencia
Golfo de Valencia
Costa del Azahar
Costa dels Tarongers
Alicante/Alacant
Elche/Elx
Murcia
Cartagena
Lorca
Albacete
Costa Blanca
Islas Baleares
Mallorca
Palma de Mallorca
Menorca
Ciutadella de Menorca
Maó Mahón
Ibiza/ Eivissa
Formentera
I. de Cabrera
Mar Mediterráneo
AL JAZĀ'IR (ALGER)
El Boulaïda (Blida)
Lemdiyya (Médéa)
Ech Cheliff (Chlef)
Mestghanem (Mostaganem)
Wahrān (Oran)
Tizi Ouzou
Bejaïa
A
B
C
D
E
F
G
H
J
K
L
M

Beograd 202

1:3 000 000 · 1cm ≙ 30 km

203

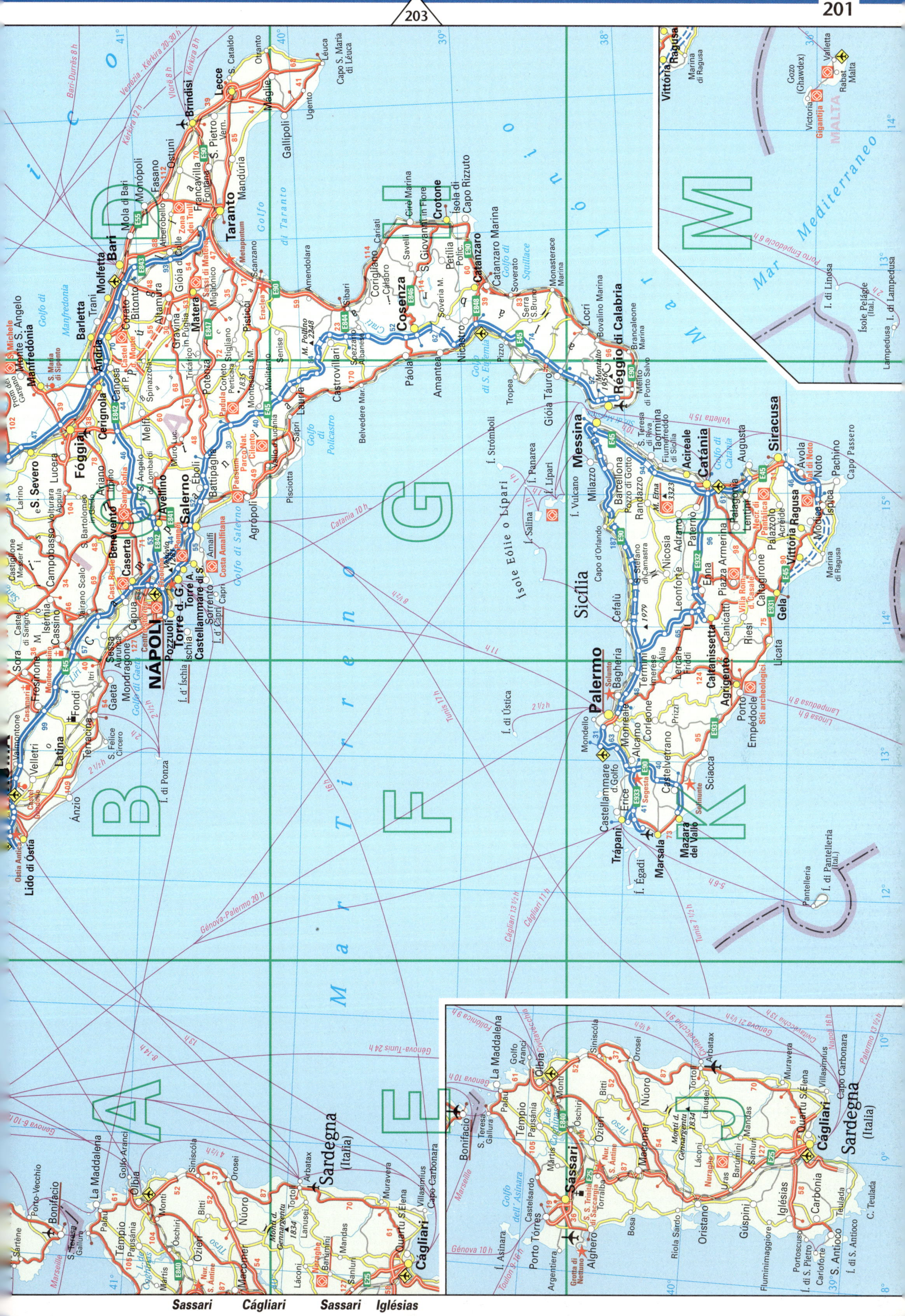

Sassari Cágliari Sassari Iglésias

0 50 km

Constanţa
Bucureşti
Varna
Burgas
Dobrič
Ruse
Tulcea
Galaţi
Brăila
Bacău
Focşani
Buzău
Ploieşti
Braşov
Piteşti
Sibiu
Târgu Mureş
Cluj-Napoca
Oradea
Arad
Timişoara
Craiova
Pleven
Veliko Tărnovo
Stara Zagora
Plovdiv
Sofija
Skopje
Niš
Beograd
Novi Sad
Szeged
Subotica
Podgorica
Edirne
Çorlu
Kragujevac
Priština

Zagreb
200

Thessaloníki
Lárissa
Vólos
Ioánina
Pátra
Athína
Pireás
Halkída
Lamía
Kérkira
Korçë
Elbasan
Berat
Vlorë
Bitola
Ohrid
İZMİR
Manisa
Balıkesir
Çanakkale
Bandırma
Bergama
Ayvalık
Mitilíni
Lésvos
Límnos
Thássos
Samothráki
Híos
Sámos
Kuşadası
Bodrum
Kos
Ródos
Kálimnos
Pátmos
Ikaría
Náxos
Páros
Míkonos
Tínos
Ándros
Síros
Thíra
Mílos
Iráklio
Kríti
Haniá
Réthimno
Kíthira
Monemvassía
Spárti
Trípoli
Kalamáta
Pírgos
Árgos
Náfplio
Kórinthos
Zákinthos
Kefaloniá
Itháki
Lefkáda
Préveza
Árta
Agrínio
Messolóngi
Kozáni
Kastoriá
Flórina
Vérria
Kateríni
Kardítsa
Tríkala
Ólimbos
Evvia
Skíros
Skópelos
Skíathos
Dodekánisa
Kiklades
Pelopónisos
Stereá Elláda
Attiki
Ióni o Pélagos
Egéo Pélagos
Kritikó Pélagos
Mirtóo Pélagos
Thermaikós Kólpos
Otranto
Kárpathos
Kássos
Astipálea
Amorgós
Sífnos
Folégandros
Kímolos

Gdynia
Sopot
Gdańsk
Elbląg
Słupsk
Olsztyn
Grudziądz
Bydgoszcz
Toruń
Suwałki
Hrodna
Lida
Białystok
Łomża
Ostrołęka
Poznań
Włocławek
Płock
WARSZAWA
Siedlce
Biała Podlaska
Brest
Kalisz
Łódź
Radom
Lublin
Chełm
Kovel'
Wrocław
Opole
Częstochowa
Kielce
Zamość
Katowice
Kraków
Tarnów
Rzeszów
Przemyśl
L'viv
Ostrava
Olomouc
Žilina
Poprad
Prešov
Košice
Uzhhorod
Drohobych
Ivano-Frankivs'k
Bratislava
Győr
BUDAPEST
Miskolc
Nyíregyháza
Debrecen
Oradea
Satu Mare
Baia Mare
Szolnok
Eger
Nitra
Trnava
WIEN

Ortsregister

A	B	C
D	E	F
G	H	J
K	L	M

Das folgende Deutschland-Register ist ein Auswahlregister mit ca. 22 000 der über 45 000 insgesamt im Kartenteil verzeichneten Ortsnamen. Es orientiert sich an der Einwohnerzahl der aufgenommenen Ortschaften, aufgenommen sind Orte ab ca. 250 Einwohnern. Zum schnellen Auffinden der Orte steht hinter jedem Namen die Seitenzahl und ein Buchstabe für das jeweilige Suchfeld. Zur besseren Übersicht sind die Kartenseiten mit einem grünen Suchnetz und darin mittig stehenden Buchstaben in zwölf gleiche Felder aufgeteilt.

Im Ortsregister ist jeder Ort mit Postleitzahl versehen. Die nebenstehende Karte der Postleitzahlen erleichtert die regionale Zuordnung. Einige Städte haben zwei und mehr Postleitzahlen. Diese Städte wurden im Register nur einmal erfasst und in den abweichenden Ziffernbereichen mit einem X versehen. Das Register umfasst die Namen von Städten, selbstständigen und nichtselbstständigen Gemeinden sowie z. T. deren Stadt- bzw. Gemeindeteile. Durch in Klammern gesetzte Kürzel ist jeder Ortsname dem entsprechenden Bundesland zugeordnet.

Kürzel der Bundesländer:

(BW)	Baden-Württemberg
(BY)	Bayern
(BE)	Berlin
(BB)	Brandenburg
(HB)	Bremen
(HH)	Hamburg
(HE)	Hessen
(MV)	Mecklenburg-Vorpommern
(NI)	Niedersachsen
(NW)	Nordrhein-Westfalen
(RP)	Rheinland-Pfalz
(SL)	Saarland
(SN)	Sachsen
(ST)	Sachsen-Anhalt
(SH)	Schleswig-Holstein
(TH)	Thüringen

Bundesrepublik Deutschland

A

72280 Aach (BW) 89 D
78267 Aach (BW) 97 B
54298 Aach (RP) 68 F
520XX Aachen (NW) 47 L
88630 Aach-Linz (BW) 98 A
7343X Aalen (BW) 83 K
65326 Aarbergen (HE) 60 M
25560 Aasbüttel (SH) 11 D
26954 Abbehausen (NI) 19 A
26954 Abbehausergroden (NI) 19 A
27383 Abbendorf (NI) 20 G
29413 Abbendorf (ST) 31 D
27239 Abbenhausen (NI) 28 B
38871 Abbenrode (ST) 41 F
21769 Abbenseth (NI) 19 C
06543 Abberode (ST) 42 L
38527 Abbesbüttel (NI) 30 L
91183 Abenberg (BY) 84 A
52385 Abenden (NW) 58 C
84072 Abens (BY) 93 A
93326 Abensberg (BY) 85 K
55767 Abentheuer (RP) 69 H
72505 Ablach (BW) 90 K
91720 Absberg (BY) 84 D
74232 Abstatt (BW) 82 D
54411 Abtei (RP) 69 H
99713 Abtsbessingen (TH) 52 F
94261 Abtschlag (BY) 87 G
96158 Abtsdorf (BY) 74 D
73453 Abtsgmünd (BW) 83 G
91481 Abtsgreuth (BY) 73 J
69518 Abtsteinach (HE) 71 L
97355 Abtswind (BY) 73 E
55568 Abtweiler (RP) 70 G
88147 Achberg (BW) 98 J
78176 Achdorf (BW) 97 A
77855 Achern (BW) 88 C
28832 Achim (NI) 19 M
38312 Achim (NI) 41 B
79235 Achkarren (BW) 88 K
49565 Achmer (NI) 27 L
86462 Achsheim (BY) 92 D
94250 Achslach (BY) 86 H
88480 Achstetten (BW) 90 J
55767 Achtelsbach (RP) 69 H
26203 Achternholt (NI) 18 M
26203 Achternmeer (NI) 18 M
24239 Achterwehr (SH) 11 C
83317 Achthal (BY) 102 B
25917 Achtrup (SH) 3 F
39343 Ackendorf (ST) 31 L
37581 Ackenhausen (NI) 41 D
49632 Addrup (NI) 27 F
73099 Adelberg (BW) 82 L
37139 Adelebsen (NI) 40 L
79618 Adelhausen (BW) 96 G
29352 Adelheidsdorf (NI) 30 G
97215 Adelhofen (BY) 73 K
73486 Adelmannsfelden (BW) 83 G
97737 Adelsberg (BY) 72 C
91325 Adelsdorf (BY) 74 G
85111 Adelschlag (BY) 84 L
85123 Adelshausen (BY) 92 C
74740 Adelsheim (BW) 82 A
82276 Adelshofen (BY) 92 H
91587 Adelshofen (BY) 73 K
86477 Adelsried (BY) 91 F
73553 Adelstetten (BW) 82 M
53518 Adenau (RP) 59 H
67742 Adenbach (RP) 70 G
38528 Adenbüttel (NI) 30 L
21365 Adendorf (NI) 21 E
53343 Adendorf (NW) 59 E
31079 Adenstedt (NI) 40 F
31246 Adenstedt (NI) 30 K
06408 Aderstedt (ST) 42 J
38838 Aderstedt (ST) 42 D
92277 Adertshausen (BY) 85 A
94428 Adldorf (BY) 94 B
84085 Adlhausen (BY) 85 L
92256 Adlholz (BY) 75 G
95491 Adlitz (BY) 74 F
84166 Adlkofen (BY) 93 C
93170 Adlmannstein (BY) 85 F
18211 Admannshagen-Bargeshaden (MV) 14 A
28879 Adolphsdorf (NI) 19 J
74626 Adolzfurt (BW) 82 E
49767 Adorf (NI) 26 E
08626 Adorf (SN) 65 J
09221 Adorf/Erzgebirge (SN) 66 B
88299 Adrazhofen (BW) 99 A
53604 Aegidienberg (NW) 59 C
31855 Aerzen (NI) 40 D
71563 Affalterbach (BW) 82 G
86485 Affaltern (BY) 91 F
91349 Affalterthal (BY) 74 H
58809 Affeln (NW) 49 E
86444 Affing (BY) 92 D
27257 Affinghausen (NI) 28 C
57250 Afholderbach (NW) 49 M
79674 Aftersteg (BW) 96 B
88634 Aftholderberg (BW) 98 A
07554 Aga (TH) 54 H
83734 Agatharied (BY) 101 E
21684 Agathenburg (NI) 20 B
86500 Agawang (BY) 91 F
75389 Agenbach (BW) 81 K
25560 Agethorst (SH) 11 D
74858 Aglasterhausen (BW) 81 C
49824 Agterhorn (NI) 26 D
91710 Aha (BY) 83 F
83549 Aham (BY) 93 M
84168 Aham (BY) 94 A
48683 Ahaus (NW) 37 B
27367 Ahausen (NI) 20 K
28844 Ahausen (NI) 19 M
49593 Ahausen-Sitter (NI) 27 H
33142 Ahden (NW) 39 L
17375 Ahlbeck (MV) 16 L
37170 Ahlbershausen (NI) 40 L
48488 Ahlde (NI) 26 M
29693 Ahlden (Aller) (NI) 29 E
32257 Ahle (NW) 39 A
24811 Ahlefeld (SH) 4 L
5922X Ahlen (NW) 38 H
21776 Ahlen-Falkenberg (NI) 10 L
21702 Ahlerstedt (NI) 20 E
29614 Ahlften (NI) 20 M
26197 Ahlhorn (NI) 27 C
04916 Ahlsdorf (BB) 44 F
06313 Ahlsdorf (ST) 42 L
37547 Ahlshausen (NI) 40 J
96484 Ahlstadt (BY) 64 G
98553 Ahlstädt (TH) 63 F
38489 Ahlum (ST) 31 D
59302 Ahmenhorst (NW) 38 J
49774 Ahmsen (NI) 27 A
34292 Ahnatal (HE) 51 A
27313 Ahnebergen (NI) 29 A
24996 Ahneby (SH) 4 E
29353 Ahnsbeck (NI) 30 D
31708 Ahnsen (NI) 28 M
38536 Ahnsen (NI) 30 H
94345 Aholfing (BY) 86 G
94527 Aholming (BY) 86 L
74744 Ahorn (BW) 72 L
96482 Ahorn (BY) 64 K
95176 Ahornberg (BY) 65 K
95213 Ahornis (BY) 65 K
95491 Ahorntal (BY) 74 F
53506 Ahrbrück (RP) 59 E
50374 Ahrem (NW) 59 A
25436 Ahrenlohe (SH) 11 L
23623 Ahrensbök (SH) 12 E
22926 Ahrensburg (SH) 12 K
15864 Ahrensdorf (BB) 34 L
16356 Ahrensfelde (BB) 34 D
22926 Ahrensfelde (SH) 12 K
18320 Ahrenshagen-Daskow (MV) 6 L
18347 Ahrenshoop (MV) 6 G
25885 Ahrenviöl (SH) 4 G
25885 Ahrenviölfeld (SH) 4 G
53945 Ahrhütte (NW) 59 G
29699 Ahrsen (NI) 20 L
45711 Ahsen (NW) 37 J
72631 Aich (BW) 90 A
82256 Aich (BY) 92 H
85368 Aich (BY) 93 E
91564 Aich (BY) 84 A
93155 Aicha (BY) 85 G
94529 Aicha vorm Wald (BY) 87 K
94529 Aicha an der Donau (BY) 86 M
86551 Aichach (BY) 92 E
72539 Aichelau (BW) 90 G
73101 Aichelberg (BW) 90 B
73773 Aichelberg (BW) 82 K
79761 Aichen (BW) 96 F
86479 Aichen (BY) 91 J
72226 Aichhalden (BW) 89 A
78733 Aichhalden (BW) 89 G
93155 Aichkirchen (BY) 85 G
73773 Aichschieß (BW) 82 K
72539 Aichstetten (BW) 90 G
88317 Aichstetten (BW) 99 A
73642 Aichstrut (BW) 82 H
72631 Aichtal (BW) 90 A
73773 Aichwald (BW) 82 K
94501 Aidenbach (BY) 94 C
82396 Aidenried (BY) 100 B
97491 Aidhausen (BY) 63 L
82418 Aidling (BY) 100 E
71134 Aidlingen (BW) 89 C
94072 Aigen am Inn (BY) 95 D
84089 Aiglsbach (BY) 85 K
56459 Ailertchen (RP) 60 E
86447 Aindling (BY) 92 A
85229 Ainhofen (BY) 92 F
83404 Ainring (BY) 102 C
85405 Airischwand (BY) 93 A
91325 Aisch (BY) 74 G
89344 Aislingen (BY) 91 E
78727 Aistaig (BW) 89 G
94330 Aiterhofen (BY) 86 G
79677 Aitern (BW) 96 E
88319 Aitrach (BW) 99 A
87648 Aitrang (BY) 99 C
09326 Aitzendorf (SN) 55 H
78554 Aixheim (BW) 89 L
06385 Aken (Elbe) (ST) 43 E
99100 Alach (TH) 53 G
83544 Albaching (BY) 93 M
57399 Albaum (NW) 49 J
37671 Albaxen (NW) 40 G
79774 Albbruck (BW) 96 J
88410 Albers (BW) 98 C
94474 Albersdorf (BY) 86 M
25767 Albersdorf (SH) 11 D
73095 Albershausen (BW) 82 L
48324 Albersloh (NW) 38 H
06268 Albersroda (ST) 54 D
06279 Alberstedt (ST) 53 C
76857 Albersweiler (RP) 80 B
94539 Alberting (BY) 86 J
97234 Albertshausen (BY) 72 J
97688 Albertshausen (BY) 63 K
97320 Albertshofen (BY) 73 D
85302 Alberzell (BY) 92 F
55234 Albig (RP) 70 F
67308 Albisheim (Pfrimm) (RP) 70 J
98529 Albrechts (TH) 63 F
04683 Albrechtshain (SN) 54 C
27211 Albringhausen (NI) 28 B
724XX Albstadt (BW) 89 J
27628 Albstedt (NI) 19 E
94315 Alburg (BY) 86 G
57258 Alchen (NW) 49 L
47647 Aldekerk (NW) 47 C
94501 Aldersbach (BY) 94 C
78554 Aldingen (BW) 89 L
49406 Aldorf (NI) 28 D
48268 Aldrup (NW) 38 A
49536 Aldrup (NW) 38 B
53945 Alendorf (NW) 59 G
86733 Alerheim (BY) 83 M
57319 Alertshausen (NW) 50 G
91793 Alesheim (BY) 84 D
86480 Aletshausen (BY) 91 H
56859 Alf (RP) 69 B
91247 Alfalter (BY) 74 M
73553 Alfdorf (BW) 82 M
91236 Alfeld (BY) 74 M
31061 Alfeld (Leine) (NI) 40 F
33178 Alfen (NW) 39 L
91177 Alfershausen (BY) 84 E
49594 Alfhausen (NI) 27 H
56828 Alflen (RP) 59 L
27432 Alfstedt (NI) 19 C
53347 Alfter (NW) 59 B
39638 Algenstedt (ST) 31 E
31191 Algermissen (NI) 29 M
33014 Alhausen (NW) 39 J
36211 Alheim (HE) 51 H
97529 Alitzheim (BY) 73 B
56332 Alken (RP) 60 K
99310 Alkersleben (TH) 53 K
25938 Alkersum (SH) 3 D
94474 Alkofen (BY) 94 C
95349 Alladorf (BY) 74 C
59581 Allagen (NW) 49 C
55758 Allenbach (RP) 69 E
86576 Allenberg (BY) 92 E
35108 Allendorf (Eder) (HE) 50 H
59846 Allendorf (NW) 49 E
56370 Allendorf (RP) 60 L
07426 Allendorf (TH) 64 B
55595 Allenfeld (RP) 70 D
78476 Allensbach (BW) 97 F
39343 Alleringersleben (ST) 31 K
90584 Allersberg (BY) 84 B
92277 Allersburg (BY) 85 A
94262 Allersdorf (BY) 86 E
29386 Allersehl (NI) 30 E
85391 Allershausen (BY) 93 D
97232 Allersheim (BY) 72 J
18337 Allerstorf (MV) 6 L
96126 Allertshausen (BY) 63 M
92277 Allertshofen (BY) 85 A
88422 Alleshausen (BW) 90 L
82239 Alling (BY) 92 M
93161 Alling (BY) 85 H
82335 Allmannshausen (BY) 100 C
86695 Allmannshofen (BY) 91 C
88348 Allmannsweiler (BW) 90 L
89604 Allmendingen (BW) 90 J
78166 Allmendshofen (BW) 97 A
99713 Allmenhausen (TH) 52 F
06507 Allrode (ST) 42 K
06542 Allstedt (ST) 53 B
21729 Allwörden (NI) 11 K
95233 Almbranz (BY) 65 G
25821 Almdorf (SH) 3 J
59929 Alme (NW) 50 B
32699 Almena (NW) 39 C
96528 Almerswind (TH) 64 G
31079 Almstedt (NI) 40 F
46519 Alpen (NW) 36 M
57642 Alpenrod (RP) 60 E
99195 Alperstedt (TH) 53 G
72275 Alpirsbach (BW) 89 D
56237 Alsbach (RP) 60 D
64665 Alsbach-Hähnlein (HE) 71 G
52477 Alsdorf (NW) 47 L
54668 Alsdorf (RP) 68 F
57518 Alsdorf (RP) 60 B
67722 Alsenbrück (RP) 70 L
67821 Alsenz (RP) 70 H
36304 Alsfeld (HE) 62 A
67577 Alsheim (RP) 71 D
97633 Alsleben (BY) 63 J
06425 Alsleben (Saale) (ST) 42 J
86574 Alsmoos (BY) 92 B
48324 Alst (NW) 38 H
48612 Alst (NW) 37 C
48683 Alstätte (NW) 37 B
67487 Alsterweiler (RP) 80 C
59955 Altastenberg (NW) 50 D
73776 Altbach (BW) 82 K
49565 Alt Barenaue (NI) 27 J
15320 Altbarnim (BB) 34 C
02899 Altbernsdorf auf dem Eigen (SN) 57 E
97450 Altbessingen (BY) 73 A
14822 Alt Bork (BB) 33 K
39387 Altbrandsleben (ST) 42 B
18233 Alt Bukow (MV) 13 F
75365 Altburg (BW) 81 L
03229 Altdöbern (BB) 45 H
71155 Altdorf (BW) 89 C
72655 Altdorf (BW) 90 A
77955 Altdorf (BW) 88 H
84032 Altdorf (BY) 93 B
87640 Altdorf (BY) 99 C
67482 Altdorf (RP) 80 C
93354 Altdürnbuch (BY) 85 K
24791 Alt Duvenstedt (SH) 4 L
18573 Altefähr (MV) 6 J
93087 Alteglofsheim (BY) 85 J
58762 Altena (NW) 49 D
58809 Altenaffeln (NW) 49 E
53505 Altenahr (RP) 59 H
82442 Altenau (BY) 100 E
38707 Altenau (NI) 41 H
04828 Altenbach (SN) 55 A
89438 Altenbaindt (BY) 91 F
55585 Altenbamberg (RP) 70 E
33184 Altenbeken (NW) 39 J
01773 Altenberg (SN) 56 L
07768 Altenberga (TH) 53 M
49733 Altenberge (NI) 26 C
48341 Altenberge (NW) 38 A
37696 Altenbergen (NW) 40 G
07338 Altenbeuthen (TH) 64 F
59199 Altenbögge (NW) 38 L
29664 Altenboitzen (NI) 29 B
59379 Altenbork (NW) 38 K
38889 Altenbrak (ST) 42 G
58339 Altenbreckerfeld (NW) 49 D
94522 Altenbuch (BY) 86 K
97901 Altenbuch (BY) 72 E
59929 Altenbüren (NW) 50 A
04600 Altenburg (TH) 54 J
35418 Alten-Buseck (HE) 61 E
98553 Altendambach (TH) 63 F
65624 Altendiez (RP) 60 L
92540 Altendorf (BY) 75 M
96146 Altendorf (BY) 74 D
26939 Altendorf (NI) 19 G
53340 Altendorf (NW) 59 E
07768 Altendorf (TH) 53 M
59955 Altenfeld (NW) 50 D
98701 Altenfeld (TH) 64 D
07356 Altengesees (TH) 64 F
59609 Altengeseke (NW) 38 M
66885 Altenglan (RP) 69 M
99991 Altengottern (TH) 52 F
17091 Altenhagen (MV) 15 H
31558 Altenhagen (NI) 29 G
04687 Altenhain (SN) 55 A
39343 Altenhausen (ST) 31 L
34439 Altenheerse (NW) 39 M
59846 Altenhellefeld (NW) 49 F
16244 Altenhof (BB) 23 K
96479 Altenhof (BY) 64 K
17209 Altenhof (MV) 23 E
83556 Altenhohenau (BY) 93 M
24161 Altenholz (SH) 5 K
57368 Altenhundem (NW) 49 J
57392 Altenilpe (NW) 49 F
26871 Altenkamp (NI) 17 M
35644 Altenkirchen (HE) 61 A
18556 Altenkirchen (MV) 7 A
66903 Altenkirchen (RP) 69 M
57462 Altenkleusheim (NW) 49 H
23730 Altenkrempe (SH) 12 F
96264 Altenkunstadt (BY) 64 L
27239 Altenmarkhorst (NI) 28 B
83352 Altenmarkt an der Alz (BY) 94 K
93413 Altenmarkt (BY) 86 A
94486 Altenmarkt (BY) 86 M
29575 Altenmedingen (NI) 21 H
59609 Altenmellrich (NW) 38 M
25335 Altenmoor (SH) 11 L
86450 Altenmünster (BY) 91 F
97488 Altenmünster (BY) 63 L
51588 Altennümbrecht (NW) 49 K
92665 Altenparkstein (BY) 75 E
18445 Altenpleen (MV) 6 J
95500 Altenplos (BY) 74 C
72657 Altenriet (BW) 90 A
06642 Altenroda (ST) 53 F
59602 Altenrüthen (NW) 50 A
29416 Altensalzwedel (ST) 31 A
97357 Altenschönbach (BY) 73 E
92439 Altenschwand (BY) 85 C
57290 Altenseelbach (NW) 60 C
91217 Altensittenbach (BY) 74 M
86972 Altenstadt (BY) 100 A
89281 Altenstadt (BY) 91 K
92648 Altenstadt (BY) 75 J
92665 Altenstadt an der Waldnaab (BY) 75 E
63674 Altenstadt (HE) 61 J
72213 Altensteig (BW) 89 B
87742 Altensteig (BY) 91 M
93177 Altenthann (BY) 85 F
17087 Altentreptow (MV) 15 L
93177 Altentreswitz (BY) 75 J
92648 Altentrüdingen (BY) 83 F
91717 Altenufer (BY) 86 M
57368 Altenvalbert (NW) 49 F
29693 Altenwahlingen (NI) 29 A
39171 Altenweddingen (ST) 42 F
39596 Altenzaun (ST) 32 A
49828 Alte Piccardie (NI) 26 H
56288 Alterkülz (RP) 70 A
06543 Alterode (ST) 42 L
98587 Altersbach (TH) 63 B
84347 Altersham (BY) 94 F
91481 Altershausen (BY) 73 J
97486 Altershausen (BY) 73 C
99947 Alterstedt (TH) 52 H
97237 Altertheim (BY) 72 J
14913 Altes Lager (BB) 44 B
17192 Alt Falkenhagen (MV) 23 C
92548 Altfalter (BY) 75 M
97828 Altfeld (BY) 72 E
84169 Altfraunhofen (BY) 93 F
15320 Altfriedland (BB) 34 F
23758 Altgalendorf (SH) 12 C
16278 Altgalow (BB) 25 H
37581 Altgandersheim (NI) 41 D
21354 Alt Garge (NI) 21 J
95671 Altglashütte (BY) 75 F
16259 Altglietzen (BB) 25 L
16775 Altglobsow (BB) 24 H
15526 Alt Golm (BB) 34 J
97631 Althausen (BY) 63 L
97702 Althausen (BY) 63 K
82278 Althegnenberg (BY) 92 H
88499 Altheim (BW) 90 L
88637 Altheim (BW) 89 M
89605 Altheim (BW) 90 J
84051 Altheim (BY) 93 C
04451 Althen (SN) 54 C
75382 Althengstett (BW) 81 L
66484 Althornbach (RP) 79 F
71566 Althütte (BW) 82 H
16247 Althüttendorf (BB) 25 K
86687 Altisheim (BY) 84 K
06800 Altjeßnitz (ST) 43 J
17179 Altkalen (MV) 14 J
18299 Alt Kätwin (MV) 14 E
82054 Altkirchen (BY) 101 A
19288 Alt Krenzlin (MV) 22 E
16928 Alt Krüssow (BB) 23 H
16278 Altkünkendorf (BB) 25 K
15345 Altlandsberg (BB) 34 D
15345 Altlandsberg Nord (BB) 34 D
15306 Altlangsow (BB) 34 F
56858 Altlay (RP) 69 C
67317 Altleiningen (RP) 70 M
16259 Altlewin (BB) 34 C
16775 Altlüdersdorf (BB) 24 H
27619 Altluneberg (NI) 19 B
68804 Altlußheim (BW) 81 A
15518 Alt Madlitz (BB) 34 J
15306 Alt Mahlisch (BB) 34 F
08233 Altmannsgrün (SN) 65 F
91477 Altmannshausen (BY) 73 H
93336 Altmannstein (BY) 85 G
39624 Altmersleben (ST) 31 E
19069 Alt Meteln (MV) 13 L
09648 Altmittweida (SN) 55 H
04655 Altmörbitz (SN) 55 G
84453 Altmühldorf (BY) 94 G
69250 Altneudorf (BW) 71 L
78727 Altoberndorf (BW) 89 G
85250 Altomünster (BY) 92 E
84503 Altötting (BY) 94 H
17179 Alt Pannekow (MV) 14 J
17129 Alt Plestlin (MV) 15 E
17179 Alt Quitzenow (MV) 14 F
93468 Altrandsberg (BY) 86 E
16259 Altranft (BB) 34 B
16259 Altreetz (BB) 34 B
17217 Alt Rehse (MV) 24 B
94089 Altreichenau (BY) 87 L
54518 Altrich (RP) 69 B
67122 Altrip (RP) 71 K
58762 Altroggenrahmede (NW) 49 D
15306 Altrosenthal (BB) 34 F
15910 Alt Schadow (BB) 45 B
17192 Alt Schloen (MV) 24 A
17192 Alt Schönau (MV) 23 C
17214 Alt Schwerin (MV) 23 B
88361 Altshausen (BW) 98 B
79263 Altsimonswald (BW) 88 L
87527 Altstädten (BY) 99 H
15859 Alt Stahnsdorf (BB) 34 L
56858 Altstrimmig (RP) 69 C
17166 Alt Sührkow (MV) 14 J
17129 Alt Tellin (MV) 15 H
16798 Altthymen (BB) 24 E
16259 Alttrebbin (BB) 34 C
15328 Alt Tucheband (BB) 35 D
87452 Altusried (BY) 99 B
17179 Alt Vorwerk (MV) 14 J
17375 Altwarp (MV) 16 H
55469 Altweidelbach (RP) 70 A
61276 Altweilnau (HE) 61 G
17379 Altwigshagen (MV) 16 K
27616 Altwistedt (NI) 19 F
16269 Altwriezen/Beauregard (BB) 34 B
19230 Alt Zachun (MV) 22 B
15913 Alt Zauche (BB) 45 E
15326 Alt Zeschdorf (BB) 35 G
32683 Alverdissen (NW) 40 D
48351 Alverskirchen (NW) 38 E
25486 Alveslohe (SH) 11 M
85567 Alxing (BY) 93 L
52156 Alzen (NW) 58 E
63755 Alzenau in Unterfranken (BY) 71 C
55232 Alzey (RP) 70 J
84524 Alzgern (BY) 94 H
82541 Ambach (BY) 100 C

A B C D E F G H I J K L M N O P Q R S T U V W X Y Z

86676 Ambach (BY) 92 B
86854 Amberg (BY) 91 M
92224 Amberg (BY) 75 L
49424 Ambergen (NI) 28 A
59846 Amecke (NW) 49 E
26197 Amelhausen (NI) 19 K
21385 Amelinghausen (NI) 21 G
37194 Amelith (NI) 40 H
52445 Ameln (NW) 47 J
37586 Amelsen (NI) 40 J
37688 Amelunxen (NW) 40 G
83123 Amerang (BY) 93 M
86650 Amerbach (BY) 83 J
86735 Amerdingen (BY) 83 L
41366 Amern (NW) 47 E
39439 Amesdorf (ST) 42 J
96129 Amlingstadt (BY) 74 D
91731 Ammelbruch (BY) 83 E
48691 Ammeloe (NW) 37 A
01762 Ammelsdorf (SN) 56 K
04683 Ammelshain (SN) 55 A
07407 Ammelstädt (TH) 64 B
86643 Ammerfeld (BY) 84 K
82541 Ammerland (BY) 100 C
99974 Ammern (TH) 52 E
90614 Ammerndorf (BY) 74 K
22949 Ammersbek (SH) 12 K
92260 Ammerthal (BY) 75 K
35287 Amöneburg (HE) 61 C
63916 Amorbach (BY) 72 G
59494 Ampen (NW) 38 M
85241 Ampermoching (BY) 92 J
85778 Amperpettenbach (BY) 92 F
96138 Ampferbach (BY) 73 F
84539 Ampfing (BY) 94 G
39387 Ampfurth (ST) 42 B
79862 Amrigschwand (BW) 96 F
06317 Amsdorf (ST) 53 C
94330 Amselfing (BY) 86 G
84385 Amsham (BY) 94 C
33803 Amshausen (NW) 39 D
73340 Amstetten (BW) 90 C
92339 Amtmannsdorf (BY) 84 J
88279 Amtzell (BW) 98 F
82346 Andechs (BY) 92 L
88515 Andelfingen (BW) 90 K
36452 Andenhausen (TH) 63 A
38836 Anderbeck (ST) 42 D
27446 Anderlingen (NI) 20 D
84098 Andermannsdorf (BY) 85 L
56626 Andernach (RP) 59 J
49832 Andervenne (NI) 27 G
30900 An der Wietze (NI) 29 J
99189 Andisleben (TH) 53 G
29413 Andorf (ST) 31 A
49740 Andrup (NI) 27 D
74918 Angelbachtal (BW) 81 B
35719 Angelburg (HE) 50 K
99338 Angelroda (TH) 64 A
16278 Angermünde (BB) 25 H
39326 Angern (ST) 31 M
06179 Angersdorf (ST) 54 A
84416 Angerskirchen (BY) 93 F
37176 Angerstein (NI) 40 M
92278 Angfeld (BY) 75 K
86420 Anhausen (BY) 92 D
56584 Anhausen (RP) 60 D
86865 Anhofen (BY) 91 M
89346 Anhofen (BY) 91 E
46419 Anholt (NW) 36 F
27624 Ankelohe (NI) 19 C
17219 Ankershagen (MV) 24 A
17389 Anklam (MV) 16 G
49577 Ankum (NI) 27 H
09456 Annaberg-Buchholz (SN) 66 E
06925 Annaburg (ST) 44 H
01994 Annahütte (BB) 45 L
06308 Annarode (ST) 42 L
94151 Annathal (BY) 87 H
83368 Anning (BY) 94 K
76855 Annweiler am Trifels (RP) 80 E
47877 Anrath (NW) 47 F
33129 Anreppen (NW) 39 H
59609 Anröchte (NW) 39 K
91522 Ansbach (BY) 83 C
97849 Ansbach (BY) 72 E
56729 Anschau (RP) 59 H
58553 Anschlag (NW) 49 D
93480 Ansdorf (BY) 86 B
78234 Anselfingen (BW) 97 B
27251 Anstedt (NI) 28 E
82387 Antdorf (BY) 100 F
59939 Antfeld (NW) 50 A
08359 Antonshöhe (SN) 66 D
08359 Antonsthal (SN) 66 D
36326 Antrifttal (HE) 62 A
53894 Antweiler (NW) 59 D
53533 Antweiler (RP) 59 G
86444 Anwalting (BY) 92 D
84371 Anzenkirchen (BY) 94 F
57234 Anzhausen (NW) 49 M
85646 Anzing (BY) 93 H
49716 Apeldorn (NI) 27 D
31552 Apelern (NI) 29 K
38173 Apelnstedt (NI) 41 C
27211 Apelstedt (NI) 28 B
26689 Apen (NI) 18 H
38486 Apenburg (ST) 31 D
21641 Apensen (NI) 20 E
92676 Apfelbach (BY) 75 D
86974 Apfeldorf (BY) 100 A
99192 Apfelstädt (TH) 53 K
87674 Apfeltrang (BY) 99 C
88069 Apflau (BW) 98 H
52525 Aphoven (NW) 47 H
99510 Apolda (TH) 53 J
21279 Appel (NI) 20 F
47546 Appeldorn (NW) 36 J
48301 Appelhülsen (NW) 38 D
27616 Appeln (NI) 19 F
25482 Appen (SH) 11 L
91483 Appenfelden (BY) 73 H
55437 Appenheim (RP) 70 C
77767 Appenweier (BW) 88 B
85134 Appertshofen (BY) 84 J
86753 Appetshofen (BY) 83 M
56769 Arbach (RP) 59 H
91722 Arberg (BY) 83 F
94486 Arbing (BY) 86 M
35753 Arborn (HE) 60 F
25980 Archsum (SH) 3 D
53533 Aremberg (RP) 59 G
39619 Arendsee (Altmark) (ST) 31 B
54518 Arenrath (RP) 69 A
15518 Arensdorf (BB) 34 J
06369 Arensdorf (ST) 43 G
37318 Arenshausen (TH) 51 C
03253 Arenzhain (BB) 45 G
86561 Aresing (BY) 92 C
86850 Aretsried (BY) 91 J
57319 Arfeld (NW) 50 G
56729 Arft (RP) 59 H
65594 Arfurt (HE) 60 J
82205 Argelsried (BY) 92 M
88260 Argenbühl (BW) 98 F
55595 Argenschwang (RP) 70 D
55496 Argenthal (RP) 70 A
82054 Arget (BY) 101 A
37627 Arholzen (NI) 40 H
25767 Arkebek (SH) 11 D
26532 Arle (NI) 18 A
87746 Arlesried (BY) 91 L
25860 Arlewatt (SH) 3 J
25860 Arlewattfeld (SH) 3 J
53902 Arloff (NW) 59 D
55288 Armsheim (RP) 70 F
24616 Armstedt (SH) 11 J
21769 Armstorf (NI) 19 C
75305 Arnbach (BW) 81 K
85247 Arnbach (BY) 92 F
93471 Arnbruck (BY) 86 F
93444 Arndorf (BY) 86 B
39596 Arneburg (ST) 32 D
89134 Arnegg (BW) 90 F
94244 Arnetsried (BY) 86 F
39596 Arnim (ST) 32 D
24399 Arnis (SH) 4 J
85110 Arnsberg (BY) 84 J
59XXX Arnsberg (NW) 49 C
93473 Arnschwang (BY) 86 B
92345 Arnsdorf (BY) 84 J
01477 Arnsdorf bei Dresden (SN) 56 E
09322 Arnsdorf (SN) 55 G
09661 Arnsdorf (SN) 55 J
02894 Arnsdorf-Hilbersdorf (SN) 57 E
09477 Arnsfeld (SN) 66 C
07318 Arnsgereuth (TH) 64 E
07952 Arnsgrün (TH) 65 E
97688 Arnshausen (BY) 63 K
56244 Arnshöfen (RP) 60 E
04916 Arnsnesta (BB) 44 H
99310 Arnstadt (TH) 53 K
06333 Arnstedt (ST) 42 J
96260 Arnstein (BY) 74 B
97450 Arnstein (BY) 72 C
94424 Arnstorf (BY) 94 B
34454 Arolsen (HE) 50 C
57392 Arpe (NW) 49 F
24634 Arpsdorf (SH) 11 F
93167 Arrach (BY) 86 D
93474 Arrach (BY) 86 C
09326 Arras (SN) 55 H
41844 Arsbeck (NW) 47 E
91247 Artelshofen (BY) 74 J
06556 Artern/Unstrut (TH) 53 B
84095 Arth (BY) 93 B
21380 Artlenburg (NI) 21 E
84051 Artlkofen (BY) 93 C
83646 Arzbach (BY) 101 D
56337 Arzbach (RP) 60 H
95659 Arzberg (BY) 65 L
04886 Arzberg (SN) 44 L
54687 Arzfeld (RP) 58 L
53567 Asbach (RP) 59 C
98574 Asbach, Kurort (TH) 63 B
86663 Asbach-Bäumenheim (BY) 84 K
48739 Asbeck (NW) 37 C
86925 Asch (BY) 100 A
94347 Ascha (BY) 86 D
97708 Aschach (BY) 63 K
637XX Aschaffenburg (BY) 71 C
99958 Aschara (TH) 52 J
83229 Aschau im Chiemgau (BY) 101 C
84544 Aschau am Inn (BY) 93 J
96132 Aschbach (BY) 73 F
67753 Aschbach (RP) 70 G
92339 Aschbuch (BY) 84 J
37181 Asche (NI) 40 M
59387 Ascheberg (NW) 38 G
24326 Ascheberg (Holstein) (SH) 12 D
24358 Ascheffel (SH) 4 L
49356 Aschen (NI) 28 D
98634 Aschenhausen (TH) 63 D
82343 Aschering (BY) 100 B
06449 Aschersleben (ST) 42 H
97776 Aschfeld (BY) 72 C
26160 Aschhauserfeld (NI) 18 J
85609 Aschheim (BY) 93 G
83623 Ascholding (BY) 100 C
28790 Aschwarden (NI) 19 G
49770 Aselage (NI) 27 E
06317 Aseleben (ST) 53 C
78176 Aselfingen (BW) 97 A
27330 Asendorf (NI) 28 C
32689 Asendorf (NW) 39 C
84364 Asenham (BY) 94 F
32699 Asmissen (NW) 39 C
71546 Aspach (BW) 82 G
74532 Aspach (BW) 82 F
38822 Aspenstedt (ST) 42 D
47574 Asperden (NW) 36 H
71679 Asperg (BW) 81 J
91241 Aspertshofen (BY) 74 M
55459 Aspisheim (RP) 70 E
97959 Assamstadt (BW) 72 L
89176 Asselfingen (BW) 91 A
33165 Asseln (NW) 39 M
59939 Assinghausen (NW) 50 D
35614 Aßlar (HE) 61 D
85617 Aßling (BY) 93 L
92342 Aßlschwang (BY) 84 B
88433 Aßmannshardt (BW) 90 M
65385 Assmannshausen (HE) 70 B
84184 Ast (BY) 93 B
26340 Astederfeld (NI) 18 E
84529 Asten (BY) 94 L
57627 Astert (RP) 60 B
65468 Astheim (HE) 71 A
49143 Astrup (NI) 28 K
49429 Astrup (NI) 28 A
06901 Ateritz (ST) 44 G
38822 Athenstedt (ST) 42 D
33165 Atteln (NW) 39 L
57439 Attendorn (NW) 49 H
86673 Attenfeld (BY) 84 L
82544 Attenham (BY) 101 A
86381 Attenhausen (BY) 91 H
87776 Attenhausen (BY) 91 L
56370 Attenhausen (RP) 60 H
84091 Attenhofen (BY) 93 B
89264 Attenhofen (BY) 91 G
85395 Attenkirchen (BY) 93 A
88448 Attenweiler (BW) 90 M
85110 Attenzell (BY) 84 J
03172 Atterwasch (BB) 46 A
94348 Atting (BY) 86 G
35633 Atzbach (HE) 61 E
57629 Atzelgift (RP) 60 B
74595 Atzenrod (BW) 82 C
93453 Atzlern (BY) 86 C
95478 Atzmannsberg (BY) 75 E
92274 Atzmannsricht (BY) 75 G
79280 Au (BW) 96 B
83075 Au bei Bad Aibling (BY) 101 B
83486 Au (BY) 102 F
84072 Au in der Hallertau (BY) 93 A
89257 Au (BY) 91 G
76474 Au am Rhein (BW) 80 J
97239 Aub (BY) 73 K
97631 Aub (BY) 63 L
97633 Aubstadt (BY) 63 H
86609 Auchsesheim (BY) 83 M
56766 Auderath (RP) 59 L
04539 Audigast (SN) 54 F
57319 Aue (NW) 50 G
08280 Aue (SN) 66 D
56357 Auel (RP) 60 L
49699 Auen (NI) 27 B
55569 Auen (RP) 70 D
33034 Auenhausen (NW) 40 K
77694 Auenheim (BW) 88 B
71549 Auenwald (BW) 82 H
83080 Auerbach (BY) 101 F
91275 Auerbach (BY) 75 G
94530 Auerbach (BY) 86 J
09392 Auerbach (SN) 66 B
08209 Auerbach/Vogtland (SN) 65 F
91757 Auernheim (BY) 84 G
97215 Auernhofen (BY) 73 K
99518 Auerstedt (TH) 53 J
09238 Auerswalde (SN) 55 L
83454 Aufham (BY) 102 B
85301 Aufham (BY) 93 D
73312 Aufhausen (BW) 90 C
73441 Aufhausen (BW) 83 L
86735 Aufhausen (BY) 83 L
93089 Aufhausen (BY) 85 J
94428 Aufhausen (BY) 94 B
82544 Aufhofen (BY) 100 C
87662 Aufkirch (BY) 100 A
82282 Aufkirchen (BY) 92 E
91347 Aufseß (BY) 74 E
79424 Auggen (BW) 96 D
861XX Augsburg (BY) 92 D
06308 Augsdorf (ST) 42 M
97437 Augsfeld (BY) 73 C
32832 Augustdorf (NW) 39 E
26169 Augustendorf (NI) 18 L
27442 Augustendorf (NI) 19 F
26689 Augustfehn (NI) 18 H
09573 Augustusburg (SN) 55 M
31553 Auhagen (NI) 29 K
86736 Auhausen (BY) 83 J
24613 Aukrug (SH) 11 F
99765 Auleben (TH) 53 A
88326 Aulendorf (BW) 98 B
48727 Aulendorf (NW) 37 F
04539 Aulig (SN) 54 H
65582 Aull (RP) 60 H
39615 Aulosen (ST) 22 M
07955 Auma (TH) 65 A
93191 Aumbach (BY) 86 D
21521 Aumühle (SH) 21 A
94474 Aunkirchen (BY) 94 C
83730 Aurach (BY) 101 E
91589 Aurach (BY) 83 B
91086 Aurachtal (BY) 74 G
91186 Aurau (BY) 84 A
71665 Aurich (BW) 81 J
2660X Aurich (NI) 18 A
24975 Ausacker (SH) 4 E
38551 Ausbüttel (NI) 30 H
39393 Ausleben (ST) 42 A
88299 Ausnang (BW) 99 A
94133 Außernbrünst (BY) 87 L
94532 Außernzell (BY) 86 M
48282 Austum (NW) 38 A
96145 Autenhausen (BY) 63 M
89335 Autenried (BY) 91 E
86561 Autenzell (BY) 92 B
04849 Authausen (SN) 44 K
25548 Auufer (SH) 11 H
54664 Auw an der Kyll (RP) 68 F
47638 Auwel (NW) 47 B
25927 Aventoft (SH) 3 B
48683 Averesch (NW) 37 B
25554 Averfleth (SH) 11 G
25715 Averlak (SH) 11 G
27729 Axstedt (NI) 19 E
85653 Aying (BY) 93 K
54441 Ayl (RP) 68 J
86482 Aystetten (BY) 92 D
95359 Azendorf (BY) 74 B

B

18586 Baabe (MV) 7 H
06408 Baalberge (ST) 43 G
04457 Baalsdorf (SN) 54 C
56729 Baar (RP) 59 H
85107 Baar-Ebenhausen (BY) 84 M
06388 Baasdorf (ST) 43 G
53949 Baasem (NW) 58 J
03246 Babben (BB) 45 G
39596 Baben (ST) 32 D
87727 Babenhausen (BY) 91 L
64832 Babenhausen (HE) 71 C
83547 Babensham (BY) 93 M
16909 Babitz (BB) 23 J
23992 Babst (MV) 13 J
55422 Bacharach (RP) 70 A
50226 Bachem (NW) 48 K
57610 Bachenberg (RP) 60 A
86316 Bachern (BY) 92 H
96528 Bachfeld (TH) 64 G
89429 Bachhagel (BY) 91 B
83209 Bachham (BY) 101 C
82335 Bachhausen (BY) 100 C
89431 Bächingen an der Brenz (BY) 91 B
93352 Bachl (BY) 85 L
99636 Bachra (TH) 53 E
78194 Bachzimmern (BW) 97 B
71522 Backnang (BW) 82 H
93077 Bad Abbach (BY) 85 H
83043 Bad Aibling (BY) 101 B
95680 Bad Alexandersbad (BY) 75 B
85125 Badanhausen (BY) 84 J
82435 Bad Bayersoien (BY) 100 E
27624 Bad Bederkesa (NI) 19 B
79415 Bad Bellingen (BW) 96 D
48455 Bad Bentheim (NI) 26 M
49635 Badbergen (NI) 27 F
76887 Bad Bergzabern (RP) 80 E
99438 Bad Berka (TH) 53 L
57319 Bad Berleburg (NW) 50 G
95460 Bad Berneck im Fichtelgebirge (BY) 75 A
56864 Bad Bertrich (RP) 69 B
29549 Bad Bevensen (NI) 21 L
06647 Bad Bibra (ST) 53 F
07422 Bad Blankenburg (TH) 64 B
97708 Bad Bocklet (BY) 63 K
08648 Bad Brambach (SN) 65 M
24576 Bad Bramstedt (SH) 11 J
53498 Bad Breisig (RP) 59 F
97769 Bad Brückenau (BY) 62 J
88422 Bad Buchau (BW) 90 L
65520 Bad Camberg (HE) 60 J
98663 Bad Colberg-Heldburg (TH) 63 J
38271 Baddeckenstedt (NI) 41 A
73342 Bad Ditzenbach (BW) 90 C
18209 Bad Doberan (MV) 14 D
33014 Bad Driburg (NW) 39 J
04849 Bad Düben (SN) 43 M
67098 Bad Dürkheim (RP) 70 M
06231 Bad Dürrenberg (ST) 54 B
78073 Bad Dürrheim (BW) 89 K
06493 Badeborn (ST) 42 H
31707 Bad Eilsen (NI) 28 M
39624 Badel (ST) 31 E
08645 Bad Elster (SN) 65 J
54657 Badem (RP) 68 C
56130 Bad Ems (RP) 60 G
34308 Bad Emstal (HE) 51 D
7653X Baden-Baden (BW) 80 M
35080 Bad Endbach (HE) 61 A
23619 Badendorf (SH) 12 H
56291 Badenhard (RP) 60 K
37534 Badenhausen (NI) 41 G
55576 Badenheim (RP) 70 E
27404 Badenstedt (NI) 20 G
79410 Badenweiler (BW) 96 D
38836 Badersleben (ST) 41 F
29389 Bad Bodenteich (NI) 30 C
49152 Bad Essen (NI) 28 K
83075 Bad Feilnbach (BY) 101 E
06567 Bad Frankenhausen/ Kyffhäuser (TH) 53 A
16259 Bad Freienwalde (Oder) (BB) 34 B
74177 Bad Friedrichshall (BW) 82 D
94072 Bad Füssing (BY) 95 D
37581 Bad Gandersheim (NI) 41 D
87730 Bad Grönenbach (BY) 99 B
37539 Bad Grund (Harz) (NI) 41 G
38667 Bad Harzburg (NI) 41 E
83670 Bad Heilbrunn (BY) 100 F
33014 Bad Hermannsborn (NW) 39 J
76332 Bad Herrenalb (BW) 81 K
36251 Bad Hersfeld (HE) 51 L
94081 Bad Höhenstadt (BY) 95 A
613XX Bad Homburg vor der Höhe (HE) 61 K
53604 Bad Honnef (NW) 59 C
53557 Bad Hönningen (RP) 59 F
49186 Bad Iburg (NI) 38 C
72401 Bad Imnau (BW) 89 E
16775 Badingen (BB) 24 L
39579 Badingen (ST) 31 F
34385 Bad Karlshafen (HE) 40 L
97688 Bad Kissingen (BY) 63 K
23996 Bad Kleinen (MV) 13 L
07639 Bad Klosterlausnitz (TH) 54 K
82433 Bad Kohlgrub (BY) 100 E
64732 Bad König (HE) 71 J
97631 Bad Königshofen im Grabfeld (BY) 63 H
06628 Bad Kösen (ST) 53 F
07586 Bad Köstritz (TH) 54 L
93444 Bad Kötzing (BY) 86 B
5554X Bad Kreuznach (RP) 70 E
79189 Bad Krozingen (BW) 96 A
57334 Bad Laasphe (NW) 50 K
49196 Bad Laer (NI) 38 C
99947 Bad Langensalza (TH) 52 H
06246 Bad Lauchstädt (ST) 54 A
04651 Bad Lausick (SN) 55 D
37431 Bad Lauterberg im Harz (NI) 41 L
07356 Bad Lobenstein (TH) 64 F
36448 Bad Liebenstein (TH) 52 L
04924 Bad Liebenwerda (BB) 44 M
75378 Bad Liebenzell (BW) 81 L
33175 Bad Lippspringe (NW) 39 H
56470 Bad Marienberg (Ww) (RP) 60 B
97980 Bad Mergentheim (BW) 72 M
31848 Bad Münder am Deister (NI) 40 A
53902 Bad Münstereifel (NW) 59 D
02953 Bad Muskau (SN) 46 L
61231 Bad Nauheim (HE) 61 H
31542 Bad Nenndorf (NI) 29 K
53474 Bad Neuenahr (RP) 59 E
53474 Bad Neuenahr-Ahrweiler (RP) 59 E
97616 Bad Neustadt an der Saale (BY) 63 G
87541 Bad Oberdorf (BY) 99 H
3254X Bad Oeynhausen (NW) 28 L
23843 Bad Oldesloe (SH) 12 G
63619 Bad Orb (HE) 62 K
19209 Badow (MV) 22 A
77740 Bad Peterstal-Griesbach (BW) 88 F
31812 Bad Pyrmont (NI) 40 D
99706 Badra (TH) 53 A
74906 Bad Rappenau (BW) 81 C
83435 Bad Reichenhall (BY) 102 E
04509 Badrina (SN) 43 M
77776 Bad Rippoldsau-Schapbach (BW) 88 F
49214 Bad Rothenfelde (NI) 38 C
15526 Bad Saarow-Pieskow (BB) 34 L
37441 Bad Sachsa (NI) 41 L
79713 Bad Säckingen (BW) 96 H
31162 Bad Salzdetfurth (NI) 41 A
56154 Bad Salzig (RP) 60 K
36364 Bad Salzschlirf (HE) 62 E
3210X Bad Salzuflen (NW) 39 B
36433 Bad Salzungen (TH) 63 A
59505 Bad Sassendorf (NW) 38 M
88348 Bad Saulgau (BW) 90 L
01814 Bad Schandau (SN) 56 J
06905 Bad Schmiedeberg (ST) 44 G
76669 Bad Schönborn (BW) 81 E
88427 Bad Schussenried (BW) 90 L
65307 Bad Schwalbach (HE) 60 M
23611 Bad Schwartau (SH) 12 H
23795 Bad Segeberg (SH) 12 G
55566 Bad Sobernheim (RP) 70 D
65812 Bad Soden am Taunus (HE) 61 K
63628 Bad Soden-Salmünster (HE) 62 G
37242 Bad Sooden-Allendorf (HE) 51 F
95138 Bad Steben (BY) 64 J
06507 Bad Suderode (ST) 42 G
99518 Bad Sulza (TH) 53 J
18334 Bad Sülze (MV) 14 F
75385 Bad Teinach-Zavelstein (BW) 89 B
99955 Bad Tennstedt (TH) 52 J
83646 Bad Tölz (BY) 101 D
73337 Bad Überkingen (BW) 90 C
72574 Bad Urach (BW) 90 D
61118 Bad Vilbel (HE) 61 L
88339 Bad Waldsee (BW) 98 C
59597 Bad Westernkotten (NW) 39 K
83707 Bad Wiessee (BY) 101 D
75323 Bad Wildbad im Schwarzwald (BW) 81 K
34537 Bad Wildungen (HE) 50 J
19336 Bad Wilsnack (BB) 23 K
74206 Bad Wimpfen (BW) 82 A
91438 Bad Windsheim (BY) 73 L
86825 Bad Wörishofen (BY) 91 M
88410 Bad Wurzach (BW) 98 C
34596 Bad Zwesten (HE) 51 G
26160 Bad Zwischenahn (NI) 18 J
19348 Baek (BB) 23 G
52499 Baesweiler (NW) 47 L
17326 Bagemühl (BB) 25 B
03130 Bagenz (BB) 46 G
79353 Bahlingen am Kaiserstuhl (BW) 88 K
97638 Bahra (BY) 63 H
01594 Bahra (SN) 55 F
01816 Bahratal (SN) 56 M
38459 Bahrdorf (NI) 31 K
27245 Bahrenborstel (NI) 28 H
39171 Bahrendorf (ST) 42 F
25569 Bahrenfleth (SH) 11 G
15898 Bahro (BB) 46 A
88255 Baienfurt (BW) 98 E
84171 Baierbach (BY) 93 F
82065 Baierbrunn (BY) 92 M
86675 Baierfeld (BY) 84 K
95233 Baiergrün (BY) 65 G
85625 Baiern (BY) 93 L
83623 Baiernrain (BY) 101 A
72270 Baiersbronn (BW) 89 D
91083 Baiersdorf (BY) 74 G
93339 Baiersdorf (BY) 85 G
86450 Baiershofen (BY) 91 F
86510 Baindlkirch (BY) 92 H
88255 Baindt (BW) 98 B
83623 Bairawies (BY) 101 A
87650 Baisweil (BY) 99 C
14806 Baitz (BB) 33 K
23909 Bäk (SH) 12 M
49456 Bakum (NI) 27 F
23881 Bälau (SH) 21 B
47665 Balberg (NW) 36 M
93494 Balbersdorf (BY) 86 A
87538 Balderschwang (BY) 99 G
97239 Baldersheim (BY) 73 K
85598 Baldham (BY) 93 K
54314 Baldringen (RP) 69 G
65558 Balduinstein (RP) 60 H
31609 Balge (NI) 29 D
78582 Balgheim (BW) 89 L
86753 Balgheim (BY) 83 M
06632 Balgstädt (ST) 54 D
72336 Balingen (BW) 89 H
21730 Balje (NI) 10 J
89177 Ballendorf (BW) 91 A
04651 Ballendorf (SN) 55 D
06493 Ballenstedt (ST) 42 H
86701 Ballersdorf (BY) 84 L
39606 Ballerstedt (ST) 31 C
89428 Ballhausen (BY) 91 B
99955 Ballhausen (TH) 53 G
17349 Ballin (MV) 24 C
97488 Ballingshausen (BY) 63 L
79282 Ballrechten-Dottingen (BW) 96 A
99869 Ballstädt (TH) 52 J
99439 Ballstedt (TH) 53 H
19300 Balow (MV) 22 F
87616 Balteratsried (BY) 99 F
73666 Baltmannsweiler (BW) 82 L
88487 Baltringen (BW) 90 J
26579 Baltrum (NI) 9 K
58802 Balve (NW) 49 E
69234 Balzfeld (BW) 81 B
86483 Balzhausen (BY) 91 J
960XX Bamberg (BY) 74 D
83134 Bamham (BY) 101 C
79415 Bamlach (BW) 96 D
14715 Bamme (BB) 32 F
69245 Bammental (BW) 81 B
91330 Bammersdorf (BY) 74 D
38486 Bandau (ST) 31 D
17506 Bandelin (MV) 15 E
19230 Bandenitz (MV) 22 B
18258 Bandow (MV) 14 G
57334 Banfe (NW) 50 K
26632 Bangstede (NI) 18 D
78345 Bankholzen (BW) 97 F
66851 Bann (RP) 80 A
01728 Bannewitz (SN) 56 H
79809 Bannholz (BW) 96 F
31029 Banteln (NI) 40 C
16868 Bantikow (BB) 23 M
19246 Bantin (MV) 22 A
30890 Bantorf (NI) 29 K
16835 Banzendorf (BB) 24 K
19260 Banzin (MV) 21 F
19079 Banzkow (MV) 22 B
76889 Barbelroth (RP) 80 F
93092 Barbing (BY) 85 F
39249 Barby (Elbe) (ST) 43 D
27432 Barchel (NI) 19 C
36456 Barchfeld (TH) 63 B
48455 Bardel (NI) 26 L
52146 Bardenberg (NW) 47 L
26931 Bardenfleth (NI) 19 G
14913 Bardenitz (BB) 44 A
24988 Barderup (SH) 4 D
27809 Bardewisch (NI) 19 H
21357 Bardowick (NI) 21 E
27801 Barel (NI) 19 K
55483 Bärenbach (RP) 69 C
55758 Bärenbach (RP) 69 J
03185 Bärenbrück (BB) 46 D
27245 Barenburg (NI) 28 E
21397 Barendorf (NI) 21 H
03172 Bärenklau (BB) 46 A
16727 Bärenklau (BB) 33 B
01768 Bärenstein (SN) 56 L
09471 Bärenstein (SN) 66 E
78580 Bärenthal (BW) 89 M
16866 Barenthin (BB) 23 L
08147 Bärenwalde (SN) 66 D
24803 Bargen (SH) 11 A
24803 Bargen (SH) 11 A
25704 Bargenstedt (SH) 11 D
24613 Bargfeld (SH) 11 F
23863 Bargfeld-Stegen (SH) 12 K
26180 Barghorn (NI) 19 G
23623 Barghorst (SH) 12 E
17398 Bargischow (MV) 16 G
24806 Bargstall (SH) 11 A
21698 Bargstedt (NI) 20 A
24793 Bargstedt (SH) 11 F
22941 Bargteheide (SH) 12 K
23826 Bark (SH) 12 G
23701 Barkau (SH) 12 E
24360 Barkelsby (SH) 4 M
25791 Barkenholm (SH) 11 A
32457 Barkhausen (NW) 28 M
33142 Barkhausen (NW) 50 B
23847 Barkhorst (SH) 12 L
19395 Barkow (MV) 23 B
25719 Barlt (SH) 10 F
25719 Barlteraltendeich (SH) 10 F
25719 Barlterneuendeich (SH) 10 F
52428 Barmen (NW) 47 M
24245 Barmissen (SH) 12 A
25355 Barmstedt (SH) 11 M
95671 Bärnau (BY) 75 F
39393 Barneberg (ST) 42 A
23968 Barnekow (MV) 13 H
14715 Barnewitz (BB) 32 F
19089 Barnin (MV) 22 C
23858 Barnitz (SH) 12 L
21706 Barnkrug (NI) 11 K
95460 Bärnreuth (BY) 75 A
01471 Bärnsdorf (SN) 56 E
06268 Barnstädt (ST) 53 C
21406 Barnstedt (NI) 21 H
94481 Bärnstein (BY) 87 G
49406 Barnstorf (NI) 28 D
32683 Barntrup (NW) 39 F
94227 Bärnzell (BY) 86 F
28857 Barrien (NI) 19 L
24217 Barsbek (SH) 5 K
22885 Barsbüttel (SH) 21 A
16775 Barsdorf (BB) 24 H
25704 Barsfleth (SH) 10 F
16845 Barsikow (BB) 32 C
30890 Barsinghausen (NI) 29 L
21354 Barskamp (NI) 21 J
26676 Barßel (NI) 18 H
18314 Bartelshagen II bei Barth (MV) 6 H
18337 Bartelshagen I bei Ribnitz-Damgarten (MV) 6 K
71560 Bartenbach (BW) 82 L
18356 Barth (MV) 6 H
91126 Barthelmesaurach (BY) 84 A
73566 Bartholomä (BW) 83 K
18516 Bartmannshagen (MV) 6 M
17089 Bartow (MV) 15 H
16845 Bartschendorf (BB) 32 C
37574 Bartshausen (NI) 40 J
21357 Barum (NI) 21 E
29576 Barum (NI) 21 L

02627 Baruth (SN) 57 B
15837 Baruth/Mark (BB) 44 C
49453 Barver (NI) 28 E
01471 Bärwalde (SN) 56 D
02999 Bärwalde (SN) 46 K
38476 Barwedel (NI) 30 J
53534 Barweiler (RP) 59 G
27432 Basdahl (NI) 19 F
16352 Basdorf (BB) 33 C
17139 Basedow (MV) 14 M
56220 Bassenheim (RP) 59 J
01561 Baßlitz (SN) 56 D
27211 Bassum (NI) 28 B
97654 Bastheim (BY) 63 G
21493 Basthorst (SH) 21 B
18230 Bastorf (MV) 13 F
33378 Batenhorst (NW) 39 G
26683 Bätholt (NI) 18 L
04838 Battaune (SN) 44 K
35088 Battenberg (Eder) (HE) 50 H
67271 Battenberg (Pfalz) (RP) 70 M
06917 Battin (ST) 44 H
66484 Battweiler (RP) 79 C
86368 Batzenhofen (BY) 92 D
92358 Batzhausen (BY) 84 F
15377 Batzlow (BB) 34 E
01561 Bauda (SN) 56 A
91460 Baudenbach (BY) 73 J
98617 Bauerbach (TH) 63 E
06632 Baumersroda (ST) 54 D
84378 Baumgarten (BY) 94 C
85405 Baumgarten (BY) 93 A
89344 Baumgarten (BY) 91 E
18246 Baumgarten (MV) 14 G
55774 Baumholder (RP) 69 J
96148 Baunach (BY) 74 A
34225 Baunatal (HE) 51 D
54538 Bausendorf (RP) 69 B
58730 Bausenhagen (NW) 49 B
54636 Baustert (RP) 68 C
02625 Bautzen (SN) 57 D
32689 Bavenhausen (NW) 39 C
49844 Bawinkel (NI) 27 D
84092 Bayerbach bei Ergoldsbach (BY) 85 M
94137 Bayerbach (BY) 94 F
86641 Bayerdilling (BY) 92 A
94252 Bayerisch Eisenstein (BY) 86 F
83457 Bayerisch Gmain (BY) 102 F
87653 Bayersried (BY) 99 C
9544X Bayreuth (BY) 74 C
83735 Bayrischzell (BY) 101 E
86498 Bebenhausen (BY) 91 H
23816 Bebensee (SH) 12 G
99976 Beberstedt (TH) 52 E
39343 Bebertal (ST) 31 L
36179 Bebra (HE) 51 M
56132 Becheln (RP) 60 G
51515 Bechen (NW) 48 J
55234 Bechenheim (RP) 70 H
67827 Becherbach (RP) 70 G
55608 Becherbach bei Kirn (RP) 70 G
91564 Bechhofen (BY) 84 A
91572 Bechhofen (BY) 83 F
66894 Bechhofen (RP) 79 C
88499 Bechingen (BW) 90 H
99428 Bechstedtstraß (TH) 53 L
79790 Bechtersbohl (BW) 97 G
65510 Bechtheim (HE) 60 M
67595 Bechtheim (RP) 70 J
55234 Bechtolsheim (RP) 70 F
21643 Beckdorf (NI) 20 E
31699 Beckedorf (NI) 29 K
27243 Beckeln (NI) 28 B
93444 Beckendorf (BY) 86 B
39393 Beckendorf-Neindorf (ST) 42 A
66701 Beckingen (SL) 69 K
27243 Beckstedt (NI) 28 A
86860 Beckstetten (BY) 91 M
58802 Beckum (NW) 49 B
59269 Beckum (NW) 38 J
04889 Beckwitz (SN) 44 L
41363 Bedburdyck (NW) 47 J
50181 Bedburg (NW) 48 G
47551 Bedburg-Hau (NW) 36 H
87739 Bedernau (BY) 91 L
66885 Bedesbach (RP) 69 M
98646 Bedheim (TH) 63 J
29355 Beedenbostel (NI) 30 D
48361 Beelen (NW) 38 F
14547 Beelitz (BB) 33 L
14547 Beelitz Heilstätten (BB) 33 K
39343 Beendorf (ST) 31 K
91183 Beerbach (BY) 84 A
91463 Beerbach (BY) 73 M
04509 Beerendorf (SN) 43 M
15518 Beerfelde (BB) 34 H
64743 Beerfelden (HE) 71 M
08209 Beerheide (SN) 65 F
73479 Beersbach (BW) 83 H
06425 Beesenlaublingen (ST) 42 J
06198 Beesenstedt (ST) 42 M
15848 Beeskow (BB) 34 M
49832 Beesten (NI) 27 G
17111 Beestland (MV) 15 D
16766 Beetz (BB) 33 B
38489 Beetzendorf (ST) 31 D
78727 Beffendorf (BW) 89 G
32694 Bega (NW) 39 F
17111 Beggerow (MV) 15 G
23919 Behlendorf (SH) 12 L
89358 Behlingen (BY) 91 E
18510 Behnkendorf (MV) 7 K
39356 Behnsdorf (ST) 31 K
25850 Behrendorf (SH) 4 G
39606 Behrendorf (ST) 32 A
17498 Behrenhoff (MV) 15 E
17179 Behren-Lübchin (MV) 14 F
24321 Behrensdorf (Ostsee) (SH) 5 L
37186 Behrensen (NI) 40 M
29646 Behringen (NI) 20 J
99947 Behringen (TH) 52 H
90571 Behringersdorf (BY) 74 L
91327 Behringersmühle (BY) 74 E
98631 Behrungen (TH) 63 H
04720 Beicha (SN) 55 F
99625 Beichlingen (TH) 53 E
23996 Beidendorf (MV) 13 H
25573 Beidenfleth (SH) 11 G
95703 Beidl (BY) 75 F
16259 Beiersdorf (BB) 34 A
96450 Beiersdorf (BY) 64 G
01561 Beiersdorf (SN) 56 D
02736 Beiersdorf (SN) 57 D
04668 Beiersdorf (SN) 55 D
08435 Beiersdorf (SN) 65 C
38382 Beierstedt (NI) 41 C
59379 Beifang (NW) 38 K
54662 Beilingen (RP) 69 A
92339 Beilngries (BY) 84 F
04886 Beilrode (SN) 44 L
71717 Beilstein (BW) 82 G
35753 Beilstein (HE) 60 F
89179 Beimerstetten (BW) 91 D
67259 Beindersheim (RP) 71 K
98660 Beinerstadt (TH) 63 F
89143 Beiningen (BW) 90 F
26180 Bekhausen (NI) 18 F
54340 Bekond (RP) 69 D
24601 Belau (SH) 12 D
25557 Beldorf (SH) 11 D
59581 Belecke (NW) 50 A
56858 Belg (RP) 69 C
04874 Belgern (SN) 44 L
04683 Belgershain (SN) 54 F
55469 Belgweiler (RP) 70 A
56288 Bell (Hunsrück) (RP) 69 C
56745 Bell (RP) 59 F
88416 Bellamont (BW) 90 M
32805 Belle (NW) 39 F
06425 Belleben (ST) 42 J
89287 Bellenberg (BY) 91 G
32805 Bellenberg (NW) 39 J
33034 Beller (NW) 40 K
33428 Beller (NW) 38 F
33034 Bellersen (NW) 40 G
91583 Bellershausen (BY) 83 A
35410 Bellersheim (HE) 61 H
76756 Bellheim (RP) 80 F
18292 Bellin (MV) 14 K
24238 Bellin (SH) 12 B
17309 Belling (MV) 16 K
56459 Bellingen (RP) 60 E
99713 Bellstedt (TH) 52 F
49191 Belm (NI) 27 M
91154 Belmbrach (BY) 84 B
51702 Belmicke (NW) 49 H
98617 Belrieth (TH) 63 E
19230 Belsch (MV) 22 D
39356 Belsdorf (ST) 31 K
72116 Belsen (BW) 89 F
56290 Beltheim (RP) 60 K
21785 Belum (NI) 10 J
86741 Belzheim (BY) 83 J
14806 Belzig (BB) 43 C
72658 Bempflingen (BW) 90 A
99706 Bendeleben (TH) 53 A
19339 Bendelin (BB) 23 L
21227 Bendestorf (NI) 20 F
24217 Bendfeld (SH) 5 L
56170 Bendorf (RP) 60 G
25557 Bendorf (SH) 11 D
83671 Benediktbeuern (BY) 100 F
29699 Benefeld (NI) 29 B
57339 Benfe (NW) 49 M
54538 Bengel (RP) 69 B
18258 Benitz (MV) 14 D
38465 Benitz (NI) 30 F
95463 Benk (BY) 74 C
14806 Benken (BB) 43 C
06179 Benkendorf (ST) 43 K
29416 Benkendorf (ST) 31 B
04654 Benndorf (SN) 54 J
38877 Benneckenstein (Harz) (ST) 41 M
04828 Bennewitz (SN) 55 A
19260 Bennin (MV) 21 C
87734 Benningen (BY) 99 B
06179 Bennstedt (ST) 54 A
06536 Bennungen (ST) 53 A
57399 Benolpe (NW) 49 J
51588 Benroth (NW) 49 K
14789 Bensdorf (BB) 32 H
27257 Bensen (NI) 28 C
98554 Benshausen (TH) 63 C
64625 Bensheim (HE) 71 G
33449 Benteler (NW) 39 G
33129 Bentfeld (NW) 39 H
26203 Benthullen (NI) 18 M
37547 Bentierode (NI) 40 J
32689 Bentorf (NW) 39 C
58730 Bentrop (NW) 49 B
18182 Bentwisch (MV) 14 E
17129 Bentzin (MV) 15 E
17429 Benz (MV) 16 E
23970 Benz (MV) 13 J
23714 Benz (SH) 12 B
29664 Benzen (NI) 29 B
72474 Benzingen (BW) 89 J
38855 Benzingerode (ST) 41 J
55494 Benzweiler (RP) 70 A
93176 Beratzhausen (BY) 85 D
79777 Berau (BW) 96 F
09661 Berbersdorf (SN) 55 J
01471 Berbisdorf (SN) 56 D
83043 Berbling (BY) 101 B
92334 Berching (BY) 84 F
83471 Berchtesgaden (BY) 102 F
26409 Berdum (NI) 18 B
56769 Bereborn (RP) 59 H
56766 Berenbach (RP) 59 L
59597 Berenbrock (NW) 39 K
39638 Berenbrock (ST) 31 H
24881 Berend (SH) 4 H
89584 Berg (BW) 90 J
82335 Berg (BY) 100 C
86562 Berg im Gau (BY) 92 B
86842 Berg (BY) 91 M
95180 Berg (BY) 65 G
53894 Berg (NW) 58 C
53505 Berg (RP) 59 E
76768 Berg (Pfalz) (RP) 80 J
06536 Berga (ST) 53 A
07980 Berga/Elster (TH) 65 B
79736 Bergalingen (BW) 96 H
85625 Berganger (BY) 93 L
88368 Bergatreute (BW) 98 C
74594 Bergbronn (BW) 83 D
53894 Bergbuir (NW) 58 F
14641 Berge (BB) 33 D
19348 Berge (BB) 23 G
48488 Berge (NI) 26 M
49626 Berge (NI) 27 E
49846 Berge (NI) 26 H
59609 Berge (NW) 39 K
59872 Berge (NW) 49 F
39638 Berge (ST) 31 H
59494 Bergede (NW) 38 M
27777 Bergedorf (NI) 19 K
83346 Bergen (BY) 102 A
85368 Bergen (BY) 93 B
86633 Bergen (BY) 84 L
91790 Bergen (BY) 84 E
18528 Bergen auf Rügen (MV) 7 G
29303 Bergen (NI) 29 C
29468 Bergen (Dumme) (NI) 31 A
55608 Bergen (RP) 69 F
08239 Bergen (SN) 65 F
55469 Bergenhausen (RP) 70 A
24861 Bergenhusen (SH) 4 K
89281 Bergenstetten (BY) 91 G
14641 Bergerdamm (BB) 33 D
99938 Bergern (TH) 53 L
74594 Bergertshofen (BW) 83 D
38467 Bergfeld (NI) 30 J
16540 Bergfelde (BB) 33 F
01819 Berggießhübel (SN) 56 L
83233 Bergham (BY) 102 A
85435 Bergham (BY) 93 H
93149 Bergham (BY) 85 C
77791 Berghaupten (BW) 88 E
33829 Berghausen (NW) 39 A
53639 Berghausen (NW) 59 C
57392 Berghausen (NW) 50 G
59872 Berghausen (NW) 49 F
86673 Bergheim (BY) 84 L
89426 Bergheim (BY) 91 B
32839 Bergheim (NW) 39 J
5012X Bergheim (NW) 48 K
53894 Bergheim (NW) 59 D
87527 Berghofen (BY) 99 H
17321 Bergholz (MV) 25 B
14558 Bergholz-Rehbrücke (BB) 33 H
89180 Berghülen (BW) 90 F
514XX Bergisch Gladbach (NW) 48 H
06712 Bergisdorf (ST) 54 H
59192 Bergkamen (NW) 38 K
85232 Bergkirchen (BY) 92 J
31556 Bergkirchen (NI) 29 G
55776 Berglangenbach (RP) 69 J
73663 Berglen (BW) 82 L
85459 Berglern (BY) 93 E
54426 Berglicht (RP) 69 E
95659 Bergnersreuth (BY) 75 B
51702 Bergneustadt (NW) 49 G
97493 Bergrheinfeld (BY) 73 A
16775 Bergsdorf (BB) 24 L
52393 Bergstein (NW) 58 C
93164 Bergstetten (BY) 85 D
91468 Bergtheim (BY) 73 J
97241 Bergtheim (BY) 73 D
54518 Bergweiler (RP) 69 A
06773 Bergwitz (ST) 43 J
39307 Bergzow (ST) 32 G
34431 Beringhausen (NW) 50 B
59872 Beringhauser Klause (NW) 50 D
25575 Beringstedt (SH) 11 E
37191 Berka (NI) 41 K
99706 Berka (TH) 53 A
99826 Berka vor dem Hainich (TH) 52 H
99837 Berka an der Werra (TH) 52 K
89584 Berkach (BW) 90 J
98631 Berkach (TH) 63 H
37297 Berkatal (HE) 51 F
39624 Berkau (ST) 31 E
15518 Berkenbrück (BB) 34 J
23919 Berkenthin (SH) 12 L
88450 Berkheim (BW) 91 K
17291 Berkholz (BB) 25 D
53343 Berkum (NW) 59 E
59909 Berlar (NW) 50 D
1XXXX Berlin (BE) 33 F
23823 Berlin (SH) 12 E
16909 Berlinchen (BB) 23 J
54570 Berlingen (RP) 59 K
37339 Berlingerode (TH) 52 A
99439 Berlstedt (TH) 53 H
89134 Bermaringen (BW) 90 F
88697 Bermatingen (BW) 98 D
36419 Bermbach (TH) 63 A
56729 Bermel (RP) 59 H
76596 Bermersbach (BW) 89 A
77723 Bermersbach (BW) 88 E
57334 Bermershausen (NW) 50 K
55234 Bermersheim vor der Höhe (RP) 70 F
67593 Bermersheim (RP) 70 J
08340 Bermsgrün (SN) 66 D
16321 Bernau (BB) 34 D
79872 Bernau (BW) 96 E
83233 Bernau am Chiemsee (BY) 102 A
76332 Bernbach (BW) 81 K
87651 Bernbach (BY) 99 C
86975 Bernbeuren (BY) 100 D
01920 Bernbruch (SN) 56 C
06406 Bernburg (Saale) (ST) 43 G
54578 Berndorf (RP) 59 G
56370 Berndroth (RP) 60 L
27804 Berne (NI) 19 G
92361 Berngau (BY) 84 C
93170 Bernhardswald (BY) 85 F
91550 Bernhardswend (BY) 83 E
83346 Bernhaupten (BY) 102 A
70794 Bernhausen (BW) 90 A
91287 Bernheck (BY) 74 J
18249 Bernitt (MV) 14 G
54470 Bernkastel-Kues (RP) 69 B
72531 Bernloch (BW) 90 D
91154 Bernlohe (BY) 84 D
82347 Bernried (BY) 100 B
92444 Bernried (BY) 86 A
94505 Bernried (BY) 86 F
08315 Bernsbach (SN) 66 D
02994 Bernsdorf (SN) 56 C
09337 Bernsdorf (SN) 55 K
07952 Bernsgrün (TH) 65 E
57334 Bernshausen (NW) 49 M
89182 Bernstadt (BW) 91 D
02748 Bernstadt auf dem Eigen (SN) 57 E
92670 Bernstein (BY) 75 E
95131 Bernstein am Wald (BY) 64 J
95632 Bernstein (BY) 65 L
23936 Bernstorf (MV) 13 G
48488 Bernte (NI) 26 J
37355 Bernterode (bei Worbis) (TH) 52 B
56414 Berod bei Wallmerod (RP) 60 E
74744 Berolzheim (BW) 72 L
91438 Berolzheim (BY) 73 L
50189 Berrendorf (NW) 48 K
55608 Berschweiler bei Kirn (RP) 69 F
55777 Berschweiler bei Baumholder (RP) 69 J
49593 Bersenbrück (NI) 27 H
35447 Bersrod (HE) 61 E
38835 Berßel (ST) 41 F
99819 Berteroda (TH) 52 H
01844 Berthelsdorf (SN) 56 F
09322 Berthelsdorf (SN) 55 G
09600 Berthelsdorf (SN) 55 M
17291 Bertikow (BB) 25 D
39517 Bertingen (ST) 32 K
39517 Bertkow (ST) 32 A
86643 Bertoldsheim (BY) 84 K
87616 Bertoldshofen (BY) 99 F
02763 Bertsdorf-Hörnitz (SN) 57 H
26524 Berum (NI) 17 C
26524 Berumbur (NI) 17 C
59514 Berwicke (NW) 38 M
27305 Berxen (NI) 28 C
50389 Berzdorf (NW) 48 L
56459 Berzhahn (RP) 60 E
19309 Besandten (BB) 22 H
54413 Bescheid (RP) 69 D
23738 Beschendorf (SH) 12 C
25584 Besdorf (SH) 11 D
65614 Beselich (HE) 60 F
72297 Besenfeld (BW) 89 A
17039 Beseritz (MV) 15 M
74354 Besigheim (BW) 81 J
19258 Besitz (MV) 21 F
63856 Bessenbach (BY) 72 A
53909 Bessenich (NW) 59 A
48683 Beßlinghook (NW) 37 B
15741 Bestensee (BB) 34 K
59909 Bestwig (NW) 50 A
06925 Bethau (ST) 44 H
31032 Betheln (NI) 40 C
49661 Bethen (NI) 27 C
07554 Bethenhausen (TH) 54 L
89257 Betlinshausen (BY) 91 G
85092 Bettbrunn (BY) 84 J
54570 Betteldorf (RP) 59 K
03238 Betten (BB) 45 G
56355 Bettendorf (RP) 60 L
54533 Bettenfeld (RP) 69 A
98617 Bettenhausen (TH) 63 E
54646 Bettingen (RP) 68 C
59505 Bettinghausen (NW) 38 M
79780 Bettmaringen (BW) 97 D
91628 Bettwar (BY) 73 K
57518 Betzdorf (RP) 60 B
21386 Betzendorf (NI) 21 G
87488 Betzenried (BY) 99 E
91282 Betzenstein (BY) 74 J
88422 Betzenweiler (BW) 90 L
29399 Betzhorn (NI) 30 E
87488 Betzigau (BY) 99 E
16833 Betzin (BB) 33 A
87724 Betzisried (BY) 99 B
88079 Betznau (BW) 98 H
72291 Betzweiler-Wälde (BW) 89 D
04824 Beucha (SN) 54 C
63916 Beuchen (BY) 72 D
93199 Beucherling (BY) 86 D
86947 Beuerbach (BY) 92 K
35418 Beuern (HE) 61 E
07616 Beulbar-Ilmsdorf (TH) 54 K
56283 Beulich (RP) 59 M
06259 Beuna (Geiseltal) (ST) 54 A
72226 Beuren (BW) 89 A
72660 Beuren (BW) 90 B
88512 Beuren (BW) 90 K
88682 Beuren (BW) 98 D
89284 Beuren (BY) 91 D
54413 Beuren (Hochwald) (RP) 69 H
54441 Beuren (RP) 68 J
56825 Beuren (RP) 69 B
88631 Beuron (BW) 89 M
39615 Beuster (ST) 22 M
17268 Beutel (BB) 24 J
94501 Beutelsbach (BY) 94 C
07407 Beutelsdorf (TH) 64 C
04924 Beutersitz (BB) 44 M
09366 Beutha (SN) 66 A
49681 Beverbruch (NI) 18 M
48477 Bevergern (NW) 27 K
16928 Beveringen (BB) 23 H
27432 Bevern (NI) 20 D
37639 Bevern (NI) 40 H
49632 Bevern (NI) 27 F
25374 Bevern (SH) 11 M
27616 Beverstedt (NI) 19 E
37688 Beverungen (NW) 40 K
66450 Bexbach (SL) 79 C
27612 Bexhövede (NI) 19 B
39171 Beyendorf (ST) 42 C
91725 Beyerberg (BY) 83 F
04895 Beyern (BB) 44 L
06528 Beyernaumburg (ST) 53 B
83104 Beyharting (BY) 101 B
39264 Bias (ST) 43 E
77781 Biberach (BW) 88 E
88400 Biberach an der Riß (BW) 90 M
89297 Biberach (BY) 91 G
89264 Biberachzell (BY) 91 H
85244 Biberbach (BY) 92 F
86485 Biberbach (BY) 92 A
92339 Biberbach (BY) 84 F
93492 Biberbach (BY) 76 K
83104 Biberg (BY) 93 L
97337 Bibergau (BY) 73 D
89346 Bibertal (BY) 91 D
68647 Biblis (HE) 71 G
98631 Bibra (TH) 63 E
86420 Biburg (BY) 92 D
91790 Biburg (BY) 84 E
93354 Biburg (BY) 85 K
83673 Bichl (BY) 100 F
64404 Bickenbach (HE) 71 D
56291 Bickenbach (RP) 60 K
54636 Bickendorf (RP) 68 C
99976 Bickenriede (TH) 52 E
87651 Bidingen (BY) 99 C
55234 Biebelnheim (RP) 70 F
97318 Biebelried (BY) 73 D
55546 Biebelsheim (RP) 70 E
63599 Bieber (HE) 62 K
01561 Bieberach (SN) 56 A
97243 Bieberehren (BY) 73 K
63599 Biebergemünd (HE) 62 K
55471 Biebern (RP) 69 C
15913 Biebersdorf (BB) 45 B
09629 Bieberstein (SN) 55 J
35444 Biebertal (HE) 61 A
64584 Biebesheim am Rhein (HE) 71 D
56370 Biebrich (RP) 60 H
35216 Biedenkopf (HE) 50 K
79215 Biederbach (BW) 88 H
91639 Biederbach (BY) 83 F
39175 Biederitz (ST) 42 C
66917 Biedershausen (RP) 79 C
67308 Biedesheim (RP) 70 J
15236 Biegen (BB) 34 J
02923 Biehain (SN) 57 C
01920 Biehla (SN) 56 C
33XXX Bielefeld (NW) 39 E
99735 Bielen (TH) 52 C
51674 Bielstein (NW) 49 K
18230 Biendorf (MV) 13 F
06408 Biendorf (ST) 43 G
46459 Bienen (NW) 36 J
29553 Bienenbüttel (NI) 21 H
99100 Bienstädt (TH) 53 G
79809 Bierbronnen (BW) 96 F
29693 Bierde (NI) 29 B
32469 Bierde (NW) 28 M
39221 Biere (ST) 42 F
32289 Bieren (NW) 28 K
54636 Biersdorf am See (RP) 68 C
54675 Biesdorf (RP) 68 E
86497 Bieselbach (BY) 91 F
16909 Biesen (BB) 23 J
16278 Biesenbrow (BB) 25 H
91809 Biesenhard (BY) 84 L
06343 Biesenrode (ST) 42 L
16359 Biesenthal (BB) 34 A
51515 Biesfeld (NW) 48 J
87640 Biessenhofen (BY) 99 C
91788 Bieswang (BY) 84 G
76467 Bietigheim (BW) 80 J
74321 Bietigheim-Bissingen (BW) 81 J
17291 Bietikow (BB) 25 D
78244 Bietingen (BW) 97 E
59939 Bigge (NW) 50 A
87544 Bihlerdorf (BY) 99 H
75236 Bilfingen (BW) 81 H
56414 Bilkheim (RP) 60 E
88515 Billafingen (BW) 90 K
88696 Billafingen (BW) 98 A
86381 Billenhausen (BY) 91 H
32805 Billerbeck (NW) 39 F
48727 Billerbeck (NW) 37 F
74842 Billigheim (BW) 82 A
76831 Billigheim-Ingenheim (RP) 80 F
32791 Billinghausen (NW) 39 E
06647 Billroda (ST) 53 F
25485 Bilsen (SH) 11 M
37434 Bilshausen (NI) 41 K
57368 Bilstein (NW) 49 J
54457 Bilzingen (RP) 68 J
06578 Bilzingsleben (TH) 53 D
97357 Bimbach (BY) 73 E
36137 Bimbach (HE) 62 E
24576 Bimöhlen (SH) 11 J
84155 Binabiburg (BY) 94 D
74862 Binau (BW) 81 C
29416 Binde (ST) 31 B
39590 Bindfelde (ST) 32 D
95463 Bindlach (BY) 74 C
15754 Bindow (BB) 34 K
15754 Bindow Süd (BB) 34 K
72511 Bingen (BW) 90 K
55411 Bingen am Rhein (RP) 70 B
55411 Bingerbrück (RP) 70 B
31619 Binnen (NI) 28 F
78247 Binningen (BW) 97 E
56754 Binningen (RP) 59 M
97450 Binsbach (BY) 73 A
97450 Binsfeld (BY) 72 C
52388 Binsfeld (NW) 58 C
54518 Binsfeld (RP) 69 A
89432 Binswangen (BY) 91 C
18609 Binz (MV) 7 H
79589 Binzen (BW) 96 D
88521 Binzwangen (BW) 90 L
49626 Bippen (NI) 27 E
73102 Birenbach (BW) 82 L
52538 Birgden (NW) 47 H
54587 Birgel (RP) 59 G
41849 Birgelen (NW) 47 H
92262 Birgland (BY) 74 M
48477 Birgte (NW) 27 K
95163 Birk (BY) 65 L
95517 Birk (BY) 75 D
86830 Birkach (BY) 91 J
96158 Birkach (BY) 74 D
96250 Birkach (BY) 74 A
57339 Birkefehl (NW) 50 G
57339 Birkelbach (NW) 49 J
69488 Birkenau (HE) 71 L
57589 Birkenbeul (RP) 60 A
75217 Birkenfeld (BW) 81 L
96126 Birkenfeld (BY) 63 M
97834 Birkenfeld (BY) 72 F
55765 Birkenfeld (RP) 69 H
37318 Birkenfelde (TH) 52 A
67134 Birkenheide (RP) 70 M
57587 Birken-Honigsessen (RP) 49 L
76889 Birkenhördt (RP) 80 E
07366 Birkenhügel (TH) 65 G
24229 Birkenmoor (SH) 4 M
16547 Birkenwerder (BB) 33 B
86757 Birkhausen (BY) 83 J
56291 Birkheim (RP) 60 K
16356 Birkholz (BB) 33 F
39517 Birkholz (ST) 32 G
16356 Birkholzaue (BB) 34 D
86971 Birkland (BY) 100 A
37327 Birkungen (TH) 52 B
76831 Birkweiler (RP) 80 E
65626 Birlenbach (RP) 60 H
53757 Birlinghoven (NW) 59 C
91466 Birnbaum (BY) 73 J
96349 Birnbaum (BY) 64 J
97488 Birnfeld (BY) 63 L
54574 Birresborn (RP) 59 K
63633 Birstein (HE) 62 G
46509 Birten (NW) 36 M
98634 Birx (TH) 63 D
96120 Bischberg (BY) 73 F
97836 Bischbrunn (BY) 72 E
02708 Bischdorf (SN) 57 E
37308 Bischhagen (TH) 52 A
67294 Bischheim (RP) 70 J
01920 Bischheim-Häslich (SN) 56 C
35649 Bischoffen (HE) 61 A
37345 Bischofferode (TH) 52 B
79235 Bischoffingen (BW) 88 K
98553 Bischofrod (TH) 63 F
99826 Bischofroda (TH) 52 H
06295 Bischofrode (ST) 53 C
49696 Bischofsbrück (NI) 27 B
54497 Bischofsdhron (RP) 69 E
95493 Bischofsgrün (BY) 75 A
97653 Bischofsheim an der Rhön (BY) 63 G
65474 Bischofsheim (HE) 71 A
94253 Bischofsmais (BY) 86 J
49828 Bischofspool (NI) 26 H
94145 Bischofsreut (BY) 87 H
01877 Bischofswerda (SN) 56 F
83483 Bischofswiesen (BY) 102 F
76476 Bischweier (BW) 80 M
37176 Bishausen (NI) 40 M
72406 Bisingen (BW) 89 J
17322 Bismark (MV) 25 C
39629 Bismark (Altmark) (ST) 31 F
29646 Bispingen (NI) 20 M
24582 Bissee (SH) 12 A
26197 Bissel (NI) 18 M
49143 Bissendorf (NI) 27 M
73266 Bissingen an der Teck (BW) 90 B
86657 Bissingen (BY) 83 M
24358 Bistensee (SH) 4 L
67806 Bisterschied (RP) 70 G
54634 Bitburg (RP) 68 C
72505 Bittelschieß (BW) 90 K
86633 Bittenbrunn (BY) 84 L
06749 Bitterfeld (ST) 43 M
39517 Bittkau (ST) 32 G
99310 Bittstädt (TH) 53 K
72475 Bitz (BW) 89 J
85095 Bitz (BY) 84 J
57539 Bitzen (RP) 60 A
74626 Bitzfeld (BW) 82 E
51545 Bladersbach (NW) 49 K
93476 Blaibach (BY) 86 B
87544 Blaichach (BY) 99 H
16909 Blandikow (BB) 23 H
37688 Blankenau (NW) 40 K
63825 Blankenbach (BY) 72 A
19412 Blankenberg (MV) 13 M
07366 Blankenberg (TH) 65 G
17291 Blankenburg (BB) 25 D
38889 Blankenburg (Harz) (ST) 42 G
15827 Blankenfelde (BB) 33 J
17237 Blankenförde (MV) 24 D
18182 Blankenhagen (MV) 6 K
08439 Blankenhain (SN) 54 M
99444 Blankenhain (TH) 53 L
53945 Blankenheim (NW) 59 G
06528 Blankenheim (ST) 42 L
53945 Blankenheimerdorf (NW) 59 G
76297 Blankenloch (BW) 81 D
56865 Blankenrath (RP) 69 C
33165 Blankenrode (NW) 39 M
14959 Blankensee (BB) 33 L
17237 Blankensee (MV) 24 B
17322 Blankensee (MV) 25 B
07366 Blankenstein (TH) 64 J
79588 Blansingen (BW) 96 D
32312 Blasheim (NW) 28 L
01561 Blattersleben (SN) 56 D
72474 Blättringen (BW) 90 K
89143 Blaubeuren (BW) 90 F
08318 Blauenthal (SN) 66 D
74572 Blaufelden (BW) 83 A
89134 Blaustein (BW) 90 F
21354 Bleckede (NI) 21 F
54570 Bleckhausen (RP) 59 K
27374 Bleckwedel (NI) 20 L
66869 Bledesbach (RP) 69 M
54608 Bleialf (RP) 58 L
53894 Bleibuir (NW) 58 F
99752 Bleicherode (TH) 52 B
33181 Bleiwäsche (NW) 50 B
24327 Blekendorf (SH) 12 B
27337 Blender (NI) 28 C
52396 Blens (NW) 58 C
16909 Blesendorf (BB) 23 H
17392 Blesewitz (MV) 15 J
50374 Blessem (NW) 48 K

26954 Blexen (NI) 19 A
15328 Bleyen (BB) 35 D
66440 Blickweiler (SL) 79 C
21640 Bliedersdorf (NI) 20 B
86637 Bliensbach (BY) 91 C
16269 Bliesdorf (BB) 34 B
23730 Bliesdorf (SH) 12 F
14542 Bliesendorf (BB) 33 K
50374 Bliesheim (NW) 59 A
66440 Blieskastel (SL) 79 B
23847 Bliestorf (SH) 12 L
19306 Blievenstorf (MV) 22 F
89434 Blindheim (BY) 91 C
17291 Blindow (BB) 25 D
07926 Blintendorf (TH) 65 D
58809 Blintrop (NW) 49 E
88512 Blochingen (BW) 90 K
01561 Blochwitz (SN) 56 A
87654 Blöcktach (BY) 99 C
27251 Blockwinkel (NI) 28 E
03130 Bloischdorf (BB) 46 G
26487 Blomberg (NI) 18 A
32825 Blomberg (NW) 39 F
25348 Blomesche Wildnis (SH) 11 K
87662 Blonhofen (BY) 100 A
14913 Blönsdorf (BB) 44 D
86704 Blossenau (BY) 84 K
94234 Blossersberg (BY) 86 E
15754 Blossin (BB) 34 K
01594 Bloßwitz (SN) 55 F
23974 Blowatz (MV) 13 E
16306 Blumberg (BB) 25 E
16356 Blumberg (BB) 34 G
78176 Blumberg (BW) 97 A
04886 Blumberg (SN) 44 L
09526 Blumenau (SN) 66 C
16306 Blumenhagen (BB) 25 J
17337 Blumenhagen (MV) 25 A
17237 Blumenholz (MV) 24 B
16775 Blumenow (BB) 24 H
16928 Blumenthal (BB) 23 H
24241 Blumenthal (SH) 11 C
23813 Blunk (SH) 12 D
02979 Bluno (SN) 45 M
19357 Blüthen (BB) 22 J
06766 Bobbau (ST) 43 H
95138 Bobengrün (BY) 64 J
67273 Bobenheim am Berg (RP) 70 M
67240 Bobenheim-Roxheim (RP) 71 G
08606 Bobenneukirchen (SN) 65 H
76891 Bobenthal (RP) 80 E
19357 Boberow (BB) 22 J
82389 Böbing (BY) 100 E
73560 Böbingen an der Rems (BW) 82 M
86399 Bobingen (BY) 92 G
67482 Böbingen (RP) 80 C
23996 Bobitz (MV) 13 H
03222 Boblitz (BB) 45 E
94255 Böbrach (BY) 86 F
23623 Böbs (SH) 12 H
19230 Bobzin (MV) 22 A
78727 Bochingen (BW) 89 G
76756 Böchingen (RP) 80 C
4639X Bocholt (NW) 37 G
14550 Bochow (BB) 33 G
14913 Bochow (BB) 44 E
44XXX Bochum (NW) 48 C
04603 Bocka (TH) 54 J
08324 Bockau (SN) 66 D
27404 Bockel (NI) 20 G
49419 Bockel (NI) 28 G
49419 Bockeler Schweiz (NI) 28 E
37345 Bockelnhagen (TH) 41 L
38536 Böckelse (NI) 30 G
04703 Bockelwitz (SN) 55 E
55595 Bockenau (RP) 70 D
09661 Bockendorf (SN) 55 J
31167 Bockenem (NI) 41 D
91607 Bockenfeld (BY) 83 A
67278 Bockenheim an der Weinstraße (RP) 70 J
52525 Bocket (NW) 47 G
24960 Bockholm (SH) 4 E
47638 Bockholt (NW) 47 C
48268 Bockholt (NW) 38 B
23701 Bockholt (SH) 12 E
49757 Bockholte (NI) 27 B
27246 Bockhop (NI) 28 F
85461 Bockhorn (BY) 93 E
26345 Bockhorn (NI) 18 F
29664 Bockhorn (NI) 29 B
26897 Bockhorst (NI) 18 K
33775 Bockhorst (NW) 38 C
86502 Bocksberg (BY) 91 C
98673 Bockstadt (TH) 64 G
49406 Bockstedt (NI) 28 A
39359 Böddensell (ST) 31 L
17179 Boddin (MV) 14 F
19243 Boddin (MV) 22 A
16928 Boddin-Langnow (BB) 23 H
57392 Bödefeld (NW) 50 D
87471 Bodelsberg (BY) 99 E
72411 Bodelshausen (BW) 89 F
07381 Bodelwitz (TH) 64 C
56412 Boden (RP) 60 E
53539 Bodenbach (RP) 59 G
37194 Bodenfelde (NI) 40 L
55294 Bodenheim (RP) 71 A
84155 Bodenkirchen (BY) 94 D
94249 Bodenmais (BY) 86 F
37308 Bodenrode-Westhausen (TH) 52 A
37434 Bodensee (NI) 41 K
93149 Bodenstein (BY) 85 C
37619 Bodenwerder (NI) 40 E
92439 Bodenwöhr (BY) 85 C
37671 Bödexen (NW) 40 G
78351 Bodman-Ludwigshafen (BW) 97 F
88285 Bodnegg (BW) 98 F
26831 Boen (NI) 17 J
37691 Boffzen (NI) 40 G
56357 Bogel (RP) 60 L
94327 Bogen (BY) 86 G
94327 Bogenberg (BY) 86 H
87736 Böhen (BY) 99 B
04564 Böhlen (SN) 54 F
04668 Böhlen (SN) 55 D
98701 Böhlen (TH) 64 D
18334 Böhlendorf (MV) 14 F
67459 Böhl-Iggelheim (RP) 80 C
78224 Bohlingen (BW) 97 E
04808 Böhlitz (SN) 55 A
04430 Böhlitz-Ehrenberg (SN) 54 B
29693 Böhme (NI) 29 B
89558 Böhmenkirch (BW) 90 C
85113 Böhmfeld (BY) 84 J
85110 Böhming (BY) 84 J
92648 Böhmischbruck (BY) 75 J
25853 Bohmstedt (SH) 3 J
49163 Bohmte (NI) 28 K
49163 Bohmterheide (NI) 28 K
94065 Böhmzwiesel (BY) 87 L
14715 Böhne (BB) 32 E
24354 Bohnert (SH) 4 H
24220 Böhnhusen (SH) 11 C
03149 Bohrau (BB) 46 D
72587 Böhringen (BW) 90 E
78315 Böhringen (BW) 97 F
78661 Böhringen (BW) 89 H
03130 Bohsdorf (BB) 46 G
52372 Boich (NW) 58 C
23974 Boiensdorf (MV) 13 E
18249 Boitin (MV) 14 K
21368 Boitze (NI) 21 J
27404 Boitzen (NI) 20 D
27404 Boitzenbostel (NI) 20 D
17268 Boitzenburg (BB) 24 F
19258 Boizenburg/Elbe (MV) 21 E
33129 Boke (NW) 39 G
26215 Bokel (NI) 18 J
27616 Bokel (NI) 19 E
49692 Bokel (NI) 27 C
33397 Bokel (NW) 39 G
33790 Bokel (NW) 39 D
24802 Bokel (SH) 11 C
25364 Bokel (SH) 11 H
24802 Bokelholm (SH) 11 C
49716 Bokeloh (NI) 26 F
49716 Bokeloherfeld (NI) 27 D
25364 Bokelseß (SH) 11 H
19069 Böken (MV) 13 L
24613 Böken (SH) 11 F
33034 Bökendorf (NW) 40 G
38556 Bokensdorf (NI) 30 J
24613 Bökerfeld (SH) 11 F
24637 Bokhorst (SH) 12 D
25560 Bokhorst (SH) 11 D
24860 Böklund (SH) 4 H
24220 Boksee (SH) 12 A
67295 Bolanden (RP) 70 H
17392 Boldekow (MV) 15 M
16248 Bölkendorf (BB) 25 L
18276 Bölkow (MV) 14 L
73087 Boll (BW) 90 B
07646 Bollberg (TH) 54 K
79677 Böllen (BW) 96 E
55624 Bollenbach (RP) 69 F
76887 Böllenborn (RP) 80 E
54669 Bollendorf (RP) 68 F
37170 Bollensen (NI) 40 L
15377 Bollersdorf (BB) 34 E
29303 Bollersen (NI) 29 C
17207 Bollewick (MV) 23 F
24855 Bollingstedt (SH) 4 G
79283 Bollschweil (BW) 96 A
86735 Bollstadt (BY) 83 M
99998 Bollstedt (TH) 52 E
58566 Bollwerk (NW) 49 D
57648 Bölsberg (RP) 60 B
03205 Bolschwitz (BB) 45 H
39517 Bölsdorf (ST) 32 G
87538 Bolsterlang (BY) 99 G
88348 Bolstern (BW) 98 B
88316 Bolsternang (BW) 99 D
23946 Boltenhagen (MV) 13 D
21379 Boltersen (NI) 21 H
31319 Bolzum (NI) 29 M
29699 Bomlitz (NI) 29 B
29699 Bommelsen (NI) 20 L
88361 Boms (BW) 98 B
15898 Bomsdorf (BB) 46 A
84155 Bonbruck (BY) 93 F
25850 Bondelum (SH) 4 G
71149 Bondorf (BW) 89 B
88348 Bondorf (BW) 90 L
24620 Bönebüttel (SH) 11 F
56579 Bonefeld (RP) 60 D
59199 Bönen (NW) 38 L
34414 Bonenburg (NW) 39 M
54316 Bonerath (RP) 69 G
29413 Bonese (ST) 30 C
53539 Bongard (RP) 59 G
04924 Bönitz (BB) 44 M
88450 Bonlanden (BW) 91 K
53XXX Bonn (NW) 59 B
79848 Bonndorf im Schwarzwald (BW) 97 A
88662 Bonndorf (BW) 97 C
91560 Bonnhof (BY) 84 A
74357 Bönnigheim (BW) 81 J
46519 Bönninghardt (NW) 36 M
25474 Bönningstedt (SH) 11 M
86486 Bonstetten (BY) 91 F
59929 Bontkirchen (NW) 50 B
17322 Boock (MV) 25 B
49770 Bookhof (NI) 27 D
27777 Bookholzberg (NI) 19 K
88371 Boos (BW) 98 B
87737 Boos (BY) 91 K
55595 Boos (RP) 70 D
56729 Boos (RP) 59 H
24598 Boostedt (SH) 11 F
73441 Bopfingen (BW) 83 L
56154 Boppard (RP) 60 K
26215 Borbeck (NI) 18 J
27356 Borchel (NI) 20 G
33178 Borchen (NW) 39 L
37127 Bördel (NI) 51 C
25852 Bordelum (SH) 3 J
24582 Bordesholm (SH) 11 C
54422 Börfink (RP) 69 H
29699 Borg (NI) 29 B
24589 Borgdorf-Seedorf (SH) 11 C
59514 Borgeln (NW) 38 M
34434 Borgentreich (NW) 40 K
26904 Börger (NI) 27 A
26903 Börgerwald (NI) 18 K
34434 Borgholz (NW) 40 K
33829 Borgholzhausen (NW) 39 A
48565 Borghorst (NW) 38 A
14913 Borgisdorf (BB) 44 E
16540 Borgsdorf (BB) 33 B
24794 Borgstedt (SH) 11 B
25938 Borgsum (SH) 3 D
24857 Borgwedel (SH) 4 L
01594 Boritz (SN) 55 C
59379 Bork (NW) 38 K
34582 Borken (HE) 51 G
49716 Borken (NI) 26 F
46325 Borken (NW) 37 H
46325 Borkenwirthe (NW) 37 D
14822 Borkheide (BB) 33 K
49624 Borkhorn (NI) 27 E
16866 Bork/Lellichow (BB) 23 L
19406 Borkow (MV) 14 K
26757 Borkum (NI) 17 A
14822 Borkwalde (BB) 33 K
01774 Borlas (SN) 56 G
34439 Borlinghausen (NW) 39 M
04774 Börln (SN) 55 B
24863 Börm (SH) 4 K
24863 Börmerkoog (SH) 4 K
18375 Born am Darß (MV) 6 H
01819 Borna (SN) 56 L
04552 Borna (SN) 54 F
04758 Borna (SN) 55 C
39435 Borne (ST) 42 F
38889 Börnecke (ST) 42 G
01825 Börnersdorf-Breitenau (SN) 56 L
37318 Bornhagen (TH) 51 C
53332 Bornheim (NW) 59 B
55237 Bornheim (RP) 70 F
76879 Bornheim (RP) 80 F
33415 Bornholte (NW) 39 G
24619 Bornhöved (SH) 12 D
56348 Bornich (RP) 60 L
09437 Börnichen/Erzgebirge (SN) 55 M
14641 Börnicke (BB) 33 D
16321 Börnicke (BB) 34 D
32361 Börninghausen (NW) 28 K
06712 Bornitz (ST) 54 H
27729 Bornreihe (NI) 19 F
15926 Bornsdorf (BB) 45 G
21039 Börnsen (SH) 21 A
29413 Bornsen (ST) 30 F
06295 Bornstedt (ST) 53 C
39343 Bornstedt (ST) 42 B
34431 Borntosten (NW) 50 C
39264 Bornum (ST) 43 E
57614 Borod (RP) 60 A
50374 Borr (NW) 59 A
17111 Borrentin (MV) 15 G
49401 Borringhausen (NI) 27 J
67725 Börrstadt (RP) 70 H
66904 Börsborn (RP) 69 M
36419 Borsch (TH) 62 C
04451 Borsdorf (SN) 54 C
25376 Borsfleth (SH) 11 G
25376 Borsflether Büttel (SH) 11 G
89177 Börslingen (BW) 91 A
38312 Börßum (NI) 41 B
27246 Borstel (NI) 28 F
23867 Borstel (SH) 12 G
25494 Borstel-Hohenraden (SH) 11 M
09579 Borstendorf (SN) 55 M
72181 Börstingen (BW) 89 E
23881 Borstorf (SH) 21 B
04703 Börtewitz (SN) 55 E
47495 Borth (NW) 37 K
01809 Borthen (SN) 56 H
73104 Börtlingen (BW) 82 L
87490 Börwang (BY) 99 E
27239 Borwede (NI) 28 B
06556 Borxleben (TH) 53 B
23936 Börzow (MV) 13 G
23715 Bosau (SH) 12 E
25899 Bosbüll (SH) 3 F
24306 Bösdorf (SH) 12 E
37339 Böseckendorf (TH) 52 A
26219 Bösel (NI) 18 M
66887 Bosenbach (RP) 70 K
08606 Bösenbrunn (SN) 65 H
48308 Bösensell (NW) 38 D
78662 Bösingen (BW) 89 G
32699 Bösingfeld (NW) 40 A
52441 Boslar (NW) 47 J
99310 Bösleben-Wüllersleben (TH) 53 K
06895 Boßdorf (ST) 44 D
37671 Bosseborn (NW) 40 G
27367 Bötersen (NI) 20 G
27386 Bothel (NI) 20 L
99947 Bothenheilingen (TH) 52 F
24250 Bothkamp (SH) 12 A
29690 Bothmer (NI) 29 E
77704 Bottenau (BW) 88 C
06571 Bottendorf (TH) 53 E
78583 Böttingen (BW) 89 L
39164 Bottmersdorf (ST) 42 B
462XX Bottrop (NW) 37 L
79268 Bötzingen (BW) 88 K
16727 Bötzow (BB) 33 E
53947 Bouderath (NW) 59 D
53783 Bourauel (NW) 59 C
24796 Bovenau (SH) 11 C
37120 Bovenden (NI) 40 M
97944 Boxberg (BW) 72 L
02943 Boxberg (SN) 46 K
91085 Boxbrunn (BY) 74 G
01468 Boxdorf (SN) 56 D
24994 Böxlund (SH) 4 D
22145 Braak (SH) 21 A
23715 Braak (SH) 12 E
24598 Braak (SH) 12 D
57392 Brabecke (NW) 50 D
74547 Brachbach (BW) 82 F
57555 Brachbach (RP) 49 L
41836 Brachelen (NW) 47 H
86660 Brachstadt (BY) 83 M
06188 Brachstedt (ST) 43 K
41379 Bracht (NW) 47 E
57392 Bracht (NW) 49 J
56761 Brachtendorf (RP) 59 M
57399 Brachthausen (NW) 49 J
63636 Brachttal (HE) 62 G
06198 Brachwitz (ST) 43 K
21438 Brackel (NI) 20 F
74336 Brackenheim (BW) 81 F
23715 Brackrade (SH) 12 E
25923 Braderup (SH) 3 F
14641 Brädikow (BB) 32 F
49393 Brägel (NI) 28 D
19273 Brahlstorf (MV) 22 D
07554 Brahmenau (TH) 54 L
26919 Brake (Unterweser) (NI) 19 D
27249 Brake (NI) 28 F
33034 Brakel (NW) 40 G
32816 Brakelsiek (NW) 40 D
28790 Brakland (NI) 19 H
16259 Bralitz (BB) 25 L
06862 Brambach (ST) 43 E
96106 Bramberg (BY) 63 M
27619 Bramel (NI) 19 B
49744 Bramhar (NI) 26 F
27308 Brammer (NI) 20 K
24793 Brammer (SH) 11 B
49565 Bramsche (NI) 27 L
49565 Bramsche Gartenstadt (NI) 27 J
27628 Bramstedt (NI) 19 E
25926 Bramstedt (SH) 3 F
25926 Bramstedtfeld (SH) 3 F
25926 Bramstedtlund (SH) 3 F
64397 Brandau (HE) 71 H
25364 Brande-Hörnerkirchen (SH) 11 H
52393 Brandenberg (NW) 58 C
1477X Brandenburg an der Havel (BB) 32 J
09618 Brand-Erbisdorf (SN) 55 M
06632 Branderoda (ST) 54 D
04821 Brandis (SN) 55 A
56459 Brandscheid (RP) 60 E
18519 Brandshagen (MV) 7 K
94264 Brandten (BY) 86 F
83098 Brannenburg (BY) 101 F
53721 Braschoß (NW) 48 M
06188 Braschwitz (ST) 43 L
06862 Bräsen (ST) 43 F
98673 Brattendorf (TH) 64 D
56338 Braubach (RP) 60 K
91469 Bräuersdorf (BY) 73 M
57250 Brauersdorf (NW) 49 M
01920 Brauna (SN) 56 C
54472 Brauneberg (RP) 69 E
88348 Braunenweiler (BW) 90 L
35619 Braunfels (HE) 61 D
07580 Braunichswalde (TH) 54 L
38700 Braunlage (NI) 41 H
78199 Bräunlingen (BW) 97 A
06333 Braunrode (ST) 42 L
74542 Braunsbach (BW) 82 F
06242 Braunsbedra (ST) 54 D
381XX Braunschweig (NI) 30 L
06543 Braunschwende (ST) 42 L
01737 Braunsdorf (SN) 56 G
09212 Bräunsdorf (SN) 55 K
06242 Braunsdorf (ST) 54 D
09603 Bräunsdorf-Langhennersdorf (SN) 55 J
64331 Braunshardt (HE) 71 D
59969 Braunshausen (NW) 50 H
56288 Braunshorn (RP) 70 A
52525 Braunsrath (NW) 47 H
55595 Braunweiler (RP) 70 D
50259 Brauweiler (NW) 48 K
24392 Brebel (SH) 4 H
52538 Breberen (NW) 47 G
97535 Brebersdorf (BY) 73 A
65611 Brechen (HE) 60 J
54636 Brecht (RP) 68 C
58339 Breckerfeld (NW) 49 D
26897 Breddenberg (NI) 18 K
16845 Breddin (BB) 32 B
27412 Breddorf (NI) 19 F
34431 Bredelar (NW) 50 B
21698 Bredenbeck (NI) 20 D
30974 Bredenbeck (NI) 29 L
24796 Bredenbek (SH) 11 C
37696 Bredenborn (NW) 40 G
58675 Bredenbruch (NW) 49 B
16775 Bredereiche (BB) 24 H
14641 Bredow (BB) 33 D
25821 Bredstedt (SH) 3 J
17506 Breechen (MV) 15 E
18556 Breege (MV) 7 D
19322 Breese (BB) 22 M
17091 Breesen (MV) 15 L
17089 Breest (MV) 15 H
21354 Breetze (NI) 21 J
39343 Bregenstedt (ST) 31 L
37339 Brehme (TH) 52 B
06796 Brehna (ST) 43 L
35236 Breidenbach (HE) 50 K
24797 Breiholz (SH) 11 B
79206 Breisach am Rhein (BW) 88 K
48496 Breischen (NW) 27 K
54426 Breit (RP) 69 D
97516 Breitbach (BY) 73 E
83254 Breitbrunn am Chiemsee (BY) 102 A
96151 Breitbrunn (BY) 73 C
91555 Breitenau (BY) 83 E
96476 Breitenau (BY) 64 G
56237 Breitenau (RP) 60 D
09569 Breitenau (SN) 55 M
83727 Breitenbach (BY) 101 E
36287 Breitenbach am Herzberg (HE) 62 B
66916 Breitenbach (RP) 69 M
06712 Breitenbach (ST) 54 H
37327 Breitenbach (TH) 52 B
98553 Breitenbach (TH) 63 F
53894 Breitenbenden (NW) 59 D
75389 Breitenberg (BW) 89 B
94139 Breitenberg (BY) 87 M
87739 Breitenbrunn (BY) 91 L
91238 Breitenbrunn (BY) 74 M
92363 Breitenbrunn (BY) 85 D
08359 Breitenbrunn/Erzgebirge (SN) 66 D
25524 Breitenburg (SH) 11 H
63897 Breitendiel (BY) 72 G
23881 Breitenfelde (SH) 21 B
73642 Breitenfürst (BW) 82 L
96149 Breitengüßbach (BY) 74 A
39240 Breitenhagen (ST) 43 D
07806 Breitenhain (TH) 65 A
07407 Breitenheerda (TH) 64 B
37327 Breitenholz (TH) 52 B
91344 Breitenlesau (BY) 74 E
91186 Breitenlohe (BY) 84 A
96152 Breitenlohe (BY) 73 J
39646 Breitenrode (ST) 31 G
97633 Breitensee (BY) 63 H
06547 Breitenstein (ST) 42 K
86488 Breitenthal (BY) 91 H
37339 Breitenworbis (TH) 52 B
72525 Breithülen (BW) 90 E
89183 Breitingen (BW) 91 D
79874 Breitnau (BW) 96 C
35767 Breitscheid (HE) 60 C
53547 Breitscheid (RP) 59 F
06536 Breitungen (ST) 53 A
98597 Breitungen/Werra (TH) 63 B
24811 Brekendorf (SH) 4 L
24881 Brekling (SH) 4 H
25821 Breklum (SH) 3 J
56370 Bremberg (RP) 60 H
72525 Bremelau (BW) 90 E
28XXX Bremen (HB) 19 M
59469 Bremen (NW) 49 B
37696 Bremerberg (NW) 40 G
275XX Bremerhaven (HB) 19 B
27432 Bremervörde (NI) 20 A
56814 Bremm (RP) 59 L
15890 Bremsdorf (BB) 35 K
07646 Bremsnitz (TH) 54 K
65817 Bremthal (HE) 61 K
79777 Brenden (BW) 96 F
97616 Brendlorenzen (BY) 63 G
03253 Brenitz (BB) 45 G
56651 Brenk (RP) 59 J
33142 Brenken (NW) 39 L
23743 Brenkenhagen (SH) 12 C
37671 Brenkhausen (NW) 40 G
93179 Brennberg (BY) 85 F
07349 Brennersgrün (TH) 64 F
64395 Brensbach (HE) 71 F
58339 Brenscheid (NW) 49 D
19230 Bresegard bei Picher (MV) 22 E
03172 Bresinchen (BB) 46 A
15898 Breslack (BB) 46 B
21698 Brest (NI) 20 D
06556 Bretleben (TH) 53 B
01900 Bretnig-Hauswalde (SN) 56 F
39606 Bretsch (ST) 31 C
74626 Brettach (BW) 82 E
75015 Bretten (BW) 81 H
74585 Brettenfeld (BW) 83 A
79348 Brettental (BW) 88 H
74585 Brettheim (BW) 83 A
39307 Brettin (ST) 32 H
27801 Brettorf (NI) 19 K
55559 Bretzenheim (RP) 70 E
74626 Bretzfeld (BW) 82 E
64747 Breuberg (HE) 71 F
51789 Breun (NW) 48 J
34479 Breuna (HE) 51 A
67725 Breunigweiler (RP) 70 L
37647 Brevörde (NI) 40 E
56321 Brey (RP) 60 K
41334 Breyell (NW) 47 E
46514 Bricht (NW) 37 H
25712 Brickeln (SH) 11 D
56867 Briedel (RP) 69 B
56829 Brieden (RP) 59 M
56820 Briedern (RP) 59 M
14778 Brielow (BB) 32 J
15848 Briescht (BB) 45 C
14656 Brieselang (BB) 33 E
03096 Briesen (BB) 45 F
15518 Briesen (Mark) (BB) 34 J
15757 Briesen (BB) 45 A
15913 Briesensee (BB) 45 B
01968 Brieske (BB) 45 L
01968 Brieske Dorf (BB) 45 L
15295 Brieskow-Finkenheerd (BB) 35 K
03149 Briesnig (BB) 46 D
14778 Briest (BB) 32 J
21382 Brietlingen (NI) 21 E
29413 Brietz (ST) 31 A
17309 Brietzig (MV) 25 A
78086 Brigachtal (BW) 89 K
17153 Briggow (MV) 15 K
27442 Brillit (NI) 19 F
59929 Brilon (NW) 50 A
59929 Brilon-Wald (NW) 50 B
24816 Brinjahe (SH) 11 E
49847 Brink (NI) 26 G
26835 Brinkum (NI) 18 G
28816 Brinkum (NI) 19 L
04509 Brinnis (SN) 43 M
17166 Bristow (MV) 14 M
18258 Bröbberow (MV) 14 D
88074 Brochenzell (BW) 98 E
49545 Brochterbeck (NW) 38 B
37115 Brochthausen (NI) 41 L
48346 Brock (NW) 38 B
08491 Brockau (SN) 65 B
06724 Bröckau (ST) 54 H
27386 Brockel (NI) 20 L
29356 Bröckel (NI) 30 G
33803 Brockhagen (NW) 39 D
74405 Bröckingen (BW) 82 J
54552 Brockscheid (RP) 59 K
49448 Brockum (NI) 28 G
04509 Brodau (SN) 43 L
04509 Brodenaundorf (SN) 54 B
56332 Brodenbach (RP) 60 K
24398 Brodersby (SH) 4 J
24864 Brodersby (SH) 4 H
24235 Brodersdorf (SH) 5 K
18184 Broderstorf (MV) 14 E
84494 Brodfurth (BY) 94 D
16230 Brodowin (BB) 25 L
79336 Broggingen (BW) 88 H
56754 Brohl (RP) 59 M
17099 Brohm (MV) 15 M
52428 Broich (NW) 47 M
53937 Broich (NW) 58 F
25576 Brokdorf (SH) 11 G
24623 Brokenlande (SH) 11 F
24616 Brokstedt (SH) 11 F
49632 Brokstreek (NI) 27 E
51545 Bröl (NW) 49 K
53773 Bröl (NW) 59 C
69434 Brombach (BW) 71 M
84364 Brombach (BY) 94 F
64753 Brombachtal (HE) 71 J
38465 Brome (NI) 31 D
59969 Bromskirchen (HE) 50 H
03205 Bronkow (BB) 45 H
91257 Bronn (BY) 74 J
72501 Bronnen (BW) 90 G
73491 Bronnen (BW) 83 G
86875 Bronnen (BY) 92 K
87775 Bronnen (BY) 91 L
74589 Bronnholzheim (BW) 83 D
53937 Bronsfeld (NW) 58 F
19386 Broock (MV) 23 A
49632 Brook (NI) 27 E
48683 Brook (NW) 37 B
01561 Brößnitz (SN) 56 A
02979 Bröthen (SN) 45 M
04895 Brottewitz (BB) 44 M
54518 Bruch (RP) 69 A
57539 Bruchertseifen (RP) 60 A
16278 Bruchhagen (BB) 25 H
76275 Bruchhausen (BW) 81 G
37671 Bruchhausen (NW) 40 K
53572 Bruchhausen (RP) 59 F
27305 Bruchhausen-Vilsen (NI) 28 C
63486 Bruchköbel (HE) 61 M
15370 Bruchmühle (BB) 34 D
76646 Bruchsal (BW) 81 E
99955 Bruchstedt (TH) 52 F
55758 Bruchweiler (RP) 69 F
14822 Brück (BB) 33 K
85567 Bruck (BY) 93 L
9105X Bruck (BY) 74 G
93179 Bruckbach (BY) 85 F
84079 Bruckberg (BY) 93 B
91590 Bruckberg (BY) 83 C
84079 Bruckbergerau (BY) 93 B
73252 Brucken (BW) 90 B
55767 Brücken (RP) 69 H
06528 Brücken (Helme) (ST) 53 B
92436 Bruck in der Oberpfalz (BY) 85 C
95512 Brücklein (BY) 74 C
83052 Bruckmühl (BY) 101 B
17159 Brudersdorf (MV) 15 D
19412 Brüel (MV) 13 M
24582 Brügge (SH) 12 A
31033 Brüggen (NI) 40 F
41379 Brüggen (NW) 47 E
99869 Brüheim (TH) 52 H
68782 Brühl (BW) 71 K
59519 Brüllingsen (NW) 49 C
39240 Brumby (ST) 42 F
27404 Brümmerhof (NI) 20 G
39624 Brunau (ST) 31 B
28790 Brundorf (NI) 19 H
46499 Brünen (NW) 37 G
53604 Brüngsberg (NW) 59 C
27232 Brünhausen (NI) 28 F
18337 Brünkendorf (MV) 6 K
09380 Brünlos (SN) 66 A
91448 Brunn (BY) 73 J
93164 Brunn (BY) 85 E
96106 Brünn (BY) 63 M
17039 Brunn (MV) 15 L
98673 Brünn (TH) 64 D
97357 Brünnau (BY) 73 E
16833 Brunne (BB) 33 A
86564 Brunnen (BY) 92 C
59519 Brünningsen (NW) 49 C
97447 Brünnstadt (BY) 73 E
85649 Brunnthal (BY) 93 K
19372 Brunow (MV) 22 F
22946 Brunsbek (SH) 21 A
25541 Brunsbüttel (SH) 10 J
37574 Brunsen (NI) 40 J
59939 Brunskappel (NW) 50 D
23883 Brunsmark (SH) 21 C
91578 Brunst (BY) 83 B
21524 Brunstorf (SH) 21 B
32657 Brüntorf (NW) 39 C
17509 Brünzow (MV) 7 L
55606 Bruschied (RP) 69 F
15749 Brusendorf (BB) 33 M
19071 Brüsewitz (MV) 13 K
17326 Brüssow (BB) 25 B
27404 Brüttendorf (NI) 20 G
24259 Brux (SH) 11 C
92421 Bubach an der Naab (BY) 85 B
94437 Bubach (BY) 94 A
56288 Bubach (RP) 70 A
66571 Bubach-Calmesweiler (SL) 69 L
55270 Bubenheim (RP) 70 F
91088 Bubenreuth (BY) 74 G
89347 Bubesheim (BY) 91 E
67742 Buborn (RP) 70 G
78585 Bubsheim (BW) 89 L
73492 Buch (BW) 83 G
74585 Buch (BW) 83 A
84172 Buch am Erlbach (BY) 93 E
85656 Buch am Buchrain (BY) 93 H
86676 Buch (BY) 92 B
89290 Buch (BY) 91 G
91350 Buch (BY) 74 G
91592 Buch am Wald (BY) 83 B
93339 Buch (BY) 85 G
97243 Buch (BY) 73 K
97531 Buch (BY) 73 B
56290 Buch (RP) 69 C
56357 Buch (RP) 60 L
39517 Buch (ST) 32 G
04774 Bucha (SN) 55 B
07751 Bucha (TH) 53 M
91257 Buchau (BY) 74 F

95336 Buchau (BY) 74 B
84428 Buchbach (BY) 93 F
96361 Buchbach (BY) 64 H
94560 Buchberg (BY) 86 H
97320 Buchbrunn (BY) 73 D
86675 Buchdorf (BY) 84 K
56823 Büchel (RP) 59 L
76744 Büchelberg (RP) 80 J
98693 Bücheloh (TH) 64 A
74722 Buchen (Odenwald) (BW) 72 K
21514 Büchen (SH) 21 B
94227 Buchenau (BY) 87 D
74673 Buchenbach (BW) 82 C
79256 Buchenbach (BW) 96 B
91186 Büchenbach (BY) 84 A
91257 Büchenbach (BY) 74 F
78126 Buchenberg (BW) 89 K
87474 Buchenberg (BY) 99 D
55491 Büchenbeuren (RP) 69 F
17268 Buchenhain (BB) 24 F
85072 Buchenhüll (BY) 84 H
54608 Buchet (RP) 58 L
99438 Buchfart (TH) 53 L
03253 Buchhain (BB) 44 J
84069 Buchhausen (BY) 85 M
88637 Buchheim (BW) 89 M
91593 Buchheim (BY) 73 L
04651 Buchheim (SN) 55 D
94533 Buchhofen (BY) 86 L
14547 Buchholz bei Treuenbrietzen (BB) 44 A
16928 Buchholz (BB) 23 H
17268 Buchholz (BB) 25 D
21244 Buchholz in der Nordheide (NI) 20 F
27374 Buchholz (NI) 20 L
27412 Buchholz (NI) 19 J
29690 Buchholz (Aller) (NI) 29 E
31710 Buchholz (NI) 40 A
25712 Buchholz (SH) 11 G
02894 Buchholz (SN) 57 E
25712 Buchholzermoor (SH) 11 G
87642 Buching (BY) 100 G
94124 Büchlberg (BY) 87 L
86807 Buchloe (BY) 91 M
97450 Büchold (BY) 72 C
63303 Buchschlag (HE) 71 B
74542 Buchschwabach (BY) 84 A
29690 Büchten (NI) 29 E
03229 Buchwäldchen (BB) 45 H
31675 Bückeburg (NI) 28 M
49740 Bückelte (NI) 27 D
27333 Bücken (NI) 28 C
91054 Buckenhof (BY) 74 G
91301 Buckenhofen (BY) 74 G
14793 Bücknitz (BB) 32 L
15377 Buckow (BB) 34 E
15848 Buckow (BB) 34 M
16845 Bückwitz (BB) 32 C
47495 Budberg (NW) 37 K
59457 Budberg (NW) 38 L
48231 Buddenbaum (NW) 38 H
17440 Buddenhagen (MV) 15 F
38372 Büddenstedt (NI) 42 A
24782 Büdelsdorf (SH) 11 B
39291 Büden (ST) 43 A
55469 Budenbach (RP) 70 A
55257 Budenheim (RP) 70 C
54610 Büdesheim (RP) 58 M
63654 Büdingen (HE) 61 M
54426 Büdlich (RP) 69 D
99198 Büßleben (TH) 53 K
99869 Bufleben (TH) 52 J
17398 Bugewitz (MV) 16 G
17440 Buggenhagen (MV) 16 D
79865 Buggenried (BW) 96 F
79426 Buggingen (BW) 96 A
15859 Bugk (BB) 34 L
77815 Bühl (BW) 88 C
79771 Bühl (BW) 97 G
87509 Bühl am Alpsee (BY) 99 G
89346 Bühl (BY) 91 D
57258 Bühl (NW) 49 L
37339 Buhla (TH) 52 B
01909 Bühlau (SN) 56 F
72270 Buhlbach (BW) 88 C
37154 Bühle (NI) 40 M
55767 Buhlenberg (RP) 69 H
39264 Buhlendorf (ST) 43 A
77830 Bühlertal (BW) 88 M
74424 Bühlertann (BW) 82 J
74426 Bühlerzell (BW) 82 J
34434 Bühne (NW) 40 K
38835 Bühne (ST) 41 F
23845 Bühnsdorf (SH) 12 H
37127 Bühren (NI) 51 B
53947 Buir (NW) 59 D
23701 Bujendorf (SH) 12 F
21782 Bülkau (NI) 10 M
91207 Bullach (BY) 74 H
56859 Bullay (RP) 69 B
97258 Bullenheim (BY) 73 G
25355 Bullenkuhlen (SH) 11 L
01936 Bulleritz (SN) 56 B
17166 Bülow (MV) 14 M
19089 Bülow (MV) 22 C
19217 Bülow (MV) 13 K
27412 Bülstedt (NI) 20 G
39345 Bülstringen (ST) 31 L
06895 Bülzig (ST) 44 D
26831 Bunde (NI) 17 J
32257 Bünde (NW) 39 A
55626 Bundenbach (RP) 69 F
76891 Bundenthal (RP) 80 E
26831 Bunderhee (NI) 17 J
26831 Bunderneuland (NI) 17 J
97494 Bundorf (BY) 63 L
49413 Bünne (NI) 27 F
24794 Bünsdorf (SH) 4 L
25767 Bunsoh (SH) 11 D
26316 Büppel (NI) 18 F
57299 Burbach (NW) 60 C
54597 Burbach (RP) 58 M
79683 Bürchau (BW) 96 E
49504 Büren (NI) 27 M
33142 Büren (NW) 39 L
86470 Burg (BY) 91 J
35745 Burg (HE) 61 A
02979 Burg (SN) 46 K
39288 Burg (ST) 32 K
23769 Burg auf Fehmarn (SH) 5 C
03096 Burg/Spreewald (BB) 45 F
91443 Burgambach (BY) 73 H
89331 Burgau (BY) 91 E
87545 Burgberg im Allgäu (BY) 99 H
91593 Burgbernheim (BY) 73 L
56659 Burgbrohl (RP) 59 F
31303 Burgdorf (NI) 30 G
38272 Burgdorf (NI) 41 A
96138 Burgebrach (BY) 73 F
07616 Bürgel (TH) 54 K
54472 Burgen (RP) 69 E
86977 Burggen (BY) 100 D
92342 Burggriesbach (BY) 84 F
96342 Burggrub (BY) 64 H
95326 Burghaig (BY) 64 M
02979 Burghammer (SN) 46 K
96152 Burghaslach (BY) 73 J
36151 Burghaun (HE) 62 B
84489 Burghausen (BY) 94 H
86666 Burgheim (BY) 84 K
96152 Burghöchstadt (BY) 73 E
73553 Burgholz (BW) 82 H
06648 Burgholzhausen (ST) 53 J
07907 Burgk (TH) 65 D
06804 Burgkemnitz (ST) 43 J
84508 Burgkirchen an der Alz (BY) 94 H
96224 Burgkunstadt (BY) 64 L
97724 Burglauer (BY) 63 K
91560 Bürglein (BY) 84 A
07356 Burglemnitz (TH) 64 F
93133 Burglengenfeld (BY) 85 B
06184 Burgliebenau (ST) 54 B
91595 Burgoberbach (BY) 83 C
97496 Burgpreppach (BY) 63 M
88483 Burgrieden (BW) 90 J
91790 Burgsalach (BY) 84 E
06636 Burgscheidungen (ST) 53 F
65558 Burgschwalbach (RP) 60 J
06295 Burgsdorf (ST) 42 M
97775 Burgsinn (BY) 62 L
55595 Burgsponheim (RP) 70 D
23769 Burgstaaken (SH) 5 C
63927 Bürgstadt (BY) 72 G
09217 Burgstädt (SN) 55 K
71576 Burgstall an der Murr (BW) 82 G
85283 Burgstall (BY) 93 A
39517 Burgstall (ST) 31 J
17094 Burg Stargard (MV) 24 B
48565 Burgsteinfurt (NW) 37 C
71576 Burgstetten (BW) 82 G
90559 Burgthann (BY) 84 B
23769 Burgtiefe (SH) 5 C
99958 Burgtonna (TH) 52 J
35099 Burgwald (HE) 50 H
37318 Burgwalde (TH) 52 A
16775 Burgwall (BB) 24 H
97659 Burgwallbach (BY) 63 G
06667 Burgwerben (ST) 54 D
96154 Burgwindheim (BY) 73 F
26969 Burhave (NI) 19 A
91301 Burk (BY) 74 G
91596 Burk (BY) 83 E
97705 Burkardroth (BY) 63 K
01906 Burkau (SN) 56 F
96328 Burkersdorf (BY) 64 L
09623 Burkersdorf (SN) 56 K
07907 Burkersdorf (TH) 65 A
01809 Burkhardswalde (SN) 56 H
99819 Burkhardtroda (TH) 52 K
09235 Burkhardtsdorf (SN) 66 B
79235 Burkheim (BW) 88 K
72393 Burladingen (BW) 89 J
17089 Burow (MV) 15 H
76835 Burrweiler (RP) 80 C
51399 Burscheid (NW) 48 H
68642 Bürstadt (HE) 71 G
89349 Burtenbach (BY) 91 E
54424 Burtscheid (RP) 69 H
53909 Bürvenich (NW) 59 A
21709 Burweg (NI) 20 A
95488 Busbach (BY) 74 C
33178 Busch (NW) 39 L
50226 Buschbell (NW) 48 K
15328 Buschdorf (BB) 34 F
54568 Büscheich (RP) 59 K
57258 Büschergrund (NW) 49 L
27711 Buschhausen (NI) 19 H
53913 Buschhoven (NW) 59 B
14715 Buschow (BB) 32 F
18528 Buschvitz (MV) 7 H
24866 Busdorf (SH) 4 L
35418 Buseck (HE) 61 E
76891 Busenberg (RP) 80 E
14547 Busendorf (BB) 33 K
25767 Busenwurth (SH) 10 F
78266 Büsingen am Hochrhein (BW) 97 E
16816 Buskow (BB) 33 A
78250 Büßlingen (BW) 97 E
88477 Bußmannshausen (BW) 91 G
39624 Büste (ST) 31 F
24354 Büstorf (SH) 4 H
25761 Büsum (SH) 10 E
25761 Büsumer Deichhausen (SH) 10 F
32351 Butenbohm (NW) 28 K
26969 Butjadingen (NI) 19 A
17209 Bütow (MV) 23 F
64572 Büttelborn (HE) 71 D
99439 Buttelstedt (TH) 53 H
32609 Büttendorf (NW) 28 L
72525 Buttenhausen (BW) 90 E
96155 Buttenheim (BY) 74 D
86647 Buttenwiesen (BY) 91 C
41564 Büttgen (NW) 48 D
97244 Bütthard (BY) 72 J
36419 Buttlar (TH) 62 C
99628 Buttstädt (TH) 53 H
37359 Büttstedt (TH) 52 E
35510 Butzbach (HE) 61 H
15913 Butzen (BB) 45 F
49419 Butzendorf (NI) 28 H
14715 Bützer (BB) 32 E
17392 Butzow (MV) 15 J
18246 Bützow (MV) 14 G
54309 Butzweiler (RP) 68 F
87700 Buxach (BY) 99 A
85114 Buxheim (BY) 84 L
87740 Buxheim (BY) 91 K
21614 Buxtehude (NI) 20 B
15913 Byhleguhre (BB) 45 F
15913 Byhlen (BB) 45 F
27446 Byhusen (NI) 20 D

C

56237 Caan (RP) 60 D
07586 Caaschwitz (TH) 54 K
21781 Cadenberge (NI) 10 M
90556 Cadolzburg (BY) 74 K
91635 Cadolzhofen (BY) 83 B
15926 Cahnsdorf (BB) 45 D
03205 Calau (BB) 45 H
39240 Calbe (Saale) (ST) 43 D
38547 Calberlah (NI) 30 J
34379 Calden (HE) 51 A
34414 Calenberg (NW) 51 A
67829 Callbach (RP) 70 G
27333 Calle (NI) 28 C
59872 Calle (NW) 49 F
09337 Callenberg (SN) 55 K
75323 Calmbach (BW) 81 K
49377 Calveslage (NI) 28 A
39359 Calvörde (ST) 31 H
75365 Calw (BW) 81 L
19067 Cambs (MV) 13 L
07774 Camburg (TH) 53 J
19246 Camin (MV) 22 A
15913 Caminchen (BB) 45 B
14822 Cammer (BB) 33 K
31675 Cammer (NI) 28 M
09544 Cämmerswalde (SN) 67 A
18195 Cammin (MV) 14 E
49434 Campemoor (NI) 27 J
27246 Campen (NI) 28 F
04685 Cannewitz (SN) 55 D
34431 Canstein (NW) 50 C
27251 Cantrup (NI) 28 B
59394 Capelle (NW) 38 G
27632 Cappel (NI) 10 L
32825 Cappel (NW) 39 F
49692 Cappeln (Oldenburg) (NI) 27 C
27637 Cappel-Neufeld (NI) 10 K
59379 Cappenberg (NW) 38 K
14548 Caputh (BB) 33 H
19217 Carlow (MV) 12 M
67316 Carlsberg (RP) 70 M
08325 Carlsfeld (SN) 66 D
95138 Carlsgrün (BY) 64 J
18337 Carlsruhe (MV) 6 K
17291 Carmzow-Wallmow (BB) 25 B
17237 Carpin (MV) 24 E
49456 Carum (NI) 27 F
06618 Casekirchen (ST) 54 G
16306 Casekow (BB) 25 E
03229 Casel (BB) 45 J
23623 Cashagen (SH) 12 H
97355 Castell (BY) 73 H
445XX Castrop-Rauxel (NW) 37 M
33829 Casum (NW) 38 C
07407 Catharinau (TH) 64 B
38889 Cattenstedt (ST) 42 G
99887 Catterfeld (TH) 52 M
04758 Cavertitz (SN) 55 B
2922X Celle (NI) 29 F
93413 Cham (BY) 86 A
93466 Chamerau (BY) 86 B
93413 Chammünster (BY) 86 B
56379 Charlottenberg (RP) 60 H
26203 Charlottendorf (NI) 18 M
091XX Chemnitz (SN) 55 L
83339 Chieming (BY) 102 A
06386 Chörau (ST) 43 H
04720 Choren (SN) 55 F
16230 Chorin (BB) 25 K
16909 Christdorf (BB) 23 J
98547 Christes (TH) 63 B
24799 Christiansholm (SH) 11 A
25704 Christianskoog (SH) 10 F
15806 Christinendorf (BB) 33 M
09337 Chursbachtal (SN) 55 K
09322 Chursdorf (SN) 55 K
23743 Cismar (SH) 12 C
91522 Claffheim (BY) 83 C
90574 Clarsbach (BY) 84 A
66978 Clausen (RP) 80 A
09623 Clausnitz (SN) 56 K
09236 Claußnitz (SN) 55 H
38678 Clausthal-Zellerfeld (NI) 41 H
35428 Cleeberg (HE) 61 G
74389 Cleebronn (BW) 81 J
29459 Clenze (NI) 22 K
99718 Clingen (TH) 53 D
07980 Clodra (TH) 65 B
49661 Cloppenburg (NI) 27 C
39517 Cobbel (ST) 32 G
06869 Cobbelsdorf (ST) 43 F
59889 Cobbenrode (NW) 49 F
02633 Coblenz (SN) 56 F
96450 Coburg (BY) 64 K
56812 Cochem (RP) 59 L
06449 Cochstedt (ST) 42 E
48653 Coesfeld (NW) 37 F
35091 Cölbe (HE) 50 L
39326 Colbitz (ST) 31 M
04680 Colditz (SN) 55 D
97903 Collenberg (BY) 72 D
04779 Collm (SN) 55 B
04680 Collmen (SN) 55 D
91598 Colmberg (BY) 83 B
01738 Colmnitz (SN) 56 K
27243 Colnrade (NI) 28 A
17094 Cölpin (MV) 24 C
02694 Commerau (SN) 57 A
26215 Conneforde (NI) 18 F
17258 Conow (MV) 24 F
09633 Conradsdorf (SN) 55 J
66497 Contwig (RP) 79 C
31863 Coppenbrügge (NI) 40 B
31091 Coppengrave (NI) 40 E
06408 Cörmigk (ST) 43 G
49457 Cornau (NI) 28 D
36219 Cornberg (HE) 51 J
06369 Cosa (ST) 43 H
15898 Coschen (BB) 46 B
01936 Cosel (SN) 56 B
06369 Cösitz (ST) 43 L
01462 Cossebaude (SN) 56 D
09328 Cossen (SN) 55 G
07985 Cossengrün (TH) 65 E
01640 Coswig (SN) 56 D
06869 Coswig (Anhalt) (ST) 43 F
030XX Cottbus (BB) 45 F
95339 Cottenau (BY) 64 M
04425 Cradefeld (SN) 54 C
74564 Crailsheim (BW) 83 D
38312 Cramme (NI) 41 B
19071 Cramonshagen (MV) 13 L
09465 Cranzahl (SN) 66 E
99947 Craula (TH) 52 H
03205 Craupe (BB) 45 H
99330 Crawinkel (TH) 63 C
97993 Creglingen (BW) 73 K
38162 Cremlingen (NI) 30 M
07554 Cretzschwitz (TH) 54 L
95473 Creußen (BY) 74 F
99831 Creuzburg (TH) 52 G
16306 Criewen (BB) 25 H
08451 Crimmitschau (SN) 54 M
03246 Crinitz (BB) 45 G
08147 Crinitzberg (SN) 66 D
07924 Crispendorf (TH) 65 D
19089 Crivitz (MV) 22 C
39517 Cröchern (ST) 31 J
98673 Crock (TH) 64 D
74549 Cröffelbach (BW) 82 F
06628 Crölpa-Löbschütz (ST) 54 G
91710 Cronheim (BY) 83 F
08129 Crossen (SN) 65 C
09306 Crossen (SN) 55 H
07613 Crossen an der Elster (TH) 54 G
02694 Crosta (SN) 57 A
02681 Crostau (SN) 57 D
01920 Crostwitz (SN) 56 C
09474 Crottendorf (SN) 66 E
64560 Crumstadt (HE) 71 D
16278 Crussow (BB) 25 L
19322 Cumlosen (BB) 22 M
08107 Cunersdorf (SN) 65 C
09456 Cunersdorf (SN) 66 E
02733 Cunewalde (SN) 57 D
01768 Cunnersdorf (SN) 56 L
01824 Cunnersdorf (SN) 56 J
01920 Cunnersdorf (SN) 56 C
01920 Cunnewitz (SN) 56 C
23617 Curau (SH) 12 H
98744 Cursdorf (TH) 64 E
97215 Custenlohr (BY) 73 K
2747X Cuxhaven (NI) 10 H

D

57567 Daaden (RP) 60 B
19406 Dabel (MV) 14 K
16818 Dabergotz (BB) 24 K
17129 Daberkow (MV) 15 H
42929 Dabringhausen (NW) 48 J
06888 Dabrun (ST) 44 D
85221 Dachau (BY) 92 J
92421 Dachelhofen (BY) 85 B
91462 Dachsbach (BY) 73 J
56340 Dachsenhausen (RP) 60 K
99100 Dachwig (TH) 53 G
67273 Dackenheim (RP) 70 M
48336 Dackmar (NW) 38 F
19294 Dadow (MV) 22 H
25899 Dagebüll (SH) 3 E
25899 Dagebüll Hafen (SH) 3 E
25578 Dägeling (SH) 11 H
57271 Dahlbruch (NW) 49 M
58762 Dahle (NW) 49 E
21368 Dahlem (NI) 21 J
53949 Dahlem (NW) 58 J
04774 Dahlen (SN) 55 B
39579 Dahlen (ST) 32 D
21368 Dahlenburg (NI) 21 J
39326 Dahlenwarsleben (ST) 42 C
15827 Dahlewitz (BB) 33 M
56348 Dahlheim (RP) 60 K
15366 Dahlwitz-Hoppegarten (BB) 34 D
15936 Dahme (BB) 44 F
23747 Dahme (SH) 13 A
17166 Dahmen (MV) 14 M
23747 Dahmeshöved (SH) 13 A
22946 Dahmker (SH) 21 B
66994 Dahn (RP) 80 E
54689 Dahnen (RP) 58 L
14806 Dahnsdorf (BB) 44 A
29413 Dähre (ST) 30 C
39579 Dahrenstedt (ST) 32 G
88718 Daisendorf (BW) 98 D
86653 Daiting (BY) 84 K
55595 Dalberg (RP) 70 E
24635 Daldorf (SH) 12 D
48249 Daldrup (NW) 37 J
54689 Daleiden (RP) 68 B
37688 Dalhausen (NW) 40 K
55278 Dalheim (RP) 70 F
17166 Dalkendorf (MV) 14 J
93495 Dalking (BY) 86 B
73492 Dalkingen (BW) 83 G
38542 Dalldorf (NI) 30 H
21483 Dalldorf (SH) 21 E
14624 Dallgow-Döberitz (BB) 33 E
59269 Dalmer (NW) 38 J
26931 Dalsper (NI) 19 G
49744 Dalum (NI) 26 F
49744 Dalumer Rull (NI) 26 F
91725 Dambach (BY) 83 F
55765 Dambach (RP) 69 H
19357 Dambeck (MV) 22 J
29416 Dambeck (ST) 31 A
53773 Dambroich (NW) 59 C
14822 Damelang-Freienthal (BB) 33 K
24361 Damendorf (SH) 4 L
54413 Damflos (RP) 69 H
23738 Damlos (SH) 12 C
18196 Damm (MV) 14 D
19374 Damm (MV) 22 C
47608 Damm (NW) 36 M
63874 Dammbach (BY) 72 D
49401 Damme (NI) 27 J
15299 Dammendorf (BB) 35 K
46514 Dämmerwald (NW) 37 G
25554 Dammfleth (SH) 11 G
24875 Dammholm (SH) 4 J
25767 Dammsknöll (SH) 11 D
24808 Dammstedt (SH) 11 B
29472 Damnatz (NI) 22 G
24351 Damp (SH) 4 J
97539 Dampfach (BY) 73 B
55432 Damscheid (RP) 70 A
14797 Damsdorf (BB) 33 G
23948 Damshagen (MV) 13 G
16321 Danewitz (BB) 34 A
26316 Dangast (NI) 18 F
26316 Dangastermoor (NI) 18 F
26160 Dänikhorst (NI) 18 J
26160 Dänikhorsterfeld (NI) 18 H
24229 Dänischenhagen (SH) 5 K
24229 Dänisch Nienhof (SH) 5 K
58840 Dankelwert (NW) 49 E
37581 Dankelsheim (NI) 40 F
97514 Dankenfeld (BY) 73 F
53520 Dankerath (RP) 59 G
06493 Dankerode (ST) 42 K
88263 Danketsweiler (BW) 98 B
99837 Dankmarshausen (TH) 52 K
73489 Dankoltsweiler (BW) 83 G
14913 Danna (BB) 44 A
24329 Dannau (SH) 12 B
95336 Danndorf (BY) 64 L
38461 Danndorf (NI) 31 G
39649 Dannefeld (ST) 31 G
16259 Dannenberg (BB) 34 B
28879 Dannenberg (NI) 19 J
29451 Dannenberg (Elbe) (NI) 22 G
51709 Dannenberg (NW) 49 G
38524 Dannenbüttel (NI) 30 J
48291 Dannenfels (RP) 70 H
15754 Dannenreich (BB) 34 G
16775 Dannenwalde (BB) 24 H
16866 Dannenwalde (BB) 23 L
37581 Dannhausen (NI) 41 G
99310 Dannheim (TH) 64 A
39245 Dannigkow (ST) 43 A
67125 Dannstadt-Schauernheim (RP) 71 K
23769 Dänschendorf (SH) 5 C
38855 Danstedt (ST) 42 D
50259 Dansweiler (NW) 48 K
77723 Dantersbach (BW) 88 E
17159 Darbein (MV) 15 D
38836 Dardesheim (ST) 41 F
48720 Darfeld (NW) 37 F
17498 Dargelin (MV) 15 E
17419 Dargen (MV) 16 H
23883 Dargow (SH) 12 M
17159 Dargun (MV) 15 G
38871 Darlingerode (ST) 41 J
642XX Darmstadt (HE) 71 E
16818 Darritz-Wahlendorf (BB) 23 M
24321 Darry (SH) 12 B
54552 Darscheid (RP) 59 K
92331 Darshofen (BY) 85 D
16818 Darsikow (BB) 23 M
97199 Darstadt (BY) 73 G
76848 Darstein (RP) 80 E
48301 Darup (NW) 37 F
54689 Dasburg (RP) 68 B
96148 Daschendorf (BY) 74 A
34414 Daseburg (NW) 51 A
86453 Dasing (BY) 92 E
37586 Dassel (NI) 40 H
21521 Dassendorf (SH) 21 A
37574 Dassensen (NI) 40 J
07980 Daßlitz (TH) 65 B
23942 Dassow (MV) 13 G
92358 Daßwang (BY) 85 D
24589 Dätgen (SH) 11 C
45711 Datteln (NW) 37 M
53547 Dattenberg (RP) 59 F
51570 Dattenfeld (NW) 60 A
89281 Dattenhausen (BY) 91 G
89446 Dattenhausen (BY) 91 B
56589 Datzeroth (RP) 59 F
56412 Daubach (RP) 60 H
52428 Daubenrath (NW) 47 M
35630 Daubhausen (HE) 61 D
02956 Daubitz (SN) 46 L
35460 Daubringen (HE) 61 B
78083 Dauchingen (BW) 89 K
74858 Daudenzell (BW) 81 C
17291 Dauer (BB) 25 A
54550 Daun (RP) 59 K
56132 Dausenau (RP) 60 H
92554 Dautersdorf (BY) 76 K
72356 Dautmergen (BW) 89 H
35232 Dautphe (HE) 50 K
35232 Dautphetal (HE) 50 K
59387 Davensberg (NW) 38 G
87746 Daxberg (BY) 91 L
55442 Daxweiler (RP) 70 A
23758 Dazendorf (SH) 5 M
90556 Deberndorf (BY) 74 K
27607 Debstedt (NI) 19 B
19217 Dechow (MV) 12 M
16833 Dechtow (BB) 33 A
31737 Deckbergen (NI) 40 A
75392 Deckenpfronn (BW) 89 B
91230 Deckersberg (BY) 74 M
38836 Dedeleben (ST) 42 A
17291 Dedelow (BB) 25 D
29386 Dedelstorf (NI) 30 E
53426 Dedenbach (RP) 59 E
52152 Dedenborn (NW) 58 F
06295 Dederstedt (ST) 42 M
27612 Dedesdorf (NI) 19 D
37627 Deensen (NI) 40 H
27383 Deepen (NI) 20 H
38835 Deersheim (ST) 41 F
98744 Deesbach (TH) 64 E
56237 Deesen (RP) 60 D
39264 Deetz (ST) 43 B
14550 Deetz/Havel (BB) 33 G
91275 Degelsdorf (BY) 75 G
88456 Degernau (BW) 90 M
82541 Degerndorf (BY) 100 C
92331 Degerndorf (BY) 85 D
91719 Degersheim (BY) 83 J
94469 Deggenau (BY) 86 J
94469 Deggendorf (BY) 86 J
88693 Deggenhausen (BW) 98 D
88693 Deggenhausertal (BW) 98 D
73326 Deggingen (BW) 90 C
73450 Dehlingen (BW) 83 L
06686 Dehlitz (Saale) (ST) 54 E
21385 Dehnsen (NI) 21 G
27637 Deichsende (NI) 10 L
67146 Deidesheim (RP) 70 M
59964 Deifeld (NW) 50 E
78586 Deilingen (BW) 89 H
58675 Deilinghofen (NW) 49 B
29614 Deimern (NI) 20 M
86558 Deimhausen (BY) 92 C
49377 Deindrup (NI) 27 C
82544 Deining (BY) 100 C
92364 Deining (BY) 85 C
86738 Deiningen (BY) 83 J
92283 Deinschwang (BY) 74 M
21717 Deinste (NI) 20 A
27446 Deinstedt (NI) 20 D
59494 Deiringsen (NW) 38 M
88662 Deisendorf (BW) 98 D
86489 Deisenhausen (BY) 91 H
89420 Deisenhofen (BY) 91 C
78652 Deißlingen (BW) 89 L
37586 Deitersen (NI) 40 J
73779 Deizisau (BW) 82 K
33129 Delbrück (NW) 39 H
59519 Delecke (NW) 49 C
26180 Delfshausen (NI) 18 F
22929 Delingsdorf (SH) 12 K
06246 Delitz am Berge (ST) 54 A
04509 Delitzsch (SN) 43 M
78586 Delkhofen (BW) 89 L
66503 Dellfeld (RP) 79 C
55430 Dellhofen (RP) 70 A
37170 Delliehausen (NI) 40 M
19273 Dellien (NI) 21 F
31073 Delligsen (NI) 40 F
89155 Dellmensingen (BW) 90 J
25786 Dellstedt (SH) 11 A
277XX Delmenhorst (NI) 19 L
29643 Delmsen (NI) 20 L
25788 Delve (SH) 11 A
91486 Demantsfürth (BY) 73 J
19089 Demen (MV) 13 M
54552 Demerath (RP) 59 L
19217 Demern (MV) 13 K
16866 Demerthin (BB) 23 L
39579 Demker (ST) 32 G
85098 Demling (BY) 84 M
93090 Demling (BY) 85 J
17109 Demmin (MV) 15 G
15518 Demnitz (BB) 34 J
39307 Demsin (ST) 32 H
93099 Dengling (BY) 85 J
73770 Denkendorf (BW) 82 K
85095 Denkendorf (BY) 84 J
78588 Denkingen (BW) 89 L
86920 Denklingen (BY) 100 A
51580 Denklingen (NW) 49 K
75305 Dennach (BW) 81 K
91743 Dennenlohe (BY) 83 F
14913 Dennewitz (BB) 44 E
08393 Dennheritz (SN) 54 M
66871 Dennweiler-Frohnbach (RP) 69 J
54570 Densborn (RP) 58 M
17268 Densow (BB) 24 J
91599 Dentlein am Forst (BY) 83 E
79211 Denzlingen (BW) 88 L
24601 Depenau (SH) 12 D
95463 Deps (BY) 74 C
39317 Derben (ST) 32 G
86316 Derching (BY) 92 D
38895 Derenburg (ST) 42 D
37691 Derental (NI) 40 H
53919 Derkum (NW) 59 A
57562 Dermbach (RP) 60 B
36466 Dermbach (TH) 63 A
99625 Dermsdorf (TH) 53 E
53507 Dernau (RP) 59 E
56307 Dernbach (RP) 60 D
76857 Dernbach (RP) 80 B
87757 Derndorf (BY) 91 H
24326 Dersau (SH) 12 D
57520 Derschen (RP) 60 B
17498 Dersekow (MV) 15 E
19260 Dersenow (MV) 21 F
26906 Dersum (NI) 17 M
14550 Derwitz (BB) 33 G
02829 Deschka (SN) 57 C
55592 Desloch (RP) 70 G
31035 Despetal (NI) 40 C
068XX Dessau-Roßlau (ST) 43 E
56357 Dessighofen (RP) 60 L
16845 Dessow (BB) 23 M
32351 Destel (NW) 28 K
26847 Detern (NI) 18 H
26847 Deternerlehe (NI) 18 H
39291 Detershagen (ST) 32 K
327XX Detmold (NW) 39 F
97337 Dettelbach (BY) 73 D
83075 Dettendorf (BY) 101 B
91456 Dettendorf (BY) 73 J
72135 Dettenhausen (BW) 89 C
76706 Dettenheim (BW) 81 D
91781 Dettenheim (BY) 84 G
86911 Dettenhofen (BY) 100 B
86911 Dettenschwang (BY) 100 B
97799 Detter (BY) 62 M
79802 Dettighofen (BW) 97 G
72581 Dettingen an der Erms (BW) 90 A
73265 Dettingen unter Teck (BW) 90 B
88451 Dettingen an der Iller (BW) 91 K
63791 Dettingen (BY) 71 C
18320 Dettmannsdorf (MV) 14 E
38173 Dettum (NI) 41 C

91541 Detwang (BY) 83 A
79761 Detzeln (BW) 96 F
54340 Detzem (RP) 69 D
86459 Deubach (BY) 91 F
06682 Deuben (ST) 54 H
54570 Deudesfeld (RP) 59 K
93180 Deuerling (BY) 85 E
03172 Deulowitz (BB) 46 A
37355 Deuna (TH) 52 B
96169 Deusdorf (BY) 73 C
54411 Deuselbach (RP) 69 E
92355 Deusmauer (BY) 85 A
91484 Deutenheim (BY) 73 H
57413 Deutmecke (NW) 49 F
01920 Deutschbaselitz (SN) 56 C
14822 Deutsch Bork (BB) 44 A
09548 Deutscheinsiedel (SN) 67 A
01683 Deutschenbora (SN) 55 J
21407 Deutsch Evern (NI) 21 H
16818 Deutschhof (BB) 33 D
09548 Deutschneudorf (SN) 67 A
04574 Deutzen (SN) 54 J
57250 Deuz (NW) 49 M
17094 Dewitz (MV) 24 C
55278 Dexheim (RP) 71 D
18513 Deyelsdorf (MV) 15 D
86666 Dezenacker (BY) 92 B
54426 Dhronecken (RP) 69 H
42929 Dhünn (NW) 48 J
55494 Dichtelbach (RP) 70 A
49453 Dickel (NI) 28 D
57520 Dickendorf (RP) 60 B
87700 Dickenreishausen (BY) 99 A
55483 Dickenschied (RP) 69 F
55758 Dickesbach (RP) 69 J
65321 Dickschied (HE) 60 L
38530 Didderse (NI) 30 L
91413 Diebach (BY) 73 D
97762 Diebach (BY) 62 M
93194 Dieberg (BY) 85 C
56332 Dieblich (RP) 60 G
56332 Dieblich-Berg (RP) 60 G
64807 Dieburg (HE) 71 E
06369 Diebzig (ST) 43 D
75015 Diedelsheim (BW) 81 E
57319 Diedenshausen (NW) 50 G
15306 Diedersdorf (BB) 34 F
15831 Diedersdorf (BB) 33 J
86420 Diedorf (BY) 92 D
17498 Diedrichshagen (MV) 15 E
15890 Diehlo (BB) 35 K
02906 Diehsa (SN) 57 B
32339 Diekerort (NW) 28 L
18299 Diekhof (MV) 14 H
18299 Diekhof Siedlung (MV) 14 H
31199 Diekholzen (NI) 40 C
25709 Diekhusen-Fahrstedt (SH) 10 J
25718 Dieksanderkoog (SH) 10 J
69234 Dielheim (BW) 81 B
32351 Dielingen (NW) 28 G
67811 Dielkirchen (RP) 70 H
37633 Dielmissen (NI) 40 E
84144 Diemannskirchen (BY) 93 C
86657 Diemantstein (BY) 83 M
34519 Diemelsee (HE) 50 B
34474 Diemelstadt (HE) 50 C
82327 Diemendorf (BY) 100 B
17252 Diemitz (MV) 24 G
56379 Dienethal (RP) 60 H
86920 Dienhausen (BY) 100 A
55276 Dienheim (RP) 71 D
15864 Diensdorf-Radlow (BB) 34 L
27255 Dienstborstel (NI) 28 F
99326 Dienstedt-Hettstedt (TH) 53 L
55765 Dienstweiler (RP) 69 H
31603 Diepenau (NI) 28 H
91227 Diepersdorf (BY) 74 L
49356 Diepholz (NI) 28 D
86579 Diepoltshofen (BY) 92 C
84326 Diepoltskirchen (BY) 94 B
01665 Diera (SN) 56 D
76889 Dierbach (RP) 80 F
16835 Dierberg (BB) 24 K
56269 Dierdorf (RP) 60 D
18347 Dierhagen (MV) 6 K
18347 Dierhagen Strand (MV) 6 K
21271 Dierkshausen (NI) 20 J
54523 Dierscheid (RP) 69 D
01612 Diesbar-Seußlitz (SN) 55 F
29413 Diesdorf (ST) 30 C
93128 Diesenbach (BY) 85 E
06184 Dieskau (ST) 54 B
91456 Diespeck (BY) 73 J
72160 Dießen (BW) 89 E
86911 Dießen am Ammersee (BY) 100 B
92690 Dießfurt (BY) 75 E
59329 Diestedde (NW) 38 J
19399 Diestelow (MV) 23 A
88527 Dietelhofen (BW) 90 H
83623 Dietenhausen (BY) 101 A
89165 Dietenheim (BW) 91 G
90599 Dietenhofen (BY) 73 M
88436 Dietenwengen (BW) 90 M
84378 Dietersburg (BY) 94 C
91126 Dietersdorf (BY) 84 A
92670 Dietersdorf (BY) 75 F
96145 Dietersdorf (BY) 64 K
06536 Dietersdorf (ST) 42 K
88524 Dietershausen (BW) 90 H
85386 Dietersheim (BY) 93 G
91463 Dietersheim (BY) 73 M
88524 Dieterskirch (BW) 90 H
92542 Dieterskirchen (BY) 75 M
72250 Dieterswеiler (BW) 89 D
91757 Dietfurt in Mittelfranken (BY) 84 G
92345 Dietfurt an der Altmühl (BY) 84 F
56355 Diethardt (RP) 60 L
09236 Diethensdorf (SN) 55 H
78661 Dietingen (BW) 89 H
92367 Dietkirchen (BY) 84 C
93133 Dietldorf (BY) 85 B
87463 Dietmannsried (BY) 99 B
83623 Dietramszell (BY) 101 A
87787 Dietratried (BY) 99 B
66484 Dietrichingen (RP) 79 F
06888 Dietrichsdorf (ST) 44 D
84326 Dietring (BY) 94 B
63128 Dietzenbach (HE) 71 B
98530 Dietzhausen (TH) 63 F
35716 Dietzhölztal (HE) 50 K
65582 Diez (RP) 60 J
25980 Dikjen-Deel (SH) 3 A
41366 Dilkrath (NW) 47 E
55487 Dill (RP) 69 F
356XX Dillenburg (HE) 61 A
79848 Dillendorf (BW) 97 D
55481 Dillendorf (RP) 69 C
89407 Dillingen an der Donau (BY) 91 C
66763 Dillingen/Saar (SL) 79 A
86862 Dillishausen (BY) 91 M
98530 Dillstädt (TH) 63 E
97332 Dimbach (BY) 73 E
27211 Dimhausen (NI) 28 B
93183 Dinau (BY) 85 E
46499 Dingden (NW) 37 G
54614 Dingdorf (RP) 58 M
37351 Dingelstädt (TH) 52 D
38838 Dingelstedt am Huy (ST) 42 D
25715 Dingen (SH) 10 J
25715 Dingerdonn (SH) 11 G
84130 Dingolfing (BY) 94 A
97497 Dingolshausen (BY) 73 E
98646 Dingsleben (TH) 63 J
26209 Dingstede (NI) 19 K
91550 Dinkelsbühl (BY) 83 E
86424 Dinkelscherben (BY) 91 F
86676 Dinkelshausen (BY) 92 B
59514 Dinker (NW) 38 L
49413 Dinklage (NI) 27 F
4653X Dinslaken (NW) 37 K
55234 Dintesheim (RP) 70 J
97241 Dipbach (BY) 73 D
36142 Dippach (HE) 63 D
99837 Dippach (TH) 52 K
36160 Dipperz (HE) 62 F
14806 Dippmannsdorf (BB) 32 M
01744 Dippoldiswalde (SN) 56 K
91452 Dippoldsberg (BY) 73 M
27412 Dipshorn (NI) 19 J
87742 Dirlewang (BY) 91 L
50374 Dirmerzheim (NW) 48 K
67246 Dirmstein (RP) 70 M
84140 Dirnaich (BY) 94 D
89561 Dischingen (BW) 83 L
23617 Dissau (SH) 12 H
03096 Dissen (BB) 45 F
03052 Dissenchen (BB) 46 D
97941 Distelhausen (BW) 72 J
52391 Disternich (NW) 59 A
06484 Ditfurt (ST) 42 H
56729 Ditscheid (RP) 59 H
97456 Dittelbrunn (BY) 73 A
02788 Dittelsdorf (SN) 57 J
67596 Dittelsheim-Heßloch (RP) 70 J
91723 Dittenheim (BY) 83 F
02748 Dittersbach auf dem Eigen (SN) 57 H
09669 Dittersbach (SN) 55 H
01768 Dittersdorf (SN) 56 L
08294 Dittersdorf (SN) 66 A
07422 Dittersdorf (TH) 64 B
96126 Ditterswind (BY) 63 M
97941 Dittigheim (BW) 72 H
79843 Dittishausen (BW) 97 A
97797 Dittlofsroda (BY) 62 M
09573 Dittmannsdorf (SN) 55 L
09629 Dittmannsdorf (SN) 55 J
29614 Dittmern (NI) 20 M
07422 Dittrichshütte (TH) 64 B
97941 Dittwar (BW) 72 H
66903 Dittweiler (RP) 69 M
71254 Ditzingen (BW) 81 M
26831 Ditzumerhammrich (NI) 17 F
18314 Divitz-Spoldershagen (MV) 6 H
15306 Döbberin (BB) 34 J
39606 Dobberkau (ST) 31 F
19399 Dobbertin (MV) 14 K
18292 Dobbin-Linstow (MV) 14 L
03054 Döbbrick (BB) 45 F
14943 Dobbrikow (BB) 33 L
39606 Dobbrun (ST) 31 C
75335 Dobel (BW) 81 K
04720 Döbeln (SN) 55 E
04668 Döben (SN) 55 D
91361 Dobenreuth (BY) 74 H
15868 Doberburg (BB) 45 C
14727 Döberitz (BB) 32 H
03253 Doberlug-Kirchhain (BB) 45 G
03159 Döbern (BB) 46 G
04509 Döbernitz (SN) 43 M
02692 Doberschau (SN) 57 D
04838 Doberschütz (SN) 44 K
24232 Dobersdorf (SH) 12 A
07937 Dobia (TH) 65 B
04626 Dobitschen (TH) 54 J
06198 Döblitz (ST) 43 K
04924 Dobra (BB) 44 M
01561 Dobra (SN) 56 B
04886 Döbrichau (SN) 44 L
99441 Döbritschen (TH) 53 M
39264 Dobritz (ST) 43 B
07381 Döbritz (TH) 64 C
54552 Dockweiler (RP) 59 K
54518 Dodenburg (RP) 69 A
39171 Dodendorf (ST) 42 C
19243 Dodow (MV) 22 A
93488 Döfering (BY) 86 A
79804 Dogern (BW) 96 J
37589 Dögerode (NI) 41 G
95182 Döhlau (BY) 65 H
95466 Döhlau (BY) 75 A
26197 Döhlen (NI) 19 K
54576 Dohm-Lammersdorf (RP) 59 G
01809 Dohna (SN) 56 H
06369 Dohndorf (ST) 43 G
23758 Döhnsdorf (SH) 12 C
56812 Dohr (RP) 59 L
49770 Dohren (NI) 27 D
32469 Döhren (NW) 28 J
39356 Döhren (ST) 31 K
31618 Döhrenkamp (NI) 28 F
51688 Dohrgaul (NW) 49 G
06184 Dölbau (ST) 54 B
15306 Dolgelin (BB) 34 F
17258 Dolgen (MV) 24 E
15754 Dolgenbrodt (BB) 34 K
55278 Dolgesheim (RP) 70 F
26831 Dollart (NI) 17 J
39517 Dolle (ST) 31 J
16866 Döllen (BB) 23 L
03238 Dollenchen (BB) 45 H
53945 Dollendorf (NW) 59 G
21739 Dollern (NI) 20 B
24989 Dollerup (SH) 4 E
24977 Dollerupholz (SH) 4 E
15913 Dollgen (BB) 45 B
16775 Dollgow (BB) 24 G
92705 Döllnitz (BY) 75 J
95359 Döllnitz (BY) 74 C
06184 Döllnitz (ST) 54 A
91795 Dollnstein (BY) 84 H
24392 Dollrottfeld (SH) 4 J
99100 Döllstädt (TH) 52 J
92364 Döllwang (BY) 84 F
04655 Dolsenhain (SN) 55 G
04430 Dölzig (SN) 54 B
91601 Dombühl (BY) 83 B
39164 Domersleben (ST) 42 B
19303 Dömitz (MV) 22 H
94127 Dommelstadl (BY) 95 A
56290 Dommershausen (RP) 59 M
04880 Dommitzsch (SN) 44 G
06420 Domnitz (ST) 43 K
04924 Domsdorf (BB) 44 M
19374 Domsühl (MV) 22 C
89407 Donaualtheim (BY) 91 B
78166 Donaueschingen (BW) 97 A
86660 Donaumünster (BY) 91 C
89155 Donaurieden (BW) 90 J
93093 Donaustauf (BY) 85 F
86609 Donauwörth (BY) 83 M
69427 Donebach (BW) 72 K
36460 Dönges (TH) 52 K
38486 Dönitz (ST) 31 D
95488 Donndorf (BY) 74 C
06571 Donndorf (TH) 53 E
27612 Donnern (NI) 19 B
97499 Donnersdorf (BY) 73 B
72587 Donnstetten (BW) 90 E
32825 Donop (NW) 39 F
47533 Donsbrüggen (NW) 36 H
01776 Dönschten (SN) 56 L
66978 Donsieders (RP) 80 A
49406 Donstorf (NI) 28 D
73072 Donzdorf (BW) 90 C
86459 Döpshofen (BY) 91 J
33178 Dörenhagen (NW) 39 L
32694 Dörentrup (NW) 39 F
94496 Dorfbach (BY) 95 A
09380 Dorfchemnitz (SN) 66 A
09619 Dorfchemnitz bei Sayda (SN) 56 K
84405 Dorfen (BY) 93 J
35415 Dorf-Güll (HE) 61 E
91555 Dorfgütingen (BY) 83 E
27628 Dorfhagen (NI) 19 E
07338 Dorfilm (TH) 64 F
91731 Dorfkemmathen (BY) 83 E
96487 Dörfles-Esbach (BY) 64 G
97486 Dörflis (BY) 73 C
29683 Dorfmark (NI) 29 C
23972 Dorf Mecklenburg (MV) 13 H
97904 Dorfprozelten (BY) 72 D
01829 Dorf Wehlen (SN) 56 J
59514 Dorfwelver (NW) 38 L
96148 Dorgendorf (BY) 74 A
02979 Dörgenhausen (SN) 45 M
37308 Döringsdorf (TH) 52 D
96250 Döringstadt (BY) 74 A
57392 Dorlar (NW) 49 F
415XX Dormagen (NW) 48 G
72358 Dormettingen (BW) 89 H
91077 Dormitz (BY) 74 H
94065 Dorn (BY) 87 L
06901 Dorna (ST) 44 G
99976 Dörna (TH) 52 E
85609 Dornach (BY) 93 G
63834 Dornau (BY) 72 D
67806 Dörnbach (RP) 70 H
74736 Dornberg (BW) 72 G
56379 Dörnberg (RP) 60 H
06369 Dornbock (ST) 43 G
65599 Dornburg (HE) 60 E
07778 Dornburg/Saale (TH) 53 J
21706 Dornbusch (NI) 11 K
64823 Dorndiel (HE) 71 F
65599 Dorndorf (HE) 60 E
36460 Dorndorf (TH) 52 K
07778 Dorndorf-Steudnitz (TH) 53 J
67585 Dorn-Dürkheim (RP) 70 F
72175 Dornhan (BW) 89 D
97346 Dornheim (BY) 73 H
64521 Dornheim (HE) 71 D
57392 Dornheim (NW) 50 D
99310 Dornheim (TH) 53 K
59846 Dörnholthausen (NW) 49 F
35428 Dornholzhausen (HE) 61 E
56357 Dornholzhausen (RP) 60 L
24326 Dörnick (SH) 12 D
39291 Dörnitz (ST) 32 L
04808 Dornreichenbach (SN) 55 A
89160 Dornstadt (BW) 90 F
86736 Dornstadt (BY) 83 J
06179 Dornstedt (ST) 54 A
72280 Dornstetten (BW) 89 D
15837 Dornswalde (BB) 45 A
09509 Dörnthal (SN) 55 M
26553 Dornum (NI) 9 K
26553 Dornumergrode (NI) 9 K
26553 Dornumersiel (NI) 9 K
84164 Dornwang (BY) 86 K
49406 Dörpel (NI) 28 E
26892 Dörpen (NI) 17 M
24398 Dörphof (SH) 4 J
25794 Dörpling (SH) 11 A
24869 Dörpstedt (SH) 4 K
25821 Dörpum (SH) 3 J
55444 Dörrebach (RP) 70 A
76889 Dörrenbach (RP) 80 E
27259 Dörrieloh (NI) 28 E
37574 Dörrigsen (NI) 40 J
74592 Dörrmenz (BW) 82 F
63808 Dörrmorsbach (BY) 72 A
67806 Dörrmoschel (RP) 70 H
96110 Dörrnwasserlos (BY) 74 A
91785 Dorsbrunn (BY) 84 D
56348 Dorscheid (RP) 60 L
86825 Dorschhausen (BY) 91 M
02633 Dörschnitz (SN) 55 F
56370 Dörsdorf (RP) 60 M
53533 Dorsel (RP) 59 G
55452 Dorsheim (RP) 70 E
39638 Dorst (ST) 31 L
38312 Dorstadt (NI) 41 B
4628X Dorsten (NW) 37 H
97980 Dörtel (BW) 72 M
56281 Dörth (RP) 60 K
44XXX Dortmund (NW) 38 K
27632 Dorum (NI) 10 K
27632 Dorumer Altendeich (NI) 10 K
27632 Dorumer Neufeld (NI) 10 K
27313 Dörverden (NI) 29 A
74677 Dörzbach (BW) 82 C
07429 Döschnitz (TH) 64 B
06712 Döschwitz (ST) 54 H
87679 Dösingen (BY) 99 C
34414 Dössel (NW) 51 A
69221 Dossenheim (BW) 71 L
73450 Dossingen (BW) 83 L
16909 Dossow (BB) 23 J
07619 Dothen (TH) 54 G
27801 Dötlingen (NI) 19 K
91463 Dottenheim (BY) 73 M
72359 Dotternhausen (BW) 89 H
56305 Döttesfeld (RP) 60 D
57319 Dotzlar (NW) 50 G
41836 Doveren (NW) 47 H
03185 Drachhausen (BB) 45 F
94256 Drachselsried (BY) 86 F
07751 Drackendorf (TH) 53 M
39365 Drackenstedt (ST) 42 B
73345 Drackenstein (BW) 90 C
21423 Drage (NI) 21 D
25878 Drage (SH) 4 K
19205 Dragun (MV) 13 K
15938 Drahnsdorf (BB) 45 D
31623 Drakenburg (NI) 29 D
27624 Drangstedt (NI) 19 B
16909 Dranse (BB) 23 J
37127 Dransfeld (NI) 51 C
18556 Dranske (MV) 7 A
49685 Drantum (NI) 27 C
06712 Draschwitz (ST) 54 H
04938 Drasdo (BB) 44 J
07806 Dreba (TH) 65 A
09430 Drebach (SN) 66 B
49457 Drebber (NI) 28 D
03116 Drebkau (BB) 45 J
49406 Drebke (NI) 28 D
53520 Drees (RP) 59 H
17291 Dreesch (BB) 25 D
16845 Dreetz (BB) 32 C
03185 Drehnow (BB) 45 F
53937 Dreiborn (NW) 58 F
63303 Dreieich (HE) 71 B
63303 Dreieichenhain (HE) 71 B
48477 Dreierwalde (NW) 27 K
57629 Dreifelden (RP) 60 E
04860 Dreiheide (SN) 44 K
56414 Dreikirchen (RP) 60 H
39365 Dreileben (ST) 42 B
19243 Dreilützow (MV) 22 A
54518 Dreis (RP) 69 A
56472 Dreisbach (RP) 60 E
67816 Dreisen (RP) 70 H
59964 Dreislar (NW) 50 H
98617 Dreißigacker (TH) 63 E
57250 Dreis-Tiefenbach (NW) 49 M
07819 Dreitzsch (TH) 65 A
25853 Drelsdorf (SH) 3 J
52525 Dremmen (NW) 47 H
37688 Drenke (NW) 40 K
17291 Drense (BB) 25 E
48317 Drensteinfurt (NW) 38 H
49406 Drentwede (NI) 28 D
51580 Dreschhausen (NW) 49 K
18573 Dreschvitz (MV) 7 G
01XXX Dresden (SN) 56 E
58791 Dresel (NW) 49 E
95497 Dressendorf (BY) 75 A
21279 Drestedt (NI) 20 F
14793 Dretzen (BB) 32 L
46569 Drevenack (NW) 37 K
17392 Drewelow (MV) 15 J
16866 Drewen (BB) 23 L
59602 Drewer (NW) 50 A
03197 Drewitz (BB) 46 D
39291 Drewitz (ST) 32 L
28844 Dreye (NI) 19 M
32130 Dreyen (NW) 39 A
35759 Driedorf (HE) 60 C
26340 Driefel (NI) 18 F
03130 Drieschnitz-Kahsel (BB) 46 G
48465 Drievorden (NI) 26 M
27628 Driftsethe (NI) 19 E
33014 Dringenberg (NW) 39 M
07426 Dröbischau (TH) 64 A
01994 Drochow (BB) 45 L
21706 Drochtersen (NI) 11 K
21706 Drochtersermoor (NI) 11 K
08606 Dröda (SN) 65 H
04626 Drogen (TH) 54 M
21386 Drögennindorf (NI) 21 G
07338 Drognitz (TH) 64 F
06456 Drohndorf (ST) 42 J
32351 Drohne (NW) 28 G
57489 Drolshagen (NW) 49 H
19243 Drönnewitz (MV) 22 A
49838 Drope (NI) 27 D
06369 Drosa (ST) 43 G
96117 Drosendorf (BY) 74 A
08606 Droßdorf (SN) 65 E
06712 Droßdorf (ST) 54 H
82229 Drößling (BY) 92 L
07768 Drößnitz (TH) 53 M
52372 Drove (NW) 58 C
06722 Droyßig (ST) 54 H
38871 Drübeck (ST) 41 J
37574 Drüber (NI) 40 J
33397 Druffel (NW) 39 G
91330 Drügendorf (BY) 74 E
39365 Druxberge (ST) 42 B
15926 Duben (BB) 45 D
06869 Düben (ST) 43 F
03253 Dübrichen (BB) 44 J
02997 Dubring (SN) 56 C
04916 Dubro (BB) 44 J
23847 Düchelsdorf (SH) 12 L
17398 Ducherow (MV) 16 G
55585 Duchroth (RP) 70 D
78247 Duchtlingen (BW) 97 E
25725 Dückerswisch (SH) 11 D
17139 Duckow (MV) 15 K
27333 Duddenhausen (NI) 28 C
54647 Dudeldorf (RP) 69 A
27170 Düdenbüttel (NI) 20 A
18334 Dudendorf (MV) 14 F
63110 Dudenhofen (HE) 71 B
67373 Dudenhofen (RP) 81 A
37115 Duderstadt (NI) 41 K
31553 Düdinghausen (NI) 29 G
59964 Düdinghausen (NW) 50 E
93182 Duggendorf (BY) 85 E
31089 Duingen (NI) 40 E
47XXX Duisburg (NW) 48 A
49844 Duisenburg (NI) 27 D
48249 Dülmen (NW) 37 J
84381 Dummeldorf (BY) 94 B
19073 Dümmer (MV) 22 A
19073 Dümmerhütte (MV) 22 A
49401 Dümmerlohausen (NI) 28 G
18196 Dummerstorf (MV) 14 E
19073 Dümmerstück Hof (MV) 22 A
53520 Dümpelfeld (RP) 59 H
56754 Dünfus (RP) 59 M
56761 Düngenheim (RP) 59 M
27793 Düngstrup (NI) 28 A
23623 Dunkelsdorf (SH) 12 H
32257 Dünne (NW) 39 B
32257 Dünnerholz (NW) 28 L
78655 Dunningen (BW) 89 G
59269 Dünninghausen (NW) 38 J
57439 Dünschede (NW) 49 H
27243 Dünsen (NI) 28 B
53913 Dünstekoven (NW) 59 B
26427 Dunum (NI) 18 B
99976 Dünwald (TH) 52 E
82272 Dünzelbach (BY) 92 G
85088 Dünzing (BY) 85 K
93077 Dünzling (BY) 85 H
66916 Dunzweiler (RP) 69 M
54597 Duppach (RP) 58 M
77770 Durbach (BW) 88 E
78589 Dürbheim (BW) 89 L
78591 Durchhausen (BW) 89 L
523XX Düren (NW) 47 M
73568 Durlangen (BW) 82 M
88525 Dürmentingen (BW) 90 L
76448 Durmersheim (BW) 80 J
92729 Dürnast (BY) 75 H
88422 Dürnau (BW) 90 L
83703 Dürnbach (BY) 101 D
93354 Dürnhart (BY) 85 L
92269 Dürnsricht (BY) 75 L
85301 Dürnzhausen (BY) 93 A
15910 Dürrenhofe (BB) 45 B
72172 Dürrenmettstetten (BW) 89 D
91183 Dürrenmungenau (BY) 84 A
72525 Dürrenstetten (BW) 90 H
88515 Dürrenwaldstetten (BW) 90 G
86720 Dürrenzimmern (BY) 83 J
97508 Dürrfeld (BY) 73 B
02708 Dürrhennersdorf (SN) 57 D
56307 Dürrholz (RP) 60 D
89350 Dürrlauingen (BY) 91 E
91448 Dürrnbuch (BY) 73 M
72336 Dürrwangen (BW) 89 J
04668 Dürrweitzschen (SN) 55 D
04720 Dürrweitzschen (SN) 55 F
52249 Dürwiß (NW) 47 L
39606 Düsedau (ST) 31 C
29664 Düshorn (NI) 29 B
40XXX Düsseldorf (NW) 48 D
72144 Dußlingen (BW) 89 F
06917 Düßnitz (ST) 44 G
49406 Düste (NI) 28 D
91487 Dutendorf (BY) 73 J
49762 Düthe (NI) 26 C
97225 Duttenbrunn (BY) 72 F
23898 Duvensee (SH) 12 L
17121 Düvier (MV) 15 D
49696 Dwergte (NI) 27 B
22952 Dwerkaten (SH) 12 L
26452 Dykhausen (NI) 18 B

E

29664 Ebbingen (NI) 29 B
33165 Ebbinghausen (NW) 39 M
99713 Ebeleben (TH) 52 F
97500 Ebelsbach (BY) 73 C
39179 Ebendorf (ST) 42 C
98646 Ebenhards (TH) 63 J
82067 Ebenhausen (BY) 92 M
97714 Ebenhausen (BY) 63 K
99869 Ebenheim (TH) 52 L
87640 Ebenhofen (BY) 99 C
86554 Ebenried (BY) 92 A
90584 Ebenried (BY) 84 B
96250 Ebensfeld (BY) 74 A
99826 Ebenshausen (TH) 52 G
88370 Ebenweiler (BW) 98 B
69412 Eberbach (BW) 71 M
74673 Eberbach (BW) 82 C
71735 Eberdingen (BW) 81 J
82390 Eberfing (BY) 100 B
79780 Eberfingen (BW) 97 D
37136 Ebergötzen (NI) 41 K
94513 Eberhardsreuth (BY) 87 G
88436 Eberhardzell (BW) 90 M
31079 Eberholzen (NI) 40 F
92263 Ebermannsdorf (BY) 75 L
91320 Ebermannstadt (BY) 74 E
86655 Ebermergen (BY) 83 M
96106 Ebern (BY) 73 C
56424 Ebernhahn (RP) 60 E
73061 Ebersbach an der Fils (BW) 82 L
63849 Ebersbach (BY) 72 D
87634 Ebersbach (BY) 99 B
91183 Ebersbach (BY) 84 A
01561 Ebersbach (SN) 56 D
02730 Ebersbach (SN) 57 H
02829 Ebersbach (SN) 57 F
04643 Ebersbach (SN) 55 G
04720 Ebersbach (SN) 55 H
88371 Ebersbach-Musbach (BW) 98 B
85560 Ebersberg (BY) 93 L
36157 Ebersberg (HE) 62 F
96160 Ebersbrunn (BY) 73 E
08144 Ebersbrunn (SN) 65 C
36157 Ebersburg (HE) 62 F
27432 Ebersdorf (NI) 19 C
02708 Ebersdorf (SN) 57 E
07368 Ebersdorf (TH) 65 D
35510 Ebersgöns (HE) 61 H
07952 Ebersgrün (SN) 65 E
72224 Ebershardt (BW) 89 B
86491 Ebershausen (BY) 91 H
84149 Eberspoint (BY) 93 F
85235 Ebersried (BY) 92 H
06632 Ebersroda (ST) 54 D
74246 Eberstadt (BW) 82 D
74722 Eberstadt (BW) 72 K
99869 Eberstädt (TH) 52 J
1622X Eberswalde (BB) 25 K
97996 Ebertsbronn (BW) 72 M
85235 Ebertshausen (BY) 92 H
97532 Ebertshausen (BY) 63 L
67280 Ebertsheim (RP) 70 M
72224 Ebhausen (BW) 89 B
95683 Ebnath (BY) 75 B
96224 Ebneth (BY) 64 L
37589 Eboldshausen (NI) 40 J
96157 Ebrach (BY) 73 E
84048 Ebrantshausen (BY) 93 A
88167 Ebratshofen (BY) 99 G
79285 Ebringen (BW) 96 A
35085 Ebsdorf (HE) 61 B
35085 Ebsdorfergrund (HE) 61 B
29574 Ebstorf (NI) 21 L
21379 Echem (NI) 21 E
89423 Echenbrunn (BY) 91 B
85139 Echenzell (BY) 84 M
82279 Eching am Ammersee (BY) 92 L
85386 Eching (BY) 93 G
86554 Echsheim (BY) 92 A
37589 Echte (NI) 41 G
49824 Echteler (NI) 26 D
54636 Echtershausen (RP) 68 C
58739 Echthausen (NW) 49 B
59519 Echtrop (NW) 49 C
61209 Echzell (HE) 61 H
98590 Eckardts (TH) 63 A
99819 Eckardtshausen (TH) 52 K
99958 Eckardtsleben (TH) 52 J
02763 Eckartsberg (SN) 57 H
06648 Eckartsberga (ST) 53 J
96126 Eckartshausen (BY) 63 M
74613 Eckartsweiler (BW) 82 E
55599 Eckelsheim (RP) 70 E
91448 Eckenberg (BY) 73 J
51580 Eckenhagen (NW) 49 G
90542 Eckenhaid (BY) 74 H
55444 Eckenroth (RP) 70 E
90542 Eckental (BY) 74 H
30890 Eckerde (NI) 29 L
24340 Eckernförde (SH) 4 M
96132 Eckersbach (BY) 73 F
95488 Eckersdorf (BY) 74 C
91154 Eckersmühlen (BY) 84 B
55777 Eckersweiler (RP) 69 M
54531 Eckfeld (RP) 59 K
23617 Eckhorst (SH) 12 H
25572 Ecklak (SH) 11 G
25572 Ecklakerhörn (SH) 11 G
37339 Ecklingerode (TH) 52 B
86551 Ecknach (BY) 92 E
99510 Eckolstädt (TH) 53 J
99195 Eckstedt (TH) 53 H
26969 Eckwarden (NI) 19 A
26969 Eckwarderhörne (NI) 19 A
25715 Eddelak (SH) 10 J
06388 Edderitz (ST) 43 G
63828 Edelbach (BY) 62 K
88453 Edelbeuren (BW) 91 K
97980 Edelfingen (BW) 72 M
92265 Edelsfeld (BY) 75 G
86529 Edelshausen (BY) 92 B
86476 Edelstetten (BY) 91 H
31234 Edemissen (NI) 30 K
37574 Edemissen (NI) 40 J
88416 Edenbachen (BW) 91 K
25524 Edendorf (SH) 11 H
86447 Edenhausen (BY) 92 A
67480 Edenkoben (RP) 80 C
86551 Edenried (BY) 92 D
94505 Edenstetten (BY) 86 H
52441 Ederen (NW) 47 L
86739 Ederheim (BY) 83 L
34295 Edermünde (HE) 51 D
34549 Edersee (HE) 50 F
06528 Edersleben (ST) 53 B
34549 Edertal (HE) 50 F
37154 Edesheim (NI) 40 J
67483 Edesheim (RP) 80 C
26188 Edewecht (NI) 18 J
26169 Edewechterdamm (NI) 18 L
35764 Edingen (HE) 61 D
68535 Edingen-Neckarhausen (BW) 71 L
83533 Edling (BY) 93 M
25704 Eesch (SH) 10 F
41849 Effeld (NW) 47 H
37359 Effelder (TH) 52 D
96528 Effelder-Rauenstein (TH) 64 G
97337 Effeldorf (BY) 73 D
59609 Effeln (NW) 39 K
53902 Effelsberg (NW) 59 D
96352 Effelter (BY) 64 J
91090 Effeltrich (BY) 74 H

A B C D E F G H I J K L M N O P Q R S T U V W X Y Z

72218 Effringen (BW) 89 B
79588 Efringen-Kirchen (BW) 96 D
39435 Egeln (ST) 42 E
39435 Egeln Nord (ST) 42 E
63329 Egelsbach (HE) 71 B
87700 Egelsee (BY) 91 K
25462 Egenbüttel (SH) 11 M
72227 Egenhausen (BW) 89 B
91619 Egenhausen (BY) 73 L
97440 Egenhausen (BY) 73 A
82281 Egenhofen (BY) 92 H
78592 Egesheim (BW) 89 L
21272 Egestorf (NI) 21 G
94505 Egg (BY) 86 H
49847 Egge (NI) 26 G
24852 Eggebek (SH) 4 G
26655 Eggeloge (NI) 18 F
86698 Eggelstetten (BY) 92 A
84307 Eggenfelden (BY) 94 E
73479 Eggenrot (BW) 83 G
39365 Eggenstedt (ST) 42 B
76344 Eggenstein-Leopoldshafen (BW) 81 D
87653 Eggenthal (BY) 99 C
48624 Eggerode (NW) 37 C
39221 Eggersdorf (ST) 42 F
26169 Eggershausen (NI) 18 L
52388 Eggersheim (NW) 59 A
17367 Eggesin (MV) 16 L
17367 Eggesiner Teerofen (MV) 16 L
28790 Eggestedt (NI) 19 H
79805 Eggingen (BW) 97 D
84385 Egglham (BY) 94 C
84546 Egglkofen (BY) 94 D
91330 Eggolsheim (BY) 74 D
83125 Eggstätt (BY) 102 A
25721 Eggstedt (SH) 11 D
82436 Eglfing (BY) 100 E
85254 Egling (BY) 100 C
86492 Egling an der Paar (BY) 92 G
72531 Eglingen (BW) 90 E
92339 Eglofsdorf (BY) 84 J
85658 Egmating (BY) 93 K
15926 Egsdorf (BB) 45 E
99102 Egstedt (TH) 53 K
85116 Egweil (BY) 84 L
86676 Ehekirchen (BY) 92 B
92242 Ehenfeld (BY) 75 H
72534 Ehestetten (BW) 90 H
27404 Ehestorf (NI) 20 G
89584 Ehingen (Donau) (BW) 90 J
86678 Ehingen (BY) 92 A
91725 Ehingen (BY) 83 F
24816 Ehlbeck (NI) 21 K
31655 Ehlen (NI) 29 K
54636 Ehlenz (RP) 68 C
24796 Ehlersdorf (SH) 11 C
31303 Ehlershausen (NI) 29 J
65817 Ehlhalten (HE) 61 K
56581 Ehlscheid (RP) 59 F
24647 Ehndorf (SH) 11 F
24647 Ehndorfermoor (SH) 11 F
71139 Ehningen (BW) 89 C
94099 Eholfing (BY) 95 A
38468 Ehra-Lessien (NI) 30 J
49624 Ehren (NI) 27 E
85276 Ehrenberg (BY) 92 C
36115 Ehrenberg (Rhön) (HE) 63 D
01848 Ehrenberg (SN) 56 J
09648 Ehrenberg (SN) 55 H
04603 Ehrenberg (TH) 54 J
27248 Ehrenburg (NI) 28 E
09427 Ehrenfriedersdorf (SN) 66 B
04603 Ehrenhain (TH) 54 J
79238 Ehrenkirchen (BW) 96 A
89134 Ehrenstein (BW) 90 F
99326 Ehrenstein (TH) 64 B
79238 Ehrenstetten (BW) 96 A
29640 Ehrhorn (NI) 20 J
84570 Ehring (BY) 94 G
59590 Ehringhausen (NW) 39 K
35630 Ehringshausen (HE) 61 D
84405 Eibach (BY) 93 F
02739 Eibau (SN) 57 H
97246 Eibelstadt (BY) 73 G
74363 Eibensbach (BW) 81 J
08309 Eibenstock (SN) 66 D
84367 Eiberg (BY) 94 E
67575 Eich (RP) 71 G
08233 Eich (SN) 65 F
98646 Eicha (TH) 63 J
74639 Eichach (BW) 82 B
88416 Eichbühl (BW) 91 K
14476 Eiche (BB) 33 H
16356 Eiche (BB) 34 D
22964 Eichede (SH) 12 L
57612 Eichelhardt (RP) 60 A
97461 Eichelsdorf (BY) 63 L
88416 Eichen (BW) 91 K
57632 Eichen (RP) 60 A
82223 Eichenau (BY) 92 J
39167 Eichenbarleben (ST) 42 B
88450 Eichenberg (BW) 91 K
63877 Eichenberg (BY) 72 A
91729 Eichenberg (BY) 84 D
63928 Eichenbühl (BY) 72 G
94428 Eichendorf (BY) 94 B
92358 Eichenhofen (BY) 85 D
85435 Eichenkofen (BY) 93 E
85452 Eichenried bei Erding (BY) 93 G
36148 Eichenried (HE) 62 H
36124 Eichenzell (HE) 62 F
52152 Eicherscheid (NW) 58 E
53902 Eicherscheid (NW) 59 D
97332 Eichfeld (BY) 73 E
85229 Eichhofen (BY) 92 F
93152 Eichhofen (BY) 85 H
03238 Eichholz (BB) 45 G
03238 Eichholz-Drößig (BB) 45 K
16244 Eichhorst (BB) 25 K
08626 Eichigt (SN) 65 H
03099 Eichow (BB) 45 F
16727 Eichstädt (BB) 33 B
85072 Eichstätt (BY) 84 H
39596 Eichstedt (ST) 32 D
88361 Eichstegen (BW) 98 B
79356 Eichstetten am Kaiserstuhl (BW) 88 K
15732 Eichwalde (BB) 34 G
16269 Eichwerder (BB) 34 C
28879 Eickedorf (NI) 19 J
29693 Eickeloh (NI) 29 E
39221 Eickendorf (ST) 42 F
41352 Eickerend (NW) 48 D
33142 Eickhoff (NW) 39 K
38533 Eickhorst (NI) 30 L
32479 Eickhorst (NW) 28 L
53894 Eicks (NW) 59 A
17291 Eickstedt (BB) 25 E
92526 Eigelsberg (BY) 75 M
78253 Eigeltingen (BW) 97 C
99976 Eigenrieden (TH) 52 E
99976 Eigenrode (TH) 52 E
73479 Eigenzell (BW) 83 G
59597 Eikeloh (NW) 39 K
04838 Eilenburg (SN) 44 K
21614 Eilendorf (NI) 20 E
37586 Eilensen (NI) 40 H
38838 Eilenstedt (ST) 42 D
38838 Eilsdorf (ST) 42 D
29693 Eilte (NI) 29 B
31036 Eime (NI) 40 B
79591 Eimeldingen (BW) 96 D
37632 Eimen (NI) 40 F
39343 Eimersleben (ST) 31 L
29578 Eimke (NI) 21 K
55278 Eimsheim (RP) 70 F
21368 Eimstorf (NI) 21 J
37574 Einbeck (NI) 40 J
07646 Eineborn (TH) 54 K
59514 Einecke (NW) 38 L
59514 Eineckerholsen (NW) 38 M
48231 Einen (NW) 38 E
88356 Einhart (BW) 98 A
64683 Einhausen (HE) 71 G
98617 Einhausen (TH) 63 E
56751 Einig (RP) 59 J
93333 Eining (BY) 85 G
93342 Einmuß (BY) 85 H
98617 Einödhausen (TH) 63 E
67753 Einöllen (RP) 70 G
52152 Einruhr (NW) 58 F
85254 Einsbach (BY) 92 H
67308 Einselthum (RP) 70 J
09227 Einsiedel (SN) 55 L
26954 Einswarden (NI) 19 A
58840 Eiringhausen (NW) 49 E
32457 Eisbergen (NW) 39 C
58802 Eisborn (NW) 49 B
37534 Eisdorf (NI) 41 G
83549 Eiselfing (BY) 93 M
54298 Eisenach (RP) 68 F
99817 Eisenach (TH) 52 K
83313 Eisenärzt (BY) 102 B
72297 Eisenbach (BW) 89 A
79871 Eisenbach (Hochschwarzwald) (BW) 96 C
63785 Eisenbach (BY) 71 F
87637 Eisenberg (BY) 99 J
67304 Eisenberg (Pfalz) (RP) 70 M
07607 Eisenberg (TH) 54 K
86485 Eisenbrechtshofen (BY) 92 D
87700 Eisenburg (BY) 91 L
24589 Eisendorf (SH) 11 C
85253 Eisenhofen (BY) 92 F
15890 Eisenhüttenstadt (BB) 35 K
54533 Eisenschmitt (RP) 69 A
53894 Eiserfey (NW) 59 D
02708 Eiserode (SN) 57 E
98673 Eisfeld (TH) 64 G
98646 Eishausen (TH) 63 J
56370 Eisighofen (RP) 60 M
75239 Eisingen (BW) 81 H
97249 Eisingen (BY) 72 F
73054 Eislingen/Fils (BW) 82 M
86510 Eismannsberg (BY) 92 H
90518 Eismannsberg (BY) 74 M
93468 Eismannsberg (BY) 86 E
82272 Eismerszell (BY) 92 L
34439 Eissen (NW) 40 K
56337 Eitelborn (RP) 60 G
85117 Eitensheim (BY) 84 M
36132 Eiterfeld (HE) 62 C
93128 Eitlbrunn (BY) 85 E
53783 Eitorf (NW) 60 A
84082 Eitting (BY) 85 M
85462 Eitting (BY) 93 E
85462 Eittingermoos (BY) 93 D
27318 Eitzendorf (NI) 28 C
18334 Eixen (MV) 6 L
24803 Ekel (SH) 11 A
24392 Ekenis (SH) 4 J
57482 Elben (NW) 49 H
57580 Elben (RP) 60 B
79692 Elbenschwand (BW) 96 E
48488 Elbergen (NI) 26 J
49624 Elbergen (NI) 27 B
95355 Elbersreuth (BY) 64 M
91567 Elbersroth (BY) 83 E
65627 Elbgrund (HE) 60 F
37412 Elbingerode (NI) 41 K
38875 Elbingerode (Harz) (ST) 41 J
32676 Elbrinxen (NW) 40 D
65627 Elbtal (HE) 60 F
76477 Elchesheim-Illingen (BW) 80 J
89275 Elchingen (BY) 91 D
19294 Eldena (MV) 22 H
19309 Eldenburg (BB) 22 H
29351 Eldingen (NI) 30 E
38875 Elend (ST) 41 J
99759 Elende (TH) 52 C
97725 Elfershausen (BY) 62 M
98716 Elgersburg (TH) 64 A
07356 Eliasbrunn (TH) 64 F
94353 Elisabethszell (BY) 86 E
57578 Elkenroth (RP) 60 B
59269 Elker (NW) 38 H
59955 Elkeringhausen (NW) 50 E
85567 Elkofen (BY) 93 L
83646 Ellbach (BY) 101 D
99334 Elleben (TH) 53 K
08236 Ellefeld (SN) 65 F
52382 Ellen (NW) 47 M
73488 Ellenberg (BW) 83 G
55765 Ellenberg (RP) 69 H
29413 Ellenberg (ST) 31 A
56821 Ellenz-Poltersdorf (RP) 59 M
25479 Ellerau (SH) 11 M
89438 Ellerbach (BY) 91 F
26169 Ellerbrock (NI) 18 L
24589 Ellerdorf (SH) 11 C
25373 Ellerhoop (SH) 11 M
55497 Ellern (Hunsrück) (RP) 70 A
99628 Ellersleben (TH) 53 H
67158 Ellerstadt (RP) 70 M
48691 Ellewick (NW) 37 A
86679 Ellgau (BY) 92 A
74248 Ellhofen (BW) 82 D
25923 Ellhöft (SH) 3 C
37181 Ellierode (NI) 40 M
37581 Ellierode (NI) 41 G
86899 Ellighofen (BY) 92 K
91792 Ellingen (BY) 84 D
29614 Ellingen (NI) 20 M
98617 Ellingshausen (TH) 63 E
24870 Ellingstedt (SH) 4 K
88437 Ellmannsweiler (BW) 90 M
99755 Ellrich (TH) 41 M
21368 Ellringen (NI) 21 J
54552 Ellscheid (RP) 59 L
24983 Ellund (SH) 4 D
73479 Ellwangen (Jagst) (BW) 83 G
88430 Ellwangen (BW) 99 A
26954 Ellwürden (NI) 19 A
89352 Ellzee (BY) 91 E
27432 Elm (NI) 20 A
34466 Elmarshausen (HE) 51 A
18510 Elmenhorst (MV) 6 M
23948 Elmenhorst (MV) 13 D
21493 Elmenhorst (SH) 21 B
23869 Elmenhorst (SH) 12 K
27432 Elmerheide (NI) 20 A
27624 Elmlohe (NI) 19 B
41372 Elmpt (NW) 47 E
2533X Elmshorn (SH) 11 L
67471 Elmstein (RP) 80 B
59939 Elpe (NW) 50 D
25704 Elpersbüttel (SH) 10 F
25704 Elpersbüttelerdonn (SH) 10 F
91522 Elpersdorf (BY) 83 C
96476 Elsa (BY) 64 G
27404 Elsdorf (NI) 20 G
24800 Elsdorf-Westermühlen (SH) 11 B
84094 Elsendorf (BY) 85 K
96132 Elsendorf (BY) 73 J
63820 Elsenfeld (BY) 72 D
51588 Elsenroth (NW) 49 K
26931 Elsfleth (NI) 19 G
14547 Elsholz (BB) 33 L
25361 Elskop (SH) 11 L
04880 Elsnig (SN) 44 L
06386 Elsnigk (ST) 43 H
57319 Elsoff (NW) 50 G
56479 Elsoff (Westerwald) (RP) 60 F
57368 Elspe (NW) 49 J
14627 Elstal (BB) 33 E
49692 Elsten (NI) 27 C
06918 Elster (Elbe) (ST) 44 D
07985 Elsterberg (SN) 65 B
04523 Elstertrebnitz (SN) 54 E
04910 Elsterwerda (BB) 45 K
01920 Elstra (SN) 56 F
46446 Elten (NW) 36 E
09481 Elterlein (SN) 66 B
93092 Eltheim (BY) 85 J
97714 Eltingshausen (BY) 63 K
97483 Eltmann (BY) 73 C
6534X Eltville am Rhein (HE) 70 C
58791 Elverlingsen (NW) 49 E
37191 Elvershausen (NI) 41 G
99189 Elxleben (TH) 53 G
99334 Elxleben (TH) 53 K
65604 Elz (HE) 60 J
79215 Elzach (BW) 88 J
31008 Elze (NI) 40 C
74834 Elztal (BW) 82 A
66887 Elzweiler (RP) 70 G
52385 Embken (NW) 58 C
21409 Embsen (NI) 21 H
24819 Embühren (SH) 11 E
2672X Emden (NI) 17 F
39343 Emden (ST) 31 L
88499 Emeringen (BW) 90 H
89607 Emerkingen (BW) 90 H
86494 Emersacker (BY) 91 F
89264 Emershofen (BY) 91 G
83342 Emertsham (BY) 94 K
91781 Emetzheim (BY) 84 G
92287 Emhof (BY) 85 B
24802 Emkendorf (SH) 11 C
99869 Emleben (TH) 52 M
49824 Emlichheim (NI) 26 E
49824 Emlichheimer Wösten (NI) 26 E
88353 Emmelhofen (BW) 98 F
49733 Emmeln (NI) 26 C
56281 Emmelshausen (RP) 60 K
29386 Emmen (NI) 30 F
79312 Emmendingen (BW) 88 L
29579 Emmendorf (NI) 21 L
46446 Emmerich (NW) 36 H
82275 Emmering (BY) 92 J
83550 Emmering (BY) 93 L
31860 Emmern (NI) 40 D
84381 Emmersdorf (BY) 94 C
31860 Emmerthal (NI) 40 D
84547 Emmerting (BY) 94 H
57520 Emmerzhausen (RP) 60 B
72202 Emmingen (BW) 89 B
78576 Emmingen-Liptingen (BW) 97 B
30952 Empelde (NI) 29 L
36452 Empfertshausen (TH) 63 A
72186 Empfingen (BW) 89 E
48249 Empte (NW) 37 F
48488 Emsbüren (NI) 26 J
48282 Emsdetten (NW) 38 A
06528 Emseloh (ST) 42 L
85135 Emsing (BY) 84 H
86643 Emskeim (BY) 84 K
91448 Emskirchen (BY) 73 M
14797 Emstal (BB) 33 K
49685 Emstek (NI) 27 C
27321 Emtinghausen (NI) 28 C
95517 Emtmannsberg (BY) 75 D
95233 Enchenreuth (BY) 64 M
49429 Endel (NI) 28 A
79585 Endenburg (BW) 96 D
91174 Enderndorf (BY) 84 D
71384 Endersbach (BW) 82 K
79346 Endingen am Kaiserstuhl (BW) 88 K
82544 Endlhausen (BY) 101 A
59846 Endorf (NW) 49 F
06333 Endorf (ST) 42 H
07570 Endschütz (TH) 54 L
91628 Endsee (BY) 73 K
34439 Engar (NW) 39 M
48465 Engden (NI) 26 M
88299 Engelboldshofen (BW) 99 D
25348 Engelbrechtsche Wildnis (SH) 11 K
53947 Engelgau (NW) 59 D
74572 Engelhardshausen (BW) 83 A
74423 Engelhofen (BW) 82 J
95473 Engelmannsreuth (BY) 75 D
27305 Engeln (NI) 28 C
84549 Engelsberg (BY) 94 G
92283 Engelsberg (BY) 85 A
75331 Engelsbrand (BW) 81 L
21710 Engelschoff (NI) 11 K
79733 Engelschwand (BW) 96 E
51515 Engelsdorf (NW) 48 J
04439 Engelsdorf (SN) 54 C
93462 Engelshütt (BY) 86 C
51766 Engelskirchen (NW) 48 J
55270 Engelstadt (RP) 70 F
72514 Engelswies (BW) 90 K
91238 Engelthal (BY) 74 M
78234 Engen (BW) 97 B
65527 Engenhahn (HE) 60 M
27432 Engeo (NI) 19 C
32130 Enger (NW) 39 B
07407 Engerda (TH) 64 B
31737 Engern (NI) 39 C
39638 Engersen (ST) 31 E
94081 Engertsham (BY) 95 A
25917 Enge-Sande (SH) 3 F
87733 Engetried (BY) 99 B
85419 Enghausen (BY) 93 B
87743 Engishausen (BY) 91 L
25845 England (SH) 3 M
94419 Englmannsberg (BY) 94 A
94530 Engolling (BY) 86 M
72829 Engstingen (BW) 90 D
97340 Enheim (BY) 73 G
72800 Eningen unter Achalm (BW) 90 D
85125 Enkering (BY) 84 J
59505 Enkesen im Klei (NW) 38 M
86753 Enkingen (BY) 83 M
56850 Enkirch (RP) 69 B
58256 Ennepetal (NW) 48 F
57439 Ennest (NW) 49 H
59320 Enniger (NW) 38 H
59320 Ennigerloh (NW) 38 J
32257 Ennigloh (NW) 39 B
54340 Ensch (RP) 69 D
92266 Ensdorf (BY) 85 B
66806 Ensdorf (SL) 79 A
59469 Ense (NW) 49 B
91804 Ensfeld (BY) 84 K
55232 Ensheim (RP) 70 F
57647 Enspel (RP) 60 E
91227 Entenberg (BY) 74 M
86923 Entraching (BY) 92 L
85307 Entrischenbrunn (BY) 92 C
32657 Entrup (NW) 39 F
33039 Entrup (NW) 40 G
84104 Enzelhausen (BY) 93 A
31655 Enzen (NI) 29 K
53909 Enzen (NW) 59 A
91235 Enzendorf (BY) 74 J
75337 Enzklösterle (BW) 89 A
48599 Epe (NW) 37 B
25704 Epenwöhrden (SH) 10 F
86920 Epfach (BY) 100 A
74925 Epfenbach (BW) 81 C
78736 Epfendorf (BW) 89 G
86929 Epfenhausen (BY) 92 K
66571 Eppelborn (SL) 69 L
69214 Eppelheim (BW) 71 L
55234 Eppelsheim (RP) 70 J
66957 Eppenbrunn (RP) 80 D
49176 Eppendorf (NI) 38 C
45721 Eppendorf (NW) 37 H
09575 Eppendorf (SN) 55 M
65558 Eppenrod (RP) 60 H
94536 Eppenschlag (BY) 87 G
64859 Eppertshausen (HE) 71 B
75031 Eppingen (BW) 81 F
89438 Eppisburg (BY) 91 C
87745 Eppishausen (BY) 91 J
65817 Eppstein (HE) 61 K
92334 Erasbach (BY) 84 F
89155 Erbach (BW) 90 J
66424 Erbach (SL) 79 C
92681 Erbendorf (BY) 75 E
98634 Erbenhausen (TH) 63 D
55234 Erbes-Büdesheim (RP) 70 F
89284 Erbishofen (BY) 91 G
88281 Erbisreute (BW) 98 F
97262 Erbshausen (BY) 73 D
21365 Erbstorf (NI) 21 H
35767 Erdbach (HE) 60 C
06317 Erdeborn (ST) 53 C
54492 Erden (RP) 69 B
32689 Erder (NW) 39 C
66887 Erdesbach (RP) 69 J
85435 Erding (BY) 93 H
51580 Erdingen (NW) 49 K
71729 Erdmannhausen (BW) 82 G
09573 Erdmannsdorf (SN) 55 L
82253 Erdweg (BY) 92 F
86922 Eresing (BY) 92 K
24803 Erfde (SH) 11 A
24803 Erfderfeld (SH) 11 A
64560 Erfelden (HE) 71 D
50374 Erftstadt (NW) 48 K
990XX Erfurt (TH) 53 G
66996 Erfweiler (RP) 80 E
91465 Ergersheim (BY) 73 L
84030 Ergolding (BY) 93 C
84061 Ergoldsbach (BY) 85 M
58239 Ergste (NW) 49 A
84513 Erharting (BY) 94 G
94140 Ering (BY) 94 F
59590 Eringerfeld (NW) 39 K
88521 Erisdorf (BW) 90 L
88097 Eriskirch (BW) 98 H
87778 Erisried (BY) 91 L
41812 Erkelenz (NW) 47 J
33034 Erkeln (NW) 40 K
73268 Erkenbrechtsweiler (BW) 90 B
38173 Erkerode (NI) 41 C
95100 Erkersreuth (BY) 65 L
85135 Erkertshofen (BY) 84 H
87746 Erkheim (BY) 91 L
15537 Erkner (BB) 34 G
40699 Erkrath (NW) 48 E
08340 Erla (SN) 66 D
91443 Erlabronn (BY) 73 H
97250 Erlabrunn (BY) 72 F
08349 Erlabrunn (SN) 66 D
84359 Erlach (BY) 94 F
96114 Erlach (BY) 73 G
97845 Erlach am Main (BY) 72 E
9105X Erlangen (BY) 74 G
94130 Erlau (BY) 95 B
96194 Erlau (BY) 73 F
09306 Erlau (SN) 55 H
84567 Erlbach (BY) 94 E
86732 Erlbach (BY) 83 J
09326 Erlbach (SN) 55 E
09385 Erlbach-Kirchberg (SN) 55 K
46348 Erle (NW) 37 H
74235 Erlenbach (BW) 82 D
63906 Erlenbach am Main (BY) 72 D
97837 Erlenbach bei Marktheidenfeld (BY) 72 E
76872 Erlenbach bei Kandel (RP) 80 F
74427 Erlenhof (BW) 82 J
88416 Erlenmoos (BW) 91 K
63526 Erlensee (HE) 61 M
74391 Erligheim (BW) 81 J
34431 Erlinghausen (NW) 50 C
85125 Erlingshofen (BY) 84 H
86660 Erlingshofen (BY) 91 C
83355 Erlstätt (BY) 102 A
96126 Ermershausen (BY) 63 M
91465 Ermetzhofen (BY) 73 L
49696 Ermke (NI) 27 B
06184 Ermlitz (ST) 54 B
91077 Ermreuth (BY) 74 H
06463 Ermsleben (ST) 42 H
99192 Ermstedt (TH) 53 K
57339 Erndtebrück (NW) 49 M
92334 Ernersdorf (BY) 84 F
85119 Ernsgaden (BY) 84 M
56814 Ernst (RP) 59 M
64397 Ernsthofen (HE) 71 E
99894 Ernstroda (TH) 52 M
69427 Ernsttal (BW) 71 M
98724 Ernstthal (TH) 64 E
54668 Ernzen (RP) 68 F
88453 Erolzheim (BW) 91 K
50374 Erp (NW) 59 A
53579 Erpel (RP) 59 F
73479 Erpfental (BW) 83 G
72820 Erpfingen (BW) 90 D
86899 Erpfting (BY) 92 K
67167 Erpolzheim (RP) 70 M
37308 Ershausen (TH) 52 D
75236 Ersingen (BW) 81 H
89155 Ersingen (BW) 90 J
89143 Erstetten (BW) 90 F
88521 Ertingen (BW) 90 L
59597 Erwitte (NW) 39 K
33039 Erwitzen (NW) 39 J
39343 Erxleben (ST) 31 L
39606 Erxleben (ST) 31 C
67685 Erzenhausen (RP) 70 K
64390 Erzhausen (HE) 71 B
37547 Erzhausen (NI) 40 F
92439 Erzhäuser (BY) 85 C
55774 Erzweiler (RP) 69 J
50189 Esch (NW) 47 M
53902 Esch (NW) 59 D
54518 Esch (RP) 69 D
54585 Esch (RP) 59 G
73569 Eschach (BW) 82 J
78176 Eschach (BW) 97 A
87474 Eschach (BY) 99 E
87474 Eschachberg (BY) 99 D
87474 Eschachtal (BY) 99 D
63863 Eschau (BY) 72 D
79252 Eschbach (BW) 88 L
79427 Eschbach (BW) 96 A
76831 Eschbach (RP) 80 E
65760 Eschborn (HE) 61 K
78664 Eschbronn (BW) 89 G
01474 Eschdorf (SN) 56 H
49828 Esche (NI) 26 H
49824 Eschebrügge (NI) 26 D
21039 Escheburg (SH) 21 A
29348 Eschede (NI) 30 D
04654 Eschefeld (SN) 54 J
74927 Eschelbronn (BW) 81 C
95488 Eschen (BY) 74 C
90542 Eschenau (BY) 74 H
73107 Eschenbach (BW) 90 B
91224 Eschenbach (BY) 74 M
91459 Eschenbach (BY) 73 M
92676 Eschenbach in der Oberpfalz (BY) 75 D
99869 Eschenbergen (TH) 52 J
32825 Eschenbruch (NW) 40 D
35713 Eschenburg (HE) 61 A
92275 Eschenfelden (BY) 74 J
82438 Eschenlohe (BY) 100 H
85232 Eschenried (BY) 92 J
39356 Eschenrode (ST) 31 K
37170 Eschershausen (NI) 40 L
37632 Eschershausen (NI) 40 E
54619 Eschfeld (RP) 58 L
94339 Eschlbach (BY) 86 K
93458 Eschlkam (BY) 86 B
46354 Eschlohn (NW) 37 E
64319 Eschollbrücken (HE) 71 D
37269 Eschwege (HE) 52 D
52249 Eschweiler (NW) 47 L
52388 Eschweiler über Feld (NW) 48 K
53902 Eschweiler (NW) 59 D
26427 Esens (NI) 9 K
26954 Esenshamm (NI) 19 D
26954 Esenshammergroden (NI) 19 D
26954 Esenshammer Oberdeich (NI) 19 D
24402 Esgrus (SH) 4 E
24402 Esgrusschauby (SH) 4 F
92693 Eslarn (BY) 76 G
59889 Eslohe (Sauerland) (NW) 49 F
35428 Espa (HE) 61 H
49509 Espel (NW) 27 L
32339 Espelkamp (NW) 28 L
33161 Espeln (NW) 39 H
34314 Espenau (HE) 51 B
09569 Espenhain (SN) 54 F
65391 Espenschied (HE) 60 L
31535 Esperke (NI) 29 E
06279 Esperstedt (ST) 53 C
06567 Esperstedt (TH) 53 B
24887 Esperstoft (SH) 4 G
37181 Espol (NI) 40 J
07924 Eßbach (TH) 65 D
29690 Essel (NI) 29 E
97839 Esselbach (BY) 72 E
55234 Esselborn (RP) 70 J
49632 Essen (Oldenburg) (NI) 27 E
45XXX Essen (NW) 48 B
84051 Essenbach (BY) 93 C
55270 Essenheim (RP) 70 F
34431 Essentho (NW) 50 B
46459 Esserden (NW) 36 J
97232 Eßfeld (BY) 72 J
93343 Essing (BY) 85 G
73457 Essingen (BW) 83 K
97440 Eßleben (BY) 73 A
99628 Eßleben-Teutleben (TH) 53 F
7373X Esslingen am Neckar (BW) 82 K
67754 Eßweiler (RP) 70 K
39638 Estedt (ST) 31 E
97230 Estenfeld (BY) 73 D
48712 Estern (NW) 37 E
26897 Esterwegen (NI) 18 K
67472 Esthal (RP) 80 B
82140 Esting (BY) 92 J
21727 Estorf (NI) 20 A
31629 Estorf (NI) 28 F
39448 Etgersleben (ST) 42 E
39359 Etingen (ST) 31 G
92272 Etsdorf (BY) 75 L
82488 Ettal (BY) 100 H
33178 Etteln (NW) 39 L
86424 Ettelried (BY) 91 F
89358 Ettenbeuren (BY) 91 E
38539 Ettenbüttel (NI) 30 H
83259 Ettenhausen (BY) 102 D
99819 Ettenhausen an der Suhl (TH) 52 K
99947 Ettenhausen (TH) 52 L
77955 Ettenheim (BW) 88 H
77955 Ettenheimmünster (BW) 88 H
77955 Ettenheimweiler (BW) 88 H
91796 Ettenstatt (BY) 84 E
99439 Ettersburg (TH) 53 H
82237 Etterschlag (BY) 92 L
93152 Etterzhausen (BY) 85 E
86641 Etting (BY) 92 A
35447 Ettingshausen (HE) 61 F
88276 Ettishofen (BW) 98 B
97440 Ettleben (BY) 73 A
85104 Ettling (BY) 85 K
94522 Ettling (BY) 86 L
76275 Ettlingen (BW) 81 G
76275 Ettlingenweier (BW) 81 G
92421 Ettmannsdorf (BY) 85 B
72226 Ettmannsweiler (BW) 89 A
86833 Ettringen (BY) 91 M
56729 Ettringen (RP) 59 J
57539 Etzbach (RP) 60 A
09661 Etzdorf (SN) 55 J
07613 Etzdorf (TH) 54 G
99735 Etzelsrode (TH) 52 C
92268 Etzelwang (BY) 74 M
21385 Etzen (NI) 21 G
92694 Etzenricht (BY) 75 H
92709 Etzgersrieth (BY) 75 J
14641 Etzin (BB) 33 G
06577 Etzleben (TH) 53 E
04668 Etzoldshain (SN) 55 D
50189 Etzweiler (NW) 47 M
09128 Euba (SN) 55 L
95463 Euben (BY) 74 C
53639 Eudenbach (NW) 59 C
97502 Euerbach (BY) 73 A
97717 Euerdorf (BY) 63 K
97337 Euerfeld (BY) 73 D
97232 Euerhausen (BY) 72 J
85298 Euernbach (BY) 92 C
91171 Euerwang (BY) 84 H
84032 Eugenbach (BY) 93 B
04552 Eula (SN) 54 F
04643 Eulatal (SN) 55 G
67685 Eulenbis (RP) 70 K
09661 Eulendorf (SN) 55 J
56761 Eulgem (RP) 59 L
06888 Euper (ST) 44 D
82547 Eurasburg (BY) 100 C
86495 Eurasburg (BY) 92 E
86860 Eurishofen (BY) 99 C
54597 Euscheid (RP) 58 L
538XX Euskirchen (NW) 59 A
97776 Eußenheim (BY) 72 C
76857 Eußerthal (RP) 80 B
87733 Eutenhausen (BY) 99 B
92345 Eutenhofen (BY) 85 D
23701 Eutin (SH) 12 E
72184 Eutingen im Gäu (BW) 89 E
06888 Eutzsch (ST) 44 D
58791 Eveking (NW) 49 E
83552 Evenhausen (BY) 93 M
59368 Evenkamp (NW) 38 K

39359 Everingen (ST) 31 K
31085 Everode (NI) 40 F
47495 Eversael (NW) 37 K
59872 Eversberg (NW) 50 A
27367 Eversen (NI) 20 K
33039 Eversen (NW) 40 G
26556 Eversmeer (NI) 18 A
48351 Everswinkel (NW) 38 E
31675 Evesen (NI) 28 M
56290 Eveshausen (RP) 59 M
38173 Evessen (NI) 41 C
41569 Evinghoven (NW) 48 G
58762 Evingsen (NW) 49 E
79879 Ewattingen (BW) 97 A
56244 Ewighausen (RP) 60 E
98631 Exdorf (TH) 63 F
94428 Exing (BY) 94 B
31737 Exten (NI) 39 C
32602 Exter (NW) 39 B
32699 Extertal (NW) 39 C
91522 Eyb (BY) 83 C
07318 Eyba (TH) 64 E
49406 Eydelstedt (NI) 28 E
21376 Eyendorf (NI) 21 G
97631 Eyershausen (BY) 63 H
91177 Eysölden (BY) 84 E
27324 Eystrup (NI) 29 A
91484 Ezelheim (BY) 73 H

F

32339 Fabbenstedt (NW) 28 L
56133 Fachbach (RP) 60 G
14532 Fahlhorst (BB) 33 L
19288 Fahrbinde (MV) 22 B
24857 Fahrdorf (SH) 4 L
24253 Fahren (SH) 5 K
74864 Fahrenbach (BW) 71 M
27442 Fahrendahl (NI) 19 F
27442 Fahrendorf (NI) 19 F
17337 Fahrenholz (BB) 25 A
29664 Fahrenholz (NI) 29 B
28816 Fahrenhorst (NI) 19 L
23795 Fahrenkrug (SH) 12 G
17309 Fahrenwalde (MV) 25 B
85777 Fahrenzhausen (BY) 92 F
25899 Fahretoft (SH) 3 E
14476 Fahrland (BB) 33 H
56814 Faid (RP) 59 L
07570 Falka (TH) 54 L
09337 Falken (SN) 55 K
99830 Falken (TH) 52 G
09569 Falkenau (SN) 55 L
09429 Falkenbach (SN) 66 B
84326 Falkenberg (BY) 94 E
95685 Falkenberg (BY) 75 F
28865 Falkenberg (NI) 19 J
49681 Falkenberg (NI) 27 C
04880 Falkenberg (SN) 44 K
04895 Falkenberg/Elster (BB) 44 M
16259 Falkenberg/Mark (BB) 34 B
24211 Falkendorf (SH) 12 A
94350 Falkenfels (BY) 86 D
14612 Falkenhagen (BB) 33 E
15306 Falkenhagen (BB) 34 J
16928 Falkenhagen (BB) 23 H
17291 Falkenhagen (BB) 25 D
32676 Falkenhagen (NW) 40 D
01776 Falkenhain (SN) 56 L
04808 Falkenhain (SN) 55 A
14641 Falkenrehde (BB) 33 G
14612 Falkensee (BB) 33 E
93167 Falkenstein (BY) 86 D
08223 Falkenstein/Vogtland (SN) 65 F
16775 Falkenthal (BB) 24 M
17291 Falkenwalde (BB) 25 E
83661 Fall (BY) 101 G
29683 Fallingbostel (NI) 29 B
98597 Fambach (TH) 63 B
82490 Farchant (BY) 100 H
25704 Farnewinkel (SH) 11 D
06279 Farnstädt (ST) 53 C
54317 Farschweiler (RP) 69 G
39326 Farsleben (ST) 31 M
30916 Farster Bauerschaft (NI) 29 J
27446 Farven (NI) 20 D
29328 Faßberg (NI) 30 A
95111 Faßmannsreuth (BY) 65 H
97514 Fatschenbrunn (BY) 73 C
95145 Fattigau (BY) 65 K
97906 Faulbach (BY) 72 E
91583 Faulenberg (BY) 83 A
17139 Faulenrost (MV) 15 K
99976 Faulungen (TH) 52 D
97903 Fechenbach (BY) 72 D
96465 Fechheim (BY) 64 G
25779 Fedderingen (SH) 10 C
31867 Feggendorf (NI) 29 K
56472 Fehl-Ritzhausen (RP) 60 C
23769 Fehmarnsund (SH) 5 C
49733 Fehndorf (NI) 26 C
16833 Fehrbellin (BB) 33 A
24635 Fehrenbötel (SH) 12 G
03096 Fehrow (BB) 45 F
84550 Feichten an der Alz (BY) 94 K
86485 Feigenhofen (BY) 92 D
67824 Feilbingert (RP) 70 E
95183 Feilitzsch (BY) 65 G
16278 Felchow (BB) 25 H
99974 Felchta (TH) 52 E
82340 Feldafing (BY) 100 B
36325 Feldatal (HE) 62 A
17258 Feldberg (MV) 24 F
26655 Felde (NI) 18 E
24242 Felde (SH) 11 C
99718 Feldengel (TH) 53 D
85232 Feldgeding (BY) 92 J
72501 Feldhausen (BW) 90 G
14913 Feldheim (BB) 44 A
86694 Feldheim (BY) 84 K
85622 Feldkirchen (BY) 93 G
94351 Feldkirchen (BY) 86 G
83620 Feldkirchen-Westerham (BY) 101 B
83620 Feldolling (BY) 101 B
89150 Feldstetten (BW) 90 E
83236 Feldwies (BY) 102 A
14943 Felgentreu (BB) 44 B
84428 Felizenzell (BY) 93 F
54341 Fell (RP) 69 D
7073X Fellbach (BW) 82 K
97778 Fellen (BY) 62 L
35708 Fellerdilln (HE) 60 C
54456 Fellerich (RP) 68 J
87748 Fellheim (BY) 91 K
57223 Fellinghausen (NW) 49 L
24244 Felm (SH) 4 M
49770 Felsen (NI) 27 D
57580 Fensdorf (RP) 60 B
92269 Fensterbach (BY) 75 L
14548 Ferch (BB) 33 K
14715 Ferchels (ST) 32 E
39317 Ferchland (ST) 32 G
17379 Ferdinandshof (MV) 16 K
17291 Ferdinandshorst (BB) 24 F
04895 Fermerswalde (BB) 44 J
37339 Ferna (TH) 52 B
90613 Fernabrünst (BY) 74 K
99837 Fernbreitenbach (TH) 52 K
94244 Fernsdorf (BY) 86 E
35463 Fernwald (HE) 61 E
54668 Ferschweiler (RP) 68 F
27211 Fesenfeld (NI) 28 B
86759 Fessenheim (BY) 83 J
83703 Festenbach (BY) 101 D
91475 Fetzelhofen (BY) 73 J
90537 Feucht (BY) 84 B
91555 Feuchtwangen (BY) 83 E
57334 Feudingen (NW) 50 K
57334 Feudingerhütte (NW) 50 K
79400 Feuerbach (BW) 96 D
54597 Feuerscheid (RP) 58 M
54584 Feusdorf (RP) 59 G
95686 Fichtelberg (BY) 75 A
04931 Fichtenberg (BB) 55 C
74427 Fichtenberg (BW) 82 J
14547 Fichtenwalde (BB) 33 K
27624 Fickmühlen (NI) 19 B
24217 Fiefbergen (SH) 5 K
25785 Fiel (SH) 11 D
06198 Fienstedt (ST) 43 K
57612 Fiersbach (RP) 60 A
95514 Filchendorf (BY) 75 D
42477 Filde (NW) 48 F
70794 Filderstadt (BW) 90 A
56341 Filsen (RP) 60 K
26849 Filsum (NI) 18 G
56766 Filz (RP) 59 L
89281 Filzingen (BY) 91 K
17209 Fincken (MV) 23 E
27442 Findorf (NI) 19 F
67822 Finkenbach-Gersweiler (RP) 70 H
17179 Finkenthal (MV) 14 F
25813 Finkhaushallig (SH) 3 M
57413 Finnentrop (NW) 49 E
16244 Finowfurt (BB) 25 K
85464 Finsing (BY) 93 G
94151 Finsterau (BY) 87 H
99898 Finsterbergen (TH) 52 M
83703 Finsterwald (BY) 101 D
03238 Finsterwalde (BB) 45 G
27389 Fintel (NI) 20 H
26835 Firrel (NI) 18 E
54439 Fisch (RP) 68 J
86850 Fischach (BY) 91 J
78078 Fischbach (BW) 89 K
93149 Fischbach (BY) 85 F
96106 Fischbach (BY) 63 M
96317 Fischbach (BY) 64 M
96472 Fischbach (BY) 64 G
65307 Fischbach (HE) 60 M
65779 Fischbach (HE) 61 K
55743 Fischbach (RP) 69 F
67693 Fischbach (RP) 70 L
01477 Fischbach (SN) 56 F
99891 Fischbach (TH) 52 L
83730 Fischbachau (BY) 101 E
36452 Fischbach/Rhön (TH) 63 A
64405 Fischbachtal (HE) 71 E
39524 Fischbeck (Elbe) (ST) 32 G
23869 Fischbek (SH) 12 K
57334 Fischelbach (NW) 50 K
77716 Fischerbach (BW) 88 J
94469 Fischerdorf (BY) 86 J
87727 Fischhausen (BY) 101 E
03238 Fischwasser (BB) 45 K
23701 Fissau (SH) 12 B
25579 Fitzbek (SH) 11 F
21514 Fitzen (SH) 21 B
91604 Flachslanden (BY) 73 M
65558 Flacht (RP) 60 J
97650 Fladungen (BY) 63 D
45721 Flaesheim (NW) 37 J
57234 Flammersbach (NW) 49 M
57632 Flammersfeld (RP) 60 A
48653 Flamschen (NW) 37 F
94258 Flanitz (BY) 87 D
57399 Flape (NW) 49 J
99986 Flarchheim (TH) 52 H
16766 Flatow (BB) 33 A
39345 Flechtingen (ST) 31 K
49740 Flechum (NI) 27 D
83661 Fleck (BY) 101 D
24357 Fleckeby (SH) 4 L
57392 Fleckenberg (NW) 49 J
16837 Flecken Zechlin (BB) 24 G
27612 Fleeste (NI) 19 B
29416 Fleetmark (ST) 31 B
74223 Flein (BW) 82 D
86424 Fleinhausen (BY) 91 F
35764 Fleisbach (HE) 61 A
88373 Fleischwangen (BW) 98 B
06618 Flemmingen (ST) 54 G
16306 Flemsdorf (BB) 25 H
249XX Flensburg (SH) 4 D
54597 Fleringen (RP) 58 M
53359 Flerzheim (NW) 59 B
39606 Flessau (ST) 31 C
38539 Flettmar (NI) 30 H
36103 Flieden (HE) 62 H
59199 Flierich (NW) 38 L
54636 Fließem (RP) 68 C
17268 Flieth-Stegelitz (BB) 25 G
37308 Flinsberg (TH) 52 D
24220 Flintbek (SH) 11 C
48231 Flintrup (NW) 38 E
27624 Flögeln (NI) 10 L
98593 Floh (TH) 63 B
09557 Flöha (SN) 55 L
98593 Floh-Seligenthal (TH) 63 B
53894 Floisdorf (NW) 59 A
55234 Flomborn (RP) 70 J
55237 Flonheim (RP) 70 E
63639 Flörsbach (HE) 62 K
63639 Flörsbachtal (HE) 62 L
61197 Florstadt (HE) 61 J
92685 Floß (BY) 75 F
04651 Flößberg (SN) 55 D
92696 Flossenbürg (BY) 75 F
86653 Flotzheim (BY) 84 K
78737 Fluorn-Winzeln (BW) 89 G
99510 Flurstedt (TH) 53 J
54516 Flußbach (RP) 69 A
57614 Fluterschen (RP) 60 A
24787 Fockbek (SH) 11 B
66887 Föckelberg (RP) 70 K
37603 Fohlenplacken (NI) 40 H
14798 Fohrde (BB) 32 J
25563 Föhrden-Barl (SH) 11 J
54343 Föhren (RP) 69 D
55777 Fohren-Linden (RP) 69 J
01561 Folbern (SN) 56 A
95361 Fölschnitz (BY) 64 M
34439 Fölsen (NW) 39 M
76596 Forbach (BW) 89 A
95126 Förbau (BY) 65 K
76287 Forchheim (BW) 81 G
79362 Forchheim (BW) 88 G
85104 Forchheim (BY) 85 K
91301 Forchheim (BY) 74 G
92342 Forchheim (BY) 84 E
09509 Forchheim (SN) 66 C
74670 Forchtenberg (BW) 82 B
39443 Förderstedt (ST) 42 F
86735 Forheim (BY) 83 L
96524 Föritz (TH) 64 H
49419 Förlingen (NI) 28 G
95126 Förmitz (BY) 65 K
85276 Förnbach (BY) 92 C
91230 Förrenbach (BY) 74 M
51503 Forsbach (NW) 48 M
03149 Forst (Lausitz) (BB) 46 D
76694 Forst (BW) 81 E
92369 Forst (BY) 84 C
97453 Forst (BY) 73 B
37639 Forst (NI) 40 E
67147 Forst an der Weinstraße (RP) 70 M
51515 Forsten (NW) 48 J
95236 Förstenreuth (BY) 65 K
85659 Förstern (BY) 93 H
02906 Förstgen (SN) 57 B
94550 Forsthart (BY) 94 C
85661 Forstinning (BY) 93 H
90542 Forth (BY) 74 H
99819 Förtha (TH) 52 K
96332 Förtschendorf (BY) 64 H
83119 Frabertsham (BY) 94 K
55234 Framersheim (RP) 70 F
97833 Frammersbach (BY) 72 B
67737 Frankelbach (RP) 70 K
03253 Frankena (BB) 45 G
35110 Frankenau (HE) 50 J
09306 Frankenau (SN) 55 H
35444 Frankenbach (HE) 61 A
93179 Frankenberg (BY) 85 F
95469 Frankenberg (BY) 75 D
35066 Frankenberg (Eder) (HE) 50 H
09669 Frankenberg (SN) 55 L
27404 Frankenbostel (NI) 20 G
97723 Frankenbrunn (BY) 62 M
28865 Frankenburg (NI) 19 J
96155 Frankendorf (BY) 74 E
67468 Frankeneck (RP) 80 C
27336 Frankenfeld (NI) 29 A
14943 Frankenfelde (BB) 44 B
14943 Frankenförde (BB) 44 B
04643 Frankenhain (SN) 55 G
99330 Frankenhain (TH) 63 C
74586 Frankenhardt (BW) 83 D
64367 Frankenhausen (HE) 71 E
04430 Frankenheim (SN) 54 B
87662 Frankenhofen (BY) 100 A
87665 Frankenried (BY) 99 C
99826 Frankenroda (TH) 52 H
67468 Frankenstein (RP) 70 L
09569 Frankenstein (SN) 55 M
01909 Frankenthal (SN) 56 F
67227 Frankenthal (RP) 71 K
97447 Frankenwinheim (BY) 73 E
1523X Frankfurt (Oder) (BB) 35 G
91480 Frankfurt (BY) 73 J
60XXX Frankfurt am Main (HE) 71 B
64407 Fränkisch-Crumbach (HE) 71 H
06259 Frankleben (ST) 54 A
76833 Frankweiler (RP) 80 C
18461 Franzburg (MV) 6 M
54316 Franzenheim (RP) 69 G
83112 Frasdorf (BY) 101 C
06386 Fraßdorf (ST) 43 H
47559 Frasselt (NW) 36 H
94258 Frauenau (BY) 87 D
55776 Frauenberg (RP) 69 J
84130 Frauenbiburg (BY) 94 A
04668 Frauendorf (SN) 55 G
84559 Frauendorf (BY) 94 G
16278 Frauenhagen (BB) 25 H
01609 Frauenhain (SN) 56 A
53949 Frauenkron (NW) 58 J
83553 Frauenneuharting (BY) 93 L
07774 Frauenprießnitz (TH) 54 G
84137 Frauensattling (BY) 94 D
36460 Frauensee (TH) 52 K
09623 Frauenstein (SN) 56 K
98711 Frauenwald (TH) 64 D
87452 Frauenzell (BY) 99 D
93179 Frauenzell (BY) 85 F
08427 Fraureuth (SN) 65 C
52388 Frauwüllesheim (NW) 47 M
50226 Frechen (NW) 48 K
87733 Frechenrieden (BY) 99 B
76872 Freckenfeld (RP) 80 F
48231 Freckenhorst (NW) 38 F
06456 Freckleben (ST) 42 J
57392 Fredeburg (NW) 50 D
37186 Fredelsloh (NI) 40 J
14806 Fredersdorf (BB) 32 M
15370 Fredersdorf Nord (BB) 34 D
15370 Fredersdorf-Vogelsdorf (BB) 34 D
23826 Fredesdorf (SH) 12 G
27419 Freetz (NI) 20 E
16945 Frehne (BB) 23 E
95491 Freiahorn (BY) 74 F
52457 Freialdenhoven (NW) 47 L
79348 Freiamt (BW) 88 H
71691 Freiberg am Neckar (BW) 82 G
09599 Freiberg (SN) 55 J
79XXX Freiburg im Breisgau (BW) 88 L
21729 Freiburg (Elbe) (NI) 11 G
15757 Freidorf (BB) 45 A
87549 Freidorf (BY) 99 H
99713 Freienbessingen (TH) 52 F
96142 Freienfels (BY) 74 B
37318 Freienhagen (TH) 52 A
01983 Freienhufen (BB) 45 L
59872 Freienohl (NW) 49 C
86495 Freienried (BY) 92 E
36399 Freiensteinau (HE) 62 G
24991 Freienwill (SH) 4 E
63579 Freigericht (HE) 61 M
89343 Freihalden (BY) 91 E
92358 Freihausen (BY) 84 F
37520 Freiheit (NI) 41 G
92271 Freihung (BY) 75 H
83395 Freilassing (BY) 102 C
55546 Frei-Laubersheim (RP) 70 E
04936 Freileben (BB) 44 J
53945 Freilingen (NW) 59 G
56244 Freilingen (RP) 60 E
55234 Freimersheim (RP) 70 J
86558 Freinhausen (BY) 92 C
67251 Freinsheim (RP) 70 M
56244 Freirachdorf (RP) 60 D
67361 Freisbach (RP) 80 C
66629 Freisen (SL) 69 M
53505 Freisheim (RP) 59 E
8535X Freising (BY) 93 D
27711 Freissenbüttel (NI) 19 H
06347 Freist (ST) 42 M
27259 Freistatt (NI) 28 E
77866 Freistett (BW) 88 B
01705 Freital (SN) 56 G
01561 Freitelsdorf (SN) 56 A
15910 Freiwalde (BB) 45 A
38373 Frellstedt (NI) 41 C
27616 Frelsdorf (NI) 19 C
86742 Fremdingen (BY) 83 H
04685 Fremdiswalde (SN) 55 A
59872 Frenkhausen (NW) 49 C
96158 Frensdorf (BY) 74 D
49832 Freren (NI) 27 G
14552 Fresdorf (BB) 33 L
49762 Fresenburg (NI) 26 C
25727 Frestedt (SH) 11 D
67596 Frettenheim (RP) 70 F
92342 Frettenshofen (BY) 84 C
57413 Fretter (NW) 49 F
37318 Fretterode (TH) 51 F
48739 Frettholt (NW) 37 C
16909 Fretzdorf (BB) 23 J
97896 Freudenberg (BW) 72 G
92272 Freudenberg (BY) 75 L
57258 Freudenberg (NW) 49 L
54450 Freudenburg (RP) 68 M
72250 Freudenstadt (BW) 89 D
74392 Freudental (BW) 81 J
72419 Freudenweiler (BW) 89 J
83349 Freutsmoos (BY) 94 L
06632 Freyburg (Unstrut) (ST) 54 D
16918 Freyenstein (BB) 23 E
27404 Freyersen (NI) 20 D
92342 Freystadt (BY) 84 C
94078 Freyung (BY) 87 H
92334 Fribertshofen (BY) 84 F
91710 Frickenfelden (BY) 84 D
72636 Frickenhausen (BW) 90 A
87761 Frickenhausen (BY) 91 L
97252 Frickenhausen am Main (BY) 73 G
97638 Frickenhausen (BY) 63 G
91487 Frickenhöchstadt (BY) 73 J
88699 Frickingen (BW) 98 A
78567 Fridingen an der Donau (BW) 89 M
83413 Fridolfing (BY) 94 L
97702 Fridritt (BY) 63 L
88348 Friedberg (BW) 90 K
86316 Friedberg (BY) 92 D
61169 Friedberg (HE) 61 H
09619 Friedebach (SN) 67 A
26446 Friedeburg (NI) 18 E
06347 Friedeburg (Saale) (ST) 43 K
06347 Friedeburgerhütte (ST) 42 M
67159 Friedelsheim (RP) 70 M
17268 Friedenfelde (BB) 25 G
95688 Friedenfels (BY) 75 E
39291 Friedensau (ST) 32 K
27729 Friedensheim (NI) 19 F
79877 Friedenweiler (BW) 96 C
26434 Friederikensiel (NI) 9 L
01896 Friedersdorf (SN) 56 E
02742 Friedersdorf (SN) 57 G
02829 Friedersdorf (SN) 57 F
06749 Friedersdorf (ST) 43 M
93491 Friedersried (BY) 86 A
36289 Friedewald (HE) 51 M
57520 Friedewald (RP) 60 B
01468 Friedewald (SN) 56 D
32469 Friedewalde (NW) 28 M
86899 Friedheim (BY) 92 K
36280 Friedigerode (HE) 51 L
82346 Frieding (BY) 92 L
88515 Friedingen (BW) 90 G
15848 Friedland (BB) 45 C
17098 Friedland (MV) 15 M
37133 Friedland (NI) 51 C
58849 Friedlin (NW) 49 E
95239 Friedmannsdorf (BY) 65 K
07580 Friedmannsdorf (TH) 65 B
99894 Friedrichroda (TH) 52 L
24848 Friedrichsanbau (SH) 4 K
24855 Friedrichsau (SH) 4 G
37235 Friedrichsbrück (HE) 51 E
06507 Friedrichsbrunn (ST) 42 G
61381 Friedrichsdorf (HE) 61 L
27442 Friedrichsdorf (NI) 19 F
46562 Friedrichsfeld (NW) 37 K
25764 Friedrichsgabekoog (SH) 10 F
24799 Friedrichsgraben (SH) 11 A
08149 Friedrichsgrün (SN) 66 A
8804X Friedrichshafen (BW) 98 E
03130 Friedrichshain (BB) 46 G
31737 Friedrichshöhe (NI) 39 C
06507 Friedrichshöhe (ST) 42 K
24799 Friedrichsholm (SH) 11 A
25718 Friedrichskoog (SH) 10 F
24848 Friedrichsneuland (SH) 4 K
19374 Friedrichsruhe (MV) 22 C
25840 Friedrichstadt (SH) 3 M
72270 Friedrichstal (BW) 89 D
76297 Friedrichstal (BW) 81 D
16515 Friedrichsthal (BB) 33 B
66299 Friedrichsthal (SL) 79 B
31737 Friedrichswald (NI) 40 A
16247 Friedrichswalde (BB) 25 G
01819 Friedrichswalde-Ottendorf (SN) 56 H
99869 Friedrichswerth (TH) 52 H
24848 Friedrichswiese (SH) 4 L
66787 Friedrichweiler (SL) 79 A
25924 Friedrich-Wilhelm-Lübke-Koog (SH) 3 E
34621 Frielendorf (HE) 51 K
51789 Frielingsdorf (NW) 49 G
99869 Friemar (TH) 52 J
99192 Frienstedt (TH) 53 K
14662 Friesack (BB) 32 C
07368 Friesau (TH) 64 F
06543 Friesdorf (ST) 42 L
96114 Friesen (BY) 74 D
96317 Friesen (BY) 64 H
51598 Friesenhagen (RP) 49 L
97491 Friesenhausen (BY) 63 L
77948 Friesenheim (BW) 88 E
55278 Friesenheim (RP) 70 F
87654 Friesenried (BY) 99 C
93092 Friesheim (BY) 85 F
50374 Friesheim (NW) 59 A
26169 Friesoythe (NI) 18 L
32469 Frille (NW) 28 M
91487 Frimmersdorf (BY) 73 J
71292 Friolzheim (BW) 81 L
79215 Frischnau (BW) 88 J
89407 Fristingen (BY) 91 C
78665 Frittlingen (BW) 89 L
53343 Fritzdorf (NW) 59 E
34560 Fritzlar (HE) 51 G
08548 Fröbersgrün (SN) 65 E
04654 Frohburg (SN) 54 J
09456 Frohnau (SN) 66 B
79677 Fröhnd (BW) 96 E
99610 Frohndorf (TH) 53 E
53947 Frohngau (NW) 59 D
33034 Frohnhausen (NW) 40 K
66903 Frohnhofen (RP) 69 M
04618 Frohnsdorf (TH) 55 G
72510 Frohnstetten (BW) 89 M
52391 Froitzheim (NW) 58 C
58730 Frömern (NW) 49 B
72336 Frommern (BW) 89 J
91578 Frommetsfelden (BY) 83 B
99638 Frömmstedt (TH) 53 D
93426 Fronau (BY) 86 A
92421 Fronberg (BY) 85 B
58730 Fröndenberg (NW) 49 B
92540 Fronhof (BY) 75 M
88273 Fronhofen (BW) 98 B
55471 Fronhofen (RP) 70 A
88273 Fronreute (BW) 98 B
84160 Frontenhausen (BY) 94 A
82418 Froschhausen (BY) 100 E
63500 Froschhausen (HE) 71 C
06464 Frose (ST) 42 H
07926 Frössen (TH) 65 D
99880 Fröttstädt (TH) 52 M
56132 Frücht (RP) 60 G
72250 Frutenhof (BW) 89 D
04683 Fuchshain (SN) 54 F
53533 Fuchshofen (RP) 59 G
95689 Fuchsmühl (BY) 75 B
97234 Fuchsstadt (BY) 73 G
97488 Fuchsstadt (BY) 63 L
97727 Fuchsstadt (BY) 72 C
92224 Fuchsstein (BY) 75 K
86925 Fuchstal (BY) 100 A
48599 Füchte (NW) 37 B
49835 Füchtenfeld (NI) 26 J
48336 Füchtorf (NW) 38 C
48268 Fuestrup (NW) 38 E
18356 Fuhlendorf (MV) 6 H
24649 Fuhlendorf (SH) 11 J
21493 Fuhlenhagen (SH) 21 B
24640 Fuhlenrüe (SH) 11 J
92431 Fuhrn (BY) 85 C
360XX Fulda (HE) 62 E
34233 Fuldatal (HE) 51 B
29664 Fulde (NI) 29 B
88348 Fulgenstadt (BW) 90 L
72226 Fünfbronn (BW) 89 A
91174 Fünfbronn (BY) 84 D
15890 Fünfeichen (BB) 35 K
86681 Fünfstetten (BY) 83 M
17268 Funkenhagen (BB) 24 F
26409 Funnix (NI) 18 B
88436 Füramoos (BW) 90 M
55546 Fürfeld (RP) 70 E
94143 Fürholz (BY) 87 H
85376 Fürholzen (BY) 93 D
96181 Fürnbach (BY) 73 F
91717 Fürnheim (BY) 83 J
92262 Fürnried (BY) 74 M
49584 Fürstenau (NI) 27 G
37671 Fürstenau (NW) 40 G
01778 Fürstenau (SN) 56 L
37699 Fürstenberg (NI) 40 G
33181 Fürstenberg (NW) 50 B
16798 Fürstenberg/Havel (BB) 24 H
94142 Fürsteneck (BY) 87 K
82256 Fürstenfeldbruck (BY) 92 H
37170 Fürstenhagen (NI) 40 L
17235 Fürstensee (MV) 24 E
94538 Fürstenstein (BY) 87 K
01778 Fürstenwalde (SN) 56 L
15517 Fürstenwalde/Spree (BB) 34 H
17291 Fürstenwerder (BB) 24 C
94081 Fürstenzell (BY) 95 A
84095 Furth (BY) 93 B
9076X Fürth (BY) 74 K
93437 Furth im Wald (BY) 86 B
94481 Furth (BY) 87 G
64658 Fürth (HE) 71 H
57539 Fürthen (RP) 60 A
78120 Furtwangen im Schwarzwald (BW) 88 M
87629 Füssen (BY) 99 J
53909 Füssenich (NW) 59 A
67136 Fußgönheim (RP) 70 M
96160 Füttersee (BY) 73 E
78176 Fützen (BW) 97 D

G

86441 Gabelbach (BY) 91 F
86441 Gabelbachergreut (BY) 91 F
99428 Gaberndorf (TH) 53 H
83512 Gabersee (BY) 93 M
02953 Gablenz (SN) 46 L
86456 Gablingen (BY) 92 D
55288 Gabsheim (RP) 70 F
86565 Gachenbach (BY) 92 B
72813 Gächingen (BW) 90 D
56412 Gackenbach (RP) 60 H
19089 Gädebehn (MV) 13 M
19205 Gadebusch (MV) 13 K
06918 Gadegast (ST) 44 D
24321 Gadendorf (SH) 5 L
31246 Gadenstedt (NI) 30 K
97503 Gädheim (BY) 73 B
16909 Gadow (BB) 23 J
15806 Gadsdorf (BB) 33 M
39606 Gagel (ST) 31 C
23968 Gägelow (MV) 13 H
18586 Gager (MV) 7 H
76571 Gaggenau (BW) 81 K
46514 Gahlen (NW) 37 L
09569 Gahlenz (SN) 55 M
07356 Gahma (TH) 64 F
03246 Gahro (BB) 45 G
03149 Gahry (BB) 46 G
97332 Gaibach (BY) 73 D
69251 Gaiberg (BW) 81 B
78343 Gaienhofen (BW) 97 F
91090 Gaiganz (BY) 74 H
74405 Gaildorf (BW) 82 J
91631 Gailnau (BY) 83 A
92224 Gailoh (BY) 75 K
91625 Gailroth (BY) 83 A
93095 Gailsbach (BY) 85 J
85080 Gaimersheim (BY) 84 M
84137 Gaindorf (BY) 93 F
83674 Gaißach (BY) 101 D
92539 Gaisthal (BY) 76 K
88630 Gaisweiler (BW) 98 A
56651 Galenberg (RP) 59 J
94486 Galgweis (BY) 94 C
86551 Gallenbach (BY) 92 E
19258 Gallin (MV) 21 C
19386 Gallin-Kuppentin (MV) 23 A
03058 Gallinchen (BB) 46 G
91605 Gallmersgarten (BY) 73 L
04720 Gallschütz (SN) 55 E
15749 Gallun (BB) 34 K
25899 Galmsbüll (SH) 3 E
25899 Galmsbüllkoog (SH) 3 E
85296 Gambach (BY) 92 C
97753 Gambach (BY) 72 C
97956 Gamburg (BW) 72 H
56761 Gamlen (RP) 59 M
24340 Gammelby (SH) 4 M
19230 Gammelin (MV) 22 A
24855 Gammellund (SH) 4 G
85408 Gammelsdorf (BY) 93 B
73108 Gammelshausen (BW) 90 B
23769 Gammendorf (SH) 5 C
91809 Gammersfeld (BY) 84 L
72501 Gammertingen (BW) 90 G
38518 Gamsen (NI) 30 H
99192 Gamstädt (TH) 53 K
94431 Ganacker (BY) 86 L
17268 Gandenitz (BB) 24 J
27777 Ganderkesee (NI) 19 K
27324 Gandesbergen (NI) 29 A
52538 Gangelt (NW) 47 G
99634 Gangloffsömmern (TH) 53 D
97450 Gänheim (BY) 73 A
89290 Gannertshofen (BY) 91 G
86688 Gansheim (BY) 84 K
16845 Ganzer (BB) 32 C
04758 Ganzig (SN) 55 C
19395 Ganzlin (MV) 23 E
56294 Gappenach (RP) 59 J
82340 Garatshausen (BY) 100 C
58802 Garbeck (NW) 49 E
31174 Garbolzum (NI) 41 A
3082X Garbsen (NI) 29 H
84518 Garching an der Alz (BY) 94 G
39638 Gardelegen (ST) 31 H
25836 Garding (SH) 10 B
49699 Garen (NI) 27 B
94544 Garham (BY) 86 M
97688 Garitz (BY) 63 K
37547 Garlebsen (NI) 40 J
19357 Garlin (BB) 22 J
39579 Garlipp (ST) 31 F
14715 Garlitz (BB) 32 F
19249 Garlitz (MV) 22 D
27711 Garlstedt (NI) 19 H
21354 Garlstorf (NI) 21 F
21376 Garlstorf (NI) 21 G
92245 Garmersdorf (BY) 75 L
82467 Garmisch-Partenkirchen (BY) 100 H

31174 Garmissen (NI) 41 A
09238 Garnsdorf (SN) 55 L
49681 Garrel (NI) 18 M
14823 Garrey (BB) 44 A
83536 Gars am Inn (BY) 93 J
92289 Garsdorf (BY) 75 K
01665 Garsebach (SN) 55 F
21441 Garstedt (NI) 21 D
82538 Gartenberg (BY) 100 C
96224 Gärtenroth (BY) 64 L
49685 Garthe (NI) 27 C
29471 Gartow (NI) 22 L
71116 Gärtringen (BW) 89 B
16307 Gartz (Oder) (BB) 25 F
15345 Garzau (BB) 34 E
21354 Garze (NI) 21 F
15345 Garzin (BB) 34 E
18574 Garz/Rügen (MV) 7 G
04416 Gaschwitz (SN) 54 F
91320 Gasseldorf (BY) 74 E
06466 Gatersleben (ST) 42 H
16306 Gatow (BB) 25 J
95185 Gattendorf (BY) 65 H
91628 Gattenhofen (BY) 73 K
06268 Gatterstädt (ST) 53 C
55435 Gau-Algesheim (RP) 70 B
97762 Gauaschach (BY) 72 C
55599 Gau-Bickelheim (RP) 70 E
55296 Gau-Bischofsheim (RP) 70 F
21706 Gauensiekermoor (NI) 11 K
01665 Gauernitz (SN) 56 D
67294 Gauersheim (RP) 70 J
96476 Gauerstadt (BY) 63 J
71126 Gäufelden (BW) 89 B
67822 Gaugrehweiler (RP) 70 H
55234 Gau-Heppenheim (RP) 70 J
88529 Gauingen (BW) 90 H
55239 Gau-Köngernheim (RP) 70 F
97253 Gaukönigshofen (BY) 73 G
86447 Gaulzhofen (BY) 92 D
04758 Gaunitz (SN) 55 B
55239 Gau-Odernheim (RP) 70 F
76596 Gausbach (BW) 89 A
25782 Gaushorn (SH) 11 A
02633 Gaußig (SN) 57 D
82131 Gauting (BY) 92 M
55578 Gau-Weinheim (RP) 70 F
93083 Gebelkofen (BY) 85 J
02627 Gebelzig (SN) 57 B
92274 Gebenbach (BY) 75 K
71229 Gebersheim (BW) 81 M
07926 Gebersreuth (TH) 65 D
92283 Gebertshofen (BY) 74 M
57580 Gebhardshain (RP) 60 B
85283 Gebrontshausen (BY) 93 A
55595 Gebroth (RP) 70 D
91607 Gebsattel (BY) 83 A
99510 Gebstedt (TH) 53 J
75391 Gechingen (BW) 89 B
97215 Geckenheim (BY) 73 L
74626 Geddelsbach (BW) 82 E
63688 Gedern (HE) 62 G
97353 Geesdorf (BY) 73 E
16307 Geesow (BB) 25 F
49744 Geeste (NI) 26 F
27619 Geestenseth (NI) 19 B
39615 Geestgottberg (ST) 22 M
21502 Geesthacht (SH) 21 E
97705 Gefäll (BY) 63 G
07926 Gefell (TH) 65 D
96524 Gefell (TH) 64 H
95482 Gefrees (BY) 65 K
36404 Gehaus (TH) 63 A
98559 Gehlberg (TH) 63 C
32312 Gehlenbeck (NW) 28 L
26169 Gehlenberg (NI) 18 L
57627 Gehlert (RP) 60 B
55490 Gehlweiler (RP) 70 D
06571 Gehofen (TH) 53 B
49596 Gehrde (NI) 27 J
30989 Gehrden (NI) 29 L
33034 Gehrden (NW) 39 M
39264 Gehrden (ST) 43 D
15926 Gehren (BB) 45 D
17335 Gehren (MV) 16 K
98708 Gehren (TH) 64 A
39359 Gehrendorf (ST) 30 G
37581 Gehrenrode (NI) 41 D
09429 Gehringswalde (SN) 66 B
67724 Gehrweiler (RP) 70 H
96317 Gehülz (BY) 64 L
93333 Geibenstetten (BY) 85 K
54675 Geichlingen (RP) 68 B
94244 Geiersthal (BY) 86 E
02991 Geierswalde (SN) 45 M
93449 Geigant (BY) 86 A
52511 Geilenkirchen (NW) 47 H
56379 Geilnau (RP) 60 H
08538 Geilsdorf (SN) 65 H
91717 Geilsheim (BY) 83 J
65468 Geinsheim (HE) 71 D
36419 Geisa (TH) 62 C
53773 Geisbach (NW) 59 C
58239 Geisecke (NW) 49 A
63826 Geiselbach (BY) 62 K
67715 Geiselberg (RP) 80 A
82140 Geiselbullach (BY) 92 J
94333 Geiselhöring (BY) 85 J
96160 Geiselwind (BY) 73 E
85290 Geisenfeld (BY) 85 K
85290 Geisenfeldwinden (BY) 85 K
07646 Geisenhain (TH) 54 K
84144 Geisenhausen (BY) 93 C
85301 Geisenhausen (BY) 93 A
96129 Geisfeld (BY) 74 D
54413 Geisfeld (RP) 69 H
56357 Geisig (RP) 60 L
01778 Geising (SN) 56 L
78187 Geisingen (BW) 97 B
37308 Geisleden (TH) 52 A
93102 Geisling (BY) 85 J
73312 Geislingen an der Steige (BW) 90 C
36419 Geismar (TH) 62 C
07980 Geißendorf (TH) 65 B
79971 Geißlingen (BW) 97 G
97258 Geißlingen (BY) 73 G
83735 Geitau (BY) 101 E
04643 Geithain (SN) 55 G
85095 Gelbelsee (BY) 84 J
18182 Gelbensande (MV) 6 K
97255 Gelchsheim (BY) 73 K
47608 Geldern (NW) 36 M
97505 Geldersheim (BY) 73 A
09423 Gelenau/Erzgebirge (SN) 66 B
53539 Gelenberg (RP) 59 G
31683 Gelldorf (NI) 28 M
98663 Gellershausen (TH) 63 J
16278 Gellmersdorf (BB) 25 L
63571 Gelnhausen (HE) 62 K
458XX Gelsenkirchen (NW) 37 L
82269 Geltendorf (BY) 92 L
82538 Gelting (BY) 100 C
85652 Gelting (BY) 93 G
24395 Gelting (SH) 4 F
24884 Geltorf (SH) 4 L
14542 Geltow (BB) 33 G
97496 Gemeinfeld (BY) 63 M
46325 Gemen (NW) 37 E
48624 Gemen (NW) 37 C
46325 Gemenwirthe (NW) 37 D
56357 Gemmerich (RP) 60 L
75050 Gemmingen (BW) 81 F
74376 Gemmrigheim (BW) 82 G
86641 Gempfing (BY) 92 A
53937 Gemünd (NW) 58 F
96145 Gemünda (BY) 63 M
97737 Gemünden am Main (BY) 72 C
35285 Gemünden (Wohra) (HE) 50 M
35329 Gemünden (Felda) (HE) 61 C
54550 Gemünden (RP) 59 K
55490 Gemünden (RP) 70 D
56459 Gemünden (RP) 60 E
86682 Genderkingen (BY) 84 K
41836 Gendorf (NW) 47 H
77723 Gengenbach (BW) 88 E
47608 Geniel (NW) 36 M
72820 Genkingen (BW) 90 D
86853 Gennach (BY) 91 M
15328 Genschmar (BB) 35 D
14974 Genshagen (BB) 33 M
55457 Gensingen (RP) 70 E
06918 Gentha (ST) 44 D
39307 Genthin (ST) 32 H
39307 Genthin Wald (ST) 32 H
17099 Genzkow (MV) 15 M
92697 Georgenberg (BY) 75 F
64354 Georgenhausen (HE) 71 E
91166 Georgensgmünd (BY) 84 D
99887 Georgenthal/Thüringer Wald (TH) 52 M
98590 Georgenzell (TH) 63 B
02708 Georgewitz (SN) 57 E
49828 Georgsdorf (NI) 26 E
26624 Georgsheil (NI) 17 C
49124 Georgsmarienhütte (NI) 38 C
075XX Gera (TH) 54 L
98716 Geraberg (TH) 64 A
74582 Gerabronn (BW) 82 C
96161 Gerach (BY) 73 C
73630 Geradstetten (BW) 82 L
94344 Geraszell (BY) 86 D
86637 Geratshofen (BY) 91 C
84552 Geratskirchen (BY) 94 D
67813 Gerbach (RP) 70 H
37318 Gerbershausen (TH) 51 F
06922 Gerbisbach (ST) 44 H
06429 Gerbitz (ST) 43 G
97218 Gerbrunn (BY) 73 D
06347 Gerbstedt (ST) 42 M
97950 Gerchsheim (BW) 72 J
29581 Gerdau (NI) 21 L
41812 Gerderath (NW) 47 H
41812 Gerderhahn (NW) 47 H
16928 Gerdshagen (BB) 23 E
52441 Gereonsweiler (NW) 47 H
86947 Geretshausen (BY) 92 K
82538 Geretsried (BY) 100 C
94486 Gergweis (BY) 94 C
66894 Gerhardsbrunn (RP) 80 A
91466 Gerhardshofen (BY) 73 J
98646 Gerhardtsgereuth (TH) 63 F
04827 Gerichshain (SN) 54 C
56751 Gering (RP) 59 M
09326 Geringswalde (SN) 55 H
06420 Gerlebogk (ST) 43 G
70839 Gerlingen (BW) 81 M
57482 Gerlingen (NW) 49 L
94051 Germannsdorf (BY) 87 L
16767 Germendorf (BB) 33 B
82110 Germering (BY) 92 M
76726 Germersheim (RP) 81 D
82216 Germerswang (BY) 92 H
34414 Germete (NW) 50 C
52393 Germeter (NW) 58 C
53567 Germscheid (RP) 59 C
84307 Gern (BY) 94 E
97509 Gernach (BY) 73 A
82216 Gernlinden (BY) 92 H
06507 Gernrode (ST) 42 G
37339 Gernrode (TH) 52 B
76593 Gernsbach (BW) 81 K
57234 Gernsdorf (NW) 49 M
64579 Gernsheim (HE) 71 D
97779 Geroda (BY) 62 M
95179 Geroldsgrün (BY) 64 J
97256 Geroldshausen (BY) 72 J
91726 Gerolfingen (BY) 83 F
85302 Gerolsbach (BY) 92 F
67229 Gerolsheim (RP) 70 M
54568 Gerolstein (RP) 59 K
74731 Gerolzahn (BW) 72 G
97447 Gerolzhofen (BY) 73 E
79650 Gersbach (BW) 96 E
91227 Gersberg (BY) 74 M
91227 Gersdorf (BY) 74 M
91790 Gersdorf (BY) 84 E
04703 Gersdorf bei Leising (SN) 55 E
09355 Gersdorf (SN) 55 K
09661 Gersdorf (SN) 55 H
01920 Gersdorf-Möhrsdorf (SN) 56 F
36129 Gersfeld (Rhön) (HE) 62 J
66453 Gersheim (SL) 79 E
04617 Gerstenberg (TH) 54 J
89547 Gerstetten (BW) 91 A
86368 Gersthofen (BY) 92 D
99834 Gerstungen (TH) 52 K
17268 Gerswalde (BB) 25 G
37355 Gerterode (TH) 52 B
07389 Gertewitz (TH) 64 C
98617 Gerthausen (TH) 63 D
39175 Gerwisch (ST) 42 C
84175 Gerzen (BY) 94 A
23815 Geschendorf (SH) 12 H
48712 Gescher (NW) 37 E
91286 Geschwand (BY) 74 H
79674 Geschwend (BW) 96 E
98716 Geschwenda (TH) 64 A
95494 Gesees (BY) 74 F
59590 Geseke (NW) 39 K
91608 Geslau (BY) 83 B
28857 Gessel (NI) 28 K
86459 Gessertshausen (BY) 91 J
96242 Gestungshausen (BY) 64 L
49843 Getelo (NI) 26 H
49843 Getelomoor (NI) 26 G
98553 Gethles (TH) 63 F
32361 Getmold (NW) 28 K
08626 Gettengrün (SN) 65 H
24214 Gettorf (SH) 4 M
48308 Gettrup (NW) 38 G
06217 Geusa (ST) 54 A
06712 Geußnitz (ST) 54 H
96260 Geutenreuth (BY) 64 L
59939 Gevelinghausen (NW) 50 A
58285 Gevelsberg (NW) 48 F
52445 Gevelsdorf (NW) 47 J
56825 Gevenich (RP) 59 L
38384 Gevensleben (NI) 41 C
21784 Geversdorf (NI) 10 M
50259 Geyen (NW) 48 G
09468 Geyer (SN) 66 B
91790 Geyern (BY) 84 E
09456 Geyersdorf (SN) 66 B
23758 Giddendorf (SH) 12 C
97232 Giebelstadt (BY) 72 J
85256 Giebing (BY) 92 F
37434 Gieboldehausen (NI) 41 K
06618 Gieckau (ST) 54 D
24321 Giekau (SH) 12 B
38315 Gielde (NI) 41 B
57610 Gieleroth (RP) 60 A
54424 Gielert (RP) 69 E
17139 Gielow (MV) 14 M
15345 Gielsdorf (BB) 34 D
21368 Gienau (NI) 21 J
89537 Giengen an der Brenz (BW) 91 B
41363 Gierath (NW) 47 J
56294 Gierschnach (RP) 59 M
3539X Gießen (HE) 61 E
65462 Ginsheim-Gustavsburg (HE) 71 A
67742 Ginsweiler (RP) 70 G
54533 Gipperath (RP) 69 A
52399 Girbelsrath (NW) 47 M
02829 Girbigsdorf (SN) 57 F
56459 Girkenroth (RP) 60 E
56412 Girod (RP) 60 H
19386 Gischow (MV) 23 A
84056 Gisseltshausen (BY) 85 L
37534 Gittelde (NI) 41 G
39307 Gladau (ST) 32 L
54518 Gladbach (RP) 69 A
4596X Gladbeck (NW) 37 L
37181 Gladebeck (NI) 40 M
35075 Gladenbach (HE) 61 B
39606 Gladigau (ST) 31 C
19288 Glaisin (MV) 22 E
16775 Glambeck (BB) 24 L
66887 Glanbrücken (RP) 70 G
49219 Glandorf (NI) 38 B
66907 Glan-Münchweiler (RP) 69 M
23719 Glasau (SH) 12 E
37308 Glasehausen (TH) 52 A
18276 Glasewitz (MV) 14 H
74731 Glashofen (BW) 72 G
72510 Glashütte (BW) 89 M
83708 Glashütte (BY) 101 D
95496 Glashütten (BY) 74 F
61479 Glashütten (HE) 61 K
01768 Glashütte-Reinhardtsgrimma (SN) 56 L
23992 Glasin (MV) 13 J
97828 Glasofen (BY) 72 E
17322 Glasow (MV) 25 B
72172 Glatt (BW) 89 E
63864 Glattbach (BY) 71 C
72293 Glatten (BW) 89 D
14959 Glau (BB) 33 L
63695 Glauberg (HE) 61 J
63695 Glauburg (HE) 61 J
04849 Glaucha (SN) 43 M
08371 Glauchau (SN) 55 K
06369 Glauzig (ST) 43 K
06794 Glebitzsch (ST) 43 L
56653 Glees (RP) 59 J
48488 Gleesen (NI) 26 J
41352 Glehn (NW) 48 D
53894 Glehn (NW) 59 D
98646 Gleichamberg (TH) 63 J
37130 Gleichen (NI) 52 A
98646 Gleicherwiesen (TH) 63 J
57392 Gleidorf (NW) 50 D
06632 Gleina (ST) 54 D
92723 Gleiritsch (BY) 75 M
96145 Gleismuthhausen (BY) 63 M
93477 Gleißenberg (BY) 86 B
96152 Gleißenberg (BY) 73 J
76835 Gleisweiler (RP) 80 C
76889 Gleiszellen-Gleishorbach (RP) 80 E
72555 Glems (BW) 90 D
04509 Glesien (SN) 54 B
96274 Gleußen (BY) 64 K
18513 Glewitz (MV) 15 D
14793 Glienecke (BB) 32 M
15806 Glienick (BB) 33 M
15864 Glienicke (BB) 34 L
16548 Glienicke/Nordbahn (BB) 33 F
15936 Glienig (BB) 44 F
17099 Glienke (MV) 15 M
15913 Glietz (BB) 45 B
52441 Glimbach (NW) 47 H
39326 Glindenberg (ST) 31 M
14542 Glindow (BB) 33 G
57413 Glinge (NW) 49 E
27442 Glinstedt (NI) 19 F
03099 Glinzig (BB) 45 J
31604 Glissen (NI) 28 J
06901 Globig-Bleddin (ST) 44 G
85625 Glonn (BY) 93 L
96317 Glosberg (BY) 64 H
04769 Glossen (SN) 55 E
39240 Glöthe (ST) 42 F
89353 Glött (BY) 91 F
79286 Glottertal (BW) 88 L
18551 Glowe (MV) 7 D
19339 Glöwen (BB) 23 K
24960 Glücksburg (Ostsee) (SH) 4 E
25348 Glückstadt (SH) 11 K
83703 Gmund am Tegernsee (BY) 101 D
92655 Gmünd (BY) 75 H
93102 Gmünd (BY) 86 G
39249 Gnadau (ST) 43 D
92348 Gnadenberg (BY) 84 C
27442 Gnarrenburg (NI) 19 F
02692 Gnaschwitz (SN) 57 D
18246 Gnemern (MV) 13 J
06369 Gnetsch (ST) 43 H
07646 Gneus (TH) 53 M
19065 Gneven (MV) 13 M
17089 Gnevkow (MV) 15 H
19395 Gnevsdorf (MV) 23 E
16818 Gnewikow (BB) 24 K
18195 Gnewitz (MV) 14 F
23623 Gnissau (SH) 12 E
97340 Gnodstadt (BY) 73 G
17179 Gnoien (MV) 14 F
06420 Gnölbzig (ST) 42 M
91728 Gnotzheim (BY) 83 M
97340 Gnötzheim (BY) 73 G
24622 Gnutz (SH) 11 F
04448 Göbschelwitz (SN) 54 C
47574 Goch (NW) 36 H
47574 Gocherberg (NW) 36 H
97469 Gochsheim (BY) 73 A
76831 Göcklingen (RP) 80 F
02633 Göda (SN) 57 D
64560 Goddelau (HE) 71 D
56244 Goddert (RP) 60 D
21354 Göddingen (NI) 21 J
37671 Godelheim (NW) 40 G
17237 Godendorf (MV) 24 E
56290 Gödenroth (RP) 70 A
26689 Godenscholterweg (NI) 18 H
26689 Godensholt (NI) 18 H
27404 Godenstedt (NI) 20 D
21376 Gödenstorf (NI) 21 G
19065 Godern (MV) 13 L
28857 Gödestorf (NI) 28 C
39264 Gödnitz (ST) 43 D
88527 Göffingen (BW) 90 L
90584 Göggelsbuch (BY) 84 B
94072 Gögging (BY) 95 D
72505 Göggingen (BW) 90 K
73571 Göggingen (BW) 82 M
92421 Gögglbach (BY) 85 B
32584 Gohfeld (NW) 39 B
23758 Göhl (SH) 12 C
19288 Göhlen (MV) 22 E
01619 Gohlis (SN) 55 C
14542 Göhlsdorf (BB) 33 G
06786 Gohrau (ST) 43 J
29473 Göhrde (NI) 21 J
91788 Göhren (BY) 84 G
18586 Göhren (MV) 7 H
04603 Göhren (TH) 54 J
07950 Göhren-Döhlen (TH) 65 B
17213 Göhren-Lebbin (MV) 23 C
01824 Gohrisch, Kurort (SN) 56 J
25557 Gokels (SH) 11 D
06420 Golbitz (ST) 43 K
17089 Golchen (MV) 15 H
85399 Goldach (BY) 93 G
74564 Goldbach (BW) 83 D
63773 Goldbach (BY) 72 A
89358 Goldbach (BY) 91 E
01909 Goldbach (SN) 56 F
99869 Goldbach (TH) 52 J
21643 Goldbeck (NI) 20 E
31737 Goldbeck (NI) 40 A
39596 Goldbeck (ST) 32 D
19399 Goldberg (MV) 23 A
25862 Goldebek (SH) 3 J
25862 Goldelund (SH) 3 J
23919 Göldenitz (SH) 12 L
19079 Goldenstädt (MV) 22 B
49424 Goldenstedt (NI) 28 A
98746 Goldisthal (TH) 64 D
95497 Goldkronach (BY) 75 A
95460 Goldmühl (BY) 75 A
06721 Goldschau (ST) 54 G
49843 Gölenkamp (NI) 26 H
41812 Golkrath (NW) 47 H
97258 Gollachostheim (BY) 73 K
55767 Gollenberg (RP) 69 H
39615 Gollensdorf (ST) 22 M
67307 Göllheim (RP) 70 J
97258 Gollhofen (BY) 73 K
17268 Gollin (BB) 24 J
18246 Göllin (MV) 13 J
06567 Göllingen (TH) 53 A
17291 Gollmitz (BB) 25 D
97633 Gollmuthhausen (BY) 63 H
03238 Göllnitz (BB) 45 H
14778 Gollwitz (BB) 32 J
14476 Golm (BB) 33 G
37640 Golmbach (NI) 40 E
07751 Golmsdorf (TH) 53 J
75015 Gölshausen (BW) 81 E
15938 Golßen (BB) 45 A
01612 Goltzscha (SN) 55 C
04685 Golzern (SN) 55 D
14778 Golzow (BB) 32 M
15328 Golzow (BB) 35 D
16230 Golzow (BB) 25 K
72532 Gomadingen (BW) 90 D
72810 Gomaringen (BW) 89 F
39245 Gommern (ST) 43 A
67377 Gommersheim (RP) 80 C
75337 Gompelscheuer (BW) 89 A
98663 Gompertshausen (TH) 63 J
01462 Gompitz (SN) 56 G
67724 Gonbach (RP) 70 L
75053 Gondelsheim (BW) 81 E
54595 Gondelsheim (RP) 58 M
54595 Gondenbrett (RP) 58 M
56283 Gondershausen (RP) 60 K
54647 Gondorf (RP) 68 C
06528 Gonna (ST) 42 L
24610 Gönnebek (SH) 12 D
53498 Gönnersdorf (RP) 59 F
67161 Gönnheim (RP) 70 M
01474 Gönnsdorf (SN) 56 H
54497 Gonzerath (RP) 69 E
24340 Goosefeld (SH) 4 M
04618 Göpfersdorf (TH) 55 K
95632 Göpfersgrün (BY) 75 B
01728 Goppeln (SN) 56 H
88099 Goppertsweiler (BW) 98 F
7303X Göppingen (BW) 82 L
03238 Gorden (BB) 45 K
06343 Gorenzen (ST) 42 L
15328 Gorgast (BB) 35 D
56412 Görgeshausen (RP) 60 H
16866 Görike (BB) 23 L
87657 Görisried (BY) 99 F
17291 Göritz (BB) 25 A
07927 Göritz (TH) 65 D
09328 Göritzhain (SN) 55 G
01809 Gorknitz (SN) 56 H
07907 Görkwitz (TH) 65 D
29475 Gorleben (NI) 22 L
0282X Görlitz (SN) 57 F
19294 Gorlosen (MV) 22 H
15926 Görlsdorf (BB) 45 D
99974 Görmar (TH) 52 E
17121 Görmin (MV) 15 E
09405 Gornau/Erzgebirge (SN) 55 L
54472 Gornhausen (RP) 69 E
09390 Gornsdorf (SN) 66 B
99765 Görsbach (TH) 53 A
06618 Görschen (ST) 54 G
17139 Gorschendorf (MV) 15 G
15848 Görsdorf bei Beeskow (BB) 34 L
15859 Görsdorf bei Storkow (BB) 34 K
06917 Gorsdorf-Hemsendorf (ST) 44 G
06577 Gorsleben (TH) 53 E
65510 Görsroth (HE) 60 M
14778 Gortz (BB) 32 J
79733 Görwihl (BW) 96 E
69517 Gorxheimertal (HE) 71 L
15848 Görzig (BB) 34 M
06369 Görzig (ST) 43 G
14828 Görzke (BB) 43 C
73342 Gosbach (BW) 90 C
91361 Gosberg (BY) 74 H
07907 Göschitz (TH) 65 A
03149 Gosda (BB) 46 D
06667 Goseck (ST) 54 D
15537 Gosen-Neu Zittau (BB) 34 G
07607 Gösen (TH) 54 G
55624 Gösenroth (RP) 69 F
78559 Gosheim (BW) 89 L
86685 Gosheim (BY) 83 M
3864X Goslar (NI) 41 E
95233 Gösmes (BY) 64 M
99837 Gospenroda (TH) 52 K
99880 Gospiteroda (TH) 52 M
06773 Gossa (ST) 43 J
09661 Goßberg (SN) 55 J
01848 Goßdorf (SN) 56 J
99338 Gossel (TH) 64 A
99326 Gösselborn (TH) 64 A
92546 Gösselsdorf (BY) 75 L
97780 Gössenheim (BY) 72 C
94357 Gossersdorf (BY) 86 E
96369 Gössersdorf (BY) 64 M
76857 Gossersweiler-Stein (RP) 80 E
07389 Gössitz (TH) 64 C
19249 Gößlow (MV) 22 D
97461 Goßmannsdorf (BY) 63 M
98669 Goßmannsrod (TH) 64 G
03249 Goßmar (BB) 45 G
15926 Goßmar (BB) 45 D
04639 Gößnitz (TH) 54 M
91327 Gößweinstein (BY) 74 E
07334 Goßwitz (TH) 64 C
32699 Göstrup (NW) 39 C
04838 Gotha (SN) 55 A
99867 Gotha (TH) 52 M
24357 Götheby (SH) 4 L
49406 Gothel (NI) 28 D
27245 Göthen (NI) 28 H
25938 Goting (SH) 3 G
16845 Gottberg (BB) 23 M
87733 Gottenau (BY) 99 B
07926 Gottengrün (TH) 65 D
79288 Gottenheim (BW) 88 K
99441 Göttern (TH) 53 M
94486 Göttersdorf (BY) 94 C
19209 Gottesgabe (MV) 13 K
24321 Gottesgabe (SH) 12 B
94239 Gotteszell (BY) 86 H
84177 Gottfrieding (BY) 94 A
84177 Gottfriedingerschwaige (BY) 94 A
17207 Gotthun (MV) 23 F
14776 Göttin (BB) 32 J
83052 Götting (BY) 101 B
370XX Göttingen (NI) 40 M
59329 Göttingen (NW) 38 M
14715 Göttlin (BB) 32 E
78244 Gottmadingen (BW) 97 E
86637 Gottmannshofen (BY) 91 C
06780 Göttnitz (ST) 43 L
01936 Gottschdorf (SN) 56 B
14943 Gottsdorf (BB) 44 B
94107 Gottsdorf (BY) 95 B
95473 Gottsfeld (BY) 74 F
14778 Götz (BB) 33 G
24558 Götzberg (SH) 11 M
92278 Götzendorf (BY) 75 K
63303 Götzenhain (HE) 71 B
14778 Götzerberge (BB) 33 G
83629 Gotzing (BY) 101 A
74722 Götzingen (BW) 72 K
30890 Göxe (NI) 29 L
48653 Goxel (NW) 37 E
15913 Goyatz (BB) 45 C
15913 Goyatz-Guhlen (BB) 45 C
54470 Graach an der Mosel (RP) 69 B
18181 Graal-Müritz (MV) 6 K
71577 Grab (BW) 82 H
99998 Grabe (TH) 52 E
14793 Gräben (BB) 32 M
86836 Graben (BY) 92 G
91757 Graben (BY) 84 G
15741 Gräbendorf (BB) 34 K
76676 Graben-Neudorf (BW) 81 D
83355 Grabenstätt (BY) 102 A
72582 Grabenstetten (BW) 90 B
03172 Grabko (BB) 46 D
06917 Grabo (ST) 44 H
19300 Grabow (MV) 22 E
39291 Grabow (ST) 32 K
17209 Grabow-Below (MV) 23 E
17194 Grabowhöfe (MV) 23 C
99869 Grabsleben (TH) 52 M
26345 Grabstede (NI) 18 F
48683 Graes (NW) 37 B
27446 Grafel (NI) 20 D
82166 Gräfelfing (BY) 92 M
71120 Grafenau (BW) 81 M
94481 Grafenau (BY) 87 G
72661 Grafenberg (BW) 90 A
91171 Grafenberg (BY) 84 H
91322 Gräfenberg (BY) 74 H
91611 Gräfenbuch (BY) 83 B
54426 Gräfendhron (RP) 69 E
95326 Grafendobrach (BY) 64 M
04916 Gräfendorf (BB) 44 J
84104 Grafendorf (BY) 93 A
97782 Gräfendorf (BY) 62 M
95356 Grafengehaig (BY) 64 M
01936 Gräfenhain (SN) 56 B
99887 Gräfenhain (TH) 52 M
06773 Gräfenhainichen (ST) 43 J
79865 Grafenhausen (BW) 96 F
64331 Gräfenhausen (HE) 71 B
76855 Gräfenhausen (RP) 80 B
93482 Grafenkirchen (BY) 86 A
96160 Gräfenneuses (BY) 73 E
95707 Grafenreuth (BY) 75 B
97506 Grafenrheinfeld (BY) 73 A
99330 Gräfenroda (TH) 63 C
91729 Gräfensteinberg (BY) 84 D
98743 Gräfenthal (TH) 64 E
99958 Gräfentonna (TH) 52 J
84082 Grafentraubach (BY) 85 M
07929 Grafenwarth (TH) 65 D
93479 Grafenwiesen (BY) 86 B
92655 Grafenwöhr (BY) 75 G
89264 Grafertshofen (BY) 91 G
38462 Grafhorst (NI) 31 G
98704 Gräfinau-Angstedt (TH) 64 A
85567 Grafing bei München (BY) 93 L
94539 Grafling (BY) 86 H
82284 Grafrath (BY) 92 L
57392 Grafschaft (NW) 50 G
53501 Grafschaft (RP) 59 E
47559 Grafwegen (NW) 36 H
82491 Grainau (BY) 100 H
83122 Grainbach (BY) 101 C
94143 Grainet (BY) 87 H
86688 Graisbach (BY) 84 K
23883 Grambek (SH) 21 C
17375 Grambin (MV) 16 H
17322 Grambow (MV) 25 C
19071 Grambow (MV) 22 B
41812 Grambusch (NW) 47 H
23968 Gramkow (MV) 13 H
23758 Grammdorf (SH) 12 C
18513 Grammendorf (MV) 15 D
17153 Grammentin (MV) 15 G
18195 Grammow (MV) 14 F
97222 Gramschatz (BY) 72 F
16278 Gramzow (BB) 24 H
17291 Gramzow (BB) 25 E
06712 Grana (ST) 54 H
22946 Grande (SH) 21 B
14715 Gräningen (BB) 32 F
03172 Grano (BB) 46 A
06679 Granschütz (ST) 54 E
54533 Gransdorf (RP) 69 A
18513 Gransebieth (MV) 15 D
16775 Gransee (BB) 24 L
27446 Granstedt (NI) 20 D
41812 Granterath (NW) 47 J
19386 Granzin (MV) 23 A
16866 Granzow (BB) 23 L
17089 Grapzow (MV) 15 L
28879 Grasberg (NI) 19 J
85630 Grasbrunn (BY) 93 K
28879 Grasdorf (NI) 19 J
64689 Grasellenbach (HE) 71 J
86668 Grasheim (BY) 84 L
38368 Grasleben (NI) 31 K
83224 Grassau (BY) 102 A
38527 Grassel (NI) 30 L
93080 Graßlfing (BY) 85 H
23774 Graßwarder (SH) 5 C
82488 Graswang (BY) 100 H
94541 Grattersdorf (BY) 86 J
96476 Grattstadt (BY) 64 G
24594 Grauel (SH) 11 E
21279 Grauen (NI) 20 E
29643 Grauen (NI) 20 L
17348 Grauenhagen (MV) 24 C
39359 Grauingen (ST) 31 L
01827 Graupa (SN) 56 H
03130 Graustein (BB) 46 G
61279 Grävenwiesbach (HE) 61 G
19374 Grebbin (MV) 23 A
36323 Grebenau (HE) 62 B
34639 Grebenhagen (HE) 51 L
36355 Grebenhain (HE) 62 D
34393 Grebenstein (HE) 51 A
24329 Grebin (SH) 12 B
19294 Grebs (MV) 22 H

A B C D E F G H I J K L M N O P Q R S T U V W X Y Z

04668 Grechwitz (SN) 55 D
91171 Greding (BY) 84 F
37547 Greene (NI) 40 J
33428 Greffen (NW) 38 F
77836 Greffern (BW) 80 L
47929 Grefrath (NW) 47 C
87549 Greggenhofen (BY) 99 H
86926 Greifenberg (BY) 92 L
09661 Greifendorf (SN) 55 H
06333 Greifenhagen (ST) 42 L
04654 Greifenhain (SN) 55 G
35753 Greifenstein (HE) 60 F
16278 Greiffenberg (BB) 25 G
174XX Greifswald (MV) 7 K
83677 Greiling (BY) 101 D
54298 Greimerath (RP) 69 G
56814 Greimersburg (RP) 59 L
83253 Greimharting (BY) 101 C
91634 Greiselbach (BY) 83 H
07973 Greiz (TH) 65 B
18461 Gremersdorf (MV) 6 M
23758 Gremersdorf (SH) 12 C
85402 Gremertshausen (BY) 93 D
89443 Gremheim (BY) 91 C
78098 Gremmelsbach (BW) 88 M
24975 Gremmerup (SH) 4 E
91350 Gremsdorf (BY) 74 G
37581 Gremsheim (NI) 41 D
56858 Grenderich (RP) 69 C
79639 Grenzach-Wyhlen (BW) 96 G
06803 Greppin (ST) 43 H
18337 Gresenhorst (MV) 6 K
79669 Gresgen (BW) 96 E
19258 Gresse (MV) 21 F
92249 Gressenwöhr (BY) 75 G
97503 Greßhausen (BY) 73 B
97535 Greßthal (BY) 73 A
29690 Grethem (NI) 29 E
04668 Grethen (SN) 55 D
97508 Grettstadt (BY) 73 B
99718 Greußen (TH) 53 D
97259 Greußenheim (BY) 72 F
91315 Greuth (BY) 74 D
97355 Greuth (BY) 73 E
19258 Greven (MV) 21 C
48268 Greven in Westfalen (NW) 38 A
4151X Grevenbroich (NW) 47 J
57368 Grevenbrück (NW) 49 J
25361 Grevenkop (SH) 11 H
24241 Grevenkrug (SH) 11 C
59872 Grevenstein (NW) 49 F
23936 Grevesmühlen (MV) 13 G
79206 Grezhausen (BW) 96 A
25596 Gribbohm (SH) 11 D
23717 Griebel (SH) 12 F
55608 Griebelschied (RP) 69 F
16775 Grieben (BB) 24 L
39517 Grieben (ST) 32 G
18516 Griebenow (MV) 15 E
06869 Griebo (ST) 43 F
99638 Griefstedt (TH) 53 D
21698 Griemshorst (NI) 20 E
66903 Gries (RP) 69 M
93102 Griesau (BY) 86 G
94086 Griesbach im Rottal (BY) 95 A
94419 Griesbach (BY) 94 A
95695 Griesbach (BY) 76 D
06786 Griesen (ST) 43 F
64347 Griesheim (HE) 71 D
99326 Griesheim (TH) 64 A
89608 Griesingen (BW) 90 J
09435 Grießbach (SN) 66 B
03172 Grießen (BB) 46 D
84103 Grießenbach (BY) 93 C
83556 Griesstätt (BY) 93 M
47546 Grieth (NW) 36 J
47533 Griethausen (NW) 36 H
06528 Grillenberg (ST) 42 L
54413 Grimburg (RP) 69 G
04668 Grimma (SN) 55 D
39264 Grimme (ST) 43 B
98660 Grimmelshausen (TH) 63 F
79780 Grimmelshofen (BY) 97 D
18507 Grimmen (MV) 6 M
86866 Grimoldsried (BY) 91 J
86554 Grimolzhausen (BY) 92 B
23847 Grinau (SH) 12 L
29690 Grindau (NI) 29 E
17089 Grischow (MV) 15 L
17153 Grischow (MV) 15 K
26215 Gristede (NI) 18 J
08538 Grobau (SN) 65 D
14974 Gröben (BB) 33 L
06682 Gröben (ST) 54 H
07389 Grobengereuth (TH) 64 C
82194 Gröbenzell (BY) 92 J
01665 Gröbern (SN) 56 D
06773 Gröbern (ST) 43 J
06184 Gröbers (ST) 54 B
06667 Gröbitz (ST) 54 D
39579 Grobleben (ST) 32 G
48336 Gröblingen (NW) 38 F
06388 Gröbzig (ST) 43 G
07907 Grochwitz (TH) 65 D
06268 Grockstädt (ST) 53 C
04932 Gröden (BB) 56 A
24376 Grödersby (SH) 4 J
15910 Gröditsch (BB) 45 B
01609 Gröditz (SN) 56 A
02627 Gröditz (SN) 57 E
04539 Groitzsch (SN) 54 F
55459 Grolsheim (RP) 70 E
72294 Grömbach (BW) 89 A
23743 Grömitz (SH) 12 F
06408 Gröna (ST) 42 J
31028 Gronau (Leine) (NI) 40 C
48599 Gronau (Westfalen) (NW) 26 L
514XX Gronau (NW) 48 H
59955 Grönebach (NW) 50 E
49696 Gröneheim (NI) 27 B
39397 Gröningen (ST) 42 E
22956 Grönwohld (SH) 12 L
33442 Groppel (NW) 38 F
39343 Groppendorf (ST) 42 B
95701 Groschlattengrün (BY) 75 B
85110 Grösdorf (BY) 84 J
86845 Großaitingen (BY) 92 G
39387 Großalsleben (ST) 42 E
27449 Groß Aspe (NI) 20 D
06369 Großbadegast (ST) 43 G
03149 Groß Bademeusel (BB) 46 H
04668 Großbardau (SN) 55 D
97633 Großbardorf (BY) 63 L
74575 Großbärenweiler (BW) 83 A
24245 Großbarkau (SH) 12 A
39343 Groß Bartensleben (ST) 31 K
37359 Großbartloff (TH) 52 D
14979 Großbeeren (BB) 33 J
91220 Großbellhofen (BY) 74 H
93080 Großberg (BY) 85 H
85253 Großberghofen (BY) 92 F
99713 Großberndten (TH) 52 C
72663 Großbettlingen (BW) 90 A
03222 Groß Beuchow (BB) 45 E
14974 Großbeuthen (BB) 33 L
64401 Groß-Bieberau (HE) 71 E
96157 Großbirkach (BY) 73 E
92366 Großbissendorf (BY) 85 A
07646 Großbockedra (TH) 53 M
23847 Groß Boden (SH) 12 L
37345 Großbodungen (TH) 52 B
04774 Großböhla (SN) 55 B
39435 Groß Börnecke (ST) 42 E
04668 Großbothen (SN) 55 D
71723 Großbottwar (BW) 82 G
27211 Groß Bramstedt (NI) 28 B
03172 Groß Breesen (BB) 46 A
18276 Groß Breesen (MV) 14 K
99610 Großbrembach (TH) 53 H
14806 Groß Briesen (BB) 32 M
15848 Groß Briesen (BB) 34 M
99713 Großbrüchter (TH) 52 F
04668 Großbuch (SN) 55 D
95666 Großbüchlberg (BY) 75 C
24582 Groß Buchwald (SH) 12 D
23923 Groß Bünsdorf (MV) 13 G
17390 Groß Bünzow (MV) 15 F
99830 Großburschla (TH) 52 G
17168 Gross Bützin (MV) 14 H
17348 Groß Daberkow (MV) 24 C
02708 Großdehsa (SN) 57 E
16845 Großderschau (BB) 32 B
04416 Großdeuben (SN) 54 F
01471 Großdittmannsdorf (SN) 56 E
03058 Groß Döbbern (BB) 45 J
01665 Großdobritz (SN) 56 D
17268 Groß Dölln (BB) 24 M
01909 Großdrebnitz (SN) 56 F
03172 Groß Drewitz (BB) 46 A
02959 Groß Düben (SN) 46 G
02694 Großdubrau (SN) 57 A
07589 Großebersdorf (TH) 54 K
26629 Großefehn (NI) 18 D
97633 Großeibstadt (BY) 63 H
15859 Groß Eichholz (BB) 34 L
85777 Großeisenbach (BY) 93 D
72415 Großelfingen (BW) 89 J
86720 Großelfingen (BY) 83 M
48691 Großemast (NW) 37 D
24623 Großenaspe (SH) 11 J
97708 Großenbrach (BY) 63 K
23775 Großenbrode (SH) 5 C
23775 Großenbrode-Kai (SH) 5 C
23775 Großenbroderfähre (SH) 5 C
91077 Großenbuch (BY) 74 H
35418 Großen-Buseck (HE) 61 E
34434 Großeneder (NW) 40 K
99718 Großenehrich (TH) 52 F
49699 Großenging (NI) 27 B
99991 Großengottern (TH) 52 J
91245 Großengsee (BY) 74 H
27624 Großenhain (NI) 19 C
01588 Großenhain (SN) 56 A
26197 Großenkneten (NI) 19 K
17166 Großen-Luckow (MV) 14 M
36137 Großenlüder (HE) 62 E
99819 Großenlupnitz (TH) 52 H
32825 Grossenmarpe (NW) 39 F
94363 Großenpinning (BY) 86 L
25712 Großenrade (SH) 11 D
91572 Großenried (BY) 83 F
37186 Großenrode (NI) 40 M
22946 Großensee (SH) 21 A
91091 Großenseebach (BY) 74 G
95666 Großensees (BY) 75 C
07580 Großenstein (TH) 54 L
29640 Großenwede (NI) 20 H
24969 Großenwiehe (SH) 4 D
21712 Großenwörden (NI) 11 K
01454 Großerkmannsdorf (SN) 56 E
71577 Großerlach (BW) 82 H
49744 Großer Sand (NI) 26 J
07768 Großeutersdorf (TH) 53 M
99100 Großfahner (TH) 52 J
67483 Großfischlingen (RP) 80 C
17268 Groß-Fredenwalde (BB) 25 G
08541 Großfriesen (SN) 65 E
99706 Großfurra (TH) 52 C
03058 Groß Gaglow (BB) 45 J
39615 Groß Garz (ST) 22 M
03172 Groß Gastrose (BB) 46 D
64521 Groß-Gerau (HE) 71 D
39398 Groß Germersleben (ST) 42 E
07338 Großgeschwenda (TH) 64 F
18246 Gross Gischow (MV) 13 J
23795 Groß Gladebrügge (SH) 12 G
75417 Großglattbach (BW) 81 J
14476 Groß Glienicke (BB) 33 H
19372 Groß Godems (MV) 22 F
19306 Groß Görnow (MV) 13 M
06686 Großgörschen (ST) 54 E
01936 Großgrabe (SN) 56 B
06246 Großgräfendorf (ST) 54 A
96157 Großgressingen (BY) 73 E
84106 Großgundertshausen (BY) 93 A
90613 Großhabersdorf (BY) 74 K
01909 Großharthau (SN) 56 F
09618 Großhartmannsdorf (SN) 55 M
83607 Großhartpenning (BY) 101 A
91580 Großhaslach (BY) 83 C
16909 Groß Haßlow (BB) 23 J
52393 Großhau (NW) 58 C
26532 Großheide (NI) 18 A
96269 Großheirath (BY) 64 K
07613 Großhelmsdorf (TH) 54 G
02747 Großhennersdorf (SN) 57 H
71384 Großheppach (BW) 82 K
99518 Großheringen (TH) 53 J
79737 Großherrischwand (BW) 96 E
49744 Groß Hesepe (NI) 26 F
63920 Großheubach (BY) 72 G
56412 Großholbach (RP) 60 H
83064 Großholzhausen (BY) 101 F
39615 Groß Holzhausen (ST) 22 M
85244 Großinzemoos (BY) 92 F
27243 Groß Ippener (NI) 19 L
03149 Groß Jamno (BB) 46 G
03205 Groß Jehser (BB) 45 E
24992 Großjörl (SH) 4 G
24992 Großjörlfeld (SH) 4 G
54619 Großkampenberg (RP) 58 L
67229 Großkarlbach (RP) 70 M
83109 Großkarolinenfeld (BY) 101 B
06242 Großkayna (ST) 54 D
17207 Groß Kelle (MV) 23 F
15831 Groß Kienitz (BB) 33 J
17495 Groß Kiesow (MV) 15 E
95643 Großklenau (BY) 75 C
03222 Groß-Klessow (BB) 45 E
01990 Großkmehlen (BB) 56 A
07407 Großkochberg (TH) 64 B
27243 Gross Köhren (NI) 28 A
94431 Großköllnbach (BY) 86 K
17268 Groß-Kölpin (BB) 25 G
03159 Groß Kölzig (BB) 46 G
95695 Großkonreuth (BY) 75 C
06688 Großkorbetha (ST) 54 E
18442 Groß Kordshagen (MV) 6 H
06926 Großkorga (ST) 44 H
15746 Groß Köris (BB) 34 K
01968 Großkoschen (BB) 45 M
23966 Groß Krankow (MV) 13 H
02829 Groß Krauscha (SN) 57 C
03249 Großkrausnik (BB) 45 G
14550 Groß Kreutz (BB) 33 G
07751 Großkröbitz (TH) 53 M
06184 Großkugel (ST) 54 B
24626 Groß Kummerfeld (SH) 12 D
54608 Großlangenfeld (RP) 58 J
16928 Groß Langerwisch (BB) 23 G
18299 Gross Lantow (MV) 14 H
04420 Großlehna (SN) 54 B
15913 Groß Leine (BB) 45 B
06528 Großleinungen (ST) 53 B
91722 Großlellenfeld (BY) 83 F
15913 Groß Leuthen (BB) 45 B
15913 Groß Liebitz (BB) 45 C
99326 Großliebringen (TH) 64 A
54534 Großlittgen (RP) 69 A
07751 Großlöbichau (TH) 53 M
99759 Großlohra (TH) 52 C
03226 Groß Lübbenau (BB) 45 E
17337 Groß Luckow (MV) 25 A
03130 Groß Luja (BB) 46 G
17179 Gross Lunow (MV) 14 J
18190 Groß Lüsewitz (MV) 14 E
15806 Groß Machnow (BB) 33 M
56276 Großmaischeid (RP) 60 D
17168 Gross Markow (MV) 14 J
14823 Groß Marzehns (BB) 43 F
85098 Großmehring (BY) 84 M
03205 Groß Meßow (BB) 45 H
17349 Groß Miltzow (MV) 24 C
18445 Groß Mohrdorf (MV) 6 J
99198 Großmölsen (TH) 53 H
19217 Groß Molzahn (MV) 12 M
99625 Großmonra (TH) 53 E
15868 Groß Muckrow (BB) 46 A
39221 Groß Mühlingen (ST) 42 F
93345 Großmuß (BY) 85 H
16775 Großmutz (BB) 24 L
01936 Großnaundorf (SN) 56 E
17094 Groß Nemerow (MV) 24 B
15324 Groß Neuendorf (BB) 35 A
99625 Großneuhausen (TH) 53 E
67259 Großniedesheim (RP) 71 K
17179 Groß Nieköhr (MV) 14 F
23816 Groß Niendorf (SH) 12 G
06632 Großnitz (ST) 53 F
85777 Großnöbach (BY) 93 D
85135 Großnottersdorf (BY) 84 E
99439 Großobringen (TH) 53 H
25355 Groß Offenseth-Aspern (SH) 11 H
91599 Großohrenbronn (BY) 83 E
09432 Großolbersdorf (SN) 66 B
06348 Großörner (ST) 42 L
03058 Groß Oßnig (BB) 46 G
63762 Großostheim (BY) 71 F
21493 Groß Pampau (SH) 21 B
16928 Groß Pankow (BB) 23 G
06369 Großpaschleben (ST) 43 G
17498 Groß Petershagen (MV) 7 K
16306 Groß Pinnow (BB) 25 F
17390 Groß Polzin (MV) 15 J
04463 Großpösna (SN) 54 F
02692 Großpostwitz/Oberlausitz (SN) 57 D
04539 Großprießligk (SN) 54 E
07751 Großpürschütz (TH) 53 M
38822 Groß Quenstedt (ST) 42 D
03222 Groß Radden (BB) 45 E
19406 Groß Raden (MV) 13 M
01983 Großräschen (BB) 45 H
18299 Groß Ridsenow (MV) 14 E
15848 Groß Rietz (BB) 34 M
97950 Großrinderfeld (BW) 72 J
49824 Großringe (NI) 26 E
04617 Großröda (TH) 54 J
39167 Groß Rodensleben (ST) 42 B
17166 Groß Roge (MV) 14 H
01900 Großröhrsdorf (SN) 56 F
23795 Groß Rönnau (SH) 12 G
39240 Groß Rosenburg (ST) 43 D
04895 Großrössen (BB) 44 J
09518 Großrückerswalde (SN) 66 B
99195 Großrudestedt (TH) 53 G
19217 Groß Rünz (MV) 13 K
69493 Großsachsen (BW) 71 L
39343 Groß Santersleben (ST) 42 B
02999 Groß-Särchen (SN) 56 C
03149 Groß Schacksdorf (BB) 46 G
15859 Groß Schauen (BB) 34 L
06449 Groß Schierstedt (ST) 42 J
09603 Großschirma (SN) 55 J
04460 Großschkorlopp (SN) 54 E
02779 Großschönau (SN) 57 H
92271 Großschönbrunn (BY) 75 G
16348 Groß Schönebeck (BB) 24 M
18574 Groß Schoritz (MV) 7 G
15806 Groß Schulzendorf (BB) 33 M
99441 Großschwabhausen (TH) 53 M
90530 Großschwarzenlohe (BY) 84 B
39579 Groß Schwechten (ST) 32 D
02708 Großschweidnitz (SN) 57 E
18276 Groß Schwiesow (MV) 14 G
56472 Großseifen (RP) 60 E
23923 Groß Siemz (MV) 12 J
24991 Großsolt (SH) 4 H
24991 Großsoltbrück (SH) 4 E
24991 Großsoltholz (SH) 4 H
17337 Groß Spiegelberg (MV) 16 K
04668 Großsteinberg (SN) 55 D
23972 Groß Stieten (MV) 13 H
04626 Großstöbnitz (TH) 54 M
04539 Großstolpen (SN) 54 F
18574 Groß Stubben (MV) 7 G
18276 Groß Tessin (MV) 14 L
04932 Großthiemig (BB) 56 A
04886 Großtreben (SN) 44 H
64823 Groß-Umstadt (HE) 71 F
18276 Groß Upahl (MV) 14 K
99958 Großvargula (TH) 52 J
17217 Groß Vielen (MV) 24 A
75038 Großvillars (BW) 81 E
09603 Großvoigtsberg (SN) 55 J
96484 Großwalbur (BY) 64 G
63868 Großwallstadt (BY) 71 F
23948 Groß Walmstorf (MV) 13 G
09575 Großwaltersdorf (SN) 55 M
19357 Groß Warnow (BB) 22 J
15910 Groß Wasserburg (BB) 45 B
99735 Großwechsungen (TH) 52 C
82439 Großweil (BY) 100 F
90574 Großweismannsdorf (BY) 84 A
04720 Großweitzschen (SN) 55 E
16866 Groß Welle (BB) 23 H
99947 Großwelsbach (TH) 52 F
95168 Großwendern (BY) 65 L
97702 Großwenkheim (BY) 63 L
04860 Großwig (SN) 44 K
24361 Groß Wittensee (SH) 4 L
17166 Groß Wokern (MV) 14 M
26810 Großwolde (NI) 18 G
16775 Großwoltersdorf (BB) 24 H
16928 Groß Woltersdorf (BB) 23 H
14715 Großwudicke (BB) 32 E
17168 Groß Wüstenfelde (MV) 14 J
16831 Großzerlang (BB) 24 G
15837 Groß Ziescht (BB) 44 C
15831 Großziethen (BB) 33 J
16766 Groß-Ziethen (BB) 33 B
64846 Groß-Zimmern (HE) 71 E
06780 Großzöberitz (ST) 43 L
08538 Großzöbern (SN) 65 H
04552 Großzössen (SN) 54 F
04808 Großzschepa (SN) 55 A
06632 Gröst (ST) 54 D
26810 Grotegaste (NI) 18 G
52511 Grotenrath (NW) 47 L
03185 Grötsch (BB) 46 D
50181 Grottenherten (NW) 47 J
21493 Grove (SH) 21 B
25774 Groven (SH) 10 C
83626 Grub (BY) 101 A
90559 Grub (BY) 84 C
96185 Grub (BY) 73 F
96271 Grub am Forst (BY) 64 K
23749 Grube (SH) 13 A
14823 Grubo (BB) 43 C
03238 Gruhno (BB) 45 K
73344 Gruibingen (BW) 90 B
42781 Gruiten (NW) 48 E
67745 Grumbach (RP) 70 G
09477 Grumbach (SN) 66 F
96528 Grümpen (TH) 64 G
95195 Grün (BY) 65 L
75331 Grunbach (BW) 81 L
84570 Grünbach (BY) 94 G
85461 Grünbach (BY) 93 E
08223 Grünbach (SN) 65 F
17326 Grünberg (BB) 25 E
35305 Grünberg (HE) 61 F
01465 Grünberg (SN) 56 E
09573 Grünberg (SN) 55 L
57271 Grund (NW) 49 M
63584 Gründau (HE) 62 K
96231 Grundfeld (BY) 64 K
24977 Grundhof (SH) 4 E
89613 Grundsheim (BW) 90 H
33165 Grundsteinheim (NW) 39 M
57520 Grünebach (RP) 60 B
16775 Grüneberg (BB) 24 L
14641 Grünefeld (BB) 33 D
49565 Grünegras (NI) 27 H
88167 Grünenbach (BY) 99 G
86424 Grünenbaindt (BY) 91 F
21720 Grünendeich (NI) 20 B
26316 Grünenkamp (NI) 18 F
31073 Grünenplan (NI) 40 E
82272 Grunertshofen (BY) 92 H
01945 Grünewald (BB) 56 B
17268 Grunewald (BB) 24 M
01979 Grünewalde (BB) 45 K
01936 Grüngräbchen (SN) 56 B
08358 Grünhain (SN) 66 E
09579 Grünhainichen (SN) 55 M
15537 Grünheide (Mark) (BB) 34 G
17291 Grünheide (BB) 25 G
88499 Grüningen (BW) 90 H
88287 Grünkraut (BW) 98 E
09661 Grünlichtenberg (SN) 55 H
15299 Grunow (BB) 34 M
17291 Grünow (BB) 25 D
17237 Grünow (MV) 24 E
97947 Grünsfeld (BW) 72 J
97947 Grünsfeldhausen (BW) 72 J
67269 Grünstadt (RP) 70 M
16230 Grüntal (BB) 34 A
93173 Grünthal (BY) 85 F
82031 Grünwald (BY) 92 M
17328 Grünz (MV) 25 E
72401 Gruol (BW) 89 E
38524 Grußendorf (NI) 30 J
17213 Grüssow (MV) 23 B
14715 Grütz (BB) 32 E
74417 Gschwend (BW) 82 J
83257 Gstadt am Chiemsee (BY) 102 A
03172 Guben (BB) 46 A
18190 Gubkow (MV) 14 E
39175 Gübs (ST) 42 C
24357 Güby (SH) 4 L
56459 Guckheim (RP) 60 E
65558 Gückingen (RP) 60 J
59929 Gudenhagen (NW) 50 A
21720 Guderhandviertel (NI) 20 B
99755 Gudersleben (TH) 41 M
23899 Gudow (SH) 21 C
88379 Guggenhausen (BW) 98 B
74363 Güglingen (BW) 81 F
16818 Gühlen Glienicke (BB) 24 K
03096 Guhrow (BB) 45 F
97258 Gülchsheim (BY) 73 G
55452 Guldental (RP) 70 E
19348 Gülitz (BB) 23 G
56593 Güllesheim (RP) 60 D
14715 Gülpe (BB) 32 B
72218 Gültlingen (BW) 89 B
71083 Gültstein (BW) 89 B
17089 Gültz (MV) 15 H
17153 Gülzow (MV) 15 K
18276 Gülzow (MV) 14 G
21483 Gülzow (SH) 21 E
55597 Gumbsheim (RP) 70 E
5164X Gummersbach (NW) 49 G
36433 Gumpelstadt (TH) 52 L
07768 Gumperda (TH) 53 M
16866 Gumtow (BB) 23 L
85276 Gundamsried (BY) 92 C
79194 Gundelfingen (BW) 88 L
86554 Gundelsdorf (BY) 92 B
72175 Gundelshausen (BW) 89 D
74831 Gundelsheim (BW) 82 A
91757 Gundelsheim (BY) 84 G
96163 Gundelsheim (BY) 74 A
79848 Gündelwangen (BW) 96 C
64380 Gundernhausen (HE) 71 E
67598 Gundersheim (RP) 70 J
89601 Gundershofen (BW) 90 E
99713 Gundersleben (TH) 52 F
67724 Gundersweiler (RP) 70 H
67599 Gundheim (RP) 70 J
85232 Günding (BY) 92 J
95236 Gundlitz (BY) 65 K
84079 Gündlkofen (BY) 93 B
89355 Gundremmingen (BY) 91 E
85137 Gungolding (BY) 84 J
59519 Günne (NW) 49 C
78594 Gunningen (BW) 89 L
06567 Günserode (TH) 53 D
39393 Gunsleben (ST) 42 A
99631 Günstedt (TH) 53 D
16278 Günterberg (BB) 25 H
37308 Günterode (TH) 52 A
06507 Güntersberge (ST) 42 K
67583 Guntersblum (RP) 71 D
85301 Güntersdorf (BY) 93 D
97261 Güntersleben (BY) 72 F
91207 Günthersbühl (BY) 74 L
06254 Günthersdorf (ST) 54 B
99869 Günthersleben (TH) 52 M
87784 Günz (BY) 91 L
87634 Günzach (BY) 99 B
89312 Günzburg (BY) 91 E
08261 Gunzen (SN) 65 J
91275 Gunzendorf (BY) 74 F
96155 Gunzendorf (BY) 74 E
85386 Günzenhausen (BY) 93 D
91710 Gunzenhausen (BY) 83 F
86687 Gunzenheim (BY) 84 K
99735 Günzerode (TH) 41 M
87544 Gunzesried (BY) 99 H
39317 Güsen (ST) 32 K
54413 Gusenburg (RP) 69 G
15306 Gusow (BB) 34 F
15306 Gusower Loose (BB) 34 F
39624 Güssefeld (ST) 31 E
15754 Gussow (BB) 34 K
16259 Güstebieser Loose (BB) 34 C
38274 Gustedt (NI) 41 A
39439 Güsten (ST) 42 J
21514 Güster (SH) 21 C
54317 Gusterath (RP) 69 G
35767 Gusternhain (HE) 60 C
17291 Güstow (BB) 25 D
18574 Gustow (MV) 7 G
18273 Güstrow (MV) 14 H
77793 Gutach (Schwarzwaldbahn) (BW) 88 J
56370 Gutenacker (RP) 60 H
78148 Gütenbach (BW) 88 M
73252 Gutenberg (BW) 90 B
06193 Gutenberg (ST) 43 K
99438 Gutendorf (TH) 53 L
92543 Guteneck (BY) 75 M
16775 Gutengermendorf (BB) 24 L
72488 Gutenstein (BW) 89 M
91468 Gutenstetten (BY) 73 J
39326 Gutenswegen (ST) 31 L
54497 Gutenthal (RP) 69 E
88484 Gutenzell-Hürbel (BW) 91 K
17335 Güterberg (BB) 25 A
14532 Güterfelde (BB) 33 H
39264 Güterglück (ST) 43 D
3333X Gütersloh (NW) 39 D
99628 Guthmannshausen (TH) 53 H
18276 Gutow (MV) 14 K
86836 Gutshof Lechfeld (BY) 92 G
23769 Gut Staberdorf (SH) 5 C
02694 Guttau (SN) 57 A
95358 Guttenberg (BY) 64 M
95469 Guttenthau (BY) 75 D
78315 Güttingen (BW) 97 F
54317 Gutweiler (RP) 69 G
90547 Gützberg (BY) 74 K
17506 Gützkow (MV) 15 E
34302 Guxhagen (HE) 51 E
27404 Gyhum (NI) 20 G
50374 Gymnich (NW) 48 K

H

84082 Haader (BY) 85 M
83527 Haag in Oberbayern (BY) 93 J
85410 Haag an der Amper (BY) 93 D
91564 Haag (BY) 84 A
92289 Haag (BY) 75 K
92559 Haag (BY) 76 K
93155 Haag (BY) 85 D
93191 Haag (BY) 86 D
95473 Haag (BY) 74 F
96160 Haag (BY) 73 E
54497 Haag (RP) 69 E
14662 Haage (BB) 32 F
24819 Haale (SH) 11 B
42781 Haan (NW) 48 E
85540 Haar (BY) 93 K
19273 Haar (NI) 21 J
48455 Haar (NI) 26 M
84137 Haarbach (BY) 93 F
94542 Haarbach (BY) 94 C
37688 Haarbrück (NW) 40 K
96465 Haarbrücken (BY) 64 G
97720 Haard (BY) 63 K
94486 Haardorf (BY) 86 M
49179 Haaren (NI) 27 M
33181 Haaren (NW) 39 M
520XX Haaren (NW) 47 H
99310 Haarhausen (TH) 53 K
03058 Haasow (BB) 46 G
27446 Haaßel (NI) 20 D
26197 Haast (NI) 18 M
27777 Habbrügge (NI) 19 K
94419 Haberskirchen (BY) 94 B
86863 Habertsweiler (BY) 91 J
31655 Habichhorst-Blyinghausen (NI) 29 K
97833 Habichsthal (BY) 72 A
34317 Habichtswald (HE) 51 D
29359 Habighorst (NI) 30 D
94253 Habischried (BY) 86 J
95168 Habnith (BY) 65 L
54597 Habscheid (RP) 58 L
24361 Haby (SH) 4 M
99706 Hachelbich (TH) 53 A
57627 Hachenburg (RP) 60 B
97980 Hachtel (BW) 72 M
93170 Hackenberg (BY) 85 F
55546 Hackenheim (RP) 70 E
84177 Hackerskofen (BY) 94 A
06528 Hackpfüffel (ST) 53 B
65589 Hadamar (HE) 60 H
29693 Hademstorf (NI) 29 E
86424 Häder (BY) 91 F
94333 Hadersbach (BY) 85 M
39398 Hadmersleben (ST) 42 E
82319 Hadorf (BY) 92 L
89356 Hafenhofen (BY) 91 E
97840 Hafenlohr (BY) 72 E
96126 Hafenpreppach (BY) 63 M
49843 Haftenkamp (NI) 26 H
26524 Hage (NI) 17 C
79685 Häg-Ehrsberg (BW) 96 E
14806 Hagelberg (BB) 43 C
79585 Hägelberg (BW) 96 D
93095 Hagelstadt (BY) 85 J
27628 Hagen im Bremischen (NI) 19 E
49170 Hagen am Teutoburger Wald (NI) 38 B
49377 Hagen (NI) 28 D
32791 Hagen (NW) 39 E
33129 Hagen (NW) 39 G
58XXX Hagen (NW) 49 A
59846 Hagen (NW) 49 E
24576 Hagen (SH) 11 J
76767 Hagenbach (RP) 80 J
91469 Hagenbüchach (BY) 73 M
31558 Hagenburg (NI) 29 G
86928 Hagenheim (BY) 92 K
93336 Hagenhill (BY) 85 G
19230 Hagenow (MV) 22 D
19230 Hagenow Heide (MV) 22 D
19230 Hagenow Land (MV) 22 D
86505 Hagenried (BY) 91 H
02899 Hagenwerder (SN) 57 F
26524 Hagermarsch (NI) 8 M
38729 Hahausen (NI) 41 D
64372 Hahn (HE) 71 E
56244 Hahn am See (RP) 60 E
92256 Hahnbach (BY) 75 K
55606 Hahnenbach (RP) 69 F
38539 Hahnenhorn (NI) 30 H
27612 Hahnenknoop (NI) 19 E
26817 Hahnentange (NI) 18 G
55278 Hahnheim (RP) 70 F
02923 Hähnichen (SN) 57 B
65623 Hahnstätten (RP) 60 J
63808 Haibach (BY) 72 A
94353 Haibach (BY) 86 E
93474 Haibühl (BY) 86 C
73486 Haid (BW) 83 G
82405 Haid (BY) 100 B
95659 Haid (BY) 75 B
04910 Haida (BB) 45 K
03130 Haidemühl (BB) 45 M
94501 Haidenburg (BY) 94 C
94522 Haidenkofen (BY) 86 L
94339 Haidersberg (BY) 86 K
94522 Haidlfing (BY) 86 L
94145 Haidmühle (BY) 87 H
96342 Haig (BY) 64 H
35708 Haiger (HE) 60 C
77723 Haigerach (BW) 88 F
72401 Haigerloch (BW) 89 E
94339 Hailing (BY) 86 K
88525 Hailtingen (BW) 90 L
85778 Haimhausen (BY) 92 J
84533 Haiming (BY) 94 H
63846 Hain (BY) 72 A
96328 Hain (BY) 64 L
97490 Hain (BY) 63 K
99735 Hain (TH) 52 C

35114 Haina (Kloster) (HE) 50 J
98631 Haina (TH) 63 J
99869 Haina (TH) 52 H
63512 Hainburg (HE) 71 C
57250 Hainchen (NW) 49 M
07619 Hainchen (TH) 54 G
94333 Haindling (BY) 86 G
97478 Hainert (BY) 73 B
02779 Hainewalde (SN) 57 H
76835 Hainfeld (RP) 80 C
04567 Hainichen (SN) 54 F
09661 Hainichen (SN) 55 J
27624 Hainmühlen (NI) 19 C
99735 Hainrode/Hainleite (TH) 52 C
93138 Hainsacker (BY) 85 E
94333 Hainsbach (BY) 86 K
92345 Hainsberg (BY) 84 F
86744 Hainsfarth (BY) 83 J
07607 Hainspitz (TH) 54 G
74722 Hainstadt (BW) 72 K
63512 Hainstadt (HE) 71 C
86480 Hairenbuch (BY) 91 H
73479 Haisterhofen (BW) 83 G
88339 Haisterkirch (BW) 98 C
72221 Haiterbach (BW) 89 B
39448 Hakeborn (ST) 42 E
16833 Hakenberg (BB) 33 A
33165 Hakenberg (NW) 39 M
39343 Hakenstedt (ST) 42 B
15757 Halbe (BB) 45 A
26524 Halbemond (NI) 17 C
02953 Halbendorf (SN) 57 A
57368 Halberbracht (NW) 49 J
38820 Halberstadt (ST) 42 D
87642 Halblech (BY) 100 D
56457 Halbs (RP) 60 E
32351 Haldem (NW) 28 G
39340 Haldensleben (ST) 31 L
87490 Haldenwang (BY) 99 E
89356 Haldenwang (BY) 91 E
46459 Haldern (NW) 36 J
49685 Halen (NI) 27 C
16945 Halenbeck (BB) 23 E
26197 Halenhorst (NI) 18 M
83128 Halfing (BY) 93 M
73479 Halheim (BW) 83 H
09526 Hallbach (SN) 66 C
85399 Hallbergmoos (BY) 93 D
33790 Halle (NW) 39 A
37620 Halle (NI) 40 E
49843 Halle (NI) 26 H
061XX Halle (Saale) (ST) 54 A
59969 Hallenberg (NW) 50 H
91352 Hallerndorf (BY) 74 D
95126 Hallerstein (BY) 65 K
65375 Hallgarten (HE) 70 B
67826 Hallgarten (RP) 70 E
54611 Hallschlag (RP) 58 J
96103 Hallstadt (BY) 74 A
27211 Hallstedt (NI) 28 B
99826 Hallungen (TH) 52 H
72280 Hallwangen (BW) 89 D
84553 Halsbach (BY) 94 H
97816 Halsbach (BY) 72 B
26655 Halsbek (NI) 18 E
09633 Halsbrücke (SN) 55 J
56283 Halsenbach (RP) 60 K
97450 Halsheim (BY) 72 C
25469 Halstenbek (SH) 20 C
45721 Haltern (NW) 37 J
48612 Haltern (NW) 37 C
79576 Haltingen (BW) 96 G
58553 Halver (NW) 49 D
48496 Halverde (NW) 27 G
21646 Halvesbostel (NI) 20 E
42929 Halzenberg (NW) 48 J
47665 Hamb (NW) 36 M
97456 Hambach (BY) 73 A
52382 Hambach (NW) 47 M
65582 Hambach (RP) 60 H
75242 Hamberg (BW) 81 L
92363 Hamberg (BY) 85 D
23619 Hamberge (SH) 12 H
27729 Hambergen (NI) 19 E
76707 Hambrücken (BW) 81 D
56761 Hambuch (RP) 59 M
29313 Hambühren (NI) 29 F
49492 Hambüren (NW) 27 L
2XXXX Hamburg (HH) 21 A
24805 Hamdorf (SH) 11 B
24805 Hamdorferweide (SH) 11 D
27324 Hämelhausen (NI) 29 A
3178X Hameln (NI) 40 A
21737 Hamelwörden (NI) 11 K
48727 Hamern (NW) 37 F
27419 Hamersen (NI) 20 H
39393 Hamersleben (ST) 42 A
39590 Hämerten (ST) 32 D
22929 Hamfelde in Lauenburg (SH) 21 B
86663 Hamlar (BY) 84 K
590XX Hamm (NW) 38 L
57577 Hamm (Sieg) (RP) 60 A
67580 Hamm (RP) 71 G
99765 Hamma (TH) 53 A
21714 Hammah (NI) 20 A
97762 Hammelburg (BY) 62 M
17268 Hammelspring (BB) 24 J
37154 Hammenstedt (NI) 41 G
16559 Hammer (BB) 24 M
83313 Hammer (BY) 102 B
17358 Hammer an der Uecker (MV) 16 K
52152 Hammer (NW) 58 F
23896 Hammer (SH) 12 L
91074 Hammerbach (BY) 74 G
08269 Hammerbrücke (SN) 65 F
63546 Hammersbach (HE) 61 M
99441 Hammerstedt (TH) 53 M
79400 Hammerstein (BW) 96 D
56598 Hammerstein (RP) 59 F
89358 Hammerstetten (BY) 91 E
09484 Hammerunterwiesenthal (SN) 66 E
46499 Hamminkeln (NW) 37 G
22929 Hammoor (SH) 12 K
84405 Hampersdorf (BY) 93 J
47661 Hamsfeld (NW) 36 M
49688 Hamstrup (NI) 27 B
21502 Hamwarde (SH) 21 E
24816 Hamweddel (SH) 11 B
29664 Hamwiede (NI) 29 B
6345X Hanau (HE) 61 M
03099 Hänchen (BB) 45 J
21256 Handeloh (NI) 20 J
24983 Handewitt (SH) 4 D
24983 Handewittfeld (SH) 4 D
21447 Handorf (NI) 21 E
49451 Handorf (NI) 27 J
49838 Handrup (NI) 27 G
86554 Handzell (BY) 92 B
25557 Hanerau-Hademarschen (SH) 11 D
82319 Hanfeld (BY) 92 M
15518 Hangelsberg (BB) 34 H
67374 Hanhofen (RP) 81 A
29386 Hankensbüttel (NI) 30 E
94339 Hankofen (BY) 86 K
93464 Hannesried (BY) 76 K
34346 Hannoversch Münden (HE) 51 B
30XXX Hannover (NI) 29 M
56316 Hanroth (RP) 60 D
48341 Hansell (NW) 38 A
92445 Hansenried (BY) 86 A
17509 Hanshagen (MV) 15 F
23936 Hanshagen (MV) 13 G
21271 Hanstedt (NI) 20 J
27412 Hanstedt (NI) 19 F
18239 Hanstorf (MV) 14 D
23758 Hansühn (SH) 12 C
38489 Hanum (ST) 30 F
97491 Happertshausen (BY) 63 L
91230 Happurg (BY) 74 M
57520 Harbach (RP) 49 L
31097 Harbarnsen (NI) 40 F
57392 Harbecke (NW) 49 J
29614 Harber (NI) 20 M
39365 Harbke (ST) 42 A
86655 Harburg (Schwaben) (BY) 83 M
94431 Harburg (BY) 86 K
91809 Hard (BY) 84 L
24616 Hardebek (SH) 11 J
37181 Hardegsen (NI) 40 M
17268 Hardenbeck (BB) 24 F
58540 Hardenberg (NW) 49 H
49124 Harderberg (NI) 38 C
56579 Hardert (RP) 60 D
74736 Hardheim (BW) 72 H
49843 Hardingen (NI) 26 H
49843 Hardinghausen (NI) 26 H
99628 Hardisleben (TH) 53 E
32791 Hardissen (NW) 39 E
78739 Hardt (BW) 89 G
93176 Hardt (BY) 85 D
48324 Hardt (NW) 38 H
56472 Hardt (RP) 60 B
74239 Hardthausen am Kocher (BW) 82 A
49733 Haren (Ems) (NI) 26 C
54649 Hargarten (RP) 58 M
55595 Hargesheim (RP) 70 E
26676 Harkebrügge (NI) 18 H
23942 Harkensee (MV) 12 J
06543 Harkerode (ST) 42 H
26409 Harlesiel (NI) 9 L
29614 Harmelingen (NI) 20 M
94535 Harmering (BY) 87 K
23738 Harmsdorf (SH) 12 C
49439 Harpendorf (NI) 27 F
53937 Harperscheid (NW) 58 F
27243 Harpstedt (NI) 28 A
07366 Harra (TH) 64 J
98673 Harras (TH) 64 G
97737 Harrbach (BY) 72 B
27628 Harrendorf (NI) 19 E
37581 Harriehausen (NI) 41 G
24955 Harrislee (SH) 4 D
93499 Harrling (BY) 86 E
56307 Harschbach (RP) 60 D
53520 Harscheid (RP) 59 E
95499 Harsdorf (BY) 74 C
21698 Harsefeld (NI) 20 E
33428 Harsewinkel (NW) 38 F
38829 Harsleben (ST) 42 D
31177 Harsum (NI) 40 C
83339 Hart (BY) 102 A
84518 Hart an der Alz (BY) 94 G
02763 Hartau (SN) 57 H
47608 Hartefeld (NW) 36 M
51789 Hartegasse (NW) 48 J
56244 Hartenfels (RP) 60 E
24628 Hartenholm (SH) 12 G
08134 Härtensdorf (SN) 66 A
91235 Hartenstein (BY) 74 J
08118 Hartenstein (SN) 66 A
33142 Harth (NW) 50 B
04746 Hartha (SN) 55 H
70794 Harthausen (BW) 90 A
72474 Harthausen (BW) 90 G
85630 Harthausen (BY) 93 K
86316 Harthausen (BY) 92 D
67376 Harthausen (RP) 81 A
72469 Hartheim (BW) 89 M
79258 Hartheim (BW) 96 A
07570 Harth-Pöllnitz (TH) 65 B
94060 Hartkirchen (BY) 95 D
94428 Hartkirchen (BY) 86 M
15528 Hartmannsdorf (BB) 34 G
04249 Hartmannsdorf (SN) 54 F
08107 Hartmannsdorf bei Kirchberg (SN) 66 A
09232 Hartmannsdorf (SN) 55 K
01762 Hartmannsdorf-Reichenau (SN) 56 K
08233 Hartmannsgrün (SN) 65 F
91224 Hartmannshof (BY) 74 M
73441 Härtsfeldhausen (BW) 83 L
32479 Hartum (NW) 28 L
48712 Harwick (NW) 37 E
55296 Harxheim (RP) 70 F
67308 Harxheim (RP) 70 J
32676 Harzberg (NW) 40 D
06493 Harzgerode (ST) 42 K
53894 Harzheim (NW) 59 D
51503 Hasbach (NW) 48 M
87757 Hasberg (BY) 91 H
49205 Hasbergen (NI) 27 L
54533 Hasborn (RP) 69 B
79686 Hasel (BW) 96 E
25489 Haselau (SH) 11 L
86676 Haselbach (BY) 92 B
87745 Haselbach (BY) 91 J
92421 Haselbach (BY) 85 B
94113 Haselbach (BY) 87 K
94354 Haselbach (BY) 86 D
97653 Haselbach (BY) 63 G
04617 Haselbach (TH) 54 J
96523 Haselbach (TH) 64 E
16269 Haselberg (BB) 34 B
25489 Haseldorf (SH) 20 B
14823 Haseloff-Grabow (BB) 44 A
25855 Haselund (SH) 4 G
49740 Haselünne (NI) 27 D
16775 Häsen (BB) 24 L
52396 Hasenfeld (NW) 58 C
15518 Hasenfelde (BB) 34 J
24616 Hasenkrug (SH) 11 J
24640 Hasenmoor (SH) 11 J
96523 Hasenthal (TH) 64 E
56858 Haserich (RP) 69 C
77716 Haslach im Kinzigtal (BW) 88 H
88430 Haslach (BW) 99 A
83278 Haslach (BY) 102 B
84072 Haslach (BY) 93 A
91602 Haslach (BY) 83 E
97907 Hasloch (BY) 72 E
25474 Hasloh (SH) 11 M
31626 Haßbergen (NI) 29 D
27386 Hassel (NI) 20 L
59379 Hassel (NW) 38 K
24376 Hasselberg (SH) 4 F
38899 Hasselfelde (ST) 41 J
29303 Hasselhorst (NI) 29 C
63594 Hasselroth (HE) 61 M
52445 Hasselsweiler (NW) 47 J
47551 Hasselt (NW) 36 H
97723 Hassenbach (BY) 62 M
27367 Hassendorf (NI) 20 K
23715 Hassendorf (SH) 12 E
06628 Hassenhausen (ST) 53 J
97437 Haßfurt (BY) 73 B
96342 Haßlach (BY) 64 H
96358 Haßlach (BY) 64 J
32369 Haßlage (NW) 28 H
04741 Haßlau (SN) 55 J
17291 Haßleben (BB) 25 D
99189 Haßleben (TH) 53 G
45549 Haßlinghausen (NW) 48 F
67454 Haßloch (RP) 80 C
74855 Haßmersheim (BW) 81 C
24790 Haßmoor (SH) 11 C
31559 Haste (NI) 29 K
27386 Hastedt (NI) 20 L
48301 Hastehausen (NW) 37 F
52538 Hastenrath (NW) 47 G
99848 Hastrungsfeld (TH) 52 L
15328 Hathenow (BB) 35 D
26209 Hatten (NI) 19 K
88416 Hattenburg (BW) 90 M
31749 Hattendorf (NI) 40 A
73110 Hattenhofen (BW) 90 B
82285 Hattenhofen (BY) 92 H
88633 Hattenweiler (BW) 98 A
57644 Hattert (RP) 60 B
26209 Hatterwüsting (NI) 19 K
55767 Hattgenstein (RP) 69 H
78194 Hattingen (BW) 97 B
4552X Hattingen (NW) 48 C
59494 Hattrop (NW) 38 M
59494 Hattropholsen (NW) 38 M
25856 Hattstedt (SH) 3 M
25856 Hattstedtermarsch (SH) 3 J
76770 Hatzenbühl (RP) 80 F
56332 Hatzenport (RP) 59 M
35116 Hatzfeld (Eder) (HE) 50 G
27404 Hatzte (NI) 20 G
73614 Haubersbronn (BW) 82 L
07407 Haufeld (TH) 53 L
91625 Haundorf (BY) 83 D
91729 Haundorf (BY) 83 F
36282 Hauneck (HE) 51 L
36166 Haunetal (HE) 62 B
94372 Haunkenzell (BY) 86 D
89437 Haunsheim (BY) 91 B
82407 Haunshofen (BY) 100 B
85125 Haunstetten (BY) 84 J
86444 Haunswies (BY) 92 D
84174 Haunwang (BY) 93 E
84155 Haunzenbergersöll (BY) 94 D
86480 Haupeltshofen (BY) 91 H
33129 Haupt (NW) 39 H
66851 Hauptstuhl (RP) 70 K
56761 Hauroth (RP) 59 L
24983 Haurup (SH) 4 D
93194 Haus (BY) 85 C
94481 Haus im Wald (BY) 87 G
77756 Hausach (BW) 88 J
56291 Hausbay (RP) 60 K
09306 Hausdorf (SN) 55 D
48249 Hausdülmen (NW) 37 J
72361 Hausen am Tann (BW) 89 H
72505 Hausen (BW) 98 A
74336 Hausen an der Zaber (BW) 81 F
78595 Hausen ob Verena (BW) 89 L
79688 Hausen im Wiesental (BW) 96 E
63840 Hausen (BY) 72 D
86742 Hausen (BY) 83 J
87775 Hausen (BY) 91 M
91353 Hausen (BY) 74 G
92289 Hausen (BY) 85 A
93345 Hausen (BY) 85 H
97262 Hausen bei Würzburg (BY) 73 A
97647 Hausen (BY) 63 D
97688 Hausen (BY) 63 K
97854 Hausen (BY) 72 B
37235 Hausen (HE) 51 F
63179 Hausen (HE) 71 C
52396 Hausen (NW) 58 C
53547 Hausen (Wied) (RP) 59 F
37327 Hausen (TH) 52 B
79837 Häusern (BW) 96 F
83734 Hausham (BY) 101 E
92348 Hausheim (BY) 84 C
06458 Hausneindorf (ST) 42 H
99955 Haussömmern (TH) 52 F
49456 Hausstette (NI) 27 F
56745 Hausten (RP) 59 H
06577 Hauteroda (TH) 53 E
94051 Hauzenberg (BY) 87 L
93173 Hauzenstein (BY) 85 F
21493 Havekost (SH) 21 B
39539 Havelberg (ST) 32 A
49401 Haverbeck (NI) 28 G
49401 Haverbek (NI) 27 D
38275 Haverlah (NI) 41 A
52538 Havert (NW) 47 G
24873 Havetoft (SH) 4 H
24875 Havetoftloit (SH) 4 H
48329 Havixbeck (NW) 38 D
87749 Hawangen (BY) 99 B
72534 Hayingen (BW) 90 H
06536 Hayn (Harz) (ST) 42 K
76863 Hayna (RP) 80 F
37339 Haynrode (TH) 52 B
95168 Hebanz (BY) 65 L
49767 Hebelermeer (NI) 26 F
29640 Heber (NI) 20 M
07343 Heberndorf (TH) 64 F
84332 Hebertsfelden (BY) 94 E
85241 Hebertshausen (BY) 92 J
84104 Hebrontshausen (BY) 93 A
86949 Hechenwang (BY) 92 L
72379 Hechingen (BW) 89 F
91719 Hechlingen am See (BY) 83 J
21755 Hechthausen (NI) 11 K
16259 Heckelberg-Brunow (BB) 34 A
55481 Hecken (RP) 69 F
37581 Heckenbeck (NI) 40 F
54518 Heckenmünster (RP) 69 D
59510 Heckentrup (NW) 38 M
54619 Heckhuscheid (RP) 58 L
39444 Hecklingen (ST) 42 F
69434 Heddesbach (BW) 71 L
68542 Heddesheim (BW) 71 L
32361 Heddinghausen (NW) 28 K
33129 Heddinghausen (NW) 39 K
34431 Heddinghausen (NW) 50 C
32361 Hedem (NW) 28 K
38322 Hedeper (NI) 41 C
27336 Hedern (NI) 29 A
06295 Hedersleben (ST) 42 M
06458 Hedersleben (ST) 42 E
25761 Hedwigenkoog (SH) 10 B
26892 Heede (NI) 17 M
25355 Heede (SH) 11 M
26892 Heederfeld (NI) 17 M
48619 Heek (NW) 37 C
31622 Heemsen (NI) 29 D
27245 Heerde (NI) 28 H
33442 Heerde (NW) 38 F
39590 Heeren (ST) 32 G
59174 Heeren-Werve (NW) 38 L
27616 Heerstedt (NI) 19 B
47652 Hees (NW) 36 L
01833 Heeselicht (SN) 56 J
27404 Heeslingen (NI) 20 D
31707 Heeßen (NI) 28 M
49824 Heesterkante (NI) 26 D
67753 Hefersweiler (RP) 70 G
88094 Hefigkofen (BW) 98 E
89264 Hegelhofen (BY) 91 G
33142 Hegensdorf (NW) 39 L
87448 Hegge (BY) 99 E
57413 Heggen (NW) 49 H
91732 Heglau (BY) 83 F
95339 Hegnabrunn (BY) 64 M
78476 Hegne (BW) 97 F
86450 Hegnenbach (BY) 91 F
37619 Hehlen (NI) 40 E
41366 Hehler (NW) 47 F
28865 Heidberg (NI) 19 J
51580 Heidberg (NW) 49 L
25746 Heide (SH) 10 C
91180 Heideck (BY) 84 E
23858 Heidekamp (SH) 12 H
32689 Heidelbeck (NW) 39 C
691XX Heidelberg (BW) 81 B
740XX Heidelberg (BW) 82 D
95100 Heidelheim (BY) 65 L
06780 Heideloh (ST) 43 L
32791 Heiden (NW) 39 F
46359 Heiden (NW) 37 H
21258 Heidenau (NI) 20 E
01809 Heidenau (SN) 56 H
54426 Heidenburg (RP) 69 E
26446 Heidendom (NI) 18 E
55262 Heidenfahrt (RP) 70 C
97520 Heidenfeld (BY) 73 A
895XX Heidenheim an der Brenz (BW) 91 A
91719 Heidenheim (BY) 83 J
65321 Heidenrod (HE) 60 L
23816 Heiderfeld (SH) 12 G
09526 Heidersdorf (SN) 67 A
55262 Heidesheim am Rhein (RP) 70 C
53347 Heidgen (NW) 59 B
25436 Heidgraben (SH) 11 L
19303 Heidhof (MV) 22 H
89558 Heidhöfe (BW) 83 K
24632 Heidmoor (SH) 11 J
24598 Heidmühlen (SH) 12 G
54518 Heidweiler (RP) 69 A
63869 Heigenbrücken (BY) 72 A
24226 Heikendorf (SH) 5 K
54673 Heilbach (RP) 68 B
56412 Heilberscheid (RP) 60 H
91555 Heilbronn (BY) 83 E
740XX Heilbronn am Neckar (BW) 82 D
54636 Heilenbach (RP) 68 C
96145 Heilgersdorf (BY) 63 M
88633 Heiligenberg (BW) 98 D
28857 Heiligenfelde (NI) 28 C
39606 Heiligenfelde (ST) 31 B
16909 Heiligengrabe (BB) 23 H
23774 Heiligenhafen (SH) 5 M
18239 Heiligenhagen (MV) 14 D
42579 Heiligenhaus (NW) 48 E
51491 Heiligenhaus (NW) 48 M
88633 Heiligenholz (BW) 98 A
27239 Heiligenloh (NI) 28 A
67699 Heiligenmoschel (RP) 70 K
28816 Heiligenrode (NI) 19 L
56412 Heiligenroth (RP) 60 H
37308 Heiligenstadt Heilbad (TH) 52 A
25524 Heiligenstedten (SH) 11 G
25524 Heiligenstedtenerkamp (SH) 11 G
21394 Heiligenthal (NI) 21 G
06347 Heiligenthal (ST) 42 M
72348 Heiligenzimmern (BW) 89 H
83308 Heiligkreuz (BY) 94 K
97797 Heiligkreuz (BY) 62 M
69253 Heiligkreuzsteinach (BW) 71 L
88499 Heiligkreuztal (BW) 90 K
93128 Heilinghausen (BY) 85 C
91560 Heilsbronn (BY) 84 A
27729 Heilsdorf (NI) 19 F
23619 Heilshoop (SH) 12 H
27711 Heilshorn (NI) 19 H
79331 Heimbach (BW) 88 H
52396 Heimbach (NW) 58 C
55779 Heimbach (RP) 69 J
97996 Heimberg (BW) 83 A
63872 Heimbuchenthal (BY) 72 D
38889 Heimburg (ST) 42 G
88178 Heimenkirch (BY) 98 J
87751 Heimertingen (BY) 91 K
53913 Heimerzheim (NW) 59 B
32469 Heimsen (NW) 28 J
71296 Heimsheim (BW) 81 M
85551 Heimstetten (BY) 93 G
55606 Heimweiler (RP) 70 D
37627 Heinade (NI) 40 H
21726 Heinbockel (NI) 20 A
94118 Heindlschlag (BY) 87 L
27628 Heine (NI) 19 E
96365 Heinersberg (BY) 64 J
03185 Heinersbrück (BB) 46 D
15518 Heinersdorf (BB) 34 J
07356 Heinersdorf (TH) 64 F
08538 Heinersgrün (SN) 65 H
95355 Heinersreuth (BY) 64 M
95500 Heinersreuth (BY) 74 C
38312 Heiningen (NI) 41 B
24594 Heinkenborstel (SH) 11 F
39326 Heinrichsberg (ST) 31 M
16831 Heinrichsdorf (BB) 24 K
16909 Heinrichsdorf (BB) 23 J
59939 Heinrichsdorf (NW) 50 D
17379 Heinrichshof (MV) 16 K
86492 Heinrichshofen (BY) 92 G
09350 Heinrichsort (SN) 66 A
17379 Heinrichsruh (MV) 16 K
63871 Heinrichsthal (BY) 72 A
17379 Heinrichswalde (MV) 16 K
52525 Heinsberg (NW) 47 H
57399 Heinsberg (NW) 49 J
27432 Heinschenwalde (NI) 19 C
37649 Heinsen (NI) 40 D
59510 Heintrop-Büninghausen (NW) 38 M
55483 Heinzenbach (RP) 69 C
55606 Heinzenberg (RP) 69 F
67742 Heinzenhausen (RP) 70 G
54497 Heinzerath (RP) 69 E
33818 Heipke (NW) 39 E
88267 Heißen (BW) 98 F
27729 Heißenbüttel (NI) 19 F
25492 Heist (SH) 11 L
32469 Heisterholz (NW) 28 M
52379 Heistern (NW) 47 M
53773 Heisterschoß (NW) 48 M
48480 Heitel (NI) 27 G
79423 Heitersheim (BW) 96 A
49152 Heithöfen (NI) 28 K
33129 Heitwinkel (NW) 39 H
98617 Helba (TH) 63 E
99713 Helbedündorf (TH) 52 C
01723 Helbigsdorf (SN) 56 G
09619 Helbigsdorf (SN) 55 M
06311 Helbra (ST) 42 M
57439 Helden (NW) 49 H
84431 Heldenstein (BY) 94 G
96476 Heldritt (BY) 63 J
06577 Heldrungen (TH) 53 E
54439 Helfant (RP) 68 J
85655 Helfendorf (BY) 101 A
56244 Helferskirchen (RP) 60 E
27498 Helgoland (SH) 9 B
16928 Helle (BB) 23 G
49596 Helle (NI) 27 F
59846 Hellefeld (NW) 49 F
87480 Hellengerst (BY) 99 E
56479 Hellenhahn-Schellenberg (RP) 60 E
53940 Hellenthal (NW) 58 F
48301 Heller (NW) 38 D
55758 Hellertshausen (RP) 69 F
97486 Hellingen (BY) 73 C
98663 Hellingen (TH) 63 M
27729 Hellingst (NI) 19 F
97346 Hellmitzheim (BY) 73 H
27367 Hellwege (NI) 20 K
95233 Helmbrechts (BY) 65 K
86983 Helmenstein (BY) 100 D
57612 Helmenzen (RP) 60 A
33181 Helmern (NW) 39 M
98590 Helmers (TH) 63 B
98617 Helmershausen (TH) 63 D
74924 Helmhof (BW) 81 C
34431 Helminghausen (NW) 50 B
77866 Helmlingen (BW) 80 L
37581 Helmscherode (NI) 41 D
01833 Helmsdorf (SN) 56 J
37351 Helmsdorf (TH) 52 E
07356 Helmsgrün (TH) 64 F
76646 Helmsheim (BW) 81 E
97264 Helmstadt (BY) 72 F
74921 Helmstadt-Bargen (BW) 81 C
38350 Helmstedt (NI) 31 K
24321 Helmstorf (SH) 12 B
31691 Helpsen (NI) 28 M
17349 Helpt (MV) 24 C
33813 Helpup (NW) 39 E
34298 Helsa (HE) 51 E
48488 Helschen (NI) 26 J
25709 Helse (SH) 10 J
49716 Helte (NI) 26 F
67716 Heltersberg (RP) 80 A
27389 Helvesiek (NI) 20 H
51545 Helzen (NW) 49 K
27333 Helzendorf (NI) 28 F
93155 Hemau (BY) 85 D
48282 Hembergen (NW) 38 A
33034 Hembsen (NW) 40 G
25485 Hemdingen (SH) 11 M
58675 Hemer (NW) 49 B
48361 Hemfeld (NW) 38 F
91334 Hemhofen (BY) 74 G
06577 Hemleben (TH) 53 E
25774 Hemme (SH) 10 C
23669 Hemmelsdorf (SH) 12 J
49688 Hemmelte (NI) 27 B
57612 Hemmelzen (RP) 60 A
78343 Hemmenhofen (BW) 97 F
59602 Hemmern (NW) 39 K
97258 Hemmersheim (BY) 73 K
71282 Hemmingen (BW) 81 M
30966 Hemmingen (NI) 29 L
25770 Hemmingstedt (SH) 10 F
21745 Hemmoor (NI) 10 M
69502 Hemsbach (BW) 71 H
27386 Hemsbünde (NI) 20 L
57319 Hemschlar (NW) 50 G
27386 Hemslingen (NI) 20 L
49453 Hemsloh (NI) 28 D
39638 Hemstedt (ST) 31 E
55490 Henau (RP) 70 D
97640 Hendungen (BY) 63 H
91239 Henfenfeld (BY) 74 M
98660 Henfstädt (TH) 63 F
48703 Hengeler (NW) 37 E
94491 Hengersberg (BY) 86 M
33165 Henglarn (NW) 39 M
59439 Hengsen (NW) 49 A
27777 Hengsterholz (NI) 19 K
74599 Hengstfeld (BW) 83 D
26197 Hengstlage (NI) 18 M
98617 Henneberg (TH) 63 E
53773 Hennef (Sieg) (NW) 59 C
91522 Hennenbach (BY) 83 C
01762 Hennersdorf (SN) 56 K
86450 Hennhofen (BY) 91 F
14943 Hennickendorf (BB) 33 L
15378 Hennickendorf (BB) 34 D
53804 Henningen (NW) 48 M
29413 Henningen (ST) 31 A
99947 Henningsleben (TH) 52 J
25779 Hennstedt (SH) 11 A
55619 Hennweiler (RP) 69 F
99634 Henschleben (TH) 53 G
66909 Henschtal (RP) 69 M
28857 Henstedt (NI) 28 B
24558 Henstedt-Ulzburg (SH) 11 M
32689 Henstorf (NW) 39 C
54314 Hentern (RP) 69 G
15898 Henzendorf (BB) 46 A
88677 Hepbach (BW) 98 E
85120 Hepberg (BY) 84 M
50189 Heppendorf (NW) 48 K
64646 Heppenheim (Bergstraße) (HE) 71 H
27412 Hepstedt (NI) 19 J
52134 Herbach (NW) 47 L
59387 Herbern (NW) 38 G
14913 Herbersdorf (BB) 44 F
88518 Herbertingen (BW) 90 L
57334 Herbertshausen (NW) 50 K
86405 Herbertshofen (BY) 92 A
74861 Herbolzheim (BW) 82 A
79336 Herbolzheim (BW) 88 H
91478 Herbolzheim (BY) 73 L
35745 Herborn (HE) 61 A
55758 Herborn (RP) 69 F
35745 Herbornseelbach (HE) 61 A
33165 Herbram (NW) 39 M
33165 Herbram Wald (NW) 39 M
89542 Herbrechtingen (BW) 91 A
99955 Herbsleben (TH) 52 J
97633 Herbstadt (BY) 63 H
36358 Herbstein (HE) 62 D
51570 Herchen (RP) 60 A
97232 Herchsheim (BY) 72 J
66871 Herchweiler (RP) 69 M
99837 Herda (TH) 52 K
58313 Herdecke (NW) 49 A
57562 Herdorf (RP) 60 B
88634 Herdwangen-Schönach (BW) 98 A
27232 Herelse (NI) 28 E
86465 Heretsried (BY) 91 F
88239 Herfatz (BW) 98 F
320XX Herford (NW) 39 B
54662 Herforst (RP) 69 A
52396 Hergarten (NW) 58 C
88145 Hergatz (BY) 98 F
55452 Hergenfeld (RP) 70 E
56457 Hergenroth (RP) 60 E
88138 Hergensweiler (BY) 98 J
76872 Hergersweiler (RP) 80 F
06313 Hergisdorf (ST) 42 L
97534 Hergolshausen (BY) 73 A
53937 Herhahn (NW) 58 F
99765 Heringen/Helme (TH) 53 A
59909 Heringhausen (NW) 50 D
17424 Heringsdorf (MV) 16 E
23777 Heringsdorf (SH) 13 A
54317 Herl (RP) 69 G
88299 Herlazhofen (BW) 99 D
74423 Herlebach (BW) 82 H
37293 Herleshausen (HE) 52 G
97509 Herlheim (BY) 73 E
34414 Herlinghausen (NW) 51 A
92334 Hermannsberg (BY) 84 F
29320 Hermannsburg (NI) 30 A
09468 Hermannsdorf (SN) 66 B
98617 Hermannsfeld (TH) 63 E
89568 Hermaringen (BW) 91 B
06543 Hermerode (ST) 42 L
66919 Hermersberg (RP) 80 A
15374 Hermersdorf/Obersdorf (BB) 34 F
51545 Hermesdorf (NW) 49 K

A B C D E F G H I J K L M N O P Q R S T U V W X Y Z

54411 Hermeskeil (RP) 69 H
01945 Hermsdorf bei Ruhland (BB) 56 B
01458 Hermsdorf (SN) 56 E
09337 Hermsdorf (SN) 55 K
39326 Hermsdorf (ST) 42 B
07629 Hermsdorf (TH) 54 K
01776 Hermsdorf/Erzgebirge (SN) 56 K
446XX Herne (NW) 37 M
56368 Herold (RP) 60 L
09419 Herold (SN) 66 B
86655 Heroldingen (BY) 83 M
99991 Heroldishausen (TH) 52 H
91336 Heroldsbach (BY) 74 G
90562 Heroldsberg (BY) 74 L
72535 Heroldstatt (BW) 90 E
47638 Herongen (NW) 47 B
57489 Herpel (NW) 49 H
91483 Herper (BY) 73 H
98617 Herpf (TH) 63 E
99735 Herreden (TH) 41 M
71083 Herrenberg (BW) 89 B
06648 Herrengosserstedt (ST) 53 F
48317 Herrenstein (NW) 38 H
74572 Herrentierbach (BW) 82 C
78662 Herrenzimmern (BW) 89 G
56729 Herresbach (RP) 59 H
96274 Herreth (BY) 64 K
87755 Herretshofen (BY) 91 H
91567 Herrieden (BY) 83 C
50374 Herrig (NW) 48 K
59505 Herringsen (NW) 38 M
79737 Herrischried (BW) 96 E
89134 Herrlingen (BW) 90 F
99762 Herrmannsacker (TH) 42 K
84097 Herrngiersdorf (BY) 85 L
02747 Herrnhut (SN) 57 H
91413 Herrnneuses (BY) 73 M
92331 Herrnried (BY) 85 D
93309 Herrnsaal (BY) 85 H
96158 Herrnsdorf (BY) 74 D
97348 Herrnsheim (BY) 73 H
93345 Herrnwahlthann (BY) 85 L
82211 Herrsching am Ammersee (BY) 92 L
55756 Herrstein (RP) 69 F
91217 Hersbruck (BY) 74 M
66919 Herschberg (RP) 80 A
53518 Herschbroich (RP) 59 H
98701 Herschdorf (TH) 64 A
58849 Herscheid (NW) 49 E
66909 Herschweiler-Pettersheim (RP) 69 M
53332 Hersel (NW) 59 B
33014 Herste (NW) 39 J
37688 Herstelle (NW) 40 K
45XXX Herten (NW) 37 M
79415 Hertingen (BW) 96 D
51515 Herweg (NW) 48 J
02708 Herwigsdorf (SN) 57 E
67273 Herxheim am Berg (RP) 70 M
76863 Herxheim bei Landau/Pfalz (RP) 80 F
76863 Herxheimweyher (RP) 80 F
15864 Herzberg (BB) 34 L
16835 Herzberg (Mark) (BB) 24 K
19374 Herzberg (MV) 23 A
37412 Herzberg am Harz (NI) 41 L
04916 Herzberg/Elster (BB) 44 H
41352 Herzbroich (NW) 47 F
33442 Herzebrock-Clarholz (NW) 38 F
19372 Herzfeld (MV) 22 F
59510 Herzfeld (NW) 38 M
15378 Herzfelde (BB) 34 H
25379 Herzhorn (SH) 11 K
49770 Herzlake (NI) 27 D
93449 Herzogau (BY) 76 K
91074 Herzogenaurach (BY) 74 K
52134 Herzogenrath (NW) 47 K
38685 Herzog Juliushütte (NI) 41 E
72285 Herzogsweiler (BW) 89 D
59969 Hesborn (NW) 50 H
27404 Hesedorf (NI) 20 G
27432 Hesedorf (NI) 20 D
26835 Hesel (NI) 18 D
72270 Heselbach (BW) 89 A
49565 Hesepe (NI) 27 H
31693 Hespe (NI) 28 M
98646 Heßberg (TH) 63 J
91093 Heßdorf (BY) 74 G
97783 Heßdorf (BY) 72 C
96352 Hesselbach (BY) 64 J
97532 Hesselbach (BY) 63 L
64754 Hesselbach (HE) 71 M
57334 Hesselbach (NW) 50 K
74635 Hesselbronn (BW) 82 F
33775 Hesselteich (NW) 38 F
38835 Hessen (ST) 41 F
65468 Hessenaue (HE) 71 D
64754 Hesseneck (HE) 71 M
92690 Hessenreuth (BY) 75 E
63875 Hessenthal (BY) 72 D
67258 Heßheim (RP) 70 M
74394 Hessigheim (BW) 82 G
37235 Hessisch Lichtenau (HE) 51 E
31840 Hessisch Oldendorf (NI) 40 A
97753 Heßlar (BY) 72 C
98597 Heßles (TH) 63 B
49838 Hestrup (NI) 27 G
56865 Hesweiler (RP) 69 C
06458 Heteborn (ST) 42 E
29320 Hetendorf (NI) 29 C
25491 Hetlingen (SH) 20 B
98669 Hetschbach (TH) 63 J
99438 Hetschburg (TH) 53 L
66919 Hettenhausen (RP) 80 A
67310 Hettenleidelheim (RP) 70 M
55758 Hettenrodt (RP) 69 J
37181 Hettensen (NI) 40 M
85276 Hettenshausen (BY) 92 G
74722 Hettigenbeuern (BW) 72 K
72513 Hettingen (BW) 90 G
74722 Hettingen (BW) 72 K
97265 Hettstadt (BY) 72 F
06333 Hettstedt (ST) 42 M
09600 Hetzdorf (SN) 56 G
41812 Hetzerath (NW) 47 H
54523 Hetzerath (RP) 69 D
91077 Hetzles (BY) 74 H
97723 Hetzlos (BY) 62 M
27383 Hetzwege (NI) 20 G
73540 Heubach (BW) 82 M
96106 Heubach (BY) 73 C
64823 Heubach (HE) 71 F
98666 Heubach (TH) 64 D
74629 Heuberg (BW) 82 E
91161 Heuberg (BY) 84 B
96524 Heubisch (TH) 64 H
95359 Heubsch (BY) 74 B
35452 Heuchelheim (HE) 61 E
76831 Heuchelheim-Klingen (RP) 80 F
73572 Heuchlingen (BW) 82 M
89547 Heuchlingen (BW) 91 A
89547 Heuchstetten (BW) 91 A
38855 Heudeber (ST) 41 F
78253 Heudorf im Hegau (BW) 97 C
88525 Heudorf (BW) 90 L
27726 Heudorf (NI) 19 F
04574 Heuersdorf (SN) 54 J
31700 Heuerßen (NI) 29 K
92709 Heumaden (BY) 76 G
57612 Heupelzen (RP) 60 A
63150 Heusenstamm (HE) 71 B
97618 Heustreu (BY) 63 H
66265 Heusweiler (SL) 79 B
37308 Heuthen (TH) 52 D
79194 Heuweiler (BW) 88 L
37181 Hevensen (NI) 40 M
59519 Hewingsen (NW) 38 M
93336 Hexenagger (BY) 85 G
98693 Heyda (TH) 64 A
37619 Heyen (NI) 40 E
41372 Heyen (NW) 47 E
99988 Heyerode (TH) 52 H
06556 Heygendorf (TH) 53 B
01683 Heynitz (SN) 55 F
32120 Hiddenhausen (NW) 39 A
18565 Hiddensee, Insel (MV) 6 F
27804 Hiddigwarden (NI) 19 G
45549 Hiddinghausen (NW) 48 C
93349 Hiendorf (BY) 85 K
93333 Hienheim (BY) 85 G
53359 Hilberath (NW) 59 E
09627 Hilbersdorf (SN) 55 J
57271 Hilchenbach (NW) 49 J
98646 Hildburghausen (TH) 63 J
99976 Hildebrandshausen (TH) 52 D
4072X Hilden (NW) 48 E
95632 Hildenbach (BY) 75 B
36115 Hilders (HE) 63 D
311XX Hildesheim (NI) 40 C
311XX Hildesheimer Wald (NI) 40 C
59955 Hildfeld (NW) 50 E
71157 Hildrizhausen (BW) 89 C
41836 Hilfarth (NW) 47 H
32479 Hilferdingsen (NW) 28 L
94544 Hilgartsberg (BY) 86 M
74585 Hilgartshausen (BW) 83 A
51399 Hilgen (NW) 48 J
27318 Hilgermissen (NI) 29 A
56206 Hilgert (RP) 60 G
86567 Hilgertshausen (BY) 92 F
86567 Hilgertshausen-Tandern (BY) 92 F
26897 Hilkenbrook (NI) 18 L
32479 Hille (NW) 28 L
32694 Hillentrup (NW) 39 F
37154 Hillerse (NI) 40 M
38543 Hillerse (NI) 30 H
39343 Hillersleben (ST) 31 M
54576 Hillesheim (RP) 59 G
67586 Hillesheim (RP) 70 F
04936 Hillmersdorf (BB) 45 G
57482 Hillmicke (NW) 49 L
56204 Hillscheid (RP) 60 G
09429 Hilmersdorf (SN) 66 B
91161 Hilpoltstein (BY) 84 E
54426 Hilscheid (RP) 69 H
66957 Hilst (RP) 80 D
49828 Hilten (NI) 26 H
86856 Hiltenfingen (BY) 91 J
92272 Hiltersdorf (BY) 75 L
93488 Hiltersried (BY) 76 K
91355 Hiltpoltstein (BY) 74 H
78247 Hilzingen (BW) 97 E
29584 Himbergen (NI) 21 J
95502 Himmelkron (BY) 74 C
58840 Himmelmert (NW) 49 E
16798 Himmelpfort (BB) 24 H
21709 Himmelpforten (NI) 20 A
97267 Himmelstadt (BY) 72 F
52525 Himmerich (NW) 47 H
33039 Himmighausen (NW) 39 J
56357 Himmighofen (RP) 60 L
87527 Hinang (BY) 99 H
87541 Hindelang (BY) 99 H
39596 Hindenburg (ST) 32 A
25693 Hindorf (SH) 10 F
28790 Hinnebeck (NI) 19 H
26639 Hinrichsfehn (NI) 18 E
41334 Hinsbeck (NW) 47 C
06386 Hinsdorf (ST) 43 H
21635 Hinterbrack (NI) 20 B
94118 Hintereben (BY) 87 L
01855 Hinterhermsdorf (SN) 57 G
98553 Hinternah (TH) 63 F
94146 Hinterschmiding (BY) 87 H
17375 Hintersee (MV) 16 L
87541 Hinterstein (BY) 99 H
73553 Hintersteinenberg (BW) 82 J
77787 Hintertal (BW) 88 F
55743 Hintertiefenbach (RP) 69 F
74586 Hinteruhlberg (BW) 83 D
56338 Hinterwald (RP) 60 K
66999 Hinterweidenthal (RP) 80 E
72810 Hinterweiler (BW) 89 F
54570 Hinterweiler (RP) 59 K
79856 Hinterzarten (BW) 96 C
78194 Hintschingen (BW) 97 B
54316 Hinzenburg (RP) 69 G
54497 Hinzerath (RP) 69 E
67756 Hinzweiler (RP) 70 G
27432 Hipstedt (NI) 19 C
86368 Hirblingen (BY) 92 D
85110 Hirnstetten (BY) 84 H
72145 Hirrlingen (BW) 89 F
75365 Hirsau (BW) 81 L
96114 Hirschaid (BY) 74 D
92242 Hirschau (BY) 75 H
84364 Hirschbach (BY) 94 F
86637 Hirschbach (BY) 92 A
92275 Hirschbach (BY) 74 J
01768 Hirschbach (SN) 56 H
98553 Hirschbach (TH) 63 F
69493 Hirschberg an der Bergstraße (BW) 71 L
35745 Hirschberg (HE) 60 C
59581 Hirschberg (NW) 49 C
65558 Hirschberg (RP) 60 H
96138 Hirschbrunn (BY) 73 F
85305 Hirschenhausen (BY) 92 F
04932 Hirschfeld (BB) 56 A
96361 Hirschfeld (BY) 64 H
97520 Hirschfeld (BY) 73 A
55483 Hirschfeld (Hunsrück) (RP) 69 F
08144 Hirschfeld (SN) 65 C
09634 Hirschfeld (SN) 55 J
16356 Hirschfelde (BB) 34 D
02788 Hirschfelde (SN) 57 J
74544 Hirschfelden (BW) 82 F
84329 Hirschhorn (BY) 94 E
94351 Hirschkofen (BY) 86 K
71254 Hirschlanden (BW) 81 M
94333 Hirschling (BY) 86 G
90616 Hirschneuses (BY) 73 M
06636 Hirschroda (ST) 53 F
66996 Hirschthal (RP) 80 D
56729 Hirten (RP) 59 H
35713 Hirzenhain (HE) 61 A
63697 Hirzenhain (HE) 62 G
57635 Hirz-Maulsbach (RP) 60 A
21522 Hittbergen (NI) 21 E
88339 Hittelkofen (BW) 98 C
89250 Hittistetten (BY) 91 G
88339 Hittisweiler (BW) 98 C
29456 Hitzacker (Elbe) (NI) 22 G
85122 Hitzhofen (BY) 84 M
24576 Hitzhusen (SH) 11 J
72511 Hitzkofen (BW) 90 K
39279 Hobeck (ST) 43 A
94127 Höch (BY) 95 A
93449 Hocha (BY) 76 K
86742 Hochaltingen (BY) 83 H
71686 Hochberg (BW) 82 G
88348 Hochberg (BW) 98 B
97204 Höchberg (BY) 72 F
55234 Hochborn (RP) 70 J
40699 Hochdahl (NW) 48 E
25712 Hochdonn (SH) 11 D
71686 Hochdorf (BW) 82 G
73269 Hochdorf (BW) 82 L
88454 Hochdorf (BW) 90 M
88477 Hochdorf (BW) 90 M
86504 Hochdorf (BY) 92 H
93182 Hochdorf (BY) 85 E
94253 Hochdorf (BY) 86 J
79862 Höchenschwand (BW) 96 F
86653 Hochfeld (BY) 84 K
25554 Hochfeld (SH) 11 G
97633 Höchheim (BY) 63 H
65239 Hochheim am Main (HE) 71 A
99869 Hochheim (TH) 52 J
02627 Hochkirch (SN) 57 D
48712 Hochmoor (NW) 37 E
78727 Hochmössingen (BW) 89 G
41363 Hochneukirch (NW) 47 J
54472 Hochscheid (RP) 69 F
67691 Hochspeyer (RP) 70 L
64739 Höchst im Odenwald (HE) 71 F
82234 Hochstadt (BY) 92 L
89420 Höchstädt an der Donau (BY) 91 C
91315 Höchstadt an der Aisch (BY) 73 J
95186 Höchstädt im Fichtelgebirge (BY) 65 L
96272 Hochstadt am Main (BY) 64 L
55606 Hochstädten (RP) 70 D
91347 Hochstahl (BY) 74 E
55585 Hochstätten (RP) 70 E
74831 Höchstberg (BW) 82 A
57629 Höchstenbach (RP) 60 E
79206 Hochstetten (BW) 88 K
55606 Hochstetten-Dhaun (RP) 70 D
89335 Hochwang (BY) 91 E
37154 Höckelheim (NI) 40 J
01774 Höckendorf (SN) 56 G
01936 Höckendorf (SN) 56 E
68766 Hockenheim (BW) 81 A
27801 Hockensberg (NI) 19 K
49843 Höcklenkamp (NI) 26 H
54316 Hockweiler (RP) 69 G
29693 Hodenhagen (NI) 29 B
88662 Hödingen (BW) 97 F
39356 Hödingen (ST) 31 K
25569 Hodorf (SH) 11 G
52477 Hoengen (NW) 47 L
59320 Hoest (NW) 38 J
48231 Hoetmar (NW) 38 E
950XX Hof (BY) 65 G
04758 Hof (SN) 55 F
09648 Höfchen (SN) 55 H
84152 Hofdorf (BY) 86 K
93086 Hofdorf (BY) 86 G
75339 Höfen an der Enz (BW) 81 L
91074 Höfen (BY) 74 K
52156 Höfen (NW) 58 E
92431 Hofenstetten (BY) 85 C
29361 Höfer (NI) 30 D
95326 Höferänger (BY) 64 M
53534 Hoffeld (RP) 59 G
51503 Hoffnungsthal (NW) 48 M
34369 Hofgeismar (HE) 51 A
04668 Höfgen (SN) 55 D
82297 Hofhegnenberg (BY) 92 H
97461 Hofheim in Unterfranken (BY) 63 L
65719 Hofheim am Taunus (HE) 71 A
71229 Höfingen (BW) 81 M
84082 Hofkirchen (BY) 85 M
94544 Hofkirchen (BY) 86 M
96317 Höfles (BY) 64 L
85649 Hofolding (BY) 93 K
63825 Hofstädten (BY) 72 A
84439 Hofstarring (BY) 93 F
75389 Hofstett (BW) 89 A
77716 Hofstetten (BW) 88 J
85122 Hofstetten (BY) 84 J
86928 Hofstetten (BY) 92 K
91161 Hofstetten (BY) 84 E
97737 Hofstetten (BY) 72 B
85084 Hög (BY) 92 C
25858 Högel (SH) 3 J
25858 Högelfeld (SH) 3 J
49429 Hogenbögen (NI) 28 A
23795 Högersdorf (SH) 12 G
84056 Högldorf (BY) 85 L
92269 Högling (BY) 75 L
83454 Höglwörth (BY) 102 B
24327 Högsdorf (SH) 12 B
29478 Höhbeck (NI) 22 L
04808 Hohburg (SN) 55 A
97877 Höhefeld (BW) 72 H
37696 Hohehaus (NW) 40 G
66989 Höheinöd (RP) 80 A
66989 Höheischweiler (RP) 80 A
26446 Hohemoor (NI) 18 E
14913 Hohenahlsdorf (BB) 44 E
35644 Hohenahr (HE) 61 A
83229 Hohenaschau (BY) 101 C
25582 Hohenaspe (SH) 11 H
94545 Hohenau (BY) 87 H
85402 Hohenbercha (BY) 93 D
73494 Hohenberg (BW) 83 G
94344 Hohenberg (BY) 86 D
95691 Hohenberg an der Eger (BY) 65 L
99994 Hohenbergen (TH) 52 F
39596 Hohenberg-Krusemark (ST) 32 A
01945 Hohenbocka (BB) 45 L
17111 Hohenbollentin (MV) 15 G
82383 Hohenbrand (BY) 100 A
16515 Hohenbruch (BB) 33 B
15910 Hohenbrück-Neu Schadow (BB) 45 B
85662 Hohenbrunn (BY) 93 K
17111 Hohenbrünzow (MV) 15 G
31073 Hohenbüchen (NI) 40 F
04936 Hohenbucko (BB) 44 J
92277 Hohenburg (BY) 85 A
17166 Hohen Demzin (MV) 14 M
39167 Hohendodeleben (ST) 42 C
17440 Hohendorf (MV) 16 D
99713 Hohenebra (TH) 52 F
84036 Hohenegglkofen (BY) 93 C
07318 Hoheneiche (TH) 64 E
39443 Hohenerxleben (ST) 42 J
16306 Hohenfelde (BB) 25 J
18209 Hohenfelde (MV) 14 D
19406 Hohenfelde (MV) 14 K
24257 Hohenfelde (SH) 5 L
25358 Hohenfelde (SH) 11 H
99448 Hohenfelden (TH) 53 L
92366 Hohenfels (BY) 85 A
14798 Hohenferchesar (BB) 32 J
09573 Hohenfichte (SN) 55 M
25551 Hohenfiert (SH) 11 E
16248 Hohenfinow (BB) 34 B
86978 Hohenfurch (BY) 100 A
37318 Hohengandern (TH) 51 C
93080 Hohengebraching (BY) 85 H
73666 Hohengehren (BW) 82 L
39524 Hohengöhren (ST) 32 D
39524 Hohengöhrener Damm (ST) 32 E
14913 Hohengörsdorf (BB) 44 E
96149 Hohengüßbach (BY) 74 A
17291 Hohengüstow (BB) 25 E
57258 Hohenhain (NW) 49 L
31249 Hohenhameln (NI) 30 K
95679 Hohenhard (BY) 75 B
32689 Hohenhausen (NW) 39 C
96187 Hohenhäusling (BY) 74 B
04448 Hohenheida (SN) 54 C
38486 Hohenhenningen (ST) 31 D
27324 Hohenholz (NI) 29 A
21526 Hohenhorn (SH) 21 B
25489 Hohenhorst (SH) 11 L
85411 Hohenkammer (BY) 92 F
92289 Hohenkemnath (BY) 75 K
99887 Hohenkirchen (TH) 52 M
85635 Höhenkirchen-Siegertsbrunn (BY) 93 K
75438 Hohenklingen (BW) 81 H
56746 Hohenleimbach (RP) 59 H
04934 Hohenleipisch (BB) 45 K
39264 Hohenlepte (ST) 43 D
07958 Hohenleuben (TH) 65 B
85664 Hohenlinden (BY) 93 H
14828 Hohenlobbese (BB) 43 B
25551 Hohenlockstedt (SH) 11 H
17166 Hohen Mistorf (MV) 14 J
17111 Hohenmocker (MV) 15 H
06679 Hohenmölsen (ST) 54 E
14715 Hohennauen (BB) 32 E
16540 Hohen Neuendorf (BB) 33 E
07570 Hohenölsen (TH) 65 B
82383 Hohenpeißenberg (BY) 100 D
84432 Hohenpolding (BY) 93 F
91332 Hohenpölz (BY) 74 E
04838 Hohenprießnitz (SN) 43 M
19406 Hohen Pritz (MV) 14 K
82335 Höhenrain (BY) 100 C
86381 Hohenraunau (BY) 91 H
86637 Hohenreichen (BY) 91 C
16307 Hohenreinkendorf (BB) 25 F
36284 Hohenroda (HE) 51 M
04509 Hohenroda (SN) 43 M
94151 Hohenröhren (BY) 87 H
97618 Hohenroth (BY) 63 G
16248 Hohensaaten (BB) 25 L
93155 Hohenschambach (BY) 85 D
17440 Hohensee (MV) 16 D
39307 Hohenseeden (ST) 32 K
14913 Hohenseefeld (BB) 44 F
16306 Hohenselchow (BB) 25 F
35644 Hohensolms (HE) 61 A
73345 Hohenstadt (BW) 90 B
91224 Hohenstadt (BY) 74 M
15345 Hohenstein (BB) 34 E
72531 Hohenstein (BW) 90 G
65329 Hohenstein (HE) 60 M
09337 Hohenstein-Ernstthal (SN) 55 K
67591 Hohen-Sülzen (RP) 70 J
79801 Hohentengen am Hochrhein (BW) 97 G
88367 Hohentengen (BW) 90 K
95671 Hohenthan (BY) 75 F
83104 Hohenthann (BY) 93 L
84098 Hohenthann (BY) 85 L
06188 Hohenthurm (ST) 43 L
38489 Hohentramm (ST) 31 D
92536 Hohentreswitz (BY) 75 M
91719 Hohentrüdingen (BY) 83 J
23996 Hohen Viecheln (MV) 13 L
17194 Hohen Wangelin (MV) 14 L
39326 Hohenwarsleben (ST) 42 C
86558 Hohenwart (BY) 92 C
07338 Hohenwarte (TH) 64 F
93480 Hohenwarth (BY) 86 B
39291 Hohenwarthe (ST) 31 M
06179 Hohenweiden (ST) 54 A
34414 Hohenwepel (NW) 39 M
24594 Hohenwestedt (SH) 11 E
39606 Hohenwulsch (ST) 31 F
04769 Hohenwussen (SN) 55 E
16259 Hohenwutzen (BB) 25 L
85250 Hohenzell (BY) 92 E
39291 Hohenziatz (ST) 43 A
17237 Hohenzieritz (MV) 24 B
66989 Höhfröschen (RP) 80 A
51789 Hohkeppel (NW) 48 J
97215 Hohlach (BY) 73 K
98593 Hohleborn (TH) 63 B
97708 Hohn (BY) 63 G
53902 Hohn (NW) 59 D
56462 Höhn (RP) 60 E
24806 Hohn (SH) 11 B
24217 Höhndorf (SH) 5 K
09394 Hohndorf (SN) 66 A
09434 Hohndorf (SN) 66 B
07985 Hohndorf (TH) 65 B
29362 Hohne (NI) 30 E
49525 Hohne (NW) 38 B
31559 Hohnhorst (NI) 29 K
06179 Höhnstedt (ST) 43 K
01848 Hohnstein (SN) 56 J
21522 Hohnstorf (Elbe) (NI) 21 E
42929 Höhrath (NW) 48 H
56203 Höhr-Grenzhausen (RP) 60 G
24321 Hohwacht (Ostsee) (SH) 12 B
59602 Hoinkhausen (NW) 39 K
22955 Hoisdorf (SH) 12 K
99735 Holbach (TH) 41 M
29525 Holdenstedt (NI) 30 B
06528 Holdenstedt (ST) 53 C
49451 Holdorf (NI) 27 F
37642 Holenberg (NI) 40 E
95632 Holenbrunn (BY) 75 B
27243 Hölingen (NI) 28 A
17094 Holldorf (MV) 24 B
31188 Holle (NI) 41 A
06179 Holleben (ST) 54 A
21769 Hollen (NI) 19 C
26670 Hollen (NI) 18 H
26683 Hollen (NI) 18 L
27616 Hollen (NI) 19 E
23883 Hollenbek (SH) 21 C
26683 Hollenermoor (NI) 18 L
49832 Hollenhorst (NI) 27 G
21279 Hollenstedt (NI) 20 E
37154 Hollenstedt (NI) 40 J
56412 Holler (RP) 60 H
53940 Hollerath (NW) 58 F
74722 Hollerbach (BW) 72 K
21723 Hollern-Twielenfleth (NI) 20 B
96142 Hollfeld (BY) 74 B
48565 Hollich (NW) 37 C
29664 Hollige (NI) 29 B
24876 Hollingstedt (SH) 4 K
25788 Hollingstedt (SH) 11 A
56288 Hollnich (RP) 70 A
21769 Hollnseth (NI) 19 C
97618 Hollstadt (BY) 63 H
79585 Höllstein (BW) 96 D
37235 Hollstein (HE) 51 F
26655 Hollwege (NI) 18 H
21244 Holm (NI) 20 J
25488 Holm (SH) 20 B
21244 Holm-Seppensen (NI) 20 F
92259 Holnstein (BY) 75 G
51597 Holpe (NW) 49 K
84140 Hölsbrunn (BY) 94 A
32257 Holsen (NW) 39 A
32369 Holsingerort (NW) 28 H
27607 Holßel (NI) 10 L
27729 Holste (NI) 19 E
48499 Holsten (NI) 27 K
23623 Holstendorf (SH) 12 E
25584 Holstenniendorf (SH) 11 D
54668 Holsthum (RP) 68 F
24994 Holt (SH) 3 F
49774 Holte (NI) 27 D
26842 Holterfehn (NI) 18 G
33829 Holtfeld (NW) 39 A
26427 Holtgast (NI) 9 K
48366 Holthausen (NW) 37 F
58840 Holthausen (NW) 49 E
33165 Holtheim (NW) 39 M
19075 Holthusen (MV) 22 B
49685 Höltinghausen (NI) 27 C
26835 Holtland (NI) 18 G
26835 Holtlander Nücke (NI) 18 D
27243 Holtorf (NI) 28 A
27333 Holtrup (NI) 29 D
49377 Holtrup (NI) 28 A
32457 Holtrup (NW) 39 C
24363 Holtsee (SH) 4 M
26188 Holttange (NI) 18 H
45721 Holtwick (NW) 37 J
37345 Holungen (TH) 52 B
21646 Holvede (NI) 20 E
56379 Holzappel (RP) 60 H
55469 Holzbach (RP) 70 A
24361 Holzbunge (SH) 4 L
06926 Holzdorf (ST) 44 H
72805 Holzelfingen (BW) 90 D
79400 Holzen (BW) 96 D
37632 Holzen (NI) 40 E
99718 Holzengel (TH) 53 D
54316 Holzerath (RP) 69 G
94065 Holzfreyung (BY) 87 L
71088 Holzgerlingen (BW) 89 C
87752 Holzgünz (BY) 91 L
92253 Holzhammer (BY) 75 H
93326 Holzharlanden (BY) 85 G
09623 Holzhau (SN) 56 K
77866 Holzhausen (BW) 88 B
82064 Holzhausen (BY) 92 M
86919 Holzhausen (BY) 92 L
97456 Holzhausen (BY) 63 K
27243 Holzhausen (NI) 28 B
27245 Holzhausen (NI) 28 H
27793 Holzhausen (NI) 28 A
49377 Holzhausen (NI) 28 D
32361 Holzhausen (NW) 28 K
32457 Holzhausen (NW) 39 C
49536 Holzhausen (NW) 38 B
04454 Holzhausen (SN) 54 C
99310 Holzhausen (TH) 53 K
32805 Holzhausen-Externsteine (NW) 39 F
86684 Holzheim (BY) 92 A
89291 Holzheim (BY) 91 D
89438 Holzheim (BY) 91 C
93183 Holzheim am Forst (BY) 85 E
65558 Holzheim (RP) 60 J
91781 Holzingen (BY) 84 G
89183 Holzkirch (BW) 91 A
83607 Holzkirchen (BY) 101 A
94496 Holzkirchen (BY) 95 A
97292 Holzkirchen (BY) 72 E
84453 Hölzling (BY) 94 G
73271 Holzmaden (BW) 90 B
37603 Holzminden (NI) 40 H
79848 Holzschlag (BW) 96 C
99713 Holzsußra (TH) 52 F
99713 Holzthaleben (TH) 52 C
84066 Holztraubach (BY) 85 M
41812 Holzweiler (NW) 47 J
06808 Holzweißig (ST) 43 L
59439 Holzwickede (NW) 49 A
34576 Homberg (Efze) (HE) 51 G
35315 Homberg (Ohm) (HE) 61 C
56379 Homberg (RP) 60 H
34576 Hombergshausen (HE) 51 H
97855 Homburg am Main (BY) 72 E
66424 Homburg (SL) 79 C
46348 Homer (NW) 37 G
24613 Homfeld (SH) 11 F
47574 Hommersum (NW) 36 H
72805 Honau (BW) 90 D
77866 Honau (BW) 88 B
27432 Hönau-Lindorf (NI) 19 C
53518 Honerath (RP) 59 H
29664 Honerdingen (NI) 29 B
99991 Höngeda (TH) 52 E
52538 Höngen (NW) 47 G
24211 Honigsee (SH) 12 A
67317 Höningen (RP) 70 M
47546 Hönnepel (NW) 36 J
53506 Hönningen (RP) 59 E
15366 Hönow (BB) 34 D
86807 Honsolgen (BY) 92 K
78253 Honstetten (BW) 97 C
54538 Hontheim (RP) 69 B
66606 Hoof (SL) 69 M
49846 Hoogstede (NI) 26 E
26434 Hooksiel (NI) 18 C
19230 Hoort (MV) 22 B
29690 Hope (NI) 29 E
25693 Hopen (SH) 10 J
27367 Höperhöfen (NI) 20 G
37235 Hopfelde (HE) 51 F
87629 Hopfen am See (BY) 99 J
87659 Hopferau (BY) 99 J
88427 Hopferbach (BW) 90 L
87496 Hopferbach (BY) 99 B
97199 Hopferstadt (BY) 73 G
99428 Hopfgarten (TH) 53 H
74746 Höpfingen (BW) 72 H
48720 Höpingen (NW) 37 F
97532 Hoppachshof (BY) 63 L
59929 Hoppecke (NW) 50 B
16928 Hoppenrade (BB) 23 K
18292 Hoppenrade (MV) 14 L
37586 Hoppensen (NI) 40 J
17375 Hoppenwalde (MV) 16 L
78333 Hoppetenzell (BW) 97 C
86655 Hoppingen (BY) 83 M
67744 Hoppstädten (RP) 70 G
48496 Hopsten (NW) 27 K
54497 Horath (RP) 69 E
72160 Horb am Neckar (BW) 89 E
07426 Horba (TH) 64 A
82278 Hörbach (BY) 92 H
35745 Hörbach (HE) 60 C
56412 Horbach (RP) 60 H
66851 Horbach (RP) 80 A
84494 Hörbering (BY) 94 D
55483 Horbruch (RP) 69 F
76571 Hörden (BW) 81 K
37412 Hörden (NI) 41 K
39387 Hordorf (ST) 42 E
76771 Hördt (RP) 81 D
86497 Horgau (BY) 91 F
86497 Horgauergreut (BY) 91 F
88263 Horgenzell (BW) 98 E
85413 Hörgertshausen (BY) 93 B
56379 Horhausen (RP) 60 H
56593 Horhausen (Westerwald) (RP) 60 D
79793 Horheim (BW) 97 D
67724 Höringen (RP) 70 L
02923 Horka (SN) 57 C
06528 Horla (ST) 42 L
74549 Hörlebach (BW) 82 F
85457 Hörlkofen (BY) 93 H
86510 Hörmannsberg (BY) 92 G
92331 Hörmannsdorf (BY) 85 A
87640 Hörmanshofen (BY) 99 C
91220 Hormersdorf (BY) 74 J
09395 Hormersdorf (SN) 66 B
73575 Horn (BW) 82 M

78343 Horn (BW) 97 F
59387 Horn (NW) 38 G
91635 Hornau (BY) 73 L
66500 Hornbach (RP) 79 F
32805 Horn-Bad Meinberg (NW) 39 F
21514 Hornbek (SH) 21 B
72213 Hornberg (BW) 89 A
78132 Hornberg (BW) 88 J
38315 Hornburg (NI) 41 F
06295 Hornburg (ST) 53 C
21400 Horndorf (NI) 21 H
21730 Hörne (NI) 10 J
21640 Horneburg (NI) 20 B
45711 Horneburg (NW) 37 M
39387 Hornhausen (ST) 42 A
99735 Höringen (TH) 41 M
03172 Horno (BB) 46 D
03130 Hornow (BB) 46 G
31099 Hornsen (NI) 40 F
99955 Hornsömmern (TH) 52 F
94315 Hornstorf (BY) 86 G
23974 Hornstorf (MV) 13 H
25997 Hörnum (Sylt) (SH) 3 D
83301 Hörpolding (BY) 94 K
55457 Horrweiler (RP) 70 E
66887 Horschbach (RP) 70 G
54552 Hörscheid (RP) 59 K
54552 Hörschhausen (RP) 59 L
99837 Horschlitt (TH) 52 K
72393 Hörschwag (BW) 90 G
96231 Horsdorf (BY) 74 A
99880 Hörselgau (TH) 52 M
39356 Hörsingen (ST) 31 K
99976 Horsmar (TH) 52 E
18519 Horst (MV) 7 K
48720 Horst (NW) 37 F
25358 Horst (Holstein) (SH) 11 L
06785 Horstdorf (ST) 43 J
32791 Hörste (NW) 39 E
33790 Hörste (NW) 39 D
48231 Hörste (NW) 38 E
25860 Horstedt (SH) 3 J
63755 Hörstein (BY) 71 C
48477 Hörstel (NW) 27 K
15806 Horstfelde (BB) 33 M
32657 Horstmar (NW) 39 E
48612 Horstmar (NW) 37 C
49545 Horstmersch (NW) 38 B
15837 Horstwalde (BB) 44 C
26434 Horumersiel (NI) 9 M
24980 Hörup (SH) 3 F
86529 Hörzhausen (BY) 92 B
63768 Hösbach (BY) 72 A
01996 Hosena (BB) 45 L
36154 Hosenfeld (HE) 62 E
02997 Hoske (SN) 56 C
83129 Höslwang (BY) 93 M
88374 Hoßkirch (BW) 98 B
73663 Hößlinswart (BW) 82 L
49536 Höste (NW) 38 B
24873 Hostrup (SH) 4 H
39393 Hötensleben (ST) 42 A
99439 Hottelstedt (TH) 53 H
55758 Hottenbach (RP) 69 F
55758 Hottenbachermühlen (RP) 69 F
39638 Hottendorf (ST) 31 J
79736 Hottingen (BW) 96 H
91798 Höttingen (BY) 84 D
52441 Hottorf (NW) 47 J
99819 Hötzelsroda (TH) 52 H
29614 Hötzingen (NI) 20 M
41812 Houverath (NW) 47 H
53902 Houverath (NW) 59 E
59846 Hövel (NW) 49 B
33161 Hövelhof (NW) 39 H
33161 Hövelriege (NW) 39 H
57539 Hövels (RP) 60 B
58802 Höveringhausen (NW) 49 E
59510 Hovestadt (NW) 38 M
39615 Höwisch (ST) 31 C
54497 Hoxel (RP) 69 E
37671 Höxter (NW) 40 G
27318 Hoya (NI) 28 C
27318 Hoyerhagen (NI) 28 C
31093 Hoyershausen (NI) 40 F
02977 Hoyerswerda (SN) 45 M
06467 Hoym (ST) 42 H
88131 Hoyren (BY) 98 J
91344 Hubenberg (BY) 74 E
84416 Hubenstein (BY) 93 F
06308 Hübitz (ST) 42 M
56479 Hüblingen (RP) 60 F
52382 Huchem (NW) 47 M
63825 Huckelheim (BY) 62 K
41836 Hückelhoven (NW) 47 H
42499 Hückeswagen (NW) 48 F
49448 Hüde (NI) 28 G
49740 Huden (NI) 27 D
55595 Hüffelsheim (RP) 70 D
32257 Hüffen (NW) 39 B
74928 Hüffenhardt (BW) 81 C
66909 Hüffler (RP) 69 M
78183 Hüfingen (BW) 97 A
76549 Hügelsheim (BW) 80 M
82386 Huglfing (BY) 100 E
58849 Hüinghausen (NW) 49 E
47551 Huisberden (NW) 36 H
86685 Huisheim (BY) 83 M
25588 Huje (SH) 11 G
72584 Hülben (BW) 90 B
72539 Huldstetten (BW) 90 G
73466 Hülen (BW) 83 L
45721 Hullern (NW) 37 J
24983 Hüllerup (SH) 4 D
24983 Hüllerupfeld (SH) 4 D
32609 Hüllhorst (NW) 28 L
57413 Hülschotten (NW) 49 E
16949 Hülsebeck (BB) 23 G
27711 Hülseberg (NI) 19 H
19230 Hülseburg (MV) 22 A
31867 Hülsede (NI) 29 K
49740 Hülsen (NI) 27 D
31714 Hülshagen (NI) 29 K
48734 Hülsten (NW) 37 H
59510 Hultrop (NW) 38 M
32694 Humfeld (NW) 39 F
89185 Humlangen (BW) 91 G
53520 Hümmel (RP) 59 D
48499 Hummeldorf (NI) 26 M
24357 Hummelfeld (SH) 4 L
07768 Hummelshain (TH) 64 C
73494 Hummelsweiler (BW) 83 G
95503 Hummeltal (BY) 74 F
96369 Hummendorf (BY) 64 L
53547 Hümmerich (RP) 60 D
32676 Hummersen (NW) 40 D
88436 Hummertsried (BW) 98 C
98634 Hümpfershausen (TH) 63 A
97519 Humprechtshausen (BY) 63 L
25923 Humptrup (SH) 3 E
06862 Hundeluft (ST) 43 E
94336 Hunderdorf (BY) 86 H
72525 Hundersingen (BW) 90 E
88518 Hundersingen (BW) 90 L
37339 Hundeshagen (TH) 52 A
83730 Hundham (BY) 101 E
54497 Hundheim (RP) 69 E
94551 Hunding (BY) 86 J
39343 Hundisburg (ST) 31 L
56414 Hundsangen (RP) 60 E
76596 Hundsbach (BW) 88 C
97776 Hundsbach (BY) 72 C
55621 Hundsbach (RP) 70 G
74417 Hundsberg (BW) 82 J
56235 Hundsdorf (RP) 60 D
91349 Hundshaupten (BY) 74 H
08318 Hundshübel (SN) 66 D
94107 Hundsruck (BY) 95 B
36088 Hünfeld (HE) 62 C
65597 Hünfelden (HE) 60 J
35410 Hungen (HE) 61 F
56281 Hungenroth (RP) 60 K
53945 Hüngersdorf (NW) 59 G
54497 Hunolstein (RP) 69 E
57482 Hünsborn (NW) 49 L
65510 Hünstetten (HE) 60 M
58540 Hunswinkel (NW) 49 H
49163 Hunteburg (NI) 28 G
49716 Hüntel (NI) 26 C
26197 Huntlosen (NI) 19 K
26931 Huntorf (NI) 19 G
46569 Hünxe (NW) 37 K
46569 Hünxerwald (NW) 37 K
56355 Hunzel (RP) 60 L
52152 Hüppenbroich (NW) 58 F
54518 Hupperath (RP) 69 A
99976 Hüpstedt (TH) 52 E
86857 Hurlach (BY) 92 K
86739 Hürnheim (BY) 83 L
27798 Hurrel (NI) 19 K
52393 Hürtgen (NW) 58 C
52393 Hürtgenwald (NW) 58 C
50354 Hürth (NW) 48 K
24975 Hürup (SH) 4 E
24620 Husberg (SH) 11 F
24850 Hüsby (SH) 4 L
24975 Husby (SH) 4 E
24975 Husbyholz (SH) 4 E
39579 Hüselitz (ST) 32 G
33165 Husen (NW) 39 M
91747 Hüssingen (BY) 83 J
27327 Hustedt (NI) 28 C
57489 Husten (NW) 49 H
31632 Husum (NI) 29 G
25813 Husum (SH) 3 M
46446 Hüthum (NW) 36 E
66882 Hütschenhausen (RP) 69 M
24641 Hüttblek (SH) 12 G
92655 Hütten (BY) 75 H
91245 Hüttenbach (BY) 74 H
35625 Hüttenberg (HE) 61 D
27726 Hüttenbusch (NI) 19 J
27726 Hüttendorf (NI) 19 J
93349 Hüttenhausen (BY) 85 G
97348 Hüttenheim (BY) 73 H
84152 Hüttenkofen (BY) 86 K
38889 Hüttenrode (ST) 42 G
87648 Huttenwang (BY) 99 C
54636 Hütterscheid (RP) 68 C
94116 Hutthurm (BY) 87 K
86643 Hütting (BY) 84 L
54636 Hüttingen an der Kyll (RP) 68 C
54675 Hüttingen bei Lahr (RP) 68 B
89185 Hüttisheim (BW) 91 G
73460 Hüttlingen (BW) 83 G
48268 Hüttrup (NW) 38 A
29646 Hützel (NI) 20 M
23715 Hutzfeld (SH) 12 E
49751 Hüven (NI) 27 A
28879 Huxfeld (NI) 19 J
38836 Huy-Neinstedt (ST) 42 D
27607 Hymendorf (NI) 10 L

I

77728 Ibach (BW) 88 F
4947X Ibbenbüren (NW) 27 L
92256 Iber (BY) 75 G
37574 Iber (NI) 40 J
36280 Ibra (HE) 51 L
89335 Ichenhausen (BY) 91 E
06556 Ichstedt (TH) 53 B
99334 Ichtershausen (TH) 53 K
91438 Ickelheim (BY) 73 L
82057 Icking (BY) 100 C
55743 Idar-Oberstein (RP) 69 J
39606 Iden (ST) 32 A
54636 Idenheim (RP) 68 F
31515 Idensen (NI) 29 K
31515 Idensermoor (NI) 29 K
54636 Idesheim (RP) 68 F
29664 Idsingen (NI) 29 B
24879 Idstedt (SH) 4 H
65510 Idstein (HE) 60 M
82393 Iffeldorf (BY) 100 F
26969 Iffens (NI) 19 A
76473 Iffezheim (BW) 80 M
99831 Ifta (TH) 52 G
54298 Igel (RP) 68 J
75394 Igelsloch (BW) 81 L
86568 Igenhausen (BY) 92 E
91338 Igensdorf (BY) 74 H
97999 Igersheim (BW) 72 M
89561 Iggenhausen (BW) 83 L
33165 Iggenhausen (NW) 39 M
94547 Iggensbach (BY) 86 M
73574 Iggingen (BW) 82 M
86859 Igling (BY) 92 K
39291 Ihleburg (ST) 32 K
06347 Ihlewitz (ST) 42 M
21775 Ihlienworth (NI) 10 M
26632 Ihlow (NI) 18 D
26632 Ihlowerhörn (NI) 18 D
58675 Ihmert (NW) 49 E
49451 Ihorst (NI) 27 F
79241 Ihringen (BW) 88 K
93346 Ihrlerstein (BY) 85 H
34439 Ikenhausen (NW) 39 M
06408 Ilberstedt (ST) 42 J
67294 Ilbesheim (RP) 70 J
76831 Ilbesheim bei Landau in der Pfalz (RP) 80 F
99768 Ilfeld (TH) 41 M
29643 Ilhorn (NI) 20 L
86666 Illdorf (BY) 92 B
91749 Illenschwang (BY) 83 E
89269 Illerberg (BY) 91 G
56814 Illerich (RP) 59 M
89171 Illerkirchberg (BW) 91 D
89186 Illerrieden (BW) 91 G
89257 Illertissen (BY) 91 G
89269 Illerzell (BY) 91 G
91471 Illesheim (BY) 73 L
75428 Illingen (BW) 81 J
66557 Illingen (SL) 69 L
93092 Illkofen (BY) 85 F
88636 Illmensee (BW) 98 A
14913 Illmersdorf (BB) 44 F
92278 Illschwang (BY) 75 K
88636 Illwangen (BW) 98 B
98693 Ilmenau (TH) 64 A
85304 Ilmmünster (BY) 92 F
85304 Ilmried (BY) 92 F
32469 Ilse (NW) 28 M
38871 Ilsenburg (Harz) (ST) 41 F
32469 Ilserheide (NW) 28 M
74360 Ilsfeld (BW) 82 D
74532 Ilshofen (BW) 82 F
32469 Ilvese (NW) 28 J
68549 Ilvesheim (BW) 71 K
87527 Imberg (BY) 99 H
37154 Imbshausen (NI) 41 G
52156 Imgenbroich (NW) 58 E
51570 Imhausen (NW) 60 A
38486 Immekath (ST) 31 D
36433 Immelborn (TH) 63 A
86865 Immelstetten (BY) 92 J
78194 Immendingen (BW) 97 B
52511 Immendorf (NW) 47 L
34376 Immenhausen (HE) 51 B
87674 Immenhofen (BY) 99 C
95505 Immenreuth (BY) 75 A
99713 Immenrode (TH) 52 C
88090 Immenstaad am Bodensee (BW) 98 H
87509 Immenstadt im Allgäu (BY) 99 G
25885 Immenstedt (SH) 4 G
87634 Immenthal (BY) 99 B
27777 Immer (NI) 19 K
41812 Immerath (NW) 47 J
54552 Immerath (RP) 59 L
54426 Immert (RP) 69 E
67308 Immesheim (RP) 70 J
76831 Impflingen (RP) 80 F
67817 Imsbach (RP) 70 H
27607 Imsum (NI) 19 A
67808 Imsweiler (RP) 70 H
86570 Inchenhofen (BY) 92 B
72534 Indelhausen (BW) 90 H
52459 Inden (NW) 47 M
91790 Indernbuch (BY) 84 E
94428 Indersbach (BY) 94 B
38385 Ingeleben (NI) 41 C
74653 Ingelfingen (BW) 82 B
55218 Ingelheim am Rhein (RP) 70 C
55218 Ingelheim-Nord (RP) 70 C
54636 Ingendorf (RP) 68 C
86980 Ingenried (BY) 100 A
87666 Ingenried (BY) 99 C
88433 Ingerkingen (BW) 90 J
74379 Ingersheim (BW) 82 G
99192 Ingersleben (TH) 53 K
88456 Ingoldingen (BW) 90 M
850XX Ingolstadt (BY) 84 M
91484 Ingolstadt (BY) 73 H
89297 Ingstetten (BY) 91 H
84056 Inkofen (BY) 85 L
85410 Inkofen (BY) 93 E
72513 Inneringen (BW) 90 G
94548 Innernzell (BY) 87 G
24613 Innien (SH) 11 F
29640 Insel (NI) 20 J
39599 Insel (ST) 31 F
76865 Insheim (RP) 80 F
91610 Insingen (BY) 83 A
53520 Insul (RP) 59 H
83334 Inzell (BY) 102 B
72514 Inzigkofen (BW) 90 K
94060 Inzing (BY) 95 D
85368 Inzkofen (BY) 93 B
79594 Inzlingen (BW) 96 G
97346 Iphofen (BY) 73 H
55566 Ippenschied (RP) 70 D
97258 Ippesheim (BY) 73 G
78194 Ippingen (BW) 97 B
91472 Ipsheim (BY) 73 L
26180 Ipwegermoor (NI) 19 G
92699 Irchenrieth (BY) 75 J
94072 Irching (BY) 95 D
92339 Irfersdorf (BY) 84 J
08485 Irfersgrün (SN) 65 C
84564 Irl (BY) 94 D
93464 Irlach (BY) 76 K
85110 Irlahüll (BY) 84 J
94342 Irlbach (BY) 86 H
97633 Irmelshausen (BY) 63 H
56843 Irmenach (RP) 69 C
57250 Irmgarteichen (NW) 49 M
56479 Irmtraut (RP) 60 F
78597 Irndorf (BW) 89 M
93333 Irnsing (BY) 85 K
52388 Irresheim (NW) 59 A
54689 Irrhausen (RP) 58 L
83737 Irschenberg (BY) 101 B
87660 Irsee (BY) 99 C
86842 Irsingen (BY) 91 M
91726 Irsingen (BY) 83 H
78661 Irslingen (BW) 89 H
39167 Irxleben (ST) 42 B
84424 Isen (BY) 93 H
42579 Isenbügel (NW) 48 B
56271 Isenburg (RP) 60 D
38550 Isenbüttel (NI) 30 H
32339 Isenstedt (NW) 28 L
57489 Iseringhausen (NW) 49 H
586XX Iserlohn (NW) 49 B
586XX Iserlohnerheide (NW) 49 A
30916 Isernhagen (NI) 29 J
30916 Isernhagen Niederhägener Bauerschaft Süd (NI) 29 J
33824 Isingdorf (NW) 39 A
59889 Isingheim (NW) 49 F
96215 Isling (BY) 64 L
85737 Ismaning (BY) 93 G
88316 Isny im Allgäu (BW) 99 D
75228 Ispringen (BW) 81 H
65558 Isselbach (RP) 60 H
46419 Isselburg (NW) 36 J
99947 Issersheilingen (TH) 52 F
07751 Isserstedt (TH) 53 M
95188 Issigau (BY) 65 G
86946 Issing (BY) 100 A
47661 Issum (NW) 36 M
79588 Istein (BW) 96 D
48465 Isterberg (NI) 26 M
32825 Istrup (NW) 39 F
33034 Istrup (NW) 40 G
54298 Ittel (RP) 68 F
87730 Ittelsburg (BY) 99 B
53639 Ittenbach (NW) 59 C
88515 Ittenhausen (BW) 90 G
49847 Itterbeck (NI) 26 H
91245 Ittling (BY) 74 J
94315 Ittling (BY) 86 G
74930 Ittlingen (BW) 81 F
25524 Itzehoe (SH) 11 H
96274 Itzgrund (BY) 64 K
86653 Itzing (BY) 84 K
73441 Itzlingen (BW) 83 H
23845 Itzstedt (SH) 12 K
17391 Iven (MV) 15 J
17153 Ivenack (MV) 15 K
39343 Ivenrode (ST) 31 L
53902 Iversheim (NW) 59 D
78345 Iznang (BW) 97 F

J

17194 Jabel (MV) 23 C
83676 Jachenau (BY) 100 J
93339 Jachenhausen (BY) 85 G
15236 Jacobsdorf (BB) 34 J
01619 Jacobsthal (SN) 55 C
26349 Jade (NI) 18 F
26349 Jaderaltendeich (NI) 18 F
26349 Jaderaußendeich (NI) 18 F
26349 Jaderberg (NI) 18 F
26349 Jaderkreuzmoor (NI) 18 F
26349 Jaderlangstraße (NI) 19 D
17209 Jaebetz (MV) 23 E
24878 Jagel (SH) 4 L
49751 Jägerhof (NI) 27 A
94424 Jägerndorf (BY) 94 B
17337 Jagow (BB) 25 A
04936 Jagsal (BB) 44 J
74249 Jagsthausen (BW) 82 B
73489 Jagstzell (BW) 83 G
04749 Jahna (SN) 55 F
09419 Jahnsbach (SN) 66 B
09387 Jahnsdorf (SN) 66 B
15320 Jahnsfelde (BB) 34 F
04657 Jahnshain (SN) 55 G
94051 Jahrdorf (BY) 87 L
91161 Jahrsdorf (BY) 84 E
24594 Jahrsdorf (SH) 11 E
38486 Jahrstedt (ST) 31 G
37688 Jakobsberg (NW) 40 K
18442 Jakobsdorf (MV) 6 M
17268 Jakobshagen (BB) 24 F
63869 Jakobsthal (BY) 72 A
67814 Jakobsweiler (RP) 70 H
52391 Jakobwüllesheim (NW) 58 C
29479 Jameln (NI) 22 K
16306 Jamikow (BB) 25 H
03130 Jämlitz (BB) 46 H
15868 Jamlitz (BB) 45 C
94118 Jandelsbrunn (BY) 87 L
14943 Jänickendorf (BB) 44 C
06618 Janisroda (ST) 54 G
02906 Jänkendorf (SN) 57 B
24992 Janneby (SH) 4 G
16949 Jännersdorf (BB) 23 D
01945 Jannowitz (BB) 56 B
03197 Jänschwalde (BB) 46 D
03197 Jänschwalde Ost (BB) 46 D
17392 Japenzin (MV) 15 J
39596 Jarchau (ST) 32 D
24994 Jardelund (SH) 4 D
97357 Järkendorf (BY) 73 E
29699 Jarlingen (NI) 29 B
17126 Jarmen (MV) 15 E
24941 Jarplund-Weding (SH) 4 D
48268 Jarvers (NW) 38 A
85777 Jarzt (BY) 93 D
17099 Jatzke (MV) 15 M
17309 Jatznick (MV) 16 K
02829 Jauernick-Buschbach (SN) 57 F
39638 Jävenitz (ST) 31 J
06862 Jeber-Bergfrieden (ST) 43 E
79361 Jechtingen (BW) 88 K
55592 Jeckenbach (RP) 70 G
26188 Jeddeloh (NI) 18 J
27374 Jeddingen (NI) 20 L
39524 Jederitz (ST) 32 B
89257 Jedesheim (BY) 91 G
38489 Jeeben (ST) 31 D
27383 Jeersdorf (NI) 20 H
39624 Jeetze (ST) 31 B
39649 Jeggau (ST) 31 G
29416 Jeggeleben (ST) 31 B
03116 Jehserig (BB) 45 J
29585 Jelmstorf (NI) 21 L
38477 Jembke (NI) 30 J
26844 Jemgum (NI) 18 G
0774X Jena (TH) 53 M
0774X Jena-Ost (TH) 53 M
86860 Jengen (BY) 91 M
18230 Jennewitz (MV) 13 F
39319 Jerichow (ST) 32 G
26316 Jeringhave (NI) 19 D
03159 Jerischke (BB) 46 H
24963 Jerrishoe (SH) 4 G
22941 Jersbek (SH) 12 K
39326 Jersleben (ST) 31 M
38381 Jerxheim (NI) 42 A
34632 Jesberg (HE) 51 G
19417 Jesendorf (MV) 13 J
82287 Jesenwang (BY) 92 H
14778 Jeserig (BB) 33 G
14827 Jeserigerhütten (BB) 43 C
14827 Jeserig/Fläming (BB) 43 C
39638 Jeseritz (ST) 31 H
04838 Jesewitz (SN) 54 C
06917 Jessen (Elster) (ST) 44 H
19249 Jessenitz (MV) 22 D
15913 Jessern (BB) 45 C
96106 Jesserndorf (BY) 73 C
04916 Jeßnigk (BB) 44 J
06800 Jeßnitz (ST) 43 H
21266 Jesteburg (NI) 20 F
79798 Jestetten (BW) 97 D
03149 Jethe (BB) 46 G
15938 Jetsch (BB) 45 D
29683 Jettebruch (NI) 20 M
84555 Jettenbach (BY) 94 G
66887 Jettenbach (RP) 70 K
72127 Jettenburg (BW) 90 D
89343 Jettingen-Scheppach (BY) 91 E
88356 Jettkofen (BW) 98 A
85305 Jetzendorf (BY) 92 F
24808 Jevenstedt (SH) 11 B
26441 Jever (NI) 18 B
16247 Joachimsthal (BB) 25 K
91459 Jobstgreuth (BY) 73 M
94107 Jochenstein (BY) 95 B
91578 Jochsberg (BY) 83 B
08543 Jocketa (SN) 65 E
67471 Jockgrim (RP) 80 F
03149 Jocksdorf (BB) 46 G
95189 Joditz (BY) 65 G
63867 Johannesberg (BY) 71 C
08349 Johanngeorgenstadt (SN) 66 D
84381 Johanniskirchen (BY) 94 C
96328 Johannisthal (BY) 64 L
01768 Johnsbach (SN) 56 L
09477 Jöhstadt (SN) 66 E
25862 Joldelund (SH) 3 J
25862 Joldelundfeld (SH) 3 J
04626 Jonaswalde (TH) 54 M
02796 Jonsdorf (SN) 57 H
17168 Jördenstorf (MV) 14 J
21635 Jork (NI) 20 B
18233 Jörnstorf (MV) 13 F
83727 Josefsthal (BY) 101 E
86633 Joshofen (BY) 84 L
32469 Jössen (NW) 28 M
63637 Jossgrund (HE) 62 L
08547 Jößnitz (SN) 65 E
49179 Jöstinghausen (NI) 28 K
38489 Jübar (ST) 30 F
24855 Jübek (SH) 4 G
41363 Jüchen (NW) 47 J
98631 Jüchsen (TH) 63 E
04618 Jückelberg (TH) 55 K
54689 Jucken (RP) 68 B
96515 Judenbach (TH) 64 H
06773 Jüdenberg (ST) 43 J
55270 Jugenheim in Rheinhessen (RP) 70 F
63110 Jügesheim (HE) 71 B
37127 Jühnde (NI) 51 C
15831 Jühnsdorf (BB) 33 M
26571 Juist (NI) 8 L
84387 Julbach (BY) 94 J
52428 Jülich (NW) 47 M
21483 Juliusburg (SH) 21 E
72417 Jungingen (BW) 89 J
72488 Jungnau (BW) 90 K
85302 Junkenhofen (BY) 92 F
54584 Jünkerath (RP) 58 J
97486 Junkersdorf (BY) 63 M
97618 Junkershausen (BY) 63 H
53909 Juntersdorf (NW) 59 A
18246 Jürgenshagen (MV) 14 G
17153 Jürgenstorf (MV) 15 K
21379 Jürgenstorf (NI) 21 E
14913 Jüterbog (BB) 44 B
39264 Jütrichau (ST) 43 E
25767 Jützbüttel (SH) 11 A
37345 Jützenbach (TH) 41 L

K

25582 Kaaks (SH) 11 G
25582 Kaaksburg (SH) 11 E
17268 Kaakstedt (BB) 25 G
56751 Kaan (RP) 59 J
19273 Kaarßen (NI) 22 G
41564 Kaarst (NW) 48 D
23738 Kabelhorst (SH) 12 C
15758 Kablow (BB) 34 K
01665 Käbschütztal (SN) 55 F
32791 Kachtenhausen (NW) 39 E
39307 Kade (ST) 32 H
89284 Kadeltshofen (BY) 91 D
56459 Kaden (RP) 60 E
56337 Kadenbach (RP) 60 H
16837 Kagar (BB) 24 G
15345 Kagel (BB) 34 H
94315 Kagers (BY) 86 G
63796 Kahl (BY) 71 C
07768 Kahla (TH) 53 M
06647 Kahlwinkel (ST) 53 F
07987 Kahmer (TH) 65 C
14554 Kähnsdorf (BB) 33 L
04552 Kahnsdorf (SN) 54 F
03051 Kahren (BB) 46 G
39624 Kahrstedt (ST) 31 E
31073 Kaierde (NI) 40 F
56761 Kaifenheim (RP) 59 M
94244 Kaikenried (BY) 86 F
56829 Kail (RP) 59 M
92648 Kaimling (BY) 75 J
96142 Kainach (BY) 74 B
91230 Kainsbach (BY) 74 M
91085 Kairlindach (BY) 74 G
73667 Kaisersbach (BW) 82 H
56759 Kaisersesch (RP) 59 L
99974 Kaisershagen (TH) 52 E
676XX Kaiserslautern (RP) 70 L
25709 Kaiser-Wilhelm-Koog (SH) 10 J
86687 Kaisheim (BY) 84 K
06785 Kakau (ST) 43 J
21255 Kakenstorf (NI) 20 E
39624 Kakerbeck (ST) 31 E
24327 Kaköhl (SH) 12 B
36148 Kalbach (HE) 62 H
27419 Kalbe (NI) 20 K
39624 Kalbe (Milde) (ST) 31 E
91720 Kalbensteinberg (BY) 84 D
63755 Kälberau (BY) 71 C
74575 Kälberbach (BW) 82 C
72285 Kälberbronn (BW) 89 A
06556 Kalbsrieth (TH) 53 B
90562 Kalchreuth (BY) 74 L
52388 Kaldauen (NW) 48 M
41334 Kaldenkirchen (NW) 47 B
85135 Kaldorf (BY) 84 H
37589 Kalefeld (NI) 41 G
54570 Kalenborn-Scheuern (RP) 58 M
47546 Kalkar (NW) 36 J
23942 Kalkhorst (MV) 13 G
78355 Kalkofen (BW) 97 C
88356 Kalkreute (BW) 98 A
53925 Kall (NW) 58 F
32689 Kalldorf (NW) 39 C
49846 Kalle (NI) 26 E
24972 Kalleby (SH) 4 E
59602 Kallenhardt (NW) 50 A
32689 Kalletal (NW) 39 C
15806 Kallinchen (BB) 34 K
37327 Kallmerode (TH) 52 A
93183 Kallmünz (BY) 85 E
53894 Kallmuth (NW) 59 D
67169 Kallstadt (RP) 70 M
56294 Kalt (RP) 59 M
78476 Kaltbrunn (BW) 97 F
82269 Kaltenberg (BY) 92 K
53520 Kaltenborn (RP) 59 H
92700 Kaltenbrunn (BY) 75 H
37318 Kalteneber (TH) 52 D
94116 Kalteneck (BY) 87 K
91332 Kalteneggolsfeld (BY) 74 E
56220 Kaltenengers (RP) 60 G
24229 Kaltenhof (SH) 5 K
65558 Kaltenholzhausen (RP) 60 J
24568 Kaltenkirchen (SH) 11 J
36452 Kaltenlengsfeld (TH) 63 A
36452 Kaltennordheim (TH) 63 D
97318 Kaltensondheim (BY) 73 G
98634 Kaltensundheim (TH) 63 D
87662 Kaltental (BY) 100 A
26892 Kaltentange (NI) 17 M
98634 Kaltenwestheim (TH) 63 D
52156 Kalterherberg (NW) 58 E
09661 Kaltofen (SN) 55 J
02923 Kaltwasser (SN) 57 C
24326 Kalübbe (SH) 12 D
87534 Kalzhofen (BY) 99 G
17207 Kambs (MV) 23 F
59174 Kamen (NW) 38 K
01917 Kamenz (SN) 56 C
39524 Kamern (ST) 32 B
18233 Kamin (MV) 13 F
89358 Kammeltal (BY) 91 E
83278 Kammer (BY) 102 B
85777 Kammerberg (BY) 92 F
37170 Kammerborn (NI) 40 L
99986 Kammerforst (TH) 52 H
91126 Kammerstein (BY) 84 A
17506 Kammin (MV) 15 E
17419 Kamminke (MV) 16 H
87754 Kammlach (BY) 91 L
56341 Kamp-Bornhofen (RP) 60 K
26169 Kampe (NI) 18 L
25999 Kampen (Sylt) (SH) 3 A
26169 Kampenfehn (NI) 18 L
75236 Kämpfelbach (BW) 81 H
47475 Kamp-Lintfort (NW) 47 C
07334 Kamsdorf (TH) 64 C
76870 Kandel (RP) 80 F
18516 Kandelin (MV) 15 E
79400 Kandern (BW) 96 D
09247 Kändler (SN) 55 K
21514 Kankelau (SH) 21 B
06578 Kannawurf (TH) 53 D
16845 Kantow (BB) 23 M
54441 Kanzem (RP) 68 J
47608 Kapellen (NW) 36 M
76889 Kapellen-Drusweiler (RP) 80 E
73553 Kapf (BW) 82 M
93309 Kapfelberg (BY) 85 H
16775 Kappe (BB) 24 M
79853 Kappel (BW) 96 C
88422 Kappel (BW) 90 L
91355 Kappel (BY) 74 H
55483 Kappel (RP) 69 C
77966 Kappel-Grafenhausen (BW) 88 G
24376 Kappeln (SH) 4 J
77876 Kappelrodeck (BW) 88 C
76889 Kapsweyer (RP) 80 H
96181 Karbach (BY) 73 F
97842 Karbach (BY) 72 E
56281 Karbach (RP) 60 K
61184 Karben (HE) 61 L
19386 Karbow-Vietlübbe (MV) 23 D
24398 Karby (SH) 4 J
15926 Karche-Zaacko (BB) 45 D

87758 Kardorf (BY) 99 A
19294 Karenz (MV) 22 H
19243 Karft (MV) 22 A
17192 Kargow (MV) 24 A
17192 Kargow-Unterdorf (MV) 24 A
39291 Karith (ST) 43 A
54534 Karl (RP) 69 A
97753 Karlburg (BY) 72 C
94065 Karlsbach (BY) 87 L
76307 Karlsbad (BW) 81 G
17495 Karlsburg (MV) 15 F
76689 Karlsdorf-Neuthard (BW) 81 D
85757 Karlsfeld (BY) 92 J
17449 Karlshagen (MV) 7 M
54673 Karlshausen (RP) 68 B
27442 Karlshöfen (NI) 19 F
86668 Karlshuld (BY) 84 L
85123 Karlskron (BY) 84 M
85123 Karlsruh (BY) 84 M
76XXX Karlsruhe (BW) 81 G
97753 Karlstadt (BY) 72 C
63791 Karlstein am Main (BY) 71 C
83435 Karlstein (BY) 102 E
93128 Karlstein (BY) 85 F
25926 Karlum (SH) 3 F
91161 Karm (BY) 84 E
18469 Karnin (MV) 6 H
18574 Karnitz (MV) 7 G
25774 Karolinenkoog (SH) 10 C
19395 Karow (MV) 23 B
39307 Karow (ST) 32 L
94086 Karpfham (BY) 95 D
19372 Karrenzin (MV) 22 F
79618 Karsau (BW) 96 G
97783 Karsbach (BY) 72 C
06638 Karsdorf (ST) 53 F
19357 Karstädt (BB) 22 J
19294 Karstädt (MV) 22 E
17129 Kartlow (MV) 15 H
16818 Karwe (BB) 33 A
29481 Karwitz (NI) 22 K
21354 Karze (NI) 21 F
71540 Käsbach (BW) 82 H
53547 Kasbach-Ohlenberg (RP) 59 F
91322 Kasberg (BY) 74 H
94269 Kasberg (BY) 86 J
56357 Kasdorf (RP) 60 L
54317 Kasel (RP) 69 D
15938 Kasel-Golzig (BB) 45 D
95359 Kasendorf (BY) 74 B
66894 Käshofen (RP) 79 C
85092 Kasing (BY) 84 M
18581 Kasnevitz (MV) 7 G
94357 Kasparzell (BY) 86 E
96260 Kaspauer (BY) 74 B
27628 Kassebruch (NI) 19 E
22929 Kasseburg (SH) 21 B
23717 Kasseedorf (SH) 12 C
341XX Kassel (HE) 51 D
39638 Kassieck (ST) 31 E
18258 Kassow (MV) 14 G
56288 Kastellaun (RP) 69 C
54441 Kastel-Staadt (RP) 68 J
50181 Kaster (NW) 47 J
84556 Kastl (BY) 94 H
92280 Kastl (BY) 85 A
95506 Kastl (BY) 75 D
38518 Kästorf (NI) 30 H
23847 Kastorf (SH) 12 L
18249 Katelbogen (MV) 13 J
16818 Katerbow (BB) 23 M
25836 Katharinenheerd (SH) 10 B
23769 Katharinenhof (SH) 5 C
39359 Kathendorf (ST) 31 G
31749 Kathrinhagen (NI) 29 K
25832 Kating (SH) 10 C
25832 Katingsiel (SH) 10 C
37191 Katlenburg-Lindau (NI) 41 K
59494 Katrop (NW) 38 M
95326 Katschenreuth (BY) 74 C
24568 Kattendorf (SH) 11 J
49536 Kattenvenne (NW) 38 B
93449 Katzbach (BY) 86 A
93158 Katzdorf (BY) 85 B
41812 Katzem (NW) 47 J
67806 Katzenbach (RP) 70 H
56368 Katzenelnbogen (RP) 60 L
35630 Katzenfurt (HE) 61 D
89561 Katzenstein (BW) 83 L
98746 Katzhütte (TH) 64 D
17509 Katzow (MV) 15 F
67734 Katzweiler (RP) 70 K
54552 Katzwinkel (RP) 59 K
57581 Katzwinkel (Sieg) (RP) 49 L
56349 Kaub (RP) 70 B
91472 Kaubenheim (BY) 73 L
07554 Kauern (TH) 54 L
95361 Kauerndorf (BY) 64 M
87600 Kaufbeuren (BY) 99 C
86916 Kaufering (BY) 92 K
34260 Kaufungen (HE) 51 E
29416 Kaulitz (ST) 31 B
07338 Kaulsdorf (TH) 64 C
33415 Kaunitz (NW) 39 G
03130 Kausche (BB) 45 J
08525 Kauschwitz (SN) 65 E
04924 Kauxdorf (BB) 44 M
18334 Kavelsdorf (MV) 6 L
18196 Kavelstorf (MV) 14 D
84529 Kay (BY) 94 L
26160 Kayhauserfeld (NI) 18 J
23863 Kayhude (SH) 12 K
06724 Kayna (ST) 54 H
47533 Keeken (NW) 36 E
24963 Keelbek (SH) 4 G
63699 Kefenrod (HE) 62 G
37351 Kefferhausen (TH) 52 D
77694 Kehl (BW) 88 B
96361 Kehlbach (BY) 64 E
99752 Kehmstedt (TH) 52 C
39517 Kehnert (ST) 32 K
16928 Kehrberg (BB) 23 L
56729 Kehrig (RP) 59 J
15859 Kehrigk (BB) 34 L
55471 Keidelheim (RP) 70 A
90579 Keidenzell (BY) 73 M
07389 Keila (TH) 64 C
42477 Keilbeck (NW) 48 F
63856 Keilberg (BY) 72 A
07407 Keilhau (TH) 64 B
59302 Keitlinghausen (NW) 38 J
25980 Keitum (SH) 3 A
53539 Kelberg (RP) 59 G
53925 Keldenich (NW) 58 F
56294 Keldung (RP) 59 M
93309 Kelheim (BY) 85 G
65779 Kelkheim (Taunus) (HE) 61 K
54427 Kell am See (RP) 69 G
37308 Kella (TH) 52 D
94136 Kellberg (BY) 95 B
47533 Kellen (NW) 36 H
55606 Kellenbach (RP) 70 D
23746 Kellenhusen (Ostsee) (SH) 13 A
16775 Keller (BB) 24 L
49661 Kellerhöhe (NI) 27 C
59602 Kellinghausen (NW) 39 K
25548 Kellinghusen (SH) 11 H
89293 Kellmünz an der Iller (BY) 91 K
65451 Kelsterbach (HE) 71 A
75210 Keltern (BW) 81 G
52391 Kelz (NW) 59 A
06901 Kemberg (ST) 44 G
15926 Kemlitz (BB) 45 D
03205 Kemmen (BB) 45 H
56132 Kemmenau (RP) 60 H
51789 Kemmerich (NW) 48 J
96164 Kemmern (BY) 74 A
74653 Kemmeten (BW) 82 B
04769 Kemmlitz (SN) 55 E
73760 Kemnat (BW) 82 K
89349 Kemnat (BY) 91 E
92253 Kemnath (BY) 75 L
95478 Kemnath (BY) 75 D
92363 Kemnathen (BY) 85 D
14542 Kemnitz (BB) 33 G
17509 Kemnitz (MV) 15 F
02748 Kemnitz (SN) 57 E
17509 Kemnitzerhagen (MV) 15 F
47906 Kempen (NW) 47 C
52525 Kempen (NW) 47 H
56746 Kempenich (RP) 59 H
55758 Kempfeld (RP) 69 F
8743X Kempten (Allgäu) (BY) 99 E
09240 Kemtau (SN) 66 B
54344 Kenn (RP) 69 D
56864 Kennfus (RP) 69 B
18314 Kenz-Küstrow (MV) 6 H
79341 Kenzingen (BW) 88 G
47589 Keppeln (NW) 36 J
56295 Kerben (RP) 59 J
97491 Kerbfeld (BY) 63 L
29416 Kerkau (ST) 31 B
47647 Kerken (NW) 47 C
16278 Kerkow (BB) 25 H
03172 Kerkwitz (BB) 46 D
71394 Kernen im Remstal (BW) 82 K
50171 Kerpen (NW) 48 K
54578 Kerpen (Eifel) (RP) 59 G
91301 Kersbach (BY) 74 H
54589 Kerschenbach (RP) 58 J
99198 Kerspleben (TH) 53 G
14974 Kerzendorf (BB) 33 M
67304 Kerzenheim (RP) 70 J
16845 Kerzlin (BB) 23 M
57632 Kescheid (RP) 60 A
54619 Kesfeld (RP) 58 L
47574 Kessel (NW) 36 H
53506 Kesseling (RP) 59 E
86657 Kesselostheim (BY) 83 M
01723 Kesselsdorf (SN) 56 G
18196 Kessin (MV) 14 D
54518 Kesten (RP) 69 E
52152 Kesternich (NW) 58 C
56348 Kestert (RP) 60 K
68775 Ketsch (BW) 81 A
91560 Ketteldorf (BY) 83 C
36419 Ketten (TH) 62 C
72501 Kettenacker (BW) 90 G
27374 Kettenburg (NI) 20 L
57612 Kettenhausen (RP) 60 A
55234 Kettenheim (RP) 70 J
49577 Kettenkamp (NI) 27 E
87656 Ketterschwang (BY) 99 C
86498 Kettershausen (BY) 91 H
56220 Kettig (RP) 59 J
58791 Kettling (NW) 49 E
01623 Ketzerbachtal (SN) 55 F
14669 Ketzin (BB) 33 G
14778 Ketzür (BB) 32 J
99713 Keula (TH) 52 E
4762X Kevelaer (NW) 36 M
92339 Kevenhüll (BY) 84 F
41812 Keyenberg (NW) 47 J
89407 Kicklingen (BY) 91 C
04720 Kiebitz (SN) 55 E
25368 Kiebitzreihe (SH) 11 L
65399 Kiedrich (HE) 70 C
93086 Kiefenholz (BY) 85 J
83088 Kiefersfelden (BY) 101 F
15324 Kiehnwerder (BB) 34 F
03058 Kiekebusch (BB) 46 G
241XX Kiel (SH) 12 A
85250 Kiemertshofen (BY) 92 E
15345 Kienbaum (BB) 34 H
14641 Kienberg (BB) 33 D
83361 Kienberg (BY) 94 K
78733 Kiener (BW) 89 G
15324 Kienitz (BB) 34 C
15324 Kienitz Nord (BB) 34 C
50374 Kierdorf (NW) 48 K
58566 Kierspe (NW) 49 G
87538 Kierwang (BY) 99 H
24392 Kiesby (SH) 4 J
75249 Kieselbronn (BW) 81 H
15890 Kieselwitz (BB) 35 K
17209 Kieve (MV) 23 F
73479 Killingen (BW) 83 G
97494 Kimmelsbach (BY) 63 L
87452 Kimratshofen (BY) 99 D
99638 Kindelbrück (TH) 53 D
67271 Kindenheim (RP) 70 J
54538 Kinderbeuern (RP) 69 B
85125 Kinding (BY) 84 J
94137 Kindlbach (BY) 94 F
66862 Kindsbach (RP) 70 K
54538 Kinheim (RP) 69 B
86981 Kinsau (BY) 100 A
52249 Kinzweiler (NW) 47 L
85110 Kipfenberg (BY) 84 J
96472 Kipfendorf (BY) 64 G
77971 Kippenheim (BW) 88 H
57629 Kirburg (RP) 60 B
97514 Kirchaich (BY) 73 F
94262 Kirchaitnach (BY) 86 E
83417 Kirchanschöring (BY) 94 L
74912 Kirchardt (BW) 81 F
09569 Kirchbach (SN) 55 M
24245 Kirchbarkau (SH) 12 A
34225 Kirchbauna (HE) 51 D
71737 Kirchberg an der Murr (BW) 82 G
74592 Kirchberg an der Jagst (BW) 83 D
88486 Kirchberg an der Iller (BW) 91 K
84434 Kirchberg (BY) 93 E
94259 Kirchberg (BY) 86 J
94513 Kirchberg (BY) 87 G
52428 Kirchberg (NW) 47 M
55481 Kirchberg (Hunsrück) (RP) 69 C
08107 Kirchberg (SN) 65 C
83646 Kirchbichl (BY) 101 A
29664 Kirchboitzen (NI) 29 B
37619 Kirchbrak (NI) 40 E
78086 Kirchdorf (BW) 89 K
88457 Kirchdorf an der Iller (BW) 91 K
83527 Kirchdorf (BY) 93 A
84375 Kirchdorf am Inn (BY) 94 J
85414 Kirchdorf an der Amper (BY) 93 D
86825 Kirchdorf (BY) 91 M
93348 Kirchdorf (BY) 85 L
94261 Kirchdorf im Wald (BY) 87 G
18519 Kirchdorf (MV) 7 K
27245 Kirchdorf (NI) 28 E
30890 Kirchdorf (NI) 29 L
91356 Kirchehrenbach (BY) 74 E
57612 Kircheib (RP) 60 A
57548 Kirchen (Sieg) (RP) 49 L
91278 Kirchenbirkig (BY) 74 F
55743 Kirchenbollenbach (RP) 69 J
92665 Kirchendemenreuth (BY) 75 E
99718 Kirchengel (TH) 53 D
95469 Kirchenlaibach (BY) 75 D
95158 Kirchenlamitz (BY) 65 K
95466 Kirchenpingarten (BY) 75 A
92268 Kirchenreinbach (BY) 74 M
93194 Kirchenrohrbach (BY) 85 C
74632 Kirchensall (BW) 82 B
91241 Kirchensittenbach (BY) 74 J
72138 Kirchentellinsfurt (BW) 90 A
91281 Kirchenthumbach (BY)75 D
30916 Kircher Bauerschaft (NI) 29 J
91452 Kirchfarrnbach (BY) 73 M
90579 Kirchfembach (BY) 74 K
37318 Kirchgandern (TH) 51 C
21394 Kirchgellersen (NI) 21 G
35274 Kirchhain (HE) 61 C
94148 Kirchham (BY) 95 D
07407 Kirchhasel (TH) 64 B
87755 Kirchhaslach (BY) 91 L
26209 Kirchhatten (NI) 19 K
99947 Kirchheilingen (TH) 52 F
73230 Kirchheim unter Teck (BW) 90 B
73467 Kirchheim am Ries (BW) 83 H
74366 Kirchheim am Neckar (BW) 82 G
84529 Kirchheim (BY) 94 L
85551 Kirchheim bei München (BY) 93 G
87757 Kirchheim in Schwaben (BY) 91 J
97268 Kirchheim (BY) 72 J
36275 Kirchheim (HE) 51 L
99334 Kirchheim (TH) 53 K
67292 Kirchheimbolanden (RP) 70 H
50181 Kirchherten (NW) 47 J
30916 Kirchhorst (NI) 29 J
52525 Kirchhoven (NW) 47 H
57399 Kirchhundem (NW) 49 J
57392 Kirchilpe (NW) 49 F
19230 Kirch Jesar (MV) 22 E
96166 Kirchlauter (BY) 73 C
96224 Kirchlein (BY) 64 L
32278 Kirchlengern (NW) 39 B
95326 Kirchleus (BY) 64 L
27308 Kirchlinteln (NI) 20 K
18233 Kirch Mulsow (MV) 13 J
23714 Kirchnüchel (SH) 12 C
37339 Kirchohmfeld (TH) 52 B
57392 Kirchrarbach (NW) 50 D
94356 Kirchroth (BY) 86 G
91220 Kirchröttenbach (BY) 74 H
53505 Kirchsahr (RP) 59 E
06636 Kirchscheidungen (ST) 53 F
27243 Kirchseelte (NI) 19 L
85614 Kirchseeon (BY) 93 L
83358 Kirchstätt (BY) 94 K
27412 Kirchtimke (NI) 19 J
50181 Kirchtroisdorf (NW) 47 J
57368 Kirchveischede (NW) 49 H
56729 Kirchwald (RP) 59 J
27386 Kirchwalsede (NI) 20 K
84558 Kirchweidach an der Alz (BY) 94 L
54570 Kirchweiler (RP) 59 K
28844 Kirchweyhe (NI) 19 M
29525 Kirchweyhe (NI) 21 L
27616 Kirchwistedt (NI) 19 F
37339 Kirchworbis (TH) 52 B
79199 Kirchzarten (BW) 96 B
63931 Kirchzell (BY) 72 G
54441 Kirf (RP) 68 M
66459 Kirkel (SL) 79 C
95466 Kirmsees (BY) 75 A
55606 Kirn (RP) 70 D
77709 Kirnbach (BW) 88 J
91607 Kirnberg (BY) 83 B
01855 Kirnitzschtal (SN) 57 G
55606 Kirnsulzbach (RP) 69 F
68753 Kirrlach (BW) 81 A
67489 Kirrweiler (Pfalz) (RP) 80 C
02681 Kirschau (SN) 57 D
97896 Kirschfurt (BY) 72 G
07919 Kirschkau (TH) 65 A
55566 Kirschroth (RP) 70 D
55743 Kirschweiler (RP) 69 F
36320 Kirtorf (HE) 61 C
24629 Kisdorf (SH) 11 M
24629 Kisdorferwohld (SH) 12 G
56291 Kisselbach (RP) 70 A
38324 Kissenbrück (NI) 41 B
89346 Kissendorf (BY) 91 D
86438 Kissing (BY) 92 G
88353 Kißlegg (BW) 98 F
97270 Kist (BY) 72 J
17153 Kittendorf (MV) 15 K
02708 Kittlitz (SN) 57 E
04460 Kitzen (SN) 54 E
97318 Kitzingen (BY) 73 D
04567 Kitzscher (SN) 54 F
24897 Kius (SH) 4 H
39579 Kläden (ST) 31 F
09221 Klaffenbach (SN) 66 B
84061 Kläham (BY) 85 M
82493 Klais (BY) 100 H
24321 Klamp (SH) 12 B
25924 Klanxbüll (SH) 3 E
24860 Klappholz (SH) 4 H
92421 Klardorf (BY) 85 B
15837 Klasdorf (BB) 45 A
27801 Klattenhof (NI) 19 K
15838 Klausdorf (BB) 33 M
18445 Klausdorf (MV) 6 J
23769 Klausdorf (SH) 5 C
24147 Klausdorf (SH) 12 A
54524 Klausen-Monzel (RP) 69 D
17268 Klaushagen (BB) 24 F
33161 Klausheide (NW) 39 H
06895 Klebitz (ST) 44 D
33829 Kleekamp (NW) 38 C
64823 Kleestadt (HE) 71 F
19348 Kleeste (BB) 22 J
39398 Kleinalsleben (ST) 42 E
39326 Klein Ammensleben (ST) 31 L
39606 Kleinau (ST) 31 B
97633 Kleinbardorf (BY) 63 H
37355 Kleinbartloff (TH) 52 B
19258 Klein Bengerstorf (MV) 21 F
99713 Kleinberndten (TH) 52 C
66271 Kleinblittersdorf (SL) 79 E
07646 Kleinbockedra (TH) 53 M
99752 Kleinbodungen (TH) 52 B
99610 Kleinbrembach (TH) 53 H
99713 Kleinbrüchter (TH) 52 F
07768 Kleinbucha (TH) 64 C
02708 Kleindehsa (SN) 57 E
03058 Klein Döbbern (BB) 45 J
06917 Kleindröben (ST) 44 G
03130 Klein Düben (BB) 46 G
07646 Kleinebersdorf (TH) 54 K
97633 Kleineibstadt (BY) 63 H
51503 Kleineichen (NW) 48 L
33165 Kleinenberg (NW) 39 M
27327 Kleinenborstel (NI) 28 C
41352 Kleinenbroich (NW) 48 D
49699 Kleinenging (NI) 27 B
27793 Kleinenkneten (NI) 28 A
86720 Kleinerdlingen (BY) 83 L
07768 Kleineutersdorf (TH) 64 C
67483 Kleinfischlingen (RP) 80 C
99735 Kleinfurra (TH) 52 C
03099 Klein Gaglow (BB) 45 J
96237 Kleingarnstadt (BY) 64 K
08491 Kleingera (SN) 65 B
39164 Klein Germersleben (ST) 42 E
91327 Kleingesee (BY) 74 H
23795 Klein Gladebrügge (SH) 12 G
19348 Klein Gottschow (BB) 23 G
90599 Kleinhabersdorf (BY) 83 C
09575 Kleinhartmannsdorf (SN) 55 M
90599 Kleinhaslach (BY) 83 C
52393 Kleinhau (NW) 58 C
06722 Kleinhelmsdorf (ST) 54 G
26835 Kleinhesel (NI) 18 D
63924 Kleinheubach (BY) 72 G
74632 Kleinhirschbach (BW) 82 B
27211 Klein Hollwedel (NI) 28 B
54483 Kleinich (RP) 69 F
06618 Kleinjena (ST) 54 D
24992 Kleinjörl (SH) 4 G
63828 Kleinkahl (BY) 72 A
67271 Kleinkarlbach (RP) 70 M
85655 Kleinkarolinenfeld (BY) 101 A
87600 Kleinkemnat (BY) 99 C
99976 Kleinkeula (TH) 52 E
03159 Klein Kölzig (BB) 46 G
03249 Kleinkrausnik (BB) 45 G
14778 Klein Kreutz (BB) 32 J
63512 Klein-Krotzenburg (HE) 71 C
24626 Klein Kummerfeld (SH) 12 D
18184 Klein Kussewitz (MV) 6 K
54597 Kleinlangenfeld (RP) 58 J
15913 Klein Leine (BB) 45 B
15913 Klein Leuthen (BB) 45 B
15913 Klein Liebitz (BB) 45 C
03130 Klein Loitz (BB) 46 G
17337 Klein Luckow (MV) 16 K
14532 Kleinmachnow (BB) 33 H
56271 Kleinmaischeid (RP) 60 D
14823 Klein Marzehns (BB) 43 C
99198 Kleinmölsen (TH) 53 G
15868 Klein Muckrow (BB) 46 A
39221 Klein Mühlingen (ST) 42 F
16775 Klein-Mutz (BB) 24 L
01561 Kleinnaundorf (SN) 56 B
99625 Kleinneuhausen (TH) 53 E
67259 Kleinniedesheim (RP) 71 G
23795 Klein Niendorf (SH) 12 G
99439 Kleinobringen (TH) 53 H
25365 Klein Offenseth-Sparrieshoop (SH) 11 L
0912X Klein Olbersdorf-Altenhain (SN) 55 L
39398 Klein Oschersleben (ST) 42 E
63801 Kleinostheim (BY) 71 C
19348 Kleinow (BB) 23 K
02979 Klein Partwitz (SN) 45 M
06369 Kleinpaschleben (ST) 43 G
04463 Kleinpösna (SN) 54 C
02957 Klein Priebus (SN) 46 M
38822 Klein Quenstedt (ST) 42 D
02708 Kleinradmeritz (SN) 57 E
07989 Kleinreinsdorf (TH) 65 B
48734 Klein Reken (NW) 37 H
97499 Kleinrheinfeld (BY) 73 B
97271 Kleinrinderfeld (BY) 72 J
49824 Kleinringe (NI) 26 E
39167 Klein Rodensleben (ST) 42 B
01900 Kleinröhrsdorf (SN) 56 E
99510 Kleinromstedt (TH) 53 J
23795 Klein Rönnau (SH) 12 G
06449 Klein Schierstedt (ST) 42 J
09600 Kleinschirma (SN) 55 M
98593 Kleinschmalkalden (TH) 63 B
88634 Kleinschönach (BW) 98 A
14959 Klein Schulzendorf (BB) 33 M
99441 Kleinschwabhausen (TH) 53 M
39579 Klein Schwechten (ST) 32 D
91096 Kleinseebach (BY) 74 G
95666 Kleinsterz (BY) 75 C
96355 Kleintettau (BY) 64 E
19069 Klein Trebbow (MV) 13 L
64823 Klein-Umstadt (HE) 71 F
99958 Kleinvargula (TH) 52 J
17237 Klein Vielen (MV) 24 A
63839 Kleinwallstadt (BY) 72 D
39164 Klein Wanzleben (ST) 42 B
99735 Kleinwechsungen (TH) 52 C
87480 Kleinweiler (BY) 99 D
02627 Kleinwelka (SN) 57 D
99947 Kleinwelsbach (TH) 52 F
97702 Kleinwenkheim (BY) 63 L
23758 Kleinwessek (SH) 12 C
24969 Kleinwiehe (SH) 4 D
55270 Klein-Winternheim (RP) 70 C
07937 Kleinwolschendorf (TH) 65 A
24991 Kleinwolstrup (SH) 4 E
16928 Klein Woltersdorf (BB) 23 H
06386 Kleinzerbst (ST) 43 H
16831 Kleinzerlang (BB) 24 G
23628 Klempau (SH) 12 M
85302 Klenau (BY) 92 F
78086 Klengen (BW) 89 K
27442 Klenkendorf (NI) 19 F
23715 Klenzau (SH) 12 E
14823 Klepzig (BB) 43 C
14728 Kleßen-Görne (BB) 32 C
24327 Kletkamp (SH) 12 B
99102 Klettbach (TH) 53 L
79771 Klettgau (BW) 97 D
99955 Klettstedt (TH) 52 J
01998 Klettwitz (BB) 45 L
04519 Kletzen-Zschölkau (SN) 54 C
17111 Kletzin (MV) 15 H
19336 Kletzke (BB) 23 K
96250 Kleukheim (BY) 74 A
06779 Kleutsch (ST) 43 H
47533 Kleve (NW) 36 H
25554 Kleve (SH) 11 G
56825 Kliding (RP) 59 L
06869 Klieken (ST) 43 F
14959 Kliestow (BB) 33 L
39524 Klietz (ST) 32 D
59609 Klieve (NW) 39 K
86830 Klimmach (BY) 91 J
83547 Kling (BY) 93 M
04668 Klinga (SN) 55 D
56368 Klingelbach (RP) 60 L
86551 Klingen (BY) 92 E
93155 Klingen (BY) 85 D
97243 Klingen (BY) 73 K
63911 Klingenberg am Main (BY) 72 D
76889 Klingenmünster (RP) 80 E
08248 Klingenthal (SN) 65 J
36452 Klings (TH) 63 A
86669 Klingsmoos (BY) 92 B
17192 Klink (MV) 23 C
19374 Klinken (MV) 22 C
17291 Klinkow (BB) 25 D
23898 Klinkrade (SH) 12 L
41844 Klinkum (NW) 47 E
25917 Klintum (SH) 3 F
01665 Klipphausen (SN) 56 G
39307 Klitsche (ST) 32 H
04509 Klitschmar (SN) 43 L
02906 Klitten (SN) 57 B
04860 Klitzschen (SN) 44 K
02694 Klix (SN) 57 A
25899 Klixbüll (SH) 3 F
25899 Klixbüllfeld (SH) 3 F
92665 Klobenreuth (BY) 75 E
18311 Klockenhagen (MV) 6 K
17194 Klocksin (MV) 14 M
19260 Kloddram (MV) 22 D
06917 Klöden (ST) 44 G
93437 Klöpflesberg (BY) 86 B
06198 Kloschwitz (ST) 43 K
86558 Klosterberg (BY) 92 C
87727 Klosterbeuren (BY) 91 L
15345 Klosterdorf (BB) 34 E
16348 Klosterfelde (BB) 33 C
16835 Klosterheide (BB) 24 K
49740 Klosterholte (NI) 27 D
55469 Klosterkumbd (RP) 70 A
96215 Klosterlangheim (BY) 64 L
86836 Klosterlechfeld (BY) 92 G
06308 Klostermansfeld (ST) 42 M
39638 Kloster Neuendorf (ST) 31 H
49124 Kloster Oesede (NI) 38 C
27243 Klosterseelte (NI) 28 B
91601 Kloster Sulz (BY) 83 B
17268 Klosterwalde (BB) 24 J
14913 Kloster Zinna (BB) 44 B
59514 Klotingen (NW) 38 L
56818 Klotten (RP) 59 L
38486 Klötze (ST) 31 D
38486 Klötze Nord (ST) 31 D
39638 Klüden (ST) 31 H
55481 Kludenbach (RP) 69 C
18569 Kluis (MV) 7 D
26892 Kluse (NI) 17 M
54340 Klüsserath (RP) 69 D
23948 Klütz (MV) 13 G
06246 Knapendorf (ST) 54 A
02977 Knappenrode (SN) 45 M
07389 Knau (TH) 65 A
04420 Knautnaundorf (SN) 54 E
59602 Kneblinghausen (NW) 50 A
19205 Kneese (MV) 13 K
49688 Kneheim (NI) 27 B
93186 Kneiting (BY) 85 E
38170 Kneitlingen (NI) 41 C
58762 Knerling (NW) 49 D
33775 Knetterhausen (NW) 38 C
97478 Knetzgau (BY) 73 C
72250 Kniebis (BW) 88 F
04916 Knippelsdorf (BB) 44 F
76879 Knittelsheim (RP) 80 F
75438 Knittlingen (BW) 81 H
66917 Knopp-Labach (RP) 80 A
17091 Knorrendorf (MV) 15 K
34593 Knüllwald (HE) 51 H
46342 Knüverdarp (NW) 37 E
15890 Kobbeln (BB) 46 A
27239 Köbbinghausen (NI) 28 B
23881 Koberg (SH) 12 L
56330 Kobern-Gondorf (RP) 59 J
04889 Kobershain (SN) 55 A
08527 Kobitzschwalde (SN) 65 E
17309 Koblentz (MV) 25 B
560XX Koblenz (RP) 60 G
02999 Koblenz (SN) 57 A
19406 Kobrow (MV) 13 M
82431 Kochel am See (BY) 100 F
19217 Köchelstorf bei Rehna (MV) 13 K
24340 Kochendorf (SH) 4 L
48691 Köckelwick (NW) 37 A
94239 Köckersried (BY) 86 J
39649 Köckte (ST) 31 G
09518 Ködderitzsch (TH) 53 J
02923 Kodersdorf (SN) 57 B
95189 Köditz (BY) 65 G
95361 Ködnitz (BY) 64 M
92245 Köfering (BY) 75 K
93096 Köfering (BY) 85 J
52441 Kofferen (NW) 47 J
17213 Kogel (MV) 23 E
19246 Kogel (MV) 21 C
23883 Kogel (SH) 12 M
72664 Kohlberg (BW) 90 A
92702 Kohlberg (BY) 75 H
27624 Köhlen (NI) 19 C
52134 Kohlscheid (NW) 47 L
33189 Kohlstädt (NW) 39 J
72829 Kohlstetten (BW) 90 D
94424 Kohlstorf (BY) 94 B
72270 Kohlwald (BW) 89 A
24257 Köhn (SH) 5 L
37574 Kohnsen (NI) 40 J
04655 Kohren-Sahlis (SN) 55 G
59399 Kökelsum (NW) 37 J
83059 Kolbermoor (BY) 101 C
78600 Kolbingen (BW) 89 L
56459 Kölbingen (RP) 60 E
86653 Kölburg (BY) 84 K
25840 Koldenbüttel (SH) 3 M
97509 Kolitzheim (BY) 73 D
09306 Kolkau (SN) 55 G
33790 Kölkebeck (NW) 39 D
21406 Kolkhagen (NI) 21 H
03099 Kolkwitz (BB) 45 F
85238 Kollbach (BY) 92 F
99625 Kölleda (TH) 53 E
59302 Köllentrup (NW) 38 J
97957 Kollerbeck (NW) 40 G
93155 Kollersried (BY) 85 D
56751 Kollig (RP) 59 M
02906 Kollm (SN) 57 B
25377 Kollmar (SH) 11 L
79183 Kollnau (BW) 88 L
94262 Kollnburg (BY) 86 E
21527 Kollow (SH) 21 B
26409 Kollrunge (NI) 18 B
25855 Kollund (SH) 4 G
66879 Kollweiler (RP) 70 K
93453 Kolmstein (BY) 86 B
5XXXX Köln (NW) 48 L
04936 Kolochau (BB) 44 J
15518 Kolpin (BB) 34 L
16866 Kolrep (BB) 23 L
04895 Kölsa (BB) 44 M
35630 Kölschhausen (HE) 61 D
56767 Kolverath (RP) 59 H
14943 Kolzenburg (BB) 44 B
17506 Kölzin (MV) 15 F
54472 Kommen (RP) 69 E
53894 Kommern (NW) 59 A
06712 Könderitz (ST) 54 H
95652 Kondrau (BY) 75 C
79331 Köndringen (BW) 88 L
73257 Köngen (BW) 90 A
55278 Köngernheim (RP) 70 F
87742 Köngetried (BY) 99 B
06493 Königerode (ST) 42 L
97953 Königheim (BW) 72 H
75203 Königsbach-Stein (BW) 81 H
97486 Königsberg (BY) 73 C
39175 Königsborn (ST) 43 A
89551 Königsbronn (BW) 83 K
01936 Königsbrück (SN) 56 B
86343 Königsbrunn (BY) 92 G
79346 Königschaffhausen (BW) 88 K
82549 Königsdorf (BY) 100 C
50226 Königsdorf (NW) 48 K
07426 Königsee (TH) 64 A
88376 Königseggwald (BW) 98 B
78126 Königsfeld im Schwarzwald (BW) 89 K
85283 Königsfeld (BY) 93 A
96167 Königsfeld (BY) 74 B
53426 Königsfeld (RP) 59 F
09306 Königsfeld (SN) 55 G
02829 Königshain (SN) 57 F
09306 Königshain-Wiederau (SN) 55 H
78598 Königsheim (BW) 89 L
63776 Königshofen an der Kahl (BY) 72 A
91572 Königshofen an der Heide (BY) 83 F
07613 Königshofen (TH) 54 G
16833 Königshorst (BB) 33 A
24799 Königshügel (SH) 11 A

38875 Königshütte (Harz) (ST) 41 J
38154 Königslutter am Elm (NI) 30 M
39606 Königsmark (ST) 32 A
83471 Königssee (BY) 102 F
92281 Königstein (BY) 75 G
61462 Königstein im Taunus (HE) 61 K
01824 Königstein/Sächsische Schweiz (SN) 56 J
08412 Königswalde (SN) 65 C
09471 Königswalde (SN) 66 E
02699 Königswartha (SN) 57 A
53639 Königswinter (NW) 59 B
15711 Königs Wusterhausen (BB) 34 K
07336 Könitz (TH) 64 C
66871 Konken (RP) 69 M
06420 Könnern (ST) 43 G
95692 Konnersreuth (BY) 75 C
39629 Konnigde (ST) 31 F
86872 Konradshofen (BY) 91 J
95176 Konradsreuth (BY) 65 G
784XX Konstanz (BW) 98 D
91809 Konstein (BY) 84 L
54329 Konz (RP) 68 J
94357 Konzell (BY) 86 E
52156 Konzen (NW) 58 E
89356 Konzenberg (BY) 91 E
14793 Köpernitz (BB) 32 L
54574 Kopp (RP) 58 M
03058 Koppatz (BB) 46 G
96181 Koppenwind (BY) 73 F
24376 Kopperby (SH) 4 J
71404 Korb (BW) 82 K
04936 Körba (BB) 44 F
34497 Korbach (HE) 50 F
34434 Körbecke (NW) 40 K
59519 Körbecke (NW) 49 C
91257 Körbeldorf (BY) 74 F
39175 Körbelitz (ST) 43 A
66871 Körborn (RP) 69 M
07554 Korbußen (TH) 54 L
19243 Körchow (MV) 22 D
54306 Kordel (RP) 68 F
56370 Kördorf (RP) 60 H
34327 Körle (HE) 51 E
54317 Korlingen (RP) 69 G
95482 Kornbach (BY) 65 K
08539 Kornbach (SN) 65 E
99998 Körner (TH) 52 F
91443 Kornhöfstadt (BY) 73 H
70825 Korntal-Münchingen (BW) 81 M
70806 Kornwestheim (BW) 82 K
54675 Körperich (RP) 68 B
52441 Körrenzig (NW) 47 H
41352 Korschenbroich (NW) 47 F
17419 Korswandt (MV) 16 E
85092 Kösching (BY) 84 M
02923 Kosel (SN) 57 B
23738 Koselau (SH) 12 C
01609 Koselitz (SN) 55 C
06869 Koselitz (ST) 43 F
17459 Koserow (MV) 16 D
04931 Kosilenzien (BB) 44 M
52428 Koslar (NW) 47 M
97486 Köslau (BY) 73 C
04838 Kospa (SN) 54 B
07806 Kospoda (TH) 65 A
04849 Kossa (SN) 44 K
04895 Koßdorf (BB) 44 M
39606 Kossebau (ST) 31 C
15848 Kossenblatt (BB) 45 B
04668 Kössern (SN) 55 D
94149 Kößlarn (BY) 94 F
03226 Koßwig (BB) 45 E
01979 Kostebrau (BB) 45 L
96215 Kösten (BY) 64 K
17099 Kotelow (MV) 15 M
97786 Kothen (BY) 62 J
06366 Köthen (Anhalt) (ST) 43 G
95707 Kothigenbibersbach (BY) 65 L
02627 Kotitz (SN) 57 E
96215 Köttel (BY) 74 B
02997 Kotten (SN) 56 C
53518 Kottenborn (RP) 59 G
56736 Kottenheim (RP) 59 J
91189 Kottensdorf (BY) 84 A
56767 Kötterichen (RP) 59 L
82288 Kottgeisering (BY) 92 L
51709 Kotthausen (NW) 49 G
50374 Köttingen (NW) 48 K
92339 Kottingwörth (BY) 84 H
02730 Kottmarsdorf (SN) 57 H
74424 Kottspiel (BW) 82 J
66879 Kottweiler-Schwanden (RP) 70 K
14715 Kotzen (BB) 32 F
25832 Kotzenbüll (SH) 10 C
16866 Kötzlin (BB) 23 L
06231 Kötzschau (ST) 54 B
21369 Kovahl (NI) 21 J
18195 Kowalz (MV) 14 F
54340 Köwerich (RP) 69 D
54673 Koxhausen (RP) 68 B
17219 Kraase (MV) 24 A
17291 Kraatz (BB) 25 A
16775 Kraatz-Buberow (BB) 24 L
17329 Krackow (MV) 25 F
54552 Kradenbach (RP) 59 K
87647 Kraftisried (BY) 99 F
91171 Kraftsbuch (BY) 84 E
07586 Kraftsdorf (TH) 54 K
14778 Krahne (BB) 32 M
84559 Kraiburg am Inn (BY) 94 G
76703 Kraichtal (BW) 81 E
82152 Krailling (BY) 92 M
74575 Krailshausen (BW) 83 A
96176 Kraisdorf (BY) 63 M
99752 Kraja (TH) 52 B
18292 Krakow am See (MV) 14 L
19348 Krampfer (BB) 23 K
21726 Kranenburg (NI) 20 A
47559 Kranenburg (NW) 36 H
14806 Kranepuhl (BB) 43 C
16827 Krangen (BB) 24 K
99448 Kranichfeld (TH) 53 L
31737 Krankenhagen (NI) 39 C
36419 Kranlucken (TH) 63 A
85402 Kranzberg (BY) 93 D
87549 Kranzegg (BY) 99 H
16818 Kränzlin (BB) 24 K
91555 Krapfenau (BY) 83 E
91484 Krassolzheim (BY) 73 H
23992 Krassow (MV) 13 H
56288 Krastel (RP) 69 C
31311 Krätze (NI) 30 G
17237 Kratzeburg (MV) 24 A
56283 Kratzenburg (RP) 60 K
72505 Krauchenwies (BW) 90 K
04910 Kraupa (BB) 45 K
02957 Krauschwitz (SN) 46 L
06682 Krauschwitz (ST) 54 G
63874 Krausenbach (BY) 72 D
15910 Krausnick (BB) 45 B
01561 Kraußnitz (SN) 56 B
52382 Krauthausen (NW) 47 M
97332 Krautheim (BY) 73 E
99439 Krautheim (TH) 53 H
91484 Krautostheim (BY) 73 H
21706 Krautsand (NI) 11 K
54673 Krautscheid (RP) 68 B
03172 Krayne (BB) 46 A
02906 Kreba (SN) 57 B
02906 Kreba-Neudorf (SN) 57 B
37434 Krebeck (NI) 41 K
08538 Krebes (SN) 65 H
15926 Kreblitz (BB) 45 D
46414 Krechting (NW) 37 G
17348 Kreckow (MV) 24 C
57223 Kredenbach (NW) 49 M
88637 Kreenheinstetten (BW) 89 M
47XXX Krefeld (NW) 47 C
19386 Kreien (MV) 23 D
37547 Kreiensen (NI) 40 J
67757 Kreimbach-Kaulbach (RP) 70 K
01619 Kreinitz (SN) 55 C
01731 Kreischa (SN) 56 H
85664 Kreith (BY) 93 H
92421 Kreith (BY) 85 B
29664 Krelingen (NI) 29 B
19205 Krembz (MV) 13 K
39624 Kremkau (ST) 31 E
96117 Kremmeldorf (BY) 74 A
16766 Kremmen (BB) 33 A
19300 Kremmin (MV) 22 J
25376 Krempdorf (SH) 11 H
25361 Krempe (SH) 11 H
25774 Krempel (SH) 10 C
16945 Krempendorf (BB) 23 E
25569 Kremperheide (SH) 11 H
25569 Krempermoor (SH) 11 H
18233 Krempin (MV) 13 F
79761 Krenkingen (BW) 96 F
04509 Krensitz (SN) 43 M
74594 Kreßberg (BW) 83 D
88079 Kressbronn am Bodensee (BW) 98 H
74579 Krettenbach (BW) 83 D
56630 Kretz (RP) 59 J
06712 Kretzschau (ST) 54 H
92421 Kreuth (BY) 85 B
52372 Kreuzau (NW) 58 C
94078 Kreuzberg (BY) 87 H
51688 Kreuzberg (NW) 49 G
16559 Kreuzbruch (BB) 33 C
37351 Kreuzebra (TH) 52 A
85232 Kreuzholzhausen (BY) 92 J
52538 Kreuzrath (NW) 47 H
31555 Kreuzriehe (NI) 29 K
83626 Kreuzstraße (BY) 101 A
57223 Kreuztal (NW) 49 L
87474 Kreuzthal (BY) 99 D
97519 Kreuzthal (BY) 63 L
54439 Kreuzweiler (RP) 68 J
97892 Kreuzwertheim (BY) 72 E
39606 Krevese (ST) 31 C
16775 Krewelin (BB) 24 M
06231 Kreypau (ST) 54 B
19357 Kribbe (BB) 22 J
67706 Krickenbach (RP) 80 A
09648 Kriebethal (SN) 55 H
04617 Kriebitzsch (TH) 54 J
09648 Kriebstein (SN) 55 H
67819 Kriegsfeld (RP) 70 H
14715 Kriele (BB) 32 F
14550 Krielow (BB) 33 G
17391 Krien (MV) 15 J
17091 Kriesow (MV) 15 K
65830 Kriftel (HE) 71 A
06774 Krina (ST) 43 J
02943 Kringelsdorf (SN) 57 A
01814 Krippen (SN) 56 J
18198 Kritzmow (MV) 14 D
19386 Kritzow (MV) 23 A
04924 Kröbeln (BB) 44 M
92431 Kröblitz (BY) 75 M
35435 Krofdorf-Gleiberg (HE) 61 E
24644 Krogaspe (SH) 11 F
29699 Kroge (NI) 29 B
49393 Kroge (NI) 28 D
01665 Krögis (SN) 55 F
17268 Krohnhorst (BB) 25 G
24217 Krokau (SH) 5 K
07387 Krölpa (TH) 64 C
63829 Krombach (BY) 72 A
57223 Krombach (NW) 49 H
02953 Kromlau (SN) 46 K
97859 Krommenthal (BY) 72 B
99441 Kromsdorf (TH) 53 H
96317 Kronach (BY) 64 L
76709 Kronau (BW) 81 E
61476 Kronberg im Taunus (HE) 61 K
87788 Kronburg (BY) 99 A
92421 Krondorf (BY) 85 B
53949 Kronenburg (NW) 58 J
84178 Kröning (BY) 93 C
25709 Kronprinzenkoog (SH) 10 J
24395 Kronsgaard (SH) 4 F
24119 Kronshagen (SH) 5 K
25597 Kronsmoor (SH) 11 H
55767 Kronweiler (RP) 69 J
18236 Kröpelin (MV) 13 F
24848 Kropp (SH) 4 L
57612 Kroppach (RP) 60 A
21529 Kröppelshagen-Fahrendorf (SH) 21 A
01945 Kroppen (BB) 56 B
66957 Kröppen (RP) 80 D
39397 Kroppenstedt (ST) 42 E
06895 Kropstädt (ST) 44 D
06193 Krosigk (ST) 43 K
17440 Kröslin (MV) 7 M
23758 Kröß (SH) 12 C
04509 Krostitz (SN) 54 C
66909 Krottelbach (RP) 69 M
91284 Krottensee (BY) 74 J
39387 Krottorf (ST) 42 E
54536 Kröv (RP) 69 B
83246 Kruchenhausen (BY) 102 D
54675 Kruchten (RP) 68 E
17129 Kruckow (MV) 15 H
39615 Krüden (ST) 22 M
56642 Kruft (RP) 59 J
15913 Krugau (BB) 45 B
16259 Kruge/Gersdorf (BB) 34 A
15848 Krügersdorf (BB) 34 M
17309 Krugsdorf (MV) 25 B
87452 Krugzell (BY) 99 E
97475 Krum (BY) 73 C
74838 Krumbach (BW) 72 K
86381 Krumbach (Schwaben) (BY) 91 H
86381 Krumbad (BY) 91 H
09434 Krumhermersdorf (SN) 66 C
24217 Krummbek (SH) 5 L
55483 Krummenau (RP) 69 F
21732 Krummendeich (NI) 11 G
09633 Krummenhennersdorf (SN) 55 J
92703 Krummennaab (BY) 75 E
16259 Krummenpfahl (BB) 34 B
23628 Krummesse (SH) 12 L
26736 Krummhörn (NI) 17 F
17440 Krummin (MV) 16 D
24796 Krummwisch (SH) 11 C
06242 Krumpa (ST) 54 D
21423 Krümse (NI) 21 D
25727 Krumstedt (SH) 11 D
82494 Krün (BY) 100 J
91238 Kruppach (BY) 74 M
24229 Krusendorf (SH) 4 M
23974 Krusenhagen (MV) 13 H
39291 Krüssau (ST) 32 L
21483 Krüzen (SH) 21 E
96110 Kübelstein (BY) 74 B
17349 Kublank (MV) 24 C
02627 Kubschütz (SN) 57 D
18292 Kuchelmiß (MV) 14 L
73329 Kuchen (BW) 90 C
37235 Küchen (HE) 51 F
58840 Kückelheim (NW) 49 E
59889 Kückelheim (NW) 49 F
41812 Kückhoven (NW) 47 J
22958 Kuddewörde (SH) 21 B
25712 Kuden (SH) 11 G
25572 Kudensee (SH) 11 G
16845 Küdow-Lüchfeld (BB) 32 C
76773 Kuhardt (RP) 81 D
86556 Kühbach (BY) 92 E
16928 Kuhbier (BB) 23 G
91186 Kühedorf (BY) 84 A
29416 Kuhfelde (ST) 31 A
19412 Kuhlen (MV) 13 M
26939 Kuhlen (NI) 19 G
91278 Kühlenfels (BY) 74 F
27330 Kuhlenkamp (NI) 28 F
39524 Kuhlhausen (ST) 32 B
14806 Kuhlowitz (BB) 43 C
18311 Kuhlrade (MV) 6 K
33014 Kühlsen (NW) 39 M
18225 Kühlungsborn (MV) 13 C
98547 Kühndorf (TH) 63 E
86554 Kühnhausen (BY) 92 B
56244 Kuhnhöfen (RP) 60 E
04808 Kühnitzsch (SN) 55 A
24211 Kühren (SH) 12 A
24321 Kühren (SH) 12 B
04808 Kühren-Burkartshain (SN) 55 A
27624 Kührstedt (NI) 19 B
18276 Kuhs (MV) 14 H
16928 Kuhsdorf (BB) 23 G
23898 Kühsen (SH) 12 L
27442 Kuhstedt (NI) 19 F
27442 Kuhstedtermoor (NI) 19 F
19230 Kuhstorf (MV) 22 E
23829 Kükels (SH) 12 G
23758 Kükelühn (SH) 12 C
91580 Külbingen (BY) 83 C
04420 Kulkwitz (SN) 54 E
37359 Küllstedt (TH) 52 D
95508 Kulmain (BY) 75 D
95326 Kulmbach (BY) 64 M
23911 Kulpin (SH) 12 M
97900 Külsheim (BW) 72 H
91438 Külsheim (BY) 73 L
92554 Kulz (BY) 76 K
55471 Külz (Hunsrück) (RP) 70 A
55471 Kümbdchen (RP) 70 A
84036 Kumhausen (BY) 93 C
19288 Kummer (MV) 22 M
88339 Kümmerazhofen (BW) 98 B
25495 Kummerfeld (SH) 11 M
16306 Kummerow (BB) 25 H
17139 Kummerow (MV) 15 G
18442 Kummerow (MV) 6 J
92245 Kümmersbruck (BY) 75 L
15859 Kummersdorf (BB) 34 L
96231 Kümmersreuth (BY) 74 B
15938 Kümmritz (BB) 45 D
48341 Kümper (NW) 38 D
94133 Kumreut (BY) 87 L
16269 Kunersdorf-Metzdorf (BB) 34 C
07751 Kunitz (TH) 53 M
02829 Kunnersdorf (SN) 57 C
02829 Kunnerwitz (SN) 57 F
38486 Kunrau (ST) 31 D
91358 Kunreuth (BY) 74 H
33790 Künsebeck (NW) 39 D
58809 Küntrop (NW) 49 E
36093 Künzell (HE) 62 F
74653 Künzelsau (BW) 82 B
38486 Kunzenberg (ST) 31 D
94550 Künzing (BY) 86 M
89555 Küpfendorf (BW) 91 A
95362 Kupferberg (BY) 64 M
51688 Kupferberg (NW) 49 G
74635 Kupferzell (BW) 82 C
27245 Kuppendorf (NI) 28 J
76456 Kuppenheim (BW) 80 M
96328 Küps (BY) 64 L
08538 Kürbitz (SN) 65 E
92281 Kürmreuth (BY) 75 G
93170 Kürn (BY) 85 F
97273 Kürnach (BY) 73 D
75057 Kürnbach (BW) 81 E
88427 Kürnbach (BW) 90 E
79650 Kürnberg (BW) 96 E
51515 Kürten (NW) 48 J
56581 Kurtscheid (RP) 59 F
16792 Kurtschlag (BB) 24 M
91522 Kurzendorf (BY) 83 C
18246 Kurzen Trechow (MV) 14 G
15910 Kuschkow (BB) 45 B
66869 Kusel (RP) 69 M
39291 Kusel (ST) 32 L
45721 Kusenhorst (NW) 37 H
38486 Kusey (ST) 31 D
79790 Küssaberg (BW) 96 J
59964 Küstelberg (NW) 50 E
29482 Küsten (NI) 22 K
72127 Kusterdingen (BW) 89 C
27449 Kutenholz (NI) 20 A
06193 Kütten (ST) 43 K
97490 Kützberg (BY) 73 A
97947 Kützbrunn (BW) 72 J
96250 Kutzenberg (BY) 74 A
86500 Kutzenhausen (BY) 91 F
99955 Kutzleben (TH) 53 D
04509 Kyhna (SN) 43 L
54655 Kyllburg (RP) 68 C
54655 Kyllburgweiler (RP) 69 A
16866 Kyritz (BB) 23 L

L

92367 Laaber (BY) 84 C
93164 Laaber (BY) 85 D
18299 Laage (MV) 14 H
21784 Laak (NI) 10 M
49824 Laar (NI) 26 D
04758 Laas (SN) 55 B
07646 Laasdorf (TH) 53 M
16949 Laaske (BB) 23 G
19348 Laaslich (BB) 22 J
03205 Laasow (BB) 45 J
30880 Laatzen (NI) 29 M
31855 Laatzen (NI) 40 D
47665 Labbeck (NW) 36 M
23898 Labenz (SH) 12 L
92318 Labersricht (BY) 84 C
84082 Laberweinting (BY) 85 M
24235 Laboe (SH) 5 K
06922 Labrun (ST) 44 H
87760 Lachen (BY) 99 B
29331 Lachendorf (NI) 30 D
94089 Lackenhäuser (BY) 87 M
49549 Ladbergen (NW) 38 B
16321 Ladeburg (BB) 34 A
25926 Ladelund (SH) 3 F
68526 Ladenburg (BW) 71 L
48366 Laer (NW) 37 C
49740 Lage (NI) 27 D
49828 Lage (NI) 26 H
32791 Lage (NW) 39 E
48477 Lage (NW) 27 K
29413 Lagendorf (ST) 30 C
25566 Lägerdorf (SH) 11 H
97762 Lager Hammelburg (BY) 72 C
37154 Lagershausen (NI) 41 G
38179 Lagesbüttel (NI) 30 L
32469 Lahde (NW) 28 M
49774 Lähden (NI) 27 D
96352 Lahm (BY) 64 J
49757 Lahn (NI) 27 A
56112 Lahnstein (RP) 60 G
35094 Lahntal (HE) 50 L
49740 Lahre (NI) 27 D
77933 Lahr/Schwarzwald (BW) 88 H
31246 Lahstedt (NI) 30 K
91180 Laibstadt (BY) 84 E
89150 Laichingen (BW) 90 F
94563 Lailling (BY) 86 L
86453 Laimering (BY) 92 E
93336 Laimerstadt (BY) 85 G
88069 Laimnau (BY) 98 E
72488 Laiz (BW) 90 K
18279 Lalendorf (MV) 14 L
94551 Lalling (BY) 86 J
93462 Lam (BY) 86 C
93453 Lamberg (BY) 86 C
54649 Lambertsberg (RP) 58 M
67466 Lambrecht (Pfalz) (RP) 80 C
18069 Lambrechtshagen (MV) 14 D
66894 Lambsborn (RP) 79 C
67245 Lambsheim (RP) 70 M
86862 Lamerdingen (BY) 92 K
52459 Lamersdorf (NW) 47 M
52152 Lammersdorf (NW) 58 B
24238 Lammershagen (SH) 12 B
63165 Lämmerspiel (HE) 71 B
54316 Lampaden (RP) 69 G
04758 Lampersdorf (SN) 55 B
68623 Lampertheim (HE) 71 G
01561 Lampertswalde (SN) 56 A
04758 Lampertswalde (SN) 55 B
88348 Lampertsweiler (BW) 90 L
83104 Lampferding (BY) 93 L
83417 Lampoding (BY) 94 L
74239 Lampoldshausen (BW) 82 B
15913 Lamsfeld (BB) 45 C
15913 Lamsfeld-Groß Liebitz (BB) 45 C
31195 Lamspringe (NI) 40 F
21769 Lamstedt (NI) 19 C
94405 Landau an der Isar (BY) 86 L
76829 Landau in der Pfalz (RP) 80 F
49733 Landegge (NI) 26 C
58840 Landemert (NW) 49 E
89361 Landensberg (BY) 91 F
84405 Landersdorf (BY) 93 H
85072 Landershofen (BY) 84 H
48485 Landersum (NW) 26 M
91171 Landerzhofen (BY) 84 F
31628 Landesbergen (NI) 28 J
06268 Landgrafroda (ST) 53 C
56814 Landkern (RP) 59 L
23769 Landkirchen auf Fehmarn (SH) 5 C
37136 Landolfshausen (NI) 41 K
94375 Landorf (BY) 86 D
25554 Landrecht (SH) 11 G
86899 Landsberg am Lech (BY) 92 K
06188 Landsberg (ST) 43 L
54526 Landscheid (RP) 69 A
25572 Landscheide (SH) 11 G
07338 Landsendorf (TH) 64 F
85652 Landsham (BY) 93 G
89428 Landshausen (BY) 91 B
840XX Landshut (BY) 93 C
66849 Landstuhl (RP) 70 K
31087 Landwehr (NI) 40 F
27612 Landwürden (NI) 19 D
08258 Landwüst (SN) 65 J
24977 Langballig (SH) 4 E
24977 Langballigholz (SH) 4 E
01844 Langburkersdorf (SN) 56 J
94264 Langdorf (BY) 86 F
01465 Langebrück (SN) 56 E
27711 Lange Heide (NI) 19 H
33014 Langeland (NW) 39 J
25485 Langeln (SH) 11 M
38871 Langeln (ST) 41 F
25485 Langelner (SH) 11 M
29640 Langeloh (NI) 20 M
38685 Langelsheim (NI) 41 D
16818 Langen (BB) 33 A
63225 Langen (HE) 71 B
27607 Langen (NI) 19 B
49838 Langen (NI) 27 G
91799 Langenaltheim (BY) 84 G
94486 Langenamming (BY) 86 M
29413 Langenapel (ST) 31 A
88085 Langenargen (BW) 98 H
89129 Langenau (BW) 91 D
95100 Langenau (BY) 65 L
96355 Langenau (BY) 64 H
09636 Langenau (SN) 55 M
35708 Langenaubach (HE) 60 C
85416 Langenbach (BY) 93 D
95179 Langenbach (BY) 64 J
57520 Langenbach bei Kirburg (RP) 60 B
66909 Langenbach (RP) 69 M
08134 Langenbach (SN) 66 A
07919 Langenbach (SN) 65 D
33449 Langenberg (NW) 39 G
09337 Langenberg (SN) 55 K
08428 Langenbernsdorf (SN) 65 C
74243 Langenbeutingen (BW) 82 E
06179 Langenbogen (ST) 54 A
75328 Langenbrand (BW) 81 L
76596 Langenbrand (BW) 81 K
74243 Langenbrettach (BW) 82 D
85084 Langenbruck (BY) 92 C
94501 Langenbruck (BY) 94 C
74595 Langenburg (BW) 82 C
09337 Langenchursdorf (SN) 55 K
18317 Langendamm (MV) 6 G
27612 Langendammsmoor (NI) 19 E
07381 Langendembach (TH) 64 C
29484 Langendorf (NI) 22 H
06667 Langendorf (ST) 54 D
06729 Langendorf (ST) 54 H
57368 Langenei (NW) 49 J
06268 Langeneichstädt (ST) 53 C
59590 Langeneicke (NW) 39 K
88515 Langenenslingen (BW) 90 K
93095 Langenerling (BY) 85 J
25863 Langeneß (SH) 3 H
91474 Langenfeld (BY) 73 H
40764 Langenfeld (Rheinland) (NW) 48 H
56729 Langenfeld (RP) 59 H
27616 Langenfelde (NI) 19 E
85435 Langengeisling (BY) 93 E
15926 Langengrassau (BB) 45 D
3085X Langenhagen (NI) 29 J
23744 Langenhagen (SH) 12 C
56459 Langenhahn (RP) 60 E
86476 Langenhaslach (BY) 91 H
27442 Langenhausen (NI) 19 F
01819 Langenhennersdorf (SN) 56 M
08439 Langenhessen (SN) 65 C
84061 Langenhettenbach (BY) 85 M
37154 Langenholtensen (NI) 41 G
58802 Langenholthausen (NW) 49 E
32689 Langenholzhausen (NW) 39 C
25842 Langenhorn (SH) 3 J
48607 Langenhorst (NW) 37 C
94554 Langenisarhofen (BY) 86 M
93155 Langenkreith (BY) 85 D
21514 Langenlehsten (SH) 21 C
97657 Langenleiten (BY) 62 J
04618 Langenleuba-Niederhain (TH) 55 G
04657 Langenleuba-Oberhain (SN) 55 G
14913 Langenlipsdorf (BB) 44 E
55450 Langenlonsheim (RP) 70 E
86571 Langenmosen (BY) 92 B
04938 Langennaundorf (BB) 44 M
86863 Langenneufnach (BY) 91 J
07381 Langenorla (TH) 64 C
85229 Langenpettenbach (BY) 92 F
85465 Langenpreising (BY) 93 E
97737 Langenprozelten (BY) 72 B
78476 Langenrain (BW) 97 F
21224 Langenrehm (NI) 20 F
86405 Langenreichen (BY) 92 A
04889 Langenreichenbach (SN) 44 L
06571 Langenroda (TH) 53 E
39590 Langensalzwedel (ST) 32 D
07407 Langenschade (TH) 64 C
65558 Langenscheid (RP) 60 H
63505 Langenselbold (HE) 61 M
91094 Langensendelbach (BY) 74 G
38895 Langenstein (ST) 42 G
97215 Langensteinach (BY) 73 K
91550 Langensteinbach (BY) 83 E
04657 Langensteinbach (SN) 55 G
09669 Langenstriegis (SN) 55 M
55569 Langenthal (RP) 70 D
92363 Langenthonhausen (BY) 85 D
39171 Langenweddingen (ST) 42 C
08134 Langenweißbach (SN) 66 A
07957 Langenwetzendorf (TH) 65 B
01833 Langenwolmsdorf (SN) 56 J
07937 Langenwolschendorf (TH) 65 A
90579 Langenzenn (BY) 73 M
26465 Langeoog (NI) 9 K
86853 Langerringen (BY) 92 K
52379 Langerwehe (NW) 47 M
14557 Langerwisch (BB) 33 L
15518 Langewahl (BB) 34 H
59955 Langewiese (NW) 50 G
98704 Langewiesen (TH) 64 A
35428 Langgöns (HE) 61 E
07926 Langgrün (TH) 65 D
18279 Langhagen (MV) 14 L
91738 Langlau (BY) 84 D
29364 Langlingen (NI) 30 G
66969 Langmühle (RP) 80 D
84085 Langquaid (BY) 85 L
58730 Langschede (NW) 49 B
59846 Langscheid (NW) 49 B
55430 Langscheid (RP) 70 A
56729 Langscheid (RP) 59 H
35423 Langsdorf (HE) 61 F
18334 Langsdorf (MV) 14 F
24852 Langstedt (SH) 4 G
99986 Langula (TH) 52 H
85293 Langwaid (BY) 92 F
26969 Langwarden (NI) 19 A
27299 Langwedel (NI) 20 K
24631 Langwedel (SH) 11 C
27299 Langwedelermoor (NI) 20 K
86462 Langweid am Lech (BY) 92 D
55758 Langweiler (RP) 69 E
67746 Langweiler (RP) 70 G
66894 Langwieden (RP) 80 A
27612 Lanhausen (NI) 19 B
23881 Lankau (SH) 12 M
46499 Lankern (NW) 37 G
17192 Lansen (MV) 14 M
19309 Lanz (BB) 22 M
21483 Lanze (SH) 21 E
17217 Lapitz (MV) 24 A
49565 Lappenstuhl (NI) 27 J
93138 Lappersdorf (BY) 85 E
94428 Lappersdorf (BY) 94 B
91555 Larrieden (BY) 83 E
17248 Lärz (MV) 23 F
23847 Lasbek (SH) 12 L
23847 Lasbek Dorf (SH) 12 L
23847 Lasbek Gut (SH) 12 K
54597 Lascheid (RP) 58 M
54612 Lasel (RP) 58 M
37520 Lasfelde (NI) 41 G
19246 Lassahn (MV) 21 C
17440 Lassan (MV) 16 D
32699 Laßbruch (NW) 39 C
49688 Lastrup (NI) 27 B
06408 Latdorf (ST) 43 G
24598 Latendorf (SH) 12 D
49762 Lathen (NI) 26 C
57392 Latrop (NW) 50 G
86754 Laub (BY) 83 J
02708 Lauba (SN) 57 E
88416 Laubach (BW) 91 K
35321 Laubach (HE) 61 F
56288 Laubach (RP) 70 A
56759 Laubach (RP) 59 L
88356 Laubbach (BW) 98 A
87761 Lauben (BY) 91 L
90579 Laubendorf (BY) 73 M
55452 Laubenheim (RP) 70 E
91710 Laubenzedel (BY) 83 F
87761 Lauberhart (BY) 91 L
03058 Laubsdorf (BB) 46 G
03116 Laubst (BB) 45 J
02991 Laubusch (SN) 45 M
06636 Laucha an der Unstrut (ST) 53 F
99880 Laucha (TH) 52 L
87650 Lauchdorf (BY) 99 C
01979 Lauchhammer (BB) 45 K
01979 Lauchhammer Süd (BB) 45 L
01979 Lauchhammer West (BB) 45 K
73466 Lauchheim (BW) 83 L
79787 Lauchringen (BW) 96 J
99819 Lauchröden (TH) 52 G
97922 Lauda-Königshofen (BW) 72 M
63925 Laudenbach (BY) 72 G
97753 Laudenbach (BY) 72 C
37247 Laudenbach (HE) 51 F
56291 Laudert (RP) 70 A
04509 Laue (SN) 43 M
31867 Lauenau (NI) 29 K
37586 Lauenberg (NI) 40 J
27389 Lauenbrück (NI) 20 H
21481 Lauenburg/Elbe (SH) 21 E
37697 Lauenförde (NI) 40 K
31714 Lauenhagen (NI) 29 K
96337 Lauenhain (BY) 64 F
08439 Lauenhain (SN) 54 M
09648 Lauenhain-Tanneberg (SN) 55 H
96337 Lauenstein (BY) 64 E
01778 Lauenstein (SN) 56 L
77886 Lauf (BW) 88 C
96199 Lauf (BY) 74 A
63846 Laufach (BY) 72 A
54533 Laufeld (RP) 69 A
83410 Laufen (BY) 94 M
55487 Laufersweiler (RP) 69 F
74348 Lauffen am Neckar (BW) 82 D

86502 Laugna (BY) 91 C
89415 Lauingen (Donau) (BY) 91 B
67229 Laumersheim (RP) 70 M
35435 Launsbach (HE) 61 E
54649 Lauperath (RP) 58 L
88437 Laupertshausen (BW) 90 M
88471 Laupheim (BW) 90 J
56379 Laurenburg (RP) 60 H
04874 Lausa (SN) 55 B
98724 Lauscha (TH) 64 E
08491 Lauschgrün (SN) 65 C
55568 Lauschied (RP) 70 G
03172 Lauschütz (BB) 46 A
79780 Lausheim (BW) 97 A
04924 Lausitz (BB) 44 M
07806 Lausnitz bei Neustadt/Orla (TH) 64 C
04838 Laußig (SN) 44 K
01936 Laußnitz (SN) 56 B
02991 Lauta Dorf (SN) 45 M
02991 Lauta (SN) 45 M
09496 Lauta (SN) 66 C
77794 Lautenbach (BW) 88 F
96169 Lauter (BY) 73 C
97705 Lauter (BY) 62 M
35321 Lauter (HE) 61 F
08312 Lauter (SN) 66 D
89584 Lauterach (BW) 90 H
78730 Lauterbach (BW) 89 G
85232 Lauterbach (BY) 92 F
36341 Lauterbach (HE) 62 A
01833 Lauterbach (SN) 56 F
04668 Lauterbach (SN) 55 D
09496 Lauterbach (SN) 66 C
99826 Lauterbach (TH) 52 H
72250 Lauterbad (BW) 89 D
86465 Lauterbrunn (BY) 91 F
67742 Lauterecken (RP) 70 G
92283 Lauterhofen (BY) 84 C
67308 Lautersheim (RP) 70 J
73111 Lauterstein (BW) 82 M
56355 Lautert (RP) 60 L
96486 Lautertal (BY) 64 G
36369 Lautertal (HE) 62 D
64686 Lautertal (Odenwald) (HE) 71 H
02708 Lautitz (SN) 57 E
87763 Lautrach (BY) 99 A
56472 Lautzenbrücken (RP) 60 B
55483 Lautzenhausen (RP) 69 C
27446 Lavenstedt (NI) 20 D
45721 Lavesum (NW) 37 J
02708 Lawalde (SN) 57 E
15898 Lawitz (BB) 35 K
66822 Lebach (SL) 69 K
23623 Lebatz (SH) 12 H
17322 Lebehn (MV) 25 C
06420 Lebendorf (ST) 43 G
97616 Lebenhan (BY) 63 G
06922 Lebien (ST) 44 H
24306 Lebrade (SH) 12 B
15326 Lebus (BB) 35 G
04936 Lebusa (BB) 44 F
86983 Lechbruck (BY) 100 D
49586 Lechtrup (NI) 27 H
25917 Leck (SH) 3 F
25917 Leckfeld (SH) 3 F
93466 Lederdorn (BY) 86 B
07589 Lederhose (TH) 54 K
49545 Leeden (NW) 38 B
86925 Leeder (BY) 100 A
16767 Leegebruch (BB) 33 B
64560 Leeheim (HE) 71 D
26789 Leer (Ostfriesland) (NI) 18 G
48612 Leer (NW) 37 C
28857 Leerßen (NI) 28 B
90596 Leerstetten (BY) 84 B
31633 Leese (NI) 28 J
32657 Leese (NW) 39 F
31629 Leeseringen (NI) 29 D
28844 Leeste (NI) 19 L
06895 Leetza (ST) 44 D
26529 Leezdorf (NI) 17 C
19067 Leezen (MV) 13 L
23816 Leezen (SH) 12 G
24816 Legan (SH) 11 B
87764 Legau (BY) 99 A
19336 Legde (BB) 23 K
48739 Legden (NW) 37 F
77731 Legelshurst (BW) 88 B
26892 Lehe (NI) 17 M
25774 Lehe (SH) 10 C
95466 Lehen (BY) 75 A
77761 Lehengericht (BW) 89 G
91626 Lehengütingen (BY) 83 E
95326 Lehenthal (BY) 64 M
07349 Lehesten (TH) 64 F
07778 Lehesten (TH) 53 J
04617 Lehma (TH) 54 J
45721 Lehmbraken (NW) 37 J
48346 Lehmbrock (NW) 38 E
26180 Lehmden (NI) 18 F
49439 Lehmden (NI) 28 G
26180 Lehmdermoor (NI) 18 F
56332 Lehmen (RP) 59 J
24211 Lehmkuhlen (SH) 12 A
23883 Lehmrade (SH) 21 C
14797 Lehnin (BB) 33 K
16565 Lehnitz (BB) 33 B
14823 Lehnsdorf (BB) 43 C
27628 Lehnstedt (NI) 19 E
99441 Lehnstedt (TH) 53 M
91611 Lehrberg (BY) 83 C
38165 Lehre (NI) 30 M
74251 Lehrensteinsfeld (BW) 82 D
31275 Lehrte (NI) 29 M
49740 Lehrte (NI) 27 D
19243 Lehsen (MV) 22 A
17219 Lehsten (MV) 24 A
15913 Leibchel (BB) 45 B
33181 Leiberg (NW) 39 L
84106 Leibersdorf (BY) 93 B
88637 Leibertingen (BW) 89 M
89278 Leibi (BY) 91 D
94339 Leiblfing (BY) 86 K
15910 Leibsch (BB) 45 B
90513 Leichendorf (BY) 74 K
42799 Leichlingen (Rheinland) (NW) 48 H
54619 Leidenborn (RP) 58 L
91746 Leidendorf (BY) 83 C
56288 Leideneck (RP) 69 C
63849 Leidersbach (BY) 72 D
86666 Leidling (BY) 84 L
72348 Leidringen (BW) 89 H
84085 Leierndorf (BY) 85 L
38542 Leiferde (NI) 30 H
35440 Leihgestern (HE) 61 E
88677 Leimbach (BW) 98 E
53518 Leimbach (RP) 59 H
06268 Leimbach (ST) 53 C
36433 Leimbach (TH) 63 A
99735 Leimbach (TH) 52 C
69181 Leimen (BW) 81 B
66978 Leimen (RP) 80 B
76774 Leimersheim (RP) 81 D
98646 Leimrieth (TH) 63 J
99880 Leina (TH) 52 M
97633 Leinach (BY) 63 L
99880 Leinatal (TH) 52 M
91227 Leinburg (BY) 74 L
37327 Leinefelde (TH) 52 B
70771 Leinfelden-Echterdingen (BW) 89 C
74211 Leingarten (BW) 81 F
89312 Leinheim (BY) 91 E
56291 Leiningen (RP) 60 K
73575 Leinzell (BW) 82 M
06917 Leipa (ST) 44 E
03226 Leipe (BB) 45 E
89340 Leipheim (BY) 91 E
04668 Leipnitz (SN) 55 D
02991 Leippe-Torno (SN) 45 M
04XXX Leipzig (SN) 54 C
55767 Leisel (RP) 69 J
79361 Leiselheim (BW) 88 K
04668 Leisenau (SN) 55 D
06618 Leislau (ST) 54 G
04703 Leisnig (SN) 55 E
06667 Leißling (ST) 54 D
15848 Leißnitz (BB) 34 M
87488 Leiterberg (BY) 99 E
86391 Leitershofen (BY) 92 D
07937 Leitlitz (TH) 65 B
34431 Leitmar (NW) 50 B
39279 Leitzkau (ST) 43 A
54340 Leiwen (RP) 69 D
17209 Leizen (MV) 23 F
17168 Lelkendorf (MV) 14 J
79879 Lembach (BW) 97 D
66969 Lemberg (RP) 80 D
49459 Lembruch (NI) 28 G
49448 Lemförde (NI) 28 G
32657 Lemgo (NW) 39 F
29485 Lemgow (NI) 22 L
23769 Lemkendorf (SH) 5 C
23769 Lemkenhafen (SH) 5 C
17337 Lemmersdorf (BB) 25 A
07819 Lemnitz (TH) 65 A
96476 Lempertshausen (BY) 63 J
27809 Lemwerder (NI) 19 H
25782 Lendern (SH) 11 A
84435 Lengdorf (BY) 93 H
38268 Lengede (NI) 41 B
06528 Lengefeld (ST) 53 L
99976 Lengefeld (TH) 52 E
58540 Lengelscheid (NW) 49 G
27419 Lengenbostel (NI) 20 E
86932 Lengenfeld (BY) 92 K
91578 Lengenfeld (BY) 83 B
92355 Lengenfeld (BY) 85 A
08485 Lengenfeld (SN) 65 F
99976 Lengenfeld unterm Stein (TH) 52 D
87663 Lengenwang (BY) 99 F
49838 Lengerich (NI) 27 G
49525 Lengerich (NW) 38 B
93077 Lengfeld (BY) 85 H
98660 Lengfeld (TH) 63 F
83661 Lenggries (BY) 101 D
84364 Lengham (BY) 94 F
83536 Lengmoos (BY) 93 J
84371 Lengsham (BY) 94 F
84164 Lengthal (BY) 86 K
57413 Lenhausen (NW) 49 E
91438 Lenkersheim (BY) 73 L
74585 Lenkerstetten (BW) 83 A
37627 Lenne (NI) 40 E
57392 Lenne (NW) 49 J
57368 Lennestadt (NW) 49 J
73252 Lenningen (BW) 90 B
59199 Lenningsen (NW) 38 L
23738 Lensahn (SH) 12 C
23743 Lenste (SH) 12 C
37318 Lenterode (TH) 52 A
91725 Lentersheim (BY) 83 F
24632 Lentföhrden (SH) 11 J
85101 Lenting (BY) 84 M
16833 Lentzke (BB) 33 A
01561 Lenz (SN) 56 D
19309 Lenzen (BB) 22 H
79853 Lenzkirch (BW) 96 C
83410 Leobendorf (BY) 102 B
74532 Leofels (BW) 82 F
71229 Leonberg (BW) 81 M
93142 Leonberg (BY) 85 E
95666 Leonberg (BY) 75 C
90599 Leonrod (BY) 73 M
17375 Leopoldshagen (MV) 16 G
33818 Leopoldshöhe (NW) 39 E
32805 Leopoldstal (NW) 39 J
01896 Leppersdorf (SN) 56 E
17349 Leppin (MV) 24 C
39615 Leppin (ST) 31 C
39264 Leps (ST) 43 E
32457 Lerbeck (NW) 28 M
48488 Leschede (NI) 26 J
95466 Lessau (BY) 75 A
15324 Letschin (BB) 34 C
48653 Lette (NW) 37 F
59302 Lette (NW) 38 F
67823 Lettweiler (RP) 70 G
39638 Letzlingen (ST) 31 H
02899 Leuba (SN) 57 F
97650 Leubach (BY) 63 D
01623 Leuben-Schleinitz (SN) 55 F
08626 Leubetha (SN) 65 J
99610 Leubingen (TH) 53 E
08412 Leubnitz (SN) 65 C
08539 Leubnitz (SN) 65 E
53547 Leubsdorf (RP) 59 F
95326 Leuchau (BY) 74 C
92705 Leuchtenberg (BY) 75 J
16259 Leuenberg (BB) 34 B
95676 Leugas (BY) 75 C
09387 Leukersdorf/Erzgebirge (SN) 55 L
35638 Leun (HE) 61 D
06237 Leuna (ST) 54 B
01824 Leupoldishain (SN) 56 J
95709 Leupoldsdorf (BY) 75 A
95191 Leupoldsgrün (BY) 65 G
91282 Leupoldstein (BY) 74 J
91257 Leups (BY) 74 F
51570 Leuscheid (NW) 60 A
19288 Leussow (MV) 22 E
71397 Leutenbach (BW) 82 G
91359 Leutenbach (BY) 74 H
07338 Leutenberg (TH) 64 F
09306 Leutenhain (SN) 55 G
99439 Leutenthal (TH) 53 H
56244 Leuterod (RP) 60 E
08107 Leutersbach (SN) 65 C
87616 Leuterschach (BY) 99 F
02794 Leutersdorf (SN) 57 H
69493 Leutershausen (BW) 71 L
91578 Leutershausen (BY) 83 B
56599 Leutesdorf (RP) 59 F
77694 Leutesheim (BW) 88 B
41334 Leuth (NW) 47 B
03058 Leuthen (BB) 45 J
41334 Leutherheide (NW) 47 B
82319 Leutstetten (BY) 92 M
91541 Leuzenbronn (BY) 83 A
17498 Levenhagen (MV) 15 E
45731 Leveringhausen (NW) 37 M
513XX Leverkusen (NW) 48 H
59348 Leversum (NW) 37 J
88356 Levertsweiler (BW) 98 A
31693 Levesen (NI) 28 M
17213 Lexow (MV) 23 C
15306 Libbenichen (BB) 34 F
06386 Libbesdorf (ST) 43 H
06369 Libehna (ST) 43 G
50374 Liblar (NW) 48 K
35423 Lich (HE) 61 E
07407 Lichstedt (TH) 64 B
98739 Lichte (TH) 64 E
77839 Lichtenau (BW) 80 L
86706 Lichtenau (BY) 84 M
33165 Lichtenau (NW) 39 M
08318 Lichtenau (SN) 66 D
09244 Lichtenau (SN) 55 L
17259 Lichtenberg (MV) 24 C
53773 Lichtenberg (NW) 59 C
01896 Lichtenberg (SN) 56 E
09638 Lichtenberg/Erzgebirge (SN) 56 K
37181 Lichtenborn (NI) 40 M
54619 Lichtenborn (RP) 58 L
07366 Lichtenbrunn (TH) 64 J
96215 Lichtenfels (BY) 64 K
35104 Lichtenfels (HE) 50 E
84175 Lichtenhaag (BY) 93 C
01855 Lichtenhain (SN) 56 J
98744 Lichtenhain/Bergbahn (TH) 64 D
15345 Lichtenow (BB) 34 E
01609 Lichtensee (SN) 55 C
72805 Lichtenstein (BW) 90 D
96176 Lichtenstein (BY) 63 M
09350 Lichtenstein (SN) 55 K
08115 Lichtentanne (SN) 65 C
07338 Lichtentanne (TH) 64 F
73669 Lichtenwald (BW) 82 L
93177 Lichtenwald (BY) 85 F
09577 Lichtenwalde (SN) 55 L
03238 Lichterfeld (BB) 45 L
16230 Lichterfelde (BB) 25 K
39615 Lichterfelde (ST) 32 A
57439 Lichtringhausen (NW) 49 H
88074 Liebenau (BW) 98 E
34396 Liebenau (HE) 51 A
31618 Liebenau (NI) 28 F
01778 Liebenau (SN) 56 L
38704 Liebenburg (NI) 41 E
07368 Liebengrün (TH) 64 F
99755 Liebenrode (TH) 41 M
56479 Liebenscheid (RP) 60 C
91180 Liebenstadt (BY) 84 E
95703 Liebenstein (BY) 75 F
99330 Liebenstein (TH) 64 A
16559 Liebenthal (BB) 24 M
16559 Liebenwalde (BB) 24 M
15868 Lieberose (BB) 45 C
91572 Liebersdorf (BY) 83 F
04445 Liebertwolkwitz (SN) 54 F
18196 Lieblingshof (MV) 14 E
04758 Liebschütz (SN) 55 B
07368 Liebschütz (TH) 64 F
04758 Liebschützberg (SN) 55 B
55494 Liebshausen (RP) 70 A
01825 Liebstadt (SN) 56 L
99510 Liebstedt (TH) 53 H
41352 Liedberg (NW) 47 F
65835 Liederbach am Taunus (HE) 61 K
06528 Liedersdorf (ST) 53 B
56290 Lieg (RP) 59 M
01465 Liegau-Augustusbad (SN) 56 E
32657 Lieme (NW) 39 E
04838 Liemehna (SN) 54 C
26931 Lienen (NI) 19 G
49536 Lienen (NW) 38 C
49699 Liener (NI) 27 B
79801 Lienheim (BW) 97 G
23715 Lienfeld (SH) 12 E
75417 Lienzingen (BW) 81 H
16248 Liepe (BB) 25 L
17391 Liepen (MV) 15 J
17375 Liepgarten (MV) 16 H
77728 Lierbach (BW) 88 F
91236 Lieritzhofen (BY) 74 M
54298 Liersberg (RP) 68 J
56357 Lierschied (RP) 60 K
59329 Liesborn (NW) 38 J
56858 Liesenich (RP) 69 C
54470 Lieser (RP) 69 B
06120 Lieskau (ST) 43 K
53343 Ließem (NW) 59 B
54636 Ließem (RP) 68 C
18299 Liessow (MV) 14 H
29416 Liesten (ST) 31 B
25770 Lieth (SH) 10 F
15306 Lietzen (BB) 34 F
16321 Lietzen Nord (BB) 34 F
24232 Lilienthal (SH) 12 A
28865 Lilienthal (NI) 19 J
97980 Lillstadt (BW) 72 M
74838 Limbach (BW) 72 K
89331 Limbach (BY) 91 E
91126 Limbach (BY) 84 A
97483 Limbach (BY) 73 C
55606 Limbach (RP) 70 G
57629 Limbach (RP) 60 B
04769 Limbach (SN) 55 E
08491 Limbach (SN) 65 F
09212 Limbach-Oberfrohna (SN) 55 K
03099 Limberg (BB) 45 J
655XX Limburg an der Lahn (HE) 60 J
67117 Limburgerhof (RP) 71 K
63694 Limeshain (HE) 61 M
99755 Limlingerode (TH) 41 L
95349 Limmersdorf (BY) 74 C
88693 Limpach (BW) 98 E
15864 Limsdorf (BB) 34 L
22959 Linau (SH) 12 L
90513 Lind (BY) 74 K
53506 Lind (RP) 59 E
06928 Linda (Elster) (ST) 44 E
07580 Linda bei Weida (TH) 54 L
07819 Linda bei Neustadt/Orla (TH) 65 A
86424 Lindach (BY) 91 F
97509 Lindach (BY) 73 A
88131 Lindau (Bodensee) (BY) 98 J
95367 Lindau (BY) 74 C
24214 Lindau (SH) 4 M
39264 Lindau (ST) 43 B
94227 Lindberg (BY) 87 D
94227 Lindbergmühle (BY) 87 D
03103 Lindchen (BB) 45 J
83623 Linden (BY) 101 A
91459 Linden (BY) 73 M
35440 Linden (HE) 61 E
66851 Linden (RP) 80 A
25791 Linden (SH) 11 A
03238 Lindena (BB) 45 K
94250 Lindenau (BY) 86 H
98663 Lindenau (TH) 63 M
15864 Lindenberg (BB) 34 L
16321 Lindenberg (BB) 33 F
86807 Lindenberg (BY) 91 M
88161 Lindenberg im Allgäu (BY) 98 J
67473 Lindenberg (RP) 80 C
15838 Lindenbrück (BB) 44 C
64678 Lindenfels (HE) 71 H
95473 Lindenhardt (BY) 74 F
04509 Lindenhayn (SN) 43 M
07589 Lindenkreuz (TH) 54 K
55481 Lindenschied (RP) 69 F
04466 Lindenthal (SN) 54 C
82488 Linderhof (BY) 100 G
27232 Lindern (NI) 28 E
49699 Lindern (Oldenburg) (NI) 27 B
52511 Lindern (NW) 47 H
37318 Lindewerra (TH) 51 F
24969 Lindewitt (SH) 4 G
24214 Lindhöft (SH) 4 M
31698 Lindhorst (NI) 29 K
07768 Lindig (TH) 53 M
84048 Lindkirchen (BY) 85 K
51789 Lindlar (NW) 48 J
49733 Lindloh (NI) 26 C
16835 Lindow (Mark) (BB) 24 K
39638 Lindstedt (ST) 31 E
39638 Lindstedterhorst (ST) 31 F
03238 Lindthal (BB) 45 H
39596 Lindtorf (ST) 32 D
29690 Lindwedel (NI) 29 E
06928 Lindwerder (ST) 44 E
498XX Lingen (Ems) (NI) 26 J
67360 Lingenfeld (RP) 81 A
56291 Lingerhahn (RP) 70 A
29386 Lingwedel (NI) 30 E
56317 Linkenbach (RP) 60 D
76351 Linkenheim-Hochstetten (BW) 81 D
24969 Linnau (SH) 4 D
59846 Linnepe (NW) 49 F
59846 Linneperhütte (NW) 49 F
52441 Linnich (NW) 47 H
16831 Linow (BB) 24 G
31636 Linsburg (NI) 29 D
63589 Linsengericht (HE) 62 K
72636 Linsenhofen (BW) 90 A
26655 Linswege (NI) 18 J
33378 Lintel (NW) 39 G
14822 Linthe (BB) 44 A
27624 Lintig (NI) 19 C
16833 Linum (BB) 33 A
77866 Linx (BW) 88 B
53545 Linz am Rhein (RP) 59 F
53909 Linzenich (NW) 59 A
59510 Lippborg (NW) 38 M
45721 Lippe (NW) 37 H
57299 Lippe (NW) 60 C
04575 Lippendorf (SN) 54 F
5955X Lipperode (NW) 39 K
09509 Lippersdorf (SN) 55 M
07646 Lippersdorf-Erdmannsdorf (TH) 54 K
95119 Lippertsgrün (BY) 64 J
85080 Lippertshofen (BY) 84 L
59510 Lippetal (NW) 38 M
32120 Lippinghausen (NW) 39 B
33129 Lippling (NW) 39 G
56357 Lipporn (RP) 60 L
45721 Lippramsdorf (NW) 37 H
99752 Lipprechterode (TH) 52 B
5955X Lippstadt (NW) 39 K
03205 Lipten (BB) 45 H
04779 Liptitz (SN) 55 E
56767 Lirstal (RP) 59 L
96170 Lisberg (BY) 73 F
04509 Lissa (SN) 43 L
06648 Lißdorf (ST) 53 J
54587 Lissendorf (RP) 58 J
25992 List (SH) 3 A
06918 Listerfehrda (ST) 44 D
48488 Listrup (NI) 26 M
02999 Litschen (SN) 57 A
04720 Littdorf (SN) 55 H
26203 Littel (NI) 18 M
92339 Litterzhofen (BY) 84 F
57223 Littfeld (NW) 49 H
96123 Litzendorf (BY) 74 D
83075 Litzldorf (BY) 101 E
92367 Litzlohe (BY) 84 C
02708 Löbau (SN) 57 E
74931 Lobbach (BW) 81 C
41334 Lobberich (NW) 47 F
14913 Lobbese (BB) 44 A
06193 Löbejün (ST) 43 K
06925 Löben (ST) 44 H
74931 Lobenfeld (BW) 81 C
06780 Löberitz (ST) 43 H
07751 Löberschütz (TH) 54 G
16321 Lobetal (BB) 34 A
04626 Löbichau (TH) 54 L
06618 Löbitz (ST) 54 G
18314 Löbnitz (MV) 6 H
04509 Löbnitz (SN) 43 M
85104 Lobsing (BY) 85 G
04552 Lobstädt (SN) 54 F
39279 Loburg (ST) 43 B
95704 Lochau (BY) 75 B
06184 Lochau (ST) 54 B
83623 Lochen (BY) 101 A
77728 Löcherberg (BW) 88 F
74369 Löchgau (BW) 81 J
45721 Lochtrup (NW) 37 J
57629 Lochum (RP) 60 E
17321 Löcknitz (MV) 25 B
16949 Lockstädt (BB) 23 G
25551 Lockstedt (SH) 11 E
14806 Locktow (BB) 44 A
23923 Lockwisch (MV) 12 J
49624 Lodbergen (NI) 27 E
39240 Lödderitz (ST) 43 D
17459 Loddin (MV) 16 D
02929 Lodenau (SN) 46 M
92348 Loderbach (BY) 84 C
39446 Löderburg (ST) 42 F
06268 Lodersleben (ST) 53 C
04617 Lödla (TH) 54 J
56332 Löf (RP) 59 M
97453 Löffelsterz (BY) 73 B
76597 Loffenau (BW) 81 K
79843 Löffingen (BW) 97 A
26789 Loga (NI) 18 G
26789 Logabirum (NI) 18 G
16845 Lögow (BB) 23 M
94553 Loham (BY) 86 H
25551 Lohbarbek (SH) 11 H
93470 Lohberg (BY) 86 C
84329 Lohbruck (BY) 94 E
26676 Lohe (NI) 18 H
49456 Lohe (NI) 27 F
49740 Lohe (NI) 27 D
24806 Lohe-Föhrden (SH) 11 B
25842 Loheide (SH) 3 J
91177 Lohen (BY) 84 E
25746 Lohe-Rickelshof (SH) 10 C
26676 Loher Ostmark (NI) 18 H
26676 Loher Westmark (NI) 18 H
32457 Lohfeld (NW) 39 C
34253 Lohfelden (HE) 51 E
85716 Lohhof (BY) 93 G
84494 Lohkirchen (BY) 94 D
92714 Lohma (BY) 75 J
07907 Löhma (TH) 65 A
53797 Lohmar (NW) 48 M
16356 Löhme (BB) 34 D
18551 Lohme (MV) 7 E
18276 Lohmen (MV) 14 K
01847 Lohmen (SN) 56 J
35792 Löhnberg (HE) 60 F
96123 Lohndorf (BY) 74 A
49393 Lohne (Oldenburg) (NI) 27 F
49835 Lohne (NI) 26 J
32584 Löhne (NW) 39 B
59505 Lohne (NW) 38 M
32584 Löhnerheide (NW) 39 B
67727 Lohnsfeld (RP) 70 L
97816 Lohr am Main (BY) 72 B
35102 Lohra (HE) 61 B
65558 Lohrheim (RP) 60 J
97616 Löhrieth (BY) 63 G
02999 Lohsa (SN) 57 A
93309 Lohstadt (BY) 85 H
04895 Löhsten (BB) 44 L
84180 Loiching (BY) 94 A
46499 Loikum (NW) 37 G
17509 Loissin (MV) 7 L
24888 Loit (SH) 4 H
93488 Loitendorf (BY) 76 K
85617 Loitersdorf (BY) 93 L
39326 Loitsche (ST) 31 M
17121 Loitz (MV) 15 E
94359 Loitzendorf (BY) 86 D
84168 Loizenkirchen (BY) 94 A
35457 Lollar (HE) 61 B
67744 Löllbach (RP) 70 G
56357 Lollschied (RP) 60 L
72290 Lombach (BW) 89 D
01623 Lommatzsch (SN) 55 F
53945 Lommersdorf (NW) 59 G
53919 Lommersum (NW) 59 A
01458 Lomnitz (SN) 56 E
54472 Longkamp (RP) 69 E
54340 Longuich (RP) 69 D
49624 Löningen (NI) 27 E
91475 Lonnerstadt (BY) 73 J
56295 Lonnig (RP) 59 J
89173 Lonsee (BW) 90 C
55237 Lonsheim (RP) 70 F
72813 Lonsingen (BW) 90 D
25582 Looft (SH) 11 E
24644 Loop (SH) 11 F
24366 Loose (SH) 4 M
87739 Loppenhausen (BY) 91 L
86720 Löpsingen (BY) 83 J
15757 Löpten (BB) 34 K
73547 Lorch (BW) 82 M
65391 Lorch (HE) 70 B
85617 Lorenzenberg (BY) 93 L
74541 Lorenzenzimmern (BW) 82 F
01619 Lorenzkirch (SN) 55 C
95615 Lorenzreuth (BY) 75 B
795XX Lörrach (BW) 96 G
64653 Lorsch (HE) 71 G
54317 Lorscheid (RP) 69 G
26901 Lorup (NI) 27 A
55296 Lörzweiler (RP) 70 F
95478 Löschwitz (BY) 75 D
39615 Losenrade (ST) 22 M
66679 Losheim am See (SL) 69 K
07318 Lositz-Jehmichen (TH) 64 E
54492 Lösnich (RP) 69 B
06647 Lossa (ST) 53 E
72290 Loßburg (BW) 89 D
39615 Losse (ST) 31 C
08294 Lößnitz (SN) 66 A
99444 Loßnitz (TH) 53 M
39291 Lostau (ST) 31 M
32816 Lothe (NW) 40 D
07356 Lothra (TH) 64 F
22949 Lottbek (SH) 12 K
49504 Lotte (NW) 27 L
49740 Lotten (NI) 27 D
08606 Lottengrün (SN) 65 F
24878 Lottorf (SH) 4 L
79807 Lottstetten (BW) 97 G
56843 Lötzbeuren (RP) 69 C
41812 Lövenich (NW) 47 J
34439 Löwen (NW) 39 M
16775 Löwenberg (BB) 24 L
14974 Löwenbruch (BB) 33 M
93482 Löwendorf (BY) 86 A
37696 Löwendorf (NW) 40 G
25864 Löwenstedt (SH) 4 G
25864 Löwenstedtfeld (SH) 4 G
74245 Löwenstein (BW) 82 D
27612 Loxstedt (NI) 19 B
33775 Loxten (NW) 38 C
39291 Lübars (ST) 43 B
32312 Lübbecke (NW) 28 L
03222 Lübbenau/Spreewald (BB) 45 E
19249 Lübbendorf (MV) 22 D
17337 Lübbenow (BB) 25 A
15907 Lübben/Spreewald (BB) 45 E
27729 Lübberstedt (NI) 19 E
23992 Lübberstorf (MV) 13 J
03172 Lübbinchen (BB) 46 A
29488 Lübbow (NI) 31 A
235XX Lübeck (SH) 12 J
19077 Lübesse (MV) 22 B
19288 Lüblow (MV) 22 E
17509 Lubmin (MV) 7 L
14806 Lübnitz (BB) 43 C
03103 Lubochow (BB) 45 J
23972 Lübow (MV) 13 H
17379 Lübs (MV) 16 G
39264 Lübs (ST) 43 A
19069 Lübstorf (MV) 13 L
19249 Lübtheen (MV) 22 D
19386 Lübz (MV) 23 A
18249 Lübzin (MV) 14 K
01762 Luchau (SN) 56 L
52459 Lucherberg (NW) 47 M
29439 Lüchow (Wendland) (NI) 22 K
37671 Lüchtringen (NW) 40 G
04613 Lucka (TH) 54 J
15926 Luckau (BB) 45 D
29487 Luckau (NI) 31 A
06727 Luckenau (ST) 54 H
02797 Lückendorf (SN) 57 L
93107 Luckenpaint (BY) 85 J
14943 Luckenwalde (BB) 44 B
01920 Lückersdorf-Gelenau (SN) 56 C
16306 Luckow (BB) 25 E
17375 Luckow (MV) 16 H
16306 Luckow-Petershagen (BB) 25 E
39606 Lückstedt (ST) 31 C
19243 Luckwitz (MV) 22 A
38489 Lüdelsen (ST) 31 D
86934 Ludenhausen (BY) 100 A
32689 Lüdenhausen (NW) 39 C
585XX Lüdenscheid (NW) 49 D
29394 Lüder (NI) 30 C
39517 Lüderitz (ST) 31 J
21379 Lüdersburg (NI) 21 E
25782 Lüdersbüttel (SH) 11 A
14943 Lüdersdorf (BB) 33 M
23923 Lüdersdorf (MV) 12 J
16269 Lüdersdorf/Biesdorf (BB) 34 B
31702 Lüdersfeld (NI) 29 K
18314 Lüdershagen (MV) 6 H
27374 Lüdingen (NI) 20 L
59348 Lüdinghausen (NW) 38 G
17207 Ludorf (MV) 23 F
96110 Ludwag (BY) 74 B
36251 Ludwigsau (HE) 51 L
17291 Ludwigsburg (BB) 25 E
716XX Ludwigsburg (BW) 82 G
95364 Ludwigschorgast (BY) 64 M
02829 Ludwigsdorf (SN) 57 C
14974 Ludwigsfelde (BB) 33 M
670XX Ludwigshafen am Rhein (RP) 71 K
55278 Ludwigshöhe (RP) 71 D
19288 Ludwigslust (MV) 22 E
86669 Ludwigsmoos (BY) 92 B
96337 Ludwigsstadt (BY) 64 E
66969 Ludwigsthaler Glashütte (RP) 80 D
66996 Ludwigswinkel (RP) 80 D
37635 Lüerdissen (NI) 40 E
27793 Lüerte (NI) 28 A
53340 Lüftelberg (NW) 59 B
76848 Lug (RP) 80 E
02699 Luga (SN) 57 A
03238 Lugau (BB) 45 G
09385 Lugau/Erzgebirge (SN) 66 A
32676 Lügde (NW) 40 D

29416 Lüge (ST) 31 B
17179 Lühburg (MV) 14 F
31711 Luhden (NI) 28 M
92706 Luhe-Wildenau (BY) 75 H
16837 Luhme (BB) 24 G
27356 Luhne (NI) 20 G
24816 Luhnstedt (SH) 11 E
99885 Luisenthal (TH) 63 C
06869 Luko (ST) 43 E
47608 Lüllingen (NW) 36 L
53859 Lülsdorf (NW) 48 L
97511 Lülsfeld (BY) 73 E
04626 Lumpzig (TH) 54 L
25774 Lunden (SH) 10 C
54597 Lünebach (RP) 58 M
2133X Lüneburg (NI) 21 G
4453X Lünen (NW) 38 K
27616 Lunestedt (NI) 19 E
24969 Lüngerau (SH) 4 D
28865 Lüninghausen (NI) 19 J
48480 Lünne (NI) 27 G
14778 Lünow (BB) 32 J
16248 Lunow (BB) 25 L
48691 Lünten (NW) 37 B
29640 Lünzen (NI) 20 H
09328 Lunzenau (SN) 55 G
29640 Lünzenbrockhof (NI) 20 L
92331 Lupburg (BY) 85 D
17194 Lupendorf (MV) 14 M
02694 Luppa (SN) 57 A
04774 Luppa (SN) 55 B
04808 Lüptitz (SN) 55 A
24850 Lürschau (SH) 4 H
49456 Lüsche (NI) 27 F
23689 Luschendorf (SH) 12 F
14806 Lüsse (BB) 44 A
18276 Lüssow (MV) 14 G
97980 Lustbronn (BW) 72 M
21483 Lütau (SH) 21 E
26524 Lütetsburg (NI) 17 C
34434 Lütgeneder (NW) 40 K
37586 Lüthorst (NI) 40 H
24321 Lütjenburg (SH) 12 B
25842 Lütjenholm (SH) 3 J
25917 Lütjenhorn (SH) 3 F
22952 Lütjensee (SH) 12 L
25585 Lütjenwestedt (SH) 11 E
16949 Lütkendorf (BB) 23 D
37671 Lütmarsen (NW) 40 G
17440 Lütow (MV) 16 D
06317 Lüttchendorf (ST) 42 M
14806 Lütte (BB) 32 M
41366 Lüttelforst (NW) 47 E
17258 Lüttenhagen (MV) 24 F
82276 Luttenwang (BY) 92 H
38729 Lutter am Barenberge (NI) 41 D
37318 Lutter (TH) 52 D
37186 Lutterbeck (NI) 40 J
24235 Lutterbek (SH) 5 K
37181 Lutterhausen (NI) 40 M
04720 Lüttewitz (SN) 55 F
38835 Lüttgenrode (ST) 41 F
19246 Lüttow (MV) 21 C
02627 Luttowitz (SN) 57 A
59469 Lüttringen (NW) 49 B
48727 Lutum (NW) 37 F
56290 Lütz (RP) 59 M
57271 Lützel (NW) 49 M
64750 Lützelbach (HE) 71 F
86456 Lützelburg (BY) 92 D
57299 Lützeln (NW) 60 C
64750 Lützel-Wiebelsbach (HE) 71 F
06686 Lützen (ST) 54 E
95482 Lützenreuth (BY) 65 K
56826 Lutzerath (RP) 59 L
25355 Lutzhorn (SH) 11 H
89440 Lutzingen (BY) 91 C
54617 Lützkampen (RP) 58 L
17291 Lützlow (BB) 25 E
19209 Lützow (MV) 13 K
04469 Lützschena-Stahmeln (SN) 54 B
56729 Luxem (RP) 59 H
52391 Lüxheim (NW) 59 A
17279 Lychen (BB) 24 E
56346 Lykershausen (RP) 60 K

M

24975 Maasbüll (SH) 4 E
04924 Maasdorf (BB) 44 M
06388 Maasdorf (ST) 43 G
27249 Maasen (NI) 28 F
24404 Maasholm (SH) 4 J
84375 Machendorf (BY) 94 J
04827 Machern (SN) 55 A
97725 Machtilshausen (BY) 62 M
82346 Machtlfing (BY) 100 B
89150 Machtolsheim (BW) 90 F
56290 Macken (RP) 59 M
67686 Mackenbach (RP) 70 K
37318 Mackenrode (TH) 52 D
99755 Mackenrode (TH) 41 L
55758 Mackenrodt (RP) 69 J
37586 Mackensen (NI) 40 H
35759 Mademühlen (HE) 60 F
97532 Madenhausen (BY) 63 L
59929 Madfeld (NW) 50 B
99441 Magdala (TH) 53 M
391XX Magdeburg (ST) 42 C
39291 Magdeburgerforth (ST) 32 L
27318 Magelsen (NI) 29 A
72818 Mägerkingen (BW) 90 G
84178 Magersdorf (BY) 93 C
82402 Magnetsried (BY) 100 B
72525 Magolsheim (BW) 90 E
71106 Magstadt (BW) 81 M
04916 Mahdel (BB) 44 H
04874 Mahitzschen (SN) 44 L
77972 Mahlberg (BW) 88 H
53902 Mahlberg (NW) 59 D
04779 Mahlis (SN) 55 E
15831 Mahlow (BB) 33 J
39517 Mahlpfuhl (ST) 31 J
29416 Mahlsdorf (ST) 31 A
78601 Mahlstetten (BW) 89 L
39517 Mahlwinkel (ST) 31 J
96476 Mährenhausen (BY) 64 G
95695 Mähring (BY) 76 A
72127 Mähringen (BW) 89 F
97490 Maibach (BY) 73 A
97222 Maidbronn (BY) 73 D
88167 Maierhöfen (BY) 99 D
93351 Maierhofen (BY) 85 G
86747 Maihingen (BY) 83 J
67487 Maikammer (RP) 80 C
97488 Mailes (BY) 63 L
91472 Mailheim (BY) 73 L
63814 Mainaschaff (BY) 71 C
86568 Mainbach (BY) 92 B
97453 Mainberg (BY) 73 B
97350 Mainbernheim (BY) 73 G
63897 Mainbullau (BY) 72 G
84048 Mainburg (BY) 93 A
96264 Maineck (BY) 64 L
63533 Mainflingen (HE) 71 C
74535 Mainhardt (BW) 82 E
63533 Mainhausen (HE) 71 C
74586 Mainkling (BW) 83 D
95336 Mainleus (BY) 64 M
96224 Mainroth (BY) 64 L
97337 Mainsondheim (BY) 73 D
97320 Mainstockheim (BY) 73 D
63477 Maintal (HE) 61 L
551XX Mainz (RP) 70 C
37632 Mainzholzen (NI) 40 F
35460 Mainzlar (HE) 61 B
93453 Mais (BY) 86 C
77728 Maisach (BW) 88 F
82216 Maisach (BY) 92 H
69226 Maisbach (BW) 81 B
56291 Maisborn (RP) 70 A
75378 Maisenbach (BW) 81 L
82343 Maising (BY) 92 L
83558 Maitenbeth (BY) 93 J
55481 Maitzborn (RP) 69 C
54655 Malberg (RP) 68 C
57629 Malberg (RP) 60 B
54655 Malbergweich (RP) 68 C
54426 Malborn (RP) 69 H
17139 Malchin (MV) 14 M
82216 Malching (BY) 92 H
94094 Malching (BY) 95 D
17213 Malchow (MV) 23 B
23714 Malente (SH) 12 B
49565 Malgarten (NI) 27 J
84333 Malgersdorf (BY) 94 B
04936 Malitschkendorf (BB) 44 J
19294 Malk Göhren (MV) 22 H
23714 Malkwitz (SH) 12 B
23936 Mallentin (MV) 13 G
84066 Mallersdorf-Pfaffenberg (BY) 85 M
17217 Mallin (MV) 24 B
84140 Malling (BY) 94 D
27252 Mallinghausen (NI) 28 E
19294 Malliß (MV) 22 H
15326 Mallnow (BB) 35 G
79429 Malsburg-Marzell (BW) 96 D
76316 Malsch (BW) 81 G
02694 Malschwitz (SN) 57 A
34323 Malsfeld (HE) 51 H
27446 Malstedt (NI) 20 D
01744 Malter (SN) 56 G
79364 Malterdingen (BW) 88 L
14913 Malterhausen (BB) 44 B
02627 Maltitz (SN) 57 E
16515 Malz (BB) 33 B
51588 Malzhagen (NW) 49 K
86571 Malzhausen (BY) 92 B
79669 Mambach (BW) 96 E
18279 Mamerow (MV) 14 L
57636 Mammelzen (RP) 60 A
82291 Mammendorf (BY) 92 H
94437 Mamming (BY) 86 K
94437 Mammingerschwaigen (BY) 86 K
85077 Manching (BY) 84 M
55595 Mandel (RP) 70 E
66399 Mandelbachtal (SL) 79 E
18199 Mandelshagen (MV) 6 K
54429 Mandern (RP) 69 G
54531 Manderscheid (RP) 59 K
98693 Manebach (TH) 64 A
39524 Mangelsdorf (ST) 32 G
93098 Mangolding (BY) 85 J
16845 Manker (BB) 32 C
19357 Mankmuß (BB) 22 J
23896 Mannhagen (SH) 12 L
39359 Mannhausen (ST) 31 G
68XXX Mannheim (BW) 71 K
08451 Mannichswalde (SN) 54 M
99628 Mannstedt (TH) 53 H
67822 Mannweiler-Cölln (RP) 70 H
34434 Manrode (NW) 40 K
15328 Manschnow (BB) 35 D
06343 Mansfeld (ST) 42 L
26215 Mansholt (NI) 18 J
26655 Mansie (NI) 18 H
26736 Manslagt (NI) 17 C
92708 Mantel (BY) 75 H
33154 Mantinghausen (NW) 39 G
55413 Manubach (RP) 70 A
79588 Mappach (BW) 96 D
92436 Mappach (BY) 85 C
71672 Marbach am Neckar (BW) 82 G
72532 Marbach (BW) 90 E
88518 Marbach (BW) 90 L
97922 Marbach (BW) 72 M
96126 Marbach (BY) 63 M
09573 Marbach (SN) 55 M
09661 Marbach (SN) 55 J
46325 Marbeck (NW) 37 H
350XX Marburg (HE) 50 L
79232 March (BW) 88 K
94209 March (BY) 86 J
93333 Marching (BY) 85 K
86459 Margertshausen (BY) 91 J
97276 Margetshöchheim (BY) 72 F
94424 Mariakirchen (BY) 94 B
94553 Mariaposching (BY) 86 H
87764 Maria Steinbach (BY) 99 A
48734 Maria Veen (NW) 37 H
46509 Marienbaum (NW) 36 J
83135 Marienberg (BY) 101 C
09496 Marienberg (SN) 66 C
51588 Marienberghausen (NW) 49 K
39365 Marienborn (ST) 42 A
49457 Mariendrebber (NI) 28 D
08626 Marieney (SN) 65 J
33428 Marienfeld (NW) 39 D
56357 Marienfels (RP) 60 L
26529 Marienhafe (NI) 17 C
31094 Marienhagen (NI) 40 E
51674 Marienhagen (NW) 49 K
56269 Marienhausen (RP) 60 D
51709 Marienheide (NW) 49 G
37696 Marienmünster (NW) 40 G
56242 Marienrachdorf (RP) 60 D
96332 Marienroth (BY) 64 H
83666 Marienstein (BY) 101 D
38368 Mariental (ST) 31 K
16775 Marienthal (BB) 24 H
17309 Marienthal (MV) 16 L
95352 Marienweiher (BY) 64 M
16348 Marienwerder (BB) 33 C
17219 Marihn (MV) 24 A
54484 Maring-Noviand (RP) 69 B
98530 Marisfeld (TH) 63 E
88677 Markdorf (BW) 98 D
06779 Marke (ST) 43 H
14641 Markee (BB) 33 D
14913 Markendorf (BB) 44 B
08352 Markersbach (SN) 66 E
02829 Markersdorf (SN) 57 E
09236 Markersdorf (SN) 55 H
95213 Markersreuth (BY) 65 K
74586 Markertshofen (BW) 82 F
15528 Markgrafpieske (BB) 34 H
71706 Markgröningen (BW) 81 J
15748 Märkisch/Buchholz (BB) 45 A
04416 Markkleeberg (SN) 54 F
29690 Marklendorf (NI) 29 E
84163 Marklkofen (BY) 94 A
31608 Marklohe (NI) 29 D
08258 Markneukirchen (SN) 65 J
37586 Markoldendorf (NI) 40 J
04420 Markranstädt (SN) 54 E
99819 Marksuhl (TH) 52 K
86485 Markt (BY) 92 A
91613 Marktbergel (BY) 73 L
91801 Markt Berolzheim (BY) 84 G
91477 Markt Bibart (BY) 73 H
97340 Marktbreit (BY) 73 G
97348 Markt Einersheim (BY) 73 H
91459 Markt Erlbach (BY) 73 M
07330 Marktgölitz (TH) 64 E
96257 Marktgraitz (BY) 64 L
97828 Marktheidenfeld (BY) 72 E
85229 Markt Indersdorf (BY) 92 F
84533 Marktl (BY) 94 H
95352 Marktleugast (BY) 64 M
95168 Marktleuthen (BY) 65 L
91478 Markt Nordheim (BY) 73 H
87616 Marktoberdorf (BY) 99 F
86748 Marktoffingen (BY) 83 H
95615 Marktredwitz (BY) 75 B
87733 Markt Rettenbach (BY) 99 B
83487 Marktschellenberg (BY) 102 F
95509 Marktschorgast (BY) 64 M
85570 Markt Schwaben (BY) 93 H
97342 Marktsteft (BY) 73 G
97453 Marktsteinach (BY) 73 B
91480 Markt Taschendorf (BY) 73 J
86865 Markt Wald (BY) 91 M
99195 Marktvippach (TH) 53 H
49448 Marl (NI) 28 G
457XX Marl (NW) 37 L
77694 Marlen (BW) 88 B
95119 Marlesreuth (BY) 65 G
99310 Marlishausen (TH) 53 K
91080 Marloffstein (BY) 74 H
18337 Marlow (MV) 6 L
53947 Marmagen (NW) 58 F
82362 Marnbach (BY) 100 B
25709 Marne (SH) 10 J
25709 Marnerdeich (SH) 10 J
67297 Marnheim (RP) 70 J
19376 Marnitz (MV) 23 D
96126 Maroldsweisach (BY) 63 M
99994 Marolterode (TH) 52 F
56271 Maroth (RP) 60 D
66646 Marpingen (SL) 69 L
14476 Marquardt (BB) 33 G
83250 Marquartstein (BY) 102 A
49699 Marren (NI) 27 B
34431 Marsberg (NW) 50 B
49393 Märschendorf (NI) 27 F
27624 Marschkamp (NI) 19 B
97922 Marstadt (BW) 72 M
14943 Märtensmühle (BB) 33 L
24238 Martensrade (SH) 12 B
27327 Martfeld (NI) 28 C
37318 Marth (TH) 52 A
37308 Martinfeld (TH) 52 D
95126 Martinlamitz (BY) 65 L
98693 Martinroda (TH) 64 A
84152 Martinsbuch (BY) 86 K
84061 Martinshaun (BY) 85 M
97340 Martinsheim (BY) 73 G
66894 Martinshöhe (RP) 79 C
04895 Martinskirchen (BB) 44 M
75387 Martinsmoos (BW) 89 B
82152 Martinsried (BY) 92 M
06528 Martinsrieth (ST) 53 B
55627 Martinstein (RP) 70 D
84101 Martinszell (BY) 93 B
83355 Marwang (BY) 102 A
16727 Marwitz (BB) 33 E
23730 Marxdorf (SH) 12 C
21439 Marxen (NI) 20 F
21385 Marxen am Berge (NI) 21 G
95119 Marxgrün (BY) 65 G
86688 Marxheim (BY) 84 K
76359 Marxzell (BW) 81 K
14913 Marzahna (BB) 44 A
14778 Marzahne (BB) 32 J
57627 Marzhausen (RP) 60 B
85417 Marzling (BY) 93 D
83435 Marzoll (BY) 102 C
56761 Masburg (RP) 59 L
29365 Masel (NI) 30 B
88437 Maselheim (BW) 90 M
32825 Maspe (NW) 39 F
97711 Maßbach (BY) 63 L
03238 Massen (BB) 45 G
91792 Massenbach (BY) 84 D
74252 Massenbachhausen (BW) 81 F
97737 Massenbuch (BY) 72 B
85376 Massenhausen (BY) 93 D
92242 Massenricht (BY) 75 H
98666 Masserberg (TH) 64 D
84323 Massing (BY) 94 D
17209 Massow (MV) 23 E
66506 Maßweiler (SL) 79 C
56869 Mastershausen (RP) 69 C
33397 Mastholte (NW) 39 G
17168 Matgendorf (MV) 14 J
59889 Mathmecke (NW) 49 F
32657 Matorf (NW) 39 C
49688 Matrum (NI) 27 B
03159 Mattendorf (BB) 46 G
86874 Mattsies (BY) 91 M
95643 Matzersreuth (BY) 75 F
83301 Matzing (BY) 94 K
07751 Maua (TH) 53 M
79780 Mauchen (BW) 97 D
67294 Mauchenheim (RP) 70 H
57520 Mauden (RP) 60 B
99735 Mauderode (TH) 41 M
53937 Mauel (NW) 58 F
69256 Mauer (BW) 81 B
93333 Mauern (BY) 85 K
09518 Mauersberg (SN) 66 B
87665 Mauerstetten (BY) 99 C
85461 Mauggen (BY) 93 E
91166 Mauk (BY) 84 E
02979 Maukendorf (SN) 56 C
74564 Maulach (BW) 83 D
16909 Maulbeerwalde (BB) 23 H
75433 Maulbronn (BW) 81 H
79689 Maulburg (BW) 96 D
57368 Maumke (NW) 49 J
86655 Mauren (BY) 83 M
66500 Mauschbach (RP) 79 F
74653 Mäusdorf (BW) 82 C
91448 Mausdorf (BY) 74 K
93176 Mausheim (BY) 85 D
03185 Maust (BB) 46 D
94151 Mauth (BY) 87 H
01594 Mautitz (SN) 55 C
67133 Maxdorf (RP) 70 M
01809 Maxen (SN) 56 H
93142 Maxhütte-Haidhof (BY) 85 B
76744 Maximiliansau (RP) 80 J
82377 Maxkron (BY) 100 F
56244 Maxsain (RP) 60 E
56727 Mayen (RP) 59 J
53508 Mayschoß (RP) 59 E
29416 Mechau (ST) 31 B
08541 Mechelgrün (SN) 65 E
99441 Mechelroda (TH) 53 L
63906 Mechenhard (BY) 72 D
97519 Mechenried (BY) 73 B
53894 Mechernich (NW) 59 D
21358 Mechtersen (NI) 21 G
99880 Mechterstädt (TH) 52 L
54636 Meckel (RP) 68 F
27624 Meckelstedt (NI) 19 C
49536 Meckelwege (NW) 38 B
55606 Meckenbach (RP) 70 D
88074 Meckenbeuren (BW) 98 E
91161 Meckenhausen (BY) 84 E
53340 Meckenheim (NW) 59 B
67149 Meckenheim (RP) 80 C
74909 Meckesheim (BW) 81 B
67744 Medard (RP) 70 G
55566 Meddersheim (RP) 70 D
23847 Meddewade (SH) 12 L
59964 Medebach (NW) 50 E
24994 Medelby (SH) 4 D
59964 Medelon (NW) 50 E
21775 Medemstade (NI) 10 M
35767 Medenbach (HE) 60 C
14827 Medewitz (BB) 43 B
14827 Medewitzerhütten (BB) 43 B
01458 Medingen (SN) 56 E
89441 Medlingen (BY) 91 B
96179 Medlitz (BY) 74 A
17391 Medow (MV) 15 J
96484 Meeder (BY) 64 G
08393 Meerane (SN) 54 M
31715 Meerbeck (NI) 29 K
92665 Meerbodenreuth (BY) 75 E
406XX Meerbusch (NW) 48 D
54531 Meerfeld (RP) 59 K
34431 Meerhof (NW) 50 B
88709 Meersburg (BW) 98 D
23769 Meeschendorf (SH) 5 C
17111 Meesiger (MV) 15 G
24594 Meezen (SH) 11 E
86750 Megesheim (BY) 83 J
57368 Meggen (NW) 49 J
24799 Meggerdorf (SH) 4 K
04889 Mehderitzsch (SN) 44 L
27432 Mehedorf (NI) 19 C
07950 Mehla (TH) 65 B
67735 Mehlbach (RP) 70 K
25588 Mehlbek (SH) 11 D
67678 Mehlingen (RP) 70 L
95694 Mehlmeisel (BY) 75 A
15936 Mehlsdorf (BB) 44 F
01594 Mehltheuer (SN) 55 F
08539 Mehltheuer (SN) 65 E
98634 Mehmels (TH) 63 B
29413 Mehmke (ST) 31 D
04626 Mehna (TH) 54 J
46459 Mehr (NW) 36 J
54552 Mehren (RP) 59 K
57635 Mehren (RP) 60 A
46499 Mehrhoog (NW) 36 J
84561 Mehring (BY) 94 H
54346 Mehring (RP) 69 D
27318 Mehringen (NI) 29 A
06456 Mehringen (ST) 42 J
16356 Mehrow (BB) 34 D
99994 Mehrstedt (TH) 52 F
72537 Mehrstetten (BW) 90 E
46562 Mehrum (NW) 37 K
17291 Meichow (BB) 25 E
72531 Meidelstetten (BW) 90 D
94336 Meidendorf (BY) 86 H
95163 Meierhof (BY) 65 K
95213 Meierhof (BY) 65 K
17375 Meiersberg (MV) 16 K
93339 Meihern (BY) 85 G
06386 Meilendorf (ST) 43 H
84048 Meilenhofen (BY) 85 K
85128 Meilenhofen (BY) 84 L
96465 Meilschnitz (BY) 64 G
22962 Meilsdorf (SH) 21 A
56584 Meinborn (RP) 60 D
53757 Meindorf (NW) 59 B
38527 Meine (NI) 30 L
29614 Meinern (NI) 20 L
09390 Meinersdorf (SN) 66 B
38536 Meinersen (NI) 30 H
58540 Meinerzhagen (NW) 49 G
06721 Meineweh (ST) 54 G
37276 Meinhard (HE) 52 D
91802 Meinheim (BY) 84 G
29649 Meinholz (NI) 20 M
38527 Meinholz (NI) 30 L
98617 Meiningen (TH) 63 E
59846 Meinkenbracht (NW) 49 F
14913 Meinsdorf (BB) 44 F
27404 Meinstedt (NI) 20 D
54570 Meisburg (RP) 59 K
06463 Meisdorf (ST) 42 L
55590 Meisenheim (RP) 70 G
01662 Meißen (SN) 56 D
29308 Meißendorf (NI) 29 F
77974 Meißenheim (BW) 88 D
37290 Meißner (HE) 51 F
59602 Meiste (NW) 50 A
86405 Meitingen (BY) 92 A
39326 Meitzendorf (ST) 31 M
02894 Melaune (SN) 57 E
21406 Melbeck (NI) 21 H
9909X Melchendorf (TH) 53 K
28844 Melchiorshausen (NI) 19 L
16230 Melchow (BB) 34 A
25704 Meldorf (SH) 10 F
25704 Meldorferhafen (SH) 10 F
25704 Meldorfermoor (SH) 10 F
95326 Melkendorf (BY) 64 M
96123 Melkendorf (BY) 74 D
19273 Melkof (MV) 22 D
88145 Mellatz (BY) 98 J
4932X Melle (NI) 39 A
19309 Mellen (BB) 22 J
58802 Mellen (NW) 49 E
98746 Mellenbach-Glasbach (TH) 64 D
15806 Mellensee (BB) 33 M
17429 Mellenthin (MV) 16 D
38489 Mellin (ST) 31 D
99441 Mellingen (TH) 53 L
27249 Mellinghausen (NI) 28 F
59609 Mellrich (NW) 39 K
97638 Mellrichstadt (BY) 63 H
98634 Melpers (TH) 63 D
04860 Melpitz (SN) 44 L
56581 Melsbach (RP) 60 D
24109 Melsdorf (SH) 11 C
34212 Melsungen (HE) 51 H
04808 Meltewitz (SN) 55 B
17209 Melz (MV) 23 F
06642 Memleben (ST) 53 F
96117 Memmelsdorf (BY) 74 A
96190 Memmelsdorf in Unterfranken (BY) 64 K
09569 Memmendorf (SN) 55 M
86479 Memmenhausen (BY) 91 J
87700 Memmingen (BY) 99 B
87766 Memmingerberg (BY) 91 L
95349 Menchau (BY) 74 B
57567 Menden (NW) 59 C
587XX Menden (Sauerland) (NW) 49 B
98631 Mendhausen (TH) 63 H
93336 Mendorf (BY) 85 G
92277 Mendorferbuch (BY) 85 A
29683 Mengebostel (NI) 29 B
37308 Mengelrode (TH) 52 A
02894 Mengelsdorf (SN) 57 E
79227 Mengen (BW) 96 A
88512 Mengen (BW) 90 K
55490 Mengerschied (RP) 70 D
96529 Mengersgereuth-Hämmern (TH) 64 G
35794 Mengerskirchen (HE) 60 F
84152 Mengkofen (BY) 86 K
57392 Menkhausen (NW) 49 F
34414 Menne (NW) 39 M
85088 Menning (BY) 85 K
54310 Menningen (RP) 68 F
27257 Menninghausen (NI) 28 B
49637 Menslage (NI) 27 E
99996 Menteroda (TH) 52 F
16775 Menz (BB) 24 H
39175 Menz (ST) 42 C
59602 Menzel (NW) 39 K
46519 Menzelen (NW) 36 M
46519 Menzelerheide (NW) 36 M
23923 Menzendorf (MV) 13 G
79837 Menzenschwand (BW) 96 B
49716 Meppen (NI) 26 F
41844 Merbeck (NW) 47 E
86504 Merching (BY) 92 G
66663 Merchingen (SL) 69 K
66589 Merchweiler (SL) 79 B
79291 Merdingen (BW) 88 K
35799 Merenberg (HE) 60 F
48249 Merfeld (NW) 37 J
86415 Mering (BY) 92 G
86415 Meringerzell (BY) 92 H
57629 Merkelbach (RP) 60 B
35745 Merkenbach (HE) 61 A
91732 Merkendorf (BY) 83 F
23730 Merkendorf (SH) 12 F
97631 Merkershausen (BY) 63 H
36460 Merkers-Kieselbach (TH) 52 K
89188 Merklingen (BW) 90 F
52134 Merkstein (NW) 47 L
04425 Merkwitz (SN) 54 C
33039 Merlsheim (NW) 39 J
56283 Mermuth (RP) 60 K
48317 Mersch (NW) 38 H
52428 Mersch (NW) 47 M
54497 Merscheid (RP) 69 E
01612 Merschwitz (SN) 55 C
06217 Merseburg (ST) 54 A
53332 Merten (NW) 59 B
53783 Merten (NW) 59 C
06618 Mertendorf (ST) 54 G
16949 Mertensdorf (BB) 23 G
54318 Mertesdorf (RP) 69 D
67271 Mertesheim (RP) 70 M
86690 Mertingen (BY) 92 A
56753 Mertloch (RP) 59 M
55627 Merxheim (RP) 70 D
99947 Merxleben (TH) 52 J
66978 Merzalben (RP) 80 A
04932 Merzdorf (BB) 56 A
49586 Merzen (NI) 27 H
52399 Merzenich (NW) 47 M
79249 Merzhausen (BW) 96 B
06369 Merzien (ST) 43 G
66663 Merzig (SL) 69 K
54439 Merzkirchen (RP) 68 J
59872 Meschede (NW) 50 D
39326 Meseberg (ST) 31 M
17498 Mesekenhagen (MV) 7 K
56820 Mesenich (RP) 59 M
32351 Mesenkamp (NW) 28 G
63875 Mespelbrunn (BY) 72 D
08527 Meßbach (SN) 65 E
39624 Meßdorf (ST) 31 F
64409 Messel (HE) 71 B
31867 Messenkamp (NI) 29 K
54636 Messerich (RP) 68 C
89297 Meßhofen (BY) 91 H
49832 Messingen (NI) 27 G
59929 Messinghausen (NW) 50 B
88605 Meßkirch (BW) 97 C
32469 Meßlingen (NW) 28 M
72469 Meßstetten (BW) 89 J
19374 Mestlin (MV) 23 A
99880 Metebach (TH) 52 M
48629 Metelen (NW) 37 C
23972 Metelsdorf (MV) 13 H
59174 Methler (NW) 38 K
26215 Metjendorf (NI) 18 J
17111 Metschow (MV) 15 G
94526 Metten (BY) 86 H
49492 Metten (NW) 27 L
84051 Mettenbach (BY) 93 C
88400 Mettenberg (BW) 90 M
54675 Mettendorf (RP) 68 B
83259 Mettenham (BY) 102 D
94405 Mettenhausen (BY) 94 B
84562 Mettenheim (BY) 94 G
67582 Mettenheim (RP) 71 G
54634 Metterich (RP) 68 C
53919 Metternich (NW) 59 B
94339 Metting (BY) 86 K
49497 Mettingen (NW) 27 L
66693 Mettlach (SL) 68 M
40822 Mettmann (NW) 48 E
55777 Mettweiler (RP) 69 J
98639 Metzels (TH) 63 B
55481 Metzenhausen (RP) 69 C
72555 Metzingen (BW) 90 A
29473 Metzingen (NI) 22 G
40822 Metzkausen (NW) 48 E
95482 Metzlersreuth (BY) 75 A
56414 Meudt (RP) 60 E
98744 Meura (TH) 64 E
06905 Meuro (ST) 44 G
98746 Meuselbach-Schwarzmühle (TH) 64 D
02894 Meuselwitz (SN) 57 E
04610 Meuselwitz (TH) 54 J
53520 Meuspath (RP) 59 H
27726 Mevenstedt (NI) 19 J
17322 Mewegen (MV) 25 B
16945 Meyenburg (BB) 23 E
28790 Meyenburg (NW) 19 H
24980 Meyn (SH) 4 D
94569 Michaelsbuch (BY) 86 L
96247 Michelau in Oberfranken (BY) 64 K
97513 Michelau (BY) 73 E
74374 Michelbach (BW) 81 F
74544 Michelbach an der Bilz (BW) 82 F
74582 Michelbach an der Heide (BW) 82 C
74858 Michelbach (BW) 81 C
76571 Michelbach (BW) 81 K
63755 Michelbach (BY) 71 C
54568 Michelbach (RP) 59 K
74545 Michelfeld (BW) 82 E
91275 Michelfeld (BY) 74 J
06386 Micheln (ST) 43 G
14797 Michelsdorf (BB) 33 K
93185 Michelsneukirchen (BY) 86 D
64720 Michelstadt (HE) 71 J
88339 Michelwinnaden (BW) 98 C
14552 Michendorf (BB) 33 L
92705 Michldorf (BY) 75 J
86866 Mickhausen (BY) 91 J
48369 Middendorf (NW) 38 A
48720 Midlich (NW) 37 F
27632 Midlum (NI) 10 L
56357 Miehlen (RP) 60 L
53913 Miel (NW) 59 B
07919 Mielesdorf (TH) 65 D
24247 Mielkendorf (SH) 11 C
56132 Miellen (RP) 60 G
23795 Mielsdorf (SH) 12 G
83714 Miesbach (BY) 101 B
92714 Miesbrunn (BY) 75 J
07819 Miesitz (TH) 65 A
39649 Mieste (ST) 31 G
39649 Miesterhorst (ST) 31 G
83224 Mietenkam (BY) 102 A
88487 Mietingen (BW) 90 J
83043 Mietraching (BY) 101 B
99826 Mihla (TH) 52 H
07751 Milda (TH) 53 M
09456 Mildenau (SN) 66 B
16775 Mildenberg (BB) 24 L
17348 Mildenitz (MV) 24 C
25866 Mildstedt (SH) 3 M
09306 Milkau (SN) 55 H

02699 Milkel (SN) 57 A
03099 Milkersdorf (BB) 45 F
18461 Millienhagen-Oebelitz (MV) 6 L
46459 Millingen (NW) 36 J
40699 Millrath (NW) 48 E
17268 Milmersdorf (BB) 25 G
14715 Milow (BB) 32 H
19300 Milow (MV) 22 H
58256 Milspe (NW) 48 F
01920 Milstrich (SN) 56 C
93468 Miltach (BY) 86 E
48231 Milte (NW) 38 E
63897 Miltenberg (BY) 72 G
39590 Miltern (ST) 32 D
01665 Miltitz (SN) 55 F
04205 Miltitz (SN) 54 B
18519 Miltzow (MV) 7 K
98631 Milz (TH) 63 H
06246 Milzau (ST) 54 A
89350 Mindelaltheim (BY) 91 E
87719 Mindelau (BY) 91 M
87719 Mindelheim (BY) 91 M
93349 Mindelstetten (BY) 85 G
86513 Mindelzell (BY) 91 H
324XX Minden (NW) 28 M
54518 Minderlittgen (RP) 69 A
86748 Minderoffingen (BY) 83 H
76872 Minfeld (RP) 80 F
54518 Minheim (RP) 69 E
04703 Minkwitz (SN) 55 E
26434 Minsen (NI) 9 M
38855 Minsleben (ST) 41 J
27432 Minstedt (NI) 19 F
93098 Mintraching (BY) 85 J
17209 Minzow (MV) 23 F
17252 Mirow (MV) 24 D
84051 Mirskofen (BY) 93 C
91785 Mischelbach (BY) 84 D
27632 Misselwarden (NI) 10 K
27632 Misselwardener (NI) 10 K
03205 Missen (BB) 45 H
87547 Missen-Wilhams (BY) 99 G
08538 Mißlareuth (SN) 65 D
24354 Missunde (SH) 4 L
95511 Mistelbach (BY) 74 C
96215 Mistelfeld (BY) 64 L
95490 Mistelgau (BY) 74 C
96129 Mistendorf (BY) 74 D
18276 Mistorf (MV) 14 G
97789 Mitgenfeld (BY) 62 J
94469 Mietraching (BY) 86 J
84424 Mittbach (BY) 93 H
09224 Mittelbach (SN) 55 K
88441 Mittelbiberach (BW) 90 M
66851 Mittelbrunn (RP) 80 A
88416 Mittelbuch (BW) 90 M
91617 Mitteldachstetten (BY) 73 L
91359 Mittelehrenbach (BY) 74 H
91734 Mitteleschenbach (BY) 84 D
06542 Mittelhausen (ST) 53 C
99195 Mittelhausen (TH) 53 G
02763 Mittelherwigsdorf (SN) 57 H
57537 Mittelhof (RP) 60 B
86868 Mittelneufnach (BY) 91 J
21720 Mittelnkirchen (NI) 20 B
26939 Mittelort (NI) 19 D
07819 Mittelpöllnitz (TH) 65 A
55758 Mittelreidenbach (RP) 69 J
74427 Mittelrot (BW) 82 J
09618 Mittelsaida (SN) 55 M
98590 Mittelschmalkalden (TH) 63 B
97785 Mittelsinn (BY) 62 L
99955 Mittelsömmern (TH) 52 F
21770 Mittelstenahe (NI) 10 M
29614 Mittelstendorf (NI) 20 M
82293 Mittelstetten (BY) 92 H
86830 Mittelstetten (BY) 92 G
97640 Mittelstreu (BY) 63 H
56858 Mittelstrimmig (RP) 69 C
72270 Mitteltal (BW) 89 A
21775 Mittelteil (NI) 10 M
35756 Mittenaar (HE) 61 A
82481 Mittenwald (BY) 100 H
15749 Mittenwalde (BB) 33 M
17268 Mittenwalde (BB) 25 G
93426 Mitterdorf (BY) 86 A
93342 Mitterfecking (BY) 85 H
94360 Mitterfels (BY) 86 H
83559 Mittergars (BY) 93 J
94351 Mitterharthausen (BY) 86 G
85459 Mitterlern (BY) 93 E
84335 Mitterskirchen (BY) 94 E
84094 Mitterstetten (BY) 85 K
92364 Mittersthal (BY) 84 C
95666 Mitterteich (BY) 75 C
94152 Mittich (BY) 95 A
84524 Mittling (BY) 94 H
09648 Mittweida (SN) 55 H
96268 Mitwitz (BY) 64 L
15299 Mixdorf (BB) 34 M
03205 Mlode (BB) 45 E
09661 Mobendorf (SN) 55 J
15890 Möbiskruge (BB) 35 K
01462 Mobschatz (SN) 56 G
04720 Mochau (SN) 55 F
06888 Mochau (ST) 44 D
88284 Mochenwangen (BW) 98 B
15913 Mochow (BB) 45 C
85111 Möckenlohe (BY) 84 L
39291 Möckern (ST) 43 A
98590 Möckers (TH) 63 B
74219 Möckmühl (BW) 82 A
04838 Mockrehna (SN) 44 K
04720 Mockritz (SN) 55 E
64397 Modautal (HE) 71 E
89426 Mödingen (BY) 91 B
96277 Mödlitz (BY) 64 L
97789 Modlos (BY) 62 M
96260 Modschiedel (BY) 74 B
4744X Moers (NW) 48 A
14715 Mögelin (BB) 32 E
56424 Mogendorf (RP) 60 E
91320 Moggast (BY) 74 E
73563 Mögglingen (BW) 83 K
04931 Möglenz (BB) 44 M
16269 Möglin (BB) 34 B
71696 Möglingen (BW) 81 J
06791 Möhlau (ST) 43 J
07987 Mohlsdorf (TH) 65 B
54298 Möhn (RP) 68 F
59519 Möhnesee (NW) 49 C
21493 Möhnsen (SH) 21 B
01723 Mohorn (SN) 56 G
36433 Möhra (TH) 52 K
91757 Möhren (BY) 84 G
98708 Möhrenbach (TH) 64 A
91096 Möhrendorf (BY) 74 G
86498 Mohrenhausen (BY) 91 H
24405 Mohrkirch (SH) 4 H
24405 Mohrkirchosterholz (SH) 4 H
09217 Mohsdorf (SN) 55 G
18246 Moisall (MV) 13 J
21647 Moisburg (NI) 20 E
06618 Molau (ST) 54 G
49696 Molbergen (NI) 27 B
04579 Mölbis (SN) 54 F
16827 Molchow (BB) 24 K
24113 Molfsee (SH) 11 C
04457 Mölkau (SN) 54 C
26215 Mollberg (NI) 18 J
32457 Möllbergen (NW) 39 C
17237 Möllenbeck (MV) 24 B
31737 Möllenbeck (NI) 39 C
06343 Möllendorf (ST) 42 L
17219 Möllenhagen (MV) 24 A
06869 Möllensdorf (ST) 43 F
17217 Mollenstorf (MV) 24 A
06628 Möllern (ST) 53 F
17091 Mölln (MV) 15 L
23879 Mölln (SH) 21 C
06543 Molmerswende (ST) 42 L
88364 Molpertshaus (BW) 98 C
56414 Molsberg (RP) 60 E
99869 Molschleben (TH) 52 J
17449 Mölschow (MV) 7 M
99192 Molsdorf (TH) 53 K
67591 Mölsheim (RP) 70 J
17194 Moltzow (MV) 14 M
63776 Mömbris (BY) 71 C
63853 Mömlingen (BY) 71 F
55278 Mommenheim (RP) 70 F
02999 Mönau (SN) 57 A
63933 Mönchberg (BY) 72 D
41XXX Mönchengladbach (NW) 47 F
06926 Mönchenhöfe (ST) 44 H
99198 Mönchenholzhausen (TH) 53 G
18182 Mönchhagen (MV) 6 K
96138 Mönchherrnsdorf (BY) 73 F
23744 Mönchneversdorf (SH) 12 C
06556 Mönchpfiffel-Nikolausrieth (TH) 53 B
96472 Mönchröden (BY) 64 G
96138 Mönchsambach (BY) 73 F
86751 Mönchsdeggingen (BY) 83 M
97346 Mönchsondheim (BY) 73 H
91614 Mönchsroth (BY) 83 H
97529 Mönchstockheim (BY) 73 B
78087 Mönchweiler (BW) 89 K
15528 Mönchwinkel (BB) 34 H
53859 Mondorf (NW) 59 B
86653 Monheim (BY) 84 K
40789 Monheim am Rhein (NW) 48 H
92342 Möning (BY) 84 C
24248 Mönkeberg (SH) 5 K
17375 Mönkebude (MV) 16 G
23619 Mönkhagen (SH) 12 H
24576 Mönkloh (SH) 11 J
59590 Mönninghausen (NW) 39 K
56729 Monreal (RP) 59 H
52156 Monschau (NW) 58 E
71297 Mönsheim (BW) 81 M
67590 Monsheim (RP) 70 J
89350 Mönstetten (BY) 91 E
56410 Montabaur (RP) 60 H
56754 Möntenich (RP) 59 M
54472 Monzelfeld (RP) 69 E
55234 Monzernheim (RP) 70 J
55569 Monzingen (RP) 70 D
23948 Moor (MV) 13 G
26655 Moorburg (NI) 18 E
25597 Moordiek (SH) 11 H
26931 Moordorf (NI) 19 G
31535 Moordorf (NI) 29 G
25597 Moordorf (SH) 11 H
82272 Moorenweis (BY) 92 H
36433 Moorgrund (TH) 52 K
26316 Moorhausen (NI) 18 F
25377 Moorhusen (SH) 11 L
26802 Moormerland (NI) 18 D
25436 Moorrege (SH) 11 L
26931 Moorriem (NI) 19 G
26441 Moorwarfen (NI) 18 B
26427 Moorweg (NI) 18 A
78345 Moos (BW) 97 F
94554 Moos (BY) 86 M
97256 Moos (BY) 72 J
85665 Moosach (BY) 93 L
87477 Moosbach (BY) 99 E
90537 Moosbach (BY) 74 L
92709 Moosbach (BY) 75 J
94267 Moosbach (BY) 86 E
84416 Moosen (BY) 93 F
82544 Moosham (BY) 101 A
93098 Moosham (BY) 85 J
88319 Mooshausen (BY) 99 A
88348 Moosheim (BW) 90 L
09661 Moosheim (SN) 55 H
85452 Moosinning (BY) 93 E
84164 Moosthenning (BY) 86 K
19230 Moraas (MV) 22 E
54497 Morbach (RP) 69 E
24594 Mörel (SH) 11 E
53913 Morenhoven (NW) 59 B
64546 Mörfelden-Walldorf (HE) 71 A
87745 Morgen (BY) 91 M
17406 Morgenitz (MV) 16 D
08262 Morgenröthe (SN) 65 F
08262 Morgenröthe-Rautenkranz (SN) 65 F
37186 Moringen (NI) 40 J
39599 Möringen (ST) 31 F
39264 Moritz (ST) 43 D
01468 Moritzburg (SN) 56 D
56865 Moritzheim (RP) 69 C
06193 Morl (ST) 43 K
91161 Mörlach (BY) 84 B
57583 Mörlen (RP) 60 B
69509 Mörlenbach (HE) 71 H
91804 Mörnsheim (BY) 84 G
91722 Mörsach (BY) 83 F
51597 Morsbach (NW) 49 K
53937 Morsbach (NW) 58 F
57629 Mörsbach (RP) 60 B
76287 Mörsch (BW) 80 J
55494 Mörschbach (RP) 70 A
54317 Morscheid (RP) 69 G
52399 Morschenich (NW) 47 M
67294 Morschheim (RP) 70 H
55758 Mörschied (RP) 69 F
91327 Morschreuth (BY) 74 E
92342 Mörsdorf (BY) 84 E
56290 Mörsdorf (RP) 59 M
07646 Mörsdorf (TH) 54 K
27239 Mörsen (NI) 28 B
67808 Mörsfeld (RP) 70 H
56283 Morshausen (RP) 59 M
39343 Morsleben (ST) 31 K
89435 Mörslingen (BY) 91 C
67591 Mörstadt (RP) 70 J
27321 Morsum (NI) 19 M
04838 Mörtitz (SN) 44 K
06528 Morungen (ST) 42 L
06918 Morxdorf (ST) 44 E
14806 Mörz (BB) 44 A
56290 Mörz (RP) 69 C
56294 Mörz (RP) 59 M
74821 Mosbach (BW) 82 A
91174 Mosbach (BY) 84 D
91555 Mosbach (BY) 83 E
64850 Mosbach (HE) 71 F
99848 Mosbach (TH) 52 L
56767 Mosbruch (RP) 59 L
07907 Möschlitz (TH) 65 D
08543 Möschwitz (SN) 65 E
39326 Mose (ST) 31 M
08129 Mosel (SN) 54 M
56254 Moselkern (RP) 59 M
39291 Möser (ST) 32 K
64756 Mossautal (HE) 71 J
07907 Moßbach (TH) 65 A
72116 Mössingen (BW) 89 F
84453 Mößling (BY) 94 G
06193 Mösthinsdorf (ST) 43 K
14715 Möthlitz (BB) 32 J
14715 Möthlow (BB) 32 F
86753 Möttingen (BY) 83 M
15741 Motzen (BB) 34 K
86568 Motzenhofen (BY) 92 E
93099 Mötzing (BY) 85 J
71159 Mötzingen (BW) 89 B
36419 Motzlar (TH) 62 C
07381 Moxa (TH) 64 C
23795 Mözen (SH) 12 G
53804 Much (NW) 48 M
24238 Mucheln (SH) 12 B
06249 Mücheln (Geiseltal) (ST) 54 D
19300 Muchow (MV) 22 F
02906 Mücka (SN) 57 B
35325 Mücke (HE) 61 F
54558 Mückeln (RP) 69 B
15837 Mückendorf (BB) 44 C
02923 Mückenhain (SN) 57 C
69151 Mückenloch (BW) 81 C
32257 Muckum (NW) 39 A
03229 Muckwar (BB) 45 H
69427 Mudau (BW) 72 K
34434 Muddenhagen (NW) 40 K
52391 Müddersheim (NW) 59 A
29328 Müden (NI) 30 A
38539 Müden (Aller) (NI) 30 H
56254 Müden (Mosel) (RP) 59 M
57614 Mudenbach (RP) 60 B
56254 Müdenerberg (RP) 59 M
35644 Mudersbach (HE) 61 A
57555 Mudersbach (RP) 49 L
65623 Mudershausen (RP) 60 M
97450 Müdesheim (BY) 72 C
32791 Muessen (NW) 39 E
04769 Mügeln (SN) 55 E
06928 Mügeln (ST) 44 E
79674 Muggenbrunn (BW) 96 B
91346 Muggendorf (BY) 74 E
21762 Müggendorf (NI) 10 J
53919 Müggenhausen (NW) 59 A
26409 Müggenkrug (NI) 18 B
76461 Muggensturm (BW) 80 J
01809 Müglitztal (SN) 56 H
24582 Mühbrook (SH) 11 F
54422 Muhl (RP) 69 H
75417 Mühlacker (BW) 81 H
06888 Mühlanger (ST) 44 D
09241 Mühlau (SN) 55 K
92345 Mühlbach (BY) 85 D
95100 Mühlbach (BY) 65 L
97753 Mühlbach (BY) 72 C
09557 Mühlbach (SN) 55 L
06774 Mühlbeck (ST) 43 M
99869 Mühlberg (TH) 52 M
04931 Mühlberg/Elbe (BB) 55 C
84453 Mühldorf am Inn (BY) 94 G
53783 Mühleip (NW) 60 A
72160 Mühlen am Neckar (BW) 89 E
49439 Mühlen (NI) 27 F
51674 Mühlen (NW) 49 K
77796 Mühlenbach (BW) 88 J
25548 Mühlenbarbek (SH) 11 H
16567 Mühlenbeck (BB) 33 F
26897 Mühlenberg (NI) 18 K
97638 Mühlfeld (BY) 63 H
69242 Mühlhausen (BW) 81 B
75417 Mühlhausen an der Enz (BW) 81 J
84152 Mühlhausen (BY) 85 M
86444 Mühlhausen (BY) 92 D
92360 Mühlhausen (BY) 84 F
93333 Mühlhausen (BY) 85 K
96172 Mühlhausen (BY) 73 F
97440 Mühlhausen (BY) 73 A
73347 Mühlhausen im Täle (BW) 90 B
99974 Mühlhausen/Thüringen (TH) 52 E
78570 Mühlheim an der Donau (BW) 89 L
91804 Mühlheim (BY) 84 G
78357 Mühlingen (BW) 97 C
08248 Mühlleithen (SN) 65 F
86529 Mühlried (BY) 92 B
02959 Mühlrose (SN) 46 K
06862 Mühlstedt (ST) 43 E
91187 Mühlstetten (BY) 84 D
64367 Mühltal (HE) 71 E
07919 Mühltroff (SN) 65 D
91735 Muhr am See (BY) 83 F
72160 Mühringen (BW) 89 E
54636 Mülbach (RP) 68 C
69429 Mülben (BW) 71 M
09619 Mulda (SN) 56 K
08269 Muldenberg (SN) 65 F
06804 Muldenstein (ST) 43 J
74673 Mulfingen (BW) 82 C
47929 Mülhausen (NW) 47 C
454XX Mülheim an der Ruhr (NW) 48 B
53945 Mülheim (NW) 59 D
54486 Mülheim (Mosel) (RP) 69 E
56218 Mülheim-Kärlich (RP) 59 J
26639 Mullberg (NI) 18 E
51709 Müllenbach (NW) 49 G
53520 Müllenbach (RP) 59 H
56761 Müllenbach (RP) 59 L
54568 Müllenborn (RP) 58 M
79379 Müllheim (BW) 96 D
15299 Müllrose (BB) 34 K
27356 Mulmshorn (NI) 20 G
08132 Mülsen Sankt Jacob (SN) 66 A
08132 Mülsen Sankt Micheln (SN) 66 A
27632 Mulsum (NI) 10 L
04610 Mumsdorf (TH) 54 H
91086 Münchaurach (BY) 74 G
95213 Münchberg (BY) 65 K
15374 Müncheberg (BB) 34 E
15374 Münchehofe (BB) 34 E
15748 Münchehofe (BB) 34 L
8XXXX München (BY) 93 G
07589 Münchenbernsdorf (TH) 54 K
99510 Münchengosserstädt (TH) 53 J
88326 Münchenreute (BW) 98 B
95183 Münchenreuth (BY) 65 G
95652 Münchenreuth (BY) 75 C
07751 Münchenroda (TH) 53 M
91560 Müncherlbach (BY) 84 A
94140 Münchham (BY) 94 F
03238 Münchhausen (BB) 45 G
35117 Münchhausen (HE) 50 L
79879 Münchingen (BW) 97 A
93158 Münchshofen (BY) 85 B
94363 Münchshöfen (BY) 86 L
85126 Münchsmünster (BY) 85 K
91481 Münchsteinach (BY) 73 J
55595 Münchwald (RP) 70 D
66981 Münchweiler an der Rodalb (RP) 80 A
67728 Münchweiler an der Alsenz (RP) 70 L
78183 Mundelfingen (BW) 97 A
74395 Mundelsheim (BW) 82 G
89597 Munderkingen (BW) 90 H
56271 Mündersbach (RP) 60 D
86655 Mündling (BY) 83 M
56729 Münk (RP) 59 H
24960 Munkbrarup (SH) 4 E
71263 Münklingen (BW) 81 L
97702 Münnerstadt (BY) 63 K
86754 Munningen (BY) 83 J
07338 Munschwitz (TH) 64 F
72525 Münsingen (BW) 90 E
74405 Münster (BW) 82 J
84056 Münster (BY) 85 L
86692 Münster (BY) 92 A
86866 Münster (BY) 91 J
94377 Münster (BY) 86 G
64839 Münster (HE) 71 F
29633 Munster (NI) 21 K
481XX Münster (NW) 38 D
67822 Münsterappel (RP) 70 H
37696 Münsterbrock (NW) 40 G
25587 Münsterdorf (SH) 11 H
86505 Münsterhausen (BY) 91 H
56294 Münstermaifeld (RP) 59 M
55424 Münster-Sarmsheim (RP) 70 B
97359 Münsterschwarzach (BY) 73 D
07955 Muntscha (TH) 65 A
52445 Müntz (NW) 47 J
72534 Münzdorf (BW) 90 H
35516 Münzenberg (HE) 61 H
96524 Mupperg (TH) 64 H
17390 Murchin (MV) 16 D
79730 Murg (BW) 96 H
54570 Mürlenbach (RP) 58 M
82418 Murnau am Staffelsee (BY) 100 E
16278 Mürow (BB) 25 H
71711 Murr (BW) 82 G
71540 Murrhardt (BW) 82 H
96179 Mürsbach (BY) 74 A
70771 Musberg (BW) 89 C
53533 Müsch (RP) 59 G
03096 Müschen (BB) 45 F
49196 Müschen (NI) 38 C
57629 Müschenbach (RP) 60 B
06679 Muschwitz (ST) 54 E
57271 Müsen (NW) 49 M
79348 Mußbach (BW) 88 H
57309 Müsse (NW) 49 J
21516 Müssen (SH) 21 B
87733 Mussenhausen (BY) 91 L
48351 Müssingen (NW) 38 E
19406 Mustin (MV) 14 K
23911 Mustin (SH) 12 M
87452 Muthmannshofen (BY) 99 D
73557 Mutlangen (BW) 82 M
04509 Mutschlena (SN) 54 C
55469 Mutterschied (RP) 70 A
86473 Muttershofen (BY) 91 J
67112 Mutterstadt (RP) 71 K
39307 Mützel (ST) 32 H
52156 Mützenich (NW) 58 E
54608 Mützenich (RP) 58 L
14715 Mützlitz (BB) 32 F
04688 Mutzschen (SN) 55 D
09306 Mutzscheroda (SN) 55 G
41849 Myhl (NW) 47 H
08499 Mylau (SN) 65 C

N

92421 Naabeck (BY) 85 B
92421 Naabsiegenhofen (BY) 85 B
92507 Nabburg (BY) 75 L
58769 Nachrodt (NW) 49 A
58769 Nachrodt-Wiblingwerde (NW) 49 D
15806 Nächst Neuendorf (BB) 33 M
06469 Nachterstedt (ST) 42 H
56729 Nachtsheim (RP) 59 H
79807 Nack (BW) 97 G
55234 Nack (RP) 70 H
16845 Nackel (BB) 32 C
55299 Nackenheim (RP) 71 D
17329 Nadrensee (MV) 25 F
37574 Naensen (NI) 40 F
95697 Nagel (BY) 75 A
99958 Nägelstedt (TH) 52 J
72202 Nagold (BW) 89 B
23866 Nahe (SH) 12 K
98553 Nahetal-Waldau (TH) 63 F
21369 Nahrendorf (NI) 21 J
39599 Nahrstedt (ST) 31 F
99326 Nahwinden (TH) 64 B
95119 Naila (BY) 65 G
95469 Nairitz (BY) 75 D
07973 Naitschau (TH) 65 B
66809 Nalbach (SL) 69 K
66640 Namborn (SL) 69 L
32457 Nammen (NW) 28 M
85405 Nandlstadt (BY) 93 A
55469 Nannhausen (RP) 70 A
82291 Nannhofen (BY) 92 H
66909 Nanzdietschweiler (RP) 69 M
02979 Nardt (SN) 45 M
04657 Narsdorf (SN) 55 G
27404 Nartum (NI) 20 G
91275 Nasnitz (BY) 74 J
97491 Nassach (BY) 63 L
56377 Nassau (RP) 60 H
09623 Nassau (SN) 56 K
01561 Nassebohla (SN) 56 A
87719 Nassenbeuren (BY) 91 M
85128 Nassenfels (BY) 84 L
16515 Nassenheide (BB) 33 B
56355 Nastätten (RP) 60 L
48231 Natarp (NW) 38 E
59514 Nateln (NW) 38 M
29587 Natendorf (NI) 21 L
34434 Natingen (NW) 40 K
48317 Natorp (NW) 38 H
48329 Natrup (NW) 38 D
86488 Nattenhausen (BY) 91 H
54636 Nattenheim (RP) 68 C
86653 Natterholz (BY) 84 K
94469 Natternberg (BY) 86 H
89564 Nattheim (BW) 83 L
34434 Natzungen (NW) 40 K
14641 Nauen (BB) 33 D
06193 Nauendorf (ST) 43 K
04643 Nauenhain (SN) 55 G
65469 Nauheim (HE) 71 A
01561 Nauleis (SN) 56 D
34311 Naumburg (HE) 51 D
06618 Naumburg (Saale) (ST) 54 D
01561 Naundorf (SN) 56 B
04703 Naundorf (SN) 55 E
04838 Naundorf (SN) 43 M
09627 Naundorf (SN) 56 G
04617 Naundorf (TH) 54 H
56753 Naunheim (RP) 59 M
01561 Naunhof (SN) 56 D
04683 Naunhof (SN) 55 D
04703 Naunhof (SN) 55 E
56237 Nauort (RP) 60 D
54340 Naurath (Eifel) (RP) 69 D
54426 Naurath (Wald) (RP) 69 D
57583 Nauroth (RP) 60 B
06571 Nausitz (TH) 53 E
07619 Nautschütz (TH) 54 G
01609 Nauwalde (SN) 55 C
99826 Nazza (TH) 52 H
25946 Nebel (SH) 3 G
19348 Nebelin (BB) 22 J
01920 Nebelschütz (SN) 56 C
06642 Nebra (ST) 53 F
17309 Nechlin (BB) 25 A
01623 Neckanitz (SN) 55 F
74924 Neckarbischofsheim (BW) 81 C
74821 Neckarelz (BW) 81 C
69151 Neckargemünd (BW) 81 B
71686 Neckargröningen (BW) 82 G
71686 Neckarrems (BW) 82 K
69239 Neckarsteinach (HE) 71 L
74172 Neckarsulm (BW) 82 D
72666 Neckartailfingen (BW) 90 A
72654 Neckartenzlingen (BW) 90 A
74382 Neckarwestheim (BW) 82 G
69412 Neckarwimmersbach (BW) 71 M
74865 Neckarzimmern (BW) 81 C
07407 Neckeroda (TH) 53 L
17039 Neddemin (MV) 15 L
39264 Nedlitz (ST) 43 B
39291 Nedlitz (ST) 43 A
56858 Neef (RP) 69 B
06295 Neehausen (ST) 42 M
89189 Neenstetten (BW) 91 A
48465 Neerlage (NI) 26 M
27801 Neerstedt (NI) 19 K
32457 Neesen (NW) 28 M
21398 Neetze (NI) 21 H
17349 Neetzka (MV) 24 C
17391 Neetzow (MV) 15 H
37574 Negenborn (NI) 40 J
37643 Negenborn (NI) 40 E
24625 Negenharrie (SH) 12 D
23795 Negernbötel (SH) 12 G
59929 Nehden (NW) 50 B
06193 Nehlitz (ST) 43 K
23813 Nehms (SH) 12 D
24326 Nehmten (SH) 12 E
72147 Nehren (BW) 89 F
04687 Neichen (SN) 55 A
96484 Neida (BY) 64 G
04860 Neiden (SN) 44 L
54657 Neidenbach (RP) 58 M
67468 Neidenfels (RP) 80 C
74933 Neidenstein (BW) 81 C
91448 Neidhardswinden (BY) 73 M
36452 Neidhartshausen (TH) 63 A
73272 Neidlingen (BW) 90 B
06618 Neidschütz (ST) 54 G
06502 Neinstedt (ST) 42 G
57638 Neitersen (RP) 60 A
73760 Nellingen (BW) 82 K
89191 Nellingen (BW) 90 C
49434 Nellinghof (NI) 27 J
71397 Nellmersbach (BW) 82 G
53909 Nemmenich (NW) 59 A
95497 Nemmersdorf (BY) 75 A
06231 Nempitz (ST) 54 E
06268 Nemsdorf-Göhrendorf (ST) 53 C
04808 Nemt (SN) 55 A
35753 Nenderoth (HE) 60 F
04654 Nenkersdorf (SN) 55 G
26556 Nenndorf (NI) 18 A
14715 Nennhausen (BB) 32 F
91790 Nennslingen (BY) 84 E
36214 Nentershausen (HE) 51 J
56412 Nentershausen (RP) 60 H
95194 Nentschau (BY) 65 H
97346 Nenzenheim (BY) 73 H
49733 Neppenkamp (NI) 26 C
17429 Neppermin (MV) 16 D
04685 Nerchau (SN) 55 D
17391 Nerdin (MV) 15 J
54552 Nerdlen (RP) 59 K
89129 Nerenstetten (BW) 91 A
73450 Neresheim (BW) 83 L
23843 Neritz (SH) 12 K
99439 Nermsdorf (TH) 53 H
54570 Neroth (RP) 59 K
89278 Nersingen (BY) 91 D
51519 Neschen (NW) 48 J
14806 Neschholz (BB) 44 A
02699 Neschwitz (SN) 56 C
06682 Nessa (ST) 54 E
26553 Nesse (NI) 9 K
27612 Nesse (NI) 19 E
74595 Nesselbach (BW) 82 F
87484 Nesselwang (BY) 99 J
88662 Nesselwangen (BW) 97 C
24327 Nessendorf (SH) 12 C
94577 Neßlbach (BY) 86 M
26180 Nethen (NI) 18 J
16949 Nettelbeck (BB) 23 D
24250 Nettelsee (SH) 12 A
32312 Nettelstedt (NW) 28 L
53947 Nettersheim (NW) 59 D
41334 Nettetal (NW) 47 B
38489 Nettgau (ST) 30 F
14943 Nettgendorf (BB) 44 B
65623 Netzbach (RP) 60 J
16818 Netzeband (BB) 23 M
14797 Netzen (BB) 33 K
08491 Netzschkau (SN) 65 B
95698 Neualbenreuth (BY) 75 C
61267 Neu-Anspach (HE) 61 G
26169 Neuarenberg (NI) 18 L
59955 Neuastenberg (NW) 50 G
55546 Neu-Bamberg (RP) 70 E
15324 Neubarnim (BB) 34 C
93426 Neubäu (BY) 85 C
95686 Neubau (BY) 75 A
59269 Neubeckum (NW) 38 J
24879 Neuberend (SH) 4 H
63543 Neuberg (HE) 61 M
83115 Neubeuern (BY) 101 C
85579 Neubiberg (BY) 93 K
19273 Neu Bleckede (NI) 21 F
38518 Neubokel (NI) 30 H
17509 Neu Boltenhagen (MV) 15 F
26909 Neubörger (NI) 18 K
21039 Neubörnsen (SH) 21 A
50169 Neu-Bottenbroich (NW) 48 K
1703X Neubrandenburg (MV) 15 L
1703X Neubrandenburg Ost (MV) 24 B
39387 Neubrandsleben (ST) 42 B
19306 Neu Brenz (MV) 22 F
27211 Neubruchhausen (NI) 28 C
15848 Neubrück (Spree) (BB) 34 M
97277 Neubrunn (BY) 72 H
98617 Neubrunn (TH) 63 E
18233 Neubukow (MV) 13 F
75387 Neubulach (BW) 89 B
86476 Neuburg an der Kammel (BY) 91 H
86633 Neuburg an der Donau (BY) 84 L
94127 Neuburg am Inn (BY) 95 A
23974 Neuburg-Steinhausen (MV) 13 H
76287 Neuburgweier (BW) 80 J
26817 Neuburlage (NI) 18 K
04931 Neuburxdorf (BB) 44 M
39387 Neudamm (ST) 42 D
29490 Neu Darchau (NI) 21 J
74861 Neudenau (BW) 82 A
95168 Neudes (BY) 65 L
99192 Neudietendorf (TH) 53 K
78166 Neudingen (BW) 97 A
91522 Neudorf (BY) 83 B
92706 Neudorf (BY) 75 H
94481 Neudorf (BY) 87 G
95197 Neudorf (BY) 65 G
97357 Neudorf (BY) 73 E
23701 Neudorf (SH) 12 E
08223 Neudorf (SN) 65 F
09465 Neudorf (SN) 66 E
24214 Neudorf-Bornstein (SH) 4 M
38524 Neudorf-Platendorf (NI) 30 H
95512 Neudrossenfeld (BY) 74 C
14827 Neuehütten (BB) 43 C
02739 Neueibau (SN) 57 H
37249 Neu-Eichenberg (HE) 51 C

38729 Neuekrug (NI) 41 D
29413 Neuekrug (ST) 30 C
96515 Neuenbau (TH) 64 H
32479 Neuenbaum (NW) 28 L
07338 Neuenbeuthen (TH) 64 F
25578 Neuenbrook (SH) 11 H
97909 Neuenbuch (BY) 72 D
75305 Neuenbürg (BW) 81 K
25436 Neuendeich (SH) 11 L
91564 Neuendettelsau (BY) 84 A
16515 Neuendorf (BB) 33 B
16845 Neuendorf (BB) 32 B
97788 Neuendorf (BY) 72 B
17039 Neuendorf (MV) 24 B
18516 Neuendorf (MV) 15 E
18569 Neuendorf (MV) 7 D
23974 Neuendorf (MV) 13 J
54597 Neuendorf (RP) 58 J
25335 Neuendorf bei Elmshorn (SH) 11 L
25554 Neuendorf bei Wilster (SH) 11 G
38486 Neuendorf (ST) 31 E
37339 Neuendorf (TH) 52 A
17379 Neuendorf A (MV) 16 G
15910 Neuendorf am See (BB) 45 B
17391 Neuendorf B (MV) 15 H
15518 Neuendorf im Sande (BB) 34 H
26931 Neuenfelde (NI) 19 G
59505 Neuengeseke (NW) 38 M
07778 Neuengönna (TH) 53 J
23818 Neuengörs (SH) 12 H
96346 Neuengrün (BY) 64 J
16259 Neuenhagen (BB) 25 L
15366 Neuenhagen bei Berlin (BB) 34 D
34599 Neuenhain (HE) 51 K
72631 Neuenhaus (BW) 90 A
49828 Neuenhaus (NI) 26 H
33014 Neuenheerse (NW) 39 M
93336 Neuenhinzenhausen (BY) 84 J
39345 Neuenhofe (ST) 31 L
41363 Neuenhoven (NW) 47 F
27804 Neuenhuntorf (NI) 19 G
27804 Neuenhuntorfermoor (NI) 19 G
49699 Neuenkämpen (NI) 27 B
17039 Neuenkirchen (MV) 15 L
17392 Neuenkirchen (MV) 15 J
18569 Neuenkirchen (MV) 7 D
21640 Neuenkirchen (NI) 20 B
21763 Neuenkirchen (NI) 10 M
27251 Neuenkirchen (NI) 28 B
28790 Neuenkirchen (NI) 19 G
29643 Neuenkirchen (NI) 20 L
33397 Neuenkirchen (NW) 39 G
48485 Neuenkirchen (NW) 26 M
25792 Neuenkirchen (SH) 10 C
49434 Neuenkirchen-Vörden (NI) 27 J
57462 Neuenkleusheim (NW) 49 H
32469 Neuenknick (NW) 28 J
27804 Neuenkoop (NI) 19 G
27612 Neuenlande (NI) 19 D
49770 Neuenlande (NI) 27 D
95339 Neuenmarkt (BY) 64 M
51702 Neuenothe (NW) 49 G
58809 Neuenrade (NW) 49 E
95512 Neuenreuth am Main (BY) 74 C
08541 Neuensalz (SN) 65 E
92439 Neuenschwand (BY) 85 C
96247 Neuensee (BY) 64 L
95352 Neuensorg (BY) 64 M
74196 Neuenstadt am Kocher (BW) 82 A
74632 Neuenstein (BW) 82 E
36286 Neuenstein (HE) 51 L
54597 Neuenstein (RP) 58 J
17335 Neuensund (MV) 16 K
34599 Neuental (HE) 51 K
27607 Neuenwalde (NI) 10 L
79691 Neuenweg (BW) 96 E
26316 Neuenwege (NI) 18 F
54673 Neuerburg (RP) 68 B
55471 Neuerkirch (RP) 70 A
39524 Neuermark-Lübars (ST) 32 D
92253 Neuersdorf (BY) 75 H
06926 Neuerstadt (ST) 44 E
14913 Neues Lager (BB) 44 B
26529 Neue Welt (NI) 17 C
14476 Neu Fahrland (BB) 33 H
82069 Neufahrn (BY) 92 M
82544 Neufahrn (BY) 100 C
85375 Neufahrn bei Freising (BY) 93 G
17192 Neu Falkenhagen (MV) 23 C
95339 Neufang (BY) 64 M
15320 Neufeld (BB) 34 F
25724 Neufeld (SH) 10 J
25724 Neufelderkoog (SH) 10 J
74632 Neufels (BW) 82 B
38486 Neuferchau (ST) 31 D
72639 Neuffen (BW) 90 A
72419 Neufra (BW) 90 G
78628 Neufra (BW) 89 L
26409 Neufunnixsiel (NI) 9 L
17194 Neu Gaarz (MV) 23 C
19273 Neu Garge (NI) 21 J
26434 Neugarmssiel (NI) 9 L
06429 Neugattersleben (ST) 42 F
07980 Neugernsdorf (TH) 65 B
02727 Neugersdorf (SN) 57 H
16775 Neuglobsow (BB) 24 H
49824 Neu-Gnadenfeld (NI) 26 E
15526 Neu Golm (BB) 34 H
15320 Neuhardenberg (BB) 34 F
83727 Neuhaus (BY) 101 E
91325 Neuhaus (BY) 74 G
92670 Neuhaus (BY) 75 E
93489 Neuhaus (BY) 76 M
94152 Neuhaus am Inn (BY) 95 A
95152 Neuhaus (BY) 65 G
21785 Neuhaus (Oste) (NI) 10 M
98724 Neuhaus am Rennweg (TH) 64 D
19273 Neuhaus/Elbe (NI) 21 F
03058 Neuhausen (BB) 46 G
73765 Neuhausen auf den Fildern (BW) 90 A
75242 Neuhausen (BW) 81 L
78126 Neuhausen (BW) 89 K
78234 Neuhausen (BW) 97 B
78579 Neuhausen ob Eck (BW) 97 C
94560 Neuhausen (BY) 86 H
09544 Neuhausen/Erzgebirge (SN) 67 A
96524 Neuhaus-Schierschnitz (TH) 64 H
54597 Neuheilenbach (RP) 58 M
14913 Neuheim (BB) 44 B
67680 Neuhemsbach (RP) 70 L
75382 Neuhengstett (BW) 81 L
26871 Neu Herbrum (NI) 18 K
14913 Neuhof (BB) 44 B
16278 Neuhof (BB) 25 H
90616 Neuhof an der Zenn (BY) 73 M
36119 Neuhof (HE) 62 H
19306 Neuhof (MV) 22 F
23992 Neuhof (MV) 13 J
53940 Neuhof (NW) 58 J
84389 Neuhofen (BY) 94 B
67141 Neuhofen (RP) 71 K
16515 Neuholland (BB) 33 B
53797 Neuhonrath (NW) 48 M
54422 Neuhütten (RP) 69 H
63263 Neu-Isenburg (HE) 71 B
17348 Neu Käbelich (MV) 24 C
17154 Neukalen (MV) 14 J
39524 Neukamern (ST) 32 B
26835 Neukamperfehn (NI) 18 D
17111 Neu Kentzlin (MV) 15 G
04575 Neukieritzsch (SN) 54 F
78628 Neukirch (BW) 89 H
88099 Neukirch (BW) 98 F
01936 Neukirch (SN) 56 B
84371 Neukirchen bei Pfarrkirchen (BY) 94 F
86672 Neukirchen (BY) 92 A
92259 Neukirchen bei Sulzbach-Rosenberg (BY) 75 K
92421 Neukirchen (BY) 85 B
93155 Neukirchen (BY) 85 D
93453 Neukirchen bei Heilig Blut (BY) 86 B
94127 Neukirchen am Inn (BY) 95 A
94154 Neukirchen vorm Wald (BY) 87 K
94362 Neukirchen (BY) 86 H
34626 Neukirchen (HE) 51 K
53359 Neukirchen (NW) 59 E
23714 Neukirchen (SH) 12 B
23779 Neukirchen (SH) 13 A
25927 Neukirchen (SH) 3 E
04552 Neukirchen (SN) 54 J
09629 Neukirchen (SN) 55 J
99819 Neukirchen (TH) 52 H
92445 Neukirchen-Balbini (BY) 85 C
09221 Neukirchen/Erzgebirge (SN) 55 L
47506 Neukirchen-Vluyn (NW) 47 C
01904 Neukirch/Lausitz (SN) 57 D
23992 Neukloster (MV) 13 J
17398 Neu Kosenow (MV) 16 G
15913 Neukrug (BB) 45 C
16278 Neukünkendorf (BB) 25 L
16259 Neuküstrinchen (BB) 34 B
21737 Neuland (NI) 11 K
21737 Neulandermoor (NI) 11 K
26909 Neulehe (NI) 18 K
73491 Neuler (BW) 83 G
16259 Neulewin (BB) 34 C
16259 Neulietzegöricke (BB) 34 C
75245 Neulingen (BW) 81 H
57439 Neu-Listernohl (NW) 49 H
16775 Neulögow (BB) 24 H
26169 Neulorup (NI) 18 L
16775 Neulöwenberg (BB) 24 L
15910 Neu Lübbenau (BB) 45 B
68809 Neulußheim (BW) 81 A
15518 Neu Madlitz (BB) 34 J
08496 Neumark (SN) 65 C
99439 Neumark (TH) 53 H
26169 Neumarkhausen (NI) 27 B
92318 Neumarkt in der Oberpfalz (BY) 84 C
84494 Neumarkt-Sankt Veit (BY) 94 D
07980 Neumühle/Elster (TH) 65 B
86450 Neumünster (BY) 91 F
2453X Neumünster (SH) 11 F
92431 Neunburg vorm Wald (BY) 85 C
09488 Neundorf (SN) 66 B
39418 Neundorf (Anhalt) (ST) 42 J
07924 Neundorf (bei Schleiz) (TH) 65 A
99947 Neunheilingen (TH) 52 F
73479 Neunheim (BW) 83 G
07806 Neunhofen (TH) 65 A
57520 Neunkhausen (RP) 60 B
74545 Neunkirchen (BW) 82 E
74867 Neunkirchen (BW) 81 C
63930 Neunkirchen (BY) 72 G
91077 Neunkirchen am Brand (BY) 74 H
91233 Neunkirchen am Sand (BY) 74 L
53819 Neunkirchen (NW) 48 M
57290 Neunkirchen (NW) 60 B
56479 Neunkirchen (RP) 60 F
66887 Neunkirchen am Potzberg (RP) 70 K
665XX Neunkirchen (SL) 79 B
53819 Neunkirchen-Seelscheid (NW) 48 M
73479 Neunstadt (BW) 83 G
91567 Neunstetten (BY) 83 B
84524 Neuötting (BY) 94 H
03103 Neupetershain (BB) 45 J
03103 Neupetershain Nord (BB) 45 J
06333 Neuplatendorf (ST) 42 H
76777 Neupotz (RP) 81 D
16259 Neuranft (BB) 34 B
16259 Neureetz (BB) 34 B
94089 Neureichenau (BY) 87 L
74632 Neureut (BW) 82 B
17039 Neu Rhäse (MV) 24 B
82061 Neuried (BY) 92 M
49767 Neuringe (NI) 26 E
16307 Neurochlitz (BB) 25 F
16259 Neurüdnitz (BB) 34 B
16816 Neuruppin (BB) 24 K
02742 Neusalza-Spremberg (SN) 57 D
86356 Neusäß (BY) 92 D
26169 Neuscharrel (NI) 18 L
97514 Neuschleichach (BY) 73 C
94556 Neuschönau (BY) 87 G
26487 Neuschoo (NI) 18 A
14554 Neuseddin (BB) 33 K
91330 Neuses (BY) 74 E
93336 Neuses (BY) 85 G
97357 Neuses am Sand (BY) 73 E
97337 Neusetz (BY) 73 D
99338 Neusiß (TH) 64 A
91616 Neusitz (BY) 83 A
95700 Neusorg (BY) 75 B
02929 Neusorge (SN) 46 M
414XX Neuss (NW) 48 D
04874 Neußen (SN) 55 B
16845 Neustadt (Dosse) (BB) 32 B
91413 Neustadt an der Aisch (BY) 73 J
92660 Neustadt an der Waldnaab (BY) 75 E
93333 Neustadt an der Donau (BY) 85 K
95514 Neustadt am Kulm (BY) 75 D
96465 Neustadt bei Coburg (BY) 64 G
97845 Neustadt am Main (BY) 72 B
35279 Neustadt (HE) 50 M
31535 Neustadt am Rübenberge (NI) 29 H
49419 Neustadt (NI) 28 H
53577 Neustadt (Wied) (RP) 59 F
6743X Neustadt an der Weinstraße (RP) 80 C
23730 Neustadt in Holstein (SH) 12 F
02979 Neustadt (SN) 46 K
37345 Neustadt (TH) 52 B
98701 Neustadt am Rennsteig (TH) 64 D
99834 Neustädt (TH) 52 G
19306 Neustadt-Glewe (MV) 22 E
26452 Neustadtgödens (NI) 18 C
99762 Neustadt/Harz (TH) 41 M
01844 Neustadt (SN) 56 J
74579 Neustädtlein (BW) 83 D
97647 Neustädtles (BY) 63 D
07806 Neustadt/Orla (TH) 65 A
08223 Neustadt/Vogtland (SN) 65 F
56479 Neustadt/Westerwald (RP) 60 F
39418 Neu Staßfurt (ST) 42 F
72149 Neustetten (BW) 89 E
91604 Neustetten (BY) 73 M
94496 Neustift (BY) 94 C
17235 Neustrelitz (MV) 24 E
94527 Neutiefenweg (BY) 86 L
16259 Neutornow (BB) 34 B
16775 Neutornow (BB) 24 H
93073 Neutraubling (BY) 85 J
15320 Neutrebbin (BB) 34 C
06198 Neutz (ST) 43 K
06198 Neutz-Lettewitz (ST) 43 K
8923X Neu-Ulm (BY) 91 D
16766 Neu-Vehlefanz (BB) 33 B
26169 Neuvrees (NI) 18 L
38729 Neuwallmoden (NI) 41 D
48231 Neuwarendorf (NW) 38 E
30916 Neuwarmbüchen (NI) 29 J
39387 Neuwegersleben (ST) 42 A
75389 Neuweiler (BW) 89 B
19273 Neu Wendischthun (NI) 21 F
5656X Neuwied (RP) 60 G
63549 Neuwiedermuß (HE) 61 M
02979 Neuwiese (SN) 45 M
97772 Neuwildflecken (BY) 62 J
24214 Neuwittenbek (SH) 4 M
09397 Neuwürschnitz (SN) 66 A
15913 Neu Zauche (BB) 45 E
15898 Neuzelle (BB) 46 A
90616 Neuziegenrück (BY) 73 M
91281 Neuzirkendorf (BY) 75 D
17039 Neverin (MV) 15 L
23816 Neversdorf (SH) 12 G
23714 Neversfelde (SH) 12 B
54309 Newel (RP) 68 F
03253 Nexdorf (BB) 44 J
56283 Ney (RP) 60 K
14822 Nichel (BB) 44 A
56645 Nickenich (RP) 59 J
83064 Nicklheim (BY) 101 B
01594 Nickritz (SN) 55 C
63667 Nidda (HE) 61 J
61194 Niddatal (HE) 61 H
61130 Nidderau (HE) 61 L
52385 Nideggen (NW) 58 C
14929 Niebel (BB) 44 A
14929 Niebelhorst (BB) 44 B
14913 Niebendorf-Heinsdorf (BB) 44 F
25938 Nieblum (SH) 3 G
25899 Niebüll (SH) 3 E
24395 Nieby (SH) 4 F
17309 Nieden (MV) 25 A
34305 Niedenstein (HE) 51 D
56414 Niederahr (RP) 60 E
84100 Niederaichbach (BY) 93 C
66887 Niederalben (RP) 69 J
08439 Niederalbertsdorf (SN) 54 M
86564 Niederarnbach (BY) 92 C
01689 Niederau (SN) 56 D
83080 Niederaudorf (BY) 101 F
36272 Niederaula (HE) 62 B
53343 Niederbachem (NW) 59 C
56357 Niederbachheim (RP) 60 L
64367 Nieder Beerbach (HE) 71 E
59581 Niederbergheim (NW) 49 C
84494 Niederbergkirchen (BY) 94 D
35606 Niederbiel (HE) 61 D
09627 Niederbobritzsch (SN) 56 K
99718 Niederbösa (TH) 53 D
56589 Niederbreitbach (RP) 59 F
08107 Niedercrinitz (SN) 65 C
02708 Niedercunnersdorf (SN) 57 E
57234 Niederdielfen (NW) 49 M
85445 Niederding (BY) 93 E
53639 Niederdollendorf (NW) 59 C
87787 Niederdorf (BY) 99 B
49545 Niederdorf (NW) 38 B
61138 Niederdorfelden (HE) 61 L
99986 Niederdorla (TH) 52 H
57520 Niederdreisbach (RP) 60 B
57299 Niederdresselndorf (NW) 60 C
56651 Niederdürenbach (RP) 59 E
56412 Niederelbert (RP) 60 H
50189 Niederembt (NW) 47 M
59469 Niederense (NW) 49 C
56412 Niedererbach (RP) 60 H
78078 Niedereschach (BW) 89 K
47647 Niedereyll (NW) 47 C
56332 Niederfell (RP) 60 G
16248 Niederfinow (BB) 25 L
57572 Niederfischbach (RP) 49 L
01762 Niederfrauendorf (SN) 56 L
09243 Niederfrohna (SN) 55 K
96489 Niederfüllbach (BY) 64 K
99759 Niedergebra (TH) 52 C
84435 Niedergeislbach (BY) 93 H
14913 Niedergörsdorf (BB) 44 B
04643 Niedergräfenhain (SN) 55 G
99428 Niedergrunstedt (TH) 53 L
02694 Niedergurig (SN) 57 A
94419 Niederhausen (BY) 94 B
55585 Niederhausen (RP) 70 E
52511 Niederheid (NW) 47 H
55413 Niederheimbach (RP) 70 B
55437 Nieder-Hilbersheim (RP) 70 F
88299 Niederhofen (BW) 99 A
76889 Niederhorbach (RP) 80 E
84076 Niederhornbach (BY) 85 L
55758 Niederhosenbach (RP) 69 F
57589 Niederirsen (RP) 60 A
15306 Niederjesar (BB) 34 J
36272 Niederjossa (HE) 62 B
54526 Niederkail (RP) 69 A
02625 Niederkaina (SN) 57 D
53859 Niederkassel (NW) 48 L
67150 Niederkirchen bei Deidesheim (RP) 70 M
67700 Niederkirchen (RP) 70 G
07407 Niederkrossen (TH) 64 C
41372 Niederkrüchten (NW) 47 E
55469 Niederkumbd (RP) 70 A
95158 Niederlamitz (BY) 65 L
49779 Niederlangen (NI) 26 C
97618 Niederlauer (BY) 63 G
85283 Niederlauterbach (BY) 93 A
09517 Niederlauterstein (SN) 66 C
15751 Niederlehme (BB) 34 G
35630 Niederlemp (HE) 61 A
49525 Niederlengerich (NW) 38 B
09244 Niederlichtenau (SN) 55 L
08373 Niederlungwitz (SN) 55 K
59889 Nieder-Marpe (NW) 49 F
34431 Niedermarsberg (NW) 50 C
52457 Niedermerz (NW) 47 L
91320 Niedermirsberg (BY) 74 E
47546 Niedermörmter (NW) 36 J
08138 Niedermülsen (SN) 54 M
63843 Niedernberg (BY) 71 F
39167 Niederndodeleben (ST) 42 B
91074 Niederndorf (BY) 74 K
07586 Niederndorf (TH) 54 K
65629 Niederneisen (RP) 60 J
85467 Niederneuching (BY) 93 G
74676 Niedernhall (BW) 82 B
65527 Niedernhausen (HE) 61 K
84332 Niedernkirchen (BY) 94 E
33154 Niederntudorf (NW) 39 L
31712 Niedernwöhren (NI) 29 K
27432 Nieder Ochtenhausen (NI) 20 A
54533 Niederöfflingen (RP) 69 A
55268 Nieder-Olm (RP) 70 F
37355 Niederorschel (TH) 52 B
76889 Niederotterbach (RP) 80 E
07570 Niederpöllnitz (TH) 65 A
64367 Nieder Ramstadt (HE) 71 E
86381 Niederraunau (BY) 91 H
94419 Niederreisbach (BY) 94 A
99510 Niederreißen (TH) 53 H
87767 Niederrieden (BY) 91 K
06542 Niederröblingen (Helme) (ST) 53 B
99510 Niederroßla (TH) 53 J
85229 Niederroth (BY) 92 F
93486 Niederrunding (BY) 86 B
99762 Niedersachswerfen (TH) 41 M
09509 Niedersaida (SN) 55 M
59889 Niedersalwey (NW) 49 F
56244 Niedersayn (RP) 60 E
54533 Niederscheidweiler (RP) 69 B
76891 Niederschlettenbach (RP) 80 E
09518 Niederschmiedeberg (SN) 66 C
09600 Niederschöna (SN) 56 G
86694 Niederschönenfeld (BY) 84 K
65527 Niederseelbach (HE) 60 M
49492 Niederseeste (NW) 27 L
02906 Nieder Seifersdorf (SN) 57 B
59955 Niedersfeld (NW) 50 D
55487 Niedersohren (RP) 69 C
87448 Niedersonthofen (BY) 99 H
99713 Niederspier (TH) 52 F
54570 Niederstadtfeld (RP) 59 K
88138 Niederstaufen (BY) 98 J
54634 Niederstedem (RP) 68 C
97996 Niederstetten (BW) 72 M
89168 Niederstotzingen (BW) 91 B
04741 Niederstriegis (SN) 55 J
94339 Niedersunzing (BY) 86 K
99444 Niedersynderstedt (TH) 53 M
84494 Niedertaufkirchen (BY) 94 D
49832 Niederthuine (NI) 27 G
93083 Niedertraubling (BY) 85 J
99518 Niedertrebra (TH) 53 J
93354 Niederumelsdorf (BY) 85 L
84183 Niederviehbach (BY) 93 C
56357 Niederwallmenach (RP) 60 L
57614 Niederwambach (RP) 60 A
55491 Niederweiler (RP) 69 F
54668 Niederweis (RP) 68 F
14822 Niederwerbig (BB) 44 A
97464 Niederwerrn (BY) 73 A
56179 Niederwerth (RP) 60 G
08396 Niederwiera (SN) 55 K
09577 Niederwiesa (SN) 55 L
79733 Niederwihl (BW) 96 J
99326 Niederwillingen (TH) 64 A
74585 Niederwinden (BW) 83 A
08396 Niederwinkel (SN) 55 K
55758 Niederwörresbach (RP) 69 F
09399 Niederwürschnitz (SN) 66 A
78479 Niederzell (BW) 97 F
52382 Niederzier (NW) 47 M
99428 Niederzimmern (TH) 53 H
56651 Niederzissen (RP) 59 F
39291 Niegripp (ST) 31 M
33039 Nieheim (NW) 39 J
24955 Niehuus (SH) 4 D
47559 Niel (NW) 36 H
39319 Nielebock (ST) 32 G
06188 Niemberg (ST) 43 L
14823 Niemegk (BB) 44 A
16909 Niemerlang (BB) 23 E
37127 Niemetal (NI) 51 B
48619 Nienborg (NW) 37 C
24819 Nienborstel (SH) 11 E
31553 Nienbrügge (NI) 29 K
06429 Nienburg (Saale) (ST) 43 G
25596 Nienbüttel (SH) 11 D
23669 Niendorf (SH) 12 F
23769 Niendorf (SH) 5 C
18211 Nienhagen (MV) 14 A
18442 Nienhagen (MV) 6 M
29336 Nienhagen (NI) 30 G
29690 Nienhagen (NI) 29 E
37186 Nienhagen (NI) 40 J
39397 Nienhagen (ST) 42 D
29364 Nienhof (NI) 30 H
29336 Nienhorst (NI) 30 G
24808 Nienkattbek (SH) 11 B
37194 Nienover (NI) 40 L
23738 Nienrade (SH) 12 C
31688 Nienstädt (NI) 29 K
27211 Nienstedt (NI) 28 B
06542 Nienstedt (ST) 53 B
23863 Nienwohld (SH) 12 K
47506 Niep (NW) 47 C
18442 Niepars (MV) 6 J
54518 Niersbach (RP) 69 A
55283 Nierstein (RP) 71 D
52511 Nierstraß (NW) 47 H
47574 Nierswalde (NW) 36 H
32676 Niese (NW) 40 G
24395 Niesgrau (SH) 4 F
01609 Nieska (SN) 55 C
02906 Niesky (SN) 57 B
34329 Nieste (HE) 51 E
34266 Niestetal (HE) 51 E
16816 Nietwerder (BB) 24 K
47647 Nieukerker Bruch (NW) 47 C
56132 Nievern (RP) 60 G
15848 Niewisch (BB) 45 C
15910 Niewitz (BB) 45 D
97956 Niklashausen (BW) 72 H
83739 Niklasreuth (BY) 101 B
49681 Nikolausdorf (NI) 18 M
79331 Nimburg (BW) 88 K
27374 Nindorf (NI) 20 L
24594 Nindorf (SH) 11 E
25704 Nindorf (SH) 10 F
99510 Nirmsdorf (TH) 53 J
04808 Nischwitz (SN) 55 A
57645 Nister (RP) 60 B
56472 Nisterau (RP) 60 B
56472 Nisterberg (RP) 60 B
56477 Nister-Möhrendorf (RP) 60 C
57647 Nistertal (RP) 60 B
07980 Nitschareuth (TH) 65 B
54453 Nittel (RP) 68 J
93149 Nittenau (BY) 85 C
93152 Nittendorf (BY) 85 H
86732 Nittingen (BY) 83 J
14715 Nitzahn (BB) 32 H
91275 Nitzlbuch (BY) 75 G
39539 Nitzow (ST) 32 A
04626 Nöbdenitz (TH) 54 M
09306 Nöbeln (SN) 55 G
04603 Nobitz (TH) 54 J
56357 Nochern (RP) 60 K
02943 Nochten (SN) 46 L
99195 Nöda (TH) 53 G
24214 Noer (SH) 4 M
79809 Nöggenschwiel (BW) 96 F
84378 Nöham (BY) 94 B
55767 Nohen (RP) 69 J
66625 Nohfelden (SL) 69 H
54578 Nohn (RP) 59 G
99428 Nohra (TH) 53 L
99735 Nohra (TH) 52 C
56412 Nomborn (RP) 60 H
14913 Nonnendorf (BB) 44 F
88149 Nonnenhorn (BW) 98 H
75337 Nonnenmiß (BW) 89 A
06727 Nonnewitz (ST) 54 H
66620 Nonnweiler (SL) 69 H
56291 Norath (RP) 60 K
24811 Norby (SH) 4 L
24989 Nordballig (SH) 4 E
59199 Nordbögge (NW) 38 L
33178 Nordborchen (NW) 39 L
46499 Nordbrock (NW) 37 G
26506 Norddeich (NI) 17 C
25764 Norddeich (SH) 10 C
49429 Norddöllen (NI) 28 A
25946 Norddorf (SH) 3 G
29690 Norddrebber (NI) 29 E
34414 Nörde (NW) 39 M
26506 Norden (NI) 17 C
57392 Nordenau (NW) 50 D
91635 Nordenberg (BY) 73 L
86695 Nordendorf (BY) 92 A
26954 Nordenham (NI) 19 A
24392 Norderbrarup (SH) 4 H
21775 Nordernde (NI) 10 M
25704 Nordermeldorf (SH) 10 F
26548 Norderney (NI) 8 M
26349 Norderschweiburg (NI) 19 D
25868 Norderstapel (SH) 4 K
228XX Norderstedt (SH) 11 M
21775 Norderteil (NI) 10 M
25746 Norderwöhrden (SH) 10 C
39343 Nordgermersleben (ST) 31 L
24980 Nordhackstedt (SH) 3 F
96365 Nordhalben (BY) 64 J
25785 Nordhastedt (SH) 11 A
74226 Nordhausen (BW) 81 F
99734 Nordhausen (TH) 52 C
74226 Nordheim (BW) 81 F
86609 Nordheim (BY) 84 K
97334 Nordheim am Main (BY) 73 D
97647 Nordheim vor der Rhön (BY) 63 D
32479 Nordhemmern (NW) 28 L
56242 Nordhofen (RP) 60 E
89290 Nordholz (BY) 91 H
27637 Nordholz (NI) 10 L
485XX Nordhorn (NI) 26 H
59387 Nordick (NW) 38 H
59394 Nordkirchen (NW) 38 G
21765 Nordleda (NI) 10 L
86720 Nördlingen (BY) 83 M
26689 Nordloh (NI) 18 H
49835 Nordlohne (NI) 26 J
26349 Nordmentzhausen (NI) 19 D
77787 Nordrach (BW) 88 F
79618 Nordschwaben (BW) 96 H
31717 Nordsehl (NI) 29 K
27726 Nordsode (NI) 19 F
31171 Nordstemmen (NI) 40 B
48356 Nordwalde (NW) 38 A
27211 Nordwohlde (NI) 28 B
24972 Norgaardholz (SH) 4 F
55585 Norheim (RP) 70 E
57629 Norken (RP) 60 B
25884 Norstedt (SH) 3 J
37176 Nörten-Hardenberg (NI) 40 M
56283 Nörtershausen (RP) 60 K
37154 Northeim (NI) 40 J
26845 Nortmoor (NI) 18 G
24589 Nortorf (SH) 11 F
25554 Nortorf (SH) 11 G
49638 Nortrup (NI) 27 E
52353 Nörvenich (NW) 48 K
04749 Noschkowitz (SN) 55 E
01683 Nossen (SN) 55 J
17111 Nossendorf (MV) 15 D
17214 Nossentin (MV) 23 C
17214 Nossentiner Hütte (MV) 23 B
09306 Noßwitz (SN) 55 G
02627 Nostitz (SN) 57 E
19258 Nostorf (MV) 21 F
53902 Nöthen (NW) 59 D
76891 Nothweiler (RP) 80 D
21640 Nottensdorf (NI) 20 B
24392 Nottfeld (SH) 4 H
85290 Nötting (BY) 85 K
75196 Nöttingen (BW) 81 G
99192 Nottleben (TH) 53 K
48301 Nottuln (NW) 37 F
85445 Notzing (BY) 93 H
73274 Notzingen (BW) 90 B
24768 Nübbel (SH) 11 B
24881 Nübel (SH) 4 H
23714 Nüchel (SH) 12 B
06896 Nudersdorf (ST) 43 F
97720 Nüdlingen (BY) 63 K
14532 Nudow (BB) 33 L
71154 Nufringen (BW) 89 B
51588 Nümbrecht (NW) 49 K
01612 Nünchritz (SN) 55 C
66989 Nünschweiler (RP) 80 A
15806 Nunsdorf (BB) 33 M
53520 Nürburg (RP) 59 H
96349 Nurn (BY) 64 J
904XX Nürnberg (BY) 74 L
72622 Nürtingen (BW) 90 A
54675 Nusbaum (RP) 68 C
72362 Nusplingen (BW) 89 M
77704 Nußbach (BW) 88 B
67759 Nußbach (RP) 70 G
55569 Nußbaum (RP) 70 D
71735 Nußdorf (BW) 81 J
88662 Nußdorf (BW) 97 H
83131 Nußdorf am Inn (BY) 101 F
83365 Nußdorf (BY) 102 A
23896 Nusse (SH) 12 L
69226 Nußloch (BW) 81 B
74821 Nüstenbach (BW) 81 C
18195 Nustrow (MV) 14 F
39264 Nutha (ST) 43 D
26215 Nuttel (NI) 18 J
25594 Nutteln (SH) 11 G
47559 Nütterden (NW) 36 H
59909 Nuttlar (NW) 50 A
24568 Nützen (SH) 11 J
21379 Nutzfelde (NI) 21 H

O

87651 Ob (BY) 99 F
97502 Obbach (BY) 73 A
35410 Obbornhofen (HE) 61 H
24986 Obdrup (SH) 4 H
89290 Obenhausen (BY) 91 G
56414 Oberahr (RP) 60 E
84100 Oberaichbach (BY) 93 C
95491 Oberailsfeld (BY) 74 F
94327 Oberalteich (BY) 86 G
82487 Oberammergau (BY) 100 H
66851 Oberarnbach (RP) 80 A
90522 Oberasbach (BY) 74 K
82496 Oberau (BY) 100 H
83080 Oberaudorf (BY) 101 F
36280 Oberaula (HE) 51 L
97514 Oberaurach (BY) 73 C
86672 Oberbaar (BY) 92 A
97772 Oberbach (BY) 62 J

A B C D E F G H I J K L M N O P Q R S T U V W X Y Z

85232 Oberbachern (BY) 92 J
56355 Oberbachheim (RP) 60 K
88481 Oberbalzheim (BW) 91 G
49545 Oberbauer (NW) 27 L
58256 Oberbauer (NW) 49 D
89429 Oberbechingen (BY) 91 B
86929 Oberbergen (BY) 92 K
84564 Oberbergkirchen (BY) 94 D
73614 Oberberken (BW) 82 L
86551 Oberbernbach (BY) 92 E
57392 Oberberndorf (NW) 49 F
63856 Oberbessenbach (BY) 72 A
86911 Oberbeuern (BY) 92 L
87600 Oberbeuren (BY) 99 C
82041 Oberbiberg (BY) 93 K
54331 Oberbillig (RP) 68 J
09627 Oberbobritzsch (SN) 56 K
07646 Oberbodnitz (TH) 53 M
07907 Oberböhmsdorf (TH) 65 D
73337 Oberböhringen (BW) 90 C
72644 Oberboihingen (BW) 90 A
99718 Oberbösa (TH) 53 D
51588 Oberbreidenbach (NW) 49 K
52525 Oberbruch (NW) 47 H
58553 Oberbrügge (NW) 49 D
82131 Oberbrunn (BY) 92 M
83670 Oberbuchen (BY) 100 F
92364 Oberbuchfeld (BY) 84 C
01762 Obercarsdorf (SN) 56 K
08147 Obercrinitz (SN) 65 F
02708 Obercunnersdorf (SN) 57 H
91617 Oberdachstetten (BY) 73 L
75038 Oberderdingen (BW) 81 E
55413 Oberdiebach (RP) 70 B
57234 Oberdielfen (NW) 49 M
86944 Oberdießen (BY) 100 A
72469 Oberdigisheim (BW) 89 J
85445 Oberding (BY) 93 E
89610 Oberdischingen (BW) 90 J
53639 Oberdollendorf (NW) 59 C
73441 Oberdorf am Ipf (BW) 83 H
88085 Oberdorf (BW) 98 H
99986 Oberdorla (TH) 52 E
57639 Oberdreis (RP) 60 D
57299 Oberdresselndorf (NW) 60 C
56651 Oberdürenbach (RP) 59 E
97618 Oberebersbach (BY) 63 G
87782 Oberegg (BY) 99 B
91795 Obereichstätt (BY) 84 H
53783 Obereip (NW) 60 A
56412 Oberelbert (RP) 60 H
96145 Oberelldorf (BY) 63 M
99819 Oberellen (TH) 52 K
84066 Oberellenbach (BY) 85 M
97656 Oberelsbach (BY) 63 G
57368 Oberelspe (NW) 49 J
56767 Oberelz (RP) 59 L
50189 Oberembt (NW) 47 M
72622 Oberensingen (BW) 90 A
56414 Obererbach (RP) 60 H
84098 Oberergoldsbach (BY) 85 M
91729 Obererlbach (BY) 84 D
97762 Obererthal (BY) 62 M
97762 Obereschenbach (BY) 72 C
88436 Oberessendorf (BW) 98 C
97528 Obereßfeld (BY) 63 L
97508 Obereuerheim (BY) 73 B
93352 Obereulenbach (BY) 85 L
90616 Oberfeldbrecht (BY) 73 M
56332 Oberfell (RP) 60 K
84036 Oberfimbach (BY) 93 C
74423 Oberfischach (BW) 82 F
83646 Oberfischbach (BY) 100 F
57258 Oberfischbach (NW) 49 L
78606 Oberflacht (BW) 89 L
55234 Ober-Flörsheim (RP) 70 J
94258 Oberfrauenau (BY) 87 D
01762 Oberfrauendorf (SN) 56 L
84036 Obergangkofen (BY) 93 C
53894 Obergartzem (NW) 59 A
99759 Obergebra (TH) 52 C
84435 Obergeislbach (BY) 93 H
86479 Obergessertshausen (BY) 91 J
84030 Oberglaim (BY) 93 B
89420 Oberglauheim (BY) 91 C
04657 Obergräfenhain (SN) 55 G
94143 Obergrainet (BY) 87 H
86573 Obergriesbach (BY) 92 E
74831 Obergriesheim (BW) 82 A
73569 Obergröningen (BW) 82 J
09634 Obergruna (SN) 55 J
99428 Obergrunstedt (TH) 53 L
87634 Obergünzburg (BY) 99 B
02692 Obergurig (SN) 57 D
82041 Oberhaching (BY) 93 K
96173 Oberhaid (BY) 74 A
56237 Oberhaid (RP) 60 E
07426 Oberhain (TH) 64 B
85395 Oberhaindlfing (BY) 93 A
84384 Oberham (BY) 94 F
26931 Oberhammelwarden (NI) 19 G
94333 Oberharthausen (BY) 86 G
84066 Oberhaselbach (BY) 85 M
01744 Oberhäslich (SN) 56 H
84056 Oberhatzkofen (BY) 85 L
75387 Oberhaugstett (BW) 89 B
82386 Oberhausen (BY) 100 E
86697 Oberhausen (BY) 84 L
86911 Oberhausen (BY) 100 A
89264 Oberhausen (BY) 91 G
94419 Oberhausen (BY) 94 B
27798 Oberhausen (NI) 19 G
46XXX Oberhausen (NW) 48 B
55585 Oberhausen an der Nahe (RP) 70 E
67822 Oberhausen an der Appel (RP) 70 H
68794 Oberhausen-Rheinhausen (BW) 81 A
55413 Oberheimbach (RP) 70 A
08468 Oberheinsdorf (SN) 65 E
06577 Oberheldrungen (TH) 53 E
57392 Oberhenneborn (NW) 50 D
08606 Oberhermsgrün (SN) 65 H
55437 Ober-Hilbersheim (RP) 70 F
93083 Oberhinkofen (BY) 85 H
91781 Oberhochstatt (BY) 84 D
98559 Oberhof (TH) 63 C
84494 Oberhofen (BY) 94 D
57258 Oberholzklau (NW) 49 L
56587 Oberhonnefeld-Gierend (RP) 60 D
88436 Oberhornstolz (BW) 98 C
55758 Oberhosenbach (RP) 69 F
85416 Oberhummel (BY) 93 E
57399 Oberhundem (NW) 49 J
72296 Oberiflingen (BW) 89 D
94496 Oberiglbach (BY) 94 C
94060 Oberindling (BY) 95 D
57635 Oberirsen (RP) 60 A
87541 Oberjoch (BY) 99 H
65527 Oberjosbach (HE) 61 K
14778 Oberjünne (BB) 32 M
54533 Oberkail (RP) 69 A
98634 Oberkatz (TH) 63 D
77704 Oberkirch (BW) 88 C
89171 Oberkirchberg (BW) 91 G
57392 Oberkirchen (NW) 50 G
55624 Oberkirn (RP) 69 F
73547 Oberkirneck (BW) 82 M
75394 Oberkollbach (BW) 81 L
84103 Oberköllnbach (BY) 85 M
75389 Oberkollwangen (BW) 89 A
96138 Oberköst (BY) 73 F
95145 Oberkotzau (BY) 65 H
41372 Oberkrüchten (NW) 47 E
96250 Oberküps (BY) 74 A
57641 Oberlahr (RP) 60 D
59889 Oberlandenbeck (NW) 49 F
92526 Oberlangau (BY) 76 G
49779 Oberlangen (NI) 26 C
69427 Oberlangenelz (BW) 72 K
96215 Oberlangheim (BY) 64 L
54608 Oberlascheid (RP) 58 H
97488 Oberlauringen (BY) 63 L
96486 Oberlauter (BY) 64 G
85283 Oberlauterbach (BY) 93 A
08239 Oberlauterbach (SN) 65 F
97789 Oberleichtersbach (BY) 62 J
91332 Oberleinleiter (BY) 74 E
07356 Oberlemnitz (TH) 64 F
65510 Oberlibbach (HE) 60 M
01936 Oberlichtenau (SN) 56 E
09244 Oberlichtenau (SN) 55 L
92648 Oberlind (BY) 75 J
91085 Oberlindach (BY) 73 J
84066 Oberlindhart (BY) 85 M
07330 Oberloquitz (TH) 64 E
53809 Oberlückerath (NW) 49 K
09353 Oberlungwitz (SN) 55 K
87538 Obermaiselstein (BY) 99 L
85238 Obermarbach (BY) 92 F
89611 Obermarchtal (BW) 90 H
34431 Obermarsberg (NW) 50 C
08606 Obermarxgrün (SN) 65 E
91171 Obermässing (BY) 84 E
52372 Obermaubach (NW) 58 C
86551 Obermauerbach (BY) 92 E
99996 Obermehler (TH) 52 F
32312 Obermehnen (NW) 28 L
86836 Obermeitingen (BY) 92 K
57368 Obermelbecke (NW) 49 F
90587 Obermichelbach (BY) 74 K
91717 Obermögersheim (BY) 83 F
61239 Ober-Mörlen (HE) 61 H
83670 Obermühl (BY) 100 F
74420 Obermühle (BW) 82 H
86911 Obermühlhausen (BY) 92 K
84101 Obermünchen (BY) 93 B
92526 Obermurach (BY) 75 M
83661 Obermurbach (BY) 101 D
72250 Obermusbach (BW) 89 D
72108 Obernau (BW) 89 E
51570 Obernau (NW) 60 A
32584 Obernbeck (NW) 39 B
97342 Obernbreit (BY) 73 G
63785 Obernburg am Main (BY) 71 F
72108 Oberndorf (BW) 89 C
78727 Oberndorf am Neckar (BW) 89 G
88634 Oberndorf (BW) 98 A
97990 Oberndorf (BW) 73 K
85250 Oberndorf (BY) 92 E
86698 Oberndorf am Lech (BY) 92 A
91245 Oberndorf (BY) 74 H
91472 Oberndorf (BY) 73 L
93077 Oberndorf (BY) 85 H
93468 Oberndorf (BY) 86 E
94133 Oberndorf (BY) 87 L
21787 Oberndorf (NI) 10 M
99510 Oberndorf (TH) 53 J
57462 Oberneger (NW) 49 H
65558 Oberneisen (RP) 60 J
85467 Oberneuching (BY) 93 H
86865 Oberneufnach (BY) 91 J
84565 Oberneukirchen (BY) 94 G
37434 Obernfeld (NI) 41 K
91332 Oberngrub (BY) 74 E
66919 Obernheim-Kirchenarnbach (RP) 80 A
56379 Obernhof (RP) 60 H
29386 Obernholz (NI) 30 B
31683 Obernkirchen (NI) 29 K
95490 Obernsees (BY) 74 B
91438 Oberntief (BY) 73 L
33154 Oberntudorf (NW) 39 L
23617 Obernwohlde (SH) 12 H
94130 Obernzell (BY) 95 B
27446 Ober Ochtenhausen (NI) 20 D
91583 Oberoestheim (BY) 83 A
54533 Oberöfflingen (RP) 69 A
29328 Oberohe (NI) 30 A
55270 Ober-Olm (RP) 70 C
92348 Oberölsbach (BY) 84 C
88457 Oberopfingen (BW) 91 K
07381 Oberoppurg (TH) 65 A
84419 Oberornau (BY) 93 J
84056 Oberotterbach (BY) 85 L
76889 Oberotterbach (RP) 80 E
86507 Oberottmarshausen (BY) 92 G
82234 Oberpfaffenhofen (BY) 92 L
95176 Oberpferdt (BY) 65 K
85667 Oberpframmern (BY) 93 K
94330 Oberpiebing (BY) 86 K
53567 Oberplag (RP) 59 C
97241 Oberpleichfeld (BY) 73 D
53639 Oberpleis (NW) 59 C
79215 Oberprechtal (BW) 88 J
56587 Oberraden (RP) 60 D
91578 Oberramstadt (BY) 83 B
64372 Ober-Ramstadt (HE) 71 E
57392 Oberrarbach (NW) 50 D
74595 Oberregenbach (BW) 82 C
75394 Oberreichenbach (BW) 81 L
89264 Oberreichenbach (BY) 91 G
91097 Oberreichenbach (BY) 73 J
91126 Oberreichenbach (BY) 84 A
55758 Oberreidenbach (RP) 69 J
99510 Oberreißen (TH) 53 H
88179 Oberreute (BY) 99 G
79254 Oberried (BW) 96 B
87769 Oberrieden (BY) 91 L
71739 Oberriexingen (BW) 81 J
73441 Oberriffingen (BW) 83 L
96152 Oberrimbach (BY) 73 J
79206 Oberrimsingen (BW) 96 A
06528 Oberröblingen (ST) 53 B
65510 Oberrod (HE) 61 K
56479 Oberrod (RP) 60 F
96364 Oberrodach (BY) 64 M
63322 Ober-Roden (HE) 71 B
36469 Oberrohn (TH) 52 K
86513 Oberrohr (BY) 91 H
84056 Oberroning (BY) 85 L
56479 Oberroßbach (RP) 60 C
99510 Oberroßla (TH) 53 J
74420 Oberrot (BW) 82 H
89294 Oberroth (BY) 91 G
08129 Oberrothenbach (SN) 54 M
97475 Obersachswerfen (TH) 41 M
09618 Obersaida (SN) 55 M
59889 Obersalwey (NW) 49 F
09600 Oberschaar (SN) 55 J
69427 Oberscheidental (BW) 72 K
54533 Oberscheidweiler (RP) 69 B
91483 Oberscheinfeld (BY) 73 H
59964 Oberschledorn (NW) 50 E
97514 Oberschleichach (BY) 73 C
85764 Oberschleißheim (BY) 92 J
76889 Oberschlettenbach (RP) 80 E
84140 Oberschmiddorf (BY) 94 D
94363 Oberschneiding (BY) 86 K
86551 Oberschneitbach (BY) 92 E
53940 Oberschömbach (NW) 58 F
09600 Oberschöna (SN) 55 M
86424 Oberschöneberg (BY) 91 J
87770 Oberschönegg (BY) 91 L
72221 Oberschwandorf (BW) 89 B
88410 Oberschwarzach (BW) 98 C
97516 Oberschwarzach (BY) 73 E
82294 Oberschweinbach (BY) 92 H
57234 Obersdorf (NW) 49 M
06528 Obersdorf (ST) 42 L
65527 Oberseelbach (HE) 61 K
49492 Oberseeste (NW) 27 L
97776 Obersfeld (BY) 72 C
66957 Obersimten (RP) 80 D
97791 Obersinn (BY) 62 L
82395 Obersöchering (BY) 100 E
74423 Obersontheim (BW) 82 F
57392 Obersorpe (NW) 50 D
74586 Oberspeltach (BW) 83 D
99713 Oberspier (TH) 52 F
89613 Oberstadion (BW) 90 J
98530 Oberstadt (TH) 63 F
54570 Oberstadtfeld (RP) 59 K
87534 Oberstaufen (BY) 99 G
87561 Oberstdorf (BY) 99 L
61440 Oberstedten (HE) 61 K
83670 Obersteinbach (BY) 100 F
91480 Obersteinbach (BY) 73 J
49509 Obersteinbeck (NW) 27 K
71720 Oberstenfeld (BW) 82 G
72531 Oberstetten (BW) 90 G
88416 Oberstetten (BW) 91 K
55596 Oberstreit (RP) 70 D
97640 Oberstreu (BY) 63 H
74182 Obersulm (BW) 82 D
88471 Obersulmetingen (BW) 90 J
91611 Obersulzbach (BY) 83 B
67271 Obersülzen (RP) 70 M
94339 Obersunzing (BY) 86 K
84101 Obersüßbach (BY) 93 B
78120 Obertal (BW) 88 M
72160 Obertalheim (BW) 89 E
91480 Obertaschendorf (BY) 73 H
84419 Obertaufkirchen (BY) 93 J
88094 Oberteuringen (BW) 98 E
66649 Oberthal (SL) 69 L
87538 Oberthalhofen (BY) 99 H
87647 Oberthingau (BY) 99 F
97723 Oberthulba (BY) 62 M
86647 Oberthürheim (BY) 91 C
56357 Obertiefenbach (RP) 60 L
93083 Obertraubling (BY) 85 J
99510 Obertrebra (TH) 53 J
84140 Obertrennbach (BY) 94 A
08606 Obertriebel (SN) 65 H
91286 Obertrubach (BY) 74 H
93426 Obertrübenbach (BY) 86 D
63179 Obertshausen (HE) 71 B
76593 Obertsrot (BW) 81 K
93333 Oberulrain (BY) 85 K
61440 Oberursel (Taunus) (HE) 61 K
57462 Oberveischede (NW) 49 H
92526 Oberviechtach (BY) 75 M
84149 Obervilslern (BY) 93 F
97332 Obervolkach (BY) 73 D
95488 Oberwaiz (BY) 74 C
89349 Oberwaldbach (BY) 91 E
56357 Oberwallmenach (RP) 60 L
94339 Oberwalting (BY) 86 K
57614 Oberwambach (RP) 60 A
95485 Oberwarmensteinach (BY) 75 A
01462 Oberwartha (SN) 56 D
98634 Oberweid (TH) 63 D
76275 Oberweier (BW) 81 G
54636 Oberweiler (RP) 68 C
54636 Oberweis (RP) 68 C
97653 Oberweißenbrunn (BY) 62 J
97464 Oberwerrn (BY) 73 A
55430 Oberwesel (RP) 60 K
34399 Oberweser (HE) 40 L
08396 Oberwiera (SN) 54 M
56379 Oberwies (RP) 60 H
84494 Oberwiesbach (BY) 94 D
67294 Oberwiesen (RP) 70 H
09484 Oberwiesenthal (SN) 66 E
79733 Oberwihl (BW) 96 H
97772 Oberwildflecken (BY) 62 J
98673 Oberwind (TH) 64 D
86551 Oberwittelsbach (BY) 92 E
96472 Oberwohlsbach (BY) 64 G
77709 Oberwolfach (BW) 88 J
55758 Oberwörresbach (RP) 69 F
83246 Oberwössen (BY) 102 D
85250 Oberzeitlbach (BY) 92 E
36391 Oberzell (HE) 62 J
36460 Oberzella (TH) 52 K
54314 Oberzerf (RP) 69 G
52382 Oberzier (NW) 47 M
56651 Oberzissen (RP) 59 F
06268 Obhausen (ST) 53 C
83119 Obing (BY) 94 K
74847 Obrigheim (BW) 81 C
52525 Obspringen (NW) 47 H
26655 Ocholt (NI) 18 H
26655 Ocholterfeld (NI) 18 H
88356 Ochsenbach (BW) 98 A
85111 Ochsenfeld (BY) 84 L
97199 Ochsenfurt (BY) 73 G
88416 Ochsenhausen (BW) 91 K
73266 Ochsenwang (BW) 90 B
26632 Ochtelbur (NI) 18 D
56299 Ochtendung (RP) 59 J
27305 Ochtmannien (NI) 28 C
39167 Ochtmersleben (ST) 42 B
48607 Ochtrup (NW) 37 C
53545 Ockenfels (RP) 59 F
55437 Ockenheim (RP) 70 B
54441 Ockfen (RP) 68 J
25842 Ockholm (SH) 3 H
01665 Ockrilla (SN) 56 D
25785 Odderade (SH) 11 D
85235 Odelzhausen (BY) 92 H
67748 Odenbach (RP) 70 G
53913 Odendorf (NW) 59 A
51519 Odenthal (NW) 48 H
72531 Ödenwaldstetten (BW) 90 D
16248 Oderberg (BB) 25 L
82398 Oderding (BY) 100 B
15757 Oderin (BB) 45 A
55571 Odernheim am Glan (RP) 70 D
35753 Odersberg (HE) 60 F
53902 Odesheim (NW) 59 E
21775 Odisheim (NI) 10 M
77704 Ödsbach (BW) 88 F
39646 Oebisfelde (ST) 31 G
06231 Oebles-Schlechtewitz (ST) 54 E
36404 Oechsen (TH) 63 A
53347 Oedekoven (NW) 59 B
09569 Oederan (SN) 55 M
21734 Oederquart (NI) 11 K
74229 Oedheim (BW) 82 A
46354 Oeding (NW) 37 D
47929 Oedt (NW) 47 C
15848 Oegeln (BB) 34 M
14913 Oehna (BB) 44 E
97705 Oehrberg (BY) 62 M
98704 Oehrenstock (TH) 64 A
41569 Oekoven (NW) 48 G
59302 Oelde (NW) 38 J
25524 Oelixdorf (SH) 11 H
01734 Oelsa (SN) 56 G
56357 Oelsberg (RP) 60 L
01816 Oelsen (SN) 56 L
04936 Oelsig (BB) 44 J
01561 Oelsnitz (SN) 56 A
08606 Oelsnitz (SN) 65 H
09376 Oelsnitz/Erzgebirge (SN) 66 A
04579 Oelzschau (SN) 54 F
92334 Oening (BY) 84 F
29614 Oeningen (NI) 20 M
45739 Oer (NW) 37 M
27432 Oerel (NI) 19 C
45739 Oer-Erkenschwick (NW) 37 M
23845 Oering (SH) 12 G
97714 Oerlenbach (BY) 63 K
33813 Oerlinghausen (NW) 39 E
47661 Oermten (NW) 47 C
29386 Oerrel (NI) 30 E
24407 Oersberg (SH) 4 J
24568 Oersdorf (SH) 11 J
21409 Oerzen (NI) 21 G
25548 Oeschebüttel (SH) 11 H
34431 Oesdorf (NW) 50 C
27432 Oese (NI) 19 F
25761 Oesterdeichstrich (SH) 10 F
33775 Oesterweg (NW) 38 F
25764 Oesterwurth (SH) 10 C
59510 Oestinghausen (NW) 38 M
65375 Oestrich-Winkel (HE) 70 B
07907 Oettersdorf (TH) 65 D
86732 Oettingen (BY) 83 J
25938 Oevenum (SH) 3 E
24988 Oeversee (SH) 4 D
33039 Oeynhausen (NW) 39 J
35708 Offdilln (HE) 49 M
29303 Offen (NI) 29 F
74254 Offenau (BW) 82 A
630XX Offenbach am Main (HE) 71 B
67749 Offenbach-Hundheim (RP) 70 G
91177 Offenbau (BY) 84 E
94560 Offenberg (BY) 86 H
7765X Offenburg (BW) 88 E
25767 Offenbüttel (SH) 11 A
91238 Offenhausen (BY) 74 M
55234 Offenheim (RP) 70 H
27404 Offensen (NI) 20 D
37170 Offensen (NI) 40 L
93326 Offenstetten (BY) 85 L
63303 Offenthal (HE) 71 B
27628 Offenwarden (NI) 19 D
88524 Offingen (BW) 90 L
89362 Offingen (BY) 91 E
67591 Offstein (RP) 70 J
88239 Oflings (BW) 98 F
72131 Ofterdingen (BW) 89 F
79793 Ofteringen (BW) 97 D
87527 Ofterschwang (BY) 99 H
68723 Oftersheim (BW) 81 A
88448 Oggelsbeuren (BW) 90 H
88422 Oggelshausen (BW) 90 L
03205 Ogrosen (BB) 45 H
24806 Oha (SH) 11 B
21465 Ohe (SH) 21 A
58840 Ohle (NW) 49 E
27249 Ohlendorf (NI) 28 F
53520 Ohlenhard (RP) 59 G
27711 Ohlenstedt (NI) 19 E
77797 Ohlsbach (BW) 88 E
82441 Ohlstadt (BY) 100 E
55469 Ohlweiler (RP) 70 A
66903 Ohmbach (RP) 69 M
73275 Ohmden (BW) 90 B
73450 Ohmenheim (BW) 83 L
72813 Ohnastetten (BW) 90 D
48465 Ohne (NI) 26 M
78337 Öhningen (BW) 97 F
38536 Ohof (NI) 30 G
01896 Ohorn (SN) 56 F
99885 Ohrdruf (TH) 52 M
27446 Ohrel (NI) 20 D
91620 Ohrenbach (BY) 73 K
74613 Öhringen (BW) 82 E
39393 Ohrsleben (ST) 42 A
38312 Ohrum (NI) 41 B
26160 Ohrwege (NI) 18 J
52499 Oidtweiler (NW) 47 L
28857 Okel (NI) 28 C
09526 Olbernhau (SN) 66 C
02785 Olbersdorf (SN) 57 H
99628 Olbersleben (TH) 53 E
75248 Ölbronn-Dürrn (BW) 81 H
82140 Olching (BY) 92 J
29313 Oldau (NI) 29 F
25560 Oldenborstel (SH) 11 E
261XX Oldenburg (NI) 19 G
23758 Oldenburg in Holstein (SH) 12 C
25557 Oldenbüttel (SH) 11 E
21385 Oldendorf (Luhe) (NI) 21 G
21726 Oldendorf (NI) 20 A
27404 Oldendorf (NI) 20 G
25588 Oldendorf (SH) 11 G
24793 Oldenhütten (SH) 11 E
37186 Oldenrode (NI) 40 J
37589 Oldenrode (NI) 41 G
25870 Oldenswort (SH) 3 M
25873 Oldersbek (SH) 4 K
37589 Oldershausen (NI) 41 G
25860 Olderup (SH) 3 J
25860 Olderupfeld (SH) 3 J
06578 Oldisleben (TH) 53 D
26434 Oldorf (NI) 18 B
25938 Oldsum (SH) 3 D
53937 Olef (NW) 58 F
59399 Olfen (NW) 37 J
87755 Olgishofen (BY) 91 L
54310 Olk (RP) 68 F
87724 Ollarzried (BY) 99 B
99198 Ollendorf (TH) 53 H
89129 Öllingen (BW) 91 A
54316 Ollmuth (RP) 69 G
54689 Olmscheid (RP) 68 B
57462 Olpe (NW) 49 H
59939 Olsberg (NW) 50 A
67737 Olsbrücken (RP) 70 K
54597 Olzheim (RP) 58 J
54456 Onsdorf (RP) 68 J
54568 Oos (RP) 58 M
88145 Opfenbach (BY) 98 J
97241 Opferbaum (BY) 73 D
89614 Öpfingen (BW) 90 J
41849 Ophoven (NW) 47 H
02736 Oppach (SN) 57 D
03238 Oppelhain (BB) 45 K
77728 Oppenau (BW) 88 F
32351 Oppendorf (NW) 28 G
55276 Oppenheim (RP) 71 D
32351 Oppenwehe (NW) 28 G
71570 Oppenweiler (BW) 82 H
37547 Opperhausen (NI) 40 J
99986 Oppershausen (TH) 52 H
55469 Oppertshausen (RP) 70 A
06188 Oppin (ST) 43 L
89191 Oppingen (BW) 90 C
02699 Oppitz (SN) 57 A
07381 Oppurg (TH) 64 C
06785 Oranienbaum (ST) 43 J
16515 Oranienburg (BB) 33 B
67294 Orbis (RP) 70 H
54298 Orenhofen (RP) 69 D
57632 Orfgen (RP) 60 A
07768 Orlamünde (TH) 64 C
54595 Orlenbach (RP) 58 M
99610 Orlishausen (TH) 53 E
54597 Ormont (RP) 58 J
91737 Ornbau (BY) 83 F
54655 Orsfeld (RP) 69 A
78359 Orsingen-Nenzingen (BW) 97 C
47495 Orsoy (NW) 37 K
77799 Ortenberg (BW) 88 E
63683 Ortenberg (HE) 61 J
94496 Ortenburg (BY) 94 C
23769 Orth (SH) 5 C
01990 Ortrand (BB) 56 B
15324 Ortwig (BB) 34 C
51766 Osberghausen (NW) 49 G
54317 Osburg (RP) 69 G
04758 Oschatz (SN) 55 B
04924 Oschätzchen (BB) 44 M
39387 Oschersleben (Bode) (ST) 42 E
14979 Osdorf (BB) 33 J
24251 Osdorf (SH) 4 M
38557 Osloß (NI) 30 J
490XX Osnabrück (NI) 27 M
04643 Ossa (SN) 55 G
84072 Osseltshausen (BY) 93 A
49356 Ossenbeck (NI) 28 D
47495 Ossenberg (NW) 37 K
15898 Ossendorf (BB) 46 A
34414 Ossendorf (NW) 50 C
07343 Oßla (TH) 64 F
01920 Oßling (SN) 56 C
99510 Oßmannstedt (TH) 53 J
48346 Ostbevern (NW) 38 B
58730 Ostbüren (NW) 49 B
26529 Osteel (NI) 17 C
75395 Ostelsheim (BW) 81 L
21756 Osten (NI) 11 K
86405 Ostendorf (BY) 92 A
27726 Ostendorf (NI) 19 J
48565 Ostendorf (NW) 38 A
24790 Ostenfeld (Rendsburg) (SH) 11 C
25872 Ostenfeld (Husum) (SH) 4 K
59320 Ostenfelde (NW) 38 J
25872 Ostenfeldfeld (SH) 4 K
29664 Ostenholz (NI) 29 F
89296 Osterberg (BY) 91 K
27211 Osterbinde (NI) 28 B
21762 Osterbruch (NI) 10 M
86502 Osterbuch (BY) 91 C
39606 Osterburg (Altmark) (ST) 31 C
74706 Osterburken (BW) 72 L
24367 Osterby (SH) 4 L
49179 Ostercappeln (NI) 27 M
27404 Ostereistedt (NI) 20 D
49401 Osterfeine (NI) 28 G
06721 Osterfeld (ST) 54 G
06295 Osterhausen (ST) 53 C
29664 Osterheide (NI) 29 C
25836 Osterhever (SH) 3 L
88339 Osterhofen (BW) 98 C
83735 Osterhofen (BY) 101 E
94486 Osterhofen (BY) 86 M
28857 Osterholz (NI) 28 C
27711 Osterholz-Scharmbeck (NI) 19 H
25364 Osterhorn (SH) 11 H
83104 Ostermünchen (BY) 93 L
06386 Osternienburg (ST) 43 G
91220 Osternohe (BY) 74 J
04916 Osteroda (BB) 44 J
37520 Osterode am Harz (NI) 41 G
38835 Osterode (ST) 41 F
49586 Osteroden (NI) 27 H
25885 Oster-Ohrstedt (SH) 4 K
25767 Osterrade (SH) 11 A
24783 Osterrönfeld (SH) 11 B
26188 Osterscheps (NI) 18 J
27726 Ostersode (NI) 19 F
56340 Osterspai (RP) 60 K
25590 Osterstedt (SH) 11 E
27412 Ostertimke (NI) 20 G
27383 Ostervesede (NI) 20 H
84072 Osterwaal (BY) 93 A
49828 Osterwald (NI) 26 H
83627 Osterwarngau (BY) 101 A
39171 Osterweddingen (ST) 42 C
48720 Osterwick (NW) 37 F
38835 Osterwieck (ST) 41 F
33415 Österwiehe (NW) 39 G
25872 Osterwittbekfeld (SH) 4 K
25785 Osterwohld (SH) 11 D
29413 Osterwohle (ST) 31 A
87662 Osterzell (BY) 100 A
86554 Osterzhausen (BY) 92 A
73760 Ostfildern (BW) 82 K
99310 Osthausen-Wülfershausen (TH) 53 K
97645 Ostheim vor der Rhön (BY) 63 D
67574 Osthofen (RP) 71 G
59329 Osthusen (NW) 39 G
39343 Ostingersleben (ST) 31 K
59505 Ostinghausen (NW) 38 M
32289 Ostkilver (NW) 28 K
26219 Ostland (NI) 18 M
59494 Ostönnen (NW) 38 L
88356 Ostrach (BW) 98 A
99636 Ostramondra (TH) 53 E
04749 Ostrau (SN) 55 F
06193 Ostrau (ST) 43 K
26842 Ostrhauderfehn (NI) 18 G
46282 Östrich (NW) 37 L
76684 Östringen (BW) 81 E
27801 Ostrittrum (NI) 19 K
02899 Ostritz (SN) 57 J
01920 Ostro (SN) 56 F
25746 Ostrohe (SH) 10 C
22113 Oststeinbek (SH) 21 A
59909 Ostwig (NW) 50 A
76470 Ötigheim (BW) 80 J
75443 Ötisheim (BW) 81 H
37671 Ottbergen (NW) 40 G
97633 Ottelmannshausen (BY) 63 H
76571 Ottenau (BW) 81 K
73113 Ottenbach (BW) 82 M
25591 Ottenbüttel (SH) 11 H
24107 Ottendorf (SH) 11 C
01855 Ottendorf (SN) 57 G
09648 Ottendorf (SN) 55 H
07646 Ottendorf (TH) 54 K
01458 Ottendorf-Okrilla (SN) 56 E
95698 Ottengrün (BY) 75 C
32839 Ottenhausen (NW) 39 J
99631 Ottenhausen (TH) 53 D
91287 Ottenhof (BY) 74 J
77883 Ottenhöfen im Schwarzwald (BW) 88 C
85570 Ottenhofen (BY) 93 H
91613 Ottenhofen (BY) 73 L
31698 Ottensen (NI) 29 K
91242 Ottensoos (BY) 74 L
31868 Ottenstein (NI) 40 D
48683 Ottenstein (NW) 37 B
21259 Otter (NI) 20 H
67731 Otterbach (RP) 70 K
67697 Otterberg (RP) 70 L
83624 Otterfing (BY) 101 A
84164 Ottering (BY) 86 K
21259 Ottermoor (NI) 20 J
21762 Otterndorf (NI) 10 M
28870 Ottersberg (NI) 19 M
91186 Ottersdorf (BY) 84 A
85778 Ottershausen (BY) 92 J
67308 Ottersheim (RP) 70 J
76879 Ottersheim bei Landau (RP) 80 F
94155 Otterskirchen (BY) 95 A
67166 Otterstadt (RP) 81 A
28870 Otterstedt (NI) 19 J
99718 Otterstedt (TH) 53 D
28879 Otterstein (NI) 19 J

A B C D E F G H I J K L M N O P Q R S T U V W X Y Z

77833 Ottersweier (BW) 88 C
04668 Otterwisch (SN) 55 D
93339 Otterzhofen (BY) 85 G
57482 Ottfingen (NW) 49 L
86700 Otting (BY) 84 G
27374 Ottingen (NI) 20 L
88299 Ottmannshofen (BW) 99 A
86316 Ottmaring (BY) 92 D
94533 Ottmaring (BY) 86 M
48308 Ottmarsbocholt (NW) 38 G
86356 Ottmarshausen (BY) 92 D
87724 Ottobeuren (BY) 99 B
85521 Ottobrunn (BY) 93 K
63931 Ottorfszell (BY) 72 G
96484 Ottowind (BY) 64 G
34633 Ottrau (HE) 62 A
66564 Ottweiler (SL) 69 L
64853 Otzberg (HE) 71 F
41363 Otzenrath (NW) 47 J
94563 Otzing (BY) 86 L
56244 Ötzingen (RP) 60 E
55606 Otzweiler (RP) 70 G
26939 Ovelgönne (NI) 19 D
29313 Ovelgönne (NI) 29 F
39365 Ovelgünne (ST) 42 B
37671 Ovenhausen (NW) 40 G
32469 Ovenstädt (NW) 28 J
51491 Overath (NW) 48 M
29389 Overstedt (NI) 30 C
73277 Owen (BW) 90 B
72401 Owingen (BW) 89 H
88696 Owingen (BW) 98 D
24811 Owschlag (SH) 4 L
89335 Oxenbronn (BY) 91 E
87466 Oy (BY) 99 E
87466 Oy-Mittelberg (BY) 99 E
28876 Oyten (NI) 19 M

P

38836 Pabstorf (ST) 42 D
39624 Packebusch (ST) 31 B
34431 Padberg (NW) 50 B
24634 Padenstedt (SH) 11 F
33XXX Paderborn (NW) 39 H
27632 Padingbüttel (NI) 10 K
27632 Padingbütteler (NI) 10 K
82396 Pähl (BY) 100 B
25794 Pahlen (SH) 11 A
25794 Pahlhude (SH) 11 A
07937 Pahren (TH) 65 A
84061 Paindlkofen (BY) 85 M
93351 Painten (BY) 85 G
94342 Paitzkofen (BY) 86 L
83349 Palling (BY) 94 L
94518 Palmberg (BY) 87 G
54439 Palzem (RP) 68 J
85406 Palzing (BY) 93 D
17322 Pampow (MV) 16 L
19075 Pampow (MV) 22 B
04451 Panitzsch (SN) 54 C
24321 Panker (SH) 12 B
94447 Pankofen (BY) 86 L
01920 Panschwitz-Kuckau (SN) 56 C
23689 Pansdorf (SH) 12 F
06543 Pansfelde (ST) 42 L
18442 Pantelitz (MV) 6 J
23896 Panten (SH) 12 L
54531 Pantenburg (RP) 69 A
56865 Panzweiler (RP) 69 C
16909 Papenbruch (BB) 23 H
26871 Papenburg (NI) 18 K
17309 Papendorf (MV) 25 A
18059 Papendorf (MV) 14 D
22946 Papendorf (SH) 21 A
18510 Papenhagen (MV) 6 M
29336 Papenhorst (NI) 30 G
23936 Papenhusen (MV) 13 G
03099 Papitz (BB) 45 F
15837 Paplitz (BB) 44 C
39307 Paplitz (ST) 32 L
89143 Pappelau (BW) 90 F
91788 Pappenheim (BY) 84 G
27254 Päpsen (NI) 28 F
39291 Parchau (ST) 32 K
39307 Parchen (ST) 32 L
19370 Parchim (MV) 22 F
18528 Parchtitz (MV) 7 G
37176 Parensen (NI) 40 M
39317 Parey (ST) 32 G
23948 Parin (MV) 13 G
84085 Paring (BY) 85 H
18246 Parkow (MV) 14 G
92711 Parkstein (BY) 75 E
94365 Parkstetten (BY) 86 K
16247 Parlow-Glambeck (BB) 25 G
17291 Parmen-Weggun (BB) 24 F
27446 Parnewinkel (NI) 20 D
94431 Parnkofen (BY) 86 K
38470 Parsau (NI) 30 J
83714 Parsberg (BY) 101 B
92331 Parsberg (BY) 85 D
85599 Parsdorf (BY) 93 G
16248 Parstein (BB) 25 L
55288 Partenheim (RP) 70 F
97846 Partenstein (BY) 72 B
19243 Parum (MV) 22 A
54314 Paschel (RP) 69 G
04838 Paschwitz (SN) 55 A
38536 Päse (NI) 30 G
85256 Pasenbach (BY) 92 F
17349 Pasenow (MV) 24 C
17309 Pasewalk (MV) 25 B
07381 Paska (TH) 64 C
24253 Passade (SH) 5 K
9403X Passau (BY) 95 A
23992 Passee (MV) 13 J
16306 Passow (BB) 25 H
19386 Passow (MV) 23 A
85669 Pastetten (BY) 93 H
19406 Pastin (MV) 14 K
94265 Patersdorf (BY) 86 E
19230 Pätow-Steegen (MV) 22 D
84056 Pattendorf (BY) 85 L
94094 Pattenham (BY) 95 D
30982 Pattensen (NI) 29 M
15741 Pätz (BB) 34 K
18528 Patzig (MV) 7 D
14641 Paulinenaue (BB) 33 D
07422 Paulinzella (TH) 64 A
92272 Paulsdorf (BY) 75 L
92339 Paulushofen (BY) 84 J
84189 Pauluszell (BY) 93 F
85307 Paunzhausen (BY) 92 F
07952 Pausa/Vogtland (SN) 65 E
14641 Pausin (BB) 33 E
01616 Paußnitz (SN) 55 C
92353 Pavelsbach (BY) 84 C
14778 Päwesin (BB) 33 G
53343 Pech (NW) 59 B
39221 Pechau (ST) 42 C
95701 Pechbrunn (BY) 75 B
95512 Pechgraben (BY) 74 C
08485 Pechtelsgrün (SN) 65 C
33775 Peckeloh (NW) 38 F
34439 Peckelsheim (NW) 39 M
39649 Peckfitz (ST) 31 G
46569 Peddenberg (NW) 37 K
17449 Peenemünde (MV) 7 M
54668 Peffingen (RP) 68 C
04523 Pegau (SN) 54 E
37619 Pegestorf (NI) 40 E
91257 Pegnitz (BY) 74 F
49696 Peheim (NI) 27 B
04838 Pehritzsch (SN) 55 A
01945 Peickwitz (BB) 45 L
3122X Peine (NI) 30 K
93077 Peising (BY) 85 H
85653 Peiß (BY) 93 K
25551 Peissen (SH) 11 E
06188 Peißen (ST) 43 L
82380 Peißenberg (BY) 100 B
86971 Peiting (BY) 100 D
03185 Peitz (BB) 46 D
92318 Pelchenhofen (BY) 84 C
54331 Pellingen (RP) 69 G
54570 Pelm (RP) 59 K
17392 Pelsin (MV) 15 J
23730 Pelzerhaken (SH) 12 F
93482 Pemfling (BY) 86 A
09322 Penig (SN) 55 G
17213 Penkow (MV) 23 C
17328 Penkun (MV) 25 E
09306 Penna (SN) 55 G
98708 Pennewitz (TH) 64 A
27711 Pennigbüttel (NI) 19 H
31621 Pennigsehl (NI) 28 F
92431 Penting (BY) 85 C
93080 Pentling (BY) 85 H
82377 Penzberg (BY) 100 F
91126 Penzendorf (BY) 84 B
18249 Penzin (MV) 14 G
86929 Penzing (BY) 92 K
17217 Penzlin (MV) 24 A
94527 Penzling (BY) 86 L
18233 Pepelow (MV) 13 E
84567 Perach (BY) 94 H
94366 Perasdorf (BY) 86 H
82319 Percha (BY) 92 M
82319 Perchting (BY) 92 L
24601 Perdöl (SH) 12 D
01609 Peritz (SN) 55 C
94368 Perkam (BY) 86 G
66706 Perl (SL) 68 M
19348 Perleberg (BB) 23 K
94157 Perlesreut (BY) 87 K
19209 Perlin (MV) 22 A
55430 Perscheid (RP) 70 A
92507 Perschen (BY) 75 L
14641 Perwenitz (BB) 33 E
41352 Pesch (NW) 47 F
53947 Pesch (NW) 59 D
39398 Peseckendorf (ST) 42 E
39398 Peseckendorf Neubau (ST) 42 B
86684 Pessenburgheim (BY) 92 A
14641 Pessin (BB) 32 F
86947 Pestenacker (BY) 92 G
01705 Pesterwitz (SN) 56 G
91580 Petersaurach (BY) 83 C
36100 Petersberg (HE) 62 F
66989 Petersberg (RP) 80 A
06193 Petersberg (ST) 43 K
59929 Petersborn (NW) 50 A
85135 Petersbuch (BY) 84 H
15518 Petersdorf bei Saarow-Pieskow (BB) 34 H
86574 Petersdorf (BY) 92 A
26219 Petersdorf (NI) 18 M
23769 Petersdorf auf Fehmarn (SH) 5 C
26160 Petersfehn (NI) 18 J
26655 Petersfeld (NI) 18 F
49681 Petersfeld (NI) 27 C
32469 Petershagen (NW) 28 M
15370 Petershagen-Eggersdorf (BB) 34 D
02906 Petershain (SN) 57 B
85238 Petershausen (BY) 92 F
83342 Peterskirchen (BY) 94 K
84307 Peterskirchen (BY) 94 E
57614 Peterslahr (RP) 60 D
06809 Petersroda (ST) 43 L
87466 Petersthal (BY) 99 E
49681 Peterswald (NI) 18 M
89423 Peterswörth (BY) 91 B
72275 Peterzell (BW) 89 G
78112 Peterzell (BW) 89 K
14913 Petkus (BB) 44 C
99887 Petriroda (TH) 52 M
93186 Pettendorf (BY) 85 E
95503 Pettendorf (BY) 74 F
93170 Pettenreuth (BY) 85 F
83367 Petting (BY) 102 B
31675 Petzen (NI) 28 M
86947 Petzenhausen (BY) 92 K
17268 Petznick (BB) 24 J
86565 Peutenhausen (BY) 92 B
79669 Pfaffenberg (BW) 96 E
15848 Pfaffendorf (BB) 34 M
87772 Pfaffenhausen (BY) 91 L
74397 Pfaffenhofen (BW) 81 F
85235 Pfaffenhofen an der Glonn (BY) 92 H
85276 Pfaffenhofen an der Ilm (BY) 92 C
86647 Pfaffenhofen an der Zusam (BY) 91 C
89284 Pfaffenhofen an der Roth (BY) 91 D
91154 Pfaffenhofen (BY) 84 B
95666 Pfaffenreuth (BY) 75 C
55546 Pfaffen-Schwabenheim (RP) 70 E
79292 Pfaffenweiler (BW) 96 A
83539 Pfaffing (BY) 93 M
86720 Pfäfflingen (BY) 83 J
09526 Pfaffroda bei Sayda (SN) 66 C
37308 Pfaffschwende (TH) 52 D
74639 Pfahlbach (BW) 82 B
85110 Pfahldorf (BY) 84 J
93101 Pfakofen (BY) 85 J
47574 Pfalzdorf (NW) 36 H
56291 Pfalzfeld (RP) 60 K
72285 Pfalzgrafenweiler (BW) 89 A
85137 Pfalzpaint (BY) 84 J
97456 Pfändhausen (BY) 63 K
84347 Pfarrkirchen (BY) 94 E
96176 Pfarrweisach (BY) 63 M
93102 Pfatter (BY) 85 J
74629 Pfedelbach (BW) 82 E
66871 Pfeffelbach (RP) 69 M
84076 Pfeffenhausen (BY) 85 L
92367 Pfeffertshofen (BY) 84 C
90592 Pfeifferhütte (BY) 84 B
94327 Pfelling (BY) 86 H
99869 Pferdingsleben (TH) 52 M
36414 Pferdsdorf (TH) 62 C
99819 Pferdsdorf-Spichra (TH) 52 G
98646 Pfersdorf (TH) 63 J
99510 Pfiffelbach (TH) 53 J
88069 Pfingstweid (BW) 98 E
76327 Pfinztal (BW) 81 G
91710 Pflaumfeld (BY) 83 F
63762 Pflaumheim (BY) 71 F
97816 Pflochsbach (BY) 72 B
88499 Pflummern (BW) 90 G
91738 Pfofeld (BY) 84 D
85104 Pförring (BY) 85 K
87666 Pforzen (BY) 99 C
751XX Pforzheim (BW) 81 H
83064 Pfraundorf (BY) 101 C
91790 Pfraunfeld (BY) 84 E
92536 Pfreimd (BY) 75 M
92726 Pfrentsch (BY) 76 G
85368 Pfrombach (BY) 93 E
72539 Pfronstetten (BW) 90 G
87459 Pfronten (BY) 99 J
88271 Pfrungen (BW) 98 A
99510 Pfuhlsborn (TH) 53 J
88630 Pfullendorf (BW) 98 A
72793 Pfullingen (BW) 90 D
64319 Pfungstadt (HE) 71 E
85137 Pfünz (BY) 84 H
15859 Philadelphia (BB) 34 L
34466 Philippinenburg (HE) 51 D
94158 Philippsreut (BY) 87 H
14532 Philippsthal (BB) 33 H
36269 Philippsthal (Werra) (HE) 51 M
14542 Phöben (BB) 33 G
19230 Picher (MV) 22 E
85077 Pichl (BY) 84 M
86447 Pichl (BY) 92 A
54647 Pickließem (RP) 68 C
83451 Piding (BY) 102 C
84088 Piegendorf (BY) 85 L
93188 Pielenhofen (BY) 85 A
94447 Pielweichs (BY) 86 L
52459 Pier (NW) 47 M
83301 Pierling (BY) 94 L
98739 Piesau (TH) 64 E
83666 Piesenkam (BY) 101 A
84546 Piesenkofen (BY) 94 D
15848 Pieskow (BB) 45 C
54498 Piesport (RP) 69 D
06388 Piethen (ST) 43 G
83413 Pietling (BY) 94 L
83083 Pietzing (BY) 101 C
39291 Pietzpuhl (ST) 32 K
95111 Pilgramsreuth (BY) 65 L
15236 Pillgram (BB) 34 J
56753 Pillig (RP) 59 M
94368 Pilling (BY) 86 G
07819 Pillingsdorf (TH) 65 A
92444 Pillmersried (BY) 76 K
94356 Pillnach (BY) 86 G
92367 Pilsach (BY) 84 C
94431 Pilsting (BY) 86 K
26736 Pilsum (NI) 17 C
84069 Pinkofen (BY) 85 M
25421 Pinneberg (SH) 11 L
03172 Pinnow (BB) 46 A
16278 Pinnow (BB) 25 H
19065 Pinnow (MV) 22 B
91361 Pinzberg (BY) 74 H
85250 Pipinsried (BY) 92 E
92526 Pirk (BY) 76 G
92712 Pirk (BY) 75 H
94234 Pirka (BY) 86 E
91448 Pirkach (BY) 74 K
93142 Pirkensee (BY) 85 E
92526 Pirkhof (BY) 75 M
6695X Pirmasens (RP) 80 D
01796 Pirna (SN) 56 H
19348 Pirow (BB) 23 G
92543 Pischdorf (BY) 75 M
85293 Pischelsdorf (BY) 92 F
94436 Pischelsdorf (BY) 94 B
06343 Piskaborn (ST) 42 L
15926 Pitschen-Pickel (BB) 45 D
83132 Pittenhart (BY) 94 K
92263 Pittersberg (BY) 75 L
86899 Pitzling (BY) 92 K
93482 Pitzling (BY) 86 A
94428 Pitzling (BY) 86 L
33442 Pixel (NW) 39 D
18276 Plaaz (MV) 14 H
56637 Plaidt (RP) 59 J
82152 Planegg (BY) 92 M
01665 Planitz-Deila (SN) 55 F
16845 Plänitz-Leddin (BB) 32 B
95515 Plankenfels (BY) 74 E
68723 Plankstadt (BW) 81 B
92334 Plankstetten (BY) 84 F
19086 Plate (MV) 22 B
15306 Platkow (BB) 34 F
54518 Platten (RP) 69 B
70794 Plattenhardt (BW) 90 A
94447 Plattling (BY) 86 L
97779 Platz (BY) 62 M
19395 Plau am See (MV) 23 B
99338 Plaue (TH) 64 A
0852X Plauen (SN) 65 E
19395 Plauerhagen (MV) 23 B
91287 Plech (BY) 74 J
54518 Plein (RP) 69 A
91785 Pleinfeld (BY) 84 D
94474 Pleinting (BY) 86 M
84568 Pleiskirchen (BY) 94 D
09246 Pleiße (SN) 55 K
55469 Pleizenhausen (RP) 70 A
87773 Pleß (BY) 91 K
04928 Plessa (BB) 45 K
04928 Plessa Süd (BB) 45 K
58840 Plettenberg (NW) 49 E
95666 Pleußen (BY) 75 C
92714 Pleystein (BY) 75 J
85652 Pliening (BY) 93 G
72124 Pliezhausen (BW) 90 A
73207 Plochingen (BW) 82 L
06774 Plodda (ST) 43 J
08228 Plohn (SN) 65 F
24306 Plön (SH) 12 E
27432 Plönjeshausen (NI) 20 D
95490 Plösen (BY) 74 F
95703 Plößberg (BY) 75 F
06922 Plossig (ST) 44 H
07907 Plothen (TH) 65 A
01594 Plotitz (SN) 55 F
17129 Plötz (MV) 15 H
06193 Plötz (ST) 43 K
02627 Plotzen (SN) 57 E
14542 Plötzin (BB) 33 G
06425 Plötzkau (ST) 42 J
39245 Plötzky (ST) 43 A
17321 Plöwen (MV) 25 B
73655 Plüderhausen (BW) 82 L
23936 Plüschow (MV) 13 H
54597 Plütscheid (RP) 58 M
54316 Pluwig (RP) 69 G
85123 Pobenhausen (BY) 92 C
09496 Pobershau (SN) 66 C
06429 Pobzig (ST) 43 G
09509 Pockau (SN) 66 C
82343 Pöcking (BY) 100 B
94060 Pocking (BY) 95 D
96123 Pödeldorf (BY) 74 D
06618 Pödelist (ST) 54 D
15326 Podelzig (BB) 35 D
23911 Pogeez (SH) 12 M
17168 Poggelow (MV) 14 J
18516 Poggendorf (MV) 15 D
56357 Pohl (RP) 60 L
01906 Pohla (SN) 56 F
08352 Pöhla (SN) 66 E
31867 Pohle (NI) 29 K
35415 Pohlheim (HE) 61 E
15890 Pohlitz (BB) 35 K
24211 Pohnsdorf (SH) 12 A
01737 Pohrsdorf (SN) 56 G
94167 Poigham (BY) 95 D
93080 Poign (BY) 85 H
93077 Poikam (BY) 85 H
85586 Poing (BY) 93 G
29328 Poitzen (NI) 30 A
19205 Pokrent (MV) 13 K
56751 Polch (RP) 59 J
04703 Polditz (SN) 55 E
01844 Polenz (SN) 56 J
04821 Polenz (SN) 55 A
39264 Polenzko (ST) 43 B
06408 Poley (ST) 43 G
54340 Pölich (RP) 69 D
37194 Polier (NI) 40 L
23847 Pölitz (SH) 12 K
04703 Polkenberg (SN) 55 E
52388 Poll (NW) 59 A
92334 Pollanten (BY) 84 F
37647 Polle (NI) 40 D
06295 Polleben (ST) 42 M
85131 Pollenfeld (BY) 84 H
31718 Pollhagen (NI) 29 K
29369 Pollhöfen (NI) 30 E
82398 Polling (BY) 100 B
84570 Polling (BY) 94 G
92318 Pölling (BY) 84 C
39615 Pollitz (ST) 22 M
07937 Pöllwitz (TH) 65 B
90584 Polsdorf (BY) 84 B
06528 Pölsfeld (ST) 42 L
91805 Polsingen (BY) 83 J
16278 Polßen (BB) 25 H
19303 Polz (MV) 22 H
04916 Pölzen (BB) 44 J
07554 Pölzig (TH) 54 H
17309 Polzow (MV) 25 B
33014 Pömbsen (NW) 39 J
91224 Pommelsbrunn (BY) 74 M
39249 Pömmelte (ST) 43 D
91338 Pommer (BY) 74 H
24395 Pommerby (SH) 4 F
56829 Pommern (RP) 59 M
96178 Pommersfelden (BY) 74 D
21369 Pommoissel (NI) 21 J
02627 Pommritz (SN) 57 D
04668 Pomßen (SN) 55 D
53534 Pomster (RP) 59 G
92559 Pondorf (BY) 76 K
94356 Pondorf (BY) 86 G
93142 Ponholz (BY) 85 E
01561 Ponickau (SN) 56 B
04425 Pönitz (SN) 54 C
04639 Ponitz (TH) 54 M
94333 Pönning (BY) 86 G
03238 Ponnsdorf (BB) 45 G
47608 Pont (NW) 47 C
48329 Poppenbeck (NW) 37 F
25836 Poppenbüll (SH) 3 L
18184 Poppendorf (MV) 6 K
97711 Poppenlauer (BY) 63 K
95213 Poppenreuth (BY) 65 K
95679 Poppenreuth (BY) 75 B
92284 Poppenricht (BY) 75 K
97688 Poppenroth (BY) 62 M
16949 Porep (BB) 23 D
85604 Pöring (BY) 93 L
07907 Pörmitz (TH) 65 A
85309 Pörnbach (BY) 92 C
84079 Pörndorf (BY) 93 B
01814 Porschdorf (SN) 56 J
01833 Porschendorf (SN) 56 J
52525 Porselen (NW) 47 H
32457 Porta Westfalica (NW) 39 C
37586 Portenhagen (NI) 40 J
26188 Portsloge (NI) 18 J
25560 Pöschendorf (SH) 11 E
18574 Poseritz (MV) 7 G
93483 Pösing (BY) 86 A
08606 Posseck (SN) 65 H
01728 Possendorf (SN) 56 G
97346 Possenheim (BY) 73 H
82343 Possenhofen (BY) 100 C
07381 Pößneck (TH) 64 C
84103 Postau (BY) 93 C
92353 Postbauer-Heng (BY) 84 C
04626 Posterstein (TH) 54 L
24211 Postfeld (SH) 12 A
19357 Postlin (BB) 22 J
17391 Postlow (MV) 15 J
84389 Postmünster (BY) 94 E
23942 Pötenitz (MV) 12 J
144XX Potsdam (BB) 33 H
91278 Pottenstein (BY) 74 F
93133 Pottenstetten (BY) 85 B
86554 Pöttmes (BY) 92 B
56459 Pottum (RP) 60 E
67722 Potzbach (RP) 70 L
39638 Potzehne (ST) 31 H
17291 Potzlow (BB) 25 D
84091 Pötzmes (BY) 93 A
06774 Pouch (ST) 43 M
84163 Poxau (BY) 94 A
96167 Poxdorf (BY) 74 B
25581 Poyenberg (SH) 11 E
57589 Pracht (RP) 60 A
94267 Prackenbach (BY) 86 E
92542 Prackendorf (BY) 75 M
46446 Praest (NW) 36 J
79674 Präg (BW) 96 E
94116 Prag (BY) 87 L
17094 Pragsdorf (MV) 24 C
97437 Prappach (BY) 73 C
24253 Prasdorf (SH) 5 K
06888 Pratau (ST) 44 D
56346 Prath (RP) 60 K
01594 Prausitz (SN) 55 F
17168 Prebberede (MV) 14 H
95473 Prebitz (BY) 75 D
16928 Preddöhl (BB) 23 H
18445 Preetz (MV) 6 J
24211 Preetz (SH) 12 A
03185 Preilack (BB) 46 D
54689 Preischeid (RP) 68 B
92724 Preißach (BY) 75 D
54664 Preist (RP) 68 C
85131 Preith (BY) 84 H
86984 Prem (BY) 100 D
93158 Premberg (BY) 85 B
93488 Premeischl (BY) 76 K
92717 Premenreuth (BY) 75 E
97705 Premich (BY) 63 G
14727 Premnitz (BB) 32 E
06926 Premsendorf (ST) 44 H
19357 Premslin (BB) 22 J
16348 Prenden (BB) 33 C
15936 Prensdorf (BB) 44 F
17291 Prenzlau (BB) 25 D
18375 Prerow (MV) 6 H
65385 Presberg (HE) 70 B
03159 Preschen (BB) 46 H
92690 Pressath (BY) 75 E
95355 Presseck (BY) 64 M
04849 Pressel (SN) 44 K
96332 Pressig (BY) 64 H
04924 Prestewitz (BB) 44 M
15910 Pretschen (BB) 45 B
86637 Prettelshofen (BY) 91 C
06922 Prettin (ST) 44 H
85435 Pretzen (BY) 93 H
91362 Pretzfeld (BY) 74 E
39245 Pretzien (ST) 43 A
29416 Pretzier (ST) 31 B
06909 Pretzsch (Elbe) (ST) 44 G
01774 Pretzschendorf (SN) 56 K
63931 Preunschen (BY) 72 G
91635 Preuntsfelden (BY) 73 L
32361 Preußisch Oldendorf (NW) 28 K
06408 Preußlitz (ST) 43 G
95194 Prex (BY) 65 H
29491 Prezelle (NI) 22 L
17209 Priborn (MV) 23 F
97357 Prichsenstadt (BY) 73 E
96148 Priegendorf (BY) 73 C
83209 Prien am Chiemsee (BY) 102 A
15752 Prieros (BB) 34 K
15752 Prieros-Ziegelei (BB) 34 K
04924 Prieschka (BB) 44 M
96170 Priesendorf (BY) 73 F
06909 Priesitz (ST) 44 G
03253 Prießen (BB) 44 J
04651 Prießnitz (SN) 55 G
04509 Priester (SN) 54 C
01561 Priestewitz (SN) 56 D
01920 Prietitz (SN) 56 C
88239 Primisweiler (BW) 98 F
84061 Prinkofen (BY) 85 M
77781 Prinzbach (BW) 88 H
24805 Prinzenmoor (SH) 11 B
27243 Prinzhöfte (NI) 19 L
14641 Priort (BB) 33 G
17091 Pripsleben (MV) 15 L
18196 Prisannewitz (MV) 14 E
02633 Prischwitz (SN) 57 D
25497 Prisdorf (SH) 11 L
19300 Prislich (MV) 22 F
06667 Prittitz (ST) 54 D
85241 Prittlbach (BY) 92 J
86931 Prittriching (BY) 92 G
14798 Pritzerbe (BB) 32 J
19230 Pritzier (MV) 22 D
16928 Pritzwalk (BB) 23 H
24253 Probsteierhagen (SH) 5 K
04889 Probsthain (SN) 44 K
87463 Probstried (BY) 99 B
07330 Probstzella (TH) 64 E
39264 Prödel (ST) 43 A
06725 Profen (ST) 54 E
18445 Prohn (MV) 6 J
92355 Pröndorf (BY) 85 A
54597 Pronsfeld (RP) 58 M
23820 Pronstorf (SH) 12 H
03130 Proschim (BB) 45 M
04932 Prösen (BB) 56 A
06369 Prosigk (ST) 43 H
04688 Prösitz (SN) 55 E
04613 Prößdorf (TH) 54 J
97279 Prosselsheim (BY) 73 D
04936 Proßmarke (BB) 45 G
19357 Pröttlin (BB) 22 J
15345 Prötzel (BB) 34 E
16833 Protzen (BB) 33 A
33142 Prövenholz (NW) 39 K
18356 Pruchten (MV) 6 H
91483 Prühl (BY) 73 H
54595 Prüm (RP) 58 M
52511 Prummern (NW) 47 H
54668 Prümzurlay (RP) 68 F
93339 Prunn (BY) 85 G
91189 Prünst (BY) 84 A
90602 Pruppach (BY) 84 B
97513 Prüßberg (BY) 73 E
83134 Prutting (BY) 101 C
14797 Prützke (BB) 32 J
18276 Prüzen (MV) 14 K
82256 Puch (BY) 92 H
85309 Puch (BY) 92 C
04828 Püchau (SN) 55 A
92715 Püchersreuth (BY) 75 F
84152 Puchhausen (BY) 86 K
82178 Puchheim (BY) 92 J
82178 Puchheim Bahnhof (BY) 92 J
17217 Puchow (MV) 24 A
17429 Pudagla (MV) 16 E
57334 Puderbach (NW) 50 K
56305 Puderbach (RP) 60 D
52499 Puffendorf (NW) 47 L
50259 Pulheim (NW) 48 G
93326 Pullach (BY) 85 G
95704 Pullenreuth (BY) 75 B
92526 Pullenried (BY) 75 M
17440 Pulow (MV) 16 D
25560 Puls (SH) 11 E
01609 Pulsen (SN) 55 C
01896 Pulsnitz (SN) 56 F
39264 Pulspforde (ST) 43 E
71665 Pulverdingen (BW) 81 J
56862 Pünderich (RP) 69 B
85646 Purfing (BY) 93 L
86932 Pürgen (BY) 92 K
02627 Purschwitz (SN) 57 D
92272 Pursruck (BY) 75 L
84478 Pürten (BY) 94 G
06925 Purzien (ST) 44 H
90617 Puschendorf (BY) 74 K
02699 Puschwitz (SN) 56 C
97499 Pusselsheim (BY) 73 B
97279 Püssensheim (BY) 73 D
18581 Putbus (MV) 7 G
18556 Putgarten (MV) 7 A
16949 Putlitz (BB) 23 D
23769 Puttgarden (SH) 5 C
91278 Püttlach (BY) 74 F
66346 Püttlingen (SL) 79 A
50181 Pütz (NW) 47 J
17392 Putzar (MV) 15 M
85640 Putzbrunn (BY) 93 K
99735 Pützlingen (TH) 41 M
91177 Pyras (BY) 84 E
90602 Pyrbaum (BY) 84 B

Q

49610 Quakenbrück (NI) 27 F
18249 Qualitz (MV) 13 J
23758 Quals (SH) 12 C
15320 Quappendorf (BB) 34 F
25563 Quarnstedt (SH) 11 J
02694 Quatitz (SN) 57 A
06484 Quedlinburg (ST) 42 G
66851 Queidersbach (RP) 80 A
98631 Queienfeld (TH) 63 H
06188 Queis (ST) 54 B
06386 Quellendorf (ST) 43 H
48465 Quendorf (NI) 26 M
06333 Quenstedt (ST) 42 J
37235 Quentel (HE) 51 E
95236 Querenbach (BY) 65 K
38368 Querenhorst (NI) 31 K
06268 Querfurt (ST) 53 C
24972 Quern (SH) 4 E
49448 Quernheim (NI) 28 G
32278 Quernheim (NW) 28 L
01561 Quersa (SN) 56 A
39579 Querstedt (ST) 31 F
04420 Quesitz (SN) 54 E
06536 Questenberg (ST) 53 A
06780 Quetzdölsdorf (ST) 43 L
32469 Quetzen (NW) 28 M
25451 Quickborn (SH) 11 M
25451 Quickbornerheide (SH) 11 M
53518 Quiddelbach (RP) 59 H
66287 Quierschied (SL) 79 B
32469 Quinheide (NW) 28 J
07646 Quirla (TH) 54 K
56242 Quirnbach (RP) 60 E
67280 Quirnheim (RP) 70 J
07422 Quittelsdorf (TH) 64 B
17111 Quitzerow (MV) 15 D
19348 Quitzow (BB) 22 J

R

14823 Raben (BB) 43 C
35466 Rabenau (HE) 61 B
01734 Rabenau (SN) 56 G
83352 Rabenden (BY) 94 K
24395 Rabenholz (SH) 4 F

24407 Rabenkirchen-Faulück (SH) 4 J
19065 Raben Steinfeld (MV) 22 B
07646 Rabis (TH) 53 M
38375 Räbke (NI) 41 C
01920 Räckelwitz (SN) 56 C
06901 Rackith (ST) 44 G
57612 Racksen (RP) 60 A
04519 Rackwitz (SN) 54 C
21449 Radbruch (NI) 21 D
31604 Raddestorf (NI) 28 J
03226 Raddusch (BB) 45 E
01454 Radeberg (SN) 56 E
01445 Radebeul (SN) 56 D
01471 Radeburg (SN) 56 D
04509 Radefeld (SN) 54 B
18239 Radegast (MV) 13 F
06369 Radegast (ST) 43 L
16307 Radekow (BB) 25 F
14797 Rädel (BB) 33 K
15837 Radeland (BB) 45 A
89173 Radelstetten (BW) 90 C
29416 Rademin (ST) 31 B
01561 Raden (SN) 56 A
21401 Radenbeck (NI) 21 H
15907 Radensdorf (BB) 45 B
16818 Radensleben (BB) 24 K
32469 Raderhorst (NW) 28 M
29367 Räderloh (NI) 30 E
42477 Radevormwald (NW) 48 F
14778 Radewege (BB) 32 J
64850 Radheim (HE) 71 F
02627 Radibor (SN) 57 A
14823 Rädigke (BB) 43 C
06773 Radis (ST) 43 J
06463 Radisleben (ST) 42 H
94368 Radldorf (BY) 86 G
93489 Radling (BY) 86 A
59929 Radlinghausen (NW) 50 B
84140 Radlkofen (BY) 94 A
78315 Radolfzell am Bodensee (BW) 97 F
19374 Raduhn (MV) 22 C
46348 Raesfeld (NW) 37 H
52393 Raffelsbrand (NW) 58 B
16818 Rägelin (BB) 23 M
04668 Ragewitz (SN) 55 E
14806 Ragösen (BB) 32 M
03222 Ragow (BB) 45 E
15749 Ragow (BB) 34 K
15848 Ragow-Merz (BB) 34 M
06779 Raguhn (ST) 43 H
32469 Rahden (NW) 28 M
04916 Rahnisdorf (BB) 44 H
06895 Rahnsdorf (ST) 44 D
57399 Rahrbach (NW) 49 H
79692 Raich (BW) 96 D
72622 Raidwangen (BW) 90 A
07929 Raila (TH) 65 D
86641 Rain (BY) 84 K
94369 Rain (BY) 86 G
94542 Rainding (BY) 94 C
94259 Raindorf (BY) 86 J
84076 Rainertshausen (BY) 93 B
24223 Raisdorf (SH) 12 A
82399 Raisting (BY) 100 B
91790 Raitenbuch (BY) 84 H
92334 Raitenbuch (BY) 84 F
92366 Raitenbuch (BY) 85 D
84489 Raitenhaslach (BY) 94 H
90574 Raitersaich (BY) 84 A
01920 Ralbitz-Rosenthal (SN) 56 C
54310 Ralingen (RP) 68 F
26316 Rallenbüschen (NI) 18 F
76857 Ramberg (RP) 80 B
18573 Rambin (MV) 7 G
83561 Ramerberg (BY) 93 M
53474 Ramersbach (RP) 59 E
36381 Ramholz (HE) 62 H
31275 Ramhorst (NI) 29 M
25715 Ramhusen (SH) 10 J
17321 Ramin (MV) 25 C
95469 Ramlesreuth (BY) 75 D
31303 Ramlingen (NI) 29 J
66887 Rammelsbach (RP) 69 M
01877 Rammenau (SN) 56 F
89192 Rammingen (BW) 91 A
86929 Ramsach (BY) 92 K
84437 Ramsau (BY) 93 J
77728 Ramsbach (BW) 88 F
59909 Ramsbeck (NW) 50 D
91785 Ramsberg (BY) 84 G
53940 Ramscheid (NW) 58 F
46342 Ramsdorf (NW) 37 E
04539 Ramsdorf (SN) 54 J
67305 Ramsen (RP) 70 L
73491 Ramsenstrut (BW) 83 G
95463 Ramsenthal (BY) 74 C
06794 Ramsin (ST) 43 L
99439 Ramsla (TH) 53 H
93128 Ramspau (BY) 85 E
25876 Ramstedt (SH) 4 K
66877 Ramstein-Miesenbach (RP) 70 K
97729 Ramsthal (BY) 63 K
39221 Randau (ST) 42 C
78244 Randegg (BW) 97 E
85250 Randelsried (BY) 92 E
78176 Randen (BW) 97 A
52525 Randerath (NW) 47 H
97236 Randersacker (BY) 73 D
94579 Ranfels (BY) 87 K
72414 Rangendingen (BW) 89 F
15834 Rangsdorf (BB) 33 M
39221 Ranies (ST) 43 A
07389 Ranis (TH) 64 C
77709 Rankach (BW) 88 F
93437 Ränkam (BY) 86 B
17406 Rankwitz (MV) 16 D
91275 Ranna (BY) 74 J
31749 Rannenberg (NI) 40 A
99518 Rannstedt (TH) 53 J
97517 Rannungen (BY) 63 K
92277 Ransbach (BY) 85 A
56235 Ransbach-Baumbach (RP) 60 D
76829 Ranschbach (RP) 80 E
65391 Ransel (HE) 70 B
07952 Ranspach (SN) 65 D
63691 Ranstadt (HE) 61 J
67808 Ransweiler (RP) 70 H
25873 Rantrum (SH) 3 M
25980 Rantum (Sylt) (SH) 3 D
53859 Ranzel (NW) 48 L
91275 Ranzenthal (BY) 74 F
15848 Ranzig (BB) 45 C
17495 Ranzin (MV) 15 F
98553 Rappelsdorf (TH) 63 F
97640 Rappershausen (BY) 63 H
85137 Rapperszell (BY) 84 H
86576 Rapperzell (BY) 92 E
92363 Rasch (BY) 85 D
08352 Raschau (SN) 66 E
54413 Rascheid (RP) 69 H
36169 Rasdorf (HE) 62 C
94051 Raßberg (BY) 87 L
06184 Raßnitz (ST) 54 B
94051 Raßreuth (BY) 87 L
76437 Rastatt (BW) 80 J
26901 Rastdorf (NI) 27 B
26180 Rastede (NI) 18 J
26180 Rastederberg (NI) 18 F
99636 Rastenberg (TH) 53 E
24211 Rastorf (SH) 12 A
24211 Rastorfer Passau (SH) 12 A
19077 Rastow (MV) 22 B
23626 Ratekau (SH) 12 J
52388 Rath (NW) 58 C
41844 Rath-Anhoven (NW) 47 J
17398 Rathebur (MV) 16 G
04657 Rathendorf (SN) 55 G
14712 Rathenow (BB) 32 E
14712 Rathenow West (BB) 32 E
01848 Rathewalde (SN) 56 J
24306 Rathjensdorf (SH) 12 B
27232 Rathlosen (NI) 28 E
01814 Rathmannsdorf (SN) 56 J
39439 Rathmannsdorf (ST) 42 J
16259 Rathsdorf/Neugaul (BB) 34 B
67744 Rathskirchen (RP) 70 G
94565 Rathsmannsdorf (BY) 87 K
15328 Rathstock (BB) 35 D
408XX Ratingen (NW) 48 D
98553 Ratscher (TH) 63 F
72365 Ratshausen (BW) 89 H
96179 Rattelsdorf (BY) 74 A
94371 Rattenberg (BY) 86 E
84431 Rattenkirchen (BY) 93 J
94372 Rattiszell (BY) 86 D
73479 Rattstadt (BW) 83 G
15898 Ratzdorf (BB) 46 B
23909 Ratzeburg (SH) 12 M
84094 Ratzenhofen (BY) 85 K
94065 Ratzing (BY) 87 L
29590 Rätzlingen (NI) 21 M
39359 Rätzlingen (ST) 31 G
56316 Raubach (RP) 60 D
83064 Raubling (BY) 101 C
07613 Rauda (TH) 54 G
15518 Rauen (BB) 34 H
69231 Rauenberg (BW) 81 B
96181 Rauhenebrach (BY) 73 F
55592 Raumbach (RP) 70 G
57319 Raumland (NW) 50 G
95131 Räumlas (BY) 64 J
76596 Raumünzach (BW) 89 A
08648 Raun (SN) 65 J
89284 Raunertshofen (BY) 91 D
65479 Raunheim (HE) 71 A
35282 Rauschenberg (HE) 50 M
53639 Rauschendorf (NW) 59 C
01920 Rauschwitz (SN) 56 F
01623 Raußlitz (SN) 55 F
28879 Rautendorf (NI) 19 J
21388 Raven (NI) 21 G
55471 Ravengiersburg (RP) 70 A
18233 Ravensberg (MV) 13 F
8821X Ravensburg (BW) 98 E
74747 Ravenstein (BW) 72 L
56850 Raversbeuren (RP) 69 C
47506 Rayen (NW) 47 C
55469 Rayerschied (RP) 70 A
08626 Rebersreuth (SN) 65 H
08209 Rebesgrün (SN) 65 F
53506 Rech (RP) 59 E
73098 Rechberghausen (BW) 82 L
17248 Rechlin (MV) 23 F
27628 Rechtebe (NI) 19 D
97848 Rechtenbach (BY) 72 B
35625 Rechtenbach (HE) 61 D
27628 Rechtenfleth (NI) 19 D
89611 Rechtenstein (BW) 90 H
49429 Rechterfeld (NI) 28 A
49406 Rechtern (NI) 28 D
26529 Rechtsupweg (NI) 17 C
14778 Reckahn (BB) 32 M
49509 Recke (NW) 27 K
59348 Reckelsum (NW) 37 J
96182 Reckendorf (BY) 74 A
56370 Reckenroth (RP) 60 M
19357 Reckenzin (BB) 22 J
55481 Reckershausen (RP) 69 C
456XX Recklinghausen (NW) 37 M
18276 Recknitz (MV) 14 H
27243 Reckum (NI) 28 A
38855 Reddeber (ST) 41 F
18209 Reddelich (MV) 13 F
03229 Reddern (BB) 45 J
29649 Reddingen (NI) 29 C
19230 Redefin (MV) 22 D
39319 Redekin (ST) 32 G
94152 Reding (BY) 95 D
91126 Rednitzhembach (BY) 84 B
96257 Redwitz an der Rodach (BY) 64 L
33014 Reelsen (NW) 39 J
46459 Rees (NW) 36 J
39291 Reesdorf (ST) 32 L
39291 Reesen (ST) 32 K
27367 Reeßum (NI) 20 G
14827 Reetz (BB) 43 C
53945 Reetz (NW) 59 G
14827 Reetzerhütten (BB) 43 C
91189 Regelsbach (BY) 84 A
94209 Regen (BY) 86 F
93197 Regendorf (BY) 85 E
94252 Regenhütte (BY) 86 F
930XX Regensburg (BY) 85 E
93128 Regenstauf (BY) 85 E
21649 Regesbostel (NI) 20 E
04565 Regis-Breitingen (SN) 54 J
95194 Regnitzlosau (BY) 65 H
15806 Rehagen (BB) 33 M
86653 Rehau (BY) 84 G
95111 Rehau (BY) 65 H
94143 Rehberg (BY) 87 H
17349 Rehberg (MV) 24 C
55592 Rehborn (RP) 70 G
49453 Rehden (NI) 28 D
56479 Rehe (RP) 60 F
01773 Rehefeld-Zaunhaus (SN) 56 K
25593 Reher (SH) 11 E
99334 Rehestädt (TH) 53 K
04895 Rehfeld (BB) 44 L
16866 Rehfeld-Berlitt (BB) 23 L
15345 Rehfelde (BB) 34 E
23619 Rehhorst (SH) 12 H
86508 Rehling (BY) 92 D
91799 Rehlingen (BY) 84 G
21385 Rehlingen (NI) 21 K
66780 Rehlingen-Siersburg (SL) 68 M
25776 Rehm (SH) 10 C
25776 Rehm-Flehde-Bargen (SH) 10 C
06729 Rehmsdorf (ST) 54 H
19217 Rehna (MV) 13 K
31559 Rehren (NI) 29 K
31749 Rehren (NI) 29 K
57462 Rehringhausen (NW) 49 H
94081 Rehschaln (BY) 95 A
06786 Rehsen (ST) 43 F
57392 Rehsiepen (NW) 50 D
99759 Rehungen (TH) 52 B
66907 Rehweiler (RP) 69 M
04509 Reibitz (SN) 43 M
55471 Reich (RP) 69 C
06667 Reichardtswerben (ST) 54 D
07586 Reichartsdorf (TH) 54 K
74934 Reichartshausen (BW) 81 C
63916 Reichartshausen (BY) 72 G
87737 Reichau (BY) 91 L
64385 Reichelsheim (Odenwald) (HE) 71 H
78479 Reichenau (BW) 97 F
91572 Reichenau (BY) 83 F
01936 Reichenau (SN) 56 B
73326 Reichenbach im Täle (BW) 90 C
78564 Reichenbach am Heuberg (BW) 89 L
79348 Reichenbach (BW) 88 L
93189 Reichenbach (BY) 85 C
95355 Reichenbach (BY) 64 M
96358 Reichenbach (BY) 64 J
97702 Reichenbach (BY) 63 K
55776 Reichenbach (RP) 69 J
01936 Reichenbach (SN) 56 E
09603 Reichenbach bei Siebenlehn (SN) 55 J
99947 Reichenbach (TH) 52 H
02894 Reichenbach/Oberlausitz (SN) 57 E
66879 Reichenbach-Steegen (RP) 70 K
08468 Reichenbach/Vogtland (SN) 65 C
15377 Reichenberg (BB) 34 E
71570 Reichenberg (BW) 82 H
97234 Reichenberg (BY) 72 J
01468 Reichenberg (SN) 56 D
84140 Reicheneibach (BY) 94 A
04932 Reichenhain (BB) 44 M
85447 Reichenkirchen (BY) 93 E
15345 Reichenow (BB) 34 E
91244 Reichenschwand (BY) 74 M
76593 Reichental (BW) 81 K
15526 Reichenwalde (BB) 34 L
83677 Reichersbeuern (BY) 101 D
94405 Reichersdorf (BY) 94 B
74861 Reichertshausen (BW) 82 A
84072 Reichertshausen (BY) 93 A
85293 Reichertshausen (BY) 92 F
84437 Reichertsheim (BY) 93 J
85084 Reichertshofen (BY) 92 C
86868 Reichertshofen (BY) 91 J
92369 Reichertshofen (BY) 84 C
86934 Reichling (BY) 100 A
86934 Reichlingsried (BY) 100 A
98739 Reichmannsdorf (TH) 64 E
97453 Reichmannshausen (BY) 63 L
95158 Reicholdsgrün (BY) 65 L
51580 Reichshof (NW) 49 K
01744 Reichstädt (SN) 56 K
67759 Reichsthal (RP) 70 G
94428 Reichstorf (BY) 94 C
47533 Reichswalde (NW) 36 H
02943 Reichwalde (SN) 57 B
66871 Reichweiler (RP) 69 M
56865 Reidenhausen (RP) 69 C
66507 Reifenberg (RP) 80 A
53940 Reifferscheid (NW) 58 F
53520 Reifferscheid (RP) 59 H
09514 Reifland (SN) 55 M
56861 Reil (RP) 69 B
68799 Reilingen (BW) 81 A
29640 Reimerdingen (NI) 20 M
08491 Reimersgrün (SN) 65 E
18276 Reimershagen (MV) 14 K
86756 Reimlingen (BY) 83 M
21465 Reinbek (SH) 21 A
18519 Reinberg (MV) 7 K
01561 Reinersdorf (SN) 56 A
72275 Reinerzau (BW) 89 D
23858 Reinfeld (Holstein) (SH) 12 H
34359 Reinhardshagen (HE) 51 B
91468 Reinhardshofen (BY) 73 J
86399 Reinhartshausen (BY) 91 J
86845 Reinhartshofen (BY) 91 J
06905 Reinharz (ST) 44 G
63354 Reinheim (HE) 71 E
01744 Reinholdshain (SN) 56 H
08373 Reinholdshain (SN) 55 K
37308 Reinholterode (TH) 52 A
18519 Reinkenhagen (MV) 7 K
23820 Reinsbek (SH) 12 H
74549 Reinsberg (BW) 82 F
09629 Reinsberg (SN) 55 J
25764 Reinsbüttel (SH) 10 C
31552 Reinsdorf (NI) 29 K
04736 Reinsdorf (SN) 55 H
08141 Reinsdorf (SN) 66 A
06642 Reinsdorf (ST) 53 F
06896 Reinsdorf (ST) 43 F
06556 Reinsdorf (TH) 53 B
31655 Reinsen-Remeringhausen (NI) 29 K
54421 Reinsfeld (RP) 69 G
18239 Reinshagen (MV) 14 D
07768 Reinstädt (TH) 53 M
06463 Reinstedt (ST) 42 H
21400 Reinstorf (NI) 21 H
67753 Reipoltskirchen (RP) 70 G
94086 Reisbach (BY) 95 A
94419 Reisbach (BY) 94 A
84571 Reischach (BY) 94 E
83064 Reischenhart (BY) 101 F
99518 Reisdorf (TH) 53 J
79843 Reiselfingen (BW) 97 A
69427 Reisenbach (BW) 71 M
89312 Reisensburg (BY) 91 E
99974 Reiser (TH) 52 E
35447 Reiskirchen (HE) 61 E
93342 Reißing (BY) 85 H
94363 Reißing (BY) 86 K
59889 Reiste (NW) 49 F
89446 Reistingen (BY) 91 B
83242 Reit im Winkl (BY) 102 D
86850 Reitenbuch (BY) 91 J
97688 Reiterswiesen (BY) 63 K
94419 Reith (BY) 94 A
97723 Reith (BY) 62 M
83512 Reitmehring (BY) 93 M
88131 Reitnau (BW) 98 H
15328 Reitwein (BB) 35 D
07338 Reitzengeschwenda (TH) 64 F
09496 Reitzenhain (SN) 66 F
95188 Reitzenstein (BY) 65 G
48734 Reken (NW) 37 H
37586 Relliehausen (NI) 40 H
25462 Rellingen (SH) 11 M
53424 Remagen (RP) 59 F
59872 Remblinghausen (NW) 50 D
63150 Rembrücken (HE) 71 B
75196 Remchingen (BW) 81 G
07407 Remda (TH) 64 B
26670 Remels (NI) 18 E
39164 Remkersleben (ST) 42 B
17168 Remlin (MV) 14 J
97280 Remlingen (BY) 72 F
38319 Remlingen (NI) 41 C
42477 Remlingrade (NW) 48 F
24594 Remmels (SH) 11 E
17139 Remplin (MV) 14 M
07368 Remptendorf (TH) 64 F
428XX Remscheid (NW) 48 F
08373 Remse (SN) 55 K
71686 Remseck am Neckar (BW) 82 G
73630 Remshalden (BW) 82 L
89364 Remshart (BY) 91 E
99869 Remstädt (TH) 52 M
77871 Renchen (BW) 88 B
24768 Rendsburg (SH) 11 B
24619 Rendswühren (SH) 12 D
37318 Rengelrode (TH) 52 A
97778 Rengersbrunn (BY) 62 L
90602 Rengersricht (BY) 84 B
88605 Rengetsweiler (BW) 98 A
56579 Rengsdorf (RP) 60 D
88348 Renhardsweiler (BW) 90 L
49762 Renkenberge (NI) 27 A
38368 Rennau (NI) 31 K
06794 Renneritz (ST) 43 L
56477 Rennerod (RP) 60 F
01833 Rennersdorf-Neudörfel (SN) 56 F
86643 Rennertshofen (BY) 84 L
89290 Rennertshofen (BY) 91 H
91448 Rennhofen (BY) 73 M
71272 Renningen (BW) 81 M
78603 Renquishausen (BW) 89 L
49838 Rentrup (NI) 27 G
96184 Rentweinsdorf (BY) 73 C
98631 Rentwertshausen (TH) 63 E
25451 Renzel (SH) 11 M
19209 Renzow (MV) 13 K
57439 Repe (NW) 49 H
29386 Repke (NI) 30 E
18190 Reppelin (MV) 14 E
21391 Reppenstedt (NI) 21 G
97318 Repperndorf (BY) 73 G
06386 Reppichau (ST) 43 H
14828 Reppinichen (BB) 43 B
18230 Rerik (MV) 13 F
07318 Reschwitz (TH) 64 B
03103 Ressen (BB) 45 J
15913 Ressen (BB) 45 C
15913 Ressen-Zaue (BB) 45 C
49696 Resthausen (NI) 27 C
19067 Retgendorf (MV) 13 L
27336 Rethem (Aller) (NI) 29 A
27336 Rethemer Moor (NI) 29 A
38533 Rethen (NI) 30 L
23847 Rethwisch (SH) 12 L
24211 Rethwisch (SH) 12 A
18211 Retschow (MV) 13 F
83278 Rettenbach (BY) 102 B
89364 Rettenbach (BY) 91 E
93191 Rettenbach (BY) 86 D
87549 Rettenberg (BY) 99 H
86368 Rettenbergen (BY) 92 D
56769 Retterath (RP) 59 H
91330 Rettern (BY) 74 E
56357 Rettershain (RP) 60 L
56370 Rettert (RP) 60 L
23730 Rettin (SH) 12 F
06779 Retzau (ST) 43 H
97225 Retzbach (BY) 72 F
14641 Retzow (BB) 32 F
19395 Retzow (MV) 23 E
97282 Retzstadt (BY) 72 F
56727 Reudelsterz (RP) 59 H
06725 Reuden (ST) 54 H
72622 Reudern (BW) 90 A
07987 Reudnitz (TH) 65 C
08209 Reumtengrün (SN) 65 F
97353 Reupelsdorf (BY) 73 E
06369 Reupzig (ST) 43 H
98646 Reurieth (TH) 63 F
97215 Reusch (BY) 73 H
06188 Reußen (ST) 43 L
25821 Reußenköge (SH) 3 J
84367 Reut (BY) 94 F
79276 Reute (BW) 88 L
88605 Reute (BW) 97 C
86465 Reutern (BY) 91 F
94086 Reutern (BY) 95 A
96106 Reutersbrunn (BY) 73 C
17153 Reuterstadt Stavenhagen (MV) 15 K
91301 Reuth (BY) 74 H
91796 Reuth (BY) 84 E
92717 Reuth bei Erbendorf (BY) 75 E
08538 Reuth (SN) 65 E
03130 Reuthen (BB) 46 G
727XX Reutlingen (BW) 90 D
73340 Reutti (BW) 90 C
24214 Revensdorf (SH) 4 M
97654 Reyersbach (BY) 63 G
91085 Rezelsdorf (BY) 73 J
27404 Rhade (NI) 19 F
27404 Rhadereistedt (NI) 19 F
01683 Rhäsa (SN) 55 J
26817 Rhaude (NI) 18 G
26817 Rhauderfehn (NI) 18 G
26817 Rhaudermoor (NI) 18 G
55624 Rhaunen (RP) 69 F
33428 Rheda (NW) 38 F
33378 Rheda-Wiedenbrück (NW) 39 G
26899 Rhede (Ems) (NI) 17 M
46414 Rhede (NW) 37 G
31039 Rheden (NI) 40 C
33034 Rheder (NW) 40 K
53859 Rheidt (NW) 59 B
77866 Rheinau (BW) 88 B
53359 Rheinbach (NW) 59 E
47495 Rheinberg (NW) 37 K
77866 Rheinbischofsheim (BW) 88 B
55494 Rheinböllen (RP) 70 A
53619 Rheinbreitbach (RP) 59 F
56598 Rheinbrohl (RP) 59 F
484XX Rheine (NW) 27 K
79618 Rheinfelden (Baden) (BW) 96 G
79365 Rheinhausen (BW) 88 G
77836 Rheinmünster (BW) 80 L
16831 Rheinsberg (BB) 24 G
76661 Rheinsheim (BW) 81 A
76287 Rheinstetten (BW) 80 J
76764 Rheinzabern (RP) 80 F
24558 Rhen (SH) 11 M
56321 Rhens (RP) 60 G
47509 Rheurdt (NW) 47 C
14728 Rhinow (BB) 32 B
57462 Rhode (NW) 49 H
38835 Rhoden (ST) 41 F
76835 Rhodt unter Rietburg (RP) 80 C
37434 Rhumspringe (NI) 41 L
14641 Ribbeck (BB) 33 D
38551 Ribbesbüttel (NI) 30 H
18311 Ribnitz-Damgarten (MV) 6 K
63930 Richelbach (BY) 72 G
64823 Richen (HE) 71 F
57319 Richstein (NW) 50 K
18461 Richtenberg (MV) 6 M
41844 Rickelrath (NW) 47 E
79736 Rickenbach (BW) 96 H
24635 Rickling (SH) 12 D
27239 Ridderade (NI) 28 E
25551 Ridders (SH) 11 E
29416 Riebau (ST) 31 B
14547 Rieben (BB) 33 L
86637 Rieblingen (BY) 92 A
82431 Ried (BY) 100 F
84364 Ried (BY) 94 C
86510 Ried (BY) 92 H
86633 Ried (BY) 84 L
89343 Ried (BY) 91 E
93339 Ried (BY) 85 G
27283 Rieda (NI) 29 A
97519 Riedbach (BY) 63 L
27339 Riede (NI) 19 M
66484 Riedelberg (RP) 79 F
82418 Rieden (BY) 100 E
86453 Rieden (BY) 92 E
87668 Rieden (BY) 99 C
87669 Rieden am Forggensee (BY) 99 F
92286 Rieden (BY) 85 B
97262 Rieden (BY) 73 A
56745 Rieden (RP) 59 H
97792 Riedenberg (BY) 62 J
93339 Riedenburg (BY) 85 G
97283 Riedenheim (BY) 73 K
86643 Riedensheim (BY) 84 L
06507 Rieder (ST) 42 G
86911 Riederau (BY) 92 L
72585 Riederich (BW) 90 A
83083 Riedering (BY) 101 C
88377 Riedhausen (BW) 98 B
78247 Riedheim (BW) 97 E
89340 Riedheim (BY) 91 D
79400 Riedlingen (BW) 96 D
88499 Riedlingen (BW) 90 L
86609 Riedlingen (BY) 83 M
79618 Riedmatt (BW) 96 H
89444 Riedsend (BY) 91 C
64560 Riedstadt (HE) 71 D
79359 Riegel (BW) 88 G
66292 Riegelsberg (SL) 79 A
55469 Riegenroth (RP) 70 A
82418 Riegsee (BY) 100 E
93104 Riekofen (BY) 85 J
78239 Rielasingen-Worblingen (BW) 97 E
97794 Rieneck (BY) 72 B
73553 Rienharz (BW) 82 L
29683 Riepe (NI) 20 L
27374 Riepholm (NI) 20 L
15859 Rieplos (BB) 34 L
19217 Rieps (MV) 12 M
23738 Riepsdorf (SH) 12 C
015XX Riesa (SN) 55 C
66509 Rieschweiler-Mühlbach (RP) 80 A
24354 Rieseby (SH) 4 J
33034 Riesel (NW) 40 K
48477 Riesenbeck (NW) 27 K
06786 Riesigk (ST) 43 F
15890 Rießen (BB) 35 K
49597 Rieste (NI) 27 J
06528 Riestedt (ST) 53 B
55499 Riesweiler (RP) 70 A
33397 Rietberg (NW) 39 G
15936 Rietdorf (BB) 44 F
98663 Rieth (TH) 63 M
72525 Rietheim (BW) 90 E
78604 Rietheim-Weilheim (BW) 89 L
99638 Riethgen (TH) 53 D
06528 Riethnordhausen (ST) 53 B
99195 Riethnordhausen (TH) 53 G
02956 Rietschen (SN) 46 L
39291 Rietzel (ST) 32 K
15910 Rietzneuendorf (BB) 45 A
15910 Rietzneuendorf-Friedrichshof (BB) 45 A
92690 Riggau (BY) 75 E
95700 Riglasreuth (BY) 75 B
84326 Rimbach (BY) 94 F
93485 Rimbach (BY) 86 B
97332 Rimbach (BY) 73 E
64668 Rimbach (HE) 71 H
34414 Rimbeck (NW) 39 M
88299 Rimpach (BW) 99 D
97222 Rimpar (BY) 72 F
55765 Rimsberg (RP) 69 J
83253 Rimsting (BY) 101 C
94269 Rinchnach (BY) 86 J
94209 Rinchnachmündt (BY) 86 J
88400 Rindenmoos (BW) 90 M
47533 Rindern (NW) 36 H
49824 Ringe (NI) 26 E
94160 Ringelai (BY) 87 G
46499 Ringenberg (NW) 37 G
01904 Ringenhain (SN) 57 D
09648 Ringethal (SN) 55 H
39517 Ringfurth (ST) 32 G
37296 Ringgau (HE) 52 G
88605 Ringgenbach (BW) 98 A
88263 Ringgenweiler (BW) 98 B
06556 Ringleben (TH) 53 B
99189 Ringleben (TH) 53 G
24977 Ringsberg (SH) 4 E
88400 Ringschnait (BW) 90 M
77975 Ringsheim (BW) 88 G
27624 Ringstedt (NI) 19 B
94348 Rinkam (BY) 86 G
48317 Rinkerode (NW) 38 G
48324 Rinkhöven (NW) 38 H
53925 Rinnen (NW) 58 F
86316 Rinnenthal (BY) 92 E
76857 Rinnthal (RP) 80 E
74722 Rinschheim (BW) 72 K
31737 Rinteln (NI) 39 C
55767 Rinzenberg (RP) 69 H
54340 Riol (RP) 69 D
06686 Rippach (ST) 54 E
48336 Rippelbaum (NW) 38 F
98639 Rippershausen (TH) 63 E
01728 Rippien (SN) 56 G
53945 Ripsdorf (NW) 59 G
32676 Rischenau (NW) 40 D
26409 Rispel (NI) 18 B
53894 Rißdorf (NW) 59 D
89584 Rißtissen (BW) 90 J
38486 Ristedt (ST) 31 D
25920 Risum-Lindholm (SH) 3 F
21706 Ritsch (NI) 11 K
98617 Ritschenhausen (TH) 63 E
21706 Ritschermoor (NI) 11 K
27721 Ritterhude (NI) 19 H
06333 Ritterode (ST) 42 L
74834 Rittersbach (BW) 72 K
91166 Rittersbach (BY) 84 A
54636 Rittersdorf (RP) 68 C
08355 Rittersgrün (SN) 66 E
35716 Rittershausen (HE) 49 M
67294 Rittersheim (RP) 70 J
37547 Rittierode (NI) 40 J
23896 Ritzerau (SH) 12 L
17153 Ritzerow (MV) 15 K
89290 Ritzisried (BY) 91 G
54317 Riveris (RP) 69 G
59929 Rixen (NW) 50 A
23701 Röbel (SH) 12 E
17207 Röbel/Müritz (MV) 23 F
07554 Roben (TH) 54 L
74864 Robern (BW) 72 K
06317 Röblingen am See (ST) 53 C
59609 Robringhausen (NW) 38 M
39579 Rochau (ST) 31 F
09306 Rochlitz (SN) 55 G
09328 Rochsburg (SN) 55 G
07619 Rockau (TH) 54 G
31675 Röcke (NI) 28 M
06686 Röcken (ST) 54 E
69412 Rockenau (BW) 71 M
35519 Rockenberg (HE) 61 H
07387 Rockendorf (TH) 64 C
67806 Rockenhausen (RP) 70 H
91171 Röckenhofen (BY) 84 E
92259 Röckenricht (BY) 75 K
36419 Rockenstuhl (TH) 62 C
99713 Rockensußra (TH) 52 F
92361 Röckersbühl (BY) 84 C
54570 Rockeskyll (RP) 59 K
91740 Röckingen (BY) 83 F
04808 Röcknitz (SN) 55 A
85088 Rockolding (BY) 85 K
27404 Rockstedt (NI) 20 D
99713 Rockstedt (TH) 52 F
17091 Röckwitz (MV) 15 L
04643 Roda (SN) 55 G
96476 Rodach bei Coburg (BY) 63 J
66976 Rodalben (RP) 80 A
08539 Rodau (SN) 65 E
16845 Roddahn (BB) 32 B
17268 Röddelin (BB) 24 J
53520 Rodder (RP) 59 G

99976 Rodeberg (TH) 52 E
56858 Rödelhausen (RP) 69 C
97618 Rödelmaier (BY) 63 G
97348 Rödelsee (BY) 73 G
25813 Rödemis (SH) 3 M
97849 Roden (BY) 72 E
25924 Rodenäs (SH) 3 B
97816 Rodenbach (BY) 72 B
63517 Rodenbach (HE) 61 M
57639 Rodenbach bei Puderbach (RP) 60 A
67688 Rodenbach (RP) 70 K
24247 Rodenbek (SH) 11 C
31552 Rodenberg (NI) 29 K
96472 Rödental (BY) 64 G
19260 Rodenwalde (MV) 21 F
95679 Rodenzenreuth (BY) 75 B
01619 Röderau-Bobersen (SN) 55 C
63322 Rödermark (HE) 71 B
01561 Rödern (SN) 56 D
54673 Rodershausen (RP) 68 B
95152 Rodesgrün (BY) 65 G
31637 Rodewald (NI) 29 E
31637 Rodewald-Mittlere Bauerschaft (NI) 29 E
31637 Rodewald-Obere Bauerschaft (NI) 29 E
31637 Rodewald-Untere Bauerschaft (NI) 29 E
08228 Rodewisch (SN) 65 F
63110 Rodgau (HE) 71 B
06766 Rödgen (ST) 43 L
93426 Roding (BY) 86 A
52445 Rödingen (NW) 47 J
32289 Rödinghausen (NW) 28 K
99762 Rodishain (TH) 42 K
06862 Rodleben (ST) 43 E
97654 Rödles (BY) 63 G
17237 Rödlin-Thurow (MV) 24 B
09350 Rödlitz (SN) 66 A
54313 Rodt (RP) 69 D
23923 Roduchelstorf (MV) 13 G
56754 Roes (RP) 59 M
52159 Roetgen (NW) 58 B
89365 Röfingen (BY) 91 E
14789 Rogäsen (BB) 32 L
39326 Rogätz (ST) 31 M
17209 Rogeez (MV) 23 E
86637 Roggden (BY) 91 C
89297 Roggenburg (BY) 91 H
19205 Roggendorf (MV) 13 K
23936 Roggenstorf (MV) 13 G
17252 Roggentin (MV) 24 D
18184 Roggentin (MV) 14 E
93101 Rogging (BY) 85 J
03058 Roggosen (BB) 46 G
18230 Roggow (MV) 13 F
86703 Rögling (BY) 84 K
06184 Röglitz (ST) 54 B
19205 Rögnitz (MV) 22 A
42489 Rohdenhaus (NW) 48 E
54636 Röhl (RP) 68 C
73479 Röhlingen (BW) 83 G
16928 Rohlsdorf (BB) 23 H
02959 Rohne (SN) 46 K
99718 Rohnstedt (TH) 52 F
88410 Rohr (BW) 98 C
85296 Rohr (BY) 92 C
91189 Rohr (BY) 84 A
53945 Rohr (NW) 59 D
98530 Rohr (TH) 63 E
88410 Rohrbach (BW) 98 C
85296 Rohrbach (BY) 92 C
86316 Rohrbach (BY) 92 H
86643 Rohrbach (BY) 84 K
93183 Rohrbach (BY) 85 E
97753 Rohrbach (BY) 72 B
76865 Rohrbach (RP) 80 F
14913 Rohrbeck (BB) 44 E
38489 Rohrberg (ST) 31 D
72229 Rohrdorf (BW) 89 B
83101 Rohrdorf (BY) 101 C
52156 Rohren (NW) 58 E
86701 Rohrenfels (BY) 84 L
99310 Röhrensee (TH) 53 K
63599 Röhrig (HE) 62 K
16845 Rohrlack (BB) 32 C
85244 Röhrmoos (BY) 92 F
94133 Röhrnbach (BY) 87 L
01665 Röhrsdorf (SN) 56 D
09247 Röhrsdorf (SN) 55 K
31627 Rohrsen (NI) 29 D
38836 Rohrsheim (ST) 41 F
21397 Rohstorf (NI) 21 H
74255 Roigheim (BW) 82 A
24972 Roikier (SH) 4 E
53332 Roisdorf (NW) 59 B
06809 Roitzsch (ST) 43 L
38325 Roklum (NI) 41 C
99636 Roldisleben (TH) 53 E
38528 Rolfsbüttel (NI) 30 H
31749 Rolfshagen (NI) 29 K
32839 Rolfzen (NW) 40 G
63934 Röllbach (BY) 72 D
52152 Rollesbroich (NW) 58 B
63911 Röllfeld (BY) 72 D
37434 Rollshausen (NI) 41 K
17309 Rollwitz (MV) 25 B
19372 Rom (MV) 23 A
67354 Römerberg (RP) 81 A
72587 Römerstein (BW) 90 E
98631 Römhild (TH) 63 H
71394 Rommelshausen (BW) 82 K
52388 Rommelsheim (NW) 58 C
86500 Rommelsried (BY) 91 F
37247 Rommerode (HE) 51 F
54597 Rommersheim (RP) 58 M
41569 Rommerskirchen (NW) 48 G
36329 Romrod (HE) 62 A
29591 Römstedt (NI) 21 J
23919 Rondeshagen (SH) 12 L
57413 Rönkhausen (NW) 49 E
16775 Rönnebeck (BB) 24 L
63549 Ronneburg (HE) 61 M
07580 Ronneburg (TH) 54 L
26349 Rönnelmoor (NI) 19 D
58566 Rönsahl (NW) 49 G
87671 Ronsberg (BY) 99 B
42369 Ronsdorf (NW) 48 F
36217 Ronshausen (HE) 51 M
92355 Ronsolden (BY) 85 A
17291 Röpersdorf (BB) 25 D
07368 Röppisch (TH) 65 D
07554 Röpsen (TH) 54 L
78253 Rorgenwies (BW) 97 C
48249 Rorup (NW) 37 F
06774 Rösa (ST) 43 M
98590 Rosa (TH) 63 A
61191 Rosbach vor der Höhe (HE) 61 H
51570 Rosbach (NW) 60 A
76835 Roschbach (RP) 80 C
29571 Rosche (NI) 21 M
37124 Rosdorf (NI) 51 C
25548 Rosdorf (SH) 11 H
34434 Rösebeck (NW) 51 A
27374 Rosebruch (NI) 20 L
21514 Roseburg (SH) 21 B
02708 Rosenbach (SN) 57 E
59929 Rösenbeck (NW) 50 B
73494 Rosenberg (BW) 83 G
74749 Rosenberg (BW) 72 L
48720 Rosendahl (NW) 37 F
07819 Rosendorf (TH) 65 A
72348 Rosenfeld (BW) 89 H
24211 Rosenfeld (SH) 12 A
74538 Rosengarten (BW) 82 F
21224 Rosengarten (NI) 20 F
17398 Rosenhagen (MV) 16 G
32469 Rosenhagen (NW) 28 M
02708 Rosenhain (SN) 57 E
88285 Rosenharz (BW) 98 E
8302X Rosenheim (BY) 101 B
57520 Rosenheim (Landkreis Altenkirchen) (RP) 60 B
66894 Rosenkopf (RP) 79 C
17091 Rosenow (MV) 15 K
15936 Rosenthal (BB) 44 F
35119 Rosenthal (HE) 50 L
01824 Rosenthal-Bielatal (SN) 56 M
16928 Rosenwinkel (BB) 23 L
39279 Rosian (ST) 43 B
04617 Rositz (TH) 54 J
14778 Roskow (BB) 33 G
95195 Röslau (BY) 65 L
88512 Rosna (BW) 90 K
16307 Rosow (BB) 25 F
51503 Rösrath (NW) 48 M
74214 Rossach (BW) 82 B
96269 Rossach (BY) 64 K
09661 Rossau (SN) 55 H
39606 Rossau (ST) 31 C
84494 Roßbach (BY) 94 D
94439 Roßbach (BY) 94 C
97799 Roßbach (BY) 62 L
53547 Roßbach (RP) 59 F
56271 Roßbach (RP) 60 D
06242 Roßbach (ST) 54 D
64380 Roßdorf (HE) 71 E
39307 Roßdorf (ST) 32 H
98590 Roßdorf (TH) 63 A
51570 Rossel (NW) 49 K
51545 Rossenbach (NW) 49 K
90556 Roßendorf (BY) 74 K
87672 Roßhaupten (BY) 99 F
89365 Roßhaupten (BY) 91 E
17398 Rossin (MV) 16 G
06536 Roßla (ST) 53 A
06571 Roßleben (TH) 53 F
08527 Rößnitz (SN) 65 E
17322 Rossow (MV) 25 B
97483 Roßstadt (BY) 73 C
90574 Roßtal (BY) 74 K
04741 Roßwein (SN) 55 J
18XXX Rostock (MV) 14 D
26160 Rostrup (NI) 18 J
74585 Rot am See (BW) 83 A
88430 Rot an der Rot (BW) 91 K
15749 Rotberg (BB) 33 J
79877 Rötenbach (BW) 96 C
88364 Rötenbach (BW) 98 F
78733 Rötenberg (BW) 89 G
36199 Rotenburg an der Fulda (HE) 51 H
27356 Rotenburg (Wümme) (NI) 20 G
33824 Rotenhagen (NW) 39 A
56459 Rotenhain (RP) 60 E
74417 Rotenhar (BW) 82 J
37574 Rotenkirchen (NI) 40 J
72224 Rotfelden (BW) 89 B
38531 Rötgesbüttel (NI) 30 H
89284 Roth (BY) 91 D
91154 Roth (BY) 84 B
96215 Roth (BY) 64 L
97647 Roth (BY) 63 D
35713 Roth (HE) 50 K
54568 Roth (RP) 59 K
54597 Roth bei Prüm (RP) 58 J
54675 Roth an der Our (RP) 68 B
57539 Roth (RP) 60 A
04571 Rötha (SN) 54 F
06528 Rotha (ST) 42 K
91154 Rothaurach (BY) 84 A
97633 Rothausen (BY) 63 H
37688 Rothe (NW) 40 K
17379 Rothemühl (MV) 16 K
07922 Rothenacker (TH) 65 D
88167 Röthenbach (Allgäu) (BY) 99 D
92702 Röthenbach (BY) 75 H
95659 Röthenbach (BY) 75 B
56459 Rothenbach (RP) 60 E
08228 Rothenbach (SN) 65 F
96145 Rothenberg (BY) 63 M
64757 Rothenberg (HE) 71 M
99636 Rothenberga (TH) 53 E
63860 Rothenbuch (BY) 72 A
91541 Rothenburg ob der Tauber (BY) 73 K
06420 Rothenburg (ST) 43 K
02929 Rothenburg/Oberlausitz (SN) 57 C
97851 Rothenfels (BY) 72 E
96332 Rothenkirchen (BY) 64 H
08237 Rothenkirchen (SN) 65 F
17321 Rothenklempenow (MV) 25 B
96114 Rothensand (BY) 74 D
06295 Rothenschirmbach (ST) 53 C
92637 Rothenstadt (BY) 75 H
07751 Rothenstein (TH) 53 M
09526 Rothenthal (SN) 66 C
32479 Rothenuffeln (NW) 28 L
99768 Rothesütte (TH) 41 M
96524 Rotheul (TH) 64 H
97711 Rothhausen (BY) 63 L
96215 Rothmannsthal (BY) 74 B
01877 Rothnaußlitz (SN) 56 F
67753 Rothselberg (RP) 70 K
04924 Rothstein (BB) 44 M
74579 Rötlein (BW) 83 D
83543 Rott am Inn (BY) 93 M
06773 Rotta (ST) 43 J
87549 Rottach (BY) 99 H
83700 Rottach-Egern (BY) 101 D
82216 Rottbach (BY) 92 H
97892 Röttbach (BY) 72 E
99444 Rottdorf (TH) 53 L
06295 Rottelsdorf (ST) 42 M
89616 Rottenacker (BW) 90 H
91187 Röttenbach (BY) 84 D
91341 Röttenbach (BY) 74 G
07422 Rottenbach (TH) 64 B
63768 Rottenberg (BY) 72 A
82401 Rottenbuch (BY) 100 D
72108 Rottenburg am Neckar (BW) 89 F
84056 Rottenburg an der Laaber (BY) 85 L
97228 Rottendorf (BY) 73 D
85290 Rottenegg (BY) 93 A
94569 Rottenmann (BY) 87 A
78628 Rottenmünster (BW) 89 L
98587 Rotterode (TH) 63 B
07349 Röttersdorf (TH) 64 F
97714 Rottershausen (BY) 63 K
94094 Rotthalmünster (BY) 95 D
73466 Röttingen (BW) 83 H
97285 Röttingen (BY) 73 K
06567 Rottleben (TH) 53 A
06548 Rottleberode (ST) 42 K
39343 Rottmersleben (ST) 31 L
14793 Rottstock (BB) 32 L
88416 Rottum (BW) 90 M
78628 Rottweil (BW) 89 H
92444 Rötz (BY) 86 A
53909 Rövenich (NW) 59 A
18182 Rövershagen (MV) 6 K
38486 Röwitz (ST) 31 G
55595 Roxheim (RP) 70 E
41352 Rubbelrath (NW) 47 F
38889 Rübeland (ST) 41 J
09526 Rübenau (SN) 66 C
17509 Rubenow (MV) 7 L
56295 Rüber (RP) 59 J
87561 Rubi (BY) 99 L
17390 Rubkow (MV) 16 D
74635 Rüblingen (BW) 82 C
19067 Rubow (MV) 13 M
63820 Rück (BY) 72 D
56244 Rückeroth (RP) 60 E
63867 Rückersbach (BY) 71 C
03238 Rückersdorf (BB) 45 K
01844 Rückersdorf (SN) 56 J
07580 Rückersdorf (TH) 54 L
74582 Rückershagen (BW) 82 C
87494 Rückholz (BY) 99 F
04430 Rückmarsdorf (SN) 54 B
24986 Rüde (SH) 4 H
86733 Rudelstetten (BY) 83 M
84104 Rudelzhausen (BY) 93 A
63924 Rüdenau (BY) 72 G
97500 Rudendorf (BY) 73 C
97355 Rüdenhausen (BY) 73 E
97650 Rüdenschwinden (BY) 63 D
92331 Rudenshofen (BY) 85 D
87674 Ruderatshofen (BY) 99 C
73635 Rudersberg (BW) 82 H
15562 Rüdersdorf bei Berlin (BB) 34 G
57234 Rudersdorf (NW) 49 M
07586 Rüdersdorf (TH) 54 K
99628 Rudersdorf (TH) 53 J
37434 Rüdershausen (NI) 41 K
94161 Ruderting (BY) 87 K
84072 Rudertshausen (BY) 93 A
92334 Rudertshofen (BY) 84 F
65385 Rüdesheim am Rhein (HE) 70 B
55593 Rüdesheim (RP) 70 E
37355 Rüdigershagen (TH) 52 B
91438 Rüdisbronn (BY) 73 L
99334 Rudisleben (TH) 53 K
16321 Rüdnitz (BB) 34 A
07407 Rudolstadt (TH) 64 B
97215 Rudolzhofen (BY) 73 L
95365 Rugendorf (BY) 64 M
24405 Rügge (SH) 4 H
58256 Rüggeberg (NW) 48 F
97461 Rügheim (BY) 63 L
91622 Rügland (BY) 73 M
38471 Rühen (NI) 30 J
88639 Ruhestetten (BW) 98 A
99842 Ruhla (TH) 52 L
01945 Ruhland (BB) 45 L
49716 Rühle (NI) 26 F
91634 Rühlingstetten (BY) 83 H
14532 Ruhlsdorf (BB) 33 H
16348 Ruhlsdorf (BB) 33 C
94239 Ruhmannsfelden (BY) 86 E
18246 Rühn (MV) 14 G
83324 Ruhpolding (BY) 102 B
19322 Rühstädt (BB) 23 K
94436 Ruhstorf (BY) 94 B
26969 Ruhwarden (NI) 19 A
24601 Ruhwinkel (SH) 12 D
73760 Ruit (BW) 82 K
18258 Rukieten (MV) 14 G
88512 Rulfingen (BW) 90 K
21379 Rullstorf (NI) 21 E
76761 Rülzheim (RP) 80 F
76891 Rumbach (RP) 80 D
90592 Rummelsberg (BY) 84 B
55452 Rümmelsheim (RP) 70 B
87784 Rummeltshausen (BY) 91 L
79595 Rümmingen (BW) 96 D
24254 Rumohr (SH) 11 C
23843 Rümpel (SH) 12 K
51766 Ründeroth (NW) 49 G
93486 Runding (BY) 86 B
65594 Runkel (HE) 60 J
49762 Rupennest (NI) 27 A
88448 Rupertshofen (BW) 90 L
56412 Ruppach-Goldhausen (RP) 60 E
01774 Ruppendorf (SN) 56 G
53902 Rupperath (NW) 59 D
02747 Ruppersdorf (SN) 57 H
57334 Rüppershausen (NW) 50 K
67152 Ruppertsberg (RP) 80 C
67808 Ruppertsecken (RP) 70 H
08435 Ruppertsgrün (SN) 65 C
08543 Ruppertsgrün (SN) 65 E
97816 Ruppertshütten (BY) 72 B
66957 Ruppertsweiler (RP) 80 D
53809 Ruppichteroth (NW) 49 K
91177 Ruppmannsburg (BY) 84 E
88410 Rupprechts (BW) 99 D
91235 Rupprechtstegen (BY) 74 J
52152 Rurberg (NW) 58 C
41836 Rurbrücke (NW) 47 H
52441 Rurdorf (NW) 47 H
41836 Rurich (NW) 47 H
55776 Ruschberg (RP) 69 J
56584 Rüscheid (RP) 60 D
49401 Rüschendorf (NI) 28 G
48496 Rüschendorf (NW) 27 G
78604 Rußberg (BW) 89 L
01623 Rüsseina (SN) 55 F
65428 Rüsselsheim (HE) 71 A
27239 Rüssen (NI) 28 A
91320 Rüssenbach (BY) 74 E
76706 Rußheim (BW) 81 D
67308 Rüssingen (RP) 70 J
77977 Rust (BW) 88 G
37318 Rustenfelde (TH) 51 C
37318 Rüstungen (TH) 52 D
17279 Rutenberg (BB) 24 E
49733 Rütenbrock (NI) 26 C
49733 Rütenmoor (NI) 26 C
19303 Rüterberg („Dorfrepublik“ 1961–1989) (MV) 22 G
71277 Rutesheim (BW) 81 M
19089 Ruthenbeck (MV) 22 C
16835 Rüthnick (BB) 24 K
23743 Rüting (SH) 12 C
26340 Ruttel (NI) 18 E
07646 Ruttersdorf-Lotschen (TH) 54 K
08228 Rützengrün (SN) 65 F

S

97633 Saal an der Saale (BY) 63 H
18317 Saal (MV) 6 G
99444 Saalborn (TH) 53 L
07929 Saalburg (TH) 65 D
83416 Saaldorf-Surheim (BY) 102 C
07318 Saalfeld/Saale (TH) 64 B
93077 Saalhaupt (BY) 85 H
01994 Saalhausen (BB) 45 L
57368 Saalhausen (NW) 49 J
47475 Saalhoff (NW) 36 M
15806 Saalow (BB) 33 M
66919 Saalstadt (RP) 80 A
04603 Saara (TH) 54 M
661XX Saarbrücken (SL) 79 B
54439 Saarburg (RP) 68 J
98678 Saargrund (TH) 64 D
66740 Saarlouis (SL) 79 A
14552 Saarmund (BB) 33 L
66793 Saarwellingen (SL) 79 A
04932 Saathain (BB) 45 K
32676 Sabbenhausen (NW) 40 D
18299 Sabel (MV) 14 H
56290 Sabershausen (RP) 59 M
39649 Sachau (ST) 31 H
83229 Sachrang (BY) 101 F
91572 Sachsbach (BY) 83 E
91578 Sachsen (BY) 83 B
25554 Sachsenbande (SH) 11 G
98678 Sachsenbrunn (TH) 64 G
09669 Sachsenburg (SN) 55 H
15306 Sachsendorf (BB) 35 D
39240 Sachsendorf (ST) 43 D
31553 Sachsenhagen (NI) 29 K
74343 Sachsenheim (BW) 81 J
97780 Sachsenheim (BY) 72 C
83679 Sachsenkam (BY) 101 A
86987 Sachsenried (BY) 100 A
08606 Sachsgrün (SN) 65 H
01561 Sacka (SN) 56 B
97816 Sackenbach (BY) 72 B
15913 Sacrow-Waldow (BB) 45 C
17099 Sadelkow (MV) 15 M
16928 Sadenbeck (BB) 23 H
01762 Sadisdorf (SN) 56 K
52538 Saeffelen (NW) 47 G
48369 Saerbeck (NW) 38 A
56648 Saffig (RP) 59 J
02957 Sagar (SN) 46 L
18551 Sagard (MV) 7 E
16949 Sagast (BB) 23 D
23717 Sagau (SH) 12 C
26197 Sage (NI) 18 M
28876 Sagehorn (NI) 19 M
21493 Sahms (SH) 21 B
79853 Saig (BW) 96 C
74638 Sailach (BW) 82 E
63877 Sailauf (BY) 72 A
97437 Sailershausen (BY) 73 B
86570 Sainbach (BY) 92 B
73084 Salach (BW) 90 C
57250 Salchendorf (NW) 49 M
57290 Salchendorf (NW) 60 C
94330 Salching (BY) 86 K
94163 Saldenburg (BY) 87 K
88682 Salem (BW) 98 D
23911 Salem (SH) 12 M
87775 Salgen (BY) 91 M
84326 Sallach (BY) 94 A
03238 Sallgast (BB) 45 L
93352 Sallingberg (BY) 85 L
79692 Sallneck (BW) 96 D
54570 Salm (RP) 59 K
84539 Salmanskirchen (BY) 94 G
96184 Salmsdorf (BY) 73 C
54528 Salmtal (RP) 69 A
17099 Salow (MV) 15 M
92533 Saltendorf (BY) 75 L
93158 Saltendorf (BY) 85 B
97616 Salz (BY) 63 G
56414 Salz (RP) 60 E
24256 Salzau (SH) 12 B
48499 Salzbergen (NI) 26 M
56479 Salzburg (RP) 60 C
37574 Salzderhelden (NI) 40 J
02627 Salzenforst-Bolbritz (SN) 57 D
06779 Salzfurtkapelle (ST) 43 H
382XX Salzgitter (NI) 41 B
382XX Salzgitter-Bad (NI) 41 E
21376 Salzhausen (NI) 21 G
31020 Salzhemmendorf (NI) 40 B
33154 Salzkotten (NW) 39 L
06198 Salzmünde (ST) 43 K
72178 Salzstetten (BW) 89 D
29410 Salzwedel (ST) 31 A
94121 Salzweg (BY) 95 B
66969 Salzwoog (RP) 80 D
96178 Sambach (BY) 74 D
83122 Samerberg (BY) 101 F
48465 Samern (NI) 26 M
91723 Sammenheim (BY) 83 F
39326 Samswegen (ST) 31 M
18573 Samtens (MV) 7 G
33442 Samtholz (NW) 38 F
86447 Sand (BY) 92 A
97522 Sand am Main (BY) 73 C
39524 Sandau (Elbe) (ST) 32 A
39606 Sandauerholz (ST) 32 A
94474 Sandbach (BY) 95 A
39517 Sandbeiendorf (ST) 31 J
27446 Sandbostel (NI) 19 F
49448 Sandbrink (NI) 28 G
26452 Sande (NI) 18 C
32839 Sandebeck (NW) 39 J
84048 Sandelzhausen (BY) 93 A
26452 Sanderbusch (NI) 18 C
26452 Sandergroden (NI) 18 C
93336 Sandersdorf (BY) 85 G
06792 Sandersdorf (ST) 43 L
23898 Sandesneben (SH) 12 L
33803 Sandforth (NW) 39 D
39517 Sandfurth (ST) 32 K
93326 Sandharlanden (BY) 85 G
26209 Sandhatten (NI) 19 K
69207 Sandhausen (BW) 81 B
27711 Sandhausen (NI) 19 H
86529 Sandizell (BY) 92 B
16230 Sandkrug (BB) 25 K
26209 Sandkrug (NI) 19 K
84097 Sandsbach (BY) 85 L
27628 Sandstedt (NI) 19 D
06526 Sangerhausen (ST) 53 B
18190 Sanitz (MV) 14 E
24988 Sankelmark (SH) 4 D
67813 Sankt Alban (RP) 70 H
37444 Sankt Andreasberg (NI) 41 H
48485 Sankt Arnold (NW) 38 A
53757 Sankt Augustin (NW) 59 B
79837 Sankt Blasien (BW) 96 F
09356 Sankt Egidien (SN) 55 K
94379 Sankt Englmar (BY) 86 E
07629 Sankt Gangloff (TH) 54 K
78112 Sankt Georgen im Schwarzwald (BW) 89 K
56329 Sankt Goar (RP) 60 K
56346 Sankt Goarshausen (RP) 60 K
82541 Sankt Heinrich (BY) 100 C
47906 Sankt Hubert (NW) 47 C
49356 Sankt Hülfe (NI) 28 D
69181 Sankt Ilgen (BW) 81 B
66386 Sankt Ingbert (SL) 79 B
72813 Sankt Johann (BW) 90 D
55578 Sankt Johann (RP) 70 E
56727 Sankt Johann (RP) 59 J
66887 Sankt Julian (RP) 70 G
53562 Sankt Katharinen (Landkreis Neuwied) (RP) 59 F
68789 Sankt Leon-Rot (BW) 81 B
25572 Sankt Margarethen (SH) 11 G
79274 Sankt Märgen (BW) 88 M
25693 Sankt Michaelisdonn (SH) 10 F
94568 Sankt Oswald-Riedlhütte (BY) 87 G
79271 Sankt Peter (BW) 88 L
25826 Sankt Peter-Ording (SH) 10 B
77709 Sankt Roman (BW) 88 J
56220 Sankt Sebastian (RP) 60 G
54655 Sankt Thomas (RP) 68 C
47918 Sankt Tönis (NW) 47 C
91785 Sankt Veit (BY) 84 D
33378 Sankt Vit (NW) 39 G
66606 Sankt Wendel (SL) 69 L
79254 Sankt Wilhelm (BW) 96 B
84427 Sankt Wolfgang (BY) 93 J
39606 Sanne-Kerkuhn (ST) 31 B
26197 Sannum (NI) 19 K
17111 Sanzkow (MV) 15 H
85132 Sappenfeld (BY) 84 H
23719 Sarau (SH) 12 E
93092 Sarching (BY) 85 F
55471 Sargenroth (RP) 70 A
38822 Sargstedt (ST) 42 D
02923 Särichen (SN) 57 B
02633 Saritsch (SN) 57 A
23629 Sarkwitz (SH) 12 E
24616 Sarlhusen (SH) 11 F
54552 Sarmersbach (RP) 59 K
18276 Sarmstorf (MV) 14 H
17392 Sarnow (MV) 15 J
17111 Sarow (MV) 15 H
31157 Sarstedt (NI) 29 M
25785 Sarzbüttel (SH) 11 D
77880 Sasbach (BW) 88 C
79361 Sasbach (BW) 88 K
77887 Sasbachwalden (BW) 88 C
24329 Sasel (SH) 12 B
96114 Sassanfahrt (BY) 74 D
17121 Sassen (MV) 15 E
48336 Sassenberg (NW) 38 F
38524 Sassenburg (NI) 30 J
96199 Sassendorf (BY) 74 A
21522 Sassendorf (NI) 21 E
57319 Sassenhausen (NW) 50 G
27404 Sassenholz (NI) 20 D
03205 Saßleben (BB) 45 H
57334 Saßmannshausen (NW) 50 K
18546 Sassnitz (MV) 7 E
26683 Saterland (NI) 18 H
18239 Satow (MV) 14 D
24986 Satrup (SH) 4 H
93455 Sattelbogen (BY) 86 D
74589 Satteldorf (BW) 83 D
93455 Sattelpeilnstein (BY) 86 D
99848 Sättelstädt (TH) 52 L
39345 Satuelle (ST) 31 L
14476 Satzkorn (BB) 33 H
09496 Satzung (SN) 66 F
06647 Saubach (ST) 53 F
15848 Sauen (BB) 34 M
21644 Sauensiek (NI) 20 E
82054 Sauerlach (BY) 93 K
65391 Sauerthal (RP) 70 B
94344 Saulburg (BY) 86 G
88605 Sauldorf (BW) 97 C
82442 Saulgrub (BY) 100 E
08107 Saupersdorf (SN) 66 A
01855 Saupsdorf (SN) 57 G
04509 Sausedlitz (SN) 43 M
91723 Sausenhofen (BY) 83 F
24392 Saustrup (SH) 4 H
17440 Sauzin (MV) 16 D
04895 Saxdorf (BB) 44 M
09619 Sayda (SN) 67 A
64850 Schaafheim (HE) 71 C
24882 Schaalby (SH) 4 H
18334 Schabow (MV) 14 F
89426 Schabringen (BY) 91 B
88255 Schachen (BW) 98 B
93413 Schachendorf (BY) 86 D
24790 Schacht-Audorf (SH) 11 B
37318 Schachtebich (TH) 52 A
59510 Schachtrup (NW) 38 J
23795 Schackendorf (SH) 12 G
39343 Schackensleben (ST) 42 B
06449 Schackenthal (ST) 42 J
03238 Schacksdorf (BB) 45 G
06425 Schackstedt (ST) 42 J
04668 Schaddel (SN) 55 D
06449 Schadeleben (ST) 42 H
03238 Schadewitz (BB) 45 K
15848 Schadow (BB) 45 C
47509 Schaephuysen (NW) 47 C
86751 Schaffhausen (BY) 83 M
24980 Schafflund (SH) 4 D
98634 Schafhausen (TH) 63 D
93336 Schafshill (BY) 85 G
06255 Schafstädt (ST) 54 A
86609 Schäfstall (BY) 84 K
25725 Schafstedt (SH) 11 D
83666 Schaftlach (BY) 101 A
82069 Schäftlarn (BY) 92 M
89584 Schaiblishausen (BW) 90 J
76744 Schaidt (RP) 80 F
74599 Schainbach (BW) 83 A
97737 Schaippach (BY) 72 B
52538 Schalbruch (NW) 47 G
48496 Schale (NW) 27 G
96528 Schalkau (TH) 64 G
53426 Schalkenbach (RP) 59 E
54552 Schalkenmehren (RP) 59 K
84175 Schalkham (BY) 94 A
91522 Schalkhausen (BY) 83 C
25782 Schalkholz (SH) 11 A
58579 Schalksmühle (NW) 49 D
73340 Schalkstetten (BW) 90 C
79597 Schallbach (BW) 96 D
99610 Schallenburg (TH) 53 G
97511 Schallfeld (BY) 73 E
67701 Schallodenbach (RP) 70 K
79418 Schallsingen (BW) 96 D
79227 Schallstadt (BW) 96 A
85110 Schambach (BY) 84 J
91757 Schambach (BY) 84 G
94342 Schambach (BY) 86 H
57339 Schameder (NW) 50 G
93336 Schamhaupten (BY) 85 G
54668 Schankweiler (RP) 68 F
57392 Schanze (NW) 50 G
28870 Schanzendorf (NI) 19 M
48301 Schapdetten (NW) 38 D
14547 Schäpe (BB) 33 K
48480 Schapen (NI) 27 G
39579 Schäplitz (ST) 31 F
17291 Schapow (BB) 25 D
18569 Schaprode (MV) 7 D
2368X Scharbeutz (SH) 12 F
89160 Scharenstetten (BW) 90 F
54636 Scharfbillig (RP) 68 C
16909 Scharfenberg (BB) 23 J
59929 Scharfenberg (NW) 50 A
01665 Scharfenberg (SN) 56 D
09435 Scharfenstein (SN) 66 B
39524 Scharlibbe (ST) 32 D
33154 Scharmede (NW) 39 H
21379 Scharnebeck (NI) 21 E
24229 Scharnhagen (SH) 5 K
73760 Scharnhausen (BW) 82 K
29348 Scharnhorst (NI) 30 D
31535 Scharnhorst (NI) 29 H
39615 Scharpenlohe (ST) 23 K
17139 Scharpzow (MV) 15 K
31535 Scharrel (NI) 29 H
27239 Scharrendorf (NI) 28 B
27245 Scharringhausen (NI) 28 E
39291 Schartau (ST) 32 K
39579 Schartau (ST) 31 F
23730 Schashagen (SH) 12 F
66839 Schattertriesch (SL) 69 K
23923 Schattin (MV) 12 M
21272 Schätzendorf (NI) 20 J
38835 Schauen (ST) 41 F
34270 Schauenburg (HE) 51 D
95197 Schauenstein (BY) 65 G
66919 Schauerberg (RP) 80 A
91413 Schauerheim (BY) 73 J
94571 Schaufling (BY) 86 J
55758 Schauren (RP) 69 F
56865 Schauren (RP) 69 G
83135 Schechen (BY) 101 C
73579 Schechingen (BW) 82 J
37127 Scheden (NI) 51 C

51789 Scheel (NW) 49 G
72516 Scheer (BW) 90 K
39517 Scheeren (ST) 32 G
49846 Scheerhorn (NI) 26 E
27383 Scheeßel (NI) 20 H
88175 Scheffau (BY) 98 J
74850 Schefflenz (BW) 82 A
24392 Scheggerott (SH) 4 J
98749 Scheibe-Alsbach (TH) 64 D
94360 Scheibelsgrub (BY) 86 G
94572 Scheibenberg (BY) 87 G
09481 Scheibenberg (SN) 66 E
76779 Scheibenhardt (RP) 80 J
54611 Scheid (RP) 58 J
88175 Scheidegg (BY) 98 J
04460 Scheidens (SN) 54 E
53797 Scheiderhöhe (NW) 48 M
07646 Scheiditz (TH) 54 K
56379 Scheidt (RP) 60 H
91443 Scheinfeld (BY) 73 H
79235 Schelingen (BW) 88 K
89601 Schelklingen (BW) 90 F
06712 Schellbach (ST) 54 H
75242 Schellbronn (BW) 81 L
85110 Schelldorf (BY) 84 J
39517 Schelldorf (ST) 32 G
01776 Schellerhau (SN) 56 L
91413 Schellert (BY) 73 M
31174 Schellerten (NI) 41 A
24211 Schellhorn (SH) 12 A
66869 Schellweiler (RP) 69 M
29348 Schelploh (NI) 30 B
25782 Schelrade (SH) 11 A
22869 Schenefeld (SH) 20 C
25560 Schenefeld (SH) 11 E
56244 Schenkelberg (RP) 60 E
14778 Schenkenberg (BB) 33 G
17291 Schenkenberg (BB) 25 A
04509 Schenkenberg (SN) 43 L
03172 Schenkendöbern (BB) 46 A
15711 Schenkendorf (BB) 34 K
14532 Schenkenhorst (BB) 33 H
39638 Schenkenhorst (ST) 31 E
77773 Schenkenzell (BW) 89 G
36277 Schenklengsfeld (HE) 62 C
36277 Schenksolz (HE) 51 M
74626 Scheppach (BW) 82 E
99831 Scherbda (TH) 52 G
34414 Scherfede (NW) 39 M
46514 Schermbeck (NW) 37 G
39387 Schermcke (ST) 42 B
39291 Schermen (ST) 32 K
99713 Schernberg (TH) 52 F
99610 Scherndorf (TH) 53 D
39517 Schernebeck (ST) 31 J
96253 Scherneck (BY) 64 K
85132 Schernfeld (BY) 84 H
39579 Schernikau (ST) 31 F
15890 Schernsdorf (BB) 35 K
52531 Scherpenseel (NW) 47 L
86872 Scherstetten (BY) 91 J
96110 Scheßlitz (BY) 74 A
06386 Scheuder (ST) 43 H
57584 Scheuerfeld (RP) 60 B
53902 Scheuerheck (NW) 59 D
53902 Scheuren (NW) 59 E
86937 Scheuring (BY) 92 G
85298 Scheyern (BY) 92 C
03172 Schieben (BB) 46 A
15938 Schiebsdorf (BB) 45 D
32816 Schieder-Schwalenberg (NW) 40 D
99735 Schiedungen (TH) 41 L
47877 Schiefbahn (NW) 47 F
94065 Schiefweg (BY) 87 L
06493 Schielo (ST) 42 L
78337 Schienen (BW) 97 F
41366 Schier (NW) 47 E
06779 Schierau (ST) 43 H
27777 Schierbrok (NI) 19 L
23795 Schieren (SH) 12 H
24241 Schierensee (SH) 11 C
38879 Schierke (ST) 41 J
84069 Schierling (BY) 85 J
99988 Schierschwende (TH) 52 H
67823 Schiersfeld (RP) 70 H
52538 Schierwaldenrath (NW) 47 H
65623 Schiesheim (RP) 60 M
89297 Schießen (BY) 91 H
27619 Schiffdorf (NI) 19 B
67105 Schifferstadt (RP) 81 A
16259 Schiffmühle (BB) 36 B
66578 Schiffweiler (SL) 79 B
76547 Schiftung (BW) 80 M
83416 Schign (BY) 102 C
08261 Schilbach (SN) 65 J
03253 Schilda (BB) 44 M
04889 Schilda (BB) 44 M
39606 Schilddorf (ST) 31 C
97795 Schildeck (BY) 62 J
94481 Schildertschlag (BY) 87 G
16552 Schildow (BB) 33 F
99634 Schilfa (TH) 53 D
17252 Schillersdorf (MV) 24 D
93199 Schillertswiesen (BY) 85 F
26434 Schillig (NI) 9 M
54429 Schillingen (RP) 69 G
91583 Schillingsfürst (BY) 83 B
74744 Schillingstadt (BW) 72 L
99625 Schillingstedt (TH) 53 E
24637 Schillsdorf (SH) 12 D
85290 Schillwitzried (BY) 85 K
77761 Schiltach (BW) 89 G
86576 Schiltberg (BY) 92 E
84405 Schiltern (BY) 93 J
63776 Schimborn (BY) 72 A
23972 Schimm (MV) 13 H
95336 Schimmendorf (BY) 64 L
55288 Schimsheim (RP) 70 F
66996 Schindhard (RP) 80 E
24214 Schinkel (SH) 4 M
39579 Schinne (ST) 31 F
23847 Schiphorst (SH) 12 L
01993 Schipkau (BB) 45 L
63820 Schippach (BY) 72 D
63897 Schippach (BY) 72 G
02681 Schirgiswalde (SN) 57 D
48346 Schirl (NW) 38 E
97993 Schirmbach (BW) 73 K
04758 Schirmenitz (SN) 55 B
92718 Schirmitz (BY) 75 H
95703 Schirnbrunn (BY) 75 F
95706 Schirnding (BY) 65 M
98678 Schirnrod (TH) 64 D
96197 Schirradorf (BY) 74 B
06712 Schkauditz (ST) 54 H
04420 Schkeitbar (SN) 54 E
04435 Schkeuditz (SN) 54 B
07619 Schkölen (TH) 54 G
06773 Schköna (ST) 43 J
06258 Schkopau (ST) 54 A
04668 Schkortitz (SN) 55 D
06688 Schkortleben (ST) 54 D
15926 Schlabendorf (BB) 45 E
79585 Schlächtenhaus (BW) 96 D
38315 Schladen (NI) 41 E
51570 Schladern (NW) 49 K
54534 Schladt (RP) 69 A
94481 Schlag (BY) 87 G
07338 Schlaga (TH) 64 F
19217 Schlagbrügge (MV) 12 M
39307 Schlagenthin (ST) 32 H
19217 Schlagresdorf (MV) 12 M
03172 Schlagsdorf (BB) 46 A
19217 Schlagsdorf (MV) 12 M
23769 Schlagsdorf (SH) 5 C
19217 Schlagsülsdorf (MV) 12 M
72667 Schlaitdorf (BW) 90 A
06774 Schlaitz (ST) 43 J
14822 Schlalach (BB) 44 A
14827 Schlamau (BB) 43 C
23823 Schlamersdorf (SH) 12 E
23843 Schlamersdorf (SH) 12 G
93413 Schlammering (BY) 86 A
91352 Schlammersdorf (BY) 74 D
95519 Schlammersdorf (BY) 75 D
33189 Schlangen (NW) 39 J
65388 Schlangenbad (HE) 70 C
38838 Schlanstedt (ST) 42 D
37170 Schlarpe (NI) 40 M
73114 Schlat (BW) 90 C
17390 Schlatkow (MV) 15 F
79189 Schlatt (BW) 96 A
73252 Schlattstall (BW) 90 B
94234 Schlatzendorf (BY) 86 E
91586 Schlauersbach (BY) 83 C
02829 Schlauroth (SN) 57 F
54597 Schlausenbach (RP) 58 J
06632 Schleberoda (ST) 54 D
83259 Schleching (BY) 102 D
73635 Schlechtbach (BW) 82 H
74417 Schlechtbach (BW) 82 J
89584 Schlechtenfeld (BW) 90 J
98663 Schlechtsart (TH) 63 J
89297 Schleebuch (BY) 91 H
97440 Schleerieth (BY) 73 A
06785 Schleesen (ST) 43 J
27367 Schleeßel (NI) 20 G
02788 Schlegel (SN) 57 J
07366 Schlegel (TH) 64 J
87746 Schlegelsberg (BY) 91 L
83661 Schlegldorf (BY) 101 D
82444 Schlehdorf (BY) 100 F
54340 Schleich (RP) 69 D
54636 Schleid (RP) 68 C
36419 Schleid (TH) 62 C
52525 Schleiden (NW) 47 H
53937 Schleiden (NW) 58 F
54313 Schleidweiler (RP) 69 D
02959 Schleife (SN) 46 K
07629 Schleifreisen (TH) 54 K
07907 Schleiz (TH) 65 D
08301 Schlema (SN) 66 A
18320 Schlemmin (MV) 6 L
14913 Schlenzer (BB) 44 F
17337 Schlepkow (BB) 25 A
15910 Schlepzig (BB) 45 B
24256 Schlesen (SH) 12 A
24837 Schleswig (SH) 4 H
01665 Schletta (SN) 55 F
09487 Schlettau (SN) 66 E
98667 Schleusegrund (TH) 64 D
98553 Schleusingen (TH) 63 F
98553 Schleusingerneundorf (TH) 64 D
39579 Schleuß (ST) 31 J
92249 Schlicht (BY) 75 G
73614 Schlichten (BW) 82 L
49497 Schlickelde (NW) 27 L
04936 Schlieben (BB) 44 J
39606 Schliecksdorf (ST) 31 C
79418 Schliengen (BW) 96 D
88281 Schlier (BW) 98 E
73278 Schlierbach (BW) 90 B
64850 Schlierbach (HE) 71 F
55483 Schlierschied (RP) 69 F
83727 Schliersee (BY) 101 E
74706 Schlierstadt (BW) 72 K
38170 Schliestedt (NI) 41 C
97723 Schlimpfhof (BY) 62 M
86825 Schlingen (BY) 99 C
57413 Schliprüthen (NW) 49 F
86356 Schlipsheim (BY) 92 D
91757 Schlittenhart (BY) 83 J
36110 Schlitz (HE) 62 B
07646 Schlöben (TH) 54 K
08606 Schloditz (SN) 65 E
17192 Schloen (MV) 24 A
69427 Schloßau (BW) 72 K
83071 Schloßberg (BY) 101 C
91180 Schloßberg (BY) 84 E
55596 Schloßböckelheim (RP) 70 D
33758 Schloss Holte-Stukenbrock (NW) 39 E
99195 Schloßvippach (TH) 53 H
25551 Schlotfeld (SH) 11 H
84337 Schlottham (BY) 94 B
01768 Schlottwitz (SN) 56 L
79859 Schluchsee (BW) 96 C
36381 Schlüchtern (HE) 62 H
58739 Schlückingen (NW) 38 L
91710 Schlungenhof (BY) 83 L
14547 Schlunkendorf (BB) 33 L
27726 Schlußdorf (NI) 19 J
32469 Schlüsselburg (NW) 28 J
96132 Schlüsselfeld (BY) 73 F
76275 Schluttenbach (BW) 81 G
16515 Schmachtenhagen (BB) 33 C
17291 Schmachtenhagen (BB) 25 D
17192 Schmachthagen (MV) 23 C
23936 Schmachthagen (MV) 13 G
23847 Schmachthagen (SH) 12 L
67718 Schmalenberg (RP) 80 A
24638 Schmalensee (SH) 12 D
24640 Schmalfeld (SH) 11 J
74575 Schmalfelden (BW) 83 A
27248 Schmalförden (NI) 28 E
98574 Schmalkalden (TH) 63 B
57392 Schmallenberg (NW) 49 J
24241 Schmalstede (SH) 11 C
06295 Schmalzerode (ST) 42 M
09477 Schmalzgrube (SN) 66 F
04774 Schmannewitz (SN) 55 B
16278 Schmargendorf (BB) 25 L
31867 Schmarrie (NI) 29 K
17129 Schmarsow (MV) 15 H
17309 Schmarsow (MV) 25 A
38855 Schmatzfeld (ST) 41 F
84098 Schmatzhausen (BY) 93 B
17390 Schmatzin (MV) 15 F
82401 Schmauzenberg (BY) 100 D
33034 Schmechten (NW) 39 M
25724 Schmedeswurth (SH) 10 J
98530 Schmeheim (TH) 63 F
95336 Schmeilsdorf (BY) 64 L
47906 Schmelendorf (NW) 47 C
66839 Schmelz (SL) 69 K
97993 Schmerbach (BW) 73 K
99891 Schmerbach (TH) 52 L
99310 Schmerfeld (TH) 64 A
14550 Schmergow (BB) 33 G
04895 Schmerkendorf (BB) 44 M
59597 Schmerlecke (NW) 38 M
39606 Schmersau (ST) 31 C
49661 Schmertheim (NI) 27 B
14827 Schmerwitz (BB) 43 C
06773 Schmerz (ST) 43 J
14776 Schmerzke (BB) 32 J
14715 Schmetzdorf (BB) 32 E
92546 Schmidgaden (BY) 75 L
83530 Schmidham (BY) 94 K
94099 Schmidham (BY) 95 A
79189 Schmidhofen (BW) 96 A
92287 Schmidmühlen (BY) 85 A
52385 Schmidt (NW) 58 C
55758 Schmidthachenbach (RP) 70 G
89601 Schmiechen (BW) 90 F
86511 Schmiechen (BY) 92 G
07349 Schmiedebach (TH) 64 F
16278 Schmiedeberg (BB) 25 G
01762 Schmiedeberg (SN) 56 K
98739 Schmiedefeld (TH) 64 E
99518 Schmiedehausen (TH) 53 J
85301 Schmiedhausen (BY) 93 A
94486 Schmiedorf (BY) 86 M
07819 Schmieritz (TH) 65 A
23911 Schmilau (SH) 12 M
06896 Schmilkendorf (ST) 43 F
66484 Schmitshausen (RP) 80 A
56825 Schmitt (RP) 59 L
61389 Schmitten (HE) 61 K
67829 Schmittweiler (RP) 70 G
24257 Schmoel (SH) 5 L
14913 Schmögelsdorf (BB) 44 A
03096 Schmogrow (BB) 45 F
16945 Schmolde (BB) 23 E
17291 Schmölln (BB) 25 E
04626 Schmölln (TH) 54 M
07768 Schmölln (TH) 64 C
01877 Schmölln-Putzkau (SN) 56 F
96328 Schmölz (BY) 64 L
07389 Schmorda (TH) 64 C
01936 Schmorkau (SN) 56 B
04758 Schmorkau (SN) 55 B
17398 Schmuggerow (MV) 16 G
91289 Schnabelwaid (BY) 74 F
29493 Schnackenburg (NI) 22 L
97440 Schnackenwerth (BY) 73 A
04849 Schnaditz (SN) 43 M
71384 Schnait (BW) 82 L
83530 Schnaitsee (BY) 93 M
91220 Schnaittach (BY) 74 J
92253 Schnaittenbach (BY) 75 H
21481 Schnakenbek (SH) 21 E
95180 Schnarchenreuth (BY) 65 G
08209 Schnarrtanne (SN) 65 F
24891 Schnarup-Thumby (SH) 4 H
32609 Schnathorst (NW) 28 L
67699 Schneckenhausen (RP) 70 K
89346 Schneckenhofen (BY) 91 E
37154 Schnedinghausen (NI) 40 M
63936 Schneeberg (BY) 72 G
92559 Schneeberg (BY) 76 K
08289 Schneeberg (SN) 66 A
67813 Schneebergerhof (RP) 70 H
31535 Schneeren (NI) 29 G
29465 Schnega (NI) 30 C
08468 Schneidenbach (SN) 65 C
49685 Schneiderkrug (NI) 27 C
39435 Schneidlingen (ST) 42 E
83458 Schneizlreuth (BY) 102 E
98593 Schnellbach (TH) 63 B
91625 Schnelldorf (BY) 83 D
51766 Schnellenbach (NW) 49 G
06901 Schnellin (ST) 44 G
99831 Schnellmannshausen (TH) 52 G
86554 Schnellmannskreuth (BY) 92 B
28857 Schnepke (NI) 28 C
55608 Schneppenbach (RP) 69 F
47551 Schneppenbaum (NW) 36 H
88605 Schnerkingen (BW) 97 C
86865 Schnerzhofen (BY) 91 M
98666 Schnett (TH) 64 D
29640 Schneverdingen (NI) 20 J
96215 Schney (BY) 64 K
91443 Schnodsenbach (BY) 73 H
55497 Schnorbach (RP) 70 A
92358 Schnufenhofen (BY) 84 F
89194 Schnürpflingen (BW) 91 G
89362 Schnuttenbach (BY) 91 E
91717 Schobdach (BY) 83 J
15837 Schöbendorf (BB) 44 C
25875 Schobüll (SH) 3 M
06179 Schochwitz (ST) 42 M
54441 Schoden (RP) 68 J
86949 Schöffelding (BY) 92 K
35641 Schöffengrund (HE) 61 D
94572 Schöfweg (BY) 87 G
27251 Scholen (NI) 28 E
27305 Scholen (NI) 28 C
87561 Schöllang (BY) 99 H
76275 Schöllbronn (BW) 81 G
97852 Schollbrunn (BY) 72 E
14715 Schollene (ST) 32 E
63825 Schöllkrippen (BY) 72 A
94508 Schöllnach (BY) 86 M
03229 Schöllnitz (BB) 45 H
72290 Schömberg (BW) 89 D
72355 Schömberg (BW) 89 H
75328 Schömberg (BW) 81 L
54314 Schömerich (RP) 69 G
97993 Schön (BW) 73 K
04774 Schöna (SN) 55 B
04838 Schöna (SN) 44 K
78136 Schonach im Schwarzwald (BW) 88 M
93099 Schönach (BY) 86 G
71101 Schönaich (BW) 89 C
04936 Schöna-Kolpien (BB) 44 F
94556 Schönanger (BY) 87 G
69250 Schönau (BW) 71 L
83471 Schönau am Königssee (BY) 102 F
84337 Schönau (BY) 94 B
85132 Schönau (BY) 84 H
92447 Schönau (BY) 75 M
93464 Schönau (BY) 76 K
94110 Schönau (BY) 87 L
53902 Schönau (NW) 59 D
66996 Schönau (Pfalz) (RP) 80 D
98667 Schönau (TH) 64 D
99894 Schönau vor dem Walde (TH) 52 M
97500 Schönbach (BY) 73 C
35745 Schönbach (HE) 60 C
54552 Schönbach (RP) 59 L
01936 Schönbach (SN) 56 B
02708 Schönbach (SN) 57 E
04668 Schönbach (SN) 55 D
17349 Schönbeck (MV) 15 M
24582 Schönbek (SH) 11 F
16866 Schönberg (BB) 23 M
82401 Schönberg (BY) 100 E
84573 Schönberg (BY) 94 D
91207 Schönberg (BY) 74 L
94513 Schönberg (BY) 87 G
34637 Schönberg (HE) 51 K
23923 Schönberg (MV) 12 J
22929 Schönberg (SH) 12 L
24217 Schönberg (Holstein) (SH) 5 K
08393 Schönberg (SN) 54 M
39615 Schönberg (ST) 31 C
39615 Schönberg am Deich (ST) 23 K
24217 Schönberger Strand (SH) 5 L
24601 Schönböken (SH) 12 D
03253 Schönborn (BB) 45 K
56370 Schönborn (RP) 60 H
67808 Schönborn (RP) 70 H
01465 Schönborn (SN) 56 E
01561 Schönborn (SN) 56 A
07819 Schönborn (TH) 65 A
09648 Schönborn-Dreiwerden-Seifersbach (SN) 55 H
74599 Schönbronn (BW) 83 A
78713 Schönbronn (BW) 89 G
69436 Schönbrunn (BW) 71 M
85244 Schönbrunn (BY) 92 F
96231 Schönbrunn (BY) 64 K
97500 Schönbrunn (BY) 73 C
01906 Schönbrunn (SN) 56 F
08485 Schönbrunn (SN) 65 F
09429 Schönbrunn (SN) 66 B
07368 Schönbrunn (TH) 64 F
08606 Schönbrunn (SN) 65 H
98667 Schönbrunn (TH) 64 D
06618 Schönburg (ST) 54 D
57413 Schöndelt (NW) 49 F
97782 Schönderfeld (BY) 62 M
97795 Schönderling (BY) 62 M
54316 Schöndorf (RP) 69 G
97795 Schondra (BY) 62 M
86473 Schönebach (BY) 91 J
39218 Schönebeck (Elbe) (ST) 42 C
16278 Schöneberg (BB) 25 H
87772 Schöneberg (BY) 91 L
59510 Schöneberg (NW) 38 M
55444 Schöneberg (RP) 70 D
88477 Schönebürg (BW) 91 K
61137 Schöneck (HE) 61 L
54614 Schönecken (RP) 58 M
08261 Schöneck/Vogtland (SN) 65 J
12529 Schönefeld (BB) 33 J
14913 Schönefeld (BB) 44 D
14943 Schönefeld (BB) 33 L
82401 Schönegg (BY) 100 D
72270 Schönegründ (BW) 89 A
15566 Schöneiche bei Berlin (BB) 34 G
15806 Schöneiche (BB) 33 M
06917 Schöneicho (ST) 44 G
27777 Schönemoor (NI) 19 L
79859 Schönenbach (BW) 96 F
89343 Schönenberg (BY) 91 E
53809 Schönenberg (NW) 49 K
51789 Schönenborn (NW) 48 J
16352 Schönerlinde (BB) 33 F
16278 Schönermark (BB) 25 H
16775 Schönermark (BB) 24 L
17291 Schönermark (BB) 25 D
09569 Schönerstadt (SN) 55 M
94474 Schönerting (BY) 94 C
86825 Schöneschach (BY) 91 M
53937 Schöneseiffen (NW) 58 F
03253 Schönewalde (BB) 45 G
04916 Schönewalde (BB) 44 F
06556 Schönewerda (TH) 53 B
29396 Schönewörde (NI) 30 F
16356 Schönfeld (BB) 34 A
17291 Schönfeld (BB) 25 A
97950 Schönfeld (BW) 72 J
91289 Schönfeld (BY) 74 F
96142 Schönfeld (BY) 74 B
17111 Schönfeld (MV) 15 G
01474 Schönfeld (SN) 56 H
01561 Schönfeld (SN) 56 A
09488 Schönfeld (SN) 66 B
39524 Schönfeld (ST) 32 A
06556 Schönfeld (TH) 53 B
15518 Schönfelde (BB) 34 H
01474 Schönfeld-Weißig (SN) 56 H
08115 Schönfels (SN) 65 C
95703 Schönficht (BY) 75 F
16567 Schönfließ (BB) 33 F
86956 Schongau (BY) 100 A
82296 Schöngeising (BY) 92 L
07646 Schöngleina (TH) 54 K
92436 Schöngras (BY) 85 C
16866 Schönhagen bei Gumtow (BB) 23 L
37170 Schönhagen (NI) 40 L
24398 Schönhagen (SH) 4 J
24637 Schönhagen (SH) 12 D
37318 Schönhagen (TH) 52 A
95676 Schönhaid (BY) 75 B
17337 Schönhausen (MV) 16 K
39524 Schönhausen (Elbe) (ST) 32 D
39524 Schönhauser Damm (ST) 32 E
08304 Schönheide (SN) 65 F
08304 Schönheiderhammer (SN) 66 D
93152 Schönhfen (BY) 85 H
93152 Schönhofen (BY) 85 E
57413 Schönholthausen (NW) 49 E
14728 Schönholz (BB) 32 C
14728 Schönholz-Neuwerder (BB) 32 C
24220 Schönhorst (SH) 12 A
24232 Schönhorst (SH) 12 A
33129 Schöning (NW) 39 G
37170 Schoningen (NI) 40 L
38364 Schöningen (NI) 42 A
95703 Schönkirch (BY) 75 F
24232 Schönkirchen (SH) 12 A
92249 Schönlind (BY) 75 G
08538 Schönlind (SN) 65 E
72270 Schönmünzach (BW) 89 A
16321 Schönow (BB) 33 C
82549 Schönrain (BY) 100 C
95478 Schönreuth (BY) 75 E
92539 Schönsee (BY) 76 K
99947 Schönstedt (TH) 52 H
94375 Schönstein (BY) 86 D
83137 Schönstett (BY) 93 M
74214 Schöntal (BW) 82 B
01936 Schönteichen (SN) 56 C
93488 Schönthal (BY) 76 K
95703 Schönthan (BY) 75 F
97453 Schonungen (BY) 73 B
78141 Schönwald im Schwarzwald (BW) 88 M
95173 Schönwald (BY) 65 L
14621 Schönwalde (BB) 33 E
15910 Schönwalde (BB) 45 A
16352 Schönwalde (BB) 33 C
17309 Schönwalde (MV) 16 K
23744 Schönwalde am Bungsberg (SH) 12 C
39517 Schönwalde (Altmark) (ST) 32 G
24329 Schönweide (SH) 12 B
17291 Schönwerder (BB) 25 A
04509 Schönwölkau (SN) 43 M
26419 Schoost (NI) 18 B
79650 Schopfheim (BW) 96 D
72296 Schopfloch (BW) 89 B
73252 Schopfloch (BW) 90 B
91626 Schopfloch (BY) 83 E
86742 Schopflohe (BY) 83 H
52459 Schophoven (NW) 47 M
67707 Schopp (RP) 80 A
38170 Schöppenstedt (NI) 41 C
48624 Schöppingen (NW) 37 C
07768 Schöps (TH) 53 M
39291 Schopsdorf (ST) 32 L
02829 Schöpstal (SN) 57 F
03058 Schorbus (BB) 45 J
27211 Schorlingborstel (NI) 28 B
86554 Schorn (BY) 92 B
73614 Schornbach (BW) 82 L
73614 Schorndorf (BW) 82 L
91583 Schorndorf (BY) 83 B
93489 Schorndorf (BY) 86 D
55288 Schornsheim (RP) 70 F
91486 Schornweisach (BY) 73 J
39606 Schorstedt (ST) 31 F
26419 Schortens (NI) 18 B
06369 Schortewitz (ST) 43 K
72355 Schörzingen (BW) 89 H
19073 Schossin (MV) 22 A
99510 Schöten (TH) 53 J
63679 Schotten (HE) 61 F
96274 Schottenstein (BY) 64 K
47559 Schottheide (NW) 36 H
04928 Schraden (BB) 45 K
78713 Schramberg (BW) 89 G
39619 Schrampe (ST) 31 B
06279 Schraplau (ST) 53 C
87463 Schrattenbach (BY) 99 B
97440 Schraudenbach (BY) 73 A
04720 Schrebitz (SN) 55 E
34637 Schrecksbach (HE) 51 K
08233 Schreiersgrün (SN) 65 F
06780 Schrenz (ST) 43 L
16866 Schrepkow (BB) 23 K
21493 Schretstaken (SH) 21 B
89407 Schretzheim (BY) 91 C
69198 Schriesheim (BW) 71 L
86529 Schrobenhausen (BY) 92 B
32361 Schröttinghausen (NW) 28 K
93176 Schrotzhofen (BY) 85 D
74575 Schrozberg (BW) 83 A
25782 Schrum (SH) 11 A
24398 Schuby (SH) 4 J
24850 Schuby (SH) 4 L
33818 Schuckenhof (NW) 39 E
18469 Schuenhagen (MV) 6 L
15910 Schuhlen-Wiese (BB) 45 B
53520 Schuld (NW) 59 D
18334 Schulenberg (MV) 6 L
38707 Schulenberg im Oberharz (NI) 41 H
21516 Schulendorf (SH) 21 B
29640 Schülern (NI) 20 M
57319 Schüllar (NW) 50 G
24790 Schülldorf (SH) 11 B
54586 Schüller (RP) 58 J
01474 Schullwitz (SN) 56 H
24589 Schülp bei Nortorf (SH) 11 F
24813 Schülp bei Rendsburg (SH) 11 B
25764 Schülp (SH) 10 C
15732 Schulzendorf (BB) 34 G
16775 Schulzendorf (BB) 24 L
52538 Schümm (NW) 47 G
15806 Schünow (BB) 33 M
91230 Schupf (BY) 74 M
57632 Schürdt (RP) 60 A
23847 Schürensöhlen (SH) 12 L
77948 Schuttern (BW) 88 E
77978 Schuttertal (BW) 88 H
77746 Schutterwald (BW) 88 E
48465 Schüttorf (NI) 26 M
54570 Schutz (RP) 59 K
57520 Schutzbach (RP) 60 B
06917 Schützberg (ST) 44 G
91171 Schutzendorf (BY) 84 E
18258 Schwaan (MV) 14 G
07554 Schwaara (TH) 54 L
91126 Schwabach (BY) 84 A
86853 Schwabaich (BY) 92 K
74626 Schwabbach (BW) 82 D
86986 Schwabbruck (BY) 100 A
24808 Schwabe (SH) 11 B
14913 Schwabeck (BB) 44 A
86830 Schwabegg (BY) 91 J
55270 Schwabenheim an der Selz (RP) 70 C
85247 Schwabhausen (BY) 92 J
99869 Schwabhausen (TH) 52 M
7352X Schwäbisch Gmünd (BW) 82 M
74523 Schwäbisch Hall (BW) 82 F
86853 Schwabmühlhausen (BY) 92 K
86830 Schwabmünchen (BY) 91 J
86972 Schwabniederhofen (BY) 100 A
73492 Schwabsberg (BW) 83 G
99510 Schwabsdorf (TH) 53 H
86987 Schwabsoien (BY) 100 A
86836 Schwabstadl (BY) 92 K
25876 Schwabstedt (SH) 4 K
93336 Schwabstetten (BY) 85 G
96231 Schwabthal (BY) 74 A
78357 Schwackenreute (BW) 97 C
27252 Schwaförden (NI) 28 E
84364 Schwaibach (BY) 94 F
85445 Schwaig (BY) 93 E
90571 Schwaig bei Nürnberg (BY) 74 L
82441 Schwaiganger (BY) 100 F
82445 Schwaigen (BY) 100 E
74193 Schwaigern (BW) 81 F
82549 Schwaighofen (BY) 100 F
82538 Schwaigwall (BY) 100 C
71409 Schwaikheim (BW) 82 G
94086 Schwaim (BY) 94 F
35641 Schwalbach (HE) 61 D
65824 Schwalbach am Taunus (HE) 61 K
66773 Schwalbach (SL) 79 A
29643 Schwalingen (NI) 20 L
98590 Schwallungen (TH) 63 B
34613 Schwalmstadt (HE) 51 K
36318 Schwalmtal (HE) 62 A
41366 Schwalmtal (NW) 47 E
17099 Schwanbeck (MV) 15 M
90596 Schwand bei Nürnberg (BY) 84 B
92539 Schwand (BY) 76 K
08538 Schwand (SN) 65 E
92421 Schwandorf (BY) 85 B
14806 Schwanebeck (BB) 32 M
16341 Schwanebeck (BB) 33 F
39397 Schwanebeck (ST) 42 D
17291 Schwaneberg (BB) 25 E
39171 Schwaneberg (ST) 42 E
26169 Schwaneburgermoor (NI) 18 L
39343 Schwanefeld (ST) 31 K
41812 Schwanenberg (NW) 47 H
94491 Schwanenkirchen (BY) 86 M
28790 Schwanewede (NI) 19 H
33184 Schwaney (NW) 39 J
97523 Schwanfeld (BY) 73 D
87645 Schwangau (BY) 100 G
94474 Schwanham (BY) 94 C
97528 Schwanhausen (BY) 63 M
19258 Schwanheide (MV) 21 F
69436 Schwanheim (BW) 71 M
76848 Schwanheim (RP) 80 E
79780 Schwaningen (BW) 97 D
16831 Schwanow (BB) 24 K
90596 Schwanstetten (BY) 84 B
16727 Schwante (BB) 33 B
27327 Schwarme (NI) 28 C
29690 Schwarmstedt (NI) 29 E
24257 Schwartbuck (SH) 5 L
49733 Schwartenberg (NI) 26 C
49835 Schwartenpohl (NI) 26 J
19258 Schwartow (MV) 21 F
17252 Schwarz (MV) 24 D
39240 Schwarz (ST) 43 D
98547 Schwarza (TH) 63 E
74869 Schwarzach (BW) 81 C
77836 Schwarzach (BW) 80 M
92548 Schwarzach bei Nabburg (BY) 75 M
94374 Schwarzach (BY) 86 H
94491 Schwarzach (BY) 86 M
95336 Schwarzach (BY) 64 L
97359 Schwarzach am Main (BY) 73 D
01945 Schwarzbach (BB) 45 L
83435 Schwarzbach (BY) 102 C
09306 Schwarzbach (SN) 55 G
09481 Schwarzbach (SN) 66 E

98634 Schwarzbach (TH) 63 B
83486 Schwarzeck (BY) 102 F
97797 Schwärzelbach (BY) 62 M
55481 Schwarzen (RP) 69 C
57319 Schwarzenau (NW) 50 G
90559 Schwarzenbach (BY) 84 C
91315 Schwarzenbach (BY) 73 J
92720 Schwarzenbach (BY) 75 E
95126 Schwarzenbach an der Saale (BY) 65 K
95131 Schwarzenbach am Wald (BY) 64 J
66424 Schwarzenbach (SL) 79 C
21493 Schwarzenbek (SH) 21 B
72270 Schwarzenberg (BW) 89 A
75328 Schwarzenberg (BW) 81 L
08340 Schwarzenberg/Erzgebirge (SN) 66 D
34639 Schwarzenborn (HE) 51 L
97993 Schwarzenbronn (BW) 73 K
90592 Schwarzenbruck (BY) 84 B
74744 Schwarzenbrunn (BW) 72 L
98678 Schwarzenbrunn (TH) 64 D
15926 Schwarzenburg (BB) 45 G
92521 Schwarzenfeld (BY) 75 L
36391 Schwarzenfels (HE) 62 H
95199 Schwarzenhammer (BY) 65 L
95131 Schwarzenstein (BY) 64 J
93176 Schwarzenthonhausen (BY) 85 D
03139 Schwarze Pumpe (BB) 46 K
99891 Schwarzhausen (TH) 52 L
01987 Schwarzheide/Niederlausitz (BB) 45 L
01987 Schwarzheide Ost (BB) 45 L
92447 Schwarzhofen (BY) 75 M
39596 Schwarzholz (ST) 32 A
02991 Schwarzkollm (SN) 45 M
17192 Schwastorf (MV) 24 A
97450 Schwebenried (BY) 73 A
97525 Schwebheim (BY) 73 B
34439 Schweckhausen (NW) 40 K
67685 Schwedelbach (RP) 70 K
24229 Schwedeneck (SH) 5 K
16303 Schwedt/Oder (BB) 25 J
55514 Schwefe (NW) 38 M
49716 Schwefingen (NI) 26 F
49413 Schwege (NI) 27 F
67365 Schwegenheim (RP) 81 A
26349 Schweiburg (NI) 19 D
54338 Schweich (RP) 69 D
32120 Schweicheln-Bermbeck (NW) 39 B
98663 Schweickershausen (TH) 63 M
76889 Schweigen-Rechtenbach (RP) 80 E
77978 Schweighausen (BW) 88 H
56377 Schweighausen (RP) 60 L
76889 Schweighofen (RP) 80 H
09326 Schweikershain (SN) 55 H
18569 Schweikvitz (MV) 7 D
29386 Schweimke (NI) 30 B
36448 Schweina (TH) 52 L
93359 Schweinbach (BY) 85 L
07338 Schweinbach (TH) 64 E
9742X Schweinfurt (BY) 73 A
94209 Schweinhütt (BY) 86 F
06928 Schweinitz (Elster) (ST) 44 H
39279 Schweinitz (ST) 43 B
87647 Schweinlang (BY) 99 E
16909 Schweinrich (BB) 23 J
67744 Schweinschied (RP) 70 G
97494 Schweinshaupten (BY) 63 M
86688 Schweinspoint (BY) 84 K
96110 Schweisdorf (BY) 74 A
67808 Schweisweiler (RP) 70 H
85301 Schweitenkirchen (BY) 93 A
66957 Schweix (RP) 80 D
33154 Schwelle (NW) 39 G
58332 Schwelm (NW) 48 F
97535 Schwemmelsbach (BY) 73 A
06774 Schwemsal (ST) 43 M
92262 Schwend (BY) 75 K
06547 Schwenda (ST) 42 K
88175 Schwenden (BY) 98 J
88477 Schwendi (BW) 91 G
58553 Schwenke (NW) 49 D
89420 Schwennenbach (BY) 91 C
32289 Schwenningdorf (NW) 28 K
72477 Schwenningen (BW) 89 M
73491 Schwenningen (BW) 83 G
24966 Schwensby (SH) 4 E
2422X Schwentinental (SH) 12 A
17192 Schwenzin (MV) 23 C
01936 Schwepnitz (SN) 56 B
55444 Schweppenhausen (RP) 70 B
99195 Schwerborn (TH) 53 G
53909 Schwerfen (NW) 59 A
15755 Schwerin (BB) 34 K
190XX Schwerin (MV) 13 L
27333 Schweringen (NI) 29 D
27248 Schweringhausen (NI) 28 E
17398 Schwerinsburg (MV) 15 J
26835 Schwerinsdorf (NI) 18 D
99439 Schwerstedt (TH) 53 H
99634 Schwerstedt (TH) 53 G
58239 Schwerte (NW) 49 A
06188 Schwerz (ST) 43 L
79793 Schwerzen (BW) 97 D
25813 Schwesing (SH) 3 M
04769 Schweta (SN) 55 E
68723 Schwetzingen (BW) 81 A
49692 Schwichteler (NI) 27 C
17099 Schwichtenberg (MV) 16 K
17111 Schwichtenberg (MV) 15 G
98631 Schwickershausen (TH) 63 E
71701 Schwieberdingen (BW) 81 J
23847 Schwienköben (SH) 12 L
23738 Schwienkuhl (SH) 12 C
23623 Schwienkuhlen (SH) 12 E
39638 Schwiesau (ST) 31 E
86940 Schwifting (BY) 92 K
94339 Schwimmbach (BY) 86 K
21388 Schwindebeck (NI) 21 G
84419 Schwindegg (BY) 93 J
84405 Schwindkirchen (BY) 93 J
17139 Schwinkendorf (MV) 14 M
54597 Schwirzheim (RP) 58 M
23795 Schwissel (SH) 12 G
27374 Schwitschen (NI) 20 L
06295 Schwittersdorf (ST) 42 M
83471 Schwöb (BY) 102 F
37318 Schwobfeld (TH) 52 F
23623 Schwochel (SH) 12 E
55767 Schwollen (RP) 69 H
86754 Schwörsheim (BY) 83 J
79739 Schwörstadt (BW) 96 H
96247 Schwürbitz (BY) 64 L
02694 Sdier (SN) 57 A
37589 Sebexen (NI) 41 G
01855 Sebnitz (SN) 57 G
35708 Sechshelden (HE) 60 C
53332 Sechtem (NW) 59 B
73485 Sechtenhausen (BW) 83 H
56479 Seck (RP) 60 F
74743 Seckach (BW) 72 K
28816 Seckenhausen (NI) 19 L
14554 Seddiner See (BB) 33 L
26683 Sedelsberg (NI) 18 L
01968 Sedlitz (BB) 45 M
77889 Seebach (BW) 88 C
94469 Seebach (BY) 86 M
99846 Seebach (TH) 52 L
99991 Seebach (TH) 52 E
92431 Seebarn (BY) 86 A
29413 Seebenau (ST) 31 A
28865 Seebergen (NI) 19 J
99869 Seebergen (TH) 52 M
83358 Seebruck (BY) 94 K
14476 Seeburg (BB) 33 E
72574 Seeburg (BW) 90 E
37136 Seeburg (NI) 41 K
06317 Seeburg (ST) 53 C
27404 Seedorf (NI) 20 D
23823 Seedorf (SH) 12 E
23883 Seedorf (SH) 21 C
16356 Seefeld (BB) 34 D
82229 Seefeld (BY) 92 L
87637 Seeg (BY) 99 F
06567 Seega (TH) 53 D
06888 Seegrehna (ST) 43 F
14913 Seehausen (BB) 44 D
17291 Seehausen (BB) 25 D
82418 Seehausen am Staffelsee (BY) 100 E
28879 Seehausen (NI) 19 H
04448 Seehausen (SN) 54 C
39365 Seehausen (ST) 42 B
39615 Seehausen (Altmark) (ST) 31 C
06567 Seehausen (TH) 53 A
64342 Seeheim-Jugenheim (HE) 71 E
19069 Seehof (MV) 13 L
23823 Seekamp (SH) 12 E
88422 Seekirch (BW) 90 L
77960 Seelbach (BW) 88 H
56377 Seelbach (RP) 60 H
32469 Seelenfeld (NW) 28 J
88422 Seelenhof (BW) 90 L
78333 Seelfingen (BW) 97 C
01909 Seeligstadt (SN) 56 F
04687 Seelingstädt (SN) 55 D
07580 Seelingstädt (TH) 54 L
15306 Seelow (BB) 34 F
17291 Seelübbe (BB) 25 D
30926 Seelze (NI) 29 L
83370 Seeon (BY) 94 K
83370 Seeon-Seebruck (BY) 94 K
01594 Seerhausen (SN) 55 F
38536 Seershausen (NI) 30 G
55629 Seesbach (RP) 70 D
82402 Seeseiten (BY) 100 C
38723 Seesen (NI) 41 D
82402 Seeshaupt (BY) 100 C
86925 Seestall (BY) 100 A
25370 Seester (SH) 11 L
25371 Seestermühe (SH) 11 L
25878 Seeth (SH) 4 K
25337 Seeth-Ekholt (SH) 11 L
39638 Seethen (ST) 31 F
212XX Seevetal (NI) 21 D
72297 Seewald (BW) 89 A
87637 Seeweiler (BY) 99 F
54636 Seffern (RP) 68 C
54636 Sefferweich (RP) 68 C
16845 Segeletz (BB) 32 C
31691 Seggebruch (NI) 28 M
39356 Seggerde (ST) 31 K
86742 Seglohe (BY) 83 H
97340 Segnitz (BY) 73 G
91550 Segringen (BY) 83 E
26349 Sehestedt (NI) 19 D
24814 Sehestedt (SH) 4 M
38279 Sehlde (NI) 41 A
31196 Sehlem (NI) 40 F
54518 Sehlem (RP) 69 D
18528 Sehlen (MV) 7 G
24327 Sehlendorf (SH) 12 C
09465 Sehma (SN) 66 E
31319 Sehnde (NI) 29 M
55444 Seibersbach (RP) 70 A
84375 Seibersdorf (BY) 94 J
94253 Seiboldsried vorm Wald (BY) 86 J
74582 Seibotenberg (BW) 82 C
88410 Seibranz (BW) 99 A
91550 Seidelsdorf (BY) 83 E
02979 Seidewinkel (SN) 45 M
95473 Seidwitz (BY) 75 D
07613 Seifartsdorf (TH) 54 K
51597 Seifen (NW) 49 L
01454 Seifersdorf (SN) 56 E
01744 Seifersdorf (SN) 56 G
09603 Seifersdorf (SN) 55 J
09548 Seiffen/Erzgebirge, Kurort (SN) 67 A
02782 Seifhennersdorf (SN) 57 H
97737 Seifriedsburg (BY) 72 C
84189 Seifriedswörth (BY) 93 F
96114 Seigendorf (BY) 74 D
35759 Seilhofen (HE) 60 F
54655 Seinsfeld (RP) 69 A
97342 Seinsheim (BY) 73 G
07389 Seisla (TH) 64 C
89143 Seißen (BW) 90 F
07768 Seitenroda (TH) 53 M
78606 Seitingen (BW) 89 L
78606 Seitingen-Oberflacht (BW) 89 L
54597 Seiwerath (RP) 58 M
95100 Selb (BY) 65 L
57537 Selbach (Sieg) (RP) 60 B
32683 Selbeck (NW) 39 F
57399 Selbecke (NW) 49 J
14641 Selbelang (BB) 33 D
04509 Selben (SN) 43 M
06773 Selbitz (ST) 43 J
15831 Selchow (BB) 33 J
24238 Selent (SH) 12 B
52538 Selfkant (NW) 47 G
90602 Seligenporten (BY) 84 B
63500 Seligenstadt (HE) 71 C
98593 Seligenthal (TH) 63 B
91180 Selingstadt (BY) 84 E
24884 Selk (SH) 4 L
48565 Sellen (NW) 37 C
15938 Sellendorf (BB) 45 D
54608 Sellerich (RP) 58 M
03130 Sellessen (BB) 46 G
18586 Sellin (MV) 7 H
24238 Sellin (SH) 12 B
27619 Sellstedt (NI) 19 B
59379 Selm (NW) 38 G
23923 Selmsdorf (MV) 12 J
18246 Selow (MV) 14 G
18195 Selpin (MV) 14 E
27446 Selsingen (NI) 20 D
56242 Selters (Ww) (RP) 60 E
55278 Selzen (RP) 70 F
67681 Sembach (RP) 70 L
03172 Sembten (BB) 46 A
64823 Semd (HE) 71 F
14715 Semlin (BB) 32 E
18334 Semlow (MV) 6 L
38327 Semmenstedt (NI) 41 C
48324 Sendenhorst (NW) 38 H
01968 Senftenberg (BB) 45 L
16230 Senftenhütte (BB) 25 K
92369 Sengenthal (BY) 84 C
93098 Sengkofen (BY) 85 J
56820 Senheim (RP) 69 C
06193 Sennewitz (ST) 43 K
74740 Sennfeld (BW) 82 A
97526 Sennfeld (BY) 73 B
64759 Sensbachtal (HE) 71 M
53520 Senscheid (RP) 59 G
06869 Senst (ST) 43 F
55758 Sensweiler (RP) 69 F
49186 Sentrup (NI) 38 C
15754 Senzig (BB) 34 K
14662 Senzke (BB) 32 F
79843 Seppenhofen (BW) 97 A
59348 Seppenrade (NW) 37 J
07616 Serba (TH) 54 K
03058 Sergen (BB) 46 G
04668 Sermuth (SN) 55 D
06862 Serno (ST) 43 C
14913 Sernow (BB) 44 F
97528 Serrfeld (BY) 63 M
54455 Serrig (RP) 68 J
74372 Sersheim (BW) 81 J
16230 Serwest (BB) 25 K
56237 Sessenbach (RP) 60 D
56244 Sessenhausen (RP) 60 D
96145 Seßlach (BY) 64 K
23845 Seth (SH) 12 G
49832 Setlage (NI) 27 G
52499 Setterich (NW) 47 L
19230 Setzin (MV) 22 D
89129 Setzingen (BW) 91 A
90599 Seubersdorf (BY) 73 M
96260 Seubersdorf (BY) 74 B
97702 Seubrigshausen (BY) 63 L
07922 Seubtendorf (TH) 65 D
92271 Seugast (BY) 75 G
90556 Seukendorf (BY) 74 K
37136 Seulingen (NI) 41 K
95659 Seußen (BY) 75 B
85131 Seuversholz (BY) 84 H
47661 Sevelen (NW) 47 C
49692 Sevelten (NI) 27 C
19374 Severin (MV) 22 C
16909 Sewekow (BB) 23 F
79350 Sexau (BW) 88 L
84137 Seyboldsdorf (BY) 93 C
95517 Seybothenreuth (BY) 75 D
06918 Seyda (ST) 44 D
01776 Seyde (SN) 56 K
23701 Sibbersdorf (SH) 12 E
31079 Sibbesse (NI) 40 C
23623 Siblin (SH) 12 E
87480 Sibratshofen (BY) 99 G
39649 Sichau (ST) 31 H
96524 Sichelreuth (TH) 64 H
59581 Sichtigvor (NW) 49 C
64832 Sickenhofen (HE) 71 C
37308 Sickerode (TH) 52 D
97318 Sickershausen (BY) 73 G
33034 Siddessen (NW) 40 K
33142 Siddinghausen (NW) 50 A
76833 Siebeldingen (RP) 80 F
56729 Siebenbach (RP) 59 H
23847 Siebenbäumen (SH) 12 L
21514 Siebeneichen (SH) 21 B
09634 Siebenlehn (SN) 55 J
33014 Siebenstern (NW) 39 J
71560 Siebersbach (BW) 82 H
06308 Siebigerode (ST) 42 L
86833 Siebnach (BY) 91 M
17089 Siedenbollentin (MV) 15 H
17111 Siedenbrünzow (MV) 15 H
27254 Siedenburg (NI) 28 F
29416 Siedenlangenbeck (ST) 31 D
33775 Siedinghausen (NW) 38 C
59955 Siedlinghausen (NW) 50 D
55599 Siefersheim (RP) 70 E
15913 Siegadel (BB) 45 C
35768 Siegbach (HE) 61 A
53721 Siegburg (NW) 59 C
99338 Siegelbach (TH) 53 K
74936 Siegelsbach (BW) 81 C
570XX Siegen (NW) 49 M
93354 Siegenburg (BY) 85 K
97516 Siegendorf (BY) 73 E
86850 Siegertshofen (BY) 91 J
98749 Siegmundsburg (TH) 64 D
83313 Siegsdorf (BY) 102 B
22962 Siek (SH) 12 K
32816 Siekholz (NW) 40 D
23701 Sielbeck (SH) 12 B
86577 Sielenbach (BY) 92 E
32369 Sielhorst (NW) 28 H
03055 Sielow (BB) 45 F
37308 Siemerode (TH) 52 A
55758 Sien (RP) 70 G
55758 Sienhachenbach (RP) 70 G
59889 Sieperting (NW) 49 F
23730 Sierhagen (SH) 12 F
48455 Sieringhoek (NI) 26 M
23730 Sierksdorf (SH) 12 F
23847 Sierksrade (SH) 12 L
52457 Siersdorf (NW) 47 L
56427 Siershahn (RP) 60 E
06308 Siersleben (ST) 42 M
55767 Siesbach (RP) 69 J
24351 Sieseby (SH) 4 J
14974 Siethen (BB) 33 L
25358 Siethwende (SH) 11 L
17209 Sietow (MV) 23 C
17209 Sietow Dorf (MV) 23 C
15320 Sietzing (BB) 34 C
06188 Sietzsch (ST) 43 L
29664 Sieverdingen (NI) 29 B
27607 Sievern (NI) 10 L
52391 Sievernich (NW) 59 A
16845 Sieversdorf-Hohenofen (BB) 32 B
23714 Sieversdorf (SH) 12 B
37586 Sievershausen (NI) 40 H
24641 Sievershütten (SH) 12 G
24885 Sieverstedt (SH) 4 H
03116 Siewisch (BB) 45 J
19376 Siggelkow (MV) 23 D
74575 Sigisweiler (BW) 83 A
92249 Sigl (BY) 75 G
74861 Siglingen (BW) 82 A
72488 Sigmaringen (BW) 90 K
72517 Sigmaringendorf (BW) 90 K
88138 Sigmarszell (BY) 98 J
85244 Sigmertshausen (BY) 92 J
95111 Sigmundsgrün (BY) 65 H
19336 Sigrön (BB) 23 K
59955 Silbach (NW) 50 D
95100 Silberbach (BY) 65 L
57399 Silberg (NW) 49 J
37351 Silberhausen (TH) 52 E
37444 Silberhütte (NI) 41 H
24887 Silberstedt (SH) 4 K
32699 Silixen (NW) 39 C
37345 Silkerode (TH) 41 L
24969 Sillerup (SH) 4 G
16949 Silmersdorf (BB) 23 D
38855 Silstedt (ST) 41 J
17214 Silz (MV) 23 B
76857 Silz (RP) 80 E
25551 Silzen (SH) 11 E
84359 Simbach am Inn (BY) 94 F
94436 Simbach (BY) 94 B
91245 Simmelsdorf (BY) 74 H
52152 Simmerath (NW) 58 E
55469 Simmern/Hunsrück (RP) 70 A
35713 Simmersbach (HE) 50 K
03149 Simmersdorf (BB) 46 G
72226 Simmersfeld (BW) 89 A
98646 Simmershausen (TH) 63 J
97215 Simmershofen (BY) 73 K
55618 Simmertal (RP) 70 D
75397 Simmozheim (BW) 81 L
25813 Simonsberg (SH) 3 M
91207 Simonshofen (BY) 74 L
91550 Sinbronn (BY) 83 E
7106X Sindelfingen (BW) 81 M
82404 Sindelsdorf (BY) 100 F
78224 Singen (Hohentwiel) (BW) 97 F
85302 Singenbach (BY) 92 F
56379 Singhofen (RP) 60 L
35764 Sinn (HE) 61 A
50259 Sinnersdorf (NW) 48 G
86697 Sinning (BY) 84 L
48369 Sinningen (NW) 38 A
36391 Sinntal (HE) 62 H
74889 Sinsheim (BW) 81 C
54675 Sinspelt (RP) 68 B
51580 Sinspert (NW) 49 K
50259 Sinthern (NW) 48 G
53909 Sinzenich (NW) 59 A
76547 Sinzheim (BW) 80 M
53489 Sinzig (RP) 59 F
93161 Sinzing (BY) 85 H
67729 Sippersfeld (RP) 70 L
78354 Sipplingen (BW) 97 F
23898 Sirksfelde (SH) 12 L
53925 Sistig (NW) 58 F
74523 Sittenhardt (BW) 82 E
27419 Sittensen (NI) 20 H
67823 Sitters (RP) 70 H
93333 Sittling (BY) 85 K
07429 Sitzendorf (TH) 64 B
79400 Sitzenkirch (BW) 96 D
04889 Sitzenroda (SN) 55 B
01920 Skaska (SN) 56 C
01561 Skassa (SN) 56 A
01561 Skäßchen (SN) 56 A
02957 Skerbersdorf (SN) 46 L
83139 Söchtenau (BY) 101 C
82319 Söcking (BY) 92 M
63834 Soden (BY) 72 D
21388 Soderstorf (NI) 21 G
59494 Soest (NW) 38 M
53925 Sötenich (NW) 58 F
49751 Sögel (NI) 27 A
57392 Sögtrop (NW) 50 D
94244 Sohl (BY) 86 F
08626 Sohl (SN) 65 J
02689 Sohland an der Spree (SN) 57 G
57250 Sohlbach (NW) 49 M
31185 Söhlde (NI) 41 A
27386 Söhlingen (NI) 20 L
37170 Sohlingen (NI) 40 L
25917 Soholm (SH) 3 J
55487 Sohren (RP) 69 C
23795 Söhren (SH) 12 H
34320 Söhrewald (HE) 51 E
55487 Sohrschied (RP) 69 F
91161 Solar (BY) 84 E
94496 Söldenau (BY) 95 A
31552 Soldorf (NI) 29 K
42XXX Solingen (NW) 48 H
94169 Solla (BY) 87 G
92436 Sollbach (BY) 85 C
24852 Sollbrück (SH) 4 G
52391 Soller (NW) 58 C
24852 Sollerup (SH) 4 G
83083 Söllhuben (BY) 101 C
06774 Söllichau (ST) 44 K
77836 Söllingen (BW) 80 M
38387 Söllingen (NI) 42 A
92555 Söllitz (BY) 75 J
07554 Söllmnitz (TH) 54 L
06779 Sollnitz (ST) 43 H
02997 Sollschwitz (SN) 56 C
99759 Sollstedt (TH) 52 B
25884 Sollwitt (SH) 4 G
35606 Solms (HE) 61 D
91807 Solnhofen (BY) 84 G
39638 Solpke (ST) 31 H
07422 Solsdorf (TH) 64 B
29614 Soltau (NI) 20 M
29594 Soltendieck (NI) 30 C
97334 Sommerach (BY) 73 D
63863 Sommerau (BY) 72 D
93470 Sommerau (BY) 86 C
99610 Sömmerda (TH) 53 D
16766 Sommerfeld (BB) 33 B
16230 Sommerfelde (BB) 34 A
97286 Sommerhausen (BY) 73 G
63825 Sommerkahl (BY) 72 A
25358 Sommerland (SH) 11 L
55595 Sommerloch (RP) 70 E
39365 Sommerschenburg (ST) 42 A
39365 Sommersdorf (ST) 42 A
33039 Sommersell (NW) 40 G
24354 Sönderby (SH) 4 J
89420 Sonderheim (BY) 91 C
97255 Sonderhofen (BY) 73 G
57462 Sondern (NW) 49 H
89601 Sondernach (BW) 90 E
97656 Sondernau (BY) 63 G
92342 Sondersfeld (BY) 84 C
99706 Sondershausen (TH) 53 A
99706 Sondershausen West (TH) 52 C
25821 Sönke-Nissen-Koog (SH) 3 J
96515 Sonneberg (TH) 64 H
32683 Sonneborn (NW) 40 D
99869 Sonneborn (TH) 52 J
25821 Sönnebüll (SH) 3 J
96242 Sonnefeld (BY) 64 L
94164 Sonnen (BY) 87 L
16775 Sonnenberg (BB) 24 L
55767 Sonnenberg-Winnenberg (RP) 69 J
72820 Sonnenbühl (BW) 90 D
92521 Sonnenried (BY) 75 M
59457 Sönnern (NW) 38 L
03249 Sonnewalde (BB) 45 G
47665 Sonsbeck (NW) 36 M
89567 Sontheim an der Brenz (BW) 91 B
87776 Sontheim (BY) 91 L
89449 Sontheim (BY) 91 C
87527 Sonthofen (BY) 99 H
36205 Sontra (HE) 51 J
24806 Sophienhamm (SH) 11 B
24211 Sophienhof (SH) 12 A
24256 Sophienhof (SH) 5 L
16348 Sophienstädt (BB) 33 C
15324 Sophienthal (BB) 34 C
95466 Sophienthal (BY) 75 A
38875 Sorge (ST) 41 J
55270 Sörgenloch (RP) 70 F
92249 Sorghof (BY) 75 G
04758 Sörnewitz (SN) 55 B
85131 Sornhüll (BY) 84 H
03238 Sorno (BB) 45 K
04769 Sornzig-Ablaß (SN) 55 E
24966 Sörup (SH) 4 E
24966 Sörupholz (SH) 4 E
08326 Sosa (SN) 66 D
56850 Sosberg (RP) 69 C
06686 Sössen (ST) 54 E
54457 Söst (RP) 68 J
27383 Sothel (NI) 20 G
21385 Sottorf (NI) 21 G
27367 Sottrum (NI) 20 G
53773 Söven (NW) 59 C
83564 Soyen (BY) 93 M
14715 Spaatz (BB) 32 E
55595 Spabrücken (RP) 70 D
27619 Spaden (NI) 19 B
36419 Spahl (TH) 62 C
49751 Spahn (NI) 27 A
49751 Spahnharrenstätte (NI) 27 A
78549 Spaichingen (BW) 89 L
55595 Spall (RP) 70 D
91174 Spalt (BY) 84 D
54529 Spangdahlem (RP) 69 A
34286 Spangenberg (HE) 51 H
01609 Spansberg (SN) 55 C
17392 Spantekow (MV) 15 J
91080 Spardorf (BY) 74 G
95234 Sparneck (BY) 65 K
82447 Spatzenhausen (BY) 100 E
56322 Spay (RP) 60 K
74937 Spechbach (BW) 81 C
16230 Spechthausen (BB) 34 A
98743 Spechtsbrunn (TH) 64 E
74575 Speckheim (BW) 83 A
54662 Speicher (RP) 69 A
95469 Speichersdorf (BY) 75 D
15848 Speichrow (BB) 45 C
92676 Speinshart (BY) 75 D
48480 Spelle (NI) 27 K
46562 Spellen (NW) 37 K
32139 Spenge (NW) 39 A
15838 Sperenberg (BB) 44 C
06237 Spergau (ST) 54 E
09306 Spernsdorf (SN) 55 G
56288 Spesenroth (RP) 70 A
56746 Spessart (RP) 59 H
67346 Speyer (RP) 81 A
06188 Spickendorf (ST) 43 L
94518 Spiegelau (BY) 87 G
71579 Spiegelberg (BW) 82 G
27637 Spieka (NI) 10 L
27637 Spiekaer Altendeich (NI) 10 K
27637 Spieka-Neufeld (NI) 10 L
26474 Spiekeroog (NI) 9 L
52445 Spiel (NW) 47 J
91728 Spielberg (BY) 83 F
92727 Spielberg (BY) 75 J
95100 Spielberg (BY) 65 L
06628 Spielberg (ST) 53 F
91282 Spies (BY) 74 J
55288 Spiesheim (RP) 70 F
76848 Spirkelbach (RP) 80 E
02794 Spitzkunnersdorf (SN) 57 H
18513 Splietsdorf (MV) 6 M
76297 Spöck (BW) 81 D
87757 Spöck (BY) 91 J
02979 Spohla (SN) 45 M
26215 Spohle (NI) 18 F
55595 Sponheim (RP) 70 D
17039 Sponholz (MV) 24 B
06724 Spora (ST) 54 H
06780 Spören (ST) 43 L
32694 Spork (NW) 39 F
19372 Spornitz (MV) 22 F
32257 Spradow (NW) 39 B
73565 Spraitbach (BW) 82 J
25917 Sprakebüll (SH) 3 F
29365 Sprakensehl (NI) 30 B
27432 Spreckens (NI) 19 F
27729 Spreddig (NI) 19 H
02923 Spree (SN) 57 E
15528 Spreeau (BB) 34 G
15528 Spreenhagen (BB) 34 H
02979 Spreetal (SN) 45 M
15528 Spreewerder (BB) 34 H
02979 Spreewitz (SN) 46 K
03130 Spremberg (BB) 46 G
63303 Sprendlingen (HE) 71 B
55576 Sprendlingen (RP) 70 E
22964 Sprenge (SH) 12 L
29643 Sprengel (NI) 20 L
31832 Springe (NI) 40 B
25551 Springhoe (SH) 11 H
98587 Springstille (TH) 63 B
45549 Sprockhövel (NW) 48 C
04509 Spröda (SN) 43 M
02906 Sproitz (SN) 57 B
75323 Sprollenhaus (BW) 81 K
99610 Sprötau (TH) 53 H
04838 Sprotta (SN) 44 K
39599 Staats (ST) 31 J
49661 Staatsforsten (NI) 27 C
18198 Stäbelow (MV) 14 D
23769 Staberdorf (SH) 5 C
74653 Stachenhausen (BW) 82 C
93458 Stachesried (BY) 86 B
06862 Stackelitz (ST) 43 C
55271 Stadecken-Elsheim (RP) 70 F
2168X Stade (NI) 20 B
96231 Stadel (BY) 64 K
96187 Stadelhofen (BY) 74 B
97753 Stadelhofen (BY) 72 B
97357 Stadelschwarzach (BY) 73 E
48496 Staden (NW) 27 K
29596 Stadensen (NI) 30 B
2693X Stadland (NI) 19 D
92549 Stadlern (BY) 76 K
35260 Stadtallendorf (HE) 61 C
86391 Stadtbergen (BY) 92 D
31655 Stadthagen (NI) 29 K
99326 Stadtilm (TH) 64 A
54589 Stadtkyll (RP) 58 J
97488 Stadtlauringen (BY) 63 L
36457 Stadtlengsfeld (TH) 63 A
48703 Stadtlohn (NW) 37 E
37627 Stadtoldendorf (NI) 40 E
97909 Stadtprozelten (BY) 72 D
07646 Stadtroda (TH) 54 K
95346 Stadtsteinach (BY) 64 M
47665 Stadtveen (NW) 36 M
01829 Stadt Wehlen (SN) 56 J
25917 Stadum (SH) 3 F
96173 Staffelbach (BY) 73 C
16766 Staffelde (BB) 33 A
96231 Staffelstein (BY) 64 K
27254 Staffhorst (NI) 28 F
76297 Staffort (BW) 81 D
24816 Stafstedt (SH) 11 B
37671 Stahle (NW) 40 G
56412 Stahlhofen (RP) 60 H
14532 Stahnsdorf (BB) 33 H
88273 Staig (BW) 98 B
89195 Staig (BW) 91 G
07950 Staitz (TH) 65 B
24217 Stakendorf (SH) 5 L
94375 Stallwang (BY) 86 D
95236 Stammbach (BY) 65 K
84533 Stammham (BY) 94 H
85134 Stammham (BY) 84 J
75365 Stammheim (BW) 81 L
97509 Stammheim (BY) 73 D
93491 Stamsried (BY) 86 A
67816 Standenbühl (RP) 70 H
08147 Stangengrün (SN) 65 F
14959 Stangenhagen (BB) 33 L
97705 Stangenroth (BY) 63 G
06543 Stangerode (ST) 42 L
24395 Stangheck (SH) 4 F
02923 Stannewisch (SN) 57 B
19273 Stapel (NI) 22 G
27367 Stapel (NI) 20 G
38871 Stapelburg (ST) 41 F
49661 Stapelfeld (NI) 27 C
22145 Stapelfeld (SH) 21 A
26826 Stapelmoor (NI) 17 J
26826 Stapelmoorerheide (NI) 17 J
96138 Stappenbach (BY) 73 F
29416 Stappenbeck (ST) 31 B
04874 Staritz (SN) 55 C
04617 Starkenberg (TH) 54 J
56843 Starkenburg (RP) 69 B
82319 Starnberg (BY) 92 L
06686 Starsiedel (ST) 54 E
72181 Starzach (BW) 89 E

A B C D E F G H I J K L M N O P Q R S T U V W X Y Z

39418 Staßfurt (ST) 42 F
86316 Stätzling (BY) 92 D
93309 Staubing (BY) 85 G
01594 Staucha (SN) 55 F
01594 Stauchitz (SN) 55 F
84323 Staudach (BY) 94 D
83224 Staudach-Egerndach (BY) 102 A
55568 Staudernheim (RP) 70 D
86641 Staudheim (BY) 84 K
56424 Staudt (RP) 60 E
91177 Stauf (BY) 84 E
92318 Stauf (BY) 84 C
79219 Staufen im Breisgau (BW) 96 A
89428 Staufen (BY) 91 B
35460 Staufenberg (HE) 61 B
34355 Staufenberg (NI) 51 E
92334 Staufersbuch (BY) 84 F
03238 Staupitz (BB) 45 K
93309 Stausacker (BY) 85 G
17039 Staven (MV) 15 M
49777 Stavern (NI) 27 A
56276 Stebach (RP) 60 D
04936 Stechau (BB) 44 J
14715 Stechow-Ferchesar (BB) 32 F
39264 Steckby (ST) 43 D
14715 Steckelsdorf (BB) 32 E
52152 Steckenborn (NW) 58 C
06507 Stecklenberg (ST) 42 G
27404 Steddorf (NI) 20 D
27729 Steden (NI) 19 F
25920 Stedesand (SH) 3 F
26427 Stedesdorf (NI) 18 B
06317 Stedten (ST) 53 C
98617 Stedtlingen (TH) 63 E
25557 Steenfeld (SH) 11 D
19300 Steesow (MV) 22 H
84539 Stefanskirchen (BY) 93 J
54597 Steffeln (RP) 58 J
35239 Steffenberg (HE) 50 K
93149 Stefling (BY) 85 C
96135 Stegaurach (BY) 74 D
91567 Stegbruck (BY) 83 B
39291 Stegelitz (ST) 43 A
17291 Stegemannshof (BB) 25 D
79252 Stegen (BW) 88 L
87534 Steibis (BY) 99 G
99762 Steigerthal (TH) 42 K
06268 Steigra (ST) 53 F
31634 Steimbke (NI) 29 D
57614 Steimel (RP) 60 D
29386 Steimke (NI) 30 E
38486 Steimke (ST) 31 D
90547 Stein (BY) 74 K
92536 Stein (BY) 75 M
24235 Stein (SH) 5 K
09322 Stein im Chemnitztal (SN) 55 G
01920 Steina (SN) 56 F
04703 Steina (SN) 55 E
77790 Steinach (BW) 88 H
91605 Steinach an der Ens (BY) 73 L
94377 Steinach (BY) 86 G
97708 Steinach (BY) 63 G
96523 Steinach (TH) 64 H
66851 Steinalben (RP) 80 A
36396 Steinau an der Straße (HE) 62 H
21775 Steinau (NI) 10 M
69427 Steinbach (BW) 72 K
97900 Steinbach (BW) 72 H
63867 Steinbach (BY) 71 C
82272 Steinbach (BY) 92 H
84048 Steinbach (BY) 93 A
87675 Steinbach (BY) 99 F
91555 Steinbach (BY) 83 E
95179 Steinbach (BY) 64 J
96361 Steinbach am Wald (BY) 64 H
97500 Steinbach (BY) 73 C
97816 Steinbach (BY) 72 B
35708 Steinbach (HE) 60 C
66909 Steinbach am Glan (RP) 69 M
04567 Steinbach (SN) 55 D
09477 Steinbach (SN) 66 F
36448 Steinbach (TH) 52 L
37308 Steinbach (TH) 52 A
98587 Steinbach-Hallenberg, Kurort (TH) 63 C
29646 Steinbeck (NI) 21 K
49509 Steinbeck (NW) 27 L
84163 Steinberg (BY) 94 A
92449 Steinberg (BY) 85 C
96352 Steinberg (BY) 64 H
24972 Steinberg (SH) 4 E
08237 Steinberg (SN) 65 F
31737 Steinbergen (NI) 40 A
24972 Steinberghaff (SH) 4 F
24972 Steinbergholz (SH) 4 F
24972 Steinbergkirche (SH) 4 E
55599 Stein-Bockenheim (RP) 70 E
54655 Steinborn (RP) 69 A
32351 Steinbrink (NW) 28 G
99735 Steinbrücken (TH) 52 C
94336 Steinburg (BY) 86 H
22964 Steinburg (SH) 12 L
25361 Steinburg (SH) 11 H
82297 Steindorf (BY) 92 G
87534 Steinebach (BY) 99 G
57520 Steinebach (Sieg) (RP) 60 B
57629 Steinebach an der Wied (RP) 60 E
54552 Steineberg (RP) 59 L
56414 Steinefrenz (RP) 60 E
86441 Steinekirch (BY) 91 F
79585 Steinen (BW) 96 D
88326 Steinenbach (BW) 98 B
71144 Steinenbronn (BW) 89 C
51491 Steinenbrück (NW) 48 M
79395 Steinenstadt (BW) 96 D
88410 Steinental (BW) 99 A
57518 Steineroth (RP) 60 B
96187 Steinfeld (BY) 74 B
97854 Steinfeld (BY) 72 B
27412 Steinfeld (NI) 20 G
49439 Steinfeld (Oldenburg) (NI) 27 J
76889 Steinfeld (RP) 80 F
23858 Steinfeld (SH) 12 H
24888 Steinfeld (SH) 4 H
23858 Steinfelderwohld (SH) 12 H
16798 Steinförde (BB) 24 H
97900 Steinfurt (BW) 72 H
48565 Steinfurt (NW) 37 C
17291 Steinfurth (BB) 25 A
86989 Steingädele (BY) 100 D
86989 Steingaden (BY) 100 D
97877 Steingasse (BW) 72 H
86529 Steingriff (BY) 92 B
18246 Steinhagen (MV) 14 G
18442 Steinhagen (MV) 6 M
33803 Steinhagen (NW) 39 D
86744 Steinhart (BY) 83 J
88416 Steinhausen an der Rottum (BW) 91 K
26345 Steinhausen (NI) 18 F
33142 Steinhausen (NW) 39 K
98749 Steinheid (TH) 64 D
89555 Steinheim am Albuch (BW) 83 K
87700 Steinheim (BY) 91 K
89407 Steinheim (BY) 91 C
32839 Steinheim (NW) 39 J
37318 Steinheuterode (TH) 52 A
72818 Steinhilben (BW) 90 G
15518 Steinhöfel (BB) 34 J
85643 Steinhöring (BY) 93 L
29367 Steinhorst (NI) 30 E
33129 Steinhorst (NW) 39 H
23847 Steinhorst (SH) 12 L
01904 Steinigtwolmsdorf (SN) 57 D
54552 Steiningen (RP) 59 L
02999 Steinitz (SN) 57 A
85293 Steinkirchen (BY) 92 F
94569 Steinkirchen (BY) 86 H
21720 Steinkirchen (NI) 20 B
92265 Steinling (BY) 75 G
93464 Steinlohe (BY) 76 K
76479 Steinmauern (BW) 80 J
17391 Steinmocker (MV) 15 J
56479 Stein-Neukirch (RP) 60 C
35239 Steinperf (HE) 50 K
08432 Steinpleis (SN) 65 C
17268 Steinrode (BB) 24 F
37345 Steinrode (TH) 52 B
37345 Steinrode II (TH) 52 B
93128 Steinsberg (BY) 85 E
15898 Steinsdorf (BB) 46 A
93336 Steinsdorf (BY) 85 G
06928 Steinsdorf (ST) 44 E
07570 Steinsdorf (TH) 65 B
06928 Steinsdorf-Dixförda (ST) 44 E
91628 Steinsfeld (BY) 73 K
97539 Steinsfeld (BY) 73 B
24811 Steinsieken (SH) 4 L
15324 Steintoch (BB) 34 F
76872 Steinweiler (RP) 80 F
66879 Steinwenden (RP) 70 K
96349 Steinwiesen (BY) 64 J
57629 Stein-Wingert (RP) 60 B
78256 Steißlingen (BW) 97 F
27389 Stell (NI) 20 H
22885 Stellau (SH) 21 A
21435 Stelle (NI) 21 D
27239 Stelle (NI) 28 B
31595 Stelle (NI) 28 F
25795 Stelle-Wittenwurth (SH) 10 C
29664 Stellichte (NI) 29 B
07922 Stelzen (TH) 65 D
67705 Stelzenberg (RP) 80 A
27389 Stemmen (NI) 20 H
30890 Stemmen (NI) 29 L
99762 Stempeda (TH) 42 K
49448 Stemshorn (NI) 28 G
22885 Stemwarde (SH) 21 A
32351 Stemwede (NW) 28 G
39576 Stendal (ST) 32 D
16306 Stendell (BB) 25 H
47647 Stenderhorst (NW) 47 C
08144 Stenn (SN) 65 C
27777 Stenum (NI) 19 K
16945 Stepenitz (BB) 23 D
98617 Stepfershausen (TH) 63 E
65366 Stephanshausen (HE) 70 B
94569 Stephansposching (BY) 86 H
86356 Steppach bei Augsburg (BY) 92 D
96178 Steppach (BY) 73 F
86643 Stepperg (BY) 84 L
23883 Sterley (SH) 21 C
19406 Sternberg (MV) 13 M
16269 Sternebeck/Harnekop (BB) 34 B
75447 Sternenfels (BW) 81 E
17291 Sternhagen (BB) 25 D
17291 Sternthal (BB) 24 F
91315 Sterpersdorf (BY) 73 J
24996 Sterup (SH) 4 E
91608 Stettberg (BY) 83 B
70771 Stetten (BW) 90 A
73450 Stetten (BW) 83 L
78234 Stetten (BW) 97 B
79801 Stetten (BW) 97 G
89584 Stetten (BW) 90 J
87778 Stetten (BY) 91 L
97647 Stetten (BY) 63 D
97753 Stetten (BY) 72 C
67294 Stetten (RP) 70 J
72510 Stetten am kalten Markt (BW) 89 M
86462 Stettenhofen (BY) 92 D
52428 Stetternich (NW) 47 M
96188 Stettfeld (BY) 73 C
06179 Steuden (ST) 54 A
09306 Steudten (SN) 55 G
39264 Steutz (ST) 43 E
48653 Stevede (NW) 37 E
48301 Stevern (NW) 37 F
31595 Steyerberg (NI) 28 J
02625 Stiebitz (SN) 57 D
88167 Stiefenhofen (BY) 99 G
38899 Stiege (ST) 42 K
24161 Stift (SH) 5 K
86657 Stillnau (BY) 83 M
74597 Stimpfach (BW) 83 D
21772 Stinstedt (NI) 10 M
27612 Stinstedt (NI) 19 B
55758 Stipshausen (RP) 69 F
91785 Stirn (BY) 84 D
99510 Stobra (TH) 53 J
78333 Stockach (BW) 97 C
97494 Stöckach (BY) 63 L
78112 Stockburg (BW) 89 K
92348 Stöckelsberg (BY) 74 M
23617 Stockelsdorf (SH) 12 H
27336 Stöcken (NI) 29 A
95234 Stockenroth (BY) 65 K
37345 Stöckey (TH) 41 L
32312 Stockhausen (NW) 28 L
99819 Stockhausen (TH) 52 H
96342 Stockheim (BY) 64 H
97640 Stockheim (BY) 63 E
37154 Stöckheim (NI) 40 J
33775 Stockheim (NW) 38 C
52372 Stockheim (NW) 58 C
59514 Stocklarn (NW) 38 M
27248 Stocksdorf (NI) 28 B
31638 Stöckse (NI) 29 D
24326 Stocksee (SH) 12 D
63811 Stockstadt am Main (BY) 71 C
64589 Stockstadt am Rhein (HE) 71 D
48653 Stockum (NW) 37 F
59368 Stockum (NW) 38 L
59846 Stockum (NW) 49 F
78112 Stockwald (BW) 89 K
45721 Stockwiese (NW) 37 J
73495 Stödtlen (BW) 83 H
29597 Stoetze (NI) 21 M
86932 Stoffen (BY) 92 K
89352 Stoffenried (BY) 91 H
16833 Stöffin (BB) 33 A
24321 Stöfs (SH) 12 B
24229 Stohl (SH) 5 K
5222X Stolberg (Rheinland) (NW) 58 B
06547 Stolberg (Harz) (ST) 42 K
24890 Stolk (SH) 4 H
09366 Stollberg/Erzgebirge (SN) 66 A
26969 Stollhamm (NI) 19 A
77836 Stollhofen (BW) 80 M
14728 Stölln (BB) 32 B
16540 Stolpe (BB) 33 E
17391 Stolpe (MV) 15 J
19372 Stolpe (MV) 22 F
23730 Stolpe (SH) 12 F
24601 Stolpe (SH) 12 D
17406 Stolpe auf Usedom (MV) 16 G
01833 Stolpen (SN) 56 J
16278 Stolpe/Oder (BB) 25 L
24409 Stoltebüll (SH) 4 F
24256 Stoltenberg (SH) 5 K
18510 Stoltenhagen (MV) 6 M
31592 Stolzenau (NI) 28 J
16348 Stolzenhagen (BB) 33 C
04916 Stolzenhain (BB) 44 E
50259 Stommelerbusch (NW) 48 G
50259 Stommeln (NW) 48 G
91792 Stopfenheim (BY) 84 D
16818 Storbeck-Frankendorf (BB) 23 M
25554 Stördorf (SH) 11 G
15859 Storkow (BB) 34 L
17268 Storkow (BB) 24 J
59590 Störmede (NW) 39 K
04445 Störmthal (SN) 54 F
92721 Störnstein (BY) 75 F
06667 Stössen (ST) 54 G
27612 Stotel (NI) 19 E
87675 Stötten am Auerberg (BY) 99 F
99195 Stotternheim (TH) 53 G
83339 Stöttham (BY) 102 A
87677 Stöttwang (BY) 99 C
86447 Stotzard (BY) 92 D
06896 Straach (ST) 43 J
03226 Stradow (BB) 45 E
47638 Straelen (NW) 47 B
52525 Straeten (NW) 47 H
39264 Straguth (ST) 43 B
93426 Strahlfeld (BY) 86 A
97618 Strahlungen (BY) 63 G
02747 Strahwalde (SN) 57 E
19073 Stralendorf (MV) 22 B
97705 Stralsbach (BY) 63 K
1843X Stralsund (MV) 6 J
24229 Strande (SH) 5 K
27259 Strange (NI) 28 E
17335 Strasburg (Uckermark) (MV) 25 A
86666 Straß (BY) 84 L
89278 Straß (BY) 91 D
52393 Straß (NW) 58 C
72479 Straßberg (BW) 89 J
86399 Straßberg (BY) 92 G
08527 Straßberg (SN) 65 E
06493 Straßberg (ST) 42 K
63856 Straßbessenbach (BY) 72 A
95131 Straßdorf (BY) 64 J
56587 Straßenhaus (RP) 60 D
53913 Straßfeld (NW) 59 A
96110 Straßgiech (BY) 74 A
01936 Straßgräbchen (SN) 56 C
94121 Straßkirchen (BY) 87 L
94342 Straßkirchen (BY) 86 H
82064 Straßlach-Dingharting (BY) 92 M
42499 Straßweg (NW) 48 J
75334 Straubenhardt (BW) 81 K
94315 Straubing (BY) 86 G
01561 Strauch (SN) 56 A
98646 Strauhain (TH) 63 J
15913 Straupitz (BB) 45 F
15344 Strausberg (BB) 34 E
15344 Strausberg Vorstadt (BB) 34 D
85567 Straußdorf (BY) 93 L
99634 Straußfurt (TH) 53 D
26209 Streek (NI) 19 K
06862 Streetz (ST) 43 E
15752 Streganz (BB) 34 L
99817 Stregda (TH) 52 H
01616 Strehla (SN) 55 C
63906 Streit (BY) 72 D
95482 Streitau (BY) 65 K
91346 Streitberg (BY) 74 E
57629 Streithausen (RP) 60 B
86441 Streitheim (BY) 91 F
04838 Strelln (SN) 44 K
15848 Stremmen (BB) 34 M
06425 Strenznaundorf (ST) 42 J
39291 Stresow (ST) 32 K
98646 Stressenhausen (TH) 63 J
91710 Streudorf (BY) 83 F
98646 Streufdorf (TH) 63 J
09661 Striegistal (SN) 55 J
01623 Striegnitz (SN) 55 F
18299 Striesdorf (MV) 14 H
18299 Striesenow (MV) 14 H
03096 Striesow (BB) 45 F
01561 Strießen (SN) 56 A
39264 Strinum (ST) 43 E
79733 Strittmatt (BW) 96 E
38822 Ströbeck (ST) 42 D
85302 Strobenried (BY) 92 C
14728 Strodehne (BB) 32 B
37574 Strodthagen (NI) 40 J
49419 Ströhen (NI) 28 H
19230 Strohkirchen (MV) 22 E
54558 Strohn (RP) 59 L
72587 Strohweiler (BW) 90 E
37574 Stroit (NI) 40 F
59302 Stromberg (NW) 38 J
55442 Stromberg (RP) 70 A
96264 Strössendorf (BY) 64 L
54552 Strotzbüsch (RP) 59 L
25792 Strübbel (SH) 10 C
25821 Struckum (SH) 3 J
23815 Strukdorf (SH) 12 H
23769 Strukkamp (SH) 5 C
96129 Strullendorf (BY) 74 D
01796 Struppen (SN) 56 J
56357 Strüth (RP) 60 L
99976 Struth (TH) 52 E
98593 Struth-Helmershof (TH) 63 B
57290 Struthütten (NW) 60 B
24643 Struvenhütten (SH) 11 J
24891 Struxdorf (SH) 4 H
91456 Stübach (BY) 73 J
27616 Stubben (NI) 19 E
23818 Stubben (SH) 12 H
17159 Stubbendorf (MV) 15 D
94166 Stubenberg (BY) 94 F
96231 Stublang (BY) 74 A
14547 Stücken (BB) 33 L
38524 Stüde (NI) 30 J
16845 Stüdenitz-Schönermark (BB) 32 B
17209 Stuer (MV) 23 E
17209 Stuer Vorwerk (MV) 23 E
79780 Stühlingen (BW) 97 D
28816 Stuhr (NI) 19 L
27211 Stühren (NI) 28 B
92551 Stulln (BY) 75 L
14947 Stülpe (BB) 44 C
06780 Stumsdorf (ST) 43 L
01833 Stürza (SN) 56 J
57614 Stürzelbach (RP) 60 A
76297 Stutensee (BW) 81 D
70XXX Stuttgart (BW) 81 M
08328 Stützengrün (SN) 65 F
98714 Stützerbach (TH) 64 A
24641 Stuvenborn (SH) 12 G
48336 Subbern (NW) 38 F
53773 Süchterscheid (NW) 59 C
19273 Sückau (NI) 22 D
19376 Suckow (MV) 23 D
26624 Südbrookmerland (NI) 18 A
26532 Südcoldinne (NI) 18 A
48465 Suddendorf (NI) 26 M
91575 Suddersdorf (BY) 84 A
25946 Süddorf (SH) 3 G
26188 Süd Edewecht (NI) 18 J
26180 Südende (NI) 18 J
25361 Süderau (SH) 11 H
24392 Süderbrarup (SH) 4 J
29690 Suderbruch (NI) 29 E
29556 Suderburg (NI) 30 B
25764 Süderdeich (SH) 10 C
25782 Süderdorf (SH) 11 A
25938 Süderende (SH) 3 D
24890 Süderfahrenstedt (SH) 4 H
26919 Süderfeld (NI) 19 D
21394 Südergellersen (NI) 21 G
24852 Süderhackstedt (SH) 4 G
25727 Süderheistedt (SH) 11 D
25779 Süderheistedt (SH) 11 A
25746 Süderholm (SH) 11 A
25923 Süderlügum (SH) 3 F
25923 Süderlügumfeld (SH) 3 C
25813 Südermarsch (SH) 3 M
24885 Süderschmedeby (SH) 4 H
37176 Sudershausen (NI) 41 K
25879 Süderstapel (SH) 4 K
21775 Süderteil (NI) 10 M
27386 Süderwalsede (NI) 20 K
21775 Süderwesterseite (NI) 10 L
25693 Süderwisch (SH) 10 J
24992 Süderzollhaus (SH) 4 G
49401 Südfelde (NI) 27 J
32469 Südfelde (NW) 28 M
33818 Sudheide (NW) 39 E
37154 Sudheim (NI) 40 M
32479 Südhemmern (NW) 28 L
29664 Südkampen (NI) 29 A
59394 Südkirchen (NW) 38 G
32278 Südlengern (NW) 39 B
46354 Südlohn (NW) 37 E
49393 Südlohne (NI) 27 F
59519 Südrandweg (NW) 49 C
27257 Sudwalde (NI) 28 C
91781 Suffersheim (BY) 84 G
91484 Sugenheim (BY) 73 H
52511 Süggerath (NW) 47 H
9852X Suhl (TH) 63 F
49688 Suhle (NI) 27 B
23843 Sühlen (SH) 12 G
29562 Suhlendorf (NI) 30 C
9852X Suhler Neundorf (TH) 63 F
17168 Sukow-Levitzkow (MV) 14 J
19348 Sükow (BB) 22 J
37574 Sülbeck (NI) 40 J
23867 Sülfeld (SH) 12 K
27232 Sulingen (NI) 28 E
39171 Sülldorf (ST) 42 F
26969 Süllwarden (NI) 19 A
54636 Sülm (RP) 68 C
88437 Sulmingen (BW) 90 M
88255 Sulpach (BW) 98 B
23769 Sulsdorf (SH) 5 M
59399 Sülsen (NW) 37 J
19077 Sülstorf (MV) 22 B
19077 Sülte (MV) 22 B
72172 Sulz am Neckar (BW) 89 E
72218 Sulz am Eck (BW) 89 B
74842 Sulzbach (BW) 82 A
76571 Sulzbach (BW) 81 K
63834 Sulzbach am Main (BY) 72 D
86551 Sulzbach (BY) 92 E
97461 Sulzbach (BY) 63 M
55758 Sulzbach (RP) 69 F
92237 Sulzbach-Rosenberg (BY) 75 K
87477 Sulzberg (BY) 99 E
92360 Sulzbürg (BY) 84 F
73460 Sulzdorf (BW) 83 G
86687 Sulzdorf (BY) 84 K
97232 Sulzdorf (BY) 72 J
97528 Sulzdorf an der Lederhecke (BY) 63 M
85254 Sulzemoos (BY) 92 H
99310 Sülzenbrücken (TH) 53 K
75056 Sulzfeld (BW) 81 E
97320 Sulzfeld am Main (BY) 73 G
97633 Sulzfeld (BY) 63 L
98617 Sülzfeld (TH) 63 E
99755 Sülzhayn (TH) 41 M
97529 Sulzheim (BY) 73 B
55286 Sulzheim (RP) 70 F
87616 Sulzschneid (BY) 99 F
97717 Sulzthal (BY) 63 K
19273 Sumte (NI) 22 D
93104 Sünching (BY) 85 J
59846 Sundern (Sauerland) (NW) 49 E
99735 Sundhausen (TH) 52 C
99947 Sundhausen (TH) 52 J
07407 Sundremda (TH) 64 B
58675 Sundwig (NW) 49 B
36404 Sünna (TH) 63 A
59302 Sünninghausen (NW) 38 J
92262 Sunzendorf (BY) 75 K
39343 Süplingen (ST) 31 L
38373 Süpplingen (NI) 31 K
38376 Süpplingenburg (NI) 31 K
04860 Süptitz (SN) 44 L
83362 Surberg (BY) 102 B
24229 Surendorf (SH) 4 M
29649 Suroide (NI) 20 M
26903 Surwold (NI) 18 K
03226 Suschow (BB) 45 F
23701 Süsel (SH) 12 F
92256 Süß (BY) 75 G
73079 Süßen (BW) 90 C
99441 Süßenborn (TH) 53 H
27305 Süstedt (NI) 28 C
52538 Süsterseel (NW) 47 G
49762 Sustrum (NI) 26 C
49762 Sustrumermoor (NI) 26 C
31555 Suthfeld (NI) 29 K
21398 Süttorf (NI) 21 H
48356 Suttorf (NW) 38 A
59581 Suttrop (NW) 50 A
49832 Suttrup (NI) 27 G
53913 Swisttal (NW) 59 B
04643 Syhra (SN) 55 G
28857 Syke (NI) 28 B
97437 Sylbach (BY) 73 B
06333 Sylda (ST) 42 H
08548 Syrau (SN) 65 E
89428 Syrgenstein (BY) 91 B
45721 Sythen (NW) 37 J

T

27367 Taaken (NI) 20 G
24893 Taarstedt (SH) 4 H
99891 Tabarz/Thüringer Wald (TH) 52 L
54441 Taben-Rodt (RP) 68 M
94527 Tabertshausen (BY) 86 L
72348 Täbingen (BW) 89 H
83342 Tacherting (BY) 94 K
83373 Taching am See (BY) 94 L
73527 Täferrot (BW) 82 M
86356 Täfertingen (BY) 92 D
86498 Tafertshofen (BY) 91 H
88356 Tafertsweiler (BW) 98 A
85567 Taglaching (BY) 93 L
86704 Tagmersheim (BY) 84 K
93104 Taimering (BY) 85 J
69242 Tairnbach (BW) 81 B
86453 Taiting (BY) 92 E
78736 Talhausen (BW) 89 G
72116 Talheim (BW) 89 F
74388 Talheim (BW) 82 D
74541 Talheim (BW) 82 F
78607 Talheim (BW) 89 L
21493 Talkau (SH) 21 B
32689 Talle (NW) 39 C
54426 Talling (RP) 69 E
08606 Taltitz (SN) 65 E
96479 Tambach (BY) 64 K
99897 Tambach-Dietharz/Thüringer Wald (TH) 63 C
71732 Tamm (BW) 81 J
26689 Tange (NI) 18 H
38489 Tangeln (ST) 31 D
39517 Tangerhütte (ST) 32 G
39590 Tangermünde (ST) 32 D
22889 Tangstedt (SH) 12 K
25499 Tangstedt (SH) 11 M
23623 Tankenrade (SH) 12 H
84367 Tann (BY) 94 E
36142 Tann (Rhön) (HE) 63 A
07922 Tanna (TH) 65 D
04680 Tanndorf (SN) 55 D
38875 Tanne (ST) 41 J
01683 Tanneberg (SN) 56 G
86977 Tannenberg (BY) 100 D
09468 Tannenberg (SN) 66 B
08262 Tannenbergsthal/Vogtland (SN) 65 F
79400 Tannenkirch (BW) 96 D
95352 Tannenwirtshaus (BY) 64 M
92723 Tännesberg (BY) 75 M
95349 Tannfeld (BY) 74 C
73497 Tannhausen (BW) 83 H
88326 Tannhausen (BW) 98 B
88459 Tannheim (BW) 91 K
99448 Tannroda (TH) 53 L
88326 Tannweiler (BW) 98 C
16307 Tantow (BB) 25 F
86660 Tapfheim (BY) 91 C
38479 Tappenbeck (NI) 30 J
24594 Tappendorf (SH) 11 E
26655 Tarbarg (NI) 18 E
24619 Tarbek (SH) 12 D
27412 Tarmstedt (NI) 19 J
18249 Tarnow (MV) 14 K
24963 Tarp (SH) 4 G
39435 Tarthun (ST) 42 E
24536 Tasdorf (SH) 11 F
24943 Tastrup (SH) 4 E
37339 Tastungen (TH) 52 B
25881 Tating (SH) 10 B
02991 Tätzschwitz (SN) 45 M
99425 Taubach (TH) 53 L
84367 Taubenbach (BY) 94 F
01665 Taubenheim (SN) 56 D
02689 Taubenheim (SN) 57 D
83486 Taubensee (BY) 102 F
97941 Tauberbischofsheim (BW) 72 H
85114 Tauberfeld (BY) 84 L
97285 Tauberrettersheim (BY) 72 M
04425 Taucha (SN) 54 C
06679 Taucha (ST) 54 E
15848 Tauche (BB) 34 M
03185 Tauer (BB) 46 D
84326 Taufkirchen (BY) 94 E
84416 Taufkirchen (Vils) (BY) 93 F
06628 Taugwitz (ST) 53 J
65232 Taunusstein (HE) 60 M
95182 Tauperlitz (BY) 65 H
04889 Taura (SN) 44 L
09249 Taura bei Burgstädt (SN) 55 L
01561 Tauscha (SN) 56 B
09322 Tauscha (SN) 55 K
07778 Tautenburg (TH) 54 G
88299 Tautenhofen (BW) 99 D
82436 Tauting (BY) 100 E
54456 Tawern (RP) 68 J
92439 Taxöldern (BY) 85 C
24220 Techelsdorf (SH) 11 C
19399 Techentin (MV) 23 A
04720 Technitz (SN) 55 E
49545 Tecklenburg (NW) 27 L
16866 Teetz/Ganz (BB) 23 M
07907 Tegau (TH) 65 A
79692 Tegernau (BW) 96 E
82293 Tegernbach (BY) 92 H
84104 Tegernbach (BY) 93 A
85276 Tegernbach (BY) 92 C
93105 Tegernheim (BY) 85 F
83684 Tegernsee (BY) 101 D
04617 Tegkwitz (TH) 54 J
49716 Teglingen (NI) 26 F
02956 Teicha (SN) 46 L
06193 Teicha (ST) 43 K
07407 Teichel (TH) 64 B
07407 Teichröda (TH) 64 B
07407 Teichweiden (TH) 64 B
07989 Teichwolframsdorf (TH) 65 C
84130 Teisbach (BY) 94 A
83317 Teisendorf (BY) 102 B
84576 Teising (BY) 94 G
94244 Teisnach (BY) 86 F
37339 Teistungen (TH) 52 A
49377 Telbrake (NI) 28 D
19273 Teldau (MV) 21 F
48291 Telgte (NW) 38 E
08355 Tellerhäuser (SN) 66 E
56858 Tellig (RP) 69 C
25782 Tellingstedt (SH) 11 A
21386 Tellmer (NI) 21 G
14513 Teltow (BB) 33 H
54441 Temmels (RP) 68 J
17268 Temmen-Ringenwalde (BB) 25 G
89160 Temmenhausen (BW) 90 F
15518 Tempelberg (BB) 34 H
16356 Tempelfelde (BB) 34 A
17268 Templin (BB) 24 J
78250 Tengen (BW) 97 B
32609 Tengern (NW) 28 L
83373 Tengling (BY) 94 L
41812 Tenholt (NW) 47 J
79331 Teningen (BW) 88 L
78144 Tennenbronn (BW) 89 G
25767 Tensbüttel-Röst (SH) 11 D
23824 Tensfeld (SH) 12 D
49692 Tenstedt (NI) 27 C
15926 Terpt (BB) 45 E
16515 Teschendorf (BB) 33 B
17094 Teschendorf (MV) 24 C
67806 Teschenmoschel (RP) 70 G
19376 Tessenow (MV) 23 D
18195 Tessin (MV) 14 E
19258 Tessin bei Boizenburg (MV) 21 F
23936 Testorf (MV) 13 G
23936 Testorf-Steinfort (MV) 13 K
59348 Tetekum (NW) 38 G
25882 Tetenbüll (SH) 3 L
29614 Tetendorf (NI) 20 M
24817 Tetenhusen (SH) 4 L
17166 Teterow (MV) 14 J
01945 Tettau (BB) 45 K
83329 Tettelham (BY) 94 L
83329 Tettenhausen (BY) 94 L
26434 Tettens (NI) 9 L
93336 Tettenwang (BY) 85 G
94167 Tettenweis (BY) 95 D
88069 Tettnang (BW) 98 E
52441 Tetz (NW) 47 M
93158 Teublitz (BY) 85 B
91332 Teuchatz (BY) 74 E
06682 Teuchern (ST) 54 H
27711 Teufelsmoor (NI) 19 J

93356 Teugn (BY) 85 H
92552 Teunz (BY) 75 M
15755 Teupitz (BB) 45 A
96358 Teuschnitz (BY) 64 H
17111 Teusin (MV) 15 H
99880 Teutleben (TH) 52 M
06179 Teutschenthal (ST) 54 A
52511 Teveren (NW) 47 L
29643 Tewel (NI) 20 L
19303 Tewswoos (MV) 22 G
25557 Thaden (SH) 11 D
86943 Thaining (BY) 100 A
99843 Thal (TH) 52 L
04924 Thalberg (BB) 44 M
94110 Thalberg (BY) 87 L
93309 Thaldorf (BY) 85 H
06502 Thale (ST) 42 G
99713 Thalebra (TH) 52 F
66987 Thaleischweiler-Fröschen (RP) 80 A
07422 Thälendorf (TH) 64 B
54424 Thalfang (RP) 69 E
89275 Thalfingen (BY) 91 D
66987 Thalfröschen (RP) 80 A
85250 Thalhausen (BY) 92 E
85402 Thalhausen (BY) 93 D
56584 Thalhausen (RP) 60 D
88637 Thalheim (BW) 89 M
85447 Thalheim (BY) 93 E
91230 Thalheim (BY) 74 M
06766 Thalheim (ST) 43 L
09380 Thalheim/Erzgebirge (SN) 66 B
87677 Thalhofen (BY) 99 C
25704 Thalingburen (SH) 10 F
66871 Thallichtenberg (RP) 69 M
04808 Thallwitz (SN) 55 A
91177 Thalmässing (BY) 84 E
93107 Thalmassing (BY) 85 J
37318 Thalwenden (TH) 52 A
06647 Thalwinkel (ST) 53 F
84140 Thambach (BY) 94 D
04808 Thammenhain (SN) 55 A
99947 Thamsbrück (TH) 52 J
19217 Thandorf (MV) 12 M
99444 Thangelstedt (TH) 53 L
95671 Thanhausen (BY) 75 F
92266 Thanheim (BY) 85 B
91572 Thann (BY) 83 F
93339 Thann (BY) 85 G
86470 Thannhausen (BY) 91 H
91738 Thannhausen (BY) 84 D
92342 Thannhausen (BY) 84 F
82544 Thanning (BY) 100 C
92554 Thanstein (BY) 76 K
92271 Thansüß (BY) 75 H
01737 Tharandt (SN) 56 G
27321 Thedinghausen (NI) 19 M
39291 Theeßen (ST) 32 K
91741 Theilenhofen (BY) 84 D
97288 Theilheim (BY) 73 D
97711 Theinfeld (BY) 63 L
96181 Theinheim (BY) 73 F
59519 Theiningsen (NW) 49 C
04924 Theisa (BB) 44 M
92637 Theisseil (BY) 75 J
06727 Theißen (ST) 54 H
85098 Theißing (BY) 84 M
18195 Thelkow (MV) 14 F
93485 Thenried (BY) 86 B
97531 Theres (BY) 73 B
24306 Theresienhof (SH) 12 B
92245 Theuern (BY) 75 L
96528 Theuern (TH) 64 G
08541 Theuma (SN) 65 E
39619 Thielbeer (ST) 31 B
01561 Thiendorf (SN) 56 B
09322 Thierbach (SN) 55 K
07356 Thierbach (TH) 64 F
08118 Thierfeld (SN) 66 A
86672 Thierhaupten (BY) 92 A
57462 Thieringhausen (NW) 49 H
94086 Thiersbach (BY) 95 A
07774 Thierschneck (TH) 54 G
95707 Thiersheim (BY) 65 L
95199 Thierstein (BY) 65 L
06862 Thießen (ST) 43 E
18586 Thiessow (MV) 7 H
07356 Thimmendorf (TH) 64 F
66636 Tholey (SL) 69 L
27793 Thölstedt (NI) 28 A
21401 Thomasburg (NI) 21 J
54317 Thomm (RP) 69 D
23738 Thomsdorf (SH) 13 A
92289 Thonhausen (BY) 85 A
04626 Thonhausen (TH) 54 M
93155 Thonlohe (BY) 85 D
85368 Thonstetten (BY) 93 E
56291 Thörlingen (RP) 60 K
54340 Thörnich (RP) 69 D
08541 Thoßfell (SN) 65 F
04552 Thräna (SN) 54 J
04683 Threna (SN) 54 F
37186 Thüdinghausen (NI) 40 M
49832 Thuine (NI) 27 G
91322 Thuisbrunn (BY) 74 H
97723 Thulba (BY) 62 M
33154 Thüle (NW) 39 H
59929 Thülen (NW) 50 B
18184 Thulendorf (MV) 14 E
52372 Thum (NW) 58 C
09419 Thum (SN) 66 B
24351 Thumby (SH) 4 J
93152 Thumhausen (BY) 85 H
04668 Thümmlitzwalde (SN) 55 D
94486 Thundorf (BY) 86 M
97711 Thundorf in Unterfranken (BY) 63 L
97289 Thüngen (BY) 72 C
97291 Thüngersheim (BY) 72 F
56743 Thür (RP) 59 J
99713 Thüringenhausen (TH) 52 F
23715 Thürk (SH) 12 E
17168 Thürkow (MV) 14 J
06779 Thurland (ST) 43 H
08138 Thurm (SN) 55 K
94169 Thurmansbang (BY) 87 K
01796 Thürmsdorf (SN) 56 J
95349 Thurnau (BY) 74 C
91281 Thurndorf (BY) 75 D
91555 Thürnhofen (BY) 83 E
94110 Thurnreuth (BY) 95 B
84164 Thürnthenning (BY) 86 K
94136 Thyrnau (BY) 95 B
14974 Thyrow (BB) 33 L
38473 Tiddische (NI) 30 J
88422 Tiefenbach (BW) 90 L
83734 Tiefenbach (BY) 101 E
87527 Tiefenbach (BY) 99 H
93464 Tiefenbach (BY) 76 K
55471 Tiefenbach (RP) 70 A
09661 Tiefenbach (SN) 55 J
87527 Tiefenberg (BY) 99 H
75233 Tiefenbronn (BW) 81 L
08626 Tiefenbrunn (SN) 65 H
96123 Tiefenellern (BY) 74 A
99438 Tiefengruben (TH) 53 L
95180 Tiefengrün (BY) 65 G
89584 Tiefenhülen (BW) 90 E
36469 Tiefenort (TH) 52 K
91332 Tiefenpölz (BY) 74 E
87757 Tiefenried (BY) 91 J
96215 Tiefenroth (BY) 64 K
91330 Tiefenstürmig (BY) 74 E
97837 Tiefenthal (BY) 72 E
67311 Tiefenthal (RP) 70 M
99189 Tiefthal (TH) 53 G
24803 Tielen (SH) 11 A
25794 Tielenhemme (SH) 11 A
32469 Tielge (NW) 28 H
73527 Tierhaupten (BW) 82 M
37688 Tietelsen (NW) 40 K
14641 Tietzow (BB) 33 A
72539 Tigerfeld (BW) 90 G
48329 Tilbeck (NW) 38 D
06537 Tilleda (Kyffhäuser) (ST) 53 A
24644 Timmaspe (SH) 11 F
23714 Timmdorf (SH) 12 B
23669 Timmendorfer Strand (SH) 12 F
06502 Timmenrode (ST) 42 G
22941 Timmerhorn (SH) 12 K
48624 Tinge (NW) 37 C
49846 Tinholt (NI) 26 H
49733 Tinnen (NI) 26 C
25917 Tinningstedt (SH) 3 F
32825 Tintrup (NW) 39 F
08606 Tirpersdorf (SN) 65 F
08606 Tirschendorf (SN) 65 H
27419 Tiste (NI) 20 H
59964 Titmaringhausen (NW) 50 E
07343 Titschendorf (TH) 64 J
85135 Titting (BY) 84 H
94104 Tittling (BY) 87 K
84529 Tittmoning (BY) 94 L
52445 Titz (NW) 47 J
99713 Toba (TH) 52 F
19230 Toddin (MV) 22 D
24819 Todenbüttel (SH) 11 E
22965 Todendorf (SH) 12 K
53359 Todenfeld (NW) 59 E
31737 Todenmann (NI) 39 C
23826 Todesfelde (SH) 12 G
86577 Tödtenried (BY) 92 E
86447 Todtenweis (BY) 92 A
79682 Todtmoos (BW) 96 E
79674 Todtnau (BW) 96 B
79674 Todtnauberg (BW) 96 B
84513 Töging am Inn (BY) 94 G
92345 Töging (BY) 84 F
24232 Tökendorf (SH) 12 A
24894 Tolk (SH) 4 H
06231 Tollwitz (ST) 54 E
89160 Tomerdingen (BW) 90 F
53947 Tondorf (NW) 59 D
47906 Tönisberg (NW) 47 C
47918 Tönisvorst (NW) 47 F
99958 Tonna (TH) 52 J
99438 Tonndorf (TH) 53 L
32369 Tonnenheide (NW) 28 H
25832 Tönning (SH) 10 C
23867 Tönningstedt (SH) 12 K
15755 Töpchin (BB) 34 K
04720 Töpeln (SN) 55 E
95183 Töpen (BY) 65 G
09306 Topfseifersdorf (SN) 55 H
14476 Töplitz (BB) 33 G
07558 Töppeln (TH) 54 L
21442 Toppenstedt (NI) 21 G
04860 Torgau (SN) 44 L
17358 Torgelow (MV) 16 L
17358 Torgelow-Holländerei (MV) 16 L
06774 Tornau vor der Heide (ST) 43 H
06774 Tornau (ST) 43 M
25436 Tornesch (SH) 11 L
39249 Tornitz (ST) 43 D
26655 Torsholt (NI) 18 H
83122 Törwang (BY) 101 C
26969 Tossens (NI) 19 A
21255 Tostedt (NI) 20 H
21255 Tostedt Land (NI) 20 H
21371 Tosterglope (NI) 21 J
99100 Töttelstädt (TH) 53 G
99947 Tottleben (TH) 52 F
56841 Traben-Trarbach (RP) 69 B
92724 Trabitz (BY) 75 D
93183 Traidendorf (BY) 85 E
93444 Traidersdorf (BY) 86 E
72805 Traifelberg (BW) 90 D
72525 Trailfingen (BW) 90 E
93358 Train (BY) 85 K
64367 Traisa (HE) 71 E
55595 Traisen (RP) 70 E
93455 Traitsching (BY) 86 D
23843 Tralau (SH) 12 G
19089 Tramm (MV) 22 C
29451 Tramm (NI) 22 K
16230 Trampe (BB) 34 A
17121 Trantow (MV) 15 E
24610 Trappenkamp (SH) 12 D
97633 Trappstadt (BY) 63 J
93426 Trasching (BY) 86 D
54441 Trassem (RP) 68 J
17449 Trassenheide (MV) 7 M
92284 Traßlberg (BY) 75 K
82327 Traubing (BY) 100 B
87642 Trauchgau (BY) 100 D
92283 Traunfeld (BY) 74 M
83301 Traunreut (BY) 94 K
86833 Traunried (BY) 91 J
83278 Traunstein (BY) 102 B
83374 Traunwalchen (BY) 102 A
92555 Trausnitz (BY) 75 M
38899 Trautenstein (ST) 41 M
92283 Trautmannshofen (BY) 84 C
90619 Trautskirchen (BY) 73 M
23843 Travenbrück (SH) 12 G
23827 Travenhorst (SH) 12 E
23827 Travenort (SH) 12 E
15848 Trebatsch (BB) 45 C
14959 Trebbin (BB) 33 L
03253 Trebbus (BB) 45 G
29494 Trebel (NI) 22 L
04617 Treben (TH) 54 J
03149 Trebendorf (BB) 46 G
02959 Trebendorf (SN) 46 K
17337 Trebenow (BB) 25 A
95367 Trebgast (BY) 74 C
06420 Trebitz (ST) 43 G
06909 Trebitz (ST) 44 G
15320 Trebnitz (BB) 34 F
06420 Trebnitz (ST) 42 J
07554 Trebnitz (TH) 54 L
99718 Trebra (TH) 53 D
99735 Trebra (TH) 52 B
04687 Trebsen/Mulde (SN) 55 A
65468 Trebur (HE) 71 D
15518 Trebus (BB) 34 H
02923 Trebus (SN) 57 B
55413 Trechtingshausen (RP) 70 B
14778 Trechwitz (BB) 33 G
93492 Treffelstein (BY) 76 K
89180 Treffensbuch (BW) 90 F
99830 Treffurt (TH) 52 G
24896 Treia (SH) 4 K
96184 Treinfeld (BY) 74 A
35460 Treis an der Lumda (HE) 61 B
56253 Treis-Karden (RP) 59 M
14641 Tremmen (BB) 33 D
92676 Tremmersdorf (BY) 75 D
07985 Tremnitz (TH) 65 B
22967 Tremsbüttel (SH) 12 K
14552 Tremsdorf (BB) 33 L
34388 Trendelburg (HE) 40 K
25693 Trennewurth (SH) 10 F
63911 Trennfurt (BY) 72 D
18569 Trent (MV) 7 D
24211 Trent (SH) 12 A
23847 Trenthorst (SH) 12 L
15236 Treplin (BB) 34 J
15898 Treppeln (BB) 46 A
96138 Treppendorf (BY) 73 F
07407 Treppendorf (TH) 53 L
38889 Treseburg (ST) 42 G
95466 Tressau (BY) 75 A
91757 Treuchtlingen (BY) 84 G
08233 Treuen (SN) 65 F
14929 Treuenbrietzen (BB) 44 A
96167 Treunitz (BY) 74 B
95704 Trevesen (BY) 75 E
38524 Triangel (NI) 30 J
78098 Triberg im Schwarzwald (BW) 88 M
18320 Tribohm (MV) 6 L
18465 Tribsees (MV) 14 F
78736 Trichtingen (BW) 89 H
96215 Trieb (BY) 64 L
08606 Triebel/Vogtland (SN) 65 H
83410 Triebenbach (BY) 102 C
95676 Triebendorf (BY) 75 B
95346 Triebenreuth (BY) 64 M
07950 Triebes (TH) 65 B
01665 Triebischtal (SN) 56 D
97855 Triefenstein (BY) 72 E
74564 Triensbach (BW) 82 F
74864 Trienz (BW) 72 K
16845 Trieplatz (BB) 23 M
5429X Trier (RP) 69 D
54311 Trierweiler (RP) 68 F
5429X Trier-West (RP) 68 F
91746 Triesdorf (BY) 83 F
84371 Triftern (BY) 94 F
74589 Triftshausen (BW) 83 D
97725 Trimberg (BY) 62 M
56753 Trimbs (RP) 59 J
54636 Trimport (RP) 68 C
06369 Trinum (ST) 43 G
18320 Trinwillershagen (MV) 6 L
19273 Tripkau (NI) 22 G
67705 Trippstadt (RP) 80 B
52511 Tripsrath (NW) 47 H
07819 Triptis (TH) 65 A
92546 Trisching (BY) 75 L
88430 Tristolz (BW) 90 M
22946 Trittau (SH) 21 B
72818 Trochtelfingen (BW) 90 G
91257 Trockau (BY) 74 F
07646 Trockenborn-Wolfersdorf (TH) 54 K
95183 Trogen (BY) 65 G
5384X Troisdorf (NW) 48 L
99438 Troistedt (TH) 53 L
17039 Trollenhagen (MV) 15 L
91793 Trommetsheim (BY) 84 G
06648 Tromsdorf (ST) 53 J
92690 Troschelhammer (BY) 75 E
91257 Troschenreuth (BY) 74 F
96120 Trosdorf (BY) 73 F
97514 Trossenfurt (BY) 73 C
04880 Trossin (SN) 44 K
78647 Trossingen (BW) 89 L
83308 Trostberg (BY) 94 K
37247 Trubenhausen (HE) 51 F
83376 Truchtlaching (BY) 94 K
96528 Truckenthal (TH) 64 G
86643 Trugenhofen (BY) 84 K
88410 Truilz (BW) 98 C
87779 Trunkelsberg (BY) 91 L
95490 Truppach (BY) 74 B
88410 Truschwende (BW) 98 C
98596 Trusen (TH) 63 B
98596 Trusetal (TH) 63 B
7207X Tübingen (BW) 89 C
16928 Tüchen (BB) 23 K
91278 Tüchersfeld (BY) 74 E
97199 Tückelhausen (BY) 73 G
52538 Tüddern (NW) 47 G
38474 Tülau (NI) 30 J
25881 Tümlauer Koog (SH) 10 B
99947 Tüngeda (TH) 52 H
78609 Tuningen (BW) 89 K
83104 Tuntenhausen (BY) 101 B
03130 Türkendorf (BB) 46 G
84098 Türkenfeld (BY) 85 L
82299 Türkenfeld (BY) 92 L
73312 Türkheim (BW) 90 C
86842 Türkheim (BY) 91 M
41844 Tüschenbroich (NW) 47 H
28879 Tüschendorf (NI) 19 J
84577 Tüßling (BY) 94 G
96120 Tütschengereuth (BY) 73 F
24214 Tüttendorf (SH) 4 M
99869 Tüttleben (TH) 52 M
78532 Tuttlingen (BW) 97 B
82327 Tutzing (BY) 100 C
17091 Tützpatz (MV) 15 L
27239 Twistringen (NI) 28 B
84558 Tyrlaching (BY) 94 L

U

52531 Übach-Palenberg (NW) 47 L
27318 Ubbendorf (NI) 29 A
82216 Überacker (BY) 92 H
87463 Überbach (BY) 99 B
33428 Überems (NW) 38 F
66802 Überherrn (SL) 79 A
88662 Überlingen (BW) 98 D
83236 Übersee (BY) 102 A
76698 Ubstadt-Weiher (BW) 81 E
31737 Uchtdorf (NI) 39 C
39517 Uchtdorf (ST) 31 J
31600 Uchte (NI) 28 J
97532 Üchtelhausen (BY) 73 B
39599 Uchtspringe (ST) 31 J
53773 Uckerath (NW) 59 C
17459 Ückeritz (MV) 16 E
15926 Uckro (BB) 45 D
53940 Udenbreth (NW) 58 J
55288 Udenheim (RP) 70 F
37318 Uder (TH) 52 A
54552 Üdersdorf (RP) 59 K
06556 Udersleben (TH) 53 B
99198 Udestedt (TH) 53 H
54552 Udler (RP) 59 K
34431 Udorf (NW) 50 C
04938 Uebigau (BB) 44 M
17373 Ueckermünde (MV) 16 H
53945 Uedelhoven (NW) 59 G
47589 Uedem (NW) 36 J
47589 Uedemerbruch (NW) 36 M
91486 Uehlfeld (BY) 73 J
38170 Uehrde (NI) 41 C
59510 Uelentrup (NW) 38 M
19077 Uelitz (MV) 22 B
99867 Uelleben (TH) 52 M
49843 Uelsen (NI) 26 H
55278 Uelversheim (RP) 70 F
25889 Uelvesbüll (SH) 3 M
29525 Uelzen (NI) 21 L
39579 Uenglingen (ST) 32 D
37247 Uengsterode (HE) 51 F
27305 Uenzen (NI) 28 C
27330 Uepsen (NI) 28 F
56767 Uersfeld (RP) 59 L
27612 Ueterlande (NI) 19 A
25436 Uetersen (SH) 11 L
52525 Uetterath (NW) 47 H
97292 Uettingen (BY) 72 F
31311 Uetze (NI) 30 G
29699 Uetzingen (NI) 29 B
32602 Uffeln (NW) 39 C
97215 Uffenheim (BY) 73 K
82449 Uffing am Staffelsee (BY) 100 E
06548 Uftrungen (ST) 53 A
73066 Uhingen (BW) 82 L
56290 Uhler (RP) 69 C
79777 Ühlingen-Birkendorf (BW) 96 F
07407 Uhlstädt (TH) 64 C
37520 Ührde (NI) 41 G
39343 Uhrsleben (ST) 42 B
02923 Uhsmannsdorf (SN) 57 C
01906 Uhyst am Taucher (SN) 56 F
02999 Uhyst (SN) 57 A
06667 Uichteritz (ST) 54 D
84384 Ulbering (BY) 94 F
01848 Ulbersdorf (SN) 56 J
01454 Ullersdorf bei Radeberg (SN) 56 E
91484 Ullstadt (BY) 73 H
890XX Ulm (BW) 91 D
56766 Ulmen (RP) 59 L
66887 Ulmet (RP) 69 J
53909 Ülpenich (NW) 59 A
93449 Ulrichsgrün (BY) 76 L
35327 Ulrichstein (HE) 62 D
24860 Ülsby (SH) 4 H
24860 Ülsbyholz (SH) 4 H
24960 Ulstrupfeld (SH) 4 E
24558 Ulzburg (SH) 11 M
24558 Ulzburg Süd (SH) 11 M
06543 Ulzigerode (ST) 42 H
92280 Umelsdorf (BY) 85 A
79224 Umkirch (BW) 88 K
18569 Ummanz (MV) 7 G
88444 Ummendorf (BW) 90 M
86932 Ummendorf (BY) 92 K
39365 Ummendorf (ST) 42 A
86860 Ummenhofen (BY) 91 M
29369 Ummern (NI) 30 E
98663 Ummerstadt (TH) 63 M
99441 Umpferstedt (TH) 53 H
83112 Umrathshausen (BY) 101 C
79843 Unadingen (BW) 97 A
24983 Unaften (SH) 4 D
21274 Undeloh (NI) 20 J
55278 Undenheim (RP) 70 F
93152 Undorf (BY) 85 E
82229 Unering (BY) 92 L
87781 Ungerhausen (BY) 91 L
57250 Unglinghausen (NW) 49 M
84103 Unholzing (BY) 93 C
53572 Unkel (RP) 59 F
67823 Unkenbach (RP) 70 H
88527 Unlingen (BW) 90 H
5942X Unna (NW) 49 A
57648 Unnau (RP) 60 B
39435 Unseburg (ST) 42 F
84164 Unsleben (BY) 63 H
79774 Unteralpfen (BW) 96 F
82284 Unteralting (BY) 92 L
82497 Unterammergau (BY) 100 G
91625 Unterampfrach (BY) 83 D
88481 Unterbalzheim (BW) 91 G
89437 Unterbechingen (BY) 91 B
86511 Unterbergen (BY) 92 G
86556 Unterbernbach (BY) 92 B
83567 Unterbierwang (BY) 94 G
82131 Unterbrunn (BY) 92 M
92364 Unterbuchfeld (BY) 84 C
86944 Unterdießen (BY) 100 A
84339 Unterdietfurt (BY) 94 E
87782 Unteregg (BY) 99 B
89281 Untereichen (BY) 91 G
74257 Untereisesheim (BW) 82 D
99819 Unterellen (TH) 52 K
97656 Unterelsbach (BY) 63 G
72669 Unterensingen (BW) 90 A
77736 Unterentersbach (BW) 88 J
97762 Untererthal (BY) 62 M
51491 Untereschbach (NW) 48 M
91575 Untereschenbach (BY) 84 A
97762 Untereschenbach (BY) 62 M
88454 Unteressendorf (BW) 90 M
97631 Untereßfeld (BY) 63 H
97508 Untereuerheim (BY) 73 B
90559 Unterferrieden (BY) 84 B
85774 Unterföhring (BY) 93 G
84030 Unterglaim (BY) 93 C
93449 Untergrafenried (BY) 76 K
84347 Untergrasensee (BY) 94 F
86551 Untergriesbach (BY) 92 E
94107 Untergriesbach (BY) 95 B
74177 Untergriesheim (BW) 82 A
74199 Untergruppenbach (BW) 82 D
82008 Unterhaching (BY) 93 K
96173 Unterhaid (BY) 73 F
98617 Unterharles (TH) 63 E
77736 Unterharmersbach (BW) 88 F
95183 Unterhartmannsreuth (BY) 65 G
82362 Unterhausen (BY) 100 B
86697 Unterhausen (BY) 84 L
74626 Unterheimbach (BW) 82 E
74199 Unterheinriet (BW) 82 D
93449 Unterhütte (BY) 76 L
79256 Unteribental (BW) 96 B
72296 Unteriflingen (BW) 89 D
87541 Unterjoch (BY) 99 H
98634 Unterkatz (TH) 63 D
78089 Unterkirnach (BW) 89 K
07922 Unterkoskau (TH) 65 D
84069 Unterlaichling (BY) 85 J
97789 Unterleichtersbach (BY) 62 M
91364 Unterleinleiter (BY) 74 E
07356 Unterlemnitz (TH) 64 F
96515 Unterlind (TH) 64 H
07330 Unterloquitz (TH) 64 F
29345 Unterlüß (NI) 30 A
86751 Untermagerbein (BY) 83 M
74613 Untermaholderbach (BW) 82 E
98617 Untermaßfeld (TH) 63 E
91171 Untermässing (BY) 84 E
52372 Untermaubach (NW) 58 C
86551 Untermauerbach (BY) 92 E
86836 Untermeitingen (BY) 92 G
85290 Untermettenbach (BY) 93 A
91749 Untermichelbach (BY) 83 E
91632 Untermosbach (BY) 83 E
74547 Untermünkheim (BW) 82 F
91622 Unternbibert (BY) 73 M
84579 Unterneukirchen (BY) 94 G
96138 Unterneuses (BY) 73 F
96250 Unterneuses (BY) 74 A
91583 Unteroestheim (BY) 83 A
88457 Unteropfingen (BW) 91 K
86869 Unterostendorf (BY) 100 A
85290 Unterpindhart (BY) 85 K
97294 Unterpleichfeld (BY) 73 D
07407 Unterpreilipp (TH) 64 B
96106 Unterpreppach (BY) 63 M
74595 Unterregenbach (BW) 82 C
75399 Unterreichenbach (BW) 81 L
83567 Unterreit (BY) 93 J
87769 Unterrieden (BY) 91 L
73441 Unterriffingen (BW) 83 L
06295 Unterrißdorf (ST) 42 M
91161 Unterrödel (BY) 84 E
89358 Unterrohr (BY) 91 E
89299 Unterroth (BY) 91 G
91586 Unterrottmannsdorf (BY) 83 C
97353 Untersambach (BY) 73 E
74850 Unterschefflenz (BW) 82 A
90613 Unterschlauersbach (BY) 73 M
85716 Unterschleißheim (BY) 93 G
73485 Unterschneidheim (BW) 83 H
86551 Unterschneitbach (BY) 92 E
07422 Unterschöbling (TH) 64 A
86556 Unterschönbach (BY) 92 E
86450 Unterschöneberg (BY) 91 F
78579 Unterschwandorf (BW) 97 C
88410 Unterschwarzach (BW) 98 C
56412 Untershausen (RP) 60 H
96253 Untersiemau (BY) 64 K
82395 Untersöchering (BY) 100 E
74586 Unterspeltach (BW) 83 D
89619 Unterstadion (BW) 90 J
86673 Unterstall (BY) 84 L
27356 Unterstedt (NI) 20 K
95369 Untersteinach (BY) 64 M
95466 Untersteinach (BY) 75 A
79215 Untertal (BW) 88 H
88094 Unterteuringen (BW) 98 E
87647 Unterthingau (BY) 99 F
86647 Unterthürheim (BY) 91 C
93413 Untertraubenbach (BY) 86 A
91286 Untertrubach (BY) 74 H
85235 Unterumbach (BY) 92 H
89597 Unterwachingen (BW) 90 H
97654 Unterwaldbehrungen (BY) 63 G
88379 Unterwaldhausen (BW) 98 B
98634 Unterweid (TH) 63 D
85253 Unterweikertshofen (BY) 92 E
85241 Unterweilbach (BY) 92 J
86561 Unterweilenbach (BY) 92 C
07333 Unterwellenborn (TH) 64 C
73485 Unterwilflingen (BW) 83 H
07422 Unterwirbach (TH) 64 B
86551 Unterwittelsbach (BY) 92 E
83246 Unterwössen (BY) 102 D
08626 Unterwürschnitz (SN) 65 H
83567 Unterzarnham (BY) 94 G
88299 Unterzeil (BW) 99 A
82327 Unterzeismering (BY) 100 C
85250 Unterzeitlbach (BY) 92 E
87496 Untrasried (BY) 99 B
55483 Unzenberg (RP) 69 C
23936 Upahl (MV) 13 G
72813 Upfingen (BW) 90 D
26529 Upgant-Schott (NI) 17 C
25923 Uphusum (SH) 3 E
26670 Uplengen (NI) 18 E
17111 Upost (MV) 15 G
26446 Upschört (NI) 18 B
33154 Upsprunge (NW) 39 L
73660 Urbach (BW) 82 L
56317 Urbach (RP) 60 D
99765 Urbach (TH) 53 A
99996 Urbach (TH) 52 F
56182 Urbar (RP) 60 G
63322 Urberach (HE) 71 B
50389 Urfeld (NW) 48 L
91471 Urfersheim (BY) 73 L
53925 Urft (NW) 58 F
88299 Urlau (BW) 99 D
99955 Urleben (TH) 52 F
77767 Urloffen (BW) 88 B
56761 Urmersbach (RP) 59 L
56220 Urmitz (RP) 60 G
36457 Urnshausen (TH) 63 A
86513 Ursberg (BY) 91 H
56825 Urschmitt (RP) 59 L
92289 Ursensollen (BY) 75 K
91805 Ursheim (BY) 83 J
89173 Urspring (BW) 90 C
86989 Urspring (BY) 100 D
97645 Urspringen (BY) 63 D
97857 Urspringen (BY) 72 E
09385 Ursprung (SN) 55 K
92256 Ursulapoppenricht (BY) 75 K
54539 Ürzig (RP) 69 B
17406 Usedom (MV) 16 G
17237 Userin (MV) 24 D
61250 Usingen (HE) 61 G
37170 Uslar (NI) 40 L
37181 Üssinghausen (NI) 40 M
86514 Ustersbach (BY) 91 J
26556 Utarp (NI) 18 A
19217 Utecht (MV) 12 M
99510 Utenbach (TH) 53 J
25938 Utersum (SH) 3 D
06773 Uthausen (ST) 43 J
99765 Uthleben (TH) 52 C
27628 Uthlede (NI) 19 E
39345 Uthmöden (ST) 31 L
54675 Utscheid (RP) 68 B
85276 Uttenhofen (BY) 92 C
86473 Uttenhofen (BY) 91 J
91080 Uttenreuth (BY) 74 H
88524 Uttenweiler (BW) 90 L
54619 Üttfeld (RP) 58 L
86919 Utting am Ammersee (BY) 92 L
39517 Ütz (ST) 32 K
99428 Utzberg (TH) 53 H
17111 Utzedel (MV) 15 G
79694 Utzenfeld (BW) 96 E
56291 Utzenhain (RP) 60 K
92280 Utzenhofen (BY) 85 A
54552 Utzerath (RP) 59 L
73577 Utzstetten (BW) 82 J
86747 Utzwingen (BY) 83 J
54579 Üxheim (RP) 59 G

V

25594 Vaale (SH) 11 D
25594 Vaalermoor (SH) 11 G
36404 Vacha (TH) 52 K
98617 Vachdorf (TH) 63 E
83377 Vachendorf (BY) 102 A
48291 Vadrup (NW) 38 E
83620 Vagen (BY) 101 B
37647 Vahlbruch (NI) 40 D
27389 Vahlde (NI) 20 H
39345 Vahldorf (ST) 31 M
37170 Vahle (NI) 40 L
32805 Vahlhausen (NW) 39 F
49661 Vahren (NI) 27 C
71665 Vaihingen an der Enz (BW) 81 J
58540 Valbert (NW) 49 H
29416 Valfitz (ST) 31 A
56179 Vallendar (RP) 60 G
83626 Valley (BY) 101 A
86441 Vallried (BY) 91 F
19246 Valluhn (MV) 21 C
56812 Valwig (RP) 59 M
41569 Vanikum (NW) 48 G
17192 Varchentin (MV) 15 K
46414 Vardingholt (NW) 37 D
26316 Varel (NI) 18 F
32689 Varenholz (NW) 39 C
33397 Varensell (NW) 39 G
49744 Varloh (NI) 26 F
49429 Varnhorn (NI) 28 A
27259 Varrel (NI) 28 E
49681 Varrelbusch (NI) 27 C
97440 Vasbühl (BY) 73 A
85591 Vaterstetten (BY) 93 K
06343 Vatterode (ST) 42 L
49377 Vechta (NI) 28 D
48291 Vechtrup (NW) 38 E
38871 Veckenstedt (ST) 41 F
19205 Veelböken (MV) 13 K

A B C D E F G H I J K L M N O P Q R S T U V W X Y Z

26802 Veenhusen (NI) 18 D
48480 Veerkamp (NI) 27 K
47608 Veert (NW) 36 M
16727 Vehlefanz (BB) 33 B
31683 Vehlen (NI) 28 M
39539 Vehlgast-Kümmernitz (ST) 32 B
16866 Vehlin (BB) 23 L
46419 Vehlingen (NW) 36 J
39291 Vehlitz (ST) 43 A
16866 Vehlow (BB) 23 L
98669 Veilsdorf (TH) 63 J
89415 Veitriedhausen (BY) 91 B
91575 Veitsaurach (BY) 84 A
90587 Veitsbronn (BY) 74 K
97209 Veitshöchheim (BY) 72 F
91744 Veitsweiler (BY) 83 H
425XX Velbert (NW) 48 B
92355 Velburg (BY) 85 A
84149 Velden (BY) 93 F
54472 Veldenz (RP) 69 E
32805 Veldrom (NW) 39 J
46342 Velen (NW) 37 E
18469 Velgast (MV) 6 L
19260 Vellahn (MV) 22 D
74541 Vellberg (BW) 82 F
59269 Vellern (NW) 38 J
34246 Vellmar (HE) 51 A
59909 Velmede (NW) 50 A
37235 Velmeden (HE) 51 F
39359 Velsdorf (ST) 31 H
48231 Velsen (NW) 38 E
16727 Velten (BB) 33 B
38173 Veltheim (Ohe) (NI) 30 M
32457 Veltheim (NW) 39 C
38835 Veltheim (ST) 41 F
48282 Veltrup (NW) 38 A
55578 Vendersheim (RP) 70 F
49179 Venne (NI) 27 M
48308 Venne (NW) 38 G
49179 Vennermoor (NI) 27 J
67482 Venningen (RP) 80 C
41812 Venrath (NW) 47 J
21371 Ventschau (NI) 21 J
19417 Ventschow (MV) 13 L
09430 Venusberg (SN) 66 B
17111 Verchen (MV) 15 G
27283 Verden (Aller) (NI) 29 A
72519 Veringendorf (BW) 90 K
72519 Veringenstadt (BW) 90 G
33415 Verl (NW) 39 G
33154 Verlar (NW) 39 K
37170 Verliehausen (NI) 40 L
33154 Verne (NW) 39 L
49716 Versen (NI) 26 F
33775 Versmold (NW) 38 F
91580 Vestenberg (BY) 83 C
91487 Vestenbergsgreuth (BY) 73 J
29664 Vethem (NI) 29 B
03226 Vetschau (BB) 45 F
53560 Vettelschoß (RP) 59 F
16928 Vettin (BB) 23 L
52391 Vettweiß (NW) 59 A
16845 Vichel (BB) 32 C
84174 Viecht (BY) 93 B
94234 Viechtach (BY) 86 E
85777 Viehbach (BY) 92 F
93161 Viehhausen (BY) 85 H
19303 Vielank (MV) 22 G
08149 Vielau (SN) 66 A
56244 Vielbach (RP) 60 E
17194 Vielist (MV) 23 C
16835 Vielitz (BB) 24 K
39624 Vienau (ST) 31 E
38690 Vienenburg (NI) 41 E
29683 Vierde (NI) 29 B
27419 Vierden (NI) 20 E
17309 Viereck (MV) 16 L
02956 Viereichen (SN) 46 L
96191 Viereth-Trunstadt (BY) 73 F
54314 Vierherrenborn (RP) 69 G
21444 Vierhöfen (NI) 21 G
14715 Vieritz (BB) 32 H
85256 Vierkirchen (BY) 92 F
02894 Vierkirchen (SN) 57 E
98547 Viernau (TH) 63 C
68519 Viernheim (HE) 71 K
16306 Vierraden (BB) 25 J
95194 Vierschau (BY) 65 H
417XX Viersen (NW) 47 F
19336 Viesecke (BB) 23 K
99198 Vieselbach (TH) 53 H
14789 Viesen (BB) 32 M
18279 Vietgest (MV) 14 L
85298 Vieth (BY) 92 C
17268 Vietmannsdorf (BB) 24 J
39624 Vietzen (ST) 31 E
14662 Vietznitz (BB) 32 C
18249 Viezen (MV) 14 G
86946 Vilgertshofen (BY) 100 A
89444 Villenbach (BY) 91 C
35410 Villingen (HE) 61 F
78667 Villingendorf (BW) 89 G
7805X Villingen-Schwenningen (BW) 89 K
53343 Villip (NW) 59 B
65606 Villmar (HE) 60 J
84137 Vilsbiburg (BY) 93 F
92249 Vilseck (BY) 75 G
84186 Vilsheim (BY) 93 F
92286 Vilshofen (BY) 85 B
94474 Vilshofen (BY) 86 M
72514 Vilsingen (BW) 89 M
66957 Vinningen (RP) 80 D
59399 Vinnum (NW) 38 K
32839 Vinsebeck (NW) 39 J
39599 Vinzelberg (ST) 31 F
25884 Viöl (SH) 4 G
99439 Vippachedelhausen (TH) 53 H
17209 Vipperow (MV) 23 F
56729 Virneburg (RP) 59 H
91604 Virnsberg (BY) 73 L
49186 Visbeck (NI) 38 C
59872 Visbeck (NW) 49 F
49429 Visbek (NI) 28 A
27374 Visselhövede (NI) 20 L
29416 Vissum (ST) 31 B
19217 Vitense (MV) 13 G
23769 Vitzdorf (SH) 5 C
06268 Vitzenburg (ST) 53 F
99837 Vitzeroda (TH) 52 K
52396 Vlatten (NW) 58 C
32602 Vlotho (NW) 39 C
96126 Voccawind (BY) 63 M
06786 Vockerode (ST) 43 F
46562 Voerde (Niederrhein) (NW) 37 K
47906 Voesch (NW) 47 C
82293 Vogach (BY) 92 H
37574 Vogelbeck (NI) 40 J
15890 Vogelsang (BB) 35 K
17375 Vogelsang-Warsin (MV) 16 H
99610 Vogelsberg (TH) 53 H
38836 Vogelsdorf (ST) 42 D
21360 Vögelsen (NI) 21 G
92345 Vogelthal (BY) 84 J
88267 Vogt (BW) 98 F
83569 Vogtareuth (BY) 93 M
79235 Vogtsburg (BW) 88 K
79235 Vogtsburg im Kaiserstuhl (BW) 88 K
85088 Vohburg an der Donau (BY) 85 K
92648 Vohenstrauß (BY) 75 J
34516 Vöhl (HE) 50 F
48231 Vohren (NW) 38 F
78147 Vöhrenbach (BW) 88 M
72189 Vöhringen (BW) 89 H
89269 Vöhringen (BY) 91 G
09619 Voigtsdorf (SN) 56 K
06556 Voigtstedt (TH) 53 B
51519 Voiswinkel (NW) 48 H
95688 Voitenthan (BY) 75 B
95163 Voitsumra (BY) 65 K
59469 Volbringen (NW) 49 C
37574 Voldagsen (NI) 40 J
39599 Volgfelde (ST) 31 F
97332 Volkach (BY) 73 D
56288 Völkenroth (RP) 69 C
84106 Volkenschwand (BY) 93 B
27404 Volkensen (NI) 20 G
37308 Volkerode (TH) 52 D
97769 Volkers (BY) 62 J
01468 Volkersdorf (SN) 56 E
91126 Volkersgau (BY) 84 A
97711 Volkershausen (BY) 63 L
36404 Völkershausen (TH) 63 A
97797 Volkersleier (BY) 62 M
78269 Volkertshausen (BW) 97 B
56745 Volkesfeld (RP) 59 H
57334 Volkholz (NW) 49 M
66333 Völklingen (SL) 79 A
95197 Volkmannsgrün (BY) 65 K
34471 Volkmarsen (HE) 50 C
27432 Volkmarst (NI) 19 F
58802 Volkringhausen (NW) 49 B
37574 Volksen (NI) 40 J
06295 Volkstedt (ST) 42 M
29646 Volkwardingen (NI) 20 J
26810 Völlen (NI) 18 G
26810 Völlenerfehn (NI) 18 G
27729 Vollersode (NI) 19 F
25836 Vollerwiek (SH) 10 B
59519 Völlinghausen (NW) 49 C
59597 Völlinghausen (NW) 39 K
58566 Vollme (NW) 49 G
55758 Vollmersbach (RP) 69 J
04626 Vollmershain (TH) 54 L
76744 Vollmersweiler (RP) 80 F
35625 Vollnkirchen (HE) 61 D
17194 Vollrathsruhe (MV) 14 L
25821 Vollstedt (SH) 3 J
58300 Volmarstein (NW) 48 C
51597 Volperhausen (NW) 49 K
35625 Volpertshausen (HE) 61 D
39393 Völpke (ST) 42 A
95491 Volsbach (BY) 74 F
17129 Völschow (MV) 15 H
25693 Volsemenhusen (SH) 10 J
49599 Voltlage (NI) 27 H
49824 Volzel (NI) 26 E
38173 Volzum (NI) 41 C
95519 Vorbach (BY) 75 D
18258 Vorbeck (MV) 14 G
17121 Vorbein (MV) 15 D
28790 Vorbruch (NI) 19 G
37696 Vörden (NW) 40 G
87549 Vorderburg (BY) 99 H
94143 Vorderfreundorf (BY) 87 H
87541 Vorderhindelang (BY) 99 H
83324 Vordermiesenbach (BY) 102 B
86473 Vorderschellenbach (BY) 91 J
76889 Vorderweidenthal (RP) 80 E
95709 Vordorf (BY) 75 A
38533 Vordorf (NI) 30 L
57271 Vormwald (NW) 49 M
94152 Vornbach (BY) 95 A
91247 Vorra (BY) 74 J
88284 Vorsee (BW) 98 B
79279 Vörstetten (BW) 88 L
49824 Vorwald (NI) 26 D
27412 Vorwerk (NI) 19 J
27232 Vorwohlde (NI) 28 E
26639 Voßbarg (NI) 18 E
52393 Vossenack (NW) 58 C
32657 Voßheide (NW) 39 F
47638 Vossum (NW) 47 C
47661 Vrasselt (NW) 36 M
48691 Vreden (NW) 37 B
49757 Vrees (NI) 27 B
53894 Vussem (NW) 59 D
46509 Vynen (NW) 36 J

W

24369 Waabs (SH) 4 J
37136 Waake (NI) 41 K
27726 Waakhausen (NI) 19 J
83666 Waakirchen (BY) 101 D
86875 Waal (BY) 92 K
86875 Waalhaupten (BY) 100 A
34590 Wabern (HE) 51 G
01454 Wachau bei Radeberg (SN) 56 E
04445 Wachau (SN) 54 F
97980 Wachbach (BW) 72 M
98660 Wachenbrunn (TH) 63 F
90556 Wachendorf (BY) 74 K
28857 Wachendorf (NI) 28 C
53894 Wachendorf (NW) 59 D
37191 Wachenhausen (NI) 41 K
67157 Wachenheim an der Weinstraße (RP) 70 M
67591 Wachenheim (RP) 70 J
96193 Wachenroth (BY) 73 F
14641 Wachow (BB) 33 D
99310 Wachsenburggemeinde (TH) 53 K
37359 Wachstedt (TH) 52 D
53343 Wachtberg (NW) 59 B
47669 Wachtendonk (NW) 47 C
86641 Wächtering (BY) 92 A
63607 Wächtersbach (HE) 62 K
01623 Wachtnitz (SN) 55 F
25596 Wacken (SH) 11 D
55263 Wackernheim (RP) 70 C
17498 Wackerow (MV) 7 K
83646 Wackersberg (BY) 101 D
92442 Wackersdorf (BY) 85 C
39393 Wackersleben (ST) 42 A
85104 Wackerstein (BY) 85 K
32791 Waddenhausen (NW) 39 E
26969 Waddens (NI) 19 A
26434 Waddewarden (NI) 18 C
29496 Waddeweitz (NI) 22 K
03130 Wadelsdorf (BB) 46 G
95515 Wadendorf (BY) 74 E
66687 Wadern (SL) 69 K
59329 Wadersloh (NW) 38 J
66787 Wadgassen (SL) 79 A
66687 Wadrill (SL) 69 G
93494 Waffenbrunn (BY) 86 A
98666 Waffenrod (TH) 64 D
27356 Waffensen (NI) 20 G
83313 Wagenau (BY) 102 B
49419 Wagenfeld (NI) 28 H
86701 Wagenhofen (BY) 84 L
38559 Wagenhoff (NI) 30 H
14641 Wagenitz (BB) 32 F
79256 Wagensteig (BW) 96 B
24392 Wagersrott (SH) 4 J
68753 Waghäusel (BW) 81 A
83329 Waging am See (BY) 94 L
87549 Wagneritz (BY) 99 H
17159 Wagun (MV) 15 G
57299 Wahlbach (NW) 60 C
55494 Wahlbach (RP) 70 A
53925 Wahlen (NW) 58 F
55491 Wahlenau (RP) 69 F
98596 Wahles (TH) 63 B
37318 Wahlhausen (TH) 51 F
55234 Wahlheim (RP) 70 J
39175 Wahlitz (ST) 43 A
57614 Wahlrod (RP) 60 B
37194 Wahlsburg (HE) 40 L
53797 Wahlscheid (NW) 48 M
14913 Wahlsdorf (BB) 44 F
23812 Wahlstedt (SH) 12 G
24211 Wahlstorf (SH) 12 A
78333 Wahlwies (BW) 97 C
37194 Wahmbeck (NI) 40 L
26180 Wahnbek (NI) 19 G
98634 Wahns (TH) 63 E
66909 Wahnwegen (RP) 69 M
39615 Wahrenberg (ST) 22 M
04924 Wahrenbrück (BB) 44 M
29399 Wahrenholz (NI) 30 E
94431 Waibling (BY) 86 K
7133X Waiblingen (BW) 82 K
74915 Waibstadt (BW) 81 C
92726 Waidhaus (BY) 76 G
86579 Waidhofen (BY) 92 C
56477 Waigandshain (RP) 60 C
97534 Waigolshausen (BY) 73 A
88489 Wain (BW) 91 G
04932 Wainsdorf (BB) 56 A
91344 Waischenfeld (BY) 74 E
97797 Waizenbach (BY) 62 M
96135 Waizendorf (BY) 74 D
91177 Waizenhofen (BY) 84 E
24558 Wakendorf II (SH) 12 K
47608 Walbeck (NW) 36 L
06333 Walbeck (ST) 42 M
39356 Walbeck (ST) 31 K
95679 Walbenreuth (BY) 75 B
53332 Walberberg (NW) 59 B
88639 Walbertsweiler (BW) 97 C
37235 Walburg (HE) 51 F
82432 Walchensee (BY) 100 J
16833 Walchow (BB) 33 A
86551 Walchshofen (BY) 92 E
94501 Walchsing (BY) 94 C
82237 Walchstadt (BY) 92 L
26907 Walchum (NI) 17 M
88639 Wald (BW) 98 A
84518 Wald an der Alz (BY) 94 G
93192 Wald (BY) 85 F
72178 Waldachtal (BW) 89 D
63322 Waldacker (HE) 71 B
01561 Walda-Kleinthiemig (SN) 56 A
55425 Waldalgesheim (RP) 70 B
63857 Waldaschaff (BY) 72 A
92648 Waldau (BY) 75 J
35759 Waldaubach (HE) 60 C
74626 Waldbach (BW) 82 D
93309 Waldberg (BY) 91 J
97657 Waldberg (BY) 63 G
88356 Waldbeuren (BW) 98 A
55596 Waldböckelheim (RP) 70 D
56588 Waldbreitbach (RP) 59 F
51545 Waldbröl (NW) 49 K
76337 Waldbronn (BW) 81 G
69429 Waldbrunn (BW) 71 M
97295 Waldbrunn (BY) 72 F
65620 Waldbrunn (Westerwald) (HE) 60 F
74586 Waldbuch (BW) 83 D
88289 Waldburg (BW) 98 F
97297 Waldbüttelbrunn (BY) 72 F
72141 Walddorf (BW) 90 A
02739 Walddorf (SN) 57 H
72141 Walddorfhäslach (BW) 90 A
15926 Walddrehna (BB) 45 G
34513 Waldeck (HE) 50 F
65529 Waldems (HE) 61 K
25421 Waldenau-Datum (SH) 20 B
71111 Waldenbuch (BW) 90 A
74638 Waldenburg (BW) 82 E
08396 Waldenburg (SN) 55 K
52525 Waldenrath (NW) 47 H
94157 Waldenreut (BY) 87 K
93194 Walderbach (BY) 85 C
95679 Waldershof (BY) 75 B
74579 Wäldershub (BW) 83 D
56323 Waldesch (RP) 60 G
97705 Waldfenster (BY) 62 M
52525 Waldfeucht (NW) 47 G
36433 Waldfisch (TH) 52 L
67714 Waldfischbach-Burgalben (RP) 80 A
35633 Waldgirmes (HE) 61 D
67822 Waldgrehweiler (RP) 70 G
76857 Waldhambach (RP) 80 E
88499 Waldhausen (BW) 90 L
83530 Waldhausen (BY) 94 K
59581 Waldhausen (NW) 50 A
94556 Waldhäuser (BY) 87 G
04736 Waldheim (SN) 55 H
02906 Waldhufen (SN) 57 B
37284 Waldkappel (HE) 51 J
69429 Waldkatzenbach (BW) 71 M
79183 Waldkirch (BW) 88 L
89368 Waldkirch (BY) 91 E
92697 Waldkirch (BY) 75 F
94065 Waldkirchen (BY) 87 L
08485 Waldkirchen (SN) 65 C
09437 Waldkirchen/Erzgebirge (SN) 55 L
84478 Waldkraiburg (BY) 94 G
55444 Waldlaubersheim (RP) 70 B
67693 Waldleiningen (RP) 70 L
69483 Wald-Michelbach (HE) 71 L
66914 Waldmohr (RP) 69 M
56479 Waldmühlen (RP) 60 E
93449 Waldmünchen (BY) 76 K
41366 Waldniel (NW) 47 E
53332 Waldorf (NW) 59 B
53945 Waldorf (NW) 59 G
53498 Waldorf (RP) 59 F
15910 Waldow/Brand (BB) 45 A
54320 Waldrach (RP) 69 D
76857 Waldrohrbach (RP) 80 E
97453 Waldsachsen (BY) 73 B
95652 Waldsassen (BY) 75 C
67165 Waldsee (RP) 71 K
79761 Waldshut-Tiengen (BW) 96 J
15377 Waldsieversdorf (BB) 34 E
35647 Waldsolms (HE) 61 G
73550 Waldstetten (BW) 82 M
89367 Waldstetten (BY) 91 E
92727 Waldthurn (BY) 75 J
54429 Waldweiler (RP) 69 G
74931 Waldwimmersbach (BW) 81 C
97854 Waldzell (BY) 72 B
56865 Walhausen (RP) 69 C
74399 Walheim (BW) 81 J
77709 Walke (BW) 88 F
17179 Walkendorf (MV) 14 F
37445 Walkenried (NI) 41 M
84419 Walkersaich (BY) 93 J
73655 Walkersbach (BW) 82 L
85276 Walkersbach (BY) 92 C
91322 Walkersbrunn (BY) 74 H
84091 Walkertshofen (BY) 85 L
86877 Walkertshofen (BY) 91 J
16818 Wall (BB) 33 A
83627 Wall (BY) 101 A
47906 Wall (NW) 47 C
47495 Wallach (NW) 37 K
65719 Wallau (HE) 71 A
65510 Wallbach (HE) 60 M
98639 Wallbach (TH) 63 E
69190 Walldorf (BW) 81 B
98639 Walldorf (TH) 63 E
74731 Walldürn (BW) 72 K
38179 Walle (NI) 30 L
59872 Wallen (NW) 49 F
54570 Wallenborn (RP) 59 K
54675 Wallendorf (RP) 68 E
06254 Wallendorf (Luppe) (ST) 54 B
96346 Wallenfels (BY) 64 J
49134 Wallenhorst (NI) 27 M
94550 Wallerdorf (BY) 86 M
66798 Wallerfangen (SL) 79 A
94574 Wallerfing (BY) 86 L
94522 Wallersdorf (BY) 86 L
54597 Wallersheim (RP) 58 M
64521 Wallerstädten (HE) 71 D
86757 Wallerstein (BY) 83 H
55578 Wallertheim (RP) 70 F
91154 Wallesau (BY) 84 E
82269 Walleshausen (BY) 92 G
82449 Wallgau (BY) 100 J
66917 Wallhalben (RP) 80 A
74599 Wallhausen (BW) 83 D
55595 Wallhausen (RP) 70 E
06528 Wallhausen (ST) 53 B
27729 Wallhöfen (NI) 19 F
16837 Wallitz (BB) 24 G
94333 Wallkofen (BY) 85 J
57584 Wallmenroth (RP) 60 B
56414 Wallmerod (RP) 60 E
92334 Wallnsdorf (BY) 84 F
65510 Wallrabenstein (HE) 60 M
01477 Wallroda (SN) 56 E
24980 Wallsbüll (SH) 4 D
54531 Wallscheid (RP) 59 K
29413 Wallstawe (ST) 31 A
06193 Wallwitz (Saalkreis) (ST) 43 K
21354 Walmsburg (NI) 21 J
17209 Walow (MV) 23 C
07613 Walpernhain (TH) 54 G
57250 Walpersdorf (NW) 49 M
85469 Walpertskirchen (BY) 93 H
99189 Walschleben (TH) 53 G
96194 Walsdorf (BY) 73 F
65510 Walsdorf (HE) 60 M
54578 Walsdorf (RP) 59 G
66484 Walshausen (RP) 79 F
76833 Walsheim (RP) 80 C
16818 Walsleben (BB) 23 M
39606 Walsleben (ST) 32 A
29664 Walsrode (NI) 29 B
48317 Walstedde (NW) 38 H
94559 Waltendorf (BY) 86 H
86480 Waltenhausen (BY) 91 H
87448 Waltenhofen (BY) 99 E
39264 Walternienburg (ST) 43 D
92364 Waltersberg (BY) 84 F
15732 Waltersdorf (BB) 34 G
15926 Waltersdorf (BB) 45 D
94327 Waltersdorf (BY) 86 H
02799 Waltersdorf (SN) 57 H
97633 Waltershausen (BY) 63 H
99880 Waltershausen (TH) 52 L
86405 Waltershofen (BY) 92 A
09474 Walthersdorf (SN) 66 E
85137 Walting (BY) 84 H
91785 Walting (BY) 84 D
83530 Waltlham (BY) 94 K
31542 Waltringhausen (NI) 29 K
45731 Waltrop (NW) 37 M
48341 Waltrup (NW) 38 D
75045 Walzbachtal (BW) 81 G
59519 Wamel (NW) 49 C
23758 Wandelwitz (SH) 5 M
99869 Wandersleben (TH) 53 K
24997 Wanderup (SH) 4 G
16348 Wandlitz (BB) 33 C
37281 Wanfried (HE) 52 D
85368 Wang (BY) 93 B
21483 Wangelau (SH) 21 E
37627 Wangelnstedt (NI) 40 E
23758 Wangels (SH) 12 C
73117 Wangen (BW) 82 L
78337 Wangen (BW) 97 F
82319 Wangen (BY) 92 M
86579 Wangen (BY) 92 C
06642 Wangen (ST) 53 F
99869 Wangenheim (TH) 52 J
26434 Wangerland (NI) 9 L
26486 Wangerooge (NI) 9 L
27637 Wanhöden (NI) 10 L
24601 Wankendorf (SH) 12 D
72127 Wankheim (BW) 89 F
47669 Wankum (NW) 47 C
91362 Wannbach (BY) 74 E
39638 Wannefeld (ST) 31 H
72827 Wannweil (BW) 89 F
14641 Wansdorf (BB) 33 E
06318 Wansleben am See (ST) 54 A
39615 Wanzer (ST) 22 M
39164 Wanzleben (ST) 42 B
26180 Wapeldorf (NI) 18 F
24594 Wapelfeld (SH) 11 E
92360 Wappersdorf (BY) 84 F
17291 Warbende (BB) 24 F
31675 Warber (NI) 28 M
38378 Warberg (NI) 42 A
47533 Warbeyen (NW) 36 H
34414 Warburg (NW) 51 A
14789 Warchau (BB) 32 L
86653 Warching (BY) 84 K
52477 Warden (NW) 47 L
26203 Wardenburg (NI) 18 M
18299 Wardow (MV) 14 H
46509 Wardt (NW) 36 J
17192 Waren (Müritz) (MV) 23 C
48231 Warendorf (NW) 38 F
17192 Warenshof (MV) 23 C
27804 Warfleth (NI) 19 G
97618 Wargolshausen (BY) 63 H
19417 Warin (MV) 13 J
17039 Warlin (MV) 15 M
19230 Warlitz (MV) 22 D
19288 Warlow (MV) 22 E
71229 Warmbronn (BW) 81 M
31535 Warmeloh (NI) 29 E
95485 Warmensteinach (BY) 75 A
87782 Warmisried (BY) 99 C
31606 Warmsen (NI) 28 H
55442 Warmsroth (RP) 70 B
39524 Warnau (ST) 32 B
83627 Warngau (BY) 101 A
86657 Warnhofen (BY) 83 M
17291 Warnitz (BB) 25 G
18249 Warnow (MV) 14 G
23936 Warnow (MV) 13 G
23626 Warnsdorf (SH) 12 J
49692 Warnstedt (NI) 27 C
06502 Warnstedt (ST) 42 G
27333 Warpe (NI) 28 F
17111 Warrenzin (MV) 15 G
25560 Warringholz (SH) 11 E
19075 Warsow (MV) 22 B
21745 Warstade (NI) 11 K
59581 Warstein (NW) 50 A
72213 Wart (BW) 89 B
85456 Wartenberg (BY) 93 E
36367 Wartenberg (HE) 62 E
67681 Wartenberg-Rohrbach (RP) 70 L
06901 Wartenburg (ST) 44 D
95355 Wartenfels (BY) 64 M
02999 Wartha (SN) 57 A
88447 Warthausen (BW) 90 M
17268 Warthe (BB) 24 F
16306 Wartin (BB) 25 E
97797 Wartmannsroth (BY) 62 M
99869 Warza (TH) 52 J
93458 Warzenried (BY) 86 B
24647 Wasbek (SH) 11 F
23758 Wasbuck (SH) 12 C
38553 Wasbüttel (NI) 30 H
73116 Wäschenbeuren (BW) 82 L
94160 Wasching (BY) 87 G
08358 Waschleithe (SN) 66 E
19243 Waschow (MV) 22 A
56370 Wasenbach (RP) 60 H
84405 Wasentegernbach (BY) 93 J
79241 Wasenweiler (BW) 88 K
96126 Wasmuthhausen (BY) 63 M
56653 Wassenach (RP) 59 J
41849 Wassenberg (NW) 47 H
39646 Wassensdorf (ST) 31 G
79312 Wasser (BW) 88 L
88142 Wasserburg (Bodensee) (BW) 98 H
83512 Wasserburg am Inn (BY) 93 M
38871 Wasserleben (ST) 41 F
54332 Wasserliesch (RP) 68 J
63755 Wasserlos (BY) 71 C
97535 Wasserlosen (BY) 73 A
91183 Wassermungenau (BY) 84 A
72532 Wasserstetten (BW) 90 E
32469 Wasserstraße (NW) 28 J
14715 Wassersuppe (BB) 32 E
99718 Wasserthaleben (TH) 53 D
91717 Wassertrüdingen (BY) 83 F
15831 Waßmannsdorf (BB) 33 J
98634 Wasungen (TH) 63 B
29339 Wathlingen (NI) 30 G
91586 Wattenbach (BY) 83 C
24582 Wattenbek (SH) 11 F
96196 Wattendorf (BY) 74 B
67319 Wattenheim (RP) 70 M
88456 Wattenweiler (BW) 90 M
86476 Wattenweiler (BY) 91 H
78250 Watterdingen (BW) 97 B
83629 Wattersdorf (BY) 101 B
18279 Wattmannshagen (MV) 14 H
54595 Watzerath (RP) 58 L
17237 Watzkendorf (MV) 24 B
52511 Waurichen (NW) 47 L
54441 Wawern (RP) 68 J
54649 Waxweiler (RP) 58 M
06679 Webau (ST) 54 E
26409 Webershausen (NI) 18 B
99947 Weberstedt (TH) 52 H
86759 Wechingen (BY) 83 J
99869 Wechmar (TH) 52 M
27318 Wechold (NI) 28 C
09306 Wechselburg (SN) 55 G
49525 Wechte (NW) 38 B
97654 Wechterswinkel (BY) 63 G
24576 Weddelbrook (SH) 11 J
39646 Weddendorf (ST) 31 G
48249 Weddern (NW) 37 F
06502 Weddersleben (ST) 42 G
06458 Wedderstedt (ST) 42 H
25795 Weddingstedt (SH) 10 C
27211 Wedehorn (NI) 28 B
38527 Wedelheine (NI) 30 L
30900 Wedemark (NI) 29 H
19217 Wedendorf (MV) 13 K
54497 Wederath (RP) 69 E
38527 Wedesbüttel (NI) 30 L
06429 Wedlitz (ST) 43 D
39345 Wedringen (ST) 31 L
23795 Weede (SH) 12 H
26826 Weener (NI) 18 G
26826 Weenermoor (NI) 17 J
31096 Weenzen (NI) 40 E
27404 Weertzen (NI) 20 D
24999 Wees (SH) 4 E
24994 Weesby (SH) 3 F
16356 Weesow (BB) 34 D
47652 Weeze (NW) 36 L
39365 Wefensleben (ST) 42 A
39356 Weferlingen (ST) 31 K
41844 Wegberg (NW) 47 E
38828 Wegeleben (ST) 42 D
15345 Wegendorf (BB) 34 D
39359 Wegenstedt (ST) 31 H
57489 Wegeringhausen (NW) 49 H
97653 Wegfurt (BY) 63 G
94110 Wegscheid (BY) 95 B
73453 Wegstetten (BW) 82 J
27619 Wehdel (NI) 19 B
32351 Wehdem (NW) 28 G
27619 Wehden (NI) 19 B
32369 Wehe (NW) 28 H
78564 Wehingen (BW) 89 L
27404 Wehldorf (NI) 20 G
37339 Wehnde (TH) 52 B
27374 Wehnsen (NI) 20 L
79664 Wehr (BW) 96 H
48739 Wehr (NW) 37 B
56653 Wehr (RP) 59 J
27259 Wehrbleck (NI) 28 E
37688 Wehrden (NW) 40 G
37287 Wehretal (HE) 52 G
04936 Wehrhain (BB) 44 J
61273 Wehrheim (HE) 61 G
86517 Wehringen (BY) 92 G
02689 Wehrsdorf (SN) 57 D
33142 Weiberg (NW) 50 B
56745 Weibern (RP) 59 H
63879 Weibersbrunn (BY) 72 D
91798 Weiboldshausen (BY) 84 D
02627 Weicha (SN) 57 E
15848 Weichensdorf (BB) 45 C
86706 Weichering (BY) 84 M
85258 Weichs (BY) 92 F
84152 Weichshofen (BY) 86 K
86860 Weicht (BY) 91 M
97711 Weichtungen (BY) 63 L
06722 Weickelsdorf (ST) 54 G
07570 Weida (TH) 65 B
96479 Weidach (BY) 64 K
24576 Weide (SH) 11 J
91550 Weidelbach (BY) 83 E
35708 Weidelbach (HE) 49 M
92637 Weiden in der Oberpfalz (BY) 75 J
96260 Weiden (BY) 74 B
84431 Weidenbach (BY) 93 J
91746 Weidenbach (BY) 83 F
95466 Weidenberg (BY) 75 A
56244 Weidenhahn (RP) 60 E
04860 Weidenhain (SN) 44 K
91278 Weidenhüll (BY) 74 J
91282 Weidensees (BY) 74 J
89197 Weidenstetten (BW) 91 A
67475 Weidenthal (RP) 70 L
92334 Weidenwang (BY) 84 F
95152 Weidesgrün (BY) 65 G
92548 Weiding (BY) 75 M
93495 Weiding (BY) 86 B
54636 Weidingen (RP) 68 C
95356 Weidmes (BY) 64 M
86676 Weidorf (BY) 92 B
66709 Weierweiler (SL) 69 K
01904 Weifa (SN) 57 D
91330 Weigelshofen (BY) 74 E
84180 Weigendorf (BY) 94 A
91249 Weigendorf (BY) 74 M
97215 Weigenheim (BY) 73 H
85131 Weigersdorf (BY) 84 H
02906 Weigersdorf (SN) 57 B
09638 Weigmannsdorf (SN) 55 M

A B C D E F G H I J K L M N O P Q R S T U V W X Y Z

02733 Weigsdorf-Köblitz (SN) 57 D
83052 Weihenlinden (BY) 101 B
91629 Weihenzell (BY) 83 C
92242 Weiher (BY) 75 L
96142 Weiher (BY) 74 B
92729 Weiherhammer (BY) 75 H
90513 Weiherhof (BY) 74 K
92536 Weihern (BY) 75 M
91746 Weiherschneidbach (BY) 83 F
84107 Weihmichl (BY) 93 B
88477 Weihungszell (BW) 91 G
97990 Weikersheim (BW) 72 M
97953 Weikerstetten (BW) 72 H
71093 Weil im Schönbuch (BW) 89 C
71263 Weil der Stadt (BW) 81 M
79576 Weil am Rhein (BW) 96 G
86565 Weilach (BY) 92 E
36457 Weilar (TH) 63 A
63937 Weilbach (BY) 72 G
35781 Weilburg (HE) 60 F
83317 Weildorf (BY) 102 B
72367 Weilen unter den Rinnen (BW) 89 H
73492 Weiler (BW) 83 G
89143 Weiler (BW) 90 F
89296 Weiler (BY) 91 K
55413 Weiler bei Bingen (RP) 70 B
55627 Weiler bei Monzingen (RP) 70 D
56729 Weiler (RP) 59 H
56825 Weiler (RP) 59 L
67685 Weilerbach (RP) 70 K
87480 Weilerle (BY) 99 D
91365 Weilersbach (BY) 74 E
53919 Weilerswist (NW) 59 A
73235 Weilheim an der Teck (BW) 90 B
79809 Weilheim (BW) 96 F
82362 Weilheim in Oberbayern (BY) 100 B
35789 Weilmünster (HE) 61 G
61276 Weilrod (HE) 61 G
72336 Weilstetten (BW) 89 H
91744 Weiltingen (BY) 83 H
35096 Weimar (HE) 61 B
9942X Weimar (TH) 53 L
91781 Weimersheim (BY) 84 D
56379 Weinähr (RP) 60 H
35796 Weinbach (HE) 61 G
91589 Weinberg (BY) 83 B
99991 Weinbergen (TH) 52 E
01689 Weinböhla (SN) 56 D
33142 Weine (NW) 39 K
76356 Weingarten (Baden) (BW) 81 D
88250 Weingarten (BW) 98 E
99869 Weingarten (TH) 52 L
91358 Weingarts (BY) 74 H
86860 Weinhausen (BY) 91 M
69469 Weinheim (BW) 71 L
55278 Weinolsheim (RP) 70 F
87770 Weinried (BY) 91 L
74189 Weinsberg (BW) 82 D
91161 Weinsfeld (BY) 84 E
54595 Weinsheim (RP) 58 M
55595 Weinsheim (RP) 70 E
71384 Weinstadt (BW) 82 K
90513 Weinzierlein (BY) 74 K
74597 Weipertshofen (BW) 83 D
97532 Weipoltshausen (BY) 63 L
07806 Weira (TH) 65 A
97656 Weisbach (BY) 63 G
07356 Weisbach (TH) 64 F
08538 Weischlitz (SN) 65 E
06636 Weischütz (ST) 53 F
56348 Weisel (RP) 60 L
19322 Weisen (BB) 22 M
76599 Weisenbach (BW) 81 K
91085 Weisendorf (BY) 74 G
67256 Weisenheim am Sand (RP) 70 M
67273 Weisenheim am Berg (RP) 70 M
89438 Weisingen (BY) 91 C
63110 Weiskirchen (HE) 71 C
66709 Weiskirchen (SL) 69 K
96260 Weismain (BY) 74 B
71287 Weissach (BW) 81 M
71554 Weissach im Tal (BW) 82 H
83700 Weißach (BY) 101 D
15926 Weißack (BB) 45 G
06369 Weißandt-Gölzau (ST) 43 H
74679 Weißbach (BW) 82 B
83458 Weißbach an der Alpenstraße (BY) 102 E
07407 Weißbach (TH) 64 C
95237 Weißdorf (BY) 65 K
97799 Weißenbach (BY) 62 M
92265 Weißenberg (BY) 75 G
02627 Weißenberg (SN) 57 E
37299 Weißenborn (HE) 52 G
07639 Weißenborn (TH) 54 K
09600 Weißenborn/Erzgebirge (SN) 56 K
37345 Weißenborn-Lüderode (TH) 41 L
91560 Weißenbronn (BY) 84 A
91227 Weißenbrunn (BY) 74 M
96369 Weißenbrunn (BY) 64 L
91781 Weißenburg (BY) 84 G
07950 Weißendorf (TH) 65 B
06667 Weißenfels (ST) 54 D
95163 Weißenhaid (BY) 65 K
23758 Weißenhaus (SH) 12 C
89264 Weißenhorn (BY) 91 G
21789 Weißenmoor (NI) 10 M
91367 Weißenohe (BY) 74 H
93444 Weissenregen (BY) 86 E
88138 Weißensberg (BY) 98 J
06268 Weißenschirmbach (ST) 53 F
87629 Weißensee (BY) 99 J
99631 Weißensee (TH) 53 D
95163 Weißenstadt (BY) 65 K
94209 Weißenstein (BY) 86 J
56575 Weißenthurm (RP) 59 J
39517 Weißewarte (ST) 32 G
02957 Weißkeißel (SN) 46 L
02999 Weisskollm (SN) 46 K
95176 Weißlenreuth (BY) 65 K
02943 Weißwasser (SN) 46 K
01665 Weistropp (SN) 56 D
79367 Weisweil (BW) 88 G
52249 Weisweiler (NW) 47 M
57586 Weitefeld (RP) 60 B
18299 Weitendorf (MV) 14 H
19412 Weitendorf bei Brüel (MV) 13 M
17498 Weitenhagen (MV) 15 E
85235 Weitenried (BY) 92 H
91560 Weiterndorf (BY) 84 A
55624 Weitersbach (RP) 69 F
56191 Weitersburg (RP) 60 G
98646 Weitersroda (TH) 63 J
64331 Weiterstadt (HE) 71 D
72184 Weitingen (BW) 89 E
07343 Weitisberga (TH) 64 F
87480 Weitnau (BY) 99 D
88410 Weitprechts (BW) 98 C
96479 Weitramsdorf (BY) 64 K
01478 Weixdorf (SN) 56 E
79780 Weizen (BW) 97 D
48607 Welbergen (NW) 37 C
97215 Welbhausen (BY) 73 K
06333 Welbsleben (ST) 42 H
94559 Welchenberg (BY) 86 H
53518 Welcherath (RP) 59 H
34414 Welda (NW) 50 C
86465 Welden (BY) 91 F
06333 Welfesholz (ST) 42 M
55576 Welgesheim (RP) 70 E
57644 Welkenbach (RP) 60 D
04849 Wellaune (SN) 43 M
52428 Welldorf (NW) 47 M
21261 Welle (NI) 20 J
27616 Wellen (NI) 19 F
54441 Wellen (RP) 68 J
39167 Wellen (ST) 42 B
78669 Wellendingen (BW) 89 L
53804 Wellerscheid (NW) 49 K
91083 Wellerstadt (BY) 74 G
04758 Wellerswalde (SN) 55 B
91809 Wellheim (BY) 84 L
56753 Welling (RP) 59 J
15898 Wellmitz (BB) 46 B
07985 Wellsdorf (TH) 65 B
25782 Welmbüttel (SH) 11 A
79588 Welmlingen (BW) 96 D
54298 Welschbillig (RP) 68 F
57399 Welschen-Ennest (NW) 49 J
78234 Welschingen (BW) 97 B
56412 Welschneudorf (RP) 60 H
14913 Welsickendorf (BB) 44 E
39221 Welsleben (ST) 42 F
16278 Welsow (BB) 25 H
32657 Welstorf (NW) 39 C
25836 Welt (SH) 10 B
48249 Welte (NW) 37 F
93309 Weltenburg (BY) 85 G
56357 Welterod (RP) 60 L
59514 Welver (NW) 38 L
52441 Welz (NW) 47 H
73642 Welzheim (BW) 82 H
03119 Welzow (BB) 45 J
47652 Wemb (NW) 36 L
79677 Wembach (BW) 96 E
64372 Wembach (HE) 71 E
86650 Wemding (BY) 83 J
57319 Wemlighausen (NW) 50 G
39517 Wenddorf (ST) 31 J
38176 Wendeburg (NI) 30 L
99988 Wendehausen (TH) 52 G
55234 Wendelsheim (RP) 70 E
84180 Wendelskirchen (BY) 94 A
90530 Wendelstein (BY) 84 B
39615 Wendemark (ST) 32 A
57482 Wenden (NW) 49 L
21354 Wendewisch (NI) 21 E
48703 Wendfeld (NW) 37 E
21400 Wendhausen (NI) 21 H
18513 Wendisch Baggendorf (MV) 15 D
21403 Wendisch Evern (NI) 21 H
19395 Wendisch Priborn (MV) 23 E
15864 Wendisch Rietz (BB) 34 L
15864 Wendisch Rietz Siedlung (BB) 34 L
19399 Wendisch Waren (MV) 23 A
04746 Wendishain (SN) 55 E
73240 Wendlingen am Neckar (BW) 90 A
32694 Wendlinghausen (NW) 39 F
31655 Wendthagen (NI) 29 K
24235 Wendtorf (SH) 5 K
24235 Wendtorferstrand (SH) 5 K
84187 Weng (BY) 93 C
94086 Weng (BY) 94 K
06688 Wengelsdorf (ST) 54 E
87480 Wengen (BY) 99 D
91790 Wengen (BY) 84 E
58300 Wengern (NW) 48 C
59889 Wenholthausen (NW) 49 F
07955 Wenigenauma (TH) 65 A
99819 Wenigenlupnitz (TH) 52 H
63768 Wenighösbach (BY) 72 A
82282 Wenigmünchen (BY) 92 H
63762 Wenigumstadt (BY) 71 F
88416 Wennedach (BW) 90 M
59872 Wennemen (NW) 49 C
89143 Wennenden (BW) 90 F
30974 Wennigsen (Deister) (NI) 29 L
30974 Wennigser Mark (NI) 29 L
48703 Wenningfeld (NW) 37 E
25996 Wenningstedt (Sylt) (SH) 3 A
63897 Wenschdorf (BY) 72 G
27404 Wense (NI) 20 D
38176 Wense (NI) 30 L
16515 Wensickendorf (BB) 33 C
23827 Wensin (SH) 12 H
49434 Wenstrup (NI) 27 J
29386 Wentorf (NI) 30 F
24321 Wentorf (SH) 12 B
38486 Wenze (ST) 31 D
37574 Wenzen (NI) 40 F
93173 Wenzenbach (BY) 85 F
21279 Wenzendorf (NI) 20 F
14778 Wenzlow (BB) 32 M
91325 Weppersdorf (BY) 74 G
97956 Werbach (BW) 72 H
97956 Werbachhausen (BW) 72 H
16244 Werbellin (BB) 25 K
03096 Werben (BB) 45 F
39615 Werben (ST) 32 A
14913 Werbig (BB) 44 E
15306 Werbig (BB) 34 F
04916 Werchau (BB) 44 J
03205 Werchow (BB) 45 H
08223 Werda (SN) 65 F
08412 Werdau (SN) 65 C
14542 Werder (Havel) (BB) 33 G
14913 Werder (BB) 44 B
15306 Werder (BB) 35 D
15345 Werder (BB) 34 E
17089 Werder (MV) 15 L
19386 Werder (MV) 23 A
58791 Werdohl (NW) 49 E
35614 Werdorf (HE) 61 D
26427 Werdum (NI) 9 L
03253 Werenzhain (BB) 45 G
16356 Werftpfuhl (BB) 34 A
14913 Wergzahna (BB) 44 D
59457 Werl (NW) 38 L
38315 Werlaburgdorf (NI) 41 B
19300 Werle (MV) 22 F
49757 Werlte (NI) 27 B
42929 Wermelskirchen (NW) 48 J
97702 Wermerichshausen (BY) 63 L
04779 Wermsdorf (SN) 55 B
73249 Wernau (Neckar) (BW) 90 B
92533 Wernberg-Köblitz (BY) 75 J
07381 Wernburg (TH) 64 C
59368 Werne (NW) 38 K
97440 Werneck (BY) 73 A
76857 Wernersberg (RP) 80 E
95698 Wernersreuth (BY) 75 C
08237 Wernesgrün (SN) 65 F
16356 Werneuchen (BB) 34 D
97737 Wernfeld (BY) 72 C
91174 Wernfels (BY) 84 D
38855 Wernigerode (ST) 41 J
16909 Wernikow (BB) 23 H
99634 Werningshausen (TH) 53 G
14641 Wernitz (BB) 33 D
08258 Wernitzgrün (SN) 65 J
91166 Wernsbach (BY) 84 E
15537 Wernsdorf (BB) 34 G
96129 Wernsdorf (BY) 74 D
09509 Wernsdorf (SN) 66 C
98590 Wernshausen (TH) 63 B
39624 Wernstedt (ST) 31 E
57392 Werntrop (NW) 49 J
57392 Werpe (NW) 49 J
49751 Werpeloh (NI) 27 A
27628 Wersabe (NI) 19 D
06682 Werschen (ST) 54 E
27721 Werschenrege (NI) 19 H
49504 Wersen (NW) 27 L
53520 Wershofen (RP) 59 D
87497 Wertach (BY) 99 H
46419 Werth (NW) 36 J
97877 Wertheim (BW) 72 E
57250 Werthenbach (NW) 49 M
33824 Werther (Westfalen) (NW) 39 A
46499 Wertherbruch (NW) 36 J
86637 Wertingen (BY) 91 C
24975 Weseby (SH) 4 E
46325 Weseke (NW) 37 E
4648X Wesel (NW) 37 K
66919 Weselberg (RP) 80 A
17255 Wesenberg (MV) 24 D
23858 Wesenberg (SH) 12 H
15345 Wesendahl (BB) 34 D
29392 Wesendorf (NI) 30 E
27248 Wesenstedt (NI) 28 E
14778 Weseram (BB) 33 G
59505 Weslarn (NW) 38 M
39249 Wespen (ST) 43 D
25764 Wesselburen (SH) 10 C
25764 Wesselburener Deichhausen (SH) 10 F
25764 Wesselburenerkoog (SH) 10 C
50389 Wesseling (NW) 48 L
25746 Wesseln (SH) 10 C
29640 Wesseloh (NI) 20 H
19089 Wessin (MV) 22 C
86453 Wessiszell (BY) 92 E
82234 Weßling (BY) 92 L
82405 Wessobrunn (BY) 100 A
48683 Wessum (NW) 37 B
48291 Westbevern (NW) 38 E
06449 Westdorf (ST) 42 H
29599 Weste (NI) 21 M
48455 Westenberg (NI) 26 L
46325 Westenborken (NW) 37 G
18233 Westenbrügge (MV) 13 F
87679 Westendorf (BY) 99 C
31604 Westenfeld (NI) 28 J
59846 Westenfeld (NW) 49 F
98631 Westenfeld (TH) 63 H
29664 Westenholz (NI) 29 B
33129 Westenholz (NW) 39 G
24259 Westensee (SH) 11 C
49549 Wester (NW) 38 B
23847 Westerau (SH) 12 L
27711 Westerbeck (NI) 19 H
38524 Westerbeck (NI) 30 J
49492 Westerbeck (NW) 27 L
49536 Westerbeck (NW) 38 B
31088 Westerberg (NI) 40 F
27616 Westerbeverstedt (NI) 19 E
47638 Westerbroek (NW) 47 B
26203 Westerburg (NI) 18 M
56457 Westerburg (RP) 60 E
25761 Westerdeichstrich (SH) 10 F
39448 Westeregeln (ST) 42 E
59602 Westereiden (NW) 39 K
26632 Westerende-Kirchloog (NI) 18 D
99718 Westerengel (TH) 53 D
32130 Westerenger (NW) 39 A
27383 Westeresch (NI) 20 H
59379 Westerfelde (NW) 38 G
21394 Westergellersen (NI) 21 G
53773 Westerhausen (NW) 59 C
06484 Westerhausen (ST) 42 G
72589 Westerheim (BW) 90 B
87784 Westerheim (BY) 91 L
25881 Westerhever (SH) 3 L
37589 Westerhof (NI) 41 G
73463 Westerhofen (BW) 83 G
26203 Westerholt (NI) 18 M
26556 Westerholt (NI) 18 A
27383 Westerholz (NI) 20 G
29392 Westerholz (NI) 30 E
24977 Westerholz (SH) 4 E
25885 Westerholz (SH) 4 C
25364 Westerhorn (SH) 11 H
49492 Westerkappeln (NW) 27 L
25980 Westerland (SH) 3 A
49740 Westerloh (NI) 27 D
33129 Westerloh (NW) 39 G
49740 Westerlohmühlen (NI) 27 D
26655 Westerloy (NI) 18 H
23769 Westermarkelsdorf (SH) 5 C
25597 Westermoor (SH) 11 H
74635 Westernach (BW) 82 E
87719 Westernach (BY) 91 L
57392 Westernbödefeld (NW) 50 D
63825 Westerngrund (BY) 62 K
56479 Westernohe (RP) 60 F
48356 Westerode (NW) 38 A
25885 Wester-Ohrstedt (SH) 4 K
23815 Westerrade (SH) 12 H
86853 Westerringen (BY) 91 M
24784 Westerrönfeld (SH) 11 B
26632 Westersander (NI) 18 D
26188 Westerscheps (NI) 18 H
26655 Westerstede (NI) 18 H
26655 Westerstederfeld (NI) 18 H
89198 Westerstetten (BW) 91 A
27412 Westertimke (NI) 19 J
27383 Westervesede (NI) 20 H
27386 Westerwalsede (NI) 20 K
33397 Westerwiehe (NW) 39 G
04720 Westewitz (SN) 55 E
23769 Westfehmarn (SH) 5 C
31079 Westfeld (NI) 40 F
57392 Westfeld (NW) 50 G
99718 Westgreußen (TH) 53 D
73463 Westhausen (BW) 83 G
98663 Westhausen (TH) 63 J
99869 Westhausen (TH) 52 J
91471 Westheim (BY) 73 L
91747 Westheim (BY) 83 J
97318 Westheim (BY) 73 G
34431 Westheim (NW) 50 C
67368 Westheim (Pfalz) (RP) 81 A
67593 Westhofen (RP) 70 J
59320 Westkirchen (NW) 38 F
48369 Westladbergen (NW) 38 B
59457 Westönnen (NW) 38 L
32689 Westorf (NW) 39 C
26810 Westoverledingen (NI) 18 G
25926 Westre (SH) 3 F
25926 Westrefeld (SH) 3 F
82418 Westried (BY) 100 E
26197 Westrittrum (NI) 19 K
49770 Westrum (NI) 27 D
49733 Wesuwe (NI) 26 C
06618 Wethau (ST) 54 D
49453 Wetschen (NI) 28 D
06618 Wettaburg (ST) 54 G
54614 Wetteldorf (RP) 58 M
06528 Wettelrode (ST) 42 L
91757 Wettelsheim (BY) 84 G
35435 Wettenberg (HE) 61 B
89358 Wettenhausen (BY) 91 E
35083 Wetter (HE) 50 L
58300 Wetter (Ruhr) (NW) 48 C
06722 Wetterzeube (ST) 54 G
06198 Wettin (ST) 43 K
89129 Wettingen (BW) 91 A
38547 Wettmershagen (NI) 30 J
91631 Wettringen (BY) 83 A
97488 Wettringen (BY) 63 L
48493 Wettringen (NW) 37 C
49838 Wettrup (NI) 27 D
85139 Wettstetten (BY) 84 M
93444 Wetzell (BY) 86 E
07619 Wetzdorf (TH) 54 G
21385 Wetzen (NI) 21 G
97488 Wetzhausen (BY) 63 L
88281 Wetzisreute (BW) 98 F
355XX Wetzlar (HE) 61 D
33142 Wewelsburg (NW) 39 L
25599 Wewelsfleth (SH) 11 G
83629 Weyarn (BY) 101 A
53894 Weyer (NW) 59 D
56357 Weyer (RP) 60 K
57635 Weyerbusch (RP) 60 A
38554 Weyhausen (NI) 30 J
28844 Weyhe (NI) 19 L
76835 Weyher in der Pfalz (RP) 80 C
26434 Wiarden (NI) 9 M
17291 Wichmannsdorf (BB) 25 D
53909 Wichterich (NW) 59 A
98530 Wichtshausen (TH) 63 E
48619 Wichum (NW) 37 B
58739 Wickede (Ruhr) (NW) 49 B
96358 Wickendorf (BY) 64 H
55758 Wickenrodt (RP) 69 F
37632 Wickensen (NI) 40 E
06536 Wickerode (ST) 53 A
07318 Wickersdorf (TH) 64 E
99510 Wickerstedt (TH) 53 J
91580 Wicklesgreuth (BY) 83 C
74259 Widdern (BW) 82 B
82211 Widdersberg (BY) 92 L
84079 Widdersdorf (BY) 93 B
53332 Widdig (NW) 59 B
97516 Wiebelsberg (BY) 73 E
07950 Wiebelsdorf (TH) 65 A
91438 Wiebelsheim (BY) 73 L
56291 Wiebelsheim (RP) 70 A
19258 Wiebendorf (MV) 21 F
37154 Wiebrechtshausen (NI) 41 G
30900 Wiechendorf (NI) 29 H
78250 Wiechs am Randen (BW) 97 E
79650 Wiechs (BW) 96 E
18375 Wieck am Darß (MV) 6 H
29323 Wieckenberg (NI) 29 F
57629 Wied (RP) 60 B
37447 Wieda (NI) 41 M
87534 Wiedemannsdorf (BY) 99 G
04509 Wiedemar (SN) 54 B
79695 Wieden (BW) 96 B
31556 Wiedenbrügge (NI) 29 G
51702 Wiedenest (NW) 49 G
31719 Wiedensahl (NI) 28 M
85259 Wiedenzhausen (BY) 92 H
04523 Wiederau (SN) 54 E
86879 Wiedergeltingen (BY) 91 M
87547 Wiederhofen (BY) 99 G
04448 Wiederitzsch (SN) 54 C
99713 Wiedermuth (TH) 52 F
91578 Wiedersbach (BY) 83 B
98667 Wiedersbach (TH) 63 F
08606 Wiedersberg (SN) 65 H
06333 Wiederstedt (ST) 42 J
02994 Wiednitz (SN) 56 B
26434 Wiefels (NI) 18 B
26215 Wiefelstede (NI) 18 J
99947 Wiegleben (TH) 52 J
39345 Wieglitz (ST) 31 L
49497 Wiehe (NW) 27 L
06571 Wiehe (TH) 53 E
24969 Wiehekrug (SH) 4 D
51674 Wiehl (NW) 49 K
18556 Wiek (MV) 7 D
49847 Wielen (NI) 26 G
82407 Wielenbach (BY) 100 B
59939 Wiemeringhausen (NW) 50 D
24649 Wiemersdorf (SH) 11 J
27318 Wienbergen (NI) 29 A
18258 Wiendorf (MV) 14 G
29342 Wienhausen (NI) 30 G
48351 Wieningen (NW) 38 E
38889 Wienrode (ST) 42 G
37170 Wiensen (NI) 40 L
39638 Wiepke (ST) 31 E
29568 Wieren (NI) 30 C
75446 Wiernsheim (BW) 81 H
56294 Wierschem (RP) 59 M
27404 Wiersdorf (NI) 20 D
31749 Wiersen (NI) 29 K
37589 Wiershausen (NI) 41 G
21502 Wiershop (SH) 21 E
29386 Wierstorf (NI) 30 C
79697 Wies (BW) 96 D
09488 Wiesa (SN) 66 B
95676 Wiesau (BY) 75 B
66894 Wiesbach (RP) 79 C
65XXX Wiesbaden (HE) 70 C
54578 Wiesbaum (RP) 59 G
53534 Wiesemscheid (RP) 59 G
63831 Wiesen (BY) 72 A
15295 Wiesenau (BB) 35 K
69257 Wiesenbach (BW) 81 B
86519 Wiesenbach (BY) 91 H
86554 Wiesenbach (BY) 92 A
09488 Wiesenbad (SN) 66 B
97355 Wiesenbronn (BY) 73 E
14827 Wiesenburg (BB) 43 C
08121 Wiesenburg (SN) 66 A
04509 Wiesenena (SN) 54 B
96484 Wiesenfeld (BY) 64 G
97753 Wiesenfeld (BY) 72 B
36419 Wiesenfeld (TH) 62 C
94344 Wiesenfelden (BY) 86 D
14943 Wiesenhagen (BB) 33 M
73349 Wiesensteig (BW) 90 B
93109 Wiesent (BY) 85 F
68753 Wiesental (BW) 81 D
96142 Wiesentfels (BY) 74 B
36466 Wiesenthal (TH) 63 A
91369 Wiesenthau (BY) 74 H
97353 Wiesentheid (BY) 73 E
91346 Wiesenttal (BY) 74 E
06543 Wieserode (ST) 42 H
91632 Wieseth (BY) 83 E
91572 Wiesethbruck (BY) 83 F
94234 Wiesing (BY) 86 E
06388 Wieskau (ST) 43 K
79699 Wieslet (BW) 96 E
69168 Wiesloch (BW) 81 B
26639 Wiesmoor (NI) 18 E
67744 Wiesweiler (RP) 70 G
32469 Wietersheim (NW) 28 M
33129 Wiethaupt (NW) 39 H
49835 Wietmarschen (NI) 26 J
29323 Wietze (NI) 29 F
31613 Wietzen (NI) 28 F
29649 Wietzendorf (NI) 29 C
87487 Wiggensbach (BY) 99 E
37308 Wilbich (TH) 52 D
91634 Wilburgstetten (BY) 83 H
15745 Wildau (BB) 34 G
15938 Wildau-Wentdorf (BB) 45 D
08301 Wildbach (SN) 66 A
83708 Wildbad Kreuth (BY) 101 D
16845 Wildberg (BB) 32 C
72218 Wildberg (BW) 89 B
17091 Wildberg (MV) 15 L
36208 Wildeck (HE) 51 M
38709 Wildemann (NI) 41 G
57234 Wilden (NW) 60 C
95703 Wildenau (BY) 75 F
08237 Wildenau (SN) 65 F
93359 Wildenberg (BY) 85 L
14552 Wildenbruch (BB) 33 L
91245 Wildenfels (BY) 74 J
08134 Wildenfels (SN) 66 A
01561 Wildenhain (SN) 56 A
04838 Wildenhain (SN) 44 K
96465 Wildenheid (BY) 64 G
91625 Wildenholz (BY) 83 A
94110 Wildenranna (BY) 95 B
41844 Wildenrath (NW) 47 H
92681 Wildenreuth (BY) 75 E
82284 Wildenroth (BY) 92 L
98701 Wildenspring (TH) 64 D
08309 Wildenthal (SN) 66 D
83112 Wildenwart (BY) 101 C
92526 Wildeppenried (BY) 75 M
27793 Wildeshausen (NI) 28 A
07980 Wildetaube (TH) 65 B
97772 Wildflecken (BY) 62 J
04924 Wildgrube (BB) 44 M
87499 Wildpoldsried (BY) 99 E
65719 Wildsachsen (HE) 61 K
04838 Wildschütz (SN) 44 K
82409 Wildsteig (BY) 100 D
92552 Wildstein (BY) 75 M
88515 Wilflingen (BW) 90 K
76848 Wilgartswiesen (RP) 80 E
57234 Wilgersdorf (NW) 49 M
17379 Wilhelmsburg (MV) 16 K
88271 Wilhelmsdorf (BW) 98 A
91489 Wilhelmsdorf (BY) 73 M
26639 Wilhelmsfehn (NI) 18 E
69259 Wilhelmsfeld (BW) 71 L
28870 Wilhelmshausen (NI) 19 J
2638X Wilhelmshaven (NI) 18 C
14557 Wilhelmshorst (BB) 33 L
94133 Wilhelmsreut (BY) 87 K
96352 Wilhelmsthal (BY) 64 H
91452 Wilhermsdorf (BY) 73 M
08112 Wilkau-Haßlau (SN) 65 C
97348 Willanzheim (BY) 73 G
34439 Willebadessen (NW) 39 M
34439 Willegassen (NW) 40 K
92331 Willenhofen (BY) 85 D
24616 Willenscharen (SH) 11 F
88299 Willerazhofen (BW) 99 A
91352 Willersdorf (BY) 74 D
93359 Willersdorf (BY) 85 L
37589 Willershausen (NI) 41 G
92540 Willhof (BY) 75 M
47877 Willich (NW) 48 D
83043 Willing (BY) 101 B
34508 Willingen (Upland) (HE) 50 E
56479 Willingen (RP) 60 C
22885 Willinghusen (SH) 21 A
34628 Willingshausen (HE) 51 K
86420 Willishausen (BY) 91 F
72820 Willmandingen (BW) 90 D
97647 Willmars (BY) 63 D
56459 Willmenrod (RP) 60 E
93497 Willmering (BY) 86 A
91466 Willmersbach (BY) 73 J
03053 Willmersdorf (BB) 46 D
98701 Willmersdorf (TH) 64 A
15926 Willmersdorf-Stöbritz (BB) 45 D
95336 Willmersreuth (BY) 64 L
87634 Willofs (BY) 99 B
86574 Willprechtszell (BY) 92 A
56594 Willroth (RP) 60 D
77731 Willstätt (BW) 88 B
16928 Wilmersdorf (BB) 23 H
18519 Wilmshagen (MV) 7 K
57234 Wilnsdorf (NW) 49 M
01833 Wilschdorf (SN) 56 J
38518 Wilsche (NI) 30 H
01723 Wilsdruff (SN) 56 G
54655 Wilsecker (RP) 68 C
17337 Wilsickow (BB) 25 A
72818 Wilsingen (BW) 90 G
06449 Wilsleben (ST) 42 H
27412 Wilstedt (NI) 19 J
25554 Wilster (SH) 11 G
49849 Wilsum (NI) 26 H
02681 Wilthen (SN) 57 D
93455 Wilting (BY) 86 A
54459 Wiltingen (RP) 68 J
55767 Wilzenberg-Hußweiler (RP) 69 J
53518 Wimbach (RP) 59 H
91353 Wimmelbach (BY) 74 G
06313 Wimmelburg (ST) 42 M
74189 Wimmental (BW) 82 D
49152 Wimmer (NI) 28 K
25923 Wimmersbüll (SH) 3 F
71299 Wimsheim (BW) 81 L
92287 Winbuch (BY) 85 B
54457 Wincheringen (RP) 68 J
86949 Windach (BY) 92 L
94336 Windberg (BY) 86 H
39579 Windberge (ST) 31 J
25729 Windbergen (SH) 10 F
99996 Windeberg (TH) 52 E
24340 Windeby (SH) 4 M
51570 Windeck (NW) 60 A
99765 Windehausen (TH) 53 A
91635 Windelsbach (BY) 73 L
93336 Winden (BY) 84 J
56379 Winden (RP) 60 H
76872 Winden (RP) 80 F
24966 Winderatt (SH) 4 E
55452 Windesheim (RP) 70 E
53578 Windhagen (RP) 59 C
37539 Windhausen (NI) 41 G
57439 Windhausen (NW) 49 H
96361 Windheim (BY) 64 H
97797 Windheim (BY) 62 M
27333 Windhorst (NI) 28 F
93413 Windischbergerdorf (BY) 86 A
91757 Windischhausen (BY) 84 G
96110 Windischletten (BY) 74 A
04603 Windischleuba (TH) 54 J
94575 Windorf (BY) 95 A
91575 Windsbach (BY) 84 A
91723 Windsfeld (BY) 84 D
97618 Windshausen (BY) 63 G
37327 Wingerode (TH) 52 A
57319 Wingeshausen (NW) 50 G
21789 Wingst (NI) 10 M
84543 Winhöring (BY) 94 H
83661 Winkel (BY) 101 D
38518 Winkel (NI) 30 H
54558 Winkel (Eifel) (RP) 59 L
06542 Winkel (ST) 53 C
57644 Winkelbach (RP) 60 B
94078 Winkelbrunn (BY) 87 H
27367 Winkeldorf (NI) 20 G
90610 Winkelhaid (BY) 74 L
91575 Winkelhaid (BY) 84 A
86571 Winkelhausen (BY) 92 B
59329 Winkelhorst (NW) 38 J
27243 Winkelsett (NI) 28 A
39624 Winkelstedt (ST) 31 E
83483 Winkl (BY) 102 F
86931 Winkl (BY) 92 G
92559 Winklarn (BY) 76 K
84088 Winklsaß (BY) 85 M
49624 Winkum (NI) 27 E
24398 Winnemark (SH) 4 J
56459 Winnen (RP) 60 F
71364 Winnenden (BW) 82 G
53520 Winnerath (RP) 59 G
25887 Winnert (SH) 4 K

25887 Winnertfeld (SH) 4 K
38170 Winnigstedt (NI) 41 C
56333 Winningen (RP) 60 G
06449 Winningen (ST) 42 J
67722 Winnweiler (RP) 70 L
25551 Winseldorf (SH) 11 H
29308 Winsen (Aller) (NI) 29 F
73650 Winterbach (BW) 82 L
88263 Winterbach (BW) 98 E
89368 Winterbach (BY) 91 E
55595 Winterbach (RP) 70 D
66484 Winterbach (Pfalz) (RP) 79 C
59955 Winterberg (NW) 50 D
67822 Winterborn (RP) 70 H
55595 Winterburg (RP) 70 D
29416 Winterfeld (ST) 31 E
97286 Winterhausen (BY) 73 G
72474 Winterlingen (BW) 89 J
29640 Wintermoor (NI) 20 J
47647 Winternam (NW) 47 C
88400 Winterreute (BW) 90 M
87785 Winterrieden (BY) 91 K
53809 Winterscheid (NW) 48 M
54608 Winterscheid (RP) 58 L
91522 Winterschneidbach (BY) 83 C
76437 Wintersdorf (BW) 80 M
54310 Wintersdorf (RP) 68 F
04610 Wintersdorf (TH) 54 J
67587 Wintersheim (RP) 70 F
54616 Winterspelt (RP) 58 L
99891 Winterstein (TH) 52 L
88456 Winterstettendorf (BW) 98 C
88633 Wintersulgen (BW) 98 A
56355 Winterwerb (RP) 60 K
54487 Wintrich (RP) 69 E
37339 Wintzingerode (TH) 52 A
31088 Winzenburg (NI) 40 F
63768 Winzenhohl (BY) 72 A
86480 Winzer (BY) 91 H
94577 Winzer (BY) 86 M
73072 Winzingen (BW) 82 M
97537 Wipfeld (BY) 73 D
99310 Wipfra (TH) 64 A
99310 Wipfratal (TH) 64 A
99752 Wipperdorf (TH) 52 C
51688 Wipperfeld (NW) 48 J
51688 Wipperfürth (NW) 48 J
89134 Wippingen (BW) 90 F
26892 Wippingen (NI) 18 K
06543 Wippra (ST) 42 L
95469 Wirbenz (BY) 75 D
26529 Wirdum (NI) 17 C
53534 Wirft (RP) 59 G
56814 Wirfus (RP) 59 M
56422 Wirges (RP) 60 E
95339 Wirsberg (BY) 64 M
56237 Wirscheid (RP) 60 D
55758 Wirschweiler (RP) 69 E
24217 Wisch (SH) 5 K
21737 Wischhafen (NI) 11 K
06647 Wischroda (ST) 53 F
239XX Wismar (MV) 13 H
47546 Wissel (NW) 36 J
94428 Wisselsdorf (BY) 86 L
94486 Wisselsing (BY) 86 M
57537 Wissen (RP) 60 B
32791 Wissentrup (NW) 39 E
52388 Wissersheim (NW) 48 K
92358 Wissing (BY) 85 D
54636 Wißmannsdorf (RP) 68 C
35435 Wißmar (HE) 61 B
21255 Wistedt (NI) 20 H
27404 Wistedt (NI) 20 G
25872 Wittbek (SH) 4 K
14547 Wittbrietzen (BB) 33 L
25946 Wittdün (SH) 3 G
77960 Wittelbach (BW) 88 H
91749 Wittelshofen (BY) 83 E
5845X Witten (NW) 48 C
91634 Wittenbach (BY) 83 H
18209 Wittenbeck (MV) 13 F
06886 Wittenberg, Lutherstadt (ST) 43 F
19322 Wittenberge (BB) 22 M
25548 Wittenbergen (SH) 11 H
23829 Wittenborn (SH) 12 G
19243 Wittenburg (MV) 22 A
72290 Wittendorf (BW) 89 D
25826 Wittendün (SH) 10 B
19073 Wittenförden (MV) 13 L
18510 Wittenhagen (MV) 6 M
39579 Wittenmoor (ST) 31 J
79875 Wittenschwand (BW) 96 F
79252 Wittental (BW) 88 L
99189 Witterda (TH) 53 G
53347 Witterschlick (NW) 59 B
97723 Wittershausen (BY) 63 K
86653 Wittesheim (BY) 84 G
02763 Wittgendorf (SN) 57 H
07318 Wittgendorf (TH) 64 E
09228 Wittgensdorf (SN) 55 L
56237 Wittgert (RP) 60 D
84384 Wittibreut (BY) 94 F
02997 Wittichenau (SN) 56 C
97957 Wittighausen (BW) 72 J
2937X Wittingen (NI) 30 F
89426 Wittislingen (BY) 91 B
27383 Wittkopsbostel (NI) 20 G
72250 Wittlensweiler (BW) 89 D
54516 Wittlich (RP) 69 A
32479 Wittloge (NW) 28 L
07318 Wittmannsgereuth (TH) 64 B
38329 Wittmar (NI) 41 C
24306 Wittmoldt (SH) 12 A
26409 Wittmund (NI) 18 B
79299 Wittnau (BW) 96 B
21357 Wittorf (NI) 21 E
27374 Wittorf (NI) 20 L
27628 Wittstedt (NI) 19 E
16909 Wittstock/Dosse (BB) 23 J
21514 Witzeeze (SH) 21 B
36433 Witzelroda (TH) 52 K
07318 Witzendorf (TH) 64 B
3721X Witzenhausen (HE) 51 C
22969 Witzhave (SH) 21 A
42799 Witzhelden (NW) 48 H
89250 Witzighausen (BY) 91 G
19406 Witzin (MV) 14 K
14715 Witzke (BB) 32 F
99310 Witzleben (TH) 53 K
95482 Witzleshofen (BY) 65 K
96482 Witzmannsberg (BY) 64 K
09437 Witzschdorf (SN) 55 L
25889 Witzwort (SH) 3 M
19288 Wöbbelin (MV) 22 E
25856 Wobbenbüll (SH) 3 J
17326 Woddow (BB) 25 B
52152 Woffelsbach (NW) 58 C
99762 Woffleben (TH) 41 M
04874 Wohlau (SN) 55 B
24899 Wohlde (SH) 4 K
21698 Wohlerst (NI) 20 D
08258 Wohlhausen (SN) 65 J
06642 Wohlmirstedt (ST) 53 F
99976 Wohlmuthausen (TH) 63 D
06408 Wohlsdorf (ST) 43 G
21521 Wohltorf (SH) 21 A
88145 Wohmbrechts (BY) 98 F
97778 Wohnrod (BY) 62 L
56288 Wohnroth (RP) 69 C
95490 Wohnsgehaig (BY) 74 F
27419 Wohnste (NI) 20 E
35288 Wohra (HE) 50 M
35288 Wohratal (HE) 50 M
25797 Wöhrden (SH) 10 F
17237 Wokuhl-Dabelow (MV) 24 E
17091 Wolde (MV) 15 K
17348 Woldegk (MV) 24 C
57614 Woldert (RP) 60 D
77709 Wolfach (BW) 88 J
88348 Wolfartsweiler (BW) 90 L
88364 Wolfegg (BW) 98 C
06766 Wolfen (ST) 43 H
74440 Wolfenbrück (BW) 82 H
3830X Wolfenbüttel (NI) 41 B
36404 Wolferbütt (TH) 63 A
84137 Wolferding (BY) 93 F
94363 Wolferkofen (BY) 86 G
56244 Wölferlingen (RP) 60 E
06295 Wolferode (ST) 42 M
99713 Wolferschwenda (TH) 52 F
85395 Wolfersdorf (BY) 93 D
93499 Wolfersdorf (BY) 86 E
96346 Wolfersgrün (BY) 64 J
08107 Wolfersgrün (SN) 65 C
98617 Wölfershausen (TH) 63 E
61200 Wölfersheim (HE) 61 H
76709 Wolferstadt (BY) 84 G
06542 Wolferstedt (ST) 53 C
53940 Wolfert (NW) 58 F
87787 Wolfertschwenden (BY) 99 B
53937 Wolfgarten (NW) 58 F
34466 Wolfhagen (HE) 51 D
99885 Wölfis (TH) 52 M
98631 Wolfmannshausen (TH) 63 H
91639 Wolframs-Eschenbach (BY) 83 C
82515 Wolfratshausen (BY) 100 C
92266 Wolfsbach (BY) 85 B
99947 Wolfsbehringen (TH) 52 H
91286 Wolfsberg (BY) 74 H
06536 Wolfsberg (ST) 42 K
98704 Wolfsberg (TH) 64 A
92339 Wolfsbuch (BY) 84 J
3844X Wolfsburg (NI) 30 J
99819 Wolfsburg-Unkeroda (TH) 52 K
72649 Wolfschlugen (BW) 90 A
93195 Wolfsegg (BY) 85 E
07557 Wolfsgefärth (TH) 54 L
17335 Wolfshagen (BB) 24 C
19348 Wolfshagen (BB) 23 G
03130 Wolfshain (BB) 46 G
55578 Wolfsheim (RP) 70 F
64560 Wolfskehlen (HE) 71 D
97782 Wolfsmünster (BY) 72 C
16775 Wolfsruh (BB) 24 H
67752 Wolfstein (RP) 70 G
17438 Wolgast (MV) 15 F
04509 Wölkau (SN) 43 M
56332 Wolken (RP) 60 G
08399 Wolkenburg-Kaufungen (SN) 55 K
09429 Wolkenstein (SN) 66 B
93107 Wolkering (BY) 85 J
91126 Wolkersdorf (BY) 84 A
85128 Wolkertshofen (BY) 84 L
17091 Wolkow (MV) 15 L
99735 Wolkramshausen (TH) 52 C
94118 Wollaberg (BY) 87 L
86441 Wollbach (BY) 91 F
97618 Wollbach (BY) 63 F
37434 Wollbrandshausen (NI) 41 K
37434 Wollershausen (NI) 41 K
52385 Wollersheim (NW) 58 C
99735 Wollersleben (TH) 52 C
16278 Wolletz (BB) 25 G
14778 Wollin (BB) 32 M
27616 Wollingst (NI) 19 C
56826 Wollmerath (RP) 59 L
65391 Wollmerschied (HE) 60 L
86850 Wollmetshofen (BY) 91 J
04838 Wöllnau (SN) 44 K
85250 Wollomoos (BY) 92 E
17326 Wollschow (BB) 25 B
55597 Wöllstein (RP) 70 E
25704 Wolmersdorf (SH) 10 F
39435 Wolmirsleben (ST) 42 F
39326 Wolmirstedt (ST) 31 M
85283 Wolnzach (BY) 93 A
79875 Wolpadingen (BW) 96 F
04838 Wölpern (SN) 55 A
74549 Wolpertshausen (BW) 82 F
88284 Wolpertswende (BW) 98 B
31556 Wölpinghausen (NI) 29 G
95615 Wölsau (BY) 75 B
38379 Wolsdorf (NI) 42 A
54636 Wolsfeld (RP) 68 C
16259 Wölsickendorf/Wollenberg (BB) 34 B
14715 Wolsier (BB) 32 B
29614 Woltem (NI) 20 L
29614 Wolterdingen (NI) 20 M
14943 Woltersdorf (BB) 44 B
15569 Woltersdorf (BB) 34 G
29497 Woltersdorf (NI) 22 K
39175 Woltersdorf (ST) 43 A
31099 Woltershausen (NI) 40 F
29308 Wolthausen (NI) 29 F
49593 Woltrup-Wehbergen (NI) 27 H
15754 Wolzig (BB) 34 K
97816 Wombach (BY) 72 B
57339 Womelsdorf (NW) 49 J
55481 Womrath (RP) 69 F
95643 Wondreb (BY) 75 C
97539 Wonfurt (BY) 73 B
42477 Wönkhausen (NW) 48 F
83329 Wonneberg (BY) 102 B
96197 Wonsees (BY) 74 B
55599 Wonsheim (RP) 70 E
19303 Woosmer (MV) 22 G
19309 Wootz (BB) 22 L
55490 Woppenroth (RP) 69 F
27305 Wöpse (NI) 28 C
37339 Worbis (TH) 52 B
04880 Wörblitz (SN) 44 G
06369 Wörbzig (ST) 43 G
32676 Wörderfeld (NW) 40 D
64572 Worfelden (HE) 71 A
15306 Worin (BB) 34 F
87789 Woringen (BY) 99 A
85132 Workerszell (BY) 84 H
86441 Wörleschwang (BY) 91 F
06786 Wörlitz (ST) 43 F
96242 Wörlsdorf (BY) 64 H
34414 Wormeln (NW) 50 C
53359 Wormersdorf (NW) 59 E
01994 Wormlage (BB) 45 H
39291 Wörmlitz (ST) 43 A
675XX Worms (RP) 71 G
39365 Wormsdorf (ST) 42 A
99510 Wormstedt (TH) 53 J
72299 Wörnersberg (BW) 89 A
91637 Wörnitz (BY) 83 B
86733 Wörnitzostheim (BY) 83 M
86609 Wörnitzstein (BY) 83 M
83739 Wörnsmühl (BY) 101 E
84169 Wörth (BY) 93 F
06869 Wörpen (ST) 43 F
28865 Worphausen (NI) 19 J
27726 Worpheim (NI) 19 J
27726 Worpswede (NI) 19 J
55286 Wörrstadt (RP) 70 F
73499 Wört (BW) 83 H
86647 Wortelstetten (BY) 91 C
63939 Wörth am Main (BY) 72 D
84109 Wörth an der Isar (BY) 93 C
84419 Wörth (BY) 93 J
85457 Wörth (BY) 93 H
93086 Wörth an der Donau (BY) 85 J
76744 Wörth am Rhein (RP) 80 F
21502 Worth (SH) 21 B
82237 Wörthsee (BY) 92 L
01983 Woschkow (BB) 45 H
49429 Wöstendöllen (NI) 28 A
17111 Wotenick (MV) 15 D
21514 Wotersen (SH) 21 B
94051 Wotzdorf (BY) 87 L
96317 Wötzelsdorf (BY) 64 L
17495 Wrangelsburg (MV) 15 F
17209 Wredenhagen (MV) 23 F
27638 Wremen (NI) 10 K
27638 Wremertief (NI) 10 K
29559 Wrestedt (NI) 30 B
29565 Wriedel (NI) 21 K
16269 Wriezen (BB) 34 B
25563 Wrist (SH) 11 J
25938 Wrixum (SH) 3 E
25799 Wrohm (SH) 11 A
01623 Wuhnitz (SN) 55 F
27726 Wührden (NI) 19/j
06369 Wulfen (ST) 43 G
49413 Wulfenau (NI) 27 F
16909 Wulfersdorf (BB) 23 H
97535 Wülfershausen (BY) 73 A
97618 Wülfershausen an der Saale (BY) 63 H
95493 Wülfersreuth (BY) 75 A
39387 Wulferstedt (ST) 42 D
86316 Wulfertshausen (BY) 92 D
33397 Wulfhorst (NW) 39 G
99759 Wülfingerode (TH) 52 B
42489 Wülfrath (NW) 48 E
21445 Wulfsen (NI) 21 D
24214 Wulfshagen (SH) 4 M
24214 Wulfshagenerhütten (SH) 4 M
25563 Wulfsmoor (SH) 11 H
29565 Wulfsode (NI) 21 K
59929 Wülfte (NW) 50 B
37199 Wulften (NI) 41 K
49143 Wulften (NI) 27 M
39524 Wulkau (ST) 32 A
17039 Wulkenzin (MV) 24 B
01609 Wülknitz (SN) 55 C
16835 Wulkow (BB) 24 K
39307 Wulkow (ST) 32 H
22889 Wulksfelde (SH) 12 K
48683 Wüllen (NW) 37 B
89250 Wullenstetten (BY) 91 G
59939 Wulmeringhausen (NW) 50 D
21629 Wulmstorf (NI) 20 F
38835 Wülperode (ST) 41 F
27628 Wulsbüttel (NI) 19 E
98704 Wümbach (TH) 64 A
21255 Wümme (NI) 20 H
28870 Wümmingen (NI) 20 K
99610 Wundersleben (TH) 53 G
57319 Wunderthausen (NW) 50 G
96260 Wunkendorf (BY) 74 B
33181 Wünnenberg (NW) 50 B
09514 Wünschendorf (SN) 66 C
07570 Wünschendorf/Elster (TH) 54 L
99837 Wünschensuhl (TH) 52 K
15838 Wünsdorf (BB) 33 M
95632 Wunsiedel (BY) 75 B
31515 Wunstorf (NI) 29 G
42XXX Wuppertal (NW) 48 F
06712 Würchwitz (ST) 54 H
94072 Würding (BY) 95 D
57399 Würdinghausen (NW) 49 J
37688 Würgassen (NW) 40 K
96110 Würgau (BY) 74 A
57299 Würgendorf (NW) 60 C
95111 Wurlitz (BY) 65 H
52511 Würm (NW) 47 H
84329 Wurmannsquick (BY) 94 E
75449 Wurmberg (BW) 81 H
78573 Wurmlingen (BW) 89 L
84189 Wurmsham (BY) 93 F
56858 Würrich (RP) 69 C
02627 Wurschen (SN) 57 D
52146 Würselen (NW) 47 L
27637 Wursterheide (NI) 10 L
92715 Wurz (BY) 75 E
75394 Würzbach (BW) 81 L
07343 Wurzbach (TH) 64 F
970XX Würzburg (BY) 72 F
04808 Wurzen (SN) 55 A
67808 Würzweiler (RP) 70 H
15320 Wuschewier (BB) 34 C
55471 Wüschheim (RP) 69 C
15913 Wußwerk (BB) 45 E
14778 Wust (BB) 32 J
09358 Wüstenbrand (SN) 55 K
17121 Wüstenfelde (MV) 15 D
39291 Wüstenjerichow (ST) 32 L
71543 Wüstenrot (BW) 82 E
91346 Wüstenstein (BY) 74 E
16868 Wusterhausen/Dosse (BB) 23 M
17509 Wusterhusen (MV) 7 L
14641 Wustermark (BB) 33 D
15926 Wüstermarke (BB) 45 D
14789 Wusterwitz (BB) 32 H
37318 Wüstheuterode (TH) 52 D
16818 Wustrau-Altfriesack (BB) 33 A
17255 Wustrow (MV) 24 B
18347 Wustrow (MV) 6 G
29462 Wustrow (Wendland) (NI) 31 A
96181 Wustviel (BY) 73 F
79879 Wutach (BW) 97 A
99848 Wutha-Farnroda (TH) 52 L
16818 Wuthenow (BB) 24 K
16866 Wutike (BB) 23 L
79793 Wutöschingen (BW) 97 D
92272 Wutschdorf (BY) 75 L
14662 Wutzetz (BB) 32 C
79369 Wyhl am Kaiserstuhl (BW) 88 G
47559 Wyler (NW) 36 H
26831 Wymeer (NI) 17 J

X

46509 Xanten (NW) 36 M

Z

04509 Zaasch (SN) 43 L
16909 Zaatzke (BB) 23 H
39307 Zabakuck (ST) 32 H
16775 Zabelsdorf (BB) 24 H
01561 Zabeltitz (SN) 56 A
06347 Zabenstedt (ST) 42 M
74374 Zaberfeld (BW) 81 F
06369 Zabitz (ST) 43 G
94239 Zachenberg (BY) 86 J
14669 Zachow (BB) 33 G
97705 Zahlbach (BY) 63 K
86573 Zahling (BY) 92 E
06895 Zahna (ST) 44 D
29393 Zahrenholz (NI) 30 E
19412 Zahrensdorf (MV) 13 M
29640 Zahrensen (NI) 20 L
91611 Zailach (BY) 83 B
72587 Zainingen (BW) 90 E
75059 Zaisenhausen (BW) 81 E
83569 Zaisering (BY) 101 C
75433 Zaisersweiher (BW) 81 H
86874 Zaisertshofen (BY) 91 M
84069 Zaitzkofen (BY) 85 J
85095 Zandt (BY) 84 J
93499 Zandt (BY) 86 E
84539 Zangberg (BY) 94 G
06712 Zangenberg (ST) 54 H
92447 Zangenstein (BY) 75 M
19089 Zapel (MV) 22 C
96199 Zapfendorf (BY) 74 A
06179 Zappendorf (ST) 43 K
23701 Zarnekau (SH) 12 E
17159 Zarnekow (MV) 15 G
18195 Zarnewanz (MV) 14 E
23619 Zarpen (SH) 12 H
18510 Zarrendorf (MV) 6 M
19246 Zarrentin (MV) 21 C
79199 Zarten (BW) 96 B
14547 Zauchwitz (BB) 33 L
87509 Zaumberg (BY) 99 G
99713 Zaunröden (TH) 52 E
15328 Zechin (BB) 34 F
16831 Zechlinerhütte (BB) 24 G
16831 Zechow (BB) 24 G
03249 Zeckerin (BB) 45 G
91334 Zeckern (BY) 74 G
39291 Zeddenick (ST) 43 A
07557 Zedlitz (TH) 54 L
04552 Zedtlitz (SN) 54 J
15711 Zeesen (BB) 34 K
14641 Zeestow (BB) 33 D
06369 Zehbitz (ST) 43 H
16792 Zehdenick (BB) 24 M
16515 Zehlendorf (BB) 33 C
18276 Zehlendorf (MV) 14 H
04603 Zehma (TH) 54 M
18276 Zehna (MV) 14 K
56414 Zehnhausen bei Wallmerod (RP) 60 E
94405 Zeholfing (BY) 86 L
01665 Zehren (SN) 55 F
97475 Zeil am Main (BY) 73 C
84367 Zeilarn (BY) 94 E
98646 Zeilfeld (TH) 63 J
04924 Zeischa (BB) 44 M
67378 Zeiskam (RP) 80 C
02994 Zeißholz (SN) 56 C
02977 Zeißig (SN) 45 M
01619 Zeithain (SN) 55 C
93197 Zeitlarn (BY) 85 E
97799 Zeitlofs (BY) 62 L
06712 Zeitz (ST) 54 H
79669 Zell im Wiesental (BW) 96 E
88430 Zell an der Rot (BW) 91 K
88499 Zell (BW) 90 H
84326 Zell (BY) 94 B
85290 Zell (BY) 85 K
86633 Zell (BY) 84 L
87730 Zell (BY) 99 B
91161 Zell (BY) 84 E
92345 Zell (BY) 85 G
95239 Zell (BY) 65 K
97299 Zell am Main (BY) 72 F
97478 Zell am Ebersberg (BY) 73 C
97532 Zell (BY) 73 A
56856 Zell (Mosel) (RP) 69 C
98544 Zella (TH) 63 C
99976 Zella (TH) 52 E
98544 Zella-Mehlis (TH) 63 C
36452 Zella/Rhön (TH) 63 A
14913 Zellendorf (BB) 44 E
87668 Zellerberg (BY) 99 C
87730 Zellereinöde (BY) 99 B
63533 Zellhausen (HE) 71 C
84307 Zellhub (BY) 94 E
97225 Zellingen (BY) 72 F
54492 Zeltingen-Rachtig (RP) 69 B
06679 Zembschen (ST) 54 E
17440 Zemitz (MV) 16 D
54313 Zemmer (RP) 69 D
17459 Zempin (MV) 7 M
16837 Zempow (BB) 23 J
54655 Zendscheid (RP) 58 M
39221 Zens (ST) 42 F
91315 Zentbechhofen (BY) 74 D
94579 Zenting (BY) 87 K
18246 Zepelin (MV) 14 G
16341 Zepernick (BB) 33 F
17209 Zepkow (MV) 23 F
63263 Zeppelinheim (HE) 71 B
57290 Zeppenfeld (NW) 60 C
39279 Zeppernick (ST) 43 A
39317 Zerben (ST) 32 K
39261 Zerbst (ST) 43 D
54314 Zerf (RP) 69 G
29499 Zernien (NI) 21 M
16775 Zernikow (BB) 24 H
18249 Zernin (MV) 14 G
16845 Zernitz-Lohm (BB) 32 B
15758 Zernsdorf (BB) 34 K
16348 Zerpenschleuse (BB) 24 M
17309 Zerrenthin (MV) 25 B
92724 Zessau (BY) 75 E
26340 Zetel (NI) 18 F
09619 Zethau (SN) 55 M
39624 Zethlingen (ST) 31 E
17153 Zettemin (MV) 15 K
09306 Zetteritz (SN) 55 G
56761 Zettingen (RP) 59 M
95482 Zettlitz (BY) 65 K
96275 Zettlitz (BY) 64 L
09306 Zettlitz (SN) 55 G
97199 Zeubelried (BY) 73 G
06632 Zeuchfeld (ST) 54 D
07937 Zeulenroda (TH) 65 B
15848 Zeust (BB) 34 M
15738 Zeuthen (BB) 34 G
07407 Zeutsch (TH) 64 C
97440 Zeuzleben (BY) 73 A
27404 Zeven (NI) 20 D
96364 Zeyern (BY) 64 J
38465 Zicherie (NI) 31 D
16306 Zichow (BB) 25 E
39638 Zichtau (ST) 31 E
06420 Zickeritz (ST) 43 K
19069 Zickhusen (MV) 13 L
15926 Zieckau (BB) 45 D
74535 Ziegelbronn (BW) 82 E
04618 Ziegelheim (TH) 54 M
06268 Ziegelroda (ST) 53 C
39291 Ziegelsdorf (ST) 32 K
19372 Ziegendorf (MV) 22 F
01623 Ziegenhain (SN) 55 F
07924 Ziegenrück (TH) 64 F
04720 Ziegra-Knobelsdorf (SN) 55 E
06869 Zieko (ST) 43 F
39326 Zielitz (ST) 31 M
39619 Ziemendorf (ST) 22 L
86473 Ziemetshausen (BY) 91 J
17291 Ziemkendorf (BB) 25 E
39291 Ziepel (ST) 43 A
34289 Zierenberg (HE) 51 A
77694 Zierolshofen (BW) 88 B
23968 Zierow (MV) 13 H
89446 Ziertheim (BY) 91 B
19300 Zierzow (MV) 22 F
18059 Ziesendorf (MV) 14 D
39619 Zießau (ST) 31 B
17390 Ziethen (MV) 15 J
23911 Ziethen (SH) 12 M
98590 Zillbach (TH) 63 B
38835 Zilly (ST) 41 F
56288 Zilshausen (RP) 59 M
15295 Ziltendorf (BB) 35 K
78234 Zimmerholz (BW) 97 B
78658 Zimmern ob Rottweil (BW) 89 K
84367 Zimmern (BY) 94 F
91788 Zimmern (BY) 84 G
99947 Zimmern (TH) 52 H
99100 Zimmernsupra (TH) 53 G
07751 Zimmritz (TH) 53 M
53947 Zingsheim (NW) 59 D
18374 Zingst (MV) 6 H
04860 Zinna (SN) 44 L
15345 Zinndorf (BB) 34 E
03205 Zinnitz (BB) 45 E
17454 Zinnowitz (MV) 7 M
01773 Zinnwald (SN) 56 L
57339 Zinse (NW) 49 J
95508 Zinst (BY) 75 A
94344 Zinzenzell (BY) 86 D
17392 Zinzow (MV) 15 M
73485 Zipplingen (BW) 83 H
91257 Zips (BY) 74 F
17419 Zirchow (MV) 16 E
86609 Zirgesheim (BY) 84 K
95666 Zirkenreuth (BY) 75 C
18528 Zirkow (MV) 7 H
90513 Zirndorf (BY) 74 K
17039 Zirzow (MV) 15 L
17209 Zislow (MV) 23 B
02763 Zittau (SN) 57 H
14789 Zitz (BB) 32 L
39638 Zobbenitz (ST) 31 H
04924 Zobersdorf (BB) 44 M
08541 Zobes (SN) 65 F
73485 Zöbingen (BW) 83 H
09517 Zöblitz (SN) 66 C
02829 Zodel (SN) 57 C
07973 Zoghaus (TH) 65 B
19374 Zölkow (MV) 22 C
14715 Zollchow (BB) 32 H
07922 Zollgrün (TH) 65 D
85406 Zolling (BY) 93 D
15926 Zöllmersdorf (BB) 45 D
07751 Zöllnitz (TH) 53 M
07368 Zoppoten (TH) 65 D
06679 Zorbau (ST) 54 E
06780 Zörbig (ST) 43 L
37449 Zorge (NI) 41 M
85604 Zorneding (BY) 93 L
55270 Zornheim (RP) 70 F
06888 Zörnigall (ST) 44 D
06254 Zöschen (ST) 54 B
89447 Zöschingen (BY) 91 B
89426 Zöschlingsweiler (BY) 91 B
15806 Zossen (BB) 33 M
01561 Zottewitz (SN) 56 D
55576 Zotzenheim (RP) 70 E
78357 Zoznegg (BW) 97 C
04680 Zschadraß (SN) 55 D
04720 Zschaitz (SN) 55 F
04720 Zschaitz-Ottewig (SN) 55 F
01561 Zschauitz (SN) 56 A
04838 Zschepplin (SN) 43 M
06179 Zscherben (ST) 54 A
06794 Zscherndorf (ST) 43 L
04509 Zschernitz (SN) 43 L
04838 Zschettgau (SN) 54 C
08118 Zschocken (SN) 66 A
09405 Zschopau (SN) 55 L
04668 Zschoppach (SN) 55 E
08321 Zschorlau (SN) 66 D
01561 Zschorna (SN) 56 B
06791 Zschornewitz (ST) 43 J
04509 Zschortau (SN) 54 C
39240 Zuchau (ST) 43 D
18574 Zudar (MV) 7 K
09599 Zug (SN) 55 M
16831 Zühlen (BB) 24 G
16515 Zühlsdorf (BB) 33 C
14943 Zülichendorf (BB) 44 B
04895 Züllsdorf (BB) 44 H
53909 Zülpich (NW) 59 A
23992 Zurow (MV) 13 J
89449 Zusamaltheim (BY) 91 C
86450 Zusamzell (BY) 91 F
54422 Züsch (RP) 69 H
59955 Züschen (NW) 50 H
17309 Züsedom (MV) 25 B
86441 Zusmarshausen (BY) 91 F
23992 Züsow (MV) 13 J
17495 Züssow (MV) 15 F
85465 Zustorf (BY) 93 E
15938 Zützen (BB) 45 D
74939 Zuzenhausen (BW) 81 B
66482 Zweibrücken (RP) 79 C
74639 Zweiflingen (BW) 82 B
06254 Zweimen (ST) 54 B
04442 Zwenkau (SN) 54 F
75389 Zwerenberg (BW) 89 A
91626 Zwernberg (BY) 83 E
04886 Zwethau (SN) 44 L
080XX Zwickau (SN) 65 C
88529 Zwiefalten (BW) 90 H
88499 Zwiefaltendorf (BW) 90 H
94227 Zwiesel (BY) 86 F
94227 Zwieslerwaldhaus (BY) 87 D
37345 Zwinge (TH) 41 L
69439 Zwingenberg (BW) 71 M
64673 Zwingenberg (HE) 71 H
04509 Zwochau (SN) 54 B
94151 Zwölfhäuser (BY) 87 H
08297 Zwönitz (SN) 66 A
08267 Zwota (SN) 65 J

Alpenländer: Österreich/Schweiz/Liechtenstein

A

Aadorf (CH) 117 D
Aarau (CH) 116 E
Aarberg (CH) 115 L
Aarburg (CH) 115 F
Aarwangen (CH) 115 J
Abern (A) 109 E
Abfaltersbach (A) 121 G
Absam (A) 120 A
Abschlag (A) 105 H
Absdorf (A) 106 M
Abtei (A) 123 K
Abtenau (A) 110 K
Abtsdorf (A) 110 D
Abtwil (CH) 116 J
Acharting (A) 109 E
Achau (A) 113 A
Achen (A) 108 L
Achenkirch (A) 108 K
Achenseehof (A) 108 K
Achenwald (A) 108 K
Achleiten (A) 108 L
Acletta (CH) 129 A
Acquarossa (CH) 129 D
Adelboden (CH) 127 E
Adenberg (A) 109 B
Adenbruck (A) 104 L
Adlikon (CH) 117 A
Adliswil (CH) 116 J
Adlwang (A) 110 F
Admont (A) 111 G
Adnet (A) 109 H
Aesch (CH) 115 F
Aesch (Luzern) (CH) 116 H
Aeschi (CH) 127 C
Aeschiried (CH) 127 C
Aeugst am Albis (CH) 116 J
Affeltrangen (CH) 117 E
Affoltern am Albis (CH) 116 J
Affoltern im Emmental (CH) 115 M
Aflenz Kurort (A) 112 G
Afling (A) 123 C
Afritz (A) 122 H
Aggsbach Dorf (A) 106 K
Aggsbach Markt (A) 106 K
Aggstein (A) 106 K
Ahrnbach (A) 120 B
Aibl (A) 123 J
Aich (A) 110 D
Aich (A) 123 H
Aichbichl (A) 109 B
Aichdorf (A) 123 B
Aichet (A) 104 L
Aichkirchen (A) 110 B
Aigelsbrunn (A) 110 D
Aigen (A) 105 H
Aigen (A) 106 D
Aigen im Ennstal (A) 110 M
Aigen im Mühlkreis (A) 104 H
Aigersham (A) 110 A
Aigle (CH) 127 G
Ainet (A) 121 G
Airolo (CH) 129 D
Aisdorf (A) 121 A
Aistersheim (A) 110 B
Alberndorf in der Riedmark (A) 105 K
Alberschwende (A) 118 E
Alberswil (CH) 116 H
Albert-Appel-Hütte (A) 110 H
Albeuve (CH) 20 D
Albinen (CH) 127 J
Albrechtsberg (A) 109 B
Albrechtsberg a.d. Großen Krems (A) 106 G
Aldrans (A) 120 A
Alexenau (A) 110 D
Alkoven (A) 104 M
Alkus (A) 121 G
Allaman (CH) 126 E
Alland (A) 112 C
Alle (CH) 115 D
Allentsteig (A) 106 D
Allerheiligen (A) 112 L
Allerheiligen bei Wildon (A) 124 E
Allerheiligen im Mühlkreis (A) 105 K
Allgau (A) 122 C
Allhaming (A) 110 C
Allhartsberg (A) 111 B
Allschwil (CH) 115 B
Almdorf (A) 108 M
Almdorf (A) 109 L
Almens (CH) 129 C
Alpbach (A) 108 L
Alpenheim (A) 122 G
Alpl (A) 112 H
Alpnach (CH) 116 L
Alpnachstad (CH) 116 L
Alpthal (CH) 117 K
Altach (A) 118 D
Altanca (CH) 129 D
Altaussee (A) 110 H
Altdorf (CH) 117 A
Altdorf (CH) 117 K
Altenberg (A) 112 H
Altenberg bei Linz (A) 104 M
Altenburg (A) 106 H
Altenfelden (A) 104 L
Altenhof am Hausruck (A) 110 B
Altenmarkt (A) 105 L
Altenmarkt (A) 122 F
Altenmarkt (A) 123 J
Altenmarkt (A) 125 A
Altenmarkt an der Triesting (A) 112 C
Altenmarkt bei Sankt Gallen (A) 111 H
Altenmarkt im Pongau (A) 110 K
Altenwörth (A) 106 M
Altersberg (A) 122 G
Alterswil (CH) 127 B
Altfinkenstein (A) 122 M
Altheim (A) 109 B
Althofen (A) 122 C
Althofen (A) 123 D
Altikon (CH) 117 A
Altishofen (CH) 115 J
Altlichtenwarth (A) 107 E
Altmanns (A) 105 E
Altmanns (A) 107 D
Altmannsdorf (A) 110 A
Altmelon (A) 105 H
Altmünster (A) 110 E
Alt-Nagelberg (A) 105 E
Altpreerau (A) 107 D
Alt-Sankt Johann (CH) 117 H
Altschwendt (A) 104 L
Altstätten (CH) 117 F
Altwis (CH) 116 H
Alvaneu (CH) 129 C
Amagmach (A) 118 E
Am Bach (CH) 129 F
Am Bäckerberg (A) 110 E
Amberg (A) 109 B
Ambri (CH) 129 D
Amden (CH) 117 H
Amesreith (A) 105 G
Amlach (A) 121 G
Ampflwang i. Hausruckwald (A) 110 A
Amriswil (CH) 117 B
Am See (A) 119 L
Amsoldingen (CH) 127 B
Amsteg (CH) 129 A
Amstetten (A) 111 B
Andau (A) 113 F
Andeer (CH) 129 C
Andelsbuch (A) 118 E
Andermatt (CH) 128 C
Andiast (CH) 129 B
Andling (A) 104 L
Andorf (A) 104 K
Andrichsfurth (A) 110 A
Andritz (A) 124 B
Andwil (CH) 117 E
Anetsham (A) 110 A
Angeli Custodi (CH) 130 J
Anger (A) 110 G
Anger (A) 110 M
Anger (A) 112 L
Angeralm (A) 119 J
Angerberg (A) 121 A
Angern (A) 107 H
Anières (CH) 126 H
Anif (A) 109 H
Annaberg (A) 112 D
Annaberg im Lammertal (A) 110 K
Annenheim (A) 122 J
Annerstall (A) 110 F
Anras (A) 121 G
Ansfelden (A) 110 C
Antersham (A) 104 K
Anthering (A) 109 E
Antiesenhofen (A) 104 K
Anwil (CH) 116 E
Anzano (CH) 129 E
Anzenbach (A) 111 D
Anzère (CH) 127 H
Apetlon (A) 113 F
Appenzell (CH) 117 F
Apples (CH) 126 E
Apriach (A) 121 E
Aquila (CH) 129 D
Arbedo (CH) 129 H
Arbesbach (A) 105 H
Arbing (A) 105 L
Arbing (A) 109 A
Arboldswil (CH) 115 F
Arbon (CH) 117 F
Arch (CH) 115 H
Archkogel (A) 110 H
Ardagger Markt (A) 111 B
Ardagger Stift (A) 111 B
Ardez (CH) 130 C
Ardning (A) 111 G
Ardon (CH) 127 H
Argenau (A) 118 E
Argenfall (A) 118 H
Arisdorf (CH) 115 F
Arlesheim (CH) 115 F
Arnbach (A) 123 L
Arndorf (A) 112 K
Arnegg (CH) 117 E
Arnfels (A) 124 H
Arni (CH) 116 F
Arnoldstein (A) 122 L
Arolla (CH) 127 L
Arosa (CH) 129 C
Arosio (CH) 129 K
Arriach (A) 122 J
Arth (CH) 116 M
Artstetten (A) 106 K
Arvigo (CH) 129 H
Arzberg (A) 124 B
Arzier (CH) 126 E
Arzl (A) 120 A
Äsch (CH) 117 K
Aschach an der Donau (A) 104 L
Aschach an der Steyr (A) 111 D
Aschau (A) 108 L
Aschau (A) 108 M
Aschau (A) 109 B
Aschau im Zillertal (A) 120 B
Aschbach (A) 112 G
Aschbach-Markt (A) 111 B
Aschenberg (A) 104 K
Aschlen (A) 119 D
Ascona (CH) 129 G
Asing (A) 104 G
Aspach (A) 110 A
Aspang Markt (A) 113 G
Asparn (A) 107 G
Asperhofen (A) 106 M
Aspern (A) 107 K
Aspersdorf (A) 106 J
Aßling (A) 121 G
Astach (A) 120 C
Asten (A) 111 A
Attelwil (CH) 116 H
Attersee (A) 110 D
Attnang (A) 110 E
Atzbach (A) 110 B
Atzenbrugg (A) 106 M
Atzing (A) 110 A
Au (A) 109 K
Au (A) 110 G
Au (A) 111 K
Au (A) 112 G
Au (A) 118 E
Au (A) 119 H
Au (A) 122 A
Au (CH) 117 F
Au am Leithaberge (A) 113 B
Aubonne (CH) 126 E
Auersbach (A) 112 H
Auern (A) 110 F
Auersthal (A) 107 H
Auffach (A) 108 L
Aurach (A) 108 M
Aurach am Hongar (A) 110 E
Aurachkirchen (A) 110 E
Aurolzmünster (A) 110 A
Außer (A) 110 D
Außere Einöde (A) 122 H
Ausserferrera (CH) 129 F
Außerfragant (A) 121 E
Außer-Steinberg (A) 108 L
Außervillgraten (A) 120 J
Außerwalld (A) 109 E
Außerwiesenbach (A) 112 B
Auw (CH) 116 J
Auwinkl (A) 110 K
Avenches (CH) 115 K
Avers (CH) 129 F
Axamer Lizum (A) 119 J
Axams (A) 119 J
Ayent (CH) 127 H
Ayer (CH) 127 J

B

Baad (A) 118 F
Baar (CH) 116 J
Bach (A) 119 G
Bachenbülach (CH) 116 F
Bächis (CH) 117 F
Bächli (CH) 117 H
Bachmanning (A) 110 B
Bachs (CH) 116 F
Bachwinkl (A) 109 K
Bad Aussee (A) 110 H
Bad Bleiberg (A) 122 H
Bad Blumau (A) 125 A
Bad Deutsch Altenburg (A) 107 L
Bad Dürnberg (A) 109 H
Baden (A) 113 A
Baden (CH) 116 F
Bad Eisenkappel (A)(123 L)
Bad Fischau (A) 113 D
Badgastein (A) 121 E
Bad Gleichenberg (A) 124 F
Bad Goisern (A) 110 G
Bad Großpertholz (A) 105 H
Bad Hall (A) 110 C
Bad Häring (A) 108 L
Bad Hofgastein (A) 121 B
Bad Innerlaterns (A) 118 H
Bad Ischl (A) 110 G
Bad Kleinkircheim (A) 122 H
Bad Kreuzen (A) 105 L
Bad Leonfelden (A) 104 J
Bad Lostorf (CH) 116 E
Bad Mitterndorf (A) 110 M
Bad Pirawarth (A) 107 G
Bad Radkersburg (A) 125 G
Bad Ragaz (CH) 117 M
Bad Sankt Leonhard im Lavanttal (A) 123 E
Bad Sauerbrunn (A) 113 D
Bad Schallerbach (A) 110 B
Bad Schönau (A) 113 G
Bad Tatzmannsdorf (A) 113 K
Bad Vellach (A) 123 L
Bad Vöslau (A) 113 A
Bad Waltersdorf (A) 125 A
Bad Weißenbach (A) 123 E
Bad Wimsbach-Neydharting (A) 110 B
Bad Zell (A) 105 K
Bahnhof Schönau a.d. Enns (A) 111 G
Baien (A) 118 E
Baierdorf (A) 122 C
Baierdorf bei Anger (A) 112 M
Bairau (A) 110 K
Bairbach (A) 119 F
Baldegg (CH) 116 J
Baldramsdorf (A) 122 G
Balgach (CH) 117 F
Ballens (CH) 126 E
Ballwil (CH) 116 J
Balm bei Günsberg (CH) 115 J
Balm bei Messen (CH) 115 H
Balsthal (CH) 115 F
Balzers (FL) 117 J
Bangs (A) 118 G
Bankholzen (CH) 117 A
Bannberg (A) 121 G
Bannwil (CH) 115 J
Bärenbad (A) 119 D
Bärenbach (A) 120 E
Bärenbichl (A) 108 M
Bärental (A) 122 M
Bäretswil (CH) 117 D
Bargen (Schaffhausen) (CH) 116 C
Bargis (CH) 117 M
Bärnbach (A) 123 C
Bärndorf (A) 111 K
Bärnkopf (A) 105 L
Bärschwil (CH) 115 E
Barwies (A) 119 E
Basadingen (CH) 117 A
Basel (CH) 115 E
Basling (A) 104 K
Bassecourt (CH) 115 E
Bassersdorf (CH) 117 D
Bätterkinden (CH) 115 H
Bauen (CH) 116 M
Baulmes (CH) 126 B
Bauma (CH) 117 D
Baumgarten an der March (A) 107 L
Baumgartenberg (A) 111 A
Baumgarten im Burgenland (A) 113 E
Bayerham (A) 109 E
Beatenberg (CH) 127 C
Beckenried (CH) 116 M
Bedretto (CH) 128 F
Begnins (CH) 126 E
Behamberg (A) 111 A
Beinwil (CH) 115 F
Beinwil am See (CH) 116 H
Beinwil (Freiamt) (CH) 116 J
Belfaux (CH) 127 A
Bellach (CH) 115 H
Bellechasse (CH) 115 K
Bellelay (CH) 115 G
Bellikon (CH) 116 F
Bellinzona (CH) 129 H
Bellwald (CH) 128 E
Belp (CH) 115 L
Bémont (CH) 114 M
Bendel (CH) 117 H
Benken (CH) 117 H
Benken (Zürich) (CH) 117 A
Benzenschwil (CH) 116 J
Bercher (CH) 126 C
Berdetschlag (A) 104 H
Berg (A) 107 M
Berg (A) 110 E
Berg (A) 118 B
Berg (A) 118 J
Berg (A) 119 D
Berg (A) 121 B
Berg (A) 121 H
Berg (CH) 117 B
Berg am Irchel (CH) 116 C
Berg im Attergau (A) 110 D
Bergham (A) 109 B
Bergham (A) 110 D
Bergheim (A) 109 E
Bergrotte (A) 111 F
Bergün/Bravuogn (CH) 130 B
Berikon (CH) 116 F
Berlens (CH) 20 A
Berlingen (CH) 117 B
Bern (CH) 115 L
Berndorf (A) 112 C
Berndorf (A) 115 J
Berndorf bei Salzburg (A) 109 E
Berneck (CH) 117 F
Bernex (CH) 126 G
Bernhardsthal (A) 107 E
Bernstein (A) 113 K
Berwang (A) 119 D
Betlis (CH) 117 H
Bettens (CH) 126 C
Bettlach (CH) 115 H
Bettwiesen (CH) 117 E
Bettwil (CH) 116 H
Bevaix (CH) 114 M
Bever (CH) 130 E
Bex (CH) 127 G
Bezau (A) 118 E
Biasca (CH) 129 H
Biberbach (A) 111 B
Biberbrugg (CH) 117 G
Biberist (CH) 115 H
Bibern (CH) 115 H
Biberstein (CH) 116 E
Biberwier (A) 119 E
Bichelsee (CH) 117 D
Bichlach (A) 108 J
Bichlbach (A) 119 E
Bidogno (CH) 129 L
Biedermannsdorf (A) 113 A
Biel-Benken (CH) 115 E
Biel/Bienne (CH) 115 H
Biel (CH) 128 E
Bierbaum (A) 110 D
Bierbaum (A) 125 A
Bierbaum am Kleebühel (A) 106 M
Bière (CH) 126 E
Bigenthal (CH) 115 M
Biglen (CH) 115 M
Bignasco (CH) 128 J
Birgitz (A) 119 J
Birkfeld (A) 112 L
Birmensdorf (CH) 116 F
Birnbaum (A) 121 H
Birnberg (A) 110 L
Bironico (CH) 129 K
Birr (CH) 116 E
Birrwil (CH) 116 H
Birsfelden (CH) 116 A
Birwinken (CH) 117 B
Bischofshofen (A) 109 L
Bischofstetten (A) 112 B
Bischofszell (CH) 117 E
Bissegg (CH) 117 B
Bivio (CH) 129 F
Bizau (A) 118 E
Blankenbach (A) 109 B
Blatten (CH) 127 F
Blatten (CH) 128 H
Blauen (CH) 115 E
Bleiberg-Kreuth (A) 122 H
Bleiburg (A) 123 H
Blindenmarkt (A) 111 B
Blitzingen (CH) 128 E
Blonay (CH) 127 D
Blons (A) 118 H
Bludenz (A) 118 H
Blumau an der Wild (A) 106 D
Blumenstein (CH) 127 B
Bockfließ (A) 107 H
Bocksdorf (A) 125 A
Böckstein (A) 121 E
Boden (A) 119 G
Boden (A) 122 G
Bodensdorf (A) 122 J
Bodingbach (A) 111 E
Bodio (CH) 129 D
Böheimkirchen (A) 106 L
Böhringen (CH) 117 A
Bolligen (CH) 115 L
Bollingen (CH) 117 G
Bollodingen (CH) 115 J
Boltigen (CH) 127 B
Bonaduz (CH) 129 C
Bonau (CH) 117 B
Boncourt (CH) 115 D
Bondo (CH) 129 J
Bonfol (CH) 115 D
Bonisdorf (A) 125 D
Boniswil (CH) 116 E
Boscha (CH) 130 C
Bosco/Gurin (CH) 128 J
Boswil (CH) 116 J
Bottens (CH) 126 C
Bottenwil (CH) 116 H
Böttstein (CH) 116 B
Boudry (CH) 114 M
Bourg-St-Pierre (CH) 127 K
Bouveret (CH) 126 F
Bradirn (A) 109 B
Brail (CH) 130 C
Bramberg am Wildkogel (A) 120 C
Bramboden (CH) 116 L
Brand (A) 105 E
Brand (A) 112 C
Brand (A) 118 H
Brand (A) 119 E
Brand (A) 119 F
Brandberg (A) 120 B
Brandenberg (A) 108 L
Brandstatt (A) 112 L
Brandwald (A) 110 J
Braunau (CH) 117 E
Braunau am Inn (A) 109 B
Braunwald (CH) 117 L
Brè (CH) 129 L
Bregenz (A) 118 E
Breil/Brigels (CH) 129 B
Breitenau (A) 111 D
Breitenau am Hochlantsch (A) 112 L
Breitenbach (CH) 115 F
Breitenbach am Inn (A) 108 L
Breitenbergham (A) 109 K
Breitenbrunn (A) 113 B
Breitenegg (CH) 115 J
Breitenfeld an der Rittschein (A) 124 C
Breitenfurt (A) 112 C
Breitenhilm (A) 124 E
Breitenlee (A) 107 K
Breitenried (A) 104 K
Breitensee (A) 105 E
Breitenwang (A) 119 E
Breitsetten (A) 107 L
Bremgarten (CH) 115 L
Bremgarten (CH) 116 F
Brenden (A) 118 E
Breno (CH) 129 K
Bressaucourt (CH) 115 D
Bretstein (A) 111 K
Bretti (A) 112 D
Brettstein (A) 122 A
Bretzwil (CH) 115 F
Brienz (CH) 128 B
Brienz (CH) 129 C
Brig (CH) 128 H
Brione (CH) 129 G
Brissago (CH) 129 K
Brittnau (CH) 115 J
Brixen im Thale (A) 108 M
Brixlegg (A) 108 L
Broc (CH) 127 A
Broglio (CH) 129 D
Bromberg (A) 113 G
Bronschhofen (CH) 117 E
Bruck am Ziller (A) 120 B
Bruck an der Großglocknerstraße (A) 121 A
Bruck an der Leitha (A) 113 B
Bruck an der Mur (A) 112 K
Bruckdorf (A) 122 B
Brückl (A) 123 G
Bruck-Waasen (A) 104 L
Brügg (CH) 115 H
Brugg (CH) 116 E
Brülisau (CH) 117 J
Bründlehen (A) 111 B
Brunn (A) 106 D
Brunn (A) 110 G
Brunn (A) 124 H
Brunn an der Wild (A) 106 E
Brunnbach (A) 111 D
Brunnen (CH) 116 M
Brunnental (A) 110 J
Brunnenthal (A) 104 K
Brunni (CH) 117 K
Brunni (CH) 129 A
Brusio (CH) 130 J
Bruson (CH) 127 K
Brüttelen (CH) 115 K
Brütten (CH) 117 D
Brüttisellen, Wangen- (CH) 117 D
Bruzzela (CH) 129 L
Bschlabs (A) 119 D
Bubendorf (CH) 115 F
Bubikon (CH) 117 G
Buch (A) 109 B
Buch (A) 118 E
Buch (CH) 117 A
Buch am Irchel (CH) 117 A
Buch bei Jenbach (A) 120 A
Buchberg (CH) 116 C
Buchboden (A) 118 H
Bucheben (A) 121 B
Buchen im Prättigau (CH) 118 L
Buchenort (A) 110 G
Buch-Geiseldorf (A) 124 C
Buchholterberg (CH) 127 C
Buchkirchen (A) 110 C
Buchrain (CH) 116 J
Buchs (CH) 117 J
Buchs (Aargau) (CH) 116 E
Buchs (Zürich) (CH) 116 F
Buchschachen (A) 113 K
Buckten (CH) 115 F
Büel (CH) 116 H
Bühler (CH) 117 F
Buhwil (CH) 117 E
Bülach (CH) 116 F
Bulle (CH) 127 A
Bullet (CH) 114 M
Bumbach (CH) 127 C
Bundschuh (A) 122 E
Bunt (CH) 117 H
Bünzen (CH) 116 J
Buochs (CH) 116 M
Bure (CH) 115 D
Büren-an-der-Aare (CH) 115 H
Burg (A) 113 L
Burg (CH) 116 H
Burgau (A) 125 A
Burgdorf (CH) 115 M
Burgen (A) 118 E
Burgfried (A) 109 H
Burg im Leimental (CH) 115 E
Burgkirchen (A) 109 B
Bürglen (CH) 117 E
Bürglen (CH) 117 K
Burgstall (A) 120 B
Burk (A) 121 A
Bürmoos (A) 109 E
Büron (CH) 116 H
Bürs (A) 118 H
Bürserberg (A) 118 H
Bursinel (CH) 126 E
Büsserach (CH) 115 F
Bussigny (CH) 126 E
Busskirch (CH) 117 G
Bussnang (CH) 117 B
Bütschwil (CH) 117 E
Büttenhardt (CH) 117 A
Buttes (CH) 114 M
Buttisholz (CH) 116 H
Buttwil (CH) 116 J
Buus (CH) 115 F

C

Càbbio (CH) 129 L
Cabbiolo (CH) 129 H
Cadenazzo (CH) 129 G
Cadro (CH) 129 L
Calfreisen (CH) 117 M
Cama (CH) 129 H
Camana (CH) 129 B
Càmedo (CH) 128 J
Camignolo (CH) 129 K
Camischolas (CH) 129 A
Camperio (CH) 129 D
Campione d' Italia (CH) 129 K
Campo (CH) 128 J
Campo (CH) 129 D
Campocologno (CH) 130 J
Campsut (CH) 129 F
Camunc (CH) 129 B
Canéggio (CH) 129 L
Carena (CH) 129 H
Cari (CH) 129 D
Carouge (CH) 126 G
Carrouge (CH) 126 C
Cartigny (CH) 126 G
Casàccia (CH) 129 F
Castelrotto (CH) 129 K
Casti (CH) 129 C
Cauco (CH) 129 H
Cavaglia (CH) 130 J
Cavaione (CH) 130 J
Cavardiras (CH) 129 A
Celerina/Schlarigna (CH) 130 E
Celigny (CH) 126 E
Cerentino (CH) 128 J
Cernier (CH) 115 K
Certara (CH) 129 L
Cevio (CH) 128 J
Chalais (CH) 127 H
Cham (CH) 116 J
Chamoson (CH) 127 G
Champéry (CH) 126 J
Champex (CH) 127 K
Champfèr (CH) 130 E
Champvent (CH) 126 C
Chancy (CH) 126 G
Chandolin (CH) 127 J
Chants (CH) 130 B
Charmey (CH) 127 A
Charmoille (CH) 115 D
Charrat (CH) 127 G
Château d' Oex (CH) 127 D
Châtel-St-Denis (CH) 127 D
Châtonnaye (CH) 127 A
Chavornay (CH) 126 C
Chêne-Bourg (CH) 126 G
Chêne-Bourgeries (CH) 126 G
Cheseaux (CH) 126 F
Chevenez (CH) 115 D
Chevroux (CH) 115 K

A B C D E F G H I J K L M N O P Q R S T U V W X Y Z

Chexbres (CH) 126 F
Chiesa (CH) 129 E
Chippis (CH) 127 H
Chur (CH) 117 M
Churwalden (CH) 129 C
Cimadera (CH) 129 L
Cinuos-chel (CH) 130 C
Claro (CH) 129 H
Clavadel (CH) 130 B
Clavadi (CH) 129 A
Collonge (CH) 126 H
Cologna (CH) 130 J
Colombier (CH) 114 M
Comano (CH) 129 K
Combremont-le-Petit (CH) 126 C
Comologne (CH) 128 J
Compatsch (CH) 119 K
Compietto (CH) 129 D
Concise (CH) 114 M
Cons (CH) 129 B
Conters (CH) 118 L
Conthey (CH) 127 H
Coppet (CH) 126 G
Corbières (CH) 127 A
Corcelles (Bern) (CH) 115 H
Corgémont (CH) 115 G
Cortaillod (CH) 114 M
Cossonay (CH) 126 B
Cottens (CH) 126 E
Cottens (CH) 127 A
Courchapoix (CH) 115 E
Courgenay (CH) 115 D
Courrendlin (CH) 115 E
Courroux (CH) 115 E
Court (CH) 115 H
Courtelary (CH) 115 G
Courtemaiche (CH) 115 D
Courtepin (CH) 115 K
Cœuve (CH) 115 D
Couvet (CH) 114 M
Cozzera (CH) 129 D
Crans (CH) 127 H
Crassier (CH) 126 D
Crémines (CH) 115 H
Cresciano (CH) 129 H
Cressier (CH) 115 K
Cresta (CH) 129 F
Crésuz (CH) 127 A
Cröt (CH) 129 F
Crusch (CH) 130 C
Cudrefin (CH) 115 K
Cugnasco (CH) 129 G
Cugy (CH) 126 C
Cugy (CH) 127 A
Cully (CH) 126 F
Cunter (CH) 129 C
Curaglia (CH) 129 A
Curtins, Fex- (CH) 130 E

D

Dachsen (CH) 116 C
Dagmersellen (CH) 116 H
Dagro (CH) 129 E
Dalaas (A) 118 H
Dallenwil (CH) 116 M
Dällikon (CH) 116 F
Damtschach (A) 122 J
Damüls (A) 118 H
Damvant (CH) 115 D
Dandrio (CH) 129 E
Danielgütl (A) 111 D
Dardagny (CH) 126 G
Dardin (CH) 129 B
Därligen (CH) 127 C
Daro (CH) 129 H
Davesco-Soragno (CH) 129 L
Davos-Dorf (CH) 130 B
Davos (CH) 130 B
Davos-Platz (CH) 130 B
Dechantskirchen (A) 112 M
Degen (CH) 129 B
Degersheim (CH) 117 E
Deitingen (CH) 115 J
Delémont (CH) 115 E
Dellach (A) 121 H
Dellach (A) 122 H
Dellach im Drautal (A) 121 H
Demmeldorf (A) 112 J
Densbüren (CH) 116 E
Derendingen (CH) 115 J
Deutsch Ehrensdorf (A) 125 B
Deutschfeistritz (A) 124 B
Deutsch Goritz (A) 124 J
Deutsch Griffen (A) 122 F
Deutsch Haseldorf (A) 125 D
Deutsch Haslau (A) 113 C
Deutsch Jahrndorf (A) 113 C
Deutsch Kaltenbrunn (A) 125 A
Deutschkreutz (A) 113 H
Deutschlandsberg (A) 123 F
Deutsch Schützen (A) 125 B
Deutsch-Wagram (A) 107 L
Dicken (CH) 117 E
Diegten (CH) 115 F
Dielach (A) 122 F
Dielleiten (A) 110 H
Dielsdorf (CH) 116 F
Diemtigen (CH) 127 B
Dienten am Hochkönig (A) 109 L
Diepoldsau (CH) 117 F
Diersbach (A) 104 K
Diesse (CH) 115 G
Diessenhofen (CH) 117 A
Dietachdorf (A) 111 A
Dietersdorf am Gnasbach (A) 124 F
Dietikon (CH) 116 F
Dietmanns (A) 105 F
Dietmannsdorf (A) 111 K
Dietwil (CH) 116 J
Diex (A) 123 H
Digg (CH) 129 C
Dimbach (A) 105 L
Dinhard (CH) 117 A
Dintikon (CH) 116 E
Dirnbach (A) 111 D
Disentis/Mustér (CH) 129 A
Dittingen (CH) 115 E
Dobersberg (A) 106 A
Dobersdorf (A) 125 A
Dobl (A) 110 A
Dobldorf (A) 124 E
Döbling (A) 107 K
Döbriach (A) 122 H
Döllach (A) 110 M
Döllach (A) 121 D
Döllersheim (A) 106 G
Dölsach (A) 121 H
Domat/Ems (CH) 129 C
Dombresson (CH) 115 G
Dompierre (CH) 115 K
Donatyre (CH) 115 K
Donawitz (A) 112 K
Dongio (CH) 129 D
Donneloye (CH) 126 C
Donnersbach (A) 110 M
Donnersbachwald (A) 110 M
Donnerskirchen (A) 113 B
Doppleschwand (CH) 116 L
Doren (A) 118 E
Dorénaz (CH) 127 G
Dorf (A) 104 L
Dorf (A) 104 L
Dorf (A) 108 L
Dorf (A) 110 A
Dorf (A) 110 D
Dorf (A) 110 K
Dorf (CH) 117 A
Dorf an der Pram (A) 104 K
Dorfbeuern (A) 109 E
Dorfgastein (A) 121 B
Dorfheim (A) 109 K
Dorfibm (A) 109 E
Dörfji (CH) 130 B
Dörfl (A) 110 E
Dörfl im Burgenland (A) 113 H
Dörflingen (CH) 117 A
Dorfstetten (A) 105 L
Dormitz (A) 119 E
Dornach (CH) 115 F
Dornbirn (A) 118 E
Dotnacht (CH) 117 B
Dottikon (CH) 116 E
Döttingen (CH) 116 B
Dozwil (CH) 117 C
Drasenhofen (A) 107 D
Draßburg (A) 113 E
Draßmarkt (A) 113 H
Drobollach am Faaker See (A) 122 M
Droißendorf (A) 110 C
Drosendorf Stadt (A) 106 E
Drösing (A) 107 H
Dübendorf (CH) 117 D
Düdingen (CH) 115 K
Dulliken (CH) 116 E
Dundel (CH) 128 B
Dünnershaus (CH) 117 B
Düns (A) 118 H
Dünserberg (A) 118 H
Durchholzen (A) 108 J
Dürnau (A) 118 J
Dürnbach (A) 113 K
Dürnkrut (A) 107 H
Dürnstein (A) 106 L
Dürnten (CH) 117 G
Dürradmer (A) 112 G
Dürrboden (CH) 130 B
Dürrenäsch (CH) 116 E
Dürrenroth (CH) 115 J
Dürrstatt (A) 108 L
Dussnang (CH) 117 E
Duvin (CH) 129 B

E

Ebbs (A) 108 J
Eben (A) 110 E
Eben am Achensee (A) 108 K
Eben im Pongau (A) 110 K
Ebenau (A) 109 H
Ebenboden (A) 111 D
Ebene-Reichenau (A) 122 J
Ebenfurth (A) 113 D
Ebensee (A) 110 H
Ebenthal (A) 107 H
Ebenthal (A) 123 G
Eberau (A) 125 B
Ebergassing (A) 113 B
Eberl (A) 111 K
Eberndorf (A) 123 H
Eberschwang (A) 110 A
Ebersdorf (A) 106 K
Ebersdorf (A) 124 C
Eberstalzell (A) 110 B
Eberstein (A) 123 H
Ebikon (CH) 116 J
Ebligen (CH) 128 B
Ebnat-Kappel (CH) 117 H
Ebnit (A) 118 E
Ebreichsdorf (A) 113 A
Ebringen (CH) 117 A
Ecce Homo (CH) 117 K
Echallens (CH) 126 C
Echsenbach (A) 106 D
Eck (A) 110 H
Eckartsau (A) 107 L
Eckartsroith (A) 104 L
Ecublens (CH) 126 E
Edelsbach bei Feldbach (A) 124 C
Edelschrott (A) 123 F
Edern (A) 104 L
Edlach (A) 112 J
Edlbach (A) 111 G
Edling (A) 112 K
Edlitz Markt (A) 113 G
Edlitz (A) 125 B
Eferding (A) 104 M
Effingen (CH) 116 E
Effretikon-Illnau (CH) 117 D
Egenstein (A) 110 E
Egerkingen (CH) 115 F
Egg (A) 118 E
Egg (A) 122 A
Egg (A) 122 K
Egg (CH) 117 E
Egg (CH) 117 G
Eggelsberg (A) 109 B
Eggen (A) 123 G
Eggenberg (A) 104 K
Eggenberg (A) 124 B
Eggenburg (A) 106 E
Eggendorf (A) 106 H
Eggerding (A) 104 K
Eggern (A) 105 E
Eggersdorf bei Graz (A) 124 B
Eggersham (A) 104 K
Eggersriet (CH) 117 F
Eggerstanden (CH) 117 F
Eggiwil (CH) 115 M
Eglisau (CH) 116 C
Egliswil (CH) 116 E
Egnach (CH) 117 F
Ehenbichl (A) 119 D
Ehersdorf (A) 109 A
Ehrendingen (CH) 116 F
Ehrendorf (A) 110 E
Ehrenhausen (A) 124 H
Ehrenschachen (A) 113 K
Ehrwald (A) 119 E
Eiberg (A) 108 M
Eibesbrunn (A) 107 K
Eibesthal (A) 107 D
Eibing (A) 109 K
Eibiswald (A) 124 G
Eichberg (A) 112 M
Eichberg (CH) 117 F
Eichenberg (A) 118 E
Eichenbrunn (A) 107 D
Eichfeld (A) 124 J
Eigenthal (CH) 116 L
Eiken (CH) 116 E
Einach (A) 122 F
Einigen (CH) 127 C
Einsiedeln (CH) 117 G
Eischoll (CH) 127 J
Eisenberg (A) 125 B
Eisenbirn (A) 104 K
Eisenerz (A) 111 H
Eisenhüttl (A) 125 A
Eisenkappel-Vellach (A) 123 K
Eisenstadt (A) 113 E
Eisentratten (A) 122 E
Eisgarn (A) 105 B
Eisping (A) 109 E
Eitzenberg (A) 110 B
Eitzing (A) 110 A
Eizendorf (A) 111 B
Elbigenalp (A) 119 G
Elixhausen (A) 109 E
Ellbögen (A) 120 A
Ellenbogen (A) 118 E
Ellenbogen (A) 118 J
Ellighausen (CH) 117 B
Ellmau (A) 108 M
Ellmau (A) 110 G
Elm (CH) 117 L
Elmen (A) 119 D
Els (A) 106 G
Elsau (CH) 117 D
Elsbethen (A) 109 H
Elsenreith (A) 106 K
Eltendorf (A) 125 A
Embach (A) 121 B
Embrach (CH) 117 D
Emmen (CH) 116 J
Emmenbrücke (CH) 116 L
Emmersdorf an der Donau (A) 106 K
Endingen (CH) 116 F
Enge (A) 119 D
Engelberg (CH) 128 C
Engelhartstetten (A) 107 L
Engelhartszell (A) 104 L
Ennenda (CH) 19 L
Engi (CH) 117 L
Ennetaach (CH) 117 B
Ennetbaden (CH) 116 F
Ennetbürgen (CH) 116 M
Enns (A) 111 A
Ennsdorf (A) 111 A
Entache (A) 109 G
Entbruck (A) 119 G
Entlebuch (CH) 116 L
Envelier (CH) 115 E
Enzenbachmühle (A) 110 F
Enzersberg (A) 109 E
Enzersdorf (A) 123 A
Enzersdorf an der Fischa (A) 113 B
Enzersdorf im Thale (A) 107 G
Enzersfeld (A) 107 K
Enzingerboden (A) 121 A
Epalinges (CH) 126 F
Epiquerez (CH) 115 D
Eptingen (CH) 115 F
Erb (A) 110 D
Erdberg (A) 107 E
Erdleiten (A) 105 K
Eriswil (CH) 115 J
Eriz (CH) 127 C
Erl (A) 108 J
Erlach (A) 113 D
Erlach (A) 120 B
Erlach (CH) 115 K
Erlauf (A) 112 A
Erlen (CH) 117 E
Erlenbach (CH) 116 J
Erlenbach (CH) 127 B
Erlsbach (A) 120 F
Ermatingen (CH) 117 B
Ermensee (CH) 116 H
Ermenswil (CH) 117 G
Ernen (CH) 128 E
Ernstbrunn (A) 107 G
Ernsthofen (A) 111 A
Ernsting (A) 109 D
Erpfendorf (A) 108 M
Erschwil (CH) 115 E
Erstfeld (CH) 129 A
Ertl (A) 111 D
Eschelberg (A) 104 M
Eschen (FL) 117 J
Eschenau (A) 112 B
Eschenau im Hausruckkreis (A) 104 L
Eschenbach (CH) 116 H
Eschenbach (CH) 117 G
Eschenz (CH) 117 A
Eschlikon (CH) 117 D
Escholzmatt (CH) 115 M
Eselsberg (A) 122 C
Essertines (CH) 126 C
Essling (A) 107 L
Estavayer-le-Lac (CH) 114 M
Esternberg (A) 104 G
Etmißl (A) 112 G
Etsdorf am Kamp (A) 106 H
Ettendorf (A) 123 J
Ettenhausen (CH) 117 D
Ettingen (CH) 115 F
Ettiswil (CH) 116 H
Etzen (A) 105 H
Etzersdorf (A) 124 C
Etzgen (CH) 116 B
Eugendorf (A) 109 E
Euratsfeld (A) 111 B
Euthal (CH) 117 G
Evionnaz (CH) 127 G
Evolène (CH) 127 L
Eywald (CH) 127 B

F

Faak am See (A) 122 M
Fachwerk (A) 111 H
Fahrwangen (CH) 116 H
Fahy (CH) 115 D
Faido (CH) 129 D
Faistenau (A) 110 G
Falera (CH) 129 B
Falkenstein (A) 107 D
Falkert (A) 122 E
Fallbach (A) 107 D
Fallegg (A) 123 F
Fallenbach (A) 118 E
Fälmis (CH) 117 D
Fankhaus (CH) 115 M
Fanning (A) 122 B
Färnigen (CH) 128 C
Fasching (A) 111 L
Fehraltorf (CH) 117 D
Fehring (A) 125 D
Feichsen (A) 112 A
Feichten (A) 119 L
Feistritz (A) 123 D
Feistritz am Wechsel (A) 112 J
Feistritz an der Drau (A) 122 H
Feistritz an der Gail (A) 122 L
Feistritz bei Knittelfeld (A) 111 L
Feistritz im Rosental (A) 122 M
Feistritz ob Bleiburg (A) 123 L
Feistritzwald (A) 112 J
Feitzing (A) 110 A
Felben (A) 121 A
Feld (A) 121 D
Feld am See (A) 122 H
Feldbach (A) 124 F
Feldbach (CH) 117 G
Feldis/Veulden (CH) 129 C
Feldkirch (A) 118 G
Feldkirchen an der Donau (A) 104 M
Feldkirchen bei Graz (A) 124 E
Feldkirchen bei Mattighofen (A) 109 B
Feldkirchen in Kärnten (A) 122 J
Felixdorf (A) 113 D
Fell (A) 122 B
Fellach (A) 122 H
Fels am Wagran (A) 106 J
Felsberg (CH) 117 M
Felsenau (A) 118 G
Ferlach (A) 123 K
Ferleiten (A) 121 A
Ferndorf (A) 122 H
Fernitz (A) 124 E
Ferpécle (CH) 127 L
Ferret (CH) 127 K
Ferschnitz (A) 111 B
Feßnach (A) 123 A
Feutersoey (CH) 127 D
Fey (CH) 126 C
Fidaz (CH) 117 L
Fideris (CH) 118 L
Fieberbrunn (A) 109 K
Fiesch (CH) 128 E
Filisur (CH) 130 B
Filzmoos (A) 110 K
Finhaut (CH) 127 K
Finkenberg (A) 120 B
Finkenstein (A) 122 M
Finsterwald (CH) 116 L
Finzenebengegend (A) 111 F
Fionnay (CH) 127 L
Fischamend (A) 113 B
Fischanger (A) 118 E
Fischbach (A) 108 J
Fischbach (A) 112 L
Fischenthal (CH) 117 D
Fisching (A) 123 B
Fischingen (CH) 117 D
Fischleinboden (A) 120 L
Fislisbach (CH) 116 F
Fiss (A) 119 K
Flaach (CH) 117 A
Flachau (A) 110 K
Fladnitz an der Teichalpe (A) 112 L
Flamatt (CH) 115 L
Fläsch (CH) 117 M
Flaschberg (A) 121 H
Flattach (A) 121 E
Flattnitz (A) 122 F
Flawil (CH) 117 E
Flecken (A) 109 K
Flerden (CH) 129 C
Fleurier (CH) 114 M
Fließ (A) 119 G
Flims/Flem (CH) 129 B
Flirsch (A) 119 G
Floing (A) 112 M
Flüelen (CH) 117 K
Flüh, Hofstetten- (CH) 115 E
Flühli (CH) 116 L
Flumenthal (CH) 115 H
Flums (CH) 117 J
Fohnsdorf (A) 123 B
Fontana (CH) 128 J
Fontanella (A) 118 H
Forchach (A) 119 D
Forchtenau (A) 113 D
Fornach (A) 110 D
Foroglio (CH) 128 F
Föbing (A) 123 G
Förolach (A) 122 G
Fötschach (A) 124 H
Forst (A) 123 E
Forstau (A) 110 L
Forstern (A) 110 D
Fraham (A) 104 M
Frankenau (A) 113 H
Frankenburg am Hausruck (A) 110 A
Frankenfels (A) 112 A
Frankenmarkt (A) 110 D
Franking (A) 109 E
Frantschach (A) 123 E
Franzen (A) 106 G
Franzenreith (A) 111 B
Franzensdorf (A) 107 L
Frasnacht (CH) 117 F
Frastanz (A) 118 G
Fraubrunnen (CH) 115 H
Frauenberg (A) 111 G
Frauenberg (A) 112 L
Frauenburg (A) 123 A
Frauendorf (A) 106 J
Frauenfeld (CH) 117 A
Frauenkirch (CH) 130 B
Frauenkirchen (A) 113 F
Frauenstein (A) 109 B
Frauenstein (A) 110 F
Frauental an der Laßnitz (A) 123 F
Fraurling (A) 119 J
Frauschereck (A) 110 A
Fraxern (A) 118 E
Freienbach (CH) 117 J
Freienstein-Teufen (CH) 116 F
Freiland (A) 112 B
Freiland bei Deutschlandsberg (A) 123 F
Freiling (A) 110 A
Frein an der Mürz (A) 112 E
Freinberg (A) 104 G
Freirell (A) 104 L
Freistadt (A) 105 G
Fresach (A) 122 H
Fresing (A) 124 H
Fribourg/Freiburg (CH) 115 K
Frick (CH) 116 E
Friedauwerk (A) 112 K
Friedberg (A) 113 K
Friedburg (A) 109 E
Friedersbach (A) 106 G
Friesach (A) 123 D
Frieswil (CH) 115 L
Fritzenz (A) 120 A
Frödenegg (A) 119 G
Frohnleiten (A) 112 K
Froideville (CH) 126 C
Frojach (A) 123 A
Frühwärts (A) 106 D
Frümsen (CH) 117 J
Frutigen (CH) 127 F
Ftan (CH) 130 C
Fuckern (A) 109 E
Fucking (A) 109 D
Fügen (A) 120 B
Fügenberg (A) 120 B
Fuglau (A) 106 H
Fuldera (CH) 131 A
Fulenbach (CH) 115 J
Füllinsdorf (CH) 115 F
Full-Reuenthal (CH) 116 B
Fully (CH) 127 G
Fulpmes (A) 119 J
Fuorns (CH) 129 A
Furggels (CH) 117 M
Furna (CH) 118 K
Fürnitz (A) 122 L
Fürstenfeld (A) 125 A
Fürth (A) 121 A
Furth an der Triesting (A) 112 C
Furth bei Göttweig (A) 106 L
Fusch an der Großglocknerstraße (A) 121 A
Fuschl am See (A) 110 G
Fusio (CH) 129 D
Fußach (A) 118 D

G

Gaaden (A) 113 A
Gaal (A) 123 B
Gaas (A) 125 B
Gabersdorf (A) 124 E
Gablitz (A) 107 K
Gadaunern (A) 121 B
Gadmen (CH) 128 C
Gaflenz (A) 111 E
Gähwil (CH) 117 E
Gaicht (A) 119 D
Gaienhofen (CH) 117 A
Gainfarn (A) 113 A
Gais (CH) 117 F
Gaisbach (A) 105 K
Gaisberg (A) 123 D
Gaisfeld (A) 123 F
Gaishorn am See (A) 111 K
Gaißau (A) 109 H
Gaißau (A) 118 D
Galgenuel (A) 118 L
Gallbrunn (A) 113 B
Gallenkirch (CH) 116 E
Gallizien (A) 123 K
Gallneukirchen (A) 105 K
Gallspach (A) 104 L
Gallspach (A) 110 B
Gallzein (A) 120 A
Galtür (A) 118 M
Gaming (A) 112 D
Gamlitz (A) 124 H
Gampel (CH) 127 J
Gampelen (CH) 115 K
Gampern (A) 110 D
Gams (CH) 117 J
Gams bei Hieflau (A) 111 H
Gams ob Frauental (A) 123 F
Gamser Berg (CH) 117 J
Gansbach (A) 106 L
Gänsbrunnen (CH) 115 H
Ganser (A) 123 A
Gänserndorf (A) 107 L
Gansingen (CH) 116 E
Ganterschwil (CH) 117 E
Gappen (A) 110 K
Garanas (A) 123 J
Gargellen (A) 118 L
Garnei (A) 109 H
Gars am Kamp (A) 106 H
Garsten (A) 111 A
Gaschurn (A) 118 M
Gasen (A) 112 L
Gasenzen (CH) 117 J
Gaspoltshofen (A) 110 B
Gasse (A) 119 F
Gasteig (A) 109 H
Gastern (A) 106 D
Gattendorf (A) 113 C
Gattern (A) 104 G
Gaweinstal (A) 107 G
Gebenstorf (CH) 116 E
Geboltskirchen (A) 110 A
Gehren (A) 118 J
Geiersberg (A) 110 A
Geinberg (A) 110 A
Geiss (CH) 116 H
Geistthal (A) 123 C
Gelterkinden (CH) 115 F
Gemeinlebarn (A) 106 M
Genève/Genf (CH) 126 G
Genthod (CH) 126 G
Geras (A) 106 E
Gerasdorf bei Wien (A) 107 K
Gerersdorf (A) 106 L
Gerersdorf (A) 125 A
Geretsberg (A) 109 B
Gerlafingen (CH) 115 H
Gerlikon (CH) 117 D
Gerling (A) 109 K
Gerlos (A) 120 B
Gerlosberg (A) 120 B
Gerra (CH) 129 G
Gerra (CH) 129 K
Gersau (CH) 116 M
Gettnau (CH) 116 H
Gettsdorf (A) 106 J
Gföhl (A) 106 G
Gibswil (CH) 117 D
Gießelsdorf Frutten (A) 124 F
Giez (CH) 126 C
Giffers (CH) 127 A
Gigerwald (CH) 117 M
Giggl (A) 119 G
Gilgenberg am Weilhart (A) 109 B
Gilly (CH) 126 E
Gimel (CH) 126 E
Gimplach (A) 111 L
Gimpling (A) 109 B
Gingins (CH) 126 D
Ginshöring (A) 109 B
Ginzldorf (A) 104 K
Ginzling (A) 120 E
Giornico (CH) 129 D
Giswil (CH) 116 L
Giubiasco (CH) 129 H
Gland (CH) 126 E
Glanegg (A) 122 J
Glanhofen (A) 122 J
Glanz an der Weinstraße (A) 124 H
Glaris (CH) 130 B
Glarus (CH) 117 L
Glashütten (A) 123 F
Glattfelden (CH) 116 C
Glaubendorf (A) 106 J
Glein (A) 123 B
Gleink (A) 111 A
Gleinstätten (A) 124 H
Gleisdorf (A) 124 C
Gletsch (CH) 128 F
Globasnitz (A) 123 L
Glödnitz (A) 122 F
Gloggnitz (A) 112 J
Glovelier (CH) 115 D
Gmeinedt (A) 104 K
Gmünd (A) 105 E
Gmünd (A) 122 D
Gmunden (A) 110 E
Gnadendorf (A) 107 D
Gnadenwald (A) 120 A
Gnas (A) 124 F
Gnesau (A) 122 J
Gnigl (A) 109 H
Goberling (A) 113 K
Gobrechtsham (A) 110 A
Goding (A) 123 J
Göfis (A) 118 G
Going am Wilden Kaiser (A) 108 M
Goldach (CH) 117 F
Goldau (CH) 116 M
Goldegg (A) 121 B
Goldgut (A) 111 D
Goldingen (CH) 117 H
Goldwörth (A) 104 M
Göllersdorf (A) 106 J
Golling an der Salzach (A) 109 H
Gollion (CH) 126 B
Gollrad (A) 112 G
Gols (A) 113 C
Göltschach (A) 123 K
Göming (A) 109 E
Gommiswald (CH) 117 H
Gondiswil (CH) 115 J
Gondo (CH) 128 H
Gonten (CH) 117 F
Gontenschwil (CH) 116 H
Göpfritz an der Wild (A) 106 D
Göpfritzschlag (A) 106 D
Goppenstein (CH) 127 F
Gopperding (A) 104 K
Gordevio (CH) 129 G
Gordola (CH) 129 G

Göriach (A) 122 B
Görtschach (A) 122 K
Gosau (A) 110 G
Gosauzwang (A) 110 H
Göschenen (CH) 128 C
Gosdorf (A) 124 J
Gösing (A) 106 H
Gösing an der Mariazeller Bahn (A) 112 D
Göß (A) 112 K
Gossau (CH) 117 E
Gossau (Zürich) (CH) 117 G
Gösseling (A) 123 G
Gösselsdorf (A) 123 L
Gößgraben (A) 111 L
Gößl (A) 110 H
Göstling an der Ybbs (A) 111 E
Göttlesbrunn-Arbesthal (A) 113 B
Götzendorf (A) 123 A
Götzendorf an der Leitha (A) 113 B
Götzis (A) 118 D
Goumois (CH) 115 G
Graben (CH) 115 J
Grabern (A) 106 J
Gräbern (A) 123 E
Grabs (CH) 117 J
Grächen (CH) 127 J
Graden (A) 123 C
Grades (A) 123 D
Gradnitz (A) 105 J
Grafenbach (A) 112 J
Grafenbach (A) 123 H
Grafenberg (A) 106 H
Grafenberg (A) 121 E
Grafendorf (A) 121 H
Grafendorf (A) 123 D
Grafendorf bei Hartberg (A) 112 M
Grafenschachen (A) 113 K
Grafenschlag (A) 106 G
Grafenstein (A) 123 G
Grafenweg (A) 108 L
Grafenwörth (A) 106 L
Grainbrunn (A) 106 G
Gramais (A) 119 G
Gramastetten (A) 104 M
Gramatneusiedl (A) 113 B
Grametten (A) 105 B
Grämigen (CH) 117 E
Gramler (A) 109 K
Grän (A) 119 D
Grandcour (CH) 115 K
Grandson (CH) 126 C
Grandvillard (CH) 127 D
Granges (CH) 127 A
Granges (CH) 127 H
Gränichen (CH) 116 E
Graßnitz (A) 112 G
Gratkorn (A) 124 B
Gratwein (A) 124 A
Graz (A) 124 B
Greifenburg (A) 122 G
Greifensee (CH) 117 D
Greifenstein (A) 107 K
Grein (A) 105 L
Greißenfeld (A) 113 G
Greith (A) 112 G
Grellingen (CH) 115 F
Grenchen (CH) 115 H
Gresten (A) 111 B
Greutschach (A) 123 H
Gries (A) 110 G
Gries (A) 119 H
Gries (A) 121 B
Gries (A) 124 B
Gries am Brenner (A) 120 D
Gries im Sellrain (A) 119 J
Griesbach (A) 105 H
Griesenau (A) 108 M
Grieskirchen (A) 110 B
Griffen (A) 123 H
Grillenberg (A) 112 F
Grillham (A) 109 B
Grimentz (CH) 127 H
Grimmenstein (A) 113 G
Grindel (CH) 115 E
Grindelwald (CH) 128 B
Grins (A) 119 G
Grinzens (A) 119 J
Grinzing (A) 107 K
Griosch (CH) 118 M
Gröbming (A) 110 L
Grödig (A) 109 H
Groißenbrunn (A) 107 L
Grolley (CH) 115 K
Grono (CH) 129 H
Gross (CH) 117 G
Großaigen (A) 110 E
Großarl-Markt (A) 122 A
Großau (A) 106 E
Grossdietwil (CH) 115 J
Großdorf (A) 112 G
Großdorf (A) 118 E
Großdorf (A) 121 D
Großeberharts (A) 106 D
Großellmau (A) 122 A
Groß Engersdorf (A) 107 L
Grossenschwendt (A) 110 D
Groß-Enzersdorf (A) 107 L
Großfeistritz (A) 123 B
Groß-Gerungs (A) 105 H
Großglobnitz (A) 105 J
Großgmain (A) 109 H
Großgöttfritz (A) 106 G
Großharras (A) 107 D
Großhartberg (A) 120 B
Großhartmannsdorf (A) 124 C
Grosshöchstetten (CH) 115 M
Großhöflein (A) 113 E
Großinzersdorf (A) 107 H
Großkirchheim (A) 121 E
Großklein (A) 124 H
Großkrut (A) 107 E
Großlobming (A) 123 B
Großmärz (A) 120 B
Großmugl (A) 107 G
Großmürbisch (A) 125 A
Großotten (A) 105 H
Großpesendorf (A) 124 C
Großpetersdorf (A) 113 K
Großpichl (A) 104 K
Groß-Radischen (A) 105 B
Großraming (A) 111 D
Großreifling (A) 111 H
Großreinprechts (A) 106 G
Großriedenthal (A) 106 J
Großrußbach (A) 107 G
Groß Sankt Florian (A) 124 E
Großschönau (A) 105 H
Großschweinbarth (A) 107 H
Groß-Siegharts (A) 106 D
Großsölk (A) 110 M
Großsteinbach (A) 124 C
Großstelzendorf (A) 106 J
Großstübing (A) 123 C
Großtaxen (A) 106 A
Großtraberg (A) 104 J
Großveitsch (A) 112 H
Großvolderberg (A) 120 A
Grosswangen (CH) 116 H
Großwarasdorf (A) 113 H
Großweikersdorf (A) 106 J
Großweißenbach (A) 106 G
Großwilfersdorf (A) 125 A
Gruben (A) 122 E
Gruben (CH) 127 J
Gruberberg (A) 108 M
Grünau im Almtal (A) 110 F
Grünbach (A) 105 G
Grünbach am Schneeberg (A) 112 F
Grünburg (A) 110 F
Grundlsee (A) 110 H
Grüningen (CH) 117 G
Grüsch (CH) 117 M
Gruyères (CH) 127 D
Gryon (CH) 127 G
Gschaidt (A) 113 G
Gscheid (A) 112 E
Gschnitz (A) 119 M
Gschwand (A) 110 G
Gschwendt (A) 110 G
Gschwent (A) 119 E
Gseng (A) 110 K
Gstaad (CH) 127 E
Gstaig (A) 109 E
Gstatterboden (A) 111 G
Gsteig (CH) 127 E
Guarda (CH) 130 C
Guggisberg (CH) 127 B
Gümlingen (CH) 115 L
Gümmenen (CH) 115 L
Gumpoldskirchen (A) 113 A
Gundertshausen (A) 109 B
Gündisau (CH) 117 D
Gunglgrün (A) 119 G
Günselsdorf (A) 113 A
Gunskirchen (A) 110 B
Guntersdorf (A) 106 F
Guntershausen bei Aadorf (CH) 117 D
Guntramsdorf (A) 113 A
Gunzenberg (A) 123 D
Gunzgen (CH) 115 F
Gurk (A) 123 D
Gurmels (CH) 115 K
Gurten (A) 110 A
Gurtis (A) 118 G
Gurtnellen (CH) 129 A
Güssing (A) 125 A
Gußwerk (A) 112 D
Gutau (A) 105 K
Gutenbrunn (A) 105 M
Gutenbrunn (A) 106 L
Gutenstein (A) 112 F
Gütle (A) 118 E
Gutschau (A) 119 D
Guttannen (CH) 128 C
Guttaring (A) 123 D
Guttaringberg (A) 123 D
Güttenbach (A) 125 A
Güttingen (CH) 117 B
Gwiggen (A) 119 H

H

Haag (A) 111 A
Haag (A) 111 K
Haag (CH) 117 J
Haag am Hausruck (A) 110 A
Habach (A) 120 C
Habernau (A) 110 J
Habichen (A) 119 H
Habkern (CH) 127 C
Habruck (A) 106 K
Habsburg (CH) 116 E
Hachau (A) 110 L
Hackendorf (A) 104 L
Hadermarkt (A) 109 A
Hadersdorf am Kamp (A) 106 H
Hadres (A) 106 F
Häfelfingen (CH) 115 F
Hafendorf (A) 112 K
Hafnerbach (A) 106 L
Hagen (A) 112 D
Hagen (A) 118 E
Hagenau (A) 109 B
Hagenberg (A) 107 D
Hagenbuch (CH) 117 D
Hagendorf (CH) 115 F
Hagenmühle (A) 110 E
Hagensdorf im Burgenland (A) 125 B
Hägerau (A) 118 J
Haggen (CH) 117 F
Häggenschwil (CH) 117 E
Haibach ob der Donau (A) 104 L
Haider (A) 122 F
Haidershofen (A) 111 A
Haigermoos (A) 109 D
Haimburg (A) 123 H
Haiming (A) 119 H
Haimingerberg (A) 119 H
Hain (A) 106 L
Hainberg (A) 112 A
Hainburg an der Donau (A) 107 M
Haindorf (A) 112 B
Hainersdorf (A) 124 C
Hainfeld (A) 112 C
Hainzl (A) 111 K
Haitzendorf (A) 106 H
Halbenrain (A) 124 J
Halbmil (CH) 117 J
Halbturn (A) 113 F
Haldensee (A) 119 D
Haldenstein (CH) 117 M
Hall (A) 111 G
Hall in Tirol (A) 120 A
Hallau (CH) 116 C
Hallein (A) 109 H
Hallenstein (A) 109 G
Hallinger (A) 122 C
Hallstatt (A) 110 L
Hallwil (CH) 116 E
Hammer (A) 111 E
Handenberg (A) 109 B
Hanfthal (A) 107 D
Hangöbl (A) 109 B
Hankham (A) 109 E
Hannebauer (A) 122 F
Hanzing (A) 104 G
Harbach (A) 105 E
Harbach (A) 121 B
Hard (A) 118 E
Hard (CH) 116 E
Hardegg (A) 106 E
Hardegg (A) 124 H
Hargelsberg (A) 111 A
Harham (A) 109 K
Haringsee (A) 107 L
Harland (A) 112 B
Harmannsdorf (A) 107 G
Harmanschlag (A) 105 H
Harpoint (A) 110 D
Harrachstal (A) 105 G
Hart (A) 104 K
Hart (A) 111 H
Hartberg (A) 112 M
Harth (A) 106 E
Hart im Zillertal (A) 120 B
Hartkirchen (A) 104 M
Hartlmühl (A) 111 A
Haselbach (A) 104 H
Haselbach (A) 120 B
Haselbach bei Weiz (A) 124 B
Häselgehr (A) 119 D
Haselreith (A) 109 B
Haslach an der Mühl (A) 104 J
Haslau (A) 105 E
Haslau (A) 109 B
Haslau (A) 110 D
Haslau (A) 113 B
Hasle (CH) 115 M
Hasle (CH) 116 L
Haslen (CH) 117 L
Haslen, Schlatt- (CH) 117 F
Haßbach (A) 112 J
Häternach (A) 119 D
Hatting (A) 119 J
Hatzendorf (A) 125 D
Haugschlag (A) 105 B
Haugsdorf (A) 106 F
Hauning (A) 108 M
Hauptsee (CH) 117 G
Hauptwil (CH) 117 E
Haus (A) 108 L
Haus (A) 110 L
Hausbrunn (A) 107 E
Hausen am Albis (CH) 116 J
Hauserding (A) 109 B
Hausleiten (A) 106 M
Häusling (A) 120 E
Hausmannstätten (A) 124 E
Hausruckedt (A) 110 A
Haute Nendaz (CH) 127 H
Heckenau (A) 110 E
Hedingen (CH) 116 J
Hegnau (CH) 117 D
Hehenberg (A) 110 B
Heiden (CH) 117 F
Heidenreichstein (A) 105 E
Heilbrunn (A) 112 L
Heiligenblut (A) 121 D
Heiligenbrunn (A) 125 B
Heiligenkreuz (A) 125 A
Heiligenkreuz am Waasen (A) 124 E
Heiligenschwendi (CH) 127 C
Heiligenstadt (A) 109 E
Heiligkreuz (A) 119 L
Heiligkreuz (CH) 128 H
Heimberg (CH) 127 C
Heimisbach (CH) 115 M
Heimiswil (CH) 116 G
Heimschuh (A) 124 H
Heinreichs (A) 106 D
Heinrichs (A) 105 E
Heinrichsbrunn (A) 105 K
Heitenried (CH) 127 B
Heiterwang (A) 119 E
Helfenberg (A) 104 J
Hellbühl (CH) 116 H
Hellmonsödt (A) 104 M
Hellsau (CH) 115 J
Helpfau-Uttendorf (A) 109 B
Hemberg (CH) 117 H
Hemishofen (CH) 117 A
Hemmental (CH) 116 C
Hemmiken (CH) 115 F
Henggart (CH) 117 A
Henndorf am Wallersee (A) 109 E
Hennersdorf (A) 113 L
Henntal (A) 108 M
Herbetswil (CH) 115 H
Herbstheim (A) 109 B
Herdern (CH) 117 A
Hérémence (CH) 127 H
Hergiswil (CH) 116 H
Hergiswil (CH) 116 M
Herisau (CH) 117 E
Hermagor (A) 122 K
Hermance (CH) 126 H
Hernals (A) 107 K
Hernstein (A) 112 F
Herrenhäuser (A) 120 A
Herrenhof (CH) 117 B
Herrliberg (CH) 117 G
Herrnbaumgarten (A) 107 E
Hertenstein (CH) 116 M
Herznach (CH) 116 E
Herzogberg (A) 123 F
Herzogbirbaum (A) 107 G
Herzogenbuchsee (CH) 115 J
Herzogenburg (A) 106 L
Herzogsdorf (A) 104 M
Hettlingen (CH) 117 A
Heufurth (A) 106 E
Hieflau (A) 111 H
Hiesendorf (A) 111 A
Hietzing (A) 107 K
Hildisrieden (CH) 116 H
Hilterfingen (CH) 127 C
Himberg (A) 113 A
Himmelberg (A) 122 J
Himmelried (CH) 115 F
Hindelbank (CH) 115 L
Hinteralm (A) 123 A
Hinteranger (A) 104 H
Hinterberg (A) 108 L
Hinterberg (A) 110 J
Hinterberg (A) 120 B
Hinterberg (CH) 117 M
Hinterbichl (A) 120 F
Hinterburg (A) 123 A
Hinterecker (A) 112 K
Hinterglemm, Saalbach- (A) 109 K
Hintergoldingen (CH) 117 H
Hintergöriach (A) 122 B
Hinterhornbach (A) 119 D
Hinterkleinarl (A) 122 A
Hinterlobming (A) 112 K
Hinternaßwald (A) 112 E
Hinterrhein (CH) 129 E
Hinterriß (A) 108 K
Hinterschlagen (A) 110 A
Hintersee (A) 110 G
Hinterstoder (A) 110 J
Hintertal (A) 110 K
Hinterthal (A) 109 K
Hinterthal (A) 109 L
Hinterthal (CH) 117 K
Hintertux (A) 120 D
Hinterwildalpen (A) 111 H
Hinterwinkl (A) 109 H
Hinwil (CH) 117 G
Hippersdorf (A) 106 J
Hirm (A) 113 E
Hirschau (A) 118 E
Hirschbach (A) 105 E
Hirschbach im Mühlkreis (A) 105 G
Hirschbichl (A) 109 K
Hirschegg (A) 118 F
Hirschegg-Rein (A) 123 E
Hirschthal (CH) 116 E
Hirschwang an der Rax (A) 112 F
Hirt (A) 123 D
Hirtenberg (A) 113 A
Hirzel (CH) 116 J
Hittisau (A) 118 E
Hittnau (CH) 117 D
Hitzendorf (A) 124 A
Hitzkirch (CH) 116 J
Höbach (A) 110 J
Hochburg-Ach (A) 109 A
Hochdorf (CH) 116 H
Hocheck (A) 110 D
Hochegg (A) 113 G
Hochfeistritz (A) 123 H
Hochfilzen (A) 109 K
Hochfügen (A) 120 A
Hochgallmigg (A) 119 G
Hochgurgl (A) 119 L
Hochhäuser (A) 120 A
Hoch-Kraml (A) 104 H
Hochkrumbach (A) 118 J
Hochleithen (A) 107 G
Hochneukirchen (A) 113 G
Hochpillberg (A) 120 A
Hochrindl (A) 122 F
Hochsölden (A) 119 L
Höchst (A) 118 D
Hochstraß (A) 112 C
Hochwolkersdorf (A) 113 G
Hof (A) 104 K
Hof (A) 110 K
Hof (A) 118 E
Hof am Leithaberge (A) 113 B
Hof bei Salzburg (A) 109 H
Höfen (A) 119 D
Höfen (CH) 116 J
Hofen (CH) 117 A
Hofkirchen an der Trattnach (A) 110 B
Hofkirchen im Mühlkreis (A) 104 L
Hofkirchen im Traunkreis (A) 111 A
Höflein (A) 113 B
Hofrotte (A) 111 F
Hofstatt (CH) 115 J
Hofstetten (A) 112 B
Höggen (A) 110 K
Hohenau (A) 107 E
Hohenau an der Raab (A) 112 L
Höhenberg (A) 105 E
Hohenberg (A) 112 E
Hohenbrugg (A) 125 D
Hoheneich (A) 105 E
Hohenems (A) 118 E
Hohenruppersdorf (A) 107 H
Hohentauern (A) 111 K
Hohenwarth (A) 106 J
Hohenweiler (A) 118 B
Hohenzell (A) 110 A
Höhnhart (A) 109 B
Holderbank (CH) 115 F
Holderbank (CH) 116 E
Hollabrunn (A) 106 J
Hollenburg (A) 106 L
Hollenstein an der Ybbs (A) 111 E
Hollenthon (A) 113 G
Hollersbach im Pinzgau (A) 120 C
Hölstein (CH) 115 F
Holz (A) 119 D
Holzgau (A) 118 J
Holzham (A) 110 B
Holzhausen (A) 109 D
Hölzing (A) 104 L
Holzöster (A) 109 D
Holzschlag (A) 113 K
Hombrechtikon (CH) 117 G
Hönigthal (A) 124 B
Hopfgarten im Brixental (A) 108 M
Hopfgarten in Defereggen (A) 121 D
Hopfing (A) 110 F
Hopfreben (A) 118 J
Höpperg (A) 119 H
Hörbach (A) 110 B
Hörbranz (A) 118 B
Hörbrunn (A) 108 L
Hörersdorf (A) 107 D
Hörgasgraben (A) 123 C
Horgen (CH) 116 J
Hörhausen, Gündelhart- (CH) 117 B
Horitschon (A) 113 H
Horn (A) 106 E
Horn (CH) 117 F
Hörndl (A) 109 A
Hornstein (A) 113 D
Hornussen (CH) 116 E
Horrenbach (CH) 127 C
Hörsching (A) 110 C
Horw (CH) 116 M
Hörzendorf (A) 123 G
Hospental (CH) 128 C
Hötschdorf (A) 124 D
Hötzelsdorf (A) 106 E
Hub (A) 104 K
Huben (A) 119 L
Huben (A) 121 D
Hummersdorf (A) 121 A
Hundsdorf (A) 121 B
Hundsheim (A) 107 M
Hundwil (CH) 117 F
Hünenberg (CH) 116 J
Hüntwangen (CH) 116 C
Hurden (CH) 117 G
Hürm (A) 112 A
Hüttau (A) 110 K
Hütte (A) 108 J
Hütten (A) 109 K
Hütten (CH) 117 G
Hüttenberg (A) 123 D
Hüttlingen (CH) 117 B
Hüttschlag (A) 122 A
Huttwil (CH) 115 J
Hüttwilen (CH) 117 A

I

Ibm (A) 109 B
Ifenthal, Hauenstein- (CH) 115 F
Igelsberg (A) 109 K
Igis (CH) 117 M
Igls (A) 119 J
Ilanz/Glion (CH) 129 B
Illgau (CH) 117 K
Illmitz (A) 113 E
Ilz (A) 124 C
Imbach (A) 106 H
Imlau (A) 109 L
Imst (A) 119 G
Indemini (CH) 129 K
Ingolsthal (A) 123 D
Inneralpbach (A) 120 B
Innerbraz (A) 118 H
Innerferrera (CH) 129 F
Innerfragrant (A) 121 E
Innerhalbach (A) 112 E
Innerhörgersteig (A) 110 A
Innerkrems (A) 122 E
Innerlaterns (A) 118 H
Innernöring (A) 122 E
Innernsee (A) 110 B
Innerschwand (A) 110 D
Innertäler (A) 120 B
Innerthal (CH) 117 G
Innertkirchen (CH) 128 B
Innervillgraten (A) 120 J
Inning (A) 112 B
Innsbruck (A) 119 J
Ins (CH) 115 K
In Santen (A) 111 D
Interlaken (CH) 127 C
Intragna (CH) 129 G
Inzersdorf im Kremstal (A) 110 F
Inzing (A) 119 J
Irdning (A) 110 M
Irnfritz (A) 106 E
Irnfritz-Bahnhof (A) 106 E
Irrsdorf (A) 110 D
Irschen (A) 121 H
Ischgl (A) 118 M
Iselsberg (A) 121 H
Iselsberg-Stronach (A) 121 H
Isone (CH) 129 L
Isperdorf (A) 111 B
Itingen (CH) 115 F
Ittensberg (A) 118 E
Ittenthal (CH) 116 E
Itter (A) 108 M
Ittigen (CH) 115 L
Itzling (A) 104 L

J

Jadorf (A) 109 H
Jagenbach (A) 105 H
Jagerberg (A) 124 F
Jageregg (A) 108 M
Jagern (A) 104 K
Jainzen (A) 110 H
Jakobsbad (CH) 117 E
Japons (A) 106 E
Jassbach (CH) 115 M
Jaun (CH) 127 B
Jedenspeigen (A) 107 H
Jegenstorf (CH) 115 L
Jenaz (CH) 118 L
Jenbach (A) 108 K
Jenins (CH) 117 M
Jenisberg (CH) 130 B
Jennersdorf (A) 125 D
Jerzens (A) 119 H
Jochberg (A) 108 M
Jochbergthurm (A) 120 C
Jochling (A) 110 D
Johannisthal (A) 110 E
Johnsbach (A) 111 G
Jois (A) 113 B
Jona (CH) 117 G
Jonen (CH) 116 J
Jonschwil (CH) 117 E
Josefsberg (A) 112 D
Judenau (A) 106 M
Judenburg (A) 123 A
Juf (CH) 129 F
Jussy (CH) 126 H

K

Kaibing (A) 124 C
Kainach bei Voitsberg (A) 123 C
Kaindorf (A) 124 C
Kaiseraugst (CH) 115 F
Kaiserhäuser (A) 111 K
Kaisers (A) 118 J
Kaisersberg (A) 111 L
Kaisersdorf (A) 113 G
Kaisersteinbruch (A) 113 B
Kaiserstuhl (CH) 116 C
Kaiserstuhl (CH) 128 B
Kaisten (CH) 116 E
Kalch (A) 125 D
Kalkgruben (A) 113 G
Kalksburg (A) 113 A
Kalkstein (A) 120 J
Kallham (A) 104 L
Kallnach (CH) 115 K
Kals am Großglockner (A) 121 D
Kalsdorf bei Graz (A) 124 E
Kaltbrunn (CH) 117 H
Kaltenbach (A) 110 H
Kaltenbach (A) 120 B
Kaltenberg (A) 105 K
Kaltenberg (A) 123 H
Kaltenbrunn (A) 119 H
Kaltenleutgeben (A) 113 A
Kaltenmarkt (A) 104 K
Kaltwasser (A) 122 F
Kalwang (A) 111 L
Kamering (A) 122 H
Kamp (A) 123 E
Kampertal (A) 111 G
Kandergrund (CH) 127 F
Kandersteg (CH) 127 F
Kaning (A) 122 H
Kanzelhöhe (A) 122 J
Kapellen (A) 112 H
Kapelln (A) 106 L
Kapfenberg (A) 112 K
Kapfenstein (A) 125 D
Kappel (A) 123 D
Kappel am Albis (CH) 116 J
Kappel an der Drau (A) 123 K
Kappl (A) 119 D
Kappl (A) 119 K
Kaprun (A) 121 A
Kaprun-Werksiedlung (A) 121 A
Karbach (A) 110 E
Karchau (A) 122 C
Karlsbach (A) 104 H
Karlsbach (A) 111 B
Karlstein an der Thaya (A) 106 D
Karlstetten (A) 106 L
Karlstift (A) 105 G
Karnabrunn (A) 107 G
Karnburg (A) 123 G
Karres (A) 119 H
Karrösten (A) 119 H
Kartitsch (A) 121 G
Kasern (A) 120 D
Kasten bei Böheimkirchen (A) 112 B
Kastengstatt (A) 108 L
Kathal (A) 123 B
Katsch an der Mur (A) 123 A
Katsdorf (A) 105 K
Katzbach (A) 104 M
Katzelsdorf (A) 107 E
Katzelsdorf (A) 113 D
Kaumberg (A) 112 C
Kauns (A) 119 G
Kaunz (A) 123 H
Kautzen (A) 106 A
Kefermarkt (A) 105 K
Kefikon (CH) 117 A
Kelchsau (A) 108 L
Kellerberg (A) 122 H
Kelmen (A) 119 D
Kematen am Innbach (A) 110 B
Kematen an der Krems (A) 110 C
Kematen an der Ybbs (A) 111 B
Kematen in Tirol (A) 119 J
Kemating (A) 110 A
Kemating (A) 110 D
Kemeten (A) 113 K
Kenading (A) 104 K
Kendlbruck (A) 122 E
Kernhof (A) 112 E
Kerns (CH) 116 M
Kerschbaum (A) 105 G
Kerschdorf (A) 122 J
Kerschenbach (A) 112 B
Kerzers (CH) 115 K
Kesswil (CH) 117 B
Kestenholz (CH) 115 J
Kettlasbrunn (A) 107 H
Keutschach (A) 122 M
Kienberg (A) 112 D
Kienberg (A) 118 J
Kienberg (A) 123 H
Kienberg (CH) 116 E
Kiental (CH) 127 F
Kierling (A) 107 K
Kiesen (CH) 127 C
Kilb (A) 112 B
Kilchberg (CH) 116 F
Kimpling (A) 110 B
Kindberg (A) 112 H
Kippel (CH) 127 F
Kirchbach (A) 122 K
Kirchbach in Steiermark (A) 124 F
Kirchberg (A) 110 A
Kirchberg (CH) 115 J

Kirchberg (CH) 117 E
Kirchberg am Wagram (A) 106 J
Kirchberg am Walde (A) 105 E
Kirchberg am Wechsel (A) 112 J
Kirchberg an der Pielach (A) 112 B
Kirchberg an der Raab (A) 124 F
Kirchberg an der Wild (A) 106 D
Kirchberg bei Mattighofen (A) 109 E
Kirchberggegend (A) 111 C
Kirchberg in Tirol (A) 108 M
Kirchbichl (A) 108 L
Kirchdorf (A) 112 K
Kirchdorf (CH) 127 B
Kirchdorf am Inn (A) 109 B
Kirchdorf an der Krems (A) 110 F
Kirchdorf in Tirol (A) 108 M
Kirchenlandl (A) 111 H
Kirchenthurnen (CH) 127 B
Kirchfidisch (A) 125 A
Kirchham (A) 109 K
Kirchham (A) 110 E
Kirchholz (A) 110 B
Kirchlindach (CH) 115 L
Kirchschlag (A) 106 K
Kirchschlag bei Linz (A) 104 M
Kirchschlag in der Buckligen Welt (A) 113 G
Kirnberg an der Mank (A) 112 A
Kittsee (A) 113 C
Kitzbühel (A) 108 M
Klachau (A) 110 M
Klagenfurt (A) 123 K
Klam (A) 111 B
Klamm (A) 119 F
Klamm (A) 121 B
Klaus (A) 111 H
Klaus (A) 118 D
Klaus an der Pyhrnbahn (A) 110 F
Klausen (A) 108 M
Klausen-Leopoldsdorf (A) 112 C
Kleblach (A) 122 G
Kleinandelfingen (CH) 117 A
Kleinarl (A) 122 A
Kleinfeistritz (A) 123 B
Klein Gerungs (A) 106 K
Kleinhaugsdorf (A) 106 F
Kleinkirchheim (A)122 H
Kleinlobming (A) 123 B
Kleinlützel (CH) 115 E
Klein-Mariazell (A) 112 C
Kleinpertholz (A) 105 H
Klein Pertholz (A) 106 K
Kleinraming (A) 111 D
Kleinreifling (A) 111 D
Klein Sankt Paul (A) 123 D
Klein Sankt Veit (A) 122 J
Klein Sankt Veit (A) 123 G
Kleinsölk (A) 110 L
Kleinsöll (A) 108 L
Kleinstübing (A) 123 C
Kleinwarasdorf (A) 113 H
Kleinzell (A) 112 B
Kleinzell im Mühlkreis (A) 104 L
Klement (A) 107 G
Kliening (A) 123 E
Klingenbach (A) 113 E
Klingfurth (A) 113 D
Klingnau (CH) 116 B
Klöch (A) 125 D
Klösterle (A) 118 J
Klostermarienberg (A) 113 L
Klosterneuburg (A) 107 K
Klosters (CH) 118 L
Klosters-Dorf (CH) 118 L
Klosters-Platz (CH) 118 L
Klostertal (A) 112 F
Kloten (CH) 116 F
Klus (CH) 115 F
Knappenberg (A) 123 D
Knittelfeld (A) 123 B
Knoll (A) 108 M
Knonau (CH) 116 J
Kobenz (A) 123 B
Kobernaußen (A) 110 A
Kobersdorf (A) 113 G
Koblach (A) 118 D
Koblenz (CH) 116 B
Köflach (A) 123 C
Kogl (A) 106 M
Köglen (A) 119 G
Koglhof (A) 112 M
Kohfidisch (A) 125 A
Kohleck (A) 110 A
Kolbnitz (A) 122 G
Kollerschlag (A) 104 H
Kollersdorf (A) 106 M
Kölliken (CH) 116 E
Kolling (A) 109 K
Kolm Saigurn (A) 121 E
Kolsass (A) 120 A
Königsbrunn am Wagram (A) 106 J
Königsdorf (A) 125 A
Königstetten (A) 106 M
Königswiesen (A) 105 L
Köniz (CH) 115 L
Konolfingen (CH) 115 M
Kopfingerdorf (A) 104 K
Kopfing im Innkreis (A) 104 L
Koppigen (CH) 115 J
Koppl (A) 109 H
Korneuburg (A) 107 K
Koschach (A) 122 D
Kössen (A) 108 J
Köstenberg (A) 122 J
Kotezicken (A) 113 K
Kötschach (A) 121 H
Kottes (A) 106 K
Köttmannsdorf (A) 123 K
Kradolf (CH) 117 E
Kraig (A) 123 G
Krakaudorf (A) 122 C
Krakauebene (A) 122 C
Krakauhintermühlen (A) 122 C
Krampen (A) 112 H
Kramsach (A) 108 L
Kranach (A) 124 H
Kranebitten (A) 119 J
Kranichberg (A) 112 J
Kraß (A) 121 E
Kraßnitz (A) 123 D
Kraubath an der Mur (A) 111 L
Krauchthal (CH) 115 M
Kreisbach (A) 112 B
Kreith (A) 120 A
Krems an der Donau (A) 106 L
Kremsbrücke (A) 122 E
Kremsbrücke in Kärnten (A) 122 E
Kremsdorf (A) 110 C
Kremsmünster (A) 110 C
Krena (A) 104 L
Krenglbach (A) 110 B
Krensdorf (A) 113 D
Krenstetten (A) 111 A
Kreutern (A) 110 G
Kreuttal (A) 107 G
Kreuzberg (A) 110 K
Kreuzen (A) 122 H
Kreuzlingen (CH) 117 B
Krieglach (A) 112 H
Kriens (CH) 116 L
Kriessern (CH) 117 F
Krift (A) 110 F
Krimml (A) 120 C
Krinau (CH) 117 E
Krinegg (A) 118 E
Krispl (A) 109 H
Kritzendorf (A) 107 K
Kroatisch Geresdorf (A) 113 H
Kroatisch Minihof (A) 113 H
Kröllendorf (A) 111 B
Kronstorf (A) 111 A
Kröß (A) 110 H
Krößbach (A) 119 J
Krottendorf (A) 110 C
Krottendorf (A) 123 F
Krumau am Kamp (A) 106 G
Krumbach (A) 113 G
Krumbach (A) 118 E
Krumegg (A) 124 B
Krummenau (CH) 117 H
Krummnußbaum (A) 112 A
Krumpendorf am Wörther See (A) 123 G
Krumpmühle (A) 111 E
Krusdorf (A) 124 F
Küblis (CH) 118 L
Kuchl (A) 109 H
Kufstein (A) 108 M
Kühnsdorf (A) 123 H
Kühtai (A) 119 H
Kukmirn (A) 125 A
Kulm (A) 110 L
Kulm im Burgenland (A) 125 B
Kumberg (A) 124 B
Kundl (A) 108 L
Kunkels (CH) 117 M
Künten (CH) 116 F
Kürnberg (A) 111 A
Kurzenkirchen (A) 110 C
Kurzheim (A) 111 L
Küsnacht (CH) 117 D
Küssnacht (CH) 116 J
Küttigen (CH) 116 E
Kyburg (CH) 117 D

L

Laa an der Thaya (A) 107 D
Laab (A) 107 K
Laaben (A) 112 C
Laakirchen (A) 110 E
Laas (A) 121 H
Laax (CH) 129 B
L'Abbaye (CH) 126 B
La Brévine (CH) 114 M
La Chauxde Fonds (CH) 114 J
Lackenbach (A) 113 H
Lackenhof (A) 112 D
La Côte-aux-Fées (CH) 114 L
La Cure (CH) 126 D
Ladendorf (A) 107 G
Lading (A) 123 E
Ladir (CH) 129 B
Lafairs (A) 119 K
La Ferrère (CH) 115 G
Lafnitz (A) 112 M
Lahn (A) 110 L
Lähn (A) 119 E
Laimach (A) 120 B
Laimbach am Ostrong (A) 106 K
Lainach (A) 121 H
Lainbach (A) 111 H
Laintal (A) 112 K
Laiter (A) 110 D
Lambach (A) 110 B
Lambrechten (A) 104 K
Lamweg (A) 112 C
Lamm (A) 123 H
Lämmerbach (A) 110 G
Lämmersdorf (A) 104 H
Lampenberg (CH) 115 F
Lamprechtshausen (A) 109 E
Lancy (CH) 126 G
Landarenca (CH) 129 H
Landeck (A) 119 G
Landl (A) 108 L
Landquart (CH) 117 M
Landschlacht (CH) 117 B
Landsee (A) 113 G
Lanersbach (A) 120 D
Längapiesting (A) 112 F
La Neuveville (CH) 115 K
Lang (A) 108 L
Langau (A) 106 E
Langau (A) 112 D
Langegg (A) 105 E
Langen am Arlberg (A) 118 J
Langen bei Bregenz (A) 118 E
Langenbruck (CH) 115 F
Langenegg (A) 118 E
Langenlebarn (A) 106 M
Langenlois (A) 106 H
Langenrohr (A) 106 M
Langenschwand (A) 119 A
Langenstein (A) 105 K
Langenthal (CH) 115 J
Langenwang (A) 112 H
Langenzersdorf (A) 107 K
Langkampfen (A) 108 L
Langnau bei Reiden (CH) 115 J
Langnau im Emmental (CH) 115 M
Langschlag (A) 105 H
Langschwarza (A) 105 E
Langwies (CH) 130 B
Lannach (A) 124 E
Lans (A) 119 J
Lanterswil (CH) 117 E
Lantsch/Lenz (CH) 129 C
Lanzendorf bei Kasten (A) 112 C
Lanzenkirchen (A) 113 D
Lanzenneunforn (CH) 117 A
Laponisalm (A) 119 M
La Punt (CH) 130 E
La Racine (CH) 115 D
Laret (CH) 118 L
Laret (CH) 119 K
Largario (CH) 129 D
La Roche (CH) 127 A
La Rösa (CH) 130 F
La Sagne (CH) 114 M
La Sarraz (CH) 126 B
Lasberg (A) 105 G
Lassach (A) 122 D
Lassee (A) 107 L
Lassendorf (A) 123 G
Lassing (A) 110 M
Lassing (A) 111 E
Laßnitz bei Murau (A) 122 F
Laßnitzhöhe (A) 124 B
Laßnitzthal (A) 124 B
Laterns (A) 118 H
La Tour-de-Peilz (CH) 126 F
La Tour-de-Trême (CH) 127 A
Latsch (CH) 130 B
Latschach (A) 122 K
Latschach o.d. Faaker See (A) 122 M
Latzendorf (A) 121 H
Lauenen (CH) 127 E
Lauerz (CH) 116 M
Läufelfingen (CH) 115 F
Laufen (CH) 115 E
Laufenbach (A) 104 K
Laufenburg (CH) 116 B
Laufer (A) 108 M
Launsdorf (A) 123 G
Laupen (CH) 115 L
Laupen (CH) 117 G
Laupersdorf (CH) 115 F
Lauperswil (CH) 115 M
Laus (CH) 129 A
Lausanne (CH) 126 F
Lausen (CH) 115 F
Laussa (A) 111 D
Lauterach (A) 118 E
Lauterbach (A) 108 M
Lauterbrunnen (CH) 127 F
Lavamünd (A) 123 J
Lavant (A) 121 H
Lavertezzo (CH) 129 G
Lavin (CH) 130 C
Lavorceno (CH) 129 D
Lavorgo (CH) 129 D
Laxenburg (A) 113 A
Layoux (CH) 115 G
Le Brassus (CH) 126 B
Lebring (A) 124 E
Le Cernil (CH) 114 L
Lech (A) 118 J
Le Châble (CH) 127 K
Lechaschau (A) 119 D
Le Châtelard (CH) 127 A
Le Châtelard (CH) 127 K
Lechleiten (A) 118 J
Le Crêt (CH) 127 A
Lederer (A) 108 J
Le Grand-Saconnex (CH) 126 G
Lehenrotte (A) 112 B
Lehmgrube (A) 109 K
Lehn (CH) 116 L
Leiben (A) 106 K
Leibnitz (A) 124 E
Leibstadt (CH) 116 B
Leinberg (A) 110 A
Leisach (A) 121 G
Leissigen (CH) 127 C
Leiten (A) 108 K
Leiten (A) 110 G
Leiten (A) 121 G
Leitenbauer (A) 111 E
Leithaprodersdorf (A) 113 B
Leitzersdorf (A) 107 G
Leiwald (A) 123 E
Le Landeron (CH) 115 K
Le Lieu (CH) 126 B
Le Locle (CH) 114 J
Lembach (A) 111 A
Lembach (A) 113 G
Lembach im Mühlkreis (A) 104 H
Le Mont (CH) 126 F
Le Mouret (CH) 127 A
Lend (A) 121 B
Lendorf (A) 122 G
Lendorf (A) 123 G
Lengau (A) 109 E
Lengau (A) 121 A
Lengberg (A) 121 H
Lengenfeld (A) 106 H
Lengnau (CH) 115 H
Lengnau (Aargau) (CH) 116 F
Lenk (CH) 127 E
Le Noirmont (CH) 115 G
Lens (CH) 127 H
Lentigny (CH) 127 A
Lenzburg (CH) 116 E
Lenzerheide (CH) 129 C
Lenzing (A) 109 K
Lenzing (A) 110 E
Leoben (A) 112 K
Leoben (A) 122 E
Leobendorf (A) 107 G
Leobersdorf (A) 113 A
Leogang (A) 109 K
Leonding (A) 104 M
Leonstein (A) 110 F
Leopoldschlag Markt (A) 105 G
Leopoldsdorf im Marchfelde (A) 107 L
Le Pâquier (CH) 115 G
Le Pont (CH) 126 B
Le Prese (CH) 130 J
Lermoos (A) 119 E
Lesach (A) 121 D
Lesachtal (A) 197 H
Les Avants (CH) 127 D
Les Bois (CH) 115 G
Les Brenets (CH) 114 J
Les Breuleux (CH) 115 G
Les Diablerets (CH) 127 D
Le Sentier (CH) 126 B
Le Sépey (CH) 127 D
Les Geneveys-sur-Coffrane (CH) 114 M
Les Haudères (CH) 127 L
Les Paccots (CH) 127 D
Les Plans (CH) 127 G
Les Ponts (CH) 127 A
Les Ponts-de-Martel (CH) 114 M
Lessach (A) 122 B
Lest (A) 105 K
Les Taillères (CH) 114 M
Les Verrières (CH) 114 L
L'Etivaz (CH) 127 D
Leuk (CH) 127 J
Leukerbad (CH) 127 F
Leutasch (A) 119 F
Leutgeb (A) 122 F
Leutschach (A) 124 H
Leysin (CH) 127 G
Leytron (CH) 127 G
Lichendorf (A) 124 F
Lichendorf (A) 124 J
Lichtenau im Waldviertel (A) 106 G
Lichtenberg (A) 104 M
Lichtenberg (A) 110 D
Lichtenbuch (A) 110 D
Lichtenegg (A) 113 G
Lichtensteig (CH) 117 E
Lichtenwörth (A) 113 D
Liddes (CH) 127 K
Liebenau (A) 105 H
Liebenfels (A) 123 G
Lieboch (A) 124 E
Liedertswil (CH) 115 F
Lieli (CH) 116 F
Liemberg (A) 123 G
Lienz (A) 121 G
Lienz (CH) 117 J
Liesberg (CH) 115 E
Lieserhofen (A) 122 G
Liesing (A) 111 K
Liesing (A) 113 A
Liesing (A) 121 H
Liestal (CH) 115 F
Liezen (A) 110 J
Ligist (A) 123 F
Lignerolle (CH) 126 B
Lignières (CH) 115 G
Lilienfeld (A) 112 B
Limberg (A) 106 J
Limpach (CH) 115 H
Lindach (A) 109 A
Lindau (A) 109 K
Lindau (A) 111 D
Lindaun (A) 109 H
Lind bei Scheifling (A) 123 A
Lindegg (A) 124 C
Linden (CH) 115 M
Lindenedt (A) 104 K
Lindental (CH) 115 L
Lindgraben (A) 113 G
Lind im Drautal (A) 122 G
Lingenau (A) 118 E
Linthal (CH) 117 L
Linz (A) 104 M
Lipperschwändi (CH) 117 D
Lipperswil (CH) 117 B
Lippitzbach (A) 123 H
L'Isle (CH) 126 B
Litschau (A) 105 B
Littau (CH) 116 L
Litzelsdorf (A) 113 K
Litzirüti (CH) 130 B
Lizumer Hütter (A) 120 A
Löbbia (CH) 130 E
Löbenau (A) 110 K
Locarno (CH) 129 G
Lochau (A) 118 E
Lochen (A) 109 E
Lockenhaus (A) 113 K
Loco (CH) 129 G
Lödersdorf (A) 124 F
Lofer (A) 108 J
Lofer (A) 109 K
Löffelau (A) 118 E
Logiano (CH) 129 E
Lohn (CH) 117 A
Lohn (CH) 129 C
Löhningen (CH) 116 C
Lohnsburg am Kobernaußerwald (A) 110 A
Loibach (A) 123 L
Loibichl (A) 110 D
Loibltal (A) 123 K
Loich (A) 112 B
Loipersbach im Burgenland (A) 113 E
Loipersdorf (A) 125 A
Loipersdorf-Kitzladen (A) 113 K
Loiwein (A) 106 G
Lölling (A) 123 E
Lommis (CH) 117 E
Lommiswil (CH) 115 H
Lonitzberg (A) 111 B
Loosdorf (A) 106 K
Loretto (A) 113 B
Losenstein (A) 111 D
Losone (CH) 129 G
Lostallo (CH) 129 H
Lostorf (CH) 116 E
Lotzwil (CH) 115 J
Lourtier (CH) 127 L
Lü (CH) 131 A
Lucelle (CH) 115 E
Lucens (CH) 126 C
Luchsingen (CH) 117 L
Luckbauerhube (A) 111 L
Lüderenalp (CH) 115 M
Ludersdorf-Wilfersdorf (A) 124 B
Ludesch (A) 118 H
Ludmannsdorf (A) 122 M
Ludweis (A) 106 D
Luftenberg (A) 105 K
Lugaggia (CH) 129 L
Lugano (CH) 129 K
Lugendorf (A) 106 G
Luggau (A) 121 B
Luising (A) 125 B
Lukasberg (A) 110 A
Lumberg (A) 119 D
Lumbrein (CH) 129 B
Lumplgraben (A) 111 D
Lungern (CH) 128 B
Lungitz (A) 105 K
Lungitz (A) 113 K
Lungötz (A) 110 K
Lunz am See (A) 111 E
Lurengo (CH) 129 D
Lurnfeld (A) 122 G
Lüsai (CH) 131 A
Lüsens (A) 119 J
Lüsis (CH) 117 J
Lustenau (A) 118 D
Luterbach (CH) 115 J
Luthern (CH) 115 M
Lütisburg (CH) 117 E
Lutry (CH) 126 F
Lützelflüh (CH) 115 M
Lutzmannsburg (A) 113 H
Lutzmannsdorf (A) 122 C
Luxnach (A) 119 D
Luzein (CH) 118 L
Luzern (CH) 116 M
Lyss (CH) 115 H

M

Maasbach (A) 104 K
Madau (A) 119 G
Mäder (A) 118 D
Madiswil (CH) 115 J
Madra (CH) 129 E
Madreit (A) 109 K
Magadino (CH) 129 G
Magden (CH) 115 F
Magerbach (A) 119 H
Maggia (CH) 129 G
Magglingen (CH) 115 G
Maiden (A) 104 L
Maienfeld (CH) 117 M
Maiersdorf (A) 112 F
Mailberg (A) 106 F
Mairhof (A) 119 H
Maishofen (A) 121 A
Maisprach (CH) 115 F
Maissau (A) 106 H
Malans (CH) 117 M
Malbun (FL) 117 J
Malessert (CH) 127 A
Malix (CH) 129 C
Malleray (CH) 115 H
Mallnitz (A) 121 E
Maloja (CH) 130 E
Malta (A) 122 D
Malters (CH) 116 L
Malvaglia (CH) 129 E
Mamling (A) 109 B
Mammern (CH) 117 A
Mandach (CH) 116 B
Mandling (A) 110 L
Mank (A) 112 A
Männedorf (CH) 117 G
Mannersdorf am Leithagebirge (A) 113 B
Mannersdorf an der Rabnitz (A) 113 H
Manning (A) 110 B
Mannsdorf (A) 107 L
Mantscha (A) 124 B
Marail (A) 119 H
Marbach (CH) 115 M
Marbach (CH) 117 F
Marbach am Walde (A) 105 H
Marbach an der Donau (A) 106 K
Marbach an der Kleinen Erlauf (A) 112 A
Marbach im Felde (A) 106 G
March (A) 105 G
Marchegg (A) 107 M
Marchissy (CH) 126 E
Marchstein (A) 105 L
Marchtrenk (A) 110 C
Maria Alm am Steinernen Meer (A) 109 L
Maria Anzbach (A) 106 M
Maria Elend (A) 122 M
Maria Ellend (A) 107 L
Maria Feicht (A) 123 G
Maria Gail (A) 122 M
Mariahilf (A) 120 F
Mariahof (A) 123 A
Maria Laach (A) 106 K
Maria Langegg (A) 106 L
Maria Lankowitz (A) 123 C
Maria Lanzendorf (A) 113 A
Maria Luggau (A) 121 G
Maria Neustift (A) 111 D
Mariapfarr (A) 122 B
Maria Rain (A) 123 K
Maria Saal (A) 123 G
Maria Schmolln (A) 109 B
Maria Schutz (A) 112 J
Mariasdorf (A) 113 K
Mariastein (A) 108 L
Maria Taferl (A) 106 K
Mariatrost (A) 124 B
Maria Wörth (A) 122 J
Mariazell (A) 112 D
Mariensee (A) 112 J
Markersdorf an der Pielach (A) 106 L
Markgrafneusiedlung (A) 107 L
Markt Allhau (A) 113 K
Markt Hartmannsdorf (A) 124 C
Markthof (A) 107 M
Markt Neuhodis (A) 113 L
Markt Piesting (A) 113 D
Markt Sankt Florian (A) 111 A
Markt Sankt Martin (A) 113 H
Markt-Übelbach (A) 123 C
Marly (CH) 127 A
Marmorera (CH) 129 F
Marolta (CH) 129 D
Marschalling (A) 110 B
Märstetten (CH) 117 B
Marthalen (CH) 117 A
Martigny (CH) 127 K
Martina (CH) 119 K
Martinau (A) 119 D
Martinsberg (A) 106 K
Märwil (CH) 117 E
Marz (A) 113 D
Marzano (CH) 129 D
Maschwanden (CH) 116 J
Masein (CH) 129 C
Mathod (CH) 126 C
Mathon (A) 118 M
Mathon (CH) 129 C
Matran (CH) 127 A
Matrei am Brenner (A) 120 D
Matrei in Osttirol (A) 121 D
Matt (CH) 117 L
Matten (CH) 127 E
Mattersburg (A) 113 D
Mattighofen (A) 109 B
Mattsee (A) 109 E
Matzen (A) 107 H
Matzendorf (A) 113 D
Matzendorf (CH) 115 F
Matzingen (CH) 117 D
Matzleinsdorf (A) 112 A
Mauensee (CH) 116 H
Mauer (A) 106 K
Mauer bei Amstetten (A) 111 B
Mauerbach (A) 107 K
Mauerkirchen (A) 109 B
Mauerndorf (A) 110 L
Maur (CH) 117 D
Maurach (A) 108 K
Maurach (A) 109 G
Maurach (A) 120 B
Mauren (FL) 117 J
Maustrenk (A) 107 H
Mautern an der Donau (A) 106 L
Mauterndorf (A) 122 B
Mautern in der Steiermark (A) 111 L
Mauthausen (A) 105 K
Mauthen (A) 121 H
Mauthstadt (A) 112 L
Maxglan (A) 109 H
Mayerhofen (A) 121 B
Mayerling (A) 112 C
Mayersdorf (A) 124 B
Mayrdörfl (A) 110 K
Mayrhof (A) 104 K
Mayrhofen (A) 120 B
Medéglia (CH) 129 L
Medel (CH) 129 A
Medels im Rheinwald (CH) 129 E
Medraz (A) 119 J
Meggen (CH) 116 M
Meggenhofen (A) 110 B
Meikirch (CH) 115 L
Meilen (CH) 117 G
Meinier (CH) 126 H
Meiningen (A) 118 G
Meiringen (CH) 128 B
Meiselding (A) 123 D
Meisenbach bei Birkfeld (A) 112 M
Melano (CH) 129 L
Melchnau (CH) 115 J
Melchtal (CH) 128 B
Melide (CH) 129 K
Melk (A) 106 K
Mellau (A) 118 E
Mellingen (CH) 116 F
Mels (CH) 117 M
Meltingen (CH) 115 F
Mendrisio (CH) 129 L
Menzberg (CH) 116 L
Menzingen (CH) 116 J
Menznau (CH) 116 H
Merenschwand (CH) 116 J
Merishausen (CH) 116 C
Merkendorf (A) 124 F
Merkersdorf (A) 107 G
Merligen (CH) 127 C
Mervelier (CH) 115 E
Meschach (A) 118 E
Mesocco (CH) 129 E
Messen (CH) 115 H
Messern (A) 106 E
Metnitz (A) 122 F
Mettersdorf (A) 124 E
Mettlen (CH) 116 J
Mettlen (CH) 117 E
Mettmach (A) 110 A
Mettmenschongau (CH) 116 J
Mettmenstetten (CH) 116 J
Metzerlen (CH) 115 E
Meyrin (CH) 126 G
Mezières (CH) 126 C
Michaelnbach (A) 104 L
Michelbach Markt (A) 112 B
Micheldorf (A) 123 D
Micheldorf in Oberösterreich (A) 110 F
Michelhausen (A) 106 M
Miécourt (CH) 115 D
Mieders (A) 119 J
Mieming (A) 119 H
Mies (CH) 126 G
Miglieglia (CH) 129 K
Migelsbach (A) 110 A
Milders (A) 119 J
Millstatt (A) 122 H
Minihof-Liebau (A) 125 D
Mining (A) 109 B
Minusio (CH) 129 G
Miralago (CH) 130 J
Miraniga (CH) 129 B

Mistelbach (A) 107 G
Mittelberg (A) 118 F
Mittelberg (A) 119 L
Mitterarnsdorf (A) 106 K
Mitterbach am Erlaufsee (A) 112 D
Mitterberg (A) 109 L
Mitterberghütten (A) 110 K
Mitterding (A) 104 K
Mitterdorf im Mürztal (A) 112 H
Mittergraben (A) 106 J
Mitterhausleithen (A) 111 B
Mitterhofen (A) 109 K
Mitterkirchen (A) 111 A
Mitterndorf (A) 104 K
Mitterndorf (A) 110 E
Mitterretzbach (A) 106 F
Mittersill (A) 120 C
Mittertal (A) 110 K
Mittertrixen (A) 123 H
Mitterweißenbach (A) 110 H
Mittewald an der Drau (A) 121 G
Mixnitz (A) 112 L
Mochl (A) 111 L
Möchling (A) 123 K
Möderbrugg (A) 123 A
Möderndorf (A) 110 F
Möderndorf (A) 122 K
Mödling (A) 113 A
Modriach (A) 123 F
Mödring (A) 106 E
Mogelsberg (CH) 117 E
Mogersdorf (A) 125 D
Möggers (A) 118 B
Möhlin (CH) 116 A
Moiry (CH) 126 B
Mölbling (A) 123 D
Moleno (CH) 129 G
Moléson-Village (CH) 127 D
Mollens (CH) 126 E
Mollis (CH) 117 H
Mollmannsreith (A) 104 H
Molln (A) 110 F
Molzbichl (A) 122 H
Mompé-Medel (CH) 129 A
Mompé-Tujetsch (CH) 129 A
Mon (CH) 129 C
Monbiel (CH) 118 L
Mönchaltorf (CH) 117 D
Mönchdorf (A) 105 L
Mönchhof (A) 113 C
Mondsee (A) 110 D
Mönichkirchen (A) 112 J
Mönichwald (A) 112 M
Monstein (CH) 130 B
Montana (CH) 127 H
Montbovon (CH) 127 D
Monte Laura (CH) 129 H
Montfaucon (CH) 115 G
Montfavergier (CH) 115 D
Mönthal (CH) 116 E
Monthey (CH) 126 J
Monticello (CH) 129 H
Montier (CH) 115 H
Montlingen (CH) 117 F
Montreux (CH) 127 D
Montricher (CH) 126 B
Montsevelier (CH) 115 E
Moos (A) 109 B
Moosbrunn (A) 113 A
Moosburg (A) 122 J
Moosdorf (A) 109 E
Moosham (A) 110 E
Moosheim (A) 110 L
Mooshöhe (A) 111 G
Mooskirchen (A) 123 F
Mooslandl (A) 111 H
Moosleerau (CH) 116 H
Moospolling (A) 104 L
Mörbisch am See (A) 113 E
Morcote (CH) 129 K
Mörel (CH) 128 H
Morges (CH) 126 E
Morgins (CH) 126 J
Morsbach (A) 108 L
Mörschwil (CH) 117 F
Mortantsch (A) 124 B
Mörtschach (A) 121 E
Morzg (A) 109 H
Moschendorf (A) 125 B
Mösel (A) 123 D
Mosen (CH) 116 H
Mösendorf (A) 110 D
Mosnang (CH) 117 E
Mossham (A) 109 E
Mößlacher (A) 122 G
Mößna (A) 110 M
Mötiers (CH) 114 M
Motto (CH) 129 D
Mötz (A) 119 H
Moudon (CH) 126 C
Movelier (CH) 115 E
Muggendorf (A) 112 F
Müggio (CH) 129 L
Mühlau (A) 111 G
Mühlau (CH) 116 J
Mühlbach (A) 109 E
Mühlbach (A) 121 A
Mühlbach (A) 122 M
Mühlbach am Hochkönig (A) 109 L
Mühlbach am Manhartsberg (A) 106 H
Mühldorf (A) 106 K
Mühldorf (A) 110 E
Mühldorf (A) 122 G
Mühleberg (CH) 115 K
Mühlen (A) 123 D
Mühlham (A) 110 D
Mühlheim am Inn (A) 109 B
Mühllacken (A) 104 M
Mühlleiten (A) 107 L
Mühlreith (A) 110 D
Mühlrütli (CH) 117 E
Mühltal (A) 108 L
Mühltal (A) 109 A
Mühltal (A) 120 A
Muhr (A) 122 D
Mühring (A) 110 A
Mulegns (CH) 129 F
Mulin (CH) 129 B
Müllendorf (A) 113 D
Mullerenberg (CH) 117 H
Müllheim (CH) 117 A
Mülligen (CH) 116 E
Mümliswil-Ramiswil (CH) 115 F
Münchenbuchsee (CH) 115 L
Münchendorf (A) 113 A
Münchenstein (CH) 115 F
Münchwilen (CH) 117 E
Mund (CH) 128 H
Munderfing (A) 109 B
Münichreith am Ostrong (A) 106 K
Münichsthal (A) 107 G
Münichthal (A) 111 H
Münsingen (CH) 115 M
Münster (A) 108 L
Münster (CH) 128 E
Müntschemier (CH) 115 K
Münzbach (A) 105 L
Münzkirchen (A) 104 K
Muolen (CH) 117 E
Muotathal (CH) 117 K
Murau (A) 122 C
Muraz (CH) 127 G
Mureck (A) 124 J
Murg (CH) 117 H
Murgenthal (CH) 115 J
Muri (CH) 116 J
Murist (CH) 126 C
Mürren (CH) 127 F
Mürstair/Münster (CH) 131 A
Murstetten (A) 106 M
Murten (CH) 115 K
Mürzhofen (A) 112 H
Mürzsteg (A) 112 H
Mürzzuschlag (A) 112 H
Musau (A) 119 D
Müselbach (CH) 117 E
Müswangen (CH) 116 J
Mutschnengia (CH) 129 A
Mutten (CH) 129 C
Muttenz (CH) 115 F
Mutterbergalm (A) 119 M
Mutters (A) 119 J
Muzzano (CH) 129 K

N

Naarn im Machlande (A) 111 A
Naas (A) 112 L
Näfels (CH) 117 H
Namlos (A) 119 D
Nappersdorf-Kammersdorf (A) 106 J
Napplach (A) 122 D
Nassereith (A) 119 E
Naters (CH) 128 H
Natternbach (A) 104 L
Nauders (A) 119 K
Navis (A) 120 D
Nax (CH) 127 H
Nebelberg (A) 104 H
Nebersdorf (A) 113 H
Neckenmarkt (A) 113 H
Neerach (CH) 116 F
Neftenbach (CH) 117 D
Neidling (A) 106 L
Nenzing (A) 118 G
Nenzinger Himmel (A) 118 G
Neschwil (CH) 117 D
Nesselwängle (A) 119 D
Nessental (CH) 128 C
Nesslau (CH) 117 H
Nestelbach bei Graz (A) 124 B
Netstal (CH) 117 L
Neuaigen (A) 106 M
Neubau (A) 107 G
Neuberg (A) 110 K
Neuberg (A) 125 A
Neuberg an der Mürz (A) 112 H
Neubruck (A) 112 A
Neuchâtel/Neuenburg (CH) 115 K
Neudau (A) 125 A
Neudorf (A) 111 D
Neudorf (A) 113 C
Neudorf bei Landsee (A) 113 G
Neudorf bei Staatz (A) 107 D
Neudörfl (A) 113 D
Neuendorf (CH) 115 J
Neuenegg (CH) 115 L
Neuenkirch (CH) 116 H
Neufeld an der Leitha (A) 113 D
Neufelden (A) 104 L
Neuhaus (A) 112 C
Neuhaus (A) 112 D
Neuhaus (A) 123 H
Neuhaus (A) 125 D
Neuhaus (CH) 117 G
Neuhausen am Rheinfall (CH) 116 C
Neuhof (A) 123 C
Neuhofen (A) 109 E
Neuhofen an der Krems (A) 110 C
Neuhofen an der Ybbs (A) 111 B
Neuhofen im Innkreis (A) 110 A
Neukirch (CH) 117 F
Neukirch (CH) 129 C
Neukirch an der Thur (CH) 117 E
Neukirchen (A) 110 E
Neukirchen am Großvenediger (A) 120 C
Neukirchen am Walde (A) 104 L
Neukirchen an der Enknach (A) 109 B
Neukirchen an der Vöckla (A) 110 A
Neukirchen bei Lambach (A) 110 B
Neulengbach (A) 106 M
Neumarkt am Wallersee (A) 109 E
Neumarkt am Ybbsfelde (A) 112 A
Neumarkt an der Raab (A) 125 D
Neumarkt im Hausruckkreis (A) 110 B
Neumarkt im Mühlkreis (A) 105 K
Neumarkt im Tauchental (A) 113 K
Neumarkt in Steiermark (A) 123 A
Neu-Nagelberg (A) 105 E
Neunkirch (CH) 116 C
Neunkirchen (A) 112 F
Neuparadis (CH) 117 A
Neupölla (A) 106 G
Neurißhof (A) 113 A
Neusach (A) 122 G
Neu-Sankt Johann (CH) 117 H
Neusiedl am See (A) 113 C
Neusiedl an der Zaya (A) 107 E
Neußerling (A) 104 M
Neustadtl an der Donau (A) 111 B
Neustift (A) 112 A
Neustift bei Sebersdorf (A) 124 C
Neustift im Mühlkreis (A) 104 H
Neustift im Stubaital (A) 119 J
Neutal (A) 113 H
Nickelsdorf (A) 113 C
Nidau (CH) 115 H
Niederalm (A) 109 H
Niederalpl (A) 112 H
Niederarnsdorf (A) 109 E
Niederau (A) 108 L
Niederbipp (CH) 115 J
Niederbrunn (A) 110 A
Niederbüren (CH) 117 E
Niederdorf (CH) 115 F
Niedererlinsbach (CH) 116 E
Niederfellabrunn (A) 107 G
Niederglatt (CH) 116 F
Niedergösgen (CH) 116 E
Niederhart (A) 120 B
Niederhasli (CH) 116 F
Niederhaus (A) 111 H
Niederhelfenschwil (CH) 117 E
Niederhollabrunn (A) 107 G
Niederkappel (A) 104 L
Nieder-Kraml (A) 104 H
Niederkreuzstetten (A) 107 G
Niederleis (A) 107 G
Niederndorf (A) 108 J
Niederneukirchen (A) 111 A
Niederneunforn (CH) 117 A
Niederösch (CH) 115 J
Niederrußbach (A) 106 J
Niederscherli (CH) 115 L
Niedersulz (A) 107 H
Niederthalheim (A) 110 B
Niederthei (A) 119 H
Niederurnen (CH) 117 H
Niederwaldkirchen (A) 104 M
Niederwil (CH) 116 F
Niederwil (CH) 117 D
Niederwödling (A) 110 B
Niederwölz (A) 123 A
Nießenbach (A) 123 F
Nikelsdorf (A) 122 H
Nikitsch (A) 113 H
Niklasdorf (A) 112 K
Nikolsdorf (A) 121 H
Nöchling (A) 105 L
Nods (CH) 115 G
Noiraigue (CH) 114 M
Nößlach (A) 120 D
Nöstlbach (A) 110 C
Nötsch im Gailthal (A) 122 L
Nottwil (CH) 116 H
Novaggio (CH) 129 K
Novel (CH) 126 F
Nufenen (CH) 129 E
Nuglar (CH) 116 D
Nunningen (CH) 115 F
Nußbach (A) 110 F
Nussbaumen (CH) 117 A
Nussdorf (A) 107 K
Nußdorf (A) 121 G
Nußdorf am Attersee (A) 110 D
Nußdorf am Haunsberg (A) 109 E
Nußdorf an der Traisen (A) 106 L
Nüziders (A) 118 H
Nyon (CH) 126 E

O

Obdach (A) 123 B
Obeltsham (A) 110 B
Oberägeri (CH) 117 G
Oberaichet (A) 110 A
Oberalm (A) 109 H
Oberamt (A) 111 E
Oberantlang (A) 104 L
Oberaschau (A) 110 D
Oberau (A) 108 L
Oberaurach (A) 108 M
Oberberg (A) 108 L
Oberberg (A) 110 K
Oberberg (A) 123 A
Oberbildein (A) 125 B
Oberbipp (CH) 115 J
Oberbözberg (CH) 116 E
Oberbrunn (A) 110 A
Oberbuchsiten (CH) 115 F
Oberbumberg (A) 104 L
Oberbüren (CH) 117 E
Oberburg (CH) 115 M
Oberdambach (A) 111 D
Oberdiessbach (CH) 115 M
Oberdorf (A) 110 A
Oberdorf (A) 110 K
Oberdorf (A) 111 G
Oberdorf (A) 112 K
Oberdorf (A) 113 K
Oberdorf (A) 122 E
Oberdorf (CH) 115 F
Oberdorf (CH) 116 M
Oberdorf am Hochegg (A) 124 F
Oberdrauburg (A) 121 H
Obereching (A) 109 E
Oberegg (CH) 117 F
Oberembrach (CH) 117 D
Oberems (CH) 127 J
Oberentfelden (CH) 116 E
Obererlinsbach (CH) 116 E
Oberfeistritz (A) 112 L
Oberfellabrunn (A) 106 J
Oberflachs (CH) 116 E
Oberfrick, Gipf- (CH) 116 E
Obergarten (A) 119 E
Obergiblen (A) 119 G
Oberglatt (CH) 116 F
Obergösel (A) 123 F
Obergösgen (CH) 116 E
Obergottesfeld (A) 122 G
Ober-Grafendorf (A) 112 B
Obergralla (A) 124 E
Obergriesau (A) 119 G
Obergrünburg (A) 110 F
Obergurgl (A) 119 L
Oberhaag (A) 124 H
Oberhallau (CH) 116 C
Oberhaus (A) 110 L
Oberhaus (A) 120 F
Oberhausen (A) 108 M
Oberhelfenschwil (CH) 117 E
Oberhof (A) 122 F
Oberhof (CH) 116 E
Oberhofen (CH) 117 D
Oberhofen (CH) 127 C
Oberhofen am Irrsee (A) 110 D
Oberhofen im Inntal (A) 119 F
Oberhöflein (A) 106 E
Oberholz (CH) 117 G
Oberiberg (CH) 117 K
Oberkappel (A) 104 H
Oberkulm (CH) 116 H
Oberland (A) 111 E
Oberlangenegg (A) 118 E
Oberlängenfeld (A) 119 H
Oberlengdorf (A) 110 L
Oberlienz (A) 121 G
Oberlindach (A) 109 B
Oberloisdorf (A) 113 H
Oberlunkhofen (CH) 116 F
Obermaggau (A) 104 L
Obermallebarn (A) 106 J
Obermarkersdorf (A) 106 F
Obermeisling (A) 106 H
Obermieger (A) 123 K
Obermillstatt (A) 122 H
Oberminathal (A) 109 B
Obermoos (A) 119 E
Obermuhen (CH) 116 E
Obermühlbach (A) 123 G
Obermühl ob der Donau (A) 104 L
Obermumpf (CH) 116 E
Ober-Mutten (CH) 129 C
Obern (A) 119 F
Obernberg am Brenner (A) 119 M
Obernberg am Inn (A) 104 K
Oberndorf an der Melk (A) 112 A
Oberndorf bei Salzburg (A) 109 E
Oberndorf bei Schwanenstadt (A) 110 B
Oberndorf in Tirol (A) 108 M
Oberneukirchen (A) 104 M
Oberneunforn (CH) 117 A
Oberort (A) 112 G
Oberottikon (CH) 117 G
Oberperfuss (A) 119 J
Oberpinswang (A) 119 D
Oberprenning (A) 110 A
Oberpullendorf (A) 113 H
Oberrabnitz (A) 113 G
Oberregau (A) 110 E
Oberried (CH) 127 C
Oberrieden (CH) 116 J
Oberriet (CH) 117 F
Oberrohrbach (A) 107 G
Oberrothenbuch (A) 109 B
Oberrußbach (A) 106 J
Ober Sankt Georgen (A) 105 L
Obersaxen-Meierhof (CH) 129 B
Oberschan (CH) 117 J
Oberscharten (A) 110 C
Oberscheffau (A) 110 K
Oberschlatt (CH) 117 D
Oberschützen (A) 113 K
Obersdorf (A) 110 H
Obersiebenbrunn (A) 107 L
Obersiggenthal (CH) 116 F
Oberspitz (A) 124 F
Oberstammheim (CH) 117 A
Oberstinkenbrunn (A) 106 F
Obersulz (A) 107 H
Obertandlberg (A) 111 D
Obertauern (A) 122 B
Oberthal (A) 110 L
Obertilliach (A) 121 G
Obertrattnach (A) 110 B
Obertraun (A) 110 L
Obertreßleinsbach (A) 104 L
Obertrum am See (A) 109 E
Oberuzwil (CH) 117 E
Obervellach (A) 122 D
Oberwald (CH) 128 F
Oberwaltersdorf (A) 113 A
Oberwang (A) 110 D
Oberwarming (A) 109 K
Oberwart (A) 113 K
Oberweiden (A) 107 L
Oberwestegg (A) 118 F
Oberwil (CH) 115 E
Oberwil (CH) 127 B
Ober-Windau (A) 108 M
Oberwölbling (A) 106 L
Oberwölz Stadt (A) 123 A
Oberzeiring (A) 123 A
Obfelden (CH) 116 J
Öblarn (A) 110 M
Obsee (CH) 128 B
Obstalden (CH) 117 H
Obsteig (A) 119 E
Obtarrenz (A) 119 H
Oed (A) 111 B
Oed (A) 112 F
Oedt (A) 109 L
Oedt bei Feldbach (A) 124 F
Oensingen (CH) 115 J
Oepping (A) 104 H
Oeschgen (CH) 116 E
Oetwil am See (CH) 117 G
Oetz (A) 119 H
Oetzerau (A) 119 H
Oey (CH) 127 C
Offenhausen (A) 110 B
Oftering (A) 110 C
Oftringen (CH) 116 D
Oftringen (CH) 116 E
Oggau am Neusiedler See (A) 113 E
Öhling (A) 111 B
Ohlsdorf (A) 110 E
Ohmstal (CH) 116 H
Olbendorf (A) 125 A
Olivone (CH) 129 D
Ollersbach (A) 106 M
Ollersdorf (A) 125 A
Ölling (A) 109 E
Ölling (A) 110 E
Ollon (CH) 127 G
Olsach (A) 122 H
Olten (CH) 115 F
Oltingen (CH) 116 E
Onex (CH) 126 G
Onnens (CH) 114 M
Opfersei (CH) 116 L
Opfershofen (CH) 117 B
Opfertshofen (CH) 117 A
Opfikon (CH) 116 F
Oppenberg (A) 110 M
Oppikon (CH) 117 E
Opponitz (A) 111 E
Orbe (CH) 126 C
Ormalingen (CH) 115 F
Oron (CH) 126 F
Orsières (CH) 127 K
Ort an der Straß (A) 104 L
Ort im Innkreis (A) 104 K
Orth (A) 107 L
Orvin (CH) 115 H
Osch (A) 112 G
Osco (CH) 129 D
Oslip (A) 113 E
Osogna (CH) 129 H
Ossiach (A) 122 J
Ossingen (CH) 117 A
Ostermiething (A) 109 D
Ostermundigen (CH) 115 L
Osternach (A) 104 K
Österreuten (A) 119 H
Osterwitz (A) 123 F
Otelfingen (CH) 116 F
Othmarsingen (CH) 116 E
Ottenbach (CH) 116 J
Ottendorf (A) 109 B
Ottendorf an der Rittschein (A) 124 C
Ottenschlag (A) 106 K
Ottenschlag im Mühlkreis (A) 105 K
Ottensheim (A) 104 M
Otterthal (A) 112 J
Ottmanach (A) 123 G
Ottnang am Hausruck (A) 110 B
Ottsdorf (A) 110 F
Ouchy (CH) 126 F
Oulens (CH) 126 C
Ovronnaz (CH) 127 G

P

Paasdorf (A) 107 G
Pabneukirchen (A) 105 L
Pack (A) 123 F
Pagig (CH) 117 M
Paldau (A) 124 F
Palézieux (CH) 126 F
Palfau (A) 111 H
Palterndorf-Dobermannsdorf (A) 107 E
Palting (A) 109 E
Pama (A) 113 C
Pamhagen (A) 113 F
Pampigny (CH) 126 E
Panidorf (A) 104 H
Pany (CH) 118 L
Panzendorf (A) 120 J
Parndorf (A) 113 C
Parpan (CH) 129 C
Parschlug (A) 112 K
Parsonz (CH) 129 C
Partenen (A) 118 M
Partnun (CH) 118 L
Pasching (A) 104 L
Pasching (A) 104 M
Passail (A) 112 L
Passering (A) 123 G
Passugg (CH) 129 C
Patergassen (A) 122 J
Paternion (A) 122 H
Patsch (A) 120 A
Pattigham (A) 110 A
Paudo (CH) 129 H
Paulsdorf (A) 104 L
Paverbach (A) 112 J
Payerne (CH) 127 A
Peccia (CH) 129 D
Pechtl (A) 108 M
Peggau (A) 124 B
Pehendorf (A) 105 H
Peil (CH) 129 E
Peilstein im Mühlviertel (A) 104 H
Peischlach (A) 121 D
Pelmberg (A) 104 M
Peney (CH) 126 C
Penk (A) 112 J
Penk (A) 122 D
Pennewang (A) 110 B
Penning (A) 108 L
Penthaz (CH) 126 B
Penzendorf (A) 110 C
Penzing (A) 107 K
Perau (A) 122 E
Perbersdorf bei Sankt Veit (A) 124 F
Perchau am Sattel (A) 123 A
Perchtoldsdorf (A) 113 A
Perg (A) 105 K
Perly (CH) 126 G
Perneck (A) 110 H
Pernegg (A) 106 E
Pernegg an der Mur (A) 112 L
Pernersdorf (A) 106 F
Pernitz (A) 112 F
Perpat (A) 119 G
Perrefitte (CH) 115 H
Perschling (A) 106 M
Persenbeug-Gottsdorf (A) 112 A
Pertisau (A) 108 K
Perwang am Grabensee (A) 109 E
Perwarth (A) 111 B
Péry (CH) 115 H
Peseux (CH) 115 K
Petersberg (A) 119 D
Peterskirchen (A) 110 A
Petit-Saconnex (CH) 126 G
Petronell-Carnuntum (A) 113 C
Pettenbach (A) 110 F
Pettendorf (A) 106 J
Pettnau (A) 119 F
Pettneu (A) 118 J
Petz (A) 123 A
Petzenkirchen (A) 112 A
Peuerbach (A) 104 L
Pfäfers (CH) 117 M
Pfaffenhofen (A) 109 K
Pfaffenhofen (A) 119 J
Pfaffenschlag bei Waidhofen an der Thaya (A) 105 F
Pfaffenschwendt (A) 109 K
Pfäffikon (CH) 117 D
Pfaffing (A) 110 D
Pfafflar (A) 119 G
Pfaffnau (CH) 115 J
Pfaffstätt (A) 109 B
Pfaffstätten (A) 113 A
Pfarrkirchen im Mühlkreis (A) 104 H
Pfarrwerfen (A) 109 L
Pfeffingen (CH) 115 E
Pflach (A) 119 D
Pfongau (A) 109 E
Pfons (A) 120 D
Pfunds (A) 119 K
Pfungen (CH) 117 D
Pfyn (CH) 117 A
Pian San Giácomo (CH) 129 E
Piber (A) 123 C
Picheldorf (A) 112 K
Pichl (A) 121 A
Pichl (A) 123 A
Pichl bei Wels (A) 110 B
Pichlern (A) 110 C
Pichlern (A) 122 E
Pichlern (A) 122 J
Pichl-Kainisch (A) 110 H
Pichl-Preunegg (A) 110 L
Pichlwang (A) 110 E
Pierbach (A) 105 K
Piesdorf (A) 110 D
Piesendorf (A) 121 A
Pießling (A) 110 J
Pieterlen (CH) 115 H
Pignia (CH) 129 C
Pigniu (CH) 129 B
Pilgersdorf (A) 113 G
Pill (A) 120 A
Piller (A) 119 G
Pillichsdorf (A) 107 L
Pinegg (A) 108 L
Pinggau (A) 113 K
Pinkafeld (A) 113 K
Pinsdorf (A) 110 E
Piotta (CH) 129 D
Piregg (A) 112 L
Piringsdorf (A) 113 H
Pirkach (A) 123 G
Pirkachberg (A) 121 E
Pischeldorf (A) 123 G
Pischelsdorf am Engelbach (A) 109 B
Pischelsdorf i.d. Steiermark (A) 124 C
Pisching (A) 105 L
Pisweg (A) 123 D
Pitasch (CH) 129 B
Pitschgau (A) 124 H
Pitten (A) 113 D
Pitzenberg (A) 110 B
Plaffeien (CH) 127 B
Plainfeld (A) 109 E
Plambach (A) 112 B
Plangeross (A) 119 L
Planitzen (A) 122 C
Plank am Kamp (A) 106 H
Plankau (A) 110 H
Planken (FL) 117 J
Plankenau (A) 122 A
Plankenstein (A) 112 A
Plasselb (CH) 127 B
Platt (A) 106 F
Platten (A) 119 F
Platzl (A) 119 F
Pleißing (A) 106 E
Plons (CH) 117 M
Pöchlarn (A) 106 K
Pöckstein (A) 123 D
Podersdorf am See (A) 113 E
Poggersdorf (A) 123 G
Pöggstall (A) 106 K
Pöham (A) 110 K
Pöllau (A) 112 M
Pöllauberg (A) 112 M
Pollham (A) 110 B
Pölling (A) 123 H
Polling im Innkreis (A) 110 A
Polling in Tirol (A) 119 J
Pöls (A) 123 A
Pomy (CH) 126 C
Pöndorf (A) 110 D
Ponigl (A) 112 L
Pontirone (CH) 129 E
Pontresina (CH) 130 E
Pöring (A) 110 D
Porrau (A) 106 J
Porrentruy (CH) 115 D
Porsel (CH) 126 C
Portalban (CH) 115 K
Pörtschach am Wörther See (A) 122 J
Porza (CH) 129 K
Pöschenried (CH) 127 E
Poschiavo (CH) 130 H
Possegg (A) 112 L
Possens (CH) 126 C
Pottenbrunn (A) 106 L
Pottendorf (A) 113 A

A B C D E F G H I J K L M N O P Q R S T U V W X Y Z

Pottenhofen (A) 107 D
Pottenstein (A) 112 C
Pötting (A) 104 L
Pottschach (A) 112 F
Pöttsching (A) 113 D
Potzneusiedl (A) 113 C
Poysdorf (A) 107 E
Präbichl (A) 111 H
Prada (CH) 130 J
Praden (CH) 129 C
Prägraten (A) 120 F
Prahins (CH) 126 C
Prambachkirchen (A) 104 L
Pramerdorf (A) 110 A
Pramet (A) 110 A
Pratteln (CH) 115 F
Praunfalk (A) 110 H
Präz (CH) 129 C
Praz-de-Fort (CH) 127 K
Prayon (CH) 127 K
Prebl (A) 123 E
Prebl-Brunnen (A) 123 E
Preda (CH) 130 E
Preding (A) 124 B
Preding (A) 124 E
Predlitz (A) 122 F
Preg (A) 123 B
Pregarten (A) 105 K
Pregassona (CH) 129 L
Preims (A) 123 E
Prein an der Rax (A) 112 J
Preitenegg (A) 123 E
Prêles (CH) 115 G
Prellenkirchen (A) 113 C
Prendt (A) 105 G
Pressbaum (A) 106 M
Preßguts (A) 124 C
Pressingberg (A) 122 E
Prez-vers-Noréaz (CH) 127 A
Prielau (A) 121 A
Prigglitz (A) 112 J
Prilly (CH) 126 F
Prinzendorf (A) 107 E
Prinzersdorf (A) 106 L
Privilasco (CH) 130 J
Promau (A) 111 E
Prottes (A) 107 H
Provence (CH) 114 M
Pruggern (A) 110 L
Prutz (A) 119 G
Puch (A) 106 D
Puch (A) 122 H
Puch bei Hallein (A) 109 H
Puch bei Weiz (A) 124 C
Puchberg am Schneeberg (A) 112 F
Puchenstuben (A) 112 D
Puchheim (A) 110 E
Puchkirchen am Trattberg (A) 110 A
Pucking (A) 110 C
Pühring (A) 111 A
Pulkau (A) 106 F
Pully (CH) 126 F
Pulst (A) 123 G
Punitz (A) 125 A
Pürbach (A) 105 E
Purbach am Neusiedler See (A) 113 B
Pürd (CH) 129 F
Pürgg-Trautenfels (A) 110 M
Purgstall an der Erlauf (A) 112 A
Purk (A) 106 G
Purkersdorf (A) 107 K
Pürnstein (A) 104 J
Purrath (A) 105 H
Pusarnitz (A) 122 G
Pusterwald (A) 123 A
Pustritz (A) 123 H
Putschall (A) 121 E
Putzleinsdorf (A) 104 H
Puzzatsch (CH) 129 B
Pyhra (A) 112 B
Pyhrabruck (A) 105 E
Pyhrn (A) 110 J
Pyrawang (A) 104 G

Q

Quarten (CH) 117 H
Quettensberg (A) 121 A
Quinten (CH) 117 H
Quinto (CH) 129 D

R

Raab (A) 104 L
Raabs an der Thaya (A) 106 D
Raach (A) 112 J
Raasdorf (A) 107 L
Rabensburg (A) 107 E
Rabenschwand (A) 110 D
Rabenstein an der Pielach (A) 112 B
Rabenwald (A) 112 M
Rabius (CH) 129 A
Rachau (A) 123 B
Rackering (A) 110 A
Radau (A) 110 D
Radendorf (A) 122 L
Radenthein (A) 122 H
Radlbrunn (A) 106 J
Radlham (A) 109 B
Radmer an der Hasel (A) 111 H
Radmer an der Stube (A) 111 H
Radmerer (A) 111 G
Radnig (A) 122 G
Radons (CH) 129 F
Radsberg (A) 123 K
Radstadt (A) 110 K
Rafz (CH) 116 C
Raggal (A) 118 H
Raggendorf (A) 107 H
Raglitz (A) 112 F
Raiding (A) 113 H
Rain (A) 109 K
Rain (CH) 116 J
Rainbach im Innkreis (A) 104 K
Rainbach im Mühlkreis (A) 105 G
Raithausen (A) 109 K
Ramerding (A) 110 A
Ramingstein (A) 122 E
Ramlinsburg (CH) 115 F
Ramosch/Remüs (CH) 119 K
Ramsau (A) 110 F
Ramsau (A) 110 H
Ramsau (A) 112 C
Ramsau am Dachstein (A) 110 L
Ramsei (CH) 115 M
Ramsen (CH) 117 A
Ramspach (A) 111 L
Ranalt (A) 119 M
Rances (CH) 126 B
Randa (CH) 127 M
Randegg (A) 111 B
Rangersdorf (A) 121 H
Ranggen (A) 119 J
Rankweil (A) 118 G
Rannersdorf am Saßbach (A) 124 F
Ranshofen (A) 109 B
Ranten (A) 122 C
Ranzing (A) 110 A
Rapperswil (CH) 115 L
Rapperswil (CH) 117 G
Rappoltenkirchen (A) 106 M
Rappolz (A) 106 A
Rappottenstein (A) 105 H
Raron (CH) 127 J
Rassach (A) 123 F
Rastenberg (A) 106 G
Rastenfeld (A) 106 G
Ratsch an der Weinstraße (A) 124 H
Ratten (A) 112 J
Rattenberg (A) 108 L
Rattendorf (A) 122 K
Rattersdorf (A) 113 L
Ratzling (A) 104 L
Rauchenwarth (A) 113 B
Rauchwart (A) 125 A
Rauris (A) 121 B
Rauth (A) 119 D
Ravaisch (CH) 118 M
Ravelsbach (A) 106 J
Raxendorf (A) 106 K
Realp (CH) 128 F
Rebstein (CH) 117 F
Rechberg (A) 105 K
Rechberg (A) 123 K
Rechnitz (A) 113 L
Reckingen (CH) 128 E
Reconvilier (CH) 115 G
Redleiten (A) 110 A
Redlmühl (A) 110 F
Redlschlag (A) 113 G
Redltal (A) 110 A
Regau (A) 110 E
Regelsbrunn (A) 113 B
Regensdorf (CH) 116 F
Rehberg (A) 106 H
Rehenberg (A) 118 E
Rehhofsiedlung (A) 109 H
Rehmen (A) 118 E
Reibersdorf (A) 110 E
Reichenau an der Rax (A) 112 J
Reichenau im Mühlkreis (A) 104 M
Reichenbach (CH) 127 C
Reichenburg (CH) 117 G
Reichenfels (A) 123 E
Reichenthal Markt (A) 104 J
Reichersberg (A) 104 K
Reichhub (A) 111 A
Reichraming (A) 111 D
Reichsdorf (A) 109 B
Reiden (CH) 116 H
Reidling (A) 106 M
Reifenstein (A) 123 B
Reigoldswil (CH) 115 F
Rein (A) 123 C
Reinach (CH) 115 E
Reinach (CH) 116 H
Reindlau (A) 119 F
Reindlmühl (A) 110 E
Reingers (A) 105 B
Reinsberg (A) 112 A
Reinthal (A) 107 E
Reisach (A) 122 G
Reisberg (A) 123 H
Reischen (CH) 129 C
Reisenberg (A) 113 B
Reit (A) 109 G
Reitdorf (A) 110 K
Reiterdörfl (A) 109 K
Reiterndorf (A) 110 H
Reith (A) 109 B
Reith (A) 110 G
Reith bei Kitzbühel (A) 108 M
Reith bei Seefeld (A) 119 F
Reith im Alpbachtal (A) 108 L
Reitham (A) 108 M
Reitingau (A) 111 L
Reitl (A) 111 E
Reitnau (CH) 116 H
Reitsham (A) 109 E
Reitsteg (A) 110 K
Rekawinkel (A) 106 M
Rekingen (Aargau) (CH) 116 C
Remigen (CH) 116 E
Remsach (A) 121 B
Renan (CH) 115 G
Renens (CH) 126 F
Rengg (CH) 116 L
Rennweg (A) 122 E
Rettenbachalm (A) 110 H
Rettenegg (A) 112 J
Rettenschöss (A) 108 J
Retz (A) 106 F
Reute (A) 118 E
Reutelgrabenweg (A) 112 C
Reuthe (A) 118 E
Reutte (A) 119 E
Rhäzüns (CH) 129 C
Rheinau (CH) 117 A
Rheinfelden (CH) 116 A
Rheinklingen (CH) 117 A
Riaz (CH) 127 A
Richisau (CH) 117 K
Richterswil (CH) 117 G
Ricken (CH) 117 H
Rickenbach (CH) 116 H
Rickenbach (Basel-Land) (CH) 115 F
Rickenbach bei Wil (CH) 117 E
Riddes (CH) 127 G
Ried (A) 110 A
Ried (A) 110 G
Ried (CH) 117 K
Ried am Riederberg (A) 106 M
Ried im Innkreis (A) 110 A
Ried im Oberinntal (A) 119 K
Ried im Traunkreis (A) 110 F
Ried in der Riedmark (A) 105 K
Riedau (A) 104 K
Rieden (A) 119 D
Rieden (CH) 117 H
Riedenberg (A) 108 L
Rieder (A) 120 A
Riederen (CH) 127 B
Riedern (A) 119 H
Riedern (CH) 117 L
Riedersdorf (A) 105 L
Riedlingsdorf (A) 113 K
Riefen (A) 119 G
Riefensberg (A) 118 E
Riegersburg (A) 106 E
Riegersburg (A) 124 C
Riegersdorf (A) 124 C
Riehen (CH) 116 A
Riein (CH) 129 B
Ries (A) 124 B
Riesberg (A) 108 M
Rietbad (CH) 117 H
Rietz (A) 119 H
Riezlern (A) 118 F
Riggenschwil (CH) 117 E
Riggisberg (CH) 127 B
Rindbach (A) 110 E
Rinegg (A) 122 C
Rinegg (A) 124 B
Ringelsdorf-Niederabsdorf (A) 107 H
Ringgenberg (CH) 127 C
Rinkenberg (A) 123 H
Rinnen (A) 119 D
Riom (CH) 129 C
Rißberg (A) 108 M
Ritzenried (A) 119 H
Ritzersdorf (A) 123 B
Ritzing (A) 113 H
Riva San Vitale (CH) 129 K
Robasacco (CH) 129 G
Roche (CH) 127 D
Roche d'Or (CH) 115 D
Rochefort (CH) 114 M
Röd (A) 109 E
Rodersdorf (CH) 115 E
Rodi (CH) 129 D
Rodingersdorf (A) 106 E
Rödleiten (A) 110 A
Rogatsboden (A) 111 C
Roggliswil (CH) 115 J
Roggwil (CH) 115 J
Roggwil (CH) 117 F
Rohr (A) 125 A
Rohr (CH) 116 E
Rohrau (A) 113 C
Rohrbach (A) 111 A
Rohrbach (CH) 115 J
Rohrbach an der Lafnitz (A) 112 M
Rohrbach an der Teich (A) 113 K
Rohrbach bei Mattersburg (A) 113 D
Rohrbach in Oberösterreich (A) 104 H
Rohrberg (A) 120 B
Rohrendorf (A) 106 L
Rohr im Gebirge (A) 112 E
Rohr im Kremstal (A) 110 C
Rohrmoos-Unterthal (A) 110 L
Roiten (A) 106 G
Roith (A) 110 H
Roitham (A) 110 E
Rolle (CH) 126 E
Romainmôtier (CH) 126 B
Romanshorn (CH) 117 C
Romont (CH) 127 A
Romoos (CH) 116 L
Rona (CH) 129 F
Ronco (CH) 129 G
Ronco (CH) 128 F
Root (CH) 116 J
Roppen (A) 119 H
Rorbas (CH) 116 F
Rorschach (CH) 117 F
Rorschacherberg (CH) 117 F
Röschenz (CH) 115 E
Röschitz (A) 106 F
Rosegg (A) 122 M
Roseldorf (A) 106 F
Rosenau am Hengstpaß (A) 111 G
Rosenau-Dorf (A) 105 H
Rosenau-Schloß (A) 105 H
Rosenbach (A) 122 M
Rosenburg (A) 106 H
Rosenegg (A) 109 K
Rosenheim (A) 122 G
Rosental (A) 109 K
Rosenthal (A) 120 C
Rossa (CH) 129 E
Rossatz (A) 106 L
Rossens (CH) 127 A
Rössing (A) 110 L
Rossinière (CH) 127 D
Roßleithen (A) 110 J
Roßschläg (A) 119 D
Rossura (CH) 129 D
Rostock (A) 123 F
Rotbach (A) 119 D
Rotenturm (A) 113 K
Rotfarb (CH) 117 B
Rotgülden (A) 122 A
Rotheau (A) 112 B
Röthelstein (A) 112 L
Röthenbach im Emmental (CH) 115 M
Rothenbrunnen (CH) 129 C
Rothenburg (CH) 116 J
Rothenfluh (CH) 115 F
Rothenhausen (CH) 117 B
Rothenthurm (CH) 117 G
Röthis (A) 118 G
Rothleiten (A) 112 K
Rothrist (CH) 115 J
Rotkreuz (CH) 116 J
Rötsch (A) 123 B
Rottenbach (A) 108 M
Rottenbach (A) 110 B
Rottenmann (A) 111 K
Rougemont (CH) 127 D
Roveredo (CH) 129 H
Rövio (CH) 129 L
Rubigen (CH) 115 L
Rubland (A) 122 M
Rückersdorf (A) 123 L
Ruden (A) 123 H
Rudersdorf (A) 125 A
Rudmanns (A) 106 G
Rudolfstetten (CH) 116 F
Rue (CH) 126 C
Ruefswil (CH) 115 J
Rüeggisberg (CH) 127 B
Rüegsbach (CH) 115 M
Rueun (CH) 129 B
Rüfenach (CH) 116 E
Rufi (CH) 117 H
Ruggell (FL) 117 J
Rum (A) 120 A
Rümlang (CH) 116 F
Rümlingen (CH) 115 F
Run (CH) 129 B
Rünenberg (CH) 115 F
Ruppersthal (A) 106 J
Rupperswil (CH) 116 E
Ruprechtshofen (A) 112 A
Ruschain (CH) 129 B
Rüschegg (CH) 127 B
Rüschlikon (CH) 116 J
Rußbach am Paß Gschütt (A) 110 G
Russikon (CH) 117 D
Russo (CH) 129 G
Rust (A) 106 M
Rust (A) 113 E
Rüstorf (A) 110 B
Ruswil (CH) 116 H
Rüte (CH) 117 F
Rüthi (Rheintal) (CH) 117 J
Rüti (CH) 117 G
Rüttenen (CH) 115 H
Rutzenham (A) 110 B
Rutzenmoos (A) 110 E

S

Saafelden am Steinernen Meer (A) 109 L
Saanen (CH) 127 E
Saanenmöser (CH) 127 E
Saas Almagell (CH) 128 L
Saas Balen (CH) 127 J
Saas Eee (CH) 127 M
Saas Grund (CH) 127 M
Saas im Prättigau (CH) 118 L
Sachendorf (A) 123 B
Sachseln (CH) 116 L
Sachsenburg (A) 122 G
Safenwil (CH) 116 E
Safien-Platz (CH) 129 C
Sagritz (A) 121 E
Saignelégier (CH) 115 G
Saillon (CH) 127 G
Saint Aubin (CH) 115 K
Saint Aubin-Sauges (CH) 114 M
Saint-Blaise (CH) 115 K
Saint-Brais (CH) 115 D
Saint-Cergue (CH) 126 D
Sainte-Croix (CH) 114 L
Saint-George (CH) 126 E
Saint-Gingolph (CH) 126 F
Saint-Imier (CH) 115 G
Saint-Léonard (CH) 127 H
Saint-Martin (CH) 127 H
Saint-Maurice (CH) 127 G
Saint Pantaleon, Nuglar- (CH) 115 F
Saint-Prex (CH) 126 E
Saint-Ursanne (CH) 115 D
Sala (CH) 129 K
Saland (CH) 117 D
Salen-Reutenen (CH) 117 B
Salenstein (CH) 117 B
Salez (CH) 117 J
Salgesch (CH) 127 H
Salla (A) 123 C
Sallapulka (A) 106 E
Sallingberg (A) 106 G
Sallingstadt (A) 105 E
Salmsach (CH) 117 C
Salouf (CH) 129 C
Salvan (CH) 127 K
Salvenach (CH) 115 K
Salzberg (A) 110 H
Salzburg (A) 109 H
Sam (A) 109 H
Sam (CH) 129 C
Samedan (CH) 130 E
Samnaun (CH) 118 M
San Antònio (CH) 130 J
San Bernardino (CH) 129 E
San Carlo (CH) 128 F
San Carlo (CH) 130 J
Sandl (A) 105 G
Sankt Aegidi (A) 104 L
Sankt Aegyd am Neuwalde (A) 112 E
Sankt Agatha (A) 104 L
Sankt Andrä (A) 107 K
Sankt Andrä (A) 122 F
Sankt Andrä (A) 122 J
Sankt Andrä (A) 123 H
Sankt Andrä am Zicksee (A) 113 F
Sankt Andrä an der Traisen (A) 106 L
Sankt Andrä im Lungau (A) 122 B
Sankt Andrä im Sausal (A) 124 E
Sankt Anna (A) 123 E
Sankt Anna am Aigen (A) 125 D
Sankt Anton am Arlberg (A) 118 J
Sankt Anton an der Jeßnitz (A) 112 D
Sankt Antönien (CH) 118 L
Sankt Anton im Montafon (A) 118 H
Sankt Bartholomä (A) 123 C
Sankt Blasen (A) 123 A
Sankt Christophen (A) 106 M
Sankt Corona (A) 112 C
Sankt Corona am Wechsel (A) 112 J
Sankt Donat (A) 123 G
Sankt Egyden (A) 113 D
Sankt Egyden (A) 122 M
Sankt Erhard (CH) 116 H
Sankt Erhard bei Mixnitz (A) 112 L
Sankt Filippen (A) 123 G
Sankt Florian (A) 109 B
Sankt Florian am Inn (A) 104 K
Sankt Gallen (A) 111 G
Sankt Gallen (CH) 117 F
Sankt Gallenkappel (CH) 117 H
Sankt Gallenkirch (A) 118 L
Sankt Georgen (A) 123 D
Sankt Georgen (A) 123 J
Sankt Georgen am Fillmannsbach (A) 109 B
Sankt Georgen am Längsee (A) 123 G
Sankt Georgen am Reith (A) 111 E
Sankt Georgen am Steinfelde (A) 112 B
Sankt Georgen am Ybbsfelde (A) 111 B
Sankt Georgen an der Gusen (A) 105 K
Sankt Georgen an der Leys (A) 112 A
Sankt Georgen an der Stiefing (A) 124 E
Sankt Georgen bei Grieskirchen (A) 110 B
Sankt Georgen bei Obernburg am Inn (A) 104 K
Sankt Georgen bei Salzburg (A) 109 D
Sankt Georgen im Attergau (A) 110 D
Sankt Georgen in der Klaus (A) 111 E
Sankt Georgen in Obdachegg (A) 123 B
Sankt Georgen ob Judenburg (A) 123 A
Sankt Georgen ob Murau (A) 122 C
Sankt Gerold (A) 118 H
Sankt Gertraud (A) 123 E
Sankt Gilgen (A) 110 G
Sankt Ilgen (A) 112 G
Sankt Jakob (A) 123 H
Sankt Jakob am Arlberg (A) 118 J
Sankt Jakob am Thurn (A) 109 H
Sankt Jakob an der Straße (A) 123 G
Sankt Jakob bei Mixnitz (A) 112 L
Sankt Jakob bei Walde (A) 112 J
Sankt Jakob im Lesachtal (A) 121 H
Sankt Jakob im Rosental (A) 122 M
Sankt Jakob in Defereggen (A) 120 F
Sankt Jakob in Haus (A) 109 K
Sankt Jodok am Brenner (A) 120 D
Sankt Johann am Pressen (A) 123 E
Sankt Johann am Tauern (A) 111 K
Sankt Johann am Walde (A) 110 A
Sankt Johann am Wimberg (A) 104 J
Sankt Johann bei Herberstein (A) 124 C
Sankt Johann im Pongau (A) 121 B
Sankt Johann im Saggautal (A) 124 H
Sankt Johann im Walde (A) 121 D
Sankt Johann in der Haide (A) 112 M
Sankt Johann in Engstetten (A) 111 A
Sankt Johann in Tirol (A) 108 M
Sankt Josef (Weststeiermark) (A) 124 E
Sankt Kanzian am Klopeiner See (A) 123 H
Sankt Katharein an der Laming (A) 112 K
Sankt Katharina (A) 120 J
Sankt Kathrein am Hauenstein (A) 112 H
Sankt Kathrein am Offenegg (A) 112 L
Sankt Kathrein im Burgenland (A) 125 B
Sankt Kolomann (A) 109 H
Sankt Kolomann (A) 110 A
Sankt Konrad (A) 110 E
Sankt Lambrecht (A) 123 A
Sankt Leonhard (A) 109 H
Sankt Leonhard (A) 122 J
Sankt Leonhard am Forst (A) 112 A
Sankt Leonhard am Hornerwald (A) 106 H
Sankt Leonhard am Walde (A) 111 B
Sankt Leonhard bei Freistadt (A) 105 K
Sankt Leonhard im Pitztal (A) 119 H
Sankt Lorenz (A) 110 D
Sankt Lorenzen (A) 122 J
Sankt Lorenzen (A) 123 J
Sankt Lorenzen am Wechsel (A) 112 M
Sankt Lorenzen bei Knittenfeld (A) 123 B
Sankt Lorenzen im Gitschtal (A) 122 G
Sankt Lorenzen im Lesachtal (A) 121 G
Sankt Lorenzen im Paltental (A) 111 K
Sankt Lorenzen ob Murau (A) 122 C
Sankt Marein (A) 123 H
Sankt Marein bei Graz (A) 124 C
Sankt Marein bei Knittelfeld (A) 123 B
Sankt Marein im Mürztal (A) 112 L
Sankt Margareten im Rosental (A) 123 K
Sankt Margarethen an der Raab (A) 124 C
Sankt Margarethen bei Knittelfeld (A) 123 B
Sankt Margarethen bei Lebring (A) 124 E
Sankt Margarethen im Burgenland (A) 113 E
Sankt Margarethen im Lavanttal (A) 123 E
Sankt Margarethen im Lungau (A) 122 E
Sankt Margarethen ob Töllerberg (A) 123 G
Sankt Margrethen (CH) 117 F
Sankt Marien (A) 110 C
Sankt Marienkirchen am Hausruck (A) 110 A
Sankt Marienkirchen an der Polsens (A) 104 L
Sankt Marienkirchen bei Schärding (A) 104 K
Sankt Martin (A) 105 H
Sankt Martin (A) 122 B
Sankt Martin (A) 122 M
Sankt Martin (A) 123 A
Sankt Martin (A) 123 G
Sankt Martin (CH) 117 L
Sankt Martin (CH) 129 B
Sankt Martin am Grimming (A) 110 M
Sankt Martin am Silberberg (A) 123 D
Sankt Martin am Tennengebirge (A) 110 K
Sankt Martin am Wöllmißberg (A) 123 F
Sankt Martin am Ybbsfelde (A) 111 B
Sankt Martin an der Raab (A) 125 D
Sankt Martin bei Lofer (A) 109 K
Sankt Martin im Innkreis (A) 104 K
Sankt Martin im Mühlkreis (A) 104 L
Sankt Martin im Sulmtal (A) 124 H
Sankt Meinrad (CH) 117 G
Sankt Michael (A) 123 E
Sankt Michael (A) 123 H
Sankt Michael am Bruckbach (A) 111 A
Sankt Michael am Zollfeld (A) 123 G
Sankt Michael im Burgenland (A) 125 A
Sankt Michael im Lungau (A) 122 B
Sankt Michael in Obersteiermark (A) 112 K
Sankt Michael ob der Gurk (A) 123 G
Sankt Moritz (CH) 130 E
Sankt Niklaus (CH) 127 J
Sankt Nikola an der Donau (A) 105 L
Sankt Nikolai im Sausal (A) 124 E
Sankt Nikolai im Sölktal (A) 122 C
Sankt Nikolai ob Draßling (A) 124 F
Sankt Oswald (A) 105 L
Sankt Oswald (A) 122 H
Sankt Oswald (A) 123 A
Sankt Oswald (A) 123 H
Sankt Oswald bei Freistadt (A) 105 G
Sankt Oswald bei Haslach (A) 104 H
Sankt Oswald bei Plankenwarth (A) 123 C
Sankt Oswald in Freiland (A) 123 F
Sankt Oswald ob Eibiswald (A) 123 J
Sankt Pankraz (A) 110 J
Sankt Pankrazen (A) 123 C
Sankt Pantaleon (A) 109 D
Sankt Pantaleon (A) 111 A
Sankt Paul im Lavanttal (A) 123 H
Sankt Peter (A) 122 E
Sankt Peter (A) 124 B
Sankt Peter (CH) 129 C
Sankt Peter am Bichl (A) 123 G
Sankt Peter am Hart (A) 109 B
Sankt Peter am Kammersberg (A) 122 C
Sankt Peter am Ottersbach (A) 124 F
Sankt Peter am Wimberg (A) 104 J
Sankt Peter-Freienstein (A) 112 K
Sankt Peter im Lavanttal (A) 123 E
Sankt Peter in der Au (A) 111 A
Sankt Peter ob Judenburg (A) 123 A
Sankt Peterzell (CH) 117 H
Sankt Pölten (A) 106 L
Sankt Radegund (A) 109 A
Sankt Radegund (A) 124 B
Sankt Ruprecht an der Raab (A) 124 C
Sankt Ruprecht ob Murau (A) 122 C
Sankt Salvator (A) 123 D
Sankt Sixt (A) 104 L
Sankt Sigmund im Sellrain (A) 119 J
Sankt Stefan (A) 123 D
Sankt Stefan (A) 123 H
Sankt Stefan (A) 123 L

Sankt Stefan an der Gail (A) 122 L
Sankt Stefan im Rosental (A) 124 F
Sankt Stefan ob Leoben (A) 112 K
Sankt Stefan ob Stainz (A) 123 F
Sankt Stephan (CH) 127 E
Sankt Thomas am Blasenstein (A) 105 L
Sankt Ulrich (A) 104 K
Sankt Ulrich (A) 122 J
Sankt Ulrich (A) 123 H
Sankt Ulrich am Pillersee (A) 109 K
Sankt Ulrich im Mühlkreis (A) 104 M
Sankt Ulrich in Greith (A) 124 H
Sankt Urban (A) 122 J
Sankt Urban (CH) 115 J
Sankt Valentin (A) 111 A
Sankt Valentin (A) 112 J
Sankt Veit am Vogau (A) 124 J
Sankt Veit an der Glan (A) 123 G
Sankt Veit an der Gölsen (A) 112 B
Sankt Veit an der Triesting (A) 113 A
Sankt Veit im Innkreis (A) 110 A
Sankt Veit im Jauntal (A) 123 H
Sankt Veit im Mühlkreis (A) 104 M
Sankt Veit im Pongau (A) 121 B
Sankt Veit in Defereggen (A) 120 F
Sankt Veit in der Gegend (A) 123 D
Sankt Vinzenz (A) 123 J
Sankt Walburgen (A) 123 G
Sankt Willibald (A) 104 L
Sankt Wolfgang (A) 105 H
Sankt Wolfgang (A) 123 B
Sankt Wolfgang im Salzkammergut (A) 110 G
Santa Maria (CH) 131 A
Santa Maria in Calanca (CH) 129 H
Sapün-Dörfli (CH) 130 B
Sargans (CH) 117 M
Sarleinsbach (A) 104 H
Sarmenstorf (CH) 116 H
Sarmingstein (A) 105 L
Sarnen (CH) 116 L
Satigny (CH) 126 G
Satteins (A) 118 H
Sattel (CH) 117 G
Sättendorf (A) 122 J
Sattledt (A) 110 C
Sauerfeld (A) 122 B
Saulueg (A) 108 L
Saurau (A) 123 A
Säusenstein (A) 112 A
Sautens (A) 119 H
Savièse (CH) 127 H
Savigny (CH) 126 F
Savognin (CH) 129 F
Saxen (A) 111 B
Saxeten (CH) 128 A
Saxigen (A) 110 D
Saxon (CH) 127 G
Says (CH) 117 M
Scardanal (CH) 129 C
Scareglia (CH) 129 L
Schaan (FL) 117 J
Schachen (CH) 116 L
Schachendorf (A) 113 L
Schadneramt (A) 111 E
Schäffern (A) 113 G
Schaffhausen (CH) 116 C
Schafisheim (CH) 116 E
Schaftenau (A) 108 L
Schagges (A) 105 E
Schalchen (A) 109 B
Schallaburg (A) 112 A
Schanf (CH) 130 B
Schangnau (CH) 127 C
Schänis (CH) 117 H
Scharans (CH) 129 C
Schardenberg (A) 104 G
Schärding (A) 104 K
Scharfling (A) 110 G
S-charl (CH) 130 C
Scharnitz (A) 119 F
Scharnstein (A) 110 E
Schattau (A) 110 G
Schattbach (A) 110 K
Schattdorf (CH) 117 K
Schattendorf (A) 113 E
Schattwald (A) 119 D
Scheffau am Tennengebirge (A) 110 G
Scheffau am Wilden Kaiser (A) 108 M
Scheffsnoth (A) 109 K
Scheibbs (A) 112 A
Scheiblingkirchen (A) 113 G
Scheideldorf (A) 106 D
Scheid/Sched (CH) 129 C
Scheifling (A) 123 A
Scheitern (A) 121 A
Schelchen (A) 111 E
Schellgaden (A) 122 D
Schelten (CH) 115 E
Schenkenfelden (A) 104 J
Schenkon (CH) 116 H
Scherzingen (CH) 117 B
Scheuchenerb (A) 111 E
Schied (A) 122 A
Schiefling (A) 122 M
Schiers (CH) 118 L
Schiffenen (CH) 115 K
Schildbach (A) 112 M
Schildorn (A) 110 A
Schiltern (A) 106 H
Schindellegi (CH) 117 G
Schindlbach (A) 110 F
Schinznach-Dorf (CH) 116 E
Schladming (A) 110 L
Schladnitzgraben (A) 112 K
Schlag (A) 104 H
Schlag (A) 112 M
Schlaiten (A) 121 G
Schlans (CH) 129 B
Schlappin (CH) 118 L
Schlatt (A) 110 B
Schlatt (CH) 117 D
Schlattingen (CH) 117 A
Schleedorf (A) 109 E
Schleinbach (A) 107 G
Schleißheim (A) 110 C
Schleitheim (CH) 116 C
Schlierbach (A) 110 F
Schlierbach (CH) 116 H
Schlieren (CH) 116 F
Schlins (A) 118 H
Schlitters (A) 120 B
Schlöglmühl (A) 112 J
Schloßberg (A) 124 H
Schlosswil (CH) 115 L
Schluein (CH) 129 B
Schlüßlberg (A) 110 B
Schmelz (A) 123 B
Schmerikon (CH) 117 G
Schmidham (A) 109 B
Schmidham (A) 110 D
Schmieden (A) 119 D
Schmiedrued (CH) 116 H
Schmirn (A) 120 D
Schmitten (CH) 129 C
Schneegattern (A) 110 D
Schneisingen (CH) 116 F
Schnepfau (A) 118 E
Schnifis (A) 118 H
Schocherswil (CH) 117 E
Schöder (A) 122 C
Schöffgattern (A) 104 H
Schöfflisdorf (CH) 116 F
Schöftland (CH) 116 H
Schölbing (A) 112 M
Schollach (A) 112 A
Schönau (A) 108 L
Schönau an der Donau (A) 107 L
Schönau im Mühlkreis (A) 105 K
Schönbach (A) 105 H
Schönbach (A) 120 C
Schönberg am Kamp (A) 106 H
Schönberg bei Niederwölz (A) 123 A
Schönberg im Stubaital (A) 119 J
Schönbrunn (A) 107 K
Schönbühel an der Donau (A) 106 K
Schönegg bei Pöllau (A) 112 M
Schönenbach-Vorsäß (A) 118 F
Schönenberg (CH) 117 G
Schönenboden (CH) 117 J
Schönenbuch (CH) 117 K
Schönengrund (CH) 117 E
Schönenwerd (CH) 116 E
Schönering (A) 104 M
Schongau (CH) 116 H
Schöngrabern (A) 106 J
Schönkirchen (A) 107 H
Schönried (CH) 127 E
Schönthal (CH) 115 F
Schönwies (A) 119 G
Schöpflgitter (A) 112 C
Schoppernau (A) 118 E
Schörfling am Attersee (A) 110 D
Schörgendorf (A) 112 K
Schörgeneck (A) 104 G
Schoried (CH) 116 L
Schorn (A) 110 K
Schottwien (A) 112 J
Schötz (CH) 116 H
Schrattenberg (A) 107 E
Schrattenthal (A) 106 F
Schreibersdorf (A) 113 K
Schrems (A) 105 E
Schrems bei Frohnleiter (A) 112 L
Schrick (A) 107 H
Schröcken (A) 118 J
Schruns (A) 118 H
Schübelbach (CH) 117 G
Schuders (CH) 118 L
Schupfart (CH) 116 E
Schüpfen (CH) 115 L
Schüpfheim (CH) 116 L
Schüttdorf (A) 121 A
Schützen am Gebirge (A) 113 E
Schützing (A) 124 F
Schwabegg (A) 123 H
Schwaderloch (CH) 116 B
Schwadorf (A) 113 B
Schwägalp (CH) 117 H
Schwaigern (A) 110 D
Schwaighof (A) 110 K
Schwallenbach (A) 106 K
Schwanberg (A) 123 J
Schwändelen (CH) 117 G
Schwanden (CH) 115 J
Schwanden (CH) 115 M
Schwanden (CH) 117 L
Schwanden (CH) 128 B
Schwanenstadt (A) 110 B
Schwarzach im Pongau (A) 121 B
Schwarzau am Steinfelde (A) 113 D
Schwarzau im Gebirge (A) 112 E
Schwarzenau (A) 106 D
Schwarzenau (A) 108 L
Schwarzenbach (A) 110 G
Schwarzenbach (A) 113 G
Schwarzenbach a.d. Pielach (A) 112 D
Schwarzenberg (A) 118 E
Schwarzenberg (CH) 116 L
Schwarzenberg im Mühlkreis (A) 104 H
Schwarzenburg (CH) 127 B
Schwarzenegg (CH) 127 C
Schwarzindien (A) 110 D
Schwaz (A) 120 A
Schwechat (A) 113 A
Schweiggers (A) 105 H
Schwellbrunn (CH) 117 E
Schwendau (A) 120 B
Schwende (A) 118 H
Schwende (CH) 117 J
Schwendi (CH) 116 L
Schwendt (A) 108 J
Schwendt (A) 108 M
Schwendt (A) 109 K
Schwendterdörfl (A) 108 M
Schwerbachgegend (A) 111 C
Schwertberg (A) 105 K
Schwerzenbach (CH) 117 D
Schwoich (A) 108 L
Schwyz (CH) 117 K
Sculms (CH) 129 C
Scuol/Schuls (CH) 130 C
Sebersdorf (A) 124 C
Seckau (A) 123 B
Sedrun (CH) 129 A
See (A) 119 G
See (A) 123 A
Seebach (A) 122 C
Seebarn am Wagram (A) 106 L
Seebenstein (A) 113 D
Seeberg (CH) 115 J
Seeboden (A) 122 H
Seedorf (CH) 115 L
Seefeld (A) 106 F
Seefeld (A) 110 D
Seefeld in Tirol (A) 119 F
Seegräben (CH) 117 D
Seeham (A) 109 E
Seehaus (A) 110 H
Seekirchen am Wallersee (A) 109 E
Seelisberg (CH) 116 M
Seengen (CH) 116 E
Seespitze (A) 119 E
Seetal (A) 122 C
Seewalchen (A) 109 E
Seewalchen am Attersee (A) 110 D
Seewen (CH) 115 F
Seewiesen (A) 112 G
Seewis im Prättigau (CH) 117 M
Seftigen (CH) 127 B
Seibersdorf (A) 113 B
Seiersberg (A) 124 E
Seitelschlag (A) 104 H
Seitenstetten Markt (A) 111 A
Seitzersdorf-Wolfpassing (A) 106 J
Seiz (A) 111 L
Seleute (CH) 115 D
Selfranga (CH) 118 L
Sellrain (A) 119 J
Selma (CH) 129 H
Seltisberg (CH) 115 F
Selva (CH) 129 A
Selzach (CH) 115 H
Selzthal (A) 111 G
Sembrancher (CH) 127 K
Sementina (CH) 129 H
Semione (CH) 129 D
Semmering (A) 112 J
Sempach (CH) 116 H
Semriach (A) 124 B
Semsales (CH) 127 D
Senftenberg (A) 106 H
Sennhof (CH) 117 D
Senning (A) 107 G
Sennwald (CH) 117 J
Sent (CH) 130 C
Seon (CH) 116 E
Seraplana (CH) 119 K
Serfaus (A) 119 K
Sernau (A) 124 H
Serneus (CH) 118 L
Sertig-Dörfli (CH) 130 B
Seuzach (CH) 117 D
Sevelen (CH) 117 J
Seydegg (A) 110 G
Seyring (A) 107 K
Siat (CH) 129 B
Siblingen (CH) 116 C
Sibratsgfäll (A) 118 F
Siebenhöf (A) 105 H
Siebnen (CH) 117 G
Sieding (A) 112 F
Siegendorf (A) 113 E
Siegershausen (CH) 117 B
Sieggraben (A) 113 G
Sieghartskirchen (A) 106 M
Siehen (CH) 115 M
Sierndorf (A) 106 J
Sierning (A) 110 C
Sierre/Siders (CH) 127 H
Sigharting (A) 104 K
Siglistorf (CH) 116 F
Sigmundsherberg (A) 106 E
Signau (CH) 115 M
Sigriswil (CH) 127 C
Silberegg (A) 123 D
Silbertal (A) 118 H
Silenen (CH) 129 A
Sillian (A) 120 J
Sils-Baselgia (CH) 130 E
Sils-Maria (CH) 130 E
Silvaplana (CH) 130 E
Silz (A) 119 H
Simling (A) 109 D
Simplon (CH) 128 H
Sinabelkirchen (A) 124 C
Sinnhub (A) 110 K
Sins (CH) 116 J
Sion (CH) 127 H
Sipbachzell (A) 110 C
Sirnach (CH) 117 E
Sirnitz (A) 122 J
Sisikon (CH) 117 K
Sissach (CH) 115 F
Sistrans (A) 120 A
Sitterdorf (CH) 117 E
Sittersdorf (A) 123 L
Sitzberg (CH) 117 D
Sitzenberg (A) 106 L
Sitzendorf (A) 106 J
Siviriez (CH) 126 C
Soazza (CH) 129 H
Soboth (A) 123 J
Söchau (A) 125 A
Söding (A) 124 E
Södingberg (A) 123 C
Soglio (CH) 129 J
Sogn Benedegt (CH) 129 A
Sogn Gions (CH) 129 A
Sölden (A) 119 L
Söll (A) 108 M
Sollenau (A) 113 D
Sölling (A) 112 A
Solothurn (CH) 115 H
Someo (CH) 129 G
Sommerau (A) 123 E
Sommerein (A) 113 B
Sonceboz (CH) 115 G
Sonntag (A) 118 H
Sonntagberg (A) 111 E
Sonogno (CH) 129 G
Sonterswil (CH) 117 B
Sonvico (CH) 129 L
Soos (A) 113 A
Sooß (A) 112 A
Sörenberg (CH) 128 B
Sottens (CH) 126 C
Soubey (CH) 115 D
Soulce (CH) 115 E
Spannberg (A) 107 H
Speisendorf (A) 106 D
Spertendorf (A) 108 M
Spielberg (A) 106 G
Spielberg bei Knittelfeld (A) 123 B
Spielfeld (A) 124 H
Spiez (CH) 127 C
Spiss (A) 119 K
Spital am Pyhrn (A) 111 G
Spital am Semmering (A) 112 J
Spittal an der Drau (A) 122 G
Spitz (A) 106 K
Spitzzicken (A) 113 K
Splügen (CH) 129 E
Sportgastein (A) 121 E
Sporz (CH) 129 C
Spratzern (A) 112 B
Staatz (A) 107 D
Stadel (CH) 116 F
Stadl (A) 104 L
Stadl an der Mur (A) 122 C
Stadlern (A) 109 B
Stadl-Paura (A) 110 B
Stadtschlaining (A) 113 K
Stäfa (CH) 117 G
Staffelbach (CH) 116 H
Stafflach (A) 120 D
Stainach (A) 110 M
Stainz (A) 123 F
Stalden (CH) 117 K
Stalden (CH) 127 J
Stall (A) 121 E
Stallhofen (A) 109 B
Stallhofen (A) 122 D
Stallhofen (A) 123 C
Stallikon (CH) 116 F
Stambach (A) 110 H
Stammersdorf (A) 107 K
Stampa (CH) 129 J
Stams (A) 119 H
Stang (A) 113 G
Stans (A) 120 A
Stans (CH) 116 M
Stansstad (CH) 116 M
Stanzach (A) 119 D
Stanz im Mürztal (A) 112 L
Statzendorf (A) 106 L
Staufen (CH) 116 E
Stechelberg (CH) 127 F
Steckborn (CH) 117 B
Steeg (A) 110 H
Steeg (A) 118 J
Steegen (A) 104 L
Steffisburg (CH) 127 C
Steg (A) 109 L
Steg (CH) 117 D
Steg (CH) 127 J
Stegersbach (A) 125 A
Steiber (A) 122 F
Steifelberg (A) 111 B
Steigtal (A) 112 K
Stein (A) 106 L
Stein (A) 119 K
Stein (A) 125 A
Stein (CH) 117 F
Stein (CH) 117 H
Stein (Aargau) (CH) 116 B
Stein am Rhein (CH) 117 A
Stein an der Enns (A) 110 M
Steinach (CH) 117 F
Steinach am Brenner (A) 120 D
Steinakirchen am Forst (A) 111 B
Steinbach (A) 104 K
Steinbach (A) 111 A
Steinbach am Attersee (A) 110 D
Steinbach am Ziehberg (A) 110 F
Steinbach an der Steyr (A) 110 F
Steinberg am Rofan (A) 108 K
Steinberg an der Rabnitz (A) 113 H
Steinberg bei Ligist (A) 123 F
Steindorf (A) 110 D
Steindorf (A) 121 A
Steindorf am Ossiacher See (A) 122 J
Steinen (CH) 115 M
Steinen (CH) 117 D
Steinen (CH) 117 K
Steinenbrücke (CH) 117 H
Steinerkirchen an der Traun (A) 110 B
Steinfeld (A) 122 G
Steinhaus (A) 110 C
Steinhaus am Semmering (A) 112 J
Steinhausen (CH) 116 J
Steinhusen (CH) 116 L
Steinibach (CH) 117 L
Steintal (CH) 117 H
Steirisch Laßnitz (A) 122 F
Stelserberg (CH) 118 L
Stelzen (A) 110 A
Sternenberg (CH) 117 D
Stetteldorf am Wagram (A) 106 J
Stetten (CH) 116 F
Stetten (CH) 117 A
Stetten (CH) 117 B
Steuerberg (A) 122 J
Steyr (A) 111 A
Steyrbrücke (A) 110 J
Steyrdorf (A) 111 A
Steyregg (A) 105 K
Steyrling (A) 110 F
Stierva (CH) 129 C
Stillfried (A) 107 H
Stilli (CH) 116 E
Stinatz (A) 113 K
Stiwoll (A) 123 C
Stixneusiedl (A) 113 B
Stock (A) 112 A
Stockach (A) 119 G
Stockenboi (A) 122 H
Stocker (A) 110 G
Stockerau (A) 107 G
Stockern (A) 106 H
Stöcklenalm (A) 119 J
Stockwinkl (A) 110 D
Stollen (A) 118 E
Stollhof (A) 112 F
Stolzalpe (A) 122 C
Stoob (A) 113 H
Stössing (A) 112 C
Stöttham (A) 110 D
Strad (A) 119 H
Strada (CH) 119 K
Straden (A) 124 F
Stralegg (CH) 117 D
Strallegg (A) 112 M
Stranig (A) 122 K
Straning (A) 106 J
Strass (A) 120 B
Strassberg (CH) 130 B
Strasshof an der Norbahn (A) 107 L
Straßburg (A) 123 D
Straßengel (A) 124 A
Straßgang (A) 124 B
Straß im Attergau (A) 110 D
Straß im Straßertal (A) 106 H
Straßwalchen (A) 110 D
Stratzing (A) 106 H
Streitdorf (A) 107 G
Strem (A) 125 B
Strengberg (A) 111 A
Strengberg (A) 112 F
Strengen (A) 119 G
Strobl (A) 110 G
Stroheim (A) 104 L
Strohmayer (A) 122 E
Stronsdorf (A) 107 D
Strub (A) 109 K
Struden (A) 105 L
Stuben (A) 113 K
Stuben (A) 118 J
Stuben (A) 119 K
Stubenbach (A) 118 J
Stubenberg am See (A) 112 M
Stübming (A) 112 H
Studen (CH) 115 H
Studen (CH) 117 G
Studenzen (A) 124 C
Stugl/Stuls (CH) 130 B
Stuhlfelden (A) 121 A
Stumm (A) 120 B
Stütze (A) 118 F
Suben (A) 104 K
Suetschach (A) 122 M
Sufers (CH) 129 F
Sugiez (CH) 115 K
Suhr (CH) 116 E
Sulgen (CH) 117 E
Sulz (A) 118 G
Sulz (A) 125 A
Sulz (Aargau) (CH) 116 E
Sulz im Wienerwald (A) 112 C
Sulz (Luzern) (CH) 116 J
Sulzau (A) 109 L
Sulzau (A) 120 C
Sulzbach (CH) 117 D
Sulzberg (A) 118 E
Sumiswald (CH) 115 M
Sumvitg (CH) 129 A
Sunk (A) 111 K
Super Nendaz (CH) 127 H
Sur (CH) 129 F
Surava (CH) 129 C
Surcasti (CH) 129 B
Surcuolm (CH) 129 B
Sur En (CH) 131 A
Sur En/Ardez (CH) 130 C
Surin (CH) 129 B
Sursee (CH) 116 H
Susauna (CH) 130 B
Susch (CH) 130 C
Süssenbrunn (A) 107 K

T

Tablat (CH) 117 D
Tadten (A) 113 F
Tafern (A) 122 E
Tafers (CH) 127 A
Tägerwilen (CH) 117 B
Tainach (A) 123 H
Taiskirchen im Innkreis (A) 110 A
Tamins (CH) 129 C
Tamsweg (A) 122 B
Tanay (CH) 126 J
Tannberg (A) 109 E
Tannenbodenalp (CH) 117 H
Tannham (A) 109 E
Tannheim (A) 119 D
Tarasp (CH) 130 C
Tarrenz (A) 119 H
Tarsdorf (A) 109 A
Täsch (CH) 127 M
Taschach (A) 119 D
Tattendorf (A) 113 A
Tauchen (A) 112 J
Tauchen (A) 113 K
Tauchendorf (A) 123 G
Täuffelen (CH) 115 G
Taufkirchen an der Pram (A) 104 K
Tauglboden (A) 110 G
Tauka (A) 125 D
Tauplitz (A) 110 J
Tauplitzalm (A) 110 J
Tautendorf (A) 106 H
Tavannes (CH) 115 G
Taverne (CH) 129 K
Taxenbach (A) 121 B
Techendorf (A) 122 G
Tecknau (CH) 115 F
Teesdorf (A) 113 A
Tegerfelden (CH) 116 C
Tegna (CH) 129 G
Teichstätt (A) 109 E
Telfes (A) 119 J
Telfs (A) 119 E
Tengia (CH) 129 D
Tenna (CH) 129 C
Tenneck (A) 109 L
Tenniken (CH) 115 F
Terfens (A) 120 A
Ternberg (A) 111 D
Ternitz (A) 112 F
Tersnaus (CH) 129 B
Terz (A) 112 E
Tessenberg (A) 121 G
Tesserete (CH) 129 L
Teufen (CH) 117 F
Teufenbach (A) 123 A
Teufenthal (CH) 116 E
Texing (A) 112 A
Thal (A) 112 F
Thal (A) 112 K
Thal (CH) 117 F
Thalgau (A) 110 D
Thalheim (A) 123 A
Thalheim bei Wels (A) 110 C
Thalkirch (CH) 129 B
Thalwil (CH) 116 J
Thaur (A) 120 A
Thaya (A) 106 D
Thayngen (CH) 117 A
Theiß (A) 106 L
Theißenegg (A) 123 E
Thening (A) 104 M
Theresienfeld (A) 113 D
Thernberg (A) 113 G
Therwil (CH) 115 F
Thierbach (A) 108 L
Thierberg (A) 108 L
Thierrens (CH) 126 C
Thiersee (A) 108 L
Thomasroith (A) 110 A
Thomatal (A) 122 E
Thon (A) 123 G
Thondorf (A) 124 E
Thônex (CH) 126 G
Thörishaus (CH) 115 L
Thörl (A) 112 G
Thörl (A) 122 L
Thumersbach (A) 121 A
Thun (CH) 128 A
Thundorf (CH) 117 E
Thunstetten (CH) 115 J
Thusis (CH) 129 C
Tiefbrunnau (A) 110 G
Tiefenbach (A) 104 K
Tiefencastel (CH) 129 C
Tiefgraben (A) 110 D
Tieschen (A) 124 F
Tiffen (A) 122 J
Tigring (A) 122 J
Tillmitsch (A) 124 E
Timelkam (A) 110 D
Tinizong (CH) 129 F
Tobadill (A) 119 G
Tobaj (A) 125 A
Tobelbad (A) 124 E
Toffen (CH) 115 L
Töllach (A) 111 L
Tollet (A) 110 B
Tollinggraben (A) 112 K
Töplitsch (A) 122 H
Tösens (A) 119 K
Trabenreith (A) 106 E
Traboch (A) 112 K
Trag (A) 123 J
Tragwein (A) 105 K
Trahütten (A) 123 F
Traisen (A) 112 B
Traiskirchen (A) 113 A
Traismauer (A) 106 L
Tramelan (CH) 115 G
Trans (CH) 129 C
Trasadingen (CH) 116 C
Trattenbach (A) 111 D
Trattenbach (A) 112 J
Trauch (A) 112 E
Traun (A) 110 C
Traundorf (A) 105 K
Traunkirchen (A) 110 E
Traunstein (A) 105 L
Trausdorf (A) 113 E
Trautmannsdorf (A) 113 B
Travers (CH) 114 M
Trebesing (A) 122 D
Treffen (A) 122 H
Treffling (A) 122 H
Treglwang (A) 111 K
Treib (CH) 116 M
Tressdorf (A) 121 H
Treubach (A) 109 B
Trieben (A) 111 K
Triebendorf (A) 122 C
Triebental (A) 111 K
Triengen (CH) 116 H
Triesen (FL) 117 J
Triesenberg (FL) 117 J
Trimbach (CH) 115 F
Trimmelkam (A) 109 D
Trimmis (CH) 117 M
Trin (CH) 129 C
Trins (A) 119 J
Trixlegg (A) 109 K
Trofaiach (A) 112 K
Trogen (CH) 117 F
Trögern (A) 123 K
Troistorrents (CH) 126 J
Tröpolach (A) 122 K
Trub (CH) 115 M
Trübbach (CH) 117 J
Trubschachen (CH) 115 M
Trüllikon (CH) 117 A
Trumau (A) 113 A
Trun (CH) 129 B
Truttikon (CH) 117 A
Tschagguns (A) 118 H
Tschiertschen (CH) 129 C
Tschierv (CH) 130 C
Tschlin (CH) 119 K
Tschuggen (CH) 130 B
Tuffeltsham (A) 110 E

Tulbing (A) 106 M
Tulfes (A) 120 A
Tulln an der Donau (A) 106 M
Tulwitz (A) 112 L
Tumeltsham (A) 110 A
Tumpen (A) 119 H
Tunzendorf (A) 110 M
Turbenthal (CH) 117 D
Turgi (CH) 116 E
Turnau (A) 112 H
Türnitz (A) 112 E
Turrach (A) 122 E
Turtmann (CH) 127 J
Türtsch (A) 118 H
Tüscherz (CH) 115 G
Tweng (A) 122 B
Twimberg (A) 123 E
Tyrnau (A) 112 L

U

Überackern (A) 109 A
Übersaxen (A) 118 G
Übersbach (A) 125 A
Uderns (A) 120 B
Uerkheim (CH) 116 H
Uerschhausen (CH) 117 A
Uerzlikon (CH) 116 J
Uesslingen (CH) 117 A
Uetendorf (CH) 127 B
Uffikon (CH) 116 H
Uhwiesen (CH) 117 A
Uitikon (CH) 116 F
Ulisbach (CH) 117 H
Ulmerfeld-Hausmening (A) 111 B
Ulmiz (CH) 115 K
Ulreichsberg (A) 112 E
Ulrichen (CH) 128 E
Ulrichs (A) 105 E
Ulrichsberg (A) 104 H
Ulrichschlag (A) 106 K
Ulrichskirchen (A) 107 G
Umhausen (A) 119 H
Undervelier (CH) 115 H
Unken (A) 109 G
Unterach am Attersee (A) 110 G
Unteraffnang (A) 110 B
Unterägeri (CH) 116 J
Unteramlach (A) 122 J
Unterangerberg (A) 108 L
Unteraurach (A) 108 M
Unterbach (A) 118 E
Unterbäch (CH) 127 J
Unterberg (A) 108 K
Unterberg (A) 108 L
Unterberg (A) 122 A
Unterbergen (A) 106 L
Unterbuch (A) 112 M
Unterbuch (A) 113 K
Unterdambach (A) 111 D
Unterentfelden (CH) 116 E
Unterfeitzing (A) 110 A
Unterfladnitz (A) 124 B
Unterfrauenhaid (A) 113 H
Untergarten (A) 119 E
Untergiblen (A) 119 G
Untergriesau (A) 119 G
Untergriesbach (A) 104 K
Untergroßau (A) 124 C
Untergrünburg (A) 110 F
Untergurgl (A) 119 L
Unteriberg (CH) 117 K
Unterkohlstätten (A) 113 K
Unterkulm (CH) 116 H
Unterlangenegg (A) 118 E
Unterlängenfeld (A) 119 H
Unterlaussa (A) 111 G
Unterleibnig (A) 121 D
Unterleins (A) 119 H
Unterloisdorf (A) 113 H
Unterlunkhofen (CH) 116 F
Untermeisling (A) 106 H
Unterminathal (A) 109 B
Untermuhen (CH) 116 E
Untermühl (A) 104 L
Unternberg (A) 122 B
Unterort (A) 112 K
Unterpilsbach (A) 110 E
Unterpinswang (A) 119 A
Unterpremstätten (A) 124 E
Unterpullendorf (A) 113 H
Unterpurkla (A) 124 J
Unterrabnitz (A) 113 G
Unterreitbach (A) 104 L
Unterretzbach (A) 106 F
Unterried (A) 121 G
Unterrohrbach (A) 112 B
Unterrothenbuch (A) 109 B
Unterrühringsdorf (A) 104 L
Unterschächen (CH) 117 K
Unterschlatt (CH) 117 A
Unterschlatt (CH) 117 D
Unterschützen (A) 113 K
Untersee (A) 110 H
Unterseen (CH) 127 C
Untersiebenbrunn (A) 107 L
Untersiggenthal (CH) 116 F
Unterstaller Alm (A) 120 J
Unterstammheim (CH) 117 A
Unterstinkenbrunn (A) 107 D
Untertauern (A) 122 A
Untertilliach (A) 121 G
Untertreßleinsbach (A) 104 L
Untertschappina (CH) 129 C
Untervaz (CH) 117 M
Unterwaltersdorf (A) 113 A
Unterwarming (A) 109 K
Unterwart (A) 113 K
Unterwasser (A) 109 K
Unterwasser (CH) 117 H
Unterweinberg (A) 109 B
Unterweißenbach (A) 105 L
Unterweitersdorf (A) 105 K
Unterweitzberg (A) 109 A
Unterwestegg (A) 118 F
Unterwolfern (A) 111 A
Unterzeiring (A) 123 A
Unzmarkt (A) 123 A
Uors (CH) 129 B
Urbersdorf (A) 125 A
Urdorf (CH) 116 F
Urfahr (A) 104 M
Urnäsch (CH) 117 H
Urnerboden (CH) 117 K
Urpaß (A) 121 B
Urreiting (A) 110 K
Ursenbach (CH) 115 J
Ursy (CH) 126 C
Uster (CH) 117 D
Usting (A) 104 L
Uttendorf (A) 121 A
Uttwil (CH) 117 C
Utzenaich (A) 110 A
Utzenlaa (A) 106 M
Utzenstorf (CH) 115 H
Utzigen (CH) 115 M
Utzweih (A) 110 D
Uznach (CH) 117 H
Uzwil (CH) 117 E

V

Vaduz (FL) 117 J
Val (CH) 129 A
Valangin (CH) 115 K
Valbella (CH) 129 E
Valchava (CH) 131 A
Valcolla (CH) 129 L
Valendas (CH) 129 B
Valens (CH) 117 M
Vallamand (CH) 115 K
Vallorbe (CH) 126 B
Vals (A) 120 D
Vals (CH) 129 B
Valzeina (CH) 117 M
Vandans (A) 118 H
Vanescha (CH) 129 B
Vättis (CH) 117 M
Vaulruz (CH) 127 A
Vaz/Obervaz (CH) 129 C
Veitsch (A) 112 H
Velden am Wörthersee (A) 122 M
Vella (CH) 129 B
Vellach (A) 122 F
Vellach (A) 122 K
Velm (A) 113 A
Velm-Götzendorf (A) 107 H
Vent (A) 119 L
Verbier (CH) 127 K
Vercorin (CH) 127 H
Verdabbio (CH) 129 H
Verditz (A) 122 H
Vergeletto (CH) 128 J
Vermes (CH) 115 E
Vermol (CH) 117 M
Vernayaz (CH) 127 G
Vernier (CH) 126 G
Versam (CH) 129 B
Versoix (CH) 126 G
Vevey (CH) 126 F
Vex (CH) 127 H
Veyrier (CH) 126 G
Veysonnaz (CH) 127 H
Vezia (CH) 129 K
Viano (CH) 130 J
Vichtenstein (A) 104 G
Vicosoprano (CH) 129 J
Vicques (CH) 115 E
Viechtau (A) 110 E
Viechtwang (A) 110 E
Viehdorf (A) 111 B
Viehhofen (A) 121 A
Viehofen (A) 106 L
Viertal (A) 110 K
Vigaun (A) 109 H
Viktorsberg (A) 118 H
Viktring (A) 123 K
Villa (CH) 127 L
Villach (A) 122 L
Villarlod (CH) 127 A
Villars (CH) 127 G
Villars-Burquin (CH) 114 M
Villars-sur-Glâne (CH) 127 A
Villaz-St-Pierre (CH) 127 A
Villeneuve (CH) 127 D
Villigen (CH) 116 E
Villmergen (CH) 116 E
Villnachern (CH) 116 E
Vils (A) 119 A
Vinaders (A) 120 D
Vinelz (CH) 115 K
Vionnaz (CH) 127 G
Virgen (A) 120 F
Visp (CH) 127 J
Visperterminen (CH) 128 G
Vissoie (CH) 127 H
Vitis (A) 106 D
Vitznau (CH) 116 M
Vöcklabruck (A) 110 E
Vöcklamarkt (A) 110 D
Vogelsang (CH) 116 H
Vögelsberg (A) 120 A
Voglau (A) 109 J
Vogorno (CH) 129 G
Voitsberg (A) 123 C
Voitsdorf (A) 110 F
Volders (A) 120 A
Voldöpp (A) 108 L
Völkermarkt (A) 123 H
Volketswil (CH) 117 D
Völs (A) 119 J
Vomp (A) 120 A
Voralp (CH) 117 J
Vorau (A) 112 M
Vorberg (A) 110 L
Vorchdorf (A) 110 E
Vordemwald (CH) 115 J
Vorderberg (A) 122 L
Vorderhornbach (A) 119 D
Vorder-Kraml (A) 104 H
Vordernberg (A) 112 K
Vordersee (A) 110 G
Vorderstoder (A) 110 J
Vorderthal (CH) 117 G
Vorderweißenbach (A) 104 J
Vorder-Windau (A) 108 M
Vorwald (A) 122 H
Vösendorf (A) 113 A
Vouvry (CH) 126 J
Vrin (CH) 129 B
Vuadens (CH) 127 A
Vuarrens (CH) 126 C
Vuisternens (CH) 127 A
Vuissens (CH) 126 C
Vulpera (CH) 130 C

W

Waag (CH) 117 K
Waasen (A) 109 B
Wabern (CH) 115 L
Wädenswil (CH) 117 G
Wagendorf (A) 112 M
Wagenham (A) 109 B
Wagham (A) 109 B
Waging (A) 104 K
Wagrain (A) 122 A
Wagram (A) 106 H
Wagram an der Traisen (A) 106 L
Wahlen (CH) 115 E
Wahlern (CH) 127 B
Waidach (A) 109 H
Waidegg (A) 122 K
Waidhofen an der Thaya (A) 106 D
Waidhofen an der Ybbs (A) 111 E
Waidisch (A) 123 K
Waidmannsbach (A) 112 F
Waidring (A) 109 K
Waisach (A) 122 G
Waisenegg (A) 112 L
Waizenkirchen (A) 104 L
Walbersdorf (A) 113 D
Walchen (A) 121 A
Walchsee (A) 108 J
Walchwil (CH) 116 J
Wald (A) 112 B
Wald (A) 119 H
Wald (CH) 117 F
Wald (CH) 117 G
Wald am Schoberpaß (A) 111 L
Wald im Pinzgau (A) 120 C
Wald in Weststeiermark (A) 123 F
Waldbach (A) 112 M
Waldburg (A) 105 G
Waldegg (A) 112 F
Waldenburg (CH) 115 F
Waldenstein (A) 105 E
Waldenstein (A) 123 E
Waldhausen (A) 106 G
Waldhausen im Strudengau (A) 105 L
Waldhof (A) 110 K
Walding (A) 104 M
Waldkirch (CH) 117 E
Waldkirchen am Wesen (A) 104 L
Waldkirchen an der Thaya (A) 106 A
Waldneukirchen (A) 110 F
Waldstatt (CH) 117 E
Waldzell (A) 110 A
Walenstadt (CH) 117 J
Walkersdorf (A) 124 C
Walkringen (CH) 115 M
Wall (A) 109 K
Wallbach (CH) 116 A
Wallenwil (CH) 117 D
Wallern (A) 113 F
Wallern an der Trattnach (A) 110 B
Wallersbach (A) 123 A
Wallisellen (CH) 116 F
Walliswil bei Wangen (CH) 115 J
Wallsee (A) 111 B
Walpersdorf (A) 106 L
Wals-Siezenheim (A) 109 H
Waltalingen (CH) 117 A
Waltensburg/Vuorz (CH) 129 B
Waltenschwil (CH) 116 F
Waltersdorf an der March (A) 107 H
Walterswil (CH) 115 J
Wampersdorf (A) 113 A
Wang (A) 111 B
Wangen (CH) 117 G
Wangen an der Aare (CH) 115 J
Wangen bei Olten (CH) 115 F
Wängi (CH) 117 E
Wangs (CH) 117 M
Wankham (A) 110 E
Warmbad-Villach (A) 122 L
Wartau (CH) 117 J
Wartberg (A) 106 J
Wartberg an der Krems (A) 110 F
Warth (A) 118 J
Warth (CH) 117 A
Wartmannstetten (A) 112 F
Wasen im Emmental (CH) 115 M
Wasserauen (CH) 117 J
Wasserburg (A) 106 L
Wasserleith (A) 111 L
Watschig (A) 122 K
Wattens (A) 120 A
Wattenwil (CH) 127 B
Wattwil (CH) 117 H
Watzelsdorf (A) 106 F
Watzmanns (A) 105 H
Wauwil (CH) 116 H
Waxenberg (A) 104 M
Weer (A) 120 A
Weesen (CH) 117 H
Wegdorf (A) 110 D
Wegenstetten (CH) 116 E
Weggis (CH) 116 M
Wegleiten (A) 110 D
Weglosen (CH) 117 K
Wegscheid (A) 106 H
Wegscheid (A) 112 G
Weiach (CH) 116 C
Weibern (A) 110 B
Weichselboden (A) 112 G
Weichstetten (A) 110 C
Weidach (A) 119 F
Weiden am See (A) 113 C
Weiden bei Rechnitz (A) 113 K
Weidling (A) 107 K
Weiffendorf (A) 110 A
Weikendorf (A) 107 L
Weikersbach (A) 109 K
Weikersdorf (A) 113 D
Weikertschlag (A) 105 H
Weikertschlag an der Thaya (A) 106 A
Weiler (A) 118 G
Weinburg (A) 112 B
Weinburg (A) 124 J
Weinfelden (CH) 117 B
Weingraben (A) 113 G
Weiningen (CH) 116 F
Weinzierl (A) 111 A
Weinzierl am Walde (A) 106 K
Weißau (A) 109 E
Weißbach bei Lofer (A) 109 K
Weissbad (CH) 117 J
Weißberg (A) 122 F
Weißbriach (A) 122 G
Weißenalbern (A) 105 E
Weißenbach (A) 110 G
Weißenbach (A) 110 J
Weißenbach (A) 110 L
Weißenbach (A) 122 G
Weißenbach am Attersee (A) 110 G
Weißenbach am Lech (A) 119 D
Weißenbach an der Enns (A) 111 G
Weißenbach an der Triesting (A) 112 C
Weißenbach bei Liezen (A) 110 J
Weissenbach (CH) 127 B
Weissenburg (CH) 127 B
Weißenburggegend (A) 111 C
Weißenkirchen an der Perschlin (A) 106 M
Weißenkirchen im Attergau (A) 110 D
Weißenkirchen i.d. Wachau (A) 106 K
Weißenstein (A) 122 H
Weißkirchen in Steiermark (A) 123 B
Weisslingen (CH) 117 D
Weißpriach (A) 122 B
Weißtanne (A) 118 E
Weisstannen (CH) 117 L
Weistrach (A) 111 A
Weiten (A) 106 K
Weitendorf (A) 124 E
Weitenegg (A) 106 K
Weitensfeld (A) 122 F
Weiterschwang (A) 110 D
Weitersfeld (A) 106 E
Weitersfelden (A) 105 G
Weitra (A) 105 E
Weiz (A) 124 B
Weizelsdorf (A) 123 K
Welchau (A) 111 D
Wellhausen, Felben- (CH) 117 A
Wels (A) 110 B
Welsberg (A) 124 H
Welschenrohr (CH) 115 H
Welten (A) 125 D
Wendling (A) 110 B
Weng (A) 109 A
Weng (A) 121 B
Weng bei Admont (A) 111 G
Weng im Innkreis (A) 109 B
Wengen (CH) 128 E
Wengi (CH) 115 H
Wengle (A) 119 E
Wenigzell (A) 112 M
Wenns (A) 119 G
Wenns (A) 120 C
Wenten (A) 111 E
Weppersdorf (A) 113 G
Werfen (A) 109 L
Werfenweg (A) 110 K
Wergenstein (CH) 129 C
Wernstein am Inn (A) 104 K
Werthenstein (CH) 116 L
Westendorf (A) 108 M
Wettingen (CH) 116 F
Wettmannstätten (A) 124 E
Wettswil am Albis (CH) 116 F
Wetzelsdorf (A) 107 E
Wetzelsdorf in Weststeiermark (A) 124 E
Wetzendorf (A) 104 G
Wetzikon (CH) 117 D
Wetzleinsdorf (A) 107 G
Weyerburg (A) 106 J
Weyer Markt (A) 111 E
Weyersdorf (A) 106 L
Weyregg am Attersee (A) 110 D
Wichlen (CH) 117 L
Wichtrach (CH) 115 M
Wickendorf (A) 111 A
Widen (CH) 116 F
Widnau (CH) 117 F
Wieden (A) 124 F
Wien (A) 107 K
Wienerbruck (A) 112 D
Wienern (A) 110 H
Wiener Neudorf (A) 113 A
Wiener Neustadt (A) 113 D
Wies (A) 124 H
Wieselburg (A) 112 A
Wieselburg-Land (A) 111 C
Wiesen (A) 113 D
Wiesen (A) 121 A
Wiesen (CH) 130 B
Wiesenberg (A) 104 K
Wiesendangen (CH) 117 D
Wiesenegg-Grüntal (A) 108 M
Wiesenschwang (A) 108 M
Wiesing (A) 108 K
Wiesing (A) 109 K
Wiesmath (A) 113 G
Wieting (A) 123 D
Wiezikon (CH) 117 E
Wiggen (CH) 116 L
Wigoltingen (CH) 117 B
Wikon (CH) 116 H
Wil (CH) 116 E
Wil (CH) 117 E
Wil (Aargau) (CH) 116 B
Wil (Zürich) (CH) 116 C
Wilchingen (CH) 116 C
Wildalpen (A) 111 H
Wildbad Einöd (A) 123 D
Wildberg (CH) 117 D
Wildegg, Möriken (CH) 116 E
Wildendürnbach (A) 107 D
Wildeneck (A) 110 D
Wildenthal (A) 109 K
Wildermieming (A) 119 E
Wilderswil (CH) 127 C
Wildon (A) 124 E
Wildungsmauer (A) 107 L
Wilen (CH) 116 L
Wilsdorf (A) 107 H
Wilfleinsdorf (A) 113 B
Wilhelming (A) 104 K
Wilhelmsburg (A) 110 B
Wilhelmsburg (A) 112 B
Wilhelmsdorf (A) 121 A
Wilhering (A) 104 M
Willendorf (A) 112 F
Willersbach (A) 111 B
Willerzell (CH) 117 G
Willisau (CH) 116 H
Wimmis (CH) 127 C
Wimpassing (A) 112 F
Winden (A) 109 B
Windhaag bei Freistadt (A) 105 G
Windhag (A) 105 K
Windigsteig (A) 106 D
Windisch (CH) 116 E
Windisch-Bleiberg (A) 123 K
Windischgarsten (A) 111 G
Windisch Minihof (A) 125 D
Winikon (CH) 116 H
Winkel (A) 108 J
Winkel (CH) 116 F
Winkl (A) 104 K
Winkl (A) 110 D
Winkl (A) 110 L
Winkl (A) 111 G
Winklern (A) 121 H
Winkling (A) 110 B
Winterbach (A) 112 D
Wintersingen (CH) 115 F
Winterthur (CH) 117 D
Winzendorf (A) 113 D
Wisen (CH) 115 F
Wislikofen (CH) 116 C
Wisperndorf (A) 123 E
Witra (A) 123 E
Wittau (A) 107 L
Wittenbach (CH) 117 F
Wittenwil (CH) 117 D
Wittmannsdorf (A) 124 F
Wittnau (CH) 116 E
Wöbring (A) 122 F
Wohlen (CH) 115 L
Wohlen (CH) 116 E
Wohlenschwil (CH) 116 E
Wohlmuting (A) 108 M
Wohlsdorf (A) 124 E
Wolfau (A) 113 K
Wolfau (A) 122 A
Wolfenschiessen (CH) 116 M
Wolfgang (CH) 130 B
Wolfhalden (CH) 117 F
Wölfnitz (A) 123 H
Wolfpassing (A) 111 B
Wolfsbach (A) 111 A
Wolfsberg (A) 123 E
Wolfsberg im Schwarzautal (A) 124 F
Wolfsegg am Hausruck (A) 110 B
Wolfshütte (A) 110 B
Wolfsthal (A) 107 M
Wolfurt (A) 118 E
Wolfwil (CH) 115 J
Wolhusen (CH) 116 L
Wolkersdorf (A) 107 G
Wöll (A) 123 A
Wöllersdorf (A) 113 D
Wölting (A) 122 B
Worb (CH) 115 L
Worben (CH) 115 E
Wördern (A) 107 K
Wörgl (A) 108 L
Wörnharts (A) 105 H
Wörschachwald (A) 110 J
Wörth (A) 121 B
Wörth an der Lafnitz (A) 113 K
Wriesen (A) 123 H
Wulkaprodersdorf (A) 113 E
Wullersdorf (A) 106 J
Wullowitz (A) 105 G
Wultendorf (A) 107 D
Wultschau (A) 105 E
Wulzeshofen (A) 107 D
Wundschuh (A) 124 E
Wuppenau (CH) 117 E
Würenlingen (CH) 116 F
Würenlos (CH) 116 F
Würflach (A) 112 F
Wurmbrand (A) 105 H
Würmla (A) 106 M
Würmlach (A) 121 H
Würnsdorf (A) 106 K
Wynau (CH) 115 J
Wynigen (CH) 115 J

Y

Ybbs an der Donau (A) 112 A
Ybbsitz (A) 111 E
Yens (CH) 126 E
Ysper (A) 105 L
Yverdon-les-Bains (CH) 126 C
Yspertal (A) 105 L
Yvonand (CH) 126 C

Z

Zaina (A) 106 M
Zalön (CH) 129 B
Zams (A) 119 G
Zandlach (A) 122 D
Zarnsdorf (A) 112 A
Zauchen (A) 110 J
Zaunhof (A) 119 H
Zäziwil (CH) 115 M
Zech (A) 118 E
Zederhaus (A) 122 A
Zedlach (A) 121 D
Zedlitzdorf (A) 122 J
Zeglingen (CH) 116 E
Zeihen (CH) 116 E
Zeiling (A) 110 D
Zeillern (A) 111 B
Zeiningen (CH) 115 F
Zeiselmauer (A) 107 K
Zelking (A) 112 A
Zell (A) 110 D
Zell (CH) 115 J
Zell (CH) 117 D
Zell am Moos (A) 110 D
Zell am Pettenfirst (A) 110 A
Zell am See (A) 121 A
Zell am Ziller (A) 120 B
Zell an der Pram (A) 104 K
Zell an der Ybbs (A) 111 E
Zellbergeben (A) 120 B
Zellerndorf (A) 106 F
Zellhof (A) 111 E
Zell-Pfarre (A) 123 K
Zelting (A) 125 G
Zeltschach (A) 123 D
Zeltweg (A) 123 B
Zermatt (CH) 127 M
Zernez (CH) 130 C
Zetzwil (CH) 116 H
Zeutschach (A) 123 D
Zezikon (CH) 117 E
Ziefen (CH) 115 F
Ziegelbrücke (CH) 117 H
Ziersdorf (A) 106 J
Zignau (CH) 129 B
Zihlschlacht (CH) 117 E
Zilling (A) 109 E
Zillingtal (A) 113 D
Zillis (CH) 129 C
Zimmerwald (CH) 115 L
Zinal (CH) 127 J
Zinggen (CH) 117 D
Zinödlbauer (A) 111 G
Zintberg (A) 120 A
Zirl (A) 119 J
Zissersdorf (A) 106 E
Zistersdorf (A) 107 H
Zizers (CH) 117 M
Zöbern (A) 113 G
Zöbing (A) 106 H
Zöblen (A) 119 D
Zofingen (CH) 116 H
Zollbrück (CH) 115 M
Zollikofen (CH) 115 L
Zollikon (CH) 116 F
Zorten (CH) 129 C
Zuben (CH) 117 B
Zuchwil (CH) 115 H
Zufikon (CH) 116 F
Zug (CH) 116 J
Zumikon (CH) 117 D
Zuort (CH) 118 M
Zuoz (CH) 130 B
Zürchersmühle (CH) 117 E
Zürich (CH) 116 F
Zurndorf (A) 113 C
Zürs (A) 118 J
Zurzach (CH) 116 C
Zuzgen (CH) 115 F
Zuzwil (CH) 117 E
Zwaring (A) 124 E
Zweilütschinen (CH) 127 C
Zweinitz (A) 123 D
Zweisimmen (CH) 127 E
Zwentendorf (A) 106 M
Zwerndorf (A) 107 L
Zwettl (A) 106 G
Zwettl an der Rodl (A) 104 M
Zwieselstein (A) 119 L
Zwingen (CH) 115 E
Zwingendorf (A) 107 D
Zwischenflüh (CH) 127 B
Zwischenwasser (A) 118 H
Zwölfaxing (A) 113 A

Beneluxstaaten: Niederlande/Belgien/Luxemburg

A

Aalsmeer (NL) 136 B
Aalst (Alost) (B) 136 K
Aalten (NL) 137 E
Aalter (B) 138 H
Aalterbrug (B) 138 H
Aardenburg (NL) 138 E
Aarle-Rixtel (NL) 137 G
Aarschot (B) 136 L
Abcoude (NL) 136 C
Achel (B) 137 G
Achêne (B) 141 D
Achterveld (NL) 137 A
Adorp (NL) 135 E
Aerdenhout (NL) 134 L
Afferden (NL) 137 E
Akkrum (NL) 135 D
Albergen (NL) 135 M
Alblasserdam (NL) 136 E
Aldeboarn (NL) 135 D
Alkmaar (NL) 134 L
Alle (B) 141 G
Alleur (B) 139 M
Almelo (NL) 135 M
Almere-Haven (NL) 134 M
Almere-Stad (NL) 134 M
Almkerk (NL) 136 F
Alphen (NL) 136 J
Alphena/d Rijn (NL) 136 B
Altrier (L) 141 M
Alveringem (B) 138 G
Amay (B) 139 L
Amblève (Amel) (B) 141 F
Ameide (NL) 136 F
America (NL) 137 G
Amerongen (NL) 137 A
Amersfoort (NL) 136 C
Amstelveen (NL) 134 M
Amsterdam (NL) 134 M
Andelst (NL) 137 D
Andenne (B) 141 D
Anderlues (B) 140 E
Andijk (NL) 134 J
Anlier (B) 141 L
Anloo (NL) 135 F
Anna Paulowna (NL) 134 J
Annen (NL) 135 F
Annevoie-Rouillon (B) 140 F
Ansen (NL) 135 H
Anthée (B) 140 F
Antwerpen (Anvers) (B) 136 G
Anzegem (B) 138 L
Apeldoorn (NL) 137 A
Appelscha (NL) 135 H
Appingedam (NL) 135 F
Arcen (NL) 137 H
Ardooie (B) 138 H
Arendonk (B) 136 J
Arkel (NL) 136 F
Arlon (B) 141 L
Arnemuiden (NL) 136 G
Arnhem (NL) 137 D
Arum (NL) 135 D
As (B) 137 K
Asse (B) 136 K
Asselborn (L) 141 H
Assen (NL) 135 H
Assenede (B) 136 G
Assesse (B) 141 D
Asten (NL) 137 G
Ath (Aat) (B) 138 M
Athus (B) 141 L
Attert (B) 141 L
Aubange (B) 141 L
Aubel (B) 139 M
Auby (B) 141 K
Audregnies (B) 140 D
Autre-Eglise (B) 139 L
Avelgem (B) 138 L
Averbode (B) 136 M
Awenne (B) 141 G
Axel (NL) 136 G
Aywaille (B) 141 E

B

Baak (NL) 137 B
Baarle-Nassau (B) 136 J
Baarn (NL) 136 C
Baasrode (B) 136 K
Badhoevedorp (NL) 134 L
Baflo (NL) 135 E
Baileux (B) 140 J
Baillonville (B) 141 D
Baisy-Thy (B) 139 K
Bakel-Milheeze (NL) 137 G
Bakkeveen (NL) 135 E
Balen (B) 136 M
Balk (NL) 135 G
Balkbrug (NL) 135 L
Ballum (NL) 135 A
Bant (NL) 135 G
Barchem (NL) 137 B
Barendrecht (NL) 136 E
Barger-Compascuum (NL) 135 J
Barneveld (NL) 137 A
Barry (B) 138 L
Barvaux (B) 141 E
Bascharage (L) 141 L
Basecles (B) 138 L
Bastogne (Bastenaken) (B) 141 H
Bathmen (NL) 137 B
Battice (B) 139 M
Baudour (B) 138 M
Baulers (B) 139 K
Bavigne (L) 141 H
Beaufort (L) 141 J
Beaumont (B) 140 E
Beauraing (B) 141 G
Beausaint (B) 141 H
Beckerich (L) 141 L
Beckum (NL) 137 C
Bedum (NL) 135 E
Beegden (NL) 137 K
Beek (NL) 137 E
Beek (NL) 137 K
Beekbergen (NL) 137 A
Beek en Donk (NL) 137 G
Beernem (B) 138 H
Beers (NL) 137 D
Beerse (B) 136 H
Beersel (B) 139 K
Beerta (NL) 135 F
Beesd (NL) 136 F
Beetsterzwaag (NL) 135 E
Begijnendijk (B) 136 L
Beho (B) 141 E
Beilen (NL) 135 H
Bekkevoort (B) 136 M
Belfeld (NL) 137 H
Bellefontaine (B) 141 L
Belœil (B) 138 M
Belsele (B) 136 K
Beltrum (NL) 137 B
Bemmel (NL) 137 D
Benschop (NL) 136 C
Benthuizen (NL) 136 B
Berdorf (L) 141 J
Bergambacht (NL) 136 E
Bergen (NL) 134 H
Bergen aan Zee (NL) 134 L
Bergen op Zoom (NL) 136 G
Bergentheim (NL) 135 L
Bergeyk (NL) 136 J
Berghem (NL) 137 D
Bergschenhoek (NL) 136 B
Beringen (B) 136 M
Berkel en Rodenrijs (NL) 136 B
Berlaar (B) 136 L
Berlicum (NL) 136 F
Berlikum (NL) 135 D
Bertem (B) 136 L
Bertogne (B) 141 H
Bertrix (B) 141 G
Best (NL) 136 J
Bettborn (L) 141 L
Bettembourg (L) 141 M
Beugen (NL) 137 D
Beuningen (NL) 137 D
Beuzet (B) 139 K
Bever (B) 138 M
Bévercé (B) 141 F
Beveren (B) 136 K
Beverwijk (NL) 134 L
Biddinghuizen (NL) 135 K
Bierbeek (B) 139 K
Bierum (NL) 135 C
Biervliet (NL) 136 G
Bierwart (B) 139 L
Bièvre (B) 141 G
Bilthoven (NL) 136 C
Bilzen (B) 137 K
Binche (B) 140 E
Binkom (B) 136 M
Birdaard (NL) 135 D
Bladel (NL) 136 J
Blankenberge (B) 138 D
Blaricum (NL) 136 C
Blaton (B) 138 L
Blégny (B) 139 M
Bléharies (B) 138 L
Bleiswijk (NL) 136 B
Blija (NL) 135 D
Blijham (NL) 135 F
Bloemendaal (NL) 134 L
Blokzijl (NL) 135 G
Bocholt (B) 137 K
Bodange (B) 141 H
Bodegraven (NL) 136 B
Boekel (NL) 137 G
Boekelo (NL) 137 C
Boekhoute (B) 136 G
Boijl (NL) 135 H
Bolsward (NL) 135 D
Bomal (B) 141 E
Boncelles (B) 139 M
Booischot (B) 136 L
Boom (B) 136 L
Borculo (NL) 137 B
Borger (NL) 135 J
Borgloon (B) 139 L
Born (NL) 137 K
Borne (NL) 135 M
Bornem (B) 136 K
Borsbeke (B) 136 K
Bosch en Duin (NL) 136 C
Boskoop (NL) 136 B
Bouillon (B) 141 K
Bourglinster (L) 141 M
Bourscheid (L) 141 H
Bourtange (NL) 135 J
Bous (L) 141 M
Boussu (B) 140 E
Boutersem (B) 139 K
Bœvange (L) 141 H
Boven-Leeuwen (NL) 137 D
Boxmeer (NL) 137 D
Boxtel (NL) 136 J
Bra (B) 141 E
Braine-l'Alleud (Eigenbrakel) (B) 139 K
Braine-le-Château (B) 138 M
Braine-le-Compte (B) 138 M
Brakel (B) 138 M
Brakel (NL) 136 F
Branchon (B) 139 L
Brasschaat (B) 136 H
Breauvechain (B) 139 K
Brecht (B) 136 H
Breda (NL) 136 E
Bredene (B) 138 D
Bredene aan Zee (B) 138 D
Bredevoort (NL) 137 F
Bree (B) 137 K
Breezand (NL) 134 H
Breskens (NL) 138 E
Breukelen (NL) 136 C
Brielle (NL) 136 D
Broechem (B) 136 L
Broekhuizen (NL) 137 H
Broekland (NL) 135 L
Brouwershaven (NL) 136 D
Brugelette (B) 138 M
Brugge (Bruges) (B) 138 H
Bruinisse (NL) 136 D
Brûly (B) 140 J
Brummen (NL) 137 B
Brunssum (NL) 137 K
Bruxelles/Brussel (B) 136 L
Budel (NL) 137 G
Buggenhout (B) 136 K
Buinen (NL) 135 J
Buitenpost (NL) 135 E
Buken (B) 136 L
Bullange (Büllingen) (B) 141 F
Bunsbeek (B) 139 L
Bunschoten (NL) 136 C
Burdinne (B) 139 L
Buren (NL) 135 A
Buren (NL) 136 F
Burg-Reuland (B) 141 F
Burgum (NL) 135 D
Bury (B) 138 L
Bussum (NL) 136 C
Butgenbach (Bütgenbach) (B) 141 F
Buurse (NL) 137 C

C

Cadzand-Bad (NL) 138 E
Callantsoog (NL) 134 H
Camperduin (NL) 134 H
Castricum (NL) 134 L
Castricum aan Zee (NL) 134 L
Celles (B) 138 L
Cerfontaine (B) 140 J
Chaam (NL) 136 J
Champlon (B) 141 H
Chapelle-lez-Herlaimont (B) 140 E
Chapon-Seraing (B) 139 L
Charleroi (B) 140 F
Châtelet (B) 140 F
Châtillon (B) 141 L
Chaudfontaine (B) 139 M
Chaumont-Gistoux (B) 139 K
Cherain (B) 141 E
Chièvres (B) 138 M
Chimay (B) 140 H
Chiny (B) 141 K
Ciney (B) 141 D
Clervaux (L) 141 H
Coevorden (NL) 135 M
Colmar (L) 141 M
Comblain-au-Pont (B) 141 E
Corbion (B) 141 K
Cordes (B) 138 L
Cothen (NL) 136 C
Couillet (B) 140 F
Courcelles (B) 140 F
Court-Saint-Etienne (B) 139 K
Couvin (B) 140 J
Creil (NL) 135 G
Cuijk (NL) 137 D
Cul-des Sarts (B) 140 J
Culemborg (NL) 136 F

D

Dadizele (B) 138 K
Dalen (NL) 135 J
Dalfsen (NL) 135 L
Dalheim (L) 141 M
Damme (B) 138 E
Damwoude (NL) 135 D
Daverdisse (B) 141 G
De Bilt (NL) 136 C
De Blesse (NL) 135 G
De Cocksdorp (NL) 134 F
Dedemsvaart (NL) 135 L
De Haan (B) 138 D
Deinze (B) 138 H
De Kiel (NL) 135 J
De Klinge (B) 136 G
De Koog (NL) 134 E
De Kooy (NL) 134 H
De Krim (NL) 135 M
Delden (NL) 137 C
Delft (NL) 136 B
Delfzijl (NL) 135 F
De Lier (NL) 136 B
De Lutte (NL) 135 M
De Meern (NL) 136 C
Den Andel (NL) 135 B
Den Bommel (NL) 136 D
Den Burg (NL) 134 E
Denderleeuw (B) 136 K
Dendermonde (Termonde) (B) 136 K
Denderwindeke (B) 138 M
Denekamp (NL) 135 M
Den Haag ('s-Gravenhage) (NL) 136 A
Den Ham (NL) 135 L
Den Helder (NL) 134 H
Den Hoorn (NL) 134 H
Den Oever (NL) 134 J
Dentergem (B) 138 H
De Panne (B) 138 G
Dergneau (B) 138 L
De Rijp (NL) 134 M
Dessel (B) 136 M
Deurne (B) 136 M
Deurne (NL) 137 G
Deventer (NL) 137 B
De Waal (NL) 134 F
De Wijk (NL) 135 L
De Wilp (NL) 135 E
Didan (NL) 137 E
Diekirch (L) 141 J
Diepenbeek (B) 136 M
Diepenveen (NL) 135 L
Dieren (NL) 137 B
Diest (B) 136 M
Diever (NL) 135 H
Dieverbrug (NL) 135 H
Differdange (L) 141 L
Dikkebus (B) 138 K
Diksmuide (Dixmude) (B) 138 G
Dilbeek (B) 138 M
Dilsen (B) 137 K
Dinant (B) 141 D
Dinteloord (NL) 136 E
Dinxperlo (NL) 137 E
Dippach (L) 141 L
Dirkshorn (NL) 134 H
Dirksland (NL) 136 D
Diepenheim (NL) 137 B
Doesburg (NL) 137 B
Doetinchem (NL) 137 B
Doezum (NL) 135 E
Doische (B) 140 J
Dokkum (NL) 135 D
Domburg (NL) 138 E
Donderen (NL) 135 E
Dongen (NL) 136 F
Donkerbroek (NL) 135 H
Doorn (NL) 136 C
Doornenburg (NL) 137 D
Dordrecht (NL) 136 E
Dottignies (B) 138 L
Dour (B) 140 E
Drachten (NL) 135 D
Dreischor (NL) 136 D
Dreumel (NL) 137 D
Driesum (NL) 135 D
Drijber (NL) 135 H
Drogeham (NL) 135 E
Dronrijp (NL) 135 D
Dronten (NL) 135 K
Drunen (NL) 136 F
Druten (NL) 137 D
Dudelange (L) 141 M
Dudzele (B) 138 E
Duffel (B) 136 L
Durbuy (B) 141 D
Dussen (NL) 136 F
Dwingeloo (NL) 135 H

E

Eben-Emael (B) 139 M
Ebly (B) 141 H
Ecaussinnes-d'Enghien (B) 138 M
Echt (NL) 137 K
Echtenerbrug (NL) 135 G
Echternach (L) 141 M
Edam (NL) 134 M
Ede (NL) 137 A
Ee (NL) 135 E
Eede (NL) 138 E
Eefde (NL) 137 B
Eeklo (B) 138 H
Eelde (NL) 135 E
Eemshaven (NL) 135 C
Een (NL) 135 E
Eenrum (NL) 135 E
Eerbeek (NL) 137 B
Eernegem (B) 138 G
Eersel (NL) 136 J
Eghezée (B) 139 L
Egmond aan Zee (NL) 134 L
Egmond a/d Hoef (NL) 134 L
Eibergen (NL) 137 B
Eindhoven (NL) 137 G
Eisden (B) 137 K
Eizeringen (B) 138 M
Ekeren (B) 136 H
Eksaarde (B) 136 K
Eksel (B) 136 M
Elahuizen (NL) 135 G
Elburg (NL) 135 K
Elden (NL) 137 A
Elen (B) 137 K
Elewijt (B) 136 L
Elim (NL) 135 H
Ell (L) 141 L
Ellecom (NL) 137 B
Ellewoutsdijk (NL) 136 G
Ellezelles (B) 138 L
Elp (NL) 135 J
Elsenborn (B) 141 F
Elshout (NL)
Elsloo (NL) 135 H
Elspeet (NL) 135 K
Elst (NL) 137 D
Elst (NL) 137 A
Elverdinge (B) 138 G
Emines (B) 139 K
Emmeloord (NL) 135 G
Emmen (NL) 135 J
Emmer-Compascuum (NL) 135 J
Emptinne (B) 141 D
Emst (NL) 135 K
Engelbert (NL) 135 E
Engelen (NL) 136 F
Enghien (B) 138 M
Engis (B) 139 L
Engwierum (NL) 135 E
Enkhuizen (NL) 134 J
Ens (NL) 135 K
Enschede (NL) 137 C
Enter (NL) 135 L
Enumatil (NL) 135 E
Epe (NL) 135 K
Eppegem (B) 136 L
Erembodegem (B) 136 K
Erezée (B) 141 E
Erica (NL) 135 J
Erm (NL) 135 J
Ermelo (NL) 135 K
Erp (NL) 137 G
Erquellines (B) 140 E
Ertvelde (B) 136 K
Eschdorf (L) 141 H
Esch-sur-Alzette (L) 141 M
Esch-sur-Sûre (L) 141 H
Esneux (B) 139 M
Espel (NL) 135 G
Essen (B) 136 H
Estinnes (B) 140 E
Etalle (B) 141 L
Ettelbruck (L) 141 J
Etten-Leur (NL) 136 H
Eupen (B) 141 C
Eursinge (NL) 135 H
Evergem (B) 136 K
Exloo (NL) 135 J

F

Falaën (B) 140 F
Falisolle (B) 140 F
Farmsum (NL) 135 F
Fauvillers (B) 141 H
Felenne (B) 140 J
Ferrières (B) 141 E
Ferwerd (NL) 135 D
Feulen (L) 141 J
Fijnaart (NL) 136 E
Finsterwolde (NL) 135 F
Flamierge (B) 141 H
Flémalle (B) 139 L
Fléron (B) 139 M
Fleurus (B) 140 F
Flobecq (Vloesberg) (B) 138 M
Floreffe (B) 140 F
Florennes (B) 140 F
Florenville (B) 141 K
Focant (B) 141 G
Fontaine-l'Evêque (B) 140 E
Forrières (B) 141 G
Fosses-la-Ville (B) 140 F
Fraire (B) 140 F
Fraiture (B) 141 E
Frameries (B) 140 E
Francorchamps (B) 141 E
Franeker (NL) 135 D
Frasnes-lez-Gosselies (B) 139 K
Frederiksoord (NL) 135 H
Frisange (L) 141 M
Froidchapelle (B) 140 J

G

Gaanderen (NL) 137 E
Gaast (NL) 134 J
Garderen (NL) 137 A
Garnich (L) 141 L
Garnwerd (NL) 135 E
Gasselte (NL) 135 J
Gasselternijveen (NL) 135 J
Gaurain-Ramecroix (B) 138 L
Gavere (B) 136 K
Gedinne (B) 141 G
Geel (B) 136 M
Geertruidenberg (NL) 136 E
Geesteren (NL) 135 M
Geesteren (NL) 137 B
Geetbets (B) 136 M
Geldermalsen (NL) 136 F
Geldrop (NL) 137 G
Geleen (NL) 137 K
Gelselaar (NL) 137 B
Geluveld (B) 138 K
Geluwe (B) 138 K
Gembloux (B) 139 K
Gemert (NL) 137 G
Genappe (B) 139 K
Genemuiden (NL) 135 K
Genk (B) 137 K
Gennep (NL) 137 D
Gent (Gand) (B) 136 K
Geraardsbergen (Grammont) (B) 138 M
Gérouville (B) 141 K
Gerpinnes (B) 140 F
Gesves (B) 141 D
Ghiskenghien (B) 138 M
Ghlin (B) 140 E
Giesbeek (NL) 137 B
Gieten (NL) 135 J
Giethoorn (NL) 135 G
Gijzegem (B) 136 K
Gilze (NL) 136 J
Gingelom (B) 139 L
Gistel (B) 138 G
Gits (B) 138 G
Givry (B) 140 E
Glanerbrug (NL) 137 C
Glimmen (NL) 135 F
Godinne (B) 141 D
Godlinze (NL) 135 F
Goes (NL) 136 G
Goirle (NL) 136 J
Gooik (B) 138 M
Goor (NL) 137 B
Gorinchem (NL) 136 F
Gorishoek (NL) 136 G
Gorredijk-Korfezwaag (NL) 135 H
Gorssel (NL) 137 B
Gouda (NL) 136 B
Goudswaard (NL) 136 D
Gouvy (B) 141 E
Gozée (B) 140 F
Graauw (NL) 136 G
Grafhorst (NL) 135 K
Graftdijk (NL) 134 L
Gramsbergen (NL) 135 M
Graty (B) 138 M
Grave (NL) 137 D
Grembergen (B) 136 K
Grez-Doiceau (B) 139 K
Grijpskerke (NL) 138 E
Grimbergen (B) 136 L
Groede (NL) 138 E
Groenlo (NL) 137 C
Groet (NL) 134 H
Grolloo (NL) 135 J
Groningen (NL) 135 E
Gronsveld (NL) 139 M
Groot-Ammers (NL) 136 E
Grootegast (NL) 135 E
Groote Keeten (NL) 134 H
Grosbous (L) 141 L
Grou (NL) 135 D
Grüfflingen (B) 141 F
Grupont (B) 141 G
Guigoven (B) 139 L
Gulpen (NL) 139 M
Gytsjerk (NL) 135 D

H

Haacht (B) 136 L
Haaksbergen (NL) 137 C
Haaltert (B) 136 K
Haamstede (NL) 136 D
Haarlem (NL) 134 L
Haastrecht (NL) 136 B
Habay-la-Neuve (B) 141 L
Haccourt (B) 139 M
Halen (B) 136 M
Halle (Hal) (B) 138 M
Hallum (NL) 135 D
Halma (B) 141 G
Halsteren (NL) 136 G
Hamme (B) 136 K
Hamme-Mille (B) 139 K
Hamoir (B) 141 E
Hamois (B) 141 D
Hamont (B) 137 K
Ham-sur-Heure (B) 140 F
Hannut (B) 139 L
Hansbeke (B) 138 H
Han-sur-Lesse (B) 141 G
Harchies (B) 140 D
Harde (NL) 135 K
Hardegarijp (NL) 135 D
Hardenberg (NL) 135 M
Harderwijk (NL) 135 K
Hardinxveld-Giessendäm (NL) 136 E
Harelbeke (B) 138 L
Haren (NL) 135 E
Harfsen (NL) 137 B
Harkstede (NL) 135 F
Harlange (L) 141 H
Harlingen (NL) 134 F
Harmelen (NL) 136 C
Harskamp (NL) 137 A
Harze (B) 141 E
Hasselt (B) 136 M
Hasselt (NL) 135 L
Hastière-Lavaux (B) 140 F
Hattem (NL) 135 L
Haule (NL) 135 E
Haulerwijk (NL) 135 E
Haut-Fays (B) 141 G
Hautrage (B) 138 M
Havelange (B) 141 D
Havelte (NL) 135 H
Havenbuurt (NL) 134 M
Haversin (B) 141 D
Havré (B) 140 E
Hazerswoude (NL) 136 B
Hechtel (B) 136 M
Hedel (NL) 136 F
Heeg (NL) 135 G
Heemskerk (NL) 134 L
Heemstede (NL) 134 L
Heerde (NL) 135 L
Heerenveen (NL) 135 G
Heerhugowaard (NL) 134 J

Heerlen (NL) 137 K
Heers (B) 139 L
Heesch (NL) 137 D
Heeten (NL) 135 L
Heeze (NL) 137 G
Heffingen (L) 141 M
Heibloem (NL) 137 G
Heikruis (B) 138 M
Heiloo (NL) 134 L
Heino (NL) 135 L
Heinsch (B) 141 L
Heist-op-den-Berg (B) 136 L
Helchteren (B) 136 M
Helden (NL) 137 G
Helenaveen (NL) 137 G
Hellendoorn (NL) 135 L
Hellevoetsluis (NL) 136 D
Helmond (NL) 137 G
Hemelum (NL) 135 G
Hengelo (NL) 137 B
Hengelo (NL) 137 C
Hengevelde (NL) 137 C
Henri-Chapelle (B) 139 M
Herbeumont (B) 141 K
Herchies (B) 138 M
Herent (B) 136 L
Herentals (B) 136 L
Herenthout (B) 136 L
Hérinnes (B) 138 L
Herkingen (NL) 136 D
Herne (B) 138 M
Herseaux (B) 138 L
Herselt (B) 136 M
Herstal (B) 139 M
Hertsberge (B) 138 H
Herve (B) 139 M
Herzele (B) 136 K
Hespérange (L) 141 M
Het Loo (NL) 137 A
Heure (B) 141 D
Heusden (NL) 136 F
Heythuysen (NL) 137 K
Hierden (NL) 135 K
Hijken (NL) 135 H
Hijkersmilde (NL) 135 H
Hillegersberg (NL) 136 B
Hillegom (NL) 134 L
Hilvarenbeek (NL) 136 J
Hilversum (NL) 136 C
Hindeloopen (NL) 134 J
Hippolytushoet (NL) 134 J
Hody (B) 141 E
Hoedekenskerke (NL) 136 G
Hoeilaart (B) 139 K
Hoek (NL) 136 G
Hoek van Holland (NL) 136 A
Hoensbroek (NL) 137 K
Hofstade (B) 136 L
Hollandschevelt (NL) 135 H
Hollum (NL) 135 A
Holten (NL) 135 L
Holwerd (NL) 135 D
Holwierde (NL) 135 F
Hommerts (NL) 135 G
Hœnderloo (NL) 137 A
Hoofddorp (NL) 134 L
Hoofdplaat (NL) 136 G
Hoogerheide (NL) 136 H
Hoogersmilde (NL) 135 H
Hoogeveen (NL) 135 H
Hoogezand-Sappemeer (NL) 135 F
Hooghalen (NL) 135 H
Hoogkerk (NL) 135 E
Hoogstade (B) 138 G
Hoogstraten (B) 136 H
Hoogvlie (NL) 136 E
Hoorn (NL) 134 C
Hoorn (NL) 134 M
Horn (NL) 137 K
Horrues (B) 138 M
Horssen (NL) 137 D
Horst (NL) 137 H
Hoscheid (L) 141 J
Hosingen (L) 141 J
Hotton (B) 141 D
Houdeng-Gœgnies (B) 140 E
Houffalize (B) 141 H
Houppe (B) 138 L
Houtem (B) 138 G
Houten (NL) 136 C
Houthalen (B) 136 M
Houthulst (B) 138 G
Houyet (B) 141 G
Huisduinen (NL) 134 H
Huissen (NL) 137 D
Huizen (NL) 134 M
Hulst (NL) 136 G
Hummelo (NL) 137 B
Huy (Hoei) (B) 139 L

I

Ichtegem (B) 138 G
Ieper (Ypres) (B) 138 K
IJlst (NL) 135 G
IJmuiden (NL) 134 L
IJsselmuiden (NL) 135 K
IJsselstein (NL) 136 C
IJzendijke (NL) 136 G
Incourt (B) 139 K
Ingelmunster (B) 138 H
Ittervoort (NL) 137 K
Izegem (B) 138 H

J

Jaarsveld (NL) 136 C
Jabbeke (B) 138 G
Jalhay (B) 139 M
Jamoigne (B) 141 K
Jauche (B) 139 L
Jauchelette (B) 139 K
Jemappes (B) 140 E
Jemeppe (B) 140 F
Jemmele (B) 141 G
Jeuk (B) 139 L
Jevigné (B) 141 E
Jezus-Eik (B) 139 K
Jipsinghutzen (NL) 135 J
Jirnsum (NL) 135 D
Jodoigne (B) 139 K
Joure (NL) 135 G
Jubbega-Schurega (NL) 135 H
Julémont (B) 139 M
Julianadorp (NL) 134 H
Jumet (B) 140 F
Junglinster (L) 141 M
Juprelle (B) 139 M

K

Kaatsheuvel (NL) 136 F
Kalken (B) 136 K
Kalmthout (B) 136 H
Kamerik (NL) 136 C
Kampen (NL) 135 K
Kampenhout (B) 136 L
Kamperland (NL) 136 G
Kantens (NL) 135 E
Kapelle (NL) 136 G
Kapellen (B) 136 H
Kapelle-op-den-Bos (B) 136 L
Kaprijke (B) 136 K
Kasterlee (B) 136 M
Katwijk aan Zee (NL) 136 B
Kautenbach (L) 141 H
Keerbergen (B) 136 L
Keijenborg (NL) 137 B
Kelmis (B) 139 M
Kemmel (B) 138 K
Kerkdriel (NL) 136 F
Kerkrade (NL) 137 L
Kermt (B) 136 M
Kessel (NL) 137 G
Ketelhaven (NL) 135 K
Kettenis (B) 139 M
Kieldrecht (B) 136 G
Kinrooi (B) 137 K
Klaaswaal (NL) 136 E
Klazienaveen (NL) 135 J
Kloosterburen (NL) 135 B
Kloosterhaar (NL) 135 M
Kloosterzande (NL) 136 G
Kluisbergen (B) 138 L
Klundert (NL) 136 E
Knesselare (B) 138 H
Knokke-Heist (B) 138 E
Kockengen (NL) 136 C
Koekange (NL) 135 H
Koekelare (B) 138 G
Koersel (B) 136 M
Koksijde (B) 138 G
Koksijde-Bad (B) 138 G
Kolham (NL) 135 F
Kolhorn (NL) 134 J
Kollum (NL) 135 E
Kollumerpomp (NL) 135 E
Kontich (B) 136 L
Koolskamp (B) 138 H
Kootwijk (NL) 137 A
Kootwijkerbroek (NL) 137 A
Korbeek-Lo (B) 136 L
Kornhorn (NL) 135 E
Kortemark (B) 138 G
Kortessem (B) 136 M
Kortgene (NL) 136 G
Kortrijk (Courtrai) (B) 138 L
Kotten (NL) 137 F
Koudekerk (NL) 136 B
Koudekerke (NL) 138 E
Koudum (NL) 135 G
Krabbendijke (NL) 136 G
Kraggenburg (NL) 135 K
Krimpen a/d IJssel (NL) 136 E
Krommenie (NL) 134 L
Kruibeke (B) 136 L
Kruishoutem (B) 138 H
Kuinre (NL) 135 G

L

Laag-Keppel (NL) 137 B
Laangweer (NL) 135 G
L' Abeele (B) 138 K
Lage Zwaluwe (NL) 136 E
Lahamaide (B) 138 L
La Hulpe (B) 139 K
La Louvière (B) 140 E
Lamorteau (B) 141 L
Lanaken (B) 137 K
Landen (B) 139 L
Landgraaf (NL) 137 K
Landsmeer (NL) 134 M
Langedijk (NL) 134 J
Langelo (NL) 135 E
Langemark (B) 138 G
Langevelderslag (NL) 134 L
Laren (NL) 137 B
Laren (NL) 136 C
La Roche-en-Ardenne (B) 141 E
Larochette (L) 141 M
Lattrop (NL) 135 M
Lauwersoog (NL) 135 B
Lavacherie (B) 141 H
Lebbeke (B) 136 K
Lede (B) 136 K
Leefdaal (B) 139 K
Leek (NL) 135 E
Leende (NL) 137 G
Leerdam (NL) 136 F
Leeuwarden (NL) 135 D
Léglise (B) 141 L
Leiden (NL) 136 B
Leiderdorp (NL) 136 B
Leidschendam (NL) 136 B
Leimuiden (NL) 136 B
Leke (B) 138 G
Lekkum (NL) 135 D
Lelystad (NL) 135 K
Lelystad-Haven (NL) 134 M
Lembeke (B) 136 K
Lemele (NL) 135 L
Lemmer (NL) 135 G
Lens (B) 138 M
Lens-Saint Remy (B) 139 L
Lent (NL) 137 D
Leopoldsburg (B) 136 M
Les Quatre-Bras (B) 139 K
Lessines (Lessen) (B) 138 M
Lettele (NL) 137 B
Leudelange (L) 141 M
Leusden (NL) 136 C
Leuven (Louvain) (B) 136 L
Leuvenum (NL) 135 K
Leuze-en-Hainaut (B) 138 L
Libin (B) 141 G
Libramont-Chevigny (B) 141 G
Lichtenvoorde (NL) 137 B
Lichtervelde (B) 138 G
Liedekerke (B) 136 K
Liège (Luik) (B) 139 M
Lienden (NL) 137 D
Lier (Lierre) (B) 136 L
Liessel (NL) 137 G
Ligneuville (B) 141 F
Lille (B) 136 L
Lillois-Witterzée (B) 139 K
Limal (B) 139 K
Limbourg (B) 139 M
Limmen (NL) 134 L
Lincent (B) 139 L
Linne (NL) 137 K
Lisse (NL) 136 B
Lissewege (B) 138 E
Lithoijen (NL) 137 D
Lochem (NL) 137 B
Lochristi (B) 136 K
Loenen (NL) 136 C
Loenen (NL) 137 A
Loker (B) 138 K
Lokeren (B) 136 K
Lollum (NL) 135 D
Lommel (B) 136 M
Londerzeel (B) 136 K
Longchamps (B) 141 H
Longvilly (B) 141 H
Loon op Zand (NL) 136 F
Loppersum (NL) 135 F
Losser (NL) 137 C
Lotenhulle (B) 138 H
Louivain (B) 140 C
Louveigne (B) 139 M
Lubbeek (B) 136 L
Lummen (B) 136 M
Lunteren (NL) 137 A
Lutjegast (NL) 135 E
Luttelgeest (NL) 135 G
Luttenberg (NL) 135 L
Luxembourg (L) 141 M

M

Maarheeze (NL) 137 G
Maarssen (NL) 136 C
Maartensdijk (NL) 136 C
Maasbracht (NL) 137 K
Maasbree (NL) 137 H
Maaseik (B) 137 K
Maasmechelen (B) 137 K
Maassluis (NL) 136 D
Maastricht (NL) 139 M
Macon (B) 140 H
Made (NL) 136 E
Maissin (B) 141 G
Makkinga (NL) 135 H
Makkum (NL) 134 F
Maldegem (B) 138 H
Malden (NL) 137 D
Malmédy (B) 141 F
Manderfeld (B) 141 F
Manhay (B) 141 E
Mantinge (NL) 135 H
Marbais (B) 139 K
Marche-en-Famenne (B) 141 D
Marcinelle (B) 140 F
Margraten (NL) 139 M
Maria ter Heide (B) 136 H
Mariembourg (B) 140 J
Mariënberg (NL) 135 L
Mariënvelde (NL) 137 B
Markelo (NL) 137 B
Marknesse (NL) 135 G
Marnach (L) 141 J
Marrum (NL) 135 D
Marssum (NL) 135 D
Martelange (B) 141 H
Marum (NL) 135 E
Mazy (B) 139 K
Méan (B) 141 D
Mechelen (Malines) (B) 136 L
Medemblik (NL) 134 J
Medernach (L) 141 M
Meedhuizen (NL) 135 F
Meer (B) 136 H
Meerhout (B) 136 M
Meerkerk (NL) 136 F
Meerle (B) 136 H
Meerlo-Wanssum (NL) 137 H
Meerssen (NL) 137 K
Meeuwen-Gruitrode (B) 137 K
Megen (NL) 137 D
Meijel (NL) 137 G
Meix-devant-Virton (B) 141 L
Melissant (NL) 136 D
Mellet (B) 139 K
Membre (B) 141 G
Menaldum (NL) 135 D
Menen (Menin) (B) 138 K
Menuchenet (B) 141 G
Meppel (NL) 135 H
Merbes-Sainte-Marie (B) 140 E
Merchtem (B) 136 K
Mere (B) 136 K
Merelbeke (B) 136 K
Merkem (B) 138 G
Merksplas (B) 136 J
Mersch (L) 141 M
Mesch (NL) 139 M
Mesen (B) 138 K
Mettet (B) 140 F
Meulebeke (B) 138 H
Meux (B) 139 K
Michelau (L) 141 J
Middelbeers (NL) 136 J
Middelburg (NL) 138 E
Middelharnis (NL) 136 D
Middelkerke (B) 138 G
Middelkerke-Bad (B) 138 G
Middelstum (NL) 135 E
Middenmeer (NL) 134 J
Midlum (NL) 135 D
Midsland (NL) 134 C
Mierlo (NL) 137 G
Mijdrecht (NL) 136 B
Mildwolde (NL) 135 E
Mill (NL) 137 D
Millingen (NL) 137 D
Minnertsga (NL) 135 D
Modave (B) 141 D
Moerbeke (B) 136 K
Moerdijk (NL) 136 E
Moergestel (NL) 136 J
Moerkerke (B) 138 E
Moircy (B) 141 G
Mol (B) 136 M
Molenbeersel (B) 137 K
Momignies (B) 140 H
Monceau-sur-Sambre (B) 140 F
Mondorf-les-Bains (L) 141 M
Monnickendam (NL) 134 M
Mons (Bergen) (B) 140 E
Monster (NL) 136 A
Montceau (B) 141 G
Montfoort (NL) 136 C
Montignies-Saint-Chrisophe (B) 140 E
Mont-Saint-Guibert (B) 139 K
Mont-Saint-Jean (B) 139 K
Mook (NL) 137 D
Moordrecht (NL) 136 B
Moorslede (B) 138 G
Mopertingen (B) 137 K
Morhet (B) 141 H
Mormont (B) 141 E
Mortsel (B) 136 L
Mourcourt (B) 138 L
Mouscron (Moeskroen) (B) 138 L
Moutfort (L) 141 M
Moxhe (B) 139 L
Muiden (NL) 134 M
Muiderberg (NL) 134 M
Mussel (NL) 135 J
Musselkanaal (NL) 135 J
Musson (B) 141 L

N

Naaldwijk (NL) 136 A
Naarden (NL) 134 M
Naast (B) 138 M
Nadrin (B) 141 H
Nagele (NL) 135 K
Nalinnes (B) 140 F
Namur (Namen) (B) 141 D
Nassogne (B) 141 G
Nederweert (NL) 137 G
Neede (NL) 137 C
Neerharen (B) 137 K
Neerijse (B) 139 K
Neeroeteren (B) 137 K
Neerpelt (B) 136 M
Neigem (B) 138 M
Nes (NL) 135 A
Nes (NL) 135 B
Nessonvaux (B) 139 M
Neufchâteau (B) 141 G
Neufvilles (B) 138 M
Neuvilleen-Condroz (B) 139 L
Nibbixwoud (NL) 134 J
Niederanven (L) 141 M
Niekerk (NL) 135 E
Niel (B) 136 L
Nieuw-Amsterdam (NL) 135 J
Nieuw-Beijerland (NL) 136 E
Nieuwegein (NL) 136 C
Nieuwehorne (NL) 135 G
Nieuwendijk (NL) 136 F
Nieuwe Niedorp (NL) 134 J
Nieuwe-Pekela (NL) 135 F
Nieuwerkerken (B) 136 M
Nieuweroord (NL) 135 H
Nieuweschans (NL) 135 F
Nieuwe-Tonge (NL) 136 D
Nieuw-Heeten (NL) 135 L
Nieuwkoop (NL) 136 B
Nieuwleusen (NL) 135 L
Nieuw-Loosdrecht (NL) 136 C
Nieuw-Milligen (NL) 137 A
Nieuwmunster (B) 138 D
Nieuw-Namen (NL) 136 G
Nieuwolda (NL) 135 F
Nieuwpoort (B) 138 G
Nieuwpoort (NL) 136 F
Nieuwpoort-Bad (B) 138 G
Nieuw-Schoonebeek (NL) 135 M
Nieuwveen (NL) 136 B
Nieuw Vennep (NL) 136 B
Nieuwvliet (NL) 138 E
Nieuw-Vossemeer (NL) 136 G
Nieuw-Weerdinge (NL) 135 J
Niezijl (NL) 135 E
Nij Beets (NL) 135 D
Nijega (NL) 135 D
Nijeveen (NL) 135 H
Nijkerk (NL) 137 A
Nijlen (B) 136 L
Nijmegen (NL) 137 D
Nijverdal (NL) 135 L
Ninove (B) 138 M
Nistelrode (NL) 137 D
Nivelles (Nijvel) (B) 139 K
Noardburgum (NL) 135 D
Noordbroek (NL) 135 F
Noordeloos (NL) 136 F
Noorden (NL) 136 C
Noordhorn (NL) 135 E
Noordwijk aan Zee (NL) 136 B
Noordwijkerhout (NL) 136 B
Noordwolde (NL) 135 H
Norg (NL) 135 E
Noville (B) 139 L
Noville (B) 141 H
Nuenen (NL) 137 G
Nukerke (B) 138 L
Nuland (NL) 136 F
Numansdorp (NL) 136 E
Nunspeet (NL) 135 K
Nuth (NL) 137 K

O

Ochten (NL) 137 D
Ocquier (B) 141 D
Odoorn (NL) 135 J
Oedelem (B) 138 H
Oegstgeest (NL) 136 B
Oene (NL) 135 L
Ohey (B) 141 D
Oignies-en-Thiérache (B) 140 J
Oijen (NL) 137 D
Oirschot (NL) 136 J
Oisterwijk (NL) 136 J
Oldeberkoop (NL) 135 H
Oldebroek (NL) 135 K
Oldehove (NL) 135 E
Oldemarkt (NL) 135 G
Oldenzaal (NL) 135 M
Olen (B) 136 L
Ollignies (B) 138 M
Olloy-sur-Viroin (B) 140 J
Olsene (B) 138 H
Olst (NL) 135 L
Ombret-Rawsa (B) 139 L
Ommen (NL) 135 L
Onderdijk (NL) 134 J
Onstwedde (NL) 135 F
Ooltgensplaat (NL) 136 E
Oordegem (B) 136 K
Oostburg (NL) 138 E
Oostduinkerke-Bad (B) 138 G
Oostende (Ostende) (B) 138 D
Oosterbeek (NL) 137 A
Oosterbierum (NL) 135 D
Oosterend (NL) 134 F
Oosterend (NL) 134 C
Oosterend (NL) 135 D
Oosterhesselen (NL) 135 J
Oosterhout (NL) 136 E
Oosterland (NL) 136 D
Oosterleek (NL) 134 M
Oosternijkerk (NL) 135 E
Oosterwierum (NL) 135 D
Oosterwolde (NL) 135 K
Oosterwolde (NL) 135 H
Oosterzele (B) 136 K
Oostham (B) 136 M
Oosthuizen (NL) 134 M
Oostkamp (B) 138 H
Oostkapelle (NL) 138 E
Oostmahorn (NL) 135 E
Oostmalle (B) 136 H
Oostrozebeke (B) 138 H
Oost-Souburg (NL) 138 E
Oostvleteren (B) 138 G
Oostvoorne (NL) 136 D
Oostwold (NL) 135 F
Ootmarsum (NL) 135 M
Opeinde (NL) 135 E
Opglabbeek (B) 137 K
Ophasselt (B) 138 M
Ophemert (NL) 136 F
Oploo (NL) 137 G
Opmeer (NL) 134 J
Opwijk (B) 136 K
Oreye (B) 139 L
Orp (B) 139 L
Orroir (B) 138 L
Orsmaal-Gussenhoven (B) 139 L
Ortho (B) 141 H
Orvelte (NL) 135 J
Oss (NL) 137 D
Ossenzijl (NL) 135 G
Ottenburg (B) 139 K
Otterlo (NL) 137 A
Oud-Beierland (NL) 136 E
Ouddorp (NL) 136 D
Oudega (NL) 135 D
Oudega (NL) 135 G
Oudemirdum (NL) 135 G
Oudenaarde (Audenarde) (B) 138 L
Oudenbosch (NL) 136 H
Oudenburg (B) 138 G
Oude-Pekela (NL) 135 F
Ouderkerk (NL) 134 M
Oudeschans (NL) 135 F
Oudeschild (NL) 134 F
Oude-Tonge (NL) 136 D
Oudewater (NL) 136 C
Oud Gastel (NL) 136 H
Oudleusen (NL) 135 L
Oud-Loosdrecht (NL) 136 C
Ouffet (B) 141 D
Oupeye (B) 139 M
Overdinkel (NL) 137 C
Overijse (B) 139 K
Overloon (NL) 137 G
Overpelt (B) 136 M
Ovezande (NL) 136 G

P

Paal (B) 136 M
Paliseul (B) 141 G
Pannerden (NL) 137 E
Panningen (NL) 137 G
Parike (B) 138 M
Parrega (NL) 135 G
Peer (B) 137 K
Peize (NL) 135 E
Pepingen (B) 138 M
Pernis (NL) 136 E
Péronnes (B) 140 E
Péruwelz (B) 138 L
Pervijze (B) 138 G
Perwez (B) 139 K
Pétange (L) 141 L
Petit-Sart (B) 141 E
Petten (NL) 134 H
Philippeville (B) 140 F
Piershil (NL) 136 E
Pieterburen (NL) 135 B
Pijnacker (NL) 136 B
Pin (B) 141 K
Pittem (B) 138 H
Plombières (B) 139 M
Poederlee (B) 136 L
Poelkapelle (B) 138 G
Ponta-à-Celles (B) 139 K
Pont-à-Celles (B) 140 F
Poperinge (B) 138 G
Poppel (B) 136 J
Posterholt (NL) 137 K
Poteaux (B) 141 E
Profondeville (B) 140 F
Pt-Han (B) 141 D
Purmerend (NL) 134 M
Purmerland (NL) 134 M
Putte (B) 136 L
Putte (NL) 136 H
Putten (NL) 137 A
Puurs (B) 136 K

Q

Quiévrain (B) 140 D

R

Raalte (NL) 135 L
Raerd (NL) 135 D
Raeren (B) 141 C
Rambrouch (L) 141 H
Rance (B) 140 H
Randwijk (NL) 137 D
Ravels (B) 136 J
Ravenstein (NL) 137 D
Recht (B) 141 E
Redange (L) 141 L
Rekken (NL) 137 C
Remich (L) 141 M
Remouchamps (B) 141 E
Rendeux (B) 141 E
Renesse (NL) 136 D
Renkum (NL) 137 A
Retie (B) 136 J
Reusel (NL) 136 J
Rheden (NL) 137 A
Rhenen (NL) 137 A
Rhoon (NL) 136 E
Riemst (B) 139 M
Rijen (NL) 136 J
Rijkevorsel (B) 136 H
Rijnsburg (NL) 136 B
Rijsbergen (NL) 136 H
Rijsoord (NL) 136 E
Rijssen (NL) 135 L
Rijswijk (NL) 136 B
Rijswijk (NL) 136 C
Rillaar (B) 136 L
Rilland-Bath (NL) 136 G
Rips (NL) 137 G
Rixensart (B) 139 K
Robertville (B) 141 F
Rochefort (B) 141 G
Rochehaut (B) 141 G
Rockanje (NL) 136 D
Roden (NL) 135 E
Roelofarendsveen (NL) 136 B
Roermond (NL) 137 K
Roesbrugge-Haringe (B)
Roeselare (Roulers) (B) 138 G
Roggebotsluis (NL) 135 K
Roggel (NL) 137 G
Roisin (B) 140 D
Rolde (NL) 135 J
Ronquières (B) 138 M
Ronse (Renaix) (B) 138 L
Roodeschool (NL) 135 C
Roosdaal (B) 138 M
Roosendaal (NL) 136 H
Rosée (B) 140 F
Rosmalen (NL) 136 F
Rossignol (B) 141 K
Rossum (NL) 135 M
Rossum (NL) 136 F
Rossum (NL) 137 C
Rotselaar (B) 136 L
Rotterdam (NL) 136 E
Rœulx (B) 138 M

Rucphen (NL) 136 H
Ruddervoorde (B) 138 H
Ruette (B) 141 L
Ruinen (NL) 135 H
Ruinerwold (NL) 135 H
Ruiselede (B) 138 H
Rulles (B) 141 L
Rumes (B) 138 L
Rutten (NL) 135 G
Ruurlo (NL) 137 B

S

Saeul (L) 141 L
Sainte-Marie-Chevigny (B) 141 H
Saint Gérard (B) 140 F
Saint-Gillis-Waas (B) 136 K
Saint-Hubert (B) 141 G
Saint Joris-Winge (B) 136 L
Saint-Katelijne-Waver (B) 136 L
Saint-Kwintens-Lennik (B) 138 M
Saint-Laureins (B) 138 E
Saint-Léger (B) 141 L
Saint-Martens-Leerne (B) 138 H
Saint Niklaas (Sankt Nicolas) (B) 136 K
Saint-Pieters-Leeuw (B) 138 M
Saint-Sauveur (B) 138 L
Saint-Truiden (B) 139 L
Saint-Vith (Sankt-Vith) (B) 141 F
Salmchâteau (B) 141 E
Samrée (B) 141 E
Sandweiler (L) 141 M
Sanem (L) 141 L
Santpoort (NL) 134 L
Sassenheim (NL) 136 B
Sauwerd (NL) 135 E
Schagen (NL) 134 H
Schaijk (NL) 137 D
Schalkwijk (NL) 136 C
Scharendijke (NL) 136 D
Scharnegoutum (NL) 135 D
Scharwoude (NL) 134 M
Scheemda (NL) 135 F
Schengen (L) 141 M
Schermerhorn (NL) 134 M
Scherpenheuvel (B) 136 M
Scherpenisse (NL) 136 G
Scherpenzeel (NL) 137 A
Scheveningen (NL) 136 B
Schiedam (NL) 136 E
Schiermonnikoog (NL) 135 B
Schijndel (NL) 137 D
Schilde (B) 136 L
Schildwolde (NL) 135 F
Schoonebeek (NL) 135 M
Schoonhoven (NL) 136 F
Schoonloo (NL) 135 J
Schoonoord (NL) 135 J
Schoorl (NL) 134 H
Schoten (B) 136 H
Seneffe (B) 138 M
Septfontaines (L) 141 L
Seraing (B) 139 M
Sevenum (NL) 137 H
Sexbierum (NL) 135 D
's-Gravendeel (NL) 136 E
's-Gravenpolder (NL) 136 G
's-Gravenzande (NL) 136 A
's-Heerenberg (NL) 137 E
's-Hertogenbosch (NL) 136 F
Sibculo (NL) 135 M
Siddeburen (NL) 135 F
Silenrieux (B) 140 F
Silvolde (NL) 137 E
Simpelveld (NL) 139 M
Sinaai (B) 136 K
Sinderen (NL) 137 E
Sint Annaland (NL) 136 D
Sint Annaparochie (NL) 135 D
Sint Anthonis (NL) 137 D
Sint Jacobiparochie (NL) 135 D
Sint Jansklooster (NL) 135 K
Sint Maartensdijk (NL) 136 G
Sint Nicolaasga (NL) 135 G
Sint Odiliënberg (NL) 137 K
Sint Oedenrode (NL) 137 G
Sint Philipsland (NL) 136 D
Sint Willebrord (NL) 136 H
Sittard (NL) 137 K
Sivry (B) 140 H
Slagharen (NL) 135 L
Sleen (NL) 135 J
Sleidinge (B) 136 K
Slijpe (B) 138 G
Slochteren (NL) 135 F
Slootdorp (NL) 134 J
Sloten (NL) 135 G
Sluis (NL) 136 D
Smilde (NL) 135 H
Sneek (NL) 135 D
Soest (NL) 136 C
Soesterberg (NL) 136 C
Soheit-Tinlot (B) 141 D
Soignies (Zinnik) (B) 138 M
Sombreffe (B) 139 K
Someren (NL) 137 G
Somme-Leuze (B) 141 D
Sommelsdijk (NL) 136 D
Somzée (B) 140 F
Sondel (NL) 135 G
Son en Breugel (NL) 137 G
Soumagne (B) 139 M
Spa (B) 139 M
Spa (B) 141 E
Spakenburg (NL) 136 C
Spier (NL) 135 H
Spierdijk (NL) 134 M
Spijk (NL) 135 C
Spijkenisse (NL) 136 D
Sprimont (B) 139 M
Spy (B) 140 F
Staden (B) 138 G
Stadskanaal (NL) 135 J
Staphorst (NL) 135 L
Stavelot (B) 141 E
Stavenisse (NL) 136 G
Stavoren (NL) 134 J
Stede Broec (NL) 134 J
Stedum (NL) 135 F
Steenbergen (NL) 136 H
Steenderen (NL) 137 B
Steenwijk (NL) 135 G
Steggerda (NL) 135 H
Steinfort (L) 141 L
Stekene (B) 136 K
Stellendam (NL) 136 D
Stene (B) 138 G
Stevoort (B) 136 M
Stiens (NL) 135 D
St. Niklaas (St. Nicolas) (B) 136 K
Stolwijk (NL) 136 B
Stoumont (B) 141 E
Straimchamps (B) 141 H
Stramproy (NL) 137 K
Strée (B) 141 D
Strijbeek (NL) 136 H
Strijen (NL) 136 E
Strijensas (NL) 136 E
Suameer (NL) 135 D
Surhuisterveen (NL) 135 E
Susteren (NL) 137 K
Suxy (B) 141 K
Swalmen (NL) 137 K
Swifterbant (NL) 135 K

T

Tamines (B) 140 F
Tegelen (NL) 137 H
Tellin (B) 141 G
Temmels (L) 141 M
Temse (Tamise) (B) 136 K
Ten Post (NL) 135 F
Ter Aar (NL) 136 B
Ter Apel (NL) 135 J
Terborg (NL) 137 E
Terlet (NL) 137 A
Termunten (NL) 135 F
Ternaard (NL) 135 A
Terneuzen (NL) 136 G
Tervuren (B) 139 K
Terwagne (B) 141 D
Terwolde (NL) 135 L
Tessenderlo (B) 136 M
Teuge (NL) 137 B
Theux (B) 139 M
Tholen (NL) 136 G
Thorembais-Saint-Trond (B) 139 K
Thorn (NL) 137 K
't Horntje (NL) 134 H
Thuin (B) 140 E
Tiège (B) 139 M
Tiel (NL) 136 F
Tielt (B) 138 H
Tienen (B) 139 L
Tijnje (NL) 135 D
Tilburg (NL) 136 J
Tillet (B) 141 H
Tillier (B) 139 L
Tintigny (B) 141 L
Tisselt (B) 136 L
Tjalleberd (NL) 135 G
Tolkamer (NL) 137 E
Tollebeek (NL) 135 G
Tongeren (B) 139 L
Torhout (B) 138 G
Tournai (Doornik) (B) 138 L
Transinne (B) 141 G
Treignes (B) 140 J
Tremelo (B) 136 L
Trognee (B) 139 L
Trois-Ponts (B) 141 E
Troisvierges (L) 141 H
Tubbergen (NL) 135 M
Tubize (Tubeke) (B) 138 M
Turnhout (B) 136 J
Tweede-Exloërmond (NL) 135 J
Twello (NL) 137 B
Twijzel (NL) 135 E
Tynaarlo (NL) 135 E
't Zandt (NL) 135 F

U

Uddel (NL) 137 A
Uden (NL) 137 D
Udenhout (NL) 136 J
Uffelte (NL) 135 H
Uitgeest (NL) 134 L
Uithoorn (NL) 136 B
Uithuizen (NL) 135 C
Uithuizermeeden (NL) 135 C
Ulft (NL) 137 E
Ulrum (NL) 135 E
Ulvenhout (NL) 136 H
Ureterp (NL) 135 E
Urk (NL) 135 K
Ursel (B) 138 H
Usquert (NL) 135 B
Usselo (NL) 137 C
Utrecht (NL) 136 C

V

Vaals (NL) 139 M
Vaassen (NL) 135 K
Valkenburg aan de Geul (NL) 137 K
Valkenswaard (NL) 137 G
Valthermond (NL) 135 J
Vance (B) 141 L
Varsseveld (NL) 137 E
Vasse (NL) 135 M
Veendam (NL) 135 F
Veenendaal (NL) 137 A
Veenhuizen (NL) 135 E
Veenwouden (NL) 135 D
Veere (NL) 136 G
Veessen (NL) 135 L
Veghel (NL) 137 D
Velaine (B) 140 F
Velden (NL) 137 H
Veldhoven (NL) 136 J
Velkenraedt (B) 139 M
Velp (NL) 137 A
Velsen (NL) 134 L
Veltem-Beisem (B) 136 L
Venhuizen (NL) 134 M
Venlo (NL) 137 H
Venray (NL) 137 G
Verlee (B) 136 M
Verviers (B) 139 M
Vessem (NL) 136 J
Veurne (Furnes) (B) 138 G
Vianden (L) 141 J
Viane (B) 138 M
Vianen (NL) 136 C
Vichte (B) 138 L
Vielsalm (B) 141 E
Viemme (B) 139 L
Vierhouten (NL) 135 K
Vierlingsbeek (NL) 137 G
Villers-devant-Orval (B) 141 K
Villers-en-Fagne (B) 140 J
Villers-le-Gambon (B) 140 F
Vilvoorde (Vilvorde) (B) 136 L
Vinkel (NL) 137 D
Vinkeveen (NL) 136 C
Vinkt (B) 138 H
Virelles (B) 140 J
Virton (B) 141 L
Visé (B) 139 M
Vlaardingen (NL) 136 D
Vlagtwedde (NL) 135 F
Vledder (NL) 135 H
Vleuten (NL) 136 C
Vlieland (NL) 134 F
Vlijmen (NL) 136 F
Vlissingen (NL) 138 E
Vlist (NL) 136 B
Voerendaal (NL) 137 K
Vogelenzang (NL) 134 L
Volendam (NL) 134 M
Vollenhove (NL) 135 G
Vollezele (B) 138 M
Vonêche (B) 141 G
Voorburg (NL) 136 B
Voorst (NL) 137 B
Voorthuizen (NL) 137 A
Vorden (NL) 137 B
Vreeland (NL) 136 C
Vresse (B) 141 G
Vries (NL) 135 E
Vriezenveen (NL) 135 M
Vrouwenparochie (NL) 135 D
Vrouwenpolder (NL) 138 E
Vught (NL) 136 F

W

Waalwijk (NL) 136 F
Waanrode (B) 136 M
Waarde (NL) 136 G
Waarschoot (B) 138 H
Waasmunster (B) 136 K
Wachtebeke (B) 136 K
Waddinxveen (NL) 136 B
Wagenberg (NL) 136 E
Wageningen (NL) 137 A
Waimes (Weismes) (B) 141 F
Walcourt (B) 140 F
Walferdange (L) 141 M
Walhain (B) 139 K
Walshoutem (B) 139 L
Wame (NL) 137 D
Wanroij (NL) 137 D
Wappenveld (NL) 135 L
Wapserveen (NL) 135 H
Waregem (B) 138 H
Waremme (B) 139 L
Warffum (NL) 135 B
Warmenhuizen (NL) 134 H
Warneton (B) 138 K
Warnsveld (NL) 137 B
Warsage (B) 139 M
Warten (NL) 135 D
Wasmes (B) 140 E
Waspik (NL) 136 F
Wasseiges (B) 139 L
Wassenaar (NL) 136 B
Wasserbillig (L) 141 M
Wateringen (NL) 136 A
Waterloo (B) 139 K
Watervliet (B) 136 G
Watou (B) 138 G
Wavreille (B) 141 G
Wavre (Waver) (B) 139 K
Wedde (NL) 135 F
Weelde (B) 136 J
Weerdinge (NL) 135 J
Weert (NL) 137 K
Weesp (NL) 134 M
Wehl (NL) 137 B
Weidum (NL) 135 D
Weiteveen (NL) 135 J
Wekerom (NL) 137 A
Well (NL) 137 H
Wellen (B) 139 L
Wellin (B) 141 G
Wemeldinge (NL) 136 G
Wemmel (B) 136 K
Wemperhaardt (L) 141 J
Wenduine (B) 138 D
Werbomont (B) 141 E
Wergea (NL) 135 D
Werkendam (NL) 136 F
Werkhoven (NL) 136 C
Wervershoof (NL) 134 J
Wervik (B) 138 K
Westende (B) 138 G
Westende-Bad (B) 138 G
Westendorp (NL) 137 E
Westerbork (NL) 135 H
Westerland (NL) 134 J
Westerlo (B) 136 M
Westervoort (NL) 137 D
Westkapelle (B) 138 E
Westkapelle (NL) 138 E
Westmalle (B) 136 H
Westrozebeke (B) 138 G
West-Terschelling (NL) 134 F
Westzaan (NL) 134 L
Wetteren (B) 136 K
Weurt (NL) 137 D
Wevelgem (B) 138 L
Wezemaal (B) 136 L
Wezep (NL) 135 K
Wichelen (B) 136 K
Wierden (NL) 135 L
Wieringerwaard (NL) 134 H
Wieringerwerf (NL) 134 J
Wiers (B) 138 L
Wieze (B) 136 K
Wijchen (NL) 137 D
Wijhe (NL) 135 L
Wijk aan Zee (NL) 134 L
Wijk bij Duurstede (NL) 136 C
Wijk en Aalburg (NL) 136 F
Wijnegem (B) 136 L
Wijster (NL) 135 H
Wijthmen (NL) 135 L
Wildervank (NL) 135 F
Willebroek (B) 136 L
Willemsoord (NL) 135 G
Willemstad (NL) 136 E
Willerzie (B) 140 J
Wilnis (NL) 136 C
Wilp (NL) 137 B
Wiltz (L) 141 H
Windesheim (NL) 135 L
Wingene (B) 138 H
Winschoten (NL) 135 F
Winssen (NL) 137 D
Winsum (NL) 135 E
Winsum (NL) 135 D
Winterswijk (NL) 137 C
Wirdum (NL) 135 D
Wissenkerke (NL) 136 G
Witmarsum (NL) 135 D
Wittem (NL) 139 M
Woerden (NL) 136 C
Wognum (NL) 134 J
Woldendorp (NL) 135 F
Wolphaartsdijk (NL) 136 G
Woltersum (NL) 135 F
Wolvega (NL) 135 G
Wolvertem (B) 136 K
Wommels (NL) 135 D
Workum (NL) 135 G
Wormeldange (L) 141 M
Wormerveer (NL) 134 L
Wortegem (B) 138 L
Wortel (B) 136 H
Woubrugge (NL) 136 B
Woudenberg (NL) 136 C
Woudrichem (NL) 136 F
Wouw (NL) 136 H
Wuustwezel (B) 136 H

Y

Yerseke (NL) 136 G
Yvoir (B) 141 D

Z

Zaanstad (NL) 134 L
Zaltbommel (NL) 136 F
Zandhoven (B) 136 L
Zandvoort (NL) 134 L
Zeddam (NL) 137 E
Zedelgem (B) 138 G
Zeebrugge (B) 138 E
Zeeland (NL) 137 D
Zeerijp (NL) 135 F
Zeijen (NL) 135 E
Zeist (NL) 136 C
Zele (B) 136 K
Zelhem (NL) 137 B
Zelzate (B) 136 K
Zemst (B) 136 L
Zenderen (NL) 135 M
Zevenaar (NL) 137 E
Zevenbergen (NL) 136 E
Zevenbergschen Hoek (NL) 136 E
Zeveneken (B) 136 K
Zevenhuizen (NL) 135 E
Zierikzee (NL) 136 D
Zieuwent (NL) 137 B
Zijderveld (NL) 136 F
Zingem (B) 136 K
Zoelen (NL) 136 F
Zoerle-Parwijs (B) 136 L
Zoetermeer (NL) 136 B
Zolder (B) 136 M
Zomergem (B) 138 H
Zonhoven (B) 136 M
Zonnebeke (B) 138 G
Zonnemaire (NL) 136 D
Zottegem (B) 136 K
Zoutkamp (NL) 135 E
Zoutleeuw (B) 139 L
Zuid-Beijerland (NL) 136 E
Zuidhorn (NL) 135 E
Zuidland (NL) 136 D
Zuidlaren (NL) 135 F
Zuidveen (NL) 135 H
Zuidwolde (NL) 135 L
Zuidwolde (NL) 135 E
Zundert (NL) 136 H
Zurich (NL) 134 F
Zutendaal (B) 137 K
Zutphen (NL) 137 B
Zwaagwesteinde (NL) 135 D
Zwalm (B) 136 K
Zwammerdam (NL) 136 B
Zwanenburg (NL) 134 L
Zwartberg (B) 137 K
Zwartemeer (NL) 135 J
Zwartsluis (NL) 135 L
Zweeloo (NL) 135 J
Zwevegem (B) 138 L
Zwevezele (B) 138 H
Zwijndrecht (NL) 136 E
Zwolle (NL) 135 L

Europa

A

Aabenraa (DK) 190 L
Aalborg (DK) 190 H
Äänekoski (FIN) 189 L
Aarschot (B) 194 E
Aavasaksa (FIN) 189 E
Aba (H) 200 D
Abbadía San Salvatore (I) 200 K
Abbeville (F) 194 G
Abbeyfeale (IRL) 193 A
Abenójar (E) 198 J
Aberaeron (GB) 193 B
Aberdeen (GB) 192 G
Abergavenny (GB) 193 G
Abersoch (GB) 193 B
Aberystwyth (GB) 193 B
Abide (TR) 203 D
Abington (GB) 192 L
Abla (E) 198 M
Ablis (F) 196 C
Aboyne (GB) 192 G
Abriès (F) 197 H
Abrud (RO) 202 B
A Cañiza (E) 198 A
Achaacha (DZ) 199 L
Achill (IRL) 193 A
Achnasheen (GB) 192 F
Acireale (I) 201 L
A Coruña/La Coruña (E) 198 A
Acqui Terme (I) 200 E
Adjud (RO) 202 C
Ådneram (N) 190 D
Adra (E) 198 M
Adrano (I) 201 L
Adria (I) 200 F
Adunaţii-Copăceni (RO) 202 G
A Estrada (E) 198 A
Aetós (GR) 203 B
Åfjord (N) 188 J
A Fonsagrada (E) 198 B
Afumaţi (RO) 202 G
Agde (F) 197 K
Agen (F) 196 J
Agger (DK) 190 G
Agiá (GR) 203 B
Ágia Déka (GR) 203 J
Ágia Efstrátios (GR) 203 C
Ágia Harálambos (GR) 203 C
Ágia Konstandínos (GR) 203 F
Ágia Mathéos (GR) 203 E
Ágia Nikólaos (GR) 203 J
Ágia Pelagía (GR) 203 L
Agighiol (RO) 202 D
Agiókambos (GR) 203 F
Ágios Kírikos (GR) 203 H
Agnita (RO) 202 C
A Golada (E) 198 A
Agordo (I) 200 B
Agreda (E) 199 A
Agrigento (I) 201 K
Agrínio (GR) 203 F
Agriovótano (GR) 203 G
Agrópoli (I) 201 C
A Guarda (E) 198 A
A Gudiña (E) 198 B
Águeda (P) 198 D
Aguilar (E) 198 M
Aguilar de Campóo (E) 198 C
Águilas (E) 199 K
Aharnés (GR) 203 G
Ahmovaara (FIN) 189 J
Ähtäri (FIN) 189 L
Åhus (S) 190 M
Aigre (F) 196 E
Aiguebelle (F) 197 D
Aiguillon (F) 196 H
Ainaži (LV) 191 F
Aïn Boucif (DZ) 199 M
Aïn-Defla (DZ) 199 L
Aïn el Hadjel (DZ) 199 M
Aïn Oussera (DZ) 199 M
Ainsa (E) 199 A
Aire-sur-l' Adour (F) 196 H
Aiud (RO) 202 B
Aix-en-Provence (F) 197 G
Aix-les-Bains (F) 197 D
Aizpute (LV) 191 H
Ajaccio (F) 197 M
Ajdovščina (SLO) 200 C
Ajtos (BG) 202 H
Akbou (DZ) 199 M
Åkersberga (S) 191 D
Akhisar (TR) 203 D
Akköy (TR) 203 H
Akranes (IS) 188 A
Akureyri (IS) 188 A
Alacant/Alicante (E) 199 G
Alagna-Valsésia (I) 197 E
Alaior (E) 199 F
Alakurtti (RUS) 189 F
Alanís (E) 198 H
Alássio (I) 197 H
Alavus (FIN) 189 L
Alba (I) 197 H
Albac (RO) 202 B
Albacete (E) 199 G
Alba de Tormes (E) 198 E
Albaida (E) 199 G
Alba-Iulia (RO) 202 B
Albenga (I) 197 H
Albergaria-a-Velha (P) 198 D
Alberobello (I) 201 D
Albertville (F) 197 E
Albeşti Paleologu (RO) 202 C
Albi (F) 196 J
Albox (E) 199 K
Albufeira (P) 198 K
Albuñol (E) 198 M
Alburquerque (E) 198 H
Alcácer do Sal (P) 198 G
Alcalá de Guadaira (E) 198 L
Alcalá de Henares (E) 198 F
Alcalá la Real (E) 198 M
Alcamo (I) 201 K
Alcañices (E) 198 B
Alcañiz (E) 199 D
Alcantarilla (E) 199 G
Alcaraz (E) 198 J
Alcázar de San Juan (E) 198 J
Alcester (GB) 193 C
Alcobaça (P) 198 G
Alcolea del Pinar (E) 198 F
Alcorisa (E) 199 D
Alcoutim (P) 198 K
Alcoy (E) 199 G
Aldinci (MK) 202 K
Aleksinac (SRB) 202 F
Ålem (S) 191 G
Alençon (F) 196 B
Aléria (F) 197 M
Alès (F) 197 G
Aleşd (RO) 204 M
Alessandria (I) 200 E
Ålesund (N) 188 L
Alexándria (GR) 203 B
Alexandria (RO) 202 G
Alexandroúpoli (GR) 203 C
Alfaro (E) 199 A
Alfatar (BG) 202 H
Alford (GB) 192 G
Alfta (S) 191 A
Ålgård (N) 190 D
Algeciras (E) 198 L
Alghero (I) 201 J
Algodonales (E) 198 L
Alhama de Granada (E) 198 M
Alhama de Murcia (E) 199 G
Alia (I) 201 K
Aliaga (E) 199 D
Aliağa (TR) 203 H
Alibunar (SRB) 202 A
Alingsås (S) 190 J
Al Jazā'ir (Alger) (DZ) 199 M
Alkmaar (NL) 194 B
Allenstein (Olsztyn) (PL) 204 B
Allepuz (E) 199 D
Allinge (DK) 190 M
Almada (P) 198 G
Almadén (E) 198 J
Almansa (E) 199 G
Almassora (E) 199 D
Almazán (E) 198 F
Almeida (P) 198 E
Almelo (NL) 194 F
Almenar de Soria (E) 199 A
Almendralejo (E) 198 H
Almería (E) 199 K
Älmhult (S) 190 J
Almiropótamos (GR) 203 G
Almirós (GR) 203 F
Almodôvar (P) 198 K
Almonte (E) 198 L
Almoradí (E) 199 G
Almundsryd (S) 190 J
Almuñécar (E) 198 M
Almunge (S) 191 A
Almuradiel (E) 198 J
Alness (GB) 192 B
Alnwick (GB) 192 L
Aloja (LV) 191 F
Alora (E) 198 M
Alpalhão (P) 198 G
Als (DK) 190 H
Alsasu (E) 199 A
Alsterbro (S) 191 G
Alston (GB) 192 L
Alta (N) 189 A
Altamura (I) 201 D
Altea (E) 199 H
Altinoluk (TR) 203 D
Altkirch (F) 197 B
Altnaharra (GB) 192 B
Alvdal (N) 188 M
Älvdalen (S) 188 M
Alvesta (S) 190 J
Älvsbyn (S) 189 G
Alytus (LT) 191 M
Alzira (E) 199 G
Amadora (P) 198 G
Åmål (S) 190 F
Amalfi (I) 201 C
Amaliáda (GR) 203 F
Amantea (I) 201 G
Amarante (P) 198 D
Amărăştiide Jos (RO) 202 G
Amatrice (I) 200 K
Ambert (F) 197 D
Amboise (F) 196 B
Amendolara (I) 201 H
Amer (E) 199 B
Amersfoort (NL) 194 E
Amfilohia (GR) 203 F
Ámfissa (GR) 203 F
Amiens (F) 194 G
Åmli (N) 190 D
Amlwch (GB) 193 B
Ämmänsaari (FIN) 189 H
Ammarnäs (S) 188 F
Ammi Moussa (DZ) 199 L
Åmot (N) 190 D
Åmotfors (S) 190 B
Ampezzo (I) 200 B
Amposta (E) 199 E
Amsterdam (NL) 194 E
Amurrio (E) 198 C
Ancona (I) 200 K
Åndalsnes (N) 188 L
Andenes (N) 189 A
Anderstorp (S) 190 J
Andocs (H) 200 D
Andorra la Vella (AND) 196 M
Andraitx (E) 199 E
Ándria (I) 201 C
Andrijevica (MNE) 202 J
Ándros (GR) 203 G
Andselv (N) 189 A
Andújar (E) 198 J
Anet (F) 196 C
Ånge (S) 188 M
Ängelholm (S) 190 J
Angelsberg (S) 191 A
Angers (F) 196 E
Angerville (F) 196 C
Anglés (E) 199 B
Angoulême (F) 196 E
Anina (RO) 202 B
Anndalsvågen (N) 188 J
Annecy (F) 197 D
Annemasse (F) 197 D
Annonay (F) 197 D
Annôt (F) 197 H
Antequera (E) 198 M
Antibes (F) 197 H
Antrain (F) 196 B
Antrim (GB) 192 K
Antrodoco (I) 200 K
Antwerpen (B) 194 E
Anykščiai (LT) 191 M
Ánzio (I) 201 B
Aosta (I) 197 E
Apatity (RUS) 189 F
Apeldoorn (NL) 194 F
Apt (F) 197 G
Arabba (I) 200 B
Aracena (E) 198 H
Arad (RO) 202 A
Aranda de Duero (E) 198 C
Arandelovac (SRB) 202 E
Aranjuez (E) 198 F
Aravete (EST) 191 F
Araxos (GR) 203 F
Arbatax (I) 201 J
Arboga (S) 191 D
Arbrå (S) 191 A
Arbroath (GB) 192 G
Arcachon (F) 196 H
Arcidosso (I) 200 J
Arcis-sur-Aube (F) 197 A
Arcos de la Frontera (E) 198 L
Arcyz (UA) 202 D
Ardara (IRL) 192 J
Ardee (IRL) 193 B
Ardino (BG) 202 L
Ardmore (IRL) 193 E
Ardrossan (GB) 192 K
Ardvasar (GB) 192 F
Åre (S) 188 J
Arenas de San Pedro (E) 198 E
Arendal (N) 190 E
Areópoli (GR) 203 K
Arévalo (E) 198 E
Arezzo (I) 200 K
Argalastí (GR) 203 G
Argelès-sur-Mer (F) 197 K
Argentan (F) 196 B
Argentat (F) 196 J
Argentera (I) 197 H
Argentiera (I) 201 E
Argenton-sur-Creuse (F) 196 F
Árgos (GR) 203 K
Árgos Orestikó (GR) 203 B
Argostóli (GR) 203 E
Århus (DK) 190 H
Ariano Irpino (I) 201 C
Ariano nel Polésine (I) 200 F
Arilje (SRB) 202 E
Ariza (E) 199 D
Årjäng (S) 190 F
Arjeplog (S) 189 D
Arkitsa (GR) 203 F
Arklow (IRL) 193 B
Arkösund (S) 191 D
Arles (F) 197 G
Arlon (B) 194 H
Armagh (GB) 192 K
Armentières (F) 194 D
Arna Indre (N) 190 A
Arnay-le-Duc (F) 197 D
Arnéa (GR) 203 C
Arnedo (E) 199 A
Årnes (N) 190 B
Arnhem (NL) 194 F
Arona (I) 200 A
Arraiolos (P) 198 G
Arras (F) 194 G
Arreau (F) 196 L
Arriondas (E) 198 B
Arronches (P) 198 G
Artà (E) 199 F
Árta (GR) 203 E
Artenay (F) 196 C
Artesa de Segre (E) 199 B
Arthurstown (IRL) 193 B
A Rúa (E) 198 B
Arvidsjaur (S) 189 G
Arvika (S) 190 F
Arzew (DZ) 199 K
Ås (N) 188 J
Åsarna (S) 188 M
Áscoli Piceno (I) 200 K
Åseda (S) 190 J
Åsele (S) 189 G
Åsen (S) 190 C
Asenovgrad (BG) 202 L
Ashburton (GB) 193 G
Ashford (GB) 193 H
Ashington (GB) 192 L
Asiago (I) 200 B
Asikkala Vääksy (FIN) 189 L
Ask (N) 188 L
Asker (N) 190 B
Askersund (S) 190 F
Askim (N) 190 E
Äsköping (S) 191 D
As Pontes de García Rodríguez (E) 198 A
Aspres-sur-Buëch (F) 197 G
Asprópirgos (GR) 203 G
Assen (NL) 194 C
Assens (DK) 190 L
Assisi (I) 200 K
Astakós (GR) 203 F
Asti (I) 197 E
Astipálea (GR) 203 M
Astorga (E) 198 B
Åstorp (S) 190 J
Astryna (BLR) 204 C
Atalho (P) 198 G
Ath (B) 194 E
Athína (GR) 203 G
Athlone (IRL) 193 A
Atienza (E) 198 F
Åtna (N) 188 M
Åtvidaberg (S) 191 D
Aubagne (F) 197 G
Aubenas (F) 197 G
Aubiet (F) 196 J
Aubigny-sur-Nère (F) 196 C
Aubusson (F) 196 F
Auce (LV) 191 J
Auch (F) 196 J
Auderville (F) 193 L
Audierne (F) 196 A
Augusta (I) 201 L
Augustów (PL) 204 B
Aulla (I) 200 E
Aullène (F) 197 M
Aulus-les-Bains (F) 196 M
Aura (FIN) 191 B
Auray (F) 196 A
Aurdal (N) 190 B
Aure (N) 188 H
Aurillac (F) 196 J
Aurland (N) 188 L
Autti (FIN) 189 E
Autun (F) 197 D
Auxerre (F) 196 C
Auxonne (F) 197 A
Avallon (F) 197 A
Aveiro (P) 198 D
Avellino (I) 201 C
Avesnes-sur-Helpe (F) 194 H
Avesta (S) 189 K
Avezzano (I) 201 B
Avignon (F) 197 G
Ávila (E) 198 F
Avilés (E) 198 B
Ávola (I) 201 L
Avranches (F) 196 B
Avtovac (BIH) 200 M
Axat (F) 196 M
Axioúpoli (GR) 203 B
Ax-les-Thermes (F) 196 M
Ayamonte (E) 198 L
Ayerbe (E) 199 A
Aylesbury (GB) 193 H
Ayllón (E) 198 F
Ayora (E) 199 G
Ayr (GB) 192 K
Ayvalik (TR) 203 D
Azaila (E) 199 D
Azazga (DZ) 199 M
Azeffoun (DZ) 199 M
Azuaga (E) 198 H

B

Baamonde (E) 198 A
Babadag (RO) 202 D
Babaeski (TR) 202 M
Băbeni (RO) 202 B
Bacău (RO) 202 C
Bačka Palanka (SRB) 202 A
Bačka Topola (SRB) 202 A
Backe (S) 189 G
Bäckefors (S) 190 E
Bački Breg (SRB) 202 A
Bácsalmás (H) 202 A
Badajoz (E) 198 H
Badalona (E) 199 B
Baena (E) 198 M
Baeza (E) 198 J
Bagenkop (DK) 190 L
Bagheria (I) 201 K
Bagnères-de-Luchon (F) 196 L
Bagno di Romagna (I) 200 F
Bagnols-sur-Cèze (F) 197 G
Bagrationovsk (RUS) 191 L
Baia Mare (RO) 204 M
Bailén (E) 198 J
Băileşti (RO) 202 F
Baio (E) 198 A
Baja (H) 200 D
Bajmok (SRB) 202 A
Bajovo Polje (MNE) 202 J
Bak (H) 200 D
Bakkafjörður (IS) 188 B
Bakkagerði (IS) 188 B
Bakko (N) 190 B
Bala (GB) 193 C
Balaci (RO) 202 G
Bălăciţa (RO) 202 F
Balaguer (E) 199 B
Balassagyarmat (H) 204 K
Balatonederics (H) 200 D
Balatonföldvár (H) 200 D
Balatonkeresztúr (H) 200 D
Balatonlelle (H) 200 D
Balazote (E) 199 G
Balbriggan (IRL) 193 B
Bălceşti (RO) 202 F
Balčik (BG) 202 H
Baldock (GB) 193 H
Balestrand (N) 188 L
Balikesir (TR) 203 D
Balikliova (TR) 203 H
Ballaban (AL) 203 A
Ballachulish (GB) 192 F
Ballater (GB) 192 G
Ballina (IRL) 192 J
Ballinamore (IRL) 192 J
Ballinasloe (IRL) 193 A
Ballinrobe (IRL) 193 A
Ballybofey (IRL) 192 J
Ballybunnion (IRL) 193 A
Ballycastle (GB) 192 K
Ballycastle (IRL) 192 J
Ballyhaunis (IRL) 193 A
Ballymena (GB) 192 K
Ballyshannon (IRL) 192 J
Balmaseda (E) 198 C
Balş (RO) 202 G
Baltijsk (RUS) 191 L
Balya (TR) 203 D
Bamburgh (GB) 192 L
Banbury (GB) 193 G
Banchory (GB) 192 G
Bandirma (TR) 203 D
Bandon (IRL) 193 E
Băneasa (RO) 202 H
Banff (GB) 192 C
Bangor (GB) 193 C
Bangor (GB) 192 K
Bangor (IRL) 192 J
Baniou (DZ) 199 M
Banja Luka (BIH) 200 H
Banova Jaruga (HR) 200 H
Banovići (BIH) 200 H
Banská Bystrica (SK) 204 K
Banská Štiavnica (SK) 204 K
Bansko (BG) 202 K
Bantry (IRL) 193 E
Bar (MNE) 202 J
Barakaldo/Baracaldo (E) 198 C
Baranavičy (BLR) 204 C
Baraolt (RO) 202 C
Barbastro (E) 199 A
Barbate de Franco (E) 198 L
Bārbele (LV) 191 J
Barbezieux (F) 196 H
Barca d'Alva (P) 198 E
Barcellona Pozzo di Gotto (I) 201 L
Barcelona (E) 199 E
Barcelonnette (F) 197 H
Barcelos (P) 198 D
Barciany (PL) 204 B
Barcs (H) 200 D
Bardejov (SK) 204 H
Bardi (I) 200 E
Barfleur (F) 193 M
Bari (I) 201 D
Bârlad (RO) 202 D
Bar-le-Duc (F) 197 A
Barletta (I) 201 D
Barlinek (PL) 195 C
Barmouth (GB) 193 B
Barnard Castle (GB) 192 L
Barnstaple (GB) 193 G
Barra (P) 198 D
Barreiro (P) 198 G
Barrême (F) 197 H
Barrowin-Furness (GB) 192 L
Barry (GB) 193 G
Bar-sur-Aube (F) 197 A
Bar-sur-Seine (F) 197 A
Bartoszyce (PL) 204 B
Barúmini (I) 201 J
Barwinek (PL) 204 H
Basarabeasca (MD) 202 D
Basarabi (RO) 202 H
Basingstoke (GB) 193 H
Baška (HR) 200 G
Bassano dell Grappa (I) 200 B
Bastia (F) 197 M
Bastogne (B) 194 H
Batajnica (SRB) 202 E
Batak (BG) 202 L
Batalha (P) 198 G
Bátaszék (H) 200 D
Bath (GB) 193 G
Batočina (SRB) 202 E
Batrina (HR) 200 H
Båtsfjord (N) 189 B
Battipáglia (I) 201 C
Battonya (H) 202 A
Baume-les-Dames (F) 197 A
Bauska (LV) 191 J
Bayeux (F) 196 B
Bayon (F) 197 A
Bayonne (F) 196 L
Bayramiç (TR) 203 D
Baza (E) 198 M
Bazas (F) 196 H
Beas de Segura (E) 198 J
Beaugency (F) 196 C
Beauly (GB) 192 F
Beaumont (B) 194 H
Beaune (F) 197 D
Beaupréau (F) 196 E
Beauraing (B) 194 H
Beaurepaire (F) 197 D
Beauvais (F) 196 C
Beauvoir-sur-Mer (F) 196 D
Bečej (SRB) 202 A
Bechet (RO) 202 F
Becilla de Valderaduey (E) 198 B
Beclean (RO) 204 M
Bečov nad Teplou (Petschau) (CZ) 195 H
Bédarieux (F) 196 J
Bedford (GB) 193 D
Begov Han (BIH) 200 H
Behramkale (TR) 203 D
Beiuş (RO) 202 B
Beja (P) 198 G
Bejaïa (DZ) 199 M
Béjar (E) 198 E
Békés (H) 202 A
Békéscsaba (H) 202 A
Bela Crkva (SRB) 202 E
Bela Palanka (SRB) 202 F
Belápod Bezdězem (CZ) 195 J
Bełchatów (PL) 204 D
Belchite (E) 199 D
Belfast (GB) 192 K
Belfort (F) 197 A
Belin-Béliet (F) 196 H
Bellac (F) 196 F
Bellegarde-sur-Valserine (F) 197 D
Bellême (F) 196 B
Belleville (F) 197 D
Belley (F) 197 D
Belluno (I) 200 B
Belmonte (E) 198 B
Belmullet (IRL) 192 J
Belogradčik (BG) 202 F
Beloljin (SRB) 202 E
Belomorsk (RUS) 189 J
Belorado (E) 198 C
Beluša (SK) 204 G
Belušić (SRB) 202 E
Belvedere Marittimo (I) 201 G
Bełżec (PL) 204 J
Bełżyce (PL) 204 E
Benabarre (E) 199 B
Benasque (E) 199 A
Benavente (E) 198 B
Bencovac (HR) 200 G
Benesat (RO) 204 M
Benešov (CZ) 195 J
Benevento (I) 201 C
Bengtsfors (S) 190 E
Benicarló (E) 199 E
Benicàssim (E) 199 D
Benidorm (E) 199 G
Beograd (SRB) 202 E
Berane (MNE) 202 J
Berat (AL) 203 A
Bercedo (E) 198 C
Berceto (I) 200 E
Berck-Plage (F) 194 D
Berehove (UA) 204 M
Berettyóújfalu (H) 204 L
Berezhany (UA) 204 J
Berga (E) 199 B
Bergama (TR) 203 D
Bérgamo (I) 200 A
Bergara (E) 198 C
Bergen (N) 188 L
Bergen aan Zee (NL) 194 B
Bergen op Zoom (NL) 194 E
Bergerac (F) 196 H
Bergkvara (S) 191 G
Berja (E) 198 M
Berkåk (N) 188 M
Berkovica (BG) 202 F
Berlevåg (N) 189 B
Bermillo de Sayago (E) 198 E
Bernartice (CZ) 195 J
Bernay (F) 196 B
Bernués (E) 199 A
Beroun (CZ) 195 H
Berrouaghia (DZ) 199 M
Berwick upon Tweed (GB) 192 G
Berzasca (RO) 202 F
Besalú (E) 199 B
Besançon (F) 197 A
Beskovići (BIH) 200 M
Betanzos (E) 198 A
Beteta (E) 199 D
Béthune (F) 194 D
Bettna (S) 191 D
Betwsy-Coed (GB) 193 C
Beverley (GB) 193 D
Bexhill (GB) 193 H
Béziers (F) 196 M
Biała Podlaska (PL) 204 F
Białobrzegi (PL) 204 E
Białogard (PL) 195 C
Białowieża (PL) 204 C
Biały Bór (PL) 204 A
Białystok (PL) 204 B
Biarritz (F) 196 L
Bibbiena (I) 200 K
Bibrka (UA) 204 J
Bicske (H) 204 K
Bideford (GB) 193 F
Biella (I) 197 E
Bielsko-Biała (PL) 204 G
Bielsk Podlaski (PL) 204 B
Biertan (RO) 202 C
Bieżuń (PL) 204 A
Biga (TR) 203 D

Bigadiç (TR) 203 D
Biggar (GB) 192 L
Bihać (BIH) 200 G
Bijeljina (BIH) 202 E
Bijelo Polje (MNE) 202 J
Bilbo/Bilbao (E) 198 C
Bíldudalur (IS) 188 A
Biłgoraj (PL) 204 H
Billingshurst (GB) 193 H
Billund (DK) 190 K
Bilto (N) 189 A
Binéfar (E) 199 A
Bioče (MNE) 202 J
Biograd na Moru (HR) 200 G
Bir Ghabalou (DZ) 199 M
Bir Guellalia (DZ) 199 M
Birkeland (N) 190 D
Birkenhead (GB) 193 C
Birmingham (GB) 193 C
Birr (IRL) 193 A
Biržai (LT) 191 J
Biscarrosse (F) 196 H
Bishop Auckland (GB) 192 L
Bishop's Castle (GB) 193 C
Bishop's Stortford (GB) 193 H
Biskupiec (PL) 204 B
Bispfors (S) 189 K
Bistreț (RO) 202 F
Bistrița (RO) 204 M
Bitche (F) 197 B
Bitola (MK) 203 B
Bitonto (I) 201 D
Bitti (I) 201 J
Bjala (BG) 202 G
Bjala Slatina (BG) 202 F
Bjaroza (BLR) 204 C
Bjelovar (HR) 200 D
Björbo (S) 188 M
Bjordal (N) 190 A
Bjørkelangen (N) 190 B
Björköby (FIN) 189 G
Bjurholm (S) 189 G
Blackburn (GB) 193 C
Blackpool (GB) 193 C
Blagoevgrad (BG) 202 K
Blain (F) 196 E
Blairgowrie (GB) 192 G
Blaj (RO) 202 B
Blandford Forum (GB) 193 G
Blanes (E) 199 B
Blaye (F) 196 H
Bled (SLO) 200 C
Blinisht (AL) 202 J
Blois (F) 196 C
Blönduós (IS) 188 A
Błonie (PL) 204 E
Blyth (GB) 192 L
Bòbbio (I) 200 E
Bobolice (PL) 195 C
Bobovdol (BG) 202 K
Bobrowniki (PL) 204 C
Bochnia (PL) 204 H
Bocşa (RO) 202 B
Böda (S) 191 G
Boden (S) 189 G
Bodmin (GB) 193 F
Bodø (N) 188 F
Bodrum (TR) 203 M
Boën (F) 197 D
Bognes (N) 189 D
Bognor Regis (GB) 193 H
Bohonal de Ibor (E) 198 H
Böhönye (H) 200 D
Bol (HR) 200 M
Bolbec (F) 196 B
Bolesławiec (PL) 195 F
Bolhrad (UA) 202 D
Boljarovo (BG) 202 M
Boljevac (SRB) 202 F
Bollnäs (S) 189 K
Bologna (I) 200 E
Bol'šakovo (RUS) 191 L
Bolsward (NL) 194 C
Bolton (GB) 193 C
Bolungarvík (IS) 188 A
Bolzano/Bozen (I) 200 B
Bonar (E) 198 B
Bonar Bridge (GB) 192 B
Bonifacio (F) 197 M
Bonneval-sur-Arc (F) 197 E
Bonyhád (H) 200 D
Bor (CZ) 195 H
Bor (SRB) 202 F
Borås (S) 190 J
Bordeaux (F) 196 H
Bordj-Bou-Arreridj (DZ) 199 M
Bordj el Emir Abdelkader (DZ) 199 L
Bordj Okhriss (DZ) 199 M
Borgarnes (IS) 188 A
Borgholm (S) 191 G
Borgsjö (S) 189 K
Borgund (N) 188 L
Borlänge (S) 188 M
Borlo (N) 188 L
Bórmio (I) 200 A
Borodinskoe (RUS) 189 M
Borovan (BG) 202 F
Borovoj (RUS) 189 J
Borşa (RO) 204 M
Børselv (N) 189 B
Bort-les-Orgues (F) 196 F
Boryslav (UA) 204 J
Bosa (I) 201 J
Bosanska Brod (BIH) 200 H
Bosanska Dubica (BIH) 200 H
Bosanska Gradiška (BIH) 200 H
Bosanska Grahovo (BIH) 200 H
Bosanska Krupa (BIH) 200 H
Bosanska Novi (BIH) 200 H
Bosanska Petrovac (BIH) 200 H
Bosanska Šamac (BIH) 200 H
Boskovice (CZ) 195 J
Boston (GB) 193 D
Botevgrad (BG) 202 K
Bougzoul (DZ) 199 M
Bouillon (B) 194 H
Bouïra (DZ) 199 M
Bou Kadir (DZ) 199 L
Boulogne-sur-Gesse (F) 196 L
Boulogne-sur-Mer (F) 194 D
Bourbon-Lancy (F) 197 D
Bourbonne-les-Bains (F) 197 A
Bourganeuf (F) 196 F
Bourgen Bresse (F) 197 D
Bourges (F) 196 F
Bourg-Madame (F) 196 M
Bourgoin (F) 197 D
Bournemouth (GB) 193 G
Bou Sfer (DZ) 199 K
Bovalino Marina (I) 201 M
Boyle (IRL) 193 A
Bozovici (RO) 202 F
Bracciano (I) 200 K
Bräcke (S) 188 M
Brad (RO) 202 B
Bradford (GB) 193 C
Brae (GB) 192 D
Braemar (GB) 192 G
Braga (P) 198 A
Bragança (P) 198 B
Brăila (RO) 202 D
Braintree (GB) 193 H
Brálos (GR) 203 F
Brancaleone Marina (I) 201 M
Brandbu (N) 188 M
Brande (DK) 190 G
Braniewo (PL) 204 A
Brantôme (F) 196 H
Braşov (Kronstadt) (RO) 202 C
Bratislava (Preßburg) (SK) 204 K
Bray (IRL) 193 B
Bray-sur-Saulne (F) 196 C
Brčko (BIH) 200 H
Brechin (GB) 192 G
Brecon (GB) 193 G
Breda (NL) 194 E
Bredbyn (S) 189 G
Bregovo (BG) 202 F
Breiddalsvík (IS) 188 B
Breil-sur-Roya (F) 197 H
Brekken (N) 188 M
Brekstad (N) 188 J
Bréscia (I) 200 E
Breskens (NL) 194 E
Breslau (Wrocław) (PL) 204 D
Bressanone/Brixen (I) 200 B
Bressuire (F) 196 E
Brést (BLR) 204 F
Brest (F) 196 A
Breteuil-sur-Noye (F) 194 G
Brezno (SK) 204 K
Brezoi (RO) 202 B
Briançon (F) 197 H
Briare (F) 196 C
Bridgend (GB) 193 G
Bridgnorth (GB) 193 C
Bridgwater (GB) 193 G
Bridlington (GB) 192 M
Bridport (GB) 193 G
Brienne-le-Château (F) 197 A
Briey (F) 194 H
Brighton (GB) 193 H
Brignogan-Plages (F) 196 A
Brignoles (F) 197 G
Brihuega (E) 198 F
Brimnes (N) 188 L
Bríndisi (I) 201 D
Brionne (F) 196 B
Bristol (GB) 193 G
Brive-la-Gaillarde (F) 196 J
Briviesca (E) 198 C
Brjánslækur (IS) 188 A
Brno (Brünn) (CZ) 195 J
Broadford (GB) 192 F
Brodick (GB) 192 K
Brodnica (PL) 204 A
Brody (UA) 204 J
Brønderslev (DK) 190 H
Brønnøysund (N) 188 J
Bronzani Majdan (BIH) 200 H
Broşteni (RO) 202 F
Brou (F) 196 C
Brough (GB) 192 L
Brugge (B) 194 E
Brumunddal (N) 190 B
Brunflo (S) 188 J
Brunico/Bruneck (I) 200 B
Brunkeberg (N) 190 D
Brünn (Brno) (CZ) 195 J
Bruntál (CZ) 204 G
Brusy (PL) 204 A
Bruxelles/Brussel (B) 194 E
Bruyères (F) 197 A
Bryne (N) 190 D
Brza Palanka (SRB) 202 F
Brzeg (PL) 204 G
Brześć Kujawski (PL) 204 D
Brzesko (PL) 204 H
Brzeziny (PL) 204 D
Brzeźnica (PL) 204 D
Buca (TR) 203 H
Bučovice (CZ) 195 M
Bucureşti (RO) 202 G
Budapest (H) 204 K
Búðardalur (IS) 188 A
Búðdir (IS) 188 A
Bude (GB) 193 F
Budogošč' (RUS) 189 M
Budva (MNE) 202 J
Buftea (RO) 202 G
Bugojno (BIH) 200 H
Builth Wells (GB) 193 G
Bujanovac (SRB) 202 K
Bujaraloz (E) 199 D
Buncrana (IRL) 192 J
Bunessan (GB) 192 F
Burford (GB) 193 G
Burgas (BG) 202 M
Burgos (E) 198 C
Burgsvik (S) 191 G
Burnley (GB) 193 C
Burrel (AL) 202 J
Burtonupon Trent (GB) 193 C
Burträsk (S) 189 G
Burwick (GB) 192 C
Bury Saint Edmunds (GB) 193 D
Bus'k (UA) 204 J
Busko-Zdrój (PL) 204 H
Busovača (BIH) 200 H
Bussière-Poitevine (F) 196 F
Buşteni (RO) 202 C
Busto Arsizio (I) 200 A
Buteni (RO) 202 B
Butrint (AL) 203 A
Butrint (GR) 203 A
Buxton (GB) 193 C
Büyük Karıştiran (TR) 202 M
Buzançais (F) 196 F
Buzău (RO) 202 D
Buziaş (RO) 202 A
Bydgoszcz (PL) 204 A
Bygdeå (S) 189 G
Bygdin (N) 188 L
Bygland (N) 190 D
Byglandsfjord (N) 190 D
Bykle (N) 190 D
Byrkjedal (N) 190 D
Bytom (PL) 204 G
Bytów (PL) 204 A
Byxelkrok (S) 191 G

C

Cabanes de l'Arc (E) 199 D
Cabezas del Buey (E) 198 H
Cabo de Gata (E) 199 K
Cabo de Palos (E) 199 K
Cabra (E) 198 M
Cabuérniga (E) 198 C
Čačac (SRB) 202 E
Cáceres (E) 198 H
Cadaqués (E) 199 C
Čadca (SK) 204 G
Cádiz (E) 198 L
Caen (F) 196 B
Caernarfon (GB) 193 B
Cágliari (I) 201 J
Caher (IRL) 193 A
Cahersiveen (IRL) 193 E
Cahors (F) 196 J
Cahul (MD) 202 D
Cajarc (F) 196 J
Čajetina (SRB) 202 E
Čakovec (HR) 200 D
Calafat (RO) 202 F
Calahonda (E) 198 M
Calahorra (E) 199 A
Calais (F) 194 D
Călan (RO) 202 B
Cala Rajada (E) 199 F
Călăraşi (RO) 202 H
Calatayud (E) 199 D
Caldas da Rainha (P) 198 G
Calella (E) 199 B
Călimăneşti (RO) 202 B
Callander (GB) 192 F
Callosa d'en Sarriá (E) 199 G
Calp (E) 199 H
Caltagirone (I) 201 L
Caltanissetta (I) 201 K
Calvi (F) 197 M
Çamalti (TR) 203 H
Camariñas (E) 198 A
Cambo-les-Bains (F) 196 L
Cambrai (F) 194 H
Cambridge (GB) 193 D
Cambrils (E) 199 E
Camelford (GB) 193 F
Caminha (P) 198 A
Campbeltown (GB) 192 K
Câmpeni (RO) 202 B
Campillo de Llerena (E) 198 H
Campillos (E) 198 M
Câmpina (RO) 202 C
Campisábalos (E) 198 F
Campobasso (I) 201 C
Campo de Criptana (E) 198 J
Campo Maior (P) 198 H
Câmpulung (RO) 202 C
Çan (TR) 203 D
Çanakkale (TR) 203 D
Cañaveral (E) 198 E
Cañaveras (E) 199 D
Çandarli (TR) 203 H
Candé (F) 196 B
Cañete (E) 199 D
Cangas de Narcea (E) 198 B
Cangas de Onís (E) 198 B
Canicatti (I) 201 L
Caniles (E) 198 M
Cañizal (E) 198 E
Cannes (F) 197 H
Canosa di Púglia (I) 201 C
Cantalejo (E) 198 F
Cantavieja (E) 199 D
Canterbury (GB) 193 H
Cáorle (I) 200 F
Caparde (BIH) 202 E
Cap Ferret (F) 196 H
Capo d'Orlando (I) 201 L
Capri (I) 201 C
Cápua (I) 201 C
Caracal (RO) 202 G
Caransebeş (RO) 202 B
Caravaca de la Cruz (E) 199 G
Carballiño (E) 198 A
Carballo (E) 198 A
Carboneras (E) 199 K
Carbonia (I) 201 J
Cárcare (I) 197 H
Carcassonne (F) 196 M
Cardeña (E) 198 J
Cardiff (GB) 193 G
Cardigan (GB) 193 F
Cardona (E) 199 B
Carei (RO) 204 M
Carentan (F) 196 B
Carevo (BG) 202 M
Cargese (F) 197 M
Carhaix-Plouguer (F) 196 A
Cariati (I) 201 H
Cariñena (E) 199 D
Car Kalojan (BG) 202 G
Carlisle (GB) 192 L
Carloforte (I) 201 J
Carlow (IRL) 193 B
Carloway (GB) 192 B
Carmaguola (I) 197 H
Carmarthen (GB) 193 F
Carmaux (F) 196 J
Carmona (E) 198 L
Carnac (F) 196 A
Cárnia (I) 200 B
Carpentras (F) 197 G
Carrara (I) 200 E
Carrbridge (GB) 192 G
Carrickon-Shannon (IRL) 193 A
Carrión de los Condes (E) 198 C
Carro (F) 197 G
Carsphairn (GB) 192 K
Cartagena (E) 199 K
Carteret (F) 196 A
Casale Monferrato (I) 200 E
Casamozza (F) 197 M
Casas Ibáñez (E) 199 G
Cascais (P) 198 G
Cáscina (I) 200 J
Caserta (I) 201 C
Cashel (IRL) 193 A
Časovenskoe (RUS) 189 M
Caspe (E) 199 D
Cassel (F) 194 D
Cassino (I) 201 C
Castel di Sangro (I) 201 C
Casteljaloux (F) 196 H
Castellammare del Golfo (I) 201 K
Castellammare di Stábia (I) 201 B
Castellamonte (I) 197 E
Castellane (F) 197 H
Castell de Ferro (E) 198 M
Castelló de la Plana (E) 199 D
Castelnau (F) 196 H
Castelnaudary (F) 196 M
Castelnovo ne' Monti (I) 200 E
Castelnuovo di Garfagnana (I) 200 E
Castelo Branco (P) 198 D
Castelo de Paiva (P) 198 D
Castelsardo (I) 201 E
Castelvetrano (I) 201 K
Castets (F) 196 H
Castiglione Messer Marino (I) 201 C
Castillon-la-Bataille (F) 196 H
Castillonnès (F) 196 J
Castlebar (IRL) 193 A
Castlebay (GB) 192 E
Castleblayney (IRL) 192 J
Castle Douglas (GB) 192 L
Castletown (GB) 192 K
Castletownbere (IRL) 193 E
Castres (F) 196 J
Castro Caldelas (E) 198 B
Castro Daire (P) 198 D
Castrojeriz (E) 198 C
Castropol (E) 198 B
Castrovillari (I) 201 G
Castuera (E) 198 H
Çatalca (TR) 202 M
Catánia (I) 201 L
Catanzaro (I) 201 H
Catanzaro Marina (I) 201 H
Cattólica (I) 200 F
Caulnes (F) 196 A
Caussade (F) 196 J
Cauterets (F) 196 L
Cavaillon (F) 197 G
Cavan (IRL) 193 A
Cavtat (HR) 200 M
Cayeux-sur-Mer (F) 194 G
Cazin (BIH) 200 G
Cazorla (E) 198 J
Ceadâr-Lunga (MD) 202 D
Cece (H) 200 D
Čechtice (CZ) 195 J
Cécina (I) 200 J
Cefalù (I) 201 L
Cegléd (H) 204 K
Čejč (CZ) 195 M
Celano (I) 200 K
Celanova (E) 198 A
Celjachany (BLR) 204 C
Celje (SLO) 200 C
Celorico da Beira (P) 198 D
Čenta (SRB) 202 E
Ceranów (PL) 204 B
Cerbère (F) 197 K
Ceres (I) 197 E
Cerezo de Abajo (E) 198 F
Cerignola (I) 201 C
Çerkezköy (TR) 202 M
Cerna (RO) 202 D
Čerňahovsk (RUS) 191 L
Černa Pošumavi (CZ) 195 L
Cernavodă (RO) 202 D
Červenbrjag (BG) 202 F
Cervera (E) 199 B
Cesena (I) 200 F
Cesenático (I) 200 F
Cesis (LV) 191 J
České Budějovice (CZ) 195 M
Český Krumlov (CZ) 195 L
Český Těšín (CZ) 204 G
Ceşme (TR) 203 H
Cetate (RO) 202 F
Cetinje (MNE) 202 J
Ceuta (Sebta) (E) 198 L
Ceva (I) 197 H
Chablis (F) 196 C
Chagny (F) 197 D
Chalais (F) 196 H
Challans (F) 196 E
Chalonnes-sur-Loire (F) 196 E
Châlons-en-Charente (F) 197 A
Chalon-sur-Saône (F) 197 D
Châlus (F) 196 F
Chambéry (F) 197 D
Chamonix-Mont-Blanc (F) 197 E
Champagnole (F) 197 D
Champaubert (F) 196 C
Chantada (E) 198 A
Chantonnay (F) 196 E
Charleroi (B) 194 H
Charlestown (IRL) 193 A
Charleville-Mézières (F) 194 H
Charlottenberg (S) 190 C
Charny (F) 196 C
Charolles (F) 197 D
Chartres (F) 196 C
Chasseneuil-sur-Bonnieure (F) 196 E
Château-Arnoux (F) 197 G
Châteaubriant (F) 196 B
Château-Chinon (F) 197 D
Châteaudun (F) 196 B
Château-Gontier (F) 196 B
Château-la-Vallière (F) 196 B
Châteaulin (F) 196 A
Châteauneuf-en-Thymerais (F) 196 B
Châteauneuf-sur-Loire (F) 196 C
Château-Renault (F) 196 B
Châteauroux (F) 196 F
Château-Salins (F) 197 A
Château-Thierry (F) 196 C
Châtellerault (F) 196 E
Chatillon (I) 197 E
Châtillon-sur-Indre (F) 196 F
Châtillon-sur-Seine (F) 197 A
Chaudes-Aigues (F) 196 J
Chauffailles (F) 197 D
Chaumont (F) 197 A
Chaves (P) 198 A
Cheb (Eger) (CZ) 195 H
Chełm (PL) 204 F
Chełmno (PL) 204 A
Chelmsford (GB) 193 H
Cheltenham (GB) 193 G
Chelva (E) 199 D
Chepstow (GB) 193 G
Cherbourg-Octeville (F) 196 B
Cherchell (DZ) 199 L
Chervonohrad (UA) 204 J
Chester (GB) 193 C
Chesterfield (GB) 193 C
Chevanceaux (F) 196 H
Chiàvari (I) 200 E
Chiavenna (I) 200 A
Chichester (GB) 193 H
Chieti (I) 200 L
Chimay (B) 194 H
Chinchilla de Monte Aragón (E) 199 G
Chinchón (E) 198 F
Chinon (F) 196 E
Chióggia (I) 200 F
Chionata (GR) 203 E
Chipiona (E) 198 L
Chippenham (GB) 193 G
Chişineu-Criş (RO) 202 A
Chiusi (I) 200 K
Chiva (E) 199 G
Chivasso (I) 197 E
Chmielnik (PL) 204 H
Chojna (PL) 195 F
Chojnice (PL) 204 A
Cholet (F) 196 E
Chomutov (CZ) 195 H
Chop (UA) 204 L
Chorzele (PL) 204 B
Chorzów (PL) 204 G
Choszczno (PL) 195 C
Chrudim (CZ) 195 J
Chrzanów (PL) 204 G
Cidones (E) 198 C
Ciechanów (PL) 204 B
Čierna nad Tisou (SK) 204 L
Cieszanów (PL) 204 J
Cieza (E) 199 G
Cilibia (RO) 202 D
Čilipi (HR) 200 M
Ciney (B) 194 H
Ciorani (RO) 202 C
Cirencester (GB) 193 G
Cirò Marina (I) 201 H
Čirpan (BG) 202 L
Cislău (RO) 202 C
Cisna (PL) 204 H
Cistierna (E) 198 B
Cittadella (I) 200 F
Città di Castello (I) 200 K
Ciucea (RO) 202 B
Ciudad Real (E) 198 J
Ciudad Rodrigo (E) 198 E
Ciutadella (E) 199 F
Civitanova Marche (I) 200 L
Civitavécchia (I) 200 J
Clacton-on-Sea (GB) 193 H
Clamecy (F) 196 C
Clermont (F) 196 C
Clermont-en-Argonne (F) 197 A
Clermont-Ferrand (F) 196 F
Clervaux (L) 194 J
Clifden (IRL) 193 A
Clonakilty (IRL) 193 E
Clones (IRL) 192 K
Clonmany (IRL) 192 J
Clonmel (IRL) 193 A
Cluj-Napoca (Klausenburg) (RO) 202 B
Cluny (F) 197 D
Çmroz (TR) 203 D
Coatbridge (GB) 192 G
Cobadin (RO) 202 H
Cobh (IRL) 193 E
Cockermouth (GB) 192 L
Codigoro (I) 200 F
Codlea (RO) 202 C
Codróipo (I) 200 B
Coevorden (NL) 194 F
Cofrentes (E) 199 G
Cognac (F) 196 E
Coimbra (P) 198 D
Coín (E) 198 M
Colchester (GB) 193 H
Coldstream (GB) 192 L
Coleraine (GB) 192 K
Cólico (I) 200 A
Collooney (IRL) 192 J
Colmar (F) 197 B
Colmenar (E) 198 M
Colmenar Viejo (E) 198 F
Comacchio (I) 200 F
Comăneşti (RO) 202 C
Combeaufontaine (F) 197 A
Comber (GB) 192 K
Commercy (F) 197 A
Como (I) 200 A
Compiègne (F) 196 C
Comporta (P) 198 G
Comrat (MD) 202 D
Concarneau (F) 196 A
Condeixa (P) 198 D
Condom (F) 196 H
Conegliano (I) 200 B
Confolens (F) 196 E
Congaz (MD) 202 D
Constanța (RO) 202 H
Constantina (E) 198 L
Contrexéville (F) 197 A
Corabia (RO) 202 G
Corato (I) 201 D
Corbigny (F) 196 C
Corby (GB) 193 D
Corconte (E) 198 C
Cordes-sur-Ciel (F) 196 J
Córdoba (E) 198 J
Coria (E) 198 E
Corigliano Cálabro (I) 201 H
Cork/Corcaigh (IRL) 193 E
Corleone (I) 201 K
Corleto Perticara (I) 201 C
Corlu (TR) 202 M
Cormainville (F) 196 C
Çorovodë (AL) 203 A
Corps (F) 197 G
Corte (F) 197 M
Cortina d' Ampezzo (I) 200 B
Cortona (I) 200 K
Coruche (P) 198 G
Corwen (GB) 193 C
Cosenza (I) 201 H
Cosne-Cours-sur-Loire (F) 196 C
Cosne-d'Allier (F) 196 F
Costa de Caparica (P) 198 G
Costeşti (RO) 202 G
Courson-les-Carrières (F) 196 C
Courtenay (F) 196 C
Coutainville-Plage (F) 196 A
Coutances (F) 196 B
Coutras (F) 196 H
Couvin (B) 194 H
Covasna (RO) 202 C
Coventry (GB) 193 C
Covilhã (P) 198 E
Cowes (GB) 193 G
Crail (GB) 192 G
Craiova (RO) 202 F
Craon (F) 196 B
Crasna (RO) 202 D
Crema (I) 200 E
Cremona (I) 200 E
Cres (HR) 200 G
Crespi d' Adda (I) 200 E
Crest (F) 197 G
Crèvecœur-en-Auge (F) 196 B
Crevedia Mare (RO) 202 G
Crewe (GB) 193 C
Crianlarich (GB) 192 F
Crieff (GB) 192 G
Crikvenica (HR) 200 G
Crişan (RO) 202 D
Crolly (IRL) 192 J
Cromer (GB) 193 D
Crotone (I) 201 H
Csongrád (H) 202 A
Csorna (H) 204 K
Cuba (P) 198 G
Cuéllar (E) 198 F
Cuenca (E) 199 D
Culan (F) 196 F
Cúllar-Baza (E) 198 M
Cullera (E) 199 G
Culoz (F) 197 D
Cumnockand Holmhead (GB) 192 K
Cúneo (I) 197 H
Cupar (GB) 192 G
Ćuprija (SRB) 202 E
Curteade Argeş (RO) 202 C
Cushendun (GB) 192 K
Cwmbran (GB) 193 G
Czaplinek (PL) 195 C
Czarnków (PL) 195 F
Czersk (PL) 204 A
Częstochowa (PL) 204 G
Człopa (PL) 195 C

D

Dąbrowa Białostocka (PL) 204 C
Dąbrówno (PL) 204 A
Dăbuleni (RO) 202 G
Dáfni (GR) 203 C
Dagali (N) 190 B
Dagverðarnes (IS) 188 A
Daimiel (E) 198 J
Đakovica (KOS) 202 J
Đakovo (HR) 200 H
Dalarö (S) 191 D
Dale (N) 188 L
Dalen (N) 190 D
Dâlgopol (BG) 202 H
Dalías (E) 198 M
Dalmally (GB) 192 F
Dalsbruk/Taalintehdas (FIN) 191 B
Dalvík (IS) 188 A
Dalwhinnie (GB) 192 F
Damous (DZ) 199 L
Danilovgrad (MNE) 202 J
Danzig (Gdańsk) (PL) 204 A
Darfo (I) 200 A
Darlington (GB) 192 L
Darłowo (PL) 195 C
Darney (F) 197 A
Daroca (E) 199 D
Darro (E) 198 M
Dartmouth (GB) 193 L
Daruvar (HR) 200 D
Daskalovo (BG) 202 K
Dâskotna (BG) 202 H
Dax (F) 196 H
Deal (GB) 193 H
Deauville (F) 196 B
Debar (MK) 202 J
Dęblin (PL) 204 E
Debrc (SRB) 202 E
Debrecen (H) 204 L
Decazeville (F) 196 J
Děčín (CZ) 195 J
Decize (F) 196 F
Degerfors (S) 190 F
Dej (RO) 204 M
Deje (S) 190 F
Delčevo (MK) 202 K
Delfí (GR) 203 F
Delft (NL) 194 E
Delfzijl (NL) 194 C
Deliatyn (UA) 204 M
Dellys (DZ) 199 M
Delnice (HR) 200 G
Den Burg (NL) 194 B
Den Helder (NL) 194 B
Dénia (E) 199 H
Den Oever (NL) 194 B
Deptford (GB) 193 G
Derby (GB) 193 C
Dereköy (TR) 202 M
Dermanci (BG) 202 G
Derventa (BIH) 200 H
Despotovac (SRB) 202 F
Deta (RO) 202 A
Deva (RO) 202 B
Deventer (NL) 194 F
Devin (BG) 202 L
Devnja (BG) 202 H
Didim (TR) 203 H
Didimóticho (GR) 202 M
Die (F) 197 G
Dieppe (F) 194 G
Dieveniškės (LT) 204 C
Digne-les-Bains (F) 197 H
Digoin (F) 197 D
Dijon (F) 197 A
Dikili (TR) 203 D
Dimitrovgrad (BG) 202 L
Dimitrovgrad (SRB) 202 K
Dimovo (BG) 202 F
Dinan (F) 196 A
Dinant (B) 194 H
Dinard (F) 196 A
Þingeyri (IS) 188 A
Dingle (IRL) 193 E
Þingvellir (IS) 188 A
Dingwall (GB) 192 F
Diss (GB) 193 D
Djouab (DZ) 199 M
Djúpivogur (IS) 188 B
Djurås (S) 190 C
Dobbiaco/Toblach (I) 200 B
Dobele (LV) 191 J
Dobiegniew (PL) 195 F
Doboj (BIH) 200 H
Dobrič (BG) 202 H
Dobříš (CZ) 195 H
Dobrodzień (PL) 204 G
Dobro Polje (BIH) 200 M
Dobrovol'sk (RUS) 191 M
Docksta (S) 189 G
Doetinchem (NL) 194 F
Doğanbey (TR) 203 H
Doganović (KOS) 202 J
Dokka (N) 190 B
Dokkum (NL) 194 C
Doktor Petru Groza (RO) 202 B
Dol-de-Bretagne (F) 196 B
Dôle (F) 197 D
Dolgellau (GB) 193 C
Dolni Dăbnik (BG) 202 G
Dolni Lom (BG) 202 F
Dolný Kubín (SK) 204 G
Dolyna (UA) 204 J
Domašov (CZ) 195 J
Domažlice (CZ) 195 H
Dombås (N) 188 L
Dombóvár (H) 200 D
Domfront (F) 196 B
Domnísta (GR) 203 F
Domodossola (I) 200 A
Domokós (GR) 203 F
Donaghadee (GB) 192 K
Don Benito (E) 198 H
Doncaster (GB) 193 D
Donegal (IRL) 192 J
Donja Brela (HR) 200 M
Donji Lapak (HR) 200 G
Donji Miholjac (HR) 200 D
Donji Vakuf (BIH) 200 H
Donostia/San Sebastián (E) 199 A
Dorchester (GB) 193 G
Dordrecht (NL) 194 E
Dorking (GB) 193 H
Þorlákshöfn (IS) 188 D
Dornoch (GB) 192 B
Dorog (H) 204 K
Dorotea (S) 189 G
Þórshöfn (IS) 188 B
Dos Hermanas (E) 198 L
Dospat (BG) 202 L
Douai (F) 194 H
Douarnenez (F) 196 A
Douglas (GB) 192 K
Doullens (F) 194 G
Dounreay (GB) 192 B
Dover (GB) 193 H
Downpatrick (GB) 192 K
Drachten (NL) 194 C
Drăgănești-Olt (RO) 202 G
Drăgănești Vlașca (RO) 202 G
Drăgășani (RO) 202 G
Dragoman (BG) 202 K
Draguignan (F) 197 H
Drahičyn (BLR) 204 F
Dráma (GR) 202 L
Drammen (N) 190 B
Drangeval (N) 190 E
Dravograd (SLO) 200 C
Dreux (F) 196 C
Drevsjø (N) 188 M
Drezdenko (PL) 195 F
Drjanovo (BG) 202 G
Drniš (HR) 200 G
Drøbak (N) 190 E
Drobeta-Turnu Severin (RO) 202 F
Drogheda/Droichead Átha (IRL) 193 B
Drohiczyn (PL) 204 E
Drohobych (UA) 204 J
Drossáto (GR) 203 B
Drossopigí (GR) 203 F
Drottningholm (S) 191 D
Drummore (GB) 192 K
Druskininkai (LT) 191 M
Drvar (BIH) 200 H
Drvenik (HR) 200 M
Dublin/BaileÁtha Cliath (IRL) 193 B
Dubrovnik (HR) 200 M
Dučі (LV) 191 J
Dudelange (L) 194 J
Dudley (GB) 193 C
Dukla (PL) 204 H
Dulovo (BG) 202 H
Dumfries (GB) 192 L
Dunaföldvar (H) 200 D
Dunajská Streda (SK) 204 K
Dunaújváros (H) 202 A
Dunavci (BG) 202 F
Dunbar (GB) 192 G
Dundalk/Dún Dealgan (IRL) 193 B
Dundee (GB) 192 G
Dunfanaghy (IRL) 192 J
Dunfermline (GB) 192 G
Dungannon (GB) 192 K
Dungarvan (IRL) 193 A
Dungiven (GB) 192 K
Dunglow (IRL) 192 J
Dunkerque (F) 194 D
Dún Laoghaire (IRL) 193 B
Dunmanway (IRL) 193 E
Dunmore (IRL) 193 A
Dunoon (GB) 192 F
Dunvegan (GB) 192 F
Dupnica (BG) 202 K
Durango (E) 198 C
Durankulak (BG) 202 H
Đurđevac (HR) 200 D
Durham (GB) 192 L
Durness (GB) 192 B
Durrës (AL) 203 A
Durrow (IRL) 193 A
Duvno (BIH) 200 M
Dvor (HR) 200 G
Dylewo (PL) 204 B
Działdowo (PL) 204 B
Dzierżoniów (PL) 204 G
Dziwnów (PL) 195 C
Dzjatlava (BLR) 204 C

E

Easky (IRL) 192 J
Eastbourne (GB) 193 H
East Dereham (GB) 193 D
East Kilbride (GB) 192 K
Ebeltoft (DK) 190 H
Éboli (I) 201 C
Eceabat (TR) 203 D
Ech Cheliff (Chlef) (DZ) 199 L
Écija (E) 198 L
Ed (S) 190 E
Ede (NL) 194 F
Edenderry (IRL) 193 B
Édessa (GR) 203 B
Edgeworthstown (IRL) 193 A
Edinburgh (GB) 192 G
Edirne (TR) 202 M
Édolo (I) 200 A
Edremit (TR) 203 D
Edsbyn (S) 191 A
Eeklo (B) 194 E
Eforie Nord (RO) 202 H
Efrinúpur (IS) 188 A
Eger (H) 204 L
Egersund (N) 190 D
Eghezée (B) 194 H
Egilsstaðir (IS) 188 B
Égina (GR) 203 G
Égio (GR) 203 F
Ehínos (GR) 202 L
Eibar (E) 198 C
Eiði (DK) 190 K
Eidsvoll (N) 188 M
Eiken (N) 190 D
Eindhoven (NL) 194 E
Eiríksstaðir (IS) 188 B
Eišiškės (LT) 204 C
Eivindvik (N) 190 A
Eivissa/Ibiza (E) 199 H
Ejea de los Caballeros (E) 199 A
Ekenäs (S) 190 F
Ekenäs (Tammisaari) (FIN) 189 L
Eksjö (S) 190 J
El-Affrount (DZ) 199 M
Elassóna (GR) 203 B
El Barco de Ávila (E) 198 E
Elbasan (AL) 203 A
Elbląg (PL) 204 A
El Boulaïda (Blida) (DZ) 199 M
El Burgo de Osma (E) 198 C
Elche de la Sierra (E) 199 G
Elda (E) 199 G
Eleja (LV) 191 J
Elektrėnai (LT) 191 M
Elena (BG) 202 G
Elgå (N) 188 M
Elgin (GB) 192 C
Elhovo (BG) 202 M
Ełk (PL) 204 B
El-Kseur (DZ) 199 M
Ellon (GB) 192 G
Ellou-les-Minès (F) 196 F
El Molinillo (E) 198 J
El Perelló (E) 199 E
El Pinós de Monòver (E) 199 G
El Port de Pollença (E) 199 F
El Puente del Arzobispo (E) 198 E
Elvas (P) 198 H
El Vendrell (E) 199 E
Elverum (N) 188 M
Elx/Elche (E) 199 G
Ely (GB) 193 D
Emmaboda (S) 190 J
Emmeloord (NL) 194 C
Emmen (NL) 194 C
Empoli (I) 200 J
Enez (TR) 203 D
Engozero (RUS) 189 F
Enkhuizen (NL) 194 B
Enköping (S) 191 D
Enna (I) 201 L
Ennis (IRL) 193 A
Enniscorthy (IRL) 193 B
Enniskillen (GB) 192 J
Ennistimon (IRL) 193 A
Enontekiö (FIN) 189 E
Enschede (NL) 194 F
Entraygues-sur-Truyère (F) 196 J
Entroncamento (P) 198 G
Epanomí (GR) 203 B
Épernay (F) 196 C
Épinal (F) 197 A
Eratiní (GR) 203 F
Érd (H) 204 K
Erdek (TR) 203 D
Eressós (GR) 203 D
Erice (I) 201 K
Ericeira (P) 198 G
Eriksmåla (S) 190 J
Ermoúpoli (GR) 203 G
Ersekë (AL) 203 A
Esbjerg (DK) 190 K
Esch-sur-Alzette (L) 194 J
Esch-sur-Sûre (L) 194 J
Eskifjörður (IS) 188 B
Eskilstuna (S) 191 D
Eslöv (S) 190 M
Espalion (F) 196 J
Espiel (E) 198 H
Espinho (P) 198 D
Espinosa de los Monteros (E) 198 C
Espoo/ Esbo (FIN) 191 C
Es Port d'Alcúdia (E) 199 F
Esposende (P) 198 D
Essimi (GR) 202 M
Essojla (RUS) 189 M
Estagel (F) 196 M
Estepa (E) 198 L
Estepona (E) 198 L
Estremoz (P) 198 G
Esztergom (H) 204 K
Etampes (F) 196 C
Etili (TR) 203 D
Étretat (F) 194 G
Etropole (BG) 202 L
Ettelbruck (L) 194 J
Eu (F) 194 G
Eura (FIN) 189 L
Eurajoki (FIN) 191 B
Europoort (NL) 194 E
Evanger (N) 190 A
Évdilos (GR) 203 H
Evesham (GB) 193 G
Evian (F) 197 E
Evje (N) 190 D
Évora (P) 198 G
Évreux (F) 196 C
Evron (F) 196 B
Exeter (GB) 193 G
Exmouth (GB) 193 G
Eyemouth (GB) 192 G
Eymoutiers (F) 196 F
Eyrarbakki (IS) 188 D
Ezine (TR) 203 D

F

Faaborg (DK) 190 L
Fåberg (N) 188 M
Fabriano (I) 200 K
Facture (F) 196 H
Faenza (I) 200 F
Făgăraș (RO) 202 C
Fagernes (N) 188 L
Fagersta (S) 189 K
Făget (RO) 202 B
Fagurhólsmýri (IS) 188 E
Fakenham (GB) 193 D
Fakse (DK) 190 L
Falaise (F) 196 B
Falconara Marittima (I) 200 K
Falkenberg (S) 190 H
Falkirk (GB) 192 G
Falköping (S) 190 F
Falmouth (GB) 193 K
Falset (E) 199 E
Falun (S) 189 K
Fano (I) 200 K
Fara in Sabina (I) 200 K
Färjestaden (S) 191 G
Farnham (GB) 193 H
Faro (P) 198 K
Fårösund (S) 191 H
Fársala (GR) 203 F
Farsund (N) 190 D
Fasano (I) 201 D
Fáskrudsfjörður (IS) 188 B
Fátima (P) 198 G
Fättjaur (S) 188 J
Făurei (RO) 202 D
Fauske (N) 188 F
Fåvang (N) 190 B
Fécamp (F) 194 G
Fedje (N) 190 A
Felanitx (E) 199 F
Felixstowe (GB) 193 D
Feltre (I) 200 B
Fére-en-Tardenois (F) 196 C
Féres (GR) 203 D
Fermo (I) 200 K
Fermoselle (E) 198 E
Fermoy (IRL) 193 E
Ferrara (I) 200 F
Ferreira do Alentejo (P) 198 G
Ferrol (E) 198 A
Fertőszentmiklós (H) 204 K
Fetești (RO) 202 D
Fetsund (N) 188 M
Feurs (F) 197 D
Fier (AL) 203 A
Figeac (F) 196 J
Figueira da Foz (P) 198 D
Figueres/Figueras (E) 199 B
Filákio (GR) 202 M
Filevo (BG) 202 L
Filiași (RO) 202 F
Filiatrá (GR) 203 K
Filipiáda (GR) 203 E
Filipstad (S) 190 C
Finale Ligure (I) 197 H
Finnskog (N) 190 C
Finnsnes (N) 189 A
Finspång (S) 191 D
Fiorenzuola d' Arda (I) 200 E
Firenze (I) 200 F
Fishguard (GB) 193 F
Fiskárdo (GR) 203 E
Fiskebøl (N) 188 F
Fismes (F) 196 C
Fisterra (E) 198 A
Fitjar (IS) 188 A
Fiumefreddo di Sicilia (I) 201 L
Fivizzano (I) 200 E
Fjällbacka (S) 190 E
Fjällnäs (S) 188 M
Flatey (IS) 188 A
Flateyri (IS) 188 A
Fleetwood (GB) 193 C
Flekkefjord (N) 190 D
Flen (S) 191 D
Flers (F) 196 B
Fleurance (F) 196 H
Flisa (N) 188 M
Florac (F) 197 G
Flórina (GR) 203 B
Florø (N) 188 L
Flötningen (S) 188 M
Flugumýri (IS) 188 A
Fluminimaggiore (I) 201 J
Foča (BIH) 200 M
Foça (TR) 203 H
Fochabers (GB) 192 C
Focșani (RO) 202 C
Fóggia (I) 201 C
Foix (F) 196 M
Fojnica (BIH) 200 H
Foldereid (N) 188 J
Foligno (I) 200 K
Folkestone (GB) 193 H
Follónica (I) 200 J
Fondi (I) 201 B
Fondo (I) 200 A
Fontainebleau (F) 196 C
Fontenay-le-Comte (F) 196 E
Fontenay-Trésigny (F) 196 C
Forcalquier (F) 197 G
Førde (N) 188 L
Forfar (GB) 192 G
Forges-les-Eaux (F) 194 G
Forli (I) 200 F
Fornovodi Taro (I) 200 E
Forres (GB) 192 G
Forshaga (S) 190 F
Forsnes (N) 188 H
Forssa (FIN) 189 L
Fort Augustus (GB) 192 F
Fort William (GB) 192 F
Fougères (F) 196 B
Fraga (E) 199 A
Francavilla Fontana (I) 201 D
Frangista (GR) 203 F
Fränsta (S) 189 K
Fraserburgh (GB) 192 C
Frasinu (RO) 202 G
Fredericia (DK) 190 L
Frederikshavn (DK) 190 H
Frederikssund (DK) 190 L
Fredrika (S) 189 G
Fredriksberg (S) 190 C
Fredrikstad (N) 190 E
Fregenal de la Sierra (E) 198 H
Fréjus (F) 197 H
Frí (GR) 203 M
Fronteira (P) 198 G
Frosinone (I) 201 B
Frýdek-Místek (CZ) 204 G
Fuengirola (E) 198 M
Fuente de Cantos (E) 198 H
Fuente Obejuna (E) 198 H
Fulunäs (S) 188 M
Fumel (F) 196 J
Funäsdalen (S) 188 M
Fundulea (RO) 202 G
Funshav (DK) 190 L
Furudal (S) 188 M
Fusa (N) 190 A
Füzesabony (H) 204 L
Fyresdal (N) 190 D

G

Gabøl (DK) 190 K
Gabrovo (BG) 202 G
Gäddede (S) 188 J
Găești (RO) 202 C
Gaeta (I) 201 B
Gaillac (F) 196 J
Gainsborough (GB) 193 D
Gairloch (GB) 192 B
Gălăbovo (BG) 202 L
Galashiels (GB) 192 L
Galați (RO) 202 D
Gallipoli (I) 201 H
Gällivare (S) 189 D
Gällö (S) 188 M
Galway/Gaillimh (IRL) 193 A
Gamleby (S) 191 G
Gammelstad (S) 189 G
Gandesa (E) 199 D
Gandía (E) 199 G
Găneasa (RO) 202 F
Ganges (F) 197 G
Gannat (F) 196 F
Gap (F) 197 G
Garda (I) 200 E
Gardanne (F) 197 H
Gardone Vol Trómpia (I) 200 A
Garešnica (HR) 200 H
Garéssio (I) 197 H
Gargždai (LT) 191 L
Garrucha (E) 199 K
Garwolin (PL) 204 E
Gasteiz/Vitoria (E) 198 C
Gătaia (RO) 202 A
Gatčina (RUS) 189 M
Gateshead (GB) 192 L
Gavarnie (F) 196 L
Gävle (S) 189 K
Gávrio (GR) 203 G
Gaziköy (TR) 203 D
Gdańsk (Danzig) (PL) 204 A
Gdyel (DZ) 199 K
Gdynia (PL) 204 A
Gedser (DK) 190 L
Géfira (GR) 203 B
Geilo (N) 188 L
Geiranger (N) 188 L
Gela (I) 201 L
Geldern (NL) 194 F
Gelembe (TR) 203 D
Gelibolu (TR) 203 D
Gembloux (B) 194 H
Gemona del Friuli (I) 200 B
Gençau (F) 196 E
General-Toševo (BG) 202 H
Genk (B) 194 F
Génova (I) 200 E
Gent (B) 194 E
Geráki (GR) 203 K
Gérardmer (F) 197 B
Gerês (P) 198 A
Germencik (TR) 203 H
Geroliménas (GR) 203 K
Gerovo (HR) 200 G
Geta (FIN) 189 K
Getafe (E) 198 F
Gevgelija (MK) 203 B
Gex (F) 197 D
Geyikli (TR) 203 D
Gheorgheni (RO) 202 C
Gherla (RO) 204 M
Ghisoni (F) 197 M
Gibraltar (GBZ zu GB) 198 L
Gien (F) 196 C
Giens (F) 197 L
Gieten (NL) 194 C
Gignac (F) 197 G
Gijón (E) 198 B
Gilău (RO) 202 B
Gilleleje (DK) 190 H
Gilsbakki (IS) 188 A
Gimo (S) 191 A
Gióia del Colle (I) 201 D
Gióia Táuro (I) 201 G
Girolata (F) 197 M
Girona/Gerona (E) 199 B
Gironella (E) 199 B
Girvan (GB) 192 K
Gislaved (S) 190 J
Gisors (F) 196 C
Githio (GR) 203 K
Giulianova (I) 200 L
Giurgeni (RO) 202 D
Giurgiu (RO) 202 G
Givet (F) 194 H
Givors (F) 197 D
Giżycko (PL) 204 B
Gjermundshamn (N) 188 L
Gjirokastër (AL) 203 A
Gjögur (IS) 188 A
Gjógv (DK) 190 K
Gjøvik (N) 188 M
Gjueševo (BG) 202 K
Glamoč (BIH) 200 H
Glasgow (GB) 192 F
Glavatičevo (BIH) 200 M
Gleiwitz (Gliwice) (PL) 204 G
Glencolumbkille (IRL) 192 J
Glendalough (IRL) 193 B
Glenfinnan (GB) 192 F
Glifa (GR) 203 F
Glifáda (GR) 203 G
Glina (HR) 200 G
Gliwice (Gleiwitz) (PL) 204 G
Głogów (PL) 195 F
Głogówek (PL) 204 G
Glomfjord (N) 188 F
Glommersträsk (S) 189 G
Gloucester (GB) 193 G
Głubczyce (PL) 204 G
Gnarp (S) 189 K
Gniezno (PL) 204 D
Gnjilane (KOS) 202 K
Goce Delčev (BG) 202 L
Godby (FIN) 191 B
Goddalir (IS) 188 A
Goderville (F) 194 G
Goes (NL) 194 E
Gol (N) 188 L
Gołdap (PL) 204 B
Goleniów (PL) 195 C
Golfo Aranci (I) 201 E
Golina (PL) 204 D
Gölmarmara (TR) 203 H
Gondrecourt-le-Château (F) 197 A
Gönen (TR) 203 D
Goole (GB) 193 D
Góra Kalwaria (PL) 204 E
Goražde (BIH) 202 E
Gorey (IRL) 193 B
Gorinchem (NL) 194 E
Gorizia (I) 200 B
Gorlice (PL) 204 H
Gorna Orjahovica (BG) 202 G
Gornji Milanovac (SRB) 202 E
Gornji Vakuf (BIH) 200 H
Gorzów Wielkopolski (Landsberg) (PL) 195 F
Gospić (HR) 200 G
Gostivar (MK) 202 J
Gostyń (PL) 204 D
Gostynin (PL) 204 D
Göteborg (S) 190 H
Götene (S) 190 F
Gouda (NL) 194 E
Gournayen Bray (F) 196 C
Gouzon (F) 196 F
Gračac (HR) 200 G
Gračanica (BIH) 200 H
Gračanica (KOS) 202 J
Gradac (MNE) 202 E
Gradačac (BIH) 200 H
Grado (I) 200 B
Grajewo (PL) 204 B
Gramat (F) 196 J
Grammatikó (GR) 203 G
Gramsh (AL) 203 A
Granada (E) 198 M
Granadella (E) 199 E
Grandas de Salime (E) 198 B
Grândola (P) 198 G
Grangärde (S) 190 C
Gränna (S) 190 F
Grantham (GB) 193 D
Grantownon-Spey (GB) 192 G
Granville (F) 196 A
Granvin (N) 190 A
Grasse (F) 197 H
Graus (E) 199 A
Grávalos (E) 199 A
Gravellona (I) 200 A
Gravinain Púglia (I) 201 D
Gray (F) 197 A
Great Driffield (GB) 192 M
Great Yarmouth (GB) 193 D
Greenock (GB) 192 F
Grenå (DK) 190 H
Grenivík (IS) 188 A
Grenoble (F) 197 D
Grense-Jakobselv (N) 189 B
Grevená (GR) 203 B
Gridino (RUS) 189 F
Grimsby (GB) 193 D
Grimsey (IS) 188 A
Grímsstaðir (IS) 188 B
Grimstad (N) 190 D
Grindavík (IS) 188 D
Grindsted (DK) 190 K
Grinkiškis (LT) 191 M
Grisolles (F) 196 J
Grisslehamn (S) 189 K
Grobiņa (LV) 191 H
Groenlo (NL) 194 F
Grójec (PL) 204 E
Grong (N) 188 J
Grönhögen (S) 191 G
Groningen (NL) 194 C
Grönskåra (S) 191 G
Grosseto (I) 200 J
Grotli (N) 188 L
Grudziądz (PL) 204 A
Grünberg (Zielona Góra) (PL) 195 F
Grums (S) 190 F

Grutness (GB) 192 D
Gruža (SRB) 202 E
Grybów (PL) 204 H
Grykë (AL) 203 A
Gryllefjord (N) 189 A
Guadalajara (E) 198 F
Guadalupe (E) 198 H
Guadix (E) 198 M
Guarda (P) 198 D
Guardamar del Segura (E) 199 G
Guardo (E) 198 C
Guastalla (I) 200 E
Gúbbio (I) 200 K
Gubin (PL) 195 F
Gudvangen (N) 188 L
Guer (F) 196 A
Guéret (F) 196 F
Guignes (F) 196 C
Guildford (GB) 193 H
Guillaumes (F) 197 H
Guillestre (F) 197 H
Guimarães (P) 198 D
Guingamp (F) 196 A
Guise (F) 194 H
Guljanci (BG) 202 G
Gullspång (S) 190 F
Gülpinar (TR) 203 D
Gulsvik (N) 188 M
Gumarino (RUS) 189 J
Gümüldür (TR) 203 H
Guntín de Pallares (E) 198 A
Gurahonţ (RO) 202 B
Gurkovo (BG) 202 L
Gusev (RUS) 191 M
Gúspini (I) 201 J
Gustavsberg (S) 191 D
Gustavsfors (S) 190 F
Gutcher (GB) 192 D
Gvardejsk (RUS) 191 L
Gvarv (N) 190 E
Gyljen (S) 189 D
Gyöngyös (H) 204 K
Győr (H) 204 K
Gysinge (S) 189 K
Gyula (H) 200 D

H

Häädemeeste (EST) 191 F
Haapajärvi (FIN) 189 H
Haapsalu (EST) 191 F
Haarlem (NL) 194 E
Haderslev (DK) 190 L
Hadsund (DK) 190 H
Hafnarfjörður (IS) 188 D
Hafnir (IS) 188 D
Hægeland (N) 190 D
Hagfors (S) 188 M
Haguenau (F) 197 B
Hajdúböszörmény (H) 204 L
Hajdúhadház (H) 204 L
Hajnówka (PL) 204 C
Halandrítsa (GR) 203 F
Halden (N) 190 E
Halifax (GB) 193 C
Halkida (GR) 203 G
Hälla (S) 189 G
Halle (B) 194 E
Hällefors (S) 190 C
Hallsberg (S) 190 F
Hallstahammar (S) 191 D
Hallstavik (S) 191 A
Halmeu (RO) 204 M
Halmstad (S) 190 J
Hals (DK) 190 H
Haltwhistle (GB) 192 L
Halych (UA) 204 J
Ham (F) 194 H
Hamar (N) 188 M
Hämeenkyrö (FIN) 189 L
Hämeenlinna (FIN) 189 L
Hamilton (GB) 192 L
Hamina (FIN) 189 L
Hammerdal (S) 188 J
Hammerfest (N) 189 B
Hamrångfjärden (S) 191 A
Hánia (GR) 203 K
Haniá (GR) 203 J
Hanko/Hangö (FIN) 189 L
Hanstholm (DK) 190 G
Hanušovce (SK) 204 H
Haparanda (S) 189 E
Håra (N) 188 L
Harads (S) 189 D
Hardenberg (NL) 194 F
Harderwijk (NL) 194 F
Hareid (N) 188 M
Harestua (N) 190 B
Harjavalta (FIN) 191 B
Harkány (H) 200 D
Harlingen (NL) 194 B
Härman (RO) 202 C
Harmanli (BG) 202 L
Härnösand (S) 189 K
Haro (E) 198 C
Haroldswick (GB) 192 D
Harrogate (GB) 192 L
Hârşova (RO) 202 D
Harstad (N) 189 A
Hartlepool (GB) 192 L
Harwich (GB) 193 H
Haskovo (BG) 202 L
Hasselt (B) 194 E
Hässleholm (S) 190 J
Hastings (GB) 193 H
Hasvik (N) 189 A
Haţeg (RO) 202 B
Hattfjelldal (N) 188 J
Hatvan (H) 204 L
Hauge (N) 190 D
Haugesund (N) 190 D
Hauho (FIN) 191 C
Haukeligrend (N) 190 A
Haverfordwest (GB) 193 F
Havlíčkův Brod (CZ) 195 J
Havneby (DK) 190 K
Havnebyen (DK) 190 L
Havøysund (N) 189 B
Havsa (TR) 202 M
Hawick (GB) 192 L
Hayrabolu (TR) 202 M
Heby (S) 191 A
Hechtel (B) 194 F
Hede (S) 188 M
Hedemora (S) 191 A
Heerenveen (NL) 194 C
Heerlen (NL) 194 F
Hegyfalu (H) 204 K
Heinola (FIN) 189 L
Helensburgh (GB) 192 F
Hella (IS) 188 D
Helleland (N) 190 D
Hellín (E) 199 G
Helmond (NL) 194 F
Helmsdale (GB) 192 C
Helsingborg (S) 190 J
Helsingør (DK) 190 H
Helsinki/Helsingfors (FIN) 189 L
Heltermaa (EST) 191 F
Hemse (S) 191 G
Hengelo (NL) 194 F
Hennebont (F) 196 A
Heradsbygd (N) 190 B
Herceg-Novi (MNE) 200 M
Hereford (GB) 193 G
Hermannstadt (Sibiu) (RO) 202 B
Herning (DK) 190 G
Herrera de Pisuerga (E) 198 C
Herreruela (E) 198 H
Hesdin (F) 194 G
Hidasnémeti (H) 204 L
High Wycombe (GB) 193 H
Hijar (E) 199 D
Hillerød (DK) 190 L
Hillesøy (N) 189 A
Hillswick (GB) 192 D
Hilversum (NL) 194 E
Himarë (AL) 203 A
Hindås (S) 190 J
Hinojosa del Duque (E) 198 H
Híos (GR) 203 H
Hirsilä (FIN) 189 L
Hirson (F) 194 H
Hirtshals (DK) 190 H
Hjeimeland (N) 190 D
Hjerkinn (N) 188 L
Hjo (S) 190 F
Hjørring (DK) 190 H
Hjortkvarn (S) 190 F
Hlohovec (SK) 204 K
Hobro (DK) 190 H
Hódmezővásárhely (H) 202 A
Hodonin (CZ) 195 M
Hof (IS) 188 B
Höfn (IS) 188 B
Hofors (S) 191 A
Höganäs (S) 190 H
Högsby (S) 191 G
Hoisko (FIN) 189 H
Hokksund (N) 190 B
Hol (N) 190 A
Holbæk (DK) 190 L
Holice (CZ) 195 J
Hölick (S) 189 K
Hollókő (H) 204 K
Hólmavík (IS) 188 A
Holmestrand (N) 190 E
Holmsund (S) 189 G
Holmudden (S) 191 E
Holstebro (DK) 190 G
Holsted (DK) 190 K
Holwerd (NL) 194 C
Holyhead (GB) 193 B
Hønefoss (N) 188 L
Honfleur (F) 196 B
Honiton (GB) 193 G
Honkajoki (FIN) 189 L
Honningsvåg (N) 189 B
Hontianske Nemce (SK) 204 K
Hoogeveen (NL) 194 C
Höör (S) 190 M
Hoorn (NL) 194 C
Hoplandsjøen (N) 190 A
Horažd'ovice (CZ) 195 H
Hörby (S) 190 M
Horeftó (GR) 203 B
Horezu (RO) 202 B
Horncastle (GB) 193 D
Horndal (S) 191 A
Horodok (UA) 204 J
Horokhiv (UA) 204 F
Horsens (DK) 190 L
Horten (N) 190 E
Hossegor (F) 196 H
Hoting (S) 189 G
Houdan (F) 196 C
Houeillès (F) 196 H
Houmnikó (GR) 203 C
Hov (DK) 190 L
Hovden (N) 190 D
Hovmantorp (S) 190 J
Høyanger (N) 188 L
Hoyos (E) 198 E
Hradec Králové (CZ) 195 J
Hranice (CZ) 204 G
Hrodna (BLR) 204 C
Hrubieszów (PL) 204 F
Hrvatska Kostajnica (HR) 200 H
Huddersfield (GB) 193 C
Hudiksvall (S) 189 K
Huedin (RO) 202 B
Huelma (E) 198 M
Huelva (E) 198 L
Huércal Overa (E) 199 K
Huesca (E) 199 A
Huéscar (E) 199 K
Huete (E) 198 F
Huittinen/Lauttakylä (FIN) 189 L
Hultsfred (S) 191 G
Humenné (SK) 204 H
Humppila (FIN) 191 C
Hundested (DK) 190 L
Hunedoara (RO) 202 B
Hunstanton (GB) 193 D
Huntingdon (GB) 193 D
Huntly (GB) 192 G
Hurdal (N) 190 B
Hurezani (RO) 202 F
Húsavik (IS) 188 A
Huskvarna (S) 190 J
Huy (B) 194 H
Hvalovo (RUS) 189 M
Hvalpsund (DK) 190 H
Hvammstangi (IS) 188 A
Hvar (HR) 200 M
Hveragerdi (IS) 188 D
Hvide Sande (DK) 190 G
Hvittingfoss (N) 190 E
Hvolsvöllur (IS) 188 D
Hyères (F) 197 L
Hyltebruk (S) 190 J
Hyrynsalmi (FIN) 189 H
Hyvinkää (FIN) 189 L

I

Iaremcha (UA) 204 M
Iasinia (UA) 204 M
Iavoriv (UA) 204 J
Ibrice (TR) 203 D
Ídra (GR) 203 L
Idre (S) 188 M
Ieper (B) 194 E
Ierápetra (GR) 203 K
Ifjord (N) 189 B
Igal (H) 200 D
Iglésias (I) 201 J
Iğneada (TR) 202 M
Igoumenítsa (GR) 203 E
Igualada (E) 199 B
Ihtiman (BG) 202 L
Iieşti (RO) 202 D
Ilidža (BIH) 200 H
Iisalmi (FIN) 189 H
IJmuiden (NL) 194 E
Ikast (DK) 190 G
Iława (PL) 204 A
Ilchester (GB) 193 G
Ilfracombe (GB) 193 F
Ilia (RO) 202 B
I'lle Rousse (F) 197 M
Ilok (HR) 202 A
Ilomantsi (FIN) 189 J
Iłża (PL) 204 E
Imatra (FIN) 189 M
Ímola (I) 200 F
Imotski (HR) 200 M
Impéria (I) 197 H
Inari (FIN) 189 B
Inca (E) 199 F
Ineu (RO) 202 B
Infantado (P) 198 G
Inowrocław (PL) 204 A
Însurăţei (RO) 202 D
Întorsura Buzăului (RO) 202 C
Inveran (IRL) 193 A
Inveraray (GB) 192 F
Inverbervie (GB) 192 G
Invergarry (GB) 192 F
Inverness (GB) 192 F
Inverurie (GB) 192 G
Ioánina (GR) 203 A
Íos (GR) 203 M
Ipsala (TR) 202 M
Ipswich (GB) 193 D
Iráklio (GR) 203 J
Ironbridge (GB) 193 C
Irun (E) 199 A
Irurzun (E) 199 A
Irvine (GB) 192 K
Isaba (E) 199 A
Isaccea (RO) 202 D
Ísafjördur (IS) 188 A
Isbister (GB) 192 D
Íschia (I) 201 B
Iseo (I) 200 A
Isérnia (I) 201 C
Iskra (BG) 202 L
Isle of Whithorn (GB) 192 K
Ísola di Capo Rizzuto (I) 201 H
Isperih (BG) 202 H
Íspica (I) 201 L
Issoire (F) 196 F
Issoudun (F) 196 F
Istria (RO) 202 D
Istunmäki (FIN) 189 H
Itéa (GR) 203 F
Itháki (GR) 203 E
Itri (I) 201 B
Iu'e (BLR) 204 C
Ivacèvičy (BLR) 204 C
Ivajlovgrad (BG) 202 L
Ivalo (FIN) 189 B
Ivanava (BLR) 204 F
Ivanić Grad (HR) 200 D
Ivanjica (SRB) 202 E
Ivano-Frankivs'k (UA) 204 J
Ivano-Frankove (UA) 204 J
Ivrea (I) 197 E
Ivrindi (TR) 203 D
Izmajil (UA) 202 D
Izmir (TR) 203 H
Iznalloz (E) 198 M
Izsák (H) 202 A

J

Jaala (FIN) 189 L
Jablanac (HR) 200 G
Jablanica (BG) 202 G
Jablanica (BIH) 200 M
Jablonec nad Nisou (CZ) 195 J
Jablonica (SK) 204 K
Jabłonka (PL) 204 G
Jablonna (PL) 204 E
Jablunkov (CZ) 204 G
Jabugo (E) 198 H
Jaca (E) 199 A
Jadraque (E) 198 F
Jaén (E) 198 M
Jagoda (BG) 202 L
Jajce (BIH) 200 H
Jäkkvik (S) 189 D
Jakobstad/Pietarsaari (FIN) 189 G
Jambol (BG) 202 M
Jamena (HR) 202 E
Jämjö (S) 191 G
Jämsä (FIN) 189 L
Jánosháza (H) 204 K
Janów Lubelski (PL) 204 E
Janzé (F) 196 B
Jarandilla de la Vera (E) 198 E
Järna (S) 191 D
Jarocin (PL) 204 D
Jaroměř (CZ) 195 J
Jarosław (PL) 204 J
Järpen (S) 188 J
Järvenpää (FIN) 189 L
Jaša Tomić (SRB) 202 A
Jasło (PL) 204 H
Jászberény (H) 204 L
Jaunjelgava (LV) 191 J
Jawor (PL) 195 J
Jedburgh (GB) 192 L
Jędrzejów (PL) 204 H
Jelenia Góra (PL) 195 J
Jelgava (LV) 191 J
Jelsa (HR) 200 M
Jemnice (CZ) 195 M
Jerez de la Frontera (E) 198 L
Jerez de los Caballeros (E) 198 H
Jesenice (SLO) 200 C
Jesi (I) 200 K
Jésolo (I) 200 F
Jessheim (N) 190 B
Jevnaker (N) 190 B
Jezersko (SLO) 200 C
Jeżów (PL) 204 E
Jibou (RO) 204 M
Jičín (CZ) 195 J
Jieznas (LT) 191 M
Jihlava (CZ) 195 J
Jilemnice (CZ) 195 J
Jimbolia (RO) 202 A
Jimena de la Frontera (E) 198 L
Jindřichutov Hradec (CZ) 195 J
Jódar (E) 198 J
Joensuu (FIN) 189 J
Johno' Groats (GB) 192 C
Joigny (F) 196 C
Joinville (F) 197 A
Jokkmokk (S) 189 D
Jonava (LT) 191 M
Jondal (N) 188 L
Joniškis (LT) 191 J
Jönköping (S) 190 J
Jordanów (PL) 204 G
Jordet (N) 188 M
Jorgucat (AL) 203 A
Jørstad (N) 188 J
Josipdol (HR) 200 G
Josselin (F) 196 A
Joutsa (FIN) 189 L
Joutsijärvi (FIN) 189 E
Juelsminde (DK) 190 L
Jule (N) 188 J
Juma (RUS) 189 F
Jumilla (E) 199 G
Junosuando (S) 189 D
Junsele (S) 189 G
Juodupė (LT) 191 J
Juratiški (BLR) 204 C
Jurbarkas (LT) 191 M
Jūrmala (LV) 191 J
Juuka (FIN) 189 J
Juva (FIN) 189 M
Jyderup (DK) 190 L
Jyväskylä (FIN) 189 L

K

Kaamanen (FIN) 189 B
Kaaresuvanto (FIN) 189 D
Kaïáfas (GR) 203 K
Käina (EST) 191 F
Kaišiadorys (LT) 191 M
Kajaani (FIN) 189 H
Kajnardža (BG) 202 H
Kalajoki (FIN) 189 H
Kalak (N) 189 B
Kalamáta (GR) 203 K
Kalambáka (GR) 203 B
Kalamitsi (GR) 203 C
Kalana (EST) 191 E
Kälarne (S) 189 K
Kalávrita (GR) 203 F
Kalce (SLO) 200 C
Kalevala (RUS) 189 J
Kálfafell (IS) 188 D
Kálfafellsstaður (IS) 188 E
Kálfshamarsvík (IS) 188 A
Kalí Liménes (GR) 203 J
Kálimnos (GR) 203 M
Kaliningrad (Königsberg) (RUS) 191 L
Kalinovik (BIH) 200 M
Kalisz (PL) 204 D
Kalithéa (GR) 203 B
Kalix (S) 189 H
Kalli (EST) 191 F
Kallsedet (S) 188 J
Kalmar (S) 191 G
Kalna (SRB) 202 F
Kálna nad Hronom (SK) 204 K
Kalnciems (LV) 191 J
Kalókastro (GR) 203 B
Kaloní (GR) 203 M
Kalpáki (GR) 203 A
Kalundborg (DK) 190 L
Kalush (UA) 204 J
Kalvåg (N) 188 L
Kalvarija (LT) 191 M
Kamáres (GR) 203 L
Kamariótissa (GR) 203 C
Kameno (BG) 202 M
Kamianka-Buz'ka (UA) 204 J
Kamień Pomorski (PL) 195 C
Kamin'-Kashyrs'kyi (UA) 204 F
Kamjanec (BLR) 204 F
Kampen (NL) 194 F
Kandalakša (RUS) 189 F
Kandava (LV) 191 J
Kangasniemi (FIN) 189 L
Kankaanpää (FIN) 189 L
Kannus (FIN) 189 H
Kaplice (CZ) 195 M
Kaposvár (H) 200 D
Kapp (N) 190 B
Kappelshamn (S) 191 G
Kappelskär (S) 191 D
Kapustnoe (RUS) 189 F
Karabiga (TR) 203 D
Karaburun (TR) 203 H
Karacabey (TR) 203 D
Karacaköy (TR) 202 M
Karapelit (BG) 202 H
Karasjok (N) 189 B
Kårböle (S) 188 M
Karby (DK) 190 G
Karditsa (GR) 203 F
Kärdla (EST) 191 F
Kârdžali (BG) 202 L
Karesuando (S) 189 D
Kariani (GR) 203 C
Kariés (GR) 203 C
Karigasniemi (FIN) 189 B
Karis/ Karjaa (FIN) 191 C
Káristos (GR) 203 G
Karítena (GR) 203 K
Karkaloú (GR) 203 K
Karkkila (FIN) 189 L
Karksi-Nuia (EST) 191 F
Karlino (PL) 195 C
Karlobag (HR) 200 G
Karlovac (HR) 200 G
Karlovo (BG) 202 G
Karlovy Vary (CZ) 195 H
Karlsborg (S) 190 F
Karlshamn (S) 190 J
Karlskoga (S) 190 F
Karlskrona (S) 191 G
Karlstad (S) 190 F
Kärnare (BG) 202 L
Karnobat (BG) 202 H
Kárpathos (GR) 203 M
Karpenissi (GR) 203 F
Karperó (GR) 203 B
Kärsämäki (FIN) 189 H
Karstula (FIN) 189 H
Karttula (FIN) 189 H
Kartuzy (PL) 204 A
Karup (DK) 190 G
Karviná (CZ) 204 G
Kasala/Kasaböle (FIN) 189 K
Kaseberga (S) 190 M
Kaskinen/Kaskö (FIN) 189 K
Kastéli (GR) 203 J
Kastoriá (GR) 203 B
Katápola (GR) 203 M
Katerini (GR) 203 B
Káto Ahaïa (GR) 203 F
Káto Nevrokópi (GR) 202 L
Katowice (PL) 204 G
Katrineholm (S) 191 D
Katthammarsvik (S) 191 H
Kauhajoki (FIN) 189 L
Kaunas (LT) 191 M
Kaupanger (N) 190 A
Kaustinen (FIN) 189 H
Kautokeino (N) 189 A
Kavadarci (MK) 202 K
Kavajë (AL) 203 A
Kavak (TR) 203 D
Kavála (GR) 203 C
Kavarna (BG) 202 H
Kávos (GR) 203 E
Kazanlăk (BG) 202 L
Kecel (H) 202 A
Kecskemét (H) 202 A
Kėdainiai (LT) 191 M
Kedzierzyn-Kozle (PL) 204 G
Keel (IRL) 193 A
Keflavík (IS) 188 D
Keila (EST) 191 F
Keipene (LV) 191 J
Keith (GB) 192 G
Këlcyrë (AL) 203 A
Kelloselkä (FIN) 189 E
Kells (IRL) 193 B
Kelmė (LT) 191 M
Kelso (GB) 192 L
Kem' (RUS) 189 J
Kemalpaşa (TR) 203 H
Kemer (TR) 203 D
Kemi (FIN) 189 H
Kemijärvi (FIN) 189 E
Kendal (GB) 192 L
Kenderes (H) 204 L
Kenilworth (GB) 193 C
Kenmare (IRL) 193 E
Kenmore (GB) 192 G
Kennacraig (GB) 192 K
Kepa (RUS) 189 F
Kępno (PL) 204 D
Kepsut (TR) 203 D
Keramotí (GR) 203 C
Kerava (FIN) 191 C
Keret' (RUS) 189 F
Kerí (GR) 203 J
Kérkira (GR) 203 E
Kermen (BG) 202 L
Kerteminde (DK) 190 L
Keşan (TR) 203 D
Keswick (GB) 192 L
Keszthely (H) 200 D
Kętrzyn (PL) 204 B
Kettering (GB) 193 D
Kęty (PL) 204 G
Keuruu (FIN) 189 L
Khemis Miliana (DZ) 199 L
Khodoriv (UA) 204 J
Khust (UA) 204 M
Khyriv (UA) 204 J
Kiáto (GR) 203 F
Kičevo (MK) 202 J
Kielce (PL) 204 E
Kifino Selo (BIH) 200 M
Kifissiá (GR) 203 G
Kihelkonna (EST) 191 E
Kiiminki (FIN) 189 H
Kiistala (FIN) 189 E
Kikinda (SRB) 202 A
Kil (S) 190 F
Kilbeggan (IRL) 193 A
Kilboghamn (N) 188 F
Kilchoan (GB) 192 F
Kildare (IRL) 193 B
Kilija (UA) 202 D
Kilingi-Nõmme (EST) 191 F
Kilíni (GR) 203 F
Kilkee (IRL) 193 A
Kilkeel (GB) 192 K
Kilkenny (IRL) 193 A
Kilkís (GR) 203 B
Killarney (IRL) 193 E
Killorglin (IRL) 193 E
Kilmarnock (GB) 192 K
Kilpisjärvi (FIN) 189 A
Kilronan (IRL) 193 A
Kilrush (IRL) 193 A
Kimito/Kemiö (FIN) 191 B
Kinbrace (GB) 192 C
Kingsbridge (GB) 193 L
King's Lynn (GB) 193 D
Kingston upon Hull (GB) 193 D
Kingussie (GB) 192 F
Kinik (TR) 203 D
Kinna (S) 190 J
Kinnegad (IRL) 193 B
Kinross (GB) 192 G
Kinsale (IRL) 193 E
Kinsarvik (N) 188 L
Kinvarra (IRL) 193 A
Kiparissía (GR) 203 K
Kiriši (RUS) 189 M
Kirkby Lonsdale (GB) 192 L
Kirkcaldy (GB) 192 G
Kirkcudbright (GB) 192 L
Kirkenær (N) 190 C
Kirkenes (N) 189 B
Kirkjubæjarklaustur (IS) 188 D
Kirkkonummi/Kyrkslätt (FIN) 189 L
Kirklareli (TR) 202 M
Kirkwall (GB) 192 C
Kirovsk (RUS) 189 F
Kiruna (S) 189 D
Kisa (S) 191 D
Kisbér (H) 204 K
Kiskőrös (H) 202 A
Kiskunfélegyháza (H) 202 A
Kiskunhalas (H) 202 A
Kiskunlacháza (H) 204 K
Kisszállás (H) 202 A
Kisújszállás (H) 204 L
Kíthira (GR) 203 L
Kittilä (FIN) 189 E
Kivertsi (UA) 204 F
Kivik (S) 190 M
Kiyikoy (TR) 202 M
Kjøllefjord (N) 189 B
Kjustendil (BG) 202 K
Kladanj (BIH) 200 H
Kladno (CZ) 195 H
Kladovo (SRB) 202 F
Klaipėda (Memel) (LT) 191 L
Klaksvik (DK) 190 K
Klašnice (BIH) 200 H
Klatovy (CZ) 195 H
Klausenburg (Cluj-Napoca) (RO) 202 B
Klintehamn (S) 191 G
Klippan (S) 190 J
Ključ (BIH) 200 H
Kłodzko (PL) 204 G
Klokkarvik (N) 190 A
Klos (AL) 202 J
Kluczbork (PL) 204 D
Knaben (N) 190 D
Knarvik (N) 188 L
Kneža (BG) 202 G
Knidos (TR) 203 M
Knighton (GB) 193 C
Knin (HR) 200 H
Knjaževac (SRB) 202 F
Knocktopher (IRL) 193 A
Knokke-Heist (B) 194 E
Knyszyn (PL) 204 B
Kobarid (SLO) 200 B
København (DK) 190 L
Kobryn (BLR) 204 F
Kočani (MK) 202 K
Koçarli (TR) 203 H
Koceljevo (SRB) 202 E
Kočevje (SLO) 200 G
Kočkoma (RUS) 189 J
Køge (DK) 190 L
Kohila (EST) 191 F
Kokkola/Karleby (FIN) 189 H
Kola (RUS) 189 C

Kolari (FIN) 189 E
Kolašin (MNE) 202 J
Kolbeinsstaðir (IS) 188 A
Kolbuszowa (PL) 204 H
Kolding (DK) 190 L
Koležma (RUS) 189 J
Kolín (CZ) 195 J
Kolka (LV) 191 J
Kolky (UA) 204 F
Kolno (PL) 204 B
Koło (PL) 204 D
Kołobrzeg (PL) 195 C
Kolomyia (UA) 204 M
Kolpino (RUS) 189 M
Komárno (SK) 204 K
Komárom (H) 204 K
Komotiní (GR) 202 L
Kondopoga (RUS) 189 J
Kongsberg (N) 190 B
Kongsvinger (N) 188 M
Königsberg (Kaliningrad) (RUS) 191 L
Konin (PL) 204 D
Konispol (AL) 203 A
Kónitsa (GR) 203 A
Konjic (BIH) 200 M
Końskie (PL) 204 E
Kópasker (IS) 188 B
Kópavogur (IS) 188 D
Koper (SLO) 200 F
Kopervik (N) 190 D
Köping (S) 191 D
Koplik (AL) 202 J
Koppang (N) 188 M
Kopparberg (S) 190 C
Koprivnica (HR) 200 D
Korçë (AL) 203 A
Korčula (HR) 200 M
Korenica (HR) 200 G
Korgen (N) 188 F
Koríni (GR) 203 F
Kórinthos (GR) 203 F
Korissía (GR) 203 G
Koríthi (GR) 203 E
Körmend (H) 200 D
Kórnik (PL) 204 D
Kornsjø (N) 190 E
Kornsjø (S) 190 E
Koróni (GR) 203 K
Koronowo (PL) 204 A
Koropí (GR) 203 G
Korpilombolo (S) 189 D
Korpo/Korppoo (FIN) 189 L
Korsør (DK) 190 L
Kortrijk (B) 194 E
Kos (GR) 203 M
Kościan (PL) 204 D
Kościerzyna (PL) 204 A
Kose (EST) 191 F
Košice (SK) 204 L
Kosiv (UA) 204 M
Koskullskulle (S) 189 D
Kosovska Mitrovica (KOS) 202 J
Kostenec (BG) 202 K
Kostinbrod (BG) 202 K
Kostomukša (RUS) 189 J
Kostrzyn (PL) 204 D
Kostrzyn (PL) 195 F
Koszalin (PL) 195 C
Kőszeg (H) 204 K
Koszyce (PL) 204 H
Kótas (GR) 203 A
Kotka (FIN) 189 L
Kotor (MNE) 202 J
Kotor Varoš (BIH) 200 H
Kouvola (FIN) 189 L
Kovdor (RUS) 189 F
Kovel' (UA) 204 F
Kovera (RUS) 189 M
Kovin (SRB) 202 E
Kowal (PL) 204 D
Kozáni (GR) 203 B
Koziegłowy (PL) 204 G
Kozienice (PL) 204 E
Kozina (SLO) 200 G
Kozloduj (BG) 202 F
Kragerø (N) 190 E
Kragujevac (SRB) 202 E
Krakau (Kraków) (PL) 204 H
Kraków (Krakau) (PL) 204 H
Kraljevica (HR) 200 G
Kraljevo (SRB) 202 E
Kralóvany (SK) 204 G
Kralovice (CZ) 195 H
Kramfors (S) 189 K
Kranj (SLO) 200 C
Kranjska Gora (SLO) 200 C
Kraśnik (PL) 204 E
Krasnystaw (PL) 204 F
Kratígos (GR) 203 H
Kratovo (MK) 202 K
Kretinga (LT) 191 L
Kričim (BG) 202 L
Kristiansand (N) 190 D
Kristianstad (S) 190 M
Kristiansund (N) 188 H
Kristinehamn (S) 190 F
Kristinestad/Kristiinankaupunki (FIN) 189 K
Kriva Palanka (MK) 202 K
Krivodol (BG) 202 F
Križevci (HR) 200 D
Krk (HR) 200 G
Krokom (S) 188 J
Króksfjarðarnes (IS) 188 A
Kroměříž (CZ) 204 G
Kronstadt (Brașov) (RO) 202 C
Kronštadt (RUS) 189 M
Krośniewice (PL) 204 D
Krosno (PL) 204 H
Krosno Odrzańskie (PL) 195 F
Krotoszyn (PL) 204 D
Krško (SLO) 200 C
Krujë (AL) 202 J
Krumovgrad (BG) 202 L
Kruševac (SRB) 202 E
Kruševo (MK) 203 B
Kruševene (BG) 202 G
Krylovo (RUS) 191 L
Krynica (PL) 204 H
Krzeszyce (PL) 195 F
Ksar-el-Boukhari (DZ) 199 M
Ksar-es-Seghir (MA) 198 L
Kubrat (BG) 202 G
Kučevo (SRB) 202 E
Kudirkos-Naumiestis (LT) 191 M
Kuhmo (FIN) 189 J
Kuhmoinen (FIN) 189 L
Kuivastu (EST) 191 F
Kukës (AL) 202 J
Kula (BG) 202 F
Kula (SRB) 202 A
Kulata (BG) 202 K
Kuldīga (LV) 191 H
Kulmuksa (RUS) 189 J
Kumanovo (MK) 202 K
Kumkale (TR) 203 D
Kumla (S) 190 F
Kunes (N) 189 B
Kungälv (S) 190 E
Kungsbacka (S) 190 H
Kungshamn (S) 190 E
Kungsör (S) 191 D
Kunmadaras (H) 204 L
Kunszentmárton (H) 202 A
Kunžak (CZ) 195 M
Kuolajarvi (RUS) 189 E
Kuopio (FIN) 189 H
Kuortti (FIN) 189 L
Kupiškis (LT) 191 J
Kupres (BIH) 200 H
Kuressaare (EST) 191 F
Kurikka (FIN) 189 L
Kurów (PL) 204 E
Kuršenai (LT) 191 J
Kuršumlija (SRB) 202 J
Kuru (FIN) 189 L
Kuşadasi (TR) 203 H
Kustavi (FIN) 189 K
Kutnà Hora (CZ) 195 J
Kutno (PL) 204 D
Kuusamo (FIN) 189 E
Kuusankoski (FIN) 189 L
Kuźnica (PL) 204 C
Kuzomen' (RUS) 189 F
Kvanndal (N) 188 L
Kværndrup (DK) 190 L
Kvinesdal (N) 190 D
Kwidzyn (PL) 204 A
Kybartai (LT) 191 M
Kyleof Lochalsh (GB) 192 F
Kyrnyčky (UA) 202 D
Kyyjärvi (FIN) 189 H

L

La Alberca (E) 198 E
La Albuera (E) 198 H
La Almunia de Doña Godina (E) 199 D
La Bañeza (E) 198 B
La Baule (F) 196 D
L'Aber-Wrac'h (F) 196 A
Labin (HR) 200 G
Labouheyre (F) 196 H
La Bourboule (F) 196 F
Laç (AL) 202 J
Lacanau (F) 196 H
Lacanau-Océan (F) 196 H
La Capelle (F) 194 H
La Carolina (E) 198 J
Lacaune (F) 196 J
Lacelle (F) 196 F
La Chaise-Dieu (F) 197 D
La Charité-sur-Loire (F) 196 F
La Châtre (F) 196 F
La Ciotat (F) 197 K
Láconi (I) 201 J
La Croix-Haute (F) 197 G
La Fère (F) 194 H
La Ferte-Saint-Aubin (F) 196 C
La Ferté-sous-Jouarre (F) 196 C
La Flèche (F) 196 B
La Gineta (E) 199 G
Lágos (GR) 203 C
Lagos (P) 198 K
La Grave (F) 197 E
Laguépie (F) 196 J
La Guerche-de-Bretagne (F) 196 B
La Haye-du-Puits (F) 196 A
Lahdenpoh'ja (RUS) 189 M
Laholm (S) 190 J
Lahta (RUS) 189 M
Lahti (FIN) 189 L
Laide (GB) 192 B
L' Aigle (F) 196 B
Laihia (FIN) 189 G
Lairg (GB) 192 B
Laitila (FIN) 189 L
La Jonquera (E) 199 B
Lakhdaria (DZ) 199 M
Lákki (GR) 203 M
Lakselv (N) 189 B
Laktaši (BIH) 200 H
Lalapaşa (TR) 202 M
L'Alcúdia de Carlet (E) 199 G
Lalín (E) 198 A
La Línea de la Concepcion (E) 198 L
La Maddalena (I) 201 E
Lam an der Peligni (I) 201 C
Lamarque (F) 196 H
Lamastre (F) 197 G
Lamballe (F) 196 A
Lamego (P) 198 D
Lamía (GR) 203 F
Lammhult (S) 190 J
Lampedusa (I) 201 L
Lampeter (GB) 193 F
La Nava de Ricomalillo (E) 198 J
Lanca (RO) 202 D
Lancaster (GB) 192 L
Lanciano (I) 200 L
Łańcut (PL) 204 H
Landerneau (F) 196 A
Landsberg (Gorzow Wielkopolski) (PL) 195 F
Landskrona (S) 190 M
Langadás (GR) 203 B
Langeac (F) 197 G
Langeais (F) 196 E
Langesund (N) 190 E
Langholt (IS) 188 D
Langogne (F) 197 G
Langon (F) 196 H
Langreo (E) 198 B
Langres (F) 197 A
Långträsk (S) 189 G
Lannion (F) 196 A
Lanslebourg-Mont-Cenis (F) 197 E
Lanusei (I) 201 J
Laon (F) 194 H
Lapalisse (F) 197 D
La Palma del Condado (E) 198 L
Lapani (AL) 203 A
La Pola de Gordón (E) 198 B
Lappeenranta (FIN) 189 L
La Preste (F) 196 M
La Primaube (F) 196 J
Lâpseki (TR) 203 D
Lapua (FIN) 189 H
La Puebla del Río (E) 198 L
L'Áquila (I) 200 K
Larba (DZ) 199 M
L' Arbresle (F) 197 D
Lärbro (S) 191 G
Lærdalsøyri (N) 190 A
Laredo (E) 198 C
La Réole (F) 196 H
Largs (GB) 192 K
Lárimna (GR) 203 G
Larino (I) 201 C
Lárissa (GR) 203 B
Larkollen (N) 190 E
Larne (GB) 192 K
La Robla (E) 198 B
La Roca de la Sierra (E) 198 H
La Roche-Bernard (F) 196 D
La Rochelle (F) 196 E
La Roche-Posay (F) 196 F
La Roche-sur-Yon (F) 196 E
La Roda (E) 199 G
Larsnes (N) 188 L
Larvik (N) 190 E
La Savina (E) 199 H
Las Cabezas de San Juan (E) 198 L
La Seu d'Urgell (E) 199 B
La Seyne-sur-Mer (F) 197 K
Łask (PL) 204 D
Las Negras (E) 199 K
La Solana (E) 198 J
La Souterraine (F) 196 F
La Spézia (I) 200 E
Lastovo (HR) 200 M
Las Ventas (E) 198 C
Latheron (GB) 192 C
Latina (I) 201 B
La Tranche-sur-Mer (F) 196 E
Laudal (N) 190 D
Lauder (GB) 192 L
Laugarvatn (IS) 188 D
Launceston (GB) 193 F
La Unión (E) 199 K
Laurencekirk (GB) 192 G
Lauria (I) 201 G
Laval (F) 196 B
Lavaur (F) 196 J
Lavezzola (I) 200 F
Lavik (N) 188 L
La Vila Joiosa (E) 199 G
Lávrio (GR) 203 G
Laxå (S) 190 F
Laxo (GB) 192 D
Lazarevac (SRB) 202 E
Lazdijai (LT) 191 M
Łeba (PL) 191 K
Le Blanc (F) 196 E
Lębork (PL) 204 A
Le Boulou (F) 196 M
Lebrija (E) 198 L
Le Bugue (F) 196 J
Le Cateau (F) 194 H
Iecava (LV) 191 J
Lecce (I) 201 D
Lecco (I) 200 A
Leči (LV) 191 H
Le Conquet (F) 196 A
Le Creusot (F) 197 D
Le Croisic (F) 196 D
Lectoure (F) 196 J
Łęczyca (PL) 204 D
Ledbury (GB) 193 G
Ledesma (E) 198 E
Ledmozero (RUS) 189 J
Lednice (CZ) 195 M
Le Dorat (F) 196 F
Leeds (GB) 193 C
Leeuwarden (NL) 194 C
Le Faouët (F) 196 A
Lefkáda (GR) 203 E
Legé (F) 196 E
Legionowo (PL) 204 E
Legnago (I) 200 F
Legnano (I) 200 A
Legnica (PL) 195 F
Le Havre (F) 196 B
Leicester (GB) 193 D
Leiden (NL) 194 E
Leighton Buzzard (GB) 193 H
Leipojärvi (S) 189 D
Leira (N) 190 B
Leiria (P) 198 D
Leirvik (DK) 190 K
Leirvik (N) 188 L
Leksand (S) 190 C
Le Lardin (F) 196 J
Le Lavandou (F) 197 H
Le Luc (F) 197 H
Lelystad (NL) 194 F
Le Mans (F) 196 B
Lemdiyya (Médéa) (DZ) 199 M
Lemmer (NL) 194 C
Le Monastier-sur-Gazeille (F) 197 G
Le Mont-Dore (F) 196 F
Le Mont-Saint-Michel (F) 196 B
Lempäala (FIN) 191 C
Lempdes (F) 196 F
Lemvig (DK) 190 G
Lendava (SLO) 200 D
Lendery (RUS) 189 J
Lenhovda (S) 190 J
Lens (F) 194 G
Lentiira (FIN) 189 J
Lentini (I) 201 L
Leominster (GB) 193 C
León (E) 198 B
Leonforte (I) 201 L
Leonídio (GR) 203 K
Leova (MD) 202 D
Le Palais (F) 196 D
Le Perthus (F) 196 M
Le Pouldu (F) 196 A
Lépoura (GR) 203 G
Le Pouzin (F) 197 G
Le Puy-èn-Velay (F) 197 G
Lercara Friddi (I) 201 K
Lerma (E) 198 C
Lerum (S) 190 H
Lerwick (GB) 192 D
Les Abrets (F) 197 D
Les Andelys (F) 196 C
Les Borges Blanques (E) 199 B
L'Escala (E) 199 C
Les Echelles (F) 197 D
Lesko (PL) 204 H
Leskovac (SRB) 202 K
Leskovik (AL) 203 A
Lesneven (F) 196 A
Lesparre-Médoc (F) 196 H
Les Pieux (F) 196 A
Les Sables-d'Olonne (F) 196 D
Lestijärvi (FIN) 189 H
Leszno (PL) 195 F
Le Teil (F) 197 G
Le Touquet-Pans-Plage (F) 194 D
Letterkenny (IRL) 192 J
Léuca (I) 201 H
Leuven (B) 194 E
Leuze (B) 194 E
Levanger (N) 188 J
Leven (GB) 192 G
Le Verdon-sur-Mer (F) 196 H
Lévico Terme (I) 200 B
Le Vigan (F) 197 G
Levoča (SK) 204 H
Levski (BG) 202 G
Leyburn (GB) 192 L
Lezajsk (PL) 204 H
Lezhë (AL) 202 J
L' Hospitalet (F) 196 M
L'Hospitalet de Llobregat (E) 199 E
Liabygda (N) 188 L
Libau (Liepāja) (LT) 191 H
Liberec (Reichenberg) (CZ) 195 J
Libourne (F) 196 H
Librazhd (AL) 203 A
Licata (I) 201 K
Lida (BLR) 204 C
Lidköping (S) 190 F
Lido di Ostia (I) 201 B
Lido di Volano (I) 200 F
Lidoriki (GR) 203 F
Lidzbark (PL) 204 A
Lidzbark Warmiński (PL) 204 B
Liège (B) 194 H
Lieksa (FIN) 189 J
Liepāja (Libau) (LT) 191 H
Lier (B) 194 E
Ligatne (LV) 191 J
Lignano Sabbiadoro (I) 200 F
Lignières (F) 196 F
Ligny-en-Barrois (F) 197 A
Lihula (EST) 191 F
Lilla Edet (S) 190 E
Lille (F) 194 E
Lillehammer (N) 188 L
Lillesand (N) 190 D
Lillestrøm (N) 190 B
Lillhärdal (S) 188 M
Lillholmsjö (S) 188 J
Limbaži (LV) 191 J
Limedsforsen (S) 188 M
Limenária (GR) 203 C
Limerick/Luimneach (IRL) 193 A
Liminka (FIN) 189 H
Límni (GR) 203 G
Limoges (F) 196 F
Limone-Piemonte (I) 197 H
Limoux (F) 196 M
Lin (AL) 203 A
Linahamari (RUS) 189 C
Linares (E) 198 J
Linariá (GR) 203 G
Lincoln (GB) 193 D
Lindesberg (S) 190 F
Lindesnes (N) 190 D
Linköping (S) 191 D
Linkuva (LT) 191 J
Lipany (SK) 204 H
Lipkovo (MK) 202 K
Lipnaja Gorka (RUS) 189 M
Lipno (PL) 204 A
Lipova (RO) 202 B
Lipsko (PL) 204 E
Liptovský Mikuláš (SK) 204 G
Lisboa (P) 198 G
Lisburn (GB) 192 K
Lisieux (F) 196 B
Liskeard (GB) 193 F
L'Isle-Jourdain (F) 196 J
Listowel (IRL) 193 A
Litóhoro (GR) 203 B
Litoměřice (CZ) 195 J
Liubeshiv (UA) 204 F
Liuboml' (UA) 204 F
Livádi (GR) 203 L
Livadiá (GR) 203 F
Liverpool (GB) 193 C
Livno (BIH) 200 H
Livorno (I) 200 J
Lizard (GB) 193 K
Lizarra/Estella (E) 199 A
Ljig (SRB) 202 E
Ljubimec (BG) 202 L
Ljubinje (BIH) 200 M
Ljubljana (SLO) 200 C
Ljubovija (SRB) 202 E
Ljubuški (BIH) 200 M
Ljugarn (S) 191 G
Ljungby (S) 190 J
Ljungdalen (S) 188 M
Ljusdal (S) 189 K
Ljusne (S) 191 A
Llagostera (E) 199 B
Llandeilo (GB) 193 G
Llandovery (GB) 193 G
Llandudno (GB) 193 B
Llanelli (GB) 193 F
Llanes (E) 198 C
Llangurig (GB) 193 C
Llavorsí (E) 199 B
Lleida/Lérida (E) 199 A
Llerena (E) 198 H
Llíria (E) 199 D
Lloret de Mar (E) 199 B
Llucmajor (E) 199 J
Łobez (PL) 195 C
Lobskoe (RUS) 189 J
Lochaline (GB) 192 F
Lochboisdale (GB) 192 E
Lochearnhead (GB) 192 F
Lochgilphead (GB) 192 F
Lochinver (GB) 192 B
Lochmaddy (GB) 192 A
Łochów (PL) 204 E
Lockerbie (GB) 192 L
Locri (I) 201 M
Lodejnoe Pole (RUS) 189 M
Lodève (F) 197 G
Lodi (I) 200 E
Lødingen (N) 189 D
Łódź (PL) 204 D
Lofsdalen (S) 188 M
Loftahammar (S) 191 G
Lofthus (N) 190 A
Logroño (E) 198 C
Lohals (DK) 190 L
Lohiniva (FIN) 189 E
Lohja (FIN) 191 C
Loiano (I) 200 F
Loimaa (FIN) 189 L
Loja (E) 198 M
Lojmola (RUS) 189 M
Lokka (FIN) 189 E
Løkken (DK) 190 H
Loksa (EST) 191 C
Lom (BG) 202 F
Lom (N) 188 L
Lombez (F) 196 M
Łoméa (PL) 204 B
Lomen (N) 190 B
Lommel (B) 194 E
Lomonosov (RUS) 189 M
London (GB) 193 H
Londonderry/Derry (GB) 192 K
Longford (IRL) 193 A
Longtown (GB) 192 L
Longuyon (F) 194 H
Longwy (F) 194 H
Lønsdal (N) 188 F
Lons-le-Saunier (F) 197 D
Lopatyn (UA) 204 J
Loppi (FIN) 191 C
Łopuszno (PL) 204 E
Lorca (E) 199 K
Loreto (I) 200 K
Lorient (F) 196 A
Los (S) 188 M
Los Santos de Malmona (E) 198 H
Lossiemouth (GB) 192 C
Loudéac (F) 196 A
Loudun (F) 196 E
Loughborough (GB) 193 D
Loughrea (IRL) 193 A
Louhans (F) 197 D
Louhi (RUS) 189 F
Loulé (P) 198 K
Louny (CZ) 195 H
Lourdes (F) 196 L
Lourinhã (P) 198 G
Louth (GB) 193 D
Loutrá (GR) 203 F
Loutrá Edipsoú (GR) 203 F
Louvie-Juzon (F) 196 L
Lövberga (S) 189 G
Loveč (BG) 202 G
Lóvere (I) 200 A
Loviisa/Lovisa (FIN) 189 L
Loviště (HR) 200 M
Lovozero (RUS) 189 C
Lovrin (RO) 202 A
Lowestoft (GB) 193 D
Łowicz (PL) 204 D
Loznica (SRB) 202 E
Lozoyuela (E) 198 F
Luarca (E) 198 B
Lubartów (PL) 204 E
Lubenec (CZ) 195 H
Lubin (PL) 195 F
Lublin (PL) 204 E
Lubliniec (PL) 204 G
Lubsko (PL) 195 F
Lucca (I) 200 E
Lucena (E) 198 M
Lucena del Cid (E) 199 D
Lućenec (SK) 204 K
Lucera (I) 201 C
Luçon (F) 196 E
Ludlow (GB) 193 C
Luduş (RO) 202 B
Ludvika (S) 188 M
Lugo (E) 198 A
Lugo (I) 200 F
Lugoj (RO) 202 B
Lukavac (BIH) 200 H
Lukovit (BG) 202 G
Lukovo (SRB) 202 J
Łuków (PL) 204 E
Luleå (S) 189 G
Lüleburgaz (TR) 202 M
Lumbrales (E) 198 E
Lumparland (FIN) 189 K
Lunca Corbului (RO) 202 G
Lund (S) 190 M
Lundarbrekka (IS) 188 B
Lundersæter (N) 190 B
Lunel (F) 197 G
Lunéville (F) 197 A
Lupeni (RO) 202 B
Lure (F) 197 A
Lurgan (GB) 192 K
Lushnjë (AL) 203 A
Lusignan (F) 196 E
Lussac-les-Châteaux (F) 196 E
Lutnes (N) 188 M
Luton (GB) 193 H
Luts'k (UA) 204 F
Luxembourg (L) 194 J
Luxeuil-les-Bains (F) 197 A
Luz-Saint-Sauveur (F) 196 L
Luzy (F) 197 D
L'viv (UA) 204 J
Lycksele (S) 189 G
Lydd (GB) 193 H
Lymington (GB) 193 G
Lyness (GB) 192 C
Lyngdal (N) 190 D
Lynton (GB) 193 G
Lyon (F) 197 D
Lysekil (S) 190 E

M

Maam Cross (IRL) 193 A
Maardu (EST) 191 C
Maastricht (NL) 194 F
Mablethorpe (GB) 193 D
Macedo de Cavaleiros (P) 198 E
Macerata (I) 200 K
Machynlleth (GB) 193 B
Măcin (RO) 202 D
Macinaggio (F) 197 J
Macomer (I) 201 J
Mâcon (F) 197 D
Macroom (IRL) 193 E
Madan (BG) 202 L
Madara (BG) 202 H
Madrid (E) 198 F
Madridejos (E) 198 J
Magaz (E) 198 C
Maghera (GB) 192 K
Maglaj (BIH) 200 H
Magleby (DK) 190 L
Máglie (I) 201 D
Mahora (E) 199 G
Măicănești (RO) 202 D
Maidstone (GB) 193 H
Măieruș (RO) 202 C
Mainua (FIN) 189 H
Majavatn (N) 188 J
Majdanpek (SRB) 202 F
Makarska (HR) 200 M
Makó (H) 202 A
Makov (SK) 204 G
Makrakómi (GR) 203 F
Mákri (GR) 203 C
Malå (S) 189 G
Malacky (SK) 204 K
Málaga (E) 198 M
Malagón (E) 198 J
Mala Krsna (SRB) 202 E
Malaryta (BLR) 204 F
Malbork (PL) 204 A
Maldegem (B) 194 E
Małdyty (PL) 204 A
Malé (I) 200 A
Målilla (S) 191 G
Mali Lošinj (HR) 200 G
Malinska (HR) 200 G
Maliq (AL) 203 A
Malkara (TR) 202 M
Malko Tărnovo (BG) 202 M
Mallaig (GB) 192 F
Mallow (IRL) 193 E
Malmberget (S) 189 D
Malmédy (B) 194 J
Malmköping (S) 191 D
Malmö (S) 190 M
Måløy (N) 188 L
Malpartida de Cáceres (E) 198 H
Malpica de Berg (E) 198 A
Malton (GB) 192 M
Malung (S) 188 M
Mamaia (RO) 202 H

Mamonovo (RUS) 191 L
Manacor (E) 199 F
Mânăstirea (RO) 202 H
Mancha Real (E) 198 M
Manchester (GB) 193 C
Manciano (I) 200 J
Mandal (N) 190 D
Mandas (I) 201 J
Mandoúdi (GR) 203 G
Mandráki (GR) 203 M
Mandúria (I) 201 D
Manerbio (I) 200 E
Manevychi (UA) 204 F
Manfredónia (I) 201 C
Mangalia (RO) 202 H
Mångsbodarna (S) 190 C
Maniago (I) 200 B
Manisa (TR) 203 H
Manorhamilton (IRL) 192 J
Manresa (E) 199 B
Mansfield (GB) 193 D
Mansoura (DZ) 199 M
Mantes-la-Jolie (F) 196 C
Mántova (I) 200 E
Mäntsälä (FIN) 189 L
Mäntyluoto (FIN) 189 K
Manzanal del Puerto (E) 198 B
Manzanares (E) 198 J
Maó/Mahón (E) 199 F
Maqueda (E) 198 F
Mărăşeşti (RO) 202 C
Marbella (E) 198 M
March (GB) 193 D
Marennes (F) 196 E
Margaríti (GR) 203 E
Margate (GB) 193 H
Margecany (SK) 204 H
Marghita (RO) 204 L
Marialva (P) 198 E
Mariannelund (S) 191 G
Mariánské Lázně (Marienbad) (CZ) 195 H
Maribo (DK) 190 L
Maribor (SLO) 200 C
Marica (BG) 202 L
Mariefred (S) 191 D
Mariehamn (Maarianhamina) (FIN) 189 K
Marienbad (Mariánské Lázně) (CZ) 195 H
Mariestad (S) 190 F
Marijampolė (LT) 191 M
Marina di Ragusa (I) 201 L
Marina di Ravenna (I) 200 F
Marinha Grande (P) 198 D
Marjamaa (EST) 191 F
Markaryd (S) 190 J
Market Harborough (GB) 193 D
Market Rasen (GB) 193 D
Marlborough (GB) 193 G
Marma (S) 191 A
Marmande (F) 196 H
Marmara (TR) 203 D
Marmaraereğlisi (TR) 202 M
Mármaro (GR) 203 H
Marsala (I) 201 K
Marseille (F) 197 G
Marsta (S) 191 D
Marstal (DK) 190 L
Martigues (F) 197 G
Martin (SK) 204 G
Mártis (I) 201 E
Martofte (DK) 190 L
Martos (E) 198 M
Marvão (P) 198 G
Marvejols (F) 196 J
Masel'gskaja (RUS) 189 J
Massa (I) 200 E
Massa Maríttima (I) 200 J
Massiac (F) 196 J
Masty (BLR) 204 C
Matalascañas (E) 198 L
Mataró (E) 199 B
Matera (I) 201 D
Mátészalka (H) 204 L
Matlock (GB) 193 C
Matoksa (RUS) 189 M
Matosinhos (P) 198 D
Maubeuge (F) 194 H
Mauléon-Licharre (F) 196 L
Mauriac (F) 196 J
Mayenne (F) 196 B
Mayorga (E) 198 B
Mazamet (F) 196 J
Mazaradel Vallo (I) 201 K
Mazarrón (E) 199 K
Mažeikiai (LT) 191 J
Mazirbe (LV) 191 H
Mealhada (P) 198 D
Meaux (F) 196 C
Mechelen (B) 194 E
Mecsek (H) 200 D
Medemblik (NL) 194 C
Medena Selišta (BIH) 200 H
Medgidia (RO) 202 H
Mediaş (RO) 202 B
Medinaceli (E) 198 F
Medina del Campo (E) 198 E
Medina de Rioseco (E) 198 B
Medina-Sidonia (E) 198 L
Meduno (I) 200 B
Medveđa (SRB) 202 K
Medvež'egorsk (RUS) 189 J
Medzilaborce (SK) 204 H
Megálo Horió (GR) 203 M
Megalópoli (GR) 203 K
Mégara (GR) 203 G
Megève (F) 197 D
Megrozero (RUS) 189 M
Mehadia (RO) 202 F
Mehamn (N) 189 B
Meira (E) 198 B
Melbu (N) 188 F
Melfi (I) 201 C
Melfjorden (N) 188 F
Melgraseyri (IS) 188 A
Melide (E) 198 A
Meligalás (GR) 203 K
Mélito di Porto Salvo (I) 201 L
Melle (F) 196 E
Mellerug (S) 190 F
Mělník (CZ) 195 J
Meltaus (FIN) 189 E
Melun (F) 196 C
Memel (Klaipėda) (LT) 191 L
Mende (F) 197 G
Menemen (TR) 203 H
Menídi (GR) 203 F
Menton (F) 197 H
Meråker (N) 188 J
Merano/Meran (I) 200 A
Mérida (E) 198 H
Mérihas (GR) 203 L
Merikarvia (FIN) 189 K
Merkinė (LT) 191 M
Merthyr Tydfil (GB) 193 G
Mértola (P) 198 K
Meselefors (S) 189 G
Messac (F) 196 A
Messina (I) 201 L
Messíni (GR) 203 K
Messolóngi (GR) 203 F
Mestanza (E) 198 J
Mestghanem (Mostaganem) (DZ) 199 K
Mestre (I) 200 F
Methóni (GR) 203 K
Metković (HR) 200 M
Metlika (SLO) 200 C
Métsovo (GR) 203 A
Metz (F) 197 A
Meyrueis (F) 197 G
Mezdra (BG) 202 F
Mézilhac (F) 197 G
Mezőtúr (H) 204 L
Miajadas (E) 198 H
Miastko (PL) 204 A
Micfalău (RO) 202 C
Michalovce (SK) 204 L
Middelburg (NL) 194 E
Middelfart (DK) 190 L
Middlesbrough (GB) 192 L
Midhurst (GB) 193 H
Midsandur (IS) 188 A
Miechów (PL) 204 H
Miedzylesie (PL) 204 G
Międzyrzec Podlaski (PL) 204 E
Międzyrzecz (PL) 195 F
Mielec (PL) 204 H
Miercurea-Ciuc (RO) 202 C
Mieres (E) 198 B
Migliónico (I) 201 D
Mihail Kogălniceanu (RO) 202 D
Mihai Viteazu (RO) 202 D
Mihajlovo (BG) 202 F
Mikínes (GR) 203 F
Mikkeli (FIN) 189 L
Míkonos (GR) 203 H
Mikulov (CZ) 195 M
Milano (I) 200 E
Milazzo (I) 201 L
Milford Haven (GB) 193 F
Milhão (P) 198 B
Miliés (GR) 203 F
Milín (CZ) 195 H
Millau (F) 196 J
Millom (GB) 192 L
Mílos (GR) 203 L
Milówka (PL) 204 G
Mimizan-Plage (F) 196 H
Mindin (F) 196 D
Minehead (GB) 193 G
Minglanilla (E) 199 G
Minnesund (N) 190 B
Mińsk Mazowiecki (PL) 204 E
Mintlaw (GB) 192 G
Mira (P) 198 D
Mirambeau (F) 196 H
Miranda de Ebro (E) 198 C
Miranda do Douro (P) 198 E
Mirande (F) 196 M
Mirandela (P) 198 E
Mirándola (I) 200 E
Mirebeau-sur-Bèze (F) 197 A
Mirecourt (F) 197 A
Mirepoix (F) 196 M
Mírina (GR) 203 C
Mirosławiec (PL) 195 C
Miskolc (H) 204 L
Mitchelstown (IRL) 193 A
Mítikas (GR) 203 E
Mitilíni (GR) 203 D
Mizhhiria (UA) 204 M
Mizija (BG) 202 F
Mizil (RO) 202 C
Mjölby (S) 190 F
Mladá Boleslav (CZ) 195 J
Mladenovac (SRB) 202 E
Mława (PL) 204 A
Mniów (PL) 204 E
Módena (I) 200 E
Módica (I) 201 L
Möðrudalur (IS) 188 B
Moelv (N) 190 B
Moen (N) 189 A
Moffat (GB) 192 L
Mohács (H) 200 D
Mohammadia (DZ) 199 L
Mohelnice (CZ) 195 J
Moi (N) 190 D
Moimenta da Beira (P) 198 D
Moi Rana (N) 188 F
Mõisaküla (EST) 191 F
Moisei (RO) 204 M
Moissac (F) 196 J
Mola di Bari (I) 201 D
Molde (N) 188 H
Moldova Nouă (RO) 202 F
Molfetta (I) 201 D
Molina de Aragón (E) 199 D
Moliterno (I) 201 C
Molkom (S) 190 F
Mölle (S) 190 H
Mollösund (S) 190 E
Mölltorp (S) 190 F
Mölndal (S) 190 H
Mölnlycke (S) 190 H
Momčilgrad (BG) 202 L
Momrak (N) 190 D
Monaghan (IRL) 192 K
Monasterace Marina (I) 201 H
Monastyrys'ka (UA) 204 J
Mončegorsk (RUS) 189 F
Moncofa (E) 199 D
Mondello (I) 201 K
Mondoñedo (E) 198 B
Mondovì (I) 197 H
Mondragone (I) 201 B
Monemvassía (GR) 203 L
Monesterio (E) 198 H
Monfalcone (I) 200 B
Monforte (P) 198 H
Monforte de Lemos (E) 198 B
Monópoli (I) 201 D
Monòver (E) 199 G
Monreal del Campo (E) 199 D
Monreale (I) 201 K
Mons (B) 194 H
Monsélice (I) 200 F
Mönsterås (S) 191 G
Montaigu (F) 196 E
Montalbán (E) 199 D
Montalto di Castro (I) 200 J
Montamarta (E) 198 E
Montana (BG) 202 F
Montargil (P) 198 G
Montargis (F) 196 C
Montauban (F) 196 J
Montbard (F) 197 A
Montbéliard (F) 197 A
Montblanc (E) 199 E
Montbrison (F) 197 D
Montceau-les-Mines (F) 197 D
Montcornet (F) 194 H
Mont-de-Marsan (F) 196 H
Montdidier (F) 194 G
Monte Carlo (MC) 197 H
Montefiascone (I) 200 K
Montélimar (F) 197 G
Montemor-o-Novo (P) 198 G
Montereau-Faut-Yonne (F) 196 C
Montesano sulla Marcellana (I) 201 C
Monte Sant'Angelo (I) 201 C
Montevarchi (I) 200 J
Montfaucon-en-Velay (F) 197 G
Monti (I) 201 E
Monticiano (I) 200 J
Montigny-le-Roi (F) 197 A
Montijo (E) 198 H
Mont-Louis (F) 196 M
Montluçon (F) 196 F
Montmarault (F) 196 F
Montmirail (F) 196 C
Montmorillon (F) 196 F
Montoro (E) 198 J
Montpellier (F) 197 G
Montréjeau (F) 196 M
Montreuil (F) 194 D
Montreuil-Bellay (F) 196 E
Montrose (GB) 192 G
Montuenga (E) 198 F
Monza (I) 200 A
Monzón (E) 199 A
Moon (IRL) 193 B
Mora (E) 198 J
Mora (P) 198 G
Mora de Rubielos (E) 199 D
Morąg (PL) 204 A
Moraviţa (RO) 202 A
Moravské Budějovice (CZ) 195 M
Moravský Beroun (CZ) 204 G
Moravský Svätý Ján (SK) 204 K
Mor'e (RUS) 189 M
Moreda (E) 198 M
Morée (F) 196 C
Morella (E) 199 D
Moreni (RO) 202 C
Morgat (F) 196 A
Morhange (F) 197 A
Morjärv (S) 189 D
Morlaix (F) 196 A
Morón de la Frontera (E) 198 L
Morpeth (GB) 192 L
Mørsvikbotn (N) 189 D
Mortagne-au-Perche (F) 196 B
Mortagne-sur-Sèvre (F) 196 E
Mortara (I) 200 E
Mosby (N) 190 D
Mosjøen (N) 188 J
Moskosel (S) 189 D
Mosonmagyaróvar (H) 204 K
Moss (N) 190 E
Most (CZ) 195 H
Mostar (BIH) 200 M
Most na Soči (SLO) 200 C
Móstoles (E) 198 F
Mota del Cuervo (E) 198 J
Motala (S) 190 F
Motherwell (GB) 192 L
Motilla del Palancar (E) 199 D
Motril (E) 198 M
Motru (RO) 202 F
Moúdros (GR) 203 C
Moulins (F) 196 F
Moura (P) 198 G
Mourão (P) 198 G
Mouthoumet (F) 196 M
Moûtiers (F) 197 E
Mouzon (F) 194 H
Moville (IRL) 192 J
Mrągowo (PL) 204 B
Mrežičko (MK) 203 B
Mrkonjić Grad (BIH) 200 H
M'Sila (DZ) 199 M
Mszczonów (PL) 204 E
Múccia (I) 200 K
Mugairi (E) 199 A
Muhos (FIN) 189 H
Muine Bheag (IRL) 193 B
Mukacheve (UA) 204 M
Mula (E) 199 G
Mulhouse (F) 197 A
Mullingar (IRL) 193 A
Mullsjö (S) 190 F
Multia (FIN) 189 L
Munera (E) 198 J
Muniesa (E) 199 D
Munkedal (S) 190 E
Munkfors (S) 190 C
Muodoslompolo (S) 189 D
Muonio (FIN) 189 E
Murat (F) 196 J
Muratli (TR) 202 M
Muravera (I) 201 J
Murcia (E) 199 G
Mur-de-Bretagne (F) 196 A
Mureşenii Bârgăului (RO) 204 M
Muret (F) 196 M
Murgeni (RO) 202 D
Murighiol (RO) 202 D
Murmansk (RUS) 189 C
Muro Lucano (I) 201 C
Muros (E) 198 A
Murska Sobota (SLO) 200 C
Murtovaara (FIN) 189 E
Mussidan (F) 196 H
Muszyna (PL) 204 H
Myjava (SK) 204 K
Mykolaïv (UA) 204 J
Mynämäki (FIN) 189 L
Myrskylä/Mörskom (FIN) 191 C
Mysen (N) 190 E
Myślenice (PL) 204 H
Myślibórz (PL) 195 F
Myszyniec (PL) 204 B
Mýtna (SK) 204 K

N

Naantali (FIN) 189 K
Naas (IRL) 193 B
Náchod (CZ) 195 J
Nadvirna (UA) 204 M
Náfpaktos (GR) 203 F
Náfplio (GR) 203 K
Nagyatád (H) 200 D
Nagykanizsa (H) 200 D
Nagykáta (H) 204 K
Nagykőrös (H) 204 L
Naidăs (RO) 202 F
Nairn (GB) 192 G
Nájera (E) 198 C
Nakło nad Notecią (PL) 204 A
Nakskov (DK) 190 L
Näljänkä (FIN) 189 H
Namdalseid (N) 188 J
Namsos (N) 188 J
Namur (B) 194 H
Namysłow (PL) 204 D
Nancy (F) 197 A
Nantes (F) 196 D
Náoussa (GR) 203 B
Nápoli (I) 201 B
Narbonne (F) 196 M
Narni (I) 200 K
Narvik (N) 189 D
Näsåker (S) 189 G
Năsăud (RO) 204 M
Našice (HR) 200 H
Nässjö (S) 190 J
Nastola (FIN) 191 C
Næstved (DK) 190 L
Nautsi (RUS) 189 B
Navahermosa (E) 198 J
Navahrudak (BLR) 204 C
Navalcarnero (E) 198 F
Navalmoral de la Mata (E) 198 E
Navalvillar de Pela (E) 198 H
Navan (IRL) 193 B
Navas del Madroño (E) 198 H
Náxos (GR) 203 M
Nazaré (P) 198 G
Nazija (RUS) 189 M
Nea Iraklitsa (GR) 203 C
Néa Moudaniá (GR) 203 B
Neápoli (GR) 203 B
Neápoli (GR) 203 L
Neápoli (GR) 203 J
Néa Potídea (GR) 203 B
Neath (GB) 193 G
Nedre Soppero (S) 189 D
Nedstrand (N) 190 D
Negotin (SRB) 202 F
Negotino (MK) 202 K
Negru Vodă (RO) 202 H
Nehoiu (RO) 202 C
Neiden (N) 189 B
Neksø (DK) 190 M
Neman (RUS) 191 M
Nemours (F) 196 C
Nenagh (IRL) 193 A
Néo Monastíri (GR) 203 F
Néo Petrítsi (GR) 202 K
Nepomuk (CZ) 195 H
Neptun (RO) 202 H
Nérac (F) 196 H
Nereta (LV) 191 J
Neringa (LT) 191 L
Nerja (E) 198 M
Nerva (E) 198 L
Nervi (I) 200 E
Nes (N) 188 L
Nes (NL) 194 C
Nesbyen (N) 190 B
Nesebăr (BG) 202 H
Nesflaten (N) 190 A
Neskaupstadur (IS) 188 B
Nesna (N) 188 F
Nesterov (RUS) 191 M
Nestório (GR) 203 A
Neufchâteau (F) 197 A
Neumarkt (Târgu Mureş) (RO) 202 C
Neung-sur-Beuvron (F) 196 C
Nevers (F) 196 F
Nevesinje (BIH) 200 M
Newarkon-Trent (GB) 193 D
Newbury (GB) 193 G
Newcastle (GB) 192 K
Newcastle-upon-Tyne (GB) 192 L
New Galloway (GB) 192 K
Newhaven (GB) 193 H
Newmarket (GB) 193 D
Newmarket (IRL) 193 E
Newport (GB) 193 G
Newquay (GB) 193 F
New Romney (GB) 193 H
New Ross (IRL) 193 B
Newry (GB) 192 K
Newton Stewart (GB) 192 K
Newtown (GB) 193 C
Newtownabbey (GB) 192 K
Newtownards (GB) 192 K
Nibe (DK) 190 H
Nicastro (I) 201 G
Nice (F) 197 H
Nicosia (I) 201 L
Nidzica (PL) 204 B
Nieuwpoort (B) 194 D
Nigríta (GR) 203 B
Níjar (E) 199 K
Nijmegen (NL) 194 F
Nikel' (RUS) 189 B
Nikkaluokta (S) 189 D
Nikopol (BG) 202 G
Nikšić (MNE) 202 J
Nîmes (F) 197 G
Nin (HR) 200 G
Niort (F) 196 E
Niš (SRB) 202 F
Nisa (P) 198 G
Nisko (PL) 204 H
Nitra (SK) 204 K
Nittedal (N) 190 B
Noasca (I) 197 E
Nöbbelöv (S) 190 M
Nogara (I) 200 E
Nogaro (F) 196 H
Nogent-le-Rotrou (F) 196 B
Nogent-sur-Seine (F) 196 C
Nogersund (S) 190 M
Noia (E) 198 A
Noirmoutier-en-l'Ile (F) 196 D
Nokia (FIN) 189 L
Nonant-le-Pin (F) 196 B
Nontron (F) 196 F
Noordwijk aan Zee (NL) 194 E
Noormarkku (FIN) 189 K
Nórcia (I) 200 K
Nordfjordeid (N) 188 L
Nordfold (N) 188 F
Nordkjosbotn (N) 189 A
Nordmaling (S) 189 G
Nore (N) 190 B
Noresund (N) 190 B
Norheimsund (N) 190 A
Nørre Nebel (DK) 190 K
Nørresundby (DK) 190 H
Norrköping (S) 191 D
Norrtälje (S) 191 A
Norsholm (S) 191 D
Norsjövallen (S) 189 G
Northallerton (GB) 192 L
Northampton (GB) 193 D
North Berwick (GB) 192 G
Norwich (GB) 193 D
Noto (I) 201 L
Notodden (N) 190 E
Nottingham (GB) 193 D
Nouans-les-Fontaines (F) 196 F
Nõva (EST) 191 F
Nova Crnja (SRB) 202 A
Novaja Ladoga (RUS) 189 M
Novara (I) 200 E
Nova Varoš (SRB) 202 E
Nova Zagora (BG) 202 L
Novelda (E) 199 G
Nové Mesto nad Váhom (SK) 204 K
Nové Zámky (SK) 204 K
Novi Bečej (SRB) 202 A
Novigrad (HR) 200 F
Novi Iskăr (BG) 202 K
Novi Marof (HR) 200 C
Novi Pazar (BG) 202 H
Novi Pazar (SRB) 202 J
Novi Sad (SRB) 202 A
Novoe Mašozero (RUS) 189 J
Novomesto (SLO) 200 C
Novo Selo (MK) 202 K
Novovolyns'k (UA) 204 F
Nový Bor (CZ) 195 J
Nový Jičín (CZ) 204 G
Nowa Dęba (PL) 204 H
Nowa Sól (PL) 195 F
Nowe (PL) 204 A
Nowe Miasto Lubawskie (PL) 204 A
Nowe Miasto nad Pilicą (PL) 204 E
Nowogród Bobrzánski (PL) 195 F
Nowosiółki (PL) 204 J
Nowy Dwór Gdański (PL) 204 A
Nowy Dwór Mazowiecki (PL) 204 E
Nowy Korczyn (PL) 204 H
Nowy Sącz (PL) 204 H
Nowy Targ (PL) 204 H
Noyon (F) 194 H
Nozay (F) 196 B
Nules (E) 199 D
Nùoro (I) 201 J
Nurmes (FIN) 189 J
Nurmijärvi (FIN) 191 C
Nuupas (FIN) 189 E
Nyåker (S) 189 G
Nybergsund (N) 188 M
Nyborg (DK) 190 L
Nyborg (N) 189 B
Nybro (S) 191 G
Nyírbátor (H) 204 L
Nyíregyháza (H) 204 L
Nykarleby/Uusikaarlepyy (FIN) 189 G
Nykøbing (DK) 190 G
Nykøbing Falster (DK) 190 L
Nyköping (S) 191 D
Nynäshamn (S) 191 D
Nyons (F) 197 G
Nyrud (N) 189 B
Nysa (PL) 204 G
Nysäter (S) 190 F
Nysted (DK) 190 L

O

Oancea (RO) 202 D
Oban (GB) 192 F
Obidos (P) 198 G
Oborniki (PL) 204 D
Obrenovac (SRB) 202 E
Obročište (BG) 202 H
Obrovac (HR) 200 G
Obzor (BG) 202 H
Ocaña (E) 198 F
Ockelbo (S) 189 K
Odda (N) 188 L
Oddsta (GB) 192 D
Odemira (P) 198 K
Odense (DK) 190 L
Ödeshög (S) 190 F
Odorheiu Secuiesc (RO) 202 C
Odžaci (SRB) 202 A
Ogre (LV) 191 J
O Grove (E) 198 A
Ogulin (HR) 200 G
Ohrid (MK) 203 A
Oitti (FIN) 191 C
Okehampton (GB) 193 F
Oksby (DK) 190 K
Øksfjord (N) 189 A
Oktjabr'skij (RUS) 189 F
Okučani (HR) 200 H
Ólafsfjörður (IS) 188 A
Olafsvik (IS) 188 A
Oława (PL) 204 D
Ólbia (I) 201 E
Olderdalen (N) 189 A
Oldham (GB) 193 C
Olecko (PL) 204 B
Ølen (N) 190 A
Olenegorsk (RUS) 189 C
Olenica (RUS) 189 F
Oleśnica (PL) 204 D
Olesno (PL) 204 D
Olhão (P) 198 K
Olimbía (GR) 203 F
Oliva (E) 199 G
Oliveira do Hospital (P) 198 D
Olivenza (E) 198 H
Olkusz (PL) 204 G
Olmedo (E) 198 F
Olofström (S) 190 J
Olomouc (CZ) 195 J
Olonec (RUS) 189 M
Oloron-Sainte-Marie (F) 196 L
Olot (E) 199 B
Olovo (BIH) 200 H
Olsztyn (Allenstein) (PL) 204 B
Olsztynek (PL) 204 B
Olteniţa (RO) 202 H
Oltina (RO) 202 H
Olula del Rio (E) 199 K
Omagh (GB) 192 J
Omegna (I) 200 A
Omiš (HR) 200 M
Ommen (NL) 194 F
Omurtag (BG) 202 G
Oña (E) 198 C
Onda (E) 199 D
Ondozero (RUS) 189 J
Oneşti (RO) 202 C
Onsala (S) 190 H
Ontinyent (E) 199 G
Ontur (E) 199 G
Oostende (Ostende) (B) 194 D
Opatija (HR) 200 G
Opatów (PL) 204 E
Opava (CZ) 204 G
Opole (PL) 204 G
Oppdal (N) 188 L
Ora/Auer (I) 200 A
Oradea (RO) 202 B
Orahovac (KOS) 202 J
Orahovica (HR) 200 H
Orange (F) 197 G
Orăştie (RO) 202 B
Oravisalo (FIN) 189 M
Oraviţa (RO) 202 F
Orbetello (I) 200 J
Örbyhus (S) 191 A
Ordes (E) 198 A
Orebić (HR) 200 M
Örebro (S) 190 F
Öregrund (S) 189 K
Orense (E) 198 A
Orgaz (E) 198 J

Orgiva (E) 198 M
Orihuela/Oriola (E) 199 G
Orimattila (FIN) 191 C
Orissaare (EST) 191 F
Oristano (I) 201 J
Orivesi (FIN) 189 L
Orjahovo (BG) 202 G
Ørje (N) 190 E
Orkanger (N) 188 H
Örkelljunga (S) 190 J
Örkény (H) 204 K
Orléans (F) 196 C
Órmos Panagías (GR) 203 C
Ørnes (N) 188 F
Örnsköldsvik (S) 189 G
Orosei (I) 201 J
Orosháza (H) 202 A
Orsa (S) 188 M
Orşova (RO) 202 F
Orthez (F) 196 L
Ortigueira (E) 198 A
Ortnevik (N) 190 A
Ortona (I) 200 L
Orvieto (I) 200 K
Orzysz (PL) 204 B
Os (N) 188 L
Osby (S) 190 J
Oschiri (I) 201 J
Osečina (SRB) 202 E
Osen (N) 188 J
Osie (PL) 204 A
Osijek (HR) 200 D
Oskarshamn (S) 191 G
Oslany (SK) 204 K
Oslo (N) 188 M
Osor (HR) 200 G
Osorno la Mayor (E) 198 C
Osowiec (PL) 204 B
Oss (NL) 194 F
Ossa de Montiel (E) 198 J
Östavall (S) 188 M
Österbymo (S) 190 J
Östersund (S) 188 J
Östhammar (S) 189 K
Ostiglia (I) 200 F
Ostrava (CZ) 204 G
Ostróda (PL) 204 A
Ostrołęka (PL) 204 B
Ostrov (RO) 202 H
Ostrowiec Świętokrzyski (PL) 204 E
Ostrów Mazowiecka (PL) 204 B
Ostrów Wielkopolskie (PL) 204 D
Ostuni (I) 201 D
Oswestry (GB) 193 C
Oświęcim (PL) 204 G
Otočac (HR) 200 G
Otranto (I) 201 D
Otta (N) 188 L
Ottone (I) 200 E
Otyniia (UA) 204 J
Oued Rhiou (DZ) 199 L
Oulainen (FIN) 189 H
Oulu (FIN) 189 H
Ouranópoli (GR) 203 C
Ourique (P) 198 K
Outokumpu (FIN) 189 J
Ovada (I) 200 E
Ovar (P) 198 D
Øverbygd (N) 189 A
Överkalix (S) 189 E
Övertorneå (S) 189 E
Överum (S) 191 D
Oveselu (RO) 202 F
Ovidiu (RO) 202 H
Oviedo (E) 198 B
Øvre Årdal (N) 188 L
Øvre Årdal (N) 190 A
Øvstestøl (N) 188 L
Oxelösund (S) 191 D
Oxford (GB) 193 G
Øye (N) 190 A
Ożarów (PL) 204 E
Ózd (H) 204 L
Ozieri (I) 201 J
Ozorków (PL) 204 D
Oz'orsk (RUS) 191 L

P

Pabianice (PL) 204 D
Pachino (I) 201 L
Padany (RUS) 189 J
Padina (RO) 202 D
Pádova (I) 200 F
Padrón (E) 198 A
Padul (E) 198 M
Pag (HR) 200 G
Pagėgiai (LT) 191 L
Pahraničny (BLR) 204 C
Paide (EST) 191 F
Paimio (FIN) 191 C
Paimpol (F) 196 A
Paisley (GB) 192 K
Pajala (S) 189 E
Pakrac (HR) 200 H
Paks (H) 200 D
Palagonia (I) 201 L
Palamós (E) 199 C
Palanga (LT) 191 L
Palau (I) 201 E
Palazzolo Acréide (I) 201 L
Paldiski (EST) 191 F
Paleá Epídavros (GR) 203 G
Palencia (E) 198 C
Paleohóra (GR) 203 J
Paleokastrítsa (GR) 203 A
Palermo (I) 201 K
Palioúri (GR) 203 C
Pälkäne (FIN) 191 C
Palma del Río (E) 198 L
Palma de Mallorca (E) 199 E
Paltamo (FIN) 189 H
Pamiers (F) 196 M
Pampilhosa da Serra (P) 198 D
Pamplona/Iruñea (E) 199 A
Panagjurište (BG) 202 L
Pančevo (SRB) 202 E
Pandėlys (LT) 191 J
Panevėžys (LT) 191 M
Pantelleria (I) 201 K
Páola (I) 201 G
Pápa (H) 204 K
Paraćin (SRB) 202 F
Paralía (GR) 203 B
Paralía (GR) 203 L
Paralía Akrátas (GR) 203 F
Paralía Ástros (GR) 203 K
Paralía Kímis (GR) 203 G
Paralía Tiroú (GR) 203 K
Paray-le-Monial (F) 197 D
Parczew (PL) 204 F
Pardubice (CZ) 195 J
Pargas/Parainen (FIN) 189 L
Paris (F) 196 C
Parkano (FIN) 189 L
Parknasila (IRL) 193 E
Parma (I) 200 E
Pärnu (EST) 191 F
Pärnu-Jaagupi (EST) 191 F
Páros (GR) 203 L
Parthenay (F) 196 E
Pârvomaj (BG) 202 L
Parzán (E) 199 A
Paša (RUS) 189 M
Paşayiğit (TR) 202 M
Passa-Limáni (GR) 203 H
Pastrana (E) 198 F
Pasvalys (LT) 191 J
Pásztó (H) 204 L
Paternò (I) 201 L
Patitíri (GR) 203 G
Pátmos (GR) 203 H
Patos (AL) 203 A
Pátra (GR) 203 F
Patreksfjörður (IS) 188 A
Pau (F) 196 L
Păuliş (RO) 202 A
Pavia (I) 200 E
Pāvilosta (LV) 191 H
Pavlikeni (BG) 202 G
Pavlovsk (RUS) 189 M
Pavullo nel Frignano (I) 200 E
Pazardžik (BG) 202 L
Pazin (HR) 200 G
Peć (KOS) 202 J
Pečenga (RUS) 189 C
Pécs (H) 200 D
Pedrafita do Cebreiro (E) 198 B
Pedrógão (P) 198 D
Pedro Muñoz (E) 198 J
Peebles (GB) 192 L
Peel (GB) 192 K
Pehčevo (MK) 202 K
Pelasgía (GR) 203 F
Pelhřimov (CZ) 195 J
Pelkosenniemi (FIN) 189 E
Pello (FIN) 189 E
Pello (S) 189 E
Peltovuoma (FIN) 189 E
Pembroke (GB) 193 F
Peñafiel (E) 198 F
Penafiel (P) 198 D
Penamacor (P) 198 E
Peñaranda de Bracamonte (E) 198 E
Peñarroya-Pueblonuevo (E) 198 H
Pendálofos (GR) 203 B
Peniche (P) 198 G
Penicuik (GB) 192 G
Peniscola/Peñíscola (E) 199 E
Penne (I) 200 L
Penrith (GB) 192 L
Penzance (GB) 193 K
Perahóra (GR) 203 F
Peralejos de las Truchas (E) 199 D
Peranka (FIN) 189 H
Perechyn (UA) 204 M
Peremyshliany (UA) 204 J
Pérgola (I) 200 K
Périgueux (F) 196 H
Perlez (SRB) 202 A
Pernik (BG) 202 K
Perniö (FIN) 189 L
Péronne (F) 194 H
Perpignan (F) 196 M
Perros-Guirec (F) 196 A
Perth (GB) 192 G
Pertoúli (GR) 203 B
Perúgia (I) 200 K
Pésaro (I) 200 F
Pescara (I) 200 L
Peschiera del Garda (I) 200 E
Peshkopi (AL) 202 J
Pesmes (F) 197 A
Peso da Régua (P) 198 D
Peštera (BG) 202 L
Petäjävesi (FIN) 189 L
Pétange (L) 194 H
Peterborough (GB) 193 D
Peterhead (GB) 192 G
Pétervására (H) 204 L
Petília Policastro (I) 201 H
Petrič (BG) 202 K
Petrila (RO) 202 B
Petrinja (HR) 200 H
Petrodvorec (RUS) 189 M
Petroşani (RO) 202 B
Petrovac (SRB) 202 F
Petrovac (MNE) 202 J
Petrozavodsk (RUS) 189 M
Pettigoe (IRL) 192 J
Peyrehorade (F) 196 L
Pézenas (F) 197 G
Phalsbourg (F) 197 B
Philippeville (B) 194 H
Piacenza (I) 200 E
Piádena (I) 200 E
Piana (F) 197 M
Piana Crixia (I) 197 H
Piaski (PL) 204 E
Piątek (PL) 204 D
Piazza Armerina (I) 201 L
Pickering (GB) 192 M
Pidhaitsi (UA) 204 J
Piedrabuena (E) 198 J
Piedrahita (E) 198 E
Piedras Albas (E) 198 E
Pieksämäki (FIN) 189 L
Pieniężno (PL) 204 B
Pienza (I) 200 K
Pierowall (GB) 192 C
Pieve di Cadore (I) 200 B
Pihlajavaara (FIN) 189 J
Pihtipudas (FIN) 189 H
Piła (PL) 204 A
Pílos (GR) 203 K
Pilsen (Plzeň) (CZ) 195 H
Pilzno (PL) 204 H
Pinarhisar (TR) 202 M
Pinerolo (I) 197 H
Piñhao (P) 198 E
Piombino (I) 200 J
Piotrków Trybunalski (PL) 204 D
Pireás (GR) 203 G
Pírgos (GR) 203 F
Pirot (SRB) 202 F
Pirovac (HR) 200 L
Pisa (I) 200 J
Pisarovina (HR) 200 G
Pisciotta (I) 201 G
Piscu Vechi (RO) 202 F
Písek (CZ) 195 J
Pishcha (UA) 204 F
Pisticci (I) 201 D
Pistóia (I) 200 E
Pisz (PL) 204 B
Piteå (S) 189 G
Piteşti (RO) 202 C
Pithagório (GR) 203 H
Pithiviers (F) 196 C
Pitlochry (GB) 192 G
Pizzo (I) 201 G
Plana (BIH) 200 M
Plan-du-Var (F) 197 H
Plasencia (E) 198 E
Plaški (HR) 200 G
Plasy (CZ) 195 H
Plátanos (GR) 203 J
Plav (MNE) 202 J
Pļaviņas (LV) 191 J
Pleszew (PL) 204 D
Pleven (BG) 202 G
Plitvička (HR) 200 G
Pljevlja (MNE) 202 E
Ploče (HR) 200 M
Płock (PL) 204 D
Ploërmel (F) 196 A
Ploieşti (RO) 202 C
Plomári (GR) 203 H
Płońsk (PL) 204 D
Płoty (PL) 195 C
Plovdiv (BG) 202 L
Plungė (LT) 191 L
Plymouth (GB) 193 L
Plzeň (Pilsen) (CZ) 195 H
Pniewy (PL) 195 F
Poděbrady (CZ) 195 J
Podgorica (MNE) 202 J
Podromanija (BIH) 200 H
Poggibonsi (I) 200 J
Pogradec (AL) 203 A
Pohja (FIN) 189 L
Pohořelice (CZ) 195 M
Poirino (I) 197 E
Poitiers (F) 196 E
Poix (F) 194 G
Poix-Terron (F) 194 H
Pojate (SRB) 202 E
Pokka (FIN) 189 E
Polače (HR) 200 M
Pola de Lena (E) 198 B
Pola de Siero (E) 198 B
Polanów (PL) 204 A
Połczyn-Zdrój (PL) 195 C
Polessk (RUS) 191 L
Polgár (H) 204 L
Polgárdi (H) 204 K
Poliçan (AL) 203 A
Polígiros (GR) 203 B
Poljarnyj (RUS) 189 C
Pollença (E) 199 E
Polski Gradec (BG) 202 M
Põltsamaa (EST) 191 F
Pombal (P) 198 D
Pomorie (BG) 202 M
Ponferrada (E) 198 B
Pons (F) 196 E
Pont-à-Mousson (F) 197 A
Pontarlier (F) 197 D
Pontassieve (I) 200 K
Pont-Audemer (F) 196 B
Pontaumur (F) 196 F
Pontchâteau (F) 196 D
Pont-d'Ain (F) 197 D
Pont-de-Roide (F) 197 A
Pont de Suert (E) 199 B
Ponteareas (E) 198 A
Ponte da Barca (P) 198 A
Ponte de Lima (P) 198 A
Ponte de Sor (P) 198 G
Ponte Leccia (F) 197 M
Pontevedra (E) 198 A
Pont-l' Evêque (F) 196 B
Pontivy (F) 196 A
Pontoise (F) 196 C
Ponts (E) 199 B
Pont-Saint-Esprit (F) 197 G
Poole (GB) 193 G
Pópoli (I) 200 K
Popovača (HR) 200 H
Popovo (BG) 202 G
Poprad (SK) 204 H
Porcuna (E) 198 J
Pordenone (I) 200 B
Poreč (HR) 200 F
Pori (FIN) 189 K
Porjus (S) 189 D
Porkkala (FIN) 189 L
Pornic (F) 196 D
Póros (GR) 203 F
Póros (GR) 203 L
Porosozero (RUS) 189 J
Porrentruy (F) 197 B
Porsgrunn (N) 190 E
Portaferry (GB) 192 K
Portalegre (P) 198 G
Port Askaig (GB) 192 F
Portbou (E) 199 C
Portel (P) 198 G
Port Ellen (GB) 192 K
Porthmadog (GB) 193 B
Portimão (P) 198 K
Portinatx (E) 199 H
Port-la-Nouvelle (F) 196 M
Portlaoise (IRL) 193 A
Port Navalo (F) 196 D
Porto (F) 197 M
Porto (P) 198 D
Porto Azzurro (I) 200 J
Portochéli (GR) 203 L
Portocristo (E) 199 F
Porto Empédocle (I) 201 K
Portoferráio (I) 200 J
Portof Ness (GB) 192 B
Portogruaro (I) 200 B
Pörtom (FIN) 189 K
Portomaggiore (I) 200 F
Porto Santo Stéfano (I) 200 J
Portoscuso (I) 201 J
Porto Tolle (I) 200 F
Porto Tórres (I) 201 E
Porto-Vecchio (F) 197 M
Portovénere (I) 200 E
Portpatrick (GB) 192 K
Portree (GB) 192 F
Port-Saint-Louis-du-Rhône (F) 197 G
Portsmouth (GB) 193 H
Port Talbot (GB) 193 G
Portumna (IRL) 193 A
Porvoo/Borgå (FIN) 189 L
Porzuna (E) 198 J
Poschiavo (I) 200 A
Posen (Poznań) (PL) 204 D
Posio (FIN) 189 E
Postojna (SLO) 200 C
Potamós (GR) 203 L
Potenza (I) 201 C
Potes (E) 198 C
Póvoa de Varzim (P) 198 D
Požarevac (SRB) 202 E
Požega (HR) 200 H
Požega (SRB) 202 E
Poznań (Posen) (PL) 204 D
Pozoblanco (E) 198 J
Pozzuoli (I) 201 B
Prabuty (PL) 204 A
Prachatice (CZ) 195 L
Prades (F) 196 M
Pradła (PL) 204 G
Prag (Praha) (CZ) 195 J
Praha (Prag) (CZ) 195 J
Prahovo (SRB) 202 F
Praid (RO) 202 C
Præstø (DK) 190 L
Prato (I) 200 E
Pravdinsk (RUS) 191 L
Pravia (E) 198 B
Prazzo (I) 197 H
Predazzo (I) 200 B
Predeal (RO) 202 C
Pré-en-Pail (F) 196 B
Préfailles (F) 196 D
Přerov (CZ) 204 G
Prešov (SK) 204 H
Pressac (F) 196 E
Preßburg (Bratislava) (SK) 204 K
Preston (GB) 193 C
Preuilly-sur-Claise (F) 196 E
Préveza (GR) 203 E
Priboj (SRB) 202 E
Priekule (LV) 191 H
Prienai (LT) 191 M
Prievidza (SK) 204 K
Prijedor (BIH) 200 H
Prijepolje (SRB) 202 E
Prilep (MK) 203 B
Primolano (I) 200 B
Primorsk (RUS) 189 M
Primošten (HR) 200 L
Priozërsk (RUS) 189 M
Priština (KOS) 202 J
Prizren (KOS) 202 J
Prizzi (I) 201 K
Prjaža (RUS) 189 M
Prnjavor (BIH) 200 H
Prokuplje (SRB) 202 E
Propriano (F) 197 M
Prosjek (BIH) 202 E
Prostějov (CZ) 195 J
Provadija (BG) 202 H
Provins (F) 196 C
Prozor (BIH) 200 M
Prudnic (PL) 204 G
Prundu (RO) 202 G
Pruszkow (PL) 204 E
Pružany (BLR) 204 C
Przasnysz (PL) 204 B
Przedbórz (PL) 204 D
Przemyśl (PL) 204 H
Przysucha (PL) 204 E
Pszczyna (PL) 204 G
Ptolemaïda (GR) 203 B
Ptuj (SLO) 200 C
Pucioasa (RO) 202 C
Pudasjärvi (FIN) 189 H
Puebla de Alcocer (E) 198 H
Puebla de Don Fadrique (E) 199 G
Puebla de Don Rodrigo (E) 198 J
Puebla de Guzmán (E) 198 L
Puebla de Sanabria (E) 198 B
Puente Genil (E) 198 L
Puente Viesgo (E) 198 C
Puerto Lápice Navajo (E) 198 J
Puertollano (E) 198 J
Puerto Lumbreras (E) 199 K
Puerto Real (E) 198 L
Puhos (FIN) 189 M
Puigcerda (E) 199 B
Pukë (AL) 202 J
Pula (HR) 200 G
Puławy (PL) 204 E
Pulkkila (FIN) 189 H
Pułtusk (PL) 204 B
Punta Umbría (E) 198 L
Puolanka (FIN) 189 H
Puškin (RUS) 189 M
Pušlahta (RUS) 189 F
Püspökladány (H) 204 L
Puumala (FIN) 189 L
Pyhäntä (FIN) 189 H
Pyhäsalmi (FIN) 189 H
Pyrzyce (PL) 195 C
Pyskowice (PL) 204 G

Q

Quartu Sant'Elena (I) 201 J
Quesada (E) 198 M
Quiberon (F) 196 D
Quillan (F) 196 M
Quimper (F) 196 A
Quimperlé (F) 196 A
Quintana del Puente (E) 198 C
Quintanar de la Orden (E) 198 J

R

Raahe (FIN) 189 H
Rab (HR) 200 G
Rábade (E) 198 A
Răbăgani (RO) 202 B
Rabat (M) 201 M
Rabočeostrovsk (RUS) 189 F
Racibórz (PL) 204 G
Radbyn (S) 190 F
Radeče (SLO) 200 C
Radekhiv (UA) 204 J
Radlje ob Dravi (SLO) 200 C
Radnevo (BG) 202 L
Radom (PL) 204 E
Radomir (BG) 202 K
Radomireşti (RO) 202 G
Radomsko (PL) 204 D
Radovan (RO) 202 F
Radovec (BG) 202 M
Radoviš (MK) 202 K
Radviliškis (LT) 191 M
Radymno (PL) 204 H
Radziejów (PL) 204 D
Radzyń Podlaski (PL) 204 E
Rafína (GR) 203 G
Ragusa (I) 201 L
Rahouia (DZ) 199 L
Raisio (FIN) 191 B
Raja-Jooseppi (FIN) 189 B
Rakhiv (UA) 204 M
Rakkestad (N) 190 E
Rakoniewice (PL) 195 F
Rakovski (BG) 202 L
Rakvere (EST) 191 F
Ralja (SRB) 202 E
Rambervillers (F) 197 A
Rambouillet (F) 196 C
Ramnäs (S) 191 D
Râmnicu Sărat (RO) 202 D
Râmnicu Vâlcea (RO) 202 C
Ramsele (S) 189 G
Ramsey (GB) 192 K
Ramsgate (GB) 193 H
Ramsund (N) 189 D
Ramvik (S) 189 K
Ramygala (LT) 191 M
Randazzo (I) 201 L
Randers (DK) 190 H
Rantsila (FIN) 189 H
Ranua (FIN) 189 E
Raon l'Etape (F) 197 A
Rapallo (I) 200 E
Rapla (EST) 191 F
Raseiniai (LT) 191 M
Raška (SRB) 202 E
Râşnov (RO) 202 C
Răstoci (RO) 204 M
Rätan (S) 188 M
Rathdrum (IRL) 193 B
Rath Luirc (IRL) 193 A
Ratne (UA) 204 F
Rättvik (S) 188 M
Raufarhöfn (IS) 188 B
Raufoss (N) 190 B
Rauland (N) 190 A
Rauma (FIN) 189 K
Rautavaara (FIN) 189 H
Rava-Rus'ka (UA) 204 J
Ravenna (I) 200 F
Rawa Mazowiecka (PL) 204 E
Rawicz (PL) 204 D
Razgrad (BG) 202 H
Razlog (BG) 202 K
Reading (GB) 193 G
Reboly (RUS) 189 J
Recaş (RO) 202 A
Recey-sur-Ource (F) 197 A
Recz (PL) 195 C
Redcar (GB) 192 M
Redhill (GB) 193 H
Redon (F) 196 A
Redondo (P) 198 G
Redruth (GB) 193 K
Réggio di Calabria (I) 201 L
Réggio nell'Emilia (I) 200 E
Reghin (RO) 202 C
Reguengos de Monsaraz (P) 198 G
Reichenberg (Liberec) (CZ) 195 J
Reims (F) 196 C
Reinosa (E) 198 C
Reinsvoll (N) 190 B
Relizane (DZ) 199 L
Remiremont (F) 197 A
Remoulins (F) 197 G
Rena (N) 188 M
Reni (UA) 202 D
Rennes (F) 196 A
Repino (RUS) 189 M
Requena (E) 199 G
Réquista (F) 196 J
Resen (MK) 203 A
Résia/Reschen (I) 200 A
Reşiţa (RO) 202 B
Rethel (F) 194 H
Réthimno (GR) 203 J
Rétság (H) 204 K
Reus (E) 199 E
Reval (Tallinn) (EST) 191 F
Revel (F) 196 M
Revigny-sur-Ornain (F) 197 A
Řevničov (Rentsch) (CZ) 195 H
Revsnes (N) 188 L
Reyðarfjörður (IS) 188 B
Reykjahlíð (IS) 188 B
Reykjanes (IS) 188 A
Reykjavík (IS) 188 A
Rezovo (BG) 202 M
Rhayader (GB) 193 C
Rhondda (GB) 193 G
Riaño (E) 198 B
Riaza (E) 198 F
Ribadeo (E) 198 B
Ribadesella (E) 198 B
Ribariće (KOS) 202 J
Ribe (DK) 190 K
Ribérac (F) 196 H
Ribnica (SLO) 200 C
Riccione (I) 200 F
Riesi (I) 201 L
Rietavas (LT) 191 M
Rieti (I) 200 K
Riga (LV) 191 J
Rignac (F) 196 J
Rigozero (RUS) 189 J
Riihimäki (FIN) 189 L
Rijeka (HR) 200 G
Rila (BG) 202 K
Rimavská Sobota (SK) 204 L
Rimbo (S) 191 A
Rimini (I) 200 F
Ringebu (N) 188 M
Ringkøbing (DK) 190 G
Ringsted (DK) 190 L
Rintala (RUS) 189 M
Rio (GR) 203 F
Riola Sardo (I) 201 J
Riom (F) 196 F
Rio Maior (P) 198 G
Rionegro del Puente (E) 198 B
Rioz (F) 197 A
Ripoll (E) 199 B
Ripon (GB) 192 L
Risan (MNE) 202 J
Risbäck (S) 189 G
Risør (N) 190 E
Risøyhamn (N) 189 A
Risti (EST) 191 F
Riva del Garda (I) 200 A
Rjukan (N) 188 L
Roa (E) 198 C
Roanne (F) 197 D
Robertsfors (S) 189 G
Rocamadour (F) 196 J
Rocca San Casciano (I) 200 F
Rochefort (B) 194 H
Rochefort-sur-Mer (F) 196 E
Rochester (GB) 193 H
Rocroi (F) 194 H
Rødberg (N) 188 L
Rødbyhavn (DK) 190 L
Rodel (GB) 192 B
Rodez (F) 196 J
Rodi Gargánico (I) 201 C
Rødvig (DK) 190 L
Roeselare (B) 194 E
Rogačica (SRB) 202 E
Rogaška Slatina (SLO) 200 C
Rogatec (SLO) 200 C
Rogatica (BIH) 202 E
Rogoznica (HR) 200 L
Rogoźno (PL) 204 A
Rohatyn (UA) 204 J
Rokiškis (LT) 191 J
Rollag (N) 190 B
Roma (Rom) (I) 201 B
Roma (S) 191 G
Romagnano Sesia (I) 200 A
Romans-sur-Isère (F) 197 G
Romorantin-Lanthenay (F) 196 C
Ronda (E) 198 L
Rønde (DK) 190 H
Rønne (DK) 190 M
Ronneby (S) 190 J
Ronse (B) 194 E
Ropinsalmi (FIN) 189 A
Roquefort (F) 196 H
Roquetas de Mar (E) 198 M
Røros (N) 188 M

Roscoff (F) 196 A
Roscommon (IRL) 193 A
Roscrea (IRL) 193 A
Rosendal (N) 190 A
Roses (E) 199 C
Rosica (BG) 202 H
Roşioride Vede (RO) 202 G
Roskilde (DK) 190 L
Rosslare Harbour (IRL) 193 F
Rossnes (N) 190 A
Rosson-Wye (GB) 193 G
Røst (N) 188 F
Röstånga (S) 190 M
Roşu Oţelu (RO) 202 B
Røsvik (N) 188 F
Rotherham (GB) 193 D
Rothesay (GB) 192 K
Rotterdam (NL) 194 E
Roubaix (B) 194 E
Rouen (F) 196 B
Rousínov (CZ) 195 M
Rovaniemi (FIN) 189 E
Rovereto (I) 200 A
Rovigo (I) 200 F
Rovinari (RO) 202 B
Rovinj (HR) 200 F
Royan (F) 196 E
Roye (F) 194 G
Rožaje (MNE) 202 J
Różan (PL) 204 B
Rožňava (SK) 204 L
Rrëshen (AL) 202 J
Rucava (LV) 191 H
Ruda Maliniecka (PL) 204 E
Rudky (UA) 204 J
Rudnica (SRB) 202 E
Rudnik (SRB) 202 E
Rudniki (PL) 204 D
Ruffec (F) 196 E
Rugby (GB) 193 D
Rūjiena (LV) 191 F
Ruma (SRB) 202 E
Rumšiškės (LT) 191 M
Runina (SK) 204 H
Rupea (RO) 202 C
Ruse (BG) 202 G
Ruskeala (RUS) 189 M
Russenes (N) 189 B
Rute (E) 198 M
Rúzany (BLR) 204 C
Ružomberok (SK) 204 G
Rybnik (PL) 204 G
Rychwał (PL) 204 D
Ryki (PL) 204 E
Rýmařov (CZ) 204 G
Rypin (PL) 204 A
Rzepin (PL) 195 F
Rzeszów (PL) 204 H

S

Sääre (EST) 191 E
Šabac (SRB) 202 E
Sabadell (E) 199 B
Sabile (LV) 191 J
Sabiñánigo (E) 199 A
Šabla (BG) 202 H
Sablé-sur-Sarthe (F) 196 B
Sabres (F) 196 H
Sabugal (P) 198 E
Sæby (DK) 190 H
Sacedón (E) 198 F
Sádaba (E) 199 A
Sadova (RO) 202 F
Săedinenie (BG) 202 L
Säffle (S) 190 F
Sagiáda (GR) 203 E
Sagres (P) 198 K
Sagunt/Sagunto (E) 199 D
Sahagún (E) 198 B
Šahy (SK) 204 K
Saint-Affrique (F) 196 J
Saint Albans (GB) 193 H
Saint-Amand-Montrond (F) 196 F
Saint-André-les-Alpes (F) 197 H
Saint Andrews (GB) 192 G
Saint Asaph (GB) 193 C
Saint-Aubin-sur-Mer (F) 196 B
Saint Austell (GB) 193 K
Saint-Avold (F) 197 A
Saint-Brieuc (F) 196 A
Saint-Calais (F) 196 B
Saint-Céré (F) 196 J
Saint-Chély-d' Apcher (F) 196 J
Saint-Claude (F) 197 D
Saint Clears (GB) 193 F
Saint David's (GB) 193 F
Saint-Denis (F) 196 C
Saint-Denis-d' Orques (F) 196 E
Saint-Dié (F) 197 A
Saint-Dizier (F) 197 A
Sainte-Enimie (F) 196 J
Sainte-Foyla-Grande (F) 196 H
Sainte-Hermine (F) 196 E
Sainte-Maure-de-Touraine (F) 196 E
Sainte-Maxime (F) 197 H
Sainte-Menehould (F) 197 A
Saintes (F) 196 E
Saintes-Maries-de-la-Mer (F) 197 G
Saint-Étienne (F) 197 D
Saint-Etienne-de-Tinée (F) 197 H
Saint-Florent (F) 197 M
Saint-Florentin (F) 196 C
Saint-Flour (F) 196 J
Saint-Gaudens (F) 196 M
Saint-Girons (F) 196 M
Saint-Guénolé (F) 196 A
Saint Helens (GB) 193 C
Saint Helier (GB) 193 L
Saint-Hilairedu-Harcouët (F) 196 B
Saint-Jean-d' Angély (F) 196 E
Saint-Jean-de-Luz (F) 196 L
Saint-Jean-de-Monts (F) 196 D
Saint-Jean-Pied-de-Port (F) 196 L
Saint-Junien (F) 196 E
Saint-Justin (F) 196 H
Saint-Laurent-de-la-Salanque (F) 196 M
Saint-Laurent-en-Grandvaux (F) 197 D
Saint-Lô (F) 196 B
Saint-Malo (F) 196 A
Saint-Martin-de-Ré (F) 196 E
Saint-Martory (F) 196 M
Saint-Mathieu (F) 196 E
Saint-Maximin-la-Ste-Baume (F) 197 G
Saint-Méenle-Grandvaux (F) 196 A
Saint-Michel-de-Maurienne (F) 197 D
Saint-Michelen-Grève (F) 196 A
Saint-Mihiel (F) 197 A
Saint-Nazaire (F) 196 D
Saint-Omer (F) 194 D
Saint-Paul-de-Fenouillet (F) 196 M
Saint-Paul-le-Jeune (F) 197 G
Saint-Péray (F) 197 G
Saint-Peter-Port (GB) 193 L
Saint-Pol-sur-Ternoise (F) 194 G
Saint-Pons-de-Thomières (F) 196 J
Saint-Pourçain-sur-Sioule (F) 196 F
Saint Quention (F) 194 H
Saint-Raphaël (F) 197 H
Saint-Savin (F) 196 F
Saint-Seine-l'Abbaye (F) 197 A
Saint-Sernin-sur-Rance (F) 196 J
Saint-Sever (F) 196 H
Saint-Sulpice (F) 196 J
Saint-Tropez (F) 197 H
Saint-Valéry-en-Caux (F) 194 G
Saint-Vith (B) 194 J
Saint-Yrieix-la-Perche (F) 196 J
Sajószentpéter (H) 204 L
Šakiai (LT) 191 M
Sakskøbing (DK) 190 L
Sala (S) 191 A
Salacgrīva (LV) 191 F
Salamanca (E) 198 E
Salamína (GR) 203 G
Salantai (LT) 191 H
Salas de los Infantes (E) 198 C
Salbris (F) 196 C
Saldaña (E) 198 C
Saldus (LV) 191 J
Salen (GB) 192 F
Salerno (I) 201 C
Salgótarján (H) 204 L
Sali (HR) 200 G
Salies-de-Béarn (F) 196 L
Saline di Volterra (I) 200 J
Salins (F) 197 D
Salisbury (GB) 193 G
Salla (FIN) 189 E
Sallanches (F) 197 D
Salme (EST) 191 F
Salmi (RUS) 189 M
Salo (FIN) 189 L
Salo (I) 200 A
Salon-de-Provence (F) 197 G
Salonta (RO) 202 A
Salou (E) 199 E
Saltsjöbaden (S) 191 D
Saltvik (FIN) 191 B
Saluzzo (I) 197 H
Salvacañete (E) 199 D
Sambir (UA) 204 J
Sámi (GR) 203 E
Samokov (BG) 202 K
Sámos (GR) 203 H
San Ángelo de Lombardi (I) 201 C
San Antioco (I) 201 J
San Antoni de Portmany (E) 199 H
San Bartolomeo in Galdo (I) 201 C
San Benedetto del Tronto (I) 200 L
San Cataldo (I) 201 D
Sancerre (F) 196 F
Sancoins (F) 196 F
Sand (N) 190 A
Sand (N) 190 B
Sandane (N) 188 L
Sandanski (BG) 202 K
Sande (N) 190 E
Sandefjord (N) 190 E
Sandnes (N) 190 D
Sandness (GB) 192 D
Sandnessjøen (N) 188 F
Sandomierz (PL) 204 E
San Doná di Piave (I) 200 B
Sandvika (N) 188 J
Sandviken (S) 189 K
San Esteban de Gormaz (E) 198 F
San Felice Circero (I) 201 B
San Fernando (E) 198 L
San Gimignano (I) 200 J
San Giovanni in Fiore (I) 201 H
Sangis (S) 189 E
Sangüesa (E) 199 A
San Javier (E) 199 G
Sankt-Peterburg (RUS) 189 L
San Leonardo de Yagüe (E) 198 C
San Leonardo in Passiria/Sankt Leonhard in Passeir (I) 200 A
San Lorenzo de El Escorial (E) 198 F
San Lorenzo Nuovo (I) 200 K
Sanlúcar de Barrameda (E) 198 L
Sanluri (I) 201 J
San Marcello Pistoiese (I) 200 E
San Marino (RSM) 200 F
San Martín de Valdeiglesias (E) 198 F
San Mateo del Maestrat (E) 199 D
San Michele all'Adige (I) 200 A
Sânnicolau Mare (RO) 202 A
Sanniki (PL) 204 D
Sanok (PL) 204 H
San Pedro de Álcántara (E) 198 L
San Pietro Vernótico (I) 201 D
San Remo (I) 197 H
San Roque (E) 198 L
Sansepolcro (I) 200 K
San Severo (I) 201 C
Sanski Most (BIH) 200 H
San Stéfano di Camastra (I) 201 L
Santa Comba Dão (P) 198 D
Santa Cruz de Moya (E) 199 D
Santa Eulària del Río (E) 199 H
Santa Fé (E) 198 M
Santa Luzia (P) 198 K
Santa María del Páramo (E) 198 B
Santa María la Real de Nieva (E) 198 F
Santa Marta (E) 198 H
Santander (E) 198 C
Santanyí (E) 199 J
Santa Olalla del Cala (E) 198 H
Santa Pola (E) 199 G
Santarém (P) 198 G
Santa Teresa di Gallura (I) 201 E
Santa Uxia (Ribeira) (E) 198 A
Sant Carles de la Ràpita (E) 199 E
San Teresa di Riva (I) 201 L
Sant Feliu de Guíxol (E) 199 C
Santiago de Compostela (E) 198 A
Santiago do Cacém (P) 198 G
Santo André (P) 198 G
Santo Domingo de Silos (E) 198 C
Santoña (E) 198 C
San Vincenzo (I) 200 J
São Brás de Alportel (P) 198 K
Sapërnoe (RUS) 189 M
Sápes (GR) 202 L
Sapri (I) 201 G
Sarajevo (BIH) 200 H
Saranci (BG) 202 L
Sarandë (AL) 203 A
Sarata (UA) 202 D
Saray (TR) 202 M
Sariñena (E) 199 A
Särkisalmi (FIN) 189 M
Şarköy (TR) 203 D
Sărmaşu (RO) 202 B
Särna (S) 188 M
Sárospatak (H) 204 L
Sarpsborg (N) 190 E
Sarrebourg (F) 197 A
Sarreguemines (F) 194 J
Sarria (E) 198 B
Sartène (F) 197 M
Saruhanli (TR) 203 H
Sárvár (H) 204 K
Sarzana (I) 200 E
Sásd (H) 200 D
Sássari (I) 201 J
Sassnitz (DK) 190 M
Säter (S) 191 A
Sátoraljaújhely (H) 204 L
Satu Mare (RO) 204 M
Sauda (N) 190 A
Sauđárkrókur (IS) 188 A
Saulieu (F) 197 A
Saulkrasti (LV) 191 J
Sault (F) 197 G
Saumur (F) 196 E
Saurbær (IS) 188 A
Sauve (F) 197 G
Savaştepe (TR) 203 D
Savelli (I) 201 H
Saverne (F) 197 B
Savigliano (I) 197 H
Šavnik (MNE) 202 J
Savona (I) 200 E
Savonlinna (FIN) 189 M
Sävsjö (S) 190 J
Savukoski (FIN) 189 E
Saxmundham (GB) 193 D
Saxnäs (S) 188 J
Scalasaig (GB) 192 F
Scalloway (GB) 192 D
Scanzano (I) 201 D
Scarborough (GB) 192 M
Scarinish (GB) 192 F
Schilpário (I) 200 A
Schio (I) 200 A
Schirmeck (F) 197 A
Sciacca (I) 201 K
Scourie (GB) 192 B
Ščučyn (BLR) 204 C
Scunthorpe (GB) 193 D
Sebeş (RO) 202 B
Seda (LT) 191 J
Sedan (F) 194 H
Sedbergh (GB) 192 L
Sedlčany (CZ) 195 H
Šeduva (LT) 191 M
Sées (F) 196 B
Segarcea (RO) 202 F
Segeža (RUS) 189 J
Segorbe (E) 199 D
Segovia (E) 198 F
Segré (F) 196 B
Segura (P) 198 E
Seiches-sur-le-Loir (F) 196 B
Seinäjoki (FIN) 189 L
Seini (RO) 204 M
Selbu (N) 188 J
Selby (GB) 193 D
Sélestat (F) 197 B
Selfoss (IS) 188 D
Seljord (N) 190 E
Selles-sur-Cher (F) 196 F
Semizovac (BIH) 200 H
Senec (SK) 204 K
Senica (SK) 204 K
Senise (I) 201 G
Senj (HR) 200 G
Senlis (F) 196 C
Sennen (GB) 193 K
Sens (F) 196 C
Senta (SRB) 202 A
Sępólno Krajeńskie (PL) 204 A
Sepúlveda (E) 198 F
Seraing (B) 194 H
Şercaia (RO) 202 C
Sered' (SK) 204 K
Séres (GR) 203 C
Seroczyn (PL) 204 E
Serón (E) 199 K
Serpa (P) 198 G
Serra San Bruno (I) 201 H
Serres (F) 197 G
Sertã (P) 198 D
Sérvia (GR) 203 B
Sesimbra (P) 198 G
Sessa Aurunca (I) 201 B
Šestanovac (HR) 200 M
Sestriere (I) 197 H
Sestri Levante (I) 200 E
Sesvete (HR) 200 C
Sète (F) 197 G
Setermoen (N) 189 A
Settle (GB) 192 L
Setúbal (P) 198 G
Seurre (F) 197 D
Séverac-le-Château (F) 196 J
Severomorsk (RUS) 189 C
Sevilla (E) 198 L
Sevlievo (BG) 202 G
Seyđisfjörður (IS) 188 B
Sézanne (F) 196 C
Sfakiá (GR) 203 J
Sfântu Gheorghe (RO) 202 C
Sheerness (GB) 193 H
Sheffield (GB) 193 C
Shieldaig (GB) 192 F
Shkodër (AL) 202 J
Shrewsbury (GB) 193 C
Šiauliai (LT) 191 J
Šibari (I) 201 H
Šibenik (HR) 200 L
Sibiu (Hermannstadt) (RO) 202 B
Šid (SRB) 202 E
Sidi Aïssa (DZ) 199 M
Sidi Ladjel (DZ) 199 M
Sidi Lakhdar (DZ) 199 L
Sidirókastro (GR) 202 K
Siedlce (PL) 204 E
Siemiatycze (PL) 204 E
Siena (I) 200 K
Sieradz (PL) 204 D
Sierpc (PL) 204 A
Sievi (FIN) 189 H
Sig (RUS) 189 F
Siğacik (TR) 203 H
Sighetu Marmaţiei (RO) 204 M
Sighişoara (RO) 202 C
Siğirci (TR) 203 D
Siglufjörður (IS) 188 A
Sigüenza (E) 198 F
Sigüés (E) 199 A
Sigulda (LV) 191 J
Siilinjärvi (FIN) 189 H
Šilalė (LT) 191 M
Silistra (BG) 202 H
Silivri (TR) 202 M
Silkeborg (DK) 190 H
Silla (E) 199 G
Sillé-le-Guillâume (F) 196 B
Silloth (GB) 192 L
Šilutė (LT) 191 L
Silves (P) 198 K
Simeria (RO) 202 B
Simitli (BG) 202 K
Şimleu-Silvaniei (RO) 204 M
Simo (FIN) 189 E
Simrishamn (S) 190 M
Sinaia (RO) 202 C
Sines (P) 198 G
Siniscóla (I) 201 J
Sinj (HR) 200 M
Sintra (P) 198 G
Siófok (H) 200 D
Šipka (BG) 202 L
Siracusa (I) 201 L
Sirevåg (N) 190 D
Sirkka (FIN) 189 E
Široki Brijek (BIH) 200 M
Širvintos (LT) 191 M
Sisak (HR) 200 H
Sisteron (F) 197 G
Sitges (E) 199 E
Sitía (GR) 203 K
Sittard (NL) 194 F
Sjas'stroj (RUS) 189 M
Sjenica (SRB) 202 J
Sjöbo (S) 190 M
Skagaströnd (IS) 188 A
Skagen (DK) 190 H
Skaidi (N) 189 B
Skaill (GB) 192 C
Skála (GR) 203 K
Skála Oropoú (GR) 203 G
Skálavik (DK) 190 K
Skalbmierz (PL) 204 H
Skalotí (GR) 202 L
Skælskør (DK) 190 L
Skanderborg (DK) 190 H
Skånevik (N) 190 A
Skänninge (S) 190 F
Skanörmed Falsterbo (S) 190 L
Skara (S) 190 F
Skærbæk (DK) 190 K
Skaréysko-Kamienna (PL) 204 E
Skarnes (N) 190 B
Skegness (GB) 193 D
Skei (N) 188 H
Skei (N) 188 L
Skellefteå (S) 189 G
Skelleftehamn (S) 189 G
Ski (N) 190 B
Skiathos (GR) 203 G
Skibbereen (IRL) 193 E
Skibotn (N) 189 A
Skidal' (BLR) 204 C
Skídra (GR) 203 B
Skien (N) 190 E
Skierniewice (PL) 204 E
Skillingaryd (S) 190 J
Skipton (GB) 193 C
Skíros (GR) 203 G
Skive (DK) 190 H
Skjern (DK) 190 G
Skjervøy (N) 189 A
Skjolden (N) 188 L
Skoczów (PL) 204 G
Skógar (IS) 188 D
Skole (UA) 204 J
Skópelos (GR) 203 G
Skopje (MK) 202 J
Skopun (DK) 190 K
Skórcz (PL) 204 A
Skotterud (N) 188 M
Skövde (S) 190 F
Skradin (HR) 200 G
Skrīveri (LV) 191 J
Skrunda (LV) 191 H
Skudeneshavn (N) 190 D
Skuodas (LT) 191 H
Skutvik (N) 188 F
Skwierzyna (PL) 195 F
Slagelse (DK) 190 L
Slagnäs (S) 189 G
Slaný (CZ) 195 H
Slatina (HR) 200 D
Slatina (RO) 202 G
Slavonski Brod (HR) 200 H
Sława (PL) 195 F
Sławatycze (PL) 204 F
Sławno (PL) 204 A
Sleaford (GB) 193 D
Sligo/Sligeach (IRL) 192 J
Šlissel'burg (RUS) 189 M
Slite (S) 191 G
Sliven (BG) 202 M
Slivnica (BG) 202 K
Slobozia (RO) 202 G
Slobozia (RO) 202 D
Slonim (BLR) 204 C
Slovenska Bistrica (SLO) 200 C
Słubice (PL) 195 F
Slunj (HR) 200 G
Słupsk (PL) 204 A
Smålandsstenar (S) 190 J
Smederevo (SRB) 202 E
Smjadovo (BG) 202 H
Smoljan (BG) 202 L
Smygehamn (S) 190 M
Sneek (NL) 194 C
Sobra (HR) 200 M
Sobrance (SK) 204 L
Sochaczew (PL) 204 D
Socuéllamos (E) 198 J
Sodankylä (FIN) 189 E
Soderfors (S) 191 A
Söderhamn (S) 189 K
Söderköping (S) 191 D
Södertälje (S) 191 D
Sofija (BG) 202 K
Sofporog (RUS) 189 F
Sogndal (N) 190 A
Soini (FIN) 189 H
Soissons (F) 196 C
Sokal' (UA) 204 J
Söke (TR) 203 H
Soko Banja (SRB) 202 F
Sokółka (PL) 204 C
Sokolniki (PL) 204 D
Sokołów Podlaski (PL) 204 E
Solares (E) 198 C
Solenzara (F) 197 M
Sollebrunn (S) 190 F
Sollefteå (S) 189 G
Sóller (E) 199 E
Sollerön (S) 190 C
Solt (H) 200 D
Solund (N) 190 A
Sölvesborg (S) 190 M
Soma (TR) 203 D
Sombernon (F) 197 A
Sombor (SRB) 202 A
Somero (FIN) 189 L
Sommesous (F) 196 C
Soncino (I) 200 E
Sønderborg (DK) 190 L
Søndervig (DK) 190 G
Sóndrio (I) 200 A
Sopot (PL) 204 A
Şopotu Nou (RO) 202 F
Sopron (H) 204 K
Sora (I) 201 B
Söråker (S) 189 K
Sore (F) 196 H
Soria (E) 198 C
Sorø (DK) 190 L
Sørreisa (N) 189 A
Sorrento (I) 201 C
Sorsele (S) 189 G
Sortland (N) 188 F
Sørvågen (N) 188 F
Sørvágur (DK) 190 K
Sørvika (N) 188 M
Sosnovyj (RUS) 189 F
Sosnovyj Bor (RUS) 189 M
Sosnowiec (PL) 204 G
Sotillo de la Adrada (E) 198 F
Sotkamo (FIN) 189 H
Souflí (GR) 202 M
Souillac (F) 196 J
Soulac-sur-Mer (F) 196 H
Soúnio (GR) 203 G
Sour-el-Ghozlane (DZ) 199 M
Soúrpi (GR) 203 F
Southampton (GB) 193 G
Southend-on-Sea (GB) 193 H
Southport (GB) 193 C
South Shields (GB) 192 L
Søvaerøy (N) 188 F
Sovata (RO) 202 C
Soverato (I) 201 H
Soveria Mannelli (I) 201 H
Sovetsk (RUS) 191 L
Sozopol (BG) 202 M
Spa (B) 194 J
Spalding (GB) 193 D
Spárti (GR) 203 K
Spasskaja Guba (RUS) 189 J
Spétses (GR) 203 L
Spezzano Albanese (I) 201 G
Spilsby (GB) 193 D
Spinazzola (I) 201 C
Spišské Podhradie (SK) 204 H
Split (HR) 200 M
Spodsbjerg (DK) 190 L
Spoleto (I) 200 K
Spondigna/Spondinig (I) 200 A
Spotorno (I) 197 H
Srbica (KOS) 202 J
Srbobran (SRB) 202 A
Srebărna (BG) 202 H
Sredec (BG) 202 L
Sredec (BG) 202 M
Sremska Mitrovica (SRB) 202 E
Środa Śląska (PL) 195 F
Środa Wlkopolska (PL) 204 D
Stađarhólskirkja (IS) 188 A
Stadskanaal (NL) 194 C
Stafford (GB) 193 C
Staines (GB) 193 H
Stalowa Wola (PL) 204 H
Stambolijski (BG) 202 L
Stamford (GB) 193 D
Stamsund (N) 188 F
Starachowice (PL) 204 E
Stará L'ubovňa (SK) 204 H
Stara Novalja (HR) 200 G
Stara Reka (BG) 202 G
Staravina (MK) 203 B
Stara Zagora (BG) 202 L
Stargard Szczeciński (PL) 195 C
Starigrad-Paklenica (HR) 200 G
Starogard Gdański (PL) 204 A
Staro Orjahovo (BG) 202 H
Stary Dzierzgoń (PL) 204 A
Staryj Sambir (UA) 204 J
Staszów (PL) 204 H
Stavanger (N) 190 D
Stavern (N) 190 E
Stavoren (NL) 194 C
Stavrós (GR) 203 C
Steenbergen (NL) 194 E
Steenwijk (NL) 194 C
Stege (DK) 190 L
Steinbukt (N) 189 B
Steinkjer (N) 188 J
Stenay (F) 194 H
Stenby (S) 190 F
Steni (GR) 203 G
Stenungsund (S) 190 E
Stérnes (GR) 203 J
Stęszew (PL) 204 D
Stettin (Szczecin) (PL) 195 C
Stigliano (I) 201 D
Stilída (GR) 203 F
Štimlje (KOS) 202 J
Štip (MK) 202 K
Stira (GR) 203 G
Stirling (GB) 192 F
Stjørdal (N) 188 J
Stockholm (S) 191 D
Stockport (GB) 193 C
Stockton-on-Tees (GB) 192 L
Stöde (S) 189 K
Stoke-on-Trent (GB) 193 C
Stokite (BG) 202 L
Stokmarknes (N) 188 F
Stolac (BIH) 200 M
Stöllet (S) 188 M
Stómio (GR) 203 B
Ston (HR) 200 M
Stonehaven (GB) 192 G
Storå (S) 190 F
Storby (FIN) 189 K
Støren (N) 188 J
Storfors (S) 190 F
Storforshei (N) 188 F
Stórinúpur (IS) 188 D
Storlien (S) 188 J
Stornoway (GB) 192 B
Storslett (N) 189 A
Storuman (S) 189 G
Storvik (S) 191 A
Støvring (DK) 190 H
Strabane (GB) 192 J
Strakonice (CZ) 195 H
Straldža (BG) 202 M
Stranda (N) 188 L
Strangford (GB) 192 K
Strängnäs (S) 191 D
Stranraer (GB) 192 K

Strasbourg (F) 197 B
Stratford-upon-Avon (GB) 193 C
Stratóni (GR) 203 C
Street (GB) 193 G
Strehaia (RO) 202 F
Strenči (LV) 191 F
Stříbro (CZ) 195 H
Strimasund (S) 188 F
Strofiliá (GR) 203 G
Stromness (GB) 192 C
Strömstad (S) 190 E
Strömsund (S) 189 G
Strontian (GB) 192 F
Struer (DK) 190 G
Struga (AL) 203 A
Strumica (MK) 202 K
Stryi (UA) 204 J
Stryn (N) 188 L
Strzelno (PL) 204 D
Strzyżów (PL) 204 H
Stubbekøbing (DK) 190 L
Stugun (S) 189 G
Stykkishólmur (IS) 188 A
Subiaco (I) 201 B
Subotica (SRB) 202 A
Sučevići (HR) 200 G
Sucha Beskidzka (PL) 204 G
Sućuraj (HR) 200 M
Sudbury (GB) 193 D
Şugag (RO) 202 B
Šuica (BIH) 200 H
Suippes (F) 197 A
Sukkozero (RUS) 189 J
Sulechów (PL) 195 F
Sulejów (PL) 204 D
Sulitjelma (N) 189 D
Sulmona (I) 200 L
Sumartin (HR) 200 M
Sümeg (H) 200 D
Šumen (BG) 202 H
Šumperk (CZ) 195 J
Sund (N) 188 F
Sundby (DK) 190 G
Sunde (N) 190 A
Sunderland (GB) 192 L
Sundsvall (S) 189 K
Sunndalsøra (N) 188 L
Sunne (S) 190 C
Suojarvi (RUS) 189 M
Suomussalmi (FIN) 189 H
Suonenjoki (FIN) 189 L
Supetar (HR) 200 M
Supurude Jos (RO) 204 M
Surdulica (SRB) 202 K
Surgères (F) 196 E
Susa (I) 197 E
Sušica (BG) 202 G
Şuşteşti (RO) 202 D
Susurluk (TR) 203 D
Sutme (S) 188 J
Sutomore (MNE) 202 J
Sutterton (GB) 193 D
Suwałki (PL) 204 B
Svaliava (UA) 204 M
Svanstein (S) 189 E
Svappavaara (S) 189 D
Svartnäs (S) 191 A
Svati Rok (HR) 200 G
Svėdasai (LT) 191 M
Sveg (S) 188 M
Svelvik (N) 190 E
Svendborg (DK) 190 L
Svenes (N) 190 D
Svenljunga (S) 190 J
Svenstavik (S) 188 M
Sveštari (BG) 202 H
Svetlogorsk (RUS) 191 L
Svetogorsk (RUS) 189 M
Svetozarevo (SRB) 202 E
Svidník (SK) 204 H
Svilengrad (BG) 202 L
Svinesund (S) 190 E
Svištov (BG) 202 G
Svitavy (CZ) 195 J
Svode (SRB) 202 K
Svoge (BG) 202 K
Svolvær (N) 188 F
Swanage (GB) 193 G
Swansea (GB) 193 F
Świdnica (PL) 195 J
Świdnica (PL) 195 J
Świebodzin (PL) 195 F
Świecie (PL) 204 A
Swindon (GB) 193 G
Świnoujście (PL) 195 C
Swinoujscie (PL) 195 J
Sysslebäck (S) 190 C
Szadek (PL) 204 D
Szarvas (H) 202 A
Szczecinek (PL) 204 A
Szczecin (Stettin) (PL) 195 C
Szczerców (PL) 204 D
Szczucin (PL) 204 H
Szczytno (PL) 204 B
Szécsény (H) 204 K
Szeged (H) 202 A
Szeghalom (H) 204 L
Székesfehérvár (H) 204 K
Szekszárd (H) 200 D
Szentes (H) 202 A
Szentlőrinc (H) 200 D
Szigetvár (H) 200 D
Szolnok (H) 204 L
Szombathely (H) 204 K
Szprotawa (PL) 195 F

T

Tábara (E) 198 B
Tabernas (E) 199 K
Tábor (CZ) 195 J
Tafalla (E) 199 A
Tain (GB) 192 B
Tain-l'Hermitage (F) 197 G
Taivalkoski (FIN) 189 E
Taivassalo (FIN) 189 K
Taizé (F) 197 D
Talamone (I) 200 J
Talavera de la Reina (E) 198 E
Tallinn (Reval) (EST) 191 F
Tălmaciu (RO) 202 C
Talmont-Saint-Hilaire (F) 196 E
Talpaki (RUS) 191 L
Talsi (LV) 191 J
Tamarite de Litera (E) 199 A
Tamási (H) 200 D
Tampere (FIN) 189 L
Tanabru (N) 189 B
Tăndărei (RO) 202 D
Tangen (N) 190 B
Tanger (Tanjah) (MA) 198 L
Tännäs (S) 188 M
Tannila (FIN) 189 H
Tanumshede (S) 190 E
Taormina (I) 201 L
Tapa (EST) 191 F
Tarancón (E) 198 F
Táranto (I) 201 D
Tarare (F) 197 D
Tarascon (F) 197 G
Tarascon (F) 196 M
Tarazona (E) 199 A
Tarbert (GB) 192 B
Tarbert (IRL) 193 A
Tarbes (F) 196 L
Tarbet (GB) 192 F
Tärendö (S) 189 D
Târgovište (BG) 202 G
Târgovişte (RO) 202 C
Târgu Jiu (RO) 202 B
Târgu Mureş (Neumarkt) (RO) 202 C
Târgu Ocna (RO) 202 C
Târgu Secuiesc (RO) 202 C
Tarifa (E) 198 L
Tärnaby (S) 188 J
Târnăveni (RO) 202 B
Tarnobrzeg (PL) 204 H
Tarnogród (PL) 204 H
Tarnów (PL) 204 H
Tarquinia (I) 200 K
Tarragona (E) 199 E
Tàrrega (E) 199 B
Tårs (DK) 190 L
Tartas (F) 196 H
Tărtăşeşti (RO) 202 G
Tarutyne (UA) 202 D
Tarvisio (I) 200 B
Tăşnad (RO) 204 M
Tata (H) 204 K
Tatabánya (H) 204 K
Tatarbunary (UA) 202 D
Tatranská-Lomnica (SK) 204 H
Tau (N) 190 D
Taunton (GB) 193 G
Tauragė (LT) 191 M
Tavernes (F) 197 H
Tavira (P) 198 K
Tavistock (GB) 193 F
Tczew (PL) 204 A
Tecuci (RO) 202 D
Teius (RO) 202 B
Tekirdağ (TR) 202 M
Telč (CZ) 195 M
Telford (GB) 193 C
Telšiai (LT) 191 J
Tembleque (E) 198 F
Témpio Pausánia (I) 201 E
Tenala (Tenhola) (FIN) 191 C
Tende (F) 197 H
Ténès (DZ) 199 L
Tenterden (GB) 193 H
Tepelenë (AL) 203 A
Teplice (CZ) 195 H
Téramo (I) 200 K
Ter Apel (NL) 194 C
Teregova (RO) 202 B
Términi Imerese (I) 201 K
Térmoli (I) 201 C
Terneuzen (NL) 194 E
Terni (I) 200 K
Terracina (I) 201 B
Terrassa/Tarrasa (E) 199 B
Teruel (E) 199 D
Tervel (BG) 202 H
Tervola (FIN) 189 E
Teslić (BIH) 200 H
Tetbury (GB) 193 G
Teteven (BG) 202 L
Tetovo (MK) 202 J
Teulada (I) 201 J
Thann (F) 197 B
Thássos (GR) 203 C
Thenia (DZ) 199 M
Theniet el-Had (DZ) 199 L
Thérmi (GR) 203 B
Thérmo (GR) 203 F
Thermopiles (GR) 203 F
Thessaloniki (GR) 203 B
Thetford (GB) 193 D
Theth (AL) 202 J
Thiene (I) 200 B
Thiers (F) 197 D
Thionville (F) 194 H
Thíra (GR) 203 M
Thirsk (GB) 192 L
Thisted (DK) 190 G
Thíva (GR) 203 G
Thomastown (IRL) 193 B
Thonon (F) 197 D
Thornhill (GB) 192 L
Thouars (F) 196 E
Thurles (IRL) 193 A
Thurso (GB) 192 C
Thyborøn (DK) 190 G
Tielt (B) 194 E
Tierp (S) 189 K
Tigănaşi (RO) 202 F
Tihany (H) 200 D
Tihvin (RUS) 189 M
Tikša (RUS) 189 J
Tilburg (NL) 194 E
Tilbury (GB) 193 H
Til-Châtel (F) 197 A
Timau (I) 200 B
Timbáki (GR) 203 J
Timişoara (RO) 202 A
Timrå (S) 189 K
Tinca (RO) 202 B
Tineo (E) 198 B
Tinglev (DK) 190 K
Tingsryd (S) 190 J
Tínos (GR) 203 G
Tionedi Trento (I) 200 A
Tipperary (IRL) 193 A
Tiranë (AL) 203 A
Tirano (I) 200 A
Tire (TR) 203 H
Tîrgu Lăpuş (RO) 204 M
Tírnavos (GR) 203 B
Tissemsilt (DZ) 199 L
Tiszaföldvár (H) 202 A
Tiszafüred (H) 204 L
Titov Veles (MK) 202 K
Titran (N) 188 H
Titu (RO) 202 G
Tivat (MNE) 202 J
Tiverton (GB) 193 G
Tivoli (I) 201 B
Tizi Ouzou (DZ) 199 M
Tjåmotis (S) 189 D
Tjøme (N) 190 E
Tjong (N) 188 F
Tjøtta (N) 188 J
Tlumach (UA) 204 J
Tobarra (E) 199 G
Tobermory (GB) 192 F
Töcksfors (S) 190 E
Todi (I) 200 K
Toft (GB) 192 D
Tofta (S) 190 J
Toftlund (DK) 190 K
Toholampi (FIN) 189 H
Tokaj (H) 204 L
Tokari (RUS) 189 M
Toledo (E) 198 F
Tolmezzo (I) 200 B
Tolosa (E) 199 A
Tolvojarvi (RUS) 189 J
Tomar (P) 198 G
Tomaszów Lubelski (PL) 204 J
Tomaszów Mazowiecki (PL) 204 D
Tomelilla (S) 190 M
Tomelloso (E) 198 J
Tømmervåg (N) 188 H
Tonbridge (GB) 193 H
Tondela (P) 198 D
Tønder (DK) 190 K
Tongeren (B) 194 E
Tongue (GB) 192 B
Tonnerre (F) 197 A
Tønsberg (N) 190 E
Tonstad (N) 190 D
Topola (SRB) 202 E
Topoľčany (SK) 204 K
Topolog (RO) 202 D
Topolovgrad (BG) 202 M
Toral de los Vados (E) 198 B
Torbali (TR) 203 H
Torbay (GB) 193 G
Törberget (N) 190 B
Tordesillas (E) 198 E
Töre (S) 189 H
Töreboda (S) 190 F
Torhout (B) 194 E
Torino (I) 197 E
Tornal'a (SK) 204 L
Tornio (FIN) 189 E
Toro (E) 198 E
Törökszentmiklós (H) 204 L
Torpoint (GB) 193 K
Torralba (I) 201 J
Torrão (P) 198 G
Torre Annunziata (I) 201 C
Torre Baja (E) 199 D
Torreblanca (E) 199 E
Torre de la Higuera (E) 198 L
Torre del Campo (E) 198 J
Torre del Greco (I) 201 C
Torredembarra (E) 199 E
Torre de Moncorvo (P) 198 E
Torrejón el Rubio (E) 198 E
Torrelavega (E) 198 C
Torremolinos (E) 198 M
Torrent (E) 199 G
Torres Vedras (P) 198 G
Torrevieja (E) 199 G
Torrijos (E) 198 F
Torroella de Montgrí (E) 199 C
Torsby (S) 188 M
Tórshavn (Thorshavn) (DK) 190 K
Torsvåg (N) 189 A
Tórtoles de Esgueva (E) 198 C
Tortoli (I) 201 J
Tortona (I) 200 E
Tortosa (E) 199 E
Toruń (PL) 204 A
Tosno (RUS) 189 M
Tossa de Mar (E) 199 C
Tõstamaa (EST) 191 F
Tôtes (F) 194 G
Tótkomlós (H) 202 A
Totnes (GB) 193 G
Toucy (F) 196 C
Toul (F) 197 A
Toulon (F) 197 G
Toulon-sur-Arroux (F) 197 D
Toulouse (F) 196 J
Tourcoing (B) 194 E
Tournai (B) 194 E
Tournon-sur-Rhône (F) 197 G
Tournus (F) 197 D
Tours (F) 196 B
Tralee/Trá Lí (IRL) 193 A
Trân (BG) 202 K
Tranås (S) 190 F
Tranebjerg (DK) 190 L
Tranemo (S) 190 J
Trani (I) 201 D
Trápani (I) 201 K
Trappes (F) 196 C
Traryd (S) 190 J
Travnik (BIH) 200 H
Třebíč (CZ) 195 J
Trebinje (BIH) 200 M
Třeboň (CZ) 195 M
Treignac (F) 196 F
Trelleborg (S) 190 M
Tremp (E) 199 B
Trenčín (SK) 204 K
Trento (I) 200 A
Tresenda (I) 200 A
Treungen (N) 190 D
Treviglio (I) 200 E
Treviso (I) 200 B
Trgovište (SRB) 202 K
Tricárico (I) 201 C
Trie-sur-Baïse (F) 196 L
Trieste (I) 200 F
Tríkala (GR) 203 B
Tríkeri (GR) 203 F
Trim (IRL) 193 B
Trino (I) 197 E
Trípoli (GR) 203 K
Triste (E) 199 A
Trjavna (BG) 202 G
Trnava (SK) 204 K
Trofors (N) 188 J
Trogir (HR) 200 L
Tróia (P) 198 G
Trois-Ponts (B) 194 J
Trojan (BG) 202 G
Trojane (SLO) 200 C
Trollhättan (S) 190 F
Tromsø (N) 189 A
Trondheim (N) 188 J
Tropea (I) 201 G
Trosa (S) 191 D
Troyes (F) 197 A
Trujillo (E) 198 H
Truro (GB) 193 K
Trutnov (CZ) 195 J
Trzebiatów (PL) 195 C
Trzebnica (PL) 204 D
Tržič (SLO) 200 C
Tuam (IRL) 193 A
Tuchola (PL) 204 A
Tudela (E) 199 A
Tui (E) 198 A
Tukhol'ka (UA) 204 J
Tukums (LV) 191 J
Tulcea (RO) 202 D
Tullamore (IRL) 193 A
Tulle (F) 196 J
Tumannyj (RUS) 189 C
Tumba (S) 191 D
Tungufell (IS) 188 A
Turbe (BIH) 200 H
Turda (RO) 202 B
Turek (PL) 204 D
Turgutlu (TR) 203 H
Turgutreis (TR) 203 M
Türi (EST) 191 F
Turka (UA) 204 J
Turku/Åbo (FIN) 189 K
Turnhout (B) 194 E
Turnov (CZ) 195 J
Turnu Măgurele (RO) 202 G
Turtola (FIN) 189 E
Tutin (SRB) 202 J
Tutrakan (BG) 202 H
Tuutisjarvi (RUS) 189 F
Tuv (N) 190 B
Tuzla (BIH) 200 H
Tværá (DK) 190 K
Tvedestrand (N) 190 E
Tychy (PL) 204 G
Tynemouth (GB) 192 L
Tyngsjö (S) 190 C
Tynset (N) 188 M
Tyrnianske Podhradie (SK) 204 L
Tysse (N) 188 L

U

Ub (SRB) 202 E
Úbeda (E) 198 J
Ubl'a (SK) 204 H
Ubli (HR) 200 M
Uckfield (GB) 193 H
Uddevalla (S) 190 E
Údine (I) 200 B
Udvar (H) 200 D
Ugāle (LV) 191 H
Ugao (SRB) 202 J
Ugento (I) 201 H
Ugijar (E) 198 M
Uherský Brod (CZ) 204 G
Uherský Hradiště (CZ) 204 G
Uig (GB) 192 F
Uithuizen (NL) 194 C
Ujfehértó (H) 204 L
Ukmergé (LT) 191 M
Ulcinj (MNE) 202 J
Ulefoss (N) 190 E
Ul'janovo (RUS) 191 L
Uljma (SRB) 202 E
Ullapool (GB) 192 B
Ullared (S) 190 J
Ulricehamn (S) 190 J
Ulsberg (N) 188 M
Ulsta (GB) 192 D
Ulvik (N) 190 A
Ulvsjö (S) 188 M
Umag (HR) 200 F
Umba (RUS) 189 F
Umbukta (N) 188 F
Umeå (S) 189 G
Unari (FIN) 189 E
Ungheni (RO) 202 G
Uniejów (PL) 204 D
Unquera (E) 198 C
Upplands Väsby (S) 191 D
Uppsala (S) 191 A
Uras (I) 201 J
Urbino (I) 200 K
Urçay (F) 196 F
Urdos (F) 196 L
Urjala (FIN) 189 L
Urla (TR) 203 H
Urnes (N) 188 L
Uroševac (KOS) 202 J
Urziceni (RO) 202 D
Usadišče (RUS) 189 M
Ušakovo (RUS) 191 L
Ušće (SRB) 202 E
Ussel (F) 196 F
Ust'-Chorna (UA) 204 M
Ústí nad Labem (CZ) 195 H
Ustka (PL) 204 A
Utajärvi (FIN) 189 H
Utiel (E) 199 G
Utne (N) 190 A
Utrecht (NL) 194 E
Utsjoki (FIN) 189 B
Uusikaupunki (FIN) 189 K
Uyeasound (GB) 192 D
Uzerche (F) 196 F
Uzhhorod (UA) 204 L
Užice (SRB) 202 E
Uzunköprü (TR) 202 M

V

Vaala (FIN) 189 H
Vaasa/Vasa (FIN) 189 G
Vabalninkas (LT) 191 J
Vác (H) 204 K
Vadheim (N) 190 A
Vadsø (N) 189 B
Vadstena (S) 190 F
Vaduz (FL) 200 A
Vågåmo (N) 188 L
Vágur (DK) 190 K
Vailly-sur-Sauldre (F) 196 C
Vairano Scalo (I) 201 C
Vajdaguba (RUS) 189 C
Vakarel (BG) 202 K
Vâlčidol (BG) 202 H
Valdaj (RUS) 189 J
Valdemārpils (LV) 191 J
Valdemarsvik (S) 191 D
Valdepeñas (E) 198 J
Valealui Mihai (RO) 204 L
Valence (F) 197 G
Valencia (E) 199 G
Valencia de Alcántara (E) 198 H
Valencia de Don Juan (E) 198 B
Valenciennes (F) 194 H
Vălenii de Munte (RO) 202 C
Valjevo (SRB) 202 E
Valkeakoski (FIN) 189 L
Valkenswaard (NL) 194 E
Valkininkai (LT) 191 M
Valladolid (E) 198 B
Valldal (N) 188 L
Valle (N) 190 D
Valletta (M) 201 M
Vallo della Lucánia (I) 201 C
Valmiera (LV) 191 J
Valmontone (I) 201 B
Valognes (F) 196 B
Valtice (CZ) 195 M
Valtimo (FIN) 189 H
Valverde del Camino (E) 198 L
Valverde del Fresno (E) 198 E
Vama Veche (RO) 202 H
Vamberk (CZ) 195 J
Vammala (FIN) 191 B
Vámospércs (H) 204 L
Vampula (FIN) 191 B
Vânători (RO) 202 C
Vändra (EST) 191 F
Vänersborg (S) 190 F
Vangsnes (N) 190 A
Vânju Mare (RO) 202 F
Vännäs (S) 189 G
Vannes (F) 196 A
Vansbro (S) 188 M
Vara (S) 190 F
Varades (F) 196 E
Varaždin (HR) 200 C
Varazze (I) 200 E
Varberg (S) 190 H
Varde (DK) 190 K
Vårdö (FIN) 191 B
Vardø (N) 189 B
Vareš (BIH) 200 H
Varese (I) 200 A
Vârfurile (RO) 202 B
Vårgårda (S) 190 F
Varhaug (N) 190 D
Varkaus (FIN) 189 L
Varna (BG) 202 H
Värnamo (S) 190 J
Városlőd (H) 204 K
Várpalota (H) 204 K
Varzi (I) 200 E
Varzino (RUS) 189 C
Varzy (F) 196 C
Vásárosnamény (H) 204 L
Vassilikí (GR) 203 E
Västerås (S) 191 D
Västerhaninge (S) 191 D
Västervik (S) 191 G
Vasto (I) 200 L
Vasvár (H) 200 D
Vatan (F) 196 F
Vatikanstadt (Rom) (I) 201 B
Vaŭkavysk (BLR) 204 C
Växjö (S) 190 J
Vedea (RO) 202 C
Veendam (NL) 194 C
Vegadeo (E) 198 B
Vehmaa (FIN) 191 B
Vehmasmäki (FIN) 189 H
Veidholmen (N) 188 H
Vejen (DK) 190 K
Vejle (DK) 190 L
Vekilski (BG) 202 H
Vela Luka (HR) 200 M
Veldozeo (RUS) 189 M
Velenje (SLO) 200 C
Vélez-Málaga (E) 198 M
Velika (HR) 200 H
Velika Gradište (SRB) 202 E
Velikaja Guba (RUS) 189 J
Velika Kladuša (BIH) 200 G
Velika Plana (SRB) 202 E
Veliki Preslav (BG) 202 H
Veliko Târnovo (BG) 202 G
Velingrad (BG) 202 L
Velke Meziříčí (CZ) 195 J
Velletri (I) 201 B
Velykyj Bereznyi (UA) 204 J
Velykyj Bychkiv (UA) 204 M
Vemdalen (S) 188 M
Venda Nova (P) 198 D
Vendas Novas (P) 198 G
Vendesund (N) 188 J
Vendôme (F) 196 B
Venézia (I) 200 F
Venjan (S) 190 C
Venlo (NL) 194 F
Vennesla (N) 190 D
Venray (NL) 194 F
Ventnor (GB) 193 H
Ventspils (LV) 191 H
Venturina (I) 200 J
Vera (E) 199 K
Verbania (I) 200 A
Vercelli (I) 200 E
Verdun (F) 197 A
Vergato (I) 200 E
Verhnetulomskij (RUS) 189 C
Véria (GR) 203 B
Verín (E) 198 B
Verkhovyna (UA) 204 M
Verla (FIN) 189 L
Vernár (SK) 204 H
Verneuil-sur-Avre (F) 196 B
Vernon (F) 196 C
Verona (I) 200 E
Versailles (F) 196 C
Verviers (B) 194 J
Vervins (F) 194 H
Veselí nad Lužnicí (CZ) 195 M
Vesoul (F) 197 A
Vestbygd (N) 190 D
Vesterø Havn (DK) 190 H
Vestertana (N) 189 B
Vestmannaeyjar (IS) 188 D
Vestnes (N) 188 L
Vestre Gausdal (N) 190 B
Veszprém (H) 204 K
Veszprémvarsány (H) 204 K
Vetlanda (S) 190 J
Vetralla (I) 200 K
Vetrino (BG) 202 H
Veurne (B) 194 D
Vévi (GR) 203 B
Vézelay (F) 196 C
Viana do Castelo (P) 198 A
Viaréggio (I) 200 E
Viborg (DK) 190 H
Vic-en-Bigorre (F) 196 L
Vicenza (I) 200 E
Vic/Vich (E) 199 B
Vichy (F) 196 F
Victoria (M) 201 M
Victoria (RO) 202 C
Vidamlja (BLR) 204 F
Viðareiði (DK) 190 K
Videle (RO) 202 G
Vidigueira (P) 198 G
Vidin (BG) 202 F
Vidra (RO) 202 G
Vidra (RO) 202 D
Vielha (E) 199 B
Vienne (F) 197 D
Vierzon (F) 196 F
Vieste (I) 201 D
Vigeland (N) 190 D
Vigo (E) 198 A
Vihanti (FIN) 189 H
Vihiers (F) 196 E
Vihti (FIN) 191 C
Viiala (FIN) 191 C
Viitasaari (FIN) 189 H
Viitna (EST) 191 C
Vík (IS) 188 D
Vikajärvi (FIN) 189 E
Vikanes (N) 190 A
Vikebukt (N) 188 L
Vikersund (N) 190 B
Vikna (N) 188 J
Vikøyri (N) 190 A
Vikran (N) 189 A
Vilablino (E) 198 B
Vila do Conde (P) 198 D
Vila Flôr (P) 198 E
Vila Franca de Xira (P) 198 G
Vilalba (E) 198 A
Vila Nova de Foz Côa (P) 198 E
Vila Nova de Gaia (P) 198 D
Vila Nova de Milfontes (P) 198 K
Vilanova i la Geltrú (E) 199 E
Vila Pouca de Aguiar (P) 198 D

Vila Praia de Âncora (P) 198 A
Vila Real (P) 198 D
Vilar Formoso (P) 198 E
Vila Velha de Podão (P) 198 G
Vila Verde de Ficalho (P) 198 G
Vilhelmina (S) 189 G
Viljandi (EST) 191 F
Vilkija (LT) 191 M
Villacarrillo (E) 198 J
Villacastín (E) 198 F
Villada (E) 198 B
Villadiego (E) 198 C
Villahermosa (E) 198 J
Villamanrique (E) 198 J
Villanúa (E) 199 A
Villanueva de Cameros (E) 198 C
Villanueva de la Serena (E) 198 H
Villánueva del Campo (E) 198 B
Villanueva del Fresno (E) 198 H
Villanueva de los Castillejos (P) 198 L
Villanueva de los Infantes (E) 198 J
Villarcayo (E) 198 K
Villardefrades (E) 198 B
Villarejo de Salvanés (E) 198 F
Villarrobledo (E) 198 J
Villasimíus (I) 201 J
Villaviciosa (E) 198 B
Villedieu-les-Poëles (F) 196 B
Villefort (F) 197 G
Villefranche-de-Lauragais (F) 196 J
Villefranche-de-Rouergue (F) 196 J
Villefranche-du-Périgord (F) 196 J
Villefranche-sur-Saône (F) 197 D
Villena (E) 199 G
Villeneuve-sur-Lot (F) 196 J
Villers-Bocage (F) 196 B
Villers-Cotterêts (F) 196 C
Vilnius (LT) 191 M
Vilusi (MNE) 202 J
Vimmerby (S) 191 G
Vimperk (CZ) 195 L
Vinaros (E) 199 E
Vindeln (S) 189 G
Vinderup (DK) 190 G
Vinga (RO) 202 A
Vingåker (S) 191 D
Vinhais (P) 198 B
Vinje (N) 190 A
Vinkovci (HR) 200 H
Vinon-sur-Verdon (F) 197 G
Vipiteno/Sterzing (I) 200 B
Vire (F) 196 B
Virovitica (HR) 200 D
Virpazar (MNE) 202 J
Virrat (FIN) 189 L
Virserum (S) 190 J
Virtaniemi (FIN) 189 B
Virton (B) 194 H
Virtsu (EST) 191 F
Vis (HR) 200 M
Visby (S) 191 G
Višegrad (BIH) 202 E
Viseu (P) 198 D
Vişeude Sus (RO) 204 M
Visoko (BIH) 200 H
Vissefjärda (S) 191 G
Viterbo (I) 200 K
Vitigudino (E) 198 E
Vitolište (MK) 203 B
Vitré (F) 196 B
Vitry-le-François (F) 197 A
Vittangi (S) 189 D
Vitteaux (F) 197 A
Vittel (F) 197 A
Vittória (I) 201 L
Vium (DK) 190 G
Vivario (F) 197 M
Viveiro (E) 198 B
Vizille (F) 197 D
Vižinada (HR) 200 G
Vlaardingen (NL) 194 E
Vladičin Han (SRB) 202 K
Vlasenica (BIH) 202 E
Vlasotince (SRB) 202 K
Vlissingen (NL) 194 E
Vlorë (AL) 203 A
Vodă (RO) 202 C
Vodice (HR) 200 L
Vodňany (CZ) 195 L
Vodnjan (HR) 200 G
Voe (GB) 192 D
Voghera (I) 200 E
Voiron (F) 197 D
Vojnica (RUS) 189 J
Voknavolok (RUS) 189 J
Volda (N) 188 L
Volhov (RUS) 189 M
Volissós (GR) 203 H
Volkovija (MK) 202 J
Volodymyr-Volyns'kyi (UA) 204 F
Vólos (GR) 203 F
Volovets' (UA) 204 M
Volterra (I) 200 J
Voltri (I) 200 E
Volturara Áppula (I) 201 C
Volyně (CZ) 195 L
Vónitsa (GR) 203 F
Vopnafjörður (IS) 188 B
Voranava (BLR) 204 C
Vordingborg (DK) 190 L
Vorë (AL) 203 A
Vorenža (RUS) 189 J
Voskopojë (AL) 203 A
Voss (N) 188 L
Vouzela (P) 198 D
Vouziers (F) 194 H
Voxna (S) 188 M
Vrå (S) 190 J
Vraca (BG) 202 F
Vrådal (N) 190 D
Vråliosen (N) 190 D
Vranje (SRB) 202 K
Vrbas (SRB) 202 A
Vrigstad (S) 190 J
Vrlika (HR) 200 H
Vrnjačka Banja (SRB) 202 E
Vrossína (GR) 203 A
Vrpolje (HR) 200 H
Vršac (SRB) 202 A
Vrtoče (BIH) 200 H
Vrútky (SK) 204 G
Vsetín (CZ) 204 G
Vsevoložsk (RUS) 189 M
Vučitrn (KOS) 202 J
Vukovar (HR) 200 H
Vulcan (RO) 202 B
Vulcăneşti (MD) 202 D
Vuojärvi (FIN) 189 E
Vuollerim (S) 189 D
Vuotso (FIN) 189 E
Vuottas (S) 189 D
Vyborg (RUS) 189 M
Vylkove (UA) 202 D
Vynohradiv (UA) 204 M
Vyrica (RUS) 189 M
Vyshkiv (UA) 204 J
Vysokae (BLR) 204 F
Vysoké Mýto (CZ) 195 J
Vyšší Brod (CZ) 195 M

W

Wabrzeźno (PL) 204 A
Wadowice (PL) 204 G
Wągrowiec (PL) 204 A
Wahrān (Oran) (DZ) 199 K
Wakefield (GB) 193 C
Wałbrzych (Waldenburg) (PL) 195 J
Wałcz (PL) 195 C
Waldenburg (Wałbrzych) (PL) 195 J
Wallasey (GB) 193 C
Walsall (GB) 193 C
Warka (PL) 204 E
Warminster (GB) 193 G
Warrington (GB) 193 C
Warschau (Warszawa) (PL) 204 E
Warszawa (Warschau) (PL) 204 E
Warta (PL) 204 D
Waterford/Port Láirge (IRL) 193 E
Waterloo (B) 194 E
Watford (GB) 193 H
Weert (NL) 194 F
Węgorzewo (PL) 204 B
Węgorzyno (PL) 195 C
Wejherowo (PL) 191 K
Wells (GB) 193 G
Wells-next-the-Sea (GB) 193 D
Welshpool (GB) 193 C
Weston-Super-Mare (GB) 193 G
Westport (IRL) 193 A
West Terschelling (NL) 194 C
Wexford/Loch Garman (IRL) 193 B
Weymouth (GB) 193 G
Whitby (GB) 192 M
Whitchurch (GB) 193 C
Whitehaven (GB) 192 L
Wick (GB) 192 C
Wicklow (IRL) 193 B
Wicko (Pl) 191 K
Wieleń (PL) 195 F
Wieliczka (PL) 204 H
Wieluń (PL) 204 D
Wimborne Minster (GB) 193 G
Winchester (GB) 193 G
Windermere (GB) 192 L
Windsor (GB) 193 H
Winschoten (NL) 194 C
Wisbech (GB) 193 D
Wissembourg (F) 194 J
Wisznice (PL) 204 F
Withernsea (GB) 193 D
Władysławowo (PL) 191 K
Włocławek (PL) 204 A
Włodawa (PL) 204 F
Włoszczowa (PL) 204 D
Wolbrom (PL) 204 G
Wołów (PL) 204 D
Wolsztyn (PL) 195 F
Wolverhampton (GB) 193 C
Woodstock (GB) 193 H
Wooler (GB) 192 L
Worcester (GB) 193 C
Workington (GB) 192 L
Worthing (GB) 193 H
Wrexham (GB) 193 C
Wrocław (Breslau) (PL) 204 D
Wronki (PL) 195 F
Września (PL) 204 D
Wysokie Mazowieckie (PL) 204 B
Wyszków (PL) 204 E
Wyszogród (PL) 204 D

X

Xàbia (E) 199 H
Xánthi (GR) 202 L
Xátiva (E) 199 G
Xilókastro (GR) 203 F
Xinzo de Limia (E) 198 A
Xixona (E) 199 G

Y

Yanguas (E) 198 C
Yecla (E) 199 G
Yenice (TR) 203 D
Yeovil (GB) 193 G
Yläne (FIN) 191 B
Ylivieska (FIN) 189 H
York (GB) 192 M
Youghal (IRL) 193 A
Ystad (S) 190 M
Ytterhogdal (S) 188 M
Yvetot (F) 194 G

Z

Zaanstad (NL) 194 E
Zabalac' (BLR) 204 C
Zabalać (LT) 191 M
Žabalj (SRB) 202 A
Žabari (SRB) 202 E
Ząbkowice Śląskie (PL) 204 G
Žabljak (MNE) 202 J
Zabok (HR) 200 C
Zabrze (PL) 204 G
Zadar (HR) 200 G
Zafra (E) 198 H
Żagań (PL) 195 F
Zagreb (HR) 200 C
Žagubica (SRB) 202 F
Záhony (H) 204 L
Zaječar (SRB) 202 F
Zákinthos (GR) 203 F
Zakopane (PL) 204 H
Zalaegerszeg (H) 200 D
Zalalövő (H) 200 D
Zalamea la Real (E) 198 L
Zalău (RO) 204 M
Zambrów (PL) 204 B
Zamora (E) 198 E
Zamość (PL) 204 F
Zandvoort (NL) 194 E
Zaporožskoe (RUS) 189 M
Zaragoza (E) 199 A
Zarečensk (RUS) 189 F
Zărneşti (RO) 202 C
Zašeek (RUS) 189 F
Žatec (CZ) 195 H
Zavidoviči (BIH) 200 H
Zavlaka (SRB) 202 E
Zawiercie (PL) 204 G
Zblewo (PL) 204 A
Zboriv (UA) 204 J
Žd'ár nad Sázavou (CZ) 195 J
Zdice (CZ) 195 H
Ždirec nad Doubravou (CZ) 195 J
Zduńska Wola (PL) 204 D
Zeboudja (DZ) 199 L
Zebreira (P) 198 E
Zeist (NL) 194 F
Żelechów (PL) 204 E
Zelenogradsk (RUS) 191 L
Železnodorožnyj (RUS) 191 L
Zemmora (DZ) 199 L
Zenica (BIH) 200 H
Zenzach (DZ) 199 M
Zéralda (DZ) 199 M
Zeytindağ (TR) 203 H
Zgierz (PL) 204 D
Zgorzelec (PL) 195 F
Zhovkva (UA) 204 J
Zhuravno (UA) 204 J
Zhydachiv (UA) 204 J
Žiar nad Hronom (SK) 204 K
Žiča (SRB) 202 E
Zielona Góra (Grünberg) (PL) 195 F
Zierikzee (NL) 194 E
Žilina (SK) 204 G
Zimnicea (RO) 202 G
Zlatica (BG) 202 L
Zlatna (RO) 202 B
Zlatograd (BG) 202 L
Zlín (CZ) 204 G
Znamensk (RUS) 191 L
Żnin (PL) 204 A
Znojmo (CZ) 195 M
Zolochiv (UA) 204 J
Zorita (E) 198 H
Żory (PL) 204 G
Zrenjanin (SRB) 202 A
Zruč nad Sázava (CZ) 195 J
Zuera (E) 199 A
Žuta Lokva (HR) 200 G
Zutphen (NL) 194 F
Zvolen (SK) 204 K
Zvornik (BIH) 202 E
Zwierzyniec (PL) 204 J
Zwoleń (PL) 204 E
Zwolle (NL) 194 F
Żyrardów (PL) 204 E
Żywiec (PL) 204 G

Postleitregionen in Deutschland

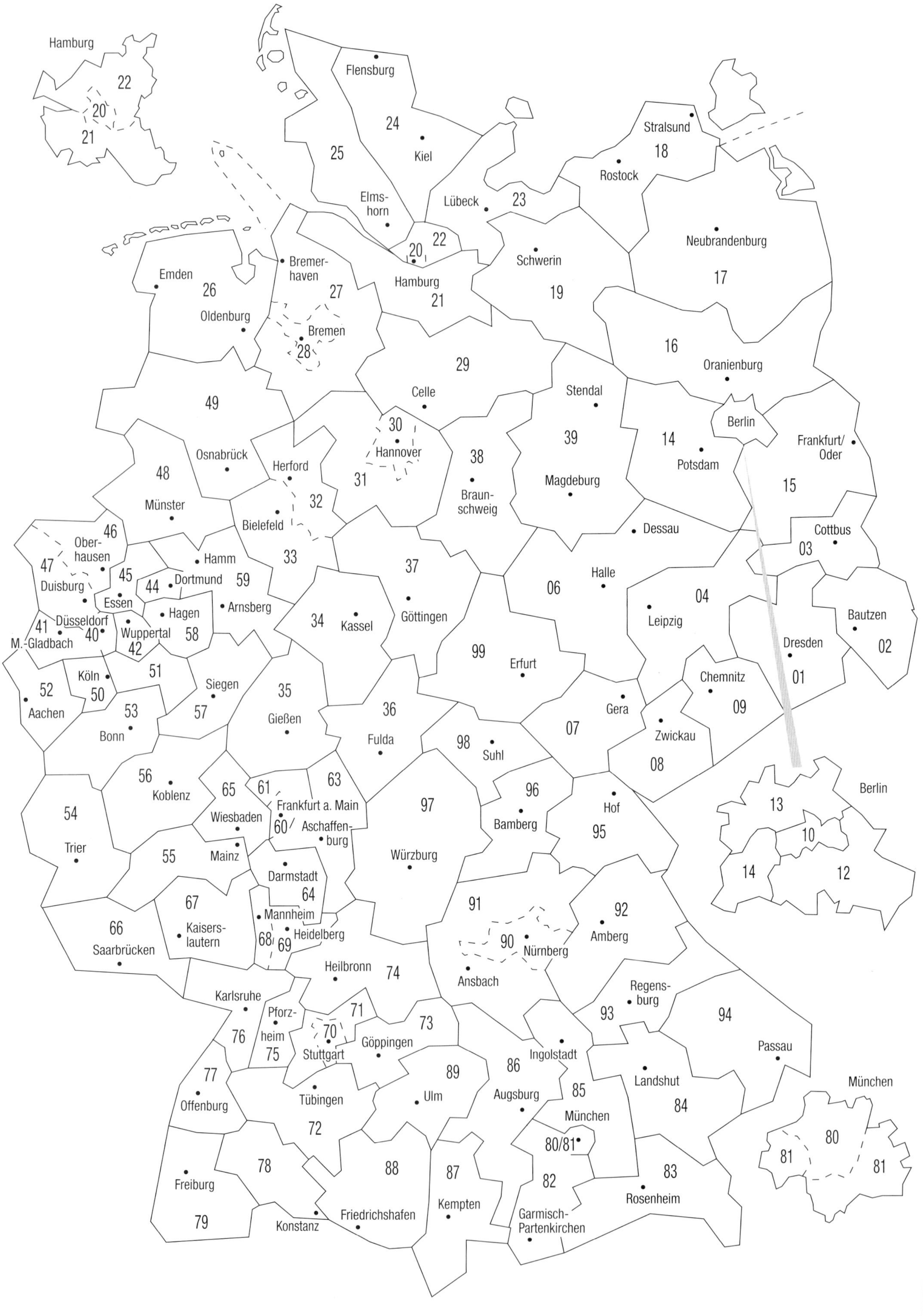